史话 | 天下大谱

杨年建◎编著

浙江人民出版社

图书在版编目（CIP）数据

史话天下大谱 / 杨年建编著. — 杭州 ：浙江人民出版社，2020.6

ISBN 978-7-213-09745-4

Ⅰ.①史… Ⅱ.①杨… Ⅲ.①中国历史-研究-三皇五帝时代-秦汉时代 Ⅳ.①K210.7②K232.07

中国版本图书馆CIP数据核字（2020）第088577号

史话天下大谱

杨年建 编著

出版发行	浙江人民出版社（杭州市体育场路347号 邮编 310006）
	市场部电话：(0571)85061682　85176516
责任编辑	王福群
责任校对	朱 妍　姚建国　陈 春
责任印务	程 琳
封面设计	张合涛
电脑制版	杭州天一图文制作有限公司
印　　刷	浙江海虹彩色印务有限公司
开　　本	787毫米×1092毫米　　1/16
印　　张	51.5
字　　数	1000.8千字
插　　页	6
版　　次	2020年6月第1版
印　　次	2020年6月第1次印刷
书　　号	ISBN 978-7-213-09745-4
定　　价	198.00元

如发现印装质量问题，影响阅读，请与市场部联系调换。

内容提要

　　述论上古时代黄帝以前人类活动的历史资料十分缺乏，不少学者和史家作过研究，但都没有获得较系统的成果。本著以《竹书纪年》《越绝书》《史记》的史料为底本，载录许多《尚书》《世本》《通典》《山海经》等阙而不备的史事，采自经传图纬及诸子杂书，还查阅各地各姓的族谱资料，结合当代考古研究成果，对数千年间的百家姓世系作了详尽的考证和整理，较为完整地描述了三皇五帝时代的历史，考实并延展了现行的《史记》中关于中国历史年表近两千年的历史纪年时间，排出了公元前既有的帝王世系及各姓世谱的起端，激活尘封数千年的东瓯区域史料，溯源五千年文明。本著补历史短板，按今中国版图，全方位展开并述说了华夏民族远古时期的辉煌历程，是一部充满哲学智慧的史学著作。

作者简介

　　杨年建，浙江台州人，生于1957年。自由撰稿人，对哲学社会科学有深度的研究与探索，善于运用唯物辩证主义方法论解读历史疑难问题。系中华杨氏始祖文化研究会会长，在谱牒学上颇有造诣。历时六年，参阅大量杨氏宗谱而编著《杨氏命脉回溯》，2010年由上海古籍出版社出版，开姓氏历史系统论述之先河。

序 言

　　我国的历史学者们把历史上的好时期称为"盛世"，其标志是此时的社会安定、政治清明、经济文化发达、人民生活水平不断提高。每逢"盛世"时代，都会出现文化的勃兴，我们中国改革开放四十年来，就出现了这样的文化勃兴。文化勃兴的重要标志之一，就是国家修史、地方修志、家族修谱，总结以往的历史经验和教训，为将来的更大发展作思想上的准备。

　　编写史说族谱，首先要弄清楚源与流这样两个问题。所谓"源"，就是"族源"，看谁是姓氏第一个人。所谓"流"，就是子孙后裔的世系。归结历史，说者都归于"炎黄子孙"。但在先秦时期，姓是比较少的，据统计只有二十来个，大部分姓氏在秦朝之前还没有出现。而先秦时期姓、氏是有区别的：姓永不变，氏却是随时可变更的。父子、兄弟及祖孙可有不同的氏名，姓却是共同的。古人在相互打招呼时，"男子称氏，女子称姓"，对女子称姓，是出于"同姓不婚"的需要。战国后期到秦汉时期，姓氏不分。先秦时期出现的氏名，后都成为姓，所以姓才大量出现，方有"百家姓"的说法。

　　本书作者杨年建先生编著《史话天下大谱》，这可谓是一项历史人文系统工程。作者根据《竹书纪年》的史实材料，细心研判，发现了该书历史纪年的准确性，从而作为撰文底本，结合《史记》，考实《唐代墓志汇编》，汲取考古成果，以成"史部"。史部以诗文编目，白话叙说，富有哲理，极具戏剧性。史部述及的历史，去"迷信"，话"科学"，知识面广，可读性强。

　　史部追溯源流自伏羲氏始，一脉相承编撰了华夏氏族的演进史。黄帝部分是轩辕氏家族数代人称帝的概念，并非一人所为，这是史学界的普遍共识，本书详述了这一说法，不知这些资料来源何处？编者云来源于《唐代墓志汇编》，还有网上的不知名作者著文，但成文很有规律，可信度高。初看题目，将《圣经》编于谱内，为人笑柄，但是细读后发现，还是有一定的逻辑性，世系考符合年龄代次，这确实是神奇的故事。许多已经深入人心的远古故事，编者解读了原本出处，还原其本来面目，给人以真实的感觉。史部后面部分，将徐国的历史详叙，将越王的谱史贯穿始终，将东瓯的区域文明细说，中国史陆域部分东南部舒展得十分全面，也由此可知中国的海洋话语权是何等的历史悠久！从目前流传的正史来看，补充了这些历史资料，确实是件了不起的成就。让尘封的历史拨尘去垢，许多地方的历史积案浮出水面，历史悬疑得到了清晰解读。

谱部详研了华夏氏族的谱系，此与史部所述史事配合默契，为千家百姓修谱提供了不少参考资料。夏、商、周三代世表谱系，《史记》所列缺环不少，本书根据不同史料来源，作了较为详细的补充。谱史集萃了九百余个姓氏出处，几乎将目前媒介出现的姓氏囊括在内，其世系部分还能使许多原本少见的姓氏得以接续，有近半数祖源可以从图谱中得以对接。世系图将不同姓之间罗列成网，可比性强，展示了一幅壮观的炎黄子孙世系图谱。

本书在结构上，采用以时间为序，分史部四篇十六章、谱部三章，使读者有时间流的感觉。叙述集聚在炎、黄两帝世系主脉中展开：叙史，悲喜剧连环相套，不断加强着书中的戏剧性效果，让人读一页而想知下一页的故事，很有历史报告文学的味道；述谱，瓜瓞绵延，俎豆千秋，代次年考准确，展现了华夏民族远古时期的辉煌历程。本书夹注了那么多的引文出处与地名信息，信史的可靠性得以令人信服，对提升地方旅游业说词很有价值取向。本书有考有论，章后有小结，篇末有注论，解说了许多历史疑难问题，其科学性、知识性、资料性、准确性都值得信赖。平心而论，目前还没有任何史说谱书能超越这一本，此书会让你无限接近中国历史。

我认识杨年建先生已经有十年了，先前他著作《杨氏命脉回溯》时，我配合做了些工作，我发现他很有钻劲。中国科学院遗传与发育生物学研究所教授袁义达先生、中国青年政治学院教授王大良先生都给予很好的评价。杨年建先生花了八年时间默默编著本书，书成之后，他跑到北京来让我写序，我于是写了上面这段文字。我相信本书的出版，定会受到有兴趣于史学与谱牒学读者的欢迎。

中国社会科学院历史研究所研究员　杨升南
于北京西郊永乐寓所

目　录

史　部

第一篇　昆仑逶迤——三皇五帝时代

第二篇　江河奔涌——夏商周时代

第三篇　灿若星空——春秋战国时代

第四篇　太华坤元——秦汉时代

谱　部

绪　言

历史是集团生命的活动行程。我国的国史与家族谱史内容具有高度的一致性，时间上具有指导同一性的互证链出现在远古的伏羲时代。凭借现代的科学文化知识，我们可以由浅入深，还原那些神话传说，表述其客观性，钩稽回历史真实，以怀古逸兴。结合中华文明史、谱牒史资料、地名永续记忆、神话故事，我们还能够还原其本有的人文历史素地。历史当是哲学的，拉开我们脚下这块土地的历史大幕，用唯物主义方法论阐述并厘清中国人的集体记忆，在一个日益受到全球化力量影响的世界，其意义极其深远。

我们的祖先们很是重视世系。世系符号，是迈向文明社会的印记，承载过去的往事，传达历史的沧桑。近代史学家梁启超先生曾断言："二十四史非史也，帝王将相家谱也。"古代的生存环境迫使人在没有文字记载的时候，代代强力要求自己的子孙们口耳相传，或亦由氏族部落首领兼巫师口述世系，记其世代。人类在有文字之后，记世系、辨昭穆成为古代国家要掌握的第一要务，先有谱史后才成为国史。至周朝，设有史官、瞽矇等职掌世系。奠系世，辨昭穆，宗法大备于周，谱牒成书亦创始于周。周朝社会是宗法社会，政治为贵族政治，经济为井田制。春秋战国以后是氏族共同占有被征服氏族共有物，武装开垦以殖民。周朝王者常常对诸侯国君的先人能背出十八代老祖宗，以教诲其后，或为赐封寻找依据，这主要得益于史官事先的安排。《国语·周语上》："瞽史教诲，耆艾修之，而后王斟酌焉。"春秋战国时期的各国大夫们为炫耀自己门庭的高贵，大多对自己的祖先历史倒背如流。隋唐时期北邙山出土的大批墓志铭文多有描述三皇五帝时的史迹，这与近现代考古学的研究成果统合编撰，将可把远古世系的人物叙说得更加合理与完善。

姓和氏，是人类进步的两个阶段，是文明社会的产物。随着社会生产力的发展，母系氏族制度过渡到父系氏族制度，之后，氏族制度逐渐被阶级社会制度所替代，赐土以命氏的治理国家的方法与手段便产生了。姓氏的产生是国家建立必须有的政治产物，国家治理需要每个人都有符号才能进行有效的管理，有国才产生了姓。人文始祖追溯自伏羲氏始，才有了之后系统性的演绎。我国封姓始于黄帝时期，在上古时段，一般是指上古至汉朝止，这被看成是中国姓氏文化的形成、发展和扩张期，这一文化扩张期也就是中国姓氏的确定期。

将社会史视域下的家族史统合进行通史性述说，可以发现并排列出较为完整的文化世族世系，追溯先秦历史的时间点也就有了最佳公约数。我国的国家记史行为始自帝舜，至当代21世纪初已经有着四千余年的国家纪年，叙说着五千年的文明。通过最为原始的代次年考手段，发现《竹书纪年》其纪年很是精准。我国各姓谱史记载的远古历史共同点有着高度的一致性，这使统筹与修正历史的某些片段有了可信度较高的逻辑定性解读。既往研究在时间选择上强调断代，而断代方法又往往会割裂家族世系有机组成的整体性，导致了研究者视域的狭隘，是不可取的。谱牒世系在文字表达中不能有任何违反逻辑的东西，代次必须符合空间、地点、条件。将谱牒文化与地名信息结合起来核查，可补充国家历史记载之不足；将谱牒文化与历史事物进行理性分析和客观评判，进行通体性考查，许多历史之谜将被揭开。

中国最为古老的出姓都有着很有意思的原始解读。原始封姓命氏，出姓初在黄帝五帝时期，这个时期出姓大都与其姓之原始职业分工的含义有关。黄帝系出姓最早是张姓，黄帝少昊金天氏第五子挥发明弓箭，弓长而张，传张姓。黄帝帝鸿氏封子十二姓，任为首姓；酉阳制酒，去水为酉姓等。黄帝之后守陵者任桥传为桥，简为乔姓。彭祖为帝禹治水擂鼓，因以封氏，传彭姓。帝舜同时代族人皋陶，其后裔在商纣王时为官理政，传李姓。商纣王杀比干，比干之子指木为姓，传林姓。周穆王命造父造城，造异音为赵，赵姓始。周灵王太子晋被废为庶人，号曰王家，子孙传为王姓，等等。自周朝将子孙或同种族人大批封侯，共封国有七十一个之多，均传为姓。彭姓的谱史最为久远，追溯自神农氏炎帝始；许姓的谱史追溯自炎帝六世帝厘·节并始；张姓的谱史追溯自黄帝金天氏五子张挥始；徐姓的谱史追溯自五帝少昊始；刘姓与张姓的谱史追溯自五帝帝尧始；陈姓的谱史追溯自五帝帝舜始等。诸家姓谱之史，将勾兑回三皇五帝时的历史真实，这对于完善中国文明历史进程、框定中国历史纪年有着非常重要的作用。

黄帝及五帝时代是为中国的虞朝时代。虞朝以炎、黄两帝婚姻为基石传承帝业是历史事实，后来学者所谓分少昊、颛顼为东夷族首领，分化中国初时炎、黄两系组合国家政权的事实定性是不切实际的。民间百家姓对远古世系的追溯都表述其一致性，国史述说亦如此。因而汉族称炎黄子孙，既缘于婚姻关系，也使三皇五帝皆为炎黄帝业的传承关系得以定称。黄帝建立国家初始，是一个氏族的强起，以控制其他诸多氏族为手段，推动文明，发展生产力。

夏、商、周三代，少昊帝后传称华族，颛顼帝后传称夏族，分别成为王族世家。夏帝启时，分别以少昊帝后裔玄仲与颛顼帝后裔夏启为首的华、夏两大对抗集团形成，华夏分族，以鸿沟为界，东边夏，西边华，夏朝不统方国，华夏族分离。华、夏二族的软实力对抗一直伴随着夏、商二朝，直至周朝华夏民族统一称呼，才得以重新确立为一家族系。虞时，有万国，凡是一个氏族（大家族）即可称国，少的人数尚不过千，是原始社会公社制初始的社会形态的表示形式。夏时封氏，成为氏族国，国内民众成为奴隶。商时期所封的方国及周朝社会的封姓国，除了顶层传姓，民皆为奴，是奴隶社会的延续。所以以国为氏者，大多出现在夏、商、周三朝。夏朝，封氏立国；商朝，封国立氏；周朝，封诸侯出姓。夏、商、周时的社会是奴隶社会，国家成为一个阶级压迫另一个阶级的工具。

春秋战国时期，名人贤士往往影响国策的制定与改变，他们的后裔大多尊其为始祖，于是姓氏大量出现，而姓与氏有别。《通志·氏族略序》记："三代之前，姓氏分为二，男子称氏，妇人称姓；姓氏所以别贵贱。贵者有氏，贱者有名无氏。……故姓可呼为氏，氏不可呼为姓。姓所以别婚姻，故有同姓、异姓、庶姓之别。氏同姓不同者，婚姻可通；姓同氏不同者，婚姻不可通。三代之后，姓氏合而为一。皆所以别婚姻，而以地望明贵贱于文。"春秋时分封卿大夫，大部分是靠各诸侯国王室宗亲分封而来，并且是世袭的。卿大夫有封地作食邑，卿大夫在食邑内享有统治权力并对诸侯承担义务，他们的后代大多传为姓。战国时盛行封君制，既有封地又当官，受封君者以封地的衣食税赋为官位俸禄。封君者是由春秋时的大夫演变而来，其大多数不再靠宗亲关系分封，也不再世袭，职位由卿士升级。春秋战国时期的贵族政治，是由地方有名望的家族长期自然相续，并从这种关系中产生世家。在春秋战国这一时期，重塑中国东瓯部分的历史，使早期范氏东瓯王百六十年的历史浮出水面，东瓯区域文明历史不再是空白。东瓯的历史可解读《封神榜》《西游记》中许多神话人物的原本出处，也由此可知东瓯是仙佛之国，是"盛产"神话之地。

秦、汉这段历史时期，有很多出姓是因家族势力的扩张或政治原因或封邦建国、胙土名氏而改姓，故为以邑为氏居多。秦汉时出现的身为贵族的文人知识分子既成为乡村社会的领导，又进入中央和地方政界的统治阶层，所谓"贵族制"形成。秦朝统一了中国大陆六国，又称霸海洋，根据古罗马科学家普林尼著《自然史》说，秦朝那期间，航海到达波斯，经陆路复航海至于古罗马，开辟了新路径。秦始皇开发海洋霸业，却为当时集聚在中国东南越地的旧王国贵族子弟们所利用，《淮南子》记："（始皇）成以备越，而不知难之从中发也。"东瓯的徐王后裔徐福暗藏极深，是个真实的"徐偃王"即徐阎王也，他向秦始皇借得童男童女，又极巧妙地智取秦籍柯大船，开发了琉球，到达了东瀛，成为"日本天皇"。东瓯所封的四海龙王，建立了海洋兵力，已经占属今称的台湾，横扫中国沿海岛屿，成为事实上的中国海洋政府。秦时东瓯区域文明成就，可增加中国沿海岛屿的话语权。中国黄帝之前采用了老黄历纪年法，日本天皇先期纪年亦采用了中国老黄历，西亚《圣经》中自亚当始的前十世纪年方法大多采用中国的老黄历，这就为寻找"神"者的长命纪年提供了理论出处。西汉政权建立后，在汉武帝以前的中央行政体系中，没有突破秦代的模式，史称"汉承秦制"，中国的姓氏就基本敲定。

汉朝之后，姓氏郡望出现。"郡望"，是指同一姓氏肇源和落籍于同一郡内，同一祖宗崇拜而显贵的族群徽号。郡望以下出现了"堂号"，堂号多源自本姓祖上某一历史名人的经典事迹或趣闻佳话。门阀，指世代为官的名门望族。夏商周时的"国"，在汉朝之后概念变了，出现了汉初的"土围子"。汉王莽新朝时"坞堡"出现，之后南北朝"坞壁"泛滥。这些均是乡村规模，武装保卫，以保证种族人居的安全。西晋时，贵族制度崇尚门第，进入了六朝时代。六朝至唐中叶，是贵族政治最盛的时代，这个时期的贵族制度，是由地方有名望的家族长期自然相续，并从这种关系中产生世家。隋、唐时期，世家大族之谱都在朝廷中备案，这在《新唐书·宰相世系》图表中得以很清晰地反映。隋文帝杨坚清除了六朝时期各王或帝的赐姓，命复原姓，兴汉历史出现了拐点。汉民族成为中国大地的主民族，协同兄弟民族，产生了伟大的中华民族。

天下没有神仙，所谓神仙，是为高智大德之人，大都有其历史素地。历史上有五代称黄帝，其中轩辕氏黄帝历四世。轩辕氏黄帝律·帝鸿氏与炎帝榆罔三战阪泉及与蚩尤涿鹿之战，才定黄帝位，追尊前三后续一。少昊氏称世四代，追尊前三为帝，而总为少昊帝称。颛顼氏称世四代，亦追尊前三为帝，总为颛顼帝称。谱牒世系排列细分可以发现，云老童长寿，是累加了两代人；云彭祖长寿，是按大彭国存在的年份记岁；云姜太公长寿，是因为三代人皆记称姜太公；云"神仙"张果老二千余岁，是统计了张姓受帝尧封侍卫官，至于唐玄宗时已历年份。史说东瓯国的摇王亦被闽越君的骓鬂所概称，出现了两地的历史混淆不明。以上诸多历史名人被叠加，著者加以细分，史料来源确凿，情节安排合理，内容丰富，避免了诸多地方争历史名人的尴尬场景。神仙们导引了中国道教、佛教、基督教的开创，此三教本著溯其源流甚详，述说了许多鲜为人知的历史故事。

却顾所来径，苍苍横翠微。本著追尊轩辕为黄帝始年是在公元前2225年，推以轩辕黄帝生于公元前2250年，《竹书纪年》记："帝尧，生于壬寅时（前2059）"，则轩辕氏黄帝至于帝尧传七代，时间距离为一百九十一年，平均生子年龄是二十七点二九岁。代次年考十分合理。统综十余家百家姓世系考，通史性历史述说，不仅仅能使世家相延的谱史清晰，还能使地域历史贯通古今，历史内容更加丰硕，故事性更强。由于战争、移民、迁徙、王朝更迭等多种原因，历史地名往往变化很大，本著对上起三皇、下至秦汉时期的历史地名也作了比较系统的注脚，地名信息量很大，姓氏源流涵盖面广，撰录有九百多例。帝王世系排列完整，历史名人如老子、孔子、左丘明、墨子、孟子、韩非子、司马迁、班固等家族世系得以连接，着实令人振奋！

物丧金碧，人亡领袖，俱往矣！唯史笔擅誉，留沼薮之华。我国的彭姓、许姓、徐姓、江姓、熊姓、刘姓、张姓、雷姓、颛孙氏等，其谱系自三皇五帝始至于周朝无缺坏，其人物汪记符合历史背景。数百家姓出谱史指向性明确，代次不紊，这就为本著概括炎黄世系图谱总本提供了方便，亦使寻找历史纪年有了着落点。本著排出了三皇时期的帝王世系，内容大多以《竹书纪年》为底本，采用《世本》《史记》《帝王世纪》及经传图纬、诸子杂书编撰。自黄帝以来的世系瓜瓞绵延至于汉初，世家大族皆附着，名人贤士多有传，形成了比较完整的远古华夏民族世系图谱。以谱推史，本著将黄帝纪年的甲子年推定在公元前2157年，将周武王灭商纣王的时间确定在辛卯年（前1050）。而《中国历史纪年表》记"十二诸侯纪年表"，起自周朝"共和"元年（前841），这样匡算下来，本著就已将中国历史纪年前推了一千三百十六年，追忆上古历史的谱史就已达至整个"三皇时代"。天下者，非一人之天下；而谱说者，皆曰炎黄子孙！我国各种表谱形式记载一个家族的世系繁衍及重要人物事迹，其大部分追溯的源头自炎黄始，占比约为百分之四十五。炎黄之前，原始社会自然人就应该有数万人，怎么都说是炎黄子孙？诚然不能作出解释。但是，人都是有其父母，代代相沿，炎黄子孙的表述是因为与五千年的中国文明相伴随，都有着文字的延续记载，国家的王者主政人物大部分是炎黄子孙，这就保证了炎黄子孙繁衍的主先权。通过婚姻转姓，这样的网扩效应就可理解中国人俗称"我们都是炎黄子孙"的概称是符合逻辑的。本著通过对古代帝王诸侯世系、各姓家谱记载父系家族世系的整合，组织炎黄谱传形式，借以叙说天下大谱。

龙行天下，鹿走神州。当代姓氏文化广受关注，各姓皆在组织全国性乃至世界性的宗亲联谊会，谱牒文献已走向社会，成为家族历史的荣誉。社会科学家着手研究并追踪姓氏迁徙信息，以便了解一地的历史事件。遗传学研究者们尝试作遗传印记的破译，解密人类遗传密码DNA，可以使确定五百年前甚至更加遥远的人种是否同一宗亲成为可能。理论上说，真正的血统十代以后已经甚少存在，孟子曰："君子之泽五世而斩，小人之泽五世而斩。"谱史文化浩如烟海，有的历史人物沉积久远，使居其位，需要时间、地点、代考等条件的相应契合。只有统总谱史，曲尽其妙、去伪存真，可发现历史之旅，许多历史之谜将被揭开，以丰富我们的谱史文化。《史记》占据了中国国史的正统地位已逾两千年，而许多历史学者却以为早于此书的《竹书纪年》才是真实的"史记"，这就需要以尽可能的严肃态度，更大范围地阅读历史学者们的书籍、百姓谱籍以及最新考古的研究成果报告，审慎历史，补充不足，论其错讹，另成一体，以谱写历史的真实，展示传统中国哲学思想的深厚底蕴。

当今之世，提出"中国梦"构想，其基本内涵是实现国家富强、民族振兴、人民幸福。"中国梦"做了多少年？黄帝"华胥国"之梦，是要建立一个平等、富庶而高度文明的社会，至今已经有四千多年。忘记历史谓曰背叛，要做好"中国梦"，了解中国人文历史很有必要。今日，我们完全可集合文献资料和考古成果，编写出古史文明的伟大贡献。国家记史行动是国家的顶端作为，古姓氏大家叙说着同样的上古历史，国史与姓史如此配合默契，这是历史的完美。本著试图用大逻辑的思维研判解释历史，将各姓氏从历史的博大文海中沥出，将散乱的古史文献按序编排，辑为史诗目录，形成较为完整的历史通卷。而采用白话、半文言文体例谱写历史，能使历史的悲剧与喜剧交错闪回，加强戏剧性效果，给人以阅读的愉悦。凡是纪年、纪岁皆用虚纪，以便衔接对应；括弧内注明字义、讹字、又名、解说、引文出处等，虽然有点碍眼，但用字形异出，以使阅读流畅；代次年考设立了时间标识，平均十个代年次的生育年龄参考岁是以三十岁予以辩证补误。本著在宏观框架和具体史实的解释上，反复审视历史，以寻找回历史的真实，这是一项震古烁今的大事，故名"史话天下大谱"。把历史谱牒文化故事讲给世人听，我们的中国真伟大！

史

部

第一篇 昆仑逶迤——三皇五帝时代

我国远古时代,社会处在原始公社制社会,没有文字去记载,故谓曰荒蛮时代。太昊之时,文字符号初成,传播文明,伏羲从而始皇天下。神农氏时,传播农艺,尝草作药,炎帝从而威行天下。轩辕氏时,圈玉为国,养豕为家,契书行文,于是国家形成,黄帝从而鼎定天下。五帝时代,制天象、勤民事、作规矩、治洪水、降凶兽,国家文明跃进。三皇五帝之时,智人生而人有道焉,物有名焉,国有家焉,是谓上古文明。

第一章 龙山祖脉 华夏命门

昆仑山盆地曾是大海,海枯石烂,天荒地老,四象变而成万物。《大荒西经》谓:"西海之南,流沙之滨,赤水之后,黑水之前,有大山,名曰昆仑之丘。"巍巍昆仑山,物华天宝,是为人类精灵智慧产生之地,华夏命门之山,龙脉之祖。中国上古的神话传说便从昆仑山区域说起。

一、太古河图代纪之说

天地未分,谓之太易;元气始萌,谓之太初;气形之初,谓之太始;形变有质,谓之太素。原始古有《三坟》(指伏羲氏、神农氏、轩辕氏时期记在石壁或泥板上的文字符号。《尚书序》称:"伏牺、神农、黄帝之书,谓之《三坟》,言大道也")记太古河图代纪姓:"清气未升,浊气未沉,游神未灵,五色未分,中有其物,冥冥而性存,谓之混沌。混沌为太始。太始者,元胎之萌也。太始之数一,一为太极。太极者,天地之父母也。一极易,天高明而清,地博厚而浊,谓之太易。太易者,天地之变也。太易之数二,二为两仪。两仪者,阴阳之形也,谓之太初。太初者,天地之交也。太初之数四,四盈易,四象变而成万物,谓之太素。太素者,三才之始也。太素之数三,三盈易,天地孕而生男女,谓之三才。三才者,天地之备也。游神动而灵,故飞、走、潜、化、动、植、虫、鱼之类,必备于天地之间,谓之太古。太古者,生民之始也。"

二、弇兹氏之前莫追远

天下始称氏者,是谓弇兹氏。弇,覆盖、遮蔽之意;亦宏大之意。弇兹氏原始人也,居昆仑崦嵫山(亦名弇兹山。在今甘肃天水市西五十里古坡镇),捕鸟、鼠以为食,茹毛饮血。故有崦嵫山与鸟鼠山(在今甘肃渭源县西南十六里郊家庙乡)对称而坐位。《山海经·西山经》记:鸟鼠同穴山东南"三百六十里曰崦嵫之山,其上多丹木"。弇兹氏磨石为利器,天然生火以熟食。弇兹氏搓绳单股称"玄",两股称"兹",三股称"索",于是结绳以记事,大索天下;则以一为人,二为从,三聚为众,如此人类有了初始文明。崦嵫山,日所入也,"崦嵫日暮,隙踪不留。"故云:"望崦嵫而忽迫"(见屈原《离骚》)。《路史》记:"鬼隗氏下为弇兹氏。"鬼隗氏不着土地,猜想应是中氏族。弇兹氏有着无计数的漫长年代,当是代表着整个新石器时代,没有文字,故曰弇兹氏之前人类的姓名不能再追远。

三、有巢氏栖木树上居

上古之世,禽兽多而人少,人常为禽兽所害。有圣人者,教民巢居,冬则住洞穴,夏则树上居,原始人类始由穴居转为巢居。圣人使王天下,号曰有巢氏。有巢氏其为政授而弗恶,予而弗取,假以王治,民共敬为师。《先秦史》云:"吾国开化之迹,可征者始于巢、燧、羲、农。"有巢氏是原始民众勤劳富有者,代表的是文明起端的典型标设,是人群进化的概念称名。《庄子·盗跖》记:"庄周曰:'且吾闻之,古者禽兽多而人少,于是民皆巢居以避之。昼拾橡栗,暮栖木上,故命之曰:有巢氏之民。'"《通志·三皇纪》记:"厥初,先民穴居野处,圣人教之结巢,以避虫豸之害,而食草木之实,故号'有巢氏',亦曰'大巢氏'。"《韩非子》记:"上古之世,人民少而禽兽众,人民不胜禽兽虫蛇。有圣人作,构木为巢,以避群害,而民说(音yuè,字意:悦,后文同)之,使王天下,号之曰'有巢氏'。"《三坟》记:"有巢氏生,太古之先觉,识于天地草、木、虫、鱼、鸟、兽,俾人居巢穴,积鸟兽之肉,聚草木之实,天下九头咸归。有巢始君也,动止,群群相聚而尊事之。"有巢氏时代,人们把所有的动物都叫作"虫"。

四、燧人氏钻木取圣火

燧人氏起于崦嵫山。有燧人者东至于欢乐谷(在今河南商丘古城西南),见鸟啄树灿然火出,又发现了燧木可以取火,则钻木而火生,因号燧人氏。燧人氏以火熟食,烹鸟、鼠以食香。《韩非子·五蠹》记:"民食果蓏蚌蛤,腥臊恶臭而伤害腹胃,民多疾病。有圣人作,钻燧取火,以化腥臊,而民说之,使王天下,号之曰燧人氏。"《拾遗记》:"有燧明国(当指今河南商丘),不识四时昼夜。国有火树,名燧木,屈盘万顷,云雾出于中间。折枝相钻,则火出矣。后世圣人为变腥臊之味,游日月之外,以食救万物;乃至南垂。目此树表,有鸟若鸮,以口啄树,粲然火出。圣人感焉,因取小枝以钻火,号燧人氏。"《三坟》记:"燧人氏,有巢子也,生而神灵,教人炮(炮即饱,后文同)食,钻木取火,天下生灵尊事之。"燧人氏行其取火之法于天下,被后人尊为燧王。燧人氏人工取火,结束了人类茹毛饮血的时代。燧人氏有其代表葬地,名曰"燧皇陵"(在今河南商丘市西南四里处),燧皇陵有火神台是为后世取圣火之地而名。燧人氏立木观星象祭天,发现了"天道";因天道而受到启发,则山川百物命名,而有"地道";天地之德孕育万物,而人为万物之尊,即立人类伦理道德,是谓"人道",中国师道之兴自燧人氏始。燧人氏时期,将动物划分为四类:天上飞的称"禽",地上跑的称"兽",有脚的爬行动物称"虫",没脚的爬行动物称"豸"。

五、有娇氏降毒虫养马

原始社会山川多毒虫猛兽,人与虫兽斗而胜,左撇右捺,故称"人",人为万物之灵,天地之性最贵者也。人初始与兽斗,斗而不胜则踩高跷避地虫(蛇),则养毒虫(蜜蜂)而取蜜,为之者亦称有娇氏(居今河南洛阳市嵩县境内)。《山海经·中山经》记:"缟羝山(即今河南洛阳北邙山)之首曰平逢之山。南望伊洛,东望谷城之山……有神焉,其状如人而二首,名曰骄(骄与娇字通假)虫,是为螫虫,实惟蜂蜜之庐。"有娇氏是为放养蜜蜂而名(放养蜜蜂之地在今河南洛阳北邙山)。"青要之山……是多仆累、蒲卢。"仆累指蜗牛,蒲卢指细腰蜜蜂,有娇氏居地有蜗牛与蜜蜂,故亦称有蜗氏(一记有娲氏,蜗与娲音不同,或为记史者字误),是为原始部落概称。有娇氏捕飞禽养鸡,捕狼养犬,捕狸养猫,捕豕养猪,人类有家禽焉。有娇氏部落为母系氏族,其后有炎帝、黄帝传焉,故曰有娇氏是炎、黄二帝的母族。有娇氏发现了野马可以驯养,初始养马是为了吃马肉,剥马皮以用服饰,人玩马却玩出了人可以骑马。这是一个伟大的发现,这一发现使人类极大地增强了自己的力量。有娇氏时期,陆地之马、牛,水中之鳄、龟,凡有四足皆曰龙;天上飞之鸟、鹰,陆地走之鹅、鸡,凡有二足皆曰"凤"。

六、西王母祁连山圣居

西王母是伏羲时代的骊连氏,掌《八卦》《阴符》玄义。妇女们在北方从狗尾草中培养出了谷子,在南方从野生稻中培植成了稻子,形成了刀耕火种的锄耕农业,因农业的发展,可以挤出一些粮食喂养动物,逐渐驯养出了狗、马、牛、羊、鸡、猪等牲畜,出现了畜牧业。妇女还是管理住所,保护火种,抚育子女,从事制陶、纺织和缝纫等工作的承担者,这些活动与男子的渔猎生产活动比较起来,既稳定又重要,领域也宽广,从而奠定了妇女在整个社会经济活动中的主导作用。担任族长的妇女,一般称"西王母"。西王母,又称"金母",又称"王母娘娘"。西王母掌管昆仑山(指今新疆昆仑山以东至今甘肃祁连山以西的大片土地)广袤大地。西王母此非一人,是部落女王的概称。据传，西王母居住在昆仑山上的悬圃里，是一座空中花园，叫作"阆风"的苑中，一共有玉楼九层，左绕瑶池，右环翠水。其座主奉庙宇在回山（今甘肃泾川县境内的回山）。西王母生长在天山雪水间，使她的肌肤洁白、素颜淡定，传云长得如天仙那样美丽。西王母为母系社会的联合体酋长，是中华民族母仪的象征。

七、伏羲画八卦皇天下

人祖自伏羲始。燧人氏娶有蛟氏生伏羲，《三坟》记："伏羲氏，燧人子也。"《路史》记："伏羲生于仇夷（即今甘肃西和县仇池山。相传仇池山伏羲崖为伏羲诞生地），长于成纪（今甘肃平凉市静宁县西南。古成纪城遗址在县境南部治平乡刘河村与李店镇五方河村之间）。"伏羲天生聪明，观蛛网而作结绳以为罔（网）罟，打猎、捉鱼，撒其网则生畜尽在内矣。伏羲自是仰视观察天象，又观鸟兽之文与地之宜，近取诸身，远取诸物。伏羲见白龟浮于蔡河（按八卦图之义，是涡河古道。拟指今河南商丘市古宋河旁的南湖），其龟背纹匀称，伏羲以为神奇。龟盖中间有十三块花纹，以分天日十三（之后帝尧时，分十二个月加闰月）；外围有二十四块，以分天象二十四（节气）。则以十日为干支，配十二块地支，圆六十日为一甲子。《纯阳历》岁分诸节气为：青木（春季）、赤木（夏季）、黄木（秋季）、白木（初冬）、墨木（冬季）。楚出土帛书记："四神□□，至于复天旁，动扞释之，青木、赤木、黄木、白木、墨木之精（精）。""□是襄（壤），天践是各（格），参化法步（兆）。""未又（有）日月，四神相戈（代），乃步以为岁，是佳（唯）四寺（时）。"按天象紫微斗数六十星系对应，便以六十个星宿神轮流值日一周的时间，定为一甲子岁，称小甲子，俗称甲子岁。龟有四足，头可伸之长，尾可缩其短，则云"龙马负图"。伏羲由龟背之纹而想象八卦，白龟沉而旋涡显，则八卦图形有矣。于是，伏羲在八卦台（亦作八卦坛。在今河南周口市淮阳区北一里）始画八卦，图成，称八卦图。《易》曰："河（黄河）出图，洛（洛水）出书。"《通鉴辑览》记："伏羲始画八卦，有三爻因而重之，为卦六十有四，以通神明之德，而卜筮自此生焉。"则以八卦规矩地，万物方位皆列八卦符号，故而造《易》。天下人皆服伏羲之八卦说，群贤相聚，星汉灿烂，以为伏羲可皇天下者也。

伏羲德始于木，为帝称天皇，帝号太昊。伏羲皇天下，种黍得食，结网渔猎，驯养野兽，制定礼仪。伏羲皇天下则以龙纪官，立九相（辅）六佐。其九相是：共工为上相，柏皇为下相，朱襄、昊英常居左右，栗陆居北，赫胥居南，昆连居西，葛天居东，隐康居下。其六佐是：金提主化俗，鸟明主建福，视默主灾恶，纪通为中职，仲起为海陆，阳侯为江湖。自此分理，宇内而政，天下大治。则造书契，作甲历，制琴瑟。伏羲皇天下六年，《纯阳历》历起甲寅，甲为起也，寅似龟形，时由是定。伏羲氏帝太昊驾崩后，葬"太昊陵"（位于今河南周口市淮阳区羲皇故都风景名胜区，毗邻风景秀丽的万亩龙湖）。每年农历二月初二到三月初三，是太昊陵朝圣时段，农历每月初一、十五，均有盛大祭祀活动。伏羲娶华胥氏女，生二子：宓羲、羲（戏）庄子。宓羲嗣皇位，羲庄子为巫师。

伏羲氏宓羲之生也，《竹书纪年》记："太昊之母居于华胥之渚（在今陕西蓝田县小洲，曰渚），履巨人迹，意有所动，虹且绕之，因而始娠，生子于成纪。"宓羲嗣位，穆和天下，社会安静，亦谓曰帝太昊，都在宛丘（在今河南周口市淮阳区东南）。《帝王世纪》："于周，陈胡公所封。"《春秋》传曰："于汉，属淮阳，陈国是也。"宓羲皇天下，遁甲开山，时分九州之牧以各统其民；定四海之广以分九州真源。伏羲氏宓羲之王天下也，始定姓氏，人有名焉。宓羲有二男一女，男名疱羲、咸起，女名女娲（娲与娃字通假，本指美丽的女子。而娲字更有深层次的解释，是指具有漩涡般不可抗拒，有吸引力的女子，故史书记娲字名）。咸起徙治仇夷，实祀伏羲祖地之庙，《世本》记："仇夷山（即仇池。在今甘肃西和县南洛峪）四面绝立，太昊之治也。"宓羲驾崩后，葬于山阳高平（今山东金乡县），墓曰"太昊陵"，每至农历二月初二谓曰"龙抬头"，是为祭祀日。

伏羲氏疱羲为皇，见日月运行无有时也，则命朱襄为飞龙氏造六书，一曰象形，二曰假借，三曰指事，四曰会意，五曰转注，六曰谐声，则以为书契，文字出焉而治后世。《竹书纪年》记："太昊庖羲氏。"皇命昊英为潜龙氏造甲历。皇命大庭为居龙氏造屋庐；命浑沌为降龙氏驱除民害；命阴康为土龙氏治田地；命栗陆为水龙氏繁衍草木，疏导泉流。皇断木为琴，以绳丝为弦造成琴瑟，以御邪僻，以防心淫，亦作立基之乐，乐作《荒乐歌》。疱羲服牛乘马，网鸟降兽，饲养家禽。伏羲氏疱羲娶胞妹女娲，楚帛书《创世篇》记："雹戏，乃娶子之子曰女皇。"子之子古文并列关系，是指兄妹。疱羲与女娲兄妹婚姻，宓妃死于洛水，成了洛神。疱羲定规矩，女娲执规矩而行相。疱羲多病，皇业衰微；女娲睿智，称女皇者。女娲绘五彩在八卦图上补天圆说，则规天为图，取地作法。《女娲伏羲图》成，又曰《河图》《洛书》书也，皆蝌蚪文，象起于形，数起于质，名起于言，意起于用。盖圆者，河图之数；方者，洛书之文。女娲举规矩，盖以规矩成方圆，喻天开。疱羲陟（远古帝王辞世称陟，下同）于位，陵在纪包（在今陕西平利县境内）。疱羲与女娲所生之子有疱（是指生有水泡病之意），则女娲自皇天下。

伏羲氏女娲为皇，是为帝娲，建都娲城（在今河南淮阳）。《太平寰宇记》记："县（淮阳）西华二十里，旧传女娲之都，本名娲城。"天生人类有高矮之分，帝娲以为五脏六腑皆同，长则用其长，短则用其短。《郁离子》记："汪罔之国（似在今浙江建德市）人长，其胫骨过长，捕鱼以为食，兽伏则不能俯而取，恒饥焉（勾不到而取用，因而还是饥饿）。僬侥之国（当指倭奴国，在今日本琉球群岛）人短，其足三寸，捕蜩（音tiáo，今台州市方言即"鸟"之意）以为食，蜩飞则不能仰而取，亦恒饥焉，皆诉于帝娲。帝娲曰：'吾（上天）之与大块以造女（汝）也，虽形有巨细，而耳、鼻、口、目、头、腹、手、足、心肺、腑肠、毛孔、骨节，无彼此之多寡也。长则用其长，短则用其短，不可损也，亦不可益（溢）也。若核之有仁，幺乎其微，而根干枝叶，莫不具矣；若卵之有壳，块乎其冥，而羽毛、觜爪，无不该矣。今女欲为核之仁乎？卵之壳乎？是在女矣，非吾所能与也。'"人问肤色何以多样？曰："北方人种个子高大，肤色白皙；南方人种个子矮小，肤色黝黑。所谓'去北者白，去南者黑，居中者棕、黄'，如是论焉。"《淮南子·览冥训》记："伏羲（氏）女娲不设法度，而以德遗于后世。何则？至虚无纯一，而不喋苟事也。"女娲有子因为兄妹婚姻而不智，于是始作嫁娶，以俪皮为礼，"伉俪，夫妇也"，则改血缘婚姻为族外婚，使人种优生。《风俗通义》记："女娲祷神祠祈而为女媒，因置婚姻。"女娲制造了一些叫笙篁之类的乐器，后世以为是音乐鼻祖之一。帝娲之时，民无偷盗，定有七十二造化（规矩）。《竹书纪年》记："东海外有山曰天台，有登天之梯，有登仙之台，羽人所居。天台者，神鳌背负之山也，浮游海内，不纪经年。惟女娲斩鳌足而立四极，见仙山无着，乃移于琅琊之滨。"女娲为伏羲氏时期之女皇，其皇称天下之域，南自汝水，北抵太行，西起潼关，东到日照。于是，天下多地有女娲祠庙。成纪以为是女娲出生地，有"女娲祠"（在今甘肃天水市秦安县陇城镇南侧）；《水经注》记：在渭河支流葫芦河有女娲祠；日照（属今山东）天台山有"女娲补天台"；唐王山（属今河北邯郸市涉县）有女娲庙等。太行山，又名五行山、王母山、女娲山等。女娲陵寝在洪洞（位于今山西临汾市洪洞县赵城镇东的侯村）。有疱称皇，史称青帝，皇业不久长。有疱生有济、有仍。有济生升龙，升龙曰脱诞，脱诞者是为伏羲氏之末世说，伏羲氏皇业终矣。有仍，为有仍氏，有仍氏之女曰任姒，任姒嫁魁隗，魁隗始称炎帝。

　　伏羲·太昊·天皇、宓羲·太昊、疱羲·太昊、女娲·帝娲、有疱·青帝，是为五天帝。《三坟》记："（伏羲氏）天下之民号曰天皇、太昊、伏牺、有庖（疱）、升龙氏，本通姓氏之后也。"《淮南子·物原》记："燧人氏以匏济水，伏羲氏始乘桴。"伏羲氏时代，人类活动跨区域有了革命性变化。

八、文明起端　天下廿氏

　　伏羲氏时，天下有二十氏明于史：太昊帝宓羲氏、女娲氏、共工氏、容成氏、大廷氏、柏皇氏、中央氏、栗陆氏、骊连氏、赫胥氏、尊卢氏、浑浑氏、昊英氏、有巢氏、朱襄氏、葛天氏、阴康氏、无怀氏、东扈氏、帝鸿氏。伏羲之后排列二十氏，是并行序次，而非为王代次，故可知"氏"自上古。伏羲氏时代各氏的分工是：宓羲氏、女娲氏皆以为皇称氏。共工氏，是手艺之人；容成氏，管天象之人，上古造历；大廷氏，总管百事者；柏皇氏，伏羲之伯父，为相；中央氏，为民医者；栗陆氏，命为水龙氏，管水灾，居北；骊连氏，掌《八卦》《阴符》玄义，即西王母也；赫（郝）胥氏，使民胥附，初官之名；尊卢氏，伙夫，民之熟食保有火种者；浑浑氏，佐相，为降龙氏，驱除民害；昊英氏，命为潜龙氏，造甲历；有巢氏，教民构木为巢，是木匠师；朱襄氏，仁人、贤士；葛天氏，伏羲九相之一；阴康氏，巫师，管鬼神事；无怀氏，闲人、浪荡之人；东扈氏，余粮皆放诸田头亩首，勤俭之人；帝鸿氏，即后之黄帝称氏。《太平御览》记："昔柏皇氏、栗陆氏、陶连氏、轩辕氏、赫胥氏、尊卢氏、祝融氏，此古之王者也，未使民民化，未赏民民劝，此皆古之善为政者。"

伏羲氏之皇天下，《三坟》记："昔在天皇，居于君位，咨于将，咨于相，咨于民，垂皇策辞。皇曰：'惟我生无道，承父居方，三十二易草木，上升君位。我父燧皇归世，未降河图，生民结绳，而无不信。十木甲八太七成，二十二易卓木，惟找老极。姓生人众多，群群虫聚，欲相吞害。惟天至仁，于草生月，天雨降河，龙马负图，神开我心，子其未生，我画八卦，自上而下咸安。'其居后二成二十二易草木，皇曰：'命子襄居我飞龙之位，主我图文，代我咨于四方上下，无或私。'襄曰：'咸若咨众之辞，君无念哉。后一易草木。'皇曰：'命子英居我潜龙之位，主我阴阳甲历，咨于四方上下，无或差。'英曰：'依其法亦顺，君无念哉。'皇曰：'无为。'后二十二易草木，昊英氏进历于君曰：'历起甲寅。'皇曰：'甲日寅辰，乃鸠众于传教台，告民示始甲寅。'易二月，天王升传教台，乃集生民后女娲子，无分臣工大小列之。右上相共工，下相皇桓。飞龙朱襄氏、潜龙昊英氏居君左右。栗陆氏居北，赫胥氏居南，昆连氏居西，葛天氏居东，阴康民居下。九州之牧，各统其人群，居于外。皇曰：'咨予上相共工，我惟老极无为，子惟扶我正道，咨告于民，俾知甲历，日月岁时自兹始，无或不记，子勿怠。'共工曰：'工居君臣之位，无有劳，君其念哉。'皇曰：'下相皇桓，我惟老极无为，子惟扶我正道，抚爱下民，同力咨告于民，俾知甲历，曰月岁时自兹始，无或不记，子其勿怠。'桓曰：'居君臣之位，无有劳，君其念哉。'皇曰：'栗陆子居我水龙之位，主养草木，开道泉源，无或失时，子其勿怠。'陆曰：'竭力于民，君其念哉。'皇曰：'大庭主我屋室，视民之未居者喻之，借力同构其居，无或寒冻。'庭曰：'顺民之辞。'皇曰：'阴康子居水土，俾民居处无或漂流，勤于道，达于下。'康曰：'顺君之辞。'皇曰：'浑沌子居我降龙之位，惟主于民。'皇曰：'昆连子主我刀斧，无俾野兽牺虎之类伤残生命，无俾同类大力之徒区逐微弱，子其伏之。'连曰：'专主兵事，君无念哉。'皇曰：'四方之君，咸顺我辞，则世无害惟爱于民，则位不危。'皇曰：'子无怀安，惟安于民，民安子安，民危子危，子其念哉。'"

小结

有巢氏、燧人氏是个概念称名，历时数千年，无以纪年。有巢氏、燧人氏时代，火的使用使人的体毛大部分脱落；黍种植并以为主食使人的大脑变得聪明。至伏羲时代，中国人秀美的体形已经基本定型。伏羲皇天下，伏羲，其意是降服百兽之意；其"皇"字，《说文》："皇，大也。自私也，始皇者，三皇大君也。"伏羲氏前三世，称太昊帝。伏羲时代最突出的成就就是文字起于巫师的符号，伏羲"画八卦，由数起"。《汉书·律历志》记："炮牺继天而王为百王先，首德始于木，故为帝太昊。"伏羲氏皇天下是一个时代，四世五皇。《竹书纪年》记："（伏羲氏）在位一百一十五年"，历数老黄历是六百八十二甲子岁。

第二章　神农炎帝　威行天下

炎帝时代,稻米生产,各种生活资料被发现和利用;药材取自大自然百草,以医治人的病体,这使人类人体素质得到了很大的提高,寿命延长,故云炎帝以威行四方。炎帝养于姜水(即岐水。在今陕西岐山县西,源出岐山,南流合横水入于雍),因以姜为姓。

一、随人允婼为伊耆君

伏羲氏疱羲为皇时,人类语言语意简便,人指人曰"伊",称强横之人曰"耆"。疱羲之随人(随从)朱襄氏为礼道作五弦琴,制礼乐,造六书,是为九相之一。《吕氏春秋·古氏》记:"昔古朱襄氏之治天下也。"朱襄氏随人,名允婼,为伊耆始君。《竹书纪年》记:"其初国伊又国耆,合而称之,又号伊耆氏。"伊耆为君,致"蜡辞"。《礼记·郊特性》记:"土反其宅,水归其壑;昆虫毋作,草木归其泽。"伊耆,其德传火种。《詹官》记:"伊耆氏下士一人,徒二人。"《孟子·万章》记:"下士与庶人在官者同禄,禄足以代其耕也。"伊耆为君,初为田事,自食其力;降百兽饲养羊,以羊为食,尊羊为图腾。朱襄氏卒葬炎帝陵(即今河南柘城县故城内朱襄王庙。朱襄氏后亦被追尊为炎帝)。

二、烈山氏少典都常羊

朱襄氏之后为烈山氏少典,一名大迥,在位虚记三十四年。伊耆烈山氏(音改历山氏。其地即厉山,一名重山。今湖北随州市随县厉山镇,称"神农故里"),少典为君(酋长),都在厉山,后尊为农皇。《竹书纪年》记:"少典之君娶于有蟜氏之女,曰安登,生神农。"少典始迁都于常羊山(今属陕西宝鸡市)。《唐代墓志汇编》记:"少典握枢,擢灵根于常羊之野。"《三皇庙碑》载:"少典为神龙(农)首;东迁少典于颛臾之地(古国名。故址在山东省临沂市蒙山旅游区柏林镇固城村),以守包羲之祀。"《国语·鲁语上》记:"昔烈山氏之有天下也,其子曰柱,能殖百谷百蔬。"朱襄氏、烈山氏、少典氏,是为后世崇拜的尊号"炎帝"。

三、神农氏魁隗威天下

神农,初名柱,亦名农,亦名稷,后世称名魁隗。《世本》记:"烈山氏(少典)之子曰柱为稷,自夏以上祀之。"《帝王世纪》记:"炎帝神农,母曰佳姒,有蟜氏女,名握登,少典妃。"神农生三日而能言,七日而齿具,三岁而知稼穑。神农及长,娶伏羲氏女任姒,当伏羲氏衰,则承皇业,以帝号称天下。《潜夫论·五德志》云:"赤帝魁隗,身号炎帝,世号神农,代伏羲氏。其德火纪,故为火师而火名。"《易·系辞》称:"庖牺氏没,神农氏作,是为炎帝,姜姓也。"《荆州记》云:随县"县北界有重山,山有一穴,云是神农所生(地)"。《帝王世纪》云:"(炎帝)有圣德,以火承木,位在南方,主夏,故谓之炎帝。"炎帝魁隗建都常羊山(今陕西宝鸡市)。悉诸,一名悉老,是为炎帝师。神农称炎帝号天下,谓之神农何? 古之人民皆食禽兽肉,至于神农,人民众多,禽兽不足,于是神农因天之时,分地之利,制耒耜,教民农作,神而化之,使民宜之,故谓之神农也。《政典》记:"惟天生民,惟君奉天,惟食丧祭衣服教化,一归于政。(神农)皇曰:'我惟生无德,咸若古政。嗟尔四方之君,有官有业,乃子乃父,乃兄乃弟,无乱于政。昔二君始王,未有书契,结绳而治,交易而生,亦惟归政。昔在天皇,肇修文教,始画八卦,明君臣民物阴阳兵象,以代结绳之政。出言惟辞,制器惟象,动作惟变,卜筮惟占。天皇氏归气,我惟代政,惟若古道以立政。'皇曰:'正天时,因地利,惟厚于民。民惟邦本,食惟民天。农不正,食不丰;民不正,业不专。惟民有数,惟食有节,惟农有教。林林生人,无乱政典。'政典曰:'君正一道,二三凶。臣正一德,有常吉。时正惟四,乱时不植。气正惟和,气乱作疠。官正惟百,民正惟四,色正惟五,惟质惟良。病正四百四,药正三百六十五。过数乃乱,而昏而毒。道正惟常,过政反僻。刑正平,过正反私。禄正满,过正反侈。礼正度,过政反僭。乐正和,过政反流。治正简,过政反乱。丧正哀,过政反游。干戈正乱,过政反危。市肆正货,过政反邪。讥禁正非,过政失用。'皇曰:'嗟尔有官有业,乃子乃父,乃兄乃弟,咸若我辞,一归于正。'皇曰:'君相信任惟正,相君俯位惟忠,相官统治惟公,官相代位惟勤,民官抚爱惟仁,官民事上惟业。父无不义,厥子惟孝。兄无不友,厥弟惟恭。夫不游,妻不淫,师不怠,教不失。刑者形也,形尔身。道者导也,导尔志。礼者制也,制尔情。乐者和也,和尔声。政者正也,正其事。'"魁隗娶伏羲氏有仍之女任姒,生临魁。魁隗陟,葬常羊山。

四、临魁姜水畔尝百药

临魁之母曰任姒,伏羲氏有仍之女也。临魁,一名庆甲,尊师受学有圣德,称炎帝,炎帝以火承木。炎帝南方巡视至于炎陵(今湖南炎陵县),一路尝草木辨百药治病。炎帝日遇七十毒而不辍,乃著《方书》成,终因误尝断肠草而亡。《方书》疗民之疾苦,而医道立矣!炎帝临魁亡(亡地在今湖南资兴市资水河边),为之埋葬的有三十六个力士拉纤,逆江而上,不料木排到白鹿原(今湖南株洲市炎陵县鹿原镇鹿原陂)时,突然山崩石裂,波浪滔天,木排倾覆,炎帝灵柩顿时沉入岸边石缝,后人便在此立碑代墓,名曰"天子坟"。《路史》记:炎帝神农氏"崩葬长沙茶乡之尾,是曰茶陵,所谓天子墓者"《舆地纪胜》记:"炎帝(临魁)墓在茶陵县(属今湖南)南一百里康乐乡白鹿原。"临魁娶纳莽水氏女,曰听訞,生炎居,是为帝承。帝承时,有熊氏发明车辕,徙居桥山(今陕西黄陵县)。

五、炎居立石圭观天象

炎居,魁隗之孙也,称魁隗氏。炎居于魁隗称帝十四年生于固川(今陕西宝鸡市北),能承祖业,故号帝承,母曰听訞,"听訞尝百药",采姜(薑)于岐山(今陕西岐山县北)而生,又养于姜水(即横水河。在岐山县南。源出岐山,南流合横水入于雍),因以姜为姓。炎居为帝,迁都于古浪(今甘肃武威市古浪县古浪镇)。于古浪立石圭作标杆,标杆刻有日月符号,是为象形文字。石圭标杆顶尖装有旗幡、铃铛,用作测日影、月影,通乎昼夜之道而知。测得日月运行规律,以断日暑阴阳,以定生活规律,以定节气安排农作。通过校正日影,知道土地方位,以定东、西、南、北;知道寒暑变化,以分春、夏、秋、冬。炎居之时,主畜牧养羊,种黍为主食。炎居在位三十三年,卒葬居延海(今甘肃武威市境内)。炎居生石年。炎居养羊,去羊尾,以"女"代之是为姜,为姜姓始。故有"听訞与女儿瑶姬品赏草药而演绎姜姓"之说。其后,炎帝系东迁之人传姓姜,留居者为"羌族"之始。羌有羌水(发源于今甘肃岷县东南的岷江)、羌道(在今甘肃舟曲县北)、羌语(属汉藏语系藏缅语族羌语支)。古《诗品序》记以为"羌无故实"。

六、石年种谷物始作耒

石年,一名勖其,称帝明,又称赤帝。石年削桐木为琴,作七弦以通万物;始作耒耜,教天下种谷;立日历,春当种稷、夏当种黍、秋当种麦、冬时斩木制造农具。石年为帝,辨水泉甘苦,以定作物种类:汾水(黄河支流。在今山西中部)浑浊宜种麻;济水(又作泲水。包括黄河南、北两部分)通和宜种麦;河水(即指黄河)濛黄宜种菽;洛水(又名雒水。即今河南洛河)轻利宜种禾;渭水(即渭河。在今陕西中部)多力宜种黍;汉水(即嘉陵江。在今四川东部)安重宜种竹;江水(即指长江)肥仁宜种稻,农事安矣。帝明生节茎、节并,节茎为帝,是为帝直。节并为帝,是为帝厘。帝直生哀、克。帝哀无子嗣,其弟克之子榆罔兼祧。炎帝哀封榆罔于任地(在今山东微山县西北仲浅),是以承继太祖母妊姒之"任"字的封地国。《帝王世纪》记:"(炎帝临魁之后)次帝承,次帝明,次帝直,次帝厘,次帝哀,次帝榆罔"。《周易·系辞》记:"(炎帝)斫木为耜,揉木为耒,耒耨之利,以教天下,盖取诸《益》。"《逸周书》记:"神农之时,天雨粟,神农遂耕之;作陶治斤斧,为耜耜耨,以垦草莽,然后五谷与助,百果藏实。"炎帝石年时,有熊氏发明车辕,徙居桥山(在今陕西黄陵县)。炎帝直、厘时,轩辕氏建有熊国(都在今河南新郑市)。炎帝哀时,有熊国少昊金天氏称君。

七、炎帝榆罔强势取盐

炎帝榆罔,一记大隗,生于承留(当指今河南开封市),养于大庭(在今山西运城市芮城县大王镇)因氏焉。《礼记·月令》称:"神农氏族的八代首领之一,大庭氏就担任了炎帝的职务。"炎帝榆罔元年即位居陈(都宛丘。在今河南淮阳县),后迁任地(据甲骨文字义,妊为任字初文,今山东曲阜古为任地)。任地是榆罔太祖母妊姒封地,都在穷桑(属今山东,在今山阜北泗河南面)。《路史》记:"少庐(庐。榆罔之了)足口:榆罔居穷桑。"炎帝榆罔"列鄽(鄽即廛。廛里,古代城市中住宅的通称)于国,以聚布帛,日中为市,以交有无"(见《通典·食货八》),所谓"炎皇聚货,用诸噬嗑"。炎帝榆罔时,强势天下,南至交趾(亦名南交。泛指今五岭以南地区),北至幽都(即幽都山。在今北京市昌平区西北三十里),东至阳谷(今山东平阴县西南),西至三危(即三危山。在今甘肃敦煌市东南),莫不从共化。炎帝以牛为图腾。

炎帝榆罔时,有熊国王者轩辕氏称轩皇。有熊国有盐池(即今山西运城市盐湖),轩皇之臣宿沙发明了煮盐之法,将田板(阪)涌出的泉水(卤水)用陶鬲烧制成为盐,盐使食物增加味道。《说文》记:"古宿沙初作,煮海(卤)为盐。河东盐池,袤五十一里,广七里,周百十六里。"《山海经》记:"盐城,在蒲州安邑县(在今山西夏县西北禹王城)。一名史盐城。"《世本》记:"黄帝时,诸侯有夙(宿。宿与夙通字,下同)沙氏,始以海水制乳,煎成盐。其色有青、黄、白、黑、紫五样。"《疏》注:"鹽(音古)出于盐池,今之颗盐是也。"《路史·后纪四》云:"夙沙氏煮盐之神,谓之盐宗,尊之也。"宿沙煮盐,首创人类制盐之先河,被尊为盐业鼻祖。轩皇于是教百姓刮海(湖)滨(当指盐湖。古之纳百川者曰海。又物产饶富称陆海)咸土,再往咸土上浇水,最后把滤下的卤水熬煮成盐,惠及百姓。宿沙,一记夙沙,为伏羲氏,轩皇大臣风后之弟,生于海隅(今山西运城市盐湖区解州镇东门外社东村),亦为轩皇宗族兄弟也。有熊国人自此皆用盐,人们舔食盐,身体发育将随之改变,浑身毛发脱落,智齿(指比较整齐的牙齿)代替獠牙(指粗糙的门牙、犬牙)。

炎帝闻知有熊国用盐,其民壮实,企求得盐为市(做市场买卖),颁(布)行天下,而宿(夙)沙不听炎帝命,其大臣箕文谏而被杀,则民众起而自攻其君,炎帝溯(黄)河而上,"涉津洛(今山西河津市)之(至)阪泉"(见三国曹魏时的《灵和赋》),强占盐池。《吕氏春秋》曰:"夙沙(之事),大庭氏(指炎帝)之末世。"轩皇虽都在有熊,而驻跸姬水(在今山西稷山县化峪镇"黄华古镇")备赏游览(监视)。轩皇使者与炎帝交涉,炎帝不让。轩皇曰:"日中不彗,是谓失时;操刀不割,失利之期;执斧不伐,贼人将来。涓涓不塞,将为江河;荧荧不救,炎炎奈何?两叶不去,将用斧柯。"(见《六韬》引《黄帝经》)炎黄两帝阪泉(阪泉,即指今山西运城市盐湖区。《解州盐泽》注:"版(阪)泉:覆盖在盐池表面的一层由硫酸钠、硫酸镁等结晶矿物形成的硝板")之战遂起。

炎帝榆罔之女曰精卫,精卫从发鸠山(亦名发苞山、鹿谷山、廉山。在今山西长治市长子县西五十里杜村乡)挖土填"海",使发鸠山之东(当指今山西上党盆地)形成了大批良田。《山海经》记:"发鸠之山,其上多柘木,有鸟焉。其状如鸟,文首、白喙、赤足,名曰精卫,其鸣自詨。是炎帝之小女名曰女娃,女娃游于东海,溺而不返,故为精

卫。精卫常衔西山之木石,以堙于东海。漳水(漳河。卫河支流,有清漳河与浊漳河两源)出焉,东流注于(漳)河。"精卫挖发鸠山之木石填海,致山体残缺,发鸠山因而又名不周山。

八、阪泉之战炎黄结盟

阪泉首战,是为炎帝部落取盐池。次战,轩皇爰命风后武备干戈,处山之军居高,平陆之军择坦易。风后领军自有熊(今河南新郑市)出发,轻兵渡河(在今山西运城市芮城县风陵渡镇)。轩皇之军渡河时,天雨冥晦,以为不祥。《吕氏春秋》记:"黄帝与炎帝争斗(于)涿鹿之野,将战筮于巫咸(在今山西夏县南)。"炎帝以石为兵(器),轩皇以玉为兵(器),两相干戈,不相上下。炎帝用驰牛冲阵,轩皇于是军乱,回归有熊。

轩皇欲以马制牛,则命风后在自然山(今河南新郑市溱河边上)驯养戎马,《玉篇》记:"黄帝(轩皇)臣相乘马,马武兽也,怒也。"轩皇号令六部落,决定与炎帝战。六部落者,皆宗族也:熊,轩辕本部落,居有熊。貔,犬戎部落,居成纪。黑,北狄部落,居冀州(即今山西临汾市。《禹贡》记:"冀州地")。貙,渠搜部落,居三危(古称瓜州。即今甘肃酒泉市)。虎,畎夷部落,居仇夷(即今甘肃西和县仇池山。《路史》载:"(伏羲)生于仇夷,长于成纪")。貅,南蛮部落,居荆蛮(古称江陵。即今湖北荆州市)。《列子·黄帝》曰:"黄帝与炎帝战于阪泉之野,帅熊、黑、貔(狼)、貅(豹)、貙、虎为前驱,雕、鹖、鹰、鸢为旗帜。"轩皇率领诸部落,各部落的旗杆之上缚系雕、鹖、鹰、鸢、鹞活物为旗帜,与炎帝战于阪泉之野(当指蒲州,因蒲坂为名。黄帝时,辖境相当于今山西永济、万荣、临猗、芮城等市县地)。

炎帝以牛群摆阵,轩皇则以戎马驰骋,马窜牛群,牛不敌马,牛陷滩涂之泥而不能自拔,是谓"泥牛入海无消息";牛与马各使尽其力,而牛劲不敌马力,是谓"牛筋马力"。炎帝兵败,欲退河津,但回河(黄河)之路被截断。《大戴礼·五帝德》记:黄帝与炎帝"战于阪泉之野,三战然后(黄帝)得行其志"。《新书》记:"黄帝行道而炎帝不听,故战于涿鹿之野,血流漂杵。"轩皇仰慕炎帝部落的医药与农耕技术,就告知属下,不可伤炎帝性命。炎帝榆罔躲进山洞被生擒,因为犯政为恶曰"厉",疾(负伤)逃至此亦曰"厉",则名此山曰厉山(一名历山。即今山西永济市蒲州镇南雷首山,今称中条山)。轩辕氏方竖立七斗星旗帜,宣告战争胜利。炎帝榆罔感知轩辕部落的实力已经不可抗拒,甘愿称臣,史称"三战阪泉"。

炎帝应轩皇的邀请到具茨山(原名风后顶,改称始祖山。在今河南新郑市西南三十里处的辛店镇境内)签订盟约。轩皇对于与炎帝之间的族亲战事不无遗憾,因而叹息:"贞良而亡,先人余殃;猖獗而活,先人余烈;权取重,泽取长。才贤而任轻,则有名,不肖任大,身死名废。"(见《说苑·谈丛》)炎帝自叹老矣,愿意签订盟约,要求养老于大庭。盟约确立轩皇的领导地位,自此,轩皇称黄帝。盟约确定白帝(轩皇之子)娶炎帝女为联姻，其长子必得嗣(王)位，这也就形成了超越亲属部落联盟的新型联合体组织的雏形。盟约制定盐业共同开发，得以保证盐业共享。黄帝于是待炎帝以兄弟之礼。炎帝将孙女儿(女节)嫁给轩皇之子白帝·少昊清，炎、黄两帝于是共同推荐白帝管理穷桑。穷桑，炎帝本来所都处。

炎、黄两帝结盟，《逸周书·尝麦》作了这样的描述："昔天之初，诞作二后，乃设建典。命赤(炎)帝分正二卿，命蚩尤宇于少昊以监四方。"蚩尤看到炎帝榆罔与轩皇(黄帝律)的盟约书不服，盟约规定他归属白帝，而去监四方，此只是个受人派下的巡视官而已。于是永曜(炎帝榆罔宗族兄弟，蚩尤同伙)假摄(炎帝位)，蚩尤作乱。

小结

炎帝之"炎"字，从二火，在汉语里是有光辉、明亮、升腾的意思，泛指以火德王时期;帝者，德合天地曰帝，《说文》:帝，皇天下之号也。炎帝承传伏羲皇业而称帝，故云伏羲氏衰，神农帝号称天下。《帝王世纪》云:"炎帝……纳莽水氏女，曰听詙，生帝临魁，次帝承，次帝明，次帝直，次帝厘，次帝哀，次帝榆罔，凡八世。"神农氏炎帝悉地力，种谷疏，故托农皇于地。天、地、人之道备而三五之运兴矣。《纲鉴》记:"炎帝以火德代伏羲治天下。其俗朴，重端悫;不忿争而富足，无制令而民从;威厉而不杀，法省而不烦。"炎帝传有七代八帝，威行天下。《竹书纪年》记:炎帝"在位一百四十年"。历数老黄历是八百五十二甲子岁。

第三章　黄帝开创国家文明

轩辕氏黄帝有五纪,各有其氏:黄帝有熊氏、黄帝轩辕氏、黄帝金天氏、黄帝帝鸿氏、黄帝公孙氏。黄帝时代,国家上层建筑形成,组织管理初始。黄帝时期,人类已处于新石器晚期,是个发明狂阶段。中国开始了具有明显的区域特点,处于形成民族的初时期。

一、有熊氏行辕至黄陵

伏羲氏有疱为皇,生有济、有仍。有济称有济氏,有仍称有任氏。有济生升龙,升龙生脱诞,脱诞生大熊,大熊生有熊,称有熊氏。有仍生任姒,任姒嫁神农氏魁隗,伏羲氏皇业转魁隗,炎帝始。炎帝石年时,有熊生于轩辕谷口(今甘肃天水市东),母为少典氏·昊枢。有熊发明了"轩",轩,车也!《说文》:曲(车舟)藩车为之轩,大车谓之辕。"轩辕"是指"有篷顶的大车"。"轩辕"大车的发明,这是最天才的发明,为人类生活提供了更为便捷的运输工具,使人类旅行发生了革命,并因此而成为黄帝及其部族的名号。有熊发明车轮,车轮的外圈名渠,渠谓车輮,渠搜制作车輮;畎夷养犬、马,以"效犬马之劳"。有熊一行数人至于桥山(今陕西黄陵县)贸易:两辆推车兑换一匹马,或者交换十个纹绳陶罐,或者交换二十个玉块等。生意火红而易乱,买卖易物有之,偷盗者亦有。有熊则筑墙以防财产散失或被盗,即"挖槽填烧土,木骨撑泥墙",建土围子于桥山,称有熊氏。有熊氏极力推销自己的大车,称"行辕",则行辕号令其族人曰:"谷、粟,人之司命也,引种之;鸟、兽,自然之伴也,利用之。"有熊能聚众办大事,行辕教民,尊号"黄帝",在位十一年。有熊娶附宝,夫妻合力,挖坑作车轮,支木作车架,其生子,故名"轩辕"。

二、轩辕氏始建有熊国

轩辕,父有熊,母曰附宝。附宝见大电绕北斗,枢星光照郊野,感而孕,三月初三生帝于寿丘(当在今陕西黄陵县北桥山附近)。轩辕生而神灵,弱而能言,幼而徇齐,长而敦敏,成而聪明。轩辕将用推车换取的玉石宝器圈到自己的领地,这便是"国";将豕(猪)等牲畜饲养在有盖子(穴)的舍下,这便是"家",则国家概念产生。轩辕统领原伏羲氏宗族部落为了国家的建立开始扩地。犬戎部落占成纪;渠搜部落占三危(古称瓜州。即今甘肃酒泉市);畎夷部落占仇夷(即今甘肃西和县仇池山。《路史》载:"(伏羲)生于仇夷,长于成纪"),此上宗族部落皆附焉。而不服者,则用战争手段征地,因而北狄部落居冀州(即今山西临汾市。《禹贡》记:"冀州地")以降;南蛮部落居荆蛮(古称江陵。即今湖北荆州市)以降。轩辕以王父字为国名,建有熊国,始称帝。有熊国肇始自丙辰(前2225)起,行祖宗崇拜,国以"熊"为图腾,初都在桥山(在今陕西黄陵县)。有熊国时,人臣龙行以掌百事,人臣俞跗作医济世。轩辕娶少典氏·彤鱼生青阳、昌意。轩辕称帝,将青阳降居在江水(当指丹江。即今湖北丹江口市)为侯,南拒蛮人;将昌意降居在若水(若水即弱水。若水,当指今陕西甘泉县北洛河东北向一支流)为侯,北制狄人。《史记·五帝本纪》记:"青阳降居江水。……昌意降居若水。"

轩辕帝始经土设井以塞净端,立步制亩以防不足,水井挖之,田亩有序,乃艺五种:黍、稷、菽、麦、稻。轩辕帝时,以有段石锛、石斧建房作舟;用石犁、石铲以为耕种;举石钺、石镞以为兵器。轩辕帝始作灶,以釜甑炊谷为饭,烹米为粥(考古发现,位于今浙江余姚市河姆渡镇浪墅桥村河姆渡遗址的稻米文化,要早于黄帝炊谷为饭的历史三千多年)。《汲冢周书》记:"(轩辕帝)始炊谷为饭。"有熊国时蝼蛄大如羊(当指牛),助以耕田,名曰耕狗;蚰蜒大如蛇,助以松土,所谓"大蝼如羊,大蟥如虹"也。轩辕帝是其孙轩皇(黄帝)杀蚩尤之后的封禅之帝,《世本》记:"轩辕氏古封禅之帝也,在黄帝之前。"轩辕陟,葬桥山,后世追记为黄帝陵(在今陕西黄陵县)。

三、金天氏青阳域不治

轩辕子青阳,青,本"清"字,而云少昊(皞)君,是为少昊金天氏。青阳也,轩辕娶三妃少典氏·彤鱼女所生。少昊载时以象天,始有少昊历(少昊历,是我国最早形成的日历)。少昊青阳懦弱,虽然强力四征,其域却不治。青阳降居江水,徙居有熊(今河南新郑市),自为有熊国;其弟昌意则另立颛顼国(颛顼城,后名帝丘。在今河南濮阳市西南十六里东高城);又三危、畎夷、获人(后有获城。在今安徽寿县东南)、北狄、南蛮、犬戎,皆自称为国。《周逸书·史记解》记青阳:"重兵苦之,遗之美女。青阳君悦之,其域不治,大臣争权,远近不相听,国分八。"青阳卒,葬于诸沃之野,曰青丘(地当在今河南新郑市区轩辕北路,轩辕故里祠后),后世为之建庙,在西岳(又称华岳庙。在今陕西华阴市南十里华山),与其四子蓐收之府为同一庙。青阳少皞氏有五子,亦称轩辕氏五兄弟:律、重、该、蓐、熊。青阳自称君,传位子律,号轩皇。

四、帝鸿氏胜出称黄帝

青阳娶有蛲氏生律于有熊氏具茨山轩辕丘(即今河南新郑市黄帝故里)。律为轩辕氏部落称皇者也,别族称帝鸿氏。《帝王世纪》记:"(轩皇)受国于有熊,居轩辕之丘,故因以为名,又以为号。"轩皇初时,神农氏势力衰弱,诸侯互相攻伐,残害百姓,而神农氏弗能征讨;轩辕氏乃动用干戈,以征伐不讲道理的诸侯,诸侯皆来作客以示服从。

轩皇称年号始于癸卯(前2178)。轩皇莅政,作官分职。《三坟》记:"皇曰:嗟尔天师辅相、五正、百官、士子、农夫、商人、工技,咸若我言。政典曰:国无邪教,市无淫货,地无荒土,官无滥士,邑无游民,山不童,泽不涸,其正道至矣。正道至则官有常职,民有常业,父子不背恩,夫妇不背情,兄弟不去义,禽兽不失长,草木不失生。政典曰:方圆角直,曲斜凹凸,必有形。远近高下,长短疾缓,必有制。寒暑燥湿,风雨逆顺,必有时。金木水火,土石羽毛,必有济。布帛桑麻,筋角齿革,必有用。百工器用,必有制。圣人治天下,权以聚财,财以施智,智以畜贤,贤以辅道,道以统下,不以事上;上以施仁,仁以保位,位以制义,义以作礼,礼以制情,情以敦信,信以一德,德以明行,行以崇教,教以归政,政以崇化,化以顺性,性以存命,命以保生,生以终寿。皇曰:岐伯天师,尔司日月星辰,阴阳历数。尔正尔考,无有差贷。先时者杀,不及时者杀,尔惟戒哉。皇曰:后土中正,尔识山川草木,虫鱼鸟兽。尔掌尔察,无乱田制,以作田讼。尔惟念哉。皇曰:龙东正,尔分爵禄贤智,尔咨尔行,无掩大贤以怵财,无庇恶德以私赏。皇曰:融南正,尔平礼服祭祀,尔正惟,无乱国制以僭上,无废祀事以简恭,尔惟念哉。皇曰:太封西正,尔分干戈刑法,尔掌尔平。皇曰:太常北正,尔居田制民事,尔训尔均。百工惟良,山川尔图。尔惟勤恭哉。皇曰:天师辅相、五正、百官、士子、农夫、商人、工技,咸顺我言,终身于休。"轩皇尝梦大风吹天下尘垢皆去,叹曰:"风为号令,执政者也,垢土去,后在也。天下岂有姓风名后者哉。"(见《职官要闻》)黄帝自是求之得风后于海隅(今山西省运城市盐湖区解州镇东门外社东村)。《路史·国名记》:"风后且善伏羲之道,因八卦设九宫,以安营垒,定万民之窦。帝在位久,喜天下戴己,乃放万机,舍宫寝,振辔访道,车辙半天下。爱民而不战,四方之盗,起而谋之,各随方色为号,边城日警。"轩皇以风后为三公(宰相),爰命风后正军结垒,处山之军居高,水上之军就卑,近泽之军依水草,平陆之军择坦易,遂灭四盗而定天下。

七年,是岁己酉朔旦冬至,轩皇得宝鼎于宛朐(在今山东曹县西北)。《史记·孝武本纪》:"黄帝(轩皇)得宝鼎宛朐,问于鬼臾区(大鸿)。区对曰:'黄帝(轩皇)得宝鼎神策,是岁己酉朔旦冬至,得天之纪,终而复始。"鼎以祭天、地、人(神),迎着太阳东出的位置摆放,乃就"封鼎平陶(即今山西襄汾县陶寺村南)"。轩皇命宁封子为陶正,宁封子为烧陶器而蹈火焚身,化陶成仙。《国语》记:"黄帝(轩皇)能成命百物,以明其共财。"轩皇乃修明德政,整顿军旅,顺从自然,种植五谷,安抚万民,稳定四方。轩皇会群神仙于花山(今陕西华山),《书经·禹贡篇》记:"(花山)轩辕黄帝会群仙之所。"轩皇问于伯高曰:"地中多石丹碰击溅火是何道理?"伯高曰:"臣听人说每逢石丹上有沙丹者下有黄金;上有磁石者下有铜银;上有磷石者下有铁锡。以此可识别不同矿藏。"伯高,一记柏高,伏羲之伯父柏皇氏之后,是为轩皇族兄弟,伯高为陶正之官,测量矿山,发明磁石。轩皇又问伯高曰:"吾欲陶天下而以为一家,为之有道乎?"伯高以为控制矿山,竖立国有的标记,铲除地方武装势力,保证国有财富,统筹规划是为对策,天下可为一家。《管子》记:"(伯高曰)请刈其莞而树之,吾谨逃蚤(爪)牙,则天下可陶而为一家。"

十三年,颛顼氏虞幕初作历象,颛顼历元起乙卯(前2166),后世称为历宗。二十年,轩皇与炎帝榆罔争夺盐池的战争发生,史称阪泉之战。阪泉之战,轩皇帅师,号称"六部众"。其六部是:熊,有熊国本部落;罴,领北狄部落;貔,领犬戎部落;貅,领南蛮部落;貙,领渠搜部落;虎,领畎夷部落。轩皇三战阪泉而胜,始称黄帝。二十一年,炎、黄两帝于具茨山结盟。《庄子》记:"庄子曰:'黄帝将见大隗(即炎帝榆罔)于具茨山方明。"炎帝榆罔孙女方雷氏女节许配黄帝(轩皇)之子"白帝",并共同推举白帝少昊清为穷桑地方长官。黄帝接而与蚩尤战,黄帝屡战屡败,黄帝于是求将,得能驱羊万群,手可执千钧之弩的力牧于大泽(即凤城。今江苏丰县北)。黄帝打败蚩尤,在涿鹿(今河北涿鹿县)建筑城邑。《黄帝内传》记:"黄帝伐蚩尤,乃服衮冕。"涿鹿之战接而阪泉氏(居于今北京市延庆区下阪泉村)为黄帝师所收服。阪泉其氏族用兵无已,谋战不休,并兼无亲,文无所立,智士寒心,徙居至于独鹿(独鹿山。在今北京市房山区西南),诸侯叛之,阪泉以亡(见《竹书纪年·穆王二十四年》)。时年,黄帝立四师辅政:风后,黄帝师;祝庸,黄帝师;大填(即常先),黄帝师;封钜,黄帝师,号"黄帝四目"。

黄帝元年甲子(前2157),是为轩皇通年二十二年。黄帝建黄帝城置轩辕台(位于今河北涿鹿县矾山镇三堡村北)。有日瑞雪飘飞,黄帝追赠以前三代皆为"黄帝":黄帝有熊氏、黄帝轩辕氏、黄帝(青阳)金天氏。而后,黄帝命氏:封伏羲之后为风氏、疱氏,轩皇时首辅大臣风后得姓矣;黄帝封炎帝系为神农氏,又封炎帝之后为姜氏、潞氏。黄帝又封神农黄直、封巨、太(大)山稽、鬼臾区(大鸿)、封胡、孔甲等,或以为师,或以为将,分掌四方,各如己视。黄帝举风后、力牧、常先、大鸿制定治民之策以管理万民。黄帝以定七辅:风后受金法;天老受天禄;五圣受道级;知命受纠俗;窥纪受变复;地典受州络;力牧受淮斥。黄帝设置左、右大监,监察万国。万国和睦,黄帝去祭祀鬼神山川与封禅的事就多。黄帝得太常而察地理,得苍龙而辨东方,得祝融而辨南方,得风后而辨西方,得封钜而辨北方。于是又举之于民常先、大鸿为大臣,以为治民。黄帝时,称上中仁人者:力牧、风后、鬼臾区、封胡、岐伯、孔甲、泠沦氏。黄帝封功臣,《国语·晋语》记:黄帝"封玄女氏(玄都部落)于临淄(今山东淄博市),封少昊白虎部之君于咸池(当指咸水沽。在今天津市东南咸水沽镇),赐箴姓"。黄帝时有臣子玄寿,当为玄女氏部落首领,封玄姓。黄帝利益众生,故"有土德之瑞,号黄帝",又黄土地,皇有土德之瑞;帝,地也,始称黄帝者也。

黄帝封官派族。《路史·后五纪》记:"黄帝即位也,适有云瑞,因以云纪百官,师长俱以云名。乃立四辅三公,六卿三少,二十有四官,凡百二十官有秩,以之共理,而视四民。命知命纠俗,天老录教,力牧准斥。治决法,五圣道级,阙纪补阙,地典州络,七辅得而天地治,神明至……复岐下,见岐伯,引载而归,访于治道。于是申命封胡以为丞,鬼容区为相,力牧为将,而周昌辅之;大山稽为司徒,庸光为司马,恒先为司空。建九法,七相翌而下服度。犹且蚩蚩,常若备盗,豫若天令,令人知禁。风后善乎伏羲之道,以为当天而配上台;桓常审乎地利,以为常平,于是地献草木,乃述耕种之利;奢比辨乎东,以为土师,而平春,种角谷,论贤列爵,劝耕馌,禁伐厉;庸光(祝融)辨乎南,以为司徒而正夏,种芒谷,修驰戒傺,发宿臧静,居农以戒力,以宛夏功,种房谷以应戊己之方;大封辨乎西,以为司马,玩巽禽,种遂谷,收谷荐祖,组甲厉兵,戒什伍以从事;后土辨乎北,以为之李,行冬断罪,种稷谷,剿剑伐木,乃劳农,始猎杀。"

黄帝以云纪官。则:军队名云师;春官为青云;夏官为缙云;秋官为白云;冬官为黑云;中官为黄云。黄帝设三神:蓐收,官名,掌管征收,是为秋神;句芒,官名,主管树木,是为春神;玄冥,掌管水利,是为雨神。黄帝设官司职,置左右大监,监管万国;设三公、三少、四辅、四史、六相、九德等,共有一百二十八个官位管理国家。黄帝行政顺应天地变化的规律,预测阴阳五行的玄妙,阐明死生客观存在的道理。还以为称霸得势有了政权而让其存在的艰难,否则就亡。黄帝命按时播种百谷,驯化鸟兽,善待虫蛾,要尊重日月星辰运动的规律,罗列出水波、土石、金玉是人类取之不竭的物质基础。黄帝要人们勤劳、用心去创造物质财富,慎用水资源,安全存放好火种,节约财物。

黄帝封姓作世系,天下始有谱。黄帝吹律定姓,故后名黄帝律。《帝王世纪》记:"(黄帝)一号帝鸿氏,或曰归藏氏,或曰帝轩,吹律定姓。"黄帝吹律定姓,亦所谓"轩辕建国,弦弧受氏"也。《易》曰:"古者弦木为弧,剡木为矢,弧矢之利,以威天下。"黄帝纪伏羲氏燧人子也,因风生而故封风姓。黄帝封伏羲氏有仍氏之传为任姓,是为首姓。《左传·僖公二十一年》记:"任、宿、须句、颛臾,风姓也,实司太皞与有济之祀。"封钜为黄帝师,黄帝胙土命氏封于胙(即今河南延津县东北胙城乡)后传封姓。伯陵有国,黄帝所封,后传逢姓,《路史·国名纪》:"逢,伯爵,伯陵之国(地今河南开封市逢池,一曰逢泽),黄帝所封。"黄帝封次弟重为句芒木正,世不失职,以官为句氏;封三弟该为工神(工正之官),传尹姓;封四弟修,一记蓐收,为秋神(藏粮之官),传修姓;封五弟能,一记熙,为弓神(张挥,弓正之官),传张姓。黄帝为子封姓:长子鸿生于姬水,则封姬姓。酉阳制酒,去水封酉姓。祁成掌管典教,封祁姓,后有祁成氏。夷鼓以鳄鱼皮作鼓,封己(姬)姓。媵眹,田中作土埂,畜水以养禾,封滕姓。葴,既箴,箴言规劝,使人行善,封葴姓。壬九,百礼既至,有壬有林,掌礼教,封壬(任)此为出自黄帝之后的任姓)姓。荀始,艺师,制作官帽、礼服,封荀姓。僖乐,掌娱乐之事,封僖姓。姞人,谨慎之人,发明捣臼,使五谷增加食味,封姞姓。儇才,聪慧敏捷之人,发明家,封儇姓。衣裳,设计缝制衣裳,使人蔽体御寒,封衣姓。时封十四姓,帝律之子得封姓为十二。

黄帝德始于土,天下有不顺从者,黄帝就去征伐,平定后就撤离。黄帝于是开山通路,忙得没有安静的日子度日。黄帝迁徙往来没有固定的住处,他走到哪里,始终有一师(二千五百人)的兵力形成营盘卫戍他,这个师就称"云师"。黄帝出行,东边到达渤海,登上丸山(一名丹山。即今山东临朐县东北纪山)及泰山岱宗(今属山东);西边到达空桐(即崆峒山。在今宁夏固原县西之六盘山),登上鸡头山;南边到达长江,登上熊湘(疑即湘山,亦名洞庭山。在今湖南岳阳市西南洞庭湖中)。北方荤粥(古民族名。即后的匈奴族先祖)部族不服而常来袭扰,黄帝令诸部落持符(一种两等分的令符)去伐战,驱逐荤粥出阪山(在今河北延庆县西),合符于釜山(在今河北怀来县东南),庆祝胜利。《史记·五帝本纪》:黄帝"北逐荤粥,合符釜山,而邑于涿鹿之野"。《云笈七签·轩辕本论》:"帝巡狩至东海,登桓山,于海滨得白泽神兽,能言达于万物之情,因问天下鬼神之事,自名精气为物,游魂所变者,凡万一千五百二十种。白泽能言之,帝令以图写之,以示天下。帝乃作《视邪》之文以视之。"

黄帝娶炎帝族昊英氏吴权之女吴枢,生子曰鸿,称公孙,号"白帝"。《汉书·古今人表》记:"彤女氏,黄帝妃,生夷鼓。"《国语》曰:"唯青阳(指黄帝鸿,青阳氏也)与夷鼓为己姓。"论以为黄帝娶彤鱼氏生夷鼓,而《世本》记:"夷鼓,彤鱼氏之甥也。"黄帝律涿鹿之战后又娶玄女,居于玄水(一记元水。在今河北秦皇岛市卢龙县青龙河),据传玄女成为了黄帝的次妃,教黄帝房中术,作有《玄女经》传世。黄帝律在黄帝位三年,卒葬桥山(在今河北涿鹿县保岱镇),《括地志》谓:"然帝既都涿鹿,则葬于此,理亦有之。"黄帝衣冠冢在渔子山(在今北京市平谷区),《名胜志》记:"上有大冢,旧传黄帝陵也。"

五、有虞氏虞幕始行相

轩辕次子昌意为若水侯。《水经注》记:"昌意,德劣不足绍承大位,降居斯水,为诸侯焉。"昌意娶蜀山氏(地处蜀山的古部落。位于今安徽合肥市蜀山区)女景仆,谓之女枢,生乾荒于若水(指今陕西甘泉县北洛河)。又昌意生韩流,韩流即寒流,称伯明氏。黄帝时,韩流为车哀正,其后有寒国。又昌意生安,住在西边,建安息国。昌意生昌林,昌与"苍"字音近字异,而记苍林也。苍林生苍颉于若水(当指北洛河,今白水县区段),号曰苍精。苍颉造字,后有契书,是为史皇氏之始。昌意小子名悃,受封北国鲜卑山(今兴安岭山脉北部。在内蒙古呼伦贝尔盟东)。

青阳金天氏称王不力,乾荒建有虞国,称颛顼氏始,颛,专也;顼,正也,言能专正天之道也。颛顼,颛,专权者;顼,从玉从页,指头戴玉冠者,后世尊为颛顼氏(帝)始。乾荒娶蜀山氏女生虞幕。《世本》引《路史》记:"昌意娶蜀山氏,而昌意之子乾荒亦娶于蜀山氏,惟其后叶。"乾荒次娶独山氏女生姑幕,姑幕即穷蝉。乾荒三子季禺,一名应天。

虞幕为轩皇行相,称"幕府"焉。轩皇十三年(有记颛顼十三年,是误轩皇为颛顼),虞幕初作历象,《颛顼历》元起乙卯(前2166),后世称为历宗。天曰作时,地曰作昌,人曰作乐,鸟兽万物莫不应和。黄帝涿鹿胜而称帝号于天下,则筑土台命氏,分封虞幕为有虞氏(封地在今河南虞城县)。虞幕为相制定规矩:民五十养于乡,六十养于国,七十养于学。《明堂位》记:"有虞氏官五十。"虞幕,又记姑昧,《国语·鲁语上》记:

"幕,能帅颛顼者也,有虞氏报焉。"《国语·郑语》:"虞幕,能听协风以成乐物生者也。"幕为有虞氏之始,居蒲阪(今山西运城市永济市)。

虞幕封弟穷蝉于姑幕(今山东日照市莒县),《泗志钩沉》记:"颛顼(当指乾荒)封其庶子穷蝉于姑幕。"幕,为虞帝,虞帝建官,命朱虎进行分职,官五十;鸾车(有鸾铃的车乘),有虞氏之路(辂)也(见《礼记·明堂位》);泰(指天地),有虞之尊;米廪(学校),有虞之庠(有上庠、下庠。《文王世子》记:有虞氏养国老于上庠,养庶老于下庠);俎(祭祀、设宴时用以放煮熟动物的竹制礼器),有虞以梡(案板。指有虞将俎改成了有四足的断木小台子)。还有有虞氏之旗,有虞氏服韍(古代祭服前面的护膝围裙,用熟皮做成),有虞氏祭首(首饰),有虞氏之绥(旗子)。律称帝,有虞氏缔(禘)黄帝,祭天于圆丘(当是都地蒲阪即今山西永济市临时建筑的露天圆形平台),请黄帝律配坐其中,虞幕称臣于黄帝。虞幕薨,子昌仆(战国时楚国的竹书《容成氏》有"又吴迵","吴"疑是"虞",吴迵即昌仆)嗣位称君,故虞代此无记事年。虞幕娶浊山氏生子昌仆,昌仆事少昊帝为琴师。昌仆生子高阳,高阳是为颛顼帝。

虞幕其弟应天,谓曰:"天女降嫔,是生神元。"应天生厌越,一名奄有。厌越以居北夷,邑于紫蒙之野,号曰东胡。厌越曾孙始均居北狄,后有鲜卑国(东胡一支。秦汉时,游牧于今内蒙古西拉木伦河及洮儿河之间)。又魍魉,虞幕之弟,黄帝将。虞幕次弟穷蝉与魍魉争位,魍魉逃走成为山林之神。

六、涿鹿之战蚩尤败绩

蚩尤,本名央,中心王者之意,后因与黄帝战,黄帝以为蚩是山虫,尤即忧,谓山虫之忧,故贬其名曰蚩尤。蚩尤是蚩尤邳(今江苏徐州市邳州市邳城镇。《史记·高祖本纪》记:"(刘邦)祭蚩尤于沛庭。"即是指也)人也。蚩尤作冶,兼并诸国。《世本·作篇》记:"蚩尤以金(铜)作兵。"蚩尤兵锋所指,所到之处,形成伏尸遍野的战场局面。葛卢之山(当在今江苏徐州市微山湖中铜山岛)山洪过后,露出金属矿石,竟被蚩尤接管而控制起来。蚩尤制造了剑、销、矛、戟,于是发动战争,兼并了九个诸侯国。雍狐山(当在今江苏徐州市铜山区东南)山洪过后,露出金属矿石,也被蚩尤接管而控制起来,蚩尤制造了戟和戈,这年兼并了十二个诸侯国。《管子》记:"而葛卢之山发而出水,金(铜)从之。蚩尤受而制之,以为剑、铠、矛、戟,是岁相兼者诸侯九。雍狐之山发而出水,金从之。蚩尤受而制之,以为雍狐之戟、芮戈,是岁相兼者诸侯十二。故天下之君顿戟一怒,伏尸满野。此见戈之本也。"时有熊国(今河南新郑市)之东,皆为蚩尤势力范围区域。有熊国所标注的矿山没有武备的结果就是大战的根源。

炎、黄两帝结盟,盟约书以定"命蚩尤宇于少昊(白帝)以监四方"(见《逸周书·尝麦》),蚩尤以为自己只是个受白帝派下的巡视官,感到羞辱而不可接受。白帝驻炎帝旧都穷桑以监四方,得知蚩尤铸铜为兵(器)兼并诸侯小国,派使者告知蚩尤曰:"有熊国伯高(陶正之官)测量矿山,知葛卢之山有金(铜),标为国有,严格封山而布置祭祀。离封山十里之处造一个祭坛,使乘车到此者下车而过,步行到此者快步而行,违令者死罪不赦。"蚩儿甚恣,遂准备以铜为兵起争。蚩尤拒绝有熊国收编,曰帝各四叔:重,管山林;该,管工匠;修,管税收;能,管兵器,集聚在穷桑商议对策。《左传·昭公二十九年》记:"少昊氏(白帝)有四叔,曰重、曰该、曰修、曰能,实能金、木及水。……遂济穷桑。"白帝四叔骑马去召蚩尤,蚩尤起兵应对,四叔退回穷桑。蚩尤不识四叔所骑的是马,以为是鹿,则谓之涿(逐)鹿。《世本》云:"涿鹿在彭城南(即今江苏徐州市,现代地图标注在徐州东,即邳州市)。"蚩尤于是自号"炎帝"起兵。蚩尤共有兄弟相称的八十一人,皆"兽身人语",显然是按虎或豹或扬子鳄的斑纹文身。随蚩尤出征的有七十二人组成先头部队均伪装成头上长角,身上长刺的异人。人人手持铜刀,这铜刀金光闪亮。蚩尤以其堂弟夸父为主将出征。蚩尤出兵,《归藏·启筮》记:"蚩尤出自羊水(拟今山东济宁南阳湖、微山湖),八肱(八个兄弟)、八趾(八条兽犬)、疏首(将面部蒙着),登九淖(经过了九个自然岛屿)以伐穷桑。"穷桑之战,白帝败逃回有熊。后人笑曰:"白帝逃得快,全靠戎马跨。"

炎帝榆罔养老于大庭(在今山西运城市芮城县大王镇),蚩尤挥兵进驻驰牛(池牛。今山西运城市盐湖区东郭镇蚩尤村)与炎帝战。炎帝九次接战皆败,《逸周书·尝麦解》:"蚩尤乃逐帝,争于涿鹿之野(今山西永济市境内),九隅无遗,赤帝大慑。"《尚书·吕刑》记:"若古有训,蚩尤惟始作乱,延及于平民,(榆)罔不寇贼,鸱义奸宄,夺攘矫虔。"《庄子·盗跖》记:"蚩尤氏强(硬),与榆罔争王,逐榆罔。"炎帝榆罔小子参卢大惧,携带重礼速奔有熊,告知轩皇。炎帝榆罔隐逸雷首山洞,蚩尤遂占据盐池。炎帝榆罔长子方雷,字天震,因永曜(蚩尤同伙)假摄(炎帝位),蚩尤作乱,雷与弟实同轩辕避地姬水之阳(当在今山西夏县尉郭乡西阴村),遂即姬地起兵,握先帝权,将诸侯兵破蚩尤于阪泉,斩永曜于涿鹿,天下大定。众推方雷继嗣炎帝之位,方雷推而不就,退居西陵(指今河南漯河市),让于轩皇,并尊轩皇为黄帝。黄帝征方雷为左相,封于方山因姓方氏,实为右相。方雷之女女节,嫁黄帝之子白帝,生少昊朱宣。

黄帝援兵炎帝,想夺回盐池,派风后伏兵河口坡(今运城市平陆县张店镇河口坡)。蚩尤闻知,师过雷首山(今名中条山),与风后战于风口(今张店镇风口),风后屯兵平原(今风口村),以备持久之战。黄帝以玉为兵,蚩尤以铜为兵,故黄帝九战而不胜。黄帝救出炎帝后,命参卢背其父速往泫氏(即今山西高平市)避居。炎帝榆罔本已年老,时年七十二岁,又因为负伤,败逃途中而陟,葬于庄里(在今山西晋城市高平市东北三十多里处的庄里村)。参卢于是建潞国(古上党。在今山西长治市一带)以奉先茔,以奉神农之祀。参卢建都羊头山(在今山西高平市),继(伪)称炎帝在焉。《羊头山新记》:"山之东南八里,曰故关村,村之东二里曰换马镇,镇东南一里许有古垣址。东西广六十步,南北袤百步,松柏茂密,相传为炎帝陵。右石栏、石柱存焉,盖金之物也。"

　　黄帝求将,得能驱羊万群,手可执千钧之弩的力牧于大泽(即凤城。今江苏丰县北)。黄帝于是在博望山教场铺练兵(在今山东茌平县西,有新石器时代的教场铺。中国社会科学院已经将其列入"中华五千年文明起源"重大课题)。黄帝大臣太(泰)山稽以为蚩尤兼并了二十一个诸侯国,唯玄都部落(居今河北秦皇岛市卢龙县青龙河)未被兼并,则建议黄帝请玄都部落出兵夹击蚩尤。玄都部落,其邦人众,其民皆富,方地饰玉,龙凤天瑞。玄都之王玄寿,玄寿之女曰玄女,时玄女正在泰山顶上做巫事(一种向天祈祷的行为),则请玄女以告。玄女命人制作了八十面夔(古代传说中一种奇异的动物,形如龙)皮鼓,还带有不少的玉制兵器支援黄帝。

　　蚩尤往东北方向追寻炎帝,被黄帝引战在冀州(古称鲜虞国。今属河北衡水市。在今称衡水湖的大片湿地以北)。黄帝令应龙攻之冀州之野。冀州之战,黄帝佯败而北去。黄帝至于野三坡(今河北保定市野三坡风景区),见两岸群峰崛立,怪石峥嵘,水流湍急,量马不能渡,遂弃马于此,地因名拒马河。蚩尤追兵至,见戎马散放,大喜曰:"涿鹿,指日可胜。"后有涿鹿(今河北涿鹿县),地名缘由即此来。黄帝领兵过了桑干河(又名卢沟水。今河北张家口市涿鹿县南面河),在那里部署了防御工事,此时玄都部落已经介入战争,黄帝轩辕部落方实力大增。应龙在桑干河的上游截拦河水。蚩尤请风伯雨师,纵大风雨。黄帝乃请女魃(氏族名。有蛴氏之后,黄帝时巫师)作法,遂止其雨。《山海经·大荒北经》记:"有人衣青衣,名曰黄帝女魃。蚩尤作兵伐黄帝。黄帝乃令应龙攻之冀州之野,应龙蓄水。蚩尤请风伯雨师,纵大风雨。黄帝乃下天女曰魃,雨止。"雨止,桑干河的河床却已见底。蚩尤领兵涉河,而当过半,上游的蓄水奔涌而来,其兵被淹死大半,陷入泥潭者亦不能自拔。夷鼓(夷牟)作鼓,则"(鼓)声闻五百里,以威天下"。张挥作弓,夷牟作矢,发明了远距离可以伤人的利器弓箭,所谓"断竹续竹,飞土逐宛"。张挥用弓箭射杀蚩尤方主将夸父,蚩尤亦被箭射伤受擒。黄帝命力牧、神农黄直捉拿蚩尤。

　　黄帝命张挥将打猎用的"云罕"(亦称毕网。指长柄的网)把蚩尤网兜在里面,囚车整体销色;再在"云罕"上系上九根飘带,形似旌旗。有几条狼犬前引,风伯举着扫帚扫后,意思是扫去晦气。黄帝羁押蚩尤进入东夷地区(指今山东泰山一带)游行示众,告民曰:"天道公允,首恶必惩;天网恢恢,疏而不漏。"于是黄帝与玄女登泰山,以胜利之巫语祭告于天。《韩非子·十过篇》记:"黄帝合鬼神于泰山之上,驾象车而六蛟龙。毕方并锝,蚩尤居前,风伯扫进,虎狼在前,鬼神在后,腾蛇伏地,凤凰覆上,大合归神,作为'清角'。"黄帝命领蚩尤登泰山,用古五音之一的《清角》演奏了一支悲凉激越的乐曲。黄帝律胜利了!"炎帝"蚩尤终于服了。蚩尤被游行示众后即被押到青邱(史称中冀。即今山东菏泽市牡丹区马岭岗镇青邱村青丘岗堆),杀之。黄帝历十五旬(一年三个月),与蚩尤经五十二战。黄帝杀蚩尤之后,遂画蚩尤形象以威天下。而天下咸谓蚩尤不死,八方万邦皆为他穿丧服。黄帝乃命将蚩尤分葬多地,以免聚众。蚩尤死后的主体墓在巨野(今在山东巨野县城东北郊固堆庙前)。留世的还有蚩尤冢(一在今山东以上县南旺镇、阳谷县阚镇叫街村。一在今河北保水县盐山乡)、蚩尤肩髀冢(在今河北巨鹿县)、蚩尤坟(在今河北涿鹿县保岱村北)。黄帝杀蚩尤之后,即举白帝·少昊清为东夷领袖,以定民心。《逸周书·尝麦》:"乃说黄帝,执蚩尤杀之于中冀,以甲兵释怒,用大正顺天思序,纪于大帝,用名之曰绝辔之野。乃命少昊司马鸟师,以正五帝之官,故名曰质。天用大成,至于今不乱。"黄帝打败蚩尤,为去蚩尤之凶,迁其民善者于邹屠(善者没有远迁,当指今山东邹城市东南二十里邹山一带)之地,后传有邹氏、屠氏;迁其民恶者于有北(当指今陕西合阳县东南地域,或今河北涿鹿县以北)之乡,其民后皆改姓。

七、公孙氏梦游华胥国

轩皇娶昊英氏子英,曰吴枢,生白帝。白帝,名俊,小名黄华,一记少昊清,即轩辕氏黄帝鸿·公孙氏。《传》云:"三皇,伏羲、神农、黄帝是也。"白帝之称也,皇字缺王,是为未成为王者之前称呼。白帝生于姬(稷)水(在今山西稷山县化峪镇"黄华古镇"。《水经·汾水注》:"汾水又西与华水合,水出北山华谷,西南流经一故城西"),便以姬为姓。黄帝定姓,仓颉文捉二十八字,姬、己、稷同为"己"字(之后帝尧封姓,以为帝者皆有氏,定黄帝为姬姓)。"姬"拆字为女、臣,女为汝,你们之意;臣为大臣之意。《列子·黄帝》记:"姬,将告汝。"则以为:姬水是武将大臣们聚合的河道名。史记:"黄帝生于姬水,便以姬为姓。"白帝娶西陵(地当在今河南漯河市澧河东岸)氏女嫘祖为正妃。炎黄结盟,白帝续娶方雷氏·女节(一记皇娥。其父方雷逃难居处,地当在今山西夏县尉郭乡西阴村)为次妃,遂去穷桑。

白帝按炎、黄两帝盟约驻穷桑(今山东曲阜市北泗河)以监四方。白帝"刳木为舟"携皇娥(炎帝榆罔之子方雷在黄帝败蚩尤后曾被推举为继任炎帝位,故称方雷之女女节为皇娥)游穷桑,两人在沧海的中央孤岛上发现了独立生长的一棵千年老桑树,这老桑树叶已经红了,紫颜色的根因为河(海)水冲刷已经裸露在外。白帝与皇娥正欲返还,这棵老桑树似乎在招呼他们,于是折返,但见白色晶亮的棉球纷纷落下,大都抛落在水面上,有的球体中有白蛾子飞出,两人很是诧异。皇娥对白帝抛球玩,白帝又去水中捞,捞起球时,却牵出不少的丝来,将丝缠绕在手,很有弹性却扯不断。就这样采用野蚕缫丝,人类于是发现了丝绸,这是一个很了不起的伟大的发现与发明。《拾遗记》述:"穷桑者,西海之滨有孤桑之树,直上千寻,叶红根紫,万岁一贯,食之后天而老。白帝子与皇娥泛于海上,穷桑以赠答,谓之桑中皇娥。生少昊,号曰穷桑氏。"于是皇娥种桑养蚕,嫘祖缝制衣裳。《通鉴外纪》记:嫘祖"治丝茧以供衣服"。白帝又为南岳(即衡山。在今湖南衡阳市南岳区和衡山、衡阳县境)之官,后主西方(指今新疆昆仑山)承祀西王母之位。《史记·天官书》:"白帝行德,毕昂(二十八宿星中的毕八星与昂七星的总称)为之围。"《正义》曰:"白帝,西方白招矩(神话天上五帝,即:东方青帝灵威柳,南方赤帝赤熛怒,中央黄帝含枢纽,西方白帝白招矩,北方黑帝汁光纪)之帝也。"黄帝律陟,白帝嗣位,白帝以为涿鹿寒冷,则迁回旧都有熊(今河南新郑市黄帝故里),以为中国之地。《诗经·大雅·民劳》曰:"(黄帝)惠此中国,以绥四方。"

　　黄帝鸿·公孙氏元年丁卯(前2154)即帝位,都有熊(今河南新郑市)。《世本·居篇》记:"黄帝初都迁有熊也。"黄帝正妃嫘祖用蚕丝织成的布制冕服,让帝垂衣裳,衣裳则称轩冕之服。黄帝娶方雷氏女节为妃,女节发明梳子,让人理顺乱发以礼。妻舅方相氏玄衣朱裳,执戈扬盾,领狂夫四人,手掌皆蒙熊皮;率戴狰狞面具的百隶舞傩,祈求平安。黄帝命沮诵做左史,苍颉做右史。黄帝命伶伦作音乐,伶伦取竹做管而吹,定为黄钟之宫,以黄钟为基准,则成十二律吕,作《五音》。黄帝命隶首作数学制定度量衡,隶首按人手指数计进,采用柴爿堆为计算之法,称柴爿码数。黄帝南巡狩,苍颉陪同,登阳虚之山(阳虚山。在今河南洛阳市洛宁县兴华乡)。阳虚山下(在今洛宁县兴华乡与罗岭乡、长水乡交界处),一溪间玄沪(元扈、玄扈)龟伏负书,溪水蜿蜒流出,注入洛河。黄帝曰:"伏羲俯龟象而画八卦,仰鸟迹可以成文,是以大道方行。"则命仓颉造字,使取象鸟迹,作文字之篆。《河图玉版》云:"仓颉为(随)帝南巡,登阳虚之山,临于玄扈洛汭之水,灵龟负书,丹甲青文以授之,文捉二十八字,景刻于阳虚山之石室。"仓颉于阳峪山(在今洛宁县兴华乡)造字台,造字三千九百个秘藏在藏书室。字知分理之可相别异也。仓颉创造文字,沮诵初造书契,史称"沮诵圣人"。十五年,帝鸿很高兴天下的人都拥护自己,就考虑自己的长命,于是娱乐,耳目以爽;于是美食,口鼻以尝。不几年身体焦脆,皮肤斑黑,昏昏然五情(喜、怒、哀、乐、爱)爽惑。帝鸿娱乐,刑天作《卜谋》以歌颂太平盛世。刑天者,原炎帝乐师。蚩尤与黄帝律战,刑天欲帮蚩尤,炎帝榆冈阻之。帝鸿与众大臣正在宫中观赏轻歌曼舞,有司来报,刑天与帝争神,自立于常羊山(今陕西宝鸡市炎帝陵所在山)称帝,帝鸿更是惊谔不已,派遣祝融(祝庸,一名庸光,炎帝榆冈族弟)去断其首,葬刑天于常羊山。帝鸿忧天下之不治,简约节俭,又关心起百姓的生活了,又命"戎器不粥于市"(见《礼记·王制》),即凶器不得买卖易货。这样一来不几年,帝鸿忧国忧民,身体更加焦脆,更加昏昏然五情爽惑。十九年,《庄子·在宥篇》记:"黄帝立为天子,十九年令行天下,闻广成子在于空同(一作空峒。在今宁夏固原县西之六盘山)之山,故往见之。"广成子论道,《神仙传》记:广成子对黄帝曰:"至道之情,杳杳冥冥。无视无听,抱神身以静。形将自正,心净心清。无劳尔形,无摇尔精,乃可长生。"黄帝又问岐伯,岐伯曰:"上古之人,其知道者,法于阴阳,和于术数,食饮有节,起居有常,不妄作劳,故能形与神俱,而尽终其天年,度百岁乃去。今时之人不然也,以酒为浆,以妄为常,醉以入房,以欲竭其精,以耗散其真,不知持满,不时御神,务快其心,逆以生乐,起居无节,故半百而衰也。"黄帝公孙氏是守成之帝,于是喻然叹曰:"朕之过淫矣!养一己其患如此,治万物其患如此。"(见《列子·黄帝》)于是黄帝搬出宫室住到大庭中的馆舍去,将宫室侍女撤掉。于是,减少饮食,吃起素食来,斋戒自己,使身体恢复形态。这样就三个月不理政事。

黄帝要建立一个理想的"国",于是假设了一个梦境,他告诉他的大臣们,有一天白日睡觉做了个梦,梦见了一个华胥氏国。《列子·黄帝》记:"(黄帝)昼寝而梦,游于华胥氏之国。华胥氏之国在弇州(当指今江苏太仓市。别称弇山)之西,台州(今属浙江)之北(全句似指今考古定名的浙江良渚文化区域),不知斯齐国几千万里;盖非舟车足力之所及,神游而已。其国无帅长,自然而已。其民无嗜欲,自然而已。不知乐生,不知恶死,故无夭殇;不知亲己,不知疏物,故无爱憎;不知背逆,不知向顺,故无利害;都无所爱惜,都无所畏忌。入水不溺,入火不热。斫挞无伤痛,指擿无痟痒。乘空如履实,寝虚若处床。云雾不硋其视,雷霆不乱其听;美恶不滑其心,山谷不踬其步,神行而已。"黄帝醒悟,乃怡然自得,即召来天老、力牧、太山稽。黄帝对他们说:"朕闲居三个月,斋身服形,思有以养身治物之道,弗获其术。疲而睡,所梦若此。今知至道不可以情求矣!朕知之矣!朕得之矣!而不能以告若矣。"此之后若干年,黄帝治国就更加努力,社会很是稳定。

八、玄扈洛水文明演蹊

黄帝鸿·公孙氏二十年丙戌岁(前2135)春,帝鸿巡游,行德政至于山陵(当指从今山西太行山出发一路至于今山东无棣县碣石山),山陵景云(即缙云,指五色彩云,虹)见,黄帝感德,封伯服为夏官缙云氏。秋七月庚申,天下大雾三日,黄帝率领大小官员至于玄扈洛水(指今河南洛宁县长水镇的玄沪河与洛河的交汇处)。黄帝登临龙头山(在今长水镇西南),但见龙头山上游深山峡谷,下游一马平川,自然景象舒华,黄帝赞贯鱼之术。黄帝居窑洞,此后龙头山多有窑洞,洞洞皆立庙神。龙山蜿蜒绕居东西北,南临洛河,黄帝坐于龙山与洛水间的三垣之台(在今长水镇西南洛神庙,有"洛出书处"碑记)。大鼓播响,人类文明演蹊,帝妹通女(一名通巳)入飞鸿之祥;继而五典悠扬,河鲂鲤鱼跳跃;涧藻溪萍大集,聚有九州图成。

黄帝穿着日月星辰图像的服装,自坐其中,命中官斋于中宫,左大司马容光,右辅相周昌;前苍龙(蟒蛇之形,实人造型,帝鸿侄子。后谓山形),后白虎(虎豹之形,实人造型,帝鸿侄子。后谓水形),左朱雀(凤凰之形,实人造型,帝鸿长子,朱宣),右玄武(龟身蛇尾之形,实人造型,帝鸿次子玄嚣),谓之东、南、西、北四神。又谓四象,四象之外围立者称外官,他们是:白羊(羊官)、金牛(牛官)、双子(教育官)、巨蟹(海产官)、狮子(狮虎官)、处女(女官)、天秤(法官)、天蝎(壁虎官)、射手(兵官)、摩羯(巫师)、水瓶(水官)、双鱼(兽官),之后以为十二星座,后又推绎为十二生肖。外官之后排列者,东方角木蛟、亢金龙、氐土貉、房日兔、心月狐、尾火虎、箕水豹,西方奎木狼、娄金狗、胃土彘、昴日鸡、毕月乌、觜火猴、参水猿，南方井木犴、鬼金羊、柳土獐、星日马、张月鹿、翼火蛇、轸水蚓，北方斗木獬、牛金牛、女土蝠、虚日鼠、危月燕、室火猪、壁水貐，后为二十八星宿。还有四围之众，共一百二十八人(道教《先天图》记有"一百二十八卦"，即指也)。黄帝法乾坤以正衣裳，纩赘旒以规视听。时电影上耀，轩星下辉，色辩两仪，混分元气。黄帝命仓颉所造文字由赤(朱)雀表演衔书而至，其字有二十八个字符，有似人作祭拜天的动作状态;有象水流出成川形;有用火在板块下烧而蒸发的水形成了云层之意。《淮南子·本经训》记:"昔者，仓颉作书而天雨粟，鬼夜哭。"《帝王世纪》记:"黄帝出游洛水之上，见大鱼，杀五能以醮之，天乃甚雨，七日七夜，鱼流于海，始得图书，今《河图·视萌》之篇是也。"黄帝好文，则凤凰大集，不食生虫，不履生草，或止于帝之东园，或筑巢于阿阁，或鸣于皇庭，其雄自歌，其雌自舞。还有麒麟在囿中游弋，神鸟来仪。

黄帝众大臣本以为轩皇与炎帝榆罔具茨山结盟是元年，而世史(沮诵)以为癸亥之年是黄帝与炎帝三战阪泉之后的结盟之年，战胜炎帝不能作纪年始，而战胜蚩尤才算统一天下，黄帝于是定涿鹿之战胜年为甲子年(前2157)。黄帝史臣沮诵作契书，由尹祁(耆)传教天下。书契已传，绳木弃而不用;史官即立，经籍于是兴焉。黄帝命岐伯尝百草，雷公泡制而典主医病，经方《本草》《素问》之书咸出，乃称《黄帝内经》。黄帝命巫彭作医佐方饵，人得以尽年。黄帝命玄冥师张昧(张挥之子)为水官，封诸汾川(指汾水)，水有利焉。黄帝命伊耆兼为农官，行农政;黄帝命岐伯兼为陶正，勘测矿产。黄帝命大挠造历作纪年，定甲子年为纪年始。纪年始于黄帝，盖黄帝使大挠作甲子，自是而后，始得以甲子纪年故也。造历起于辛卯(前2130)，则以十天为干支，配十二地支，确定六十天为一甲子岁;一甲子岁称旬，六旬为年，六十年为一甲子，谓黄帝"调律历"(见《汉书·律历》)。黄历由钦天监计算颁订，因此也称皇历，俗称老黄历，其内容为指导农民耕种时机。皇历主要为二十四节气的日期表，定每天的吉凶宜忌、生肖运程等。历家以建、除、满、平、定、执、破、危、成、收、开、闭，凡十二日周而复始观其所值。黄帝已封官命氏，而风后、封钜、岐伯又要求黄帝去封东泰山(今山东省中部的沂山)，禅凡山合符，然后不死焉。黄帝拒之曰:"人老将死，自然也，东泰山卑小，不称其声，弗封。"《商君书·画策》记:"黄帝作为君臣之仪，父子君臣之礼，夫妇妃匹之合，内行刀锯，外行甲兵，故时变也。"黄帝方制万里，为万国，各百里。《通典》记:"物土疆，建万国，成则肇于轩后。"只要是有地方豪酋能服众，人数不限，即名其地为国。黄帝立四监，以治万国。黄帝始经土设井，立步制木，以划野分疆:八家为一井，井开四道而分八宅，凿井于中。一则不泄地气，二则无费一家，三则同风俗，四则齐巧拙，五则同财货，六则存亡更守，七则出入相司，八则嫁娶相媒，九则无有相贷，十则疾病相救。是以情性可得而亲，生产可得而均，均则欺凌之路塞，亲则断讼之心弭。即牧之于邑，故井为一邻，三井为一邻，三邻为一朋，三朋为一里，五里为一邑，十邑为一都，十都为一师,十师为一州。天下共分九州:冀州、兖州、青州、扬州、荆州、豫州、梁州、雍州、赤县神州。黄帝命地名,东至于海,命黄海;南至于山,命黄山(今安徽黄山有轩辕峰);南至于江,"鸿"字去"鸟",命长江;到达之地名黄梅(即今湖北黄梅县);黄帝帛欲息沐浴处名黄池(又名黄亭。在今河南封丘县西南二十二里三姓庄北);黄帝北至于河,命黄河。黄帝拜祀于明堂,或谓之合宫。明堂之制,中有一殿,四面无壁,以茅草盖顶;其通水,挖水沟环绕宫垣,置桥,前后有复道。明堂侧有楼台,从西南入,名昆仑,黄帝从之入,以拜祀。黄帝以土气胜,遂以土德王。传云黄帝鸿去铸鼎了,还铸有"乌号"宝弓。《元和郡县志》记:湖城县(今河南灵宝市西北原阌乡县城)"荆山,在县南。即黄帝铸鼎之处"。另记黄帝铸鼎在缙云(今浙江丽水市缙云县)鼎湖峰,鼎成黄帝升天,诗云:"黄帝旌旗去不回,片云孤石独崔嵬。有时风激鼎湖浪,散作晴天雨点来。"黄帝求长生不老药,《历代真仙体道通鉴》记:"(黄帝)往天台山(今属山东日照市)受金液神丹。"

二十九年(前2126)春,天生异象而示警"昏天地裂":西方,轩辕黄帝陵(在今陕西黄陵县)有巨大的陨石自天坠落,造成了印台山东西坡滑坡,发生了泥石流。北方,河曲(今山西河曲县)东南火山爆发,微雷发响,烟腾火耀。东方,菏泽(今山东菏泽市)东海岸发生了大海啸,海水倒灌,平地汪洋,桑田变河泽。南方,随州(今湖北随州市)炎气扶摇,大火绵烧,夜如白昼,后故名烈山。中土,巨壑惊现,地裂缝深(当指今河南荥阳市鸿沟);花山(即今陕西华阴华山)剥土,奇峰突兀。帝鸿闻报,以为天灾必有人祸,换世之象。后以地裂之沟名为鸿沟,易花山之名为华山,华山成为华族祖山,鸿沟势隔华、夏二族。《淮南子》记:"四极废,九州裂,天不兼覆,地不固载,火滥炎而不灭,水浩洋而不息。"时年天崩地裂,黄帝陟(古时,帝之崩皆曰"陟")。

黄帝火化,祝融主持仪式,香楼高筑如塔,底部围绕薪火,将黄帝鸿遗体支放塔尖,自愿殉葬的大臣和宫女、奴隶有七十多人坐在各楼。武将披麻素甲,文官皆穿白衣,白旗一片,望之如荼。瞻仰时万民哀号,然后将火点燃,烈焰升腾遮天蔽日,浓烟滚滚扶摇直上,犹如巨龙盘空。臣民高呼万岁,黄帝升天了!黄帝鸿火葬之前,祝融就将他的胡须割掉部分,给予来自黄帝铸鼎原的乡亲们请他们回去供奉,众人就围着黄帝鸿亲自铸就的"乌号"宝弓,手举他的胡须号啕大哭,哭泣的泪水成河,后因其地名曰"鼎湖"(在今河南灵宝市西阌乡文东村北六百米)。黄帝鸿逝去,大臣左彻用时七年削木雕刻作黄帝之像,帅诸侯奉之。因黄帝为地皇,则坟为形坟。《史记·封禅书》记:"黄帝采首山铜,铸鼎于荆山下。鼎即成,有龙髯垂胡,下迎黄帝。黄帝上骑,群臣后宫从上者七十余人,龙乃上去。"黄帝之号,按《白虎通》云:"先黄后帝者,古者质,生死之称各特行。合而言之,美者在上。黄帝始制法度,得道之中,万代不易,后代虽盛,莫能与同。后代德与天同,亦得称帝,不能制作,故不得复称黄也。"黄帝有四妃十嫔。黄帝娶西陵女于大梁,是为元妃嫘祖,生子玄嚣;黄帝娶方雷氏女节(一记儽)生朱宣;黄帝娶玄氏女为次妃生龙苗;黄帝娶嫫母为次妃生浑沌、仓林。浑沌,不才之子;仓林,其后传仓姓。黄帝命朱宣御历,通爽气于金方,以承帝业。《历代陵寝备考》记:"黄帝采首山铜,铸鼎荆山,鼎成驾崩,葬荆山。"荆山黄帝陵在灵宝(今河南灵宝市区西二十里阳平镇)。"黄帝"号至此休矣,故亦记黄帝鸿是为帝休。孔甲作《盘盂》(陶土制作的圆盘与方盂,用于盛物。将黄帝的丰功伟绩刻写在盘盂中,以为永久的纪念)二十六篇(盘)以记黄帝史。

小结

黄帝,黄土地皇天下之号也。黄帝之称有五代人,皆已别出为氏:有熊氏、轩辕氏、金天氏、帝鸿氏、公孙氏。实际上黄帝是黄帝律·帝鸿氏,《世本》记:"黄帝又曰帝鸿氏。"黄帝前三位是追尊号。古成帝王者,追尊前三世为王或帝,为后世效法,自黄帝始。自金天氏清阳至于朱宣,皆称少昊帝,中有黄帝律、黄帝鸿,少昊氏朱宣称帝是四代人。颛顼氏称帝亦统加了四代,起自乾荒定颛顼氏,虞幕行相,昌仆抚琴,高阳颛顼帝。黄帝真伟大:黄帝有熊氏,发明了车辕,使人类出行发生了革命。黄帝轩辕氏,为使财富得有保证,牲畜得以圈养,人类产生了国家集团。黄帝金天氏,载时以象天,农时得以妥当安排,人类有了时间思维。黄帝帝鸿氏,涿鹿之战,确立了黄帝位。黄帝公孙氏,确立国家组织体系,构建理想王国。整个黄帝时代,称虞朝,是个发明狂时代,人的体能得以成年,促使了民族意识的产生。轩辕氏黄帝鸿时,轩辕氏族部落由游猎为生转向了以稼穑为生,从而使得生产力获得了前所未有的大发展,这是中国文明的发生期,国家创建期。《竹书纪年》记:"黄帝百年地裂",历数老黄历是六百零八甲子岁。黄帝与蚩尤战,史称"涿鹿之战",涿鹿之战胜,是年以定甲子年(前2157),称黄历元年。

第四章　五帝初制方国联盟

　　五帝指:少昊帝、颛顼帝、帝喾、帝尧、帝舜。五帝时期,国家管理机构形成。在五帝时期,轩辕氏被分为两族,青阳少昊帝后传称"华"族,高阳颛顼帝之后称"夏"族。两族酋长轮流续帝位特征明显,史称帝位"禅让",少昊为五帝之宗。五帝时期,社会和谐,人民富有。

一、朱宣承位称少昊帝

　　少昊帝,名朱宣,一名质,亦称"白帝",俗称朱宣帝。方雷氏曰女节,见星如虹,下流华渚(今陕西蓝田县华胥镇)而梦接意感生,生少昊于沘水(古沘水,即今沙河。源出河南鲁山县西,东流经叶县北入汝河)。《世本》记:"(少昊帝在)穷桑登位,在鲁北,后徙曲阜,于周为鲁,在禹贡徐州蒙羽之野,奎娄之分,降娄之次。"又记:"黄帝姓公孙,而少昊(是)黄帝子也,改姓己。"少昊承帝位,其兄玄嚣不服。玄嚣,黄帝先娶嫘祖生子于寿丘(在今山东曲阜市东北八里),时日薄黄昏,故取名玄嚣,号穷桑氏。玄嚣以为自己是正妃嫘祖所生,怎么可以以庶出者少昊承帝业?于是玄嚣自称赤帝,占居有熊(今河南新郑市)。《史记·五帝本纪》记:"玄嚣父曰黄帝。自玄嚣与蟜极皆不得在(帝)位。"少昊能承太昊之法,是个儒帝,故不记元年。少昊帝将伏羲太昊的礼法、八卦文化搬到"日出初光先照"之地,建天文台,称日照(今山东日照市),则称"少昊之国"。少昊帝时国势衰弱,蚩尤遗族九黎之民造反,颛顼氏高阳平九黎。《国语·楚语下》:"及少昊之衰也,九黎(蚩尤之徒)乱德,民神杂糅,不可方物。"少昊帝时,炎帝榆罔孙共工为水官。少昊帝有不才子曰穷奇。少昊帝寻仙七年不还,左彻乃立高阳,称颛顼帝,左彻亦仙去也。《左传·文公十八年》记:"少昊氏有不才子,毁信恶忠,崇饰恶言,天下谓之穷奇。"少昊次子穷申,造弓作箭射之长(伸)也,不闻政事,后传有穷氏。少昊元妃生倍伐,帝欲传位高阳,先降处倍伐于绢渊(今址不详)。少昊帝亡后葬云阳山(位于今曲阜城东十里的城阜上),形如金字塔,名少昊陵。少昊氏之称远自曾祖青阳金天氏、祖黄帝律帝鸿氏、父黄帝鸿公孙氏少昊清,而至少昊朱宣帝,谱史皆称少昊帝,历四世。

二、颛顼氏高阳登帝位

　　颛顼氏高阳,父曰昌仆,黄帝琴师;母曰淖子阿,生高阳于若水(当在今湖南会同县东)。高阳自穷桑徙居濮(即帝丘。在今河南濮阳市西南二十里),元年丁未(前2114)即帝位。高阳承若水之资,得左彻之力,嗣帝位,史称颛顼帝。

颛顼氏高阳为帝,初时,共工掌控水官职事,共公卒,其子术器袭父号欲与高阳争帝位,高阳首戴干戈。共工氏术器挑战高阳为帝的理由主要是高阳氏不是黄帝子嗣,高阳是黄帝五世外同宗远族,共工氏术器是黄帝律外甥孙,并且共工氏以为黄帝为帝之前只有神农氏炎帝,从来不承认所谓的黄帝之前有颛顼为帝的存在。乾荒是为颛顼氏始,并不是帝位始,乾荒只是地方部落酋长,"帝"号是为之后尊号而已。时高阳弱冠,但沉稳而有智谋,能沟通各个方面而明晓事理,能积累财富而物以致用,能按天时行事而有全局,能敬鬼神而制订义法,能调理矛盾而推行教化,能洁净环境再举行祭祀。共工氏术器反,颛顼帝遣将卷章(祝融)诛之。又先前九黎趁少昊帝行政衰弱而反,高阳即诛九黎,并将其一分为三,分别治理。《正义》记:"颛顼诛九黎,至其子孙为三国。"《国语·楚语下》云:"颛顼受之,乃命南正重司天以属神,命火正黎司地以属民,使复旧常,无相侵渎,是谓绝地通天。"颛顼帝命台骀为水官,因为他是黄帝鸿时水官张昧之子,他能继承父业。台骀(今山西太原市南十里仍存有台骀泽)治水,疏通了汾、洮(即洮水。拟今安徽溧河),保护了大泽(即大泽乡。在今安徽宿县东南)万亩良田不再成为一片汪洋。颛顼帝给予嘉奖。其后有沈、姒、蓐、黄四姓,实守其祀。高阳自幼爱好音乐,孩童子时驯养鳄鱼,鳄鱼得其令,即会翻转肚皮仰卧,敲打它的肚皮,即会发出响亮的鼓声,后人就用扬子鳄的皮蒙鼓,叫鼍鼓。颛顼帝作《承云曲》,以纪念黄帝的伟大。

颛顼帝巡视北至于幽陵(亦名幽州。今北京),南至于交趾(泛指今五岭以南地区),西至于流沙(泛指我国西北方沙漠地区而言),东至于蟠木(古山名。相传在东海之中,山上生蟠木)。动物植物,大小神灵,凡是日月能够照到的地方,没有不归属于他的。高阳颛顼帝卒,高辛立,是为帝喾。据《左传·文公十八年》记,颛顼帝有才子八人协助管理天下,谓八恺:苍舒、隤敳、梼戭、大临、龙降、庭坚、仲容、叔达。颛顼帝举八恺使主后土,以管理百事,无不时序,地平天成。颛顼帝建都于高阳(今河南开封市杞县高阳镇),后迁都于尧王城、帝丘(在今河南濮阳市)一带。高阳颛顼帝葬处在硝河西岸(今河南内黄县梁庄乡硝河)。高阳颛顼帝陟,是为甲子年(前2097)。《竹书纪年》记:"(颛顼在帝位)七十八年陟。"云颛顼帝在位七十八年,当是从黄帝律称王的年份至于颛顼帝亡时的总算数,历乾荒、虞幕、昌仆、高阳四世。《山海经·海内东经》记:"汉水出鲋鱼之山(鲋鳢山。在今河南内黄县南),帝颛顼葬于阳,九嫔葬于阴。"高阳颛顼帝被称为北方水德之帝。

高阳颛顼帝有二子一女,长子梼杌,《左传·文公十八年》记:颛顼帝"有不才子,不可教训,不知话言,告知则顽,舍之则嚚,傲很明德,以乱天常,天下之民谓之梼杌,不得立"。梼杌后传三苗;颛顼帝次子骆明,骆明颛顼愚笨,更不得立。颛顼帝之女女修,女修因二个哥哥无能而显男子气逞能,头上饰物,谓曰"巾帼",后有"巾帼不让须眉"之词说即由此来。女修嫁少昊帝孙司衡生子大羿。史记女修是颛顼帝女,但所有的描述其行为特征是男的,故有谱记女修生大业在颛顼帝后;女修若为男,颛顼帝传位帝喾就会有非议,故云女修不男。大业即大羿,传云"大羿射日"。骆明生伯鲧,伯鲧生大禹。

三、共工氏怒触不周山

炎、黄两帝结盟,黄帝设祝融之官。祝融,负责祭祀,管理天象,接天地之神,传火种者;又祝融作为神,被祀以为灶神。首任祝融为炎帝榆罔族弟庸光。炎帝厘·节并二传为炎帝榆罔,节并生戏器,戏器生庸光,为祝融。《山海经·海内经》记:"炎帝之妻,赤水之子听訞生炎居,炎居生节并,节并生戏器,戏器生祝融。"戏器有三子:祝庸、姜钜、伯陵。

祝庸,名庸光,官名祝融。祝庸生夷父,史称伯夷父。伯夷父娶黄帝女任氏降处江水(即今长江)生共工、共鼓。共工为少昊帝时水官。共鼓佐少昊帝为司徒,掌管木正,与货狐共同凿木为舟。共工生术器。共鼓生勾龙。《左传·昭公十七年》记:"共工氏以水纪,故为水师而水名。"《管子·揆度》记:"共工之王,水处什之七,陆处什之三,乘天势以隘制天下。"《淮南子·本经训》记:"共工振滔洪水,以薄空桑(即穷桑)。"当时陆地的面积只占水面积的三分之一,共工治水,是以筑堤蓄水的办法灌溉农田,所以使用的人力很多,则其名曰共工氏。

共工氏术器,又名任智刑,术器首方颠,是复土壤以处江水。共工氏术器与颛顼氏高阳争夺天下也,术器领兵轻骑短刃,突袭王都。颛顼帝闻变,即点燃七十二座烽火,召四方诸侯应战。颛顼帝以卷章(祝融)为首帅,战将有泰逢、计蒙、骄虫,近千骑风卷残云追击。共工方的战将有柜比、王子夜,拒战于不周山(即发鸠山。在今山西长子县西五十里杜村乡。炎帝榆罔之女精卫移山填海的故事也发生在这里)。不周山因为山体不周,孤悬的擎天柱将倒,此前老童(卷章之父)已有预言,《郁离子》记须縻曰:"昔者太冥主不周,河泄于其岫,老童过而惴之,谓太冥曰:'山且泐。'太冥怒,老童退。又以语其臣,其臣亦怒:'山岂有泐乎!有天则有吾山,天地泐,天泐耳?'欲兵之。老童愕而走。"

共工氏术器率领残兵在不周山抵抗,术器望一望不周山那擎天柱,看来已经是无路可逃。时不周山山之骨皆水裂,山体滑坡,土溃于渊,擎天柱轰然倒塌。卷章追兵到时,他们看到的是术器与其十三将领连人带骑随着擎天柱倒塌而无踪影。众追兵喊:"共工怒触不周山,天塌焉!"不周山擎天柱倒塌,"天倾西北"指西北方向隆高;"地不满东南"指东南方向的地塌陷浸水了。之后神传,国之东南地势塌陷,至洪水滔天,是因为共工氏怒触不周山引起的。共工氏术器等十三将士的壮烈,赢得了人们的尊敬。共工氏术器死后,颛顼帝令建其祠,塑其像,供为神。

共工氏术器堂弟勾龙却在"倒术"(吴越方言,倒术,是指绝灭之意)战事中,为颛项帝立有功,颛顼帝命其为后土。勾龙者,颛顼帝时负责建筑,推行楼屋居舍。勾龙移山填沟,化荒山为良田,累死在不周山。共工氏之分,后有"苍天在上,后土在下"的誓言,以表示自己所受的委屈。《国语·周语》:"颛顼氏衰,共工氏侵陵诸侯,与高辛(阳)氏争而为王也。"《史记·补三皇本记》述:"诸侯有共工氏,任智刑以强霸而不王;以水乘木,乃与祝融(卷章)战。不胜而怒,乃头触不周山崩,天柱折,地维绝。"后土生土方,土方生噎鸣、许耳。噎鸣字信,生夸父。许耳生许由。《金楼子》记:"帝尧时,许耳之子名由。"《山海经·大荒北经》:"大荒之中,有山名曰成都载天。有人珥两黄蛇,把两黄蛇,名曰夸父。后土生信,信生夸父。夸父不量力,欲追日景,逮之于禺谷(当指禺水。在今陕西华县西)。将饮河而不足也,将走大泽。""未至,道渴而死。弃其杖,化为邓林(大别山附近,河南、湖北、安徽三省交界处)。"

许由为帝尧所重,帝尧想让许由当九州长官,候选帝位。许由曰:"子治天下,天下既已治也;而我犹代子,吾将为名乎? 名者,实之宾也;吾将为宾乎? 鹪鹩巢于深林,不过一枝;偃鼠饮河,不过满腹。归休乎君,予无所用天下为!庖(疱)人虽不治庖,尸祝不越樽俎而代之矣!"《庄子·逍遥游》记:帝尧对许由曰:"日月出矣,而爝火不息;其于光也,不亦难乎? 时雨降矣,而犹浸灌;其于泽也,不亦劳乎? 夫子立而天下治,而我犹尸之;吾自视缺然,请致天下。"许由避居箕山(在今河南登封市)。

四、高辛氏帝喾行圣德

黄帝生玄嚣,玄嚣生蟜极,蟜极生高辛。高辛,名姬夋,母陈丰氏女名衰,陈衰生高辛于姬水(今山西稷山县化峪镇黄华古镇),故承姬姓。高辛生而甚异,昼夜啼哭,哭与喾异字同音,故名"喾",是谓"生而神灵,自言其名"。喾生五岁不能言,则以为"姬水径流慢,贵人话语迟"。喾生而骈齿有圣德,及长,聪明智慧,目光远大,明以察微,顺天之义,知民之急,厚德载物。喾十五岁初封辛侯(即高辛里。在今河南商丘市南,旧归德府东门内),佐颛顼,故又称"帝辛"。

帝喾元年乙丑(前2096)登帝位,建都于亳(今河南偃师县西)。帝喾三十岁王天下,使瞽人(盲人)拊鞞、鼓击、钟磬,凤凰鼓翼而舞。帝喾行政,取用大地的财物很讲究节约用材,安抚教诲万民而又以利诱导他们,观察日月的运行而致以迎送之礼,明识鬼神的道理而恭敬地奉祀。他的脸色始终和睦亲善,他的德行很是崇高,他的举动适合时宜,他的衣着很是普通。帝喾命重黎居火正,重黎忧国忘私,乘马三年,不别牝牡,甚有功,能光融天下;帝喾又命其官曰"祝融",祝融被祀以为灶神。帝喾命重黎为祝融也,开创宝历之基,始有天文观象之学。帝喾时,伊吕(炎帝系)为相,伊吕升朝,自得台衡之望。十六年,帝使重黎帅师灭有郐(在今河南新密市东七十里古城角寨村)。昔有郐之君啬俭减爵,损禄群臣,重氏伐之,郐君以亡。共工氏余孽作乱,帝喾命重黎征战,重黎诛三苗不尽,帝喾乃以庚寅日除重黎职。帝喾又命重黎弟吴回复居火正,仍为祝融。吴回战共工氏余孽,打败了共工氏。吴回卒,葬衡山之阳祝融峰(今湖南衡山),后世祀为火神。吴回生子陆终、莱言,莱言居郐墟(本重黎封地。在今山东昌乐、临朐县附近),后有莱国。四十五年,帝赐唐侯(尧)帝。帝喾因为衰老,九黎之民又反,后被帝尧诛之。《后汉书》记:"昔高辛氏有犬戎之寇,帝患其侵暴,而征伐之。"六十二年,帝陟,年七十七岁。《左传·文公十八年》引鲁国大史克曰:"高辛氏有才子八人,伯奋、仲堪、叔献、季仲、伯虎、仲熊、叔豹、季狸,忠肃共懿,宣慈惠和,天下之民谓之八元。"或曰:高辛窬求,参四妃以凝化,生四子:卨(阏伯)、弃(实沈)、挚、尧(放勋),皆名闻天下。

帝喾娶娵訾氏常仪,生挚;娶姜氏姜嫄立为正妃,生弃(周祖);娶有娀氏女简狄,生卨(一作契,音 xiè。殷祖);娶陈锋氏(其先为伊耆氏)女庆都,生尧。帝喾又娶伏羲氏女羲和生十日。《山海经·大荒南经》记:"东南海之外,甘水之间,有羲和之国,有女子名曰羲和,方日浴于甘渊。羲和者,帝俊之妻,生十日。"《海外东经》记:"汤谷(即旸谷。在今山东日照市东港区涛雒镇南天台山)上有扶桑(别名佛槿、朱槿。其花红色,南方称大红花、映山红、柴爿花),十日所浴。"《海内经》记:"帝俊赐羿彤弓素矰,以扶下国。"又《通典》记:"或曰蜀之先,帝喾封其支庶于蜀,其后称王,长曰蚕业,次曰伯雍,次曰鱼凫。"帝喾嫁女于盘瓠,其后有荆楚(后称楚国)。

帝喾两子阏伯与实沈居于旷林(当指今山西长子县),兄弟俩不和睦,还动干戈互相征讨。帝喾知之,封实沈于大夏(今山西太原市),封阏伯于商丘(今河南商丘市)。《左传·昭公元年》子产论:"昔高辛氏有二子,伯曰阏伯,季曰实沈,居于旷林,不相能也,日寻干戈,以相征讨。后帝不臧,迁阏伯于商丘,主辰,商人是因,故辰为商星。迁实沈于大夏,主参,唐人是因,以服事夏、商。其季世曰唐叔虞。"阏伯受封改名卨,实沈受封改名弃。帝喾之时有容成氏掌天象作符号记事,象形符号以为巫书。容成氏,一记讼成氏,一记归臧氏,归臧氏后传白姓。《志文》记:"自有归藏氏,和鸣克谐,琴瑟友情,凤凰锵矣!"

帝喾高辛氏传有莘氏(今陕西渭南出土"有莘氏"遗物铜矛。今陕西合阳县"古称洽川",其前身是为有莘氏国)。《通典》记:鲋鳃山山上"有秋山,帝喾葬处"。帝喾陵在硝河西岸(今河南省内黄县梁庄乡硝河),在高阳颛顼帝陵之西边。帝喾去世,长子挚嗣位。

五、少昊氏帝挚行内禅

帝挚(鸷),号青阳氏,帝喾娶常仪所生,以为青阳之余绪。帝挚很是儒雅,国之图腾是"鸟";其组织名按"鸟"行止而设,又曰凤鸟氏;无为而作鸟迹书,亦鸟飞样。帝挚喜欢玩鸟、养鸟,观鸟隼而千里知其驯(起飞地),察麃羽而知其掌中异,国以鸟为图腾。尽管都是些"鸟"事,可是他给官员的分工官名却有趣而实在。帝挚封凤鸟氏,历正也(管理天象);玄鸟氏,司分者也(司法官);伯赵氏,司至者也(执行官);青鸟氏,司启者也(教育官);丹鸟氏,司闭者也(卫戍官);祝鸠氏,司徒也;鸤鸠氏,司马也;鸧鸟氏,司空也;爽鸠氏,司寇也;鹘鸠氏,司事也。这十大分工,前五大官员职称"五鸠",是为民办事的官员。后五种官名称"五雉",管理五工正,"五工正"是指人们的车子、服饰、利器、用具、度量,设官五工正,方便民众生活。帝挚将弟尧封植(扶植之意)于平陶(即今山西平遥县平遥古城)。平陶乃黄帝律"封鼎平陶"之地。尧在平陶,诸侯皆去以物易陶,尧聚敛货财,富贵无比,威德日隆,乃备兵,其威大振。消息传到亳都,大臣豨兜、孔壬、崇伯鲧等大惊,忙告于帝挚,以为尧将反焉。帝挚曰:"我弟自幼聪慧,常摆石子游戏曰战之事,围战也(指围棋。据传云,围棋是尧发明的)。即有风闻,渐必事实。我不会在虚位,就禅让吧!"帝挚乃拟诏命内禅帝位给尧,兄弟之间禅位称内禅。尧受帝位,乃封挚于高辛(今山东聊城市莘县)。挚退位六年而薨,葬阳谷(今山东聊城市阳谷县北)。《左传·昭公十七年》记:秋,郯子来朝,公与之宴。昭子问焉,曰:"少皞氏以鸟名官,何故也?"郯子曰:"吾祖也,我知之。昔者黄帝氏以云纪,故为云师而云名;炎帝氏以火纪,故为火师而火名;共工氏以水纪,故为水师而水名;大皞氏以龙纪,故为龙师而龙名。我高祖少皞挚之立也,凤鸟适至,故纪于鸟,为鸟师而鸟名:凤鸟氏,历正也;……自颛顼以来,不能纪远,乃纪于近,为民师而命以民事,则不能故也。"帝挚生子玄元。帝挚之后有挚畴(在今河南汝南县境),为侯国名,传挚畴氏、挚氏、畴氏。玄元受封路中侯,建路国,传路氏;又其后建鲜卑国,传慕容氏。玄元不与尧争帝位,后世赞誉"玄元为道德之宗"。

帝挚之时,封阏伯火正之官,祀大火,而火纪祀焉,封商野,居商丘。相土因之,故商主大火。阏伯管理火种,时洪水泛滥,风沙蔽日,要把宝贵的火种保留下来,也非易事。阏伯于是建筑土丘,形成十七米高的高台,名"阏伯台"以保存火种,曰篝火。阏伯以石击燧石,发明了"火镰子",供人们随时点火来用,造福于人类。帝喾时羲和氏建天文观象台为实沈据有,阏伯则在商野建立观象台,后名阏伯台。阏伯台观察星辰运行,主要是观察大火星,亦称辰星的运行规律,以判断农时节令。《左传·襄公九年》记:"古之火正或食于心,或食与咮,以出内火,是故咮为鹑火,心为大火。"杜预注:"谓火正之官配食于火星。建辰之月,鹑火星昏在南方,则令民放火。建戌之月,大火星伏在日下,夜不得见,则令民内火,禁放火。"这意思是说三月末时,大火星出现,阏伯就号召人们放火烧荒;在九月鹑火(指柳星)出现时,也就是在黄昏大火星不见时,阏伯就号召人们在家生火,不准在外放火。《正义》记:"大火谓之大辰。李巡云:'大辰:苍龙宿之心,以候四时,故曰辰。'孔炎曰:'龙星明者以为时候,故曰大辰。'大火,心也,在中最明,故时候主焉。"就是说把大火星当成了人们确定的准确时间,作为"天上的标点记"《国语·晋语四》记载说:"吾闻晋之始封也,岁在大火,阏伯之星也,实纪商人。"殷墟卜辞中有一条"七日己巳夕壹,[庚午](有)新星并火",辞意是(癸亥)后第七天己巳晚上昏天(即晦天、易日、幽天等),商人于次日行"侑""新"二祭,于是当晚天大晴,大火见于夜空,"十官废行",并"祭祀大火"。《史记·殷本纪》:"契兴于唐、虞、大禹之际","契长佐禹治水有功,帝舜仍帝契为司徒。《汉书》曰:契谓刻木以记事。自唐虞以上帝王有事见于经典,其臣佐不可得而称记也。"阏伯死后被尊为商星,民俗称火神。阏伯葬于封地,封号为"商",则墓冢也被称为"商丘"(今商丘市之名的由来)。帝挚迁实沈之于大夏(今山西太原市),主参星,为参神。实沈不服,认为大夏偏僻荒凉,把他封在那里不公正,始终不肯就封,依然赖在帝都。后改封于宛丘东南的颍水北岸,实沈这才满意地迁徙到新的封地。实沈到了新的封地以后,旧的封地却依然霸占着,并且在新的封地大兴土木,修宫室,筑城郭,建造了沈邑(今河南周口市沈丘县内)。实沈又在大夏建筑高台观测天象,主要观测参星(太白金星)。参星则是《史记·天官书》中所说的白虎星。实沈即为周祖弃,官后稷。之后帝舜之时,阏伯与实沈构和以事,"后稷合契于重华";后稷为农官,契为史官。阏伯死后被称为商星,实沈死后被称为参星。每当商星从东方升起,参星已没于西方的地平线下;而当参星从东方升起,商星也没于西方地平线下,二星在天空中绝不会同时出现,所以就有了"参商离别"的故事。帝喾之医苗父,苗父生苗龙。帝尧时,苗龙善画。苗龙生融(龙)吾,融吾生弄(龙)明,弄明生白犬。白犬主西方,后为犬戎。

六、帝尧继位大哺天下

帝尧,母伊耆氏(炎帝系)曰庆都,于壬寅(前2059)生尧于斗维(即指斗门。在今河南濮阳市东南)之野,常有黄云覆其上。尧养于伊河旁伊(侯)长孺家,及长,身长十尺(一尺合今十六点九五厘米。是为一米七高),有盛德,封于唐,梦攀天而上,高辛氏衰,天下归之。《竹书纪年》记:"炎帝自伊(即伊是。在今山西安泽县南)徙耆(即耆国,一记黎国。在今山西长治市西北四里),故曰伊耆氏,伊,即帝尧母家。"后(伊)祁是尧的文字老师,"后祁处唐作师,成伊祁于天子"即指此也。尧八岁,是为帝喾四十五年(己酉。前1992),即赐唐(今河北唐县)侯。十五岁时,尧兄帝挚封尧在平陶(即今山西襄汾县陶寺村南),因号陶唐氏,史称唐尧。尧在平陶理政二十年,三十五岁取代挚立为帝。

帝尧元年丙子(前2025)即帝位。尧登帝位前,獾兜、孔壬、崇伯鲧曾经反对,则谓之"三凶"。尧登帝位,将鲧贬官,鲧知旧罪而无言;将獾兜贬官,獾兜为自己辩罪还是任为大臣,官纳言;将孔壬贬官,孔壬滑头,还是为尧的股肱之臣,是为水官。尧称帝,其兄十日于天台山(指今山东日照市天台山)威高,以致帝尧德光不显。帝尧恐十日之子九婴不服,命大羿射九婴,九婴被射杀。《楚辞·天问》记:"羿焉日,乌焉解羽。"后讹传十日为十个太阳,非也,十日为帝尧兄,十日为汤古氏,有十子,惟留一子后传汤姓。《淮南子·本经训》记:"逮至尧之时,十日并出……而民无所食。猰貐、凿齿、九婴、大风、封豨、修蛇皆为民害。尧乃使羿诛凿齿于畴华之野,杀九婴于凶水之上,缴大风于青丘之泽,上射十日而下杀猰貐,断修蛇于洞庭,擒封豨于桑林。万民皆喜。置尧以为天子。"时年,祝融吴回之子陆终生六子:昆吾、参胡、彭铿、会人、安仁、季连。黄帝裔孙始均仕尧,时逐女魃于弱水,北人赖其勋。女魃,氏族名,赤水氏之后,先前黄帝与蚩尤战,女魃作法阻雨。帝尧之后,女魃徙居女水之阳(今山东淄博市临淄区东南),传女性。唐初肇建,宇宙洪荒,时洪水滔天,将都地附近的襄陵(今山西临汾市东南古城庄)四面包围,民众在水中生活,甚为艰难。《孟子·滕文公上》记:"当尧之时,水逆行,泛滥于中国;蛇龙居之,民无所定,下者为巢,上者为营窟。"帝尧问大臣们谁可以治理水患?放齐曰:"你的儿子丹朱可以。"帝尧嗤之以鼻曰:"唉!顽皮又性情暴躁,不能用!"帝尧又征询大家的意见,要另选他人,驩兜曰:"都!共工(官名)方鸠僝功(能立事业,聚见其功)。"帝曰:"吁!静言庸违,象恭滔天。"方鸠即土正,帝尧将土正用为鸠僝(建筑师),以掌管工匠,建筑木屋。帝尧又找来四岳曰:"嗟!四岳。当四面八方汤汤洪水滔天而来,浩浩荡荡环绕群山,淹没丘陵,百姓生活被困扰,有谁能够治理洪水?"四岳默然,而大家都以为鲧可以。帝尧曰:"鲧,崇伯?他管理崇(鲧的封国。在今河南嵩县北)这地方都没有担负好责任,百姓之间常斗殴毁族,不可用也!"四岳以为这是尧在报复鲧,则曰:"这是另外一个事。让他试试看,真不可用就不用。"尧尽管对鲧有成见,但还是采用四岳的意见用了鲧。故《史记·五帝本纪》记:"帝尧者,放勋。其仁如天,其知如神。"

尧为帝,他的胸怀如天一样广阔,他的智慧像神一样微妙。他站立时如日月照射,远望他形象如彩云。他富有而不骄逸,他显贵而不摆架子。他常戴一顶黄色的帽子,穿着纯白色绸衣,出门远行他就乘坐白马拉着的彤车。他能明辨是非,教民德行,以亲九族。九族和睦,方便百姓。百姓昭明,合和万国。帝尧初时,九黎又复恶而诛之。水患震及帝都蒲阪(今山西永济市西南蒲州镇),尧率部迁平阳(今山西临汾市)。阚骃《十三州志》记:"蒲阪,尧都。盖尧帝亦都此,后迁平阳"。《通典》记:帝尧时"洪水九年"。《帝王世纪》记:"帝尧氏始封于唐,今中山唐县是也,尧山在焉。唐水在西北入唐河,南有望都县,山即尧母庆都之所居也。"帝尧敬祖,太祖庙里供奉黄帝(鸿)木刻神像。帝尧孝道,不因母以子贵,而定其母"陵不越姜嫄(帝喾正妃,生后稷)"。帝尧定姓,以为黄帝为姬姓,姬、己同音,帝者各有氏,则异少昊帝为己姓。帝尧以四岳为相;命卨(音xiè)为司徒,封子姓;命弃为司农,封姬姓。帝尧问政四岳,得定天下大计。鼓延者,发明箭靶,帝尧封殳侯。《山海经》记:"鼓延是始,为钟为乐风。"

帝尧时,重黎有三子:羲和、羲仲、羲叔,皆为天文官。帝尧命羲和要经常祭祀广阔的天,要仔细观察日月星辰运行的规律,分辨节日岁时,以告诉百姓节气时令。羲和建观象台(在今山西襄汾县陶寺乡,观象台呈扇形,由十三根夯土柱形成十二道缝隙,以观日出移位,以定春、夏、秋、冬),羲和之子和种、和叔。帝尧令羲仲,居住到郁夷,名旸谷(即今山东日照市东港区涛雒镇南天台山)的地方去,每天要恭敬地迎接日出,羲仲便起程往东去了。羲仲在天台山观察天象,日居中时,能够平分昼夜,并参考鸟星的位置来校正,以定是中春。这时节,鸟兽也要频繁交尾,就要告诉百姓们到田间去劳作,散播种子了。帝尧再令羲叔,去南交(即交趾。泛指今五岭以南地区)居住,羲叔就起程到那里去了。羲叔安排了用具,也便观察天象。日间,日照时间最长;夜间,星火最明晰时,以定是中夏。要告诉百姓天最热时带来的生活不便,这时鸟稀落,兽也疲惫。帝尧再令和种,到西土去居住,这个地方叫昧谷(疑今在甘肃酒泉。传说中的西方日落之地),并要和种敬谨地送太阳下山,和种起程西去了。和种在那里观察日落时的情况,夜晚时见星星虚弱,有凉意,以定中秋。这个时候人心情烦愁,鸟兽的毛在脱落。帝尧再令和叔,到北方去居住,那个地方名幽都(古地名。我国神话传说中的阴聚之地。疑似今北京市昌平区西北三十里的幽都山),要他观察农作物收藏的时节,和叔也就起程前往。和叔观察到日照时间再短时,星小而远,以定中冬。这个时节,百姓居室取暖,鸟兽的毛都长得厚茸茸的。就这样,经过四方收集的数据,以确定一年为三百六十六天,以闰月正四时。也就这样百官及时教民四时,祭祀太阳神。四时已定,就大力发展农业生产。帝尧制定四时成岁,为农耕颁布时令。帝尧又命大费调训鸟兽,使用火烤熟食;命伯夷栽麦种黍,改良稻米技术;命彭铿调厨食疗,以延长寿。《吕氏春秋·古乐》记:"帝尧立,乃命质为乐。……瞽叟(盲人)拌五弦之瑟,以作为十五弦之瑟,命之曰《大章》,以祭上帝。"帝尧初时的治水官是四岳,《国语·周语下》云:"共工之从孙四岳佐之。高高下下,疏川导滞,钟水丰物,封崇九山……祚四岳国,命以侯伯,赐姓曰'姜',氏曰'有吕'。"尧称帝,"尚茅茨,不奢侈华靡,天下万国安其居"。帝尧建居室用原木做椽子而不刮削,立柱八根,横梁七条,曰"横七竖八";用茅草盖屋顶而不加修剪;用土塯(篮)盛饭吃;用土瓯子喝水。

帝尧就自己后继之人的问题问四岳:"嗟!四岳。朕年已老,哪个能够听命继任朕的位子?"四岳曰:"鄙人德行浅疏,怎么好议论这个事?"帝尧曰:"你助政朕这么多年,一定知人不少。你就推荐与黄帝族有血缘关系的贵戚,最好是疏远而隐匿的人。"大家都对尧曰:"有个光棍在民间,他很坚强而贤能,这个人是有虞氏之后,名叫虞舜。"帝尧曰:"可以,朕知道他,他是虞幕之后,琴师瞽叟之子,自虞幕至于瞽叟无违命。但不知他的能力怎么样? 孝道修养怎么样?"四岳曰:"虞舜的父亲瞽叟是个盲人,但他心不善良;虞舜的母亲蛮横无理;虞舜的弟弟狂傲不驯。但舜却能够和睦相处,受辱而还尽孝道,把这个家治理得很好,没有奸邪之事。"帝尧曰:"乃就请他来,朕要试并观察他。"于是就用了舜。帝尧教两个女儿去服侍舜,以观察舜内心的德行;又使九个男人与舜相处,以观察舜在外的处事行为能力。舜居妫汭(今山西永济市西南),《尚书·尧典》:"(尧)厘降二女于妫汭。"尧的两个女儿服侍舜,舜行为拘谨。尧的两个女儿不以高贵的出身而对待舜的亲戚,特别讲究为妇之道。尧认为舜做得对,同意这样做,乃又使舜慎和五典(即五教。父义、母慈、兄友、弟恭、子孝),五典能从。乃将舜编入百官中,并去管理他们,百官服从井然有序。尧又让舜在国都四门去接待宾客,四门皆肃穆庄严,诸侯自远方来做宾客,都肃然起敬。尧使舜到山林川泽去考察,即使遭遇暴风雷雨,舜照样前行而不迷失方向。尧以为舜是个圣人。尧的九个男孩子也很笃信舜。

帝尧命舜摄行天子之政事以观孝道。舜在璇玑玉衡(帝尧时代测量天体坐标的仪器)观察太阳、月亮,及水、金、火、木、土五行星,即七政的自然运行规律,遂焚香点烛祭祀上帝。舜诚心地用艾叶焚烧升烟尊祀六宗,即水、火、雷、风、山、泽;望祭了大山、川河;又拜祭了各种神灵。舜恭揖信符圭璧五瑞(五块刻着符号的玉介板),选择吉月良辰,去拜见四岳与各诸侯以示谢意,这才班瑞,拿着五瑞回来。是年二月,到东边去巡狩,以至于岱宗(即泰山。今山东泰安市北),用柴火焚烧告天,瞭望山川锦绣。又接见东方诸侯的君长,与他们核实时月正日,并要求统一使用音律及度量衡。舜还辑修五礼,即整饬吉、凶、宾、军、嘉五种礼仪,规定用五玉(五种玉器)、三帛(三种彩缯)、二生(两种活物)、一死(一只死鸭)作为不同等级人的见面礼。规定如果赠送的是玉器,礼仪结束后就要归还。时年五月,到南方去巡狩。八月,到西方去巡狩。十一月,到北方去巡狩。到这几个地方去巡狩,都安排了跟去东方巡视一样的程序。四方巡视回来,就到太祖庙祭祀,用公牛一匹为祭品,之后就每五年要巡狩一次。遍告各地诸侯每四年一次要到太祖庙来祭祀。他们来朝觐,舜就要告诫他们要治理好自己的一方,并赐给车马服饰让他们享用。舜准备了用刑典治理民乱,规定有流宥五刑(凡是犯了墨、劓、剕、宫、大辟五种刑罚的人,用流放来宽恕他们),鞭作官刑(官府的刑罚用鞭打),扑作教刑(教育孩子用棍打),金作赎刑(用黄铜可以赎减刑期)。过失犯罪,一律赦免;怙恶不悛者,严惩不贷。钦哉!对待刑罚要谨慎。

帝尧放权于舜,以代摄行天子之政。舜行视洛河(今河南洛阳市宜阳县洛河段)鲧治水的地方,见鲧治水有问题,曰:"毁土筑坝,堰塞不畅,何以治水?"鲧曰:"昔王都在蒲姑,黄河水西、南夹击,两年一洪涝,故王都内迁陶城。今将洛河之水堵之另予分流,减缓黄河水流,王畿之地就不会积水为患。"舜将鲧挖"息壤"(肥沃的土)以筑坝之事告诉帝尧。帝尧闻鲧挖"息壤",大怒曰:"窃挖我息壤,毁我良田,以填塞洪水。这是蠢事,我不知也。鲧九年治水无功,绌也!"帝尧即命祝融(陆终)去拿办鲧,杀鲧于羽郊(即羽山。在今江苏东海县西北与山东临沭县交界处)。天下的人都认为舜举报鲧,通过帝尧杀之是正确的。帝尧虽有圣德,但杀崇伯鲧有以为是在报初为帝时崇伯鲧极力反对的旧怨。崇伯鲧治洪水九年,筑堤拦水,人力物力消耗很大,水患仍有,功用不成,但其治水苦劳留传于世。有一老人持图对帝尧曰:"予姓伊名献,诸山洪水遇舜则正矣,亦数也。"帝尧大臣共工氏方鸠潺功,舜流放他,而以垂为之。

帝尧将行政之权交舜去办理,舜因其权大。帝尧又授神权给丹朱,教以用兵之道,企图压制舜的权力。神权本来是控制人的思想,以为天命;或监视权力,以防权力膨胀,可丹朱得到的神权原来是一大堆石子,又是布阵、又是推演,正中十路,谓曰"天元",围战之棋也,后名围棋。人称:"(尧)传舜以王权,授丹朱以神权。"帝尧明知权位受到舜的挑战,自己犹如一具干尸,则又想让许由当九州长官,以候选帝位。许由居颍水之阳,闻使者言就跑到颍水去洗耳朵,表示不听。舜感受到帝尧对自己的不信任,又有丹朱对帝位的觊觎,除了以努力工作赢得帝尧的信任外,也就利用代行政的权力在人事方面加以调整。舜行政,分设天下十二州,即:冀州、并州、兖州、幽州、青州、扬州、荆州、豫州、梁州、雍州、营州、赤县神州(原来已经有九州。增设了并州、幽州、营州),派遣十二牧去管理。舜请示尧,将鲧囚禁在羽山后致死;舜又将土正(应是土正之子方鸠)流放到幽陵(亦名幽州。即今北京市)去,以促使北狄人改变习俗;将驩兜迁移到崇山(在今湖南张家界市西南)去,以改变南蛮人的习俗。继而起用了高阳氏才子八人的后代能人,来治理国家,天下诸侯咸服。舜行政时期已经是独揽大权了。舜行政,九黎又窜出作乱,平之。

帝尧三十四年(前1992),帝尧大权旁落,形体枯瘦,卧病在床,彭铿(祖)熬制雉鸡汤喂之调养。《竹书纪年》记:"昔尧德衰,为舜所囚。舜囚尧于平阳,取之帝位。舜放尧于平阳,舜囚尧复偃塞(封闭消息)丹朱,使不与父相见也。"尧的帝位被舜取代,但舜不称帝,仍称虞舜。尧对舜曰:"朕将二女嫁给你,你要善待她俩。你谋事周密,有政绩可查。现就请你登帝位。"舜假说自己德薄而推让再三,是为三让之礼。尧不同意他的推让。时年虞舜三十四岁,咦!帝尧六十六岁失王权。帝尧逊位,作《尧典》。尧以为,王权授给舜则天下得其利而丹朱不服;将王权授给丹朱,则天下人不服而丹朱得其利。尧曰:"总而言之,不可以以天下人不服而使一人得利。"

帝尧失王权退位,八年崩,终乙卯(前1986),寿年七十四。帝尧葬,斲木为椟,即用中空的木段为木匣;葛藟为缄,即用葛藟藤条扎束棺材。故帝尧葬,其穿不乱泉水,其身不泄臭,以为回归自然。尧崩,百姓悲哀,如丧父母。舜下令三年内,四方不得举乐,要思念尧的功绩。尧崩,三年丧期。帝尧王天下之时,金银珠玉不饰,锦绣文绮不衣,奇怪珍异不视,玩好之器不宝,淫侏之乐不听,宫垣屋室不垩,甍桷椽楹不斲,茅茨遍庭不剪。鹿裘御寒,布衣掩形,粝粱之饭,藜藿之羹。不以役作之故,害民耕织之时,削心约志,从事乎无为。吏忠正奉法者尊其位,廉洁爱人者厚其禄。民有孝慈者爱敬之,尽力农桑者慰勉之。旌别淑德,表其门闾。平心正节,以法度禁邪伪。所憎者有功必赏,所爱者有罪必罚。存养天下鳏寡孤独,赈赡祸亡之家。其自奉也甚薄,其赋役也甚寡。故万民富乐而无饥寒之色,百姓戴其君如日月,亲其君如父母(见《六韬》,一记《太公兵法》)。

帝尧娶散宜氏所生长子丹朱,是驩兜的女婿,虞舜以为"三苗之国"隐藏着反对他的阴谋,便称苗民为"潜为之国"。舜以为丹朱没有德政,对于他的父亲尧没有帝位继承的权利,所以,在华夏联盟议事大会上,"尧以天下让舜、三苗之君非之",于是爆发了异常激烈的斗争。驩兜以武力作后盾,在华夏联盟议事会上以为应该是父传子位,虞舜是女婿,女婿是外姓人,于是坚决反对"舜篡尧位"的合法化。丹朱自称帝,率三苗之兵伐舜,双方在丹水之浦(即今陕西、湖北、河南边境之丹江)展开大战。舜败而避让到南河之南(指今河南洛阳、巩县一带黄河南岸)。但是,诸侯朝觐者不到丹朱那里去而是到舜的居住处去,断狱的官员也不到丹朱那里去而去找舜,民间讴歌的不是丹朱而是舜。舜曰:"这是天意,我不得辜负百姓。"舜以帝的身份,大会诸侯以伐丹朱,丹朱逃于房(今河南遂平县西南四十里的吴房故城)。舜拘留了丹朱,命其居丹水为诸侯,"谓之虞宾,天子弗臣"(见《路史·国名纪丁》)。舜命后稷去办理,《竹书纪年》记:"后稷放帝朱于丹水";又记:"丹诸(朱)辟舜于房",封房侯,称房邑侯。丹朱在他父亲尧丧期的三年里称帝,故有"丹朱为帝三年"的说法。《越绝书·吴内传》云:"尧有不慈之名。尧太子丹朱倨骄,怀禽兽之心,尧知不可用,即(节制)丹朱而以天下传舜。此之谓尧有不慈之名。"丹朱死后,其子陵袭封,以封地为姓,史称房陵,后世称房姓人为"帝尧世孙"。丹朱之后又有传狸姓。驩兜长子有扈,有扈氏后亡于夏帝启时;驩兜次子厘连,厘连传厘姓。

七、虞舜为帝　五服朝贡

帝舜,即虞舜。虞舜,名曰重华。重华父曰瞽叟,瞽叟父曰桥(蟜字通假)牛,桥牛父曰句望(芒字通假),句望父曰敬康,敬康父曰穷蝉,穷蝉父曰颛顼,颛顼即乾荒。颛顼父曰昌意,昌意父为轩辕。轩辕后传八代至于虞舜。穷蝉亦名姑幕,曾与兄虞幕争位,谋杀魍魉,魍魉逃到雷泽(一名雷夏泽。在今山东菏泽市东北)。虞幕即位,迁穷蝉至于姑幕(一记姑蔑。在今山东泗水县东四十余里卞桥南),名亦因之。穷蝉孙句望,管理穷桑之树,因亦曰扶桑(在今山东曲阜北泗河中。是当年白帝与皇娥泛海上见到的那棵千年老桑树)。句望至于帝舜,皆微为庶人。《左传·昭公八年》记:"自幕至于瞽叟无违命。"

舜生于姚墟(故址在今黄河北岸的河南濮阳市)。舜的父亲瞽叟是个盲人,尧的琴师,舜的母亲握登早死,继母又生了弟弟象,居家妫汭(在今山西永济市西南),是为妫姓。瞽叟溺爱后娶之妻及小子象,象桀骜不驯,多次要杀舜,舜的妹妹嫘首得悉后告诉舜,舜避逃。嫘首善画,后世尊为画师,故亦称画嫘。舜在家逆来顺受,顺事父母,每日勤勤恳恳,不贪图懈怠。舜是冀州(指今山西和陕西间黄河以东、河南和山西间黄河以北及山东西部、河北东南部地)人,耕作在历山(今山西永济市蒲州镇南雷首山)。舜在历山耕作,历山的人皆互相礼让;舜去雷泽(在今山西永济市南)捕鱼,《逸士传》云:"(舜)视其友,则雄(雒)陶、方回、续牙、东不訾、秦不虚、灵甫之徒,是为七子。"雷泽的人皆让出居处。舜在黄河边制作陶器,所作器皿从不粗制滥造。舜在寿丘(今山东曲阜市东北)编制各种竹器。还在负夏(又称负瑕,瑕丘。在今山东兖州市东北五里)集市上做些小买卖。《孟子·离娄下》记:"孟子曰:'舜生于诸冯(在今河南荥阳市西),迁于负夏(瑕丘古迹。位于今河南濮阳市东南十八里固堆西),卒于鸣条(在今山西运城市东北),东夷之人也。'"

　　舜的父亲凶顽,母亲奸诈(嚚),弟象傲慢,皆欲杀舜。舜都忍让而不失为人子的孝道、兄弟间的孝慈。舜所居处的地方众人来聚居,一年就成了村落,两年就成了镇子,三年就成了都市。帝尧就赏赐给舜絺衣(细葛布)与琴,并为他修建仓廪,还给了几条牛,十多只羊。舜的父亲瞽叟又想杀舜以图将舜的财产给予小子象,就骗舜爬到仓库的顶山去涂抹缝隙,瞽叟却在底下纵火,舜就用两个斗笠挡火,顺着杆子下来,逃出火坑。父亲瞽叟又使舜去挖井,舜挖井到一定深度时就横向挖了两条暗道。瞽叟与象待舜将井挖得很深时,就往井里填土,舜就从暗道逃跑了。瞽叟与象以为舜死了,就争功。象曰:"我的谋计很成功。"象就与父母分舜的财产,象对父母曰:"舜的两个老婆与琴就归我所有,牛、羊与仓廪就归你们。"象就到舜的居室去住,在那里弹琴。舜却回来了,象惊愕得不知所措,急曰:"我想你烦闷,所以弹琴。"舜曰:"然。你没有错。"舜照常尊重父母,挚爱弟弟。于是,帝尧以为舜心胸有海量,就让舜去制定五典,以约束官员,皆治。舜二十岁就以孝闻,二十六岁而为四岳推荐给帝尧,三十四岁代帝尧行政,一记摄政。舜代尧行政,以为高阳氏(颛顼帝)起用八大才子"八恺"治理了国家;高辛氏(帝喾)时期亦有八个才子"八元"协助管理国家。这十六族者,世济有美名,不应该让美名陨落。帝尧时,这十六族没有人才被起用。舜于是就举荐"八恺"的后代人,让他们去管理土地,掌管政务。他们工作做得很好。舜又举荐"八元",使他们布五教与四方。于是,父义、母慈、兄友、弟恭、子孝,社会稳定。过去黄帝鸿有不才子掩盖事实真相,以贼为友,行凶不法,天下人谓之"浑沌"。少昊氏有不才子不讲信用,不忠不孝,崇尚干坏事,天下人谓之"穷奇"。颛顼氏有不才子不可教养,诡计多端,天下人谓之"梼杌"。此三族之后,皆为世人所忧。至于尧,时尧还在世,缙云氏也有不才子,贪于饮食,图谋财货,行贿不法,天下人谓之"饕餮"。时人将饕餮与前三个不才子并列,以为四凶族。舜在四门接待宾客似有不畅,就流放了这四个凶族,将这四族后裔迁出到偏僻的地方去,以对付螭魅(妖魔鬼怪)。于是四门辟清,城门大开,大家都以为没有凶徒了。舜为尧代行政务十八年,史称"有虞革命"。尧崩,丹朱自称帝,舜避居南方。

　　帝舜元年己未(前1982),正月上日(初一),舜在文祖庙接受帝位,时日称"岁首","岁首"之称自此始。文祖庙,是帝尧的太祖庙,里面供奉的是黄帝(鸿)的木刻神像。帝舜之时,将故旧大臣作了如下分工安排:契作司徒,敬敷五教;弃为农官,播种百谷;禹为水官,以治水患;皋陶作刑,民有安居;倕若予工,百工之事;姜姓伯夷,典教三礼;夔为典乐,以歌诗蹈;羲和观天,以掌天文;大费管牲,以驯野兽;彭祖主厨,调药养生;

张果管事,以为侍中等。帝尧曰:"咨!汝二十二人,钦哉!惟时亮天功。"《传》云:禹、垂、益、伯夷、夔、龙六人新命有职;四岳、十二牧,凡二十二人,特敕命之。各敬其职,惟是乃能信立天下之功(见《尚书注疏·虞书·尧典》)。舜载着天子旗去看望老父亲瞽叟,夔唯唯诺诺负责礼仪开道,帝舜尽人子之道。帝舜封弟弟象为诸侯。三年,命皋陶作刑罚以定法,命垂作规矩准绳。而皋陶、契、后稷、伯夷、夔、龙、垂、益、彭祖,自尧时虽然皆举用,但职责不明确,则明其职责。于是舜到文祖庙祭祀,找四岳商量;敞开了文祖庙的四门,以通四方耳目。舜又请十二个州的州牧讨论帝德问题。州牧们建议要"行厚德,远佞人,则蛮夷率服"。虞舜为有虞氏,妫姓,中国改氏称姓自此始。姓名为人的符号,人有名有姓,人的社会责任感有之,人的荣誉感大为提升。帝舜时,外蕃荒服,分珪宅土,锡族命官,宗氏因此而生。虞舜即帝位,尧之子丹朱不服,帝舜平之。帝舜将丹朱流放到房地。帝舜九年,西王母来朝。十四年用禹,时禹三十岁《竹书纪年》记:"帝舜有虞氏二十五年,肃慎来朝,贡弓矢。"

三十四年(前1949),帝舜谓四岳曰:"有谁能勤奋工作,光大帝尧的未竟事业,就授予官爵,让他辅助我处理政务。"四岳以为尧时囚禁鲧在羽山致死似乎有冤屈,则言鲧子伯禹贤能。在场的人于是皆曰:"伯禹做司空,可以光大帝尧的事业。"帝舜于是喊伯禹曰:"嗟,然!禹,汝去平水土,维是勉哉!"禹拜谢稽首,让给弃(音qì)、契(音xiè)、皋陶,帝舜不受。帝舜曰:"弃,黎民有饥色,粮食不足,汝为后稷(农官名)要按时播种百谷。"又曰:"契,百姓间不和睦,主要是五品(父、母、兄、弟、子之间的孝道)没有教养,汝为司徒要教育人敬敷五教。教育他人在于宽教。"契与弃本有间隙,由是责己,契与弃合,而后教化于民。帝舜曰:"皋陶,蛮夷狡猾,扰乱华夏,抢劫财物,奸淫妇女。汝作司法之长,五种刑罚量刑要轻重适度使人服,裁决的五服罪犯要分别在山野、市郊、朝门外执行。五服的罪犯放逐要建立三处居所使他们有所居。五流有度,五度三居,唯有公正廉明,才能让人信服。相信你能够办好。"帝舜曰:"谁能够管理百工?"大家皆曰:"垂。"于是垂管理百工。帝舜曰:"谁能够修整草木,驯养鸟兽?"大家皆曰:"益。"于是以伯益为虞政。伯益拜谢稽首,却要让位给朱虎、熊罴。帝舜曰:"算了,汝能够胜任。让朱虎、熊罴为佐。"帝舜曰:"嗟!四岳,有谁能够典教,主持朕的三礼?"大家皆曰伯夷可以胜任。帝舜曰:"嗟!伯夷,以汝为维持秩序的礼仪官。汝要日夜操劳,保持社会秩序的安静与洁净。"伯夷亦推让给夔、龙,重黎(帝喾时人物,时已耄耋之年)引荐夔为乐正。帝舜曰:"然。以夔为典乐,一人而足矣。夔教育孩子,要率直而温和,要宽严相济,刚强而不能虐待,课目设置要简单明了不能太烦琐。诗句要言简意赅,歌词要长句,乐声要悠长,音律要和韵。八音能够谐听,就不要争内容是否健康,只要神人共乐和谐就可。"夔曰:"吁!让我做典乐对了。我敲击石头,也能使百兽起舞。"帝舜曰:"龙。朕怕听进谗言而不明是非,苦害朕的民众。命汝为纳言,你要日夜出入在朕的身边以鉴别好言坏语,及时规劝我所作的错误决定。朕相信你能够做好。"帝舜曰："嗟!你们二十二人都做了明确的分工,今作《九官》,朕祝贺你们。惟时间检验你们为天办事成功。"帝舜就对任命的官员三年一考核,三次考核不称职的就罢官。如此,选过众官员争取立功之风立兴,到二十二人,皆功成名就。皋陶为人理(大法官),平民也服其决狱公正合理。伯夷主持礼仪,上下皆互相礼让。垂主管百工,百业兴旺。益主理虞政(当时国家称虞),政令畅通,山林沼泽都得以开发。弃主管农业,谷物生长茂盛,年年百谷丰收。契担任司徒,百姓和睦相处。龙主管礼仪接待宾客,很远的人都到中原来朝觐。政令在十二个州的州牧领导下都得以落实推行,原先尧时期定的九州州牧莫敢违抗政令。为了保证社会稳定,考察地方诸侯的政绩和公德,帝舜规定了巡狩制度,"五载一巡狩"。

三十六年(前1947),有苗氏昏迷不恭,禹奉命往征。初时,九黎在洞庭湖逆命,驩兜为三苗之君,兵起于江淮(即长江与淮河。指今安徽、江苏一带)。帝舜派禹去除九黎,可三苗已兵临王朝。禹征九黎得胜复回,三苗的兵已经攻进了王宫。三苗此番用兵之道,是为帝尧"围棋"之策,正中十路,谓曰"天元",突击擒王以为上策。《墨子·非攻下》记:"昔者有三苗大乱,天命殛之,日妖宵出,雨血三朝,龙生庙,犬哭乎市,夏冰,地坼及泉(三苗欲灭时,地震使泉水涌),五谷变化,民乃大振。高阳(即指颛顼帝的族曾孙帝舜)乃命(在)玄宫,禹亲把(抱)。天之瑞令,以征有苗。四电诱祇,有神人面鸟身,若瑾以侍,搤矢有苗之祥,苗师大乱,后乃遂已。禹既已克,有三苗焉。磨为山川别物,上下卿制大极。而神民不违天下,乃静则此。禹之所以征有苗也,还至乎夏王桀。"(此谓:天气反常,夏天也结冰。三苗大乱时,各地民众都响应三苗。他们包围了王宫,这时帝舜还在王宫里,是禹将帝舜从王宫中抱起救出,据描述帝舜可能已经卧病在床。禹领兵打败了三苗之后,天下复归太平。)禹征三苗,作《禹誓》曰:"济济有众,咸听朕(应该称我。因为帝舜还在位,大禹不可称朕)言,非惟小子,敢行称乱。蠢兹有苗(即指三苗),用天之罚。若予既率尔群,对诸群以征有苗。禹之征有苗也,非以求以重富贵、干福禄、乐耳目也。以求兴天下之利,除天下之害。既此,禹兼(战。或兼爱)也。"(引自《墨子·兼爱下》)禹与三苗战七十天平之,帝舜命迁其部到三危(即今甘肃敦煌市东南三危山),《史记·五帝本纪》记:"三苗在江淮、荆州数为乱。于是……迁三苗于三危,以变西戎。"

三十八年(前1945),《传》云:"禹、垂、益、伯夷、夔、龙六人新命有职。"禹、伯夷、皋陶都相聚在帝舜前议事。皋陶申述他的谋略曰:"民有信念,行为道德,则谋略就会高明,辅佐的大臣就会和谐。"禹问皋陶:"然,又如何去做?"皋陶曰:"於!当官的要谨慎修身,考虑问题要作长久计议。品德要高尚,并能够保证使九族遵纪守法。众大臣都贤明处事,高风亮节,则政令就可由近及远行之。"禹捧手致谢,赞美皋陶曰:"对!这都好啊。"皋陶曰:"於!行政在于知人用人,能够安抚民心。"禹曰:"吁!如果按这样去做,就给帝出难题了。知人是要求他的智慧高,用为官;为官的要能够安定民心使民有实惠,百姓们能够怀念他。能够得有智慧的人理政,能够使百姓都有实惠,还担忧什么骧兜造反,有苗起兵,还畏惧什么巧言令色之徒与谄佞不正的人?"皋陶曰:"当然,亦要看人行为的品德,亦要听他的言论是否有品德。刚当官的开始做事,对他的要求是宽大而严肃,温柔地关心他而使他能够自立,并且能够与他平等共事,但是严格要求他,使他对你敬畏。这样培养出来的官,工作繁忙而有毅力,性格直爽而又温和,办事干脆而又廉洁,遇到困难刚强应对,面对强势而晓之以义,办事有章法、有顺序,这真是好官。吉哉!要给当官的讲明每日需要的三德:一曰正直,二曰刚克,三曰柔克,早出晚归,翊明有家。要给当官的讲明每日要严格约束自己的六德:做人,对上恭敬,对下不傲,是为礼;做事,大不糊涂,小不计较,是为智;对利,得拿六分,只拿四分,是为义;人品,品德如莲,香远益清,是为廉;对人,表里如一,真诚相待,是为信;修心,优为聚灵,敬天爱人,是为仁。当官的就必须要亮出当官为国的风采。这样,广泛地展开教育,九德咸成大事,有能力的人当官,百吏肃然威严,就不会让那些有邪淫奇谋的人钻空子。不具备为官修养的人居官位,是要乱国乱民扰乱天下大事的。上天要讨伐有罪的人,设立了五种刑罚来惩处五种罪犯。我这些话可行吗?"禹曰:"汝的言论加以施行就一定能够取得成绩,可以行。"皋陶曰:"我没有什么才智,只是想帮助天子治理天下,承蒙你的赞扬。"帝舜侧听这两人对话,点头以为是,就问禹曰:"汝亦要发表高见呀!"禹拜曰:"於!我没有什么高见,我只是考虑孳孳地安排好自己的工作日程。"皋陶为难禹曰:"何谓孳孳?"禹曰:"洪水滔天,浩浩荡荡包围了襄陵(谓大水漫上丘陵)。民众都处在水中,饱受水患之难。我陆地行走用车,水行乘舟,泥涂中行走用滑橇,走山路用装有鞋钉的樏,山路没有就砍树开辟路径。我与伯益给受洪灾的老百姓发放稻谷与新鲜的食品。就这样,我们将九条大川的水流都疏通到四海,并且疏浚了不少的田间沟渠流通到江河。我与后稷分发给民众他们难得的粮食。粮食不足的地方,就调粮食有余的地方去补不足。将长期缺少粮食地方的人,迁移到可以栽种粮食的地方去。民众情绪才能安定,诸侯万国才能稳定。"皋陶曰:"对了,这就是你的美德。"禹又对帝舜曰:"於!帝。您很谨慎在帝位的行为举止,您用了有德行的大臣,使天下响应。但是,请注意您老的身体,以昭待上帝命。上天将其重要的使命交给您,希望您健康长寿。"帝舜曰:"吁!你这当大臣的,作为朕的股肱耳目。余想帮助民众,你来辅助朕。余很想知道古人的形象,他们穿着日月星辰图像的服装,不知道是怎么绣出来的? 余要听六律五声八音(各种各样的怪话),就请各地诸侯到这里来发牢骚,各地来后有五种语言,你们要(翻译)认真听明白。余当场避开,你们就将听到的言论予以甄别,匡正余过去的过错。你们不要难为情,余最讨厌当面阿谀奉承,退而却诽谤我。余历来敬重你们四个辅臣。形形色色的谗言在我宠爱的嬖臣中传说,什么是我害了帝尧,篡夺帝位的话都说得出来。我要按君子六德的要求清除他们。"禹曰:"然!帝如果不采取措施,善恶不分的官都任用,管理天下就没有功绩了。"帝舜曰:"不要像丹朱那样傲慢,他游手好闲,没有水也在那里搞什么陆地舟行(可坐数人的木车。当指类似于今的飞机)的玩意,召他的狐朋狗党在家淫乱,坏事做绝于世。我就不能顺着他这样胡作非为。"禹口:"我辛、壬(前1970—前1969)娶涂山女,癸、甲(前1968—前1967)她要生子,我在外面忙于治水土功能成,她还天天给我送中饭。而且一来还要等彭铿的擂鼓声响过后方可用饭,于是一等就是一响午。我每次吃了饭就走,不甚想我绝情呀,她难产了,孩子只露了点儿顶,她就死了,我就将小子硬是扒了出来,开启得子也,就给孩子取名'启'(起,取得之意)。臣辅佐您达成五服(即:甸服、侯服、绥服、要服、荒服),土地方圆至于五千里,州十二师,外薄于四海,咸建了五个诸侯国选一方伯的五长制度,各自遵循职守建立功业。三苗顽劣尽管还没有平定,您还在挂念?"帝舜曰:"祝贺汝生子启。至于三苗,用我的德教去感化他们,乃是汝立功的机会呀!"皋陶在旁听禹一席言,于是敬禹的德行,令民众要学习禹的德行。对不讲德行胡作非为的人,则用刑以待,帝舜的德教因此而大加弘扬。于是夔奏起了乐曲,祖先的神灵被召来,各方的诸侯相互礼让,鸟兽飞翔与跳舞,作《箫韶》九支乐曲,凤凰也被召来了。这真是百兽率舞,百官和谐。帝舜以此场景作歌曰:"陟天之命,维时维几。"又歌曰:"股肱喜哉!元首起哉!百工喜哉!"皋陶拍手、稽首扬言曰:"念哉!帝率领臣下兴盛事业,谨慎治国,立有宪法,敬哉!"乃更改歌词唱曰:"元首明哉!股肱良哉!庶事康哉!"帝舜又歌曰:"元首丛脞哉(我是元首如果无大略也)!股肱惰哉(我的左右大臣就会怠惰也)!万事惰哉(万事也就毁坏也)!"接而拜曰:"然,往钦哉(这些都过去了,大家以后努力干吧)!"于是,天下皆推崇禹能够宣名法度,懂得数学声乐等学问,就让他做山川神灵的主宰。时年,帝舜立禹为嗣,实已交权,禹告舜曰:"安女(汝),止女谓舜也。"帝舜时,乐有九招(《韶》乐共分九个段落),《五帝本纪》记:"于是禹乃兴'九招'之乐。"《周易·系辞下》记黄帝、尧、舜时"服牛乘马,引重致远"。帝舜把天子位禅让给禹,禹代行政却不接受帝位称号。

　　三十九年,帝舜陟,年七十九岁,入殓瓦罐,葬舜陵(在今山西运城市以北二十里鸣条岗)。而《史记》记:"(舜)践帝位三十九年,南巡狩,崩于苍梧之野。葬于江南九疑,是为零陵。"《史记》所载似乎路途遥远,帝舜已经是耄耋之年,还能远行乎?疑将疑之。帝舜葬后,两妃娥皇和女英,从中原到九疑,想要找到舜帝的陵墓,但是,娥皇、女英最终没有找到,在返回中原的途中,双双投水自尽于洞庭湖。为了纪念娥皇、女英的多情,人们将零陵(今湖南永州市零陵区)亦称舜陵。《山海经·海内北经》记:"苍梧之山,帝舜葬于阳,帝丹朱葬于阴",或以为后之舜陵是丹朱挟帝舜尸身对抗大禹而自重的移葬之地。帝舜娶女英(帝尧次女。娥皇之妹)生子商均,商均喜欢下犀象围棋,有造船、射箭的技艺,热衷于搞发明创造,不知理政。舜于是豫(预)先将禹推荐给上天,舜推荐了禹为司空,六年后崩。三年丧毕,禹亦让位给舜之子,这就像先前舜让位尧子一样。但是诸侯却不同意,都来归服于禹,然后禹践天子位。禹封商均为有虞氏部落王,称虞国(今河南虞城县)。商均卒后之墓在虞城(在今虞城县城北利民乡杨庄村西南,墓冢残高三点八米,面积九百六十平方米,是历代虞城风景名胜之一)。尧子丹朱,舜子商均,皆有疆土封地,以奉祀他们的祖先。他们穿戴各自祖传的服饰,沿用各自先人的礼乐。他们的后代都以宾客的身份来朝见天子,天子不视他们是臣子,以表示自己不敢专有天下。帝舜丧期三年,纪年空窗期十一年,禹即天子位。

帝舜时制定五服朝贡法律文书:"令天子之国以外五百里为甸服。百里赋纳緫(将收割的粮食带杆连穗捆绑。'禹贡之緫,禾束也'),二百里纳铚(割下带茎的稻头、小米、麦穗),三百里纳秸服(去掉茎的麦秸、豆秸),四百里粟(泛指粮食:南方稻谷,北方大麦、小米),五百里米(去掉壳的粮食)。甸服外五百里侯服,百里采(为诸侯国采邑地),二百里任国(诸侯附庸国),三百里诸侯。侯服外五百里绥服,三百里揆文教,二百里奋武卫。绥服外五百里要服,三百里夷,二百里蔡。要服外五百里荒服,三百里蛮,二百里流。"帝舜时,方五千里,至于荒服(每五百里为一服,五服以远即距王畿之地两千五百里的地区)。南方安抚交趾(今五岭以南)、北发(《索隐》记:"北发当云北户。南方有地名北户")之民;西方安抚西戎、析枝、渠瘦、氐羌之民;北方安抚山戎、发、息慎之民;东方安抚长夷、鸟夷之民。四海之内,都感戴帝舜的功德。于是,禹就创作了《九招》之乐,奏乐之时,各地诸侯进献异物,时有凤凰来飞翔。普天下的清明德政皆自虞舜帝始。帝舜上孝,令藏五谷于瓷以储焉,国有储备。中国赐姓称名自帝舜始:"祗台德先,不距朕行",黄帝时代只称氏,虞舜之时有姓名出。帝舜时代基本上结束了中国远古的洪荒时代。史论评曰:"虞廷凤鸣,而圣誉万年。"

八、四大古圣　皋陶制法

五帝时期,尧、舜、禹、皋陶,史称"上古四圣"。皋陶其先,黄帝鸿公孙氏生少昊帝朱宣。少昊帝朱宣有不才子曰穷奇,故传帝位颛顼。少昊帝次子曰穷申,穷申住穷桑之地守祖基业,故曰"穷";造弓作箭射之长,故曰"申"。穷申生司羿,帝喾以司羿事民事,制度量,官名司衡。司羿,一名业父,是为帝喾时士师(司法官员),司衡娶颛顼帝女,曰女修,生大羿(业)。颛顼帝生三子一女,女曰女修。女修之长兄曰梼杌,梼杌不才子;又次兄曰颛顼,颛顼愚笨之人,皆不得帝位。女修有男子气,故又有传云大羿世在颛顼帝之后。《说文》记:"(嬴),帝少昊氏之姓。"大羿能使箭百步穿杨柳,神射手也。古善射者,《左思魏都赋》记:"弓弦一发,妙拟更嬴",此为嬴姓来源。《史记·苏秦列传》记:"嬴则兼欺舅与母。"又《史记·秦本纪》:"秦之先,帝颛顼之苗裔孙曰女修。女修织,玄鸟陨卵,女修吞之,生子大业。"大羿,即大业,父系之传在少昊帝之后,母系之传谱记在颛顼帝之女女修之后。帝尧在平陶称王时,命大羿去东方(当指今山东日照市)取鸡冠石(雄黄),要制造颜料用以陶器涂彩,可九婴(疑指帝尧兄弟十日的儿子)不给,大羿杀九婴。后神传尧时有十个太阳,大羿射杀其九,只留一个太阳,得以天下太平。实际是十日为帝尧兄弟,十日之子九婴(子)不杀,恐天下争王,帝尧之德光不显,岂可存在,故灭之。大羿死后葬"大羿陵"(在今山东日照市天台山)。大羿娶少典氏女女华(恒娥)生柏翳(大费)、皋陶。

　　皋陶,又作咎陶、咎繇、皋繇。皋陶实为穷申之(曾)孙,帝舜时袭祖父司衡职掌管刑法,称士师。"帝舜三年,命咎陶作刑"。舜帝曰:"圣人不易俗而教,智者不变法而治。因民而教者,不劳而功成;据法而治者,吏习而民安。今若变法,恐人心混乱,民众恃新法而上侵。"皋陶制定刑法,内容主要是:兴"五教"。五教即"父义、母慈、兄友、弟共(恭)、子孝"。定"五礼"。五礼即"吉、凶、宾、军、嘉"。创"五刑"。五刑即"甲兵、斧钺、刀锯、钻笮、鞭扑"。皋陶文化的核心是"法治"与"德治"相结合的治国安邦之道。"皋陶造狱而法律存"。"《夏书》曰:'昏、墨、贼、杀',皋陶之刑也";皋陶曰:"天讨有罪,五刑五用哉。"皋陶帮助夏禹当上了中原华夏部落政权的大领袖。皋陶作耒耜,为发展农业生产作出了巨大贡献。大禹治水,皋陶"功不在禹下"。虞有河图,皋陶莅位,则"河图"是为皋陶所作。《史记·殷本纪》引《汤诰》曰:"古禹、皋陶久劳于外,其有功乎民,民乃安。东为江,北为济,西为河,南为淮,四渎已修,万民乃有居。"皋陶佐禹治水,"令民皆则禹,不如言,刑从之"。利用法律手段确保治水工程的胜利完成。禹继帝位后,为了尊重禅让制度,推举皋陶当继承人,并让他全权处理政务。大禹继位后,淮夷部落对禹有不满情绪,他多次巡视江淮,宣讲大禹功绩:"身执耒锸,以为民先",不畏艰险,吃苦耐劳,公而忘私,一心为民排除水患,使民安居乐业。终使淮夷畏威怀德,一致拥戴大禹。"帝禹立,而举皋陶荐之,且授政焉。"皋陶为开创华夏盛世立下赫赫功勋。《竹书纪年》记:"史畴为禹卜畋得皋陶。"帝禹初时,皋陶制定了中国首部《狱典》,帝禹之后改士师称名"大理"。帝禹三年准备授予皋陶行政职务时(相当于今天的总理),皋陶卒。帝禹就封皋陶之后于英(一作英氏。偃姓。在今安徽金寨县东南)、六(今安徽省六安市)。皋陶为人师表,后有称:书则曰大禹让,史则曰仲尼师。皋陶生三子,长子伯益驯鸟兽能听其言,养马则马服,事虞,食于嬴(今山东省莱芜市);次仲甄,事夏,封六;次封偃(今山东费县南),偃后俱食于楚(指楚国地域内,近今山东南部)。皋陶卒后其长子伯益封于少昊之墟。"皋陶卒,葬之于六。禹封其少子于六,以奉其祀"(见《帝王世纪》)。皋陶死后葬地,城因名皋城(现安徽六安市城东十五里有皋陶墓),世称为公琴。《水经注·沘水》记:"今(六安)县都陂中有大冢,民传曰公琴者,即皋陶冢也。楚人谓冢为琴矣。"

小结

　　曰五帝,是指黄帝之后有五帝,即:帝少昊、帝颛顼、帝高辛、帝唐尧、帝虞舜。五帝时期,中国文明历史进入了有系统的记载阶段,古老的国家历史记载都倾向于自帝虞舜始,故黄帝时代之前是称氏记史,五帝以后记姓称名记史,界线划分比较清晰。

黄帝时代的断代以后为什么那么清晰,而之前为什么那么含糊？黄帝虽然设有史官,记其言行,册而藏之,很显然黄帝之前的记载文字没有系统形成,或失落,之后是凭借集体记忆完成的。五帝时期实有六帝,即帝唐尧前任还有帝挚,帝挚为尧之兄。五帝时期,见于《山海经》所记凡一百十七国,大禹平水土,分九州,统计人口为一千三百五十五万三千九百二十三(见《通典·食货七》)。五帝初在丙申(前2125),终在辛亥(前1930),历时一百九十六年。

篇末汗论

我国的文明肇起时,古三皇各有氏:太昊称伏羲氏;炎帝称神农氏;黄帝称轩辕氏。伏羲、神农、黄帝都有其书,谓之《三坟》,言大道也;少昊、颛顼、高辛、唐尧、虞舜亦各有书,谓之《五典》,言常道也。

(一)远古姓氏文明起源与地名考论

氏族产生于远古,原始社会中以相同的血缘关系结合的人类社会群体,其成员出自一个共同的祖先,称氏族。氏族产生于旧石器时代中、晚期,是自然群居形成的家族势力,他们往往用一种动物或植物作为本氏族的图腾标记。姓氏的起源可以追溯到人类原始社会的母系氏族制度时期,在母系氏族社会,妇女在生产生活中居于支配地位,实行群婚制,兄弟姐妹之间可以通婚,在这种制度下,子女只知其母,不知其父,所以在神话里流传着"圣人无父,感天而生"的故事。三皇五帝时,是封姓命氏的时代。姓者,统其祖考之所自出;氏者,别其子孙之所自分。《通志·氏族略》记曰:"三代(夏商周)以前,姓氏分而为二,男子称氏,妇人(女子)称姓。氏所以别贵贱,贵者有氏,贱者有名无氏。姓所以别婚姻,故有同姓异姓庶姓之别。氏同姓不同者,婚姻可通;姓同氏不同者,婚姻不可通。"姓氏是一个人的家族血缘关系的标志和符号。同姓不婚,有效避免了近亲婚姻造成的遗传不优问题,又可解决血统范围内的财产继承处理问题。姓氏更是人与人之间团结的符号,力量的聚汇,联系的纽带。何谓姓?何谓氏?姓是标志家族系统的称号,其本义是表示血统;氏为姓的支系,用以区别子孙之所由出生。远古先有世系,后派生姓氏,维系了中华民族数千年的历史,从原始走向文明。世系是人类追记先辈业绩的行孝方式,同时也是用以激励后辈努力进取的教育手段。历史的运动创造了社会关系,而世系是国家民族姓氏历史文化的载体。

伏羲是我国历史上最早皇天下的人物,考古与史说传记证明他的存在。伏羲皇天下时代,其为皇之称实际是部落酋长联盟盟主,这样的联盟是远古时期公平合理的公社制联合体。此联合体按今天的中国版图考古定名区域分,只是指黄河与长江中间区的文明圣地境域,包括:甘肃大地湾文化、陕西仰韶文化、山东大汶口文化、河南龙山文化、内蒙古及辽宁红山文化。根据考古资料,在我国的东南方河姆渡文化在公元前五千年之前就已经有了木结构的干栏型房舍,人类已经在使用火制作陶器,在石头上篆刻符号,种植稻米,熟食烹饪。在我国的西北大地湾(在今甘肃天水市秦安县)文化,公元前三千年人类已经有了粮食作物,粮食品种为稷,然后才是粟(黍)的推广;有了彩画技术,证明那个年代已经有了提炼颜料的本领;有了文字雏形,有了度量衡的规制,有木结构房屋。我国的国家文明肇始应该从伏羲时代算起。伏羲称"皇",历四世,有五皇,统称帝太昊,即:伏羲、宓羲、疱羲、女娲、有疱。在今甘肃天水城区建有"伏羲庙""伏羲故里"。其仿古建筑群规模宏大。伏羲庙周边有伏羲画卦的卦台山,有女娲祠、羲皇故里的砖刻、牌坊、白蛇圈等古遗迹。今甘肃天水有风沟、风谷、风台等与伏羲"风姓"有关的地名,这些都是十分珍贵的人文遗址和实物。每年农历五月十三日,以为是伏羲诞生日,谓曰"龙诞日"。伏羲氏二世宓羲其母家在今陕西省蓝田县以西偏北二十八里的华胥镇,《蓝田县志》记名"华胥渚"。华胥镇因为古有华胥氏陵墓得名。华胥镇现今仍然保留有一块记载三皇功绩的碑石,碑石左边有着"伏羲肇娠"的字样。华胥镇以东偏南十里是洩湖镇。考古工作者20世纪60年代初在洩湖镇陈家窝村发现了一个完好的猿人下颌骨化石,命名为"蓝田中国猿人"。伏羲氏都在宛丘,故在今河南淮阳有"伏羲都城""太昊陵",相应的有"龙湖""平粮台"等古城遗址。所传伏羲娶女娲兄妹婚姻,此中的女娲,本称女娃,是伏羲氏时代的女皇。出现在伏羲氏三世的疱羲,娶的是胞妹。楚帛书《创世篇》记:"雹戏,乃娶子之子曰女皇。"子之子是并列关系,当以为是兄弟姐妹。疱羲与女娲兄妹婚姻产子,子未成年,女娃(娲)成为了女皇。女娲之子有疱为皇,统纪在伏羲皇天下时代。

炎帝威天下,其实炎帝没有真正意义上的帝业行为,炎帝部落以成功发明人类种植谷物,并推而广之为后世称颂。炎帝始作耒耜,教民耕种;种黍栽稻,火以熟食;织麻为布,制作衣裳;耕而作陶,始造明堂;配制百草,以治百病从此而威天下。炎帝从第一个名出的魁隗开始,至于炎帝榆罔,七代人,有八帝。本著以《竹书纪年》记炎帝在位一百四十年为据。炎帝时期中国的稻米生产技术已经很是完整,稻黍食物开发了人类大脑的智慧。炎帝时期石器的精良打磨,精美的玉器饰物已经十分普遍,人类装饰美化了自己。炎帝时代是我国农耕文明飞跃发展的时期,于是猿人后期完全脱化成为现代人。现今有不少炎帝系的谱系是从少典氏起算的。烈山氏·少典,都在今湖北随州市随县厉山镇,称"神农故里"。炎帝神农故里现建有神农大殿、神农牌坊,有神农泉、神农洞、神农庙、万法寺、烈山湖等自然景观。随县有"神农故里"之称,当之无愧,世人莫争。炎帝之后为姜姓,非先有姜水后有姜,而是炎帝系养羊之后才有姜姓称。炎帝系称姜姓,即汝(你)去羊尾是为"姜",则以姜为姓。伊耆国以热身植物名曰"姜";去之羊尾儿养羊,称"羌";去之羊尾而尊大,称"美";去之羊尾而蒸之,称"羔";去之羊尾而安适,称"羲"。炎帝之先伊耆国后传羌氏(族),羌有羌水(发源于今甘肃岷县东南的岷江)、羌道(在今甘肃舟曲县北),有羌语(属汉藏语系藏缅语族羌语支)。古《诗品序》记以为"羌无故实",炎居之后有传羌族。炎帝神农氏魁隗母曰安登,亦名女登;妻曰妊姒。现今宝鸡市凤翔县尹家务乡槐原村和宝鸡县桥镇白荆山有女登祠,妊姒庙;今陕西宝鸡市在常羊山建有炎帝陵。炎帝临魁墓在今湖南茶陵县南一百里康乐乡白鹿原。炎帝榆罔初都在今山东曲阜,炎黄两帝结盟之后,炎帝榆罔次都在山西高平羊头山。有关太行山亦称王母山,山之北有羊头山。以今山西高平羊头山为中心,在泽潞地区与神农有关的神农城、神农泉、神农井、五谷畦、耒耜洞等遗址遗迹尚存,碑记石刻、民间风俗、故事传说等丰富多彩,以及祭祀炎帝的陵、庙、祠、宫、城等形成了一个庞大的炎帝文化区域。在炎帝文化区域内,与炎帝有关的村名、地名,如神农镇境内的羊头山(也称东羊头山)、卧龙湾(炎帝逝世后遗体停放处)、跑马岭、晒场,还有炎帝岭(炎帝食百足虫中毒献身处)、黎侯岭(也称羊头岭)、耒耜洞、老顶山(也称百谷山,炎帝栖身处)、古潞国等,至少也不下十处。高平羊头山炎帝文化区的形成,均发生在炎、黄两帝具茨山结盟之后,后有潞子国、赤狄国相继形塑着炎帝的形象。今山西长治市有百谷山神农庙、长子县神农泉、熨斗台炎帝庙、高平市炎帝陵等众多炎帝文化遗迹"皆冠冕若王者之服"说明,炎帝的纪念遗迹万古千秋。今山西潞城市的古城村还有春秋潞子国都城遗址,续村有潞子婴墓,石梁村有曲梁之战古战场,潞祠山有潞子婴祠等潞氏文化遗存。炎帝榆罔都任地,任地即今大汶口文化的考古区域,考古报告证明距今五千年前就已具备了产生现代概念的战争条件,首先是私有制的产生,贫富悬殊,利益集团之间为了争夺提供生活资源的土地、牧场,就不可避免地有战事。考古发现墓葬中有杖钺执旄,腰挂号角的墓主就应该是个军事指挥官;壮年男性墓葬中有多人殉葬,殉葬者应该是战俘,还有死者两侧拼摆有象征神武和权力的龙虎图案,可证明他是将军;考古还发现大汶口文化出土有蒙鼓用的鳄鱼皮、鳞板。炎帝时期南方有成鸠氏国,成鸠氏国当是在今考古定名的良渚文化区域。良渚文化遗址,不仅发现有大量装饰用的璜、瑗、环、坠、管、珠等玉器,还出土了众多的作为礼器用的大型玉琮、玉璧、玉钺。玉钺这种特殊的性质,可能是良渚文化已处于军事民主制阶段的标志。《鹖冠子》记:成鸠氏之族"兵强,世不可夺"。此两例考古的发现,可被视为炎帝部落的军事文化已经存在。炎帝九大部落地缘主要是今考古定名的山东大汶口文化,河南龙山文化,江苏马家滨文化、崧泽文化等区域的部落群居处。这些区域内的原始人居形成的古文明在今五千年前就创造了玉文化、稻黍文化、青铜器文化。蚩尤是为炎帝宗族,炎帝榆罔被俘,则自称"炎帝"。黄帝与蚩尤战,从今考古区域的民众力量比较,黄帝律方是仰韶文化区域、红山文化区域;蚩尤方力量是大汶口文化区域。战争武器比较,黄帝律方有弓箭、遁甲、玉制兵器;蚩尤方是铜剑、铜帽。参战人员比较,黄帝律方有六个旅,加炎帝榆罔一个旅,加上后期玄女部落约二个旅,共九个旅,计为兵员近五千人。蚩尤方有九个部落参战,各部落出一旅,共九个旅,计为兵力与黄帝律方不相上下。双方兵力相当,涿鹿之战中黄帝律方是险胜。

黄帝时代,中国最早先的国家体制已经成型。国家的产生,中国进入了发明狂时代。宿沙发明制盐,嫘祖发明养蚕织布,仓颉创造文字,大挠作定干支,伶伦制成乐器,宁封子烧制陶器,蚩尤冶炼铜铸造工具等。黄帝时代农作有黍、稻、菽、稷、麦的种植。黄帝"迎日推策","命容成造历",为中国日历之最早范本。黄帝鸿穿冕服会诸侯、百官,这样的礼仪潜规则,后之五帝登位皆如此着装。《易系》记:"黄帝、尧、舜垂衣裳而天下治,盖取诸乾坤。"轩辕氏有熊"国"的建立,辖地当指:北至于今陕西的甘泉县,南至于今湖北的丹江口市,东至于今黄河,西至于今甘肃酒泉市。轩辕氏三世轩皇所建黄帝之国,东扩地至于今东海,北扩地至于今河北张家口市,南扩地至于今长江,西扩地至于今甘肃祁连山。轩辕氏三世黄帝律,自涿鹿之战后都在涿鹿三年,黄帝在那里发展了和确立了龙文化,作为主体民族的图腾。在今朝阳牛河梁红山文化遗址考古发掘中,一是熊,不但出土了泥塑的熊下颚和熊掌残体,还出土了双熊头三孔玉器;二是龙,红山文化蛇形龙玉器,从兴隆洼、查海遗址的玉玦,到翁牛特旗三星他拉遗址的玉龙,已经形成了一个系列;三是龟,牛河梁遗址多次出土了神龟玉器和玉龟壳;四是云,红山文化的勾云形玉器,部分造型可能与云有关;五是鸟,在牛河梁红山文化遗址的墓葬中,确实出土了玉鸟。涿鹿之战的胜利主要是靠玄都部落的出战反制,考古工作者在今红山文化区挖掘出了不少的玉质兵器,更使人惊叹的是,牛梁河遗址还出土了面涂红彩的泥塑女神头像,疑是对"玄女神"偶像的崇拜。红山文化发现泥塑的熊体,这与黄帝以熊为图腾的有熊国很是契合;红山文化发现的大批玉制龙器,就使人联想到中国人是"龙"的传人。封姓命氏,肇起于黄帝时代。谓黄帝有二十五子,本著收集到的是:有熊生轩辕,一子;轩辕生青阳、昌意,二子;青阳生律、重、该、修、能,五子;黄帝律生鸿、酉阳、祁成、夷鼓、滕畎、葴言、壬九、荀始、僖乐、姞人、儇才、衣裳,十二子;黄帝鸿生朱宣、玄嚣、雷公、苗龙、浑沌五子,共为二十五子。黄帝封十二子,是指黄帝律时,按社会分工取姓设置的。五帝时的八大姓氏是:姬、姜、妫、姒、嬴、姞、妘、姚,全部有女字旁或女字起底,这是母系社会留下的历史印痕,之后成了母姓。其他姓的最早起源与原始社会民族的图腾崇拜有关。氏族部落不但对图腾奉若神明,禁止捕食、猎杀、冒犯,而且把它作为本氏族统一的族号。在原始部落中,图腾、族名和祖先名常常是一致的,久而久之,图腾的名称就演变成同一氏族全体成员共有的标记,这就是自然族姓。姓氏产生必有世系相伴,世系是人类追记先辈业绩的行孝方式,同时也是用以激励后辈努力进取的教育手段。昭穆者,所以别父子、远近、长幼、亲疏之序而无乱也。《国语·鲁语》曰:"明者为昭,次者为穆。"在各家谱牒中,"五线谱"世系,用红线标注,以示血脉连心;昭穆,按父子序列用文字注脚,使人明知祖宗业绩,能以为激扬奋进。

人类学者根据人类在不同的历史阶段所使用的工具,依次把人类历史分为旧石器时代、新石器时代、金石并用时代、青铜器时代和铁器时代。远古石、玉、铜、铁四个时代的记述,与今所划分的时代是基本相符的。我国的金石并用时期其界面是在黄帝时代。炎帝威行天下,没有固定的国家政权。黄帝所建的有熊国,是部落国家。有熊国地域区块东南,是为炎帝系蚩尤强势统辖区域。国家的建立需要资源与民共享,这样就需要扩大地盘,而扩地就导致了战争的发生。黄帝一生历经七十战,苏洵《心术》记:"(黄帝)七十战而兵不殆。"先时,轩辕(黄帝)建有熊国历数战,青阳金天氏历近十战,共历十五战,则黄帝历十二旬(一年)与炎帝三战阪泉,历十五旬(一年三个月),与蚩尤经五十二战为涿鹿之战。黄帝与战,大多与控制自然资源相关。炎帝与黄帝阪泉之战,预示着炎帝权力的终结,而黄帝王天下时的文明起端。国家文明的产生是在黄帝时代。于是,有"炎帝生于姜水,因以姜为姓";"黄帝生于姬水,因以姬为姓"。云炎帝生于姜水,这是炎帝榆罔祖辈的事,云黄帝生于姬水,是指黄帝律之后黄帝鸿的事。于是判断姜水与姬水之间当有时间距离与地缘距离的考量。有关"炎帝生于姜水",无疑在今陕西岐山县南的横水河,确切地说是炎帝三世炎居养于姜水,因以姜为姓。炎帝是养于姜水,而非生于姜水。而黄帝生于姬水,已经是指黄帝律之子黄帝鸿的出生地。姬水,一说是今陕西关中中部武功县一带的漆水河;一说位于陕西黄陵县附近的沮河;又云姬水是河南郑州新郑具茨山下的溱水。而要在今陕西、河南两省内去寻找"姬水"之河,当无地可找。姬与稷同音字异,稷异为姓即为姬姓,又己、冀姓皆同。黄帝鸿公孙氏出生地,当指今山西稷山县化峪镇"黄华古镇"。又炎帝榆罔之子方雷避难姬水,促成了方雷氏女节嫁黄帝鸿的婚姻事实。今山西夏县西阴村,该村曾建有先蚕娘娘庙,于是说姬水的地缘关系当在今汾河华水间,华水源出稷山。可谓:黄华古镇今犹在,汾河华水说分明。

炎帝系与黄帝系都有着数代的延续,因而炎帝与黄帝的出生地是有先后顺序的,发生在阪泉之战的时间界面,可以确定最后一任的炎帝与初始的黄帝其地缘区域就应该是相当接近的。如果不搞清楚炎黄阪泉之战的地域,将黄帝与蚩尤之战的地域混同,历史的真实性就大打折扣。阪泉之战其实质是为了争取对盐业的控制,并不是无缘无故就发动战争。阪泉,一说在河北涿鹿县东南,也有说在今北京延庆。黄帝之时有阪泉氏,此两地是阪泉氏宗族屯居和徙居的地方,那里没有盐业,凭什么炎、黄两帝跑那么远的地方去打仗?况且黄帝与蚩尤终战在涿鹿,两大战事不可能交叉在同一地域附近,于是断定阪泉之战不可能发生在今河北涿鹿。阪泉,即解州盐池。宋沈括《梦溪笔谈·辩证一》记:"解州盐泽……卤色正赤,在阪泉下。"又《解州盐泽》注释:"版泉:覆盖在盐池表面的一层由硫酸钠、硫酸镁等结晶矿物形成的硝板。"炎、黄两帝争夺盐池控制权的战事无疑就发生在这一区域,则阪泉之野当在今山西永济市蒲州镇与今山西运城市盐湖之间。炎帝榆罔生于承留,是指炎帝榆罔生于今河南开封市,而黄帝律生于轩辕丘,当指生于今河南新郑市黄帝故里。从二帝成长的生活地域看,黄帝律当长于今山西运城市稷山县化峪镇"黄华古镇",炎帝榆罔则养于今山西运城市芮城县大王镇。于是说阪泉之战中的炎、黄二帝已非"黄帝生于姬水","炎帝生于姜水"距离那么远的概说之论了。黄帝与蚩尤涿鹿之战是为了控制铜、铁矿产权益,黄帝从而决定对蚩尤加以制裁的战事。涿鹿,是逐鹿之意,蚩尤之族以为马就是鹿,驱马便是逐鹿。黄帝时代没有"打仗"用词,打仗即逐鹿,这是蚩尤部族不知黄帝部族的战马,以马为鹿造成的历史误会。之后秦二世时,赵高"指鹿为马",并非空穴来风,该当有其深奥的历史根源。逐鹿之战是运动战,战争起于今江苏徐州市铜山区,而铜山古称彭城,古彭城又记逐鹿,无疑这是逐鹿之战起始地。接而的逐鹿之地在今山西运城市盐湖区,而盐湖古亦称逐鹿,无疑这是逐鹿之战的中转地。又接而的逐鹿之地在今河北涿鹿县,无疑这是逐鹿之战的终端地。古逐鹿有三地,在今看来这并不矛盾。据《解县志》记载:解梁古时曾称作涿鹿。又《帝王世纪》云:"涿鹿在彭城南。"而以今面世地图的涿鹿县是在河北省。三地涿鹿,史迹明显。

少昊金天氏与蓐收,既是父子又是君臣,故两座牌坊同时出现今陕西华阴市的西岳庙,西岳庙望河楼前有"蓐收之府"的牌坊。少昊即清阳的君号称名,历史上就没有过清阳为帝的称谓,而称少昊帝者,是少昊金天氏三世之后的朱宣。则可判断少昊金天氏时,他已经由今湖北丹江口市的"江水",迁徙至于华山,再由华山迁之今河南新郑市的"有熊"落居。少昊金天氏数迁其地,说明他的君位也极不稳定,以致有国分八国的说词是符合当时情况的。昌意是黄帝次子,从相关文献对他的描述,昌意应该是比较粗暴的武将,他所降居之地主要是对付北方的狄人,故断若水当是今陕西阳泉县的北洛河,北洛河有一支东北走向的分流古称弱水,若水即弱水。有所云若水指今甘肃张掖市的黑河,这与当时要防范的狄人地缘上不相干,故不可认定。"昌"字与"苍"字音近,黄帝之时的造字先师苍颉当是昌意之后,苍颉的出生地逼近洛河,这与地缘香火的延续性是相关的。昌意与其子乾荒娶蜀山氏女,蜀山氏当在今安徽合肥市蜀山区,绝不会是今四川古蜀国。黄帝之时,称其南方为貅,貅地远不过江陵,即不过今湖北荆州市以南,故判黄帝时无蜀国名。

(二)代次年考略定黄帝与五帝时代

史以失实乱千古,谱以妄缀误大族。有的姓谱挂靠或攀附在历史名人之下,造假者有之,致使祖源不清。如何解决这些问题?走出误区的路径,只有从技术层面的量化上加以匡正与规避。本著采用代次年代学理论进行世次代考,补正历史史实背景进行世次论述,使世系人物链接论述有时序上的可比较性。所谓"代次年代学",就是研究谱牒世系中一代人所经历年数的时段,是属于年代学的范畴。各姓氏修谱规定三十年为一修,就是按一个人的代次年龄来约定的。代次年代学必须具备三个要素,即时间、地点、人物条件。因为所有存在的基本形式是空间与时间,离开时间的存在与离开空间的存在,没有人物条件,这就是荒唐。以"代次年代学"为标尺,对一个家族世系进行度量,就可发现谱牒所述人物事件的真伪与有否、缺代或多加代数,从而使世系排列有序有据,做到父子前后相衔接,使逻辑上得以贯通,以期客观地还原历史真实。在代次年代学的三要素中,时间距离尤其重要,因为人的生命是有限的,生育代次是有规律的,据此可以给生育代次年龄定出概数。即平均十个代次的生育年龄参考岁是为三十岁,下限为二十四岁,上限为三十四岁;个别的生育年龄设定为下限十五岁,上限为五十岁。超出此范围,代数即有问题,多于此则有误加,少于此则有遗漏。定三十年约数为一个代次,进行前六后四的调整幅度是较为合理而科学的。代次年代学在本著引述时简称"代次年考"。

轩皇称年号始于癸卯(前2178),轩皇莅政,作官分职,治理国家。按代次年考推之,可约定轩辕帝生于公元前2250年,以拟就帝喾、帝尧、帝舜生卒年。其一,推帝喾五十二岁生帝尧,推其约生于公元前2111年,自轩辕黄帝至于帝喾,总为七世,实传六代,时间距离一百三十九岁,平均生子年龄是二十三点二岁。其二,帝尧生于公元前2059年,自轩辕黄帝至于帝尧,总为八世,实传七代,时间距离一百九十一年,平均生子年龄是二十七点二九岁。其三,推帝舜约生于公元前2025年,自轩辕黄帝至于帝舜,时间距离是二百二十五年,传八代计,平均生子年龄是二十八点一三岁。此上三例,平均生子年龄是二十六点二一岁,这样的推算结果是符合代次生育规律的。若将轩辕黄帝至于以上三人的时间距离扩出一甲子周期,则轩辕黄帝至于帝喾,平均生子年龄是三十三点一七岁;至于帝尧,平均生子年龄是三十五点八六岁;至于帝舜,平均生子年龄是三十五点六三岁。如此高龄生子,这在远古时期,不符合代次生育规律。《竹书纪年》记:"颛顼帝在位七十八年。"本著按甲子年周期匡算的结果是颛顼帝在位十八年,在没有资料提供少昊帝、颛顼帝有三个连续执政人的名字前提下,只能如此推设,时间差悬正是多出一甲子周期。将颛顼帝在位纪年问题搞清楚了,于是,确定黄帝纪年,也就不会出现误一甲子年的失算。《竹书纪年》记:"帝喾三十岁登帝位。"在帝位三十八年生帝尧,则帝喾是六十八岁生帝尧?前按轩辕帝约生于公元前2250年,推之帝喾公元前2127年出生,时间距离一百二十三年,传六代,平均代次年龄是二十点五岁。帝喾最前,不能挤占颛顼帝的在位年。这说明帝喾如此高龄生子,似不可信;前代间隔代次年龄又如此年轻,尚也不可信。故本著以为帝喾是十五岁即登帝位,五十二岁生帝尧,前代间隔平均代次年龄是二十三岁较为可信,则帝尧应该是帝喾的"老来子"。《史记·五帝本纪》记:"尧立七十年得舜",又记帝尧二十六岁代挚为帝始,时帝尧已经九十六岁,后"二十年而老,令舜摄行天子之政",就已经一百一十六岁;"辟位凡二十八年而崩",也就是说帝尧活到一百四十四岁,这不符合人的生命长寿常规。按《竹书纪年》提供的纪年,帝尧元年丙子(前1965),帝舜元年己未(前1922),两端取中是四十三年,又三年尧子丹朱自称帝,于是考定帝尧在位虚年四十一是比较合理的。按《竹书纪年》记:帝尧生于壬寅(前2059),终乙卯(前1986),寿七十四岁。有关黄帝,《史记》计差四代,唐本《通典》笺按:"舜则黄帝九代孙,喾,帝之曾孙,禹,帝玄孙。计不合如此之差悬,恐(司)马迁之误。"轩辕黄帝的称呼是历史的误会,应该称:轩辕氏黄帝。历史的误会统称轩辕黄帝,使今陕西黄陵、河北涿鹿、河南新郑、山东曲阜都在争黄帝之都,当是逻辑混乱,无法统筹定案。黄帝为五纪,五帝亦五纪,故《世本》记:"黄帝十世。"是为中国的虞朝时代。

我国史学承认夏商周之前是虞时代,虞朝纪年层累在黄帝与五帝时代。古史称"黄虞起运",即黄帝与虞帝是联称的。黄帝之前皆按老皇历记岁,老皇历甲子岁,或称"小花甲计岁法",为破解远古的历史纪年提供了有效的方法。伏羲时代有一百一十五年,历数老皇历是六百八十二甲子岁;炎帝时代有一百四十年,历数老皇历是八百三十甲子岁。我国的虞朝时代,应该从轩辕称有熊国帝年开始(前2225)至于虞舜之子商均终权于辛亥(前1930),是为二百九十五年,按老皇历计算是为一千七百五十甲子岁。炎帝与黄帝权力交接年实际是在公元前2159年,则公元前2225年至于此年,中有叠层六十六年。三皇时代总为四百八十四年,换算成甲子岁是二千九百四十四。后学者所谓三皇时代约公元前一万年至于公元前三千年,是为大误,远古使用的甲子岁不能作为纪年计加历史年数。按最后一个黄帝陟于乙未(前2126),前推百年,可定轩辕建有熊国是在丙辰(前2225)年。按黄帝定甲子年(前2157)起算,前推记加一百四十年,可定炎帝始威天下就应在公元前2297年;前推记加一百一十五年,伏羲始皇天下就应在公元前2412年。黄帝鼎定天下时就设史官。排后是:黄帝律时,孔甲作《盘盂》二十六篇以记黄帝史;黄帝鸿时,黄帝命尹祁作契书,命史臣沮诵记史。五帝时期的史官是:少昊能立高阳为颛顼帝,左彻记史有功;颛顼帝时,吴回为祝融,记其史;帝喾(帝挚)时,鸤鸠氏,司马也,记其史;帝尧(帝舜)时,阏伯为契,记其史。

代次年考可厘清三皇五帝纪年的若干定数,《竹书纪年》已将三皇时期的老皇历换算成帝尧颁行的新历,所以能够将三皇世传的人物排列有序。黄帝的生活文明紧密着他的子孙们,则推黄帝轩辕约生于公元前2250年。十数家古姓氏谱记岁公约数推以轩辕(黄帝)的出生年,这与《竹书纪年》记述推断相一致。《竹书纪年》记:"帝尧,生于壬寅(前2059)时",则轩辕氏黄帝至于帝尧后传七代,平均生子年龄是二十七点二九岁。此例年龄段生育在古时人均寿命期短的背景下是符合代次规律的,就与今人的生育代次比较看来亦为合理。则推黄帝轩辕氏及清阳金天氏称王被追尊为黄帝,自公元前2225年至公元前2179年,共在位四十七年。黄帝律称王又称帝始年为公元前2178年至公元前2155年,共在位二十四年,其中在黄帝位三年(前期为王通年二十二年);黄帝鸿称黄帝始年为公元前2154年至公元前2126年,共在位二十九年,共历百年,即黄帝百年地裂。黄帝律确定黄帝位纪年在公元前2157年始,至于公元前2126年黄帝鸿陟,黄帝实际帝号年份只使用了三十二年。黄帝律涿鹿之战,帝舜的祖先没有参加,于是要寻找共祖,这就最先确定了黄帝轩辕氏才是共祖的来由,也就突出了颛顼帝的功绩,可合理地解释舜受帝位的正统姓,舜于是名"虞舜"。帝尧时是"抑炎扬黄",即是弘扬了黄帝的丰功伟绩,甚少言及炎帝的历史业绩;帝舜时是"抑黄扬虞",即甚少宣传黄帝业绩。黄帝鸿号白帝,又少昊朱宣称白帝,史书将两白帝串撰在一起，容易混淆不清。实际上，前者白帝是未即帝位前的称呼，后者白帝是碌碌无为的贬称。我国的彭姓、徐姓、江姓、熊姓，其谱史自黄帝始至于周朝无缺环，亦无多余，支持了诸史纪述说。刘姓尊帝尧为始，周姓尊后稷为始，殷姓尊契为始，陈姓尊帝舜为始，夏姓尊帝禹为始，等等。这些大姓世系之述都约定俗成，紧密着炎、黄两帝的传说故事，故世系承接不可悬空。五帝时，少昊帝朱宣自公元前2125年至公元前2115年，为十一年；颛顼帝高阳自公元前2114年至公元前2097年，是十八年。帝喾自公元前2096年至公元前2035年，在位六十二年。帝挚自公元前2034年至公元前2026年，在位九年。帝尧自公元前2025年至公元前1983年，在位四十三年（其内三年丧期）。帝舜自公元前1982年至公元前1930年，在位五十三年（其内三年丧期）。五帝在位共一百九十六年。云颛顼帝在位七十八年，是从乾荒称颛顼氏始建有虞国至于颛顼帝亡年的年份总算数。虞朝前期，炎帝威行天下，与轩辕氏称帝并存期是公元前2225年至公元前2158年，历三代人，共存是六十八年。按《竹书纪年》记："黄帝在位百年地裂。"按最后一个黄帝陟于乙未（前2126），前推轩辕建国是在丙辰，即公元前2225年。

黄帝纪年问题，史上文献资料百说不一。19世纪，法国人沙畹编《4458年的中国人》，将黄帝元年记在公元前2637年。辛亥革命胜利后，孙中山就任临时大总统，通电各省，以黄帝纪年4609年11月13日为中华民国元年元旦，确认黄帝纪年是在公元前2697年，时年为甲子年。时也，《江苏》等报刊使用的年号，确定公元前2490年为黄帝纪年。前两者皆为耶稣教人士所作，沙畹，清初耶稣会士；宋教仁，信耶稣教，其说为孙中山所采用，他们的说法与史实差悬太多，不可采信。后者，《江苏》等报刊使用的黄帝纪年号，接近于本著所述的伏羲始皇天下初年。孰是孰非？基本的常识是：黄帝时代的纪年不能悬空在他们的子孙以上数百年。黄帝与五帝已经构成了一个完整的家谱族系，始为轩辕，终于帝舜，总为九世，实传八代。代次理论上，时间跨度不能超过二百四十年。过去的诸论黄帝纪年，问题出在哪里？《通典》已记有"《史记》黄帝至于帝尧是五代人，而记黄帝至于帝舜是八代人，恐是司马迁之误"的字样，但是历史以来没有人对《史记》中世系代次问题提出纠误，更有甚者，史学执着于一个黄帝，致使各方叙论的黄帝纪年就莫衷一是。《竹书纪年》记："颛顼帝在位七十八年。"本著按甲子年周期匡算的结果是颛顼帝在位十八年。没有资料提供少昊帝、颛顼帝有三个连续执政人的名字，只能如此推设，时间差悬正为一甲子周期，为六十年，时差两个生育代次。

我国考古工作者对安阳殷墟商代晚期出土的甲骨卜辞考证以为帝喾确有其人（见钱宾四先生著《西周地理考》）。我国考古工作者对山西夏县西阴村遗址的发掘，发现有窖穴、灰坑等多处遗迹，并出土了各种陶片、石器、骨器，特别是在遗址中发现了半个蚕茧，证明了黄帝时代嫘祖为黄帝正妃，植桑、养蚕、织布的环境条件是存在的。西阴村曾建有先蚕娘娘庙,庙内供有先蚕娘娘像,不排除早先有过嫘祖木偶像。帝挚,这个在中国历史上没有纪年的"鸟"帝,竟然是如此的高风亮节,是他开了中国禅让帝位的先河。另中国的文字在帝挚时期已形成了比较完整的鸟迹书,为帝尧时代的王室行文奠定了基础。考古工作者在黄河中游位于今的山西襄汾县陶寺村考古,发现陶寺遗址东西约两千米,南北约一千五百米,面积约三百万平方米。有与之匹配的王者之墓、观天象的夯土台、气势恢宏的宫殿遗址、相对独立的仓储区、官方管理下的手工业区等。文化事业方面,已经有文字符号"文""尧"描涂在扁壶上。手工艺术方面,有大批的彩陶。科学技术方面,建有观象台,通过十三根立柱缝隙判断节气。社会生活方面,有木构设施的水井、石灰地面的房基、道路。出土了一批陶、石、骨、蚌、玉器、铜铃,及生活用具等,但贫富悬殊较大,有特权利益形成的阶层。据放射性碳素断代并经校正,其年代约当公元前2500年至公元前1900年,这正是五帝时帝尧为帝之前二十年(前2045—前2026)在平陶(即今山西省襄汾县陶寺村南)理政的时间表点内。陶寺遗址是中国最早的"方国"时代,它奠定了中华民族的根基。《山海经》记:"东南海之外,甘水之间,有羲和之国。"今日照天台山太阳神石、太阳神陵、女巫墓,有祭祀女娲的老母庙与老母洞,有老祖像,有女娲补天台,有羲和祭祀太阳神的圣地。这些,大多可以在今甘肃的天水找到相同或相类别的地方名称。我国在日照建立最早的天文台,当是少昊帝所为,为之后帝尧时代的分季年月打下了基础。

(三)三皇五帝紧密成华夏民族的谱系

三皇五帝的人物故事符合代次年考规律,由是可确定《竹书纪年》的准确性。从伏羲氏、神农氏、轩辕氏世次排列代考,都紧密着一个家族、亲家族的谱系,黄帝至于五帝更显这一大家族的完整谱系。

《史记》为什么搞不清黄帝及五帝世系?太史公曰:"学者多称五帝,尚矣!然《尚书》独载尧以来,而百家言黄帝,其文不雅驯,荐绅先生难言之。孔子所传宰予问'五帝德'及'帝系姓',儒者或不传。余尝西至空桐,北过涿鹿,东渐于海,南浮江淮矣,至长老皆往往称黄帝、尧、舜之处,风教古殊焉,总之不离古文者近是。予观《春秋》《国语》,其发明'五帝德'及'帝系姓'章矣!顾弟弗深考,其所表者皆不虚。《书》缺有间矣,其轶乃时时见于他说。"《史记》没有将黄帝代次细分,五代黄帝概以黄帝轩辕(氏)论之,而还缺了个"氏",氏代表的是家族,数代人的意思,故记黄帝至于帝尧,黄帝至于帝舜出现就出现了数个代差。

炎帝系族谱是以烈山氏·少典开始记代的。黄帝系族谱是以轩辕开始记代的。《国语·晋语》记:"昔少典娶于有蟜氏,生黄帝、炎帝。黄帝以姬水成,炎帝以姜水成。成而异德,故黄帝为姬,炎帝为姜,二帝用师以相济也,异德之故也。"此说,没有把话讲清楚,后学者作文往往以为炎帝与黄帝是兄弟关系,是为大误!《竹书纪年》记:"少典之君娶于有蛴氏之女曰安登生神农(魁隗)”，《帝王世纪》记：“有蛴氏之女，名登，为少典妃(生神农)”，烈山氏·少典是炎帝之始祖，则炎帝是少典君之后。而《竹书纪年》记：有熊(黄帝)母为少典氏·吴枢，生轩辕。轩辕娶少典氏·彤鱼生青阳，而有熊黄帝的母亲少典氏·吴枢，是烈山氏·少典的孙女，轩辕黄帝少典氏·彤鱼是烈山氏·少典的玄孙女，则黄帝就是少典氏族的女婿。一方是父系，另一方是母系，这是完全不同的男女姓别之传。故言炎黄两帝不可能是共祖，但可算是族内姻亲关系。

炎、黄两帝系的婚姻曾在王室中被约定俗成。黄帝律娶炎帝族吴英氏女，亦记炎帝大臣吴权之女吴枢，生子曰鸿，即黄帝鸿。黄帝鸿有四妃十嫔，黄帝娶方雷妹女节生少昊帝朱宣，娶嫫母为次妃生浑沌，女节、嫫母皆炎帝系女。炎帝榆罔之孙方雷娶黄帝律女任氏降处江水生共工，共工是少昊帝时的治水官。又炎帝系伊耆氏·庆都嫁帝喾生帝尧；炎帝系姜氏姜嫄为帝喾正妃生弃(周祖)；大羿(业)娶少典氏曰女华生伯益，此可谓炎黄世代婚姻也。为什么说我们是炎黄子孙？因为炎黄结盟重要的条件之一是结亲婚姻。炎黄婚姻，人种优生，产生了华夏民族。我国历史上，但凡炎黄血缘婚姻的后裔都是帝王之位的优选者。黄帝建有熊国始至于今，有着四千一百余年的国家文明纪史。

黄帝与炎帝阪泉之战所领的六支部落，大部分是宗族关系。熊为轩辕本部落，居有熊，地即今河南新郑。貔，犬戎部落，居静宁，地在今甘肃静宁，其先为轩辕氏同祖，近亲支族，语言相通。罴，北狄部落，居平阳地在今山西平阳，是轩辕氏近支族，于北方游牧。貅，南蛮部落，居荆蛮，是为轩辕氏另支部落，地在今湖北荆州。貙，渠搜部落，居酒泉，地在今甘肃酒泉，有熊氏发明车轮，渠搜制作车辇，故两支族有亲朋好友关系。虎，畎夷部落，居地在今陕西汉中，其部落先时与轩辕氏部落常结伴游牧。所谓黄帝六部众，皆为宗族部落。黄帝轩辕氏有二子清阳、昌意，之后产生了二大派系，以清阳传后为少昊帝产生了之后的华族，以昌意传后为颛顼帝产生了之后的夏族。少昊帝历四传，即：黄帝·清阳·金天氏，黄帝律·帝鸿氏，黄帝鸿·公孙氏·少昊清，帝少昊·朱宣；颛顼追尊帝历四代，即：乾荒·颛顼氏，虞幕·有虞氏，昌仆，帝颛顼·高阳。五帝时代，尧、舜之间的政治观点磕磕碰碰影响了之后的华夏派分，黄帝族系被分割为以少昊帝后传的“华”族，与颛顼帝后传的“夏”族。自“华”与“夏”二族争权的软实力较量此后一直贯穿于夏、商、周三朝。自伏羲为皇始年至于帝鸿氏称黄帝始年，按代次年考，是二百七十二年，传十一代，平均生子年龄是二十四点七三岁(采用历小数点后二位数，下同)。伏羲皇天下有四世五帝传代，第六代时一男飞龙，一女任姒。伏羲氏任姒嫁魁隗，伏羲氏皇业就以这样的形式转位到炎帝系的。炎帝传七代八帝，就因为炎帝榆罔之女嫁给轩辕氏四代(三世孙)黄帝鸿，事实亦是炎帝确立了女婿为黄帝位的传承者，才化干戈为玉帛，炎帝之后不再称帝。炎帝是以母系承伏羲氏得承皇业，黄帝是伏羲氏血脉相连而得帝位。

　　黄帝之后进入五帝时代,少昊承帝位,其兄弟玄嚣不服,玄嚣以为自己是正妃嫘祖所生,怎么可以以庶出者少昊承帝业?于是玄嚣自称赤帝。而少昊有资格承帝位,是因为他的母亲是方雷氏女节,炎帝榆罔孙女也,而其弟玄嚣能力要比他强得多,只是玄嚣虽然是黄帝鸿正妃嫘祖所生,但妃嫘是西陵氏女,不是炎帝族系,所以玄嚣不能得帝位。炎帝系祝融娶黄帝律女任氏降处江水生共工,共工是少昊帝时的治水官。炎黄两帝系的王族在五帝时期的世代相互婚姻,承传帝业被视为正宗,所以共工氏之子术器有资格与颛顼争帝位,以致有"共工怒触不周山"的典故。炎黄结盟的条件之一,是婚姻生子必须以正统(妃)视之。颛顼帝时,祝融卷章诛共工氏术器,卷章生陆终,陆终小子季连。季连娶颛顼帝后三世女娎列生子传芈姓,而云芈姓出自颛顼帝之后,以男姓世系为导引的谱系,是不可能连接在此的。《世本》以为:"嫫母生苍林,苍林生始均,始均传北狄。"而《汉书》云:"苍林为高阳,云昌意之子。"又《史记·索隐》注:"(黄帝)四妃方相氏嫫母,生苍林。"本著以为苍林为昌意子,因为世系人物能够标示其实。"颛顼生老童"成为历史成因说,《山海经·大荒西经》记:"有榣山,其上有人,号曰太子长琴。颛顼生老童,老童生祝融,祝融生太子长琴,是处榣山,始作乐风。"而《淮南子·时则训》云:"南方之极,自北户孙(国名。日在其北,皆为北向户,故曰)之外,贯颛顼之国,南至委火炎风之野,赤帝、祝融所司者,万二千里。其令曰,爵有德,赏有功,惠贤良救,饥渴举力,农振贫穷。"祝融,官名,却一直是炎帝系世袭职位,此文中祝融所司的是颛顼之国?哦,却原来如此!则颛顼生老童就是讹记。统综彭、许家谱资料,以此可断大称是炎帝榆罔之子,之后数世为祝融。

　　五帝时,《竹书纪年》记:"(颛顼在帝位)七十八年陟。"这是追加了轩皇为王元年延至的在位总年数。黄帝在位一百年是统加数,少昊帝四代叙为一人皆如是统加。五帝中间的帝喾,由于帝尧出生年的定位,对帝喾的帝位纪年问题提出了疑问。于是有以为帝尧不是黄帝世传帝喾之子,是伊耆氏炎帝之后,即:炎帝榆罔生参卢,参卢生姜美,姜美生斯遂,斯遂生匡二,匡二生姜谣,姜谣即帝尧,代次表述与黄帝系排下的帝尧同代。帝喾的纪年存疑,使帝尧的兄弟契、后稷的叙说带有神话说的无父之子,《诗》曰:"汤之先为契,无父而生。契母与姊妹浴于玄丘水,有燕衔卵堕之,契母得,故含之,误吞之,即生契。"又:"后稷亦无父而生。后稷母曰姜嫄,出见大人迹而履践之,知于身,则生后稷。"《史记·三代世表》附记:"张夫子问褚先生曰:'《诗》言契、后稷皆无父而生。今案诸传记咸言有父,父皆黄帝子也,得无与《诗》谬乎?'褚先生曰:'不然。《诗》言契生于卵,后稷人迹者,欲见其有天命精诚之意耳。鬼神不能自成,须人而生,奈何无父而生乎!一言有父,一言无父,信以传信,疑以传疑,故两言之。"五帝时代,文明植入,国家帝位是族内禅让制,国家权力已经有效运转。国家有武装力量可以四处征战;有官员自上而下管理辅导,官员辅导民众进行农时安排是主要职责;有天文学的创举,细化并完善年的季节以不误农时;有大规模动员百万民力以治水的能量;

有细化的甸服、侯服、绥服、要服、荒服五服以征税。五帝初帝,少昊自已没有称帝只称君,故《竹书纪年》也就没有少昊为帝的纪年。五帝之传别名:少昊为朱宣,颛顼为高阳,帝喾为高辛,帝尧为陶唐,帝舜为有虞。契为商祖,姓子氏;弃为周祖,姓姬氏;皋陶传嬴姓。五帝之时实际是五代六帝,还有帝挚不显,故不明,另有大禹纳在后之夏朝,故不载。五帝始于少昊,终于虞舜,历一百九十六年。

第二篇 江河奔涌——夏商周时代

我国夏朝的建立,开始了王权世袭制度,奴隶制产生。商代,方国形成,方国之间的联盟成熟。周朝,封国产生,联盟君主制定型。《礼·明堂位》记:"夏尚水,殷尚礼,周尚酒。"夏、商、周时将九鼎搬放定都以为王者天意。夏与商朝时社会处在诸侯奴隶制阶段,周朝封建制社会形成。夏朝国家私有,导致了华、夏分族,华族与夏族的软实力较量一直贯穿在夏、商、周三朝,最终华夏民族形成。

第五章 夏得王权 维稳艰难

夏朝,其政权极不稳固。帝启之后,便是太康失国,王朝进入他姓之手。少康中兴夏王朝,之后二代便衰弱,被人"指桑骂槐"。孔甲养龙,迷鬼神,夏后氏德政衰弱。夏桀荒淫无道,夏亡。

一、大禹为帝 卑小宫室

大禹(前1998—前1923),亦称伯禹,他的曾祖父是高阳氏颛顼帝,高阳氏少子骆明,骆明愚笨,因号颛顼,骆明生伯鲧。伯鲧治水住在岷江边上的石纽乡(石纽山。在今四川汶川县绵池镇,地图查是绵虎镇,地处汶川县南偏西二十多里)刳儿坪,娶有莘氏女日志,是为修己,修己剖腹生禹于石纽。《青成记》:"禹生于石纽,起于龙家,龙家者,江源岷山也。"禹虎鼻口,两耳参镂,首戴钩铃,胸有玉斗,足文履已,故名文命,一名伯禹。禹生而不愚,睿智人也。

禹六岁,父鲧被杀。有以为鲧治水将成,构成了对虞舜使用期摄政地位的挑战,舜在帝尧面前怂恿,鲧故被杀,而当时是帝尧因为登帝位之前遭受鲧的非议,是帝尧借故而囚杀鲧也,非舜之故。舜将鲧的儿子禹带养在身边,禹及长,身高九尺九寸(商之前一尺合今十六点九五厘米,即今一点六八米高),时称"长人"。禹讲话声音洪亮,有感召力,而身材高大有气度。帝舜以为禹出山是会称职的,他会勤勤恳恳,为纲为纪,于是用禹。

禹三十岁为帝舜所用为司徒,禹于是遂与伯益、后稷奉帝舜的命令去召唤诸侯,请他们召集百姓动土治水。壬申年(前1969),禹会诸侯于涂山(今安徽蚌埠市怀远县涂山),后名之称"禹墟"。《左传·哀公七年》记:"禹合诸侯于涂山,执玉帛者万国(当指百国概数。凡有人众聚落之地皆称国。近者,有十里之国)。"于是禹乃被确立为天下共主。《吴越春秋》记:"禹三十未娶,行至涂山,恐时之暮,失其度制,乃辞云:'吾娶也,必有应矣!'因娶涂山女,谓之女娇。禹行后(告别)十月女娇生子启,启生不见父,昼夕呱呱啼泣。"禹妻生启处,后名"启母石"(在今安徽蚌埠市怀远县涂山脚下的南面禹会村)。

禹攀行高山,规划的地方就在树上做个标记,并确定了大川堵、疏的规划方案与治理方法。禹的巡行自冀州开始。禹在冀州先治理壶口(今山西吉县西南),劈掉了水排泄的挡道部分;又治理了梁山(即吕梁山。在今山西吕梁市离石区东北)与岐山(在今山西孝义市西。即修治了今山西太原的河道),又将河道修治延至于岳阳(指山西南部霍山、大岳山以南,黄河以北地区)。接着治理覃怀(今河南武陟县以西、孟县以东地区),花了不少人力物力,很有成效;又一直治理到衡漳(自南而北的古黄河。流经今河北南部,漳水自西而来东流注之的河道)。冀州的土壤是白色的,禹代表王朝规定该地上缴的田赋是按上等级的,有的可以按上中等级的错开征收,田的等级属于中中。常(古水名。"常",一作"恒"。即恒水,指今河北曲阳县的北横河)、卫(水源出今河北灵寿县东北十四里良同村,南流至县东南,合滹沱河)的河流疏通了,大陆(故址在今河北任县东北,跨有隆尧、宁晋、东鹿诸县地。今皆淤成平地)的水泽地也得到了整治。冀州东北的人称"鸟夷",鸟夷人穿的是皮服。他们将皮服朝贡给王朝,要从渤海绕过右边的碣石入于海洋才运过来。

济水与黄河之间是兖州(今属山东)。兖州的九条河道都疏理畅通了。雷夏(即雷泽。在今山东菏泽市东北)疏理后可以蓄水了,雍水(在今山东菏泽市东北)、沮水(在今山东西南部)两条河流的水就可以会合流入这个雷夏湖泊。雍、沮河道两岸就大力发展种桑养蚕,于是民众就从丘陵上搬下来居住在平地。他们种桑养蚕,不几年大多数的人富有成为居士。这里的泥土黑色,很肥沃;花草茂盛树木高大。禹代表王朝就规定这里的田属于中下等级,因为尚需要开发为田亩的时间,所以贡赋得缓缴十三年,才与其他地区同。这个地区的贡品是漆、蚕丝,还有竹制的编织成花纹的各种用盘。他们将这些贡品用船装运,通过济河、漯河,到达黄河,再运抵王都。

东海与泰山之间是青州(今属山东)。堣夷(即青州)既已略定,潍水(即今淮河)、淄水(即今山东中北部淄河)的水道也已经贯通。青州的土质属于白颜色肥厚类,海滨广阔,盐碱地整理出来的田还要有几年的冲刷去卤时间。禹代表王朝就规定这里的田属于上下等级,田赋按中上征收。王朝缺贡的是盐,这里就让他们朝贡盐、细葛布、干燥的海产品,还有泰山深谷特产的丝及大麻、铅、松香、怪石。这个地方居住的是莱夷(古民族名。曾建立莱国),他们放牧养牛、养羊、养柞蚕,就定他们朝贡蚕丝。他们将这些贡品从汶水装运,再通过济水到达黄河,运达王都。

东海与泰山以南就是淮河水系的徐州。淮水、沂水(今山东南部沂河。源出沂山)得到治理。蒙山(又名东蒙山。在今山东蒙阴县西南,接平邑县西界)、羽山(古地名。在今山东郯城东北)可以种植。大野(一名巨野泽。故址在今山东巨野县北)有部分湖面已涸为平地,东原(指今山东泰山以西的济宁、汶上、东平地区)水已基本上退出而成了平原。这两个地方的土质是红颜色的,满地野草丛生。禹代表王朝就规定这里的田属于上中等级,田赋却按中中等级征收。这个地区的贡品是提供天子分封用的五色土(赤、青、白、黑、黄),羽山四周田中的彩色野鸡,峄阳(在今江苏邳县西南,一名邳绎、葛绎。另说是今山东骓县东南)南边的独生桐,泗水河滨旁被水浪冲出来迂回层叠的浮磬。这个地方居住的有淮夷(古民族),淮夷人善于养珠蚌与各种鱼,就定他们的贡品是珍珠;还有他们编织可盛物的玄(黑)色竹器和没有染色的绢及细纹的绸帛。他们将这些贡品船运,通过淮水、泗水达黄河,再到达王都。

淮海维系扬州。这个州的彭蠡泽(指今安徽宿县以南,长江北岸的许多湖泊)治理好了,成了大雁越冬居住的好地方。三江(泛指长江)既疏通好了已经入海流,震泽(今江苏太湖)就底定。震泽周边箭竹遍地生长、芦苇丛生,其草也鲜嫩,其木也高大,其土是涂泥。禹代表王朝就规定这里的田属于下下等级,田赋就按下上与上杂征收。这个地区的贡品主要有三种:瑶(美石)、琨(美玉)、箭竹;还有象齿、皮革、羽毛、牦牛尾。这个地区的岛夷(泛指今浙江舟山群岛、台州市东矶列岛上的原始居民部落)人穿着卉服(用草编织的衣服),他们擅长编织竹器,将漂亮的贝壳串联起来以为货币易物,那里的特产是橘子、柚(文旦)。于是就要求岛夷进贡卉服、竹器、贝壳、橘子、柚子。他们将这些贡品装船,均要先在海上航行,再进入淮河、泗水,然后运抵黄河,到达王都。

荆山及衡阳之南的地区是荆州。长江与汉水经过这里会合后奔流入海,九江(即今湖北广济、黄梅一带)在长江水道的中央。沱水(一作沱江。在今湖北枝江县东)、涔水(在今湖南澧县北)已经疏通了水道,云梦(在今湖北江陵以东江、汉之间监利县、潜江市一带)也得到了治理。这个地区的土质是涂泥。禹代表王朝就规定这里的田属于下中等级,田赋就按上下征收。这个地区的贡品是羽毛、牦牛尾、象齿、皮革,还有三种金属制品及杶木、干木、栝木、柏木,粗糙的或柔细的磨刀石、可做箭镞的石头、丹砂。箘竹、簵竹、楛木(做箭杆用),是三个诸侯国的特贡品。还有包裹起来用以过滤酒的菁茅、盛物用的竹器、黑颜色及绛颜色的绸布,及成串的珍珠。该区域的九江人还进贡大龟。他们将这些贡品装船,经过长江、沱水、涔水、汉水,再陆路运到洛水,至于黄河南岸,转送王都。

荆山到黄河这一带是豫州。伊水(即今河南西部伊河)、洛水、瀍水(古水名。源出今河南洛阳西北,东南流经旧县城入洛水)、涧水(此水下游即今河南洛阳市涧水的一段),都已经疏通流入到黄河。荥波泽(在今河南郑州市西北古荥镇北)可以蓄水,疏通了河泽,全于明都(即孟猪泽。在今河南商丘东北,虞城西北)。这里的土壤柔细松软,低洼地的土肥黑。禹代表王朝就规定这里的田属于中上等级,田赋按杂上中征收。豫州的贡品是:漆、丝、细葛布、苎麻,用竹器盛装的绢絮,还进贡编磬(一种乐器)、磨刀石。他们将贡品装上船,通过洛水,到达黄河,转运王都。

华山以南西到黑水(在今甘肃张掖市)的是梁州。岷山、嶓冢山(古人以嘉陵江上游西汉水为江源,故以甘肃天水西南的嶓冢山为岷山)既可以种植,沱水、涔水水道已通,蔡山(在今湖北黄梅县西南九十里长江滨)、蒙山(在今湖北荆门市西一里郊象山)都已经平治完毕。和夷(当在今湖北武当山一带)地区的治理也颇有成效。梁州的土质青骊色。禹代表王朝就规定这里的田属于下上等级,田赋按下中三错分开征收。他们的贡品是:璆(美玉)、铁、银、镂、磨石、音磬;熊、罴、狐、狸兽皮。西倾(古山名。在今青海省东部和甘肃省西南边境。属秦岭西端)的人因为桓水(古水名。源出西倾山南,后流至嘉陵江)贯通,就浮船到潜水(拟今湖北潜江芦洑河),经过陆地转运进入沔水(古水名。即今汉水及其北源陕西留坝西沮水),又入于渭水,再到达黄河,转运王都。

黑水西河惟雍州。弱水(上游指今甘肃山丹河,下游即山丹河与甘州河合流后之黑河)即西,泾属渭汭(泾水流入渭河处,在今陕西高陵南)。漆水、沮水已经疏浚相从后与沣水同一合流。荆山与岐山也开通了道路到终南,可储存物资在鸟鼠(古山名。在今甘肃渭源西南)。治理低洼地一直到达都野泽。三危山已经可以人去居住,三苗部落也安分守己。这个地方是黄土壤。禹代表王朝就规定这里的田属于上上,田赋是按中下征收。这里的贡品是:璆玉、琳玉、宝石琅玕。贡赋运往王都是乘船经过积石山附近的黄河,到达龙门山间的西河,再汇集到渭水的河湾里。这个地方的人身着兽皮,他们居住在昆仑、析支、渠搜三座山下,是为西戎族也,西戎人安守本分。

禹开辟了道路通九山:其一,汧山及岐山至于荆山。其二,逾过黄河,壶口、雷首至于太岳山。其三,砥柱、析城至于王屋山。其四,太行、常山东临碣,入于海。其五,西倾、朱圉、鸟鼠至于太华山。其六,熊耳、外方、桐柏至于负尾山。其七,过道嶓冢,至于荆山;内方至于大别山。其八,汶山之阳至于衡山。其九,过九江,至于敷浅原山。大禹疏浚了河流通九川:第一,疏导了弱水至于合黎,余波入于流沙。第二,疏导了黑水,流过三危山,进入了南海。第三,疏导了河积石至于龙门,南至华阳,东至砥柱,又东至于盟津,东过洛汭,至于大邳,北过降水,至于大陆,北播为九河,同为逆河,使之流入海。第四,嶓冢道漾,东流为汉水,又东为苍浪之水,过三澨,入于大别山,再南入于江,再东汇流到彭蠡泽,东为北江,入于海。第五,从岷山开始疏导长江,往东流分出另外一条支水叫沱水,又往东流到达澧水,经过九江,到达东陵。再向东迤北会于汇,东为中江,入于海。第六,疏导沇水,向东流就是济水,流入黄河,积渚就形成了荥泽,然后向东流过陶丘的北部,又向东流到达菏泽,又向东流汇合汶水,又向东转向北流入大海。第七,疏导淮河自桐柏山开始,向东流汇合泗水与沂水,再往东流入海。第八,疏导渭水自鸟鼠同穴开始,往东流汇合沣水,又往东北流和泾水相汇,往东流过漆水、沮水,流入黄河。第九,疏导洛水从熊耳开始,往东北流汇合涧水、瀍水,又向东流汇合伊水,然后向东北流入黄河。九州大同,四夷安居;九山可行,九川畅流;九泽蓄水,四海会同。金、木、水、火、土、谷,这六府得到了全面的开发;众诸侯间的物质得到了调余补缺;大力发展经济增加社会财富;按上、中、下阶梯将土地划分等级成就了征收赋税的落实,国家的赋税来源有了保障。禹治水,东方到达了黄海(疑今山东烟台);西方到达了沙漠(疑今甘肃嘉峪关);南方到达了五岭(疑今湖南九疑山),他的声教传播到四方。禹治水已毕,于是帝舜赐禹玄圭(一种黑色玉制礼器。长条形,上尖下方),以告成功于天下。天下于是太平治。

帝舜三十四年(前1949),任禹为司空。禹实际是在代帝舜行政,禹为人敏捷、勤俭朴素。他的德行从不违背原则,他有仁义之心可亲,也讲信用。禹于是遂与伯益、后稷奉舜帝的命令去召唤诸侯,请他们召集百姓动土治水。禹伤感父亲鲧治水辛劳还遭遇如此不公的对待,乃日夜操劳如何治理好洪水,居外十三年,过家门不入。禹薄衣少食,将节约下来的钱财用来祭祀鬼神。禹本好饮酒,酒醉易误事,于是戒酒,《孟子·离娄下》记:"禹恶旨酒,而好善言。"禹很少住到宫室去,自己的居室很是简陋,并将自己的俸禄也用在了修筑沟减的费用上。禹陆行坐车,水行乘船,泥行乘橇,山行乘檋(底部带齿的鞋)。禹测量地形,左准绳、右规矩,有十分严格的要求。禹一年四季都在外劳作以开通九州的通道。禹到过九个湖泽,登过九座大山。禹命伯益把庶稻种分发给民众,这种庶稻在水洼地也可以栽种。禹命后稷分发给民众难得的食品使他们品尝。诸侯有的地方缺少粮食,有的地方粮食有余,就互相调剂,使各路诸侯粮食供应得到均衡。禹在巡行中观察各地的特产来确定该区域诸侯对王朝的贡品,告诉他们如何去王朝走山川捷径。夏道将兴,草木畅茂,青龙止于郊,祝融之神降于崇山。禹在帝舜的丧期,居阳城(今河南登封市东南告城镇附近),"服三年,形体枯槁,两目黧黑,让位商均(帝舜之子),退处阳山之南,阴河之北"。禹让位商均,但是万民不服商均,追就禹之所,状若惊鸟扬天、骇鱼入渊,昼歌夜吟,登高号呼,曰:"禹弃我,如何所戴?"如此帝位推让十一年,禹哀民,不得已即天子位,国号"夏",姓姒氏。

禹元年壬子(前1929)即帝位,居冀(在今山西河津市东北冀亭)。帝禹命宿沙瞿子在海滨(当指今山东寿光市)煮海水为盐,即将海水灌入陶鬲中,用柴火在下面烧,将水分烧干,陶鬲中留下的细白物便是盐,以为贡物。《尚书·禹贡》记:"海滨广泻,厥田斥卤,厥贡盐缔。"《国学纪闻》引鲁连子曰:"古善渔者宿沙瞿子,使渔于山则虽十,宿沙子不得一鱼焉。"又曰:"宿沙瞿子善煮盐,使者滔沙,虽十宿不能得。"帝禹采金铸鼎。《墨子·耕柱》记:"夏后开(国),使蜚廉(大廉)采金于山川,而陶铸之于昆吾(昆吾台。在河南濮阳市西三十里),是使翁难乙(人)卜于日若之龟,龟曰'鼎',成三足而方,不炊而自烹,不举而自臧,不迁而自行,以祭于昆吾之墟。乙又(人)言兆之由,曰:饷矣,逢逢白云,一南一北、一西一东,九鼎即成。"帝禹卑小宫室,《说苑》记:(禹)"卑小宫室,损薄饮食,土阶三等,衣裳细布"。

帝禹改定历日称夏历,以建寅之月为正月(古代以北斗星斗柄的运转计算月份,斗柄指向十二辰中的寅即为夏历正月。这就是现在的正月),乃颁夏时《夏小正》于邦国。《夏小正》由"经"与"传"两部分组成,按一年为十二个月,记载每月的物候、天象,内容包括农耕、渔猎、采集、蚕桑、畜牧等。帝禹封尧之子丹朱于唐,封舜之子商均于虞。帝禹初时,方土号共工氏反。《国语·鲁语》记:"共工氏之伯九有。"这说明帝禹初期,诸侯之后的伯爵位置共工氏的人占据了九成。共工氏有两员猛将,相柳、浮游。禹逐共工氏,杀共工氏之臣相柳。禹为帝,攻有扈(旧说故地在今陕西户县),以行其教。帝禹作《禹誓》曰:"日中,今予与有扈争一日之命。且尔卿大夫庶人,予非尔田野葆土之欲也,予共行天之罚也。"禹与有扈氏战,三次战争没有打胜。禹于是修教一年,而有扈氏请服。三年,帝禹且授皋陶以行政之权时,皋陶死了,则封皋陶的后代于英(在今安徽金寨县东南)、六(在今安徽六安市东北),有的封在许(今河南许昌市东)。五年,又攻有扈氏,以行其教。巡狩会诸侯于涂山。南巡狩至于济、江(一记巡省南土。当指涂山以南长江中游)中流,有鳄鱼负舟,舟人皆惧曰"龙"。帝禹笑曰:"吾受命于天,屈力以养,人生牲也(动物)。死命也奚,何也忧龙哉!"言毕,"龙"于是摇尾而去。八年春,禹南行治水,筑堤蓄水,以为良渚(属今浙江杭州市);禹将去会诸侯,船至处舍航登陆,名禹航(余杭镇。今浙江杭州市余杭区辖镇)。禹渡南海(今浙江钱塘江),至茅山,观视中州诸侯,遂祭告于天,祭告于海,则谐"祭"音而名茅山曰会稽。帝禹南渡之行,有记:禹曾祖入裸国(当在今浙江杭州市富阳区内)。《诗·小雅·信南山》记:"信彼南山(指今浙江绍兴市),维禹甸之。"《诗·商颂·殷武》记:"天命多辟,设都于禹之绩。"是以为历史上"都"的设置是从帝禹在会稽开始的。会稽之会,防风氏(疑今浙江省建德为原防风氏都地)后至,帝禹杀之,以威天下。禹杀防风氏,后知防风因水阻而迟,甚为悔恨,告之后世,以为农历八月二十五日俗祭(见浙江《武康县志》)。乃有之后"越俗祭防风神,奏防风古乐。截竹长三尺,吹之如嗥,三人披发而舞"(见《述异记》)。防风氏时有国,称汪茫国,谓枉死之人,后传汪姓。夏六月,雨金雨于夏邑。秋八月帝陟于会稽。

帝禹将卒,以天下授伯益,三年丧期满,伯益让帝位给禹之子启,伯益就避居箕山之阳(南面),禹在帝位八年。帝禹卒葬会稽山,"农不易其亩",《史记·夏本纪·集解》引《皇览》记:帝禹"因病死,葬,苇棺,穿圹深七尺,上无泄泄,下无邸水,坛高三尺,土阶三等,周方一亩"。禹去世的时候,虽然将国政大权交给了伯益,但是伯益因为忌惮禹之子启,辅佐禹处理的政事就少了,天下还有许多问题没有解决好,所以诸侯都离开了伯益,而去朝觐启。诸侯们曰:"吾君帝禹之子也!"于是启遂即天子之位,是为夏后帝启。禹子启,封于莘(又作辛、侁、姺。在今山东曹县北十八里莘冢集)。

帝禹在位,内美釜山州慎之功,外演圣德以应天心。帝禹之时,铸铜为兵器,凿开伊阙河(指今河南洛阳市龙门石窟之洛河段),疏通龙门。《越绝书·外传记宝剑》:"禹穴之时,以铜为兵,以凿伊阙,通龙门。决江异河,东注于海。"帝禹至东刊山(今浙江临海市。东九十一里,一名天柱)。"山极高远,盖禹随山刊(砍)木,因以为名。""禹至此者,亦有因也,亦覆金也。"《舆地记》云:"章安县(今浙江台州市椒江区章安街道)东五十里海际有覆釜山。"(见《越绝书·越绝外传记地传》)《书·禹贡》九州:冀州、兖州、青州、徐州、扬州、荆州、豫州、梁州、雍州,史称夏九州。帝禹有三子,长曰启,仲子况,季子罕。罕封姓为余,因妻为涂山人,去水为余即此意也(今绍兴市柯桥区稽东镇冢家村发现了《余氏宗谱》作如此描述)。据《姒氏世谱》记:"(禹)于尧戊寅二十八载(即帝尧癸卯年,是为前1998年)六月六日,生于西川之石纽乡(即今四川汶川县威州镇西南四十里飞沙关。《志》云:"石纽山,禹之所生也。"又《华阳国志》记:"夷人营其地方百里,不敢居牧,畏禹所生也。")。当尧之时,洪水为灾,怀山衰陵。四岳举鲧治水,九载无功。于是舜举禹而使续父之业。禹伤父功不成,乃劳身焦思,八年于外,三过家门而不入。随山砍木,以开九州。……甲子八十一载(指甲申年,即前1957。是为帝舜二十六年),封禹于夏,赐姓姒氏。"按夏纪,通常将禹代帝舜的十七年亦记为帝位时间,于是记禹在帝位时间是二十四年,而实际是八年。帝禹之时,水患十年九潦,《墨子·七患》引《夏书》记:"禹七年水。"《书》录:"禹别九州,定其山川,分其圻界,条其物产,辨其贡赋,斯之谓也。"《史记·封禅书》记:"字禹兴而修社祀……郊社所从来尚矣。"又记:"禹封泰山,禅会稽。"评曰:尧尚茅茨而万国安其居,禹卑宫室而天下乐其业。

二、夏启争位　大飨诸侯

帝启(前1967—前1899),其母涂山氏。涂山氏贤惠有德,未生启前,就给禹送饭,禹告诉她,因为治水现场河水滔声,人声吆喝声很混杂,需要饭时就击鼓,当听到彭祖击鼓声响就送饭。"闻鼓饷夫"的故事就这样传开了。启母生启败血亡故,故禹最爱唯此子。启未为帝前喜欢巡游,远至龙符山,"龙符山,在临海(即今浙江临海市)东一百七十一里海中。山中有石涧,可容数百人,四面多材木"(见《嘉定赤城志·山水门》)。《吴国春秋》记:"(帝启曰)吾得覆釜书,除天下之灾。"《临海记》云:韦羌山(在今浙江仙居县西。今称神仙居),"众山最高者,上有石壁,刊字如蝌蚪,俗传夏帝践历过此地留下的天书。祀韦羌山神。云神乃颛帝之裔,号冢韦氏,其庙食最久,民蒙赖焉"。

帝启元年癸亥(前1918),帝启"左手操翳,右手操环,佩玉璜"(见《山海经·海外西经》），即帝位于夏邑（即指夏都阳城。在今河南登封市东南告城镇附近），并大飨诸侯于钧台（一名夏台。在今河南禹州市南）《左传·昭公四年》记："夏启有钧台之享。"诸侯从帝启归于冀都，复大飨诸侯于璇台（今山西河津市朱北冀亭）。又使使以岁时春秋而祭禹于越,立宗庙于南山之上（今绍兴大禹陵）。

二年,费侯伯益被贬出国门。有扈氏不服,王帅师伐有扈,初战于甘泽（即甘水。渭水支流。在今陕西周至县东）,大战于甘（在今河南洛阳市西南）,数战而不胜。帝启曰："吾地不浅,吾民不寡,战而不胜,是吾德薄而教不善。"于是帝启励精图治,尊贤使能,有扈氏服。六年,伯益薨,祠之。八年,有扈氏又反,帝启率军讨伐他们,在甘地进行了大战。战前,帝启作誓词《甘誓》,乃召六个卿大夫（六军将帅）申明。启曰："嗟!六事之人,予誓告汝:有扈氏威侮五行,怠弃三正,天用剿绝其命,今予惟恭行天之罚。""左不攻于左,汝不用命;右不攻于右,汝不用命;御非其马之正,汝不恭命。用命,赏于祖;弗用命,戮于社,予则孥戮汝。"帝启誓罢又言:我不是因为己有的欲望,为他们的田野而战。甘地之战,遂灭有扈氏,天下咸服。有扈氏之后传符（符、付）氏。帝使孟涂如巴莅讼。帝启之时,以铜为兵（器）《越绝书》记风胡子曰："轩辕、神农、赫胥之时,以石为兵。至黄帝之时以玉为兵。禹穴子（对帝启的贬称。其意是大禹之妻生子时,是大禹用手扒出来的）时,以铜为兵。"

九年,帝启封伯益之子若木于徐（即余吾戎。在今山西屯留县西北）。炎帝系姜钜因佐黄帝伐蚩尤有功,帝启封其后姜封父为诸侯。帝启封庶子挚于莘（今陕西合阳县）,后称有莘氏国。十年,帝启巡狩,舞《九韶》于大穆之野（指广阔的沙漠）。十一年,流放"奸子"（即王子）武观到西河（指今山西、陕西间南北流向的黄河;因这段黄河在夏朝统治都地之西,故名）。十五年,武观以西河反叛,帝启派彭伯寿（所谓彭祖八百岁,此时的彭伯寿是彭祖之孙,已无彭祖名显,可确定彭祖不在人世,其年龄当没有过八十岁）帅师征西河,押着武观回来。《周逸书·尝麦》记："其在启之五子,忘伯禹之命,假国无正,用胥兴作乱,遂凶厥国。皇天哀禹,赐以彭寿,卑正夏略。"帝启二十年陟。帝启后期,"淫溢康乐,管磬并作,斟酗于酒,渝食于野,饮酒无度,游田无度"（见《竹书纪年》）。终于导致了五子之乱。帝启崩而子太康立。

三、玄仲避夏　华族分焉

伯益,称"费侯",皋陶之子。伯益折茅搭庐改为斫木建屋,凿挖水井以利便民,被尊奉为"土地爷"。伯益随大禹治水十三年,左准绳,右规矩,定山川,图博物,察民俗。帝禹初时,伯益是九州牧,皋陶卒后,代帝禹掌国政。《墨子·尚贤》记："禹举益于阴方之中,授之政,九州成。"禹继帝位已七十岁,则授重权给伯益理政。伯益随禹治水功成,伯益曰："满招损,谦受益,时乃天道。"伯益治水有功,帝舜奖给禹的是玉板"玄圭",而奖给伯益的是一面锦旗。帝禹欲禅让帝位于伯益,伯益不受而避居箕山（今河南登封市东南。《孟子·万章》记：益避禹子于箕山之阴）。而《竹书纪年》记："益代禹立，拘启禁之；启起杀益，以承禹祀。"

夏启与伯益的帝位之争爆发。夏启联络诸侯反对伯益登帝位，这引起了有扈氏的不满，他们叱问："尧舜举贤，禹独有之！"意思就是尧舜传帝位都是禅让的，禹为什么要搞家天下？有扈氏部落首领本人事实是夏启庶兄。夏启发难攻击伯益，伯益战败。夏启六年（前1884），伯益死（有记伯益被杀，伯益时年已老，应该是老死。如果被夏启所杀，就不会有后三年帝启封伯益次子若木的举动）。《淮南子·齐俗训》注："有扈，夏启之庶兄也。以尧舜举贤，禹独与子，故伐启，启亡之。"有扈率先要维持帝位的禅让制，为夏启杀。评曰"有扈氏为以而亡，知义而不知宜也"。伯益死后，夏启才达于君臣之义，每年岁时，"善牺牲以祠之"。《诗经》曰："'夏启善牺于益'，此之谓也。"先前帝舜嫁女姚氏于伯益，伯益生玄仲、若木。玄仲就带着先帝们（即帝挚、帝尧、帝舜、契、弃）的子孙逃避。夏朝家天下，原始的部落联盟被彻底摧毁，王权世袭由此而生。人们怀念伯益，记载了他的历史功绩。《尚书·尧典》记，伯益在帝虞（舜）时就担任了虞官，掌管山泽，繁育鸟兽。《吕氏春秋·躬耕篇》记："伯益作井。"禹治水时，伯益开垦荒地，种植水稻。伯益在政治上也很有建树，他曾告诫禹，万事要有前瞻性，要虑事作全，要遵守既定的法则；不要游乐享受，不要追求称誉，不要违反民意。他认为治国不能懈怠，政事不能荒废；谦虚会有益处，自满导致失败。伯益要求实行文教德治，三苗不服，是伯益要求禹撤兵，三苗族被感化，终于归顺。伯益随禹治水，将从事经历过的地理山川、草木鸟兽、奇风异俗、逸闻趣事作了记录，形成了后来的《山海经》范本十八篇。伯益的政见言论可见于《尚书·大禹谟》，其名句如"谦受益，满招损"，"精诚所至，金石为开"，流传后世，不知感化了多少人。

伯益被杀，葬日照天台山（今山东日照市太阳文化源旅游风景区内的天台山上有伯益挖的井，称"益井"，伯益的坟墓就在不远处称"大王陵"）。伯益长子玄仲，为鸟俗氏，伯益次子若木，为费氏，若木于夏启九年（前1850）受封，史称徐戎，后建徐国。夏帝启之后，伯益堂侄后羿代夏，夏帝太康失国。

玄仲，字恩成，伯益长子。伯益的帝位受到夏启篡夺，玄仲带着先帝们（即少昊帝之后）的子孙逃避居江陵（在今湖北荆州市区旧江陵县），占据了中原，史称"华族"。"华族"与"夏族"自此别称。玄仲，史称帝江，《山海经·西山经·西次三经》记："又西三百五十里曰天山（天人山。在今湖北英山县西七十里），多金木，有青雄黄，英水（英山河，为浠水上源。在今湖北英山县西）出焉，而西南流注于汤谷（当指长江）。有神鸟，其状如黄囊，赤如丹火，六足四翼，浑敦无面目，是识歌舞，实惟帝江也。"玄仲远道避夏，玄仲之堂兄名后羿，后羿居穷石（有穷氏，在今山东平原县西北）。《左传·襄公四年》疏注："羿居穷石之地，故以穷为国号，以'有'配之，犹言'有周''有夏'也。"夏帝太康荒政，后羿乘机袭王都，代夏王。

帝启之时,华夏分族:以少昊帝之后为华族;以颛顼帝之后为夏族。夏族占据了中原以东,华族占据着中原以西(以今陕西华山为中心)。玄仲居江陵设都,远道避夏,建立江国。玄仲弟若木住淮河(今安徽寿县)称雄自以为人,称徐夷。则帝尧之兄契(殷祖)之后昌若居亳(今河南商丘),又弃(周祖)之后不窋居幽(今甘肃庆阳),亦自立门户称王。夏朝西南外围,皆为华氏。夏朝西北,炎帝族存焉。炎帝榆罔之后,有潞国,控管古上党(在今山西长治市一带)。夏之东北,许氏家族亦生变,当年帝尧欲传位许由而不遂,许由之子许嵩娶古娥为妻,生子许浑、许庸。平陆多水淹,许浑开辟太华山(今陕西华阴市南十里华山)。许庸逃居王屋山(在今河南济源市西北九十里与山西阳城县交界处),要自立自强,后有"愚公移山"之典故。玄都部落居玄水(一记元水。在今河北秦皇岛市卢龙县青龙河),黄帝舅家国也,王不知有夏。有鬲氏(当是宿沙氏之后)在有鬲(在今山东平原县西北武家庄)制盐,不问夏事,唯利是图。夏之东南,是为九夷(《后汉书·东夷列传》记:"夷有九种,曰畎夷、于夷、方夷、黄夷、白夷、赤夷、玄夷、风夷、阳夷。"),居淮水(即今淮河),横挡夏政南下。夏政地图,南不过淮水,西不过华山,北不过晋阳(今山西太原市),东不过穷桑(今山东曲阜市)。时中国四分,夏只占一。

四、太康失国　五子之歌

帝太康元年癸未(前1898),帝初即位居斟寻(今河南偃师二里头村)。帝太康时常出外打猎在有洛(在今山西襄垣)。有洛之表野兽有豹、狼、豺、狐、黄鼠狼、山猫、野猪、岩松鼠、花鼠等,资源丰富,故帝乐此不疲。《楚辞章句》记:"太康不遵禹、启之乐而更作淫声,放纵情欲以自娱乐,不顾患难,不谋后世,卒以失国。"太康竟然远去四百多里外的襄垣打猎,十个月不返回处理政事,因而老百姓厌烦分心,后羿就趁这个机会入居王宫,兵屯黄河,阻止帝返回,太康于是失邦。《竹书纪年》记:"羿因民不堪命,拒太康于河北(黄河北岸),使不得返。"《左传·襄公四年》记:"昔有夏之方衰也,后羿自鉏(今河南滑县东)迁于穷石(今河南洛阳市南五十里),因夏民以代夏政。"太康失政,农官不窋(周祖之一)放弃农官,去夏而迁于邠(今甘肃庆阳一带);司徒相土(殷祖之一)运走了王室器物,避居于泰山脚下。

太康失国,其五个弟弟用马载其老母亲避居到洛河边上,作《五子之歌》,曰:"太康尸位,以逸豫灭厥德,黎民咸贰。乃盘游无度,畋于有洛之表,十旬弗反。有穷后羿因民弗忍,距于河(黄河)。厥弟五人御其母以从,徯于洛之汭。五子咸怨,述大禹之戒以作歌。"其一曰:"皇祖有训:民可近,不可下。民惟邦本,本固邦宁。予视天下,愚夫愚妇一能胜予,一人三失,怨岂在明?不见是图。予临兆民,懔乎若朽索之驭六马;为人上者,奈何不敬?"其二曰:"训有之:内作色荒,外作禽荒,甘酒嗜音,峻宇雕墙。有一于此,未或不亡。"其三曰:"惟彼陶唐,有此冀方。今失厥道,乱其纪纲,乃底灭亡!"其四曰:"明明我祖,万邦之君。有典有则,贻厥子孙。关石和钧,王府则有。荒坠厥绪,覆宗绝祀!"其五曰:"呜呼曷归?予怀之悲。万姓仇予,予将畴依?郁陶乎予心,颜厚有忸怩。弗慎厥德,虽悔可追?"太康在位四年陟。

后羿,一称少昊后羿(后奔)。此前也,少昊帝次子穷申,造弓作箭射之长(伸)也,有神射之称,为有穷氏。穷申生司羿,官名司衡,事民事,制度量,为帝喾时士师。司羿生大羿,世家神射手。大羿生大费,帝舜时大费随大禹平水土。大禹治水成,帝舜赐玄圭,禹受曰:"非予能成,亦大费为辅。"帝舜对大费曰:"咨尔费,赞禹功,其赐尔皂游(养马官。亦作衙门差役的称谓),尔后嗣将大出。"帝舜又赐姚姓之玉女,大费拜受,佐舜调驯鸟兽,鸟兽多驯服,又名柏翳(有以为柏翳即伯益,是为误)。大费生大廉,大廉懂鸟语,为鸟俗氏,尊号为"百虫将军"。大廉生后羿。后羿于太康四年驻兵斟寻夏王室。后羿为政三年立太康之弟仲康为帝,后羿实为摄政王。仲康为帝七年崩,后羿不谋政事,用义子寒浞行政。后羿常在外,寒浞就与后羿的少妃纯狐通奸。寒浞行政三年,寒浞就谋害了后羿的四位亲信:武罗、伯因、熊髡、龙圉。后羿得知寒浞与自己的妃子纯狐通奸,又谋害自己的亲信,甚为愤怒。《离骚》注:"羿信任寒浞,使为国相,羿日将归,使家臣逄蒙射而杀之(未遂)"。寒浞与纯狐通奸,后羿谋计捉奸,后羿假装酒醉酣睡在嫦娥的宫室,然后出其不意将寒浞与纯狐捉奸在床。后羿欲杀寒浞,寒浞力大,随手操起室内的桃木大棒,反将后羿敲死。寒浞即去王宫升殿议事,宣布后羿数罪,自立为王,国号为"寒"。 寒浞为王,立纯狐为正妃。寒浞又想得到更漂亮的嫦娥为妃,嫦娥不同意,并乘隙逃逸。后羿自有纪年年号,即从己丑年(前1892)起记,至于丁未年(前1874)亡,时有十九年,通年有二十一年。寒浞对后羿灭九族。《左传·襄公四年》载:后羿为寒浞杀,其大臣"靡奔有鬲氏(在今山东平原县武家庄)"。后羿妃嫦娥,《淮南子·外八篇》记:"昔者,(后)羿狩猎山中,遇姮娥于月桂树下(疑似今湖北咸宁)。遂以月桂为证,成天作之合。"西王母送给后羿的鸡冠石可以捣碎成为雄黄药,人以为是长生药。寒浞杀后羿,想得到长生不老药,就谋娶嫦娥为妃。嫦娥知其歹毒,趁夜逃逸。八月十五的月亮,倒映在古洛河(今河南洛阳市瀍河区)水面上,水面平静得如面镜子,嫦娥被寒浞所逼,就奔向河中的月亮影子而去,激扬起的浪花形如白色莲花座,波光粼粼,传给人们耳听的是:"嫦娥奔月了!"次日,有数百只蟾蜍在湖面游弋,人们将无数各种各样的食饼抛到湖中给蟾蜍吃,希望蟾蜍不要侵袭嫦娥尸身。人们遐思着:贞节烈女嫦娥吃了仙药真的飞上了月亮,住在"蟾宫"!为了怀念嫦娥,人们就定八月十五是中秋节。《采莲船歌》词:"采莲船,两头尖;中间坐的嫦娥姐。八宝环,锥耳根;十指尖尖似藕巅。上穿褂儿盘金线,下穿裙儿露金莲。嫦娥姐,女神仙,月里嫦娥不九天。"《归藏》述:"吉!翩翩归妹,独将西行。逢天晦芒,毋惊毋恐,后且大昌。""归妹曰:恒我(娥)窃毋死之,奔月而支占。"人们奉嫦娥为月神,祝愿嫦娥没有死。

仲康元年己丑(前1892)即帝位。五年(前1888)秋九月庚戌朔,日食。时日食发生在房宿位置上,调查原因还以为是世居天台山(属今山东日照市)观察天象的羲和氏家族常聚会酗酒作乐,紊乱了四时节令所造成的。帝仲康不知天文,这样的天象出现极不吉利,于是命大司马胤,征伐羲和氏。大司马胤掌管六师,奉命征伐,作《胤征》曰:"嗟!予有众,圣有谟训,明征定保。先王克谨天戒,臣人克有常先,百官修辅,厥后惟明明。每岁孟春,遒人以木铎徇于路,官师相规工执事以谏,其或不恭,邦有常刑。"又记:"惟时,羲和颠覆缺德,耽乱于酒,畔(衅)官离次,俶扰天纪,遐弃厥司,乃季秋月朔,辰弗集于房。瞽(瞎眼睛)奏鼓,啬夫弛,庶人走,羲和尸,厥官罔闻知,昏迷于天象,以干先王之诛。'政典'曰:'先时者杀无赦,不及时者杀无赦。'今予尔有众,奉将天罚。尔众士同力王室,尚弼予钦,承天子威命。火炎昆冈,玉石俱焚。天吏逸德,烈于猛火。歼厥渠魁,胁从罔治,旧染污俗,咸与惟新。呜呼!威克厥爱,允罔功。其尔众士懋戒哉!"时羲和氏家族有逃出者,后传程、和、姜姓。六年,赐昆吾氏为伯。仲康七年陟,子相立。

五、寒浞败相　篡位立国

寒浞(前1908—前1816)为王,以戊申年(前1873)为"寒"元年。寒浞是伯明氏后裔,其祖先为黄帝律的车哀正,黄帝律涿鹿之战后封于寒(今山东潍坊市一带)。夏时伯明氏之君曰后寒,后寒生寒浞。寒浞于仲康为政末年(前1886)年二十三岁,因为滋事被其族驱逐出门,离开寒国,投奔夏国。后羿十三年(前1882),寒浞为后羿手下用事,不一年,因为有战功,升为将军。方夷国反叛,后羿派寒浞领兵征讨,胜之,官提左司马。后羿认寒浞为干儿子,又为其娶妃。后羿十六年,寒浞就谋害了后羿的四位亲信:武罗、伯因、熊髡、龙圉。寒浞觊觎王位,后羿还不知就里,却拜寒浞为相。后羿十八年,寒浞与后羿妃纯狐勾搭成奸。是年,后羿在朝中的亲信几乎被排除光,朝中大臣均为寒浞死党。后羿曾令弟子逢蒙射杀寒浞,未遂。后羿十九年,后羿去捉奸,反被寒浞所杀。寒浞自立为帝,立纯狐为正妃。寒浞称王,地不过夏朝其半。二年,夏帝联合诸侯斟寻氏、斟灌氏,兵分三路直取寒国,无果而返。寒浞施仁政于民,削富济贫,减轻赋税,国力大增。先前,寒浞娶九黎之女姜蠡为妻,姜蠡生二子,长曰浇,次曰戏。夏十年,寒浞带领两子浇与戏征伐夏都,夺取大量物资,俘虏了不少百姓充当奴隶。十二年,寒、夏两国决战。寒浞命长子寒浇率领主力攻打斟灌氏的弋邑(今河南太康县与杞县之间),寒浞自己与次子寒戏各率一部佯攻帝丘与斟寻氏都地。弋邑陷落,斟灌氏首领姒开甲退守斟灌(在今河南濮阳市)。寒浞告捷,大封功臣。封寒浇为王,镇守过邑(今山东莱州市西北),称过王,异字为戈王;封戏为弋王,镇守弋邑。十六年,寒浞讨伐夏王,命浇攻打斟灌氏,姒开甲率军应战中了埋伏,所率兵马全部战死,斟灌都城遭屠城,生者皆被俘为奴。十七年,寒浇攻打斟寻氏,斟寻都地旁洛河,水深流急,水面宽阔,首领妵木丁在潍河边布置水战迎敌。岂知寒浇之兵皆习水性,《论语·宪问》记:"羿善射,奡荡舟。"奡即浇,浇多力,能行舟,而妵木丁之兵却大多不习水性。妵木丁领兵待在船中,夜晚被寒浇派来的水手潜水凿穿船底,兵士大多落水被淹死,军阵大乱,混乱中妵木丁被杀,斟寻氏灭亡。十八年,寒浞兵分三路,围攻夏都帝丘,帝丘被攻陷,夏王相被杀,宫室内外血流成河。至此,夏朝亡国。五十五年,逃亡到有鬲(今山东德州市平原县西北)的夏朝仲康时大司马胤之子伯靡,他暗中联络残存的斟灌氏和斟寻氏族人,率领他们投奔少康,组成了一支复国大军,向寒国宣战。复国大军攻打寒浇的封国,攻占过城,杀死了寒浞的长子过王寒浇。少康长子杼功打弋邑,俘获寒浞次子弋王戏,杀之。五十八年,复国大军直取寒浞的都城斟寻,时寒浞年老,都城被围,反叛者打开城门,寒浞被活捉。少康入城,将寒浞处以极刑,夷其族,寒国亡。

帝相,元年戊戌(前1883)即位,居商丘。帝相依靠邳侯的势力与夏当政者周旋。时年征淮夷(是指居住在今安徽淮南的夷族)。二年,征风及黄夷。七年,于夷来宾。八年,寒浞杀羿,使其子浇居过。九年,相居于斟灌。十二年,趁寒浞立国未稳定之机,征伐寒国,不胜而返。十五年,商侯相土(之后商朝帝王的祖先)作乘马(用马运送物质),从泰山迁到了商(即今商丘。之后商朝的名称即此来源)。二十年,寒浞消灭了戈国,帝相逃往帝丘(今河南濮阳),又逃斟寻,寻求叔父斟氏的保护。二十六年,寒浞使其子师师伐斟灌。二十七年,浇伐斟斟(即安邑。故址在今山西夏县西北禹王乡禹王村,一称禹王城),大战于洛水,覆其舟,灭之。斟氏部落的过国、弋国,二国君王寻与瓘(灌)兄弟俩饮恨东莱山(一说是今河南光山县南一百五十里之天台山)。二十八年,寒浞使其子浇弑帝。寒浞杀相,此时帝相后缗氏正怀孕时,她随族人逃到洛水与黄河交汇的地方,找到了一个地洞,躲避百余天,结果还是被寒浞的兵发现并被关进地窖,这地窖是椭圆形的曰"窦",人住在里面曰"自窦"。后缗氏临近产期,逃出自窦,奔归有仍氏。相的将军伯靡出奔鬲。斟灌之墟,是为帝丘。后缗方娠,逃出自窦,归于有仍。伯靡奔有鬲氏。次年,夏世子少康生。相崩,葬相陵(在今河南濮阳市内)。

六、少康复位　夏朝中兴

帝少康(前1855—前1793),姒姓,生于寒浞十九年。《左传·哀公元年》记:"后缗方娠,逃出自窦,归于有仍,生少康焉。"少康年十岁,母亲后缗氏因病以为不久人世,乃作《莱丘铭》,以鸟迹文作书,其铭大意是:"鹰啊,神禹!您建立了封建强邦,昌盛了我族,和平共处异域之民,德政恩泽四方,于是祭祀禹没有疆域之分。而今,天又降生少康,以振复祖业。奸人后羿,疯狂作乱,迁走了黄帝镇邦的宝鼎以蛊惑民心。这恶贼出行还乘銮驾自以为帝,屠杀孩童剁成肉酱煮熟取食以为美食,封臣荫子蹂躏我邦疆域之民。其行为如猰貐(古代传说中的食人凶兽:虎爪,食人,迅走),噬人血成性。我邦之民深受其难,无不被其蹂躏。我邦民众们,大家要勠力同心,起来抗暴。行动吧!不能辜负祖宗的在天之灵。鼓起男气吧!不能再等待了。帝相在天之灵会保佑我们成功的,我们不能再抹鼻子流涕。今我莱氏已经建筑了灵台,百神会降临祝福。我们以承祖业,风水不毁。寒浞这贼子,他的政权是无效的,必须要予以惩罚!今以玉帛血书,通报各位。……帝相乙亥岁中(仲)冬具曰。祈祷,懿旨。"据传该铭少康珍藏了十年,才带着血书联络夏帝相的旧部。

少康年二十岁(乙酉,前1836),自有仍奔虞,为牧正。浇(寒浞之子,杀帝相者)使臣椒求之,少康奔逃有虞为庖正,虞君姚思(应该是姚思之父姚颉),妻以二女,使居纶邑(在今河南虞城县东北)。有田一成(方十里),有众一旅(五百人),能布其德,以兆其谋,收集夏众,而抚其官职,力谋兴复。少康欲与寒浞战,取得夏朝旧大臣伯靡的辅佐。伯靡,先时在后羿手下任职,寒浞杀后羿,伯靡逃到有鬲氏处(今山东德州东南)积聚力量,少康之母血书到,伯靡自鬲帅斟灌、斟灌之师以伐浞。浞恃浇皆康娱,日忘其恶而不为备。少康使汝艾去当间谍。初,浞娶纯狐氏,有子早死,其妇曰女歧,寡居。浇强圉,往至其户,阳有所求。女歧为之缝裳,共舍而宿。汝艾夜间使人袭断其首,此人就是女歧。浇既多力,又善走,汝艾乃畋猎,放犬逐兽,因嗾浇颠陨,乃斩浇以归于少康。伯靡约定原过、弋二王子悻与归,率兵猛攻寒浞左右两侧,先灭浇,又灭豷(戏)。寒浞两翼被剪,伯靡亲率有鬲氏大军直捣夏故都斟灌,大败寒浞,寒浞被杀。少康大军直取斟寻,自纶归于夏邑。乙巳年(前1816),寒国亡后,斟寻氏王子悻在东莱山为两父王(指斟灌、斟寻)整修坟墓,建造了"刺血亭",并在山崖上刻《莱丘铭》以示后世。

帝少康元年丙午(前1815)即帝位。诸侯来朝,宾虞公。时夏遭羿、浞叠篡,禹祀断绝四十载矣!故帝封子无馀于越为王,专奉禹祀。二年,方夷来宾。三年,复田稷农官。后稷之后不窋失官,至是而复。十一月,使商侯冥治河。十八年,迁于原(在今河南济源市西北)。少康帝位二十三年陟,葬夏阳。少康生二子,长曰伯杼,次曰季杼。伯杼立。自夏禹始至于少康中兴,五代人,传六帝,共有一百三十六年。

帝杼,小时名宇,一作伯杼、后杼。帝杼元年己巳(前1792),《国语·鲁语》记:"杼,能帅禹者也,夏后氏报焉。"五年,自原迁于老丘(在今河南开封市祥符区陈留北四十里)。八年,征于东海及三寿(东海古国名。今址不详),得一狐九尾。十三年,商侯冥死于黄河。杼在位期间,发明了用兽皮做甲,作甲兵,为中国战甲的创始人。杼在位十七年,卒葬安邑附近。帝杼崩,二年丧期,子槐立。

帝槐,一作"芬",或曰帝荒,元年戊子(前1773)即帝位。帝槐政绩平平,以致奸人当道,搜刮民脂民膏。人们讽刺他,倘指桑树不争,桑叶供蚕食者也;实指是槐树不争,其槐果又何尝不被硕鼠食?后引文"指桑骂槐",时夏政衰弱。《诗·魏风·硕鼠序》

记："国人刺其君重敛,蚕食于民,不修其政,贪而畏人,若大鼠也。"三年,九夷来御。十六年,洛伯用与河伯冯夷斗。二十三年(一记三十三年。考无此年),封昆吾氏子于有苏(在今河北沙河市北)。自此有苏氏别昆吾氏,后有苏氏传苏姓。又作圜土(监狱。狱又谓之圜土,筑其表象,其形圜也)。帝槐崩,子芒立。

帝芒,元年没有纪年,疑是癸丑(前1748)登帝位。帝芒以玄珪宾于河,"诸侯玄端(冕之误)以祭"(文见《礼记·玉藻》)。帝芒开始了中国首例"沉祭"活动,即将猪、牛、羊沉于河中,还将帝舜赐给帝禹的信物"玄圭"也沉入河中,表示虔诚。八年,商侯迁于殷。十三年,东狩于海,获大鱼,群臣祝贺,以为河神所赐,年年有余,永保社稷太平。帝芒在位十八年病死,芒崩,子泄立。

帝泄,元年辛未(前1730)即帝位。十二年,殷侯子亥宾于有易而淫焉,为有易之君绵臣杀之。故子亥之子上甲微假师于河伯,以伐有易,灭之,遂杀其君绵臣。上甲微复兴,商人报焉。东夷、西羌派使者谒见,赐封九夷:东夷、羌夷、狄夷、畎夷、白夷、玄夷、风夷、赤夷、黄夷,各部诸侯爵位。帝泄在位二十五年崩,丧期三年,子不降立。

帝不降,元年己亥(前1702)即帝位。六年讨伐九苑(治所在今陕西宝鸡市东十五里)。三十五年,殷灭皮氏(在今山西河津市西二里)。五十九年逊位于弟扃。逊位十年后崩。不降禅位给弟弟,称内禅,弟扃立。三代之世内禅,惟不降实有圣德。帝扃,即位十八年崩,三年丧期,子廑(厪)立。

帝廑,一名胤甲。元年己未(前1622),帝即位,居西河(指今山西、陕西间南北流向的黄河一段)。四年,作《西音》。昆吾氏迁于许(在今河南许昌市东三十六里古城)。昆吾氏乃陆终之孙,昆吾之子,名樊,封于卫,夏衰为伯,迁于旧许。八年,天有妖孽,十日并出。十日并出之说实际是雾气所致,以为妖也。帝廑十年陟,立帝不降之子孔甲。据《夏姓世谱》记:"胤生帝威,帝叔生宣林。"帝廑之后未见史书有"帝位"之记,当以为名。帝威即帝叔,帝叔生宣林,林与陵近音,有宣陵地名(在今河南洛阳市东北汉魏故城南)。

帝孔甲,元年己巳(前1612),即帝位,居西河。孔甲即帝位废掉王后豕韦氏,请刘累养四条雌雄各半的"龙"。所谓龙,鳄鱼也。黄河捕来黑不溜秋的鳄叫河龙,长江捕来混体白色的鳄叫汉龙。刘累养龙,帝孔甲赐"御龙氏"。其意思是要求刘累将这四条龙驯养成可以在水上载人的"马"。三年,帝孔甲到贳山(一名东首阳山。在今河南巩义市北,黄河南岸)打猎。时天刮大风,沙尘暴起,蔽日晦盲,孔甲迷路,乱闯民室。此时房女主人正在给孩子喂奶,即曰:"后天,才有好日头,我的儿子在此晦日以迎好日,必大吉。"又曰:"不然也,此子必有灾难。"孔甲曰:"您的儿子怎么会遭殃呢?谁敢动他。"孔甲就将这个小儿收养在身边。五年,孩儿因为玩耍,陈列铜器所依靠的幕墙突然倒塌,铜斧坠落正好砍断了孩子的脚。孔甲深为爱怜,以为这孩子长大后只能是个守门者。孔甲曰:"呜呼!有疾,命矣夫!"就创作了《破斧》之歌,后定此歌名《东音》。

孔甲之后的数代夏王时期,就流行了此歌曲。七年,刘累所养的四条鳄,其中一条雌的死了,他就将死了的鳄做成野味羹汤献给孔甲吃,孔甲不知就里,只感觉味道很好,就赐给刘累珠宝。孔甲要求刘累带鳄鱼到王宫做表演,刘累只好每次上两条,以轮回过关。不久,孔甲却要求将四条一起上来表演,这下就不行了,于是刘累就逃到鲁阳(今河南鲁山县)。养"龙"不可一日无人,孔甲又请来后师养龙。后师养龙自有一套技术,年余就将鳄鱼豢养得很强壮,表演起来真逗人乐。可孔甲还总是要指手画脚,要求更高,后师就发牢骚。孔甲以为后师对自己不敬,就将后师杀了。不久,天降大雨又刮大风,孔甲以为是后师的冤魂在作祟,于是就到郊外祈祷。风停雨止,城外山村起火,孔甲回城,在半路死去。《国语·鲁语》记:"孔甲乱夏,四世而陨。"《纪年》作:"居西河,九年亡(现按实际帝位接应时间考,孔甲帝位十一年)。"有记孔甲迷鬼神,事淫乱,诸侯不尊重他,还时常挑起事端发难,夏后氏德政衰弱。《左传》记:"有夏孔甲扰于有帝,帝赐之乘龙河、汉各二。"此说明孔甲还得过上帝的奖赏。

帝昊(昊一作"皋"),元年庚辰(前1601)即位。使豕韦氏复国,此前夏衰时,昆吾、豕韦相继为伯。三年,陟。

帝发,一名后敬,或曰发惠。元年乙酉(前1596),帝即位。诸夷宾于王门,再保墉会于上池(当指池河。在今江苏盱眙县西南),诸夷入舞。七年,陟。泰山震。

七、帝桀荒淫 大夏亡国

帝癸,又名履癸,又号夏桀,元年壬辰(前1589)即帝位,居斟鄩(即安邑。故址在今山西夏县西北禹王乡禹王村,一称禹王城)。夏桀当生于帝孔甲三年(前1610)。《帝王世纪》记:"禹自安邑都晋阳,至桀徙都安邑。"初时三苗乱,桀自征之得胜。又有施氏(居今山东蒙县至安徽宿县一带)不朝贡,夏桀就纠集方国万余兵东征。三年,畎夷氏(古民族名。居今陕西汉中一带,该族专事养犬打猎)进入岐(在今陕西岐山县东北)而反叛,时有岐国(今陕西岐山县)、有麟国(今陕西麟县)、豳国(今陕西彬县与旬邑县境内)、扶风国(今陕西扶风县),四国遭到了攻击,帝桀亲自率领兵马前往救援。畎夷氏也,该族专事养犬打猎,其民全身多体毛,发披掩耳,常穿狗皮之衣,炎帝阪泉之战时即参与战事,曰虎,黄帝胜战,畎夷氏就"效犬马之劳"称功狂傲。畎夷氏首领大骂桀曰:"尔鼠辈也。昔黄帝涿鹿战事,吾祖辈鞍前马后效犬马之劳。黄帝得天下而禹窃为家天下,奈何如是? 鼠辈蹂躏百姓荒淫无度又如何是?"帝桀大怒,麾兵大进,畎夷氏逃归。

六年,有岐国侯岐踵戎带来了贡品到斟寻朝见。《吕氏春秋·当染篇》记:"桀染于羊辛,岐踵戎是也。"十年,夜中有彗星长竟天,陨石如雨而下,造成视觉上的金、木、水、火、土五行星错行。因为地震,造成伊水、洛水河道枯竭。太史上言,当修德行仁,以回天变。桀大笑曰:"天变偶然,何足畏哉?"十一年,帝桀会诸侯于有仍(今山东济宁市东南)。此前十一年间,诸侯互相攻伐,叛离桀矣,桀都纵乐不闻。今之来者,非商侯之贤则有仍等之亲,或豕韦(豕韦氏,简称韦。在今河南滑县东南)等之阿党而已。桀当朝问诸侯,欲行征伐。商侯陈述要以修文德,毋尚兵力。桀即遣商侯归国,自留豕韦等计议。桀盛怒诸侯之不全来,悔久未巡行之。故遂不遵十二年一巡狩之制,便于大朝之后,统四国之兵,往有仍之国。并重修夏台,坐召雍、豫二方诸侯。诸侯亦半至。商侯又托疾未赴。助恶者,则豕韦氏、北昆吾(今河南濮阳西南。与豕韦氏邻)、西顾(在今河南三门峡)、南常(常与堂字形之误,即南堂。在今湖北武汉市武昌南)、中葛(今河南宁陵县西北二十四里葛伯屯),五方之恶党,并集肆凶。有缗氏(居今山东金乡县东)不来。有缗国者少康之后也,侯名忠新,立五年,素闻桀无道,自西方引众来会,欲观之,见桀行宫锦帐,妃妾妖艳环绕,鼓吹不绝,侈泰如此,遂竟自引去。赵梁教桀曰:"若容有缗氏,则威令不行矣!"桀遂率诸侯攻有缗,遂灭有缗之国,侯忠奔戎。 桀大快意,尽劫其财货,掳其子女,赏劳恶党,班师而归。十三年,帝桀命侯武役使民夫数万去河南(指今洛阳瀍河的南边。亦即二里头遗址)建筑倾宫,毁掉了原来的容(庸)台(即礼署。礼乐废之意)。倾宫建成,其规制:万楹千楹,四面八方皆有门。户下广上,高翔入云霄。乘高而望,居民若蚁蛭,行道如蚁群。山河线线,尽万里之观。灯火荧荧,照半空之上。其体内深,而外飘飘,乘风危若倾,故名倾宫。其制一宫,而为上下中三层,每宫又各有上中下三层,实九层楼也。帝桀即迁都河南,又制造了专供帝乘用的辇车。倾宫之成,费二载工力。又累杀民夫数千人,民怨既深。

十四年,岷山庄王不朝贡,帝桀命扁帅师讨伐峰山(即岷山,今名峰山,亦名烽火山。在今安徽宿松县东北六十里)。岷献两美女给帝桀,一曰琬、一曰琰,帝桀爱两女焉,赐名以为苕华之玉,苕是琬,华是琰,而抛弃了其元妃洛氏。琬曾名彩娥,琰又曰妹喜,帝桀命赵良专门为她俩将倾(寝)宫装饰成金碧辉煌如天上瑶台,其门用的是玉石,有璇室、象廊,《竹书纪年》记:"筑倾宫、饰瑶台、作琼室、立玉门。"于是帝桀与妹喜凉时则在倾宫的下宫,曰暖倾;炎时则在上宫,曰凉倾;不凉不暖则在中官,曰温倾。倾宫之乐,每层有游观之乐。凭栏俯瞰,谓之倾游。每游有飞观之宴,谓之倾宴。张乐大奏,云霄皆响,谓之倾乐。酒酣则妹喜乐舞而歌,谓之倾歌。桀还搜寻天下美女藏于后宫,日夜与妹喜和宫女们饮酒作乐。三孝二幸效此风范,越发大家乱做起来,如此快乐三年。

十七年,商侯殷汤派遣伊尹为特别使者来朝。二十年,伊尹复回商都。伊尹为间谍在夏朝卧底近四年,攫取了大量的情报。伊尹在情感上"俘虏"了美人妹喜,妹喜事实也在提供不少的情报,妹喜进而引领夏桀专门干些荒唐的事。二十一年,商出兵征伐洛(疑今陕西商洛市),克之。遂征荆(即今湖北荆州市),荆降。是年二月,帝桀役使数万人开挖穿凿山岭地面以下的通道,名"聆隧"。聆隧为张燧规划设计,张氏谱曰:"张燧,望重山学通坟典。"聆隧约长四五里,用砖石卷成一永巷,巷中不见天日,只闻人声。由聆隧面进,开地二十里阔,内筑砌一宫,名曰长夜宫。桀在聆隧内造长夜宫,费半年而成。杀民夫之不中用者百余人,洞内开挖又死百余人,累杀者千余人,民怨载道。

二十二年,太史令终古见夏桀如此荒淫奢侈,泣谏曰:"自古黄帝,勤政爱民,不勒索民众以为娱乐。今帝奢侈,将至国亡。"桀不听。大臣关龙逢多次劝谏夏桀,桀亦不听。关龙逢决定献黄图冒死进谏。所谓黄图,是大禹治水,涂山会诸侯绘画在布帛之上的图景。关龙逢希望帝桀见黄图会幡然醒悟,以效法先王而勤政,收敛挥霍。关龙逢曰:"天子谦恭、仁信、节俭,天下才能安定,王朝才能稳固。今陛下奢侈无度,嗜杀成性,已失民心。要改正过错,挽回人心。"桀听了很是刺耳,大怒,命武士拽黄图入棺,并用盖子盖上,而焚黄图于棺,遂囚龙逢。商侯履(汤)闻之派巫轶到长夜宫哭祭,桀杀巫轶。桀召汤并将汤囚禁在夏台(一名钧台。在今河南禹县南)。商侯殷汤入朝被囚,桀欲杀之,伊尹哭谏曰:"赏罚不明,则天下不服。望君王暂赦天下,禁其喧哗。若其不改,杀之未晚。且君王初进贤圣之士,遽杀群臣,恐天下滋议也。"桀见说伊尹,伊尹恭肃正立,桀心自愧,命且囚诸臣待决。桀问伊尹曰:"子圣人也!将何以俾朕?"尹对曰:"君王亦治天下而已。"桀曰:"何以治天下?"对曰:"仁民。"曰:"何以仁民?"对曰:"任贤。"曰:"何以知贤?"对曰:"正直而忠谏者贤。"桀默然,尹亦不言。桀遂罢朝入宫。心愧于尹,命释诸臣士囚。伊尹贿赂赵梁,以求释放汤。二十三年,帝桀释放商侯履,诸侯遂去商作宾客慰问,诸侯由是咸叛桀而附汤,后去商供职者有五百余国人氏。桀召伊尹,与之商曰:"卿前让直谏为贤,彼实逆君命,而邀名誉,奈何?"尹对曰:"夫美名者,言之必美言;美者行之,必美人。君行之,则美名在君矣!臣安得有美名哉?"桀默然悦服,罢朝。复命释放关龙逢。自是数月间,帝桀三五日一出朝,略听伊尹数言稍宽民力,赦罪过。赵梁忌之,为不图于己,乃密进帝桀曰:"君宽群臣,恐复有哗者。"桀颔首称是。

二十六年,商灭温国(在今河南温县西南)。二十八年,昆吾氏(一说居今河南许昌)夏伯伐商。商会诸侯于景亳(又称薄。在今山东曹县南二十五里),遂征韦。商师取韦,遂征顾(夏方国。在今河南范县,又西迁为西顾,在今河南三门峡)。太史令终古出奔至于商。二十九年,商出兵消灭了顾国。时有三日并出(云雾造成的晕日)。夏大臣费伯昌投奔到商。冬十月,凿山开陵以通黄河。三十年,瞿山(今河南确山)崩,山体滑坡。桀复召关龙逢,关龙逢曰:"君无道,国将亡!"桀反诘曰:"天之有日,犹吾之有民。日有亡哉?日亡吾亦亡矣!"关龙逢讽曰:"时日曷丧,予汝偕亡!"(见《尚书》)桀以为关龙逢如此恶言中伤自己,遂怒而杀之,时为辛酉三月九日。时年,商出兵征伐昆吾氏。冬,聆隧的隧道洞坍方发生了灾难。

三十一年,商师从都地的东方出发,从黄河逆水而上,迂回至于陑(即陑山。在今山西永济市西南蒲州镇南),出其不意从夏都的西边发动了总攻,与夏方国主力卫队昆吾氏夏伯鏖战于鸣条(在今山西运城市东北的夏县),战时大雨倾盆而下。昆吾氏往北败退三十里到高涯原(今水头镇南坡村),被追兵全部消灭。殷汤随率战车七十乘、兵士六千人总攻夏王都,夏师败绩,帝桀逃奔三朡(在今山东菏泽市定陶区北)。商(汤)遂追击到三朡,战于成(在今山东与河南交界处的范县),在成国的鼓楼上排门(谯门)前俘获了桀,并将他流放到南巢亭山(即历山,又名鸡笼山。在今安徽和县),帝桀叹曰:"吾悔不遂杀汤于夏台,使至此。"桀被流放死,夏朝亡。《路史》记:"汤放桀,戮尹谐,灭斟观昆吾氏。"尹谐,当是关龙逢族弟,其附桀焉,故受诛。帝汤四年(前1555),夏桀卒于亭山,年五十六岁,葬于彼,帝汤命国人举哀,禁弦歌舞。

夏桀亡国,其族人有逃归河南浚县、陕西泾江、河南上蔡,盛为夏姓。夏王朝的主要都地是斟寻(即今洛阳二里头遗址)。《逸周书·度年》记:"太康居斟寻,羿又居之,桀亦居之。"《竹书纪年》记:"自洛汭延于伊汭,居易无固,其有夏居之。"《史记·吴起列传》记:"夏桀之居,左河济,右泰华,伊阙在其南,羊肠在其北。"《括地志》云:"故寻城在洛州巩县西南五十八里,盖桀所居也。"夏始都在阳城,又迁阳翟,而都在斟寻时间最长。《吕氏春秋·慎大》记:"桀为无道,暴戾顽贪,天下颤恐而患之。言者不同,纷纷分分,其情难得。干辛任威,凌轹诸侯,以及兆民;贤良有怨,杀彼龙逢,以服群凶。众庶泯泯,皆有远志,莫敢直言,其生若惊。大臣同患,弗周而畔。桀愈自贤,矜过善非,主道重塞,国人大崩。汤乃惕惧,忧天下之不宁,欲令伊尹往视旷夏,恐其不信,汤由亲自射伊尹。伊尹奔夏三年,反报于亳,曰:'桀迷惑于末嬉,好彼琬、琰,不恤其众,众志不堪,上下相疾,民心积怨,皆曰:上天弗恤,夏命其卒。'汤谓伊尹曰:'若告我旷夏尽如诗?'汤与伊尹盟,以示必灭夏。伊尹又复往视旷夏,听于末嬉。末嬉曰:'今昔天子梦西方有日,东方有日。两日相与斗,西方日胜,东方日不胜。'伊尹以告汤。商涸旱,汤犹发师,以信伊尹之盟。故令师从东方出于国西以进。未接刃而桀走,逐之至大沙,身体离散,为天下戮。不可正谏,虽后悔之,将可奈何?"

夏桀宠妃妹喜,一记眛喜、末喜,原名琰,岷山(夏是岷山庄王居地,汉称松兹侯国。即今安徽宿松县凉亭乡烽火山)庄王之女也。《韩非子·难四》记:"是以桀索瑶山之女。"《类聚》记"岷山庄王女于桀二女"。岷山庄王原来年年向夏王朝纳贡,因为夏王朝横征暴敛,索要的东西太多,加上是年洪涝之灾,龙感湖(在今宿松县)湖水四溢(肆虐),饿殍遍野,百姓生活苦不聊生,于是岷山庄王就不朝不贡,夏桀就命将军扁出师讨伐瑶山。岷山庄王不战自缚,愿意朝贡二女以求退兵。夏桀十四年,妹喜与姐姐被进贡给夏帝桀,帝桀爱两女,赐名以为苕华之玉,苕是琬,华是琰。又琬名彩娥,琰名妹喜。妹喜初入宫,夏桀自五月二十三日避谏还宫,一连与妹喜为乐十余日。自此后,妹喜在极尽向夏桀献媚以取得欢心外,进而引领夏桀专门干些荒唐的事。夏桀二十二年,妹喜听闻商侯殷汤已经被拘留在夏台,夏桀一上朝就将要被杀之,她突然惊悸,发疯得奔天入地。夏桀以为是鬼神作怪,就不上朝了。伊尹说帝桀,桀当着妹喜的面允诺不杀殷汤,并答应放之。二十三年初,有日,帝桀设早朝。乃命元士育潜往夏台召费昌与商侯殷汤来,回赦其罪。二十九年,帝桀按夏制五年一巡狩,应该是巡行天下的时候了,妹喜不让帝桀巡狩。桀既罢巡行,妹喜又献巧,谓桀曰:"君王与妾深处宫中,乐则乐矣!凡宫内宫外及四远之地,一有奸伪窃,何由知之?何不上倾宫之巅日夕登眺,则远近可遍,烽烟可悉见也。如是则君王虽不设朝,亦可见群臣之然。虽不巡狩,亦可见四方之动静矣!岂不可长享富贵乎?"桀喜曰:"朕久有此意,卿言真有见。"遂命侯武等又役民夫采木,于倾宫上层加建跃层,内饰以琼瑶,寝房饰以象牙,罗致万方珍奇,以悦妹喜。夏亡后,妹喜的归宿在哪里?据传"内奸"的事被夏桀发现后,伊尹适时将妹喜接出见商侯殷汤,殷汤泪流不止,欲纳为妃。伊尹私下对殷汤曰:"亡国之妃,帝不可受也。"商朝始,尊妹喜为贵人。《列女传·孽嬖》记:"末喜者,夏桀之妃也。美于色,薄于德;女子行丈夫心,佩剑带冠。桀既弃礼义,淫于妇人,求美女,积之于后宫,收娼优侏儒狎徒能为奇伟戏者,聚之于旁,造烂漫之乐,日夜与末喜及宫女饮酒,无有休时。置末喜于膝上,听用其言,昏乱失道,骄奢自恣。为酒池可以运舟,一鼓而牛饮者三千人。羁其头而饮之于酒池,醉而溺死者,末喜笑之,以为乐。龙逢进谏曰:'君无道,必亡矣!'桀曰:'日有亡乎?日亡而我亡。'不听,以为妖言而杀之。造琼室瑶台,以临云雨,殚财尽币,意尚不餍。召汤,囚之于夏台,已而释之,诸侯大叛。于是汤受命而伐之,战于鸣条,桀师不战,汤遂放桀,与末喜嬖妾同舟,流于海,死于南巢之山。诗曰:'懿厥哲妇,为枭为鸱。'此之谓也。"

八、伊甸园中　神生亚当

夏帝内禅帝位给其弟扃,帝扃传位其子廑,帝廑复传位堂兄孔甲,帝孔甲传位其子皋,帝皋之时,称前帝廑之子威为帝叔。帝叔生宣林,宣林即宣陵(在今河南洛阳市东北汉魏故城南),地因人名。《帝王世纪》曰:"(宣陵)山方三百步,高十二丈。在雒阳东南,去雒阳三十里。"帝发之时,宣林治理伊河东山(即今河南洛阳市龙门石窟景区伊河东山石窟主山,古名伊阙山)夏王家果园。宣林在果园团土造人,塑人像,供为神。黄帝以来圣人以木主事神,宣林乃以土偶事神,行于后世。伊甸园,名于《圣经·创世记》:"耶和华,神,在东方的伊甸立了一个园子,把所造的人安置在那里。"东方伊甸园,这就是夏朝王家的果园。《周礼·天官·太宰》记:"郊外曰甸,百里之外,二百里之内。"夏帝桀时,都在禹王城(在今山西夏县西北禹王乡禹王村),东方伊甸园距此正好是二百里内,伊甸园之名当即由此来。《圣经》记伊甸园中发生的事,"把所造的人"显然是指人体塑像;"那里有金子"当指铜;"四面转动发火焰的剑",证明那时采用铜的冶炼技术铸剑能从中喷出火焰,符合夏朝以铜为兵的断言。伊甸园之名首字"伊",是为治理之意,又源自伊河之伊阙口、伊阙山;甸,古时(城)郭外称郊,郊外称甸;园,即指果园。《圣经》记:"有河从伊甸流出来滋润那园子,从那里分为四道。"其所指四道河,一曰"比逊",当指伊河;二曰"基训",当指洛河(属今河南);"环绕古实全地"(古实当指今河南洛阳地区);三曰"底格里斯",当指颍河(属今河南),"流在亚述的东边"中的"亚述",当指禹州(属今河南);四曰"幼发拉底河",当指黄河。后引名为西南亚最大的河流体系,包含了底格里斯河和幼发拉底河。

小结

夏朝起壬子,终壬戌。禹在帝位开始是壬子(前1929),至于桀亡的壬戌(前1559),夏帝共传十四代,有十七王,时间距离是三百七十一年。其内,后羿为夏后共二十五年,自称帝十九年。夏代君主年表出现帝位空窗期,视为仲康时及相初期是为傀儡时期。寒浞十八年(前1856),前夏亡,寒浞在位五十八年。夏朝由于家天下而遭受反对,玄仲之分华族,战争就一直相伴。从建国之初的人口千三百五十五万三千九百二十三,锐减了七成,即降到四百六十余万。夏帝禹涂山之会时,"执玉帛者万国",后至于商帝汤受命,"其能存者三千余国,方于涂山,十损其七"。"汤时千三百国"(见《通典·食货七》)。《史记》:"自殷以前,诸侯不可得而谱。"

第六章　成汤为帝　传殷本纪

夏亡于商汤。商时期太戊执掌帝位达七十五年之久,是为在位最长者。其后武丁、盘庚中兴商朝。武乙为帝时,周人在西戎之地已经形成力量强大的部落势力,这导致了之后商朝的灭亡。

一、殷祖前世　王道初成

帝喾次妃有娀氏女简狄,以春分玄鸟至之日,从帝祀郊禖。简狄与其妹浴于玄丘之水,有玄鸟衔卵而坠之,五色甚好,二人竞取,覆以玉筐,简狄先得而吞之,遂孕,胸剖而生卨(音xiè)。卨居商野。卨,一名挈,讹字契,初名阏伯。契长为尧司徒,成功于民,受封于商野(当指今商丘),契之者即为导师。《正义》记:帝尧呼契曰:"往者天下百姓不相亲睦,家内尊卑五品不能和顺。汝作司徒之官,谨敬布其五常之教,务在于宽。故使五典克从,是汝之功,宜当勉之。"契之教民,在尧、舜时兴起。

契居商丘,契薨,子昭明继位。昭明薨,子相土继位。夏太康失国,王宫财产不保,相土急中生智用马驮物,马驮物始于相土。相土治商丘,其方强盛,于是相土向东扩展势力,于屯居开发处筑城,名以相山(在今安徽淮北市西北)。《诗经·商颂·长发》云:"相土烈烈,海外有截。"相土薨,子昌若继位。昌若薨,子曹圉继位。曹圉薨,子冥继位。

夏少康三年(前1813),帝康使商侯冥治河。冥治水,使黄河筑堤导水。夏杼十三年(前1780),商侯冥治水勤于职守,死于黄河治水现场,被后世奉为水神。冥子恒继位辅政。恒亡,子振继位。振为王,于夏帝芒八年(前1741)迁都于殷(在今河南安阳西北),时殷地人众而富有,居地为中,商殷之名自此定。

振,一名子亥,又名王亥。子亥贸易经商,往来各地。子亥贸易牛作客住在有易(在今河北容城东南)。有易人诬称子亥"宾于有易而淫",故杀子亥取牛而去。子亥之子微继位。微,一记上甲微。夏帝泄十二年(前1719),上甲微向河伯借兵,为父报仇,以伐有易,有易被灭,杀其君绵臣。时夏朝中叶衰,而上甲微复兴,故殷人报焉!微薨,子报乙继位(《史记·殷本纪》作"报丁"。现根据考古资料排列)。报乙,于夏帝不降三十五年(前1668)灭皮氏(在今山西河津市西二里。古记绛州龙门县西一里八十步即古皮氏城也)。周左史戎夫记:"信不行,义不立,则哲士陵君,政而生乱,皮氏以亡谓此也。"报乙薨,子报丙继位。报丙薨,子报丁继位。报丁薨,子主壬继位。主壬薨,子主癸继位。主癸之妃曰扶都,见白气贯月,意感,以乙日生汤,号天乙。主癸薨,子天乙继位。天乙即成汤。

二、商人报焉　成汤为帝

汤,子姓,名履、天乙、太乙,灭夏后又称"成汤""武汤""殷汤",即商侯,后称商王,《竹书纪年》记名商侯履。汤王位元年丙午(前1575),都商丘(属今河南)。汤其面相下颌宽而上额锐;皮肤白皙而有两腮的胡子(髯);身材修长,发音洪亮;长九尺(约今一点七米),臂大而粗。汤为商王,仲虺为左相,仲虺告诉汤曰:"兼弱攻昧,取乱侮亡。"意思是要兼并弱小与愚昧国家,扩大自己的国力。二年,有莘氏(在今陕西合阳县)女嫁给汤,其陪嫁男仆阿衡背炊具"鼎俎"求见汤,从烫煲的美味说起,曰三皇、五帝、夏禹九君。汤讶其博学,举其才,以为名伊尹,以管国家史,是为右相。又有庆辅者,自南方来投,汤以大夫之礼迎宾。汤初时就形成了七辅佐政,他们是:庆辅、伊尹、湟里且、东门虚、南门蟣、西门疵、北门侧。

三年,汤召庆辅语,庆辅建言曰:"商丘土脉浮薄,非帝王之都。且三面距河,常有河溢之患。臣闻君侯之地,七十里即古帝喾之地。臣昨至境内,详观之。此城南三十里,即帝喾之都,亳城是也。自帝喾与帝而后,六百余年矣。天地之气必散而复聚,必有帝王兴焉。臣望其气郁郁葱葱,真王者之都也。及臣见君之圣神智睿而喜,可知天之生民,必有大主。今天下之民,无主矣,非君而谁? 愿迁都亳城,行王政以救天下之民。"商侯闻之,愕然而起。避席而谢曰:"小子奉先君之教,惟自陨坠,不克承先,并不能国辅王室,以酬世食王之德为惕虑。吾子不鄙,而俨然就教,台之幸也。乃议及此台。虽狂昧,奈何自绝于天? 敢闻教乎?"时伊尹在场,附和曰:"王者之事,未宜遽言在人自为之、天自与之而已。惟都城之议,固当从也。天下既乱,强凌弱,恶并善。商邱之地,城不高,池不深,土疏,水滥,固当迁也。使不为天子,岂祖宗之祀不图自存乎?"商侯乃从议。时年,汤派遣伊尹为特别使者去夏朝为臣。左相仲虺极力辅佐,管理农耕,发展生产。

六年,伊尹自夏都复回商都,自北门进入新都亳都(今河南商丘西南高辛镇),遇汤大臣女(一作汝)鸠、女房,他俩正在做新都的收工状。但见新王宫巍然,飞檐雕龙;民居泰若,房舍鳞次栉比。城区庞大,张扬着王者之气。伊尹大喜,与两人戏曰:"吾建国都之尊俯视天下,夏桀正在挖聆隧欲住洞府。"随作《女鸠》《女房》。女鸠、女房,女魃氏族人,他俩是建筑师,亦为伊尹在有莘氏时的挚友。伊尹并请两位回有莘国后积极备战,准备配合征伐洛(疑今陕西商洛市),洛在商之西也。因为夏桀正在搞所谓的"聆隧",民怨载道。先"吃"掉这弱小的国家,取回商先王相土时期的领地,以试探夏桀的反应如何。并请他俩回去告诉有莘氏王,他的女婿商王汤将要大有作为。

七年元月,即而令臣民士从者,挈老幼而南居于亳都。商侯修德行仁,以治其国。国中士民大悦,家家人人欢天喜地的。扶老挈幼从商侯者,如从父母也。鸡犬豚羊亦无不踊跃而行者。于是定居亳后,发政施仁,民益大悦。殷汤迁都于亳,是为追随先帝帝喾之都而居,汤作《帝诰》。汤在亳,能修其德。汤乃东至于洛,观帝尧之坛,沈璧退立,黄鱼双踊,黑鸟随之止于坛,化为黑玉。又有黑龟,并赤文成字,言夏桀无道,汤当代之。梼杌之神,见于邳山。有神牵白狼衔钩而入商朝。金德将盛,银自山溢。商出兵征伐洛,克之。商遂又南征荆(疑今安徽寿县西南),荆降。周左史戎夫记曰:"昔有洛氏宫室无常,池囿广大、工巧,日进民不得休,农失其时,饥馑无食,成汤伐之,有洛以亡。"二战得胜,国人皆喜。以为迁都祥瑞,方显亳都之尊。八年,夏桀焚烧黄图,大臣关龙逢被桀所囚的消息传来,汤叹息曰:"黄图被焚烧!关龙逢被囚,夏其亡矣!"则使中大夫巫轶往夏,哭黄图而谏桀。巫轶遇害,桀又命熊、黑二将领甲士一千、槛车一乘,来亳擒商侯殷汤。汤欣然就车,即日起行。商侯殷汤来朝见帝桀,桀命将他拘留在夏台。夏桀欲设朝,面詈商侯而戮之。天乃大雨如倾,酒池成海,糟堤成泥,肉林生蛆,雾迷朝市,烈风摇城,迅雷摧殿,宫中白昼出鬼,宫城内皆成大水。妹喜突然惊悸匿无地。桀见妹喜被鬼惊吓,为保妹喜不暇,哪敢出朝。囚六个月,桀释放商侯殷汤。诸侯到商都访问做客。

九年之后二年间,殷汤与葛伯为邻(今河南宁陵县西北二十四里葛伯屯。其西南十八里为帝丘乡)。葛伯者,葛天氏之后。殷汤希望葛伯能够帮助自己,整治沃土,发展生产。葛伯不听,殷汤就派人去质问,葛伯说没有牛羊做牺牲,汤就使人送去牛羊,葛伯却将牛羊杀了吃掉,仍然不祭祀。汤又派人去质问,葛伯说没有粮食做祭品。殷汤于是又派人去帮助到葛伯地(今河南宁陵县西北二十四里葛伯屯。其西南十八里为帝丘乡)耕种粮食,葛伯却派人袭击给耕种者送饭的人,抢夺酒饭,语称"葛伯仇饷"。这就引起了殷汤的愤怒,汤召见葛伯,质问葛伯何故如此蛮横? 葛伯曰:"吾葛天氏为伏羲氏九相之一,居东阴(即东阴槃县。在今陕西长武县),今属夏天子也。吾今居地亦三世矣!尔欲霸吾地何也?"汤曰:"吾乃黄帝子孙,尔居先时为有熊国地,吾为天命!尔曰无粮,却田地荒芜,今为尔耕种,又何不可?"葛伯曰:"黄帝亦如何? 后辈者也。吾自耕稼,与尔何干? 尔霸天道而奴其民,派人耕种又无契约,不知可分几成,岂能来吾地白种?"汤遂灭葛伯氏,葛伯逃逸。《尚书·书序》记:"汤征诸侯,葛伯不祀,汤始征之,作《汤征》。"《孟子·梁惠王下》:"汤一征,自葛始。"《太平寰宇记》:"古葛伯国,以不祀,为汤所灭。"又《越绝书》记:"殷汤献牛给荆之伯,之伯者,荆州(荆山。指今河南洛阳市伊川县荆山森林公园)之君也。汤行仁义,敬鬼神天下,皆一心归之。当是时,荆伯未从也,汤于是乃饰牺牛以事,荆伯乃愧然曰:'失事圣人礼。'乃委其诚心。此谓汤献牛荆之伯也。"汤灭葛国,联手荆君,以保障商都西部的安全。荆伯,帝喾时祝融重黎之后,帝汤封于程(上程聚。在今河南洛阳市与偃师市交界处),建程国,子孙传程姓。

十二年,商灭温国。十五年,商出兵消灭了顾国。时有三日并出。夏大臣费昌投奔到商,封在葛伯地。至此,夏桀的北方势力基本被消除。十六年,殷汤见渔夫张网,祝曰:"网开三面,愿逃则逃,不逃入网。"诸侯闻之以为汤行仁德,恩惠至于禽兽。事实是汤已经在战略上将夏桀的南、西、北的大小方国基本消灭掉,只留了往东的一方口子。汤率诸侯,伊尹为相,又伐昆吾氏,以出师有名。昆吾氏被伐败逃,殷汤本想攻夏都,伊尹曰:"东夷之民还服从桀的调遣,听夏的号令,此时再战夏,时机尚未成熟,不如遣使向桀入贡请罪,臣服供职,以待机而动。"商汤采纳了伊尹的建议,暂时收兵。备办了贡品,写了请罪称臣的奏章,派遣使臣带到夏王都,朝见夏桀。夏桀见了贡品和请罪奏章以后,和身边的谀臣们商议,谀臣们就向桀祝贺说:"大王威震天下,谁也不敢反叛,连商侯也知罪认罪,可以不出兵征伐,安享太平。"这样夏桀就下令罢兵,实际也是无力出兵。一年之后,昆吾的夏伯率军向商进攻。商汤率军迎战昆吾。一战而大败昆吾军于鸣条,再战而杀夏伯,将昆吾的土地、人民并入商,再迁昆吾之民于许(今河南许昌市东三十六里古城)。当夏桀得知商汤灭了昆吾,而不再入贡,又下令调东夷的军队征伐商汤,但东夷的首领们不听调遣。伊尹见灭夏的时机成熟了,就请商汤率军征讨夏桀。

汤为帝元年癸亥(前1558),即商王十八年正月,殷汤率战车七十乘,敢死兵士六千人,发动了对夏都的总攻,仲虺作《诰命》。汤自举大钺,身先士卒,再伐夏桀。语与众曰:"非吾不德,实因夏桀无道,罪孽深重。荒吾等农事,不怜恤民。耗尽民力,掠夺资财。民无以生,民怨沸腾。夏桀失德,故予惩罚。"汤命史官记其所言,作《汤誓》。《汤誓》记:王曰:"格尔众庶,悉听朕言。非台小子敢行称乱。有夏多罪,天命殛之。今尔有众,汝曰:'我后不恤我众,舍我穑事,而割正夏?'予惟闻汝众言,夏氏有罪。予畏上帝,不敢不正。今汝其曰:'夏罪其如台?'夏王率遏众力,率割夏邑,有众率怠弗协,曰:'时日曷丧,予及汝皆亡!'夏德若兹,今朕必往。尔尚辅予一人,致天之罚,予其大赉汝。尔无不信,朕不食言。尔不从誓言,予则孥戮汝,罔有攸赦。"于是兵卒用命,火攻夏桀,《墨子·非攻下》记:"(成汤伐夏),天命融(祝融)隆(降)火于厘夏城之闲,西北之隅。"汤伐夏而胜。帝汤胜利后回师西亳(今河南偃师市西),召开了众多诸侯参加的"景亳之命"大会,得到三千诸侯的拥护,取得了天下之主地位,夏朝正式宣告灭亡。殷汤为帝,废除夏所受天命论,仲虺作《汤诰》:"三月,王征夏桀班师回都。诸侯首领务求立功勤勉为政,不德者,严惩不贷,勿怨。古之禹、皋陶在外辛劳,德惠民,民安居。东长江,北济水,西黄河,南淮河,四河得治。后稷教种百谷。禹、皋陶、后稷此三公为民建功,故其后能建国立业。黄帝时蚩尤作乱,祸及民生,故亡焉。望诸侯以为自勉。如背道义,将失其政,勿怨。"殷汤又伐三菱(今河北保定市东南),获该国宝器。命义伯、仲伯作记《宝典》。汤败夏桀,思之欲毁夏之社坛,又以为不可,作《夏社》。伊尹通报汤之仁政,四方诸侯服焉。帝汤命伊尹令各小国朝贡:"越沤、剪发文身,请令以鱼皮之酱,利剑以献。"伊尹作《咸有一德》;咎单作《明居》,陈述居民之法,天下始定。咎单为帝汤五卿之一,咎,舅氏也,职掌水土为土正,其后以仙术而朝商,以为咎字不吉利,将咎添一作替,传替姓。帝汤将奉天命放桀,梦及天而舐之,遂有天下。汤有七名而九征。放桀于南巢(亭山)而还,诸侯八译而来者千八百国,奇肱氏以车至,乃同尊天乙履为天子,三让,遂即天子之位。汤即位是为帝,居亳。始屋夏社,改天下之号曰殷,商(殷)始。成汤有二十七征,方乃德施诸侯,令行天下。

二年,大旱。氐、羌来宾。三年,大旱。夏桀卒于亭山(在今安徽和县),商都则禁弦歌舞,以示哀悼。三年,大旱。铸金币。四年,大旱。五年,大旱。六年,大旱,帝汤祷于桑林,雨。《彭氏世谱》记:"彭靖忠,时商王成汤吮,天下大旱。汤祷于桑林之野,以六事自责,大雨数千里。公常诵此自责之言而勿衰。"七年,帝汤初巡狩,定献令。《商书·伊尹朝献》记:"伊尹朝,献商书,汤问伊尹曰:'诸侯来献,或无马牛之所生,而献远方之物事实相反不利。今吾欲因其地势,所有献之,必易得而不贵,其为四方献令。'伊殷受命,于是为四方令曰:'臣请正东,符娄、仇州、伊虑、沤深、十蛮、(及)越沤,剪发文身,请令以鱼皮之鞞,乌鰂之酱,鲛瞂利剑为献。正南,瓯邓、桂国、损子、产里、百濮、九菌,请令以珠玑、玳瑁、象齿、文犀、翠羽、菌鹤、短狗为献。正西,昆仑、狗国、鬼亲、枳巳、闟耳贯胸、雕题、离卿、漆齿,请令以丹青、白旄、纰罽、江历、龙角、神龟为献。正北空同、大夏、莎车、姑他、旦略、豹胡、代翟、匈奴、楼烦、月氏、璹鈇犁、其龙、东胡,请令以橐驼、白玉、野马、騊駼、駃騠、良弓为献。'汤曰:'善。'"时年,又作"大濩乐"。《礼记·郊特牲》:"殷人尚声。臭味未成,涤荡其声,乐三阕,然后出迎牲。声音之号,所以诏告于天地之间也。"

九年,迁九鼎于商邑。十二年(前1547),帝汤陟。太子太丁(一记文丁)未及位而亡,太丁弟外丙即位。外丙,名胜。元年乙亥(前1546),王即位,居亳,命卿士伊尹。二年,陟。外丙薨,弟仲(中)壬即位。仲壬,名庸。元年丁丑(前1544),王即位,居亳,命卿士伊尹。四年,陟。仲壬薨,国相伊尹扶太丁子太甲即位,是为帝太甲。

三、太戊盛世　帝业久位

帝太甲,名至。元年辛巳(前1540),王即位,居西亳(今河南偃师市西十四里。即今考古二里头遗址,与夏旧都斟寻几同),命卿士伊尹。伊尹作《伊训》《肆命》《徂后》。三年,太甲因政治不明,治理不力,伊尹放逐太甲至于汤的葬地桐宫(在今河南虞城县东北)去省礼。伊尹乃自立代帝,伊尹代帝,诸侯朝见。三年礼满,伊尹迎接太甲回朝,还政于之。而《竹书纪年》记:"七年,王潜出桐杀伊尹,天下大雾三日,乃立其子伊陟、伊奋,命复其父之田宅,而中分之。"太甲帝修治德政,伊尹嘉美他,作《太甲训》,褒扬之,称太甲为太宗。十年,大飨于太庙。初祀方明。十二年,陟。太宗薨,子沃丁为帝。

帝沃丁,名绚。元年癸巳(前1528),王即位,居亳,命卿士咎单。八年,祠保衡。十九年,陟。咎单为之作《沃丁》以训示后人。沃丁帝薨,弟太(大)庚即位。

帝大庚,或太庚;《竹书纪年》作:小庚,名辨。元年壬子(前1509),王即位,居亳。五年,陟。大庚薨,子小甲为帝。

帝小甲,名高。元年丁巳(前1504),王即位,居亳。十七年,陟。弟雍己为帝。

帝雍己,名伷(本作伷)。元年甲戌(前1487),王即位,居亳。十二年,陟。时殷朝政衰落,有部分诸侯不再朝贡。雍己帝薨,弟太戊为帝。

帝太戊,名密。元年丙戌(前1475),王即位,居亳,命卿士伊陟、臣扈为辅相,又用巫咸治理王室,殷复兴,诸侯归之。七年,亳地朝廷院中桑树与楮树共生,日疯长,两手相合那么粗。太戊帝惊恐,伊陟曰:"妖异不能战胜德行,帝自好修明德。"太戊帝听从,施以德政,桑树枯死。伊陟告诉巫咸,巫咸作《咸艾》,又作《太戊》。太戊帝称赞伊陟,作《原命》,殷由此复兴。诸侯复至,称太戊为中宗。十一年,命巫咸祷于山川。二十六年,西戎来宾,王使王孟聘西戎。另记,太戊使王孟采药从西王母,之后王孟终身无妻而有二子,赞曰"丈夫国"。三十年,命费侯中衍为车正,太戊帝以女儿妻之。三十五年,作寅车(夏后氏时称钩车)。四十六年,大有年(大丰收年)。五十八年,迁移都城于蒲姑。六十一年,东九夷(畎夷、于夷、方夷、黄夷、白夷、赤夷、元夷、风夷、阳夷)来宾。太戊遇祥桑(妖桑,不吉祥之桑),侧身修行。太戊在帝位七十五年,陟。三年之后,远方慕明德,重诣而至者七十六国。商道复兴,庙为中宗。太戊薨,子仲丁即帝位。

四、九帝洪荒　若邪造舟

帝仲(中)丁,名庄。元年辛丑(前1400),王即位,自亳迁于嚣(即迁都到隞地。在今河南荥阳市北敖山上。另一说今郑州商城遗址)之河上。六年征蓝夷。九年,陟。弟外壬即帝位。

帝外壬,名发。元年庚戌(前1391),王即位,居嚣。邳人、姺(侁)人叛(古侁城在今河南开封市祥符区东南陈留镇东五里)。十年,陟。弟河亶甲即帝位。

帝河亶甲,名整。元年庚申(前1381),王即位,自嚣迁于相(今河南内黄县)。三年,彭伯克邳。四年,征蓝夷。五年,姺人入于班方。彭伯、韦伯伐班方,姺人来宾。九年,陟。河亶甲帝时,殷家再度衰弱。河亶甲帝薨,子祖乙即帝位。河亶甲之陟葬地后名河亶甲城(在今河南内黄县西南亳城)。商彝器有足迹鼍,铭作亚形,中有左足迹,此器后在洹水(即今河南北部卫河支流的安阳河)之滨亶甲墓旁得之。

帝祖乙,名滕。元年己巳(前1372),王即位,自相迁于耿(即邢。在今山西河津市东南),加封二国相彭伯、韦伯。黄立言为纳言。二年,耿都的防水护堤倒塌(倾圮),水没京城,又从耿迁于庇(当在今山东郓城县东北境)。三年,命巫贤为卿士。八年,建都城于庇。十五年,命高圉为邠侯。十九年,陟。祖乙之世,商道复兴。祖乙薨,子祖辛即帝位。

帝祖辛,名旦。元年戊子(前1353),王即位,居庇。十四年,陟。弟沃甲即帝位。

帝沃甲,一记开甲,名踰。元年壬寅(前1339),王即位,居庇。五年,陟。帝沃甲,让贤还其兄祖辛子祖丁即帝位。

帝祖丁,名新。元年丁未(前1334),王即位,居庇。九年,陟。帝祖丁,又让贤还其叔沃甲子南庚即帝位。

帝南庚,名更。元年丙辰(前1325),王即位,居庇。三年,迁于奄(在今山东曲阜市旧城东二里)。六年,陟。帝南庚,让其堂兄祖丁子阳甲即帝位。

帝阳甲,一名和甲,名和。元年壬戌(前1319),王即位,居奄(在今山东曲阜市旧城东二里)。三年,西征丹山戎,得丹山(在今湖北巴东县西)。四年,陟。时殷家衰败。自仲丁帝以后,常废嫡子而让弟或弟兄的儿子即帝位,弟、侄互相争斗,连续九代一片混乱,诸侯不来朝拜。阳甲帝薨,弟盘庚即帝位。帝阳甲时,朝政乱,民又暴。

商帝阳甲之前九代,常废嫡子而让弟或弟兄的儿子即帝位,弟、侄互相争斗,连续九代一片混乱,诸侯不来朝拜。《圣经·创世记》抨击当时政局的混乱:"世界在神面前败坏,地上满了强暴。神观看世界,见是败坏了行为。"

九帝洪荒,于是若邪造舟。若邪,若,有才也,《国语·周语中》:"必有忍也,若能有济也";邪,妖异怪诞,神奇之意。《圣经·创世记》记:"上帝选中了诺亚一家:诺亚夫妇、三个儿子及其媳妇,作为新一代人类的种子保存下来。"神于是决定制造方舟,以拯救人类苦难。"神就对挪(诺)亚说:'凡有血气的人,他的尽头已经来到我面前,因为地上满了他们的强暴,我要把他们和地一并毁灭。你要用歌斐木(柏木)造一只方舟,分一间一间地造,里外抹上松香。方舟的造法乃是这样:要长三百肘(肘,音zhǒu,《圣经》译音有异,当为今称的尺之讹译。商朝时期称尺的量度,一尺合今十六点九五厘米。三百肘,当是今五十点八五米),宽五十肘(当是今八点四八米),高三十肘(当是今五点零九米)。方舟上边要留透光处,高一肘。方舟的门要开在旁边。方舟要分上、中、下三层。'"要造方舟,若邪至南山(今浙江绍兴市会稽山),斫若邪山(一作若耶山。即今浙江绍兴市柯桥区东南四十四里化山)之柏木,费时二十年(《圣经》所记是按中国老黄历六十天甲子岁为一纪年,记为用时一百二十年)。若邪造舟,《创世记》记:神要"使洪水泛滥在地上,毁灭天下"。果然,帝盘庚十四年(前1312),自奄迁于北蒙(在今河南安阳市区小屯一带),曰殷。奄,覆盖之意,《诗·大雅·皇矣》:"奄有四方。"奄通"淹",即淹也,盘庚迁都,实因为洪水淹没旧都之故。诺邪所造之舟,《圣经》记为"诺亚方舟"。"诺亚方舟"远航,当在帝盘庚因为洪水之故迁都前后,起航地在瀛洲(今浙江舟山群岛)。诺亚方舟船底层置猪、狗、猫、鸡、鸭、鹅六种家禽活体圈养,备有三年的粮食,及谷物果蔬种子;携带了不少的农具、工具;将珍宝、瓯(陶)器等整齐码放,于是出航。

诺亚方舟在海上逐岛漂流二年半,当是老黄历十五纪年岁。诺亚方舟远航到达西亚,居地称"希伯来"。希伯来,即西泊来,意指航船西方泊居之意;其意是"渡过海而来的东方人"。希伯来立国,启动了西亚文明,形成所谓农业起源的新月形地带:利凡特(今以色列、巴勒斯坦、黎巴嫩和叙利亚)、安那托利亚(今土耳其)和扎格罗斯山山前地区。诺亚方舟被神说为一场人类逃避洪水惩罚的天船。渡过海而来的东方人称闪族,他们到埠之后不久就落在古罗马人手中,成了奴隶。而之后其人口的快速发展,又使当地土著人所嫉恨,屡遭迫害。古罗马为争夺地中海霸权,掠夺资源与奴隶,同地中海西部强国迦太基进行了第三次战争,史称布匿战争。诺亚后辈为当地土著人当替罪羊,比如什么东西丢了,就以为这是东方人干的;比如兵役,逢战必征。《圣经》记"亚伯拉与撒莱是替罪羊"。诺亚第十世孙亚伯兰到埃及,又迁希伯仑,改名阿伯拉罕,此当殷末周初。希伯来其传说促成了早期基督教的形成。人类不可能在同一时段远距离地发生同样的文明,它必然是一种传承关系,西亚这文明的源头无疑来自中国的商朝。

五、商殷中兴 功在武丁

帝盘庚,名旬。元年丙寅(前1315),王即位,居奄。七年,应侯来朝。十四年,自奄迁于北蒙(在今河南安阳市区小屯一带),曰殷。十五年,营建殷邑。《尚水·盘庚》记:"殷降大虐",民众"荡析离居,罔有定极",盘庚迁都,实因为洪水淹没旧都之故,据此推知,奄都遭遇了特大水患。盘庚曰:"不常厥邑,于今五迁及其数之,惟有亳、嚣、相、耿四处而已。天其永我命于兹新邑。"故商朝又曰殷,即此时始称。盘庚迁到殷地之后,百姓殷实,百官宁静。殷朝政治重又复兴,诸侯来朝。十九年,命亚圉为邠侯。二十八年,陟。子小辛即帝位。这也就结束了兄弟之间传帝位的怪圈。帝盘庚因为洪水之故,迁都。

帝小辛,名颂。元年甲午(前1287),王即位,居殷。三年,陟。殷朝再次衰弱,百官贵族思盘庚之德,作《盘庚》三篇。弟小乙即帝位。

帝小乙,名敛。元年丁酉(前1284),王即位,居殷。六年,命世子武丁居于河(即河上。治所在今山东莘县西南观城镇东北),学于甘盘。甘盘即乃迁武丁于荒野,入宅于河上。十年,陟。子武丁即位。甘盘,炎帝第十三子甘中之后,世掌天文。甘盘帝小乙时大臣,以博学而名。小乙将崩,委托甘盘为遗命大臣辅政武丁,后尊为贤相。

帝武丁,名昭。元年丁未(前1274),王即位,居殷,命甘盘为卿士,甘盘贤德,萃拔高师焉。三年,帝梦求傅说,得之为相。《史记·殷本纪》记:"帝武丁即位,思复兴殷,而未得其佐。三年不言,政事决定于冢宰,以观国风。武丁夜梦得圣人,名曰说。以梦所见视群臣百吏,皆非也。于是乃使百工营求于野,得说于傅险中。"六年,命傅说为卿士视学养老。《食礼》记:"国人养国老(国家官员)于右学,养庶老(平民百姓)于左学。"殷时规定养老之礼:五十养于乡,六十养于国,七十养于学。这个规定是黄帝时虞幕为相制定的,夏、商莫之改。故傅说视学养老皆七十以上之人,武丁帝亦常往视焉!十二年,报祀上甲微,以怀念先祖的历史功勋。之后,诸侯不朝贡,王妃妇好带兵征讨,打败二十多个小国。二十五年,王妃妇好战亡,追尊为王后。武丁长子祖庚立为世子(太子),妇好亡,又欲立妇好之子祖甲,废兄立弟,祖甲以此为不义,逃于荒野。祖甲,一名孝巳,有孝行事,武丁病,他一夜五起,视衣之厚薄,枕头高低。二十九年,肜祭太庙,祖己主祭祀,作《高宗肜日》。祭祀成汤之时,忽然有飞雉升鼎。三十二年,伐西戎鬼方(亦称媿方,鬼方氏。活动于今陕西省西北部,延安附近。一说即今湖北丰都),次于荆。《易·既济》记:"高宗伐鬼方,三年克之。"三十四年,王师克鬼方,氐、羌来宾。四十三年,王师灭大彭。五十年,征豕韦,克之。五十八年,日有食(商时河南安阳人用甲骨文记:公元前1217年5月26日发生了日食。与此记同)。五十九年,陟。王,殷之大仁也。力行王道,不敢荒宁,嘉靖殷邦,至于小大,无时或怨。是时舆地,东不过江、黄,西不过氐、羌,南不过荆蛮,北不过朔方,而颂声作,礼废而复兴,庙号高宗。子祖庚即帝位。甘盘死于武丁时期,武丁时期的卜辞里有"贞:今殷死"的记载,便是占卜甘盘死亡之事。贤臣祖己、甘般劝告武丁帝修明政事,常规祭祀。武丁帝行德义于民,天下欢欣。殷朝政治威德重新兴盛。

帝武丁妃妇好,是祖己引的母亲,死后庙号"辛"。妇好多次受命征战沙场,为商王朝拓展疆土立下汗马功劳。她还经常受命主持祭天、祭先祖、祭神泉等各类祭典,又任占卜之官。武丁通过一连串战争将商朝的版图扩大了数倍,而为武丁带兵东征西讨的大将就是他的王后妇好。甲骨文记:妇好攻打羌方(鬼方)的时候,一次带兵就有一万三千多人。妇好终因积劳成疾而先逝,国王武丁予以厚葬,并修筑享堂时时纪念。

六、西戎之地　周人强起

帝祖庚,名曜。元年丙午(前1215),王即位,居殷。为父立庙,称父王为高宗,作《高宗肜日》和《高宗之训》。十一年,陟。弟祖甲即帝位。

帝祖甲,一记甲,名载,《国语》作帝甲。元年丁巳(前1204),王即位,居殷。十二年,征西戎(当在今甘肃庆阳地区)。冬,王返自西戎,祖甲西征,得一丹山(疑指今陕西靖边县丹霞地貌)。十三年,西戎来宾。命组绀为邠侯。二十四年,重作汤刑。二十七年,命其庶子嚣、良为王。三十三年,陟。祖甲,一名孝巳,本为武丁次子,武丁以为其能,原本是废兄立弟。祖庚自立,祖甲逃之荒野,自称"小人"。祖甲旧在荒野,为国人召而立之,及即位,故知民间疾苦,小人之依,能保惠庶民,不悔鳏寡。但是在其后,刑罚繁多,殷道复衰。《国语》记:"玄王勤商,十有四世,帝甲乱之,七世而陨。"子廪辛即帝位。

帝廪辛,名先,一记冯辛。元年庚寅(前1171),王即位,居殷。四年,陟。弟庚丁即帝位。

帝庚丁,名嚣。元年甲午(前1167),王即位,居殷。五十八年,陟(庚丁元年甲午至于后武乙元年壬寅,时间跨度有五十八年。而《竹书纪年》记八年庚丁陟,误数五十)。子武乙即帝位。

帝武乙,名瞿。元年壬寅(前1159),王即位,居殷。邠(周公亶父)迁于岐周(在今陕西岐山县东北)。三年,自殷迁于河北(今河南安阳)。始命亶父为公,故曰周公亶父,赐以岐邑。十五年,自河北迁于沬(今河南淇县城)。二十一年(前1149),周公亶父薨。二十四年,周师伐程(一作郢,又称毕郢。在今陕西咸阳市东北),战于毕(在今陕西咸阳市西北毕原),克之。三十年,周师伐义渠(在今甘肃西峰市境),乃获其君以归。三十四年,周公季历来朝,王赐地三十里,玉十瑴,马十匹。三十五年,周公季历伐西落鬼戎,俘二十(世)翟王。武乙帝胡作非为,做木偶人以为天神,与木偶博戏。用皮革做囊,内盛以血,悬于头上,以箭射之,称"射天"。武乙帝在渭水出黄河处的船舶司处旁打猎,为雷电劈中而亡。子太丁即帝位。

帝文丁,一记大丁、太丁,名托。元年丁丑(前1124),王即位,居殷(自沬归殷邑)。二年,周公季历伐燕京(即燕京山。在今山西汾阳市)之戎,败绩。三年,洹水一日三绝。四年,周公季历伐余无之戎(即余无戎。又曰徐吾氏。在今山西屯留县西北三十里),克之,命为牧师。五年,周作程(在今陕西咸阳市东北,接泾阳县界)邑。七年,周公季历伐始呼之戎(拟指今四川剑阁县),克之。十一年,周公季历伐翳徒之戎(即益图,又名迤都。在今蒙古国苏赫巴托省达里干嘎。或不能如此远征,另一说是指伐诸戎之意),获其三大夫,来献捷报。文丁嘉季历之功,锡之圭瓒、秬鬯,九命为伯,即为牧师。因功高震主,既而文丁囚季历于塞库(即塞国。在今陕西临潼县东北),季历困而死,因谓文丁杀季历。又羁押季历子姬昌(后周文王)于玉门,郁尼之情,辞以作歌,其传久矣。十二年(前1113。周文王元年),有凤集于岐山。《周语内史》记:"鸑鷟(凤雏)鸣于岐山。"十三年,陟。子乙即帝位。

帝乙,名羡。元年庚寅(前1111),王即位,居殷。三年(前1109),王命南仲(指周文王),西拘昆夷(指今宁夏回族自治区的诸夷),城朔方(今宁夏吴忠市北)。夏六月,周地震。《卜辞通纂》有帝乙"征上虞(今属浙江绍兴市)"的记载。九年,陟。帝乙时,将有莘氏太姒嫁给周侯昌(周文王),《诗经·大雅·大明》记载了周文王迎娶帝乙之妹的盛况。帝乙长子名微子启,因母为妃位卑,启不能承帝位。帝乙次子辛即帝位。

七、纣王炮烙　自取灭亡

帝辛(前1113—前1051),名受,史称纣王。元年己亥(前1102),王即位,居殷。王年少(十二岁)即位,机智俐齿,力超常人。《史记·殷本纪》:"帝纣资辨捷疾,闻见甚敏;材力过人,手格猛兽;知足以距谏,言足以饰非;矜人臣以能,高天下以声,以为皆出己之下。"是年,命九侯(一作鬼侯)、周侯(西伯昌)、邘侯(其封地在今河南沁阳西北邘台镇)为三公,官司马、司徒、司空。三年,黄雀生大鸟,所谓"有雀生鹯",寓意明矣,此非祥瑞之兆。四年,帝辛在黎(在今山西长治市西北四里)地打猎(大蒐),将猎物绑在涂油的铜柱上,下加炭火加热,烤熟食之,"发明"了炮烙,作"炮烙"之刑。时年东夷叛,伐之。

五年夏,作倾宫、鹿台。筑南单之台(即鹿台。在今河南淇县治。原注在朝歌城中),其大三里,主楼高百尺(一尺合今十六点九五厘米。为今十七米高)。带土的大雨倾泻在亳都。六年,西伯初礿于毕。九年,王师伐有苏(在今河北沙河市北),先时有苏不朝贡,故伐。有苏部落酋长苏护屈膝,献出牛羊、马匹。亦时年,帝辛厚赋税以实鹿台之钱,而盈钜桥(古仓库名。在今河北平乡东南古衡漳水东岸)之粟。益收狗马奇物,充仞宫室。益广沙丘苑台(今河北广宗县西北八里大平台),多取野兽蜚鸟置其中,慢于鬼神。大聚乐戏于沙丘,以酒为池,悬肉为林,使男女裸相逐其间,为长夜之饮。百姓怨望而诸侯有畔者,于是纣乃重刑辟,有炮烙之法。

十年夏六月,王畋于西郊。十七年,西伯伐翟(在今甘肃临洮县一带)。冬,王游于淇(即淇山。在今河南辉县市西北)。二十一年春正月,诸侯朝周。伯夷、叔齐自孤竹归于周。二十二年冬,打猎(大蒐)于渭。二十三年,先前,九侯献女儿给帝辛,九(鄂)侯女儿不淫乱,帝辛杀之,还剁九侯成肉酱。鄂侯谏争,帝辛用炮烙之刑将鄂侯熏成干肉。西伯闻之感伤,崇侯虎知之告密帝辛,囚西伯于羑里(今河南汤阴县北九里)。二十九年,西伯的大臣僚闳夭等人送美女、良马、珍宝给纣王,西伯才得以赦免。西伯出狱,贡献洛水西岸土地给纣王,恳请废除"炮烙"之刑。纣王答应并赐西伯弓矢斧钺,让其西征,西伯成为了西部诸侯的首领。诸侯欢迎西伯归于程。西伯行德政,诸侯归顺者多。三十年春三月,西伯率诸侯入贡。有苏氏女名曰"妲己",被送入宫。帝辛得妲己,让师涓作流行曲,以为北里的舞曲可乐。又作琼室,立玉门,以为妲己居室。

三十一年,西伯治兵于毕,得姜太公以为师。三十二年,五星聚于房。有赤乌集于周社。密(亦称密须。姞姓名。在今甘肃灵台县西五十里百里乡)人侵阮(在今甘肃泾川县东南),西伯帅师伐密。《诗经·大雅·皇矣》:"密人不恭,敢拒大邦,侵阮徂共。"三十三年,密人降于周师,遂迁于程。王锡命西伯,得专征伐。文王受命九年,大统未集,盖得专征伐,受命自此年始。三十四年,周师取耆(即黎国。在今山西长治市西北四里)及邘(亦作于、盂。在今河南沁阳市西北二十六里邘邰村东),遂伐崇(在今陕西长安县西北沣河西岸。一说唐尧虞舜之际,为鲧的封国。在今河南嵩县北),崇人降。冬十二月,昆夷侵周。祖伊告诉帝辛,西伯已灭耆国,恐对殷朝不利,纣以为自己有天命,不纳。三十五年,周大饥。西伯自程迁于丰。三十六年春正月,诸侯朝于周,遂伐昆夷(即犬戎。游牧于渭流域,今陕西彬县、岐山一带)。西伯使世子姬发建设镐京(在今陕西长安县西北镐京村附近。后称宗周)。三十七年,周作辟雍之乐。庄子曰:"古之礼乐,黄帝有咸池,尧有大章,舜有大韶,禹有大夏,汤有大濩,文王有辟雍之乐。"三十九年,商大夫辛甲事纣王,进七十五条谏言而纣王不听,出奔周,文王以为公卿。

四十年,周在玉门作灵台(在今陕西长安县西南,接户县界)。《诗经·大雅·灵台》记:"经始灵台,经之营之。庶民攻之,不日成之。"灵台就是集市的地方,帝辛觉得西伯昌去做生意了,是件新鲜事,帝辛曰:"周伯昌改道易行,吾无忧矣。"(见《淮南子·道德训》)帝辛使胶鬲求玉版(建筑图)于周,胶鬲索要,周文王不与;纣王又使费仲来求,周文王与之。这为什么?因为胶鬲贤(实际胶鬲是周文王在商都的间谍),费仲无道,就是要他假装立功。四十一年春三月,西伯昌薨,葬毕,毕西于丰镐去三十里。四十二年(是为周武王元年),西伯发(周武王)受丹书于姜太公。有女子化为丈夫(变性人)。四十三年春,大阅兵。嵘山(在今陕西蓝田县南二十里)崩。四十四年,西伯发伐黎。四十七年,帝辛的内史向挚载其图书出奔周。四十八年,夷(野)羊见而无人牧,鸿雁遍布旷野。二日并出,是为天下大乱之兆。

五十一年冬十一月戊子,周师渡盟津而还。微子启谏帝辛不听,微子启与太师箕子、少师比干决离而去,抱其祭器出逃。王子比干极力死谏,帝辛怒曰:"闻圣贤之人有七个孔窍。"就将比干剖腹,观其心脏。箕子恐惧,佯装疯狂,帝辛囚禁了他。五十二年庚寅(前1051),周始伐殷。殷朝的大小乐师抱着祭器与乐器逃奔到周。秋,周师次于鲜原(在今陕西咸阳市东北)。冬十有二月,周师有事于上帝,是为点香向上天祭告。庸、蜀、羌、髳、微、卢、彭、濮从周师伐殷(伐殷至邢丘,更名邢丘曰怀)。此八国,蛮夷、戎狄就原属文王者国名;羌在西蜀;髳、微在巴蜀;卢、彭在西北;庸、濮在(长)江、汉(水)之南。金州(即金州城。在今湖南耒阳市北),古庸国也。北方有苏氏(苏护)举冀州反,崇侯虎无法掌控,有苏氏实已归周。崇侯虎被姬昌(文王)杀,商殷大西北安全壁垒洞开。九侯被帝辛所杀,商殷南方之众思反。帝辛姜皇后被废,姜姓人举东方反。时又大彭国举国反于彭城,唐杜国举国降于姬周。八百诸侯皆举义旗。五十六年(前1047),甲子日,帝辛军败,逃进城内,登上鹿台,穿上宝玉装饰的衣服,引火自焚而死。周武王斩帝辛头悬挂旗杆之上。商殷亡,周谥帝辛曰"纣王"。

纣王之妃妲己,一记苏妲己。苏妲己是有苏氏女,为周西伯昌(周文王)于商纣王三十年进献给帝辛的。纣王"以酒为池,悬肉为林,使男女裸,相逐其间,为长夜之饮"。有苏氏效法夏帝桀之妃妹喜的故事,将妲己献给帝辛,在商都嵌入一颗"问心钉"。《国语·晋语一》:"殷辛伐有苏,有苏氏以妲己女焉,妲己有宠,于是乎与胶鬲比而亡殷。"妲己进夏都,《吕氏春秋·先识览》:"商王大乱,沉于酒德,妲己为政,赏罚无常。"纣王宠妲己到了"妲己之所誉贵之,妲己之所憎诛之"的地步。纣王大役民夫,在沙丘(今河北广宗县)设酒池,酒池开池二十里长,四围堆土,砖石砌池周围,所征酒米皆倾倒其内。池边植树木，宫室间错。中间作墩，墩中作井通山泉，井自出水如井喷泉水状。又引渡泉水注之于池酿酒。酒水深及人颈，谓之酒池。置小艇数十于池，又在池边串挂猪、牛、羊、鸡、鸭、鹅熟肉，名曰"肉林"。亭榭之中，皆设鼓乐。从游者，少男千六百人，少女千八百人，各样打扮，以人代马，运辇肩舆。于是一鼓而牛饮者三千人。商纣王在妲己的导引下，寄情于声色之中，以致国亡。商亡，周武王大臣们以为妲己是一个骄奢淫逸的妖孽应该杀掉，周武王不让杀，有以为"武王伐纣，以妲己赐周公"（见《后汉书·孔融传》）。

八、三仁人泣血聚大义

殷末三位仁人志士，是指微子、箕子、比干，皆为后世留下了不朽的口碑。"微子去之，箕子为之奴，比干谏而死，殷有三仁焉"（见《论语·微子》）。

箕子，名胥余，帝文丁之子，帝乙弟，是纣王的叔父。箕子官太师，封于箕（在今山西太谷）。纣王时，其道不得行，其志不得遂，"违衰殷之运，走之朝鲜。"纣王最初制作象牙箸时，箕子就悲叹道："他现在制作象牙箸，将来就一定还要制作玉杯；制作玉杯，就一定想把远方的稀世珍宝占为己有。车马宫室的奢侈豪华也必将从这里开始，国家肯定无法振兴了。"由于纣王淫佚无度，箕子进谏，纣王不听。有人说："可以离开了。"箕子说："作人臣的向君主进谏，君主置之不理，便离他而去，这是张扬君主的恶行，哗众取宠于百姓，我不忍心这样做。"于是箕子披头散发、假装疯癫，隐居于其封地（今山西陵川县棋子山一带），弹琴聊以自慰，利用那些天然的黑白两色石子摆卦占方，借以观测天象，参悟星象运行、天地四时、阴阳五行、万物循变之理，所以人们传颂他的曲子为《箕子操》。武王灭商纣王后，将朝鲜封给箕子，未让他作臣民。后来，箕子朝拜周王，经过故都殷墟，感伤于宫室毁坏坍塌、禾苗丛生，触景生情吟出《麦秀》诗，诗曰："麦秀渐渐兮，禾黍油油。彼狡童兮，不与我好兮！"武王向箕子询问殷商灭亡的原因，箕子不说话，因为他不愿意讲自己故国的坏话。武王也发觉自己失言了，就向他询问怎样顺应天命来治理国家。请他辅理国事。箕子便将夏禹传下的"洪范九畴"告诉了武王。武王听了，十分钦佩，就想请箕子出山治理国事。无奈箕子不从。武王走后，箕子率领弟子与一批商的后裔匆匆离开箕山向东方而去。从此陵川便留下了箕子履迹的传说，棋子山也渐渐被人们称作了谋棋山。箕子早对微子说过："商其沦丧，我罔为臣仆（殷商如果灭亡了，我不会作新王朝的臣仆）。"箕子不愿作周的顺民，因怕武王再次来请，乘武王走后，他就带领遗老故旧一大批人（约五千人）东渡，创立了箕子王朝（地即今朝鲜）。同去的有殷商贵族景如松、琴应、南宫修、康侯、鲁启等。箕子朝鲜，臣于周，是为周海外之属国。

比干（前1114—前1051），是帝辛叔父，比干看到箕子进谏君王不听，去做了奴隶，则曰："君主有罪过，而不能用死直言规劝，百姓将受害，那百姓有什么罪呢！"比干又去直言谏纣。纣王怒曰："我听说圣人的心有七个窍,真是这样吗?"于是,纣王杀死比干,挖出他的心来验证。比干被杀在枉人山(谷名。一名善化山。在今河南浚县西北二十五里),时年六十四岁。之后,周武王命闳天去封比干之墓(比干墓在今河南卫辉市东北十五里比干庙村商容里巷),命宗祀享祀于军中。比干之子坚,逃难长林山(今湖北荆门市),后以林为氏,传为林姓。

微子,一记微子启,是殷帝乙长子而纣王之庶兄。纣王淫乱荒政,微子启数谏不听。周西伯昌灭耆国,商相祖伊担忧灾祸降临殷朝,奉告纣王,纣王曰："我生有命,难道不是在天吗? 这能把我怎么样呢?"微子启听后估计纣王至死也不能清醒,打算一死了之,或离开纣王,就去询问太师、少师,曰:"殷朝已经没有清明的政治,不能很好地治理四方。我们的祖先在上世贡献了才力,取得了成功,纣王在当今竟一味沉溺于酒宴之中,唯妇人之言是从,扰乱败坏汤王的德政。殷朝上下大大小小都热衷于草野盗窃、犯上作乱,而朝廷大臣也互相仿效,违法乱纪,使得人人有罪,自然他们的爵禄也就无法继续下去。朝廷既乱,百姓便各起于四方,互为仇敌,天下失去了协和的局面。现在,殷朝丧失国典,如同乘船渡河找不到渡口。殷朝的灭亡,指日可待了。"微子启又问以自己将何去何从呢? 太师顺着说道:"王子啊,天帝降临灾祸灭亡殷朝,殷纣上不畏天、下天畏民,又不采纳长者老者的意见。今天,殷朝臣民竟违背和污秽神祇意旨。现在,假使真能救治殷朝,国家治理好了,即使自己死了,国家还得不到治理,那就不如远走他乡。"于是,微子启离开了殷朝。

小结

商朝纪年,本章以《竹书纪年》为底本,《史记》史料互补。汤灭夏后传十七代,包括自身共有三十王。商朝始癸亥(前1558),终庚寅(前1051),用岁五百零八年。商初时期的人口是四百六十余万,商朝末年当有人口五百五十多万。《通典·食货七》记:"汤时千三百国。"水、旱方面,《通典》引晁错言:"尧禹有九年之水,汤有七年之旱。"商时期留下了许多甲骨文符号。《史记》太史公曰:"余以《颂》次(知)契之事。自成汤以来,采于《书》《诗》。契为子姓,其后分封,以国为姓,有殷氏、来氏、宋氏、空桐氏、稚氏、北殷氏、目夷氏。孔子曰:'殷路车为善,而色尚白。'"商朝初有方国八百宾服,商末时有四路大诸侯率领八百小诸侯。

第七章 武王灭商 西周大传

周武王灭殷商之后,周朝立。周大封诸侯,后传为有百家多姓。《周礼》言小史,奠系世,辨昭穆。宗法大备于周,谱牒亦创始于周,盖所以序世系,笃宗盟者,莫然于此。

一、姬姓先世创立大周

黄帝公孙氏之后,帝喾娶炎帝系有邰氏女姜嫄,生子弃,弃为周祖。《竹书纪年》记:"初高辛氏之世妃曰姜嫄,助祭郊禖,见大人迹,履之,当时歆如有人道感已,遂有身而生男,以为不祥。弃之隘巷,牛、羊避而不践;又送之山林之中,会伐林者荐覆之;又取而置寒冰上,大鸟以一翼藉覆之。姜嫄以为异,乃收养焉,名之曰弃。"

弃自少好农耕,帝尧举为大司农,因官名曰后稷,封承姬姓。《史记》帝舜曰:"命后稷予众庶难得之食,食少,调有余相给,以均诸侯。"弃受封于母家国邰(古陕西扶风。住地在今陕西武功县西南永安村)。后稷名次在"伊祁"五官间。后稷之兴在陶唐、虞舜、夏禹之际,皆有令德。后稷娶姞吉女生子柴玺,柴玺务稼穑。柴玺生叔均、叔望,叔均务稼穑。弃为后稷官,复三世。叔均生不窋。《山海经·大荒西经》亦记:"有西周之国,姬姓,食谷。有人方耕,名曰叔均。帝俊(喾)生后稷,稷降以谷。稷之(子)曰台(柴)玺,生叔均。叔均是代其父及稷播百谷,始作耕。"

不窋继为农官。夏启之子太康失邦,夏政衰,不窋以失农官而奔戎狄之间。《一统志》记:"庆阳府,禹贡雍州之域,周之先不窋所居,号北豳。"《国语·周语上》记:不窋"不敢怠业,时序其德,纂修其绪,修其训典,朝夕恪勤,守以敦笃,奉以忠信,奕世载德,不忝前人"。不窋生鞠,鞠生牛耕,一名稚子。牛耕生陶。陶为夏帝少康召,夏少康三年(前1753),复田稷官,后稷之后不窋失官,至时而复。陶生侯亚。侯亚生孙子都。孙子都生公孙仲。公孙仲生诸益,诸益生诸樽。诸樽生公刘。

公刘自土沮漆(今陕西岐山县东沣河)渡渭河,迁徙于那,立国于豳(在今陕西旬邑县西三十里邠原上),称为"京"也。《诗·大雅·公刘》:"笃公刘,于豳斯馆。"公刘在豳地建造了宫室,从此结束了周人的游牧生活,百姓怀之,多从而保焉。公刘复兴祖业,发迹于西戎,其时"行者有资,居者有蓄积,民赖其庆。百姓怀之,徙而归焉"。公刘娶妻有邰任女,生庆节。周道之兴自此始(今陕西泾渭流域有"豳""旬邑""周原"诸地名,是为公刘的主要活动区域而名)。

庆节,《史记·周本纪》以为"邑于豳",而《孟子·梁惠王下》曰:"昔者大王居邠。"庆节娶妻姞女生皇仆,皇仆武备;皇仆娶妻姜娱生差弗,差弗扩地八百里,商人称为周方。差弗生毁隃,毁隃(隃)扩地二千里,娶妻妫大生公非,公非是为商朝西北军大帅,公非生辟方。辟方生高圉,《竹书纪年》记:"祖乙十五年(前1358),命邰侯高圉","高圉能率稷者也,周人报焉"。高圉生侯牟,侯牟生侯旅,侯旅生亚圉。亚圉生景伯,景伯生云都。云都生叔非,叔非亦称太公。太公生祖绀,商帝武乙元年壬寅(前1159),祖绀由邰迁于岐周。祖绀生诸盩(盘),《史记·索隐》:"诸盩,字叔类,号曰太公。"诸盩生公叔祖。公叔祖生古公亶父。

古公亶父积德,国人拥戴,戎狄屡征其地,礼让不与战。《诗经·绵·序》记:"古公处豳,狄人侵之,事之以皮币,不得免焉;事之以犬马,不得免焉;事之以珠玉,不得免焉,乃属其耆老而告之曰:狄人之所欲,吾土地也。吾闻之君子:不以其所养人而害人,二三子何患!去之。逾梁山,邑于岐山之下。豳人曰:"仁人之君,不可失也。"从者如归市。又《尚书大传·略说》云:"狄人将攻,太王亶父召耆老而问焉,曰:'狄何欲?'耆老对曰:'欲得菽粟财货!'太王亶父曰:'与之!'每与狄人至而不止。太王亶父属耆老而问之,曰:'狄人又何欲乎?'耆老又对曰:'又欲君土地!'太王亶父曰:'与之!'耆老曰:'吾不为社稷乎?'太王亶父曰:'社稷所以为民也,不可以所为民亡也!'耆老对曰:'君纵不为社稷,不为宗庙乎?'太王亶父曰:'宗庙,吾私也,不可以私害民!'遂杖策而去,逾梁山,邑于岐山(在今陕西岐山东北)。"梁山其山状如柱,亦称天柱山,有凤鸣于此,故名凤凰堆。建国号曰周,称大王周。其地扶风美阳南,建营筑城,设五官有司,民乐而颂其德。古公亶父迁岐山之后,娶姜姓妃太姜生季历,《诗经·大雅·绵》云:"绵绵瓜瓞,民之初生。自土沮漆,古公亶父。陶复陶穴,未有家室。古公亶父,来朝走马。率西水浒,至于岐下。爰及姜女,聿来胥宇。周原膴膴,堇荼如饴。爰始爰谋,爰契我龟。曰止曰时,筑室于兹。"武乙二十一年(前1139),古公亶父薨,子三:太伯、仲雍、季历。

季历即位,《书序》曰:"维周王季宅程(在今陕西咸阳市东北,接泾阳县界)"。季历给商王朝贺,商王武乙"赐地三十里,玉十珏,马八匹"。《竹书纪年》记:"周王季伐西落鬼戎,俘二十翟王。""周人伐余无之戎,克之。""周人伐始呼之戎,克之。""大任梦长人感已?溲于豕牢而生昌,是为周文王。"季历于帝乙殷王时,赐九命为西长。商王文丁忌讳周得以强,文丁十一年(前1114),文丁杀季历。季历被文丁所杀,激发了周与商之间的矛盾斗争。季历娶有辛氏太任,皆贤妇人,她身孕时不视恶以生子姬昌。季历之兄曰太伯,知天命在昌,适越,终身不返,弟仲雍从之。

二、西伯德义以行天下

姬昌,王位元年戊子(前1113)。姬昌立,是为西伯,即周文王。姬昌龙颜虎肩,身长十尺,有圣人之祥瑞,祖古公曰:"我世当有兴者,其在昌乎!"姬昌有雄才大略,虽父被杀,却能忍辱服事商王。商帝乙于是嫁有莘氏太姒给姬昌,《诗经·大雅·大明》记:"文王嘉止,大邦有子。大邦有子,俔天之妹。文定厥祥,亲迎于渭。造舟为梁,不显其光。有命自天,命此文王。于周于京,缵女维莘。长子维行,笃生武王。保佑命尔,燮伐大商。"《帝王世纪》:"文王居程,徙都丰(即丰京。在今陕西长安县西沣河西岸)。"《吕氏春秋·顺民》记:"文王处岐事纣,冤侮雅逊,朝夕必时,上贡必适,祭祀必敬。"于是,"纣喜,命文王称西伯,赐之千里之地"《史记·殷本记》云:"纣乃许之,赐弓矢斧钺,使得征伐,为西伯。"西伯遵循后稷、公刘的事业,效法古公、季历的成规,笃行仁义,尊老爱幼,贤士多来归。伯夷、叔齐是孤竹国国君之子,本来是父欲立叔齐,但叔齐让伯夷,伯夷以为是父亲之命不可违就逃去,叔齐亦不肯立,国人立其中子,就这样兄弟俩闻西伯善待老人都来归。还有太颠、闳夭、散宜生、鬻子、辛甲大夫等一类贤人都来归服西伯姬昌。

五年六月五日,地震。十二年,西伯受帝辛封为司空,是为三公之一。二十年商纣王伐有苏。西伯请胶鬲进入商都卧底为间谍。二十八年(前1086),西伯伐翟(在今甘肃临洮县一带)。三十二年(前1082)春正月,诸侯朝周。伯夷、叔齐自孤竹归于周。三十四年,西伯闻帝辛用炮烙之刑有感伤而窃叹,被崇侯虎知之而谗言于纣王。三十五年,纣王囚西伯于羑里(今河南汤阴县北九里)。西伯被商纣王囚禁以后,其长子伯邑考为纣王驾车,纣王残暴,还将伯邑考烹杀煮成肉羹让西伯去喝,并说"圣人应当不会吃儿子的肉做成的肉羹"。西伯不知就理,也就吃了。纣王曰:"谁说西昌伯是圣人,吃了自己儿子的肉羹尚且不自知!"西伯被囚七年,研习伏羲八卦,演绎为六十四卦,作卦辞,成《周易》。四十年(前1073),即商纣王三十年,西伯的大臣僚闳夭等人忧虑西伯昌被囚这事,去求得有莘氏部落中的美女、骊戎国的骏马、有熊国的九辆驷马高车,还有其他稀奇古怪的物品,通过殷纣王的宠臣费仲献给了纣王。纣王非常高兴,曰:"只要有其中的一物就足以释放西伯,何况送来了那么多。"就释放了西伯。纣王还将秘密告诉西伯:"是崇侯虎将你告发的。"西伯还礼,也就献出洛西之地。西伯趁此机会要求纣王废除炮烙之刑,纣王也就答应。纣王并赐西伯弓矢斧钺,让其西征,西伯成为西部诸侯的首领。诸侯欢迎西伯归于程(在今陕西咸阳市东北,接泾阳县界)。西部诸侯有:巴(今重庆市)、蜀(今四川成都市)、羌方(今青海西宁与甘肃兰州间)、熏育(今内蒙古自治区鄂尔多斯市)、犬戎(今陕西延安市以西)、邢方(今陕西宝鸡市)、北羌(今宁夏银川市以北)、犬方(今陕西咸阳市西南)、骊山(今陕西西安市临潼区)、祭方(今陕西潼关以南)、基方(今山西霍州市以西,蒲县与隰县间)、督方(今陕西延安市与山西吕梁市间)、西落鬼戎(今山西太原市与陕西榆林市间)等。

西伯为西部诸侯之长,以岐(在今陕西岐山县东北)为都,用平土之法,以为治人之道。又以地著为本,建《司马法》。《司马法》记:"六尺为步,步百为亩,亩百为夫,夫三为屋,屋三为井(此畿内采地之制。九夫为井,井者,方一里,九夫所治之田。方一里者,九百亩之地),井十位通,通十为成,成十为终,终十为同,同方百里,同十为封,封十为畿,畿方千里。故丘有戎马一匹,牛三头;甸有戎马四匹,兵车一乘,牛十二头,甲士三人,步卒七十二人。一同百里,提封万井,戎马四百匹,车百乘,此卿大夫采地之大者,谓之千乘之国。天子之畿内,方千里,提封百万井,定出赋(税)六十四万井,戎马四万匹,兵车万乘,戎卒七十二万人,故曰万乘之主。""乃井牧其田野。九夫为井,四井为邑,四邑为丘,四丘为甸,四甸为县,四县为都,以任地事,而令贡赋,凡税敛之事。"西伯又定平土法。《通典》记:平土法"任土之法,以物地事,授地职,而待其政令。以廛里(古代城市居民住宅的通称。农、工、商等人所居谓之廛,士大夫等所居谓之里)任国中之地;以场圃任园地;以宅田、士田、贾田任近郊之地;以官田、牛田、赏田、牧田任远郊之地;以公邑之天任甸地;以家邑之田任稍地;以小都之田任县地;以大都之田任疆地"。"民受田,上田夫百亩;中田夫二百亩;下田夫三百亩。岁耕种者为不易上田,休一岁者为一易中田,休二岁者为再易下田,三岁更耕之,自爰其处。农民户人已受田,其家众男为余夫,亦以口受田如此。士工商家受田,五口乃当农夫一人。"西伯又颁令:"民年二十受田,六十归田。七十以上,上所养也;十岁以下,上所长也;十一以上,上所强也。"西伯《司马法》《平土法》的颁行,又按民岁制定劳动力的使用,这实质上是奴隶社会时期的民生公社制,很大程度上发展了生产力。戉是王权的象征,《司马法》记:"夏执玄戉,殷执白戚,周左仗黄戉,右秉白髦。"西伯仗戉,威风烈烈。周还制定了土地不准买卖,土地不得抛荒等相关法律。西伯定伊耆为官名,主管农政,《周礼·秋官》记:"伊耆,古王者号。后王识伊耆氏之旧德,而以官名。"于是,周则国强民富,诸侯归顺者多。

四十一年(前1073)春三月,西伯率诸侯入贡于商。西伯回国暗中推行善事,诸侯之间有争执的事也都请他去作出公平裁断。于是虞国(在今陕西陇县南)与芮国(一称芮荔国。在今陕西大荔县东南)之间有争讼的事不能决定,他们都到周来要求西伯裁决。两国使者一进入周的边界,看见耕田的人都在互相帮助,民俗皆敬老。此两国使者还未见到西伯就都感到惭愧,相互说:"我们所争吵的,是周人以为是耻辱的事,我们怎么好意思去请西伯调解? 这不是在自讨没趣?"两国使者遂回去,相互礼让。诸侯们得知此事,就说:"西伯的威望那么高,应该是受天命之君王。"《诗经·大雅·绵》:"虞芮质厥成,文王蹶厥生。"时年纣王得妲己。

四十二年,西伯至于磻溪(一名璜河。在今陕西宝鸡市东南)之水,姜望钓于涯,王下趋拜曰:"望公七年乃今见,光景于斯。"望立转身答曰:"望钓得玉璜。"《水经·渭水注》:磻溪水"出南山兹谷,乘高激流,注于溪中,溪中有泉,谓之兹泉。泉水积潭,自成渊渚。即《吕氏春秋》所谓太公钓兹泉也"。西伯治兵于毕,得姜望以为师。伐犬戎。《帝王世纪》记:"文王即位四十二年,岁在鹑火,文王更为受命之元年,始称王矣。"

四十三年,五星聚于房。有赤乌集于周社。密(亦称密须。姞姓名。在今甘肃灵台县西五十里百里乡)人侵阮(在今甘肃泾川县东南),西伯师师伐密。《诗经·大雅·皇矣》:"密人不恭,敢拒大邦,侵阮徂共。"四十四年(前1070),密人降于周师,遂迁于程。王锡命西伯,得专征伐。文王受命九年,大统未集,盖得专征伐,受命自此年始。四十五年,周师取耆(即黎国。在今山西长治市西北四里)及邘(水作丁、盂。在今河南沁阳市西北二十六里邘邰村东),遂伐崇(在今陕西西安市长安区西北沣河西岸。一说唐尧虞舜之际,为鲧的封国。在今河南嵩县北),崇人降,崇侯虎被杀。冬十二月,昆夷侵周。祖伊告诉帝辛,西伯已灭耆国,恐对殷朝不利,纣以为自己有天命,不纳。四十六年,周大饥。西伯自程迁于丰。四十七年春正月,诸侯朝于周,遂伐昆夷(即犬戎。游牧于渭水流域,在今陕西彬县、岐山一带)。西伯使世子姬发建设镐京(在今陕西西安市长安区西北镐京村附近。后称宗周)。四十八年,周作辟雍之乐。《庄子》曰:"古之礼乐,黄帝有咸池,尧有大章,舜有大韶,禹有大夏,汤有大濩,文王有辟雍之乐。"

五十年(前1064),商大夫辛甲事纣王,谏而不听,出奔周,西伯以为公卿,后为周太史。五十一年,周在玉门作灵台(在今陕西长安县西南,接户县界)。《淮南子·道德训》记:"帝辛曰:周伯昌改道易行吾无忧矣!"《诗经·大雅·灵台》记:"经始灵台,经之营之。庶民攻之,不日成之。"灵台就是集市的地方,帝辛觉得西伯昌去做生意了,是件新鲜事。乃使胶鬲求玉版(建筑图)于周,胶鬲索要,西伯不与;纣王又使费仲来求,西伯与之。这为什么?因为胶鬲贤(实际胶鬲是周文王在商都的间谍),费仲无道(史者此记,或对费仲之后的秦始皇有政治偏见)。五十二年春三月,西伯昌薨,谥文王,葬毕,毕西于丰镐去三十里。姬发,继为西伯。西伯周文王之妃曰有莘氏太姒,于合阳(今陕西合阳是为周武王生母有莘氏太姒故里。原周文王"造舟为梁",迎亲于此)梦商庭生棘太子发,就种了棵梓树于阙间,梓树化为松柏。械柞以告文王,文王币率群臣与发,并拜吉梦。

三、武王联兵讨灭商纣

姬发为王元年庚辰(前1061),史称西伯发。西伯发骈齿望羊,受丹书于姜太公,尊父亲为文王。西伯发拜师尚父(史称姜太公,实姜太公二世)为国师,以周(公)旦为辅,而召公、毕公皆为重臣。西伯发初立要替父兄报仇,将父亲的栗主(牌位)装在车上,将东往伐纣。西伯发欲伐商殷,伯夷与叔齐兄弟俩赶上去拉住了他的马缰绳谏曰:"尔的父亲死去还没有下葬,却动起干戈来,这可谓孝吗?尔是臣子却去弑君王,这可谓仁吗!"西伯发左右卫士欲殴打他俩,师尚父曰:"此义人也",就将他俩扶持而去。伯夷与叔齐认为这是可耻的行为,于是坚守节义,为不吃周朝的粮食,就隐居在首阳山(在今甘肃渭源县东南莲峰乡享堂沟村)上,采野菜充饥。人说这个地方也是周朝的,二人及饿将死,作歌曰:"登彼西山兮,采其薇矣。以暴易暴兮,不知其非矣。神农、虞、夏忽焉没兮,我安适归矣?于嗟徂兮,命之衰矣!"遂饿死在首阳山(今甘肃渭源县的五台下立有明万历间所立"首阳辨碑"。首阳山山腰有夷齐墓、夷齐庙)。

西伯发三年(前1059),西伯发伐黎(在今山西长治市西北四里)。六年,商殷帝辛的内史向挚载其图书出奔周。时年,西伯发娶姜太公师尚父之女邑姜生世子诵(即后周成王)。七年,夷(野)羊见而无人牧,鸿雁遍布旷野。时有二日并出,将是天下大乱之兆。九年(前1053),天象银河系的金牛座有几颗亮星扬成二十八宿,时称毕星团。《诗经·尔雅·大车》记:"有球天毕,载施之行。"西伯姬发往东检阅军队,祭毕星,准备伐纣,到达黄河边的盟津(孟津。今属河南)。西伯发诏告司马、司徒、司空各持符节的官员:"庄敬戒具,讲求诚信。吾本无知,而先祖有德,是为藩臣。今承先祖功业,以定赏罚之制。出征东伐,完成祖业。"师尚父号令:"各路集合兵众,备足船只。迟到者斩。"西伯发试着乘船渡河,至于河流中间时,有条白鱼跳进了船中,西伯发就用此鱼祭祀河神。西伯发已过黄河而居,忽有一团火覆盖而下,至于房顶而化为乌鸦,其色赤红,叫声镇定。西伯发回盟津,时没有约好而自来的各路诸侯有八百多个集聚在盟津,诸侯皆曰:"可以伐纣了!"西伯发曰:"条件还不足,现时不可伐。"诸侯班师回。事实是,西伯发是在试探民心所向。居二年,西伯发闻知商纣王昏乱暴虐加剧。纣王的太师疵、少师疆抱着乐器逃奔到了周,向西伯发哭诉了纣王杀王子比干、囚禁箕子的事。西伯发得知商纣王残暴情况很是严重,就通告四方诸侯曰:"商殷纣王有重罪,不可以放弃讨伐!"乃再兴师。

西伯发十一年,西伯发供奉文王栗主于军帐之中。发布讨纣檄文,率领戎车三百乘、虎贲三千、甲士四万五千人,八百诸侯同至,渡黄河北上伐纣。时十二月戊午日,风雨暴至,群公尽惧,师尚父曰:"奋进,不可懈怠!"则强会前行。军队过黄河,西伯发作《太誓》(又记《泰誓》)训告:"嗟!我友邦冢君,越我御事庶士,明听誓。惟天地万物父母,惟人万物之灵。亶聪明作元后,元后作民父母。今商王受弗敬上天,降灾下民,沉湎冒色,敢行暴虐,罪人以族,官人以世。惟宫室、台榭、陂池、侈服,以残害于尔万姓。焚炙忠良,刳剔孕妇。皇天震怒,命我文考肃将天威,大勋未集。肆于小子发,从尔友邦冢君观政于商,惟受罔有悛心,乃夷居,弗事上帝神祇。遗厥先宗庙弗祀,牺牲粢盛,即于凶盗。乃曰:'吾有民有命!'罔惩其侮。"二月甲子日昧爽(凌晨),西伯发集结诸路军于商都郊外的牧野(今河南新乡市)誓师。西伯发左手把持黄钺,右手举着白旄,旌旗麾立。时部落人称西伯发为武王。主持者曰:"逖矣,西土(部)之人,请静止,听武王誓词!"武王《牧誓》曰:"嗟!我友邦冢君,御事:司徒、司马、司空、亚旅、师氏、千夫长、百夫长,及庸(周国名。在今湖北竹山县西南)、蜀(商时方国。在今四川西部)、羌(即今羌族。居今甘肃岷县东南之岷江)、髳(在今山西平陆县南)、微(商时方国。在今陕西眉县西南)、卢(商、周国名。在今湖北襄阳市西南)、彭(西周初部落名。在今湖北房县西南)、濮(在今四川万县以北)人。称尔戈,比尔干,立尔矛,矛其誓。"时诸侯之兵皆举戈、矛指天,喊杀声震天。武王誓言:"古人有言曰:'牝鸡(雌鸡像雄鸡)

无晨,牝鸡之晨,惟家之索。'今商王受,惟妇人是用,昏弃厥肆祀,弗答;昏弃厥遗王父母弟不迪,乃惟四方之多罪逋逃。是崇是长,是信是使,是以为大夫卿士;俾暴虐于百姓,以奸宄于商邑。今予发,惟恭行天之罚。今日之事,不愆于六步、七步乃止,齐焉!勖哉夫子,不愆于四伐、五伐、六伐、七伐,乃止,齐焉!勖哉夫子,尚桓桓,如虎如貔、如熊如罴,于商郊。弗御克奔,以役西土。勖哉夫子,尔所弗勖,其于尔躬有戮。"将伐纣,诸侯的兵车集合在一起有四千乘,兵力计有六十四万;另武王主力兵有四万八千,总兵力为六十七万八千人,都在牧野摆开了阵势。武王率领西夷诸侯的部队已经到达商郊牧(坶)野。是夜,彗星出,武王问太公(师尚父),太公曰:"臣闻以彗斗,倒之则胜。"纣王兵出朝歌二十里(今河南淇县与新乡市间)而迎战于牧野。

　　商纣王事先侦知西伯姬发兵力六十余万众,即调集七十万兵力拒战。《韩非子·初见秦》记:"昔者纣为天子,将率天下甲兵百万,左饮于淇溪(即淇水。古黄河支流。在今河南淇河,南流至今卫辉市东北淇门镇南入河),右饮于洹溪(即洹水。在今河南北部卫河支流安阳村),淇水竭而洹水不流,以与周武王为难。武王将素甲三千,战一日而破纣之国,擒其身而据其地,而有其民。"初战,周方师尚父率领敢死队百多名勇士先冲入敌阵挑战,殷方以恶来为将严阵以待。师尚父大骂:"恶来小子,尔祖中潏与周相亲,尔父蜚廉善跑事商纣王,尔忘恩负义,今还为虎作伥,请出阵受死。"恶来怒而出阵,欲张口还骂,即被武王箭射口中而亡。殷军见出战不利,已折损主将,皆已惶恐。而周方出兵又不规则,只是往前冲锋,中途没有整顿修整,殷方阵脚大乱。武王指挥诸侯兵呐喊奋进,冲击殷纣王军队。殷纣的军队虽然多,但皆无斗志,大多还希望武王的人赶快入城,策反者有胶鬲、微子开、启,及受纣王迫害的族众,如此一来殷方军队战场倒戈的不少,倒兵者就为武王引路。武王驰马领兵车大进,殷纣之兵皆崩溃而背叛了纣王。纣王从战场上逃回,登上鹿台,将美玉装饰的衣服包裹自己,自投火中焚烧而死。武王持大白旗以麾诸侯到,见纣王焚火自亡,诸侯们都拜贺武王。武王乃双手抱拳作揖回礼,诸侯皆服从。武王来到商殷的国都,商国的百姓都等待在郊区迎接。武王让跟随的群臣们告诉商殷的百姓们:"这是上天降下来的幸福!"商殷的百姓们皆向武王再拜稽首(叩头),武王以礼回谢。武王遂到达纣王自焚的地方,用箭三发射之,而后下车,再用剑击纣王尸体,用黄钺割下纣王的头颅,将纣王头颅悬挂在大白旗顶端。此战,《尸子》记:"武王亲射恶来之口,亲斫殷纣之颈。"次日,武王派人整治道路,修复社庙与商纣的王宫。七日丧期,一百名壮汉扛着上有九色飘带的云罕旗作为先导,武王的弟叔振铎护着早已经准备好的仪仗车随后。武王次弟周公旦手持大钺,十五弟毕公高举着小钺,将武王簇拥着。散宜生、大颠、闳夭皆执剑护卫着武王,欢呼胜利!武王进入大社,站在社坛南面大部队的左边,群臣跟从左右毕敬毕恭。毛叔郑捧着从月光下取得的露水,卫康叔在地上铺好藉席,召公奭进献彩帛,师尚父牵来牲畜。尹佚策宣读祝告书,其云:"殷之末孙季纣,殄废先王明德,侮蔑神祇不祀,昏暴商邑百姓,其恶昭彰已显闻于天皇上帝。"武王再拜稽首,曰:"我承天意大命,灭掉商殷暴政者,愿接受上天的旨意安排!"商纣王亡,其将恶来之父蜚廉善跑,常出使北方,闻纣王死,设祭坛于霍太山(即霍山。在今山西霍州市东南)而吊祭纣王,尽人臣之忠。

　　周武王元年,即西伯发十二年辛卯(前1050),西伯发灭商,改称周武王,周朝立。周武王封商纣王之子禄父为武庚,让他仍然统辖殷地的遗民。武王将殷地划分三国,派弟弟管叔鲜、蔡叔度、霍叔处辅助治理,置"三监",并以武力监视。武王命堂弟召公奭释放被纣王囚禁的箕子;命十五弟毕公高释放殷监狱中的百姓囚徒。武王命管理内政的大臣南宫括(发)去散发商殷鹿台贮藏的钱财,分发钜桥的粮食赈济给商遗民;命南宫括、史(尹)佚展出商殷王宫中的九鼎与宝玉;命闳夭去将殷王子比干的墓加高封土;命宗祝在军中进行祭祀。夏四月,周武王归于丰,给太庙上供品,以祭告于先祖,诸侯甸侯、卫骏奔走执豆笾,以祭告后稷以下,文王以上之祖。武王作《大武乐》,其词有六制:政攻侵伐搏战、善政不攻、善攻不侵、善侵不伐、善伐不搏、善搏不战。武王既已诛纣,发其财,散其粟,反思纣王的失败原因,为了使得人心安定,于是划分九畿以贡物。九畿及其贡物:方千里曰王畿;其外为侯畿,其贡祀物;又外曰甸畿,其贡嫔物;又外曰男畿,其贡器物;又外曰采畿,其贡服物;又外曰卫畿,其贡财物;又外曰蛮畿,又外曰夷畿,要服也,其贡货物;又外曰镇畿,又外曰藩畿,此荒服也,谓之蕃国,各以其地域珍宝、特产上贡。武王还规定:凡住宅旁边不种树、桑、麻者,罚一里二十五家的泉(钱);凡空田不耕者,罚以三家的税、粟。武王封王者:凡有功之诸侯,大者地方五百里,侯四百里,伯三百里,子二百里,男百里。五月,周武王到管叔鲜的领地(今河南荥阳市东南二十四里京襄城)去巡视。武王巡视各地,记叙政事,就写了《武成》。武王征召九州的君长,与他们一起登上豳山(在今陕西彬县西南)之巅,遥望商殷旧都方向,感慨万分!武王回到周都,夜不能寐。周公旦到武王居处问:"何以睡不着觉?"武王曰:"商殷没有祭祀上天,自我姬发未出生到现在已经六十年了。贤德之人被放逐犹如麋鹿放在荒野上,小人在朝犹如蝗虫漫山遍野。上天不保佑商殷,这才能成就了我们的王业。上天扶持商殷的时候,曾经登用名贤有三百六十人,虽然不甚显赫,但也不至于亡如今日。我们还没有能够建立稳定的组织保证,得不到上天的保佑,我又怎么能睡得着觉?"武王又曰:"达成上天的愿望,让民众依从,必须惩恶扬善,让恶人如纣王那样自取灭亡。我要招徕贤士,以管理好西部土地以巩固后方。我们要贤德行政以显示权威,布政四方才能安定民心。从洛水河湾到伊水河湾,平易没有险固,那是夏朝旧有的居地。我在那里南边遥望三涂山(即大行、辕辕、崤渑),北边遥望太岳山(今山西霍县东的霍山)的鄙邑。我又回顾瞻望黄河,复又审视洛水与伊水,觉得它们都离我们不远!"武王乃就到洛邑规划了营建周的都城,然后离去。武王把马匹纵放在华山(今陕西华山)的南面,将牛放牧在桃林(今河南灵宝市北老城以西至陕西潼关以东地区)边的丘墟。武王令军队放下武器,散兵释旅,以示天下不要再起战火,则曰"马放南山,刀枪入库"。

二年(前1049),巢伯来宾,芮伯作《旅巢命》。巢伯来自南巢(今安徽巢湖),命其归南巢以顺祭夏桀(桀葬今安徽和县亭山,和县古属南巢)。将被殷纣王所镇压的百人牌位荐供在太庙。遂大封诸侯。褒封神农之后于焦(今河南陕县老城东北侧),黄帝之后于祝(在今山东济南市西南丰齐集北古城),帝尧之后于蓟(今天津市蓟州区),帝舜之后于陈(都宛丘。今河南淮阳县),大禹之后于杞(初在雍丘。今河南杞县)。然后分封功臣谋士,首封姜太公(师尚父)在营丘,国号曰齐。武王封亡兄伯邑考之后为史伊(佚),以掌握史籍,传史姓。封次弟周公旦于曲阜,国号曰鲁。封三弟叔鲜在管国。封四弟叔度在蔡国。封五弟姬郎叔武于成,后传成姓。封六弟姬处霍叔于霍,建霍国。封七弟错叔绣于滕,建滕国(在今山东滕州市西南十四里滕城),子孙以国为氏。时八弟、九弟年少未封,以上九人为周武王同母弟。武王封庶弟召公奭在燕,国号曰燕。武王封庶弟姬明于毛国,人称毛伯姬明,后传毛姓。武王封十三庶弟姬振铎于曹(今山东菏泽、定陶、曹县),立曹国,传为曹姓。武王封十四庶弟郜于郜(在今山东成武县东南十八里郜鼎集),立郜国,传郜姓。武王封十五庶弟毕公高于毕(即毕原。在今陕西西安市阎良区武屯乡古城村西南),后传毕姓。武王封十六庶弟原封公于原(古称轵邑。在今河南济源市西北),建原国,原姓出。武王封十七庶弟郇伯于郇(在今山西临猗县西南),建郇国,传荀姓。武王共有亲、庶兄弟十七人明矣。另有庶弟没有排号:武王封庶弟姬尤于郙(在今河南郾城县西南),建胡子国,后传胡姓。武王封庶弟羽达(一名息,小儿之意。有记是文王第三十七子)到息(今河南息县西南十二里青龙寺一带)建国,是为息侯,传息姓。武王封同宗宗弟姬荣于武功(在今陕西眉县东十里渭水南岸)辖岐山(今陕西岐山县),异"岐"字同音为"綦",称綦毋(母)氏、传綦姓。武王以为寒浞为夏朝中期立国者,则封寒侯之后,为寒姓。武王封文王后虞仲支孙为周卿士食采于樊,传樊姓。武王封文王异母弟耀之子后为岑子,后传岑姓。武王封曾祖古公亶父另一支为古姓。武王祖季历兄仲雍因让位至吴,则封吴姓。武王封叔父姬仲、姬叔于汞(即贡泽。指今甘肃酒泉地区)、雍(在今河南焦作市西南十五里府城村),称虢仲,后传虢姓、郭姓。武王伐商,曹挟立功,封于邾地,后传朱姓。商纣王师箕子,佯狂避纣,武王封于朝鲜,其支子仲食采于于地,因合鲜、于为氏,姓鲜于。商纣王叔比干子坚在逃难时在果树下食果求生,武王封其合木子以为李姓;又武王祭祷比干墓时,召其子于长林之石室,封爵博陵赐姓林氏,而林之姓从兹而得也。武王将长女大姬嫁给帝舜之后的胡公满,封胡公满为陈姓,建陈国。武王封周大夫方叔之后,称方蕾氏传方姓。武王封周大夫荣夷公食采于荣,传荣姓;封周大夫富辰之后,传富姓。又周大夫望出渤海,詹姓出。当年还有不少人因功受封,或封国或封姓。是年秋天,粮食大丰收。武王分封诸侯,颁赐用于宗庙的宝器,均作了记录,作《分殷之器物》。

三年(前1048),武王得疟疾病,久治不愈,天下还没有完全安定,诸大臣感到恐惧,就占卜祷告平安。周公旦斋戒沐浴,祷于坛台,愿以自身为质代武王去死,作《金縢》,书曰:既克商二年,王有疾弗愈,公乃为三坛同墠,补璧秉珪。乃告太王、王季、文王。史乃祝册曰:"维尔元孙,某构厉疟疾,若尔三王是有丕子之责于天,以旦代某之身。"这样武王的病就好些。四年,西伯发十五年,肃慎氏来宾。他们朝贡楛矢石砮,即以楛木为箭杆,其箭头是用石头做成的镞,其长一尺八寸(周制)。周武王将这贡物分给了长女太姬,以作为她与胡公满结婚用的嫁妆。将胡公满封到陈地,子孙传陈姓。胡公满本妫姓,帝舜之后也。武王乃巡视诸侯所守之土,祭祀四岳河海之神。至于沬(旧商都。即今河南淇县城),作诰文于沬邑,发表长篇大论。冬,迁九鼎于洛邑郏地(今河南洛阳市西王城)。

五年乙未(前1046),箕子来宾。武王曰:"咨尔商王父师,惟辛(指纣王)不悛,天用假手于朕,去故就新。辛锡(赐)朕以国,阐洪范九畴。锡侯以道,朕殚厥邦,土靡所私。乃朝鲜,于周底于遐狄,其以属父师。"周武王的意思是:您是纣王的老师,只是这纣王怙恶不悛。上天假借我之手,推翻殷朝建立了新朝。纣王过去恩赐我的国家,阐述"洪范九畴"的治国方略。可他自己却沉醉于靡靡之音、糜烂生活。朝鲜,好像我大周起底于戎狄。将那个地方封给您,您是大有作为的。箕子到周朝来时,经过殷都故墟,但见城坏生黍。箕子十分伤感,乃作《麦秀》之诗,诗曰:"麦秀渐渐兮,禾黍油油兮。彼狡童(指纣王)兮,不与我好兮!"箕子回朝鲜,教民以礼仪,养蚕制衣等有八条之教。使得朝鲜其人终不相盗,无门户之闭。洪范九畴,是《尚书·洪范》提出的治理国家必须遵循的九条大法。内容是:初一曰五行,次二曰敬用五事,次三曰农用八政,次四曰协用五纪,次五曰建用皇极,次六曰又用三德,次七曰明用稽疑,次八曰念用庶征,次九曰向用五福,威用六极。秋,王师灭蒲姑商的残余势力。

六年(前1045)四月,周武王在东宫病,诏命周公旦商立后嗣。武王之子诵时还年少,不能莅位。武王叮嘱小子诵要听叔父的话,及将宝典交给他,立为世子,是为成王。成王对周公旦曰:"今朕不知明德所则,政教所行,字(治)民之道,礼乐所生,非不念而知,故问伯父。"冬十二月,武王陟。有关成王先前为世子的问题,《周书·武徽解》注:"维十有二祀(前1050)四月,王告梦,丙辰出金枝、郊宝。""命召周公旦立后嗣;属小子诵,文及宝典,则成王立为世子,至时已六年矣!"商朝之前无太子称号,至周始见文王世子之制。世子,即之后称太子是也。《括地志》记:武王墓在雍州万年县西南三十八里毕原(今陕西西安市阎良区武屯乡古城村)。

四、周公吐哺 天下归心

周公旦,武王弟,史称周公。周公孝顺、仁爱,辅佐武王伐纣,受封于鲁。周公没有到封国去,而是留在王朝,辅佐武王,为周安定社会,建立制度。武王崩,时成王继位年少。各地奏册文书需要批阅,国家大事需要决定,周武王在时就有托孤遗命,周公就摄理国政主持国事。时管叔、蔡叔等群弟怀疑周公有野心,两人就串通武庚作乱,背叛周朝。周公假以成王之命讨伐他们,诛杀了武庚、管叔,将蔡叔流放,霍叔受到牵连被废为庶人。时周王室召公奭亦不服,周公作《君奭》向其阐述本意,召公奭服。周公旦长子伯禽替父赴任,建立鲁国,这就是鲁公。

周公封二子伯龄后裔于蒋,为蒋姓;封三子茅叔居地为茅国,传茅姓;封四子胤于邢,所谓"分茅胙祭"是也;封五子于祭(一作邹。今河南郑州市东北),称祭伯,因氏祭,传邹姓。周公以商纣王的长兄微子启(开)接续殷后香火不致断续,封立国为宋。周公收集殷旧国遗民以封卫康叔去管理,建立卫国。周公时苏忿生为司寇,能平刑以教百姓,周公称之,盖书所谓避开寇是也。司寇苏公与檀伯达皆封于河,苏公后传苏姓,其先夏帝芬(槐)二十三年(前1751)封有苏氏,为昆吾之所分。周公受封在东部的土地,以天子之命建鲁国。周公废时三年完全平定内乱,最初作文《大诰》,其次作文《微子之命》,其次作文《归禾》,还作文有《康诰》《酒诰》《梓材》。周公东征平定三叔之乱,灭五十国,奠定东南,归而制礼作乐。周公惟恐失去天下贤人,洗一次头时,曾多回握着尚未梳理的头发;吃一顿饭时,亦数次吐出口中食物,迫不及待地去接待贤士。这就是"握发吐哺"的典故。周公封二叔不咸于雍(在今河南焦作市西南十五里府城村),《左传》记:富辰曰"昔周公吊二叔之不咸,故封建亲戚以蕃屏周"。

周公行政七年,成王长大,周公就将行政权交还给成王,面朝北向成王称臣。后来,有人在成王面前进谗言,周公害怕,就逃到楚地躲避。周公辅佐武王、成王,为周王朝的建立和巩固作出了重大贡献。特别是他在受成王冤屈以后,仍忠心耿耿,为周王朝的发展呕心沥血,直至逝世,终天下大治。成王二十一年(前1024),周公薨于丰,夫妇合葬毕邑,云"周公盖祔"。

五、成王尝麦　整顿官治

成王,名诵(前1056—前1008)。元年丁酉(前1044)春正月,王即位。周公曰:"王其敬天,文命无易,天不虚王。"成王立,乃设官分职,立天官,以冢宰周公总百官。庚午,周公诰诸侯于皇门,作《皇门》。夏六月,葬武王于毕。秋,成王加元(冕)服。成王年十三而嗣位,诸礼皆由周公制定。祭祀周武王时,周公命祝雍(祝融)作《颂》,《颂》文主旨是"使王近于民,远于佞。"成王始加元服,《颂》曰:"令月吉日,王始加元服,去王幼志。"成王元服,包括:帽子、衣服、宽带。帽子(冠)用缁布做成,衣服用绩绣做成,宽带用兽皮做成,称皮弁。成王冠天子礼也。冬,武庚以殷叛。武王的丧事已经办理完毕,管叔及其群弟就对周公摄政表示不满,流言蜚语于市曰:"周公摄政,将不利于孺子。"周公乃告管叔、蔡叔曰:"我之弗辟,我无以告我先王!"周公居东宫辅政二年。

二年，奄人(都在今山东曲阜旧城东二里。商王南庚时曾迁都于此)、徐人(都在今江苏泗洪县南大徐台子)及淮夷人(分布于今淮河下游的安徽蚌埠一带)相毗邻(邺)的小国联合起来反叛。秋，大雷电以风，成王命召(康)公担任太保，周公担任太师，先伐殷，接而伐淮夷、徐夷，践踏奄国。《书序》："成王东伐淮夷，遂践奄。"《续汉书·郡国志》："鲁国，古奄国也。"《禽簋》记："王伐奄侯，周公谋，禽祝，禽有脤祝。王赐金百锊，禽用作宝彝。"三年，王师灭殷杀武庚禄父，迁殷民于卫(即殷旧都。今河南淇县)。遂伐奄，灭薄姑(在今山东博兴县东南十五里)。《书序》："成王既践奄，将其君(迁)于薄姑。"《汉书·地理志》："周成王时，薄姑氏与四国共作乱，成王灭之，以封师尚父，是为太公。"四年春正月，成王将执政的办公地点设在太庙。夏四月，成王品尝麦，要求大臣们亦尝麦。成王命大正正刑书，大祝以王命作《笑》，众大臣咸典。《周逸书·尝麦》记："维四年孟夏，王初祈祷于宗庙，乃尝麦于太祖。是月，王命大正正刑书。爽明，仆告既驾，少祝导王，祝亚迎王降阶，即假于太宗、少宗、少秘于社，各牡羊一、牡豕三。史导王于北阶，王陟阶，在东序。乃命太史尚大正，即居于户，西南向。九州之伯咸进在中，西向。宰乃承王中升自客阶，作策执策，从中宰坐尊中于大正之前，太祝以王命作策，策告太宗。王命监书秘，作策许诺，乃北向繇书于两楹之间。"时年，王师驻兵入奄。五年春正月，成王驻跸在奄，迁其君于薄姑。夏五月，王在薄姑，迁殷民于洛邑，遂营成周。周公致政乃作大邑成周，规划于上、中立城，方千七百二十丈(周制一尺合今23.1厘米，即方四万余米，方圆七十里)，南系于洛水，北因于郏山(即北邙山。在今河南洛阳市北)，以为天下之大漆。成王自奄国归，作文《多方》。六年，成王大蒐(打猎)于岐阳(即今陕西岐山县东北岐阳村)盟诸侯。成王既已废黜了商殷的大命，袭击了淮夷，回归到丰镐周都，成王就写作了《周官》，重新制订了礼乐，修正完善了各种制度。《诗经·周颂·敬之》："敬之敬之，天维显思，命不易哉。无曰高高在上，陟降厥士，日监在兹。维予小子，不聪敬止。日就月将，学有缉熙于光明。佛(通'弼')时仔肩，示我显德行。"七年，周公复政于成王。春二月，成王到丰(即丰京。在今陕西西安市长安区西沣河西岸)。三月，召康公(周文王庶子，名奭，封燕国，即燕召公。康公被认为是周成王时制约周公权力的重量级人物)到洛邑去看看周公营建的洛邑进展如何。周公营建成周初成，作《洛诰》。洛邑初成，分两城，西为王城，东为成周，并将商殷旧都的九鼎搬来安放在城中。周公曰："这个地方是天下的中心位置，四面八方进贡物质的道路一样长。"于是作文《召诰》《洛诰》。周公将殷顽民迁出，以保证新都安全，遂城名曰东都。周公以王命告诉殷民要他们安家乐业，就作文《多士》《无佚》。成王到东都，诸侯来朝。成王为天子立于明堂(没有房顶的阳台)，手持斧，站立在屏风(扆)前南面而立，公卿士侍于左右，大朝诸侯。前排，三公之位，在中阶之前；北面东上诸侯之位；阼阶之东西面，北上诸伯之位；西阶之西东而北上，诸子之位；门内之东北面东,上诸男之位;门内之西北而东,上九夷之国;东门之外西面北,上八蛮之国;南门之外北面东,上六戎之国;西门之外东面南,上五狄之国;北门之外南面东,上四塞九口之国;知道此大会的百姓们来聚,在应门之外。周公复政于成王,时周公向成王鞠躬,诚惶诚恐!周公致政于成王。冬,成王回到丰都,立先祖高圉庙。周公摄政,君临天下弥乱六年,而天下大治。周公制礼作乐,颁度量,而天下大服,各诸侯致贡方物。

八年春正月,成王始躬政事,以周公为太师。因周公功,命其子伯禽迁于鲁,建鲁国,以管理殷民六族:条氏、徐氏、萧氏、索氏、长勺氏、尾勺氏;使率其宗氏辑其分族,并将其丑类以法惩治之。成王作象舞。冬,十月,王师灭唐(即陶唐氏。在今山西临汾市西南),迁其民于杜(在今陕西西安市南杜城)。九年春正月,成王有事于太庙,初用勺,作《汋乐》。息(亦作肃、稷)慎部族人朝贡楛矢石砮,成王安排荣伯作文《贿息慎》以阐述王命。十年(前1035),成王封次弟姬诞,名邘叔,于邘地。成王命同母出次弟唐叔虞为侯,封以大路、密须之鼓,阙巩,姑洗,以怀姓九宗职官(所谓"殷民六族"即:条氏、徐氏、肖氏、索氏、长勺氏、尾勺氏。所谓"殷民七族"即:陶氏、施氏、樊氏、繁氏、锜氏、饥氏和终葵氏。所谓"怀姓九宗"即隗族,包括佣、宝、复等姓),又立五政命以《唐诰》,而封于夏墟(即今山西太原市西南古城营村)。成王封同姓族人姬良夫于芮(今山西芮城和陕西大荔一带),遂建芮国。成王寻找上古帝王太皞氏(太昊)的后裔,分封于任(今山东济宁市任城区)、宿(今山东东平县)、须朐(今济宁市)、颛臾(今山东平县柏林乡),立为四国。越裳氏(居今越南河内)重九译来朝贡白雉(雉鸡),曰:"道路悠远,山川阻深,音使不通,故重(九)译而朝成王,以归周公。"周公曰:"德不加焉,则君子不飨其质;政不施焉,则君子不臣其人。吾何以获此赐也?"重九译请曰:"吾受命吾国之黄耇曰:久矣,天之无别风淮雨(一作烈风淫雨),意者中国有圣人乎?有则盍往朝之。"越裳氏来朝之后三年,海不扬波,越裳氏使者来朝想回去,却迷其归路,周公赐给他五辆指南车,教他一直把握朝南方向行走,又派大夫窦将相送,行走近一年才到其国,这个国家在海际。十一年春正月,成王到丰。倾听周公《无逸》的教诲:"君子当无逸,此言乃谋逸。逸豫者君子之事。劳心于形,般于游畋,形之逸也。无为而治,心之逸也。君子无形逸而有心逸。既知稼穑之艰难,可以谋心逸也。"唐叔虞献嘉禾给成王,成王命唐叔虞归嘉禾于周公。唐叔虞偶得嘉禾,异株同颖。周公奉天子命,作《嘉禾》。成王命周平公治理东都,以教化殷民为重。周平公,名君陈,乃是周公次子。周平公居东都(即今河南洛阳),唐叔虞封国以归周平公管辖。十二年,王师驻防、卫戍燕都城(在今北京市房山区琉璃河镇附近)。成王封四弟应韩为韩王,锡韩侯命,建韩国(初都在今山西河津市东。一说在今陕西韩城市西南)。之后传应姓、韩姓。成王封十叔聃季载为沈侯,后传沈姓;后有裔孙避难去水旁为尤,传尤姓。成王封少子臻于单邑为甸内侯,后传单姓;另一子封于狄城,后传狄姓。十三年,王师会齐侯(师尚父)、鲁侯(伯禽)伐戎(此当是东方的莱国、徐戎等小国。非周封国,语不知国则称戎)。夏六月,鲁大谛于周公庙,祭祀周先王。十四年,莱人伐齐,与齐争地盘。齐师包围了曲城(古属东莱国。治所在今山东招远市西曲城村),克之。冬,洛邑告成。成王七年,成王在洛邑大会诸侯,至整个洛邑告成又历时八年。洛邑成为当时世界第一个特大城市。十八年春正月,成王到洛邑定鼎,遂有祭事于河。定鼎的地点在郏鄏(在今河南洛阳市旧城西至王城公园一带)。《帝王世纪》云:"王城西有郏鄏陌"。成王定鼎时有凤凰飞翔到庭堂,成王抱琴而歌曰:"凤凰翔兮于紫庭,余何德兮以感灵;赖先王兮恩泽臻,于胥乐兮民以宁。"此歌名《神凤》。十九年乙卯(前1026),成王巡视各诸侯国,召康公随从。周制每十二年一巡狩,康公时兼摄司马之位,故从之。成王巡狩各地回朝,遂正百官,作《周官书》,书曰:"惟王抚万邦,巡侯甸,四征弗庭,绥厥兆民,六服群辟。罔不承德归于宗周,董正治官是其事也。"于是,成王举丰侯(丰国在今陕西西安市户县东。古称丰京)为例,曰:"京畿之地,丰侯之民告之,丰侯沉湎于酒,不理政事。朕察之事实,此误国也!"遂罢黜丰侯。丰侯失国,百官惶恐,自此廉洁、勤政,官僚作风大变,百姓受惠。青铜器《保尊》铭:"乙卯,王令保及殷东国五侯。"此可证是年,成王与康公东边已经巡视到殷故地国。二十一年(前1024),除治象。正月之吉始召集邦国都鄙(五百家为鄙。《周礼·地官·遂人》:"五家为邻,五邻为里,四里为乡,五乡为鄙。"八个鄙,则治都鄙。一个都鄙就是四千家。都鄙相当于之后县长的称呼),乃悬治象(法律文书)之法于宫门的台观,使万民观治象之法。以后每正岁就要对官吏进行除治象的教育,贯彻治象之法的落实。治象法立,而民不犯故。是年,周公薨于丰。周公将殁,其意想葬在成周,以明他摄政的本意没有篡夺王位之意。二十二年,成王将周公安葬在毕,慰告周公,作《亳姑》。二十四年(前1021),于越来宾。越侯加祐来朝,对成王曰:"吾祖少康恐禹祭之绝祀,乃封其庶子于越,号曰无余。无余质朴,不设宫室之饰,从民所居。吾为无余裔孙(二十六代孙)。今来礼薄,不尽敬意。"《周书》记:"周成王时,于越献舟。"于越礼物还有东越海蛤、蘑菇、珍珠蚌等之类的土特产。成王封加祐于楼烦(拟指今浙江杭州市萧山区楼塔镇),为子爵。《论衡·异虚篇》记:"越尝献雉于周公。"《论衡·超奇篇》记:"白雉贡于越,畅草献于宛。"

二十五年,成王大会诸侯于东都,四夷来宾。成王朝南面立,唐叔虞、荀叔、伯禽在左,太公望(即师尚父)在右旁天子而立于堂上。堂下之右,唐公、虞公南面立焉;堂下之左,殷公、夏公立焉。皆南面堂下之东面,郭叔掌为天子綦(青中带黄的颜色)币焉,内台西面者正北方,应侯、曹叔;伯舅、中舅比服,次之要服,次之荒服,次之西方。东面正北方,伯父、中子,次之堂后。东北为赤弈焉。中台之外其右,泰士;台左弥士。外台之四隅,张赤弈为诸侯欲息者,皆息焉。各地献方物:东方所之青马,扬州禹发人鹿、狐九尾。周头黑齿(吴地人,后即吴国)人献白鹿、白马;东越(越地,即今江苏泰州)海蛤(海蛎);欧人(越地,后为东瓯国)鳢蛇(海鳗);于越纳姑妹珍且(指越国献姑蔑之地生产的珍珠。姑蔑,原名姑妹,即指今浙江衢州市龙游县)、欧文蜃(蛤蜊)、共人元贝(一记玄贝,是有斑纹的贻贝)、海阳(洋)大蟹。会稽以鼀(乌龟);义渠兹白(白马);史林尊耳(虎豹);北唐戎以闾阎以喻冠(奇兽);渠叟以䶂犬(牧羊犬);楼烦以星施(旄牛);卜卢以纵牛(小牛);区(欧)阳(指今浙江湖州)以鳖(甲鱼);封规矩以麟(麒麟);西申以凤鸟(凤凰);丘羌鸾鸟(鸳鸯);巴人以比翼鸟;方扬皇鸟;蜀人以文翰(天鸡);方人以孔鸟(孔雀);卜人以丹砂(丹药)、夷用樵木、康民(指今四川成都市)以桴(桃李);高夷嗛羊、独鹿;般吾白虎;屠州黑豹;大夏白牛;犬戎文马;匙氏驹騄;数楚每牛;匈戎狡犬。冬,十月,成王归自东都,大事于太庙。二十八年,是为甲子年(前1017)。《尧公簋与唐伯侯于晋》(当今《考古》杂志发表了朱凤瀚的文章,介绍西周青铜器尧公簋"唐伯侯于晋唯王廿又八祀"铭文记:"(尧)公作妻姚簋,遘于王命唐伯侯于晋,唯王廿又八祀。"三十年,骊戎来宾。骊戎乃骊山之戎。骊戎为林氏所伐,告于成王。当时是,林氏去朝见骊戎之君,骊戎之君不以礼相待。故林氏伐之,骊戎逃归。三十三年,成王游卷(在今河南叶县西南),阿召康公(这是康公最后一次记于史,估计康公在后二年薨)从,归于宗周。命王世子钊,娶房氏女,房伯祈祷于宗周。房氏乃帝尧之子丹朱封房侯后传之裔姓氏。后康王立房氏为王后。三十四年,雨金于咸阳。咸阳天雨金三年,有以为国有大丧。

三十七年(前1008)夏四月,成王将崩,命召公、毕公率诸侯相康王,作《顾命书》。乃同召太保奭、芮伯彤、伯毕公、卫侯毛公交代后事,兹予审训。乙丑,成王崩。成王葬礼,《尚书·顾命》记:"越七日癸酉,伯相命士须材。狄设黼扆、缀衣。牖间南向,敷重篾席,黼纯,华玉,仍几。西序东向,敷重厎席,缀纯,文贝,仍几。东序西向,敷重丰席,画纯,雕玉,仍几。西夹南向,敷重笋席,玄纷纯,漆,仍几。越玉五重(越国的宝玉有五种);陈宝(陈国的宝贝),赤刀、大训、弘璧、琬琰,在西序。大玉、夷玉、天球、河图,在东序。胤之舞衣、大贝、鼖鼓,在西房;兑之戈、和之弓、垂之竹矢,在东房。大辂在宾阶面,缀辂在阼阶面,先辂在左塾之前,次辂在右塾之前。二人雀弁,执惠,立于毕门之内。四人綦弁,执戈上刃,夹两阶戺。一人冕,执刘,立于东堂,一人冕,执钺,立于西堂。一人冕,执戣,立于东垂。一人冕,执瞿,立于西垂。一人冕,执锐,立于侧阶。王麻冕黼裳,由宾阶隮。卿士邦君麻冕蚁裳,入即位。太保、太史、太宗皆麻冕彤裳。太保承介圭,上宗奉同瑁,由阼阶隮。太史秉书,由宾阶隮,御王册命。曰:'皇后凭玉几,道扬末命,命汝嗣训,临君周邦,率循大卞,燮和天下,用答扬文、武之光训。'王再拜,兴,答曰:'眇眇予末小子,其能而乱四方以敬忌天威。'乃受同瑁,王三宿,三祭,三咤。上宗曰:'飨!'太保受同,降,盥,以异同秉璋以酢。授宗人同,拜。王答拜。太保受同,祭,哜,宅,授宗人同,拜。王答拜。太保降,收。诸侯出庙门俟。"

康王,名钊。康王元年甲戌(前1007)春正月即位,召康公(太保奭)命为冢宰(相当于之后的宰相)总百官。诸侯朝于丰宫。康公则遍告诸侯,宣告了要用文王、武王的业绩来戒勉,作《康诰》。《康王之诰》记太保与芮伯对康王的问话,康王曰:"庶邦侯甸男卫,惟予一人钊报诰。昔君文(文王)、武(武王)丕平富,不务咎,底至齐,信用昭明于天下。则亦有熊罴之士,不二心之臣,保乂王家,用端命于上帝。皇天用训厥道,付畀四方,乃命建侯树屏,在我后之人。今予一二伯父尚胥暨顾,绥尔先公之臣服于先王。虽尔身在外,乃心罔不在王室。用奉恤厥若,无遗鞠子羞。"三年,定乐歌,奏黄钟歌《大吕》以祀天神;奏《太蔟》歌应钟以祀地;奏《夷则》歌小吕以享先姚;奏《无射》歌夹钟以享先祖。又歌《清庙》以祀文王;歌《天作》以祀先王、先公;歌《执竞》以祀武王;歌《思文》以祀后稷。成王丧期三年满,吉谛于先王。申戒农官告于庙。六年(前1002),齐太公薨(自周文王四十二年即前1072年得姜太公,至时年凡七十年,历三世皆称太公,次为师尚父,三世吕尚。此称齐太公,是为吕尚),葬吕尚冢(在今山东淄博市临淄区城南去十余里)。九年,唐迁于晋作宫,而美(康)王使人嚷之。叔虞封于唐地,其子燮父迁都于晋阳(今山西太原市西南古营城)建造华美的宫室,康王以为奢侈,派人去吵嚷。十二年,夏六月,壬申,康王到丰,锡毕公命作策书《丰刑》。原来丰侯为成王罢官,丰地就由毕公管理,康王此去就要求毕公制定法律文书以治国。康王命毕公高制定相关的政策使得民众能分居成新的村落,形成周郊地区,于是作《毕命》。是年秋,毛懿公薨。原先,周武王入商,毛叔郑奉明水相伴,即毛懿公。十六年(前992),锡齐侯伋(姜太公吕尚之子)命。康王巡狩至九江庐山。十九年(前989),鲁侯禽父薨。二十一年,鲁筑茅阙门。秋九月,立炀宫。二十四年,召康公薨。召康公是周文王庶子,周武王灭纣王后封于燕,周成王时为三公之一,周公旦亡后出为二伯,自陕以西由召公主之。二十五年(前983),为了消除边患,康王命盂率领大军进攻鬼方(鬼方氏,在今陕西西北部、山西北部和内蒙古西部),鬼方亦调兵迎战。经两次大规模作战,周军斩杀鬼方四千八百多人,俘获其四名首领及以下一万三千多人,还缴获了很多车马和大量牛羊。周军将鬼方又驱逐至远离镐京的汧陇和岐周以西,周西北边境暂安。甲骨卜辞"鬼方易",即鬼方向远方逃走之意。二十六年秋九月己未,王陟。成、康之际,天下安宁,有各种刑罚四十余年不用。康王卒,子昭王瑕立。

昭王,名假,一作瑕。元年庚子(前981)春正月,以为九江可移,庐山不可移也!王即位。复将法律文书悬挂在宫门前,使万民观治象,以遵守法律条令。自成王除治象至此年已经四十三年了,复设象魏,证明昭王要按照成康之治的刑错以法治国,正法先治官。六年,昭王锡郇伯命。郇侯,周文王十七(庶)子。过去唐叔、荀叔、周公、曹叔四国在王都都有他们的王田(郇),这些田都是由郇伯在管理,郇伯很辛苦。昭王封郇伯于郇(在今山西临猗县西南),为州伯。冬十二月,桃李华。本来十月李、梅早已经剥落,嘿!此年反而华实,近草妖也,时年是为暖冬。昭王封庶子均于荣地,子孙传荣姓。昭王封唐叔之孙,燮父之子君牙为杨侯。十四年夏四月,恒星不见。天官以为,恒星者,列星也,列星者天之常宿,没有休止之日。天官观天象恒星明暗以度诸侯之变。果然,秋七月,鲁国人弑其君宰。昭王闻周人南下索铜,则命南官伐虎方(一说在今江西新干县治金川镇)取铜。《中方鼎》记:"唯王(指昭王)令南宫伐反虎方之年,王令中先省南国,贯行,艺王居。"十五年,《周异书记》:"甲寅岁四月八日,江河泉池,忽然泛涨,井水皆溢出。吕殿宫人,山川大地,咸恭震动。其夜五色光气,入贯太微星,遍于西方,尽作青红色。周昭王问太史苏由:'是何祥也?'由对曰:'有大圣人,生于西方,故现此瑞。'昭王曰:'于天下何如?'由曰:'即此无他,一千年外,声教被及此土。'昭王即遣镌石记之,埋在南郊天祠前。"

十六年,昭王亲师南征,艮(当在今汉水流域边上)国等二十六国归附朝见。昭王克楚城斤邑(即麇国。指今湖北郧西县五峰乡,一说今湖北蕲春县)。《征人鼎》记:"王涉汉伐楚,天君(王后)随行,克楚城斤邑。"继而昭王伐楚,率兵到达汉水,遇见了一只形如牛的青色怪兽,抵其触角直奔昭王而来,此谓涉汉遇大凶,昭王逃之。十九年春,有星孛于紫微。彗星撞向紫微星,产生的极光光芒四射,意味着天下易主,将要除旧布新。时年,昭王祭周史官辛甲,祈祷天象正常。昭王收到荆(楚)人卑词曰:"愿献白雉。"昭王于是信而巡楚,辛甲之子(孙)辛余靡随从昭王南行。时也风尘暴大起,似是天也怒了,雉兔皆震,四处躲藏。昭王兵至汉水,渡江时徐戎人徐畅为昭王撑船,船至江中,船脱底水进,昭王溺水而亡,徐畅逃之洪州(今江西南昌市),昭王沦于水,有二越女,一名延明,一名延娱,她俩夹拥王身,同溺于水。江汉之人思之哀也,立记于江湄,曰二女是"江汉女神"。当是时,焉不知是楚人凫水凿船底?还是徐戎人早有预谋设有水洞?还是二越女夹王沉江?周人不知,但都想给予惩罚。昭王所率六师尽丧于汉水。昭王葬少室山(陵在今河南登封市少室山阳城西谷)。昭王卒失,此事重大,周王室没有及时发布公告,因为犯忌也。《国语·周语》记:"昔周昭王娶于房,生穆王焉。"昭王之子满立,是为穆王。

六、穆王强势 震慑四方

穆王,名满,元年己未(前962)春正月即王位。王作昭宫,供祀昭王。王命辛余靡为伯。先前,周昭王率兵征荆蛮时,辛余靡长且多力,为王右从之。昭王沉船事发,辛余靡泅水往救而拖尸回,因功,穆王封辛余靡为"长公",封于西翟长子(在今山西长子县西南八里)。冬十月,穆王筑祈宫于南郑(今陕西华县),宴会群臣。周武王立周朝,至时年有八十八年矣,列加周武王通年十二年,正是一百年。穆王都于西郑(即镐京。穆王之时没有西郑之都,则自镐京视之,则郑在南,自新郑视之,则郑在西)。《穆天子传》记:"己未,天子大朝于黄之山。乃披图视典,用观天子之珤器,曰:'天子之珤、玉果、璇珠、烛银、黄金之膏。'天子之珤万金,□(原文缺字,下同)珤百金,士之珤五十金,鹿人之珤十金。天子之弓射人,步剑牛马,犀□器千金。天子之马走千里,胜人猛兽。天子之狗走百里,执虎豹。柏夭曰:'征鸟使翼。'曰:□乌鸢、鹳鸡飞八百里。名兽使足:□走千里,狻猊□野马走五百里,邛邛、距虚走百里,麋□二十里。曰:'柏夭皆致河典。'乃乘渠黄之乘,为天子先,以极西土。"

六年春,徐子偃王来朝,锡命为伯。穆王分东方诸侯,命徐偃王主之。偃王处潢池(古名黄水。源出今河南新县南,北流经光山、潢川二县,东北入于淮)以东,有五百里地,行仁义,陆地而朝者有三十六国。潢池与泡水(在今江苏丰县北。自山东单县流入境,东入沛县界)合流至于沛,入泗水(源出今山东泗水县东五十里陪尾山)。自山阳(治今河南焦作市东十里墙南村北侧)以东,海陵(今江苏泰州市)以北,其地当之也。偃王都大徐城(在今江苏泗洪县南大徐台子)。《徐氏宗谱》记:"穆王出兵至黄河,见徐夷军之方队耀武扬威,'畏其方炽'就不敢进,则传谕以息事宁人,谕曰:'东方诸侯,令偃王主之。'"八年春,北唐(北唐国。在今山西太原市西南)来宾,献一骊马,是生騄耳(拟指绿色的马)。天子至于钘山之队(卫戍部队。驻地在今陕西麟游县青莲山。青莲山古称堡子城山),东升于三道之隥(台阶),乃宿于二边。命毛公班、逢公固先至于周(都),以待天之命。九年,筑春宫。穆王所居有郑宫,郑宫即祇宫,宫在南郑(今陕西华县)。《穆天子传》记:"丙寅,子属官效器。乃命正公郊父受敕宪,用伸□八骏之乘,以饮于枝洔之中、积石之南河。天子之骏:赤骥、盗骊、白义、踰轮、山子、渠黄、华骝、绿耳。狗:重工、彻止、雚猳、□黄、南□、来白。天子之御:造父、三百、耿翛、芍及。曰:'天子是与出□入数,田猎钓弋。'天子曰:'於乎!予一人不盈于德,而辨于乐,后世亦追数吾过乎!'七萃之士□天子曰:'后世所望无失天常,农工既得,男女衣食,百姓珤富,官人执事。故天有时,民□氏响□。何谋于乐?何意之忘?与民共利,以为常也。'天子嘉之,赐以左佩玉华也。乃再拜顿首。"

十一年,穆王命祭公谋父为卿士。周公之殁,王制将衰,穆王因祭祖不豫。穆王忧虑文王、武王的国家政策存在问题,乃就命伯同申诫原来由太仆制定的条款,作《囧命》。穆王封晋侯燮父子君牙为大司徒,《尚书·君牙》记:"穆王词曰:'呜呼!君牙。惟乃祖乃父,世笃忠贞;服劳王家,厥有成绩,纪于太常。惟予小子,嗣守文、武、成、康遗绪。亦惟先王之臣,克左右乱四方。心之忧危,若蹈虎尾,涉于春冰。今命尔予翼,作股肱心膂。缵乃旧服,无忝祖考!弘敷五典,式和民则。尔身克正,罔敢弗正?民心罔中,惟尔之中。夏暑雨,小民惟曰怨咨;冬祁寒,小民亦惟曰怨咨。厥惟艰哉!思其艰以图其易,民乃宁。呜呼!丕显哉,文王谟。丕承哉,武王烈。启佑我后人,咸以正罔缺。尔惟敬明乃训,用奉若于先王。对扬文武之光命,追配于前人。'王若(又)曰:'君牙!乃由先正旧典时式,民之治乱在兹。率乃祖考之攸行,昭乃辟之有义。'"君牙建(古)杨国(治今山西洪洞县大槐树镇)。穆王将要征伐犬戎,祭公谋父谏曰:"不可。先王们只显示德行却不用兵。凡是兵器平常是收藏着,只有受到进攻时才会动用。动用兵器就是为了显示威严,不能随便玩忽,玩忽就不会使人惧怕。所以歌颂周公旦的诗曰:'收藏起干戈,弓箭袋中装。我求有德贤士,布施仁德在四方,保有天下兴旺。'先王对于民众,是努力端正他们的品德,以敦厚他们的心情;增加他们的财富,以充实他们的器具。这样，以明利害，使他们致力于兴利而避害，使他们感恩戴德而国政生畏，才能保证国家长治久安，显示大国地位。以前，我们的先祖后稷，以农官服事虞夏。只是夏太康衰败，后稷曾孙不窋才放弃农官，逃奔到戎狄地区，但不敢荒怠自己的职责，时时注意自己的德行，遵循修治不足之处，修正制订先人的训示典章，早晚都恭谨勤勉，遵守笃信，以忠诚信义自待。永世载德，不辜负前辈的期望。到了文王、武王时期，发扬了前代的美德，加上慈爱和合，敬事鬼神保佑百姓，民众无不欣喜。商纣王帝辛对百姓犯有重大罪恶，老百姓都不能忍耐，他们向武王诉苦并拥护武王早日拯救于苦难，这才促使武王用兵于商郊牧野。武王不是在崇尚用武，他是在体恤百姓遭受的苦难而为之除害的。先王制定的政策是：周都王畿内五百里实行甸服；王畿外五百里实行侯服；侯服以外是起武卫作用的宾服区域，夷蛮之地是要服，戎翟之地是荒服。甸服者要祭天、供祖；侯服者要每年来朝祭拜；宾服者每年要上供祭品；要服者每年要有当地特产贡品；荒服者要承认周王的正统地位表示臣服。每日必得祭拜祖先保佑平安，每月必须要有祭祀庙社的活动，每四时节日要给庙社上祭祀供品，每年各地诸侯要纳贡，以终身尊奉周王室。先王如果按此规定得以顺祀就可，如有诸侯不参与祭祀的，就要对他们进行教育以其自责；有不进献供品的就要修正号令严辞警告；有不进供祭品的就要修正法典；有不纳贡的就要将其名号降格处置；有不尊重周王的先整治修德，再进就动用刑罚。这就是：惩治刑罚不祭祀的诸侯，讨伐不纳供祭祀品的诸侯，征战每年不来朝献享的诸侯，责备不按年纳贡的诸侯，告谕这些诸侯，周王室将要取消他们王的尊号。于是周王制定了刑罚的法规，准备了攻伐的军队，储备了征讨的武器，和有威严的诏命与强硬的文告言辞。周王的布令陈辞得不到执行，就增修条款中有欠缺的地方，不要劳苦百姓到远方去。所以近地的诸侯没有不听从的，远方的小国没有不臣服的。犬戎的两位君主大毕、伯士死去，犬戎氏一直按荒服的职分来表示臣服。天子您还说他们不来献享，要去征讨他们，准备了重兵，这岂不是废弃了先王的训示吗？如那样做，王也会陷于困顿之中。我听说犬戎的民风敦厚，遵守祖德而信守原则，自始至终都纯真坚定。当然，他们也有准备以防御我们的武力征伐。"祭公谋父谏言，穆王不听。

十二年，毛公班、共公利、逢公固帅师从穆王伐犬戎。犬戎，《山海经》记："黄帝曾孙弄明生白犬，白犬有牝牡是为犬戎。白犬人名也。"十三年春，祭公谋父准备帅师从穆王西征。河宗伯朝贡束帛加璧玉，穆王使祭公受之。仲夏庚寅，祭公谋父请穆王，穆王宿于祭（在今河南荥阳市东北）。祭公饮天子酒，乃歌又作诗文，以颂天子。次日起程，十多日到达阳纡（拟指今青海省祁连县），阳纡之山（拟指今祁连山）是河伯无夷之所都居，自宗周瀍水（今洛阳瀍河。西出河西走廊的渭河。又西大通河。又西黑河）以西至于河宗（古以为是黄河的发源地）之邦的阳纡之山，三千有四百里（古代把塔里木河视为黄河源，昆仑山往往被误为黄河发源处）《山海经·西次三经》："昆仑之丘……河水出焉。"穆王阳纡之行,引导西戎(古时对吐蕃人的泛称。穆王时的西戎应该是指居今祁连山南部黑河流域的民族)朝贡。秋七月,西戎来宾到穆王驻跸地,献给穆王锟铻之剑、赤刀,其赤刀切玉如切泥;还献火浣之布(今石棉布的古称,具有不燃性,在火中能去污垢。今青海有茫崖石棉矿)。穆王西行,闻西域之国有化人,名"佛"之说。秋,穆王在阳纡,徐戎侵洛(今洛阳)。徐偃王潜王号,乃率九夷以伐宗周西至于河上(当指黄河)。先是,苞人(居住在今江苏丰县北的徐人)驱赶牛、马到黄河边上放牧,进而徐偃王以放牧被盗抢为由发动战事。穆王在阳纡接报,大惊。冬十月,穆王命驾八骏之乘,穆王主车,造父御马,日行三百里,回到宗周。十四年(前949),王师与楚国(时称荆楚)之兵联合伐徐戎,克之。周大臣爽公(燕国君。召公奭之后)请穆王不可绝其嗣。夏四月,穆王畋于军丘(即军山。在今江苏南通市南狼山东),在徐地,以示周王之威。五月,作范宫。秋九月,翟人侵毕,因为毕地有良马百驷在那里圈养,翟人想夺取。穆王使孟余到毕伐之。冬,穆王在萍泽(当指今江苏省东平县的东平湖)打猎。有虎在乎葭(芦苇)中,七萃之士高奔戎乃生捕虎而献之,穆王赐奔戎佩玉一只,奔戎再拜稽首。穆王命押虎而饲养,乃作虎牢。虎牢之地在成皋,后称该地为"东虢"(在今河南荥阳市西北汜水镇)。十五年春正月,昆吾氏(昆吾氏自夏末为殷汤所败后,部分族众徙居今河南许昌)来宾。昆吾氏送给穆王百枚玉器。是年,穆王作重璧台。冬,穆王观于盐泽(即盐池。在今山西临猗县)。《穆天子传》记:是年"天子(穆王)命驾八骏之乘,赤骥之驷。造父为御,随南征翔行。逐绝翟道,升于太行,南济于河"。十六年,癸酉,穆王封造父于赵(故址在今山西洪洞县北赵城镇西南)。穆王西征至于赤乌(赤谷。在今陕西周至县东南)。赤乌之人献酒千斛于天子,食马九百,羊牛三千,穄麦百载,天子使祭父受之。曰:"赤乌氏先出自周宗,大王亶父之始作西土,封其元子吴太伯于东吴,诏以金刃之刑,贿用周室之璧。封丌璧臣长季绰于春山之虱,妻以元女,诏以玉石之刑,以为周室主。"天子乃赐赤乌之人囗?其墨乘四,黄金四十镒,贝带五十,珠三百裹。丌乃膜拜而受曰:"囗?山是唯天下之良山也,宝玉之所在,嘉谷生之,草木硕美。"天子于是取嘉禾,以归树于中国。曰:"天子五日休于囗山之下。"乃奏广乐。赤乌之人丌献好女于天子,女听、女列为嬖人。曰:"赤乌氏,美人之地也,宝玉之所在也。"是年,霍侯旧薨。

十七年(前946),乙亥,穆王西征昆仑丘(在今甘肃肃南裕固族自治县西北)。昆仑山有石室、玉室,珠玑镂饰,焕若神宫,穆王见西王母。《括地志》记:"昆仑山在肃州酒泉县南八十里(又作昆仑墟。拟在今祁连山主山)。"昆仑山,爰有硕鸟、物羽。辛酉吉日,穆王到达昆仑之丘,以观黄帝之宫。穆王至于西王母之邦(都地疑在今新疆乌鲁木齐市达坂城区)。吉日甲子,天子宾于西王母。乃执白圭玄璧以见西王母,好献锦组百纯,囗组三百纯,西王母再拜受之。西王母素颜灿然,慈祥可亲。十九年,西王母在瑶池(在今新疆天山之顶的天池),接待穆王。西王母为天子谣曰:"白云在天,山陵自出。道里悠远,山川间之。将子无死,尚能复来。"天子答之曰:"予归东土,和治诸夏。万民平均,吾顾见汝。比及三年,将复而野。"天子遂驱升于弇山(亦名弇兹山。在今甘肃天水市西四五十里古坡镇),乃纪丌迹(铭题之,刻名之意)于弇山之石,而树之槐,眉曰"西王母之山"。穆王由西王母之山还归丌(当指今甘肃天水市藉口镇,藉河与金河二河交接处)。世民作忧以吟曰:"比徂西土,爰居其野,虎豹为群,于鹊与处嘉命不遵,我惟帝天子大命而不可称顾世民之恩,流涕兲陨,吹笙鼓簧,中心翔翔,世民之子,唯天之望。"穆王赐给西王母白珪、元璧及蚕绵锦布三百纯,西王母拜受之。秋七月,西王母回访周,宾于昭宫。西王母带来的礼物有豹尾、虎齿、象牙、鸟羽等。秋八月,穆王西征犬戎,俘获其五王,遂迁戎于太原。犬戎由是与周结怨,而周穆王的战利品只有四只白狼、四只白鹿。秋冬之交,穆王行流沙(沙漠)千里,积羽千里,逾两千里到北海(今俄罗斯伊尔库茨克的贝加尔湖)。穆王建狩猎台,积鸟羽;又垒石为祭台,以祭北海。穆王四征,行有九万里。次年春正月,穆王在南郑祇宫,诸侯来朝。

二十年,天子北征,乃绝漳水。《穆天子传》记:"戊寅,天子西征,鹜行,至于阳纡之山(在今陕西凤翔境内),河伯无夷之所都居(当指在今陕西宝鸡市段渭河),是惟河宗氏。河宗伯夭逆。天子燕然之山,劳用束帛加璧,先白口,天子使祭父受之。癸丑,天子大朝于燕口之山、河水之阿,乃命井利、梁固聿将六师。天子命吉日戊午,天子大服冕袆、帗带、搢曶、夹佩、奉璧,南面立于寒下。曾祝佐之,官人陈牲全五口具,天子授河宗璧,河宗伯夭受璧,西向沉璧于河(指渭河),再拜稽首。祝沉牛马豕羊。河宗口命于皇天子。河伯号之帝曰:"穆满,女当永致用时事!"南向再拜。河宗又号之帝曰:"穆满!示女春山之珤,诏女昆仑口舍四,平泉七十,乃至于昆仑之丘,以观春山(当在今陕西宝鸡市境内)之珤,赐语晦。天子受命,南向再拜。"二十二年,庚辰,至于滥舸(当指河水发源处水很小,仅可浮起酒杯的地方。疑在今陕西宝鸡市陇县西部的关山草原),天子于盘石之上,天子乃奏广乐,载立不舍,至于钘山(断当年穆王要去的地方,是今甘肃清水县山门乡"轩辕谷遗址")之下。二十三年,辛巳,入于曹奴之人戏(国人名也),舸天子于洋水(出昆仑山西北隅而东流,即今陕西西县东泾洋河)之上,乃献食马九百,牛羊七千,糇米百车。天子使逢(公)固受之。天子乃赐曹奴之人戏以黄金之鹿、白银之廘,贝带四十,朱四百裹。戏乃膜拜而受。天子北征东还。

二十四年,壬午,维正月,穆王昧爽召三公,穆王命左史戎夫给三公讲历史。左史戎夫言之曰:"朔望以闻,信不行、义不立,则哲士陵君政而生乱。皮氏以亡诒谀,日近方正,日远邪;人专国政,禁而生乱。华氏以亡好货、财、珍、怪,则邪人进,邪人进则贤良日蔽而远。赏罚无位,随财而行。夏后氏以亡,严兵而不仁者其臣慑,其臣慑而不敢忠,不敢忠则民不亲。其吏刑始于亲,远者寒心。殷商以亡,乐专于君者,权专于臣;权专于臣则刑专于民。君娱于乐,臣争于权,民尽于刑。有虞氏以亡,奉孤而专,命者谋主,必畏其威而疑其前事,挟德而责数日,疏位均而争。平林以亡,大臣有锢职,哗诛者危。昔日质沙三卿,朝而无礼,君怒而久,拘之哗而弗加,诸卿谋变,质沙以亡。外内相间下扰其民,民无所附。三苗以亡,弱小在强大之间,存亡将由之,则无天命矣!不知命者死。有夏之方兴也,扈氏弱而不恭,身死国亡。嫠之雨重者亡:昔者义渠氏有雨子,异母皆重君疾,大臣分党而争,义渠以亡。功大不赏者危:昔平州之功大而不赏,谄臣曰赏贵功,日怒而生变,平州之君以走出。召远不亲者危:昔有林氏(被)召骊戎之君,而朝之至,却(而)不礼,留而弗亲。骊戎逃而去之,林氏诛之,天下叛林氏。昔者曲集之君,伐智而专事,强力而下贱,其臣忠良皆服,愉州氏伐之,君孤而无使,曲集以亡。昔者有巢氏有乱臣,而贵任之以国,假之以权,擅国而主断,君已而夺之,臣怒而生变,有巢氏以亡。斧小不胜柯者亡。昔有鄮之君,啬俭灭爵损禄,群臣卑让,上下不临,后君小弱,禁罚不行,重氏伐之,鄮君以亡。久空重位者危:昔有共工,自贤自以,无臣久空,大官下官交乱,民无所附,唐氏伐之,共工以亡。犯难争让疑者死:昔有林氏、上衡氏争权,林氏再战弗胜,上衡氏伪义弗刻,俱身死国亡。知能均而不亲并重事君者危:昔有南氏有二臣,贵宠势均力敌,竞进争权,下争朋党,君勿禁,南氏以分。昔有果氏好以新易故,故者疾,怨新,故不和。内争朋党,阴事外权,有果氏以亡。爵重禄轻,比日已不成者亡。昔有毕程氏损禄增爵,群臣貌溃,比而戾民,毕程氏已亡。好变故易常者亡:昔阳氏之君,自伐而好,变事无故,业官无定位,民运于下,阳氏以亡。业刑而愎者危:昔谷平之君,愎类无亲,破国弗剋,业刑用国,外内相援,谷平以亡。武不止者亡:昔阪泉氏用兵无已,谋战不休,并兼无亲,文无所立,智士寒心,徙居至于独鹿,诸侯叛之,阪泉以亡。很而无亲者亡:昔者县宗之君,很而无听,执事不从宗,职者疑发大事,君臣解体,国无立功,县宗以亡。昔者玄都贤鬼道发人事天,谋臣不用,龟策是用,是从神巫用国,哲士在外,玄都以亡。文武不行者亡:昔西夏性仁,非兵,城郭不修,武士无位,惠而好赏,屈而无以赏,唐氏伐之,城郭不守,武士不用,西夏以亡。美女破国:昔者续阳强力四征,重王遣之美女,续阳之君悦之,萤惑不治,大臣争权,远近不相听,国分为二。宫室破国:昔者有洛氏宫室无常,池囿广大工巧,日进以后更前,民不得休,农失其时,饥馑无食,成汤伐之,有洛以亡。"

二十五年,癸未,雨雪,天子猎于钘山之西阿(在今陕西麟游县青莲山之西,甘肃清水县境内),于是得绝钘山之队,北循虖沱(白陀河。在今甘肃清水县西北)之阳。二十六年,甲申,至于黑水(汉水支流,在今陕西汉中市城固县段),西膜之所谓鸿鹭。时降雨七日,天子留骨六师之属。天子乃封长肱于黑水之西河,是惟鸿鹭之上,以为周室主。二十七年,乙酉,天子北升于口。天子北征于犬戎。大戎口胡觞天子于当水之阳,天子乃乐,口赐七萃之士战。三十二年,庚寅,北风雨雪。天子以寒之故,命王属休。《周异书记》:"壬申岁二月十五日平旦,暴风忽起,发损人舍,伤折树木。山川大地,皆悉震动。午后天阴云黑,西方有白虹十二道,南北通过,连夜不灭。穆王问太史扈多曰:'是何征也?'对曰:'西方有大圣人灭度,衰相现耳。'穆王大悦,曰:'朕常惧于彼,今已灭度,朕何忧也。'当此之时,佛入涅槃(佛学以为:周穆王时,佛已有之)。"三十五年,毛伯迁帅师败荆人于沛(济水。疑指今河南济源市西王屋山),穆王迁荆(后称楚国)人入保。此年也,是徐偃王亡后第二十一年。穆王念徐偃王仁义,又迁荆人徐旧地,似感有所不适,则绍封徐偃王之子徐宗为徐子,改彭城为徐州,使徐人安居。三十六年,甲午,天子西征,乃绝隃之关隥。《拾遗记》曰:"穆王三十六年,王东巡大骑之谷诣春宵宫。集诸方士仙术之要。"三十七年,越人效法徐而不朝贡,穆王大起九师东至于九江(即今江西九江市北岸。湖北黄梅县一带)。因为江面开阔,行军受阻,于是下令捕杀鼋(乌龟)、鼍(鳄鱼),剥其表皮做皮筏,用其骨骼做横梁,组合排列以为浮桥,所谓"叱鼋鼍以为梁"。伐越之计,又意在震慑南方虫人(闽)、夷人(越)。穆王之兵所到之处,荆人畏伐不战而贡;越子楼烦逃走亡命,军至于纡(纡为具音近而讹名,当是具区。具区,古称震泽。疑今江苏无锡、苏州之旁的太湖)。三十九年,穆王会诸侯于涂山(今安徽省蚌埠市怀远县涂山)。《左传·昭公四年》记:"穆(王)有塗山之会。"涂山之会有奄、江、黄、莒、陈、蔡、郯、钟离、舒蓼、舒禄、舒庸、舒鸠、徐无、徐吉、徐陵、徐卢、人夷、林夷、苏、龙夷、余夷、金夷、方夷、舒鲍、危夷、攸夷、孟方、佣方、葛、梁、有缗、风夷、于夷、徐余、有穷、白冥等原徐方三十六旧部。穆王归宗周,告祭大庙,乃里西土之数曰:"自宗周瀍水(今河南洛阳古洛河,今名瀍河)以西至于河宗(当指今甘肃祁连县)之邦,阳纡之山(当指今祁连山)三千有四百里。自阳纡西至于西夏氏(当指今新疆乌鲁木齐的天山),二千又五百里。自西夏至于珠余氏(当在今内蒙古呼伦贝尔盟额尔古纳市西北之九卡屯村)及河首(当指内蒙古清水河)千又五百里。自河首襄山以西,南至于春山(即春陵山。在今湖南宁远县东北七十里)珠泽昆仑之丘,七百里。自春山以西(东)至于赤乌春山(今江西瑞昌市),三百里。东北还至于群玉之山(拟指太行山)。截春山以北,自群玉之山以西至于西王母(一记玉毋。译异)之邦,三千里。又自西王母之邦北至于旷原之野(当指今俄罗斯伊尔库茨克的贝加尔湖南大草原),飞鸟之所以解羽,千有九百里。自宗周至于西北大旷原,一万四千里,乃还。东南复至于阳纡(当指今江苏太湖)七千里,还归于周三千里。各行兼数,三万有五千里。"四十三年,辛丑,天子西征,至于郿(在今陕西宝鸡市东)人,郿柏絮且逆(迎接)天子于智之口,先豹皮十,良马二六,天子使井利受之。冬十月,穆王北巡狩,遂征犬戎。穆王用兵,取犬戎五王以东土地。犬戎与周结怨,而周穆王的战利品只有四只白狼、四只白鹿。自此以后,荒服地区的小国就也不再来朝臣于周王室。四十六年,甲辰,天子猎于渗泽,于是得白狐玄貉焉,以祭于河宗。四十八年,丙午,天子饮于河水之阿。天子属六师之人于(郿)邦之南、渗泽之上。

五十一年,穆王命甫侯于丰,作《吕刑》。诸侯之间有不和睦相处的,甫侯告诉穆王怎么样修正刑罚条款去处理。穆王信口定之告,甫侯作记录。穆王曰:"吁!来。有国有土的,我告诉你详细的刑罚制定。在今诸侯安定百姓,如何选择是谁的正确,如何认定刑罚的得当,如何认可安居适宜? 要建立刑与罚两套具备的法规,用观察辞、色、气、耳、目五个方面去考察案情。定案要用五刑:黥、劓、膑、宫、大辟。五刑不简正于五罚,五罚不服正于五过。犯有五刑的,官方的狱官与内政的狱官,要根据实际案情定罪。如有定案过当,判处五刑的可赦免为五罚,判处五罚的可赦免为五过。但必须要审慎考核。核定罪犯要使群众信服,定下的罪行必须有依据可查。没有核实取证不要按疑问定案,不得轻易用刑,以庄严国家的法律。判处黥刑而有可疑之处的就从轻处治,处以一百钱的罚金就算了,阅实其罪定案。判处劓刑有可疑之处的就从轻处治,处以二百钱的罚金就算了,阅实其罪定案。判处膑刑有可疑之处就从轻处治,处以倍差(四百钱)的罚金就算了,阅实其罪定案。判处宫刑有可疑之处的就从轻处治,处以五百个钱的罚金就算了,阅实其罪定案。判处大辟(死刑)有可疑之处的就从轻处治,处以一千钱的罚金就算了,阅实其罪定案。处以黥刑的罪犯罚钱一千,处以劓刑的罪犯罚钱一千,处以膑刑的罪犯罚钱五百,处以宫刑的罪犯罚钱三百,处以大辟的罪犯罚钱是两千。被判处五刑的罪犯总共罚钱三千。"穆王与甫侯之言名《甫刑》。穆王用心良苦,意欲保周朝天下万万年,请史官给三公们上政治历史课。《周书》曰:"穆王思保位为难,恐贻世羞,欲自警悟,作史记。"周穆王时,疆域极为辽阔,《左传·昭公九年(前533)》记周大夫詹桓伯称:"我自夏以后稷、魏、骀、芮、岐、毕,吾西土也;及武王克商,蒲姑、商奄,吾东土也;巴、濮、楚、邓,吾南土也;肃慎、燕、亳,吾北土也。"五十五年(前908),穆王陟于祗宫。子繄扈立,是为共王。

共王,名繄扈。元年甲寅(前907)春正月,王即位。四年,王师灭密。共王去泾水(渭河支流。在今陕西省中部)游玩,密国(密须国。在今甘肃省灵台县西部)国君密康公陪同。有三个美人投奔康公,康公母曰:"请将这三个女子献给共王。三兽成群,三人成众,三个女人组成就美丽粲然。大王打猎不获取成群的野兽,公侯行事不会在众目睽睽之下,国王考虑问题不会只参与一族。这三个女人聚在一起美艳夺目,人家把美丽的女人送给你,你凭什么样的德行要自己消受? 周王还不能消受,更何况你这小国人物。小人拥有这些宝贝,国家就会灭亡。"康公不肯听。次年,共王灭了密国。密国亡后,子孙传密姓、须姓;其国民部分被共王迁徙到豫西一带(今河南省新密市),新密之名由此而来。九年春正月丁亥,共王使内史良锡毛伯迁命。毛姓,周武王封庶弟姬明(一说叔郑)于毛(今河南宜阳),人称毛伯姬明,在成王时有毛伯聃,为周成王的六卿之一,任司空,掌管建筑工程。在康王十九年有毛懿公甍;穆王十二年,有毛公班从伐犬戎,三十七年有毛伯迁打败荆人;之后出土的有西周晚期的青铜器班殷、毛伯敦、毛公鼎等均是毛国的遗物。其中,毛公鼎记述了周宣王告诫和褒奖其臣下毛公厝之事。十二年,共王陟。子囏立,是为懿王。

懿王,名囏,一名坚。元年丙寅(前895)春正月,王即位。天再旦于郑(有专家根据国家夏商周断代工程年表以为,天再旦发生在公元前899年4月21日,误四年,而

《竹书纪年》所记录的历史定年应该是准确的）。南郑之地天亮之际忽然发生了日全食，几分钟之后，日再出为滲光，天又一次放明。天亮了两次，或言国有兵灾。二年，王室人衰，懿王自镐京徙都犬邱（在今陕西兴平市东南十南佐村）。七年，西戎侵镐。时年六月，西戎兵过方山关（在今陕西汉阴县西三十二里）侵镐（在今陕西长安县西北镐京村附近。亦谓宗周），至于泾阳（在今陕西泾阳县西北）。十三年，狄人侵岐。周王室衰弱，戎狄交侵。十五年，懿王自宗周迁于槐里（在今陕西兴平市东南十里南佐村附近）。十七年，鲁厉公擢薨。二十一年，虢公帅师北伐犬戎败逋。时诗人疾而歌之曰："靡室靡家，玁狁之故。岂不日戒，玁狁孔急。"二十五年，懿王陟。懿王之时，与居无节，号令不畅通，挈壶氏不能共其职，诸侯于是携德。挈壶氏也，掌县壶（储水之库）以水火守，县壶常漏水，使供应王都的水短缺，火灾频发。懿王治国无能，周王室遂败落衰弱。懿王崩，由其叔父辟方立，是为孝王。

　　孝王，名辟方。元年辛卯（前870）春正月，王即位。命申侯伐西戎。申侯，姜姓，与吕尚同祖，伯夷之后（伯夷其邑在今河南南阳市宛城区北二十里）。申侯言与孝王曰："昔我先郦山之女，为戎胥轩妻，生仲（中）潏以亲，故归周保西垂，西垂以其故和睦。"所以孝王准备讨伐西戎，就请申侯去。申侯自称郦氏，《国语》作虞。五年，西戎来献马。西戎人马繁衍得很快，往往为了放牧而侵周边境，周与西戎的战祸就是为了放牧马场而引起的。七年（前864）冬，大雨电江汉（指长江、汉水）水。是年，厉王生。八年初，因为非子居犬邱，好养马，还畜养了一批犬。邱人告诉孝王，于是孝王就召非子主养马之事在汧（即今陕西西部渭河支流千河）、渭间。马大繁衍，马仔成群。孝王于是辟地一方为附庸邑封给非子。此前，申侯女为大骆之妻，生子成，是为嫡嗣。而大骆另子非子，非子养马，深得周孝王欢心，孝王欲改立非子为大骆嫡嗣。申侯以申、骆联姻西戎皆服为由，规劝孝王。孝王于是不废申后之子为嫡嗣，以和西戎。非子之父大骆，原名季延，养马人，乃高阳氏之裔大费远孙，孝王赐以王父字，遂为辀氏。九年（前862），孝王陟。诸侯重新扶立懿王的太子燮，这就是夷王。

　　夷王，名燮。元年庚子（前861）春正月，王即位。诸侯于孝王葬礼时不下堂，夷王之位即在礼堂议立，因加礼焉。二年，蜀人（在今河南禹州市东北）、吕人（亦作吕或甫。姜姓。在今河南南阳市宛城区西三十里）来朝献琼玉。有服玉、佩玉、珠玉，皆由内府掌受。时年沉祭，祭品有介圭。三年，夷王致诸侯烹齐哀公于鼎，主要的罪名是诽谤周天子，而这个罪名成立的根据是得纪公的举报，这样的刑罚太残忍，是在草菅人命。纪公者，姜姓，其族故城在纪台（在今山东寿光市南三十里纪台乡）。纪与齐相邻，素有结怨。六年，夷王在社林（亦作杜林。在今陕西麟游县西北漆水河发源处）打猎，捕获了一头犀牛。这头犀牛黑色，其体形似牛，而头像猪头，大腹，痹脚；其角，一长在顶上，一长在额上，一长在鼻子上，鼻上者即食角也。七年，虢公帅师伐太原之戎，军至于俞泉（今山西太原市西北），获马千匹。冬，雨雹大如砺。人言凡雹过大，人君恶闻其过也。年底,楚子熊渠伐庸(在今湖北竹山县西南)至于鄂(即邘。在今河南沁阳市西北)。夷王得马千匹,将纯色马作为上等,放在天闲喂养,用来驾驭君王的车辆;将那些杂色的马作为中等,放在内厩喂养,用来做驾车空缺的备用和打仗用。盗贼来侵,内厩的马首先逃奔。夷王恐惧,就下令放出天闲里的马。天闲里的马习惯在平安的环境里驾车,不习征战。天闲的马官就把这情况告诉了夷王,夷王又改令散马去迎敌。管散马的人说:"打仗要靠力气,吃得饱就力强。现在那些比我们的马吃得多的马尚且不能承担,而我们这些力气少而又常服重役的马,恐怕更不能胜任了吧。"夷王听了后,自我反省并深感惭愧,就安慰了养散马的人,便派遣散马去迎敌,并且下令让他们享受上等人马的待遇。但粮仓里的粮食已不够吃了,命令只是一句空话,于是这些马在田野里乱跑,看见庄稼便吃,闹得农民不能种庄稼,那么老弱病夫就饿死了,而那些壮年人就投奔盗贼了,那些马也像这些人一样逃跑了。夷王没有马,不能组织起军队,天下一片萧条冷落。八年(前854),夷王有疾,诸侯祈于山川。古人有祭事,无祈祷,祈祷自夷王之时始。夷王陟。子胡立,是为厉王。

厉王,名胡,元年戊申(前853)春正月,王即位。厉王作夷宫,以奉父亲之祠。厉王贪好财产,命荣夷公为卿士。芮国的芮良夫对厉王曰:"夫荣夷公好专利,而不知大难。财产是各种各样的物品产生出来的,物品原本是天与地自然育成的,而专门在这方面想据为己有,祸害就多了。天地间的物质人人都想取得它,怎么可以专擅呢?专擅的结果是要激怒非常多的人,而王又不防备祸难。荣夷公拿营利的思想诱导王,王在位还能长久吗?王是公众人物,是要能够引导人们去开发财利并将它均分给上下民众才对。使上天神人安排的百物取之再生良性循环就可,若将财利都据为己有,人还得每日守候,这将招致怨愤的到来。所以《颂》诗有云:'富有文德后稷,功业能配上天;种谷养活百姓,无民不受恩典!'《大雅》曰:'普遍赐福成就周室。'因为周王室广为布施百姓,才使周王室存在到今天。您作为王,却专门去学习营利的事,这怎么可以呢?普通民众专擅财利,还把他叫做强盗,王也照着去做,就难以服众了。荣夷公假使被您重用,周一定会败亡。"荣夷公是昭王之后,昭王庶子均,均生平,平生受,受生荣夷公。厉王不听,芮良夫又作《桑柔》十六张讽谏诗。厉王时,芮良夫居伯爵位。时年,楚人来献龟贝。按《易》曰:"十朋之龟大宝也。"当年的楚国正是熊渠当王,厉王暴虐,熊渠畏其伐,则献龟贝。《郁离子》记:"厉王使芮伯帅师伐戎,得良马焉,将献于王。芮季(芮良夫)曰:'不如捐之。王欲无厌,而多信人之言。今以师归而献马焉,王之左右必以子获为不止一马,而皆求于子。子无以应之,则将晓于王,王必信之。是贾祸也。'弗听,卒献之。荣夷公果使有求焉,弗得,遂谮诸王曰:'伯也隐。'王怒逐芮伯。"三年(前851),淮夷侵洛,厉王命虢公长父伐之不克。虢,古作郭。郭公长父兵败之难,厉王将他流放到彘(即今山西霍州市)。齐献公蠀。夷王之时烹杀了齐哀公,而立其弟静是为胡公。哀公同母弟乃与其党徒聚师袭伐营丘,杀胡公而自立,齐立献公。

八年初,厉王监视诽谤者。厉王暴虐傲慢,国人议论诽谤他。召公告诉厉王曰:"民不聊生矣!"厉王大怒,请来卫国的巫师监视骂他的人。巫师告发骂者,厉王就将其杀害。这样一来,诽谤的人少了,诸侯也就不来朝见他了。芮伯良夫戒百官于朝。芮良夫对厉王曰:"今尔执政,小子惟以贪谀,为事不勤。德以备难,下民胥怨。财产单竭,手足靡措弗堪。戴上不共乱,而以子小臣良夫,观天下有土之君,厥德不远,罔有代德时。为王之患,斯于国人,呜呼!惟尔执政,朋友小子共惟(恭维),改尔心,改尔行,克忧往衍,以保尔居。"又周武屡谏厉王,王不听,周武避居处州宣平(即今浙江武义县柳城镇)。宣平之西十五里有三真君庙,即是芮良夫、召公、周武,为厉王时期著名的三谏臣民祠之庙。九年,厉王益发狂乱,国人莫敢言,在路上碰见熟人,也只能以目光交会神色。厉王高兴,就将民众已经不骂他的事告诉召公。召公曰:"这是在堵民众之口。防民之口,甚于防水。水被堵后将会决堤,伤民多了以后亦如是。所以是水满时,用决堤疏流,要使为民者他们有宣泄不满的言论。故天子听政,使公卿至于列士都会献诗,盲艺人献曲词,历史官员献书,少师敢进箴言。让没有眼珠的人作赋,眼睛失明的人朗诵,百官各有谏言,民众言论上达,王室近臣尽力规劝,宗室姻亲补充体察民情。瞽史教诲,耆艾修之,而后由王斟酌决定,这样王的行事才能不违背民心。民众有口,犹如土之有山川,财物于是出;亦犹如原野湿地肥沃,衣食于是取之又生乎!民众心里有忧患意识,就得要说出口,要方便他们说话。若将民众的口堵上不让说,那还有多少人能跟随王呢?"厉王不听,于是国人莫敢出言。十一年,西戎入于犬丘。灭大骆的犬邱之族。秦仲领兵抵挡西戎之兵。周厉王末期,后宫有一个童妾侍女十五岁就怀孕了,怕受惩罚,生下的女婴被丢弃,此女婴后为褒国人收养,名曰褒姒。十二年(前842),厉王亡命奔彘。九年之前厉王贬郭公长父在彘,此乃嘲弄之处,当亦无奈。国人闯王宫,执召穆公之子杀之。召穆公即召公,是召康公十六世(第十五代)孙。时也民众袭击王宫,太子静匿藏在召公家里,被国人知道,将其包围,召公对他们说:"以前我都在谏王,王不听我之言,以致有今日之难。如果你们今日要杀太子,王就以为是我在作乱而怨恨我。我侍奉君主,虽然有不同政见,但也不会仇怼,有怨气也不会去造反。何况今日我侍奉的是周王。"召公就将自己的儿子装扮成王太子,太子这才逃脱。厉王不在朝位,召公、周公二相行政,史称"共和"。共和元年,岁在庚申。

共和元年庚申(前841)。《竹书纪年》记:"(厉王十三年)共伯和摄行天下事。"共伯是卫侯,卫州共城县(今河南辉县市)是共伯之国。共伯名好,好行仁义,诸侯贤之。厉王奔彘,诸侯奉和以行天下事,号曰共和。共伯,《史记》作周定公。狁犬(帝尧时称熏鬻,后秦朝以后称匈奴)侵宗周西鄙。楚蛮南面又兵起,召穆公帅师追荆蛮至于洛。三年(厉王十六年),蔡武侯薨。楚子勇卒。六年(厉王十九年),曹夷伯薨。八年(厉王二十一年),夏、秋大旱,五谷不收。时年,陈幽公薨。十年(厉王二十三年)大旱。宋僖公薨。十一年(厉公二十四年)大旱。杞武公卒。十三年(厉公二十五年)大旱。

楚子严卒。十四年(厉公二十六年)大旱。这几年,就是大旱、战事、饥馑、报丧。诗人作《雨无》曰:"天茫茫,地荒荒!大旱久,伤稼穑!饥不遂,庐舍烧!戎不退,侯报丧。"时年,厉王陟于彘。周定公与召穆公立太子靖为王,是为宣王。共伯和归其国,遂大雨。大旱既久,庐舍俱焚。会汾王崩(厉王居彘,彘地有汾水,故称厉王为汾王)。卜于太阳,兆曰:"厉王为祟。"周公、召公乃立太子靖,共和遂归国。共和有至德,尊之不喜,废之不怒,即归帝政,逍遥得意于共山(在今河南辉县市北)之上。山在国北,所谓共北山也。仙者孙登之所处。

七、宣王勤政　周朝中兴

宣王,名靖。元年甲戌(前827)春正月,王即位,周定公、召穆公辅政。宣王即位,修明政事,效法文王、武王、成王、康王的作风,诸侯复来周王室朝供,承认宗周地位。厉王奔彘后,田亩废弛,宣王复田赋,作戎车。田赋,即按田亩计税,赋给军用者。以地与民,上地食者,其民三人种地,食者半其民,临时兵役可用者二家五人;下地食者参之一,其民可用者,临时兵役每家二人。令邦国收赋,亦以土地好坏,民众多寡为制。一井九百亩,八户农户各得百亩私田,所得均为私有;中间一百亩为公田,八家共作,所得上缴;先作公田,公事完毕再作私活。畿方千里,提封百万井,定出赋三十四万井。戎车,即战车。戎车采用单辕、两轮、后面辟门的横长方形车厢。车辕前端有衡,上缚轭,用以驾马。左右旋转,以弓箭射击敌人,或近距离格斗。戎车装有青铜部件,目的在于增加坚牢程度,便于纵横驰骋,在交战中不致损坏。宣王时要求作戎车四万辆。时年,燕惠侯薨。《国语·周语》记:宣王不籍田于千亩,虢文公谏曰:"不可。夫民之大事在农,上帝之粢盛于是乎出,民之蕃庶于是乎生,事之供给于是乎在,和协辑睦于是乎兴,财用蕃殖于是乎始,敦庞纯固于是乎成,是故稷为大官。古者,太史顺时觐土,阳瘅愤盈,土气震发,农祥晨正,日月底于天庙,土乃脉发。先时九日,太史告稷曰:'自今至于初吉,阳气俱蒸,土膏其动。弗震弗渝,脉其满眚,谷乃不殖。'稷以告王曰:'史帅阳官以命我司事曰:距今九日,土其俱动。王其祗祓,监农不易。'王乃使司徒咸戒公卿、百吏、庶民,司空除坛于籍,命农大夫咸戒农用。先时五日,瞽告有协风至,王即斋宫,百官御事,各即其斋三日。王乃淳濯飨醴,及期,郁人荐鬯,牺人荐醴,王裸鬯,飨醴乃行,百吏、庶民毕从。及籍,后稷监之,膳夫、农正陈籍礼,太史赞王,王敬从之。王耕一坺,班三之,庶民终于千亩。其后稷省功,太史监之;司徒省民,太师监之。毕,宰夫陈飧,膳宰监之。膳夫赞王,王歆太牢,班尝之,庶人终食。是日也,瞽帅音官以风土。廪于籍东南,钟而藏之,而时布之于农。稷则遍诚百姓纪农协功,曰:'阴阳分布,震雷出滞。土不备垦,辟在司寇。'乃命其旅曰:'徇。'农师一之,农正再之,后稷三之,司空四之,司徒五之,太保六之,太师七之,太史八之,宗伯九之,王则大徇。耨获亦如之。民用莫不震动,恪恭于农,修其疆畔,日服其镈,不解于时,财用不乏,民用和同。是时也,王事唯农是务,无有求利于其官以干农功,三时务农而一时讲武,故征则有威、守则有财。若是,乃能媚于神而和于民矣,则享祀时至而布施优裕也。今大士欲修先土之绪而弃其大功,匮神乏祀而困民之财,将何以求福用民?"宣王弗听。按周制,为了表示对农业的重视,每年春耕,周天子要在王田(周规定王田千亩,侯田百亩)举行开犁仪式。周王田千亩在今山西介休市南,自厉王十二年逃归彘地至此年已经十五年没有开犁。周王室所依靠的井田税赋来源已经失效。所谓籍田,就是周王在千亩王田要耕一垄,随行官员耕三垄,百姓庶民接而完成千亩之地的翻耕。这样的事宣王不愿意干,造成了千亩地荒。

二年,宣王锡大师皇父、司马休父命。宣王命太师尹氏(尹吉甫)皇父为三公,命程伯休父为大司马。是年,曹公子苏,弑其君幽伯疆。曹苏自立,是为戴伯。三年,宣王命大夫秦仲伐西戎。秦仲之前是:非子(秦嬴)生秦侯,秦侯生公伯,公伯生秦仲,其世代守卫周朝西陲。四年,宣王命蹶父如韩,韩侯来朝。韩侯名韩奕,周武王第四子应韩侯之后。韩侯以其介圭入觐于王。《韩奕》诗序:"奕奕梁山,维禹甸之,有倬其道。韩侯受命,王亲命之:缵戎祖考,无废朕命。夙夜匪解,虔共尔位,朕命不易。榦不庭方,以佐戎辟。四牡奕奕,孔修且张。韩侯入觐,以其介圭,入觐于王。王锡韩侯,淑旂绥章,簟茀错衡,玄衮赤舄,钩膺镂钖,鞹鞃浅幭,鞗革金厄。韩侯出祖,出宿于屠。显父饯之,清酒百壶。其殽维何?炰鳖鲜鱼。其蔌维何?维笋及蒲。其赠维何?乘马路车。笾豆有且。侯氏燕胥。韩侯取妻,汾王之甥,蹶父之子。韩侯迎止,于蹶之里。百两彭彭,八鸾锵锵,不显其光。诸娣从之,祁祁如云。韩侯顾之,烂其盈门。蹶父孔父,靡国不到。为韩姞相攸,莫如韩乐。孔乐韩土,川泽訏訏,鲂鱮甫甫,麀鹿噳噳,有熊有罴,有猫有虎。庆既令居,韩姞燕誉。溥彼韩城,燕师所完。以先祖受命,因时百蛮。王锡韩侯,其追其貊。奄受北国,因以其伯。实墉实壑,实亩实藉。献其貔皮,赤豹黄罴。"韩侯都地,《潜夫论》谓:"昔周宣王亦有韩城,其国也近燕。"按《大清一统志》:"韩城在固安县西南;《县志》今名韩侯营,在县东南十八里。"(据现行政区划,当在河北固安县东南大韩寨。)宣王锡韩侯,企图"保有凫绎,遂荒徐宅"(见《诗经·鲁颂·閟宫》),周朝与徐国的关系陡然紧张。五年,夏六月,尹吉甫帅师伐猃狁,至于太原(此太原,即泾阳。在今陕西泾阳县北)。吉甫之归,周宣王以厚赐之。《一统志》记:"尹吉甫宅在郧阳府(今湖北郧县)房县城南门外。"秋八月,方叔帅师伐荆蛮。

六年,召穆公帅师伐淮夷。宣王能典衰拨乱,命召公平淮夷。又宣王亲自帅师伐徐戎;皇父、休父从宣王伐徐戎(徐士),驻兵于淮,钟鼓淮上(指今安徽淮水之北)。徐戎兵退,宣王自伐徐以归,锡召穆公命,召公维翰。西戎杀秦仲。时秦仲立二十三年。秦仲有子五人,其长者曰庄公。宣王乃召庄公昆弟五人,与兵七千,使伐西戎。破之西戎,宣王命庄公为西垂大臣。楚子霜卒。《诗·大雅·常武》赞美宣王亲征、平定叛乱,诗曰:"赫赫明明,王命卿士,南仲太祖,太师皇父。整我六师,以修我戎,既敬既戒,惠此南国。王谓尹氏,程伯休父,左右陈行,戒我师旅。率彼淮浦,省此徐土,不留不处,三事就绪。赫赫业业,有严天子,王舒保作,匪绍匪游。徐方绎骚,震惊徐方,如雷如霆,徐方震恐。王奋厥武,如震如怒,进厥虎臣,阚如虓虎。铺敦淮濆,仍执丑虏,截彼淮浦,王师之所。王旅啴啴,如飞如翰,如江如汉,如山之苞。如川之流,绵绵翼翼,不测不克,濯征徐国。王犹允塞,徐方既来,徐方既同,天子之功。四方既平,徐方来庭,徐方不回,王曰还归。"《江汉》诗曰:"淮夷来铺,王命召虎;来旬来宣,文武受命。"

七年,宣王锡申伯命。申伯,名谢预。尹吉甫辅佐宣王,天下复平,能建国亲诸侯,褒赏申伯焉。《诗》曰:"王命申伯,式是南邦,因是谢人,以作尔庸。"尹吉甫又向宣王美言,命樊侯仲山甫城齐。《诗》曰:"王命仲山甫城彼东方。"《毛传》曰:"樊穆仲也,东方齐也。古者诸侯之居逼隘。则王者迁邑,而定其居。"樊侯仲山甫系周古公亶父之子虞仲的后代,食采于樊(在今陕西西安市长安区东南),又东徙阳邑(今河南济源市西南),称阳樊,因宣王命始迁临淄(今山东淄博市东北临淄北)。八年初,考室。宣王筑宫庙,群寝既成,而备以歌厅,谓之成室。管乐器,笙人占三成。鲁武公来朝,锡鲁世子戏命。鲁武公带长子括与小子戏来朝讨封,鲁武公想立小子戏为世子,樊仲山甫以为不可,曰:"夫下事上,少事长,所以为顺也。今天子立诸侯而见其少,是教逆也。"宣王还是听从了鲁武公的意见,立少子戏。《国语·周语上》记仲山父谏周宣王,不要立鲁武公幼子戏为鲁国太子。

九年,宣王会诸侯于东都,遂狩于甫。宣王能内修政事,外攘夷狄,国事轻松,于是会诸侯们在东都王城郊野的圃草圃田去田猎。宣王好养禽兽。按《周礼》记,服不氏驯养猛兽虎、豹、熊、罴之属。《列子》记:"周宣王之牧正,有梁鸯者,能养野禽、兽,使毛丘(在今陕西扶风)园传之。鸯曰:'且一言我养虎之法,顺之则喜,逆之则怒。'"十五年,宣王锡虢文公命。虢文公是周文王母弟虢仲之后,为王卿士。虢故城在今陕西宝鸡市东二十里渭水北岸,称西虢。十六年,晋迁于绛(今山西新绛)。周成王同母弟唐叔虞,都在晋阳,其玄孙成侯南徙曲沃(今属山西)近平阳。成侯孙穆侯又徙于绛。二十一年,鲁公子伯御弑其君懿公戏而自立。伯御是懿公戏的长兄括之子。二十二年,宣王锡王子多父命居洛。厉王之子,宣王之弟,故称王子多父。即郑桓公友也。郑桓公初封京兆郑县,后助祭泰山居汤沐之邑。宣王命居洛之地即今河南新郑,新郑之名始于郑桓公徙新居之故而名。新郑乃故有熊氏之墟,黄帝之所都也。郑桓公,子孙以国为氏,郑姓出。宣王封少子尚父为杨侯,立杨国(在今山西洪洞县东南十五里范村);其庶子食采翁山,翁姓出。宣王封母舅为申侯,后建都城于谢邑,立申国,申伯召民以邑为氏,传谢姓。宣王支子封詹侯,詹姓出。宣王封大夫恒于杜(帝尧之后祁姓。在今陕西西安市南杜城),称杜伯。二十五年,大旱,宣王祷于郊庙,遂雨。云汉仍叔赞扬宣王有德行。厉王之时大旱就连续数年,宣王有拨乱之志。

三十年,有兔舞于镐京。"兔",这里指的是白鹿。周宣王时白鹿出,以为祥瑞,则名其地为白鹿原(白鹿原又名霸陵原,在今陕西西安市东灞河与浐河之间)。白鹿,《史记·孝武本纪》:"其后,天子苑有白鹿,以其皮为币,造白金焉!"《三秦记》:"(今临潼区)西有白鹿原,周平王(应是周宣王)时白鹿出。"三十二年,宣王伐鲁弑伯御,命孝公称于夷宫。鲁国的事实际上是宣王自己造成的,他怎么要立幼废长? 鲁国其乱,早被樊仲山甫猜中。鲁伯御十一年,伯御即被宣王所杀。宣王既杀伯御,问诸侯鲁国公子中谁贤能,穆仲曰:"鲁懿公(戏)弟称,肃恭明神敬事者。"宣王以为可。于是在夷宫立称为鲁君,是为鲁孝公。此后,周制礼仪不为人尊重,诸侯抗周事件频发。时年,陈僖公孝薨。传云天子诸侯相伐,民流,百姓劳厥,妖马生人。故记有"有马化为人"。

三十三年(前795),即晋穆侯十年。宣王出兵与晋穆侯联合伐条戎(在今山西夏县西北)、奔戎(一记茅戎。在今山东金乡县西北),王师败绩。时年,晋穆侯生子,名曰"仇"。王师伐姜戎,战于千亩,此谓姜戎,是为炎帝系之后也,与齐国吕尚同族而不同支。初因宣王不籍田千亩(今山西介休市南),千亩之地为姜氏占有。千亩之战宣王被困,奄父驰马请晋穆侯,以救宣王脱离危险。宣王伐太原,《后汉书·西羌传》记:"(宣王)遣兵伐太原之戎,不克。"先前,穆王十七年秋八月,穆王西征犬戎,俘获其五王,遂迁戎于太原。穆王迁戎于太原至时已经有一百五十多年,人口翻了两番多,故太原之戎日盛。三十六年,宣王与晋穆侯合作,在千亩(今山西安泽北九十里)之战中最后获胜。穆侯夫人姜氏生子,取"出师成功"之意,名之曰成师。王师最后胜。三十七年,有马化为狐。宣王理政乱象百出,战事不断而又败,各种谣言四起,要么是"马化为人",要么是"马化为狐",造成民众心里恐慌。又是接连报丧:燕僖侯卒,楚子鄂卒。

四十年,料民于太原。宣王既丧南国之师,乃料民于太原。一是"不籍千亩",二是"料民"。那就是取消"籍田制",清查人口数量,以人口数量征收税赋。仲山甫谏曰:"民若计数,民不可料也!不谓其少,而大料之,是示少而恶事也。临政示少,诸侯避之。治民恶事,无以赋令。且无故而料民,天之所恶也。"宣王不听,还是计数征税,宣王开列了中国历史上最早的人头税。此太原在平阳(在今山西临汾市西南十八里金殿镇)东北,所谓"太原",是广大高原的泛称。是年,戎人灭姜邑。晋人败北戎于汾隰(即汾水边之意)。四十一年,王师败于申。《后汉书·西羌传》记:"宣王征申戎,破之。"论以为《竹书纪年》与《后汉书》记载战事结果不同,指向标的不同。前者"申"拟指申国,是西周封国,姜姓,在南阳(即今河南南阳市宛城区北二十里)。后者"申戎"是对异民族的俗称。根据之后周幽王的王后申氏的婚姻关系,此应该是指姜姓申国。宣王七年,宣王赐尹吉甫为申伯,这里应该是指宣王怀疑尹吉甫,反而征之。结果是尹吉甫被流放。据《东周列国志》载:"宣王晚年病重弥留之际,召见老臣尹吉甫和召虎于榻前,曰:'朕赖诸卿之力,在位四十六年,南征北伐,四海安宁,不料一病不起!太子宫湦,年虽已长,性颇暗昧,卿等协力辅佐,勿替世业!'"宣王故立其子幽王,吉甫乃是佐命之臣,不久谢世。

四十二年(前786),宣王杀大夫杜伯,其子隰叔奔晋。周杜国之伯,名恒(一记桓),为宣王大夫。宣王之妾曰女鸠,欲与杜伯私通,杜伯以为不可,女鸠却诉之宣王,告杜伯调戏她,宣王信之,囚杜伯于焦。杜伯的朋友左儒不相信杜伯有调戏女鸠此事,与宣王解释,宣王不许曰:"女别君而异友也!"儒曰:"君道友逆,则顺君以诛友;友道君逆,则师友以违。"宣王怒曰:"易而言则生,不易则死。"儒曰:"士不枉义以从死,不易言以求生。臣能明君之过,以正杜伯之无罪。"左儒九谏而宣王不听。宣王使薛甫与司工锜杀杜伯,左儒自杀。杜伯既死,常以活人的形象出现在宣王梦中,责问宣王有何罪而欲索命!宣王就召巫祝,并将杜伯梦中之言告诉他。巫祝问宣王,始杀杜伯谁与王谋之? 宣王曰:"司工锜也!"巫祝曰:"为什么不杀司工锜向杜伯谢罪?"宣王就杀掉了司工锜,让巫祝代替自己向杜伯谢罪,可是不管用,杜伯的鬼魂还是来,喊自己无罪。同时司工锜的鬼魂又变成人形来质问宣王:"臣何罪之有?"宣王急忙告诉皇甫说:"那个巫祝和我商量着杀人,杀了不管用,我所杀的人又都来索命,怎么办呢?"皇甫说:"那就杀了巫祝来兼谢此上两人!"仍无用,闹鬼的事越来越多,被杀者皆来索命。如此以后,宣王精神恍惚。是年,晋穆侯费生麟,弟殇叔自立,世子仇出奔。隰叔奔晋,被封为士师(掌管狱讼之官),其后人以官为氏,这就是士氏、杜姓来源。晋武公取杜氏为妃,杜氏生伯侨,传为晋羊舌氏。时年,宣王封少子尚父为杨侯,考古鼎文:"余肇建长父侯于杨。余令女奠长父。休。女克奠于厥师。"意即:肇,始也、图谋之意。建,建立之意。女,汝或你之意。奠,安置之意。铭文的意思是:"我打算封长父于杨地为诸侯国,我令你速去办理将长父安置。"长父即是尚父。尚父封杨侯,以承古杨国之地,是为姬姓杨国(在今山西洪洞县东南十五里范村)。

四十六年(前782),宣王去世,子宫涅立,是为幽王。宣王之死,传云宣王游于圃田,随从的人满野,杜伯着素衣乘白马而来,司工锜为左,巫祝在右,朱衣朱冠起于道左,执朱弓朱矢,射中宣王中心,宣王伏于弓矢而死。后世因传,宣王杀杜伯而不辜,宣王死于非命。

八、幽王戏侯以亡西周

幽王,名宫涅。元年庚申(前781)春正月,王即位。幽王锡太师尹氏皇父命。尹吉甫早在宣王二年即"锡大师皇父",此当是重申王命而已。二年,西周都城附近的渭水、泾水、洛水三条河流皆受地震影响。伯阳甫曰:"周将亡矣!天地的阴阳之气不应该失去平衡;倘若失去其良性循环,民众就要因恐慌而产生乱象。阳气潜伏不能排出,阴气压迫不能蒸发,于是有地震。今三条河流都有震感,是因为阳气失去其所在的位置,而被阴气所填塞。阳失而阴在,原气必被堵塞,原气一被堵塞,国必亡。因为水土调和、气息通畅,才能栽种作物为民取用。土不能栽种,民众就会缺乏财用,还怎么会不亡!以前伊水、洛水枯竭,夏代就亡了,黄河枯竭而商代也就亡了。现今周朝的德运就像夏、商二代的末世了,二条河流的源头又被堵塞,堵塞之后就必定枯竭。一个国家必须要依靠山川,山崩川枯竭,这是亡国的征兆。川枯竭又使山必崩。看来亡国就不过十年,因为十是一个周期的数目。上天要抛弃这个国家,不会过十年。"这年,渭水、泾水、洛水这三条河流枯竭。时年,岐山(在今陕西岐山县)崩塌。时年,初增赋税。幽王以九赋敛财,即:邦中之赋、四郊之赋、郊甸之赋、家削之赋、邦县之赋、邦都之赋、关市之赋、山泽之赋、币余之赋,而原已有田赋,这就增加了九个税种。政繁而赋重,农人失其职。

三年,幽王宠爱褒姒。时年冬,大震电。冬雷百虫不眠,预示次年是为民饥。四年,秦大伐西戎。夏六月陨霜。《易传》曰:"夏霜君死国亡。"是谓不吉之兆。时年,陈夷公薨。五年,世子宜臼出奔申。幽王以虢石父做卿士,执掌国政,百姓都很怨恨。虢石父为人谄佞巧诈,善于奉承贪图财利,幽王任用他,废掉了申王后,又除去了太子宜臼。先前,幽王娶申侯之女立为王后,生子宜臼立为太子。幽王爱褒姒,欲要废去王后与太子,以褒姒为王后,欲立褒姒所生伯服为太子。于是,宜臼出奔。《汲冢琐语》曰:"幽王欲杀太子宜臼,释虎使执之,宜臼叱之,虎辄弥耳而服。申国为太子母家,故太子宜臼奔申。有称世子者,幽王立伯服为太子,故称宜臼为世子。皇父(甫)孔圣,作都于向(在今山西济源市西南)。六年,幽王命伯士帅师伐六济之戎,王师败绩。《后汉书·西羌传》记:"幽王命伯士伐六济之戎(古羌族的一个分派),王军败,伯士死焉。"西戎灭盖。盖国在巨燕南(即今山东沂源县东南盖治)。冬十月辛卯(前776年9月6日),朔日有食之。《诗经》记:"十月之交,朔日辛卯,日有食之。"古人以为,日食,阴侵阳,臣侵君之象。七年,虢人灭焦(在今河南陕县老城东北侧)。《水经注》记:"上阳,虢仲(虢石父)之所。都为南虢,其大城中有小城,古焦国也。"八年,幽王锡司徒郑伯多父命。厉王之子,宣王同母弟桓公友封于咸(棫)林(在今陕西华县)。桓公名多父,或一名友。幽王赐桓公友为司徒,徙都新郑(今属河南),新郑乃先前周王封舅之地。幽王立褒姒之子曰伯服为太子。九年,申侯聘西戎及鄫(在今河南方城县一带)。此正是太子宜臼在申国,申侯之聘两国,实际是为太子宜臼谋位。《潜夫论》记:"申城在宛(在今河南南阳市)北序山之下。"

十年春,幽王及诸侯盟于太室(太室山。在今河南阳城县西南)。秋九月,桃、杏果实。幽王出师伐申。周太史官伯阳甫调查褒姒的来历,传云:"夏后氏衰时,有两条神龙(应该是今称的扬子鳄)停在夏帝的宫廷而言曰:'我俩是褒国的两个先王。'夏帝令人扑杀之,但又以为不吉利。占卜以为将二龙的唾液留下收藏起来就吉利了。于是用玉帛铺地而告诉神龙,请它们将漦(唾液)留下,会善待它们之后。二龙就留下了漦而后化去,二龙的漦用木椟(匣子)装好密封如同酿酒。夏亡,这个装有龙漦的木匣子就传到了商殷朝,殷亡又传到周朝。传三个朝代,没有人敢于打开来看。至周厉王后末期,将这木匣子打开,龙漦已经黏稠,流出来在宫廷中就不能擦去。厉王使妇女赤身裸体对着大吵大叫,漦化为玄鼋(木匣子一倒出来实际应该就是蜥蜴)就逃走,逃到了王宫后庭。后宫有一个童妾侍女刚干完事被撞中,她束发用笄的时候(十五岁)就怀孕了,无夫而生子,惧怕人家说笑话,就将婴孩丢弃。宣王的时候,有童女谣曰:'漂亮的女人穿着狐皮箕服,实亡周国。'宣王闻之,平常就多加关注。宣王见有夫妇在卖木匣子,疑似漦用木椟,即命人追去欲以拘捕,夫妇俩就逃走。夫妇俩黄昏在路上碰见了后宫童妾所丢弃的女婴在啼哭,就哀怜起来,将她抱去,夫妇俩逃奔到褒国(都在今陕西汉中市西北褒城镇东)。女婴长大亭亭玉立很是漂亮,褒国对周王室有负罪感,就将这个女孩献给周王以赎罪。是因为弃婴后出于褒,故名取褒姒。褒姒实际上是周王室侍妾生的女孩子,周厉王之女。褒姒知自身出于周王宫,是个私生子而尴尬,按辈分是侄子当王为夫婿,她怎么也笑不出来。褒姒是天子之女,故又称璧人。言者引用神龙唾液生女的故事,是在避嫌周王室婚姻丑事。"原来褒姒是周王室侍妾生的女孩子,周厉王之女,伯阳甫大吃一惊,曰:"感应生子不可信!幽王按辈分要比褒姒还少一辈。如此荒谬之事,大祸将要来了,无可奈何!"并断言:"周要亡国了!"

十一年春正月,日晕。日旁有气晕,古人以为日晕者,军营之象。天子失御民,天下多反叛。幽王在边境上高筑烽火台并且设置大鼓,如有敌寇来犯就点烽火号令,擂鼓示警。幽王为了博得褒姒一笑,就点燃了烽火,诸侯们见到烽火都带兵来了,到后并没有敌寇,褒姒见之果然大笑。如此反复多次,诸侯受戏弄,后来就不来了,幽王在诸侯中也就失去了信任。申侯联合缯(鄫)国、西夷、犬戎来进攻幽王。幽王点燃烽火,诸侯以为又是戏人之事,都不派兵来。犬戎将幽王杀死在骊山脚下,并且俘虏了褒姒,将周的财物全部掠夺走,回西方去了。而《竹书纪年》记:"申人、鄫人及犬戎人入宗周弑幽王及郑桓公。犬戎杀王子伯服,执褒姒以归。"以为幽王是在宗周都地被杀的。时镐京残破,申侯、鲁侯、许男、郑子,立宜臼于申。另虢公翰立幽王另子余臣于携(当在今陕西渭南)为王。幽王被杀,诸侯与申侯共同扶立原太子宜臼,是为平王,以供奉周的祭祀。

携王余臣与平王宜臼二立,史称周二王。携王无实力,其子姬光隐居晋国。姬光之子由余。由余,字怀忠,后因曲沃武王伐晋流亡到戎地,戎王听说秦穆公贤能,推荐由余给秦王。秦穆公拜由余为上卿,由余帮助秦国攻伐西戎,并国十二,开地千里,称霸西戎,使秦穆公位列春秋五霸之一。由余的子孙以他的名字为姓氏,传由姓、余姓。

孤竹君,伯姓,出自炎帝后裔孤竹国王子墨胎允(伯夷),属于以先祖排行称谓为氏。相传,伯夷之父叫初,为孤竹国君。其父逝世前曾遗命其弟叔齐为孤竹国君,而叔齐却要让给兄长伯夷,伯夷就避而遁去。叔齐亦不自立,干脆弃位,往归西伯侯姬昌。伯夷的名字叫墨胎允,叔齐名字叫作墨胎智,孤竹国君主世家皆墨胎氏,亦称墨台氏。到了周武王姬发出兵伐商纣之际,这兄弟两人却出来叩马阻谏,认为以下伐上是为不仁。及至周武王灭殷商之后,伯夷、叔齐二人"耻食周粟",而隐于首阳山(在今河南偃师市),仅采薇(大巢菜、野豌豆,或通称能食的野菜)而食。当时有个妇人就指着他们吃的薇讥笑于二人:"子义不食周粟,此亦周之草木也。"二人羞愤,遂绝食而死,被其他人葬于首阳山。历代王朝对伯夷、叔齐二人推崇备至,称其为"二贤人""二君子",目的是要让臣子忠实于王朝。伯夷是孤竹国君的长子,其后以行次称为"伯",其后裔子孙承袭先祖之姓氏者,上古时期"伯""柏"通假,因此有称伯氏者,有称柏氏者。孤竹君之后有申国传申姓。

申国,虞夏时称许国,原封地在岳山(今甘肃省华亭县西北岳山。为今六盘山的一个支脉)。后全族由陇东沿陕北东迁,至商朝时进入山西霍太山区,灭掉当地的霍国,改霍太山为太岳,定居下来,臣服于商。周初,申国自许国分出,与周王室交好,长期通婚。周武王灭商之后分封诸侯时,除姬姓之外,以姜姓最多。并封申国国君为伯爵,成为周之属国。到周宣王时,南方诸国兴起,为镇服南方,改封王舅申伯于谢地(在今河南省南阳市北郊),在序山下为申国立宗庙,建都城,并进封为侯爵。宣王死后,幽王即位,娶姜女为皇后并生太子宜臼,后幽王昏庸,宠爱妃子褒姒,逼死皇后废掉太子,改立伯服(褒姒子)为太子,宜臼逃出京城,投靠申国。幽王得知,起兵讨申,申侯便联合同族诸侯及西域犬戎围攻幽王。幽王兵败,骊山被杀,褒姒、伯服被俘。申侯联合诸侯,扶立原太子宜臼为平王,迁都洛阳。至此西周灭,东周立。申侯也因扶立周平王有功,进封公爵。东周初年,申国势大,不少诸侯都听命于申,申国便乘机向东扩展到义阳(今河南信阳市一带,信阳北长台关发现一古城址,经考证认为是申国后期东扩的陪都。位于南阳之东被称为东申,现今河南省信阳市的简称就是申)。春秋时期,楚国兴起,向北扩展欲争霸中原,申国首当其冲。庄王九年(前688),楚国文王先灭谢申,两年后又灭东申,并把申人往楚国腹地迁徙,部分申人北走齐鲁。申国被灭后,申人为了纪念故国,开始以谢、申为姓。

小结

西周,自周武王元年辛卯(前1050)起算至于周幽王庚午(前711)亡西周,传十二王,共三百四十年。人口在周公相成王时,有千三百七十万四千九百二十三。这个人口数多于五帝末期大禹治水时的人口数十五万,多于夏末的三倍,较之商末期的人口是翻了一番略多。这证明社会稳定,生产力发展很快,人民丰衣足食。武王灭商后分封诸侯,受封者有相对自主的政治权力,在经济上也有义务纳贡。民生教育方面是:"里有序而乡有庠,序以明教,庠则行礼而视化焉。"(见《通典·食货一》)这种政治制度与民生安排在当时是非常受民众欢迎与使人敬重的,形成了盛世的社会和谐治理,史称"成康之治"。这也正是之后孔子极力推崇的周礼,《论语·八佾》记:"(孔子曰)周监于二代,郁郁乎文哉,吾从周!"有关周都,《史记·周本纪》记:"太史公曰:学者皆称周伐纣,居洛邑,综其实不然。武王营之,成王使召公卜居,居(归)九鼎焉。而周复都丰、镐。至犬戎败幽王,周乃东徙于洛邑。所谓'周公葬(于)毕',毕在镐东南杜中。"

第八章　东周不威　诸侯烽火

中国历史纪年一般从周平王东迁洛阳本年始划为春秋时期,史称东周。东周之时,诸侯势强,周王室衰弱。秦起于西戎,楚起于南蛮,齐起于东夷,然晋国坐大。

一、平王东迁　实依晋秦

平王,名宜臼。元年辛未(前770),王即位,东迁都于洛邑(疑今河南洛阳市东北汉魏故城内。王城公园一带)。平王用秬鬯(祭祀用的酒)圭瓒锡晋文侯命。平王曰:"(叔)父,义和丕显文武。"晋与周同姓,晋文侯名仇,字义和,比平王长一辈,故如此称。平王进洛邑,晋文侯会同卫侯、郑伯、秦伯,以师从王入。平王迁到洛邑,幸有周成王时建的别宫在,以避戎寇再来侵扰,都地始称王城,史称成周。《左传·僖公二十二年》记:"初,平王之东迁也,辛有适伊川,见被发而祭于野者,曰不及百年,此其戎乎?其礼先亡矣。"三十三年,楚人侵申,申在宛县(即今河南南阳市)。三十六年,平王派兵卫戍申。这是因为申地南面是强楚,时常要受到楚的侵扰。《诗序》记:"扬之水(讽)刺平王也,不抚其民,而远屯戍于母家,周人怨思焉!"四十一年春大雨。四十八年,无云而雷。《天书》云:"无云而雷,是谓天狗所挡,国必有甲兵"。四十九年,是为鲁隐公元年(前722),《竹书纪年》记:"春秋始此。"平王东迁,实依晋秦,郑国在周平王东迁以后,积极服侍周王室,郑武公是为周朝卿士,武公卒,庄公立。周平王分权给虢公,郑庄公怨恨周平王,平王曰:"没有的事(偏心于虢公)。"于是周王、郑国交换人质,平王的儿子狐在郑国做人质,郑庄公的儿子忽在周王室做人质。三月庚戌,平王陟。有以为《传》记"壬戌,天王崩"是对的,为什么要记庚戌崩,提前了十二天?主要是为催逼各路诸侯速来奔丧。平王之时,周王室衰微,齐、楚、秦、晋始大。平王的行政权由方伯执掌,方伯是周宣王时大夫方叔之后,方叔在宣王时征伐淮夷、猃狁,特别是平息南方荆蛮的叛乱中居功至伟,宣王封于洛(今河南洛阳)。平王少子生而有纹在手曰武,武姓出。五十一年春二月乙巳,日有食之(《竹书纪年》不记"朔"而记"食",似两者有别,"食"可能是指部分日食之意)。平王崩。平王太子洩父早死,立其子林,是为桓王。周平王死(后),周王室准备让虢公掌政。四月,郑国的祭足帅军队收割了温邑的麦子。秋季,又收割了成周的稻谷。周和郑由是相仇。

桓王,名林。元年壬戌(前719),王即位。十月,曲沃庄伯伐晋都翼而败退。二年,桓王使虢公伐晋之曲沃。三年,郑庄公来朝见,桓王因为三年前郑国收割了周的庄稼就没有以礼相待。五年,桓王命虢公忌父为卿士。郑国人怨桓王不礼节,就将周王室委托郑国管理祭祀泰山用的汤沐邑祊田(在今山东费县东方城镇北)与鲁国调换许田(今河南许昌东南。古鲁国的汤沐邑)。十一年,芮伯万出奔魏(此魏国。开国君主是武王伐纣后受封的毕公高。故城在今山西芮城县东北五里古魏城)。芮伯万之母恶伯万之多宠人也,故逐之。十二年,王师与秦师合作围魏,取芮伯万而东之。先前芮伯万走魏,芮立新君,秦人伐芮而败,则又纳芮伯万为芮君。十三年,戎人迎接芮伯万于郏城(在今河南郏县)。郑庄公不朝见周桓王,周桓王就率领陈、蔡、虢、卫讨伐郑国。庄公与祭仲、高渠弥发兵自救,周王师大败。祝瞻射中周桓王的臂膀,桓王逃归。十四年,桓王命虢仲伐曲沃,立晋哀侯弟缗于翼,为晋侯缗。二十三年三月乙未,桓王崩,子庄王佗立。

庄王,名佗。元年乙酉(前696),王即位。曲沃武公备有一军,有别于晋缗侯。三年葬父王,桓王陵在渑池县(治所在今河南渑池县西十三里朱城)北九十七里桓王山上。三年,《集古录》记:"夏戎伐京师,王子瞻召之也,是亦有兵之应也。"四年,周公黑肩欲杀庄王而立王子克。辛伯将阴谋告诉庄王,庄王杀周公。王子克逃奔燕国。十五年,庄王崩,子釐王胡齐立。

釐王,名胡齐。元年庚子(前681),王即位。三年,曲沃武公灭晋侯缗,以宝献王。釐王命武公按小国规制,定一军以为晋侯。又侯改称公,此后晋君不称侯而称公。晋武公之名号自此始。是年,齐桓公称霸。五年,釐王崩,子惠王阆立。

二、惠王当政　白鹿起舞

惠王,名阆。元年乙巳(前676),王即位。晋献公来朝到成周,成周是洛邑之总名,则丰镐宗庙之所称宗周,史以方位而名,引宗周为西周,引成周为东周。晋献公经过周阳(在今山西闻喜县东),见白兔舞于市,此白兔是指白鹿,白鹿出现,古人以为祥瑞,而白鹿出逃以为王室将出事。

二年,王子颓作乱,惠王避居于郑。因先前庄王婴妾姬姚生子颓,颓有宠爱。惠王即位,夺取颓的大臣边伯的花园用为饲养动物的囿,该花园邻近王宫,故惠王取之。大夫边伯等五大臣作乱,他们谋召燕国、卫国的军队来攻打惠王。惠王败逃到温地,温,苏忿生之邑,桓王时,夺温予以郑。所以惠王逃难归温,亦是为郑地也。边伯等立颓为王。颓为王时,他们狂欢作乐,这使郑国、虢国的君王很是愤怒。秋,惠王与郑伯入于邬(在今河南偃师市西南),遂入成周,取其宝器而还。冬,王子颓与其五大夫作乐翩舞。郑伯闻之,见虢叔曰:"盍纳王乎?"惠王而后又居住在郑国的栎地。

四年夏,同伐王城。郑伯与惠王自圉(指牢狱)门入,虢叔自北门入,杀王子颓及五大夫,惠王复位。郑人入王城玉府欲取王室宝玉,玉化为蜮。《毛传》曰:"蜮,短狐也。状如鳖,三足,一名射工,俗呼之水弩。"当郑人在盗取宝玉时,蜮含沙射人,郑人惧而逃。《诗》云:"为鬼为蜮则不可得,盖气精也。"十年,赐齐桓公为伯。十二年,周大夫樊皮叛王。二十五年,惠王崩,子襄王郑立。

三、叔带争位　襄王避难

襄王,名郑。因为少时随父生活在郑国,故名曰郑。襄王元年庚午(前651),王即位。襄王生母早死,继母叫惠后,名陈妫。陈妫原为惠王所宠,生子叔带,叔带也因此受惠王宠爱,惠王未死就想立叔带,惠王卒,不及立。

三年,叔带和戎人、翟人谋划要进攻襄王,襄王欲动手先诛杀叔带,叔带逃奔到齐国避难。齐桓公派管仲去调停周与戎人的纷争,使隰朋调解戎人与晋国的矛盾。襄王欲用对待上卿的礼节款待管仲,管仲不受,曰:"臣官爵低贱,是有司之职,上还有天子任命在齐国的国氏、高氏在。如果他们春秋时节来朝见,王还有何礼节去接待他们? 我只是齐侯下的臣子,请予辞让。"襄王曰:"你是我舅家国的使臣,我要嘉奖你的勋劳,请别辜负我的一片好意。"管仲还是接受了下卿的礼仪然后回国。是年,雨金于晋,预示晋国有兵丧。七年,秦伯涉河伐晋。十二年,在齐国的调和下,叔带重又回到周都。十三年,郑国攻打滑国,襄王派大夫游孙、伯服去滑国了解情况,被郑国囚禁。郑文公怨襄王复得王位而没有给郑厉公加封爵位,又怨襄王与卫国、滑国勾勾搭搭,故将伯服二人囚禁。襄王大怒,鼓动翟国去攻打郑国。富辰谏襄王曰:"凡我周之东迁的时候,依靠的是晋国、郑国。子颓作乱,又是借郑国的力量平定的。今以小怨就放弃过去的情谊?"襄王不听。十四年秋,秦、晋迁陆浑之戎(陆浑戎,原本是今甘肃敦煌市及陕西秦岭北麓一带的游牧部落。该部落人身材高大,男性身高一般在一米八左右)于伊川(即伊河。在今河南栾川、嵩县、伊川等县境)。

十五年,襄王将翟国投降的军队去讨伐郑国。襄王将施恩德给翟人,欲娶翟女以立为王后。富辰又谏曰:"平王、桓王、庄王、惠王过去都受过郑国恩劳。今王要弃亲,而去亲近翟国,这不可以!"襄王还是不听,娶翟女叔隗为妃。不久,叔隗与襄王弟弟太叔私通,被襄王发觉,太叔逃到翟人那里躲避。十六年,襄王因以贬绌了翟王后,翟国就派人来诛杀了谭伯,富辰劝襄王赶快逃到郑国去。襄王因借翟国兵攻打过郑国,担心不肯收留,富辰曰:"郑伯先世曾有功于周,大王去郑,给郑立功的机会,郑伯一定高兴。"襄王出逃后,富辰曰:"我过去多次谏王,王不听。如果以这样的借口脱卸责任,不出阵与翟人战,王还要增加对我的怨恨。"于是,富辰就率领宗族数百人为襄王断后。富辰与翟人血战,多处受伤而身亡。后襄王反败为胜,悔恨不已,厚葬富辰。富辰本为周宗室,封在富地,是为富姓人始祖。史称富辰为春秋第一忠臣。当初,惠后想让王子叔带即王位,所以招引了不少的翟人居住在周都。襄王出逃到郑国,郑国将他安排到汜地居住。叔带立为王,娶襄王所废黜的翟王后同去温地居住。《左传·僖公二十四年》记:"初,甘昭公有宠欲惠后。"甘昭公,即王子带也,食邑于甘(在今河南洛阳市西南)。

十七年,襄王告急于晋,晋文公接纳襄王避难,又送襄王回周,又欲诛杀篡王谋位的叔带,叔带逃居鄂(今陕西户县),后有甘国。襄王于是给晋文公颁赐朝聘用的玉器珪,及用郁金香草酿黑黍而成的鬯(祭祀用的酒名)和弓箭矢簇。命晋文公为伯,将河内的土地划给晋。二十年,晋文公召襄王,襄王与会河阳、践土。史书为了避讳臣召君这样的事实,就记:"天王狩于河阳"。二十五年,秦国将偷袭郑国经过周京北门,左右免胄而下超乘者有三百乘,如此不礼,时王孙满年纪尚幼,观之言于王曰:"秦师轻而无礼,必败。"王孙满者,襄王侄子,后为周大夫。三十年,阳渠(一名千金渠。围绕洛阳城的水系,相传为周公旦所筑)断流,不入洛水(本来是至今偃师市东南入洛水,以通漕运)。

三十三年(前619),襄王崩,子顷王壬臣立。襄王次子和,和谐之人,谓曰好,"好"字异字"郝",建郝城(在今湖北汉川市南十五里),郝城初名"和公城",其后传郝姓。叔带逃居鄂(今陕西户县),名其地曰甘亭,建甘国(都在今甘肃甘谷县)。叔带,称甘昭公,卒于公元前635年,子肃嗣位,甘肃公也,今甘肃省由此得名。

四、无为之王　封尽周地

顷王,名壬臣,元年癸卯(前618)即王位。六年,彗星入北斗。是年,顷王崩,子匡王班立。匡王,名班,元年己酉(前612)即王位。匡王六年,晋灵公为赵穿所杀,赵盾使赵穿到周京城迎接公子黑臀回去即晋国君位,黑臀就是晋成公。匡王崩,弟瑜立,是为定王。

定王元年己卯(前606),楚庄王讨伐陆浑戎族(在今河南栾州、嵩县、伊川三县境),过境洛邑,就派人来朝问九鼎之事。定王派王孙满去向他解释,以使楚兵离去。六年,晋成公与狄人合作讨伐秦国,俘虏了秦谍(秦国间谍),在绛城杀之,六日尸体复活。十八年,齐国佐来献玉磬甗。玉磬甗是齐国灭纪国所得,不实用,而齐、晋都以为重器,这实际是齐国向周王室献媚。二十一年,定王崩,子简王夷立。

简王元年丙子(前585),是年夏四月丁丑,晋迁都新田。十三年,晋杀晋厉公,派使者到洛邑迎接公子周回去,立晋君,是为悼公。十四年,简王崩,子灵王泄心立。

灵王,名泄心,生而有须,又称须王。灵王元年庚寅(前571)即位。二十二年,太子晋因谏言不慎,被灵王废为庶人。二十七年,灵王崩,子景王贵立。

五、景王讽晋　数典忘祖

景王,名贵,太子晋之弟也。元年丁巳(前544)即王位。十三年春,有星出婺女座(婺女四星十一度,在牵牛星东北),古曰彗星犯婺女,其邦兵起,十月,晋平公卒。景王宴请晋大臣荀跞,指鲁国所送酒壶曰:"鲁送酒壶,晋怎么无礼?"荀跞不能答,其副使籍谈曰:"晋国初受封,未被赐以礼器。今晋讨戎狄,故送不出礼物。"景王列数王室赐给晋的土地与器物,讽刺晋国小气,数典而忘其祖。后有"数典忘祖"典故即源此。

十四年,河水赤于龙门(即禹门口。在今山西河津市西北和陕西韩城市东北)三里,谓曰河水赤者邑有怨。十八年,王后所生的太子圣英年早逝。十九年冬十二月,天气反暖,桃化、杏化开,华梅当剥落,今反华实,近草妖也。二十年,景王喜爱子朝,欲立为太子,却碰到是年景王崩。子丐的党徒们要立子丐,而与子朝争王位。而国人们却立了长子猛为王,是为悼王,悼王猛没有记入《中国历史纪年表》。二十五年,子朝攻杀猛。晋顷公平王室乱攻子朝而立子丐,子丐立,是为敬王。景王之时,穷至于向人讨要,子曰子丐,其名好笑,子丐又怎么不穷?周景王封少子蓝田于阳樊,因邑为氏,阳姓出。

六、子丐为王　四代乞求

敬王,名子丐,元年壬午(前519)即王位。当时,子丐避居在晋,晋人欲送他回国,但子朝已经自立为王,子丐不得入周都,暂时居住在泽(即翟泉。即今河南洛阳市东北汉魏故城北隅)。四年,晋国与诸侯强送子丐回周都即王位,称敬王,子朝被迫做大臣。十一年(前509),诸侯国替修筑都城。晋国的魏舒与诸侯的大夫在狄泉会合,准备增筑成周城墙,薛国的宰臣懿子参加增筑成周城墙的工程。十六日,开始夯土,宋国的仲几不接受工程任务,曰:"滕国、薛国、郳国,是为我们服役的。"懿子曰:"宋国无道,让我们小国和周朝断绝关系,带领我国事奉楚国,所以我国常常服从宋国。晋文公主持了践土结盟,说:'凡是我国的同盟,各自恢复原来的职位。'或者服从践土的盟约,或者服从宋国,都唯命是听。"仲几说:"践土的盟约本来就是让你们为宋国服役的。"懿子曰:"薛国的始祖奚仲住在薛地,做了夏朝的车正,奚仲迁居到邳地,仲虺住在薛地,做了汤的左相。如果恢复原来的职位,将会接受天子的官位,为什么要为诸侯服役?"仲几说:"三代的情事各不相同,薛国哪里能按旧章程办事?为宋国服役,也是你们的职责。"士弥牟说:"晋国的执政者是新人,您姑且接受工程任务,我去查看一下旧档案。"仲几说:"即使您忘了,山川的鬼神难道会忘记吗?"士弥牟发怒,对韩简子说:"薛国用人作证明,宋国用鬼神作证明,宋国的罪过大了,而且他自己无话可说,而用鬼神来向我们施加压力,这是欺骗我们。'给予宠信反而招来侮辱',说的就是这种情况了,一定要惩罚仲几。"于是就抓了仲几回国。增筑城墙的工程三十天完工,就让诸侯的戍卒回国了。齐国的高张迟到,没有赶上诸侯,晋国的女叔宽曰:"周朝苌弘、齐国的高张都将要不免于祸患。苌弘违背上天,高张违背人意,上天要毁坏谁,谁也不能保护他。大众所要做的事,谁也不能违背。"重新修筑过的周都,则称周京。十四年,汉不见于天。晋《天文志》记:"天汉起东方尾箕之间,谓之汉津。"十六年,子朝与党徒们复作乱,敬王复逃归晋国。十七年,晋定公又把敬王送回周京。子朝失败,有周史官奉大批周之典籍奔楚国。子朝之后晁为卫大夫,传晁姓。二十八年,洛水至周京城断流。三十六年,淇水(即今河南淇河)流到旧卫(即淇阳古城。在今河南林州市南七十二里)就断流。三十九年,晋国迁都顿丘(在今河南浚县西)。四十三年,宋杀其大夫皇瑗于丹水(即古汳水、获水。故道自今河南开封附近古蒗荡渠东出,经商丘市北及安徽砀山、萧县,至江苏徐州市北入泗水)之上,丹水壅塞不流。《史记·周本纪》记:"四十二年,敬王崩,子元王仁立。"而《竹书纪年》记:"四十四年,王陟。"

元王,名仁,一记赤,元年丙寅(前475)即王位。四年,于越灭吴。六年,浍水断流在梁(在今陕西韩城市南二十里西少梁)。丹水三日绝不流。七年,齐国、郑国讨伐卫国。时年王陟。《史记·周本纪》记:"元王八年崩,子定王介立。"

贞定王,名介,元年癸酉(前468)即王位。是年,于越徙都琅琊。六年,晋河绝于扈。十六年,三晋灭智伯,将智伯的土地三分。二十八年,定王崩,长子去疾立,是为哀王。哀王立三个月,弟弟叔袭杀哀王而自立,是为思王。思王立五个月,少弟嵬又攻杀思王而自立,是为考王。此三人为王者,均是定王之子。

考王元年辛丑(前440)即王位。十五年,考王封弟揭于河南是为东周桓公,以续周公之官职,史称"周公国",即周桓公。自这次分封后,周王的土地全部分封完毕,连考王自己也是寄居于此周公国。考王十五年崩,子威烈王午立。

七、烈王不威　诸侯坐大

威烈王元年丙辰(前425)即王位。九年,楚人伐周南鄙(指周京城南边地)至于上洛(即今陕西商洛市商州区)。十八年,王命韩景子(景侯)、赵烈子(烈侯)及王师讨伐齐国入长垣(在今河南长垣县东北)。二十三年,发生了地震,洛邑存放的九鼎受到震动。威烈王策命韩、魏、赵为诸侯,总称为"三晋"。二十四年,威烈王崩,子安王骄立。威烈王时,诸侯皆著大篇;威烈王无威烈之举。

安王,名骄,一记骄,元年庚辰(前401)即王位。十五年,持续多日大风昼昏。雾气四方俱起,百步看不见人。十六年,封公子缓。安王二十六年崩,子烈王喜立。烈王喜元年丙午(前375)即位。二年,周太史儋见到秦献公曰:"周朝开始的时候,是与秦国合在一起的。合而别,别五百年复合。再合十七年将会有霸王出现。"六年,赵成侯相约韩懿侯偷袭周王室领地葵(在今河南博爱县西北)。七年,烈王崩,诸侯皆来吊唁,齐王后至,周人怒。是年,周王师讨伐赵国,包围了蜀阳(即指长社蜀城。当在今河南长葛市东)。又是年,齐国田寿帅师讨伐周王室,包围了观(即观泽。在今河南清丰县西南),观降齐。烈王崩,弟扁立,是为显王。

显王,名扁,号显圣王,元年癸丑(前368)即位。是年,郑(此郑,是为韩懿侯)城于邢丘(在今河南温县东二十里平皋村)。二年,河水赤于龙门(即禹门口。在今山西河津市西北和陕西韩城市东北)三日。四年夏四月甲寅,魏国徙都于大梁(今河南开封市西北)。秦用商鞅,东地至河,而齐、赵数破周,安邑近秦,魏国于是徙治大梁。大梁原为梁伯之居。魏王开挖逢泽(在今河南商丘市睢阳区南,古濉水所积)之薮以赐民。

五年,雨碧于郢(今湖北荆州市荆州区西北十里纪南城)。天雨夹带沙石,古以为必兵丧,万民亡也。地忽长十丈有余,高尺半。地忽然隆起成为土丘,此以为是周王室要失地亡民。是年,显王向秦献公道贺,献公在诸侯中称伯。九年,为了取得秦国的支持,显王把祭祀周文王、周武王用的胙肉赠送给秦孝公。十二年,鲁恭侯、宋桓侯、卫成侯、郑釐侯(韩昭侯)来朝。鲁恭侯名奋,是鲁穆公之子。宋桓公,名辟兵,宋休公之子。卫成侯,名速卫,声公之子。郑釐侯,名武,郑懿侯之子,即韩昭侯也,又曰昭厘侯。四侯来朝,嗟叹不已!二十五年,秦在周都会见诸侯。二十六年,周把册命秦孝公为伯的正式文本递交给孝公。二十九年,任姓人由下邳(今江苏睢宁县西南古邳)迁于薛(在今山东滕州市南四十里皇殿岗古城址)。此前夏,车正奚仲迁于邳,仲虺居薛以为汤左相。则是邳先迁薛,后迁邳,至时而又迁薛也。三十三年,周向秦惠王表示道贺。三十五年,周把祭祀周文王、周武王用的胙肉赠送给秦惠王。秦国兴师,兵临周王城而索要九鼎,显王不安而日夜忧思,以告诉颜率,颜率说齐,以阻秦运九鼎。四十二年(前327),九鼎沦泗没于渊。四十四年,秦惠王称王。而后诸侯国亦都称王。四十八年,王陟。显王崩,子慎靓王定立。慎靓王,名定,元年辛丑(前320)即王位。慎靓王立六年崩,子赧王延立。

八、债台高筑　赧王亡周

姬延,一名隐王,谥号赧王,赧,难也!元年丁未(前314)即王位。十月,郑宣王来朝。郑宣王即韩国宣惠王。五年,洛水侵袭入成周,山水大出。六年十月,大霖雨、疾风。八年,秦国进攻韩国的宜阳,楚国派兵救援宜阳。而楚又以为周帮助了秦的缘故,将要攻伐周。苏代替周游说楚王曰:"怎么可以认为周与秦好就是祸也? 言周与秦的关系超过了周与楚的关系,这是在逼周真的要这样做,故谓'周秦'。周知道不能解脱与秦的关系,那可要并入秦国了。此在帮助秦国取得周的精华也。为王者计,周倾向与秦我们对周要和善相处,周就是不倾向秦我们也要与周和善相处,让周与秦国疏远。周若与秦国断绝关系,周肯定会投向楚国,到我郢都来。"秦国要借用东、西两周的道路去攻打韩国,周感到恐惧。若借给秦国,就怕韩国要报复;不借给秦国,又怕秦国不高兴。史厌对周君曰:"怎么不派人去告诉韩公叔:秦国敢于对不起西周而要讨伐韩国,这主要是信任东周的缘故。公叔为何不给予周一些土地,派出人质去到楚国? 那样做了,秦国肯定要怀疑楚国,不信任周,这样韩国就不会受到攻伐了。又要派人到秦国去对秦王说:韩国硬要给予周一些土地,便是让秦国怀疑周,周不敢不接受。如此,秦国也就没有理由而让周不接受。这就既接受了韩国的土地,而又听从了秦国。"秦国要召见西周君,西周君讨厌前往,所以派人对韩王曰:"秦国召见西周君,意思是要西周君派兵去攻打您韩国的南阳。大王您何不先予出兵南阳? 西周君将可以以此为理由不去秦国。西周君不到秦国去,秦国也就不敢越过黄河来攻打南阳了。"东周与西周发生战事,韩国帮助西周。有人替东周游说韩王曰:"西周为故天子之国,珍藏有许多的名器重宝。大王按兵不出动,这就施恩惠给东周了。而西周的宝物也会归韩国了。"赧王初时,东、西周分治,史称西周为宗周,东周为成周。赧王把都城迁移到西周的王城,实际已经是过着寄人篱下的生活,既无权又无钱。史书对其称号亦有改,曰"王赧",王之难也!西周武公的共太子死去,有五个庶子,但没有嫡子可立。司马翦对楚王曰:"不如以地资助公子咎,为他请求立为太子。"左成曰:"不可。周如果不听从,这就会使人感觉有强求人家之意,因而周要疏远您。不如请问周君想立哪个儿子做太子,用暗示的方法。您知道了就告诉司马翦,让司马翦出面对周君说楚国要用土地来赞助他。这就比较合适。"周君果然立公子咎做太子。周王室的土地分为东、西两周小国。赧王虽然名为天子,寄居在西周,因为无钱,欠债于民,无以得偿,于宫内筑台以避索债人,周人名曰"逃债台"。

三十四年,苏厉对周君曰:"秦国攻破了韩国、魏国,打败了魏将武师,北边又取得了赵国的蔺邑、离石。在这些地方打仗取胜的都是秦国领衔的将军白起。白起善于用兵,又有老天的帮助。现在白起又带着兵出了伊阙去攻打梁国,梁国若被攻破,那么周就相当危险了。君王何不派人去游说白起呢?就说:'楚国有个养由基,是精于射箭的人。他距离杨柳叶百步而射之,百发百中。左右观看的有数千人,齐齐喝彩。养由基在众人的鼓动下还想再来一次。有一武夫站立旁边,曰:可以了,我教你射箭。养由基怒,丢开弓,握住剑,曰:客人还怎么能够教我射箭?武夫曰:非是我能够教您支撑左手,弯曲右手这样的姿势射箭。您距柳叶百步连续射出了百支箭而百中,现不趁着成绩好时就停手,等会再来一次时气衰力倦,弓拉不正,箭射不直,如果有一箭射不中的话您就前功尽弃了。'将这些话的意思信息传递给白起,使他觉得战功百战百胜已经够了,如若再举,将要前功尽弃。以此游说来减缓对东周的战争压力。并建议白起称病不出战。"

四十二年,秦国破坏了与魏国在华阳签订的和约,攻破华阳,直接威胁到西周的安全。马犯对周君曰:"君王没有钱与人力修筑城墙,就请梁国人来修筑城墙,加强防御能力。"周君曰:"可以这样办。"马犯就去对梁王曰:"周君王被逼病若死,我马犯一定也会死。我请将九鼎质押给您梁王,请您派兵驻周都,共同防范秦国的侵略。"梁王曰:"可以!"梁王遂发兵,声称是去卫戍西周的安全。马犯又去对秦王曰:"梁国的兵不是去卫戍西周的,是将要乘机攻占西周的。大王您如果不相信的话,就试着出兵到边境去观望。"秦国果然出兵。马犯又对梁王曰:"周君王病得很严重,我马犯祝愿君王早日康复。今您派兵驻扎在周都,诸侯们生疑心,您以后举事他们就不相信。不若就下令驻兵就地修筑周都的城墙,以平息事端。"梁王曰:"这很好!"梁国的士兵就修筑西周城墙。四十五年,周君受到邀请到秦国,客人对太子周最曰:"公子不若多称誉秦王的孝心,建议用周的应地作为秦王母亲宣太后的休养之地,秦王一定很高兴,这样您就与秦国建立了交情。交情好了,周君一定认为是您的功劳。若与秦交恶,那些劝周君到秦国去的人一定有罪过了。"秦国将要进攻西周,周最对秦王曰:"大王为王的气度是不应该进攻周的。进攻周,实际上得不到好处,只不过是声威天下罢了。天下诸侯畏惧秦国,必然向东方的齐国靠拢。秦国的军队因为进攻周而疲惫,诸侯与齐国联合,秦国就不能称王天下了。天下的人想疲惫秦国,就劝大王进攻周。秦与天下皆疲惫,则令不行矣!"五十八年,韩、赵、魏三晋联合抗拒秦国的侵略。周让他的相国到秦国去,秦国轻视他,他就中途返回了。客人对相国曰:"秦国是轻视您还是重视您不得而知,您就中途回来了。秦国想知道三晋内部的情况,您不如去急见秦王,给他讲述三晋的东方之变。使得秦王重视您,秦王重视您也就等于重视了周。周因为您的努力而取得秦的重视,又齐国重视周。原有周聚在拉拢齐,这样周就不会失去与大国之间的交谊。"秦王相信周,发兵去进攻韩、赵、魏三晋。

五十九年,秦国进攻韩国的阳城、负黍,西周恐惧。西周就背离秦国去与东方诸侯国签约合纵,率领天下精锐之师出伊阙去进攻秦国。企图使得秦国不能与阳城相通。秦昭王愤怒,派遣将军摎攻打西周。西周君奔秦,顿首受罪,全部向秦国献城邑三十六座,人口三万。秦国接受了献地与人口,使西周君回到周都去居住。王赧、周君卒,周的百姓就向东流亡。秦国收取宝器,把西周公迁徙到旦狐(旦,原字是上"单"下"心"组成。旦狐在今河南临汝西北)。过了七年(前249年),秦庄襄王灭了东、西周,东、西周皆为秦国所有。赧王姬延不延后,周再无人祭祀了。

东周国也,自东周桓公卒,子威公代立。威公卒,子惠公代立,号东周惠公。周显王十六年(前353),楚国包围韩国的雍氏邑,韩国向东周征甲兵与索要小米。东周君惠公恐惧,召来苏代,告诉他这种情况,请教怎么办好。苏代曰:"君王不必忧虑!臣能够使韩国不要到东周征兵与索要粮食,又能够替您得到韩国的高都(在今河南伊川县东北,伊河西岸)。"东周君曰:"您尚且能够办到,我的国事活动都听您的安排。"苏代去见韩国的国相,曰:"楚国包围贵国的雍氏邑预期三个月能够攻下来,到今五个月了还没有攻取下来,楚军已经极度疲劳了,形如一个生病的人。现在相国还去东周征兵与催要粮食,这就明白告诉楚军,韩国也支持不住了。"韩相国曰:"那怎么办?我们派出去东周办事的人已经出发了。"苏代曰:"那你们就将高都给东周以赔礼。"韩相国大怒,曰:"我们同意不去东周征兵与征调粮食也就算足够了,为什么还要把高都给东周?"苏代曰:"把高都给东周,东周就会依附韩国,这样,秦国闻之就会对东周特别愤怒,就不会与东周通好关系。这等于是将一个破弊的高都去换得一个完整的东周,这为什么不给?"韩相国曰:"这个办法真好!"韩国果然让高都给东周去管理。

东周君想种水稻,西周不放水,东周君为此而忧虑。苏代(《东周欲为稻》记苏代为苏秦,而苏代是苏秦弟)对东周君曰:"请出使西周说其放水。"东周君允诺,于是苏代拜见西周君曰:"西周不放水?您的主意打错了!如果不放水,反而使东周有了致富的机会。现在东周的百姓都种麦子,没有种其他东西。您如果想坑害他们,不如突然一下子给他们放水,去破坏他们的庄稼。放了水,东周一定又改种水稻。种上水稻就再给他们停水。如果这样,就可以使东周的百姓完全依赖于西周而听命于您。"西周君觉得这主意好,于是就放水。东周得以栽种水稻。

东周国惠公立长子曰西周武公,封少子班于巩(在今河南巩义市东北老城),以祀奉先王。惠公卒,子杰嗣。武公卒,子文成嗣。秦庄襄公元年(前249),东周君因与诸侯谋秦,秦使相国吕不韦诛之,东周国亡。

小结

东周,自西周变故,诸侯拥立原先被废的太子宜臼为王,次年迁都洛邑,史称"东周"。东周前半期,诸侯争相称霸,持续了二百多年,称"春秋时代"。东周后半期,周天子地位渐失,各诸侯相互征伐,持续了二百多年,称"战国时代"。春秋时,弑君三十六,有七名君主被敌国杀,有五十二个诸侯国被灭,有大小战事四百八十多起,诸侯的朝聘和盟会四百五十余次。战国时从周元王元年(前475)至秦王政二十六年(前221)的二百五十五年中,有大小战争二百三十次。人口自西周周穆王四征之后就下降,加上周幽王之时乱,东周周庄王十三年(前684)统计是:五千里外非天子之御。自太子公侯以下至于庶人,凡千一百八十四万一千九百二十三人。东周王室的后期历史均由魏国史笔所出,《竹书纪年》搁笔于"今王终二十年",此即周慎靓王三年(前318),魏襄王元年。东周自周平王元年辛未(前770),至于周赧王乙巳(前256)亡周,共传二十五王,含同时东西二王,历时五百一十五年。东周始年之后,《中国历史纪年表》已记其详。

篇末注论

　　夏、商、周时期社会,史学工作者大多以为是奴隶制社会,国家大事"唯戎与祀",而实际上周朝已经进入封建社会。要厘清上古历史,虞靠传说,夏求文献,商考甲骨,周释鼎文。而百家谱牒文化的共同取向,不可不被视为考实中国历史的重要补充部分。中国从三皇五帝时代至于东周的春秋战国这个阶段,定义是秦朝以前的历史,史称先秦时期。《史记》中"三代世表"世系缺环严重,本著根据多种文献予以补实。夏商时期出现了《圣经》中描述的历史背景,于是考论犹太氏本出亦十分必要。

(一)夏商周时的华夏氏族概述

　　帝舜禅让帝位给禹,已定伯益掌握国政,禹应该禅位给伯益。仁者见仁,以为禹高风亮节,禅让帝位给伯益;智者见智,以为禹早有图谋,是预备传帝位给自己的儿子启。或云:皋陶是被累死的,禹授权伯益行政,却将自己的儿子升级为九州牧以牵制伯益的权力,把伯益的亲信防风氏给借故杀掉。实际禹在帝位时已经架空了伯益的权力,禹禅让帝位,是在走个程序而已。伯益与夏启的战争,导致了东夷地区的尧王城、凌阳河和段家河旁的古城都毁于战火。另一结果是在今考古定义的大汶口文化的人口锐减,很活跃的"凤""鸟"文化遭到毁灭性的打击。后学者以为帝禹之前的五帝关系是禅让的,以突出远古时代的政治民主性,所谓少昊、颛顼是东夷族,似乎与黄帝不相干,这些都是哗众取宠的说辞,与历史事实不符合。三皇用德政来治理天下,到了五帝时,争权夺利之心萌生,族内战事兴起,还制定了五刑,强者为王,败者为寇。所谓"禅让"只是后世学者为当政之帝所撰写的华丽说辞而已。

　　夏朝基本上是保存了原始氏族社会的一些特征,是以夏部落为首的多个部落联盟国家。《庄子·天策》称:"(禹)沐圣雨,栉疾风,置万国",《战国策·齐策四》载:"大禹之时,诸侯万国"。在这多个部落的联盟中,夏部落居于统治地位,夏王朝对其方国在政治、军事上具有生杀大权,在文化上有教化优势。但夏朝不统方国,华夏族分离,故有史说夏朝没有今全国政权存在的合法性。大禹建夏朝,其子启就"抢"位,以世袭方式企图长久占有王(帝)位。伯益属于华族,伯益之子玄仲就将华族的王孙公子们全部都保护了起来,利用夏政衰弱之机乘机反扑。最著名的就是后羿占领夏王都,以使夏帝太康失国。夏帝太康失国以后,玄仲与夏启为首的华、夏两大对抗集团形成。华夏分族:以少昊帝之后为华族;以颛顼帝之后为夏族。夏少康中兴夏王朝以后,立即着手恢复与华族的媾和。帝少康使华族商侯冥治河,之后商侯势力大,才有商殷朝。帝少康命华族后稷之后的田稷复为农官,之后才有周起于西戎的承传条件。

　　商殷王朝属于华族。商朝处于诸侯奴隶制时期,已形成了庞大的官僚统治机构。商朝的国土面积自商君武丁扩土四方,占领今湖北、安徽、江苏、内蒙古等地区,面积扩大到一百万平方公里,势力范围东至大海,西达今陕西省西部,东北达到今辽宁省,南至江南一带(不包括四川、云南、贵州等西南地区),为当时世界上一个大国,但主要治理区域还是中原一带。商朝封姓不见于史,其大部分是自然形成,或以国名,或以官名,或以父王字号为后世追溯为姓。商朝没有多少封姓命氏这与其王朝固化自骄有关。商朝接手了夏政权,这很大的因素是因为商王汤是华族集团的代表。商时,华族强势,使炎帝系有了方国联盟,时有北方方国南迁。

　　周朝王者属华族,周朝形成了影响后代王朝数千年"奉天承运"的君权神授概念。周官有九仪之命,正邦国之位,官数有数万人计,大凡列国卿、大夫、士,就有六万一千零三十二人。论者言:周穆王时期国力强盛,周王朝在西部的影响已经扩展到今称的阿富汗、哈萨克斯坦等处。北部,穆王行流沙(沙漠)千里,积羽千里,逾两千里到达今俄罗斯伊尔库茨克的贝加尔湖,穆王建狩猎台,积鸟羽;又垒石为祭台,以祭北海。东北至于今称的太行山。正南,至于今湖南宁远县、今江西瑞昌市。穆王又致力于向东发展,通过巡游到达今江苏太湖会诸侯,使东方诸侯国归顺于周的统治。穆王四征,行程有九万里,这对于周朝的巩固和发展都具有积极的意义。周时,炎帝系方国皆归大周天下,受周王室封爵荫子。周朝为了弥合华、夏分族带给种族的历史缝隙,创造了"华夏"一词,则称凡(黄帝)轩辕氏之后,包括姻亲关系形成的炎帝族系部分,皆称华夏族。华、夏二族的软实力对抗一直伴随着夏、商二朝,直至周朝华夏民族统一称呼才得以重新确立为一家族。夏商周时,国家政权实际是以轩辕氏(黄帝)之后华与夏两大派角逐代政继续的结果。周官,小宗伯掌三族之别,以辨其亲疏。周朝自西周至于东周有七十一封国,其中同姓封国有五十三,这就是封诸侯建国姓的"封建"由来。谨按《春秋》:"武王克商,成王定之,大封同姓,以为诸侯,凡五十三国,而燕、郑又在其后。故《传》曰管、蔡、郕、霍、鲁、卫、毛、聃、郜、雍、曹、滕、毕、原、酆、郇,文之昭也;邘、晋、应、韩,武之穆也。凡蒋、邢、茅、胙、祭,周公之裔也。又曰虞、虢、焦、滑、霍、杨、韩、魏,皆姬姓。又曰泰伯、虞仲,太王之昭也;虢仲、虢叔,王季之穆也。"有系统的文字记载留传后世的三十三国是:王叔国、温国、刘国、荣国、甘国、单国、巩国、应国、原国、密国、胡国、焦国、共国、凡国、东虢国、北虢国、息国、蓼(廖)国、潘(番)国、滑国、邘国、蒋国、祭国、沈国、管国、霍国、胙国、雍国、韦国、卫(康)国、樊国、蔡国、聃国。周朝这些封国除极少数断绝子嗣自然消亡外,后都传为姓。周朝初年周武王的封姓怀柔政策,使历史上的三皇五帝诸帝之后皆有传姓落籍。武王还使得夏朝寒浞建寒国的短命国家,其王族后裔亦能得封姓,这实在是胸襟宽阔,能海纳百川。周朝之时,凡有封国必出姓,士大夫几乎亦皆出姓焉。封国传姓,是国家王族的自私,但"终莫究详",历史就是这样走过来了。

夏、商、周时出现的强宗大族,其背景大多有着炎、黄两帝血统。这些氏族部落,夏以氏称,商称方国,周封诸侯。氏族、方国、诸侯,一般指中原王朝对封地的称呼。在历史进程中产生的以强凌弱、弱肉被食,这是司空见惯的事,而在亡国之后大都转为姓。春秋战国时,卒者,天子称崩,诸侯称薨,大夫称卒,士称不禄。将家天下王位世袭制都归咎在夏帝禹身上是不公允的。三皇五帝时代,王位几乎都是终身制,王位的继承是世袭制。所谓尧、舜、禹王位禅让,事实并非如此,最后都是通过武装力量解决问题的。王位禅让只出现过一次,这就是帝挚传位其弟唐尧,是为帝尧,但也是内禅。所谓帝尧禅让帝位给虞舜,此实际上是被迫的。帝尧教子丹朱学围棋,这是为什么?分明是对虞舜不放心,准备了围而占(战)之的棋面模式。帝尧又准备封许由当九州长官做什么?意在挑战虞舜的权力膨胀。自黄帝至于五帝的帝位,是在轩辕氏族内相承,少昊氏与颛顼氏之间有轮流为帝的迹象,外族人插手不了。三皇五帝时的王位继承出现女婿继位或想继的情况有三例:其一,炎帝承伏羲氏皇业是女婿继位,伏羲氏女妊姒生魁隗,魁隗为炎帝始而威天下,这是女婿继位成功的首例。其二,共工氏术器与颛顼氏高阳争帝位,黄帝鸿的女婿共工氏术器是失败的,以致"共工怒触不周山",颛顼赢得了战争的胜利才得帝位,共工氏术器企图效法女婿继位,但却是失败的。其三,帝尧传位帝舜是女婿继位的方式,但是帝尧是被迫的,尧之子丹朱与虞舜的权位之争亦用战争方式最后解决问题,帝舜是女婿继位而又成功者。五帝的帝位虽然是禅让的,但都是族系内内禅,这是同一家族内部轮流执政的默契关系。

(二)采用《竹书纪年》补实《史记》材料说明

本著三皇五帝及夏、商、周著述基本上是采用《竹书纪年》一书,并参考其他书籍、宗谱资料补正。《竹书纪年》是春秋时期晋国史官和战国时期魏国史官作的一部编年体史书,亦称《汲冢纪年》,于西晋咸宁五年(279)被盗墓者不准所发现。从被埋藏于魏哀王(一说魏襄王,一说秦襄王。从时间年考推定应该是魏襄王之子魏哀王,历史纪年亦往往将父子俩同记)的墓里,至于出土时间历五百七十八年。《竹书纪年》与后来长沙马王堆汉初古墓所出古书近似,而《竹书纪年》的诸多记载也同甲骨文、青铜铭文、秦简、《系年》相类,可见其史料价值。

《竹书纪年》所记录的史料与《史记》所描述的不单只内容不同,而且价值取向相异。《竹书纪年》描述了尧、舜、禹的传位亦是血腥的。尧杀政敌,舜囚帝尧,禹传子位。《竹书纪年》记述从夏朝到战国时期历代所发生的血腥政变和军事冲突。而根据《史记》所记载,商朝太甲被伊尹囚禁三年后,伊尹见太甲改过自新,便郑重地将国家交给他。太甲复位后,沉痛接受教训,成为一个勤政爱民、励精图治的圣君。不过,《竹书纪年》对此却有不同的描述:伊尹放逐太甲后,自立为王,七年后,太甲潜回杀掉篡位的伊尹,并改立伊尹的儿子伊陟和伊奋继承伊家。由于《史记》采用纪传体来记述事件,《竹书纪年》的出现,可以从另一角度审视《史记》内容,如"夏启杀伯益""太甲杀伊尹""文丁杀季历""共伯和干王位",与史书有极大差异。又如《竹书纪年》记:"懿王元年(前895),天再旦于郑",郑(今天的陕西凤翔或华县)地区清晨时发生的日全食。周幽王六年(前776年)日食见于《诗经·小雅》"十月"和《新唐书·历志》"大衍历议日食",本是周代的无年代日食纪录和唐代以前的计算结果。还有《竹书纪年》的内容有与《史记》记载不同处,如"(殷)祖乙胜即位,是为中宗",与《史记·殷本纪》等以中宗为太戊不同,但与甲骨文"中宗祖乙"的称谓却完全相合。《竹书纪年》开篇是以君主纪年为纲目,记起太昊庖羲氏,按今公元推之则伏羲始皇天下始年是为公元前2480年,搁笔于"今王终二十年(前299)",此即周赧王十六年,共记载了二千一百八十余年的中国历史。而如此黄帝定甲子年起算,至于周赧王十六年,共记载了一千八百五十八年的历史。

我国当代的考古发现不断在佐证《竹书纪年》所记时间点的吻合,本著代次年考更证实所记时间点的可操作性,这对20世纪末国家夏、商、周断代工程(下简称"断代工程")所定历史年表提出质疑。今陕西眉县杨家村土崖半坡上一带,新考古发掘出以洞式窖藏方式的二十七件铭文青铜器,经专家鉴定,是为西周厉王和宣王时期的青铜器皿。铜器皿文记载有文、武、成、康、昭、穆、恭、懿、夷、厉各王与当朝周宣王的事。有学者以为:这批青铜器的新出土,将会对"断代工程"研究成果,带来巨大无比的麻烦。"断代工程"以为公元前1046年,是周武王灭商纣王纪年年,这与《竹书纪年》推记周武王灭商纣王的时间年为辛卯年(前1050)有着四年的时间排差。"断代工程"表列商时期初年是在公元前1600年,而《竹书纪年》推记帝汤元年癸亥(前1558),这样就有四十二年的时间排差。"断代工程"表列夏代初年是公元前2070年,而《竹书纪年》推记帝禹元年壬子(前1929),这样就有一百四十一年的时间排差。"断代工程"年表误年,以致谱牒世次年考不能采用。近几年来,许多宗谱用断代理论而"改正"原谱,看来问题不少。当然,《竹书纪年》存有缺陷,但只是甚少部分,比如,周宣王千亩之战的纪年,与《史记·晋世家》比对,差悬十年,年考发现《史记》是准确的,此上正文就不予采录。又如,周赧王时期的王室记事在什么时候已经被魏惠王的王事取代了,如按《竹书纪年》文本读下来,纪年有点含糊,还理不清这是谁家的事。但是,本著以为《竹书纪年》除在历史纪年中统计数上有错,而其纪年大部分很是精准。本著按《竹书纪年》如实辑录干支纪年,没有只字的变动,但是发现了统计数上的错误,作了更正。

夏朝王族纪年问题补误。《竹书纪年》记:"自禹至桀十七世(王),有王与无王用岁四百七十一年。"笺按《帝王世纪》:"自禹至桀并数有穷(指有穷氏后羿、寒浞),凡十九王,合四百三十二年。"《通典·职官》记:"夏祚经四百(年)。"《竹书纪年》有关夏王族纪年原本没有错,只是统计数中误百年,应是三百七十一年,此与本著无异。《竹书纪年》的纪年含糊之处,是在夏朝中期。调整诸多误年解读如下:自帝槐至于帝泄的元年

《竹书纪年》记其实，而帝芒元年没有纪年。按帝槐元年戊子（前1773）至于帝泄元年辛未（前1730）兜算，中有四十三年是为帝槐与帝芒共合纪年。按帝芒在位十八年病死，断癸丑（前1748）是为分年。帝槐在位时间是二十五年。故帝槐记三十三年封有苏，应该是误十数，是为二十三年；记帝槐三十六年作圜土，此纪年不准，正文不记其年。记帝芒三十三年，商侯迁于殷，帝芒无此年，故应该是帝槐年号续记，是为帝芒八年。按代次年考，少康生于公元前1855年，帝杼应该生于公元前1825年前后，帝槐应该生于公元前1798年后，帝芒应该生于公元前1770年前后。帝芒即帝位时年四十岁就比较合理。推加一个甲子年，帝芒百岁即帝位，这不可能，故予框定帝槐与帝芒共纪年是为四十三年。孔甲即帝位时已经年老，至迟约生于公元前1675年，登帝位是在公元前1612年，时年至少已经六十四岁。夏帝自帝禹至于夏桀，共十四代，为王十七世。本著按六十年为一甲子周期框定纪年，又按三十岁为一代次卡定代隔率以为年考伏算，自帝禹生于公元前1998年，至于夏桀生于公元前1660年，传十三代，计有三百三十八年，平均生子年龄是二十六岁。

商朝王族纪年问题补误。《竹书纪年》记："汤灭夏，以至于受，二十九王，用岁四百九十六年。"本著计算定年是：商朝始癸亥（前1558），终庚寅（前1051），用岁五百零八年，差记十二年。问题是在《竹书纪年》计算上误了十二地支，即将周武王姬发为王元年己卯（前1062）前的戊寅年（前1063）作为商亡纪年末数，实际上应该是按周武王元年辛卯（前1050）前的庚寅年（前1051）作为商朝亡年统计数才是。《竹书纪年》记："自武王元年己卯（辛卯）至幽王庚午二百九十二年。"此记误在辛卯记己卯，少记了四十八年。商朝太戊帝在位七十五年，这确实是前无古人，后无来者。这是不是纪年有误？但纪年已经在此前与此后都是明确约定的，太戊帝位减去一干支纪年，又嫌太少，增之太大。自黄帝涿鹿之战年为第一甲子年，至于太戊为帝初年，时是为第十二甲子丙戌年。统算太戊在位年数，若减去一甲子六十年，以为是十五年，整个系统纪年就极其紊乱，故确定太戊帝在位七十五年以为是。商朝称帝者取名以天干地支为多，《世本》记："（商）始于上甲微，盖以甲称者七，以乙称者六，以丙称者二，以丁称者八，以戊称者一，以己称者二，以庚称者六，以辛称者四，以壬称者三，以癸称者一；而庚、丁则兼称之其系，以报者三系，以主者二系，以太者五系，以沃者二系，以小者三系，以仲者二系，以外者二系，以祖者五系，以南者二系，以武者二系，而祖己则臣也，非君也"。商帝汤的出生年份史书没有交代，推以二十岁即王位，为王为帝共二十九年，当生于公元前1595年，至于商末代纣王生于公元前1113年。在世十八代，计传十七世，历时四百八十二年，平均生子年龄是二十八点三五岁。

周朝的纪年问题补误。《史记》中周王族先祖缺代达十八代之多，本著于是采用姬姓分支多种文本，综合整理才得以较为完整地表述。《史记·三代世表》记："后稷生不窋。"中补：椉玺、叔均。椉玺、叔均的资料来自周姓、杨姓谱。"鞠生公刘。"中补：牛耕、陶。牛耕、陶之名来自夏少康复辟时有"复田稷"字样的资料。陶为夏少康田稷之后补:侯亚、孙子都、公孙仲、诸益、诸樗。孙子都、公孙仲资料来源于周氏族谱。"公非生高圉。"中补:辟方。"高圉生亚圉。"中补:侯牟、侯旅。"亚圉生公祖类。公祖类生太王亶父。"详为:"亚圉、景伯、云都、叔非、祖绀、诸鳌、公叔祖、古公亶父"。周穆王的年龄问题,关系到承前启后的代次年考。著者以为:《史记·周本纪》记:"穆王即位,春秋已五十矣。王道衰微"。云周穆王五十岁为王,存疑!周成王生于公元前1056年,周穆王是周成王的曾孙,有三个代隔,就算平均二十五岁生子,得隔有七十五年以上。从穆王征战的精力判断,即王位正是年轻力壮时,他的出生年不会在公元前980年之前。由是可推,周穆王会西王母时,其年龄当在三十八岁间。西周有二王出生年的确切记载,即周成王生于公元前1056年,厉王生于公元前864年。二王时间距离一百九十二年,传七代,平均生子年龄是二十七点四三岁。《竹书纪年》自周显王元年(前368)的记事,又记在梁惠成王(魏惠王)三年(前367);将周显王四年(前365)魏国徙都大梁的事记在显王名下,时年"王发逢忌之薮以赐民",就使人一头雾水,这是指周显王还是指梁惠成王干的好事? 而《史记·魏世家》的记史将这些事记在魏惠王三十一年(前339)。周王室与魏国后有延后记事直至于周赧王时,有点混乱。周赧王时魏国代周记史是事实,凡谱史所记在周朝亡后还称周朝大臣的,实际都是魏国大臣。本著还纠误了燕国世系以往未能衔接的代次;纠正了魏国惠王之后的襄王与哀王的世次关系,考订惠王后元一年即襄王元年(前334);增补了越国历史纪年。

《竹书纪年》为隋朝隋文帝所重视,"(文帝)命中书监荀勖、令和峤,撰次为十五部,八十七卷。多杂碎怪妄,不可训知,唯《周易》《纪年》,最为分了"。《竹书纪年》多少字? 纪年部分就字数而言,足有十余万数。每支竹简长二尺四寸,可以写三十个字,假设一车书重五百公斤,《竹书纪年》当年就得有十多车。史官要统计数字,得皓首穷经,翻阅搬动多少资料? 所以,《竹书纪年》出现统计上的错误是难免的,但不能否定其信史定年的准确性。

(三)解读《圣经》中的创世神话

论者言《圣经》,导述了耶和华神所团土造人的亚当出自夏王族,这将为惊世骇闻的重大的历史课题解说。本著将《圣经》中夏商部分作了叙说,还需要作些考证方面的说明。

《圣经》中前期使用的年份,是中国的老皇历纪岁法。比如:"亚当活到一百三十岁生了个儿子。"实际是亚当二十二岁生塞特。"塞特活到一百零五岁生子以挪士。"实际是塞特十八岁生以挪士。"拉麦活到一百八十二岁生了个儿子,给他起名挪亚。"实际是拉麦三十岁生挪亚。挪亚造方舟所记用时一百二十年,实际费时二十年。"闪一百岁生了亚法撒。"闪实际是十七岁生亚法撒。闪之后的纪年就大体采用了现代一年三百六十五天的纪年方法。犹太人这一家族于公元前13世纪(商代后期)开始西迁,于公元前11世纪达到中东。这和世界史上记载的犹太民族西迁在时间上也基本吻合。在中国,老皇历甲子岁记年法一直被沿用,如《左传》载,师旷随晋悼夫人慰劳筑城杞者,有人怀疑绛县老人的年纪,老人说:"臣生之岁,正月甲子朔,四百有四十五甲子矣,其季于今三之一矣。"师旷即算出"于今七十三矣"。甲子岁的记载,在唐代墓志铭中还有表述,《唐代墓志汇编》大历〇五四记:"故上柱国北海璩公墓志铭并序:'噫!有唐大历十有二年(777),岁次降娄,春壬二月一日壬辰,北海璩府君卒于县之私第,享年三百七十二甲子矣,哀哉!'"实际璩公是六十三岁寿。

旧台州方言与古宁波方言与古希伯来语存在着同义词声母相同的现象,昭示着古老的语言之间有着浓厚的血脉联系,这为寻找《圣经》中出现的名字、名词提供了技术支持。《圣经》因为音译,还能够保持不少原本之意,将《圣经》创世纪神话中的名字点缀起来,可趣解一些祖源的名字与名词。中国有关洪水的传说,便被《圣经·创世记》记为"洪水"一章节;大禹治水的影子,便被形塑成"阿(亚)伯拉罕"的形象。阿(亚)伯拉罕,学者疏注其本意是"多国的父";而"阿拉"在吴语区,即自称"我"之意;"罕"即"汗",大王之意,意思就是:"我们的祖先是大王(先知)"。今浙江绍兴市有若耶溪,"若耶"与"挪亚"音同,挪是指移民之意。"夏娃",当是夏朝的娃,亚当与夏娃是兄妹,夏属。人名"亚乃""安拉",吴语区(台州片)即"阿拉";"阿塔尔",指"我得尔",是"咱们"的意思。人名"法勒斯",吴语区(宁波片)是"弗来是",指没有用的人或事。"勒撒",是敲诈勒索之意;"赖鳌",是抵赖之意。希伯来,即西泊来,语意倒装,意指航船西方泊居之意,其意是"渡过海而来的人"。亚当生三子:长子该应,该应种地;次子亚当,亚当牧羊;三子塞特。塞特生以挪士,以挪士同音译即"伊拉是",吴语方言译即"他就是"。"阿拉伯"又似乎是今浙江宁波市和舟山市地方方言"我的住地"之意。亚当当年是否陪同帝桀被流放到亭山,没有史料可考,但可推以挪士已经迁居南方。

所有"神"人,均出自凡夫俗胎,皆有其本来的历史素地。《圣经》中有"诺亚方舟"述说,中国古文献多有"方舟"的描述与传说。出自播州(今贵州省遵义市播州区)的传说:"播州,番人有才,曰播;州即舟也。""播舟,在第一轮无人烟,火烧甲子。第二轮无人烟,水满秦岭后,为四方舟,半斗状。这四方舟叫金木船。金木船上八人,所以说各姓氏都有八大房,又牵涉到八卦。"(见播州杨氏土司旧谱)《越绝书》记有:"方舟航买仪尘者,越人往如江也。"《圣经》中"诺亚方舟"的传说就其内容而论,与中国有关方舟的传说基本是相类似的。现代考古学家在英国伦敦挖掘的公墓是一个罗马帝国时期的平民埋葬地,那里出现了华人骨骸,新发现表明,该时期在欧洲生活的所谓非欧洲地区的外地人人数超过想象。考古学还在意大利发掘出土过一副亚裔骨骸,按头骨辨识法,辨认发掘出来的为亚裔人头骨。犹太人的种源在中国,至于人种肤色,以为是去北者白,去南者黑,去西者棕,居中者黄。人群因为迁徙混血,会产生遗传优势，况且三千多年与他族的婚姻，这种变化是巨大的。以上这诸多因素就可为追溯耶稣的祖源提供合理的解说。

中国谱牒专家以为西方没有家谱，出现在西亚的耶稣家谱，引发了史学家的极大兴趣，有论述以为耶稣是颛顼帝之后，犹太人的起源在中国，应在中国寻根。本著以中国的历史背景著述论，完成了这一夙愿。《圣经》中关于亚当与夏娃兄妹婚姻的情节，大多符合中国的伏羲与女娲兄妹婚姻传说。犹太人是东方之国与西亚之国的人婚姻产生的种族优势种群，今天犹太人所以有号称世界第一的经商才能，有号称世界一流的科学家。《圣经》记：耶稣出世四十天就有"来自东方的有三个占星术士"。说明那时还有东方之国在联系。公元前1世纪后期，犹太教《旧约全书》作成，之后耶稣使徒保罗（堂侄子）等传人作成《新约全书》，后皆称《圣经》合为一本。《圣经》中没有中国国名，而其第二十三卷《以赛亚书》记："看那，这些从远方来，这些从北方、西方来，这些从秦国来"。当时，中国的秦国是东方之国。究考帝癸出生年份约在公元前1610年，则帝发应出生在公元前1640年，帝皋应出生在公元前1665年；帝孔甲应出生在公元前1690年（之后），则帝不降应生于公元前1720年。帝不降之弟扃约生于公元前1715年，帝廑应生于公元前1685年，则帝廑之子威应生于公元前1645年，则宣林应生于公元前1615年，则宣林生亚当应在公元前1585年，则夏亡之年的公元前1559年，亚当时年应在二十六岁间。夏朝覆亡，亚当作为王族子弟，为了避难，故有"神用地上的尘土造人，将生气吹在他鼻孔里，他就成了有灵的活人"。亚当神话故事的产生无疑是为了避难。按《圣经》中"耶稣的家谱"世次排列，神造亚当的时间点世次正好与帝发之时吻合，情节相延又吻合。或曰封闭式的生活圈子里，导致了亚当与夏娃兄妹婚姻；连姓氏都不敢承接。犹太，意即游到他国的游民，犹太人闪族人口迅速增加，这引起了那时执政者古罗马当局的不满以及恐惧，并且迫害他们。犹太人闪族于公元前13世纪曾在巴勒斯坦居住，用希伯来语（属闪含语系闪语族），公元前11世纪建立以色列王国，创犹太教。公元1至2世纪罗马帝国统治期间，绝大部分被赶出住地，其中散入欧洲的受到迫害屠杀，或与当地民族结合。犹太人有部分返回中国，约始于唐朝；有较多的人来中国，是在北宋中叶。北宋时进入中国的犹太人，其先祖在公元前2世纪70年代离开犹太本土，流徙到印度的孟买地区，在那里定居了一千一百多年之后，于11世纪中叶或后叶，又循海道向东推进，有部分人回到了中国，散居于洛阳、北京、南京、杭州、宁波、泉州等地，但人数最多是住在开封。住在开封的这一支犹太人移民，以李氏为首，共有李、俺、艾、高、穆、赵、金、周、张、石、黄、聂、金、张、左、白等十七姓。

犹太人遭受种族歧视，历经了无数的辛酸、迫害、挣扎、背井离乡，在第二次世界大战时期被纳粹疯狂屠杀；即便是在今天，巴以冲突还在演绎着不幸的故事，所有这些历程，构成了这个民族沉重的精神负担。犹太人对于没有祖国的漂流生活有深深的自卑,他们惧怕其他民族的民族主义,因为没有自己祖国的犹太人似乎总是强势的民族主义的牺牲品!正是出于对没有祖国的不安,同时也是出于对遭受民族主义欺凌压迫的反感,作为犹太人的马克思在缜密思考后提出了伟大的共产主义理论学说。当代历史表明,20世纪,马克思主义理论指导着中国革命前进的航向。新时代中国特色社会主义思想则是马克思主义中国化的最新成果。

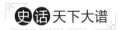

第三篇 灿若星空——春秋战国时代

我国自帝舜始就将不服者相继贬为异族,一直到周朝。周朝以中原为中央王朝自居,以华山为标志物,以为已统夏商子民,则自称华夏族。周朝将西方民族称为西戎;将北方民族称为北狄;将东方民族称为东夷;将南方民族称为南蛮。周朝封侯建国,产生了约一百七十多个政治实体,各国国内又以封食邑的方式产生了不少小国。东周以周平王东迁为界,后称东周。春秋战国时间段是指公元前770年至公元前221年,历五百五十年。春秋战国时期,由于生产力的提高,生产效率、生产果实明显增加,但是经济发展,社会变化,也造成社会制度的不平衡。动荡、变革,贵族制向平民社会发展,传统制度如宗法制、世卿世禄、井田制、工商食官、学在官府在动摇,依附性减弱,社会活化。春秋贵族"世卿世禄"制,战国开布衣卿相之局;"田里不鬻"变成土地可以买卖;从"工商食官"到私人商业、手工业出现;从"学在官府"到学问下移,新兴士阶层出现。春秋战国时代,诸侯纷争,大国兼并小国,四方民族不断被同化。

第九章 北国风光 晋秦强起

我国历史上在西北方有许多诸侯国,其王者背景大多有着炎、黄两帝血统。五帝舜时除四凶"浑沌""穷奇""梼杌""饕餮",但这四凶之后也成为强势氏族。夏、商、西周有西戎、鬼戎众多部落,至春秋时支系繁多,有三苗、北狄、东夷等。春秋末,秦国并吞了西方诸小国,于西戎之地强起。晋并吞了北方诸小国,称霸诸侯国。

一、炎帝榆罔 裔传北方

炎帝榆罔与黄帝律结盟,政治上炎帝取消了帝号,黄帝位确立。维系这一政治同盟制度的纽带是炎帝榆罔孙女女节嫁给了黄帝律之子少昊清,少昊清继黄帝位称黄帝鸿·公孙氏,后为帝者皆应由炎黄婚姻所生之子优先。方雷氏·女节嫁黄帝鸿生少昊登帝位便是其证。而体现在权力分配中,以为炎帝系任祝融为最高行政长官,以天命监督黄帝的权力失衡,从而保证黄帝权位的稳定。炎帝的裔传在我国西方形成了羌民族,之后的北狄、东夷、南蛮其首领都有着炎帝之后传的历史印痕。

　　炎帝榆罔长子方雷,方雷氏·女节为黄帝鸿次妃生少昊。自此,方姓人以国舅爷的身份一直强势在五帝左右。黄帝封雷于方城(疑为今河南南阳市方城县)立方国。方雷氏之后有方叔,方叔为周大臣,谓曰"望隆方叔"。周宣王五年(前823)秋八月,方叔帅师伐荆蛮。方叔,方雷氏六十三世孙。方叔先后奉命征伐淮夷,击退北方少数民族猃狁的侵扰,又率兵车三千讨伐不听号令的楚国,建立了赫赫功勋,使衰落的西周王朝出现了中兴的曙光。周宣王为了表彰方叔的功劳,赐方叔食邑于洛邑。《诗经·小雅·采芑》:"显允方叔,征伐猃狁,蛮荆来威。"

　　炎帝榆罔次娶滕隍氏,名曰女娽,生二子:称(称)、禺。称,字伯服,亦曰伯称、大称,豫州东南汝水(即今河南北汝河)之滨,称所居焉。称娶滕奔氏之女,谓之女娽,是生老童(见《大戴礼》)。老童生卷章。卷章为祝融。共工氏术器举兵反,颛顼帝命卷章为主将领千骑讨伐。共工氏术器领十三骑逃亡不周山,卷章追至,以致"共工怒触不周山"而亡。《淮南子·时则训》云:"南方之极,自北户孙(国名。日在其北,皆为北向户,故曰)之外,贯颛顼之国,南至委火炎风之野,赤帝、祝融所司者,万二千里。其令曰,爵有德,赏有功,惠贤良救,饥渴举力,农振贫穷。"卷章生二子:重黎、吴回。重(黎)为火正,司地,吴回为祝融之官。帝喾时,吴回战共工氏余孽,打败了共工氏,卒葬衡山之阳祝融峰(今湖南衡山),后世祀为火神。吴回生陆终,嗣为祝融。陆终氏族,奉陆螽为图腾以得名,东迁吴山(平陆),有裔更东迁大陆。大陆者,为豫州之获嘉(今河南新乡市获嘉县),距颛顼之旧墟不远矣。商灭夏,为其所迫,乃东迁汶上(属今山东)之北,仍称平陆(汉代于此地置东平陆县,以与山西之西平陆县相对)。陆终娶鬼方氏妹,曰女嬇(kuì),孕而不粥(音yù,古同"育",生养),三年,启其左胁,生子六人:长曰昆吾、二曰参胡、三曰彭祖、四曰会人、五曰曹安、六曰季连,皆坼剖而产焉。祝融之墟就在帝都,故祝融之墟也叫有熊之墟。《国语》:"祝融能昭显天地之光明,其后八姓,昆吾为夏伯,大彭、豕韦为商伯,庄子、彭祖得之,上及有虞,下及五伯。"祝融为黄帝、五帝时期的最高行政长官,其后皆有国。帝尧之时,改祝融为天文官,重黎之子羲和、羲仲、羲叔是也。

　　炎帝榆罔小子参卢,黄帝封于潞(在今山西黎城县南古城),建潞国。潞子国,子爵,后为赤狄族人方国,号曰赤狄。潞国在宋武公之世(前765—前748),其国人酆瞒讨伐宋国,司徒皇父帅师御之。鲁文公十一年(前616)七月甲午,鲁败潞国人于咸(在今河南濮阳市东南六十里),获长翟乔如,富父终甥舂其喉,以戈杀之,埋其首于子驹之门,以命宣伯。齐惠公二年(前607),酆瞒讨伐齐国,齐王子城父俘虏了酆瞒之弟荣如,埋其首于北门。卫国人又擒获酆瞒之弟简如,酆瞒由是遂亡。在晋献公到晋景公在位的近百年间,与晋国的冲突、交往从未间断。晋成公为了和潞子国表示睦邻诚意,把自己的女儿伯姬嫁给其国君潞子婴,通过和亲换得安宁。前594年,潞子国权臣酆舒逼迫国君绝晋之好,并诬伯姬以罪,杀害了她,又装作不小心打伤潞子婴的眼睛,潞君力不能制,只好求救于晋国。晋景公听说自己的亲姐姐被杀,怒不可遏,便欲立即发兵讨伐潞子国,众大夫一齐劝谏道:"不行,酆舒有三大优势,不如等他退位以后再作打算。"这时,只有大夫伯宗支持景公出兵,他从晋国长远利益考虑阐明道理,罗列了酆舒的五大罪状作为征伐理由:不祭祀祖先,一也;嗜酒群饮,二也;强占黎侯国土,三也;杀我伯姬,四也;伤潞君的眼睛,五也。这年六月,晋景公派大将荀林父兴师问罪,在曲梁(今山西长治市潞城区石梁村)大败潞军,随之杀酆舒,灭潞国。《左传·宣公十五年》:六月,"晋荀林父败赤狄于曲梁。辛亥,灭潞"。潞子国亡于晋景公十二年(前588),为晋国所灭,后传路姓。后有西落鬼戎,遭周初伐,逃之冀县(今甘肃天水市),传为媿姓,之后东汉时期有天水太守媿嚣名闻。再由潞国分出居申川之北的吕川(今陕西志丹县杏子河)、吕乡(今山西乡宁县东南四公里地有吕乡废城遗址,是原始吕氏部族进入山西的落脚点)。吕氏族人在夏、商时期皆有其国,其后又东迁至汾水中游(今在山西临汾市存有古吕城的遗址)肥沃的平原地区。潞子国之分有北狄国。北狄、赤狄,混称狄人("敌人"之名由"狄人"引申而来)北兽,夏朝时称皮服岛夷。在商王朝的述史中,土方、昌方等邦国是赤狄分支。北狄的称谓始于周朝,多含轻侮之意。赤狄有媿姓西落鬼戎最具名,有甲氏、留吁、铎辰诸小国。《礼记·王制》记:"北方曰狄,有不火食者矣,衣羽毛穴居。"春秋战国时期,戎与狄往往混称,因为族类比较接近。在狄的族称出现以后差不多一百年间,又出现了赤狄、白狄、长狄等许多称号。春秋时期北狄主要是炎帝后裔建潞子国,后发展为赤狄族人方国,号曰赤狄。战国末年及以后北狄指胡人,为东胡族系。北狄诸多方国,周朝时称名薰育、猃狁、肃慎、北戎、赤狄、白狄、东胡、林胡、楼烦、匈奴等,春秋战国时演变称名匈奴、丁零、敕勒、高东、柔然、东胡、乌桓、鲜卑、夫余、朝鲜、高丽、挹娄、勿吉等。

二、黄帝之后 狄人鲜虞

轩辕帝次子昌意为若水侯(若水即弱水。若水,当指今陕西甘泉县北洛河东北向一支流)。昌意生悃,一名苍林,受封北国鲜卑山。悃生禺,一名神元,是谓:"天女降嫔,是生神元。轩丘封氏。"禺生奄有,谓曰:"厌越以居北夷,邑于紫蒙之野,号曰东胡。"东胡生蒙格,一名区夏。区夏生云代,号拓跋。拓跋生始均。始均仕尧,时逐女魃(氏族名)于弱水,北人赖其勋。始均之后有鲜虞部落联盟。

春秋时期的鲜虞部落联盟,由鲜虞、肥、鼓、仇等几个部落组成,逐渐开始扩张势力。最初实力薄弱,受到邢国的抗击,史籍中多次记载邢国打败戎狄,有效地捍卫了西周的疆域和中原诸国。春秋初期,邢国衰弱,周惠王二十五年(前652)春,鲜虞出击邢国,次年又征伐卫国,邢君出逃,卫君被杀,齐桓公联合宋、曹、邢、卫诸国的兵力挫败鲜虞,才将邢、卫两国从灭亡中挽救回来。晋昭公二年(前530),晋将荀吴借道鲜虞进入鼓都昔阳(今河北省晋县西),八月,晋灭肥(在今河北省藁城县一带),俘国君绵皋,肥国旧地归属晋国。三年,晋昭公得知鲜虞边境空虚,即以荀吴统率大军进,破鲜虞中人城(今河北唐县西北峭岭)。晋定公四年(前508),赵简子大猎于中山,箭伤中山狼,东虢先生欲救中山狼,农夫以为不可救,曰:"子系中山狼,得志便狂妄。"之后便有了《东郭先生与狼》的寓言故事。五年秋,鲜虞出兵晋国平中(当指收复中人城之意),大败晋军,俘虏晋国勇士观虎,报了晋灭肥、鼓,占领中人城的一箭之仇。六年春,鲜虞人在有险可守的中人城(今河北唐县西北粟山)建国,史称鲜虞中山国。鲜虞建中山国,这对晋国的压力骤增,晋国拒绝蔡侯伐楚的要求,准备专心对付中山。后二年,晋国两次进攻鲜虞中山,报"获观虎"之仇。十八年,鲜虞中山与齐、鲁、卫共同伐晋,取得晋国的棘蒲(在今河北赵县境内)。二十一年,晋大夫荀寅因晋内乱逃奔鲜虞中山,荀寅原是中山的死敌,但此时中山为了削弱晋国,将荀寅接纳到新占领的晋国属地柏人(今河北隆尧县西)。二十三年(前489),为报复鲜虞中山,晋大夫赵简子"帅师伐鲜虞",大破鲜虞中山。晋国又把矛头指向鲜虞中山国的最后一个属国仇由,晋国的智伯诡计多端,唯恐仇由国路险难行,遂新铸大钟一口,诡称送给仇由国君,使仇由国"斩岸堙溪"以迎钟。仇由臣相赤章蔓看透了晋国的诡计,多次劝说国君,但仇由国君得钟心切,不听劝阻,七天之后,仇由被灭。外围扫清后,晋国开始进攻鲜虞中山国本土。晋出公十六年(前459)"荀瑶伐中山,取穷鱼之丘(在今河北易县境内)。"十八年(前457),晋派新稚穆子伐中山,直插中山腹地,占领左人、中人(在今河北唐县境内),"一日下两城"。鲜虞中山国亡。后有中山王者,是为周灵王太子晋之后。

鲜虞国东南是路国。黄帝鸿之玄孙帝挚,帝挚让位尧,帝尧封挚之子玄元路中侯,建路国(即占籍潞子国南面地),后名黎侯国,子孙以国为氏。《国语·郑语》:"妘姓邬、郐、路、逼阳。"《千字文》记:"天地玄黄,宇宙洪荒,日月盈昃,辰宿列张。寒来暑往,秋收冬藏,闰余成岁,律吕调阳。云腾致雨,露结为霜,金生丽水,玉出昆冈。剑号巨阙,珠称夜光,果珍李奈,菜重芥姜。海咸河淡,鳞潜羽翔,龙师火帝,鸟官人皇"。《唐代墓志》记:"路氏之先,出自炎帝。其后黄帝封支子于潞,子婴儿,连姻霸国。鲁宣之代,婴儿归晋,子孙因以为氏。至汉有路博德,为伏波将军,食邑颍水。魏时清水属阳平,遂为平人"。

三、微子启开 续商建宋

周武王灭商纣王之后,武王封商纣的儿子武庚禄父,让他来继承殷朝的祭祀,并派管叔、蔡叔辅佐他;又武王封箕子于朝鲜,可以不臣服;又武王封比干子于林(即裴林。在今河南新郑市东二十五里),传林姓。

微子启(一记微子开),帝乙元子。开听闻王子比干被杀,箕子出逃,叹曰:"父子是骨肉情,臣主是义理连。所以父亲如果有过错,儿子屡次劝不听,就应随之而号哭;

人臣如果屡次规劝,君主不听,那么从义上讲,人臣应该远离君主了。"于是,太师箕子、少师比干就劝告微子启离去,微子启便远行了。周武王讨伐纣王,战胜殷朝,微子启便手持自己的祭器来到军门。他露出右臂,两手绑在背后,左边让人牵着羊,右边让人拿着茅,跪在地上前行求告武王。于是武王就释放了微子启,恢复了他原来的爵位。

武王驾崩后,成王还年少,周公旦代理行政掌握国家政权。管叔、蔡叔怀疑周公旦,就与武庚禄父作乱,想攻打成王、周公。周成王三年(前1042),周公借用成王的命令诛杀武庚、管叔,放逐了蔡叔,又让微子管理殷地,以继续殷先祖的事业,并作《微子之命》告诫他,国名为宋。微子启本来就仁义贤能,代替武庚后,殷的百姓十分拥戴他。

谓周天下为大家,家天下立木,即是宋。微子启建立了宋国,都在商丘。微子启卒,子微仲衍立。微仲衍卒,宋公继,称宋公稽。宋公稽卒,丁公继位。丁公卒,申公继位。申公卒,共公继位。共公卒,湣公继位。湣公卒,熙立,是为炀公。炀公为宋君,湣公之次子鲋祀以为应该父位子承,是由哥哥弗父何继位,弗父何不为君,鲋祀曰:"我当立。"废炀公而自立,是为厉公。厉公卒,子举立,是为釐公。釐公十七年正当周厉王己未年(前842),奔彘。宋釐公二十八年卒,子覵立,是为惠公。

宋惠公元年辛未(前830),记入"十二诸侯纪年表"。惠公四年,周宣王即位。三十年,惠公覵薨,子哀公立。哀公元年薨,不入纪年,弟戴公立。戴公元年壬寅(前799)即君位。二十三年,戴公之子皇父(甫)孔圣,作都于向(在今山西济源市西南)。二十九年时,周幽王为犬戎所杀,秦国列位诸侯。三十四年,戴公薨,子司空立,是为武公。

武公元年丙子(前765)即君位。武公生女嫁给鲁国惠公,是为夫人;夫人生鲁桓公。武公之世,翟国人郰瞒讨伐宋,司徒皇父帅师御之。以败翟于长丘(在今河南封丘县西南)。十八年,武公薨,子力立,是为宣公。十九年,宣公病,请其弟和曰:"父死子继,兄死弟及,天下通义也。"并且对众大臣曰:"我其立和。"和三让而受之。和立,是为穆公。

穆公元年癸丑(前728)即君位。九年穆公病,召大司马孔父嘉谓曰:"先君宣公舍弃太子与夷而立我,我不敢忘。我死,必立与夷也。"孔父却曰:"大臣们都希望立公子冯。"穆公曰:"不要立冯,我绝不能辜负宣公。"于是穆公派冯出使郑国并居住在那里。八月庚辰日,穆公去世,哥哥宣公的儿子与夷即位,这就是殇公。君子听到这种情况后曰:"宋宣公可以算是知人善任了,立自己的弟弟为国君保全了道义,然而自己的儿子也还是终于享有了国家。"

殇公元年(前719),卫公子州吁杀死自己的国君完,自立为君,想得到诸侯的支持,便派人告诉宋国君曰:"冯在郑国,一定是后患,你可以和我共同讨伐他。"宋答应了,和卫共同攻打郑国,军队打到东门便返回了。二年,郑国讨伐宋国,还报"东门役"的仇恨。那以后,诸侯多次来进犯宋国。九年的一天,大司马孔父嘉的美貌夫人外出,路遇太宰华督,华督看中嘉的夫人,竟目不转睛地盯住她。华督贪图孔父妻,就让人在国中扬言:"殇公即位十年,竟打了十一次大仗,百姓苦不堪言,这都是孔父的罪过,我要杀死孔父以安定人民。"十年,华督杀死孔父,夺了他的妻子。殇公很生气,于是华督又杀死殇公,从郑国迎回穆公儿子冯并立他为君王,这就是庄公。

庄公元年(前710),华督做宰相。九年,逮捕了郑国的祭(音zhài)仲,要挟他立突做郑国国君。祭仲答应了,终于立突为国君。十九年,庄公去世,子闵公捷即位。

闵公,一记闲闵公,元年庚寅(前691)立为君。九年,宋国洪水成灾,鲁国派臧文仲到宋国慰问,闵公自责曰:"因为我不能侍奉鬼神,政治不清明,所以发生了大水。"臧文仲认为这话很对。这话实际是公子子鱼教导闵公说的。十年夏天,宋国讨伐鲁国,在乘丘(在今山东济宁市兖州区西南三十五里)作战,鲁国活捉了宋国南宫万。宋人请求释放万,南宫万回归宋国。十一年秋,闵公与南宫万出猎到蒙泽(在今河南商丘市东北二十二里故蒙城一带)时作博戏,摆下棋局。时有六子棋,棋盘用石薄板做成。六子棋只可直冲横撞或直跳,不可有回头棋子。原来南宫万与闵公争道,闵公很生气侮辱了他,曰:"最初我很敬重你,今天,你只不过是鲁国的一个俘虏。"南宫万勇武有力,痛恨闵公侮辱他,于是抓起棋盘砸向闵公,闵公亡。大夫仇牧听说这件事,带着武器来到公门。南宫万迎击仇牧,仇牧门齿碰到门扉上死了。南宫万又杀死太宰华督,就改立公子游做国君。各位公子逃奔到萧邑(在今安徽萧县西北),公子御说逃奔到亳(南亳。在今河南商丘市东南)。南宫万的弟弟南宫牛带领军队包围了亳。冬天,萧邑大夫和宋都逃来的公子们联合击杀了南宫牛,并杀死新立的国君公子游,而立潜公弟弟御说,这就是桓公。南宫万逃奔到陈国。宋国派人贿赂了陈。陈国人巧使美人计用醇酒灌醉了南宫万,用皮革把他裹上,送回宋国。宋国人对南宫万施以醢(音hǎi)刑。《左传·庄公十二年》记:宋万弑闵公,"群公子奔萧(在今安徽萧县西北)"。

桓公二年(前680),诸侯讨伐宋国,到了宋都郊外就离开了。二十三年,卫国把公子毁从齐国迎回,并立他为国君,这就是卫文公,文公的妹妹是宋桓公的夫人。这一年,秦穆公即位。三十年,宋桓公病重,太子兹甫谦让自己的庶兄目夷继承君位。桓公虽然认为太子之意合乎道义,但最终未同意。三十一年春,桓公去世,太子兹甫即位,这就是宋襄公。

襄公元年辛未(前650)即君位,让自己的哥哥目夷(公子睭,字子鱼)做宰相。桓公还未安葬,齐桓公就在葵丘会见各国诸侯,襄公前去赴会。七年,宋地陨星坠落如雨,和雨一块降下,六只鹢(音yì)退着飞行,因为风太大了。八年,齐桓公去世,宋国想与各诸侯结盟相会。十二年春,宋襄公要在鹿上(在今安徽阜阳市南)结盟,向楚国提出请求,楚人答应了他。公子目夷进谏说:"小国争当盟首,是灾祸。"襄公听不进目夷的劝告。秋天,各诸侯在盂(一作唐盂,属于宋地。在今河南睢县西北)与宋公聚会结盟。目夷说:"灾祸难道在此吗? 国君的欲望太过分了,怎么受得了呢!"楚成王假饰乘车赴会,跟随人员皆壮士。是日,众诸侯分左右两阶登坛,右阶宾登,众诸侯不敢僭越楚成王,让之居首,楚将成得臣、斗勃相随,其余诸侯各随其后;左阶主登,只襄公及公子目夷二人。当推盟主,襄公以目示楚王,指望楚王先开口,楚王低首不语,众诸侯皆面面相觑。襄公忍不住,便昂然而出曰:"今日之举,寡人欲修先伯主齐桓公故业,尊王安民,息兵罢战,与天下共享太平,并与楚王有约在先,诸君以为何如?"楚成王亦挺身而前曰:"盟主理当诸君共推,今君自为盟主,吾欲让之:君伐齐之丧,擅行废立,其罪一也;滕子赴会稍迟,辄加絷辱,其罪二也;用人代牲,以祭淫鬼,其罪三也;曹缺地主之仪,恃强围之,其罪四也;不能度德量力,自逞其雄,其罪五也;借寡人之尊而要挟诸侯,妄自尊大,毫无逊让之礼,其罪六也。君有六罪,何堪伯主之尊!天夺其魄,今寡人统甲车千乘,战将千员,为齐、鄫各国报仇来也!"言罢,大笑不止。但见那成得臣、斗勃二将,早已脱去礼服,露出重铠。只把小红旗向下一招,跟随楚王人众,何止千人,一个个俱脱衣露甲,手执兵器,抢至坛上。各国诸侯俱吓得魂不附体,可怜宋襄公作了成得臣的俘虏。楚拘捕了宋襄公以讨伐宋国。公子目夷逃归本国,向司马公孙固说知襄公被劫一事,众臣即奉目夷面南而坐,告于太庙,宣以楚兵旦暮且到,发令守城。方才安排停当,楚王已引大军至睢阳城下。楚王使斗勃执襄公言于城上曰:"尔君已被我君拘执在此,速献城门来降,保全汝君性命!"目夷使公孙固在城楼答曰:"赖社稷神灵,国人已立新君在此;故君已辱社稷,生杀唯楚王所命,欲城降则不可得也。"楚王大怒,喝令攻城。城上矢石如雨,连攻三日不下,楚兵多有死伤,楚王计议于群臣。得臣曰:"不如杀宋公以归。"楚王曰:"杀宋公犹杀匹夫耳,不能得宋,徒取怨。"斗宜生进曰:"臣有一计,今不予盂之会者齐、鲁二国,鲁与宋善,设以宋之俘获,献之于鲁,再邀齐、鲁、陈、蔡、郑、许、曹至亳都相会,有敢违者!"楚王曰:"善!"乃以斗宜生为使,如曲阜献捷,其书云:"宋公傲慢无礼,寡人已幽之于亳,不敢擅功,谨献捷于上国,望君辱临,同决其狱。"鲁釐公览书大惊,惶恐而至,齐孝公紧随其后,陈、蔡、郑、许、曹五君亦自盂地来会。七国之君聚于一处商议,郑文公开言,欲尊楚王为盟主,诸侯嗫嚅未应。鲁釐公忿然曰:"盟主须怀仁布德,今楚王恃强以兵车袭执上公,有威无德,人心疑惧,吾等与宋皆有同盟之谊,楚若能释宋公,寡人敢不唯命是听。"众诸侯皆以为鲁侯之言善,楚王乃在亳(西亳。即在今河南偃师市西尸乡沟一带)地将宋公释放。楚王登坛执牛耳,宋、鲁以下次第受歃。目夷闻襄公见释,乃迎归于国,目夷仍退居臣列。目夷曰:"灾祸还没有结束呢。"

十三年夏,宋国讨伐郑国。目夷说:"灾祸就在这里了。"秋天,楚国为援救郑国而讨伐宋国。襄公要出战。目夷进谏说:"天抛弃商很久了,不可以战。"冬,十一月,襄公在泓水(在今河南柘城县西北三十五里)与楚成王作战。楚军渡河未完时,目夷就劝说:"彼众我寡,要趁他们渡河时攻打他们。"襄公不听目夷的意见。等到楚军渡完河还未排列成阵势时,目夷又建议:"可以攻打了。"襄公却说:"等他们排好阵势再打。"楚军阵势排好,宋军才出战。结果宋军大败,襄公大腿受伤。宋国人都怨恨襄公。襄公辩解说:"君子不能乘人之危,不能攻打未列好阵势的军队。"目夷说:"打仗胜了就是功劳,说些空洞的道理又有什么用呢!真的按襄公说的做,就当奴隶服侍别人算了,何必还打仗呢?"是年,晋公子重耳路过宋国,襄公因为被楚国打伤,想得到晋援助,于是厚礼重耳,赠送给重耳八十匹马(二十乘)。十四年夏,襄公死于泓水之战时的腿伤,儿子王臣即位,是为成公。

成公元年(前636)即位。三年,宋国背弃楚国盟约与晋友好,因为宋曾对晋文公有过恩德。四年,楚成王讨伐宋国,宋国向晋国告急。五年晋文公救援宋国,楚军退去。十七年,成公去世。成公的弟弟御杀死太子和大司马公孙固,自己立为国君。宋人杀死国君御,拥立成公小儿子杵臼,这就是昭公。

昭公元年壬寅(前619)即君位。四年,宋在长丘打败翟国人长翟缘斯。九年,昭公昏庸无道,百姓不归附他。昭公的弟弟鲍革很贤惠,又能礼遇下士。先前,襄公夫人想与公子鲍私通,未能如愿,于是就帮助鲍对国人布施恩惠。公子鲍受于华元的推荐作了右师。昭公出猎时,夫人王姬让卫伯杀死昭公杵臼,弟弟鲍革即位,这就是文公。

文公元年(前610),晋国率领诸侯讨伐宋国,谴责宋杀死了国君。但听说文公已被立为国君,就退兵了。二年,昭公儿子靠与文公的同母弟弟须和武公、穆公、戴公、庄公、桓公的后代作乱,文公便诛杀了他们,赶走武公、穆公的后代。四年春,楚让郑讨伐宋国。宋国派华元作统帅,郑国打败了宋国,囚禁了华元。华元在作战初曾杀羊犒劳士兵,他的车夫羊斟没有吃到羊肉羹,所以十分怨恨,便驾着车跑到郑军中,所以宋军失败,华元被囚。宋国用一百辆兵车、四百匹毛色漂亮的马赎回华元。这些东西还未完全送到楚国,华元就逃了回来。十六年,楚庄王派申舟为使臣去访问齐国。从楚国到齐国,要经过宋国,按理说,楚国应事先通知宋国。可是楚庄王自恃大国,不把宋国放在眼里,说:"不用通知宋国,只管过去就是!"结果申舟经过宋国的时候,宋国就把他扣留了。当时执掌宋国国务的华元对国君宋文公说:"楚国使者经过中国,事先连通知都没有,简直把中国看作已经亡了,成为它的属地了,这是不能容忍的!我们必须维护主权独立和尊严,不能受这样的侮辱!他们如果借此发兵,我们大不了也就是亡国,但我们宁愿战败而亡,决不可屈辱而亡!"于是,把申舟杀了,并且准备迎击楚国的"问罪之师"。楚庄公听到申舟被杀的消息,果然在九月发兵,向宋国大举进攻,一下子就把宋国团团围住了。十七年,楚国包围宋都达五月之久,城内告急,无粮可吃,华元便在一天夜里暗中会见楚国将领子反。子反告诉庄王。庄王问:"城中怎么样?"子反回答:"城内人劈开人骨作柴烧,交换幼子果腹。"庄王说:"这话是真的呀!我军也只有两天的口粮了。"楚国由于讲求信义,就退兵了。二十二年,文公去世,儿子共公瑕立为国君。宋国第一次实行厚葬。君子讥笑华元没有尽到为臣的职责。

共公元年癸酉(前588)即君位。十年,华元与楚将子重友好,又与晋将栾书友好,因此与晋楚都结了盟。十三年,共公去世。华元做右师,鱼石做左师。司马唐山杀死太子肥,又打算杀死华元,华元要逃亡到晋国,鱼石阻止了他,到了黄河又折回来,杀死了唐山。于是,立共公小儿子成,这就是平公。

平公元年丙戌(前575)即君位。三年,楚共王攻下宋国的彭城,把彭城封给宋国左师鱼石。四年,诸侯共同杀死鱼石,而把彭城归还给宋国。二十年春,宋国庄朝讨伐陈国,获司徒印,宋国位卑争强也。三十年(前546),左师向戌发起弭兵运动,之后晋与楚四十年无战事。四十二年,《左传·昭公八年》有记"宋戴恶会之"。四十四年,平公去世,儿子元公佐即位。

元公元年庚午(前531)即君位。三年,楚公子弃疾杀君即位,做了平王。八年,宋国发生火灾。十年,元公不讲信用,用欺骗手段杀死许多公子。大夫华氏、向氏作乱。楚平王太子建逃奔到宋国,看见华氏等人互相攻伐作战,便离开宋国跑到郑国。十一年丙戌,与华氏战于赭丘(在今河南华县北)。郑翩愿为鹳,其御愿为鹅。子禄御公子城,庄堇为右。十五年,因为鲁昭公在外居住躲避季氏,元公便替他四处求情回鲁国,半路上元公去世,儿子景公头曼(音wàn)即位。

景公元年乙酉(前516)即君位。十六年,鲁国阳虎逃奔到宋国后又离开。二十五年,孔子路过宋国,宋国司马桓魋(音tuī)讨厌孔子,想杀死他,孔子换上平民服逃出宋国。三十年,曹背叛宋国,宋国讨伐曹国,晋国未去救援,于是宋国灭了曹国。三十四年,《左传·哀公十二年》记:"宋、郑之间有隙地焉,曰弥作、顷兵、玉畅、曲、戈、锡(此上六邑,当指今河南杞县、太康、睢宁三县地。锡,当是砀,在今河南永城市东北六十里芒山镇)。子产与宋人为成,曰'勿有是(搁置争议,共同开发)'。"及宋平、元之族,自萧奔郑,郑人为之城苗:戈、锡。九月,宋向巢伐郑,取锡,杀元公之孙遂围由。十二月,郑罕达救曲,丙申围宋师。三十七年,楚惠王灭亡了陈国,天象火星侵占了心宿星区。心宿区是宋国的天区,景公十分担忧。司星子韦说:"可以把灾祸移到相国身上。"景公说:"不行,相国像是我的手足。"子韦又说:"可以移到百姓身上。"景公说:"也不行,国君靠的就是百姓。"子韦又说:"可以移到年成上。"景公说:"更不行,年成歉收,百姓贫困,我做谁的国君!"子韦说:"天虽高远却能听到下界细微的声音,您有这三句国君应该说的话,火星应该移动了。"于是仔细观测火星,火星果然移动了三度。六十四年,景公去世。宋公子特杀死太子即位,这就是昭公,是为宋后昭公。后昭公是元公的曾孙。后昭公的父亲是公孙纠,纠的父亲是公子裬(音duān)秦,裬秦就是元公的小儿子。景公杀死后昭公的父亲公孙纠,所以昭公怨恨太子,便杀死他,自己即位。

后昭公元年(前450)即君位。四十七年去世,儿子悼公购由立为国君。昭公之时,左师向戌之孙左丘明著作《左传》《国语》成。二十九年(前422),左丘明卒,寿约七十一岁。左丘明是中国传统史学的创始人,被后世誉为"百家文字之宗,万世古文之祖"。

悼公元年(前403)即君位,八年去世,儿子休公田即位。休公田元年(前395)即君位,二十三年去世,儿子辟公辟兵即位。辟兵元年(前372)即君位,三年去世,儿子剔成即位。剔成元年(前369)即君位。剔成四十一年,剔成的弟弟偃袭击剔成,剔成失败逃到齐国,偃自立宋国国君。

君偃元年(前328)即君位。十一年,自己号为王。东面打败齐国,攻下五座城;南面打败楚国,侵占三百里地;西面打败魏国,和齐魏结成怨家。君偃用牛皮袋盛着血,悬挂起来用箭射它,称为"射天"。君偃只知沉湎于酒色之中,凡是规劝提意见的大臣,君偃一律射死。于是诸侯们都称他为"桀宋"。"宋君偃又步纣王后尘,为所欲为,不可不杀。"诸侯要求齐国讨伐宋国。王偃即位四十七年(前282),齐湣王与魏、楚讨伐宋国,杀死王偃,灭亡了宋国,瓜分了宋地。

四、虞舜之后　陈氏世家

五帝之时帝虞舜生二子,商均、义均。商均生虞思,义均生直柄。直柄之后建遂国(在今山东肥城市南二十里安临站镇),有虞氏传焉,商时期为陈国。虞思生圣明,其后失名。虞属记世系有缺代,复自景旭定之后世传可拟,景旭定生勾较,勾较生禹纳,禹纳生灵冠,灵冠生德懿,德懿生咸享,咸享生馀念,馀念生平仲。平仲之后,《史记·陈杞世家》所记不失为真。虞舜之后裔,"夏后之世,或失或续。至于周武王克殷纣,乃复求舜后,得妫满,封之于陈(出土金文资料作敶。建都初在今河南柘城胡襄镇),以奉帝舜祀,是为胡公"。

周武王灭商纣王后,寻舜之后妫满,准备封之陈地以供舜祀。时有文王时的陶正(管理制陶业的官员)虞阏父之子满,长得一表人才,其制作陶器,手法娴熟,武王知其妫满氏,即为帝舜之后,武王将大女儿大姬嫁给他。武王还将肃慎部族贡献的箭,作为嫁妆给了胡公,该箭用楛木做的箭杆,箭头是石制的,箭长一尺八寸,有数十支,后来就将胡公分封到陈国,史称胡公满。胡公去世,子犀立,是为申公。

申公犀,皋羊立(一记皋羊是申公之弟),是为相公。相公犀,孝公立。孝公犀,突立(一记孝公即突)。突犀,仁立,仁立称陈侯(《史记》缺此名)。陈侯犀,子圉戎立,是为慎公(《史记·陈杞世家》记此代时对世次有疑问,故注:慎公在位,当周厉王时)。慎公犀,子宁立,是为幽公。幽公在位二十三年犀,子孝立,是为釐公。

釐公元年庚午(前831)即君位,在位三十六年犀,子灵立,是为武公。武公元年丙午(前795)即君位,在位十五年犀,子说立,是为夷公。夷公在位三年犀,弟燮立,是为平公。平公元年甲子(前777)即君位,七年,周幽王为犬戎所杀。二十三年,平公薨,子圉立,是为文公。文公元年丁亥(前754),文公娶蔡国女为妻,生子佗。十年,文公薨,长子鲍即位,是为桓(一记恒)公。桓公三十八年薨,其弟佗立,是为厉公。厉公佗母亲是蔡国人,蔡国人为立佗而杀死五父及太子免。

厉公元年乙亥(前706)即君位,二年生子完。时有周太史经过陈国,厉公请其用《周易》卜卦,得卦象从"观"爻变为"否"爻。周太史曰:"此儿将做天子宾客,而不在陈,是代姜姓而得,后裔将拥有该国。姜姓,太岳之后。陈国将衰之时,姜姓有国昌盛!"七年,原被厉公请蔡国人所杀的太子免及其三个弟弟跃、林、杵臼,请以蔡国美女诱惑厉公,杀死厉公,立跃为君,是为利公。利公在位五个月薨,林立,是为庄公。庄公在位七年薨,杵臼立,是为宣公。

宣公元年己丑(前692),即君位,二十一年,原厉公之子完逃奔齐国。齐桓公拟命陈完为卿,完曰:"流亡之臣,幸得免劳役,已是恩惠,不敢居高位。"桓公就让他当工正。陈完,字敬仲,齐懿仲欲嫁女给之,占卜,其辞曰:"是凤凰鸟比翼。五世之后将会昌盛;八世以后没人能比"。三十七年,齐桓公伐楚回程经陈国。陈国大夫辕涛涂骗齐人走东边道,道路险恶难走,桓公将辕涛涂抓走。四十五年,宣公薨,子款立,是为穆公。穆公在位十六年薨,子朔立,是为共公。共公在位十八年薨,子平国立,是为灵公。

灵公元年戊申(前613)即君位,六年,楚国伐陈。十年,陈与楚讲和。十四年,泄冶谏嘲灵公曰:"君臣淫乱,百姓效法谁?"灵公将此言告诉孔宁、仪行父,两人杀死泄冶。十五年,夏征舒是为陈大夫,邀请灵公、孔宁、仪行父参加家宴,因为三人出言不轨,淫荡之语伤人,征舒怒及,即令人埋伏在马房门口用弓弩射杀灵公。夏征舒,名夏南,字子南。其先,陈国陈宣公次子子夏,子夏少西氏。子夏生夏叔御,叔御为陈国军司马。叔御生征舒。征舒十二岁时父亡,十八岁时生得长躯伟干,多力善射。陈灵公元年,灵公让夏征舒袭父亲的司马官职,执掌兵权。征舒与陈灵公为三世堂兄弟,征舒年小。征舒年轻领兵甚为威风,陈、郑相邻,郑穆公甚是欢喜,许与女。不几年,夏征舒娶妻,居株林(在今河南西华县西南),妻因名夏姬。时有陈国大臣孔宁、仪行父与夏征舒同僚,常来株林饮宴做客。孔宁见夏姬美艳,偷得夏姬晾晒的锦裆(内裤),就向仪行父夸耀。仪行父心中羡慕,也设法偷得夏姬晾晒的碧罗襦(内衣)。两人由是互相吹嘘,如何如何地取得了夏姬的欢心,实际是谁也别想沾边,因为夏征舒的战刀不是吃素的。孔宁既嫉妒,又羡慕,心想这样的美人不能让夏征舒独享,就去向陈灵公说词。陈灵公为人轻佻傲慢,耽于酒色,逐于游戏。灵公曰:"寡人已闻她的美貌,见识见识也可。"这边厢就通知了夏征舒要到他家做客。陈灵公微服出游株林,孔宁、仪行父在后边相随到了夏家。夏家张灯结彩,预备了丰盛的酒馔,等到陈灵公的车驾一到,大有宾至如归的感觉。夏姬穿着礼服出迎,她对灵公说:"不知主公驾临,有失迎接。"陈灵公一看她的容貌,顿觉六宫粉黛全无颜色,酒酣之后,君臣又互相调侃嘲谑,毫无人形。夏征舒解手避席,孔宁与仪行父装酒醉强按夏姬与陈灵公接吻戏谑,征舒回席正好看见,顿时怒从心头起,恶向胆边生,羞恶之心再也难遏。征舒从便门溜出,吩咐随行军众,把府第团团围住。夏征舒戎装披挂,手执利刃,引着得力家丁数人,从大门杀进,大叫:"快拿淫贼!"陈灵公还在调戏夏姬,孔宁却听到人声嘈杂,叫了声不好,三人起身就跑。陈灵公慌不择路,急向后园奔去。征舒紧追不舍。陈灵公跑到东边的马厩,想从矮墙上翻过去,征舒扳弓"飕"的一箭,没有射中,陈灵公吓得钻进马厩,想躲藏起来,偏马群嘶鸣不止。他又撤身退出,刚好征舒赶到,一箭射中陈灵公胸口,陈灵公倒在马厩下。孔、仪二人见陈灵公东奔,知征舒必然东追,就换路往西逃,从狗洞里钻出去,不敢回家,逃到楚国去了。征舒家丁将陈灵公射杀,然后谎称"陈灵公酒后急病归天"。夏征舒自立为陈君。

楚庄王十六年(前589)冬,楚国偏听逃亡的孔宁与仪行父一面之词,决意讨伐陈国。楚大夫辕颇带领楚军到株林去拿下征舒,捉住夏姬,征舒被施以"车裂"之刑。夏征舒被杀。原逃至晋国的太子午被迎接回陈,立为君,是为成公。夏征舒玄孙夏啮,在后来楚平王取代楚灵王的政变中率领陈国人与楚平王合作,后在吴楚鸡父之战中被吴公子光(吴王阖闾)所俘,其子孙传为夏姓。

五、晋国强起　称霸诸侯

周成王封同母弟叔虞于唐,其后改唐为晋是为晋国。《白虎通义·号篇》云:"五霸者,何谓也? 昆吾氏、大彭氏、豕韦氏、齐桓公、晋文公是也。"在晋国的母体内,孕育着众多的氏族、家族。叔虞封唐地,初始记载是从感生神话开始的。周武王娶姜太公师尚父之女邑姜生太子诵与唐叔虞。叔虞,字子于,号大叔。叔虞初生时,有文在手"众","众"即"虞"字,次子也,故名叔虞。周成王初时,周公旦摄政。唐有乱,周成王八年(前1038)冬十月,周公旦率王师灭唐(即陶唐氏。在今山西临汾市西南),迁其民于杜(在今陕西西安市南杜城),是为唐杜氏。唐已灭,成王与同母弟叔虞戏,削梧桐叶似"圭"与弟叔虞曰:"余以此封汝。"时有史佚在,因请择日封叔虞,成王言己是戏言。《吕氏春秋·重言》记主封者是周公:"叔虞喜,以告周公,周公以请曰:'天子其封虞耶?'成王曰:'余一人与虞戏也。'周公对曰:'臣闻之,天子无戏言。天子言则史书之,工诵之,士称之'"。二十八年,西周青铜器尧公簋铭文记:"(尧)公作妻姚簋,遘于王命唐伯侯于晋,唯王廿又八祀。"是年,周成王择日封叔虞于唐。唐故地在翼[在今山西晋南,即河、汾之间,方百里。《山西通志·金石记》著录出土的"商世唐君之器",铭文有四字"唐子且(祖)乙",有学者考证旧唐国是在晋南]。剪桐之说,亦包含"翦唐"之意。《左传·定公四年》记:"分唐叔以大路、密须之鼓、阙巩、沽洗,怀姓九宗,职官五正。命以'唐诰',而封于夏虚,启以夏政,疆以戎索"。怀姓九宗,"殆指晋之西北诸侯,即唐叔所受之怀姓九宗,春秋隗姓诸狄之祖也",这主要是指炎帝之后由赤狄族人发展而成的九个氏族,即隗氏、婾氏、鬼氏、无怀氏、昌夷、獬狁、复氏、宝氏、嚳氏(文见王国维《鬼方昆夷獬狁考》)。《左传·隐公六年》注:"翼,晋旧都也。唐叔始封,受怀姓九宗,职官五正,遂世为晋强家"。叔虞封唐地,成王告诫其要"启以夏政,疆以戎索"(见《左传·定公四年》),即"不骄、不溢得以长久",此怀柔政策,使新唐国对旧唐国得以平稳过渡。叔虞得嘉谷,谷穗长得奇异,异株同颖,以献成王,象征天下和同,周公旦作《嘉禾》以记之。叔虞子燮父继位,始改国名为晋。

晋国之前为唐杜国,其先为帝尧曾经的封国。尧号称陶唐氏,尧次子源明封于唐,是为唐侯。唐尧之国在翼城(治今山西翼城县、襄汾县一带)。唐侯之后有刘累给夏帝孔甲养龙封御龙氏,以别出唐氏,姓刘氏。御龙氏之后,商武丁灭豕韦(彭姓国。在今河南滑县),将刘累十三世裔孙刘源传封在豕韦地,是为豕韦氏。周武王灭商殷之后唐国有乱,周公旦奉周成王之命灭唐。唐叔虞所封的旧唐国,自帝尧以来一直是刘姓封国之地。刘姓人分枝甚多,及刘累之后为豕韦氏,豕韦氏刘姓宗裔在商武乙、太丁时,为争夺旧唐国权位与原刘姓宗支展开了争斗,故曰唐有乱。豕韦氏刘树鸿争得君位,封遐韦氏,立国都于唐邑。树鸿孙韦遐封出建韦国;树鸿另孙俊通投周以为大夫。唐已灭,成王遂迁唐国豕韦氏刘彦武于杜邑(在今陕西西安市南杜城),建立唐(棠)杜国。刘彦武,字弼,号楚熊,周成王八年(前1037)冬十月封诸侯。唐杜国立,刘彦武又名杜敬,称唐杜氏,爵位伯。杜敬卒,谥号杜伯。子孙传为刘、杜姓。

晋燮父元年(前999),晋易地立国,国都建在绛地(今山西翼城县东南十里故城村),一名翼。晋侯燮父建造华美的宫室,受到周康王的批评,康王派人来吵嚷,又派史官来总督。燮父生宁族,是为晋武侯;燮父生少子六,当昭王时,以六月六日生,故以六名之。生而有纹在其手,左曰木,右曰易。昭王曰:"其祖(指唐叔虞)有之,天所命也。"遂封六为杨侯,国于河洛之间,字之曰君牙,后为穆王司徒。宁族生服人,是为晋成侯;服人生福,是为晋厉侯;福生宜臼,是为靖侯(《史记·晋世家》记:从唐叔到靖侯这六代不知道在位年数,靖侯以后年纪可推)。周共和元年(前841),靖侯卒,子司徒立,是为釐侯。十八年,釐侯卒,子苏(原记籍,考古有"献侯苏钟"今改)立,是为献侯。十一年,献侯卒,子费生立,是为穆侯。

晋穆侯元年庚寅(前811)即君位。四年,取(娶)齐女姜氏为夫人。七年,穆侯与周宣王伐条戎和奔戎(在今山西夏县一带),结果失败。穆侯不忘此耻,这年夫人姜氏生下儿子即起名仇,并立为太子。十年,穆侯在千亩(今山西安泽北九十里)之战中获胜,夫人姜氏又生子,取"出师成功"之意,名之曰成师。其二子取名,合符时势,但犯忌。晋大夫师服就说:"异哉,君之命也!太子曰仇,仇者'仇'也。少子曰成师,成师大号,成之者也。名自命也,物自定也。今嫡庶名反逆,此后,晋其能毋乱乎?"后果如其言。二十六年(前786),周宣王杀杜伯,杜伯之子杜隰叔奔晋,封在先(即先俞,一名雁门山。在今山西代县东北)。二十七年,穆侯卒,弟殇叔立,太子仇被迫逃亡在外。殇叔四年(前781),太子仇率其徒众袭杀殇叔,夺回君位,是为文侯。

晋文侯,名仇,字号义和,元年辛酉(前780)即君位。时年,晋文侯与王子多父(后称郑桓公)联手伐鄫(即甄国。在今山东兰陵县西北三十里鄫城),克之。二十四年,晋人灭韩国(当在今河北固安县东南大韩寨)。此韩国,是周成王弟应韩武之穆也,宣王四年王命蹶父如韩,有韩奕名闻,不知当世亡国韩侯之名是谁?三十一年,晋文侯杀王子余臣于携(当在今陕西渭南)。携王乃虢公翰于幽王亡后次年所立之王,与平王时称周二王。三十五年,文侯仇卒,子伯继位,是为昭侯。文侯仇之次子仇首,仇首生仇由。仇由时晋始乱,仇由建仇由国(在今山西盂县东北)。晋之末,仇由国为晋知伯所亡,《韩非子·说林下》记:"知伯将伐仇由,而道难不通,乃铸大钟遗仇由之君。"又《史记·樗里疾甘茂列传》记:"知伯之伐仇犹,遗之广车,因随之以兵,仇犹随亡"。仇由之后传仇姓。

晋昭侯元年丙申(前745),昭侯封其叔成师于曲沃(今山西曲沃西南五里凤城村),号曲沃桓叔。桓叔由晋靖侯庶孙栾宾辅相,威权大增。桓叔时年五十八岁,因行德政得民心,使得晋国的臣民多有归附。曲沃的规模比晋国的都城翼城(今山西翼城县东南十里故城村)大,由此曲沃与翼城相抗衡。《毛诗》序云:"《扬之水》,刺晋昭公也。昭公分国以封沃,沃盛彊,昭公微弱,国人将叛而归沃焉。"晋昭侯七年(前739。纪年表无七年,即记为孝侯元年),晋大夫潘父弑昭侯而迎桓叔,桓叔欲入晋,晋人发兵攻桓叔,桓叔败,还归曲沃。晋人立昭侯子平为君,是为晋孝侯。孝侯诛杀潘父。晋与曲沃因此成为两股势不两立的敌对势力。

晋孝侯八年(前732),曲沃桓叔卒,子鳝代父,是为曲沃庄伯。十一年,狄人伐翼至于晋郊。翼城乃晋孝侯都地。十六年,曲沃庄伯弑孝侯于翼,晋人攻击曲沃庄伯,庄伯败退回曲沃。晋人立孝侯子郄(一记郗)为君主,是为晋鄂侯。

晋鄂侯元年(前723)六月,曲沃庄伯再次攻伐翼城,晋公子万救急,晋荀叔轸追击庄伯到家谷(今山西新绛县)。五年十月,曲沃庄伯伐晋都翼而又败退。晋鄂侯乘胜焚烧了曲沃的禾苗(应该是冬麦麦苗)而还。鄂侯伐曲沃大捷,曲沃庄伯子武公准备袭击于翼,但不遂,逃到了相(一作桐。在今山西闻喜县东北),武公娶妃杜氏于斯时生子伯侨。武公战败逃难时生子,谓曰"不骄"以自戒,前字同音,后字通假,谐音名"伯侨"。六年,鄂侯卒。曲沃庄伯率领从郑国和邢国那里借来的军队,兴兵伐晋攻打翼城;荀侯、贾伯亦随之伐晋。周桓王使虢公领兵伐曲沃庄伯,庄伯退保曲沃。虢公伐晋之曲沃,以保证晋侯在翼城顺利接位。晋人立鄂侯子光为晋哀侯。

晋哀侯元年(前717)秋,晋国出现了二君并存的局面。时年,为黄帝甲子纪年始的第二十五个甲子年。二年,曲沃庄伯卒,子称继立,即曲沃武公。武公按周制的小国标准,配备了一军的军事力量,即一万二千五百人的兵力。芮人乘京(《地理志》记:

"冯翊临晋有芮乡,故芮国。詹桓伯云:'骀芮吾西土是也。'"此芮人乘京之芮)、荀侯、贾伯、董伯(董国。其故地在今山西万荣县西南)皆叛曲沃。八年,晋军攻翼南之陉廷(今山西曲沃东北),陉廷人与曲沃武公谋合,九年,伐晋于汾水之旁。晋哀侯败逃,夜间,因所乘拉车的骖马被树木挂住而被俘。晋人立哀侯小子为君,是为小子侯。

晋小子侯元年(前709),曲沃武公弟韩万杀所虏哀侯。韩万后传韩国。此前也,周成王封次弟应韩武为韩侯,是为韩王。之后史伯对郑桓公言:"武王之子应韩(武)不在,其在晋乎!"此前晋文侯二十四年时,晋人已灭韩国。之后韩国,源于韩万。小子侯三年冬,曲沃武公诱召晋小子侯而杀之。周桓王使虢仲讨伐曲沃武公,武公退守曲沃。曲沃武公灭荀(故城在今山西新绛县西十五里),以其地赐大夫原氏黯,是为荀叔。

晋侯缗乙亥元年(前706),桓王命虢仲伐曲沃,立晋哀侯弟缗于翼,为晋侯缗。三年春,曲沃武公灭翼。先时晋穆侯迁都于绛(一名翼。今山西翼城县东南十里故城村),孝侯改绛曰翼。晋缗侯迁都新田,称为新绛(今山西侯马市西晋国遗址。新绛县东部)。四年,《左传·桓公九年》记:"秋,虢仲、芮伯、梁伯、荀侯、贾伯伐曲沃。"二十五年,息侯考叔国亡,考叔归周。二十八年,曲沃武公伐晋,消灭晋侯缗。为了防止周王室再次出兵干涉,曲沃武公以所获宝器献周厘王,厘王命曲沃武公"以一军为晋侯",是按小国之制定之。曲沃武公成了晋国国君,次年列为诸侯,称晋武公。谱曰:武公"徇齐",或"逊齐",是指少年时即非常聪明之意,词义与齐国无关。武公尽并晋地而有之,仍以翼城为国都。晋国嫡、庶为君位之争内战长达六十七年,至此才告一段落。

曲沃武公消灭晋侯缗时,遂灭贾国(今陕西蒲城县西南十五里,西周贾伯国,今名贾曲)。此前也,周康王封唐叔虞次子公明为贾共公,建贾国,位伯爵,卿大夫,谓之贾伯,贾国为晋国附庸国。贾共公相貌丑陋,其妻却有倾国之美色。贾共公娶妻三年,其妻不言不笑。周康王到贾国城西狩猎,贾大夫陪同,忽然芦苇中飞出一只雉鸡,康王示意贾大夫射雉助兴。贾大夫拉弓搭箭,随弦音雉鸡堕下,随行的贾夫人大笑,笑纹印在石上,后称此石为"纹石"。这就是有名的用才华以博取芳心"如皋射雉"典故的由来。贾国世传十一世至于贾佗时为晋曲沃武公所灭,将贾国之民迁之辛店(都在今山西省襄汾县南辛店乡贾罕村)。贾国被晋灭之时,有"林回弃璧"的典故,是曰林回放弃了价值千金的玉璧,只背起刚出生的婴儿逃难,人问这为什么? 林回曰:"彼以利舍,此以天属也。"贾国为晋所灭,其子孙为晋国重臣,后传贾姓。

晋武公元年(前678),齐桓公来使请以会盟,晋武公犹豫没有参加齐桓公之盟,因为晋内战之后,百业待兴。晋武公之子诡诸,立为储君。晋武公封庶出长子伯侨于杨国(古杨国,为周宣王二十二年封少子尚父所建。在今山西洪洞县东南十八里古杨城,今范村东,一名范城),传羊舌氏,后传杨姓。武公封少子举,食邑于"昭徐祁泽薮"(即祁县。在今山西祁县东南七里祁城),故名祁举。二年,武公卒,葬平阳,子诡诸立,是为献公。武公在位通年三十九年,取代晋君自立为二年。晋国君王的称号,自此称"侯"改为称"公"。

晋献公元年乙巳(前6/6)即位。是年,献公朝拜周王而到周京师。二年,周惠王弟王子颓攻惠王,惠王出奔,居住在郑国的栎邑。五年,晋攻骊戎,得骊姬。八年,士苏为取悦于晋献公而建议献公:"不将先前的一大群晋公子杀死,祸乱要发生。"献公于是派人将这些公子杀掉。《国语·晋语》载:"晋献公忌桓虑庄之族为患,大夫士苏献计散其党,因诱食而杀之,士苏有功被赐封为大司空。"另有记:"士苏仕晋献公定策,尽灭桓、庄之族及游氏,升大司空。"桓,指曲沃桓叔次子之后,晋献公的二族堂兄弟;庄,即曲沃庄伯之后,晋献公的堂兄弟。时年,献公在聚地开始建城,名绛(在今山西侯马市西新田遗址。今称绛县)。士苏修城,以深其宫。九年,没有被杀而逃到虢国的一群晋公子,劝虢国伐晋。晋献公迁都于绛,建筑新的宫殿,城方二里。十年,晋国想伐虢国,士苏曰:"等待他内乱的机会。"十二年,骊姬生奚齐。十四年,士苏卒。

十六年,晋献公作两军,献公自己将上军,太子申生将下军。献公听计骊姬,命太子申生将下军,以狐突为御戎,先友为车右,羊舌大夫为军尉,伐东山赤狄皋落氏(今山西垣曲东南皋落镇)。是年,太子申生以赵凤为御戎车,毕万为右相,灭耿、灭霍、灭魏,还。灭耿,因功赐赵凤为大夫。灭魏,因功赐毕万为大夫。十九年,晋荀息请晋献公用北屈产地的良马、垂棘的玉璧献给虞君,假道虞国而伐虢。晋献公于是会虞师,伐虢国,灭下阳(在今山西平陆县西南三门峡水库区内)。虢公丑逃奔到卫国。

二十一年,骊姬对太子申生曰:"君王梦见你母亲齐姜,你就到曲沃齐姜庙去祭祀吧,然后带些祭肉回来给君王。"太子申生就去办了,将带回来的祭肉准备奉给献公,献公在外打猎,就把祭肉放在宫中。骊姬派人在祭肉里放毒药,两天后,献公回来,厨师将祭肉送给献公,献公正要吃,骊姬曰:"祭肉从曲沃带来,恐怕有腐气。"遂用酒洒肉泼地,地表隆起;将部分祭肉给狗吃,狗即倒毙;给小臣吃,小臣即亡。骊姬如此构陷太子申生。太子申生知之有口难辩,即逃奔新城。献公发怒,杀太子师傅杜原款。十二月戊申日,太子申生含冤自杀于曲沃,谥恭。重耳、夷吾两公子将要朝见献公,骊姬以为是来构陷自己而害怕,即谗毁两公子曰:"太子申生在祭肉中放毒药,两公子是知情人。"二人闻言,非常害怕,重耳逃奔蒲邑,夷吾逃奔屈邑,保卫着各自受封的城邑。此前,献公派士苏修建蒲、屈两城,没有修成,献公责问士苏是何道理。士苏发牢骚曰:"边城少盗寇,建城墙意义不大。要建我就给建吧!"离去时,士苏歌曰:"狐皮衣服毛蓬松,一国三个主人翁。父要建墙儿不要,我该对谁来服从!"最后两座城墙还是修好了,但是城墙不高,为之后公子重耳逃离时翻墙提供了方便。

二十二年,献公恼怒两公子不辞而别,发兵讨伐蒲、屈两邑。蒲邑宦官勃鞮督促重耳自杀,重耳越墙而逃,宦官追杀,砍断了重耳的衣服袖子。重耳脱逃到母家国翟国。屈邑坚守,没有攻下。是年,晋国向虞国复借道以讨伐虢国。虞大夫宫子奇谏虞公曰："上次借道,晋已夺取虢国下阳,此不能再借道给晋,如借给,虞国将亡国。"虞君曰："晋国跟我是同姓,不会绝情。"宫子奇曰："太伯、虞仲都是太王的儿子,太伯逃走,没有继君位。虢仲、虢叔都是王季的儿子,他俩亦都是文王的卿士,功勋记史籍,藏于盟府。晋国连虢国都要灭掉,怎么还会顾惜虞国呢?且今虞与晋的关系还能比桓叔、庄伯那时的亲族关系更亲密吗?桓叔、庄伯家族有什么罪?献公竟然都将他们灭绝了。虞与虢今天是唇与齿的关系,唇亡齿寒啊!"虞公不听而借道给晋,宫子奇逃离虞国。是年夏,晋里克、荀息师师会于下阳。冬,晋灭虢,虢公丑又逃到周京。晋回军便袭灭虞国,俘虏了虞公和大夫井伯、百里奚。晋将军荀息牵回以前贿赂虞公用的屈地汗血马,奉还给献公,献公自嘲曰："马还是我的马,就是齿龄老矣!"晋献公随命瑕父吕饴甥邑于虢都大阳(在今山西平陆县西南三门峡水库区内),以镇抚虢国民众。吕饴甥,字子金,原食采于瑕(在今山西临猗县南),故曰瑕父。时晋国强大,西边拥有河西与秦国接壤;北与翟国相邻;东边势力已达河内。二十三年,晋将章华讨伐屈邑,屈邑溃败,夷吾逃到梁国。二十五年春,翟人伐晋。又晋国讨伐翟国,公族子弟叔虎奋勇当先,攻破翟人营垒,因功,献公将郤邑(今山西泌水下游)封给叔虎,别出晋宗,另立宗庙,改姓为郤,为郤氏,称郤子。翟国也在啮桑(采桑)攻打晋国,晋兵解除讨伐离去。

二十六年夏,齐桓公在葵丘(在今河南民权县东北)大会诸侯。晋献公带病起身参加,因而晚去,还未到达,周王室代表宰孔半路遇见曰："齐侯骄横,不致力修德,却到处扩张,诸侯们不平,中途亦有退席者,你有病就别去了,他不敢把晋国怎么样。"献公此时也病得不轻,就听从回晋。献公病重,对时任国相的荀息曰："寡人想立奚夷,因他年幼,恐老臣们不服,你能拥立他吗?"荀息保证曰："能。"秋九月,献公薨。是年,里克、邳郑想迎接重耳回国,利用三个公子的旧有势力控制晋国局面,就试探荀息曰："三个怨家将要起来,你将如何应对?"荀息曰："我不能辜负先君的话。"十月,献公葬礼还未举行,里克即在守丧的地方杀死奚夷。荀息惊慌无措,有人对荀息提议可拥立骊姬妹与献公所生的悼子为君,荀息则立悼子为晋国国君,并埋葬了献公。十一月,里克上朝,当场刺杀悼子,荀息也被气死。里克等人即派人去翟国,想迎接重耳回国,以立国君。但重耳以为这有违父命,自己没有尽人子之礼守丧送葬,不敢回国即位。使者回来告诉里克,里克派使者至梁国,准备迎接夷吾回来继位。夷吾想回晋国,吕省、郤芮告诫夷吾："晋国国内有公子可以继位,唯恐有诈。如果不借助秦强国的威势回国,很是危险。"于是,夷吾派郤芮用厚礼贿赂秦国,并答应秦国:"若夷吾能回国即位,愿意将晋国黄河以西的土地割让给秦国。"并列明河内列城五座,东边到虢国的大阳,南及华山内及解梁城(在今山西临猗县西南城东、城西村之间),还答应将汾阳的城邑封给里克。就这样,夷吾在秦国的支持下回国当上国君,是为晋惠公。

晋献公所灭霍国(在今山西霍州市西南十六里)是为宗族国。周武王封弟霍叔处于霍。其后三世霍侯旧于穆王十六年(前947)薨。霍叔处在"管、蔡"之乱中虽然是三监之一,但是霍叔处是胁从者。周公旦奉周成王之命,东征很快平定了这场王室内乱。武庚被诛,管叔鲜畏罪自裁,蔡叔度被流放边疆,霍叔处被贬为庶民。不久,周成王念霍叔处虽参与叛乱尚属有德长辈,于是恢复了霍叔处的封地,并将其侯爵降为伯爵,以安天下。之后,霍国传至求为霍伯,求认为从前周成王对其祖先霍叔处安置不当,遂自称霍公,史称霍哀公,变伯爵为公爵。晋献公得知求自称霍公后,心中不平,于是决定出兵灭霍。晋献公十六年(前661),霍国亡。霍国被灭后,求逃至齐国。是年,晋国大旱,晋献公使人占卜,说是因灭了霍国,霍山神降罪于晋国,有此大旱之灾。于是晋献公即命人将求从齐国找回来,让他负责霍山神祭礼事宜。求之子都,称霍伯都,晋襄公六年(前622),赵衰成子、栾贞子、咎季子犯、霍伯都去世。霍的后人指国为姓,遂为霍姓。

晋惠公夷吾元年辛未(前650)即位。惠公想翻悔答应给秦国的好处,派邳郑去秦狡辩,所谓答谢词曰:"初始,夷吾以河西之地许与秦,今幸得入立即君位。可大臣们以为土地是先君的土地,指责我流亡在外怎么有权力处置? 我虽然极力争辩,仍然得不到大臣们的支持,以致道歉!"惠公也不给里克汾阳城邑,反而夺他的权。四月,周襄王派周公忌父会合齐国、秦国的大夫,共同以礼会见晋惠公。惠公因为重耳还流亡在外,怕里克发动政变,想赐里克自杀。就对里克曰:"没有你里克,我不能被立为国君。虽然是,你杀两君,又杀夫人。寡人为尔君,不亦病乎!"里克答曰:"不废弃原有的,怎么会立您为国君? 想杀我,当然会有借口,但竟然说出这不雅听的话,令我心寒。"里克拔剑自杀。因邳郑使秦未回,所以没有罹难。惠公改葬恭太子申生。邳郑闻里克被杀,就对秦穆公曰:"晋大臣吕省、郤称、冀芮当时是实为不从。若用重金贿赂他们,逐出晋君,迎入重耳,事情一定会成功。"秦穆公许之,使人与邳郑归报晋,秦使贿赂这三个人。但这三个人意见一致,不受贿赂,并且以为这肯定是邳郑出的注意,是在出卖人格。于是,遂杀邳郑,及其同党七舆大夫。邳郑之子邳豹逃奔秦避难。

二年,雨金于晋。《天镜曰》:"天雨金国,有兵丧。"此前有先例,《籀古录》记:"庄王三年,夏戎伐京师,王子瞻召之也,是亦有兵之应也。"四年,晋国发生饥荒,晋国乞求秦国卖粮食给晋。秦缪公(秦穆公。《史记·秦本纪》记为"缪公",兼有侮名之意)问百里奚,百里奚曰:"天灾,各国都会有发生,救济邻国,是应该的。"此前邳郑回晋被杀,邳郑子邳豹在秦避难,邳豹对缪公曰:"晋君无道,以致天灾。晋原以黄河以西相许,应该趁机讨伐。"缪公曰:"晋君有错,百姓无罪。"秦还是卖粮食给晋。船运粮食从秦国雍地,接连不断地运到晋国绛城。五年,秦国粮荒,秦请求晋国卖粮食给秦。晋君却想以此做文章,问计诸大臣,庆郑曰:"君王是靠秦才得立。晋去年饥荒,秦还贷我粮食;今秦缺少粮食还要用现币结算购买。就卖给他们,有何疑虑? 还用商量吗!"虢射曰:"往年上天把晋国赐给秦国,秦不夺取,还贷粮食给我。今上天是以秦赐晋,晋岂可以逆天意乎？请遂伐之。"惠公就用虢射之谋，不卖给秦粟，而准备伐秦。秦缪公闻之大怒，亦备兵以伐晋。

六年，秦伯涉河伐晋。秦军先头部队已经过黄河（当已经到达今山西河津市与万荣县间），晋惠公问庆郑曰："秦师深入我国境！若之何？"庆郑曰："秦原来对君王有恩，君王当以厚报才是。晋国发生饥荒，秦国又支援了粮食；而秦发生饥荒晋国却没有卖粮食给他们。乃有以上两个方面的原因，秦军来伐，不也是他们有道理吗？"庆郑任职惠公的赶车和护卫司马，惠公听庆郑的讽刺之言极不舒服，对人曰："庆郑不恭顺。"就撤换了庆郑，让步阳（扬）驾兵车，家仆徒为护卫，进军攻敌。九月，晋侯亲自率军决定抵挡秦军，以韩简为将。晋军出，秦军撤退至黄河西。壬戌，晋与秦军战于韩原（在今陕西韩城市西南）。晋惠公欲驰战，可步阳驾车技艺不够，戎马陷入泥沼，眼见秦军兵来，惠公窘迫，急召庆郑来赶车，还口中念念有词在祈祷。庆郑曰："不用祷告，被打败是当然的事！"遂逃去。惠公又立即令梁繇靡御车，虢射为右护卫，此正好与秦缪公的戎车相会。缪公的壮士冒打败了晋军，遂失去了与缪公的联系。缪公的卫士奋力冒死相拼，反俘获晋惠公以归。缪公想杀晋惠公以祭祀上帝。但是晋惠公的姐姐是秦缪公的夫人，秦夫人身穿丧服哭哭啼啼而来。缪公就对夫人说："得晋侯应该为乐！为何如此悲痛？且吾闻先前箕子见唐叔初封，曰：'其后必当大矣！'晋国怎么会在我这一代就灭呢？"乃就与晋惠公在秦王宫室盟约，缪公答应晋惠公可回去。惠公即派遣吕省先回去告诉国人："孤虽然可以得归，但没有面目面对社稷，请国人卜择吉日立子圉。"晋人闻之皆哭。缪公问刚从晋国传言而回的吕省，曰："晋国上下亲和否？"吕省曰："不和！小人百姓惧怕失君亡亲，不惮立子圉，曰：'必报仇，宁可事戎狄为奴'。其君子为官的则爱君王，知道他得罪秦国，等待秦国放归，他们说：'一定要报答秦国'。有这二种主张，所以不亲和。"于是缪公更换了监视惠公的住舍，馈赠七牢之礼食（指：猪、牛、羊、鸡、鸭、鹅、鱼）。十一月，晋惠公割地河西与秦，秦放晋惠公回国。作为部分回礼，秦缪公也把河东土地归还给晋国，并把宗族之女嫁给太子圉。惠公回晋，诛杀庆郑。惠公于是重修政教。惠公与诸大臣曰："重耳在外，诸侯国都想利用他，而想送他回国。"于是谋计，欲使人杀重耳于狄国。重耳得到情报，逃奔到齐国。

八年，晋惠公以太子子圉为人质于秦，将女儿妾献给秦做侍女。先前，惠公亡居梁国，梁伯以其女妻之，生一男一女。梁伯卜之，男为人臣，女为人妾。故名男为圉，女为妾。十年，秦灭梁。梁伯好土木（建筑）之功，修治城墙沟壑。因用民力过度百姓有怨言。民众多数受到惊扰，则曰："秦寇至矣！"民众恐惑，秦果然灭之。十三年，晋惠公病重，国内有好几个儿子。太子子圉曰："吾母家国是梁国，今梁国已经为秦所灭。我外被秦国所轻视，内又无多少根基。君王如果病重不起，恐怕大夫们轻视我，他们会改立其他公子。"于是与他的妻子谋划逃回秦国。秦女曰："子一国太子，在此受辱。秦使我这个婢女来侍奉你，是为了安定你的心。你如果再逃亡，我不会跟着你走，但是我也不会去告密。"太子子圉于是又借故脱身逃归晋。

十四年九月,惠公去世,太子子圉立为国君,这就是怀公。太子子圉又逃归晋国,秦国人怨恨他,乃就打算求立晋公子重耳为晋君。时重耳流亡在楚,楚国就将他送到秦国。子圉立为君,畏惧秦国人来讨伐,就令国内诸大臣有家属的人跟随重耳在外逃亡者,要限期回来,到期不回来的,就尽灭其家。狐突的儿子狐毛与狐偃还跟随重耳在秦国,狐突不肯召两儿子回来。怀公发怒,因禁了狐突。狐突曰:"臣的儿子事重耳有年数矣!今召他们回来,就等于教他们反叛君王。我能怎么样才能说服他们?"怀公随即杀狐突。之后晋文公重耳功成业就后,为怀念忠贞不渝、大义凛然的外祖父狐突,在梗阳(今山西清徐县)、却波(今山西交城县)之间的马鞍山下,重整坟茔,隆重安葬外祖父。晋国国内已经在屠杀不同政见者,秦缪公感到事态很是严重,于是决定马上用兵护送重耳归国。秦缪公先派人到晋国,告诉栾枝、郤縠,以通知他们的党羽,要充分做好内应的准备工作。秦缪公发兵送重耳归晋,晋拒战而败,晋怀公逃奔高梁(今山西临汾东北),被栾枝、郤縠等追杀。怀公被杀,重耳回晋。重耳立,是为文公。《竹书纪年》记:周襄王十六年(前636),"晋杀子圉"。是年重耳即位,故《中国历史纪年表》没有子圉为晋侯的记载。

晋文公元年乙酉(前636)即君位。晋文公自小好士,十七岁时就有贤士五人。晋献公十三年,因为骊姬的缘故,重耳被发落到蒲城防备秦军。二十一年,献公杀太子申生,骊姬谗毁重耳,重耳没有向献公辞行就到蒲邑去驻守。二十一年,献公在骊姬怂恿下派宦官履鞮(一记勃鞮)去蒲城杀重耳。重耳越墙而逃,宦官追杀他,砍断了他的衣袖。重耳逃到狄国,狄国是重耳的母家国,当年重耳已经四十三岁。随他逃亡的有前五个贤士,其余不知名的还有数十人,他们一起到了狄国(一记翟国。在今山东高青县东南)。重耳在狄,郑国人屠岸丕来投。狄国讨伐廧咎如(春秋时赤狄部落名。在今山西太原市一带)时俘虏了两位女子,以长女妻重耳,生伯儵、叔刘;以少女妻赵衰,生子赵盾。重耳在狄国住了五年,晋献公去世,时里克已经杀了奚齐、悼子,即派人请重耳回国即君位。重耳害怕不敢回国。晋国改立重耳弟夷吾为晋君,这就是惠公。惠公七年,惠公因畏惧重耳,于是派宦官履鞮与壮士欲杀重耳。重耳与赵衰等人谋划曰:"吾初始奔狄,并不是想利用这样的条件成事。因为这里邻近晋国,交通便利,姑且在此歇脚。歇脚久了,愿意到大国去走走,看看是否可以逗留。齐桓公喜欢做善事,志在称霸,会收留抚恤诸侯。今闻管仲、隰朋已死,此亦需要贤士,我们就去齐国吧!"重耳对他的妻子曰:"等我二十五年还没有回来,你就改嫁。"其妻笑曰:"等二十五年,我坟上的柏树都大了。虽然这样,我还是要等你。"《国语·晋语四》:"文公在狄十二年,狐偃曰:'蓄力一纪,可以远矣'"。

重耳经过卫国,卫文公对他不礼貌。离开后经过五鹿(即五鹿墟,又名沙鹿。在今河北大名县东),因为饥饿,就向乡野之民讨饭吃,乡野之民就把土块放在器皿中送给他。重耳发怒,赵衰曰:"土者,有土也,意味着拥有土地。应该要拜受之。"重耳到达齐国,齐桓公厚礼相迎,并以宗女妻之,还赠送了良马十二乘,使重耳安心住下。重耳在齐国居住了两年而齐桓公去世。齐国会竖刁等作内乱,齐立孝公为君,诸侯不服而兵数至。重耳居留在齐国也已经五年了。因为重耳宠爱齐女,还没有打算离去的意思。赵衰、咎犯就在桑树下谋划启程的办法。齐女的侍者躲在桑树的后面听到了,就去告诉齐女。齐女就杀了侍者,劝告重耳赶紧离开齐国。重耳留恋齐国安乐生活不想回去。齐女曰:"你是一国公子,穷困之时来此,多位贤士把命都押在你的身上。你不赶紧回国,去报答他们,而贪恋女色,我都为你感到羞愧。不谋求回国,何时才能够得功?"重耳还在推三阻四,齐女就与赵衰等谋划,灌醉重耳,用车载他上路。走了很远,重耳醒来大怒,欲举戈杀咎犯。咎犯曰:"杀了我如果能够成全你的大事,这也是我的心愿。"重耳曰:"我如果大事不成,我就食舅之肉。"咎犯曰:"你的大事不成,我的肉有腥臊味,哪还值得吃呢?"重耳无奈作罢,继续赶路。重耳经过曹国,曹共公不以礼相待。曹共公还要看重耳并生在一起的肋骨。曹大夫厘负羁曰:"晋国的公子贤能,你们又是同姓。穷困之时经过我国,奈何不礼貌?"共公不听厘负羁的劝告,也不施舍食物。厘负羁就暗中给重耳送食物,把璧玉放在食物下。重耳接受了食物,把璧玉退还给厘负羁。重耳经过宋国,因为宋襄公刚刚对楚国用兵受了伤,听说重耳贤能,还是用接待国君的礼接待重耳。宋司马公孙固与咎犯友善,就请咎犯委婉地告诉重耳:宋是个小国,又刚与楚过战而受挫,不能够帮助成大事。于是重耳一行人离去。重耳经过郑国,郑文公不以礼相待。郑叔瞻谏其君王曰:"晋公子贤,而其相随者皆有国相之材。晋与郑又同出一姓:郑之出于厉王;晋之出自武王。"郑文公曰:"诸侯亡,这些公子经过此地且众多。怎么能够都尽礼呀?"叔瞻曰:"君王若不以礼相待,就要将晋公子杀掉。以避免之后所带来的麻烦。"郑君不听,重耳他们走了。重耳经过楚国,楚成王用相当于诸侯规格的礼仪接待他。重耳谢以不敢当。赵衰曰:"你亡在外十余年,小国都轻视你,何况大国? 今楚是大国,能够决定用大礼接待,你就不用推让了。"于是楚用客礼接待。楚成王高规格厚待重耳,重耳自觉卑微而难为情。成王试探重耳曰:"您回到晋国如若即君位,用什么来报答我?"重耳曰:"鸟羽、兽毛、象牙、犀角、美玉、丝帛,这些都是您楚国剩余的东西,我还真不知道要用什么来报答!"成王曰:"虽然如你所言,我国有的是宝物。毕竟还可用其他方式报答,比如两国发生不愉快的战事时。"重耳曰:"如果不得已,与君王以兵车会平原广泽,我将会避王三舍(一舍三十里)。"过后楚将子玉怒而对楚成王曰:"王待晋公子这么厚重,今重耳出言不逊,请杀之!"成王曰:"晋公子是个贤德之人,久困在外避难,与他相从的人皆有国之栋梁之材,此谓天意!哪能容我们去杀他? 我问他,他也只能这样说,又要他怎么说呢?"重耳居楚国数月,此时晋国的太子圉从秦国逃走,秦国人怨恨他;听说重耳在楚国,秦就派使者召他到秦国去。重耳告诉楚成王,成王曰:"楚国与晋国遥远,要经过数个国家。秦国与晋国边境相接,秦王贤德,你还是去秦国吧!一路要小心。"成王馈赠重耳礼物。重耳到达秦国。秦缪公以宗女五个人妻重耳,其中一个是原来嫁给太子圉,太子圉逃归后留下的棄女。重耳很尴尬,不想接受。司空季子曰:"其国马上就要攻伐,况其故妻乎!你就接受吧,以结秦亲,而便于求助秦送你回国。你如果还拘泥这些小节,这不是在忘大丑吗?"重耳于是接受了下来,缪公很高兴,与重耳畅快饮酒。赵衰当场作歌《黍苗》诗,缪公曰:"知道你急于返国焉!"赵衰与重耳再拜缪公曰:"孤臣之仰慕君王,如百谷之望及时雨。"秦缪公即秦穆公,晋人何如此称也? 有以为穆公在位时秦国国势强大,但也干那些令人尴尬的荒谬(缪)之事,所以晋人称秦穆公为秦缪公。晋惠公十四年(前637)秋,惠公在九月去世,太子圉立为国君。十一月,晋葬惠公。十二月,晋大夫栾枝、郤縠与在秦国的重耳取得了联系,劝告重耳返晋。秦缪公发兵护送重耳回国。晋人听说秦兵来临,虽然出兵抵抗,但私下都知道公子重耳要回来了,兵无斗志,只有吕省(甥)、郤芮等少数人在惠公时显贵的人不想立重耳。次年春一月,秦兵护送重耳到黄河边。咎犯(狐偃)对重耳曰:"臣随从君周旋天下,过错也很多。我自己都知道,何况君乎? 我请从此离去。"重耳听出弦外之音,曰:"我若返国不与你咎犯共事,河伯明鉴!"于是将璧玉投入河中,因为信誓。是时,介子推在船中听到了,乃笑曰:"上天是在为公子开路,而咎犯以为己功却要挟于君,真是可耻!我不会与这种人为官同事。"介子推于是隐去。二月甲午,秦军渡黄河,围攻令狐的军队,晋军主力部队驻扎在庐柳(在今山西临猗县西北)。二月辛丑日,随重耳流亡的咎犯代表重耳与秦、晋的大夫们在郇城会盟。壬寅日,重耳进入晋国军中。丙午日,进入曲沃。丁未日,到武宫庙朝拜。出逃在外十九年的公子重耳终于归晋,是为晋文公。群臣们都到曲沃朝见。怀公圉逃奔高梁,戊申日被杀。怀公旧时大臣吕省、郤芮因为文公立,怕被诛杀,就与党徒们谋划焚烧文公宫室,企图杀死文公。先前曾逼文公自杀的宦官勃鞮获知其阴谋,想告诉文公以解脱以前的罪过,请见文公,文公不知情,不肯见他,还派人谴责曰:"蒲城之事,你砍断文公衣袖。以后文公随从翟君打猎,你替惠公谋杀,本是三天期限,你却一天就赶到。你积极性如此之高,这为什么? 请不要造谣生事。"勃鞮曰:"我是受刀锯之刑的宦官,不敢用二心侍奉当年的君王,所以得罪文公。现文公已经即君位,难道就不会有像蒲城、翟国那样的遭遇吗? 齐国管仲当年曾射中齐桓公的带钩,桓公后来却聘管仲为国相而称霸诸侯。我这刑余之人有如此重大事情报告,怎么就不相信呢? 不相信灾难将要降临。"于是文公就接见了他,获得了吕省、郤芮等人的阴谋。时吕省、郤芮等人的势力强大,文公不敢召见谋事,就抄小道出行,在王城拜见秦穆公。三月己丑日,吕省、郤芮等人反叛,焚烧宫室,却找不到文公。文公的卫兵奋力与吕省、郤芮等人的叛军作战,叛军败逃。秦缪公引诱叛军至黄河边,格杀不论。晋国恢复了平静,文公得以回到晋国。夏天,文公到秦国迎接夫人,秦国送三千人兵作为文公的卫士,以防再有反叛之事发生。晋文公内修政事,施惠百姓,犒赏跟随他流亡的人员及功臣,功劳大的封给城邑,功劳小的尊拜爵位。行赏之事还没有完,周襄王就因为弟弟带发难而出居郑地,襄王遣使告急晋。晋国刚刚安定,欲发兵,又担心国内有人乱起,所以犒赏之事还顾不及给当年流亡时挖肉煮汤给自己养补身体的介子推。介子推从来没有提出过要俸禄,俸禄也没有给他过。介子推曾对解梁(良)曰:"献公子九人,唯君(指重耳)还在。惠公、怀公没有亲信,国内外皆抛弃他们。天没有绝晋,必将有主。主晋祭祀的人,舍君还有谁? 老天给君王开了路,可是,跟随君王的那二三个人还以为是他们自己的功劳,这不是在诬说? 窃人之财,犹曰是盗,何况将贪天之功窃为己有,这不也是盗吗? 对下隐瞒其罪,对上蒙蔽君王,欺上瞒下,我真不想与这些人相处矣!"介子推的母亲曰:"你为什么不也去要求些赏赐? 你就死了,还怨恨谁?"介子推曰:"我若仿效他们,有负罪感。我出点怨言,不食其禄也罢。"其母曰:"也让君王知道真相怎么样。"介子推曰:"语言,是身体的文饰;身欲隐去,安用文饰? 文饰,是在追求为人所知。"其母曰:"能这样吗? 那我与你一起隐居吧!"母子俩至死再也没有出现过。知道介子推为人的解梁可怜他,乃书写了一条横幅悬挂在宫门,书曰:"龙欲上天,五蛇为辅。龙已升云,四蛇各入其宇,一蛇独怨,终不见其舍。"文公出宫门见其书,顿悟曰:"此介子推也!我方忧虑王室之事,没有为他图功,给他赏赐。"乃就使人去召介子推,介子推已经亡去。文公遂要求追寻介子推的踪迹,闻他入于绵上山中。于是文公环绕绵上山中而封之,以为介推田,号曰"介山"。文公曰:"以记吾过,且旌善人"。跟随重耳流亡的贱臣壶叔对文公曰:"君王三次行赏,均没有我的分。请问我有什么罪过?"文公报曰:"凡是用仁义引导我的行为,教我以德惠,这样的人即受上等赏赐。用善行来辅佐我,使我成就大事,这样的人就受次等赏赐。如果仅仅靠力气侍奉我,而不能弥补我的过失,这样的人就受更次等的赏赐。三次赏赐以后才能轮到你。"晋人听闻这件事,以为很有道理,皆悦。

二年春,秦国驻军黄河边,想送避难的周襄王回周京。赵衰对文公曰:"要谋求晋国称霸,没有比送回周王,尊重周室更好的途径了。周室与晋国是同为周武王之后,晋不先护送周王回京,就没有资格号令天下。"文公以为是。三月甲辰日,晋国派兵到阳樊,包围温邑,护送周襄王回周京。四月,杀死搞政变的襄王弟弟带,周襄王将河内的阳樊地区赏赐给晋国。是年,晋国都城迁到荀(故城在今山西新绛县西十五里)。四年,楚成王发兵攻宋,宋国公孙固到晋国告急求救。先轸曰:"报答施予恩惠,确定霸业,在今一举。"狐偃曰:"楚国最近和曹国结盟,又与卫国通婚。如果我们讨伐曹国、卫国,楚国一定会去救援。这样宋国就不会被楚国攻战了。"为了救援宋国,这促使晋国开始建立三军,赵衰向晋文公提出人事安排。郤縠统率中军,郤臻辅佐他;狐偃统率上军,狐毛辅佐他;栾枝统率下军,先轸辅佐他。荀林父驾驭文公兵车,魏犨担任护卫。赵衰为卿,前往宋国救援。冬十二月,晋军攻下崤山以东一带,将原邑封给赵衰。

五年春,晋文公想讨伐曹国,向卫国借道,卫国不答应,就迂回从黄河南渡,侵袭曹国,攻打卫国。正月,夺取了卫国的五鹿(即五鹿墟,又名沙鹿。在今河北大名县东)。二月,晋侯与齐侯在敛盂(在今河南濮阳市东南)会盟。卫国请求结盟,晋国不答应。卫侯想跟楚国联合,但国人大多不愿意。卫国人于是驱逐了国君,以取悦于晋。卫侯居住在襄牛(又名襄陵。在今河南睢县),公子买戍守卫国。楚国前去救援卫国,没有结果。晋文公围攻曹国,三月丙午,晋师攻入曹国。擒获曹共公,文公历数其不用厘负羁言,还让三百名美女乘坐华美的轩车,生活作风堕落,以致有今日的下场。文公下令晋军不得进攻厘负羁宗族的住地,以报答当年厘负羁的恩德。楚军包围了宋国,宋国再次向晋国求救。文公想去救援,这就得要攻打楚国,意味着与楚国为敌。因为楚国对文公有过恩德,不想去讨伐;而放下宋国不管,宋国亦对文公有过恩德,文公左右为难。先轸就对文公曰:"逮捕曹伯,把曹国与卫国的土地分给宋国,楚国急于救援曹、卫两国,这就可解除楚国对宋国的包围。"文公就依先轸的主张,楚成王果然引兵归去。楚将子玉对楚王曰:"君王上次对晋侯礼仪厚重,他知道楚国必定要救助曹国、卫国,而故意讨伐他们,这是轻视君王。"楚王曰:"晋侯在外流亡十九年,过着困厄的日子时间也很长久了。最终他能够返回家国,他是尝尽了艰难险阻的人,能使晋国民众服他,那多不容易。是上天给他开路,不可以阻挡。"子玉还是请求曰:"我去征伐他,不敢说一定成功,但愿能够用行动封住那个向晋侯出鬼注意人的嘴巴。"楚王怒,只给子玉少量的军队。子玉派宛春告诉晋侯:"请恢复卫侯的君位,保住曹国,我楚国也就解除对宋国的包围。"咎犯曰:"子玉太无礼,君王得一分好处,做臣子的子玉却要得二分好处,不要答应他。"先轸曰:"安定人心是谓礼。楚国一言可定三国,你一句话就想灭亡他们,这是我们无礼。不答应楚国的要求,就要放弃了宋国。不如私下里答应恢复曹国、卫国来安定楚国,再拘捕宛春来激怒楚国。等楚国先动手交战,我们以后再做图谋。"晋侯就把宛春囚禁在卫国,私下向楚国许诺恢复曹国、卫国。曹国与卫国受晋控制,宣告与楚国断绝邦交关系。楚国将军得臣怒,攻击晋军,晋军后退。晋国军吏问:"为什么要后退?"文公答曰:"寡人以前在楚,约以退之三舍,这怎么可以食言呢?"楚国的军队欲离去,得臣不肯。四月戊辰日,宋公、齐将、秦将和晋侯进驻城濮(今河南开封市陈留镇)。己巳日,晋与楚兵会战,楚兵失败,得臣收集残兵而去。甲午日,晋军回到衡雍。晋在践土(今河南荥阳东)修建王宫。五月丁未,晋侯把楚军俘虏以献周王,有披甲驷马一百乘,步兵一千人。周襄王使王子虎命晋文公为伯,赐大车一辆,红色弓一副、红色箭一百支,黑色弓十副、黑色箭一千支,黑黍香酒一坛,还有玉器赏物,勇士三百名。癸亥日,王子虎在践土新王宫与诸侯见面,宣读周王所作《晋文侯命》:"王若曰:父义和,丕显文、武,能慎明德,昭登于上,布闻在下,维时上帝集厥命于文、武。恤朕身,继予一人永其他在位。"至时,晋文公称伯。癸亥,周王特使王子虎参加了诸侯在王庭订立盟约的全过程,晋文公遂霸诸侯。晋焚烧楚军,大火数日不息,文公叹气。左右曰:"已经战胜了楚军,而君王还忧虑什么?"文公曰:"我听说战胜敌人而心还能安定的只有圣人,因此恐惧。且楚将子玉犹在,我怎么能高兴得起来?"子玉战败而归,楚成王怒其不用其言,贪图与晋军交战,众大臣皆重责子玉,子玉自杀。晋文公曰:"我击其外,楚诛其内,真是内外相应。"子玉除,文公乃喜。六月,晋国又迎回了卫侯。壬午日,晋侯渡过黄河北归回国。文公总结战争经验,给有功的人员赏赐,狐偃得头功。有人曰:"城濮之战是先轸的谋略。"文公曰:"城濮之战,狐偃劝我不要失信。先轸曰'军事胜为右',吾用之得胜。然而这话只是有利的一时之言。狐偃的话却是万世之功。奈何能以一时之利而加万世功乎?是以先之。"冬,晋文公与诸侯在温地会盟,想率领诸侯朝见周王,但嫌力量不足,担心诸侯反叛,于是派人请周襄王到河阳巡狩。壬申日,文公率领诸侯朝见周王于践土。丁丑,诸侯围攻许国。曹伯臣在说晋侯曰:"齐桓公合诸侯国而国异姓,今君王会盟而灭同姓。曹国,乃是叔振铎之后;晋国,唐叔之后,皆姬姓也。合诸侯而灭兄弟,非礼。"晋侯以为有道理,复曹伯位。这之后,晋侯就着手建立三行军制。荀林父将中行,先縠将右行,先蔑将左行。

七年,晋文公约请秦缪公围攻郑国。这是因为过去文公流亡路过郑国时,郑国无礼,及城濮之战郑国帮助楚国。包围郑国,意在欲得叔瞻,叔瞻闻之自杀。郑国人带着叔瞻头颅告诉晋国,希望能够取得晋国的谅解。晋君曰:"必得郑君而甘心焉!"郑国恐惧,乃派遣间谍使谓秦穆公曰:"灭亡郑国,增强了晋国的国力。对晋国来说是所得;而对秦国却没有什么好处。君王为什么还不解除对郑国的包围,以让郑国成为东边道上的朋友?"秦缪公以为有理,就撤兵了,随之,晋亦罢兵。九年冬,晋文公卒,十二月,秦以攻郑为由,兵过晋都郊区。次年文公子欢立,是为晋襄公。

晋襄公元年(前627)春,秦军经过周京城想讨伐郑国,没有礼仪,王孙满讥讽他们。秦兵至滑国,郑国商人弦高准备将牛赶往周都去贸易,遇到秦兵将要偷袭郑国,即以十二头牛慰劳秦师,秦师大惊,以为郑国已知,灭滑国后就离去了。晋将先轸对襄公曰:"秦缪公不任用蹇叔,违反民意,可以攻击他。"栾枝曰:"我们还没有报答秦国对先君的恩惠,就攻击他不可以。"先轸曰:"秦国欺负我新君孤弱,又侵占我同姓国家,还有什么恩德可言?"于是晋发兵攻秦。晋襄公身穿黑色丧服领军随战。四月,在崤山(在今河南洛宁县北六十里)打败秦军,俘虏秦军三个将领孟明视、西乞秫、白乙丙而归。胜战,襄公才埋葬了文公。后因为文公的夫人是秦国女子,秦军三个俘虏的将领被释放回国。四年,秦缪公大举兴兵伐晋,渡过黄河,夺取了晋王官(在今山西闻喜县南),为在崤山阵亡的将士们建陵墓后离去。《左传·文公三年》记:"秦伯伐晋,济河焚舟,取王官及郊。"晋军恐惧,不敢应战。是年,晋欲借道去三涂(山名,在今河南省嵩县西南,伊河北岸)祭祀,事先"因令杨子将卒十二万而随之,涉于棘津(指孟津,古黄河渡口,在今河南孟州市南),袭聊、阮、梁蛮氏,灭三国焉"(文见《吕氏春秋·精谕》）。五年,晋伐秦,取新城,报王官之役。六年,赵衰成子、栾贞子、咎季子犯、霍伯都去世,赵盾替父赵衰执国政。时年,阳渠断流,不入洛水(本来是阳渠至今偃师市东南入洛水,以通漕运)。七年八月,襄公卒。时太子夷皋年少,晋人以为难以处理国事,欲立长君。赵盾曰:"立襄公弟雍。好善而长,先君爱之;且近于秦,秦故好也。立善则固,事长则顺,奉爱则孝,结旧好则安。"贾季(狐射)曰:"不如立其弟乐。辰嬴曾受到晋君的宠爱,立其子,民必安之。"赵盾曰:"辰嬴出身低贱,班在九人之下,其子没有威势。况且辰嬴受过二位君王的宠幸,在外人看来这是荒淫之事。作为先君的儿子,不能求大国而出居在小国,乐居陈国,是小国也,这就是孤立,僻也!母淫子僻就没有威望。陈国小而距离远,没有后援。这怎么可以为君呢?"赵盾就派士会到秦国去迎接公子雍,而贾季也就派人到陈国去召回公子乐。赵盾就罢了贾季的官位,因为他曾杀死太傅阳处父。十月,安葬襄公。十一月,贾季逃奔翟国。

晋灵公元年(前620)四月,秦康公曰:"从前文公回国时没有护卫,因此发生了吕省、郤芮的祸患。"乃就增加了在秦国公子雍的护卫。太子夷皋的母亲缪嬴就天天抱着太子等在朝堂外面,待大臣们上朝时就哭诉:"先君有什么罪? 其嗣又有什么罪? 舍弃嫡子而到外面去寻找君王,将把太子置于何地?"出朝时,又抱着太子到赵盾家顿首叩头曰:"先君捧着这个孩子托付给你,说'这个孩子若能成材,我就是受了你的恩惠;不成材,我就要抱怨你'。如今先君去世,他的话犹在耳边,而你们就要抛弃他,这为什么?"赵盾与诸位大臣都畏惧缪嬴,害怕被诛杀,于是背弃了原来迎接公子雍回来即君位的计划,就立太子夷皋为国君,是为晋灵公。晋灵公立,秦国却要强送公子雍回国即君位,晋以赵盾为将,发兵往击秦,在令狐(今山西临猗县西南)打败了秦,史称令狐之战。此战虽然晋国胜,而晋将先蔑、随会则亡奔秦国,公子雍死。秋天,齐、宋、卫、郑、曹、许等国皆与赵盾会盟在扈地,以祝贺灵公初立。公子乐于晋灵公二年为赵盾派人在陈国所杀。四年,晋讨伐秦,取少梁(即今陕西韩城市南二十里西少梁)。秦亦取晋之郜邑(《左传》作北征。在今陕西蒲城县东北)。是年,司马氏随晋入少梁。六年,秦康公伐晋,夺取了羁马(在今山西永济市西南)。晋侯怒,使赵盾、赵穿、郤缺击秦,大战于河曲(在今山西芮城县西南七十余里),赵穿功劳最大。七年,晋国的六卿担心随会在秦,会给晋国带来麻烦,乃令魏寿馀佯装背叛晋国投降秦国。秦派随会与魏寿馀会面,因而逮捕了随(士)会,并带回晋国。八年,周顷王崩,公卿争权,所以没有讣告诸侯。晋国派赵盾率领兵车八百乘,平定周王室内乱,拥立匡王。十四年,灵公已经成年(十八岁),厚敛钱财以雕墙画壁,并将祖宗世系图谱标示在墙面以怀祖宗之德。此后,西汉扬雄《反离骚》云"灵宗初谍伯侨兮,流于末之扬侯"即指此。周王室宗人归晋,称公族;晋国国君子孙所分,称公室,后统称为公族。晋国军权大部分是为晋公族掌管,而议事权大多为晋公室掌控。族谱显示,时晋有十一族:魏悼子、荀林父、郤缺、解狐、栾武子、韩献子、羊舌突、祁奚、胥克、步扬、姬杨千古。晋灵公时不时面壁自喜,毫无忧患意识,自以为大,生活糜烂而奢侈。灵公建华丽楼宫,还在楼台上用弹弓弹射人以观看过往行人躲避弹丸的样子寻开心,真是童孩稚气未脱。宰夫(厨师)炖熊掌不够熟,灵公发怒而杀了他,使妇人将他的尸体抬出去扔掉。妇人抬尸体要经过朝堂,赵盾与随会知之前去劝告灵公不要这样做,灵公不听,待尸体抬出时,两人看到了死人的手露在外面,就又进谏灵王,随会先谏,灵公不听。灵公还以为这都是赵盾在指使,就使鉏麑去刺杀赵盾。赵盾的家门敞开着,居处生活很是节俭,鉏麑感叹曰:"杀忠臣,弃君命,罪一也。"遂退出触树自杀。九月,晋灵公请赵盾饮酒,事先已经布置埋伏了甲士准备袭击赵盾。公宰亓眯明知之,设计救出赵盾。赵盾逃奔,没有逃出晋国地。乙丑日,赵盾的昆弟(即堂弟。赵盾从父昆弟子)将军赵穿就在桃园袭杀了灵公,迎回赵盾。赵盾素来为人所重,民众都亲附他;灵公年少,生活奢侈,民众不依附他,故容易被弑。赵盾官复原职。晋国的太史董狐写了张条幅:"赵盾杀了他的国君!"在朝堂上让人传阅。赵盾争辩道:"弑者赵穿,我无罪。"董太史曰:"你是正卿,逃亡时没有出国境,回来时不诛杀乱国的人,责任不在你,还在谁?"可惜,若当时赵盾已逃出国境,就没有了他杀害国君的历史罪名。赵盾派赵穿到周京城迎接襄公的弟弟黑臀而立他为晋君,这就是成公。成公是文公的小儿子,他母亲是周王室的女儿。壬申日,成公到武宫上朝。

晋成公元年(前606),赐赵氏为公族。晋伐郑,是因为郑国曾经背叛过晋国的缘故。三年,郑伯刚即位,郑国就归附晋国,而背叛了楚国。楚王发怒,讨伐郑国,晋国发兵救援郑国。六年,晋国讨伐秦国,俘虏了秦国的将军赤。《竹书纪年》记:晋成公与狄人合作讨伐秦国,俘虏了秦谍(秦国间谍)在绛城杀之,六日尸体复活。七年,晋成公为了与楚庄王争强,会诸侯于扈。陈国畏惧楚国就没有参加会盟。晋使中行桓子伐陈。楚国讨伐郑国,晋国出兵救郑国,与楚国战,打败了楚师。是年,成公卒,子景公据立。晋成公之死与秦谍尸体复活有关,但史书无记。

晋景公元年(前599)春,陈大夫夏征舒弑其君灵公。二年,楚庄王伐陈,诛杀夏征舒。三年,楚庄王包围郑国,郑国向晋国告急。晋派荀林父统率中军,随(士)会统率上军,赵朔统率下军,郤克、栾书、先縠、韩厥、巩朔辅佐他们。六月,晋军到达黄河,听说楚国已经迫使郑国臣服,郑君赤膊与楚庄王订立盟约。荀林父想回师,先縠曰:"吾等前来救郑,不到达不行,以免将帅离心。"晋军终于渡过黄河。楚国已得郑国,想饮马黄河以显示其出师有名而后撤军,遇上晋军,两军即大战。郑国已归附楚国,反而帮助楚军攻打晋军。晋军败逃黄河边上,争取渡船,兵士上船,被楚军砍掉不少手指。楚军俘获晋将智罃。归而荀林父请罪曰:"臣为督将,军败当诛,请死。"景公欲许之,随会曰:"昔文公之与楚战城濮,楚成王归杀子玉,而文公乃喜。今楚已败我师,又诛其将,是帮助了楚国而杀仇人也。"景公乃止。此战史称"邲之战"。四年,先縠因为建议而使晋军在黄河边打了败仗,害怕被杀,就逃奔翟国,并和翟国谋划攻打晋国。晋国发觉就灭了先縠的宗族。先縠是前大将先轸的儿子。五年,晋国讨伐郑国,因为郑国帮助了楚国以至于晋军在黄河边吃了败仗。是时,楚庄王强,以致挫败了晋兵在黄河上的战役。六年,楚国讨伐宋国,宋国派使者向晋国告急,晋国欲派兵救援宋国,伯宗谋议曰:"楚国,上天正开启之,其锐不可阻挡。"乃使解扬诈称救宋,郑国人抓住解扬并把他送给楚军。楚军用厚礼贿赂解扬,叫他到宋国说反话,以让宋国赶快投降。解扬假装答应,结果却传递了晋君的话。楚军想杀死解扬,有人进谏,楚军才释放解扬回国。

七年,晋国派遣随会灭掉赤狄。八年,晋国派郤克出使齐国,齐顷公的母亲从楼上观看并讥笑他。之所以发笑,是因为郤克驼背,鲁国的使者是跛脚,卫国的使者是独眼,所以齐国也派有相同残疾的人引导客人。郤克于是发怒,回国时一到黄河边就发誓曰:"不向齐国报仇雪耻,河神明鉴!"回到晋国,郤克就向晋景公提出要讨伐齐国。晋景公问明原因曰:"你个人的恩怨怎么值得用来烦扰国家呢?"就没有听从他。魏文子因为年老请求退休,就推荐了郤克,郤克就执掌了晋国大政。九年,晋国讨伐齐国,齐派太子强到晋国做人质,晋国才撤兵。十一年春,齐国讨伐鲁国,夺取鲁国的隆(当是今山东济宁市)邑。鲁国向卫国告急,卫国和鲁国都通过郤克向晋国告急。晋国就派郤克、栾书、韩厥率领兵车八百乘,与鲁国和卫国共同讨伐齐国。是年夏天,韩厥与郤克将兵八百乘伐齐,败齐顷公于鞍(即历下。在今山东省济南市),打伤并围困了齐顷公。顷公乃与其车右的卫士逢丑父易位,下车去取饮用水,这才得以逃脱,晋俘获了逢丑父。齐师败走,晋军北追至齐国。齐顷公献出宝器以求讲和,晋国不答应。郤克曰:"一定要萧桐侄子做人质。"齐国使者曰:"萧桐侄子是齐顷公的母亲,齐顷公母,犹如晋君母,奈何要必得之? 此不义也,要么再战。"晋国于是答应与齐国和平相处,然后离去。是年,楚国申公巫臣盗娶夏姬以投奔晋国,晋君封他为邢邑大夫。

十二年,晋灭潞子国。是年冬,齐顷公访问晋国,欲推尊晋景公为王,景公推辞不敢接受。晋国始作六军(卿),韩厥、巩朔、赵穿、荀雅、赵括、赵旃皆为卿。智罃从楚国归来。十三年,鲁成公朝拜晋君,晋君对他不尊重,鲁成公怒而离去,从而背叛了晋国。晋国讨伐郑国,夺取汜(即汜水关,亦称虎牢关。在今河南荥阳市西北三十六里)。十四年,梁山崩坍,晋景公问伯宗,伯宗以为不值得惊怪。十五年夏四月丁丑,晋迁都新田(即今山西侯马市西晋国遗址)。十六年,楚将子反怨恨巫臣,灭巫臣族,巫臣派其子去吴国,教吴人乘车用兵,吴与晋隔国相交,相约联手攻楚。十七年,晋诛赵同、赵括,欲灭其族。韩厥曰:"赵衰、赵盾之功怎么可以就忘记了? 怎么好绝其祀?"乃复令赵庶子赵武为赵家的后代,复与封邑。十九年,景公病,立其太子寿曼为君,是为厉公。之后月余,景公卒。先时,晋襄公之少子名捷,自灵公立,避居于周,生子谈,号惠伯,谈生孙周。

晋景公所灭翟国,一记狄国。《魏书·官氏志》记:"黄帝子昌意少子�悃,受封北土。

黄帝以土德为王,北俗谓土为拓,谓后为跋,故以拓跋氏。"《魏书·序纪》记:"昔黄帝有子二十五人,或内列诸华,或外分荒服。昌意少子受封北土,国有大鲜卑山,因以为号。其后世为君长,统幽都之北,广漠之野。"《山海经·大荒西经》记:"有北狄之国。黄帝之孙曰始均,始均生北狄。"悃生季禺,季禺生了口东胡,胡人也。东胡生蒙格,蒙格代名即谓鲜卑山。蒙格以土为拓,以后为跋,其子故名拓跋,拓跋氏焉。拓跋生始均于北狄。始均为北狄君长,帝尧之时,始均入仕,逐女魃(氏族名)于弱水(指今陕西甘泉县北洛河)之北。民赖其勤,帝舜嘉之,命为田祖(见《魏书·官氏志》)。始均生弄明,弄明生白犬,白犬生牝牡,是为犬戎族,俗称狄。北狄初始在鲜卑(游牧于今内蒙古西拉木伦河及洮儿河之间);春秋时期,狄居清源(今山西清徐县、交城县一带),周惠王十五年(前662)"冬,狄伐邢"(见《春秋·庄公三十二年》),其势力已经到达邢(今河北邢台市)。翟国亡于晋景公七年(前593)。翟国亡后,子孙传翟姓,晋有东海王越参军翟庄名于世,是为翟姓始祖。翟父有一件青铜鼎文记于《博古图》,是谓翟氏祖宗。

晋厉公元年(前580),初立,欲与诸侯和谐相处,并与秦桓公隔着黄河而盟。各自回国,而秦国却背叛盟约,与翟国谋划要讨伐晋国。三年,晋国派吕相去谴责秦国,因而又与诸侯联合去讨伐秦国。联军到达泾水,在麻隧(在今陕西泾阳县北)打败了秦军,俘虏了秦将成差。五年,三郤谗毁伯宗,厉公杀伯宗。伯宗因为喜好直谏,而遭此祸。国人因此不亲附厉公。六年春,郑国背叛晋国与楚国结盟,厉公发怒。栾书曰:"不可以当吾世而失诸侯。"乃发兵。厉公自为统帅,五月渡河。听闻楚国已经发兵救郑国,范文子请厉公欲退兵,郤至曰:"发兵诛逆,见强而不战避去,以后怎么好号令诸侯?"乃遂与楚国交战。癸巳日,射中楚共王眼睛,楚兵则败于鄢陵。楚国子反收回残兵,安抚共王准备再战,哀兵必胜,锐不可当,当此时晋军却忧虑。楚共王召唤子反,子反的侍者竖从阳谷搞来了阳谷酒,子反正饮得烂醉,不能来见共王。共王本已眼睛极痛,二兵对峙之际主将还如此怠懈,即大怒,吼斥子反,子反自杀,共王遂引兵归去。晋国自此威震诸侯,欲以号令天下称霸。厉公有很多宠幸的嬖妾,自鄢陵之战打败楚兵以后,想把原来大夫们的爵位去掉,以立诸宠幸嬖妾的兄弟们。有宠姬的哥名胥童,平常与郤至有怨,及栾书又埋怨郤至在鄢陵之战初不用其计而遂打败了楚兵,乃暗中派胥童去向楚国谢罪。楚王即派人来诈骗厉公曰:"鄢陵之战,实际是郤至召楚国来的。郤至的目的是想作乱,接公子周回国立为晋君。正当时诸侯国没有准备好应对措施,所以这事没有成功。"厉公把这些话告诉栾书,栾书曰:"似乎有这种可能,望公派人去周京城与公子周接触以试探真实。"厉公果然派郤至去周京城办事,而栾书又暗中使人去说服公子周召见郤至,郤至不知其计就中了圈套。厉公验证,很是相信,遂怨郤至,欲杀之。八年,厉公打猎,与姬妾饮酒,郤至在外打猎猎杀了一头野猪奉献,却被宦官孟张夺去。郤至怒而射杀宦官,厉公怒曰:"季子(指郤至)欺负我!"将诛灭三郤,但未及时采取行动。三郤已知厉公用心,郤锜欲攻厉公,曰:"我就是死了,至少也要把寿曼(厉公)这家伙弄成残废。"郤至曰:"诚信者,不反叛君王;智慧者,不危害民众;勇敢者,不掀起叛乱。失掉这三项修养,谁肯原谅我?我就死了算了!"十二月壬午日,厉公派胥童率领其众八百人偷袭三郤。胥童、夷阳五、长鱼矫皆怨郤氏而嬖于厉公。胥童、夷阳五帅甲将攻郤氏,长鱼矫请无用众,抽戈结衽,而伪讼者,三郤谋于社。矫以戈杀驹伯(郤锜),苦成叔(郤犨)于其位。温季曰:逃威者遂趋(捉拿)。长鱼矫诸其车以戈杀之,皆尸诸朝。胥童则趁机劫持了栾书、中行偃,曰:"不杀此二子,祸患必及于厉公。"厉公曰:"一天要杀掉三卿,我真不忍心。"胥童曰:"别人总在谋算你。"厉公弗听,并且感谢栾书在杀三郤中有功,向栾书道歉,以复二人大夫位。二人顿首感谢曰:"幸甚、幸甚!"厉公就任命胥童为卿士。闰月乙卯日,厉公到匠骊氏家游玩,栾书、中行偃就以其党徒的力量袭击厉公,并将厉公囚禁了起来。接而杀胥童,而使人去周京迎接公子孙周以立为晋君,是为悼公。《淮南子·人间训》评曰:"晋厉公南伐楚,东伐齐,西伐秦,北伐燕,兵横行天下,而无所倦,威服四方而无所诎。遂合诸侯于嘉陵(嘉陵道。在今陕西略阳县北境,嘉陵江畔),气充志骄,淫侈无度,暴虐万民,内无辅拂之臣,外无诸侯之助,戮杀大臣,亲近导谀。明年出游匠骊氏,栾书、中行偃劫而幽之。诸侯莫之救,百姓莫之哀,三月而死,身死国亡,此所谓益之而损者也"。

晋悼公元年(前572)正月庚申,栾书、中行偃弑厉公,用一乘车的货物进行礼葬。厉公被囚禁六天死,死后十天为庚午日,是日智罃迎接公子周归来。公子周先至绛城,杀鸡与大夫们订立盟约,乃立为君。辛巳日,公子周到武宫朝拜。二月乙酉,即君位。悼公周,其先也襄公之少子名捷,自灵公立,避居于周京城,捷号桓叔。桓叔生惠伯谈,谈生悼公周,周立为晋君时年十四岁。悼公曰:"寡人的祖父、父亲都没有得立为晋君,避难到周京师,客死在那里。寡人知与君位疏远,也不想为君。现今各位大夫不忘记文公、襄公的功业,而有意要惠立桓叔之后,幸奈宗庙大夫之灵,寡人得以奉祀晋祠,岂不诚惶诚恐、战战兢兢乎?请各位大夫诚恳辅佐寡人!"于是,驱逐不能称职的大臣七个人,修旧功、施德惠,寻找追随文公的功臣后代量才录用。秋天,讨伐郑国,郑师败,就到达陈国。三年,晋国会合诸侯。八年,郑国叛反与楚国为盟,悼公怒,决定对郑国用兵。合九路诸侯兵力,增置墩台。大国抽兵千人,小国五百、三百共守其地。悼公有同母弟扬干,请战随军,扬干手下有御车者,因乱阵,主将魏绛戮杀了他的仆人以示处罚,悼公闻之发怒。羊舌赤谏悼公,悼公以为魏绛秉公执法、贤能,还任命魏绛主理国政,使魏绛去安抚戎人,戎人亲附。悼公点将,时祁傒年老,悼公问:"孰可以代卿者?"傒对曰:"莫如解狐。"悼公曰:"闻解狐,卿之仇也,何以举之?"傒答曰:"君问可,非问臣之仇也。"但解狐未及拜官已病死。悼公复问傒:"解狐之外,更有何人?"傒曰:"其次莫如午。"悼公曰:"午是卿之子耶?"傒对曰:"君问可,非问臣之子也。"后有君子曰:"祁傒是个不搞党派小团体的人!推举外人不避仇人,推举内亲不埋没儿子的才能。"悼公又问祁傒曰:"今中军尉佐羊舌职亦死,卿为我并择其代。"傒曰:

"职有二子：曰赤、曰胼，惟君所用。"悼公从其言，以祁午为中军尉，羊舌赤副之，命羊舌胼为太子彪之傅。十一年，悼公曰："自吾用魏绛，九次会合诸侯。和戎、和翟皆魏子之力也。"赐魏绛乐器，魏绛三次推辞而受之。冬天，秦国夺取了晋国的栎邑(当在今山西南部、黄河北岸)。十二年十二月庚戌，晋籍谈、荀跞、贾辛、司马督帅师军于阴(在今山西霍州市东南)、于侯氏(在今河南偃师市东南缑氏镇)、于谿泉(在今河南巩义市西南)。九年，鲁季氏逐其君王昭公，昭公居乾侯。十四年，晋国派遣六卿率领诸侯国讨伐秦国，军渡泾水，大败秦军，至棫林(西周郑国都城。即今陕西华县)而返。十五年，悼公问治国之策于师旷。师旷曰："惟推行仁义为本。"冬，悼公卒，子平公彪立。羊舌胼升为太傅，爵上大夫。悼公时期，晋恢复霸业，羊舌氏为强族。

晋平公元年(前557)即位。《左传·襄公十六年》记："晋平公即位，羊舌胼为傅，张君臣为中军司马，祁奚、韩襄、栾盈、士鞅(范献子)为公族，大夫虞丘书为盛马御。改服修官，蒸于曲沃。"是年，晋伐齐。齐灵公与战靡下(即历山。在今山东济南市南)，齐师败走。齐晏婴对齐灵公曰："君王既然没有了勇气，何不止战？"齐遂退兵。晋国的兵追击而包围了齐国临淄，放火烧毁了城郭，屠杀其百姓。晋军东到胶河(在今山东东部胶莱河)，南至沂水，齐国的城邑皆进入一级战备状态，都有城守，晋国乃引兵归。三年，晋人执卫行人石买于长子(在今山西长子县西南八里)。六年，鲁国的襄公到晋国朝拜。晋国的栾逞自觉有罪，逃奔到了齐国。八年，齐国庄公暗中派遣栾逞回到曲沃，并随后以兵相护。齐军登上太行山，栾逞举曲沃城反，突袭绛城。当时的情况是绛城没有戒备，平公受困欲自杀，范献子制止了平公，以其徒众抗击栾逞，栾逞败逃回曲沃。曲沃人包围并攻击栾逞，栾逞死，晋遂灭栾氏宗族。栾逞是栾书的孙子，栾逞进绛城的时候，曾经与魏氏密谋过，羊舌虎参与了谋乱。齐庄公闻栾逞被打败，乃领兵回，取晋国的朝歌而去，以报临淄战役之仇。九年，鲁国叔孙豹访晋，叔孙豹应是叔向表兄弟，叔向与范宣子陪同。叔孙豹论及祖源，《左传·襄公二十四年》记："范宣子曰：'昔匄之祖，自虞以上为陶唐氏，在夏为御龙氏，在商为豕韦氏，在周为唐杜氏。'"范宣子问叔孙豹："人何以不朽？"叔孙豹曰："大上有立德，其次有立功，其次有立言，虽久不废，此之谓不朽"。十年，齐国崔杼杀了他的国君齐庄公。晋国利用齐国内乱，讨伐齐国，在高唐(在今山东禹城市西南四十里)打败齐国军队而后离去，以报太行山齐兵帮助栾逞造反之仇。十二年，宋国左师向戌抵晋与赵武谈"弭兵"一事，时韩宣子正参加军事会议，《左传·襄公二十七年》记："韩宣子曰：'兵，民之残也，财用之蠹，小国之大菑也。将或弭之，虽曰不可，必将许之。弗许，楚将许之，以召诸侯，则我失为盟主矣'"。

十四年，《左传·襄公二十九年》记：鲁叔侯为晋平公争杞田(即今河南杞县)一事发牢骚，叔侯曰："虞、虢、焦、滑、霍、杨、韩、魏，皆姬姓也，晋是以大。若非侵小，将何所取？武、献以下，兼国多矣，谁得治之？"吴国延陵季子(季扎)到晋国访问，与赵文子、韩宣子、魏献子语,曰:"晋国之政,最终要归你们三家了。"季扎又对羊舌肸说:"晋国国君奢侈,国政将要集权于赵文子、韩宣子、魏献子三家。吾子(指羊舌肸)好直,必思自免于难。"之后,羊古肸自更名杨肸。羊舌肸依恋怀旧对晋平公曰:"昔吾先君唐叔,射兕于徒林(杜林。在今陕西麟游县西北),殪,以为大甲,以封于晋"(见《国语·晋语八》)。

十五年,《左传·襄公二十九年》记:"二月癸未,晋悼夫人食舆人之城杞者。绛县人或年长矣,无子,而往与于食。有与疑年,使之年。曰:'臣小人也,不知纪年。臣生之岁,正月甲子朔,四百有四十五甲子矣,其季于今三之一也。'吏走问诸朝,师旷曰:'鲁叔仲惠伯会郤成子于承匡之岁也。是岁也,狄伐鲁。叔孙庄叔于是乎败狄于咸(在今河南濮阳县东南六十里),获长狄侨如及虺也豹也,而皆以名其子。七十三年矣。'史赵曰:'亥有二首六身,下二如身,是其日数也。'士文伯曰:'然则二万六千六百有六旬也。'"师旷算出绛县老人其生年为鲁国的叔仲惠伯与晋国的郤成子相会于承匡(在今河南睢县西三是里匡城乡)的那一年,是按六十天为一甲子岁推断老人时年七十三岁。

十七年,子产访问晋国,时晋平公有病,子产在叔向陪同下去问晋平公病好些了没有。晋平公曰:"占卜者说我的毛病是实沉(沈)与台骀作祟,史官不知道台骀是什么神,敢问您知道吗?"子产答曰:"高辛氏帝喾有二子,长的叫阏伯,小的叫实沈。他俩居住在森林里,彼此不相容,每天都手持干戈互相征伐。帝尧以为他俩都不好,把阏伯迁移到商丘(今河南商丘南),命主祀辰星(火神),商人继承了这个职位,将辰星称为商星。把实沈迁移到大夏(今山西太原南),主持祭祀参星,唐国人继承了这个职位,服侍夏朝、商朝,唐的末世君主叫唐叔虞。"《左传·昭公元年》子产论:"当武王邑姜(姜太公女)方震(娠)大叔(指唐叔虞),梦帝谓己:'余命而子曰虞,将与之唐,属诸参,而蕃育其子孙。'及生,有文在其手曰虞,遂以命之。及成王灭唐,而封大叔焉,故参为晋星。"

十九年,齐使晏婴至晋,与羊舌肸语。肸曰:"晋,季世也,公厚赋为台池而不恤政,政在私门,其可久乎!"晏子然之。先时屈巫臣娶夏姬奔晋,所生之女,嫁给了晋大夫羊舌肸。初始,羊舌肸母亲叔姬不同意,曰:"昔有仍氏生女,黰黑而甚美,光可以鉴物,名曰玄。妻乐正,后要之,生伯封。实有豕心,贪婪无厌,忿类无期,谓之封豕。有穷后羿灭之,夔是以不祀。子灵之妻杀三夫一子,而亡一国两卿矣!可无征乎?尔不惩此,而反惩吾族,何也?且吾闻之,有奇福者,必有奇祸;有甚美者,必有其恶。且三代之亡,皆是物也。汝何为载?天有尤物,足以移人。苟非德人,则必有祸。"后羊舌肸娶妻生子时,叔姬远远听到孙子生落地,还叫羊舌肸哥羊舌赤妻子来听,曰:"是豺狼之声也。狼子野心,莫非是丧羊舌氏矣!"羊舌肸听闻,言其母曰:"吾母多而鲜庶,吾惩舅氏矣!"意即母亲多管事也。

二十一年,晋平公筑虒祁宫(在今山西侯马市西南十里汾祁村)。晋平公与群臣饮宴,乃喟然曰:"莫乐为人君!惟其言而莫之违。"时师旷侍坐于前,援琴撞之。师旷是个盲人,平公受到撞击即披衽而避,琴撞坏了墙壁。平公曰:"太师谁撞(撞谁)?"师旷曰:"今者有小人言于侧者,故撞之。"平公曰:"是寡人也。"师旷曰:"哑!我以为刚才的话语是非君人者之言也。"左右请平公处罚师旷。平公曰:"释之,以为寡人戒。"师旷何以有如此权威?其源来自曲沃成师之后,是为晋宗室,后传师姓。师旷还以博学多闻著称于世。先秦乐师同当今艺术家不同,"为古文化的集中保有者"。能"究天人之际,通古今之变"。师旷曾专心于星算音律之中,"考钟吕以定四时,无毫厘之异"。是年,羊舌肸改羊舌氏为杨氏,其子生就以父氏,名杨石,字食我(见《左传·昭公五年》)。

二十二年,晋国讨伐燕国。二十三年,晋国士文伯论政曰:"务三而已,一曰择人,二曰因民,三曰从时。"二十六年,平公卒,子夷立,是为昭公。晋昭公六年(前526)卒,六卿强,公室卑。子去疾立,是为顷公。

六、秦嬴起自周西边陲

秦国突起于西戎之地。中国中原王朝对西方民族概称"西戎",一称"犬戎",多含轻侮之意。犬戎部落在黄帝与炎帝三战阪泉时已经是黄帝西方联盟之族,始曰貔,居静宁(属今甘肃),其先为轩辕氏同祖,近亲支族,语言相通。西戎有鬼戎、义渠等,《礼制·王制》记:"西方曰戎,被发衣皮,有不粒食者矣。"《后汉书·西羌传》:"戎本无君长,夏后氏末及商周之际,或从侯伯征伐有功,天子爵之,以为藩服。春秋时,陆浑、蛮氏戎称子。战国世,大荔、义渠称王。及其衰亡,余种皆反旧为酋豪云。"帝喾之时,犬戎人常入寇抢掠财富,帝患其侵暴,而予惩罚。《后汉书·南蛮西南夷列传》记:"昔高辛氏有犬戎之寇,帝患其侵暴而征伐不克,乃访募天下有能得犬戎之将吴将军头者,赐黄金千镒,邑万家,又妻以少女。"得犬戎人吴将军之头者,是为盘瓠,帝喾呼其畜狗。帝喾既亡犬戎之首,乃命白犬为犬戎氏之首。《山海经·海内经》记:"黄帝生苗龙,苗龙生融吾,融吾生弄明,弄明生白犬,是为犬戎"。帝喾之后名犬戎者,实是黄帝之裔。

秦国其先与徐国同宗嬴姓,为四大古圣之一的皋陶之后。秦祖大费又称鸟俗氏,为徐祖若木之兄,大费即费氏。大费十传而有费伯官于夏,费伯生费昌,费昌为夏桀司法官,后为商帝汤御马官。商汤败夏帝桀于鸣条,时费昌为商汤御马,因为有功,受封在葛伯地,称费侯。费昌生费廉,一记飞廉,费廉住葛伯地,因"住葛"音同"诸葛"后有传诸葛姓。费廉生孟戏,孟戏娶葛巾生中衍。葛巾,葛伯氏之女,孟戏能隐逸其形,能化为牡丹,又可使一朵牡丹化为百朵,以致无穷,谓曰洛阳牡丹之仙。孟戏实为魔术之师,被尊为滑稽大师,后相声界尊其为祖师。中衍会鸟口技,发声惟妙惟肖,商帝太戊召为御马,许与女,是为驸马,后有皇帝女婿称驸马即此来由。中衍十代孙为戎胥轩。申侯娶郦山氏生有一女,嫁给戎胥轩,生子中潏。中潏因此与周王相亲,而归附于周,保卫周的西部边陲。中潏生蜚廉、费中。蜚廉善跑,事商纣王,常出使北方,纣王死,设祭坛于霍太山而吊祭纣王,尽人臣之忠。筑坛时,得一石棺,石棺有铭文曰:"帝告处父,不与殷商乱,赐尔石棺。"蜚廉死之,葬霍太山。蜚廉子恶来,随商纣王,领兵与周武王斗,为周武王平纣王时的姜太公师尚父所杀。周武王念其父忠,善待其两弟。恶来有子女防。女防生旁皋,旁皋生太几,太几生季延。周孝王时(前870—前862),申侯将女儿嫁给季延,以季延御马车,赐姓骆,故一名大骆。大骆娶申侯女生嫡子成,次为非子。非子居住在犬丘(在今陕西兴平市东南十里南佐村),喜好养马,善于饲养畜牧。周孝王想要非子作为大骆的后代,而大骆长子成已经是为嫡嗣,申侯劝告孝王不要更改,以和西戎。非子为孝王养马繁殖率高,周孝王曰:"昔伯益为舜主畜,畜多息,故有土,赐姓嬴。今其后世亦为朕息马,朕其分土为附庸。"于是孝王就分土地给非子,让他做附庸国。非子在封地建立城邑,称号秦嬴,秦嬴安抚周朝西边的戎人。秦嬴生秦侯,秦侯在位十年薨,子公伯立。公伯在位三年薨,子秦仲立。

秦仲元年(前843),周厉王暴虐无道,诸侯叛离,西戎反,犬丘遭到攻击。周宣王三年(前825),任秦仲为大夫,讨伐西戎,秦仲战死。秦仲在位二十三年,生有五子,长子庄公即位。

庄公元年(前821),周宣王召庄公兄弟五人,配给七千兵,伐西戎。周宣王将原大骆的犬丘之地合并起来都归五兄弟所有,封庄公为西陲大夫。周幽王四年(前778),秦大伐西戎。庄公居犬丘西。庄公生三子,长子名世父,世父曰:"西戎杀吾祖父仲,吾要不杀西戎之王就不回来!"世父带兵去攻打西戎,却把嫡子之位让其弟襄,襄为太子。庄公位四十四年薨,襄继位,是为襄公。

襄公元年甲子(前777)即君位。二年,西戎兵围犬丘,世父反击不成而被俘。一年后,世父被逐回国。七年,周幽王宠妃褒姒,欺瞒诸侯。西戎部族的犬戎与申侯联合杀周幽王于骊山下。周室为避犬戎之难,周平王在襄公派兵护送下东迁洛邑,因为阻敌南下有功,平王对襄公曰:"西戎无道,尔若将我岐山、丰水那富饶的土地夺取回来,就封给秦。"周平王二年(前769),襄公赶跑戎人,夺回两地。平王封襄公为诸侯,并将岐山以西土地赏赐给襄公。襄公为秦王,秦作西畤,建立秦国,始与诸侯互通使者。秦供奉白帝(黄帝鸿),兼以祭天地及古帝王,又用骝驹、黄牛、羝羊各三只,在西畤设坛祭天。青铜器《秦公钟》记,秦公曰:"我先祖受天命,商(赏)宅受或(国),刺刺(烈烈)邵文公、静公、宪公不遂(去走之。坠之意)于上,邵合(答)皇天,以㝬,事囗(蛮)方。公及王姬曰:余小子,余夙夕虔敬。朕祀,以受多福。"是年,平王又赐秦、晋以邠(在今陕西旬邑县西南)、岐(在今陕西岐山县东北)之田。襄公十二年薨,子文继位,是为文公。

文公元年(前765)即君位,居在西垂宫。三年,文公领七百兵向东狩猎。四年,文公至于汧(在今陕西陇县东南三里)、渭,文公曰:"前周王让吾祖先秦嬴在此建城邑,后成诸侯。"即卜居于此。营建城邑。《括地志》记:"故汧城在陇州汧源县西三里(在今陕西陇县)。十年,秦第一次在鄜县建立畤坛。用牛、羊、猪三牢祭祀天地。十三年,初次设立史官记载史事。十六年(前750),兴兵讨伐西戎,西戎败逃;疆土扩展到岐山,将岐山以东土地献给周王。而《竹书纪年》记:"(周平王)十八年(前753。此记差三年,当以前者之记为准),秦文公大败戎师,于岐来归岐东之田"。十九年,秦获得陈仓宝石,作陈宝祠。陈宝祠在陈仓北阪城(在今陕西宝鸡市东二十里渭水北岸)。二十年,法律设立三族之罪。秦初用族刑。二十七年,砍伐南山梓树,驱丰水怪兽。四十八年,太子去世,谥竫公。以竫公长子为太子。五十年,文公薨,其孙嗣位,是为宁公。

宁公元年(前715)即君位。二年,宁公迁居平阳,以兵攻荡社。三年,败亳军,亳王逃奔至戎地,于是平灭荡社(亳国之邑。在今陕西三原县西南)。七年,芮国芮伯万出奔魏。芮伯万之母恶芮伯之多宠人也,故逐之。十二年,王师与秦师合作围魏,取芮伯万而东之。芮伯万出走以后,芮国已经有了代君,秦又欲纳芮伯万于芮。因为芮伯万出走当年,秦伐芮国,吃了败仗,思之,还是以为糊涂的芮伯万听话。秦攻伐荡氏余部,灭之。宁公十岁即为国君,位十二年薨,生三子,长子武,立太子,是为武公;次子德,是为德公,三子出子。宁公薨,三父共废太子而立出子为国君,时出子五岁,立六年又为三父暗杀,三父等复立武公为王。

武公元年(前697),攻打彭戏氏,复以平阳为都城。三年,追究出子被杀罪,诛杀三父,夷灭其三族。十年,攻伐邽(即今甘肃天水市)、冀戎(在今甘肃甘谷县),设立县制。十一年,在杜、郑设立县制。灭小虢。二十年,武公薨,葬雍邑平阳。其时葬武公,用六十六个活人殉葬。武公子白不得立,其弟德公立。

德公元年(前677),居住雍城大郑宫。用牛、羊、猪各三百头在鄜畤祭祀上天。占卜雍城风水,卜卦以为居此后世子孙可东达黄河牧马。梁伯、芮伯前来朝见。二年,确定有三伏节气,杀狗祛除热毒、邪气,德公是年薨。德公有三子,长子宣,次子成,三子穆。长子宣立,是为宣公。

宣公元年(前675),卫、燕攻伐周室,周惠王逃之,王子颓为周王。三年,郑伯、虢叔杀王子颓复请惠王即位。四年,秦建造密畤。秦与晋国在河阳交战,战胜晋国。十二年,宣公薨,其有九子不立,其弟成立,是为成公。

成公元年(前663),梁伯、芮伯前来朝贡。成公位四年薨。其子七人不立,其弟穆立,是为穆公。秦穆公(一记缪公),名任好。

穆公元年(前659),率军攻茅津,胜之。四年,到晋国迎娶夫人,结秦晋之好。五年,晋献公灭虞、虢两国。虞大夫百里奚随穆公夫人以为仆役陪嫁到秦。百里奚逃到楚,穆公知之,用五张黑羊皮赎回。穆公拜百里奚为五羖大夫。百里奚复推荐蹇叔,穆公封为上大夫。秋,晋有骊姬作乱,太子申生死,重耳、夷吾逃亡别国,穆公率军攻打晋国在河曲。晋献公薨，穆公派百里奚带军队送晋公子夷吾回晋国立为晋君。夷吾曾经许诺："若回晋能立为晋君，将割地晋国河西八城给秦"。夷吾为晋君却食言不给秦土地，并诛杀秦之使者。秦策划重耳返晋。十二年，晋国旱灾，到秦国借粮，秦借给粮食，船载漕运与车载陆运，从雍城到绛城的车船络绎不绝。十四年，秦国闹饥荒，向晋国借粮，次年晋国趁机攻打秦国。秦、晋两军在韩原会战。秦穆公俘获晋君夷吾。晋将河西土地割让给秦，再将太子圉留在秦国做人质，才放夷吾回晋。时也，秦国疆域东方已经扩展到黄河。十五年九月十四日，秦、晋两军在韩原交战。秦穆公受伤，晋军将要俘虏秦穆公时，曾经在岐山下偷吃秦穆公一匹良马的三百多个乡下人又赶来迎战晋军，大败晋军，使晋军解除包围，于是秦穆公不但脱险，反而俘虏了晋惠公。秦以晋太子圉为人质，放归晋惠公，二十年，秦国灭梁国与芮国。二十二年，晋太子圉逃回晋国。二十三年，晋惠公夷吾薨，太子圉立为晋君。秦恨子圉逃归，就从楚国迎请晋公子重耳，将子圉前妻介绍给重耳，重耳初始不肯，后才接受。穆公对重耳寄予厚望。二十四年春，秦让重耳入晋；二月，重耳立为国君，是为晋文公。子圉时号晋怀公，为晋文公所杀。二十五年，周襄王之弟带争权内乱，襄王求救于晋、秦。秦穆公协助晋文公护送襄王回国，杀襄王弟带（据《甘氏宗谱》记，叔带后受封，是为甘国始君）。三十年，穆公协助晋文公围困郑国，郑国使者至，告诉穆公，秦不得利，穆公罢兵。三十三年，穆公发兵攻郑国，晋襄公发兵在崤山（在今河南洛宁县西，灵宝市南）截住秦军，秦军全军覆没，三将军被俘。晋文公夫人原为秦穆公女儿，说情于晋襄公，晋释放秦三将军。三十四年，秦军攻晋，交战在彭衙（即今陕西白水县东北四十里南彭衙村），不胜，秦撤兵回。三十六年，穆公派兵攻打晋国，晋军败，秦夺取晋王官（在今山西闻喜县南）城和鄜地（在今陕西西安市南），以报崤山战败之仇。三十七年，秦攻伐戎王，得十二属国，扩地千里，称霸西戎。周天子派召公带金鼓去向秦穆公祝贺。秦穆公去世，有一百七十七人殉葬。秦国人哀悼殉葬者，作《黄鸟》诗歌。穆公有四十个儿子，太子罃继为君，是为秦康公。

康公元年（前620），晋将赵盾欲立在秦的晋公子雍，派随会迎接。晋已立新君，攻击秦，秦败，随会投秦。二年，秦伐晋，夺取武城（在今河北磁县西南）。四年，晋攻秦，夺取少梁城（在今陕西韩城市南二十里西少梁）。六年，秦攻打晋，夺取羁马城（在今山西永济市西南）。两军在河曲地区交战，晋军败。十二年，康公薨，子共立，是为共公。共公五年而薨，子桓立，是为桓公。

桓公元年（前603）即君位。十年七月，秦桓公派兵攻打晋国，两军在辅氏（今陕西大荔县）交战。晋将魏颗与秦将杜回交手，突见一老人用草编的绳子套住杜回，杜回站立不稳，摔倒在地，当场被俘，晋军大获全胜。《左传·宣公十五年》记"结草报恩"典故："魏武子有嬖妾，无子。武子疾，命颗曰：'必是嫁。'疾病，则曰：'必以为殉。'及卒，颗嫁之，曰：'（父亲）疾病则乱，吾从其治也。'及辅氏之役，颗见老人结草以亢杜回，杜回颇而颠,故获之。夜梦之曰:'余,而所嫁妇人之父也。尔用先人之治命,余是以报'"。杜回,晋文公四妃杜祁所生,随母姓,公子雍之弟也,后逃奔到鲁国,传杜姓。二十四年,晋厉公继位,与秦桓公订立以黄河为界的盟约。桓公不守约,与翟人谋攻晋。二十六年,晋率诸侯伐秦,秦败,诸侯国军追至泾水。桓公二十七年薨,子景继立,是为景公。

景公元年(前576)即君位。十五年,秦军救援郑国,在栎城(当在今山西南部、黄河北岸)败晋军。时晋悼公为诸侯盟主。十八年,晋悼公会诸侯攻秦,秦败。晋军渡泾水,直追至棫林(在今河南叶县东北)。二十七年,景公到晋国与晋订立盟约,后又毁约。三十六年,景公同母弟后子铖得宠。子铖很有财富,遭人诬陷,逃亡晋国,带去一千辆车的资产。四十年,景公薨,子哀继位,是为哀公。子铖重回秦国。

哀公元年(前536)即君位。四年,楚即克夷虎,屯兵在武关小习,意在伐秦。十一年,楚平王向秦国请求娶宗室女为太子建之妻。秦女漂亮,平王就娶为己妻。十五年,楚平王想杀太子建,太子建逃亡。时伍子胥逃奔吴国。三十一年,吴王阖闾和伍子胥伐楚,楚王逃奔随国,吴国军队进入郢都。楚国大夫申包胥到秦国告急,七天不吃饭,日夜哭泣。秦国出动五百乘军车解救楚国之难,吴军败退。三十六年,哀公薨,子夷继位。夷早死,子惠继位,是为惠公。惠公十年薨,子悼继位,是为悼公。悼公十四年薨,子厉共立为秦国君。

厉共公元年(前476)即君位。二年,蜀人进献财物。十六年,在黄河旁挖掘壕沟。派兵二万征伐大荔(在今陕西大荔县朝邑镇东),夺取大荔国王城。二十一年,设置频阳县(在今陕西富平县东北美原镇西南古城村)。二十九年,晋国内乱,智伯被杀,国分赵、魏、韩。二十八年,智开与邑人来奔。开,智伯子,与从属来奔秦。三十三年,秦军征伐义渠国(在今甘肃庆阳市西峰区附近),俘获其君王。三十四年,日食。厉共公薨,子躁即位,是为躁公。

躁公元年(前442)即君位。二年,南郑城(在今陕西汉中市东二里)反叛。十三年,义渠国侵伐秦国,军至渭南。十四年,躁公薨,立弟怀为秦国君。怀公四年(前425),庶长晁和与大臣们围攻怀公,怀公自杀。怀公之子昭子早死,即立昭子之子为国君,即秦灵公。灵公六年(前419),晋在少梁(即今陕西韩城市南二十里西少梁)筑城,秦军袭击他们。十年,秦建筑籍姑(在今陕西韩城市北)城。灵公薨,立灵公叔父悼子,是为秦简公。简公是昭子弟,怀王子。

简公元年(前414)即君位。六年,颁布官吏可以带剑的法令。在洛水挖掘壕沟。建筑重泉城。十五年,简公薨,子惠继位,是为惠公。惠公十二年(前388),他的二子出生。十三年,秦征伐蜀地,攻取南郑城。惠公薨,出子继位为君。出子二年(前385),庶长改从河西迎请灵公的儿子,立为秦君,是为秦献公。

献公元年(前384),废止殉葬制度。二年,建筑栎阳城。四年正月庚寅日,孝公出生。十一年,周太史儋拜见献公曰:"周以前与秦国由合而分,分了五百年又要合并,合并十七年后会有霸王出世。"时年,《竹书纪年》记:周烈王"二年秦胡苏(一作苏胡)帅师伐韩,韩将韩襄败胡苏于酸水(即酸枣。在今河南延津县西南)"。十六年,桃树冬季开花。十七年,秦子向命为蓝君,蓝田(在今湖北钟祥市西北),本为子向之故邑也。十八年,栎阳城降下金雨。二十一年,秦与晋在石门(在今山西运城市解州东南)交战,斩杀晋军六万首级。周天子赠献公以绣有花纹的礼服表示祝贺。二十三年,秦与魏、晋战少梁,俘虏其将公孙痤。献公薨,孝公继立为国君。

秦孝公(前381—前338),元年庚申(前361)即君位。时黄河太行山以东有六个强国。在淮水与泗水一带有十多个小国。秦孝公据殽、函(相当今陕西潼关以东至河南新安县地)之固,拥雍州(在今陕西、甘肃二省和青海省东部地区)之地,君臣固守,以窥周室。孝公广施恩惠,救助孤寡,招募新兵。诏令国人曰:"先王穆公,在岐山、雍邑之时,修德布惠,振兴武备,而东向平晋内乱,扩地至黄河;而西称霸于戎翟之地,扩土千里。天子赠穆公为伯,诸侯来贺。逢厉公、躁公、简公、出子之时,三晋夺我河西之地使秦耻辱。献公镇抚边境,迁都栎阳,东征得回穆公时故土,重饬政令。寡人欲重图霸业,将招募人才,有出奇计而使秦富强者,封以高官,赐予土地。"孝公兵出向东围困陕城,兵锋西指斩杀戎人獂王。是年,有卫(商)鞅西来,景监引见孝公。二年,秦国讨伐郑(此郑,韩昭侯也)地,驻兵在怀城殷(在今河南武陟县西土城村附近)。三年,卫鞅劝说孝公变法,整饬刑罚、致力农耕,史称"商鞅变法"。商鞅变法推行"国家授田制""什伍连坐法制"与"重农抑商"政策以提倡农业。以发展农业生产支持对外战争,促使平民有机会通过两条路径,即参军作战与贡献存粮以折换国家官员的爵位。由《田律》《廊莞律》可知,秦廷与郡县政府要负责各地区地籍、户籍的登记与管理、耕牛的统一饲养与出租、铁器的出租、种子的出租,并兴修区域水利工程。秦廷十分重视降雨即时播种,并且要上报农田生长状况、天灾危害状况等等,让秦廷进行具体的规划与评估。是年,孝公拜商鞅为左庶长。秦国强盛,则孝公有席卷天下,包举宇内,囊括四海之意,并吞八荒之心。七年,孝公与魏惠王在杜平(在今陕西澄城县境)会盟。秦公孙壮伐郑,围焦城(在今河南中牟县西南)不克。秦公孙壮帅师城上枳(即今河南济源市)安陵(在今河南漯河市郾城区东南)山氏。八年,与魏国军队在元里交战,胜之。十年,商鞅任大良造率军围困魏国安邑(在今山西夏县西北禹王城),安邑降服。十二年,秦建咸阳城,迁都于此。秦汇小乡为大县,设置县令,共有四十一个县。

十三年,孝公首命魏国人杨朱为冀县(今甘肃天水市甘谷县)令。杨朱即杨子、阳生,周末任少府卿,迁征东大将军,因拒战秦孝公失败被俘,叹曰:"我被孝公所执,非秦胜,乃天困我也!"既而谓孝公曰:"臣闻事君尽忠、尽孝,余平日之志,欲使秦之根芽尽为灰烬,奈何天不助我!今为公所执,愿死于此。庶几,尽臣子之道,全始终之节。余身亡于此,魂归故乡,君恩何敢负耶!"孝公对他人曰:"为臣如朱者,不仅今时未见,虽上古亦少矣。"遂封杨朱为客卿,徙去冀县为县令。杨朱至冀县立"义节门",以表示忠于周王。是年,秦国第二次变法,这时太子犯法,商鞅曰"法之不行,自上犯之",刑其太傅公子虔与老师公孙贾。十四年,秦施行军赋制度,军团最高长官称庶长。

十六年,孝公会诸侯于逢泽(在今河南商丘市南,古睢水所积)。是年,太傅公子虔复犯法,商鞅施以割鼻之刑,秦王室成员惊恐。孝公之弟季昌以采草药为名,潜逃南方,去秦字之禾改为干是为奉字,奉天承运,山因名奉家山(在今湖南新化奉家镇),传后奉姓。十九年,周天子封孝公为诸侯伯长。二十年,秦公子少官率军在逢泽会诸侯,拜见周天子。二十一年,秦封卫鞅子于邬(在今陕西商洛市商州区东南),改名曰商。二十二年,商鞅率军进击魏国,俘魏公子卯。孝公封卫鞅为列侯,赐名商君。二十四年,孝公去世,子惠文君继位,是为惠文王。孝公既没,宗室人多埋怨卫鞅,惠王疑卫鞅之为人,欲加罪焉。卫鞅以其私属与母归魏,魏将襄(穰)疵不受。卫鞅被俘返秦,刑以车裂。

惠文王元年(前337)即君位。楚、韩、赵、蜀人来朝。时有鱼澄者,本宋王室宋桓公之后裔,行至秦国。鱼澄献禾给秦王,秦王以禾配鱼,以为草下之民,则以"蘇"封姓,是为蘇(苏)秦。苏秦说秦惠王曰:"大王之国,西有巴蜀、汉中的富饶,北有胡貉和代马的物产,南有巫山、黔中的屏障,东有肴山、函谷关的坚固。耕田肥美,百姓富足,战车有万辆,武士有百万,在千里沃野上有多种出产,地势形胜而便利,这就是所谓的天府,天下显赫的大国啊。凭着大王的贤明,士民的众多,车骑的充足,兵法的教习,可以兼并诸侯,独吞天下,称帝而加以治理。希望大王能对此稍许留意一下,我请求来实现这件事。"秦王答曰:"听说羽毛不丰满的不能高飞上天,法令不完备的不能惩治犯人,道德不深厚的不能驱使百姓,政教不顺民心的不能烦劳大臣。现在您老远跑来在朝廷上开导我,我愿改日再听您的教诲。"因为秦国刚处死商鞅,秦王搁置此论,苏秦的政治主张不能实行。二年,周天子赠送祭祀文王、武王用的胙肉以为贺礼。三年,戴惠文王王冠,行冠礼。时闻齐国、魏国的君主称王。五年,阴晋人犀首被任命为大良造。六年,魏国将阴晋献给秦国,秦改名宁秦,杨氏得势,杨章为秦左庶长。七年,公子卯与魏国的军队作战,俘虏了魏将龙贾,斩敌八万。八年,魏国向秦国奉献河西地。九年,秦军渡过黄河,夺取汾阴、皮氏。与魏王在应城(在今山西长子县东南二十七里应城村)会盟。包围焦城(在今河南陕县老城东北侧),迫使焦城人投降。十年,苏秦用计使同为鬼谷子学生的好友张仪去秦,代为实施其先劝告秦王的政治主张。秦王用张仪为客卿,张仪后为秦国相。时年,魏国分割上郡(治所在今陕西榆林市东南七十五里鱼河堡附近)十五县给秦国,秦国派公子繇到魏国做人质。十一年,在义渠设置县,归还给魏国焦城和曲沃。义渠国君降职为臣。更名少梁曰夏梁。十二年,开始实行腊月祭祀。十三年四月戊午,魏君称王,接而韩君亦称王。秦使张仪攻取陕州(治所在今河南三门峡市西峡县老城),并将原住民驱逐到魏国。十四年更改年号为元年。

惠文王更元二年(前323),张仪与齐国、楚国大臣在啮桑(在今江苏沛县西南)会盟。三年,韩国、魏国的太子来秦国朝见。张仪为说服魏国而为魏国相。五年,惠文王巡游北河(即黄河北河。在今内蒙古巴彦淖尔市杭锦后旗、临河区、五原县北之乌加河。曾为黄河之正流)。七年,乐池担任秦国国相。时年,韩国、赵国、魏国、燕国、齐国联合军事行动,并相约匈奴人共同进攻秦国。秦国派庶长疾在修鱼(一名修泽。在今河南原阳县西南)抵抗来犯之敌,并且俘虏了联军将领申差,打败了赵公子渴、韩太子奂,斩杀联军首级八万二千,联军溃逃。八年,张仪复回秦国任国相。

九年,司马错征伐蜀国(当指今四川),蜀国亡,秦置蜀郡。此前也,冀县县令杨朱之孙杨伯侯兄弟号王,丁力士凿开剑门(今四川剑阁北),故有司马错征蜀之便。是年,秦军还攻取了赵国的中都(在今山西平遥县西南)和西阳(原西阳国。在今河南光山县西南二十里),秦置中都县。十年,韩国太子苍,作为人质来秦国。秦又伐取韩石章,打败了赵国的将军泥。讨伐并占领了义渠国的二十五座城。十一年,秦将樗里疾进攻魏国的焦城,降之。又在岸门(在今山西河津市)打败了韩国的军队,斩首万级,其将犀首逃走。秦封公子通于蜀。时也,燕国国君哙将君位让给其大臣之子。

十二年,秦王与梁王在临晋会盟。秦庶长疾攻赵,俘虏了赵将庄。是年,张仪为楚相,张仪相魏又相楚,皆意在为强秦做统一战线工作。秦王任命杨爽(一记杨欷。冀县县令杨朱之子)为秦中书令,改三川(战国时河、洛、伊为三川。《战国策·秦策一》:"今三川,周室,天下之市朝也")牧,拒山东(指今崤山以东。崤山是陕西关中至河南中原的天然屏障)六国之兵(指战国时期除秦国以外的齐国、楚国、燕国、韩国、赵国、魏国六国兵)。张仪在秦推行的连横策略取得了成功,使秦惠王"拔三川之地,西并巴蜀,北收上郡,南取汉中","散六国之从(纵),使之西面事秦"(见《史记·李斯列传》)。

十三年,秦庶长杨章攻击楚国于丹阳,俘虏了楚将军屈丐,斩首八万;又攻楚汉中,取地六百里,秦置汉中郡。楚国的军队包围了雍氏城(在今河南禹州市东北二十四里古城镇),秦国派遣庶长疾帮助韩国并向东进攻齐国。秦又派军队去满(蒲),帮助魏国去攻打燕国。十四年,征伐楚国,占领召陵。丹、黎二国向秦国称臣,蜀相壮杀死了蜀侯到秦国投降。惠王卒,子立,是为武王。时韩国、魏国、齐国、楚国、越国都宾服于秦国。

武王元年(前310)即位,即与魏惠王在临晋会盟。蜀相壮不忠,杀之。张仪、魏章皆出使东方的魏国。秦伐义渠、丹(即丹水郡。在今河南淅川县西六十五里寺湾村)、黎(在今山西长治市西北四里)等国。二年,开始设置丞相职位。樗里疾、甘茂为左右丞相。是年,张仪死于魏国。三年,武王与韩襄王在临晋会盟。韩国国相南公揭卒,樗里疾去相韩。南公揭,亦称南伯,楚国隐士,又称楚南公。秦王朝兴盛时南公揭预言:"楚虽三户,亡秦必楚!"武王对甘茂曰:"寡人欲乘彩车通三川(即谓今陕西泾、渭、洛三河)去窥视周王室,能如此,则死亦无怨矣!"其秋,使甘茂与庶长封去征伐宜阳(在今河南宜阳县西)。四年,拔宜阳,斩敌首六万。渡过黄河,在武遂(指今山西临汾市西南)筑城。魏国太子到秦国朝见。武王自己勇武有力,于是好让人比武以戏,所以力士任鄙、乌获、孟说位居高位。武王与孟说举鼎较力,折断了膝盖骨。八月,武王去世,孟说被灭族。武王娶魏国宗室女为王后,没有生子,则立异母弟公子稷,是为昭襄王。襄王母亲是楚国人,楚威王小女,姓芈氏,号宣太后。武王去世时,昭襄王还在魏国做人质,魏国送归,才得立。

昭襄王,史称昭王,元年(前306)即王位。严君疾(即樗里疾)为相。甘茂出使到魏国,后遭向寿、公孙奭谗毁,在秦攻魏国蒲阪时投向齐国,后在齐国任上卿。宣太后理政,宣太后为史上第一位出现的"太后"号。二年,宣太后掌权,太后以为庶长壮与部分大臣、诸侯、公子为逆,皆诛之,及惠文王王后也没得善终。悼武王后被赶回魏国。宣太后诏其弟芈戎入秦,封华阳君。有彗星出现。

三年,昭王举行冠礼。昭王与楚王在黄棘(在今河南新野县东北)会盟,将上庸(在今湖北竹山县西南四十里堵水北岸)还给楚。四年,秦国占领了魏国的蒲阪(在今山西永济市西南蒲州镇)。有彗星出现。五年,魏王到应亭(在今陕西大荔县境)求见昭王,秦将蒲阪还给魏国。六年,蜀侯辉反,司马错平定了蜀地。秦庶长奂征伐楚国,斩首二万。泾阳君到齐国做人质。有日食,致白天昏暗。七年,秦军攻克新城。樗里疾去世。八年,派遣将军芈戎去攻打楚国,夺取新市(在今湖北京山县东北六十八里三阳乡康家塝),封新城君。芈戎,又称辛戎,昭王舅父,初封华阳(在今河南新郑市北四十里华阳砦),又号华阳君。是年,齐国派遣章子,魏国派遣公孙喜,韩国派遣暴鸢,秦军与他们一起攻打楚国的方城(在今河南叶县南、方城县北),俘虏了楚将唐昧。九年,孟尝君薛文来秦国担任丞相。庶长奂攻打楚国,夺取八座城邑,杀其将景快。十年,楚怀王朝见秦王,秦国扣留了他。薛文因为受贿赂被免去相位。楼缓为丞相。十一年,齐、韩、魏、赵、宋五国联兵攻打秦国,军队到达盐氏(即今山西运城市盐池)而还。秦国将黄河以北及封陵(在今山西芮城县西南风陵渡镇)给予韩、魏国以求和解。有彗星出现。楚怀王出逃赵国,赵国不敢收留,被送回秦国,即死,归葬。十二年,楼缓被免去相位,穰侯魏冉为相。秦国送给楚国五万石粟,以缓解楚怀王死所引起的楚人不满。十三年,秦国向寿征伐韩国,夺取武始(在今河北邯郸市西南五十里)。左更白起攻打新城(在今河南伊川县西南)。五大夫吕礼逃出秦国,投奔魏国。任鄙担任汉中郡守。十四年,左更白起在伊阙(一名龙门。在今河南洛阳市南二十五里龙门山)攻打韩国与魏国,斩首二十四万,俘虏了公孙喜,连拔五个城邑。十五年,大良造白起进攻魏国,攻克垣城(在今山西垣曲县东南王茅镇),后又归还魏国。接而进攻楚国,攻克宛城(在今湖北荆门市南)。十六年,左更司马错攻取轵城(在今河南济源市东南二十里轵城)和邓邑(在今湖北襄阳市襄州区西北邓城)。秦王封公子市于宛城,封公子悝于邓,封魏冉于陶,皆为诸侯。十七年,城阳君到秦国朝见,及东周君来朝。秦王巡视土垣(在今山西垣曲县东南王茅镇)、蒲坂、皮氏,以至于宜阳。十八年,司马错攻打垣、河雍,决桥取之。十九年,昭王称西帝,齐王称东帝;又去帝号而称王。齐吕礼归秦。齐国攻打宋国,宋王在魏国,死在温地。任鄙去世。二十年,昭王到汉中,又到上郡、北河。二十一年,司马错攻打魏国河内。魏国向秦国献安邑,秦国将安邑民众驱逐出去,再将从河东招募到的民众迁移到安邑,赐给他们爵位,赦免罪犯。秦封泾阳君在宛城。二十二年,秦蒙武征伐齐国。秦将河东分设九个县。秦王与楚王在宛地会盟。秦王与赵王在中阳(即今山西中阳县)城会盟。二十三年,秦尉斯和三晋及燕军联合征伐齐国,在济水西岸就打败了齐国的军队。秦王与魏王在宜阳会盟,与韩王在新城会盟。二十四年,秦王与楚王在鄢城会盟,又在穰城会盟。秦占领了魏国的安城,直逼大梁。燕国与赵国的军队救援魏国,秦军退去。魏冉被免去相职。二十五年,秦军攻克赵国两城邑。秦王与韩王在新城会盟,又与魏王会新明邑(今内蒙古化得县)。二十六年,赦免罪犯,迁之。穰侯魏冉复相位。二十七年,司马错进攻楚国。秦赦免罪犯,迁移到南阳。白起进攻赵国,夺取了代郡的光狼城(在今山西高平市西南二十五里秦城村)。秦又派司马错出陇西,经由蜀国去攻打楚国的黔中(今湖南常德市一带),攻克之。二十八年,大良造白起进攻楚国,攻取鄢城、邓城,赦免罪犯,迁移此二处。二十九年,白起攻克楚国郢都(在今湖北荆门市荆州区,故江陵县城西北十里纪南城)并在此设立南郡。楚王逃走。秦昭王与楚王在襄陵城会盟。秦封白起为武安君。

三十年(前277),秦蜀郡守张若伐楚,夺取巫郡(即今四川巫山县)及江南地设立黔中郡。另记白起攻占楚巫、黔中郡,当是白起领军,张若主战。三十一年,白起攻伐魏国,取两城邑。楚人欲将江南秦国移民赶走。三十二年,丞相穰侯进攻魏国,军队到大梁,打败暴鸢,斩敌四万人,暴鸢逃之,魏国献给秦王三个县请和。三十三年,客卿胡伤攻打魏国的卷城(在今河南叶县西南)、蔡阳(在今河南上蔡县西南)、长社(在今河南长葛市东),攻克了这些城邑。胡伤又在华阳袭击了芒卯的军队,斩杀十五万人。魏国割让南阳请求讲和。三十四年,秦国在和魏国、韩国所共有的上庸设立一个郡,并把南阳被免职的人迁移到这里,建立上庸郡。三十五年,秦国帮助韩国、魏国、楚国的军队征伐燕国。开始设置南阳郡。三十六年,客卿灶攻打齐国,夺取了刚城(在今山东宁阳县东北三十五里堽城坝)、寿城(在今山东东平县西南),把这些地方都赐给穰侯去管理。三十八年,中更胡伤进攻魏国的阏与(在今山西和顺县西北),但是没有攻克。四十年,悼太子死在魏国,归葬在芷阳(在今陕西西安市东)。四十一年夏,秦国进攻魏国,占领了邢丘(在今河南温县东二十里平皋村)与怀地(在今河南武陟县西土城村附近)。范雎为相,范雎对秦王曰:"臣居山东,闻齐之内有田单,不闻其有王;闻秦之有太后、穰侯、泾阳、华阳,不闻其有王。夫擅国之谓王,能专利害之谓王,制杀生之威之谓王。今太后擅行不顾,穰侯出使不报,泾阳、华阳击断无讳。四贵备而国不危者,未之有也。为此四者下,下乃所谓无王已。然则权焉得不倾,而令焉得从王出乎?臣闻善为国者,内固其威,而外重其权。穰侯使者操王之重,决裂诸侯,剖符于天下。征敌伐国,莫敢不听;战胜攻取则利归于陶,国弊,御于诸侯;战败,则怨结于百姓,而祸归社稷。《诗》曰:'木实繁者披其枝,披其枝者伤其心,大其都者危其国,尊其臣者卑其主。'淖齿管齐之权,缩闵王之筋,县之庙梁,宿昔而死;李兑用赵,减食主父,百日而饿死。今秦太后、穰侯用事,高陵、泾阳佐之,卒无秦王。此亦淖齿、李兑之类已。臣今见王独立于庙朝矣。且臣将恐后世之有秦国者非王之子孙也。"秦王惧,于是乃废太后,逐穰侯,出高陵,走泾阳于关外。昭王谓范雎曰:"昔者齐公得管仲,时以为仲父,今吾得子,亦以为父。"四十二年,秦立安国君为太子。十月宣太后去世,将宣太后葬在芷阳的骊山,将整个大秦军队阵式作陶俑陪葬,是为后今的"秦兵马俑"。九月,穰侯免官回到封地陶。四十三年,武安君白起进攻韩国,攻克了九座城邑,斩敌首级五万。四十四年,秦又进攻韩国的南郡,占领之。四十五年,五大夫王贲进攻韩国,夺取十座城邑。叶阳君悝离开国都去他的封国未到已死。芈戎被逐回封邑,华阳死于途中。四十七年,秦国攻打韩国的上党,上党却投降赵国,秦国也就攻打赵国,赵国发兵相距。秦国派武安君白起攻击赵军,在长平大败赵军,四十多万赵军兵被杀。四十八年十月,韩国向秦国进献垣雍(在今河南原阳县西圈城)城。秦军分成三军。武安君回国。王龁率领秦军征伐赵国的武安(在今河北武安市西南)、皮牢(在今山西翼城县东北二十五里牢寨村),攻克了两城。戏曰:"秦军鼓噪勒兵,武安屋瓦尽振"(见《史记·蔺相如传》)。司马梗在北方作战平定了太原,全部占领了韩国的上党郡。正月停战,退守上党。十月,五大夫王陵进攻赵国的邯郸。四十九年正月,秦增派军队援助王陵,王陵战绩不佳,被免官,由王龁代将。是年十月,将军张唐进攻魏国,因为蔡尉放弃职守,张唐回军时杀了他。五十年十月,武安君白起有罪,被贬为士伍,迁往阴密(在今甘肃灵台县西五十里百里乡)。张唐进攻郑城,克之。十二月,增加士兵驻扎汾城旁。武安君白起有罪自杀。王龁进攻邯郸没有攻克,退兵,回奔汾城。驻军两个多月,又进攻晋军(魏、韩、赵称三晋。此晋军当指赵军),斩杀敌首六千。晋兵逃跑到黄河过河时淹死的有两万余人。秦攻打汾城,张唐率领攻克宁新中城,并且改名为安阳。秦首次在黄河上建桥。

　　五十一年,秦将军杨摎攻打韩国,夺取阳城(在今河南登封市东南告城镇附近)、负黍(在今河南登封市西南),斩杀敌军四万首级。又攻赵国,攻占二十多县,斩首及俘虏敌军九万人。西周君(赧王)背弃了与秦国的盟约,联合诸侯,集天下精锐之师兵出伊阙攻秦,使秦不能够与阳城贯通。秦派杨摎攻西周。西周军走来自归,顿首谢罪,尽献其邑三十六城,人口三万。秦王受献,送西周君于周。时年,秦昭襄王命西周君大臣水利专家陆海为蜀郡守,陆海名李冰,李冰治水开始建都江堰。李冰是继司马错、张若之后的第三任蜀郡守。李冰壅江水作坝(都江堰),穿二江至于成都中部,双过郡下,以逼舟船,因以可灌溉诸郡,于是蜀中沃野千里,号为陆海。李冰止水此前也,《治水记》云:"杨磨有神术,于大皂江(即今四川岷江)侧决水壅田,与龙为誓者。磨辅李守(即李冰),江得是名,嘉阙绩也。"杨磨是秦冀县令杨朱曾孙,即杨朱生杨奭,杨奭生伯侯,伯侯生杨磨。杨磨为李冰治水之师。《水经·江水注》:"(杨磨)又穿羊磨江(即今四川都江堰市南之羊马河),灌西江。"杨磨"与龙为誓",《华阳国志·蜀志》记其:"与江神要水,竭不至足,盛不没肩。"杨磨次子杨佑随李冰治水,"架鹰牵犬,入水杀蛟"(按谱记年考,杨佑当是杨二郎。有说杨佑之子杨戬是杨二郎,代隔不符)。

五十二年,周民东亡,其宝器归秦,周初亡。五十三年,天下诸侯宾服秦国。魏国晚到,秦王派遣杨摎攻伐魏国,占领吴城(在今山西平陆县北)。韩王入秦朝见秦王,魏王委国就地听令。五十四年,秦王在雍城祭祀上(白)帝。五十六年秋,昭襄王卒,子孝文王立。孝文王尊奉他的母亲唐八子为唐太后,而将她与昭襄王合葬。韩国的韩王身着丧服入祠吊唁昭襄王,诸侯都派遣将相来秦国祭吊。

孝文王元年(前250),赦免罪犯,用前朝功臣贤士,褒奖厚待亲戚,减少过去到苑囿游猎的次数,用心理政。孝文王原配华阳夫人,芈戎之女也,华阳夫人无子,有弟阳泉君。商人吕不韦说阳(杨)泉君曰:"君之罪至死,君知之乎?君之门下无不居高尊位,太子门下无贵者。君之府藏珍珠宝玉,君之骏马盈外厩,美女充后庭。王之春秋高,一日山陵崩,太子用事,君危于累卵,而不于朝生。说有可以一切而使君富贵千万岁,其宁于太山四维,必无危亡之患矣。"阳泉君避席,请闻其说。不韦曰:"王年高矣,王后无子,子傒有承国之业,士仓又辅之。王一日山陵崩,子傒立,士仓用事,王后之门,必生蓬藁。子异人贤才也,弃在于赵,无母于内,引领西望,而愿一得归。王后诚请而立之,是子异人无国而有国,王后无子而有子也。"阳泉君曰:"然。"入说王后,王后乃请赵(子楚)而归之(见《战国策·秦策五》)。孝文王除去丧服,十月己亥即位,三日辛丑卒,子子楚立,是为庄襄王。

庄襄王元年(前249),大赦罪犯,施惠与民。东周君联合诸侯图谋伐秦,秦相吕不韦出兵诛之。兼并了东周君的土地。秦国没有断绝周朝的宗祀,以阳人地(在今河南汝州市西四十里)赐周君,使奉其祭祀。秦派遣蒙骜征伐韩国,韩国割地成皋(在今河南荥阳市西北汜水西)、巩(在今河南巩义市东北老城)地。秦国的疆界于是拓展到大梁城,并设置三川郡。二年蒙骜攻打赵国,平定太原。三年,蒙骜进攻魏国高都(在今河南伊川县东北,伊河西岸)、汲城(在今河南卫辉市西南二十里汲城村),拔之。又攻赵国的榆次(属今山西)、新城(在今山西闻喜县东北)、狼孟(即今山西曲阳县驻地),连取三十七城。四月,发生日食。秦国王龁攻打上党,拔之,设置太原郡。魏国将军无忌率领五国联军攻打秦国,秦军退却到黄河外。蒙骜战败,其兵散去。五月丙午,庄襄王卒,子政立,是为秦始皇帝。庄襄王在赵国生子,又赵同为嬴姓,则改姓赵氏,故始皇帝名赵政。

秦国强国,发展农业生产是为首要,而次为尚武。秦国先后建立都江堰、郑国渠与灵渠。关中兴建的郑国渠为秦国开辟大量良田,提升经济力,助长之后秦国吞并六国的经济能力。秦国李冰为了解决蜀地岷江防洪与引水灌溉问题,李冰治水六年,建立了都江堰等系列水利工程。《史记·河渠书》记:"穿二江成都之中,此渠皆可行舟,有余利用溉浸,百姓飨其利。"秦农业结构为"主谷式",主谷种植以水稻、大麦、小麦、椹麦、春麦、粟、黍、稷、菽为主,其比例比大豆、小豆、芝麻、葵花子、麻等还要普遍。据《睡虎地秦简·仓律》:"种:稻、麻亩用两斗大半斗,禾、麦亩一斗,黍、苔亩大半斗,菽亩半斗。"秦国强势,后有汉史家贾生之评秦论曰:"武王、昭王蒙故业,因遗策,南取汉中,西举巴蜀,东割膏腴之地,收要害之郡。诸侯恐惧,会盟而谋弱秦。不受珍器重宝肥饶之地,以致天下之士。合从缔交,相与为一。当此之时,齐有孟尝,赵有平原,楚有春申,魏有信陵。此四君者,皆明知而忠信,宽厚而爱人,尊贤而重士。约从连横,兼韩、魏、燕、赵、宋、卫、中山之众。于是六国之士有宁越、徐尚、苏秦、杜赫之属为之谋,齐明、周最、陈轸、邵滑、楼缓、翟景、苏厉、乐毅之徒通其意,吴起、孙膑、带他、兒良、王廖、田忌、廉颇、赵奢之伦制其兵。尝以什倍之地,百万之师,仰关而攻秦。秦人开关而延敌,九国之师遁逃而不敢进。秦无亡矢遗镞之费,而天下固已困矣。于是从散约败,争割地而赂秦。秦有余力而制其弊,追亡逐北,伏尸百万,流血漂撸,因利乘便,宰割天下,分裂山河,强国请服,弱国入朝。施及孝文王、庄襄王,享国之日浅,国家无事,及至始皇"(见《史记·陈涉世家》)。

秦国之西(指在今甘肃、陕西和宁夏一带)有义渠国,西王母有分支所传。从远古起就活动着许多名称各异的游牧民族,是为西戎最强势族群。《后汉书·西羌列传》述:"及平王之末,周遂陵迟,戎逼诸夏。自陇山以东,及乎伊洛,往往有戎。于是渭首有狄獠圭冀之戎,泾北有义渠之戎,洛川有大荔之戎,渭南有骊戎,伊、洛间有杨拒、泉皋之戎。"义渠国(原居宁夏固原草原和六盘山陇山两侧),归西王母管辖。商代,他们与居住在陇东和北方的狄族后裔獯鬻相互为邻,又相互攻击,后来又与居住在北豳地(今甘肃省庆阳市宁县一带)的商属先周部落(姬姓)经常发生冲突,不断蚕食其领土。戎、狄人数虽少,但由于长期以打猎为生,剽悍好斗,战斗力极强,先周部落和他们进行过多次残酷的血战。周人南迁后,陇东地区全部被狄人占领。义渠戎又和狄人互相掠夺,互相征战,在狄强戎弱的情况下,义渠戎为了生存,暂归服于狄人猃狁。商武乙时代,季历在商朝的支持下,于武乙三十五年(前1125)"伐西落鬼戎,浮十二翟王"(即猃狁),迫使狄人放弃北豳远移蒙古草原。西周王朝建立后,从穆王到宣王,多次派兵攻伐义渠诸戎,时战时和,宣王四十年(前788),"王料民于大原",采取安抚政策,将五戎安置于大原地(即今庆阳、固原地区),五戎之中唯义渠戎留居董志原(即今甘肃庆阳市西峰区南董志乡)及东南部泾水之北。义渠戎和先周南迁后的遗民杂居。周平王惧狄戎,乃迁都洛邑,义渠戎趁周室内乱,宣布脱离周王朝的统治,正式建立方国(都城在今甘肃庆阳市宁县城西北五十里处的焦村乡西沟村)。义渠建国不久,随即出兵并吞了彭卢戎(在今镇原彭阳和庆阳彭原)、郁郅戎(在今庆阳、环县、合水)、朐衍戎(治所在今宁夏盐池县北柳杨堡乡张家场古城)、鸟氏戎(在今泾川、灵台),扩大了疆域。其国界西达西海固草原,东抵桥山,北控宁夏河套,南达泾水,面积约十万平方公里。秦穆公三十六年(前624),秦采用从戎人那里招来的大臣由余的计策,攻伐北地义渠,"益国十二,开地千里",遂霸西戎。

七、王叔姬友　立郑建国

姬友,是周厉王少子周宣王的庶弟。宣王二十二年(前806),友受封于郑(初都在今陕西华县。周幽王时徙都今河南新郑市),郑乃周王封舅(胡公满)之地。黄河、洛水间,百姓思其贤德。郑桓公为周幽王司徒一年,因为幽王宠爱褒姒的缘故,王室的政事大多邪僻,有的诸侯就背叛幽王。桓公问太史伯:"王室多变故,我怎么能够逃命,往哪里逃才好?"太史伯曰:"只有洛邑东边的土地,黄河与济水之间可以避居。"桓公曰:"这为什么?"太史伯曰:"那地方邻近虢国、郐国,此二国的国君贪财好利,百姓不拥护他们。您是司徒,您的名声好,在那边早有影响力了。您请求移居到那边去,虢、郐的国君见您是司徒正在当权,会轻易地分土地给您的。您居住到那边,虢、郐二国的民众到时候也就都会变成您的民众。"桓公曰:"我想南下去长江一带,这怎么样?"太史伯曰:"从前祝融(吴回)做高辛氏(帝喾)的火正,他的功劳很大。他的子孙没有在周朝任职,楚国就是他的后代,楚国就在那一带。若周朝衰弱,楚国必然会兴盛。楚国兴旺发达,您到那边去居住就不利于发展。"桓公曰:"那我就到西边去如何?"太史伯曰:"那边的民众贪求钱财,难以久居。"桓公曰:"如若周朝衰败,哪个诸侯国会兴盛?"太史伯曰:"齐、秦、晋、楚也!那个齐国,姜姓,炎帝子孙伯夷之后代,伯夷辅佐帝尧,负责典礼。那个秦国,嬴姓,黄帝子孙伯益之后代,伯益辅佐帝舜怀柔百物。那个楚国之先,皆尝有功于天下。周武王克商纣王之后,成王封叔虞于唐,其地险阻,以行德政,晋兴与周衰并存,晋国也一定会兴盛起来的。"桓公曰:"好,我就到洛邑的东边去。"桓公于是就向幽王请求要去那个地方,幽王允诺。桓公就带着他原来受封的民众到洛邑以东去,虢、郐两国果然献出十个邑予以安置,竟然建立了郑国。两年以后,犬戎在骊山下杀死周幽王,郑桓公伴随幽王同时遇难。郑国立桓公子掘突为国君,是为武公。周王封郑,郑友和谐团结周,周民众皆喜悦。周王封郑三十三年,追尊郑友为郑桓公。

郑武公三年(前786),亦即周平王三年。宣王锡司徒郑伯命。周幽王八年时,已锡郑桓公命,此为复命而已。四年,郑武公灭虢国。虢国是虢仲的封地,称东虢。虢叔之后的虢国被灭,其后就没有了东虢的历史记载。六年,郑迁都于溱洧(当在今河南新密市西),取地十邑,左洛右济,前华后河。《说文》:"溱水在郑国,南入于洧。"八年,郑武公灭胡。昔者郑武公欲伐胡(西周封国,归胡国。在今河南漯河市郾城区西南),先以其女妻胡君。因问于群臣:"吾欲用兵,谁可伐者?"大夫关其思对曰:"胡可伐!"武公怒而责问,曰:"胡兄弟之国也,子言伐之,何也?"郑武公将此事告于胡君曰:"关其思言伐胡国,吾已杀关其思。"胡君闻之以为郑武公这"老丈人"为亲善,所以兵不备郑。既而郑人袭胡,取之。《竹书纪年》记:"郑杀其大夫关其思。"也因砍掉大臣人头并顺利灭掉胡国的事实便让郑武公扣着又一顶残忍至极的帽子。但一个更为客观的特殊历史背景是不能忽视的:这就是郑武公将公主前脚嫁给胡国君,而郑武公后脚便向大臣们要计。身为朝廷大臣恐怕都清楚急于扩张的郑国君主内心真正的盘算。而后又急切地按关思其的计去吞并胡国。于是说关其思并不见得被杀。从关其思的字义理解,是"关他死"之意。如果将关其思送到胡国杀掉,就无证明事实,而口头告之,只不过是郑武公骗胡人不要设防的把戏罢了。看来"关其思"这个人郑武公并没有杀死他,也没有关他死。十年,武公娶申侯的女儿为夫人,名武姜。武姜生太子寤生,因为难产所生,武姜不喜欢寤生。武姜后又生叔段,分娩时很是顺利,武姜就喜爱他。二十七年武公病,武姜请求武公立叔段为太子,武公不答应。是年,武公卒,太子寤生立,是为庄公。

郑庄公元年(前743),庄公把弟弟叔段封到京(在今河南荥阳市东南二十四里京襄城村)邑,号称大叔。祭仲对庄公曰:"京邑比郑国的都城还大,不应该把它封给弟弟。"庄公曰:"这是母亲的意思,我不敢违背。"叔段到京邑后,整治铠甲兵器,与他母亲密谋要袭击郑都。二十二年,叔段果然发兵袭击郑都,其母武姜城内策应。庄公反击,叔段败走。庄公举兵攻打京邑,京邑人背叛了叔段,叔段逃奔鄢(西周封国。妘姓。为郑武公所灭。在今河南鄢陵县西北十八里古城村)邑。鄢邑被庄公击溃,叔段又逃到共(在今河南辉县市)地。庄公于是对母亲武姜愤怒,将她迁移到城颍(在今河南临颍县西北)软禁,并发誓:"不到黄泉,毋与相见也!"但过了一年多,庄公后悔,却思念起母亲来。城颍来的考叔向庄公进献礼物,庄公请他一同吃饭,考叔曰:"小臣我有母亲,请君王把一些食物赏赐给小臣的母亲。"闻此言,庄公顿时鼻酸泪流,对之曰:"我今也非常想念母亲,但又不能违背原先的誓言,这怎么办好?"考叔曰:"找一黄土山,挖地到有泉水处,就意谓见到了黄泉。这样做以后,就可去见母亲。"庄公也就这么做了,然后去见母亲。庄公的弟弟叔段死后,庄公赐他的儿子共仲姓侯,后传侯姓,但后史不见郑叔段后传侯姓,是为丕、屠姓。二十四年,宋穆公去世,公子冯逃亡到郑国。郑国侵犯周王室管理的土地,并收割那里的庄稼。二十五年,卫国的州吁杀死了他的国君桓公,自立为君,联合宋国讨伐郑国,就是因为公子冯逃到郑国的缘故。二十七年,庄公才向周桓王朝贡。周桓王对他收割了庄稼一事还很生气,就不以礼相待。二十八年,《春秋·隐公十年》记:"宋人、蔡人、卫人伐戴(在今河南民权县东四十五里)。郑伯伐取之。"庄公取得戴地。

二十九年(前715),周王室将鲁国境内祭祀泰山用的汤沐邑祊田(在今山东费县东方城镇北)交给郑国管理,庄公怨恨周桓王不以礼相待,就将祊田与鲁国调换许田(今河南许昌东南。古鲁国的汤沐邑)。三十三年(前711),鲁桓公继位,《左传·桓公元年》记:"公即位,修好于郑。郑人请复祀周公,卒易祊田,公许之。"四月丁未(初二),鲁桓公和郑庄公在越地(在今山东菏泽市曹县附近)结盟。郑国为讨好桓公,用祊田加璧玉换回周天子的许田。那时郑庄公与周桓王赌气,把祭祀泰山的汤沐邑换给鲁国,现在郑人请求重新祭祀周公,并完成祊田的交换。鲁桓公答应了。因祊田不足以易许田,故复加璧玉假以等价。郑国和鲁国将祊、许作了交换,郑国只留下"邴"(即今山东费县城东十八里)的地方,作为祭泰山沐浴更衣的地方,并有宗室人员驻守。

三十七年,庄公不朝见周桓王,周桓王就率领陈、蔡、虢、卫讨伐郑国。庄公与祭仲、高渠弥发兵自救,周王师大败。祝瞻射中周桓王的臂膀,请庄公乘胜追击,庄公制止他,曰:"冒犯长辈要受责难,何况他是天子,怎好欺凌天子?"于是停止了追击,当晚还派祭仲前去抚慰探望周桓王的伤势。三十八年,北戎攻打齐国,齐国派使者到郑国求救,郑国派太子忽率军前往救援齐国。齐釐公想把女儿嫁给太子忽,太子忽婉言谢绝:"我们是个小国,配不上齐国。"时祭仲在场,就劝太子忽娶齐国公主,曰:"国君有很多宠妾,太子得不到大国的援助将不能被立为国君,三位公子都有可能被立为国君。"所谓三公子,是指太子忽,忽的弟突,次弟子亹。四十三年,郑庄公卒。初时,祭仲深得庄公宠信,庄公让他做上卿。庄公派祭仲迎娶邓国的美女,邓女生太子忽,故祭仲偏爱太子忽。庄公去世,太子忽立,是为昭公。庄公又娶宋雍氏女,生突。雍氏为宋国宠信。宋庄公闻祭仲立太子忽为君,乃使人诱骗祭仲并拘押了他,强硬告之曰:"如果不立公子突,将汝杀掉。"宋庄公亦拘捕突,索取财物。祭仲被逼无奈,答应了宋国的要求,并与宋国订立了盟约。祭仲带公子突回到郑国,准备立突为君。昭公闻祭仲受宋国要挟立突,九月丁亥日,逃亡到卫国。己亥日,公子突回到郑国,立为君,是为厉公。

厉公四年(前697),因为祭仲专擅国政,厉公以为是心腹大患,暗中派人去谋杀祭仲。厉公所派之人恰是祭仲的女婿雍纠,雍纠将这事告诉妻子,雍纠妻就请教母亲曰:"父亲与丈夫哪个亲?"她的母亲曰:"父亲只有一个而已,许多男人都可以做丈夫。"雍纠妻就把谋杀之事告诉了父亲祭仲,祭仲抢先杀了雍纠,并且陈尸示众。厉公对祭仲的举措无可奈何,怒而责怪雍纠曰:"密谋之事泄露给妇人,死有余辜!"夏天,厉公被祭仲贬居到边城栎邑。祭仲又接回昭公忽,六月乙亥日,忽回到郑国重新即位。秋天,厉公突因为栎邑人杀其大夫单伯,遂居住在单伯原住宅。诸侯闻厉公出奔,联兵伐郑,但是没有取胜就回去了。宋颇子为厉公领兵,死守在栎邑,郑国因此也不敢讨伐栎邑。

先前昭公还是太子时,其父庄公就想让高渠弥任上卿,太子忽讨厌他,庄公不听,还是用高渠弥为上卿。昭公复继位,高渠弥怕昭公杀他,昭公二年(前695)冬十月辛卯日,高渠弥趁与昭公在外打猎时,射杀了昭公。祭仲与高渠弥不敢请厉公来复位,则改立昭公次弟子亹为郑君。子亹,没有谥号。

子亹元年(前694)七月,齐襄公在首止会合诸侯,子亹赴会。高渠弥以国相身份随子亹赴会;祭仲称病不去。祭仲之所以这么做,是因为子亹在齐襄公还是公子时,两人曾经打斗过,彼此有仇。齐襄公邀请诸侯会盟,祭仲就请子亹不要去,子亹曰:"齐国强盛,而厉公又占据栎邑。假使不去,齐国就会率领诸侯攻打我们,纳厉公复位。我不如去,去了未必受辱,齐国是大国,应该有大国的风度,想必不会计较儿时的玩乐!"遂行赴会。子亹到首止,没有向齐襄公谢罪,襄公怒,遂埋伏甲士刺杀了子亹。高渠弥逃回,就与祭仲商谋,从陈国召回子亹的弟弟子婴,立为君,是为郑子。

郑子婴十二年(前682),祭仲死去。十四年,原先随厉公逃亡在栎邑的人诱劫郑大夫甫瑕,要挟他帮助厉公回朝复位。甫瑕许诺:"放了我,我为君王杀了郑子而迎接君王回郑复位。"厉公乃与甫瑕盟约后,就将甫瑕放了回去。六月甲子,甫瑕杀了郑子及他的两个儿子,迎接厉公突回到郑都复位。先时,有内蛇与外蛇在郑国都地的南门恶斗,内蛇死之。这是事前的征兆,果然厉公在栎邑居六年而回即位。厉公复位,责问伯父郑原曰:"我亡国出逃在外,伯父也不设法使我回来,这就太过分了!"郑原答曰:"我侍奉君王不应该存有二心,这也是做臣子的本分,我知道自己的罪过。"说完就自杀了。厉公又对甫瑕曰:"你侍奉国君有二心,不忠不孝。"也就杀了甫瑕。甫瑕死前自责:"我对郑子给予我的重德不报恩,反而杀害他,这是恶报,我得罪理应如此!"

厉公突复位元年(前679),齐桓公开始称霸。五年,燕国、卫国与周惠王的弟弟颓攻打周惠王,惠王逃到温邑,时立颓为周王。六年,周惠王向郑国告急,厉公发兵讨伐周王子颓,但没有取胜。厉公带周惠王回到郑国,并将周惠王安排到栎邑去居住。七年春天,厉公与虢叔袭杀周王子颓,护送周惠王回到周京去复位。秋天,厉公去世,子踕立,是为文公。

文公二十四年(前649),文公的贱妾名叫燕姞,做了个梦,梦有天使赠送给她一束兰花,并且告诉她:"我是伯儵,我告诉你我是你的祖先。现寄托到你的肚里以转世,赠给你兰花是为国香。"燕姞把梦告诉文公,文公就与他做爱,还赠送给她兰草为凭。燕姞生子,名曰兰。三十六年,晋公子重耳经过郑国,文公没有以礼相待。文公弟叔詹曰:"重耳是个贤人,且又与我们同姓姬,穷途末路才到访君王,不可对他无礼。"文公曰:"诸侯流亡的公子经过郑国的很多,哪能都以礼相待呢!"叔詹曰:"你如果不以礼相待,那就要杀了他,否则让他返回晋国,就将成为郑国的忧患。"文公不听。三十七年春,晋公子返回晋国,被立为国君,这就是晋文公。是年秋,郑国入侵滑国,滑国屈服。不久滑国反叛,去依附卫国,郑国又去讨伐滑国。周襄王派使臣伯犕替滑国求情,郑义公怨恨周襄王的父亲周惠王,当年逃难居住在郑国的栎邑,是文公的父亲厉公送他回去复王位的,而惠王复位竟然没有什么赏赐给厉公爵位,也没有给予什么俸禄,今周襄王还帮助卫国与滑国,所以不接受周襄王的请求,反而囚禁了使臣伯犕。周襄王发怒,就联合翟人攻打郑国,但没有取胜。是年冬,翟人却又反攻周襄王,周襄王也逃到郑国。郑文公把周襄王安置在汜邑居住。三十八年,晋文公把周襄王送回成周。四十一年,郑国帮助楚国攻打晋国。自从晋文公路经郑国,郑文公不以礼相待,郑国自感没趣与晋文公打交道就去帮助楚国。四十三年,晋文公与秦穆公联合围攻郑国,其原因是讨伐郑国帮助了楚国,及晋文公路过时不以礼相待。郑文公有三位夫人、五个宠爱的儿子,皆以有罪早死,文公怒,就把所有的儿子都驱逐出去。公子兰逃到晋国,侍奉晋文公非常谨慎,很受晋文公喜爱。公子兰在晋国活动,谋求回郑国当太子,即随从晋文公围攻郑国。晋国想抓郑文公弟弟叔詹杀掉,郑文公很是害怕,但不敢对叔詹说。叔詹得知,就对郑文公曰:"我以前对你说,晋公子重耳逃亡到我国要以礼相待你不听,晋报复的机会到了。晋国所以围攻郑国,一是为了送公子兰回国当太子;二是因为我谋计深远是眼中钉。事已至此,只有我死了,晋国才能赦免我国。"叔詹于是自杀。郑国将叔詹尸体送给晋国,晋文公还不解恨,提出要羞辱郑文公之后才撤军,郑文公很忧虑这件事。晋国围攻郑国,秦国也派兵联攻,郑国就派使者去游说秦国,对秦王曰:"击溃郑国,只能够增强晋国的实力,而对秦国没有好处。"秦国的军队就撤走了。晋文公欲将公子兰送回郑国当太子,就将这一想法转告给郑国。郑国大夫石癸曰:"吾闻姞姓的女子姞吉乃后稷的元妃,姞姓之后当有兴起者。公子兰的母亲燕姞,是姞姓人。且夫人生儿子难产死,又众庶子没有哪个比公子兰贤能,有学问。今被晋国包围而急,晋国提出的条件,实际是利大于弊!"文公乃许诺晋国的要求,与晋国订立盟约,仓促间立公子兰为太子,晋兵乃撤离。四十五年,文公卒,子兰立,是为穆公。

郑穆公(前648—前606),元年(前627)春即君位。秦穆公派遣三位将军欲偷袭郑国,军队行至滑邑,遇上郑国的商人弦高,弦高看见秦军这样的阵势伐郑郑国必定要亡国,情急之间就当机立断对秦将军曰:"我是受郑国委托办理献十二头牛以犒劳秦军的。"秦军以为就没有偷袭的把握了,人家还来犒军,就回师了。秦退兵至崤山为晋军所打败。秦军敢于偷袭郑国,是因为郑文公卒葬时,郑国的司城缯贺把郑国的防御地图情报出卖给了秦国,秦国的军队才敢来偷袭郑国。三年,郑国派兵随晋国讨伐秦国,在汪邑打败秦军。二十一年,楚国与宋国联合讨伐郑国,宋国以华元为将,华元为鼓舞士气,先杀羊,以羊肉犒劳士兵。羊斟为宋卿华元车马驾驶者,分羊肉时,他因为驾车没来得及赶上,没有分到羊肉汤,于是,羊斟怀恨在心,作战时遂故意驾车载华元至郑军,使华元被俘。在途羊斟还幽默地对华元曰:"畴昔之羊,子(你)为政,今日之御我为政。"《史记·郑世家》记:"(楚)与宋华元伐郑。华元杀羊食士,不与其御羊斟,怒以驰郑,郑因华元。"后来宋以兵车百乘,文马四百匹赎回华元。二十二年,郑穆公去世,子夷立,是为灵公。郑穆公有十一子:郑灵公,名夷。郑襄公,名坚。公子去疾,字子良,其后为七穆之良氏。公子喜,字子罕,其后七穆之罕氏。公子騑,字子驷,其后七穆之驷氏。公子发,字子国,其后七穆之国氏。公子嘉,字子孔,其后郑国孔氏。公子偃,字子游,其后七穆之游氏。公子舒(伦),字子印,其后七穆之印氏。丰,字子丰,七穆之丰氏。挥,字子羽,其后羽氏。公子志,士子孔,其后无考。穆公女夏姬,是为历史上著名美女。

灵公元年(前605)春,楚国进献鼋给予灵公。子家、子公将去朝见灵公。子公的食指在颤动,子公就对子家曰:"往日我的食指一颤动,一定能够吃到异味。"及进入厅堂,见灵公正在吃鼋羹,子公笑曰:"果然可以解馋。"灵公问他俩为何笑及如此言,子家原原本本告诉灵公。灵公召在场的人都来品赏,唯独不让子公吃羹汤。子公怒,偏要用手指去沾汤尝之而出。灵公怒,欲杀子公。而子公与子家谋划在先,夏天两人就杀了灵公。郑国人想立灵公的弟弟去疾为国君,去疾推让,曰:"必须要立贤明的人,我不够资格。必须按长幼顺序,公子坚比我大,资格老。"公子坚是灵公的庶弟弟,是去疾的哥哥。于是立公子坚为君,是为襄公。襄公初即位,即要把缪氏的族人全部驱逐。缪氏是杀害灵公的子公家族。去疾曰:"一定要驱逐缪氏家族,我将离开郑国。"襄公乃止,把他们的主要家族成员封为大夫。

襄公元年(前604),楚国怨恨郑国接受宋国的贿赂放了华元,就讨伐郑国。郑国也就背离了楚国去与晋国亲善。五年,楚国再次攻打郑国,晋国出兵帮助郑国反击。六年,子家去世,郑国就驱逐了缪氏家族,是因为他们杀死了灵公的缘故。七年,郑国与晋国在鄢陵订立盟约。八年,楚庄王因为郑国与晋国订立了盟约,就出兵讨伐郑国,包围郑都达三个月,郑国以城降楚。楚庄王从郑国的皇门入城,郑襄公赤裸上身,牵着羊迎接楚庄王,曰:"寡人不能到边邑去迎接您,使君王怀着愤怒来到我的国都。此寡人之罪也。怎敢不唯命是听!君王就将寡人迁移到江南,或将寡人赐给诸侯做仆人,亦唯命是听。倘若君王不忘记郑厉王、宣王,郑桓公、武公,哀怜郑国不忍绝其社稷,赐以不毛之地,使寡人改过自新以事君王,乃是寡人最大的愿望。然而亦非所敢望也。只有坦陈我的心腹之言,但唯命是听。"楚庄王退兵三十里驻扎了下来。楚国群臣有的发牢骚曰:"自我郢到这里,士大夫们亦久征在外相当疲劳。现今已经得到了郑国,怎么还可以放弃呢?"楚庄王曰:"之因为讨伐,是在伐郑国对我楚国的不服从。今天他们已经服从了,我们还求什么?"遂领兵回去。晋国听闻楚国讨伐郑国,就发兵援救郑国。但晋国兵来,犹豫不决,故迟到达黄河,时楚兵已经撤离。晋国的将军率领的兵马欲渡黄河,又想返回。晋军试着渡河,楚庄王知道了,就反击晋军。这个时候,郑国的军队就帮助楚国,大破晋军在黄河水上。十年,晋国讨伐郑国,原因是郑国反对晋国而帮助楚国。十一年,楚庄王讨伐宋国,宋国向晋国告急。晋景公想发兵救援宋国,伯宗谏曰:"上天帮助楚国扩张,不能去讨伐它。"晋景公于是寻找壮士,霍地人解扬受聘。解扬,字子虎。晋景公让解扬去欺骗楚国,并让宋国不要投降。解扬经过郑国,因郑国与楚国亲善就将他捉拿送给楚军。楚庄王重赏解扬,与他订立盟约,让他反过来去向宋军喊话,请他们识趣地投降。楚王三次要挟,解扬才勉强答应。于是楚军让解扬登上瞭望用的楼车,去向宋军喊话。解扬却违反了与楚庄王的盟约,传递了与晋景公相约的话:"晋国正在举全部兵力以救宋国,你们宋国虽然危急,但请耐心等待,不要投降楚国。晋国的兵今天就可到了。"楚庄王闻听大怒,要杀解扬,解扬曰:"君王制定命令就是义,臣子能承受命令就是信。我受我国的君王之命出来,宁肯死也不能舍弃君王之命。"楚庄王曰:"你也答应了我,又背叛承诺,那你的信用何在?"解扬曰:"我之所以答应大王,主要是为了完成我君王给我的使命。"解扬将被处死,他高声对楚军曰:"做人臣子的,就不能忘记要为尽忠而死。"楚庄王的诸个弟弟皆谏庄王免解扬一死,庄王于是赦免了他,放他回国。解扬回到晋国,晋景公拜为上卿。十八年,襄公去世,子沸立,是为悼公。

悼公元年(前586),郳公厌恶郑国依附楚国实际是个傀儡附庸国,悼公就派他的弟弟睔到楚国去诉讼想扩大些自主权。可睔向楚国辩解不清,楚国还以为郑国想自主,就囚禁了他。于是郑悼公就到晋国讲和,遂亲善。睔与楚大夫子反有私交,子反为睔向楚王说情,楚王释放睔回国。二年,楚国讨伐郑国,晋国派兵救援。是年,悼公去世,弟弟睔立,是为成公。

成公三年(前582),楚共王曰:"郑成公寡人对他有恩德。"遂派使者到郑国签订盟约,成公暗中与之签约。秋天,郑成公朝拜晋景公,晋景公曰:"汝郑国暗中与楚国结盟。"便拘押了成公,派栾书出兵讨伐郑国。四年春天,郑国害怕晋国围攻都城,公子如就立成公的庶兄繻为君。四月,晋国听说郑国立新君,也就释放成公回国。郑国人听说成公即将回来,就杀掉了君繻,迎接成公复位。晋国包围郑国的军队也就撤走。十年,郑国背弃与晋国的盟约,晋厉公怒,兴兵讨伐郑国,楚国发兵救援。晋军与楚军在鄢陵交战,楚兵败,晋军射伤楚共王的眼睛,双方罢兵离去。十三年,晋悼公讨伐郑国,"入其郛(城外面围着的大城)"屯兵在洧(今河南双洎河)水边。郑国坚守,晋军撤走。十四年,成公去世,子恽立,是为厉公。

厉公五年(前566),郑国的国相子驷朝见厉公,厉公不以礼相待。子驷怒,指使厨师在食物中下毒药致厉公死。然后告知诸侯:"厉公暴病死。"则立厉公之子嘉,嘉时年只有五岁,是为简公。

简公元年(前565),众公子密谋想诛杀国相子驷,子驷发觉,诛杀了众公子。二年,晋国讨伐郑国,郑国与晋国订立盟约,晋军撤走。冬天,郑国又与楚国结盟。子驷害怕被诛杀,所以与晋国、楚国都想亲近。三年,子驷想自立为郑君,公子子孔派尉止杀了国相子驷而取代国相职位。子孔也想自立为国君,子产对他曰:"子驷这样做没能成,你杀了他,现在你又效法他,这样,动乱将不会停息。"子孔听从子产的话,就做简公的国相。四年,晋国怨恨郑国与楚国结盟,就讨伐郑国,郑国又与晋国结盟。楚共王因为郑国受到晋国的进攻,就发兵救援郑国,打败了晋军。简公想与晋国讲和,楚国又囚禁了郑国的使者。十二年,简公怨恨国相子孔专擅国家大权,就把子孔杀了,任命子产为卿。十九年,简公赴晋国替卫君说情,以让卫君回国。时年,简公将六个邑封给子产,子产只接受了三个邑。二十二年,吴国派季扎出使郑国,季扎跟子产一见如故。季扎曰:"郑国的执政者奢侈放纵,大难将降临。执政的重任在你身上,一定要依礼法治国,否则郑国将会衰亡。"子产以隆重的礼节接待了季扎。二十三年,诸公子争宠而互相残杀,又欲杀掉子产。其中有一公子曰:"子产是志士仁人,郑国还能够存在是因为有子产,他不能杀。"这才罢手。二十五年,郑国派遣子产出使晋国。子产问晋平公病好些了吗,晋平公曰:"占卜者说我的毛病是实沉(沈)与台骀作祟,史官不知道台骀是什么神,敢问您知道吗?"子产答曰:"高辛氏帝喾有二子,长的叫阏伯,小的叫实沈。他俩居住在森林里,彼此不相容,每天都手持干戈互相征伐。帝尧以为他俩都不好,把阏伯迁移到商丘(今河南商丘南),命主祀辰星(火神),商人继承了这个职位,将辰星称为商星。把实沈迁移到大夏(今山西太原南),主持祭祀参星,唐国人继承了这个职位,服侍夏朝、商朝。唐的末世君主叫唐叔虞。当周武王的夫人邑姜怀孕大叔(叔虞)时,梦见天帝对她说:'我给你儿子起名叫虞,就将唐国封给他,嘱托他要祭祀参神,在那里繁衍他的后代子孙。'等到出生时,婴儿掌心里有个'虞'字,于是起名曰虞。及周成王灭唐国,就将唐国封给大叔,并在那里建国,后名晋国,所以参星又称晋星。这样看来,则实沈就应该是参星神。从前,金天氏有个后代叫昧,为玄冥师,生允格、台骀。台骀能继承他父亲的官职,疏导汾水、洮水,筑堤以围大泽,以形成大平原。颛顼帝嘉奖台骀治水的功劳,让他在汾水流域建国。所以有沈、姒、蓐、黄四个小国实际在守护着祭祀活动。现今晋国拥有了汾水流域,灭掉了这些小国。由此看来,台骀是汾水、洮水的神。但是这两位神都不会伤害您的身体。对于山川之神,遇有水旱灾害才祭祀,对于日月星辰之神,遇有雪霜风雨不合时令时才祭祀。至于您的毛病,是由于饮食不调,哀乐过度,频于女色所造成的。"晋平公与叔向都曰:"讲得好,真是博学多闻的君子!"晋平公送给子产厚重的礼物。二十七年夏,郑简公朝见晋平公。冬天,简公害怕楚国强大,又去朝见楚灵王,子产随行。二十八年,郑简公病重,派子产与诸侯相会,与楚灵王在申地订立盟约。三十六年,简公去世,子宁立,是为定公。是年秋,定公朝见晋昭公。

定公元年(前529),楚国公子弃疾杀死他的国君灵王而自立,是为楚平王。楚平王将灵王时所占领的郑国土地归还给郑国。四年,晋国六卿势力强大,郑国子产对晋国的韩宣子曰:"执政一定要看仁德,毋忘靠什么立国。"六年,郑国发生火灾,定公想借祭祀来消灾,子产曰:"不如修行德政。"八年,楚国太子建投奔郑国。十年,太子建与晋国合谋袭击郑国。郑国诛杀太子建,建的儿子胜逃亡到吴国。十一年,定公到晋国,与晋国合谋杀死周朝作乱的臣子,将周敬王送回成周。十六年,定公去世,子虿立,是为献公。献公在位十三年去世,子胜立,是为声公。时晋六卿强大,时常要侵夺郑国的土地,郑国衰弱。

声公五年(前496),郑国的国相子产去世,郑国的人皆哭泣,悲痛得像是死去了亲戚。子产,是郑成公的小儿子,他为人仁慈,侍奉君王忠实,亦是当代著名的外交家。孔子到过郑国,与子产亲如兄弟。子产去世,孔子泣曰:"古之遗留的仁爱之人也!"八年,晋国的范氏、中行氏反叛晋国,晋定公向郑国告急,郑国出兵救援。又晋国讨伐郑国,在铁(在今河南濮阳市西北十里铁丘)地打败郑军。三十六年,晋国的知伯讨伐郑国,夺取了九座城邑。三十七年,声公去世,子易立,是为哀公。哀公在位八年,郑国人杀哀公,立声公的弟弟丑为君,是为共公。共公在位三十一年去世,子立,是为幽公。

幽公元年(前424),韩武子攻入郑国,杀死幽公。郑国人立幽公的弟弟骀为君,是为缪公。缪公十五年(前409),韩景侯攻打郑国,夺取雍丘。郑国加固都城城墙。十六年,郑国讨伐韩国,在负黍打败韩军。二十年,原晋国的韩、赵、魏三家被封为诸侯。二十三年,郑国围攻韩国的阳翟。二十五年,郑缪公杀死他的国相子阳。二十七年,子阳的党羽杀死缪公,立幽公的弟弟乙为君,这就是郑君。郑君乙二年(前395),郑国的负黍反叛,又去归附韩国。十一年,韩国攻打郑国,夺取了阳城。二十一年,韩哀侯灭掉郑国,吞并了郑国所有领土,郑国亡。

郑国之后,滞留的缪公之子宙公之后,宙公在韩灭郑时被俘。韩国为贿赂郑国民心,于韩宣惠王元年(前332)封宙公之子郑据到嚣山之阳的荒僻之地(即现在广武山一带),为践土君(或嚣阳君)守祭武公陵墓,称郑王之墟(即今郑王庄)。据公之子强,为报失国之恨,曾载八百金说秦伐韩;强公之子朱,跑到赵国,助秦伐韩;朱公之子国,初为韩国水工,参加治理荥泽水患,修筑鸿沟大渠,后奉韩王之命西遣入秦游说秦王修渠,意在疲秦,使其无力伐韩。国公终受秦王之命开凿了名闻后世的"郑国渠",反使秦得水利。

八、六卿强势　三家分晋

晋顷公六年(前520),周景王崩,王子争立。晋国六卿平定周王室内乱,立周敬王。十一年,卫、宋两国派遣使者请晋国护送鲁昭公回国。鲁国的季平子私下里贿赂范献子,献子受之,乃与晋顷公曰:"季氏无罪。"于是,晋国护送鲁昭公之事就没有了下文。十二年,晋之宗族家祁傒孙、叔向子与晋顷公交恶。晋六卿欲弱公室,乃遂以法尽灭其族。而分其邑为十县,各令其子为大夫。《左传·昭公二十八年》记:"晋韩宣子卒,魏献子为政,分祁氏之田以为十县。司马弥牟为邬大夫,贾辛为祁大夫,司马乌为平陵大夫,魏戊为梗阳大夫,知徐吾为涂水大夫,韩固为马首大夫,孟丙为盂大夫,乐霄为铜鞮大夫,赵朝为平阳大夫,僚安为杨氏大夫。"晋益弱,六卿皆大。十四年,顷公卒,子午立,是为定公。

晋定公十一年(前501),杨回(《汉书》作阳虎)自鲁奔晋,赵鞅(简子)用为相,其国大治。十二年,孔子任鲁国国相。十五年,赵鞅让邯郸大夫午将卫国进贡的五百户迁移到晋阳去,大夫午不办理,赵鞅欲杀午。午与中行寅、范吉射友善,他俩就领兵进攻赵鞅。赵鞅拘留午并杀之,退保晋阳。晋定公派兵围攻晋阳。荀栎、韩不信、魏侈与中行寅、范吉射有仇,就调兵伐之。中行寅、范吉射反叛,晋定公亲自领兵攻打,败之。中行寅、范吉射退到朝歌,坚守城邑。韩不信、魏侈替赵鞅向定公谢罪,定公赦免了赵鞅的罪过,恢复原职。二十一年,《左传·哀公四年》记:晋人执戎蛮子与其五大夫,"以畀楚师于三户"。二十二年,晋国打败中行寅、范吉射,此两人逃奔齐国。三十年,定公与吴王夫差在黄池会盟,争夺盟主老大。吴王还要与定公比同宗长辈,时赵鞅跟随定公,威胁要讨伐吴国。吴王又闻吴都地遭到越王勾践的攻击,太子被俘,为求晋国援助,放弃了盟主。三十一年,晋国迁都顿丘(在今河南浚县西)。三十七年,定公卒,子凿立,是为出公。

晋出公七年(前468),晋荀瑶帅师伐郑,次于桐丘(在今河南扶沟县西二十里)。十二年,晋河绝于扈(在今河南原阳县西)。十三年,晋荀瑶帅师围郑,城南(高)梁。智宣子,晋卿荀跞之子。申也瑶,宣子之子。智伯也,谥曰襄子。十七年,知伯与赵、韩、魏瓜分了中行寅、范吉射的土地,出公大怒,就出奔齐国,告诉齐国、鲁国,希望得到他们的支持来讨伐四卿。十八年,荀瑶讨伐中山国,取穷鱼之丘(在今河北涞水县西)。十九年,晋韩庞取秦武城(一作卢氏城。在今河南卢氏县)。二十三年,出公被四卿败,逃奔齐国时死于途中。知伯立昭公曾孙骄为晋君,是为哀公。哀公,《竹书纪年》列名敬公。

晋敬公元年庚寅(前451)即位。敬公大父雍,是晋昭公少子,号为戴子。戴子生忌。忌与知伯友善,早死。所以知伯想要并晋,先前未敢,乃立忌子骄为君,便于控制。敬公之时,晋国政令完全由知伯决定。时知伯权势最大。四年,赵襄子、韩康子、魏桓子共同杀死知伯,尽并其地。知伯子知开与从属者奔秦。十八年,敬公卒,子柳立,是为幽公。《竹书纪年》记:周考王十一年(前430),"晋敬公卒"。

晋幽公柳元年(前429)。晋幽公之时,晋国畏惧,晋君反而朝拜韩、赵、魏的君王。晋王室的土地也只有绛与曲沃两地,原晋国土地都归韩、赵、魏所有。韩、赵、魏史称"三晋"。七年,鲁季孙会晋幽公于楚丘(春秋卫邑。在今河南滑县东南)。九年,丹水(在今山西晋城市东北)出,反击。《汉书·地理志》记:"上党郡高都县(今山西晋城市):

'莞谷,丹水所出。'"丹水又经二石人北,而各在一山角倚相望,南为河内,北曰上党,二郡以之分境。丹水东南流,在泽州(即今晋城市东北高都镇)东北三十里合白水,入于沁河。可是,这一年的丹水却流住白河。十一年,晋国大旱,地生盐。畦田无水可以灌溉,成了盐碱地。十八年,幽公因为要奸淫外面的妇女,夜晚偷偷走出城去,被夫人秦嬴发觉,指派人装扮成盗贼,杀了幽公,晋国大乱。《竹书纪年》记:"秦嬴贼幽公于高寝(当是晋都郊区地名)之上。"魏文侯率军平定晋乱,立幽公子止为国君,是为烈公。

晋烈公元年(前415)立为君。十二年,韩、魏、赵三家以天子名义伐齐,声威大振。十三年,周九鼎震动,周朝正式册命韩虔、魏斯、赵籍为诸侯。次年韩、赵、魏自此成立三个独立的诸侯国,史称"三家分晋"。晋国被三分之后,晋烈公二十七年,烈公卒。烈公子颀立,是为孝公。

晋孝公(一记桓公)元年(前388)即位。二年,太子喜出奔。四年,晋大部分土地被韩、赵、魏瓜分。《竹书纪年》记:周烈王二年(前374),"晋桓公邑哀侯于郑"。此即晋孝公十五年,孝公去郑国(时已经是韩国地)韩哀侯处做客(或押为人质)。十九年,韩懿侯与赵成侯迁晋孝公于屯留(在今山西屯留县南十二里古城村)。次年,孝公去世,子俱酒立,是为静公。静公初年(前371),魏武侯、韩懿侯、赵成侯灭晋后而三分其地。静公被迁为家人,晋祠不祀。

小结

追根溯源,西戎北狄多半是炎黄子孙当政天下。帝舜之后有陈氏起姓;殷商之有宋国延续。西戎为强秦所灭,北狄为强晋所灭。秦国非周王室续统,加上之后的秦暴力统一六国产生的历史怨恨,故持史者大都贬其祖先的名誉,以为自商朝时是奸佞,周朝时是个投机分子,秦朝是暴政者。《史记·三代世表》一开记其世系就是"恶来助纣"。秦朝几无周王室之后人发族,故传姓不多。晋国是春秋时期的诸侯强国,此当周王室衰弱之时,王室凡有故,晋国总是不断干政。然而,晋国本系就产生了十多个公族,周王室又陆陆续续来了数十家王孙公子避难,包容家族势力使之膨胀,反而削弱了晋公室。晋国是继周王室之后出世家大族最多的国家,王族大夫皆出姓,当然出姓也就多。春秋时期在上述数国中出现了诸多口述历史学者,他们将黄帝以来的历史政事各以家书谱世的方式背诵出来,拼凑出了一幅完整的炎、黄二帝世传图。《中国历史纪年表》分年是周元王元年(前475),魏、赵、韩三晋之时。

第十章　南天楚地　吴越春秋

南天楚地的楚国在我国江汉地区发展强大,诸小国被吞并,战火残酷的同时也在启智着南方的文明。春秋战国时期,大国兼并小国之风盛行。徐子之国生存在吴、楚之间,终为吴所灭。吴国强大之后就挑战楚国,而后院却被越国袭击。鲁国国内就有三桓势力羁绊,处于吴、齐、楚三强之中,最终为楚所灭。越强之后又为楚所灭。而楚最终却被秦所灭。

一、盘瓠南方　开天辟地

或云宇宙浑沌如鸡子,盘古生其中,手擎天,足占地,日长一丈,如此万八千岁,于是天数极高,地数极深。盘古开启天地,天地不再合,阳光雨露滋生万物。盘古倒下,左眼为日,右眼为月,体毛成星;出气是风,化泪为雨,气雾成云;肌肉腐为肥土,骨架成为山岳,血液成了江川大海。盘问盘古之时有多远? 道者曰:"史在宇宙浑沌!"盘问盘古是为何人? 神者曰:"天地开辟者也。"于戏!盘古之说,源自盘瓠,是神话也,影子而已。黄帝之时,已有裔孙降居荆蛮之地。苗蛮、三苗、夔国,皆黄帝之后。周武王二年(前1049)封庶弟羽达到息(在今河南息县城西南十二里青龙寺一带)建国,所谓"一羽可达之地",以屏障南蛮。糜国亦在楚国之前。

苗蛮,出自黄帝系高阳颛顼帝之长子梼杌,梼杌名苗民。颛顼帝以为梼杌是个不才子,不给予继位,帝喾用为狗官,养狗为兵,以对付犬戎狗兵。梼杌之子曰盘瓠。盘瓠,一记狗父,或称龙父。帝喾为帝,犬戎不服,起西戎兵抢劫边境,盘瓠献犬戎之吴将军头,帝喾乃以女妻之。盘瓠得女负走南山(在今湖南华容县南三十里南山乡),生六男六女。《水经注·沅水》记:"盘瓠死,因自相夫妻,织绩木皮,染以草实,好五色衣,裁制皆有尾。其母白帝,赐以山名。其后滋蔓,车曰蛮夷。武陵郡(今湖南常德市)夷,即盘瓠之种落也。"盘瓠与辛女所生子女溯沅水而上,居于麻阳漫水(村)。因为盘瓠年老形体佝偻,为其子椎牛误以为是狗而射杀,辛女告诉其子曰:"狗,尔父也。"椎牛悔恨不已,乃赛龙舟以接"白龙",于锦江(在今湖南怀化市麻阳县)边上建"盘瓠庙"。盘瓠另有三子,后称"三苗",谓蛮夷。虞舜为帝,三苗以为舜继帝位不合法,起兵作乱,帝舜派遣驩兜入崇山(即今湖南张家界)去教化蛮夷。盘瓠之种入桐柏(指桐柏山。位于今河南、湖北边境地区),桐柏故有盘古山、盘古庙、盘古船、盘古井焉。

三苗。驩兜为黄帝之裔,有苗氏之始。黄帝鸿次子玄嚣,玄嚣生蛴极,次子嘻嘻。嘻嘻生季格、季仲、季狸,季狸生驩兜。帝舜时命驩兜至于崇山以教化蛮夷。崇山地近南山,驩兜到崇山实依盘瓠势力。盘瓠有六男,其三男伴随驩兜起事,故亦称三苗。

帝舜三十六年(前1887),有苗氏昏迷不恭,禹奉命往征。初时,九黎在洞庭湖逆命,三苗之兵起于江淮。帝舜派禹去除九黎,可三苗已兵临王朝;禹征九黎得胜复回,三苗的兵已经攻进了王宫。《墨子·非攻下》述:"昔者有三苗大乱,天命殛之,日妖宵出,雨血三朝,龙生庙,大哭乎市,夏冰,地坼及泉(三苗欲灭时,地震使泉水涌),五谷变化,民乃大振。高阳(当指帝舜)乃命(在)玄宫,禹亲把(抱)。天之瑞令,以征有苗。四电诱祇,有神人面鸟身,若瑾以侍,搤矢有苗之祥,苗师大乱,后乃遂已。禹既已克,有三苗焉。磨为山川别物,上下卿制大极。而神民不违天下,乃静则此。禹之所以征有苗也,还至乎夏王桀?"三苗大乱时,各地民众都响应三苗。他们包围了王宫,这时帝舜还在王宫里,是禹将帝舜从王宫中背出逃离。禹领兵打败了三苗之后,天下复归太平。禹征三苗,作《禹誓》曰:"济济有众,咸听朕(应该称我。因为帝舜还在位)言,非惟小子,敢行称乱。蠢兹有苗(即指三苗),用天之罚。若予既率尔群,对诸群以征有苗。禹之征有苗也,非以求以重富贵、干福禄、乐耳目也。以求兴天下之利,除天下之害。既此,禹兼(战。或兼爱)也。"(引自《墨子·兼爱下》)禹与三苗战七十天平之。有苗氏入深山,传为厘姓。

夔国。黄帝律仲子夷鼓,号左人,夷鼓生左彻。黄帝鸿逝去,左彻用时七年削木雕刻作黄帝之像,帅诸侯奉之。《竹书纪年》记:"左彻者感思帝德,取衣冠几杖而庙饷之。诸侯大夫岁时朝焉。"左彻之孙归藏,号归藏君,易为鬼方,传鬼方氏。归藏生归伯,归伯生夔。帝舜封夔为官做典乐,及封之人皆在推让,唯夔拍手大笑曰:"吁!让我做典乐对了。我敲击石头,也能使百兽起舞。"夔子是个人才,《吕氏春秋·察传》:"鲁哀公问于孔子曰:'乐正夔,一足,信乎?'孔子曰:'昔者,舜欲以乐传教于天下,乃令重黎举夔于草莽之中而进之,舜以为乐正。夔于是正五律,和五声,以通八风,而天下大服。重黎又欲益求于人,舜曰:……若夔者一而足矣。故曰夔一足,非一足也。'"夔子娶有仍氏女玄妻生子伯封。《烈女传·仁智·晋羊叔姬》记:晋大夫叔向母叔姬曰:"昔有仍氏生女,发黑而甚美,光可鉴人,名曰玄妻。乐正夔娶之,生伯封。宕有豕心,贪惏毋期,忿戾毋餍,谓之封豕。有穷后羿灭之,夔是用不祀。且三代之亡,及恭太(世)子之废,皆是物也。"恭太子次子夔门南披楚泽(即今重庆市奉节县夔门),建立夔国(今湖北宜昌市秭归县),亦称鬼国,子爵,传魁姓、乐姓。鬼国都地在"丰沮玉门"(当指今重庆市丰都县丰都鬼城),国以供祀白帝(黄帝鸿),故又有白帝城(在今重庆市奉节县境内)。夔国后为楚国越章王占籍,改名夔子国。

糜国。古有糜子国,以为种糜子者为国名。糜子,本为黍的一个变种,秆上有毛,穗密聚,子实不黏者。《周书》记:"商周之际有麋(糜字通用)国,国人以糜为姓。"周初,周公旦为抚慰先贤,拢集大禹后裔于糜地(今湖北与陕西交界之处),复建诸侯糜国,因为子爵,因此称国君为糜子。周顷王二年(前617),楚穆王及时破获并捕杀了欲反叛自己的工尹斗宜申与大夫仲归,巩固了国内政权后,正式开始角逐中原的政治舞台。穆王先召集郑、陈两国国君在息县会盟,后一同赴厥貉(今河南项城市),与糜子、蔡庄侯姬甲午会盟。穆王大会诸侯于厥貉的目的,除了与晋国争霸,重新树立自己在中原各国中的领导地位外,还有一个重要的目的,就是要策划组织联军共同去攻打还没有臣服自己的宋国。宋昭公子特(子德)得到消息后诚惶诚恐,为免国民生灵涂炭,他打着慰问楚穆王的旗号亲自到厥貉去主动请求归服,并以一国之尊亲自作向导,陪同楚穆王到孟渚(今河南商丘东北部)的地方去围猎。宋昭公虽极尽卑躬屈膝之能事,但却忘了带取火用的工具,影响了打猎,楚穆王命大夫王孙子舟(申舟)责打了替宋昭公驾车的人,并将其绑在军中示众,以此法来代替宋昭公应受到的责罚。受此大辱,宋昭公由此心生怨恨,准备与楚国开战。楚穆王则坚定了组织攻打宋国的决心。糜子本来已经接受了楚国号召,为了攻打宋国而率师跟随楚穆王赴"厥貉之会"。但糜国君主内心既不愿为楚国势力北上当炮灰,又不满楚穆王的强横霸道,考虑再三之后,中途反悔,率军擅自归国。糜子此举引起了楚穆王的震怒,他在周顷王三年(前616)初,派大将军成大心兴兵伐糜子国,先后败糜兵于堵阳、防堵等地(皆在今湖北房县),兵锋直指糜国都城锡穴(今陕西白河东南部),迫使糜子举国归降。到了周顷王八年,楚国国内发生了灾荒,戎人乘机骚扰,糜子国、庸国也公然联合百濮叛楚,一时楚国西北、西南两方大乱。楚庄王采纳上卿芳贾的建议,集中力量伐灭了威胁最大的庸国,继而又吞灭了糜子国,迅速控制了局面,还增强了国力。楚国灭糜子国后,先将其遗民安置在湖北京山一带,后迁岳阳地区,建有糜子国城(位于今湖南岳阳县龙湾乡大马村一带)。周敬王姬丐五年(前515)的吴楚之战以后,楚昭王熊壬再将故糜子国遗民迁至巴陵地区。楚昭王十一年(前505),昭王又派遣王孙熊由於在梅子(今湖南岳阳市岳阳楼区梅溪乡梅子市村)筑东糜城,迁其遗民于该地,后又在岳阳楼一带筑城,称西糜城,驻军监视。在亡国后的糜国王族后裔及其国民中,多有以故国名为姓氏者,称糜氏、糜氏,后统一为糜氏。西糜城西临洞庭湖,楚国人常集聚在此歌乐,乐声悠扬,观楼台因名"乐扬楼",后改名岳阳楼。

楚王之始,出自炎帝世传陆终,其有第六子曰季连。季连牧羊,故以羊叫声"芈"字为姓。《清华大学藏战国楚竹简·楚居》:"季连初降于隈山(当指今河南桐柏山余脉西麓,浅山丘陵区),抵于穴穷(当指天然溶洞),前出于乔山(当指今河南唐河县湖阳镇蓼山,古蓼国遗址),宅处缓波,逆上洲水(即湍河,位于河南省西南部邓州之西北。属南阳南部唐白河水系,汇入洇河)。见盘庚(当指盘瓠)之子处于方山(在今河南内乡县西南湍东镇境内。系伏牛山余脉,现为方山公园),女曰妣佳,秉兹率相,詈胄四方。"季连生郘(原字丝旁在左,无耳旁在右)伯、远仲。季连爱(复)得妣列,生㔻叔、丽季。丽季为楚人始。

丽季以为琇姓,丽季生穴熊,穴熊西奔夔(今湖北秭归县)临江居洞穴。穴熊生熊完,是为熊姓始。熊完生熊服,熊服正处夏帝少康时(前1815—前1795)。熊服生熊元,熊元时夔地荒蛮,熊元致政始强。熊元生熊机、熊杼,熊机、熊杼自稼耕,自纺织。熊杼生熊怀,熊怀生熊胤,熊胤生熊靡,熊靡生熊祖,熊祖生熊潜,熊潜生熊仅,熊仅生熊绅,熊绅生熊兊。熊兊之时,正当夏桀亡。熊兊生熊成,熊成强势经略夔地,此当商汤时。熊成生熊单,熊单生熊弼,熊弼生熊辅,熊辅生熊佐,熊佐生熊文,熊文生熊浩,熊浩生熊桀,熊桀生熊启,熊启生熊苞,熊苞生熊越,熊越生熊亶,熊亶生熊俊,熊俊生熊田,熊田生鬻熊。

荆楚始祖鬻熊,周文王时立国于荆山,建都丹阳(在今湖北秭归东南)。鬻熊娶姚厉生子熊丽,姚厉生子而亡,巫师用牡荆条系其腹部,凿窀悬棺葬,临大河,绝地千尺,是为冢也。"牡荆"谓称楚,后之楚国称名由此来。熊丽事文王,熊丽生熊狂。周武王灭商,熊狂起兵相助,武王称他是"友邦君王",是为周初功臣。熊狂以荆山为王,乘坐柴车,穿着破衣,居在草莽,向周王进贡桃木弓、棘木箭。熊狂生熊绎。熊绎,当周成王时,成王封熊绎为荆王。

周成王封熊绎荆王列为诸侯,封以子男之田,地五十里(辖地实五百多里),姓芈氏,居丹阳,以抚蛮夷,奄征南海(时今长江以南,周人皆称南海)。成王已封荆王,楚子熊绎与鲁公伯禽、卫康叔子牟、晋侯燮、齐太公子吕伋俱事成王。此五人者唯熊绎与周王室没有血亲,诸侯笑其"南蛮",楚王亦常自嘲:"吾蛮夷也。"但是楚王申明,自己是受周朝委托去启智蛮人的管理者。周人还以为荆蛮人不可信,为防其变,成王又封祖叔父羽达之后为息侯建息国;又策命吕国君吕伋曰:"东到大海,西到黄河,南到穆陵,北到无棣,五等诸侯,九州方伯,如有不轨,尔均可伐之。"楚熊绎为子爵,而以君临位,其职"以抚蛮夷"。熊绎生熊艾,熊艾生熊黵,熊黵,一记熊鳝,即荆文王是也,周王室称楚文子。

二、徐夷得志　穆王伐战

伯益娶任氏女生次子若木,有纹在手曰"徐"。夏启九年(前1910),帝启封若木于徐地(即余吾戎。在今山西屯留县西北),其部落名徐夷、徐戎或徐方。若木堂兄后羿代夏为王,夏衰弱。若木之子乘机而起附焉,故名征国(一说夷调)。征国之子房(一记王房),房五传至祖禹,此当夏帝孔甲时。祖禹四传至兴,夏亡,徐君时强。兴十传至于籍,为商武丁时。籍六传至于彦,是为商纣王时(徐氏远古人物承传,详在后文世系图)。纣王继位之初,东征徐夷,徐夷败,徐彦王自反绑双手,口含玉璧,身穿孝服,拉着棺材向纣王投降。商、周时有青铜器徐伯鬲、徐子余鼎。徐彦之子训,有青铜器徐骼尹征。徐训生缓,缓生偃王。徐夷号令诸侯,以少昊帝之后自称,其世传又举颛顼帝女女修之后,曰与楚国同宗。徐夷"华""夏"二族系皆兼称。

周成王初时,徐国参与了以商殷残余势力武庚为代表的反抗周朝统治的叛离,抵抗周公旦东征。周公旦子伯禽为鲁侯,响应周征伐管叔、蔡叔、淮夷、徐戎的反叛。伯禽率军在胁邑(即费邑。在今山东鱼台县西南)迎战徐戎,作《费誓》,公曰:"嗟!人无哗,听命!徂兹,淮夷徐戎并兴。善敕乃甲胄,敿乃干,无敢不吊!备乃弓矢,锻乃戈矛,砺乃锋刃,无敢不善!今惟淫舍牿牛马,杜乃擭(获),敜乃阱,无敢伤牿。牿之伤,汝则有常刑。马牛其风,臣妾逋逃,勿敢越逐。祗复之,我商赉尔。乃越逐,不复,汝则有常刑。无敢寇攘,逾垣墙,窃马牛,诱臣妾,汝则有常刑。甲戌,我惟征徐戎,峙乃糗粮,无敢不逮,汝则有大刑。鲁人三郊三遂,峙乃桢干。甲戌,我惟筑,无敢不供,汝则有无余刑,非杀?鲁人三郊三遂,峙乃刍茭,无敢不多,汝则有大刑。"《史记·鲁周公世家》记:"讨平徐戎,安定鲁国。"而《尚书·书序》注:"鲁侯伯禽宅曲阜,徐夷并兴,东郊不开,作《费誓》。"鲁国炀公时还筑茅阙门,以防盗贼。这说明当时鲁国受到徐方的抵制,其生存环境十分严峻。周昭王时,《英山徐氏宗谱》载:"(徐畅)仕梦为司楫。主航运之事。周昭王南征,使畅操舟事之,行之汉泽(当指汉江,亦曰东汉水。在今武汉市入长江),舟失其底,昭王死之,(徐畅)逸于南昌,报父仇也。"

周穆王时,徐偃王建都泗水(今江苏泗洪南大徐台子)。《中文大辞典》记徐偃王:"穆王时,徐子治国。仁义著闻,欲舟行上国,乃导沟陈蔡之间。"徐夷是周朝东方夷部族中最强大的国家,史称淮夷。徐偃王占据淮河流域,以行仁义得民心。《徐王赢彦本纪》:"周强而暴,数斗于徐。徐不胜其欺也,帅师而斗周,济河(即今河南济源市)而止,周王屈,尊徐君为驹王"。徐偃王举地而朝者有:奄、江、黄、莒、陈、蔡、郯、钟离、舒蓼、舒禄、舒庸、舒鸠、徐无、徐吉、徐陵、徐卢、人夷、林夷、苏、龙夷、佘夷、金夷、方夷、舒鲍、危夷、攸夷、孟方、佣方、葛、梁、有缗、风夷、于夷、徐余、有穷、白冥三十六部。盖皆为古之赢姓之部落也。于是海岱及淮乃至中原各部,皆为偃王之治境矣。古器文有记周朝与淮夷的战争记录铭文。如《诗经·鲁颂泮水》记:"憬彼淮夷,来献其琛。元龟象齿,大赂南金。"这说明淮夷有上贡品:元龟、象牙、铜。考古有周曾伯粟簠铭文载:"克逊淮夷,印燮繁汤,金道锡行。"表明古徐地(即今安徽繁阳以南的地区)盛产铜和锡。《兮甲盘》铭记:"淮夷旧我帛晦人,毋敢不出帛?其积,其进入。""敢不用令,则即刑戴伐。"其意是淮夷原来进贡的布帛及财物,现在不进献了,他们自己积聚着,如果这样不执行规矩,就要惩罚他们!

徐偃王欲霸为上国,并将其祖的周朝封君地位变为王位。徐偃王欲霸为上国还有以为是黄帝系长子世传,华族真宗,怎么会被诬称"夷"?后五年,偃王开渠,沟通陈、蔡,使五谷得以灌溉。开渠时,有人得彤弓赤矢,献于偃王曰:"此黄帝射蚩尤之宝弓也,今献于王,是天其赐瑞而欲使王王于天下也。王王于天下,行仁义而不斗其民,是万民之福也,故献之。"偃王纳之言:"固不用此弓箭,藏之府库可也。"诸侯闻偃王得黄帝宝弓,皆来祝贺。《纲鉴易知录》记:徐国君"得朱弓矢,自以为天瑞,乃称偃王"。蔡厉侯到徐做客,谓偃王曰:"楚(荆)人,颛顼之后也,与徐同宗之国也。故徐楚多合谋而抗于夏、商之世也。今我行仁,可令楚人来同也。"蔡厉侯对周王室不满,故意挑拨说徐国是颛顼帝之女女修之后。徐偃王亦装糊涂，以争取楚人，乃使众宣教仁义于楚，楚人举城而附者在在皆是。由是，徐得楚之汉东(即汉东河。今湖北广水市西)之地五百里。楚地，王者称荆义土，名熊黮，周土室称楚文子。荆文王乃使人责偃王曰："荆楚徐方，盖为颛顼之后裔耳？尔取我汉东之地五百里，是仇我也，请还汉东之地而后已。"偃王曰："仁义行而王天下，此尧、舜之所以霸也，今我未以兵锋衅于天下，用我者，盖仁义之力也，何以兵锋相逼焉？"荆文王大怒，发兵欲侵徐。蔡侯对偃王曰："伐楚可也"。偃王曰："故不用伐也！"蔡侯乃止言。周公旦时，讨伐蔡叔度，只是流放蔡叔而已，蔡叔度之子蔡仲仍立蔡国，蔡国由是与周王室有仇。蔡国君传至蔡厉侯，蔡厉侯故挑拨徐偃王伐楚。

徐夷并吞荆蛮五百里地，荆大夫谓荆文王曰："徐国残我汉东五百里地，今不伐之，则必残我全国之疆矣。因徐之仁，而不忍废其道，是自戕而足人也。"文王曰："以我伐徐，而周来伐我，将何以挡之？"大夫曰："莫如献贡于周天子，且使天子令诸侯与我共伐徐，如是，则周不伐我也。"文王曰："此计甚妙。"乃如此行，上贡于周，并且为之上书曰："昔者，徐君并我汉东之地五百里，我以其仁而未有以伐也。今我闻徐君人献彤弓赤矢，而谓'王王于天下，行仁义而不斗其民，是万民之福也'，徐君之意不在东夷也，如荆楚灭，则天下不安，是折天子之福也。"楚使人告周穆王曰："徐君将王天下矣，今得我汉东之地五百里，其后亦必得周王之地而后已。"穆王以为徐君库无备兵，我虽有义不能征无义，则言："徐不养师，何惧也？"穆王孙子厉，坚决主张立即伐徐，曰："王不伐徐，必反朝徐。"周大臣们谓穆王曰："徐君诞得彤弓赤矢，黄帝之物也，将君临天下，天子如不干预，大臣们将请朝于徐君也。"管、霍之侯闻之，皆举而附徐。

徐大将军嬴礼对偃王曰："不治兵，祸将至矣"。偃王曰："苟不治兵，祸及我一人，苟治兵，则祸及天下矣！爱我一人而祸天下，则何如舍我一人而安天下耶？"故不听嬴礼之言。嬴礼乃曰："请迁宗(一名宝宗，徐偃王之子。是后为重建彭城徐国国王)于东南之隅，为日后计也！"嬴礼请迁，是谓祸将及宗也，故以宗迁而远其祸也。偃王曰："迁宗恐非其宜也。"嬴礼泣曰："自古邦国皆以战存而以和顺，故安不忘战，仁不忘武。君王而今一味行仁而废武，此天下败亡之道也。苟不利甲兵而保境，一旦周军至则何以存焉？故愿为王守宗而存其嗣也。王仁，臣亦敬之矣，而仁以不备，则天下亡，无日矣！王爱其仁而不更此，则我嬴姓之脉，绝于天下之间矣！"偃王曰："事竟至此乎？"嬴礼曰："事若未如我言，则十年之后，礼愿以项上人头献王。"偃王乃许礼而迁宗，但不改其度。嬴礼得引宗之迁也，乃拜泣于偃王之庭七日。偃王怪而问之，嬴礼曰："吾见君王而去，不见君王而归也。君王为徐君，吾族从今而后，不以嬴为姓，且请姓徐也。"偃王乃曰："吾亦知吾之危也，但吾以颛顼以来，仁义昭显而天下大同，不意至夏启而杀伯益，天下遂生千年之斗。今我乃得为王者，天也。本意行仁，而求尧、舜之治，是以殉道亦足也。尔危我危，我危天下之危，准尔奏，改尔与宗等俱徐姓，勿复顾我！"嬴礼与宗乃举众泣而去,自姓徐而不姓嬴矣。时徐地逾制建筑都城,其城周十二里,规模超过宗主国周王朝的王城方九里。

周穆王十四年(前949),穆王帅楚子(即荆文王率领的楚人。因封子爵,故称楚子)伐徐戎。《韩非子·五蠹篇》记:"徐偃王处汉东(指今江苏徐州市)地方五百里,行仁义,割地而朝者三十有六国,荆文王恐其害己也,举兵伐徐遂灭之。"周穆王领王师与荆文王联合伐徐,徐大将军嬴礼闻之,乃与偃王之子宝宗驰马回,谓偃王曰:"臣等早有预见,可以一战。"偃王悲曰:"杀天下之民以称吾志,仁者不为也,苟我必死于仁,死于仁可也。汝等备于东南,勿为我措意也。"宗泣曰:"父王欲死,子不可独存,请自戕于王前。"偃王斥之曰:"我死仁,以此昭于天下,不移我志,汝不知此而死,是陷我于不仁也。人生有百岁而逝者,逝于寿;有数岁数月数日而逝者,逝于夭;有初壮而逝者,逝于殇;有未竟其年而逝者,逝于祸难;有逝而不逝者,逝于志。今我为志而逝者,是不逝也,安有为我死而灭我志者乎?我欲使民寿而不使夭殇祸难者,尽吾志而不移也。汝安能胸无奇志而死我焉?"嬴礼乃与宗领军返,自备于东南。嬴礼曰:"君王必不使民斗,如此东夷无噍类矣。吾等必斗之而后存。"宗归彭城。周穆王誓师乃使造父在徐夷之西、北,令楚文子(即荆文王)徇南,三面夹击再攻而东。诸侯请于偃王曰:"愿与君王共生死,以却强敌。"偃王曰:"愿守仁饿而不斗争民,君等不弃我志,则去东南我儿宗处,可为用也。"三十六部之君闻之,也不好强谏,俱往东南投宗以备彭城。造父与荆文王兵入徐地,偃王对天誓曰:"三皇五帝,成仁不移;我今徐诞,守此不弃;非不能战,是不战也;天不迷仁,而宗成之!哀哉穆王,(尔)首授于汝;念兹在兹,惟不可屈。"又叹曰:"吾赖于文德,而不明武务,以至于此。"(见《说苑》)造父快御而至,包围偃王于历山(今安徽东至县北),百姓随偃王从数万人。周大臣爽公谓造父曰:"仁者不可绝其嗣,奏捷于天子,保其嗣也。"造父犹豫,而荆文王至,军大举,进逼历山,偃王死焉。徐宗闻父王死讯,乃大恸,誓死报仇,乃诈兵东南,继续打着徐偃王旗号,以抗周,迷惑楚。荆文王还欲追击,穆王驾到,对荆文王曰:"文子,徐败还五百里可也,不可绝其嗣。"穆王后封徐宗为王,改彭城名徐州,是为徐国;徐宗,徐国之武王也。

徐偃王亡,《元和郡县志》记:周穆王"乘八骏之马,使造父御之,发楚师袭其不备,大破之,杀偃王。其子宗,遂北徙彭城武原山下,百姓归之,号曰'徐山'"。《史记·秦本纪》记:"造父以善御幸于周缪王(即周穆王。记缪王,意含荒谬、昏庸之意。后有秦缪公,皆同此意),得骥、温骊、骅骝、騄耳之驷,西巡狩,乐而忘归。徐偃王作乱,造父为缪王御,长驱归周以救乱。缪王以赵城封造父,造父族由此为赵氏。"《史记·赵世家》记:"造父幸于周缪(穆,下同)王。造父取骥之乘匹,与桃林盗骊、骅骝、騄耳,献之缪王。缪王使造父御,西巡狩,见西王母,乐而忘归。而徐偃王反,缪王日驰千里马,攻徐偃王,大破之。"徐偃王死,裹尸葬彭城(即今江苏省徐州市郊徐偃王墓地)。《博物志·异闻》引《徐偃王志》云:"徐君宫人娠而生卵,以为不祥,弃之水滨。独孤母有犬鹄苍,猎二水滨,眇所弃卵,衔以来归。独孤母以为异,覆暖之,遂烰(孵)成儿。生时正偃,故以为名。徐君宫人闻之,更取养之。长而仁智,袭为徐君。后鹄苍临死,生角而九尾,实黄龙也。偃土葬之徐界中,今见有狗垄。"徐山之战,得利者是楚,越地也因荆楚胜而居(据)为楚有。

三、楚国强起　周不加封

荆文王熊黛生熊胜。熊胜以其弟熊杨为后,熊杨生熊渠。熊渠当周夷王时(前885—前878)。熊渠甚得江、汉间民心,乃兴兵伐庸(都上庸。在今湖北竹山县西南),杨越(一作扬越,亦作扬粤。即荆州之南,谓岭南为越。《货殖列传》九疑、苍梧至儋耳,"与江南大同俗,而扬越多焉"),至于鄂(在今河南泌阳市西北)。熊渠生子三人,曰:"我蛮夷也,不与中国之号谥。"乃立其长子康为句亶王,中子红为鄂王,三子执疵为越章王(治今浙江余姚市东南五十里城山村)。熊渠卒,子熊挚红立。挚红为其弟弑而代之立,曰熊延。周厉王六年(前848),楚子延卒。熊延生熊勇。熊勇即位,熊勇六年(前842),周人作乱攻厉王。七年,荆地称楚国,改荆王称楚王。熊勇十年卒,弟熊严为后。熊严有子四人,长子伯霜,中子仲雪,次子叔堪,少子季徇。熊严十年卒,长子伯霜代立,是为熊霜。

熊霜元年(前827),周宣王初立。熊霜六年卒,三个弟弟争位。仲雪死;叔堪亡命避难于濮(今河南濮阳市东濮城),季徇立,是为熊徇。熊徇二十二年卒,子熊咢立。熊咢立九年卒,子熊仪立,是为若敖。若敖二十七年卒,子熊坎立,是为宵敖。宵敖六年卒,子熊眴立,是为蚡冒。蚡冒时其弟鬬伯比初为莫敖(官名)。蚡冒十七年卒,蚡冒弟熊通弑蚡冒子而代立,是为楚武王。

楚武王元年(前740)即君位,之后数年治理楚地,史称"大启群蛮"。《楚王钟》记:"唯正月初吉丁亥,楚王賸(一记眴。武王兄)邛仲芈南苏钟。其眉寿无疆,子孙永保用之"。楚武王虽然强起,但是周室还不赐予王位。鬬伯比官莫敖,武王初时犹然,后以为其权位太重,收其权实为令尹。三十五年,楚伐随(即今湖北随州市),随人曰:"我无罪。"楚武王曰:"尔等称吾蛮夷,吾为蛮夷也。今诸侯皆为叛相侵或相杀。吾拥有军队,有敝甲装备。吾要看中国政事,请转告周王室以尊吾号。"随人为之请告于周,请尊楚,王室不听,随人还报楚。三十七年,楚王熊通怒曰:"吾祖鬻熊,周文王师,早终。成王举吾先公,乃以子男田赐五十里,令我祖居楚,以抚蛮夷,奄征南海。现蛮夷皆降服,而周王却不给我加位,这是何道理?我就自尊封位。"乃自立为武王,并与随人订立盟约以告天下。于是始开发濮地而有之。五十一年,周王召随侯问楚之事,随君曰自己被迫无奈,并且数落楚武王。武王怒,以为随人背叛了自己,就伐随。武王出征死在樠树下。令尹鬬祁、莫敖屈重秘不发丧,开新路,在溠水(一名伏恭河。在今湖北随州市西)筑桥,在随国境外筑营。随国人害怕,向楚军求和。莫敖屈重以楚王的名义到随国和随侯结盟,邀请随侯到汉水转弯处(沔)会见,然后退兵。过了汉水后公布楚武王的丧事。武王薨,子熊赀立,是为文王,始都郢(今湖北荆州市荆州区纪南城)。武王次子就是莫敖屈重,一名屈瑕,屈瑕生完,屈姓出。

楚文王元年(前689)即君位。二年冬,文王伐申(姜姓国。在今河南南阳市北二十里),过邓(西周国名。曼姓。在今湖北襄阳市襄州区西北邓城),邓人曰:"楚王易取。"时邓侯不肯动手。邓与楚为姻亲,当时的邓君邓祁侯是楚文王之舅。楚文王虽有伐邓之意,一时尚无口实。楚文王引兵过邓时,邓国有三位大夫劝说邓祁侯乘机杀死楚文王,但邓祁侯没有听从,按正规的礼仪接待楚文王后,楚文王继续北上,攻灭申国,除掉周朝南土最大的一个异姓国,将申变成楚国的一个大县。次年春,楚师在自申返楚的途中伐邓。六年,文王伐蔡(今河南上蔡县),俘虏蔡哀侯以归。先时,息侯因为蔡哀侯对自己的夫人息妫非礼,请求楚国伪装讨伐本国,诱使蔡国来救援,从而打击蔡国,以羞辱蔡侯。于是楚文王按计而行,俘虏了蔡侯。蔡侯献舞深恨息侯,为了报复,蔡侯在楚文王面前赞誉息妫美貌,以导引文王矛头指向,得以释放蔡侯。

十年,楚文王领兵到息国。息侯以为楚文王是去进行友好访问的,盛宴款待。楚文王把殿堂变战场,勃然变色,把息侯捉住,灭亡息国。《左传·庄公十四年》记:"楚子如食,以食入享,遂灭息。"从此,息夫人成为文夫人。这位文夫人在楚文王面前少言寡语,几乎从不先开口。文夫人沉默的缘由之一,是要假手于楚文王以报复蔡侯。一次,楚文王问她何以如此不欢,她说:"吾一妇人,而事二夫,纵弗能死,其又奚言?"楚文王听了文夫人哀婉欲绝的话,决定继续扣留蔡侯献舞,蔡侯在楚国被软禁九年后去世。

十二年,伐邓,灭之。楚强,有彭仲爽为将,时陵(嘉陵江)、江(长江)、汉(汉水)间小国,小国皆畏忌,楚国始大。秋,巴(西周初封国,称巴子国。都江州,是为今四川重庆市)师袭击楚国权县(在今湖北荆门市东南。一记权国为楚庄王所灭才置县)。楚国君臣轻视巴人,疏于防范,终至于酿成大祸。事出突然,权尹阎敖因无备而弃守,只身泅水逃命,以致巴师长驱北上,一度进逼郢都的南门。文王大怒,处死阎敖留在那处的族人鬻敖,鬻敖的族人不胜其忿,就与巴人谋事反叛。十三年,文王出师到津(今湖北江陵县或枝江市)吃了败仗,巴师则亦退走。文王回郢都,司官门守大臣鬻拳拒不迎纳。文王无奈,为了以功补过,自将伐黄(其故址在今河南潢川县)。黄是淮河水上游的一个小国,公族为嬴姓,西北与息县为邻。文王接受因轻敌而致败的教训,调将用兵又像先前那样得心应手,击败黄师之后,文王迅即撤兵,正是夏天六月十五,将到郢都时,在一个名为湫的地方,暴病而死。文王此前也,楚国人卞和献玉,文王其父武王以为是假玉,罚砍卞和二足;文王召卞和,取来璞玉,解剖来看果然是好玉,则称该玉为"和氏璧"。文王卒,鬻拳把他安葬在夕室,然后自己也自杀身亡,死后被安葬在地下宫殿的前院里,曰"经黄",鬻拳之后传鬻姓。文王子熊囏立,是为杜敖,亦记堵敖禧。杜敖五年(前672),熊禧弟熊恽逃随国返还杀杜敖,立为君,是为成王。

楚成王元年(前671)即君位。周天子赐胙,曰:"镇尔南方夷、越之乱,无侵中国。"于是,楚地千里。十五年,《春秋》记:僖公二年(前657),"齐侯、宋公、江人、黄人会于阳谷(指今山东平阴县西南)"。《国语·齐语》:桓公"大朝诸侯于阳谷"。十六年春,齐桓公率诸侯伐蔡继而以兵侵楚,成王兴师问罪。齐师至陉山(今河北井陉县北),正时夏,楚成王使将军屈完以兵御之,将兵赶齐,齐师退次召陵。桓公矜屈完以其众。屈完曰:"君以道则可。若不,则楚方城以为城,江、汉以为沟,君安能进乎?"桓公乃与屈完盟而去。十八年,成王以兵北伐许国,许君肉袒谢,乃释之。二十二年,伐黄。二十六年,灭英。三十三年,宋襄公欲为盟会,召楚,成王曰:"召我?我将好往袭辱之。"遂行,至盂(今河南沁阳市西北邗郃村),遂执辱宋公,已而归之。三十四年,郑文公南朝楚。成王北伐宋,败之泓(今河南柘城县西北),射伤宋襄公,襄公遂病创死。三十五年,晋公子重耳避难楚国,楚以国宾之礼待之。三十九年,楚灭夔子国。此前,楚文子时,举祷楚先老童、祝融(吴回)、鬻熊各两只羊。楚成王于是斥责夔子为何不祀祝融(老童至于吴回)与鬻熊? 夔子曰:"我先王执疵因有疾,鬼神弗救而自窜于夔(今湖北秭归)。吾自以失楚,又何祀焉?"四十六年,成王为太子商臣所迫,自缢而亡,商臣为国君,即楚穆王。

楚穆王立,以其太子宫予潘崇,使为太师,掌国事。三年(前623),灭江。四年,灭六、蓼;六、蓼乃皋陶之后。八年,伐陈。十二年穆王薨,子侣继位是为庄王。

楚庄王元年(前613),三年不出政令,日夜为乐。伍举入谏,庄王左抱郑姬,右抱越女,坐钟鼓之间。伍举曰:"大王,南方有鸟,停立土山之顶,三年不飞不鸣,默然无声,此为何鸟?"王曰:"三年不翅,将以长羽翼;不飞不鸣,将以观民则。虽无飞,飞必冲天;虽无鸣,鸣必惊人。子释之,不谷知之矣!"处半年,乃自听政,所废者十,所起者九,诛大臣五,举处士六,而邦大治(见《韩非子·喻老》)。三年,灭庸国。六年,伐宋,俘获战车五百乘。八年,伐陆浑戎族(在今河南栾州、嵩县、伊川三县境),抵洛阳,于周京郊外向周朝示威抗议。周定王派王孙满犒劳楚军,庄王问九鼎大小轻重,王孙满曰:"王强于德,而不在鼎。"庄王曰:"吾楚兵之箭簇就可足铸九鼎,不希罕也。只得见一眼耳!"王孙满曰:"前虞、夏盛世,远国臣服,九州纳金,铸百物之形而成鼎。夏桀昏乱,鼎迁于商;商纣暴虐,鼎迁于周。德行清明,鼎小亦重;德政昏乱,鼎大亦轻。成王郏鄏安鼎,占卜以为传三十世,终不永传也,此为天意。今周虽衰微,还不至于弃鼎之时,鼎之轻重,不便告知。"庄王无趣而回。九年,任若敖氏为相。有进言诽谤若敖,若敖知而先反,庄王灭若敖氏家族。十三年,灭舒国。十六年冬,伐陈,杀夏征舒,将陈国之地纳为楚有。申叔自齐归楚,对庄王曰:"牵牛践踏人田,田主抢走牛,是为太过。王以陈乱而伐陈,却图一县之地,之后何以号令天下?"于是庄王立陈君之后继位。楚国杀夏征舒,俘获夏姬。庄王见夏姬颜容妍丽,对答委婉,不觉为之怦然心动,欲纳夏姬为妃,被巫臣劝阻。但庄王弟弟子反提出要娶夏姬,这时巫臣对子反说:"不详人也。是夭子蛮,杀御书,弑灵侯,戮夏南,出孔、仪,丧陈国,何不祥如是? 人生实难,其有不获死乎? 天下多美妇人,何必是?"子反听了不再提此事,楚庄王听罢,便准备将夏姬赐婚给丧偶的贵族连尹襄老。然而奇怪的事发生了,巫臣却去对夏姬曰:"归,吾聘女(汝)。"然后两人商计,夏姬依照巫臣的计划,向楚王请求回郑国。接着,巫臣找到一个出使齐国的机会,取道郑国,把原本要带给齐国的国礼,作了聘礼,带上夏姬私奔到晋国。

十七年春,庄王率兵攻郑,三个月郑败。庄王进郑都,郑伯裸身牵羊迎接庄王,曰:"吾不得天助,无以侍王,故使王来伐,是为吾之过也。今败,放逐吾之南海,或以奴仆赐诸侯,吾定听王命。周厉王、周宣王与郑桓公、郑武公有隙,而周不灭郑之社稷。大王尚能效法,正是吾意。"楚群臣告庄王不可答应,庄王曰:"郑君如此谦恭,其百姓之幸,吾怎可灭郑君!"庄王即举旗回撤三十里,派使者与郑国订立和约。夏六月,晋国派兵救郑,楚军败晋军于河雍(在今河南济源市西南)。又楚伐齐,败齐于徐州。《左传·宣公十二年》记:"苪敖为宰,择楚国之令典,军行,右辕,左追蓐,前茅虑无,中权,后劲。"《公羊传·宣公十二年》:"郑伯肉袒,左执茅旌,右执鸾刀,以逆庄王。"成语"名列前茅"典故由此出。楚庄王时,"楚子合诸侯于沈鹿(今湖北钟祥市东)",楚遂霸天下。二十三年,庄王去世,子审立,是为共王。

楚共王元年(前590)即君位。十六年,晋伐郑。郑告急,共王救郑。与晋兵战鄢陵(今河南鄢陵县西北十八里古城村),晋败楚,射中共王目。共王召将军子反,子反嗜酒,从者竖(去)阳谷(今山东平阴县西南)进酒,醉。王怒,射杀子反,遂罢兵归。十八年(前573),楚共王会宋平公于湖阳(在今河南唐县南六十六里湖阳镇)。三十一年,共王卒,子康王招立。共王生五子:招、围、比、皙、弃疾。

康王元年(前559)即王位。秋,楚康王由于庸浦之战的缘故,派子囊在棠地(在今江苏南京市六合区北)出兵攻打吴国。吴军不出战,楚军于是返回。子囊殿后,认为吴国无能因而不加警戒。吴军从皋舟的险道上拦腰截击楚军,楚军不能彼此救应,吴军打败他们,俘虏楚国的公子宜谷。二年,康王任命公子午为令尹,公子罢戎为右尹,苪子冯为大司马,公子橐师为右司马,公子成为左司马,屈到为莫敖,公子追舒为箴尹,屈荡为连尹,养由基为宫厩尹,以此安定国内百姓。五年,郑国的子孔想要除掉大夫们,准备背叛晋国然后发动楚国军队来除掉他们。于是派人告诉子庚,子庚不答应。楚康王听说此事后,便派杨豚尹宣告诉子庚说:"国内的人们认为我主持国政而不出兵,死后就不能用规定的礼仪安葬祭祀。我即位后,到现在五年,军队不出动,人们恐怕认为我只顾自己安逸而忘了先君的霸业。大夫考虑一下,该怎么办?"子庚叹气说:"君王恐怕认为午是贪图安逸吧!我这样做是为了有利于国家啊。"接见使者,行叩头礼,然后回答:"诸侯正和晋国和睦,下臣请求试探一下。如果可行,君王就跟着来。如果不行,收兵而退回去,可以没有损害,君王也不会受到羞辱。"子庚率领军队在汾地颁发武器。当时子蛴、伯有、子张跟从郑简公进攻齐国,子孔、子展、子西留守。了展、了西两个人知道于孔的策略,就加强守备入城坚守。子孔不敢和楚军会合。楚军进攻郑国,驻扎在鱼陵。右翼部队在上棘筑城,徒步渡过颍水,驻扎在旃然水边。苪子冯、公子格率领精锐部队攻打费滑、胥靡、献于、雍梁,向右绕过梅山,入侵郑国东北部,到达虫牢然后回去。子庚进攻纯门,在城下居住两晚然后回去。军队渡过鱼齿山下的潍水,遇到大雨,楚军士兵大多被冻伤,服杂役的人几乎死光。

八年夏,子庚去世。楚康王任命薳子冯担任令尹,薳子冯与申叔豫商议,申叔豫认为楚康王年轻,而且宠臣很多,国事难办。于是薳子冯就以有病为由推辞不干,楚康王便改派子南担任令尹。子南,字追舒,为楚庄王之孙,楚令尹芈贞之子。子南之父虽有功于楚,然子南其手下有许多门客,当上令尹后,更是出则前呼后拥,入则高朋满座。子南有个亲信叫观起,没有得到楚王的赏禄,但却拥有数十匹马和数十乘车。子南的行为举止让康王忧心忡忡,他担心尾大难掉,对自己的王权形成挑战。《左传·襄公二十二年》记载了康王在朝堂之上,当着文武百官的面,斩杀贪权者子南于朝,车裂观起。

十一年秋天,舒鸠国因离吴国太近,实在难以抵挡吴国的攻伐之苦,就乘楚国令尹芪子冯去世之机,咬着牙,迫不得已的归服了吴国。闻听舒鸠背信弃义,楚康王怒火中烧,命令新上任的令尹子木率大军前往攻讨。楚军一路势如破竹,轻取舒鸠战略重镇离城(今安徽省舒城县西)。舒鸠难挡楚军铁蹄,求救于新主,吴国为保护新入盟的小兄弟,自然领兵来救。楚国令尹子木冷静地命右师先至舒鸠,左师却作战略后撤,伺机寻找战机。楚吴两军在战场上相持不下,僵持了七天七夜。大将子彊认为久居敌方区域不利,应速战,令尹子木接受其"私卒诱之,精兵会之"的建议,派其带领一队人马向吴国挑战,将吴兵引入伏击圈,将吴军打得鬼哭狼嚎,抱头鼠窜,一举灭掉了叛服无常的舒鸠。楚灭鸠设县强有力地打击了吴国对楚国的挑战行为,以实际行动证明了楚国在康王之时仍在对吴作战中具有主动地位。楚国在东面与吴国的争霸战,不仅威服了吴国,也为楚国在中原与晋国争霸起了配合作用;为晋楚弭兵作出了巨大贡献。

十三年,《左传·襄公二十六年》记蔡国大夫声子,一名公孙归生,出使于晋,回程的时候经过楚国,楚令尹子木接待他,问起晋国的故事,子木曰:"晋大夫与楚大夫哪方贤?"声子曰:"晋国的国卿不如楚,但是大夫却贤明,皆卿材也。楚国的杞子(药材)、梓木(木材)、皮革,都供应给晋国。诚如人才,虽楚有材,晋实用之。"子木曰:"晋国的大夫难道就没有国君的宗族和姻亲关系吗?"声子曰:"虽有,而用楚国的人才居多。我归生闻听:'善为国者,赏罚分明而刑法不乱。如果赏赐太乱,坏人也会得利;刑罚太滥,会伤及好人。如果不幸而有过错,宁可乱赏而不能滥刑。与其伤及善良的人,还不如让奸邪的人得到赏赐。'"子木很是尴尬。声子又举例:"今楚国多滥用刑罚,其大夫逃亡在四方,而为他国谋主,以伤害楚国,已经到了不可救药的地步,所谓不能也。子丁之乱,析公奔晋。晋国置戎车军种,以析公为谋主。绕角战役,晋国眼看就要失败逃遁,析公鼓舞晋国将军曰:'楚师轻窕,容易被打败。若多增加鼓乐之声,以夜晚去袭击他们,楚师必定要退兵。'晋国将军就用了此计,楚师果然在夜战中被击溃。晋国侵犯蔡国,袭击沈国,俘获了他们的国君;还在桑隧(在今河南确山县东)打败了申国、息国之师,俘获申丽而还。郑国于是不敢南面有野心。楚国失去华(在今河南新郑市北四十里华阳砦)、夏(约在今湖北武汉市武昌一带),这都是析公的作为。雍子的父亲与兄弟说雍子坏话,君王与大夫们又不理解他,于是雍子奔晋。晋国给他很高的待遇规格,以为谋主。彭城之战,晋军与楚军相遇在靡角(即靡笄山。在今山东济南市南)之谷,晋军眼看就要逃遁,雍子即发命于军中曰:'老兵与少年兵,独生子与有病的皆回家,兄弟两个人的留一人。精兵强壮,厉兵秣马,他日将与楚军战。'被复员的兵士有被楚军俘虏的,一闻知原来如此,楚师即在夜晚溃退。晋军于是收降彭城,并将彭城归还给宋国,胜利返师。楚国失去东夷(指今山东部分),子辛死之,是为雍子之作为。子反与子灵(屈巫臣)争夺夏姬,而伤害其事,子灵奔晋,晋国将邢(在今山西河津市东南)地封给他,以为谋主。子灵捍御北狄,通吴于晋,教吴国背叛楚国,教吴人乘车、射御、驱侵,派遣儿子狐庸做吴国行人。吴国于是有力量伐巢(在今安徽巢湖市西北),取驾(即驾雾关。在今安徽潜山县西),克棘(在今河南永城市西北),侵入州来(即今安徽凤台县),而使楚国疲于奔命,至今为患,是为子灵之作为。若敖之乱,伯贲之子贲皇奔晋,晋国给予苗(在今河南济源市西南)地,以为谋主。晋楚鄢陵之战,楚军晨起压晋军而摆阵,晋军将要逃遁,苗贲皇曰:'楚师的精兵,在其中军王族而已。若塞井夷灶,成陈将军去挡之;栾、范易行以诱之;中行、二必克二穆,吾乃从四方集中火力攻其王族,必定能打败楚军。'晋军听从了他的话,于是楚师大败,楚王也因为这原因夷灭师僭,子反死之。郑国叛离,吴国兴起,楚国失去诸侯信任,这都是苗贲皇之作为。"子木听罢,曰:"这都是事实。"声子曰:"今又有比这之前更可怕的事要发生。椒举是申公子牟的亲信,子牟因为暴戾而逃亡,君大夫谓椒举曰:'你也将被革职。'椒举惧怕而逃亡到郑国,回首南望曰:'不知道什么时候能够特赦我!'亦弗诉求什么。今亦在晋国,晋国将准备封一个县地给他,以比叔向同职之官。椒举若要谋害楚国,岂不是为患更大?"子木听后很是惧怕,就去告诉楚王,即恢复了椒举的禄爵。声子的一番话,使得椒举回楚。康王立十五年卒,子员立,是为郏敖。

楚郏敖三年(前542),以其季父康王弟公子围为令尹,主兵事。四年,公子围使郑,道闻王疾而还。十二月己酉,公子围入闻王疾,绞而杀之,遂又杀其子莫及平复。使使赴于郑。伍举问曰:"谁为后?"对曰:"寡大夫围。"伍举更正曰:"共王之子围为长。"围立,是为灵王。

楚灵王三年(前538),《左传·昭公四年》记:"楚即克夷虎(在今安徽寿县东),及谋北方,将通小习(少习山名。在今陕西丹凤县东南,其下即武关)以听命。"六月,楚使使告晋,欲合诸侯,诸侯皆会楚丁中(西周封国,姜姓。今河南南阳市北二十里)。楚大臣伍举曰:"昔夏启有钧台之飨,商汤有景亳之命,周武王有盟津之誓,成王有岐阳之蒐,康王有丰宫之朝,穆王有涂山之会,齐桓有召陵之师,晋文有践土之盟,君其何用?"灵王曰:"用桓公。"时郑国子产在。于是晋、宋、鲁、卫皆往。灵王已盟有骄色。伍举曰:"桀为有仍之会,有缗叛之。纣为黎山之会,东夷叛之。幽王为太室之盟,戎翟叛之。君其慎终!"七月,楚以诸侯兵伐吴,包围朱方(春秋时吴邑。今江苏镇江市丹徒镇东南)。八月克之,囚庆封游街,以封徇曰:"无效(孝)齐庆封弑其君而弱其孤,以盟诸大夫。"庆封反诘讥之曰:"莫如楚共王庶子围弑其君兄之子员而代之立!"街民大笑,灵王怒以杀之。

四年,《左传·昭公五年》记:晋韩宣子如楚送女,羊舌肸为副。二人至楚,楚灵王想扣留二人,把韩宣子砍脚,扣做看门人;把羊舌肸施以宫刑,扣为守后宫。一个是上卿,一个是上大夫,这样,就足以侮辱晋国人,让晋国人蒙羞。楚国大夫薳启疆对楚灵王说:"可,苟有其备何故不可?……犹欲耻之,君其亦有备矣。不然,奈何?韩起(指韩宣子)之下,赵成、中行吴、魏舒、范鞅、知盈;羊舌肸之下,祁午、张趯、籍谈、女齐、梁丙、张骼、辅跞、苗贲皇,皆诸侯之选也。韩襄为公族大夫,韩须受命而使矣;箕襄、邢带、叔禽、叔椒、子羽,皆大家也。韩赋七邑,皆成县也。羊舌四族,皆强家也。晋人若丧韩起、杨肸(即羊舌肸),五卿八大夫辅韩须(韩起之子)、杨石(羊舌肸之子)因其十家九县,长毂九百,其余四十县,遗守四千,奋其武怒,以报其大耻。伯华(羊舌肸兄)谋之,中行伯、魏舒帅之,其蔑不济矣。君将以亲易怨,实无礼以速寇,而未有其备,使群臣往遗之禽,以逞君心,何不可之有?"楚灵王尴尬地说:"不谷之过也,大夫无辱。"于是,对二人厚加礼遇。《左传·昭公七年》记:"楚子之为令尹也,为王旌以田。芋尹无宇断之曰:'一国两君,其谁堪之?'"五年,楚讨伐吴,师于豫章,而次于乾溪。七年,楚王命建筑章华台(一称章华宫。在今湖北潜江市西南五十里龙湾马长村),又称细腰宫。下令收纳逃亡的人充实仆役。

八年,楚灵王使其弟公子弃疾将兵灭陈。十年,召蔡侯,醉而杀之,使弃疾定蔡,是为陈蔡公。十一年,楚伐徐以恐吴。灵王率军驻乾溪(今安徽亳州市东南)。灵王对析父曰:"齐、晋、鲁、卫皆受周封而得宝器,吾请周王将宝鼎作为分封的器物给楚可否?"析父曰:"先王熊绎远在荆山,乘坐柴车,身穿破衣,居草莽荒野,山林水泽艰难度日,也奉侍周文王,用桃木弓、棘木箭供应周王室。齐国,是周王舅舅的国家。晋、鲁、卫是周王同母(姜太公女邑姜)弟的国家。楚国与周王室没有亲戚关系,故没有分到宝器。现周与齐、晋、鲁、卫都侍奉君王,必将听令,怎敢舍不得宝鼎?"《左传·昭公十二年》记:"楚灵王曰:'昔我皇祖伯父昆吾,旧许是宅,郑人贪赖其田,而不我与。'"析父又曰："周天子不敢舍不得宝鼎,郑国怎敢舍不得那块土地?"灵王曰："先前诸侯疏远楚而畏惧晋,现今我楚国在陈、蔡、不羹大规模修建城池,各地都备有千乘兵力,诸侯害怕吗?"析父答:"害怕!"灵王大喜曰:"析父真会给寡人讲历史课。"灵王善搞笑而自惭,人以为荒唐。齐晏婴到楚国访问,灵王想羞辱他,先时,欺晏婴矮小,要他钻门洞进来,晏婴戏曰:"到狗国,就要钻狗洞。"灵王令人装扮成齐人小偷。灵王宴请晏婴,两士兵押"小偷"至,灵王问是什么人,答曰:"是齐国小偷。"灵王问晏婴:"听闻齐国夜不闭户,路不拾遗,怎么齐国有小偷跑到楚国来偷盗?"晏婴曰:"橘树长在越地是橘树,长在淮河以北就称枳树。百姓在齐不偷盗,进入楚国便是盗,此与楚地水土有关。"橘逾淮为枳的比讽,使灵王尴尬无以对。

十一年,楚使荡侯等帅师包围徐国,使吴国感到惧怕,楚灵王自己率领军队驻扎在乾溪,以为援军。十二年春,灵王在乾溪寻欢作乐。先前,灵王在申地与诸侯会师,侮辱了越国大夫常寿过,杀蔡国大夫观起。观起之子观从逃亡吴国,劝吴伐楚,挑拨常寿过作乱。又假传公子弃疾之命令,从晋国召回公子比。观从想与吴国、越国合作袭击蔡国,则命公子比与公子弃疾在邓邑订立盟约。观从乘隙进宫杀太子禄,立公子比为楚王,命公子皙为令尹,公子弃疾为司马。子皙,亦称鄂君。鄂君子皙泛舟于新波之中也,乘"青翰"之舟,极用芘芘、张翠作盖伞而顶上插犀尾。子皙穿着斑丽裺衻,会钟鼓之音,旁舟越人渔夫见之莞尔一笑,拥楫橹(船桨)而唱《越人歌》,其辞曰:"滥兮抃草滥,予昌枑泽予;昌州州饥(音敢)州,焉乎秦胥胥。缦予乎昭澶,秦逾渗惿随,河湖(呜呼)!"鄂君子皙曰:"吾不知越歌,子试为我楚说之。"于是乃召越国人翻译,翻译之后词曰:"今夕何夕兮,搴中洲流;今日何日兮,与王子同(旁)舟。蒙羞被好兮,不訾诟耻;心几(计)顽而不绝兮,知得王子。山有木兮木有枝,心说君兮君不知。"于是鄂君子皙乃愉悦,张开双臂行而拥之,并送绣被而覆之。鄂君子皙,亲楚王母弟也,官为令尹,爵为执圭,一榜枻越人犹得交欢尽意焉。观从随军到乾溪,告知楚军:"国家已经有了新王"。随解散乾溪楚军。灵王坐车闻知太子禄被杀,军已散,即坠落车下。灵王坐地问右尹却怎么办,右尹曰:"君王在国都郊外等待国人决定吧!"灵王曰:"寡人杀人太多,已急众怒,恐要被杀。"右尹曰:"姑且投奔诸侯,听从大国发落。"灵王曰:"寡人欺负大国都有得罪,定被羞辱又如何办?"右尹计穷,是夜逃走。灵王时已孤独一人了,在山中寻食,遇到涓人,请求帮助寻找吃的。涓人曰:"看尔如此狼狈,是不是楚国新王要抓的人,如果是,吾帮尔是要灭三族的。"灵王已三天无食,疲及嗜睡,枕在涓人腿上,涓人用土块替换逃走。芋邑(楚国种芋之园。今址未详)长官申无宇的儿子申亥,念及父亲过去两次犯灵王令而未被诛,于是在厘泽(疑即离湖。在今湖北监利西北)找到快饿死的灵王,背其回家侍奉。夏五月,灵王死在申亥家。灵王乱时,吴国俘虏了楚国五位统帅。公子比为楚王,本为观从操纵而得位。观从劝其杀司马弃疾,公子比不敢,观从离去。弃疾回京都,国人以为灵王回城。弃疾使人在船上夜晚高喊:"灵王到!"新王比与公子皙惊恐,遂自杀。弃疾继位楚王,改名熊居,是为平王。

楚平王元年(前528)即君位。弃疾为楚王,早被晋大夫叔向猜中。韩宣子问叔向:"公子比自晋国归楚坐王会成功吗?"叔向曰:"不成功!"宣子曰:"楚人厌恶灵王,求立新君,如商人牟利为什么不成功呢?"叔向曰:"夺取政权有五难:有尊崇地位而没有贤人帮助,为一难。有贤人帮助而没有主力支持,为二难。有主力支持而没有战略谋划,为三难。有战略谋划而没有百姓拥护,为四难。有百姓拥护而自己无德,为五难。公子比在晋十三年,晋、楚随他的人没有听说有过贤人;亲族死的死、叛的叛,就没有主力;无机可乘却轻举妄动,就没有战略谋划;终生羁旅在外,就没有百姓拥护的基础;流亡在外楚人没有爱他的迹象,这就无德。灵王虽然暴虐,而公子比有五大困难却要谋王篡位,谁能帮助他?会拥有楚国的,大概是公子弃疾!弃疾治理陈国、蔡国,方城以外都归属。不做邪恶事,盗贼匿迹,民崇其德。共王在时,无嫡子可立,遥祭群神,将庶出五子斋戒后进祖庙试验。康王跨璧而过,之后王位短命;灵王手肘放璧上,后身遭杀;比、皙离璧远之,无王位长久兆呀;唯弃疾被抱进内,一拜再拜均压在璧纽上,以为神符显示。芈姓出乱,定年小者即位,是为常规。"宣子曰:"齐桓公、晋文公不也类似公子比,何能成就?"叔向曰:"齐桓公是卫姬之子,得厘公宠爱。又有鲍叔牙、濒(宾)须无、隰朋为辅佐;有莒、卫两国做外援;有高、国两氏做内应。桓公从善如流,施惠百姓,齐国之民拥戴,其得王位是应该的。吾晋文公(重耳),孤季姬之子,得献公宠爱,他本人又好学不倦。十七岁时就有贤士五人。有先大夫子余、子犯为心腹;有魏犨、贾佗为得力;有齐、宋、秦、楚做友好外围,有栾、郤、狐、先四氏做内应。文公流亡在外十九年,坚守励志始终不渝。再者,惠公、怀公背弃百姓,百姓相数附文公。所以文公得晋国王位亦大势所趋。"楚平王抚恤民众,归还原侵夺的陈、蔡、郑诸国土地,封观从为卜尹。二年,平王派费无忌到秦国为十五岁的太子建娶妻。秦女漂亮,费无忌先报知平王,并劝平王自娶秦女,后生子取名熊珍。时伍奢做太子建太傅,费无忌做太子建少傅。平王另生子,就疏远了太子建。六年,派太子建住城父(即今安徽亳州市东南七十里城父集),戍守边疆。费无忌又挑拨平王言太子建戍边专擅兵权,恐有后患,平王召伍奢予以责备。伍奢知是费无忌进了谗言。对平王曰:"王怎可听小人之言而疏离至亲骨肉?"费无忌又对平王言,以为不加制裁,将来后悔。平王囚禁伍奢,太子建逃亡宋国。伍奢有两子伍尚与伍胥(伍子胥),费无忌劝平王召而杀之以免后患。平王派使臣对伍奢曰:"能召两子来,就可活命。"伍奢曰:"伍尚能来,伍胥不能来。"使者召两兄弟,伍尚随使臣到都城,伍胥举箭射使臣,使臣逃走,伍胥逃奔吴国。随伍子胥逃奔的还有郤宛的儿子伯嚭。伍奢与伍尚父子俩为平王所杀。九年,周景王崩,王子朝争位。十年,太子建母亲住居巢,暗中勾结吴国。吴公子光伐楚,打败陈、蔡两国军队,带着太子建母亲离去。楚平王恐慌,即加固郢都城墙。《吴越春秋》记:"郤宛事平王,平王幸之,常与尽日而语,袭朝而食。"时楚国大臣费无忌很是嫉妒郤宛,则设计谋罪郤宛,对平王曰:"王爱幸宛,一国所知,何不为(送)酒,一至宛家,以示群臣于宛之厚。"平王以为善,则送酒于郤宛之舍。而无忌又去教郤宛曰:"平王甚毅猛而好兵,子必故陈兵堂下门庭。"郤宛不知是计,因而为之。及平王送酒到得郤宛府邸,见有陈兵,大惊失色,就问无忌:"宛是何意思?"无忌曰:"殆者有篡杀之忧。"平王大怒,即派令尹子常出兵包围郤宛府邸,遂杀郤宛。郤宛被杀,诸侯闻之,莫不叹息。是年,平王去世,秦女所生子珍嗣立,是为昭王。亦是年,周子朝兵败,率领召氏、毛氏、尹氏、南宫氏等旧宗族,带着周王室所有典籍,逃奔到楚国。

楚昭王元年(前515),楚国人不喜欢费无忌,是因为他谗毁太子建使他逃亡,并杀死了伍奢父子和郤宛。《春秋经》记"昭公二十七年,楚昭王杀郤宛"。郤宛的儿子伯嚭和伍子胥都逃到吴国,吴国的军队多次侵扰楚国,楚国的民众怨恨费无忌。楚国令尹子常杀了费无忌以取悦民众,民众于是开心。楚王召风胡子而问之曰:"寡人闻吴有干将,越有欧冶子,此二人甲世而生,天下未尝有。精诚上通天,下为烈士。寡人愿齐邦之宝皆以奉子因(应付)吴王,请此二人作铁剑,可乎?"风胡子曰"善"。于是乃令风胡子之吴,见欧冶子、干将,使人作铁剑。欧冶子、干将凿茨山(茨河旁岸的山。当指今河南鹿邑县南至于今安徽阜阳市)泄其溪,取铁英,作为铁剑三枚,一曰龙渊,二曰泰阿,三曰工布。毕成,风胡子奏之楚王,楚王大悦。曰:"何为龙渊、泰阿、工布?"风胡子对曰:"欲知龙渊,观其状,如登高山,如临深渊;欲知泰阿,观其钑,巍巍翼翼,如流水之波;欲知工布,钑从文起,至脊而止,如珠不可衽,文若流水不绝。"晋、郑王闻而求之,不得,兴师围楚之城,三年不解。仓谷粟索,库无兵革,左右群臣贤士,莫能禁止。于是楚王闻之,引泰阿之剑,登城而麾之,三军破败。士卒迷惑,流血千里,猛兽欧瞻,江水折扬,晋、郑之头毕白。楚王于是大悦。楚王对风胡子曰:"夫剑,铁耳,固能有精神若此乎?"风胡子曰:"时各有使然。轩辕、神农、赫胥之时,以石为兵,断树木为宫室,死而龙臧(葬),夫神圣主使然。至黄帝之时,以玉为兵,以伐树木,为宫室凿地,夫玉亦神物也,又遇圣主使然,死而龙臧(葬)。禹穴之时,以铜为兵,以凿伊阙,通龙门,决江导河,东注于海,天下通平,治为宫室,岂非圣主之力哉?当此之时,作铁兵,咸服三军,天下闻之,莫敢不服。"(见《越绝书·宝剑》)

四年,吴国的三位公子投奔楚国,楚王封给他们土地用来抵抗吴国。五年,吴国攻占楚国六邑(在今安徽六安市北十里城北乡)和潜邑(在今安徽霍山县东北)。七年(前509),楚国派令尹子常讨伐吴国,吴军在豫章(杜预注:"此皆当在江北淮水南。"或以为专指今安徽寿县、合肥一带)反击大败楚军。十年冬,吴王阖闾、伍子胥、伯嚭与唐、蔡两国联兵,讨伐楚国,大败楚军。吴军进入楚郢都,挖开平王墓鞭尸,为伍子胥报仇。楚将军子常败战,逃奔郑国。昭王逃出都城。昭王逃至云梦(今湖北云梦县),云梦人不知是王,射伤昭王。昭王又逃郧国(在今湖北安陆市),郧公弟怀曰:"平王杀了我们父亲,现在论到我们杀他儿子,不也是报应吗?"郧公阻止他,但怕被杀,就与昭王出奔随国。吴王知昭王已经逃到随国，即拥兵攻随，并对随民众曰："周朝子孙所封在长江、汉水一带的，均让楚蛮子所灭。"随国民众想杀昭王献吴王，昭王随从子綦把昭王藏匿起来，自扮昭王，对随国人说："将吾送给吴国人吧。"随国人占卜，将昭王送给吴国人不吉利，于是告吴王曰："昭王逃走了，不在随国。"吴王请求进随国搜查，随国不答应，就又罢兵离开。昭王逃出郢城时，即派申包胥去向秦国求援。秦国派战车五百乘救援，楚国散兵集回与秦军共同反击吴军。

十一年，楚国用"牵钩"（今称拔河比赛）之法教战。六月，楚在稷地打败吴军。吴王弟夫概见吴王军败，先逃回吴国，却自立为吴王。吴王阖闾听闻，回兵攻打夫概。夫概败逃楚国，昭王即封他在堂溪，号称堂溪氏。昭王即而灭唐国。九月，回到郢都。十二年，吴国又伐楚国，夺取番邑。楚国恐慌，以为郢都地势不佳，易受攻取，昭王携民北上，迁都鄀城（今湖北宜城市东南）。二十年，楚国灭亡顿国、胡国。二十一年，吴王阖闾讨伐越国受伤而死去。吴与越结怨，吴兵不再西进伐楚。二十五年，《左传·哀公四年》记：晋人执戎蛮子与其五大夫，"以畀楚师于三户（在今河南淅川县西北）"，楚入徐州。"楚既克夷虎（在今安徽寿县东），及谋北方，将通少习以听命"。

二十七年（前489）春，吴国讨伐陈国，昭王救援陈国，驻军在城父。十月，昭王在军中病重，询问周太史，以为是河神作怪。楚大夫请求向黄河的河神祈祷，昭王曰："我先王受周封以来，望祭不过长江、汉水，黄河神我们不曾得罪过。"阻止了大夫们的请求。时孔子在陈国，叹曰："昭王通达大道，故不失国！"昭王病情很是严重，召集诸公子与大夫们言后事，提议让弟公子申继为王，公子申不接受。又让位给二弟公子结，公子结也不接受。又让位给三弟公子闾，公子闾推让五次才答应做王。昭王病故，公子闾与叔辈子西、子綦谋划，埋伏军队，封闭道路，迎接昭王与越王元常之女所生之子章，立为王，是为楚惠王。

楚惠王元年（前488），迁都鄢（在今河南鄢陵县西北十八里古城村），不久皆迁回。二年，子西从吴国召回前平王太子建之子胜，派他做巢邑大夫，封在白邑（今河南息县包信东南）号称白公。白公胜喜好用兵，想替父亲报仇。六年，白公胜向令尹子西（楚平王三子芈申）请求发兵攻郑。当年，白公胜与父亲逃亡郑国，父亲为郑国所杀，自己逃亡吴国，子西又把他召回楚国，所以他憎恨郑国，想复仇。子西答应了，但是不发兵。八年，晋国讨伐郑国，楚国派子西救郑，救援之后，子西接受郑国厚礼离去。白公胜闻之大怒，集结不怕死的勇士石乞等在朝廷袭杀令尹子西、子綦，趁机控制惠王，并将惠王安置在高府监住，准备杀害。惠王随从屈固伺机背着惠王逃到昭王夫人的宫室去，派遣仆人去告知叶公来救。白公胜自立为王。一个月后，叶公救王，其徒众攻杀白公胜，惠王复位。是年，楚国灭亡陈国，原陈国地成为楚国一县。十三年，吴王夫差攻楚。十六年，越国灭了吴国。四十二年，楚国灭了蔡国。四十四年，楚国灭了杞国。因越灭吴，不能治理长江流域与淮河以北地区，楚国乘机向东略地，其领土扩展到泗水一带。五十七年，惠王去世，子中立为王，是为简王。

楚简王元年（前431），向北攻灭莒国（今山东莒县）。莒国，此前为纪国。纪癸，号纪公，徙居莒（今山东莒县），六传为纪文侯，名纪静，武王灭商，封纪国。纪公二十七传兹舆期时纪国已亡，则建莒国，建都计斤（一作介根，今山东胶州市西南），传二世于为楚所亡。原小纪国于公元前523年九月为齐所亡，兹舆期将"纪"字去丝旁为"己"字，子孙传己（金文中纪与己字通假）姓。《汉书·地理志》记：莒传"三十世为楚所灭"。七年（前425），楚人伐周南鄙（指周京城南边地）至于上洛（即今陕西商洛市商州区）。二十四年，简王薨，子当立，是为声王。声王六年，声王为盗贼所杀，子疑立，是为悼王。

悼王元年（前401）即君位。二年，韩、魏、赵三晋伐楚，行至乘丘（在今山东济宁市兖州区西南三十五里）回师。四年，楚国讨伐周王室。九年，楚讨伐韩国，夺取负黍（在今河南登封市西南）。十一年，韩、魏、赵三晋伐楚，在大梁、榆关败楚军。此后某年，楚悼王以吴起为令尹，夺得苗蛮手中洞庭以南之地，并设立了长沙、苍梧、洞庭等郡县。二十一年，悼王去世，子臧立，是为肃王。

肃王元年（前380）即君位。四年，蜀国（在今山东泰安市东南）讨伐楚国，夺取楚地兹方（在今山东诸城市西北）。楚筑扞关防蜀。十年，魏国夺取楚国鲁阳（即今河南鲁山县）。十一年，肃王去世，无子，以弟良夫为君，是为宣王。

宣王元年（前369）即位。十一年，楚国师出黄河，引黄河水以水淹长垣（魏首垣邑。在今河南长垣县东北）之外。另《竹书纪年》记："梁惠成王十九年（前351），楚师出河水，以水长垣之外。"是在楚宣王十九年。《战国策·楚策》记："楚王出游云梦（当指云梦泽，在今湖北江陵以东，江汉之间），结驷千乘，旌旗蔽日。野火之起也若云蜺，兕虎之噑声若雷霆。有狂兕牂羊车依轮而至，王亲因而射，壹发而殪。王抽旃旄而抑兕首，仰天而笑曰：'乐矣，今日之游也，寡人万岁千秋之后，谁与乐此矣！'安陵（在今河南漯河市郾城区东南，战国时楚王嬖臣坛之封邑）君泣数行而进曰：'臣入则编乘，出则陪乘。大王万岁千秋之后，愿得以身试黄泉，蓐蝼蚁，又何如得此乐而乐之。'王大悦，乃封坛为安陵君。"二十三年，孙何侵楚入三户郭（在今河南淅川县西北）。宣王三十年薨，子商继位，是为威王。

威王元年（前339）即君位。六年，楚吾得帅师及秦伐郑，围纶氏（在今河南登封市西颖阳镇）。七年，楚国攻打齐国，在徐州败齐军。是年，越王无彊又欲起师北伐齐。齐国十分危急。齐威王因派使者游说越王无彊，转移越国的攻打目标。越备水战，溯江上，直取楚无假关（疑在今湖北省江陵）。越败几近亡国。十一年，威王去世，子槐继位，是为怀王。是年，魏国趁楚国有丧事期间，夺取楚地陉山。楚威王少女芈月，后为秦宣太后。

楚怀王元年（前328）即君位。六年，楚上柱国昭阳率军攻打魏国，在襄陵击溃魏军,夺取八座城邑。又移兵要攻打齐国,齐王忧虑。齐王问计秦使者陈轸怎么办。陈轸即替齐王去说昭阳。陈轸对昭阳曰:"楚国法令对常胜将军还怎样使其尊贵?"昭阳曰:"官至上柱国,封上等爵位,让他执珪。"陈轸曰:"还有更高的荣誉职位吗?"昭阳曰:"令尹。"陈轸曰:"您败魏收得八座城邑,已经是令尹了,已官至极顶。比方说:蛇已经画成,有人给蛇添足已经不是蛇了,添蛇足有必要吗?您打败魏国,没有比这功劳更大了,还有什么官爵好加封?今移师攻齐,若胜,再无爵位可加封。若不胜,却要丢官爵,或不慎而丧命,好像画蛇添足,没有必要。不如撤兵,施德于齐,保持高尚品德。"昭阳以为有理,领兵回楚。

十一年,苏秦合纵六国(齐、楚、燕、韩、赵、魏)攻秦,以怀王为合纵长。行至函谷关,秦国迎战,六国军队回师。十六年,楚国与齐国合纵抗秦,秦惠王忧虑。秦使张仪见楚王,愿意归还秦占楚地方圆六百里的商於(为古代秦楚边境地域名,以秦岭"商"开始以武关后"於"结束,地六百里的合称。辖区主要为现陕西商洛市境内)之地,以修两国和好,请楚与齐断交,以削弱齐国,怀王大喜。而陈轸却来吊慰,怀王问为何如此,陈轸以为:先与齐国断交,这边秦的土地还未到手,那边又树敌国,恐于事无补。怀王不听,派将军西去接受秦国归还土地。楚将军到秦国割地,张仪却装病三个月不见,商於土地无法办移交。怀王还以为楚国与齐国断交不够绝情,于是派勇士宋遗北去齐对齐王骂娘。齐王大怒,折断楚国的符节,而与秦国联合。秦、齐两国修好关系,张仪才出来上朝,对楚将军装糊涂曰:"将军怎么不接收土地?从某地到某地,长宽六里。"楚将军曰:"吾受命接收的是六百里地,没听说是六里地。"将军即回国把消息报告给怀王。怀王气绝,发狠誓要报复秦国。陈轸劝告怀王东边与齐国交恶,西边又与秦交战,不要两面受敌。怀王不听,发兵西攻秦国。十七年春,楚与秦在丹阳会战,秦军大败楚军。秦庶长杨章斩杀楚披甲士兵八万,俘楚大将军屈匄、副将军逢侯丑等七十余人,夺取汉中郡。《史记·秦本纪》记:秦惠文王更元十三年(前312)"庶长章,击楚于丹阳,虏其将屈匄,斩首八万;又攻楚汉中,取地六百里,置汉中郡"。怀王不甘心,倾国兵力再袭秦军,在蓝田会战,楚军亦大败。韩、魏两国乘人之难,南下袭楚,如入无人之境,兵至邓地。楚国将要灭国。怀王这才率军回国自保。十八年,秦国派使臣要与楚国和好,答应把汉中的一半退还给楚国以求讲和。楚怀王以为秦此举是在承认过错,提出要张仪,可以不要土地。张仪要到楚国,秦王担心有祸,张仪说自有办法。张仪到得楚国,怀王避见而将其囚禁起来,想杀他。张仪暗中贿赂怀王近臣靳尚,靳尚求怀王曰:"囚禁张仪,秦王一定会发怒。诸侯看到楚国没有秦国这个盟友,一定会轻视君王。"靳尚又对夫人郑袖曰:"秦王宠信张仪,怀王想杀他,秦将用上庸六县土地贿赂楚国,将美女嫁给怀王。怀王看重土地,会贵宠秦美女,夫人就会被斥逐。夫人要进言释放张仪,以免祸起。"夫人郑袖进言怀王,张仪获释。张仪离开楚国,怀王左徒屈原从齐国出使回来,问怀王怎么不杀张仪,怀王后悔,派人追张仪,张仪已经回到秦国。靳尚,郢(今湖北江陵纪南城)人,张仪得以释归,靳尚自请监视张仪,随同去秦,途中被魏人张旄杀死。

二十年,齐王想当合纵长,派使臣送信离间秦、楚关系。给楚怀王的信中言:"秦惠王死,武王继位,张仪逃魏,樗里疾、公孙衍得新王宠用。樗里疾与韩国善,公孙衍与魏国善,燕、赵若再侍奉秦国,四国均争奉秦国,楚国就自然成为秦国的一郡县了。如楚与齐合力,聚韩、魏、燕、赵四国国力,合纵尊崇周室,息战安民,号令天下,大王就名声远扬了。诸国合力伐秦,会败秦国。大王夺取武关,阻秦南下,蜀、汉土地便为楚有。楚有吴、越两地财富,又占江海利益。若韩、魏割让上党土地,西迫函谷关,楚国将实力大增百万倍。大王怎么还执迷不悟去侍奉秦王,岂不自取灭亡?"怀王见齐王的信,以为有道理。昭雎惢惢着:"大王即使东边得到越国土地(此言说明怀王时没有得到越国的全部土地),也不足以洗刷耻辱。一定要夺回秦国的土地才行。大王与齐、韩两国结交,敬重樗里疾。这就可得韩、齐两国之力,索回被秦占土地。"怀王以为是,而亲善齐、韩。

二十二年(前307),秦国向韩国的宜阳发动进攻。楚国扬言支持韩国,派景翠领兵四万,依山扎寨楚韩边境,相机援救宜阳。然而楚、韩之间互信不足,周天子又听从赵累的意见派人对景翠说:"你的爵位已经是执圭,你的官职已经是柱国,就是打了胜仗,官爵也不可能再升了;如果不取胜,就必遭死罪。不如与秦国作对而去援助宜阳。只要你一出兵,秦国就会害怕,你要乘秦君疲惫去袭击它,就一定会拿出宝物送给你,韩国国相公仲侈也会因为你乘虚攻打秦国而敬慕你,他也一定会送宝物给你。"景翠听从了周天子的意见,按兵不动。

二十三年,秦昭襄王立。昭王初时宣太后掌权。宣太后者,秦昭襄王生母,楚怀王之妹也。宣太后亦召怀王弟芈戎入秦,封华阳(当在今四川广元市北)君。昭王用重赏贿赂怀王,并许以秦美人。怀王派人到秦国迎娶新妇。楚使邵(召)滑伐越,越败,楚得越地句章(古句章治所在今浙江宁波市江北区慈城镇南十五里,面江为邑)。二十四年,甘茂在齐国任上卿,受命出使楚国。秦王想让楚国送还甘茂,为楚所拒。楚王问于范环(东瓯王)欲荐甘茂为秦相,范环以为不可。甘茂后卒于魏国。

二十五年,怀王到秦国与昭王会盟,在黄棘订立盟约。秦归还上庸之地给楚。二十六年,齐、韩、魏三国因为楚背叛合纵盟约而伐楚。怀王派太子到秦国做人质以求秦援助,秦派客卿领兵逼三国退兵。二十七年,秦国大夫因为个人恩怨与楚太子争斗,太子杀秦大夫,逃归楚国。二十八年,秦与齐、韩、魏联合伐楚,杀楚将唐昧,夺取楚重丘。二十九年,秦再伐楚,败楚,楚军死士卒两万人,楚将景缺被杀。怀王恐惧,派太子到齐国做人质,以求齐国帮助。三十年,秦以宣太后弟,亦即楚怀王弟芈戎伐楚,夺取八座城邑,秦加封芈戎为新城君。秦昭王得知怀王求齐国帮助,由其母宣太后写信给怀王。信中言:"吾与王为兄弟姐妹也,黄棘会盟后王送太子到秦为质,岂知太子杀吾大臣而逃离,秦才派兵侵犯贵国。今太子到齐为质求和,吾与王边境接壤,才结婚姻多代,亲戚关系长久。秦、楚关系不欢,无法号令诸侯。恳请在武关重订盟约。"见信,怀王忧虑,去,怕受骗;不去,怕得罪。昭雎以为不可去,秦不可信。怀王子子兰劝怀王去。于是怀王去武关见秦昭王,秦将伏兵武关,挟持怀王到咸阳。怀王这个秦国的舅氏爷却如藩臣般熊样在章台朝见秦王,怀王大怒骂秦王这个外甥不是人,秦王因以拘留了他,并胁迫楚再割让巫与黔中郡县。怀王宁死也不再答应秦国的蛮横无理。齐国乘人之难盘算着手中的楚太子贸利。齐湣王对国相曰:"拘留太子,以要楚国淮北土地。"国相曰:"不可,如楚另立新王,则太子人质无用,齐行不义于天下,为人话柄。"有大臣以为:楚立新王,有对象讨价还价,请楚分割下东国土地。齐王以为国相计谋是,放楚太子归国。太子横回楚,立为新王,是为顷襄王。

顷襄王元年(前298),楚国新王立,怀王又不割让土地,秦昭王发怒,发兵出武关攻楚,大败楚军,斩首五万,夺取析等十五座城邑离去。二年,怀王逃跑回国,秦拦截通往楚国道路;怀王逃到赵国,赵国忌讳秦国不敢收容;怀王想逃魏国,秦追兵到,又被押持回秦。三年,怀王病重,死在秦国。六年,楚已与秦断交三年,秦以强势凌楚迫交。秦信使送秦王战书给顷襄王,内言:"楚国背叛秦国,大秦将率诸侯伐楚决死战,望楚王整顿军队。"顷襄王忧虑,于是重新与秦国修好议和。七年,楚王迎娶秦国新妇。

十四年,楚顷襄王与秦昭王在宛地相会,结亲善关系。十五年,楚与秦、韩、赵、魏、燕共同讨伐齐国,夺取淮北地区。十六年,楚王与秦王在鄢地相会,又在穰地相会。十八年,楚国有射箭手用细绳射归雁,顷襄王召见。箭手例举射鸟、雁如楚得诸小国之便,以激顷襄王,曰:"先王被秦国欺骗,客死秦国,此仇可谓深矣!百姓有仇,尚能向君王复仇,如白公胜、伍子胥。今楚地方圆五千里,拥兵百万。而今坐受困厄,唯秦马首是瞻,为王何苦至此?"顷襄王觉得在理,即派使臣游说各诸侯国,重新合纵以抗秦。顷襄王想与齐、韩联合伐秦,乘便图谋周王室。周赧王派武公对楚国相昭子曰:"楚联三国以图周室,割取周郊区以方便运输,将周宝鼎运置南方以尊崇楚王,吾以为不可。杀天下共主,让周王称臣,其他大国不允许,其他小国不归附。图谋周室,只会留坏名声,无法对天下发号施令。"昭子曰:"楚图周室乃无中生有。假如能,又有何不可呢?"武公曰:"兵比敌五倍不攻,兵比敌十倍不围城。周室地还当二十个晋国地盘大,韩国曾以二十万兵侵晋,在晋城下遭耻辱,锐士死光,兵卒受伤,不能拿晋城尺寸。今楚没有百倍于韩国的兵力,却要图谋周室,是匪夷所思。楚与周结仇,堵塞邹鲁文明礼仪之邦。楚早先与齐断交,已经恶名天下,这不危险吗?再说危害周室,韩国实力会增厚,楚方城之外区域将被韩国侵夺。会问,怎么会发生这样的事呢?尔看西周的土地,是截长补短,每区域不超过百里。周为天下共主,瓜分它的土地不能使国家富庶,获得他的民众不能使军队强大。若攻取周室,却有永久的弑君恶名。'好事'君王,战争贩子,终想以周室为攻击目标。这又是为什么呢?就因为祭器在周,想得周鼎,就忘了弑君之罪而乱行。贵国大王要把祭器搬到楚国,天下人会因为祭器在楚而将楚当仇敌。譬如:虎肉腥臊,虎有尖牙利爪防身,人类还设法捕杀它。让草泽中麇鹿披虎皮,猎取鹿者则人多万倍。分割周室故可使楚国富强,故可使君王增强尊严。但,因为私欲而诛天下共主,窃取三朝(夏、商、周)传国宝器,侵吞九鼎来抬高地位,傲视诸侯,不是贪婪又是什么?《周书》曰:'想有作为,切莫抢先'。所以说,周王室宝器南迁楚国,兵祸就会接踵而至。"于是楚国放弃了图谋周室迁宝鼎的念头。楚国当时还处在强秦的高压之下生存,自保艰难。十八年,庄辛面责楚王曰:"君王左州侯,右夏侯,辇从鄢陵君与寿陵君,专淫逸侈靡,不顾国政,郢都必危矣!"襄王曰:"先生老悖乎?将以为楚国祆祥乎?"庄辛曰:"臣诚见其必然者也,非敢以为国祆祥也。君王卒幸四子者不衰,楚国必亡矣。臣请辟于赵,淹留以观之。"庄辛去之赵。留五月,秦果举鄢、郢、巫、上蔡、陈之地,襄王流于城阳。十九年,秦伐楚,楚败,割让上庸、汉北给秦。二十年,秦将白起攻取楚国西陵。

二十一年,秦将白起攻下楚国郢都,烧毁楚顷襄王祖先王坟墓夷陵。顷襄王的军队不能再战,郢都陷于秦,王遂迁都于陈(今河南淮阳县)自保。楚顷襄王悔悟,从赵国将庄辛召回至于城阳。庄辛至,襄王曰:"寡人不能用先生之言,今事至于此,为之奈何?"庄辛对曰:"臣闻鄙语曰:'见兔而顾犬,未为晚也;亡羊而补牢,未为迟也。'臣闻昔汤、武以百里昌,桀、纣以天下亡。今楚国虽小,绝长续短,犹以数千里,岂特百里哉?王独不见夫蜻蛉乎?六足四翼,飞翔乎天地之间,俯啄蚊虻而食之,仰承甘露而饮之,自以为无患,与人无争也。不知五尺童子,方将调饴胶丝,加己乎四仞之上,而下为蝼蚁食也。蜻蛉其小者也,黄雀因是以。俯白粒,仰栖茂树,鼓翅奋翼,自以为无患,与人无争也。不知夫公子王孙,左挟弹,右摄丸,将加己乎十仞之上,以其类为招。昼游乎茂树,夕调乎酸碱,倏忽之间,坠于公子之手。夫雀其小者也,黄鹄因是以。游于江海,淹乎大沼,俯鳝鲤,仰啮菱衡,奋其六翮,而凌清风飘摇乎高翔,自以为无患,与人无争也,不知夫射者,方将修其碆卢,治其矰缴,将加己乎百仞之上,被礛磻,引微缴,折清风而抎矣,故昼游乎江河,夕调乎鼎鼐。夫黄鹄,其小者也,蔡圣侯之事因是以。南游乎高陂,北陵乎巫山,饮茹溪流,食湘波之鱼,左抱幼妾,右拥嬖女,与之驰骋乎高蔡之中,而不以国家为事。不知夫子发方受命乎宣王,系己以朱丝而见之也。蔡圣侯之事其小者也,君王之事因是以。左州侯,右夏侯,辇从鄢陵君与寿陵君,饭封禄之粟,而戴方府之金,与之驰骋乎云梦之中,而不以天下国家为事,不知夫穰侯方受命乎秦王,填黾塞之内,而投己乎黾塞之外。"襄王闻之,颜色变作,身体战栗。乃收东境兵十余万,收回江南一城。顷襄王授庄辛以执圭,赐予淮北之地,封为阳陵君。二十二年,秦军再次攻取楚国的巫郡与黔中郡。二十三年,顷襄王收集东部散兵得十万余人,西进收复被秦占的长江边上十五座城邑,设置郡县,抵抗秦军。二十七年,与秦讲和,派太子去秦国做人质,随派左徒到秦国侍奉太子。三十六年,楚顷襄王病重,太子逃回。此前也,阳文君赵豹是赵武灵王叔父,为赵国国相,阳文君与楚顷襄王是亲家,顷襄王有病,太子留秦,春申君惧阳文君二子继为王,劝太子变服逃归。秋,顷襄王去世,太子元立,是为考烈王。

考烈王元年(前262),考烈王任命随去秦国的左徒为令尹,将吴地部分封给他,号称春申君。考烈王还将整州的领土献给秦王以讲和。楚国已经十分虚弱,残存在会稽的越君长亲趁机派子安朱到吴中筑摇城与春申君龙门对垒。是年,芈戎被秦昭襄王逐回华阳封地死于途中。十年,迁郢都于钜阳(今安徽阜阳市北)。十二年,秦昭王去世,楚王派春申君前去吊唁。十五年,楚国封相春申君于吴(今江苏苏州市)。十六年,春申君来到"故吴墟",将其设为自己封地的都邑。"城吴故墟,以自为都邑"。二十二年,楚国与诸侯国讨伐秦国,楚因为战局不利而退。楚国向东迁都寿春(今安徽寿县西南)。楚国凡所迁都之地,皆称郢都。二十五年,考烈王去世,子悍继位,是为幽王。

幽王三年(前235),秦国联合魏国伐楚。十年,幽王卒,同母弟犹代立,是为哀王。哀王立二月余,哀王庶兄负刍之徒袭杀哀王而立负刍为王。

楚王负刍元年(前227)即位。二年,秦使将军伐楚,大破楚军,楚亡十余城。四年,秦将王翦破楚军于蕲,杀楚将军项燕。五年,秦将王翦、蒙武遂破楚国,俘虏楚王负刍。楚国亡于公元前223年,楚地改为秦国楚郡。

楚亡夔国。楚国越章王占籍,子孙为国君,改名夔子国,是为楚附庸国。夔国亡后,其中一支归夷人迁居于汝阴一带,并在该地区建立起妢胡国。在典籍《周礼·冬官考工记》中记:"妢胡之笴。妢胡,胡子之国,在楚旁。"说明妢胡国盛产"美笴",就是用来制作箭杆的细木。在春秋末期,妢胡国被迫参加以楚国为首的诸侯联盟,结成联军去攻打吴国,后来又参加了楚国与吴国之间的"豫章之战",结果,在周敬王十二年(前508),楚昭王熊壬(熊轸)在"豫章之战"后的班师回程中,反而顺便吞并了同盟的归胡、妢胡这两个小国。归胡、妢胡两国被灭后,其国王族子孙多有以故国名为姓氏者,传胡姓。《山海经》记:"胡人见布而疑麻,越人见扇而骇毛"。

楚亡息国。源自周文王第三十七子羽达于周武王二年封于息立国。息壤为君立国,勤于民事,民赖以休养生息,故息国富庶。《瓟瞠》载:"息壤埋荆州禹王宫下土中,形正方,上锐下广,非土非木,非石非金,其文若篆。"《游宦纪闻》记:"江陵南门有息壤焉,隆起如牛角状,平之则一夕如故。""牛马践之,或立死。"息国之设,北护京师,南监荆楚。息壤曾孙息伯卤有铜器铭文出土,文曰:"佳王八月,息伯赐贝于姜,用乍父乙宝尊彝。"又有《息国扁》,息字作京。又有《息畅子行盆》,以为息畅所用(今河南省博物馆藏有"息国鸦卣")。息国自以为富足,竟然在周桓王八年(前712)发动了对郑国的战争。当时郑庄公数年间屡败宋国和卫国等大国,军势如日中天,故息师大败。周庄王十三年(前684),息侯因为蔡哀侯对自己的夫人息妫非礼,请求楚国伪装讨伐本国,诱使蔡国来救援,从而打击蔡国,以羞辱蔡侯。于是楚文王按计而行,俘虏了蔡侯。蔡侯为此怀恨在心,在楚文王面前赞誉息妫美貌。十五年,楚文王因此灭亡息国而娶息妫。息侯的夫人被楚文王抢走了之后,息侯被楚国安置在汝水(淮水支流。即指今河南汝阳县西南的天息山),封其食十家之邑,使守息祀。天息山,一名伏牛山(在今河南嵩县南,汝阳县西南)。相传帝尧曾在此歇息而名,倒不如假说息侯被放逐在此太(叹)息而更符合实际。天息山,顾名思义是息侯叹息之居因名。息侯之后传息姓。息国亡以后,《左传·哀公十七年》记:"(楚)实县申息",即楚国灭息国而设置为县。

楚亡陈国。陈成公元年癸亥(前598)即君位。二十九年,陈国推翻了与楚国所订盟约,自为权重。三十年,楚因以伐陈。是年陈成公薨,子弱立,是为哀公。陈国举丧,楚国撤军。陈哀公元年癸巳(前568)即君位。三十四年,哀公病重。原先,哀公立郑国女所生悼为太子,之后娶妾又生子留。哀公宠爱留,将留托付弟弟司徒招养为子。哀公病三月,招杀太子悼,立留为太子。哀公怒而无力,招发兵围困哀公,哀公自缢而亡。楚国得知陈国内乱,九月,包围陈国。十一月,灭陈。楚灵王让其小弟公子弃疾行政陈国事,是为陈公。五年之后,陈公弃疾回楚杀楚灵王代立为楚王是为楚平王。楚平王将陈国原太子悼之子吴立为陈君,是为惠公。陈惠公元年戊辰(前533)即君位,在位二十八年薨,子柳立,是为怀公。怀公四年,怀公被吴国拘留而死,陈国人立怀公子越为君,是为湣公。湣公元年庚子(前501)即君位,二十四年,湣公为楚惠王所杀,陈国亡。陈国土地为楚一县。湣公之后则改胡姓。湣公子襄,胡襄生玙,胡玙生贵,胡贵生孟龙,胡孟龙生灵朔,胡灵朔生羲,胡羲生秀,胡秀生伯奇,胡伯奇生计宁,胡计宁生元善、孝先,自此传胡姓。

四、吴国攻郢 楚王惊恐

吴国,周武王前三世祖古公亶父大儿子太伯与次子仲雍避贤三弟季历,而徙走荆蛮之地,迁居梅里(今属江苏无锡),建领地,号勾(句)吴。剪短头发,身上纹体,自号句吴,为荆蛮人拥戴,立为吴太伯。太伯,一记太吴,生二子,长子泰(太)颠,疯癫之人,后传泰姓;小子咸鸟,纨绔之弟,后传巴蜀。《山海经·大荒内经》记:"西南有巴国。太吴生咸鸟,咸鸟生乘厘,乘厘生后照;后照是始为巴人。"太伯薨,葬今无锡市鸿山(一名梅里山)弟仲雍立。太伯到勾吴,教民种麻,故太伯葬时,吴人披麻戴孝,则吴人葬俗自此始。

太伯薨,仲雍继位。仲雍薨,葬今常熟市西北虞山,子季简立,季简薨,子叔达立。叔达薨,子周章立。时周武王灭商纣王,建立大周朝,封吴地给周章,是为吴国;迁封虞仲于周朝北边,位列诸侯之中,据《说文解字》:"吴者,哗也!"吴人,早在黄帝时代就已经存在,颛帝的大臣叫吴回,可建国而传为姓的就是周朝同宗古公亶父之后。周章薨,子熊遂继位。熊遂薨,子柯相继位。柯相薨,子强鸠夷继位。强鸠夷薨,子余桥疑吾继位。余怀疑吾薨,于柯户继位。柯卢薨,子周繇继位。周繇薨,子屈羽继位。屈羽薨,子夷吾继位。夷吾薨,子禽处继位。禽处薨,子转继位。转薨,子颇高继位。颇高薨,子句卑继位。时晋献公灭周朝北边的虞公,虞亡是因为借道给晋去灭虢国,自招灾祸。句卑薨,子去齐继位。去齐薨,子寿梦继位。

吴寿梦元年(前585),吴始为王,吴国纪年始。《吴越春秋·吴王寿梦传》记:"寿梦十七年,寿梦以巫臣子狐庸为相,任以国政。"狐庸为相提出"其德而度,德不失民,度不失事"之说。倡导守节,熟知礼仪,谙习典籍,善于辞令,富有文才(其传世有《天启德度论》见载《左传·襄公三十一年》)。吴国强起,时时挑战楚国,使楚国的宰相子重、将军子反两名将"一岁七奔命",此皆屈巫臣之力也。吴国与中原各国往来而变得强盛。楚共王遣宰相子重"帅师伐吴"到达衡山,目标是吴国边陲城邑鸠兹(今安徽省芜湖市)。鸠兹,是为越头楚尾之地。《左传·襄公三年》记:"子重使邓廖帅组甲三百、被练三千以侵吴。"楚军势猛得鸠兹,吴伏兵四起,拦腰击之,俘楚将邓廖,楚军"其能免者,组甲八十,被练三百而已"逃回。二百二十辆战车被吴缴获,二千七百名士兵战死或为吴俘虏。子重归国谎报军情,楚共王设宴三天庆功。时楚国在巢湖的良邑驾(今安徽芜湖市无为县)亦被吴国乘胜攻占。楚国群臣才意识到问题的严重性:"子重于是役也,所获不如所亡。"子重抑郁得病死。鸠兹之战,为后世军事家们研究认为这是中国古代最早的水战。二十五年,吴王寿梦薨,长子诸樊立为吴王。诸樊还有三个兄弟,其最小的弟弟季札贤能。寿梦病重将卒,因季札贤能,想传位于他,季札曰:"礼有旧制,不能因父子感情而废先王礼制。"于是寿梦遗命:"兄终弟及,依次相传。"寿梦也就这样想,王位必将传于季札。

诸樊元年(前560),诸樊服丧期满,让位给季札。季札曰:"曹宣公亡,诸侯与国人以为曹君杀太子夺位不义,准备立子臧为曹君,子臧逃离曹国,以成曹君。君子曰子臧守义。吾虽无能,愿守节操。"吴人求立季札,季札逃去舜柯山(今江苏常州市郑陆镇焦溪舜过山)耕田。是年秋,吴兴师伐楚,败回。诸樊次弟馀祭立。

馀祭元年(前547)即吴王位。六年,季札访问晋国,对羊舌肸说:"晋国国君奢侈,国政将要集权于赵文子、韩宣子、魏献子三家。吾子(指羊舌肸。字叔向)好直,必思自免于难"(见《左传·襄公二十九年》)。十年,吴国攻取楚国的三座城邑。十一年,楚国兴师伐吴,打到了雩娄(在今河南固始县东南)。十二年,楚国再伐吴,驻军在乾溪。吴复败楚,楚撤离。十七年,吴王馀祭伐越,俘其民,使越人守护舟船,馀祭视察时,为越阍人所杀,弟馀眜继位。

吴王馀眜二年(前529),楚国公子弃疾杀死楚灵王而代为楚王。四年,馀眜薨,传位季札,季札辞让而逃离。馀眜子僚为吴王。

吴王僚二年(前525),僚堂兄公子光(前吴王诸樊子)讨伐楚国,战于长岸(今安徽当涂县西),失败又失船。后偷袭楚军,原已伏三个人于失船船舷两边下,半夜装鬼叫、狐狸叫,其叫声鬼哭狼嚎,楚兵惊恐而逃,吴复得船回。五年,原楚将伍奢之子伍子胥投奔吴国,公子光接待。公子光以为,既然叔叔季札不受吴王位,论理,第二继承人就应该是自己,于是起意袭杀吴王僚。八年,公子光攻打楚国,败楚军。将楚国前太子建的母亲从居巢接到吴。又北伐败陈、蔡两国军。九年,楚国边城卑梁氏少女与吴国边民妇女为采桑叶纠纷,导致两国地方官员亦互相攻打,楚国平灭吴国小城。吴王怒,派公子光征伐楚国,攻下了楚国的居巢、钟离两城。十二年冬,楚平王去世。楚令尹子常杀费无忌。楚国杀了伯州犁之子郤宛,《春秋经》记"昭公二十七年,楚昭王杀郤宛",郤宛之子伯嚭逃奔到吴国。次年初春,吴国趁机出兵攻打楚国,公子盖余、烛庸围攻楚国两邑。并派季札去晋国观察诸侯国反应。公子光见机会来到,约伍子胥推荐的武士专诸谋事。四月丙子,公子光伏兵于地窟,请吴王僚宴饮。吴王僚亦谨慎,沿途布置兵力,自王宫至于公子光家。持刀带剑的卫兵时刻提护吴王僚。公子光命专诸上菜,专诸将匕首藏在烤鱼中端上,并趁机抽出匕首刺杀吴王僚,吴王僚被杀;专诸亦被吴王僚的卫兵刺穿胸膛而亡。公子光取代王位,这便是吴王阖闾。

吴王阖闾元年(前514),都在梅李(在今江苏无锡市东南三十里梅村)。吴王举拔伍子胥为行人官,并参与谋划国家大事。楚国杀了伯州犁之子郤宛,郤宛之子伯嚭逃奔到吴国。三年,吴国三位公子投楚寻求政治庇护,并且得到楚王封给的土地以抵抗吴国的追捕。吴王阖闾和伍子胥、伯嚭率军攻打楚国。攻下舒邑,杀死吴国的流亡将领两公子。吴时不时地攻打楚国,使楚郢都(原郢都在今湖北荆州市荆州区故江陵县城西北十里纪南城)不得一地安宁。四年,吴国攻占楚国的六邑和潜邑。五年,征伐越国,打败了越军。越王派大夫子余监造船只。吴王阖闾闻吴人干将、越人欧冶(子)为楚王铸剑,则令干将、欧冶子领童女三百人,去县(指江苏苏州市)二里,南达江,以铸干将剑。六年,即为楚昭王七年(前509),楚国派令尹子常讨伐吴国,吴军在豫章反击大败楚军。

九年,吴王阖闾询问伍子胥、孙武曰:"当初你们说郢都不可以攻进去,现在去攻取怎么样呢?"两人答曰:"楚将子常贪婪,唐国、蔡国都怨恨他。君王一定要大举讨伐楚国,以取得唐国与蔡国的援助才行。"阖闾采纳他们的意见,悉兴师,与唐国和蔡国的军队西进讨伐楚国,至于汉水(当指汉江。地指今武汉市入长江口处)。楚国亦发兵拒战,夹水对岸列阵。吴王阖闾的弟弟夫概想先行挑战,阖闾不同意。夫概曰:"大王已经将军队交给我来指挥了,用兵以能夺取胜利为上策,还要等待什么呢?"遂以其部五千人突袭冒(蚡冒子孙部分)楚军,楚兵大败而逃。于是吴王纵兵直追,在途至于郢都共交战五次,楚军五战皆败。楚昭王逃出郢都,投奔郧地郧公,郧公的弟弟想杀死昭王,郧公领昭王投奔随国。就这样,吴国的军队进入楚国郢都,挖开平王墓鞭尸,为伍子胥报仇。楚将军子常败战,逃奔郑国。昭王逃出都城。伍子胥鞭尸复仇,"孔子因贬之矣,贤其复仇,恶其妻楚王母也。然春秋之义,量功掩过也。贤之,亲亲也"(见《越绝书》篇叙外传记)。十年春,越王听说吴王阖闾在楚国郢都,料吴国国内必空虚,就趁机发兵攻伐吴国。楚昭王逃出郢城时,即派申包胥去向秦国求援。秦国派战车五百乘救援,楚国散兵集回与秦军共同反击吴军,吴军败。阖闾的弟弟夫概见秦军、越军连败吴军,就以吴军分出别兵回攻越国为借口,在吴国自立为吴王。吴王阖闾听闻,回兵攻打夫概。夫概败逃楚国,昭王即封他在堂溪,号称堂溪氏。十一年,吴王阖闾派太子夫差讨伐楚国,攻战了番邑(中心地域在今江西鄱阳县)。楚昭王恐惧,迁都鄀(今湖北宜城市东南),之后惠王初又迁都鄢,不久皆迁回。

十九年五月,吴国讨伐越国,吴国从柴碎亭到语儿、就李(以上三地,皆在今浙江桐乡市西南崇福镇东南),侵以为战地。越王勾践在槜李(在今浙江桐乡市东北二十里)迎击吴军。越王派敢死队挑战,敢死队分三行冲击吴军,大声呼叫,自刭而死不少。吴军争看敢死队自杀,越军则趁机包抄他们,在姑苏打败吴军,并击伤吴王阖闾的手指,吴军退却七里。吴王阖闾讨伐越国受伤而死去。吴与越结怨,吴兵不再西进伐楚。阖闾临终,遣使立太子夫差为王。吴王阖闾时,伍子胥提出"相土尝水,象天法地"的规划思想,则建城郭。《吴越春秋·阖闾内传》记:"从近制远者,必先立城郭,设守备。"伍子胥主持建造了阖闾大城(姑苏城。今江苏苏州)。吴国强起时,处于吴楚之间的陈国不得安定。

五、徐子自骄　为吴所亡

徐偃王败亡之后,偃王子宝宗避居彭城,周穆王封其为徐子,称徐国。徐国较之原大徐夷其领地大为缩小,仅为原来的三分之一。徐建立国家的时间是周穆王十四年(前949)下半年。《汇纂》:"案:徐偃王为周所灭,后封其子宗为徐子"。徐国对外称子,对内仍然继续称王。《诗·大雅·常武》记:周王室面临"徐方绎骚","震惊徐方",初期还是"徐方即来","徐方即同","徐方来庭",其后是周王室"濯征徐国"。这都是因为周王朝不断对徐国施加高压手段,才迫使徐国纳贡于周王朝,徐人朝贡与周非自愿也。

宝宗生仁,仁生宠,宠生希,希生旺,旺个子小,是称矮王也;旺生景,景生衡,衡生恭,恭为齐桓公时,为齐所伐。《国语·齐语》记:齐桓公"即位数年,东南多淫乱者:莱、莒、徐夷、吴、越。一战帅服三十一国"。公元前668年,齐、鲁、宋联合伐徐,徐恭,嫁女于齐,以求和亲,尊齐为盟主。公元前657年,徐国南向夺取同族,即徐偃王时将嬴礼之后的群舒以扩大土地。恭生穆,穆称伯,公元前645年,楚与徐争夺群舒地,楚伐徐,时齐、鲁、宋、卫、郑、曹、许等国为了抵御楚国的霸权扩张,组织联军救徐。曹国与齐国联军伐楚厉邑(今湖北随县东北)以救徐。楚还是"败徐于娄林"(今江苏泗洪县北)。又二年,齐为了帮助徐,便伐楚的盟国英氏。《左传·文公七年》记:"徐伐莒,莒人来请盟,穆伯如莒涖盟,且为仲逆,即指迎接莒女,及鄢陵(莒邑。今山东沂水县西南)。登城见之,美"。穆伯生永,永为王,正楚庄王时(前613—前591),徐国遭楚国的进攻,徐与楚结仇愈深。永生思,思生强。强生君(又王)。徐国无纪年,故以楚国与吴国纪年为记。

楚灵王十一年(前530),楚国伐徐国以恐吓吴国。徐国君强要与吴结盟,娶吴姬生子君,吴姬乃吴王僚近亲。吴王余祭四年(前544)春,吴公子季札拜访徐君(又王)。徐君很是喜爱季札所佩宝剑,目视多次,但是不好意思要。季札知其心思,因为还要访问中原各国,不便赠送。季札返回途经徐国,徐君已死,季札将宝剑挂在徐君墓旁的树上离去。随从曰:"徐君已死,宝剑给谁?"季札曰:"初时,吾已答应给他,因为人死就违背吾之心意,此不可!"徐君薨,子毅立。徐毅元年(前543)即位,是为亘王。楚灵王三年(前538),楚因徐亘王系吴国的外甥,便把徐亘王控制起来。徐国丝绸织造技术在当时出类拔萃,楚灵王强求徐亘王为楚国建立纺织厂。楚灵王五年,徐亘王使(弟)义楚至于楚,用数十少女以为纺织丝绸。这可能是那时最具规模的纺织工厂。楚灵王七年,楚国章华台(官),又称细腰宫建成。可知登章华台者衣服装饰都用"义楚"丝绸织物。考古青铜器有《郙王义楚鍴》。义楚自作鍴,乃称名讳!义楚重病将死时,墓穴与殉葬者都安置了之后,他或者因为徐国君王不同意将他安葬在异国他乡并将其尸体运回徐国安葬而留下了这么一个奇异的墓(考古工作者在今江西靖安水口李洲坳出土了三件刻有铭文的青铜器:盥盘、炉盆、炭铲。其盥盘底部刻有十二字:"徐王义楚,择其吉金,自做盥盘。"其陪葬的都是十五岁到二十五岁之间年龄的纺织女,有四十七口棺材,可推有同数的女子殉葬。这很能说明,徐王义楚被留置在楚国后,办了个纺织工厂)。楚平王五年(前524),齐伐徐,至于蒲隧(杜注:"蒲隧,徐地。下邳取虑县东有蒲如□皮"。蒲隧即今江苏睢宁县西南)。徐国附于齐国。次年,徐国又与宋、邾、郯结为盟国,以对抗吴国北侵。徐国对周边吴、楚及齐、宋诸大国的关系,是朝齐暮楚,时依时离,但也为形势所迫。在强楚的威力下不得不依附楚,这又激怒了楚国的敌人吴国。吴王阖闾杀吴王僚之后三年(前512)夏,派使臣责令徐国与钟吾国交出领兵在外吴王僚的两个弟弟掩余和烛庸两公子。而徐、钟离二国依仗强大的楚国关系,拒不从命,并私放两公子奔楚。楚昭王甚为得意,让两公子在养地(今河南沈丘县)暂住。楚昭王又令莠尹然、左司马沈尹戌重修养城,并将养城东北边的城父,东南边的胡田封给两公子,企图加以利用,制约危害吴国。同年冬,吴王阖闾派孙武、伍子胥兴师伐罪,兵围徐城(今安徽泗县)。徐亘王毅生章禹,章禹继王位。

徐国末代王章禹者有勇而无谋。初始,舒鸠、舒蓼诸国以为章禹强横,必有事于诸国,乃相谋乱徐王。则使间英(在今安徽金寨县东南)、六(即今安徽省六安市),说其背向楚国,徐王知之,果然伐英、六,英、六诸国投楚。事后,徐王知此事是群舒阴谋,尽预灭之。徐王之勇,天下震骇。徐国毛相年事已高,见徐王勇而少智,甚忧,则引荐齐国人孙武见王,徐王曰:"寡人不用书生。毛翁荐,却为何?"毛相曰:"孙武腹有百万雄兵,足可安社稷。"徐王以为留之可也,只能当个顾问。留置三个月,不见孙武有所动静,徐王告诉毛相:"孙武实清闲,吾无所用也。"孙武进兵法十三篇,徐王通读一遍,以为谋算奸诈之词,乃曰"奸谋诈术,仁者不用,君之十三篇,呈与奸佞可也",遂有驱逐孙武之意。毛相闻之大惊!告太后,太后问徐王为何,徐王曰:"诈谋之术,儿所不喜,唯太后教之。"太后曰:"请为师。"徐王惶恐,乃择日设坛,拜孙武为师,而实际上心有不甘。三年后,太后崩,毛相告老回乡。是年,楚国杀大将军伍奢,奢之子伍员(伍子胥封于申地,故又称申胥)奔吴,吴国事皆信于员。伍员至徐国往拜徐王,贺曰:"君得孙子(即孙武),可以得天下也,特来贺!"徐王不喜:"寡人未有孙子尺寸之用,寡人天下,与孙子何干?君与孙子有旧,今来当说客乎?"伍员闻听,双手抱拳曰:"言所失,乞恕罪!"徐王笑曰:"何罪之有?君欲求孙子同往,寡人许之可也。"伍员当庭拜谢,愿得孙武入吴。徐王送孙武黄金百斤,使去吴。孙武变色曰:"君王留我多年,今去吴国设计乎?"徐王曰:"道不同,不相与谋。徐国不用先生,实为道不同也。"孙武曰:"以后吴徐相战,君王如何拒之?"徐王曰:"我以仁,正道拒之。"孙武出而叹曰:"兵者,诡道也,不知兵之诡道,而欲张言正道,王之败也可知矣!"孙武为吴王阖闾所用,治军甚当。徐国在周敬王八年(前512)冬被吴王阖闾引泗水灌城而灭。章禹的禹又作"羽",他断其发,携其夫人,以迎吴王。吴王释之,使其近臣随从,遂奔楚,楚遂辟地城夷(今安徽亳县东南四十里城父集)留置小住。吴王伐楚,再迁章禹于甬句东(当年是为楚国越章王地,越称甬东,即今舟山市普陀区沈家门街道中洲)。《国语·吴语》注:"甬句东,今句章东海口外洲也。""甬江;句,句章"。章禹过会稽之水,投玉玑砚于海(从后世在今浙江温岭市东瓯旧都南发现的蟠龙青铜大盘分析,当时投海的可能只是些笨拙的器物)。章禹居甬东建城(今浙江舟山市定海区临城城隍头,现今鼓吹峰下尚存偃王祠,是徐姓人祭祖的庙宇),户有三百,史称"瓯余(国)"。章禹老于甬东,葬之隐学之山(在今浙江宁波市鄞州区东钱湖畔,旧名栖真。而应该是葬在翁山,今定海,待考),群属谥曰"隐王"。

徐王章禹生融,徐融殉父国难。融生简,徐简为越王酿酒匠,兼药师,随越王勾践入吴,又为吴太子鸿友医。越灭吴庆功会上,徐简献文,《越王朱句钟》记其贺词曰:"'余(徐)之客',与'诸侯'同庆,'万年之后,世代自宁,四啚(鄙)同安'"。但凡越国有盛大节日,徐人皆以"徐客"之名列席。越灭吴,越王勾践封徐简为"侯",据有甬东地。徐简生侨,徐侨为越王之师,当在越王翳与为王时,翳与称"皇",有"旨於赐戈",铭曰:"癸亥(前418),徐侯之皇,戉王者旨於赐"(1959年,"旨於赐戈"于安徽淮南蔡家岗蔡声侯墓中出土)。徐侨生徐满,徐满在越王翁(前448—前418)时为越大夫。徐满生靓,徐靓为越大夫。靓生闵,徐闵为越大夫。闵生杜,杜生可,皆为越大夫。可生诜,

《新唐书·宰相世系》记："诜,为秦庄襄王相。生仲,仲字景伯。"仲生长、延,徐延为秦大臣。长生猛,徐猛为瓯越大夫。猛生市,徐市入"佛门",有记徐福,称"徐佛"。

徐国,是中国历史上称"国"最为久长的方国。徐国之前称徐夷,徐夷国自夏帝启九年(前1910)封于徐;周穆王三十五年(前928),穆王为留徐王之裔传,降封徐夷为徐子之国。徐国亡于周敬王八年(前512),大小徐国统终纪年有一千三百九十八年,这在中国历史上是最为长寿的世袭制远古国家。

六、吴王夫差　与晋争佬

吴王夫差元年(前495),都名姑苏(今江苏苏州市)。何也?夫差养于姑家懂事,更生曰苏,都城建成,则名姑苏。吴王命在长江筑冶城(即今江苏南京市八卦洲)。吴王命大夫伯嚭为太宰,训练军队作战射箭,准备征越。吴人以"舟楫为舆马,以巨海为夷庚。"其列兵,《战国策·赵策》记:"黑齿雕题,鳀冠秫缝,大吴之国也。"

二年,伐越于夫椒(即今江苏苏州市西南太湖中之包山),胜之。越王勾践退守会稽。越大夫文种与吴太宰伯嚭构和,愿交国政之权给吴,越王去做吴王奴仆。吴王以为善,伍子胥谏曰:"有过氏杀斟灌以攻斟寻,灭了夏的君王帝相。帝相的妃子后缗有孕在身逃到有仍国,生子少康。少康任有仍牧正。有过氏图谋少康,少康奔有虞国。有虞氏追念夏朝恩德,将两女妻与少康。封少康在纶邑,地方十里,拥众五百。此后少康召集夏朝遗民,给予官职,甚得民心。派人引诱有过氏,灭有过氏,恢复夏帝业。现吴国不如有过氏时强,而勾践的势力要比夏少康强。如果现在不趁机灭越,宽容之,则吴有祸矣!且勾践能忍受苦难,其必志大。今不灭越,悔之晚矣。"吴王不听。

三年,《左传·哀公元年》记:"吴之入楚也,使召陈怀公,怀公朝国人而问焉,曰:'欲与楚者右,欲与吴者左,陈人从田,无田从党。'(陈)逢滑当公而进,曰:'臣闻国之兴也以福,其亡也以祸,今吴未有福,楚未有祸,楚未可弃,吴未可从,而晋盟主也,若以晋辞,吴若何?'公曰:'国胜君亡,非祸而何!'对曰:'国之有是多矣,何必不复,小国犹复,况大国乎!臣闻国之兴也,视民如伤,是其福也;其亡也,以民为土芥,是其祸也。楚虽无德,亦不艾杀其民,吴日敝于兵,暴骨如莽,而未见德焉。天其或者正训楚也,祸之适吴,其何日之有。'陈侯从之,及夫差克越,乃修先君之怨。"秋,八月,吴侵陈。

六年,吴王特赦勾践。吴王复封勾践于越,北方臣事吴。所谓"增之以封,东至于甬东,西至于槜李,南至于姑末,北至于平原,纵横八百里"(见《吴越春秋》)。越贡献西施,吴王大悦:"乃勾践之尽忠于吴之证也!"伍子胥进言:"臣闻:夏亡以妹喜,殷亡以妲己,周亡以褒姒。夫美女者,亡国之物也,王不可受。"吴王不听。于是吴王沉于女色,以歌舞为水嬉,荒于国政。是年,楚克夷虎及谋北方,吴国西部受到楚国的极大威胁。亦是年,齐景公去世,齐国大臣争权,新主无能。

七年,吴起兵北上伐齐。伍子胥谏曰:"越王饭不多味,衣着不彩,悼死者,慰病人,以得民心,此人不死,必为吴患。越之存,吴之祸也。君王不理越而去伐齐,实属荒谬!"吴王不听,兴师伐齐,在艾陵败齐。兵达缯邑,见鲁哀公,强求其供应牛、羊、猪祭品一百套。季康子派子贡以周朝的礼节劝告吴太宰伯嚭才罢。吴王留师在齐、鲁巡边略地。九年,吴国为了保护驺国而攻鲁国,鲁让其礼才离去。十年,吴伐齐。十一年,齐相鲍牧为齐悼公杀,田常唆使鲍牧子鲍息弑齐悼公,吴王夫差于军门外痛哭三天,吴大夫徐承率舟师从海上袭齐。齐人败吴,吴王引兵归。

十二年,越王勾践送厚重的礼物朝见吴王,吴王大喜。伍子胥忧而对吴王曰:"吴将危矣!"并谏吴王曰:"越为吴之大患,吴虽在齐得胜,齐地土壤板结,盐碱之地,尚沙化严重,得之亦没有什么用途。且《盘庚之诰》词曰:'对狂乱不轨者要灭之无遗。'商因以胜。"吴王不听。吴国派伍子胥向齐下战书。齐侯怒,将杀子胥,齐大夫鲍息劝止曰:"自古两国交兵,不斩来使。况伍使君贤名远播,若杀之,齐国将背恶名矣。吴侯听信奸佞,伍使君屡谏不听,将成水火。今遣来齐,欲齐杀之,以自免其谤,以纵之使归,允其忠佞自相攻击,而夫差受其恶名也。"齐简公意乃释,厚待子胥,报以战期,定于来年春末。子胥原与鲍息之父鲍牧识,交厚,故鲍息谏齐侯勿杀子胥也。鲍息私下将子胥请到家中,叩问吴事,子胥垂泪不答,只将子伍封托付于鲍息,使封拜鲍息为兄,嘱息善视之。息知胥将以死谏之矣。原来子胥料吴必亡,乃私携其子伍封同行,寄居于鲍氏,嘱今后只称王孙封,勿用伍姓。

十三年,吴征召鲁、卫两国君在橐皋会盟,制以对策。吴王戏谑齐、鲁两国,能不惬意? 鲁国有遭齐国与吴国夹击亡国的危险,孔子使弟子子贡开始对周边国家的游说。子贡劝告齐将田常曰:"将军忧虑来自国内,不可攻击鲁国。若攻鲁国成,贵国国君骄横,群臣骄纵。这样,将军在齐立足就有危险。不如攻打吴国,如不能胜,兵死在外,大臣削弱在朝内,将军就无强臣为敌,无百姓怪罪,就能孤立君主,控制齐国只有将军。"田常以为是,则按兵不动。子贡又南说吴,对吴王曰:"王者不绝世,霸者无强敌,千钧之重加铢而移。今齐以万乘而私乘(侵)之鲁,与吴争强,其为患滋甚。且夫救鲁,显名也;伐齐,大利也。以抚泗上诸侯,诛暴齐以服晋,利莫大焉。存亡鲁实困强齐,智者不疑也。"吴王曰:"善。然吾实困越,越王今昔身养士,有(仇)吴之心。子待吴先伐越,然后乃可。"子贡曰:"越之功不在鲁,吴之强不过齐。而王置齐而伐越,则齐已平鲁矣!王方以存立继绝为名,而畏强齐伐小越,非勇也。勇者不避难,仁者不穷约;智者不失时,义者不绝世,以立其义。今存越,方天下以仁,威加晋国,诸侯相率而朝吴,霸业成矣。且王必或恶越,臣请东见越君,令出兵以从,此则实空越,予名从诸侯以伐也。"吴王悦,乃使子贡之越。吴王准备伐齐,而白日作梦怪异,告诉太宰嚭,太宰嚭以为是吉祥之梦,吴王大悦,赐太宰嚭杂缯四十疋。但是吴王心有多忌,还是不放心,则请左校司马王孙骆去请他的老师公孙圣解梦。王孙骆即随笔记书派人去请公孙圣,书云:"今日壬午,左校司马王孙骆,受教东掖门亭长公孙圣:吴王昼卧,觉悟而心中惆怅也,如有悔。记到,车驰诣姑苏之台。"公孙圣者,吴国东掖门亭长越公子弟,少而好游,长而好学,多见博观,能知鬼神之情状。公孙圣得记书,展开读之,即伏地而泣,有顷不起。其妻大君从旁接而起之,曰:"何若子性之大也!希见人主,卒得急记,流涕不止?"公孙圣仰天叹曰:"呜呼,悲哉!此固非子之所能知也。今日壬午,时加南方,命属苍天,不可逃亡。伏地而泣者,不能自惜。但吴王谀心而言,师道不明;正言直谏,身死无功。"大君曰:"汝强食自爱,慎勿相忘。"公孙圣伏地而书,既成篇,即与妻把臂而诀,涕泣如雨。上车不顾,遂至姑胥之台,谒见吴王。吴王一番慰劳,且曰:"寡人昼卧姑胥之台,梦入章明之宫。入门,见两缔炊而不蒸;见两犬嗥以北、嗥以南;见两锸依吾宫堂;见流水汤汤,越吾宫墙;见前园横索生树桐;见后房缫者扶挟鼓小震。子为寡人精占之,吉则言吉,凶则言凶,无谀寡人心所从。"公孙圣伏地,有顷而起,仰天叹曰:"悲哉!夫好船者溺,好骑者坠,君子各以所好为祸。谀谗申者,师道不明。正言切谏,身死无功。伏地而泣者,非自惜,因悲大王。夫章者,战不胜,走偅偅;明者,去昭昭,就冥冥。见两缔炊而不蒸者,王且不得火食。见两黑犬嗥以北,嗥以南者,大王身死,魂魄惑也。见两锸倚吾宫堂者,越人入吴邦,伐宗庙,掘社稷也。见流水汤汤,越吾宫墙者,大王宫堂虚也。前园横索生桐树者,桐不为器用,但为甬,当与人俱葬。后房缫者,鼓小震者,大息也。王毋自行,使臣下可矣。"在场的太宰嚭、王孙骆惶怖,解冠帻(头巾),肉袒而谢。而吴王忿圣言不祥,乃使其身自受其殃。吴王命大力士石番,以铁杖击打公孙圣,铁杖断为两头。公孙圣负痛仰天叹曰:"苍天知冤乎!直言正谏,身死无功。令吾家无(不要)葬我,提我山中,后世为声响。"吴王使人提公孙圣尸体,要露放在馀杭之山(又称卑犹山、万安山。即今江苏苏州市西北阳山),且曰:"(让)虎狼食其肉,野火烧其骨。东风至,飞扬汝灰,汝更能为(发)声哉!"太宰嚭拜曰:"逆言已灭,谗谀已亡,因酌行觞,时可以行矣。"吴王曰:"诺。"公孙圣被杀之后,吴王乃使太宰嚭为右校司马,王孙骆为左校,及从领勾践之师伐齐。吴王将北伐齐,越王勾践用子贡之谋,乃命大夫文种率三千士兵以助吴,而以重宝献遗太宰嚭。太宰嚭既数受越赂,其爱信越殊甚,日夜为言于吴王。吴王信用嚭之计。伍子胥谏曰:"夫越,腹心之病,今信其浮辞诈伪而贪齐。破齐,譬犹石田,无所用之。且盘庚之诰曰:'有颠越不恭,劓殄灭之,俾无遗育,无使易种于兹邑。'此商之所以兴。愿王释齐而先越;若不然,后将悔之无及。"吴王不听。太宰嚭密告吴王伍子胥使齐时,将儿子带到齐国交给鲍氏以为退路,吴王勃然大怒,即赐伍子胥属镂宝剑令其自杀。伍子胥且死,对吴王曰:"昔者桀杀关龙逢,纣杀王子比干。今吴杀臣,参桀、纣而显吴邦之亡也。"又曰:"在吾墓旁栽种梓树,树长高可做棺材。挖吾之眼珠,悬吴国东门,以观越国灭亡吴国。"说完就自刎而死。吴王令人将伍子胥的尸首用鸱夷革(马革,橐形)裹着抛于浙江(今钱塘江)中。吴国人哀怜子胥,后为他在江边建造祠堂,于是将这个地方称为胥山(在今浙江杭州市南之吴山)。吴杀伍子胥,时鲁国孔子闻之甚怒,教子贡游说越国，以制于吴。

十四年(前482)，春，晋定公于黄池(一名黄亭。今河南封丘县西南二十二里三姓庄北)合吴王。《春秋·哀公十二年》记："(夏)公会晋侯及吴子于黄池。"《国语·吴语》："阙为深沟，通于商、鲁之间，北属之沂，西属之济，以会晋公午于黄池。"《史记·吴太伯世家》：吴王"欲霸中国以全周室"。六月，越王勾践伐吴。乙酉，越五千人与吴战。丙戌，俘吴太子友。丁亥，入吴。吴人传告败战于吴王，吴王恶其闻也，即立小子鸿(王子地)为太子。或有泄其语者，吴王怒，斩七人于幕下。七月辛丑日，吴王与晋定公争做诸侯盟主。吴王曰："周王室，吾祖辈分最大也。周武王祖伯父吾祖也，当为盟主。吾辈分比定公大四代，吾为太公辈。"晋定公曰："以姬姓诸侯言之，晋国先君当过霸主，于姬姓我为伯。"吴王争大，晋国赵简子随之发怒曰："辈分大，不发族！何可争佬？"并扬言要以兵伐吴，吴王胆怯。定公对简子曰："吴强，陵中国。今寡人不如也！"让吴王当霸主。吴王此时实际已闻越师破其都，事实盟主还是晋定公。吴王已盟，与晋定公告别，以示谦意。吴王欲伐宋，太宰嚭曰："可胜而不能居也。"乃引兵归国。国亡太子，王室空虚。吴王居外久，士皆罢敝，于是，乃使厚币以与越国讲和。

十五年，伍子胥之子王孙封因父亲是用鸱夷革裹着尸体抛于江中的，王孙封于是亦用鸱夷革裹身，因以称名。鸱夷子皮在齐入田常之门，告诉田常吴王夫差的为所欲为，并助田常杀齐简公，以激怒吴王夫差。《墨子·非儒下》记："鸱夷子皮事田成子，田成子去齐，走而之燕，鸱夷子皮负传而从。"《韩非子·说林上》记："昔者，齐简公(前484—前481)释其国家之柄，而专任大臣将相，摄威擅势，私门成党，而公道不行，故使陈成田常、鸱夷子皮得成其难。"《淮南子·泛论训》记："田成子常与宰我争，宰我夜伏卒，将以攻田成子，令于卒中曰：'不见旌节毋起。'鸱夷子皮闻之，告田成子。田成子因为旌节以起宰我之卒，以攻之，遂残之也。"《韩非子·说林上》记："鸱夷子皮事田成子，田成子去齐，走而之燕，鸱夷子皮负传而从。至望邑，子皮曰：'子独不闻涸泽之蛇乎？泽涸，蛇将徙。有小蛇谓大蛇曰：子行而我随之，人以为蛇之行者耳，必有杀子者。不如相衔负我以行，人以我为神君也。乃相衔负以越公道。人皆避之，曰：神君也。今子美而我恶，以子为我上客，千乘之君也；以子为我使者，万乘之卿也。子不如为我舍人。'"田成子离开齐国，在逃往燕国的旅途中，因而背着通关文书，跟随在鸱夷子皮后面。客店主人非常恭敬，因而敬献酒肉招待他俩。是年底(庚辰日)，田常在徐州逮捕简公；甲午日，杀简公，田常由是成为齐国摄政大臣，鸱夷子皮随之在齐国得势。

十八年，越国强盛。越王勾践率领军队在笠泽打败吴军。越国灭了陈国。二十年，越王勾践再次讨伐吴国。二十一年，齐国鸱夷子皮带领齐军帮助越国。范蠡统领越(齐)军围困了吴国都城。《郁离子》记："姑苏之城围，吴王使太宰伯嚭发民以战。民诉曰：'王日饮而不御寇，使我至于此。乃弗自省而驱予战。战而死，父母妻子皆无所托,幸而胜敌,又不云予功,其奚以战?'太宰嚭以告王,请行赏,王咨不发;请许以大夫之秩,王顾有难色。王孙雄(骆)曰:'如许之,寇退,与不与在我。'王乃使太宰嚭布令。或曰:'王好诈,必诳我。'国人亦曰:'姑许之,寇至,战不战在我。'于是,王乘城。"越以鸱夷子皮(皮革裹身之人)攻东门,子皮大叫:"父亲,儿来也!"虎跃而鼓之,吴人不战者溃退,吴国东门洞开。"鸱夷子皮虎跃而鼓之,薄诸间阖之门。吴人不战"(见《郁离子》)。二十三年十一月丁卯日,越军打败吴国,擒夫差于干隧(今江苏苏州市西北阳山下),将其囚禁在余杭山。羁押途中,西风压倒东风,继而又北风呼呼,吴王大怖,足行属腐,面如死灰色,曰:"公孙圣令寡人得邦,诚世世相事。我杀公孙圣,今西风冽,北风呼,公孙圣来索命也!"越王谓范蠡杀吴王,范蠡曰:"臣不敢杀主。"越王曰:"刑之。"范蠡曰:"臣不敢刑主。"越王想把吴王夫差迁到甬东,给他一百户人家,要他居住在那里。吴王曰:"我年纪老了,不能侍奉君王了。"越王曰:"昔者,上苍以越赐吴,吴不受也。夫申胥无罪,杀之;谁谗谀容身之徒,杀忠信之士,大过者三,以至灭亡。子知之乎?"吴王曰:"知之。我后悔当初没有听从伍子胥的谏言,使自己陷到如此绝境。"越王乃与之剑,使自图之。旬日(十天),吴王就自杀了,葬于卑犹之山。

越王勾践灭掉吴国,杀了吴太宰伯嚭,逢同与其妻随越王班师回国。越亡吴次年(前472)五月初五日,"越浮西施于江(钱塘江),令随鸱(chī)夷以终"(见《尚史》卷十五)。越将西施交给鸱夷子皮,鸱夷子皮携西施乘船去胥山吊唁伍子胥,而后回到齐国。齐平公欲拜鸱夷子皮为相,鸱夷子皮曰:"居家则致千金,居官则致卿相,此布衣之极也。久受尊名不详。"鸱夷子皮辞别越王第十九年,于齐宣公二年(前454),卒于陶(今山东菏泽市定陶区城往东北五里崔庄村有一土冢,称范蠡墓,此当是鸱夷子皮墓)。

七、越王勾践 灭吴称霸

夏帝少康恐禹祭之绝祀,乃封庶子季杼于越(都治即今浙江绍兴市),号无余(馀与余字通假),无余实越侯。于越,《春秋公羊传》记:"于越者何?越者何?于越者,未能以其名通也;越者,能以其名通也。"无余守帝禹陵于越会稽山(今属绍兴市),定都秦余望南(今绍兴市花街)。余始受封,民山居,虽有鸟田(即用鸵鸟所耕种的田。现非洲某部落还用鸵鸟耕田)之利,租贡才给宗庙祭祀之费。乃复陵陆而耕种,或逐禽鹿而给食。不设宫室之饰,从民所居(见《吴越春秋》)。越立国自此始。无余卒,子丕诚承立奉祀。丕诚生宗元,宗元生绍圣,绍圣生毅正,毅正生子诚,子诚生娄。越王位至娄时,娄徒有空名而无权,不能自力,筚路蓝缕迁于山林(在今浙江杭州市萧山区内),转从众庶,同为编民,遗无恒产,后皆隐身匿迹,无闻于世。娄之后传娄、楼姓。"衣衫褴褛"即源于娄氏当年的生活写照。《娄氏宗谱》记:"娄氏世居萧山。"《吴越春秋》记其"末君微劣,不能自立,转从庶为编户之民,禹祀断绝"。则拟名娄生从庶,以为贫也;从庶生卞民,以为百姓,卞民谱不载名,以为编民也。卞民生余暨(今萧山旧称)始有居地,后余暨为地名。余暨生俶,俶时,夏国君桀亡国。俶于公元前1598年迁往埠中(今浙江诸暨市店口镇)。俶生枋,枋略有家业。夏属越侯在商帝汤元年(前1558),汤王命伊尹制订"四方献令",献令定:"越沤、剪发文身,请令以鱼皮之鞾、鲗之酱,鲛盾,利剑为献。"越侯枋,略有家业,乃朝贡东海咸制的鱼酱,又在会稽山铸剑以献。枋生砻,砻生潜,潜生扃,扃生厉,厉生皓,皓生僮,僮生浑,浑生淳,淳生仲庚,仲庚生太辛,太辛生咸享。咸享者,掌酿酒,酿之米麦,泽久而味美,后有咸享酒名扬。咸享生寀,寀生泫,泫生天表,天表生繄亏。此所谓"越侯",真是大不侯,小不伯,实际是编户之民。周武王时,越子繄亏出自有遽(当在今浙江诸暨市阮市镇与店口镇间的埠中)。《水经注·渐江水》记:"越王都埠中,在诸暨北界。"《墨子·非攻下》记:"昔者楚熊丽始封此濉山(即荆山。在今安徽怀远县西南淮河北岸)之间,越王繄亏出自有遽,始邦于越。唐叔与吕尚邦齐晋,此皆地方数百里,今以并国之故,四分天下而有之。"周成王时,越子诃迁大部(今浙江诸暨市枫桥镇)。周成王二十四年(前1021),《慎子·逸文》记:西周初年山东齐人"行海者坐而至越",故有《竹书纪年》记成王时"于越献舟"。成王二十五年,《逸周书·王会》记:周王城即成,大会诸侯及四夷。越人贡纳的方物有"东越海蛤","且瓯文蜃","共人玄贝"。周成王薨(前1008),《尚书·顾命》记:越人的礼物摆放在灵堂西边的席上有五种:"陈宝、赤刀、大训、弘璧、琬琰"。周成王时封越子诃于楼(此地当在今杭州市萧山区楼塔镇)为子爵。诃生加祐,加祐是为获得周王室的加封和保佑之意。加祐生子昇,子昇生子楼。越子楼,正当周昭王时。越献二女,一名延明,一名延娱给昭王,昭王南巡过汉水时沉船,二女夹拥王身同沉江底,是称"江汉女神"。周人以为越子楼是麻烦制造者之一,因亦名其楼烦。周穆王大举伐越,时在穆王三十七年(前926)。越子楼之后,失去代纪。是为补纲生汝,汝生稷,稷生洽,洽生杞,杞生少连,少连生骊,骊生逸,逸生鲤,鲤生必高,必高生无壬。自纲之后至于必高,禹祠断绝有十代次。

必高为越子,此当齐桓公时(前685—前645),越国渐强。《管子·轻重甲》记:"桓公曰:'天下之国,莫强于越。今寡人欲北举事孤竹、离枝,恐越人之至,为此有道乎?'管子对曰:'君请遏原流,大夫立沼池,令以矩游为乐,则越人安敢至。'桓公曰:'行事奈何?'管子对曰:'请以令隐三川立员都,立大舟之都。大舟之都有深渊,垒十仞。令曰:能游者赐十金。未能用金千,齐民之游水,不避吴越。'桓公终北举事于孤竹、离枝。越人果至,隐曲菑(今山东曲阜市、淄博市临淄区)以水齐。管子有扶身(舟)之士五万人,以待战于曲菑,大败越人。"齐与越水战,当在齐桓公二十三年(前663)。齐胜败越,桓公问管仲如何要使越人朝贡?管仲以为"越之水重而泊,故其民愚疾而垢",则应该向越子索取珍珠、象牙,遂向桓公建议:"吴越不朝,请珠象而以为币乎。"无壬,一记授。无壬生而言语,其语如禽鸟呼:"咽喋!咽喋。"有飞鸟衔秭,拥田生稻。指天向禹墓曰："我是无余君之苗末。我方修前君祭祀，复我禹墓之祀，为民请福于天，以通鬼神之道"（见《吴越春秋·越王无余外传》）。民悦喜，皆助奉禹祭，四时致贡。于周襄王三十一年（前621）复兴祖业，迁嶕岘（今浙江义乌市稠城）。《水经注·浙江水》记："山南有嶕岘，岘里有大城，越王无余之旧都。"无壬卒于周定王十六年（前591）。

无壬为越侯（稍有君臣之义，因号侯）。《吕氏春秋》记："越王授有子四人。"无壬生皞。越侯皞，一记译，一记无罣，专心守国，卒于周灵王七年（前565），子夫镡继嗣侯位。夫镡为越侯时，楚帛书《春秋事语》记：楚郏敖十四年（前531）"吴伐越章。""吴伐越，复（俘）其民，以归……使守其周（舟）。吴子余蔡（馀祭）观周（舟），阍人杀之。"吴子馀祭是在视察已经被俘获的越船时，被管理船只的俘虏兵用短刀刺杀的。夫镡卒于周景王七年（前538）。夫镡生元常，一记允常，元常继侯位。《舆地志》记："越侯传国三十余叶，历殷（商朝）至周敬王时，有越侯夫镡，子曰允常，拓土始大，称王。春秋贬为子，号为於（于）越"（现江苏无锡《武陵顾氏宗谱》引顾野王《舆地志》述："有越侯夫谭，子曰允常"，源流世系即从夫谭时起算）。《越绝书》记："若耶（今属绍兴市平江镇）大冢者，勾践所徙葬先君夫镡冢也，去县二十五里。"楚国为了对付吴国势力向南扩张，楚郏敖时划南海以南（原楚国越章王地。即今浙江钱塘江以南）地给越以为附庸国，以制吴。楚人扶植越国，此后便有"苦楚"的年份。自无余初封于越以来，传闻越王子孙，有在丹阳皋乡，更姓梅，梅里（梅李。即今江苏无锡市东南三十里梅村）是也。

越王允常于楚灵王三年（前538），迁勾嵊（今浙江诸暨牌头镇），拓土为大。《通典·州郡》记：诸暨，越王允常居。六月，楚会诸侯于申（在今河南南阳市北二十里）。时越王允常始称王，派大夫常寿过至会。灵王侮辱越国大夫常寿过，想杀蔡国大夫观起。灵王见常寿过不冠，问何以不戴帽子，常寿过曰："越人断发椎髻，若戴帽披发更加不雅。"常寿过腰粗，还穿着宽大的交叉领连衣裙欲入座，灵王问："越子大夫，为何穿裙？"常寿过曰："套头长袍，一套便着，习以为常也。"灵王讥曰："宽臀（屁股）忒（太）度（大）了吧，堪可与诸侯同坐？待侍寡人之右，立之可也！"这令常寿过很难堪。楚灵王四年，《左传·昭公五年》记："冬，楚子、蔡侯、陈侯、许男、顿子、沈子、徐人、越人伐吴。"越大夫常寿过帅师会楚子于琐（在今安徽霍邱县东）。楚国联合那么多的附庸国伐吴，因为吴国设防甚严，结果楚军在鹊岸（今安徽无为县南至铜陵市北，沿长江北岸一带）被吴军击败。楚灵王杀观起，观起之子观从逃亡吴国，劝吴伐楚，挑拨常寿过作乱。灵王十二年（前529）春，灵王在乾溪寻欢作乐。观从假传公子弃疾之命令，从晋国召回公子比。观从想与吴国、越国合作袭击蔡国，则命公子比与公子弃疾在邓邑订立盟约。《左传·昭公十三年》记："越大夫常寿过作乱。"灵王逃亡，客死他乡。越国在楚平王时，还是楚国附庸。《左传·昭公二十四年》记："楚子为舟师以略吴疆。……越大夫胥犴劳王于豫章之汭，越公子仓归（馈送）王乘舟。仓及寿梦帅师从王，王及圉阳（今河南巢县南）而还。吴人踵楚，而边人不备，遂灭巢及钟离而还。"时越国帮助楚国出兵伐吴,以失败告终。越王允常将女儿嫁于楚昭王为妃。越王允常曾佐徐王以制吴,从西北方构成对吴国的威胁。"越王青铜戈"铭记:"越王佐徐,以其钟金,铸其拱戟"(该越王青铜戈现被收藏在绍兴文化博物馆)。越国以为吴国强起,则见风使舵,附用吴国纪年。吴王阖闾(庐)三年(前512),吴灭徐国,将徐国末代王章禹流放到楚地。次年,越王允常请吴王阖闾伐楚,吴也就割楚东方地(今安徽芜湖以东)给越,使越年年向吴国朝贡。吴王阖闾伐楚,则再迁(流放)徐子章禹于楚之原越地甬东,越王曰:"吾置王甬东,君百家。"阖闾对允常曰:"划楚东方地给汝,好歹治理,使楚不得再东向。"徐国末代王章禹在甬东,越王铸青铜戈记:"越邦先王,得居作铸金就,佐徐之为王后,以作其元用戈,以守其边土"(该青铜戈20世纪在绍兴出土,现流落在澳门为某收藏家所得)。吴王阖闾五年(前510),吴王以为允常不协作,乃伐越。允常曰:"吴不信前日之盟,弃贡赐之国(谓越为吴国朝贡之国),而灭其亲。"阖闾不然其言,遂伐,破槜李(在今浙江桐乡市东北二十里)。十年(前505),允常恨阖闾破之槜李,兴兵伐吴,时吴兵在楚国郢都,国内空虚,越盗而掩袭其后方。继而,吴南伐于越。十二年,越王臣服,率众以朝于吴。十七年,允常迁都会稽(今绍兴市越城区)。十八年(前497),允常卒,葬木客山(今称印山大墓。在今绍兴市西南二十七里)。子勾践(勾践,一记句践,越文字记名鸠浅;《索隐》《纪年》称"葵执";《金文》作"九戈";《越地志》记"执菼")立。越之兴霸,自允常始。越王允常时,吴与越的关系,《孙子·九地篇》记:"夫吴人与越人,相恶也;当其同舟共济,遇风,其相救也,如左右手。"越王使其大夫子余造舟,舟成,有贾人(商人)请求当掌管舟工,子余不用。贾人去吴国,由王孙率(骆)引荐给吴王,用为舟正(船老大)。子余因而被责不能用人。吴伐楚,吴王使贾人操舟,余皇船浮游五湖(当指:太湖、新湖、同里湖、白蚬湖、淀山湖),出三江(三泖。上承淀山湖,下流合黄浦江)停泊在扶胥之口(当指今上海市吴淞口),余皇船沉没。越人乃服子余有先见之明,且曰:"使斯人弗试而死,则大夫受遗才之谤,虽皋陶,不能直之矣"(见《郁离子·子余知人》)。越王允常时曾建越王城,《越绝书》记:"娄门外鸿城者,故越王城(当在今上海市嘉定区境内。原嘉定城南二十里古城)也,去县百五十里。"

勾践元年(前496)即越王位。吴王阖闾闻越王允常死,兴师伐越。越王勾践亲自掌管大将军印,封灵姑浮为大司马、岩鹰为侍卫统领。五月,越王勾践在槜李迎击吴军。越王派敢死队挑战,敢死队分三行冲击吴军,大声呼叫,自刎而死不少。吴军争看敢死队自杀,越军趁机从后包抄,在姑苏败吴军,《左传》记:"越大夫灵姑浮,以戈击伤吴阖闾(手指)。"吴军退步七里,后阖闾伤发死。阖闾死,次年子夫差立为吴王。灵姑浮后在凯旋途中病死,其夫人为越国大将军石买之女。

三年,勾践命石买为将,在浙江(今钱塘江)布防,《越绝书·记地传》记:"夫石买,人与为怨,家与为仇,细人也,无长策。王而用之,国必不遂。"《史记·越世家》记:"勾践闻吴王夫差日夜勤兵,且以报越,越欲先吴未发往伐之。范蠡谏曰:'不可。臣闻兵者凶器也,战者逆德也,争者事之末也。阴谋逆德,好用凶器,试身于所末,上帝禁之,行者不利。'越王曰:'吾巳决之矣。'遂兴师。"二月,夫差在夫椒(今江苏苏州市西南太湖中)败越兵,破越都。《左传·哀公》载:"(夫差)遂入越,越子以甲盾五千保于会稽。"越保卫战失败,于是吴国兵入会稽,摧毁越都会稽。之时,吴军得到一节恐龙化石的骨头,其长度能占满一辆车,吴派遣使者带着部分骨头问孔子:"敢问骨何以大?"孔子曰:"丘闻之,昔禹致群神于会稽之山,防风氏后至,禹杀而戮之,其骨专车,此为大矣"(见《史记·孔子世家》)。三月,吴迫使越屈服。战后,吴将伍子胥在会稽山北筑城,驻扎军队,以切断越军逃路。《史记·越世家》记:"句践之困会稽也,喟然叹曰:'吾终于此乎?'"战争惨败,越王悔当初没有听范蠡之言,《国语·越语》记:"王召范蠡而问焉,曰:'吾不用子之言,以至于此,为之奈何?'"范蠡力主"议和存越"。吴王夫差乃"卒赦越,罢兵而归"。根据吴越双方和议条件,勾践只得带着妻子到吴国去当奴仆。勾践本来要求大夫文种陪他一起去,范蠡曰:"四封之内(此所指的是国内),百姓之事,蠡不如种也。四封之外,敌国之制,立断之事,种亦不如蠡也。"于是范蠡同行。

五年五月,勾践将降,西至浙江待诏入吴,故有鸡鸣墟(即今浙江杭州市滨江区浦沿街道)。越大臣背着勾践送至浙江之上,越王仰天叹曰:"死者,人之所畏。若孤之闻死,其于心胸中会无怵惕。"遂与夫人,及大夫范蠡登船径去。越王夫人之哭,是首离国哀歌,其词曰:"妾无罪兮负地,有何辜兮谴天?帆帆独兮西往,孰知返兮何年!心忧忧兮若割,泪泫泫兮双悬!"勾践入官于吴,途经女阳亭(在今浙江桐乡市西南崇福镇东南),夫人道产于此亭,养于槜李乡(勾践胜吴,更名语儿乡)。勾践为吴人质,忍受着屈辱与痛苦,"越王服犊鼻,着樵头。夫人衣无缘之裳,施左关之襦。夫斫羊马,妻给水、除粪、洒扫。三年不愠怒,面无恨色。"不久,吴王对范蠡曰:"寡人闻贞妇不嫁破亡之家,仁贤不官绝灭之国。今越王无道,国将已亡,社稷坏崩,身死世绝,为天下笑。而子及主俱为奴隶仆,来归于吴,岂不鄙乎!吾欲赦子之罪,子能改心自新,弃越归吴乎?"范蠡婉言回绝曰:"臣闻亡国之臣不敢语政,败兵之将不敢语勇。臣在越不忠不信,今越王不奉大王命号,用兵与大王相持,至今获罪,君臣俱降。蒙大王鸿恩,得君臣相保,愿得入备扫除,出给趋走,臣之愿也"(见《吴越春秋·句践入臣外传》)。

七年,吴王复封勾践于越,北方臣事吴。所谓"增之以封,东至于甬东,西至于槜李,南至于姑末,北至于平原,纵横八百里"(见《吴越春秋》)。勾践臣吴归越,迁都平阳(今浙江绍兴市平水镇)。越王勾践问大夫文种曰:"吾欲伐吴,奈何能有功乎?"大夫文种曰:"伐吴有九术。"越王曰:"何谓九术?"对曰:"一曰尊天地,事鬼神;二曰重财币,以遗其君;三曰贵籴粟槁,以空其邦;四曰遗之好美,以劳其志;五曰遗之巧匠,使起宫室高台,尽其财,疲其力;六曰遗其谀臣,使之易伐;七曰强其谏臣,使之自杀;八曰邦家富而备器;九曰坚厉甲兵,以承(乘)其弊。故曰九者勿患,戒口勿传,以取天下不难,况于吴乎?"勾践誓之曰:"寡人闻古之贤君,四方之民归之,若水之归下也。今寡人不能将帅,二三子夫妇以蕃。令壮者无取老妇,老者无取壮妻;女子十七不嫁,其父母有罪;丈夫二十不取,其父母有辠。将免者以告,公令医守之。生丈夫,二壶酒,一犬;生女子,二壶酒,一豚;生三人,公与之母;生二人,公与之饩。当室者死,三年释其政,支子死,三月释其政;必哭泣葬埋之如其子。令孤子、寡妇、疾疹贫病者,纳官其子;其达士,洁其居,美其服,饱其食,而摩厉之于义。四方之士来者,必庙礼之。勾践载稻与脂,于舟以行,国之孺子之游者,无不铺也,无不歠也,以问其名。非身之所种则不食,非其夫人之所织不衣。十年不收于国,民俱有三年之食"(见《国语》)。勾践欲伐吴,越国苎萝西村(今诸暨市城南)人施夷光(即西施),被越王采用"美人计"送往吴国。西施,"父鬻薪,母浣纱",因承母浣纱,世称"浣纱女"。越贡献西施,吴王大悦:"乃勾践之尽忠于吴之证也!"这使得吴王沉于女色,以歌舞为水嬉,荒于国政。《陶庵梦记》:"西施歌舞,对舞者五人。长袖缓带,绕身若环,曾挠摩地,扶旋猗那,弱如秋药。女官内侍:执扇葆、璇盖、金莲、宝炬、统扇、宫灯二十多人。光焰荧煌,锦绣纷叠,见者错愕!"时论:"毛嫱、西施,天下之至娇也。"(见《慎子·威德》)毛嫱为越王勾践的爱姬。越王又使人编结甲衣,或将旧甲衣修理一新,又增添矛、戟等兵器,谓曰"人铩"也。越人的方舟并船只都集中到江边去待命整治,称"须虑"。士官播击战鼓,召集比武,以选拔勇士。士卒们在海边演习,住宿荒野,致力于攻城战法。越有葛山,《越绝书·越地外传》记:"葛山者,勾践罢吴,种葛,使越女织治葛布,献于吴王夫差。"又记:"越王大丑,乃坏池填堑,开仓谷,贷贫乏。乃使群臣身问疾病,躬视死丧,不厄穷僻。尊有德,与民同苦乐,激河泉井,示不独食。行之六年,士民一心,不谋同辞,不呼自来,皆欲伐吴。"《墨子·兼爱中》:"昔越王勾践好士之勇,教训其臣,和合之焚舟失火,试其士曰:'越国之宝尽在此。'越王亲自鼓其士而进之。士闻鼓音,破碎乱行,蹈火而死者左右百人有余,越王鸣金令退。"此后,越王勾践又栖居防稽(现为浙江绍兴市会稽山景区),范蠡曰:"臣窃见防稽之山有鱼池上下二处,水中有三江、四渎之流,九谿、六谷之广。上池宜于君王,下池宜于臣民,畜鱼三年国当富盈。"越王于是避地养鱼致富。越王勾践将苦胆吊在屋梁以尝胆,南向百越而通衢,假以北蕃吴王以称臣。

八年,越王勾践问计于计倪(一记计然,号渔夫)曰:"吾欲伐吴恐弗能取。山林幽冥,不知利害所在。西则迫江,东则薄海,水属苍天下不知所止。交错相过,波涛浚流,沈(沉)而复起,因复相还。浩浩之水,潮汐即有时,动作若惊骇,声音若雷霆。波涛援而起,船失不能救,未知命之所维;念楼船之苦,涕泣不可止。非不欲为也,时返不知所在,谋不成而息,恐为天下咎。以敌攻敌,未知谁负?大邦既已备,小邑既已保,五谷既已收;野无积庾,廪粮则不属,无所安取。恐津梁之不通,劳军纡吾粮道。吾闻先生明于时交,察于道理,恐动而无功,故问其道。"计倪对曰:"人之生无几,必先忧积蓄,以备袄祥。凡人生或老或弱,或强或怯,不早备生,不能相葬,王其审之。必先有赋敛,劝农桑,饥馑在问,或水或塘,因熟积以备四方。师出无时,未知所当。应变而动,随物常羊。卒然有师,彼日以弱,我日以强。得世之积,擅世之阳,王无忽忘慎。无如会稽之饥,不可再更,王其审之。尝言息货,王不听,臣故退而不言。处于吴、楚、越之间,以鱼三邦之利,乃知天下之易反也。臣闻君自耕,夫人自织,此竭于庸力,而不断时与智也。时断则循,智断则备,知此二者,形于体万物之情,短长逆顺,可观而已。臣闻炎帝有天下,以传黄帝;黄帝于是上事天,下治地。故少昊治四方,蚩尤佐之,使主金(蚩尤不配合少昊,后被黄帝诛灭,此言或为误记);玄冥治北方,白辨佐之,使主水;太皞治东方,袁何佐之,使主木;祝融治南方,仆程佐之,使主火;后土治中央,后稷佐之,使主土。并有五方,以为纲纪,是以易地而辅,万物之常。王审用臣之议,大则可以王,小则可以霸,于何有哉。"计倪又有关水利之事,用人之事,刑罚之事,孝悌之事的建议向越王陈述。是年,越王派员全面调查国情。

九年,大夫计倪与大夫范蠡自杭邬(位于今浙江诸暨市店口、次邬、直埠三镇交界处。亦云在今杭州市萧山区东三十二里航邬山)浮海南下海隅(崳。或称海隅之人曰岛夷。当指到今浙江台州市、温州市)行新政、征田赋。杭邬者,为越王出航停放渡船的地方,雇用士兵七人,设二百石爵位的石长管理,可以渡往各地会见夷人。十年,吴、越交兵,越大夫范蠡筑固陵城(即今浙江杭州市滨江区西兴街道,在浙江杭州市萧山区西北)。《越绝书·外传记地传》载:"浙江南路西城者,范蠡敦兵城也。其陵固可守,故谓之固陵。所以然者,以其大军船所置也。"十三年,越王勾践带厚重的礼物朝见吴王,吴王大喜。越大夫逢同,劝勾践深自隐匿以图吴。逢同谏越王曰:"我们新近流亡,现在又殷勤供给,修理装饰得很完善,吴国必然恐惧,恐惧则很难必至。况且鸷鸟将要出击,必然先要隐匿它的身形,现在吴国出兵齐国、晋国,又与楚国、越国结怨,名声闻于天下,对周天子不利,仁德少而功绩多,必然自矜。为了越国考虑,不如与齐国、楚国联合亲善,依附晋国来增强势力。吴国素有大志,必然会轻战,这样三个国家征伐它,越国则乘虚而入,可以攻克吴国。"勾践曰:"善"。

十四年,孔子使弟子子贡到越游说。行前,孔子对子贡曰:"夫越性脆而愚,水行而山处,以船为东,以楫为马,往若飘风,去则难从;锐兵任死,越之常性也。"子贡来越,越王勾践郊迎并自为子贡御马,曰:"此蛮夷之国也。大夫何足俨然辱临之?"子贡曰:"今者吾说吴王以救鲁伐齐。其志欲之而畏越,曰:待吾伐越乃可。如此,则破越必矣。且无报人之志而令人疑王,拙也!有报人之志而使人知之,殆也!事未发而先闻,危也!三者举事之大患也。吴王为猛暴,群臣弗堪;国家废于数战,士卒不忍;百姓怨上,大臣内变;子胥以谏死,太宰嚭用事,顺君之过以安其私,此王报吴之时也。诚能发卒佐之以激其志,而重宝以悦其心,卑辞以尊其礼,则伐齐必矣。此圣人之所谓屈节以期远者也。彼战不胜,王之福也。若胜,必以兵临晋。臣还北请见晋君,共攻之,其弱吴必也。其锐兵尽于齐,重甲困于晋,而王乘其弊,灭吴必矣。"勾践曰:"吾孤少失前人,内不自量与吴人战,军败身辱,遁逃上栖会稽,下守海滨,唯鱼见矣!今大夫辱吊而身见之,又发声以越孤,孤赖天之赐也,敢不承教?"越王乃假使大夫文种助吴。越将文种携带三千士兵,自身披坚甲,手执锐器,至于吴。向吴王贡献祖先的宝器有铠甲二十件,斧钺、屈卢矛、少尤剑。吴士人喜!吴遂出动九个郡的兵力,伐齐于召陵(今河南漯河市郾城区东三十五里)。《越绝书·陈成恒》记:子贡访越,越王曰:"孤身不安床席,口不甘厚味,目不视好色,耳不听钟鼓者,已三年矣。焦唇干嗌,苦心劳力;上事群臣,下养百姓。愿一与吴王交天下之兵于中原之野,与吴王整襟交臂而奋;吴越之士,继迹连死;士民流离,肝脑涂地,此孤之大愿也!"论曰:"子贡一出,乱齐,破吴,兴晋,强越。"

十五年(前482),吴王北会诸侯于黄池,吴王的精兵皆从吴王北去以与晋国比较实力,只有老弱残兵与吴太子友留守在都。勾践问范蠡可以攻吴了吗?范蠡曰:"可矣!"勾践将伐吴,徙寡妇致独山(独妇山。在今浙江绍兴市西北三十五里)上,以为敢死队作示范,使得专一为战。《吴越春秋》记:越王勾践使寡妇于山上,"使士之忧思者,游之,以娱其意"(有以为中国的"军妓"始于此)。《吕览》记:"昔越王争霸,姑妹(姑蔑。治今浙江衢州市龙游县)臣越。"又《国语·吴语》记:"越王乃命范蠡、舌庸率师沿海溯淮,以绝吴路。败王子友于姑熊夷(吴都姑苏郊区)。越王乃率中军溯江以袭吴,入其郛(古代城圈外围的大城),焚其姑苏,徙其大船。"六月,越伐吴,乃发善于泅渡熟悉水性的兵士二千人,训练有素的士卒四万人,卫士六千人,指挥官千人去讨伐吴国。六月十一日,越王伐吴,吴国太子友、王子地、王孙弥庸、寿于姚出战。太子友想再作等待,王子地、王孙弥庸不听。六月二十日,弥庸见姑蔑之旗,曰:"吾父之旗也。不可以见仇而弗杀也。"太子曰:"战而不克,将亡国。请待之。"弥庸不可,属徒五千,王子地助之。乙酉,战,弥庸俘获畴无余,王子地俘获讴阳。勾践军至,王子地防守。《左传·哀公十三年》记:"六月丙子,越子伐吴,为二隧(队)。畴无余(越大夫,当是常寿过之子)、讴阳(身世不明。当是越王宗族子弟)自南方,先及郊(吴国王都郊区)。吴太子友、王子地、王孙弥庸、寿于姚自泓上(今上海市松江区华亭镇泖港一带)观之。丙戌,复战,大败吴师。获大子友、王孙弥庸、寿于姚。丁亥,入吴。吴人告败于王,王恶其闻也,自刭七人于幕下。"吴国被打败,太子友被俘,烧死在姑苏台。王孙弥庸被当作战俘押往越国,弥庸复见越人展示姑蔑之旗而忏悔不已,进而拜望越王并使以厚礼。王子地被吴王复立为太子,是为太子鸿。越王勾践以为不能急切吞并吴国,但是在积极备战,《越绝书·记地传》记:"麻林山(在今浙江绍兴市西南),一名多山。句践欲伐吴,种麻以为弓弦,使齐人守之。越谓齐人'多',故曰麻林多以防吴,以山下田封功臣。"越王命欧冶子铸剑,欧冶子铸成三把利剑——毫曹、巨阙、纯钧,剑作成时,欧冶子已死。越王坐于露坛之上,命相剑者薛烛鉴定三剑,鉴定的结果是巨阙剑最优。薛烛对勾践曰:"当造此剑之时,赤堇之山(当在今宁波市鄞州区境内。《吴越春秋》记:'县有赤堇山,故加邑为鄞')破而出锡,若耶之溪(今属绍兴市平江镇)涸而出铜。

……今赤堇山已合,若耶溪深而不测。群神不下,欧冶子即死。虽复倾城量金,犹不能得此一物。"

十九年三月,《吕氏春秋·季秋纪·顺民》记:"越王苦会稽之耻,欲深得民心……有酒流之江与民同之"。此指的是勾践出师伐吴,越城父老向他献酒,将酒倒在河的上游,与将士们迎流共饮,于是士气大振。即而,越王勾践持宝剑自割屁股肉,流血至于脚板,誓与兵士同赴死,以激士气,《淮南子·人间训》记:"越王勾践一决狱不辜,援龙渊(当是巨阙宝剑)而切其股,血流至足,以自罚也,而战武士必其死。"越即以三军偷渡败吴师于笠泽(今江苏淞江入太湖处)。《左传·哀公十七年》:"越子伐吴,吴子御之笠泽,夹水而阵"。

二十一年,楚国申包胥出使越国,越王勾践乃召五大夫,曰:"吴为不道,求残吾社稷宗庙,以为平原,不使血食。吾欲与之徼天之衷,唯是车马、兵甲、卒伍既具,无以行之。吾问于王孙包胥,既命孤矣;敢访诸大夫,问战奚以而可?勾践愿诸大夫言之,皆以情告,无阿孤,孤将以举大事。"大夫舌庸乃进对曰:"审赏则可以战乎?"王曰:"圣(行)。"越仿效周文王的八卦布阵,伐吴战于槜李,吴师败,越破吴。

二十二年十一月,越围吴,赵简之游说勾践得缓战事,而吴越边境吃紧。越人虞孚在漆料中掺假,于是破产而身亡。《郁离子》记:"虞孚问治生于计然先生,得种漆之术。三年,树成而割之,得漆数百斛,将载而鬻诸吴。其妻之兄谓之曰:"吾常于吴商,知吴人尚饰,多漆工,漆于吴为上货。吾见卖漆者煮漆叶之膏以和漆,其利倍而人弗知也。"虞孚闻之喜,如其言,取漆叶煮为膏,亦数百瓮,与其漆俱载以入于吴。时吴与越恶,越贾不通,吴人方艰漆。吴侩闻有漆,喜而逆诸郊。道以入吴国,劳而舍诸私馆。视其漆甚良也,约旦夕以金币来取漆。虞孚大喜,夜取漆叶之膏和其漆以俟。及期,吴侩至,视漆之封识新,疑之,谓虞孚请改约。期二十日至,则其漆皆败矣。虞孚不能归,遂丐而死于吴。"

二十三年五月,越使到鲁国与吴使谈和。二十四年四月,吴王族多人投越。越国大夫范蠡伐吴开挖巢湖,后名蠡湖(在今江苏无锡市东南五十里。亦即今江苏苏州市相城区漕湖)。十一月二十七日,越以散卒三千擒夫差于干隧(今江苏苏州市西北阳山下)。《淮南子·人间训》记:"(越王)甲卒三千人,以禽夫差于姑胥。"越王勾践对吴王曰"吾请达王(指夫差)甬句东(甬东,即今浙江舟山市)"(见《国语·越语上》)。《左传·哀公二十二》记:"越灭吴,请使吴王居甬东。予百家居之。"吴王夫差不堪受辱,曰"吾已老矣!不能侍王。吾悔当初不听伍子胥,以致于此",遂自杀,越王礼葬之。越灭吴,以为吴太宰嚭此人不忠,诛之。逢(冯)同及其妻随越王返越。

二十五年,越灭吴,越王大封子弟、功臣,则封大夫子余为余王,建馀王城(在今江苏无锡市锡山区鸿山);封宗弟姒宋为宋王,建麋湖西城(麋湖城,为吴王养鹿处。即今江苏无锡市东十七里朱米山);封宗弟姒荆为荆王,建徐亭(当指今江苏苏州市拙政园地。云："东西南北通溪者,越荆王所置,与麋湖相通也");封宗弟姒干为干王,建干城(在今江苏昆山市城北镇同心村)。越王封小子余复为余复君,封地余姚(今浙江余姚市),建宗姚城。越土备封杜妃所生之子黎为越王史,姒黎后建雒越(今越南北部)国。越王以为逢(冯)同间吴不易,铸"姑冯句鑃"(此器出土于今江苏常熟市南门,旧称翼京门外),其铭记:"惟王正月初吉丁亥,姑冯昏(未取名者曰昏)同之子,择乃吉金,自作商句鑃以乐宾客,叔季父族,子子孙孙,永保用之。"则封逢同为上舍君,上舍君封地,简称"虞"(现江苏常熟市)。越王封范蠡于苦竹城(在今浙江绍兴市西南二十九里)。《越绝书》记:"苦竹城者,勾践伐吴还,封范蠡子也。其僻居,径六十步(一步,古为五尺,六十步为三百尺。一亩为六千平方尺,径六十步,合今一亩半田)。因为民治田,塘长千五百三十三步。""余大越故界所谓越也,在县(指今绍兴市柯桥区)东南五(百)步,屹然孤竹。"范蠡到封地策马扬鞭转悠,遗鞭一支而去。《越绝书》记:孤竹地"范蠡遗鞭于此,生笋为陵,竹色皆黄"。越王得知范蠡不满,遂加封范蠡为上将军,令范蠡北去长江筑越城,《建康志》记:"越城在江宁县(今江苏南京市江宁区)尉懈后遗址犹存,呼为'越台宫苑'"。越筑越城(另据史料分析,越城的位置,应在今南京市中华门与雨花台之间,也就是在如今的长干桥西南一带,是正在进行考古发掘的那个区域)以扼淮控江,云:"筑城江上,以镇江险。"

越王勾践觊觎中国,欲自雄于天下,问大夫文种曰:"夫圣人之术,何以加于此乎?"文种曰:"不然。王听范子之所言,故天地之符应邦,以藏圣人之心矣。然而范子预见之策,未肯为王言者也。"越王请来范蠡问曰:"寡人用夫子之计,幸得胜吴,尽夫子之力也。寡人闻夫子明于阴阳进退,预知未形,推往引前,后知千岁,可得闻乎?寡人虚心垂意,听于下风。"范蠡曰:"夫阴阳进退,前后幽冥,未见未形,此持杀生之柄。而王制于四海,此邦之重宝也。已而毋泄此事,臣请为王言之。"越王曰:"夫子幸教寡人,愿与之自藏,至死不敢忘!"范蠡曰:"阴阳进退者,固天道自然,不足怪也。夫阴入浅者即岁善,阳入深者则岁恶。幽幽冥冥,预知未形,故圣人见物不疑,是谓知时,固圣人所不传也。夫尧、舜、禹、汤,皆有预见之劳,虽有凶年,而民不穷。"越王曰:"善。"范蠡乘机告知越王,要去海隅烧高窑。越王则封海隅之地为东瓯(今浙江台州市、温州市、丽水市辖境),并以丹书帛置之枕中,以为邦宝。范蠡决定离开越国都地,将为越相时积存的财产列明造册递交越王。"范蠡相越,日致千金。家僮闲算术者万人,收四海难得之货以为器、铜铁之类积如山。阜或藏之井垫,谓之宝井;奇容丽色溢于闺房,谓之游宫。"(见《尚史》卷十五)范蠡将财产账簿及附书一封以告越王,书曰:"臣闻主忧臣劳,主辱臣死。昔者君王辱于会稽,所以不死,为此事也。今既已雪耻,臣请从会稽之诛(除名)。"勾践读罢范蠡辞职书,即时潸然泪下,沾湿衣裳。《吴越春秋·勾践伐吴外传》记:"越王乃使良工铸金像范蠡之形,置之坐侧,朝夕论政。"九月丁未(当指农历九月初九日"重阳节"),范蠡告辞越王,越王赐财物宝器(其内有玉璧等玉器,还有不少西周祭器),乃乘扁舟出三江(当指吴淞江。即今江苏吴县东南三十里。为古东江、松江、娄江分流处,即三泖,上承淀山湖,下流合黄浦江),入东海。《吴越春秋》记:"二十四年九月丁未(此按吴国纪年记),范蠡辞于王"。越王已封范蠡为东瓯君,并已安排范蠡出行,这一切做得十分保密,却明知故问对大夫文种曰:"蠡可追乎?"文种曰:"不及也。"越王声色俱厉问曰:"吾闻知人易,自知难。其知相国何如人也?"文种曰:"大王知臣勇也,不知臣仁也。知臣忠也,不知臣信也。……伍子胥曰:'狡兔死,良犬烹;敌国灭,谋臣亡',范蠡亦有斯言。"不几日,越王又召文种曰:"子有阴谋兵法,倾敌取国。九术之策,今用三已破强吴,其六尚在子所,愿幸以余术为孤前王(指吴王夫差)于地下谋吴之前人。"文种知越王猜忌,将自己与吴王的关系联系在一起,是指出征伐齐时与吴王过从甚密,口不能辩,遂自杀。有大臣建议越王入海追范蠡,越王曰:"国之士大夫是子,国之人民是子,使孤寄身托号以俟命。今子云去,欲将逝矣。是天之弃越而丧孤也,亦无所恃者矣。孤窃有言:公位乎,分国共之;去乎,妻子受戮。"大夫子余曰:"今大夫文种自杀,而走范蠡,四方贤士掉头不敢南来,越国无人可用。"越王默然不语。越王念范蠡功德,则命范蠡出行地名曰蠡口(蠡口镇。即在今江苏苏州市相城区蠡口社区内),出行水道曰蠡渎(渎,音与渡同,其意即渡。是指从太湖至于今苏州市相城区漕湖,再至于蠡口这一段由范蠡伐吴时开凿的人工水道。蠡渎中段漕湖,原名巢湖,曾改名蠡湖)。越王还丈量地图,会稽南向三百里外(今浙江台州市天台山),山高林密,岩障千重,如上天之台,则封山南"以为范蠡地"。越王还下令子孙不得侵占,《国语·越语》记:"后世子孙,有敢侵蠡之地者,使无终没于越国。"

越王勾践北上,封曳庸(即舌庸)、皋如为大将军,以备北征。越王为稳定越地,封功臣为君,封范蠡为东瓯君(治今浙江台州市),以伏夷民;封冯同(逢同)为上舍君(治今江苏常熟市),以建粮仓;封徐简为瓯余君(治今浙江舟山市),以渔东海。越王剑指北方,以兵渡淮,与齐、晋诸侯会于徐州,致贡于周。周元王使人赐勾践胙(肉),命为伯。越将西渡黄河以攻秦,秦派使者"逆自引咎",越军还师。有《河梁之诗》词曰:"渡梁河兮渡梁河,举兵所伐攻秦王。孟冬十月多雪霜,隆寒道路诚难当。阵兵未济秦师降,诸侯怖惧皆恐惶。声传海内威远邦,称霸穆桓齐楚庄。天下安宁寿长考,悲去归兮何无梁。"《春秋·哀公二十三年》记:"秋八月,(鲁国)叔青如越,始使越也。越诸鞅来聘,报叔青也。"

二十七年,《左传·哀公二十五年》记:"(鲁哀公)公如越,得太子适郢(即越王勾践长子鼫与),将妻公而多与之地。公孙有山使告于季孙,季孙惧,使因太宰嚭而纳贿焉?乃止"。二十八年,越国大夫皋如、舌庸率军护送卫出公回国。二十九年,即周贞定王元年癸酉(前468),于越徙都琅琊(今山东青岛市黄岛区琅琊镇)。《竹书纪年》记:"越并有琅琊,时越有死士八千,戈船三百艘。使楼船士卒二千八百人伐竹柜(竹排)

为桴。"然勾践渡淮南,将淮上之地给予楚,将鲁泗东方百里土地归还宋。又宋、郑、鲁、卫等国归附。越兵横行于江淮,诸侯毕贺,号称霸王(见《战国会要·礼六》)。《淮南子》记:"勾践南面霸天下,泗上十二诸侯率九夷朝焉,周王命以伯爵。"《吴越春秋》记:"(勾践)霸于关东,从琅琊起观台(望海台),周七里,以望东海。"琅琊海中有句游岛(在今山东青岛市黄岛区南大珠山东南),越王勾践曾登此岛以望沧海故名。越霸诸侯,侵灭小国,当亦有越兵为寇,《孟子·离娄下》记:"曾子居武城(今山东武城县),有越寇。"三十二年(前465)十一月,越王勾践卒,寿五十六岁,葬山阴县独山祠。勾践卒,因为越蛮夷,国小,夷之也,故王丧,称卒不称葬。勾践子鼫与嗣父位。勾践在世时,曾建冢于独山,《越绝书》记:"独山大冢者,勾践自治以为冢。徙琅琊,冢不成,去县九里。"

八、范蠡邸夷　创建东瓯

东瓯(那时仅指东海海中陆域盆地。即今台州市、温州市、丽水市区域),原称岛别号山郡,原无名时,或直称岛屿(越语音 si),海退成陆。夫古为要服蔡地,夏商方夷,周初荆蛮,楚为越章王地,越国以定乡制(《广雅》记:"十邑为乡,是三千六百家。"越王勾践时,东瓯赋税人口有近一万五千数)。其地东面薄海,陂塘良众,甫晴虞旱,水患不息,夏秋大风(因为大风穿过台湾海峡而后名台风。台,越语音 dài)。《山海经·海内南经》记:"海内东南隅以西者,瓯居海中。"

周武王时(前1050—前1045),越子繄亏始邦于越。周襄王三十一年(前621),越子无壬复兴祖业,称越侯。越侯时,东南因山谷险远,矿徒啸聚,邸夷(一称山越)之人不服,常有"畲龙滚""猫獠乱"(时对越国东南方山越人的两种贬称。原部落大部居今温州市、台州市区域。当是今考古定名的河姆渡人裔传)事发。畲人,是指刀耕火种的原始人;猫獠,是指行动如猫一样快捷的夜间狩猎人,此二者史称山越人(即邸夷人)。越侯发兵南征(驻兵在今温州市永嘉县岩坦镇南征村至今台州市黄岩区富山乡南征顶坑头自然村间),山因名南征顶(镇与征字通假。镇最早为军事据点,古代在边境驻兵称为镇,古文"鋹",《玉篇》记:"安也",云:"镇,名山安地德者也"。南征顶今海拔一千二百四十八米,民有"猴子不降天台降石堆"之说。侯子,讹为猴子,再讹成"孙悟空"。故今当地多圣人孙悟空庙祀)。南征顶东有游龙戏壁处,龙爪醒目;西有石室奇洞,洞内水潭常年不涸(所谓"神水",因为山高秃顶,没有草木可蓄水,人以为神奇而名。而实际是因为山高,终年云雾蔼顶,所形成的水蒸气降积而成水潭)等自然景观。其山顶端可观七州(瀛洲,今舟山岛;臺州,今台州市;括州,今丽水市;婺州,今金华市;衢州,今衢州市;闽侯,今福州市),势控群蛮。越侯屡征邸夷人,有不服者,隐迹高山丛林中,攀缘于崖壁间,曰"匪(飞)人"。山越人祖先从长芒谷物中筛选出糯稻,将糯稻粳米煮熟为饭,再捣烂团捏成坨坨,称麻糍,或称糠粑,于是自称康巴人。康巴人身材高大,长发披肩,其富有智慧之人则号强巴,他们逐水草而居,湖称"措",即意为圣湖或天湖,田称鸟田(原指用鸵鸟耕种的田,后泛指梯田)。《强盗歌》记:"我漂泊无定浪迹天涯,蓝天大地便是我家"。

邸夷猫獠先人于高山兀突石骨中凿鼻洞、套铁环、系绳索,作为攀缘支点,以采高山壁岩中药物,故东瓯有多地称"吊船岩"(吊船岩应称吊悬崖。今温州市永嘉县楠溪江源头林坑村与张溪乡南正村有吊船岩;永嘉县与乐清市交界处空岩山岩峰称吊船岩;永嘉县东城街道陡门村有吊船岩。今台州市黄岩区上郑乡大溪村龙潭坑石笋柱有吊船岩;富山乡半岭堂村有吊船岩;市头乡新湾村有吊船岩;北洋镇五尖山村有吊船岩;茅畲乡西侧有吊船岩;头陀镇岱石山有吊船岩;南城下洋山有吊船岩。今天台县三合镇佃坑村有吊船岩;赤城街道东坑陈村东有吊船岩。今神仙居景区有吊船岩;仙居县有缆船岩,当亦是吊船岩。今金华市磐安县东南部高姥山山峰南坡有吊船岩),吊船岩旁有"捣臼穴"(吊船岩附近岩石仰天处,皆有状如酒盅,大如碗的数十个捣制石穴,民称"仙人酒盅"。今黄岩区大寺基万福寺前的龙缠石,南城街道药山村滴水岩旁,均有岩坡上的捣臼形状残踪)。《通典·边防三·獠》记:"(獠人)散居山谷,略无氏族之别。又无名字,所生男女,唯以长幼次第呼之。其丈夫称阿谟、阿段,妇人称阿夷(后今台州市方言有称父亲为阿嗲,称母亲为阿夷,即由此来。由此可知,越人南征,娶当地妇人为妻居多)、阿等之类,皆语之次第称谓也。依树积木,以居其上,名曰干阑,干阑大小,随其家口之数。往往推一长者为王,亦不能远相统摄。父死则子继,若中国之党族也。獠王各有鼓角一双,使其子弟自吹击之。好相杀害,多死,不敢远行。能卧水底持刀刺鱼,其口嚼食并鼻饮。"("猫獠乱"又于元末明初在浙江天台县猫狸岭起事,为明太祖朱元璋镇压。)邸夷畲人(今畲族先人。原部落大部居今宁波市、台州市区域)有反抗者,《游洋志》记:"(畲人)每每彼所开垦之地,垦熟即被汉人(夏族)地主所夺,不敢与较,乃他徙,故峭壁之巅,平常攀越维艰者,畲客皆开辟之。"

东瓯人穿卉服(用草编织的衣服),好以裙饰(短裙,用花草遮挡阴私部分),果蔬螺蛤,饭稻羹鱼;民生自力,皆有耕者,于溪谷相间,垦田种稻。人大多会凫水,文身以获水禽,且于广海无艮舟楫捕捞、网鱼。《尚书大传》记:"吴、越之俗,男女同川而浴。"民悍戆好斗,语种繁多,此真是"十里三荒,讲话乱讲(音gang,指语言种类繁多)。"乐鬼重巫,亦鬼怪事多,祭祀庞杂,巫之职司,乐舞娱神。人居多草房,无陶冶而常被火烧。民俗皆徒跣,以拱手为行礼。人无名字,男女会同无别,骂人皆称"赤佬",所生男女,以长幼次第呼之。民执盾持矛,不识弓矢,用竹为簧,群聚鼓之,以为音节。男女椎发跣足,衣斑斓布,龃牙(指门牙、犬牙,古称獠牙。南方人獠牙蜕变成智齿较北方人晚些,南方人由于啃食,门牙与犬牙前突,故多龃牙)突出,素不著履,其足皮皱厚,行于棱石丛棘中,一无所损。越国王者本为夏族,越侯历征不宾服者,猫獠人逃居蜀地(今四川)称獠民,后以"猫"去犬字而称苗民(后又分苗族、瑶族),苗民多派,而猫獠之后的苗民占大（分布在今浙江温州市与福建福州市间）。畲人常点火为号,吹螺集群,一旦畲龙滚事发,队伍越滚越大,且由没有妻室的单身汉组成,作战异常勇敢。越侯对南方夷人的征剿,迫使他们东躲西藏,东躲的,"民皆乐于奉承土化",则安住地名奉化（即今浙江宁波市奉化区）;西藏者,溯江（今称长江）而上,该当是吐蕃（今称藏族。居今西藏自治区东境与四川西部的康巴部分,其初始文明在公元7世纪后）的先人。《梁书·张缵传》:"零陵、衡阳等郡,有莫徭（瑶族支系）蛮者,依山险为居,历政不宾服。"畲人集群迁移,形成了畲族群区（即今丽水市景宁畲族自治县）,留居之地名茅畲、畲峦等（今台州市路桥区桐屿街道共和村,原名畲峦。畲峦茅山头岩石壁立处有岩画,有学者提出是东瓯时期的岩画,而当代有过去的守林员自称是其"文化大革命"时所刻划,故将疑之）。东瓯有海洋之利,原住民亦有流海者而来,《吕氏春秋·有始览·听言》记:"夫流海者,行之旬月,见似人者而喜矣。及期年也,见其所尝见物于中国者而喜矣。"因滨海,故有盐;因负山,故有茶;民力劳役,故不能无酒。《史记·东瓯列传》记:"越巫立越祝祠,安台无坛,亦祠天神上帝百鬼,而以鸡卜。"《吕氏春秋·异宝》记:"荆人畏鬼（好事鬼、神也）,而越人信禨（好事福、祥也）。"东瓯之地草莽虫蛇杂居,民罹其毒,曰鳄鱼是蛟龙,因敬蛟龙为图腾。

越王勾践九年（前487）,范蠡与计倪南下海隅,入三江（今台州市黄岩区三江口镇）,上柔川（溪流名。在今永宁江上游,黄岩区北洋镇潮济村起点,上至于市头乡布袋坑村）,至于双溪口（在今三联村）。他俩于溪谷之间,竹林之中,共食一箪,择莱（指竹林处的荒茅之地）露宿。又复行,林尽水源,便到高处,居山之巅,可一览众山小矣,以为峤山。民云:"苦粟山下吊船岩,两个宰（越）相同排（竹排）来"。越国于峤山建官寺（今称大寺基,原址在今大寺基万福寺。位于今台州市黄岩区、仙居县,温州市永嘉县交界处。今台州市永宁江,温州市楠溪江皆发源于此）,置小吏十余家,名普光院（今名万福寺）,又沿溪江下,在畲人集居处设大理寺（今黄岩区茅畲乡大理峦村。大理寺的畲人后迁移到今丽水市景宁畲族自治县及温州市文成县的是为畲族,而往云南大理市迁徙的后定为白族。公元999年,随着汉人牟姓人从四川迁入,仅存两户畲人被汉化。大理寺旧址被洪水深埋在今一米深的良田下,其北故称北洋镇,当代村民不断挖掘出粗作大瓦,以为有地下城存在）官署,于是行新政、征田赋。《广韵》记:"寺者,司也。"官寺出溪水而流二江,东流之水名灵江（今称台州永宁江）,南流之水名楠溪（今温州楠溪江,战国时期曾是独流入海的河流）。此真是:峤山揽二江,东瓯控一地（包括今丽水市、温州市、台州市）。东瓯为了刺激人口快速增加,鼓励生育政策,"生丈夫,二壶酒,一犬;生女子,二壶酒,一豚（小猪）"。另此,范蠡推广间作种稻;计倪教民种漆之术。时谓:越国清复当鸣楫,东瓯治安漫峤基。此后数年,范蠡常去东瓯运作。范蠡烦厌苦竹,处溪谷间广种簧竹（簧竹,所谓竹中之王,故名）,凡民修山移竹一株,酬之斗米（斗米,合今十五斤米,如按稻谷折算,得二十五斤谷。现今高山松竹皆交翠盖体),古壁修篁台在焉。

越王勾践二十五年(前472),越灭吴,越王封范蠡为东瓯君,并以朱红书写在布帛上,置之枕头中,以为邦宝。九月丁未,越王赐玉璧,送范蠡出行。范蠡曾对计倪称:"去海隅烧高窑"(今丽水市缙云县双溪口乡越王山村,金姓老者还流传着"范蠡去烧高窑"这一说法)。范蠡出齐门北之蠡口,乘舟回巡蠡湖,蠡湖即蠡渎,《寰宇记》:"范蠡伐吴开此渎。"范蠡登舟出行遇风,宅居包山(一作苞山,俗称西山。在今江苏苏州市吴中区金庭镇。现有"包山禅寺"),则祭罢天地,传云包山地脉能通海隅因祀之。《述异记》:"蠡尝乘舟至此(包山)遇风,止钓于上,刻字记焉。"《山海经》注:"吴县南太湖中有苞山,山下有洞庭穴道,潜行水底,云无所不通,号为地脉。"范蠡到达海隅,称东瓯君。范蠡邸(抵)夷,是指到达海隅(今浙江台州市)夷人的地方,《史记·越王勾践世家》误"邸夷"为"鸥夷"。去东瓯沿东海岸行,以东瓯九龙山巅峰"丫岩"(即今台州市永宁山丫髻岩)为标识,进入三江口,溯永宁江而上,至于凉棚(今黄岩区宁溪镇凉棚村),时谓凉棚排竹通五湖。范蠡初到东瓯,藏宝于高山岬洞中,谓曰藏金洞,山于是亦名富山(即今台州市黄岩区富山乡大裂谷景区,名盗金谷洞,应以为是"范蠡石室"),后世盗贼企图得金,盗金事多发,则称盗金谷洞(斯时的宝物之后大多随藏在塘山大墓,疑似越王赐范蠡的玉璧被发现,西周时的祭器有部分存放在东瓯城,后为徐阎王徐福所用。当年盗金贼实无黄金珠宝可盗)。范蠡贮粮于半岭石匣间,石匣巨石相依,面天多平旷可晒谷,地下石室宽敞可藏谷物,故名嵊谷岩(嵊,音kàng,越语是为今文"藏"之意,即藏谷岩。在今大裂谷景区东坡下,溪涧对岸)。富山顶端有翁岩耶,谓翁姓人祖岩,范蠡藏金宝,计倪为守护人。翁岩崩坍后成为大裂谷,民建财神祠。

范蠡建东瓯城(在今浙江台州市温岭市大溪镇以北六里,大唐岭南麓里宅村与大岙村间的"大溪古城"),筑土围墙周五里,相垺(相等)越城(考古没有发现土围墙中有瓷器瓦片残存物,可见当时建城时很是原始)。城据四达之地,对景方山(属今浙江台州市温岭市),建在南北向的缓斜坡上。东瓯城西倚之山(后名雁荡山),群峰连绵(又西南因为岩石跌宕多处形成象形物,古称岩宕,后雅其字为雁荡山,指称南归秋雁多宿于此而名);北背之山(今名太湖山),岗阜绕护;东面洼地,平原广泽(后有秦始皇时徐福得平原广泽,即指此);南屏方岩(今称方山),横塬居正。东瓯城左前为龙城山,右前为凤城山,形如抱护之璧;前出龙城山又狮子山,前出凤城山又老鹰岩。东瓯城内河道纵横,水门开合,进出便捷。《越绝书·逸文》记:"东瓯,越王所立也,周元王四年(前472),越相范蠡所筑也(东瓯城建成时间当在公元前470年)。"范蠡治理东瓯,昌焕乾坤,爰稽邦典,寓兵于民而其器亦出于民而无事,所谓不教而殃民者无有矣。范蠡要开发沧海良田,或水或塘,"治以为义田为肥饶","因熟积以备四方"。因而将平原广泽西域古老的海湾隔除,筑拦水堤坝,平原广泽西域于是出平湖(包括现今黄岩区太湖山、鉴洋湖,至于今路桥区小人尖山下新安西街以西)。平湖,实际是个潟湖,以调蓄水,冲淡平原广泽东区盐碱地。坝成,湖盈,但见烟波逐湖,凫(野鸭)趋雀跃。群凫北飞,范蠡叹曰:"越国的凫一飞到楚国便称其为燕。"则命此堤飞凫坝(在今路桥区桐屿街道),湖名太湖(今名鉴洋湖,面积缩减。属今台州市黄岩区)。兴修水利出现了大批良田,但亦造成了大批鳄鱼搁浅、游离,之后成为"龙"的地名。

越王勾践三十二年(前465),范蠡得知越王将运葬山阴,犹朝夕哭,建拜坛(即在今台州市路桥区小人尖山文物遗址。晚清四品官杨晨著《路桥志略》称此处为"三拜坛)越绋,北望祭拜,以尽人臣之礼,如此三年。所谓"越绋",即不受私丧的限制,在丧期参加祭天地的典礼。《礼记·王制》:"丧三年不祭,唯祭天地社稷,为越绋而行事。"三年丧期中,按照吉、丧礼不相混淆的常理,除了天地、社稷祭祀外,其他属于吉礼范畴的祭祀一般应停辍不行。范蠡于三拜坛越绋礼制,《周礼·掌客》记:"凡诸侯之礼,皆视飧牢。三问皆修,群介行人宰史皆有牢。飧五牢,食四十,簠十,豆四十,铏四十有二,壶四十,鼎、簋十有二,牲三十有六,皆陈。"范蠡用上公之礼祭祀,将瓷豆摆放成梅花状,之字状,以供天、地、神人共享(瓷豆,即俎豆,古代祭祀时盛食物用的礼器。今考古者在小人尖山已经挖掘出西周时期的原始青瓷器。窖藏青铜器二十二件,原始瓷器四十九件,泥质灰胎陶器二件,玉器五件。其中有四十余件是祭祀用的青瓷豆。豆,状如高脚盆盘,用于盛放黍、稷等谷物。以上诸物件现存黄岩区博物馆。三拜坛,现地方史以为是徐偃王祭坛,当地居民在20世纪90年代两次建石质三角碑,所建的亭子,亦连遭雷击。后建了西周文化象征物,才得以伫立。误史而遭报应,是天意乎?)。

越王鼫与元年(前464),越王自称"皇"(1959年,安徽淮南蔡家岗出土了"旨於赐戈"。见铸于铜器铭文是越王称"皇")。东瓯君为越皇制作陶质乐器。传云:"计倪作陶坯,范蠡烧高窑。"范蠡当卒失(非正常死亡)于烧窑时(今台州市"塘山大墓"考古发现,塘山大墓的乐器随葬品还没有烧窑。范蠡与计倪用陶土仿制乐器的有陶埙、镈、鏄于和磬等音乐瓯器,现存浙江省文物考古所。假使这些陶泥乐器经烧窑上釉,不知又会出现什么样的文物奇迹。范蠡生于公元前536年,卒年应在越王鼫与三年,七十五岁)。范蠡有二子:长子、中男。《世本》记范蠡二子:"(长子)去越入齐,老身西陶(指今河南武陟县西陶镇),仲子(中男)由(游)楚,僬(昏迷)中而死。"人们希望范蠡能与西施在一起,而范蠡离开西施之年已是六十五岁,亡国舞女,何来雅兴?而两者皆僵然成石,这也成就了这一美好的愿望。不是吗?人们发现东瓯九龙山巅峰的"丫岩"状如西施头上的发髻,于是称名为"丫髻岩"。据《伍氏宗谱》记:"子胥娶贾氏,生子辛,字宠子,因寄齐鲍叔牙(当是鲍息),鲍惟闻家改名封,娶国氏,生二子,长子常,幼子帷。"西施当为王孙封(鸱夷子皮)妾,再也没有生子。而大自然造化,丫髻岩东北望海处有阴户生门石岬,其前石状如"抱子",人以为是西施子也。范蠡成了"石大人"(在今台州市黄岩区澄江街道),石大人神似越大夫,屹立在岱石山上,顶风冒雨,腰际虽有箭伤(红石片块),但仍守卫着美丽的橘园(指台州市澄江两岸黄岩蜜橘)。神哉!《嘉靖太平县志·地舆上》引《临海记》云:"昔人渔于海滨不返,其妻携七子登此山望焉,感而成石,下有石人七躯,即其子。"是石夫人(在今台州市温岭市市区)耶,谓曰西施,其貌风鬟雾鬓,延颈削肩,酷肖美人。范蠡卒后,长子范侨嗣位。长子改名范侨,是范蠡到东瓯为东瓯君时事,取"侨居"之意。范氏虽然有过辉煌的历史,但是周王室连子爵的地位都不承认,范蠡曰"三王则三皇之苗裔也,五伯乃五帝之末世也","吾先君,周室之不成子也"(见《国语·越语》)。

计倪尾随范蠡到东瓯,因作陶坯,而称泥翁,泥与倪字同音,字名倪翁(翁,即年老头秃,亦指"老师"之意。倪翁所制瓯翁,有三只仿样现存台州市温岭市大溪镇里宅村),其住地名翁岙(即今台州市温岭市大溪镇翁岙村)。翁岙,群山斗嘴成岙,形似紫莲花开。计倪已是古稀之年,还随范蠡制陶作器。东瓯烧高窑事发后,计倪出行,流舟灵江,上永安溪(属今台州市仙居县),翻越苍岭(今称苍岭古道。此条古道是东瓯区域通道),入缙云山(在今浙江丽水市缙云县仙都风景名胜区),寻得灵异境域,居阳谷洞,名"倪翁洞"(洞中有灯盏洞、米筛洞、读书洞三洞并连)。倪翁洞东北向,有五君峰、仙女照神似访客,复北行,地因名东阳(今浙江金华市东阳市)。倪翁教民生财之道以治产,受学者皆致富。诗云:"独峰山下翁洞前,话商访道聚英才。若问学子何住地?皆曰客人东阳来。"倪翁入耄耋之年而寿终,其后传江南倪姓。

范侨为东瓯君(已封东瓯王,谦称东瓯君),东瓯没有盖屋瓦片,民居搭茅建舍,茅舍易燃,故常起火。东瓯君闻晋国有打火英雄冯妇,以马十驷、玉二珏、文锦十纯,委托贾人适晋。冯妇至,东瓯君命驾虚左,迎之于国门外,共载而入馆,于国中为上客。冯妇者,冯父,魏国文侯斯之弟魏长卿也,魏长卿到访东瓯。东瓯市中有火,国人奔告冯妇,冯妇攘臂从国人出,求虎弗得,见是大火宫肆,曰"此大火也,大火非老虎",遂去。东瓯人称老虎为大虫,是为"虎"与"火"音误而成为乌龙笑话。《郁离子·冯妇》假借用名以编寓言,记:"国人拥冯妇以趋火,伤灼而死。于是贾人以妄得罪,而打虎英雄至死弗悟。"东瓯之地多火灾,自此后东瓯人制陶作瓦,以防火灾。东瓯为"兴渔盐之利,渡舟楫之便"。建石塘,以造舟楫。《越绝书·记地传》记:"石塘,越所害(辖)军船也。"凡军船驻地皆称石塘港,凡造船工场则称船宫,凡工场旁有寺,就是督造军船的官署。东瓯有多处军船所用石塘名,其背山大多有松涛万顷,可供伐木造船用。一是括苍石塘(在今台州临海市括苍镇杨家村),背括苍山面东为白水洋(今临海市白水洋镇)出灵江。二是九龙石塘(在今台州椒江区葭芷街道原西山乡),背九龙山(即今台州市青山),前为屏风山(即今台州市乌龟山)而出灵江(今称椒江)。三是松门石塘(即今台州温岭市石塘镇)出东海,旁狮子山,山上有石庵存有香炉,方广五丈,高三丈五尺,修炼者尝居之(见《嘉定赤城志·山水门》)。四是龙沙石塘(即今温州市苍南县龙沙乡石塘村),处于大渔湾出渔潦沙滩至东海。《越绝书》记:"(越人)水行而山处,以船为车,以楫为马,往若飘风,去则难从。"东瓯大船名闻于世(《资治通鉴》记"东瓯大船"之后在隋朝隋文帝平陈时被没收才失名)。东瓯君"煮海水为盐,以故无赋,国用富饶"(见《史记·吴士凑传》),地名盐岙(即今台州市路桥区桐屿街道盐岙村)。盐岙的盐场西南有石盘柱,海波沃日,舟人常系缆于此以贸易盐,称名石柱头(或曰吊船岩,在今台州市黄岩区南城街道下洋山北部)。东瓯渔业资源丰富,则制干海货,九龙山(现名永宁山)山麓西,有"晒鲞岩"(在今黄岩区方山下)将大黄鱼解剖,制成鱼鲞,曰白鲞。九龙山南麓常乐山(在今路桥区桐屿街道上山童村后山)下,有"蜇儿坎",晒制鲊,鲊即水母,曰藏鱼,海蜇也。九龙山东南畚岙(即今路桥区共和村),有"墨鱼山",以烤晒墨鱼、鱿鱼干。《临海水土异物志》记:"丹丘(传说中神仙所居之地,时指临海郡,今当指台州市神仙居)谷,夏秋再熟。"东瓯民皆善长编织竹器,而将海岸贝壳串联起来以为货币易物。东瓯君知山林、川泽之阻,积石为道,但凡山际间,民众集居处,皆达其路,称茶盐道(现称苍岭古道。此条古道是东瓯区域通向楚国的通道,南起今温岭市大溪镇里宅村东瓯古城,经今黄岩区长潭水库中的原乌岩乡、宁溪镇凉山村;今仙居县朱溪镇、横溪镇;今丽水市缙云县壶镇镇,入楚国地)。东瓯之民在灵异境域(今台州市灵江流域)发现了绵(宋朝以后改"绵"为"棉")花,故云植绵起始在浙东滨海地带(见《浙江省农业志》)。越国东瓯君是春秋时期大力种植绵花、织布制衣的先行者。时论:东瓯平畴万顷,岁年丰收,得鱼、盐之便,可运销四方;有丝、棉之饶,可覆衣天下。

范威为东瓯王。范威,谱名范峥,号范甂。《易·系辞上》:"范围(威)天地之化而不过。"东瓯虽然是海隅之地,而备周礼,言法则天地以使其化。东瓯区域山形峥嵘,而使得滨海地带出现了大片水网沼泽之地。斯时的东瓯,民有裘葛之遗,而无冻馁之患。东瓯之民饱食,甂饭者络绎不绝,有饭甂山(在今衢州市衢江区全旺镇虹峰村)舍施楚、越之地贫穷人;有解粮山(一名大平山。在今台州市椒江区葭沚街道后村村。从所处位置在九龙山石塘港之北分析,当年应是东瓯之民解送粮食去越国会稽山的重要粮运码头)贡粮越国。亦有放粮流海者。

范同为东瓯王。人戏言范同是饭桶,此当指东瓯粮食大量有余。东瓯在西原(今台州市温岭市方山与峤山间之山,名西山,旧名西原)建欧冶池,铸造铁器。《嘉定赤城志》记:"西原与峤山相望,世传仙人炼丹之地,绝顶有池尚存。"东瓯有葛岙(今台州市黄岩区南城街道葛岙村),采葛以制葛衣,遮羞蔽体。东瓯有越席,是用蒲草编的席子,蒲草又名括草。东瓯时"括"与"越"字通假,《史记·礼书序》记:"故大路越席"。东瓯有师姑坪(在今台州市黄岩区北洋镇五尖山村。现遗址尚存石磬),是为道学院址,因而巫祝大行,于是鬼道自盛。

范陶为东瓯王,时越国共有五年(前365—前360)无越君王。东瓯多火灾,于是大建窑址(今台州市存有埠头堂窑址群、沙埠窑址群。尤以盐岙窑、杜岙窑,称纱帽岩青瓷窑址最是具名)以制陶作瓦,九龙山(现称永宁山)南麓沿山窑址密集,其规模惊人。窑工取丫髻岩下白石(瓷土)为原料以制陶取瓷,窑产的窑具有碗、钵、盂、罐、鸡头壶等,釉色以淡青釉为多,青瓷器物,胎较白,釉色则白中闪亮,而其褐彩装饰也更为丰富多样,陶制品或者是拍印的方格纹、刻画的水波纹等纹饰,很是美观大气,时论:"器择陶拣,出于东瓯"(见晋杜毓《荈赋》)。《诗·陈风·宛丘》记:"坎其击缶,宛丘之道。"《词源》:"缶是瓦器,可以击乐,若今击瓯。"瓯又分茶瓯、酒瓯。

范夷为东瓯王。范夷不善理政而善贾,因号陶朱公(《世本》记:范夷即陶朱公)。齐威王八年(前349),齐入赘女婿淳于髡自东瓯回来,对威王曰:"今臣从东方来,见道旁有穰田者,操一猪蹄,酒一盂,祝曰:'瓯窭满篝,污邪满车,五谷蕃熟,穰穰满家'(祝语意即:使我的竹篓装满稻谷,秆秸装载满车,五谷熟收使粮仓满了,烧饭用的柴火堆满了房前屋后)。臣见其所持者狭,而所欲者奢,故笑之。"东瓯之民富有,陶朱公弃政从商,徙居伏牛山陶公钓矶(在今浙江宁波市东钱湖陶公山)养鱼。《养鱼经》记:"齐威王聘陶朱公曰:'闻公在湖(指今宁波市东钱湖)为渔父。(而早先)在齐有邸夷子皮(当指伍子胥之子王孙封),在西戎有赤精子(道者称是老子化身),在越有范蠡,有之乎?'陶朱公曰:'有之。'王曰:'公任足千万,家累亿金,何术乎?'曰:'夫治生之法有五。水畜第一,水畜,所谓鱼池也。以六亩地为池,池中有九洲,求怀子鲤鱼长三尺者二十头,牡鲤鱼长三尺者四头,以二月上庚日内池中,令水无声,鱼必生。至四月,内一神守。六月,内二神守。八月,内三神守。神守者,鳖也。所以内鳖者,鱼满三百六十,则蛟龙(鳄鱼)为之长,而将鱼飞去,内鳖,则鱼不复去。在池中,周绕九洲无穷,自谓江湖也。至来年二月,得鲤鱼长一尺者一万五千枚,三尺者四万五千枚,二尺者万枚。枚值五十,得钱一百二十五万。至明年,得长一尺者十万枚,长二尺者五万枚,长三尺者五万枚,长四尺者四万枚。留长二尺者二千枚作种,所余皆货,得钱五百一十五万钱。候至明年,不可胜计也。'"齐威王惊叹不已,乃于后苑治池养鱼。陶朱公货资营丘(即今山东昌乐县营邱镇),从而富甲天下。陶朱徙居陶公山养鱼,生小子小忻,后世尊小忻为"忻史公",传忻姓。

陶朱公次子范环为东瓯王。楚怀王二十三年(前306),楚使邵滑伐越,越败,楚得越地句章(古句章。治今浙江宁波市江北区慈城镇南十五里。或记在今余姚市东南五十里城山村),东瓯归楚。《战国策·楚策》记:"(楚怀王二十四年,即前305)楚王问于范环曰:'寡人欲置相于秦,孰可?'对曰:'臣不足以知之。'王曰:'吾相甘茂可乎?'范环对曰:'不可。'王曰:'何也?'曰:'夫少举,上蔡之监门也。大不如事君,小不如处贮,以苟廉闻于世,甘茂事之顺焉。故惠王之明,武王之察,张仪之好谮,甘茂事之,取十官而无罪,茂诚贤者也,然而不可相秦。秦之有贤相也,非楚国之利也。且王尝用滑于越而句章,昧之难,越乱,故楚南察濑胡(指今江苏溧阳市之永阳江及长荡湖)而野江东(江东所指区域为今长江下游江南一带)。计王之功所以能如此者,越乱而楚治也。今王以用之于越矣,而忘之于秦,臣以为王钜速忘矣。王若欲置相于秦乎？若公孙郝者可。夫公孙郝之于秦王,亲也。少与之同衣,长与之同车,被王衣以听事,真大工之相己。王相之,楚国之大利也。'"范环阻止楚王推荐甘茂去做秦相,而提议让甘茂过去的政敌公孙郝去做秦相,其目的是为了楚国有好处,若秦国有贤相,非楚国之利。二十四年,楚怀王意欲杀东瓯王,则翻历史旧账,因过去楚越交恶,东瓯王范环曾杀过楚人,则囚之牢狱,欲杀之。陶朱公闻知此事,曰："二国相争而有命案,职也。吾闻出千金而不死于市。"于是命长子(名长男)携金使楚周旋。长子至楚,找到楚怀王宗族兄弟庄辛,"至则进千金于庄辛所,听其所为,慎无与争事"。庄辛虽居穷阎(里门),然以廉洁奉公闻于国,自楚王以下皆师尊之。庄辛告诉怀王："陶朱公长子多持金钱贿赂左右。"怀王闻之大怒,遂杀东瓯王(此段情节被司马迁编著成《史记》"陶朱公救子"的故事。庄辛,《史记》作庄生)。

　　范氏东瓯王,自越王勾践亡后越王鼫与称"皇"起,称"皇"而原封以"君"的皆转封为"王"。先期东瓯王时期,创造了璀璨的地域文明,此当是一个天地间的乾坤和合圣地。《史记·孝武帝本纪》记："越人勇之(对汉武帝)乃言：'越人俗信鬼,而其祠皆见鬼,数有效。昔东瓯王敬鬼,寿至百六十岁。后世谩怠,故衰耗。'"范氏东瓯王,自越王鼫与元年(前464),至于楚怀王二十四年(前305),历时一百六十年。

小结

　　南蛮的远古历史曾被披上许多神秘的色彩,盘瓠的传说被升级逾越成了盘古的故事,但盘古的历史就永远是盘问之题,不能作为信史。言南蛮,以为是楚国,楚国王裔却是正宗的黄帝族系,楚国建立了国家政权,蛮人的文明开启。今湖南怀化市苗民有以为盘瓠开天地是为苗民之始,建立盘瓠庙;今湖南张家界有以为驩兜是苗族始祖,建有驩兜庙。苗民多派,而猫獠之后苗民是为大派。言楚国之王为蛮人,似有冤屈,楚国一强大,就要去敲问周王室,以为自己族系是南蛮人的启智者。徐国在周初累受周王室税赋盘剥,徐国就举证曰徐人是黄帝少昊氏之后,始祖是周祖的长兄;而企图联楚抗周又祭出徐人是颛顼帝之后与楚王同祖的大旗,于是以"仁义"之名侵吞楚国五百里地,最终目标是企图取代周而王天下。周朝天下初始,就企图统领南蛮,打进一个楔子,封了个息国。可是周朝插手南蛮的事随着息国亡国就基本失败,还招来了楚国的不少麻烦,于是周王室不时被楚国敲打。在东夷,周朝封了个吴国,初始是为监督徐夷之国;后封徐子国就将其端放在吴国旁侧,以为可控。吴国初封,亦有遏制住楚国的扩张势力之意图。楚国屈巫臣奔晋,尔后启动了吴国的军事力量,将楚国搞得"一岁七奔命"。吴国强势立国,《史记·吴太伯世家》太史公曰："孔子言：'太伯可谓至德矣,三以天下让,民无得而称焉。'余读《春秋》古文,乃知中国之虞与荆蛮勾吴兄弟也"。言南天楚地,越国次也。越国在越王勾践时期,"垦草创邑,辟地殖谷",

大量增加农业生产,兴修水利,积累了充裕的社会物质财富。《周礼·考工记》述:"粤夫人而能为铸也。"可知越国的铁制农具、金属兵器之多,他国莫属。越王勾践宝剑更能证明越国武器的精良。楚王熊渠封三子执疵为越章王,越皆为楚地。越章王有疾,在越地不理政,越人自大。楚国为了对付吴国势力向南扩张,楚郏敖时划南海(今钱塘江)以南地给越以为附庸国,以制吴。晋在楚的背后扶持了吴国,使楚国头痛不已,则楚也就甘愿割地,扶持个越国,在吴国背后插一刀,便是此意。《史记·越王勾践世家》太史公曰:"禹之功大矣!渐九川,定九州,至于今诸夏艾安。及苗裔勾践,苦身焦思,终灭强吴,北观兵中国,以尊周室,号称霸王。勾践可不谓贤哉!盖有禹之遗烈焉。"东瓯区域的文明因为"徐偃王"徐福隐藏极深,历代史官没有追究浙江诸地出现的"徐偃王"其真实身份,造成了历史的许多误会;因为《史记》范蠡盖六世之论,范氏东瓯王的历史被湮灭。发掘这些史料,南天楚地的历史就更显完美。

第十一章　东方齐鲁　燕王北居

齐国之王其先世为炎帝之后。黄帝之时为舅家,五帝时期为监国者,周朝天下授权为征战国。齐国同姓附着国,北有翟国,西有申国,东有郱国。此三国初时是在拱卫着齐国的安全,可是,翟国为晋所灭,申国为楚所亡,齐国也就亲吞郱国。田氏篡齐,齐国复强。鲁国始强之后,便是王室内讧。燕国居于齐国之北,亦常寝不安席。齐国是春秋时期的强国。

一、炎帝系夏官缙云氏

炎帝榆罔族弟祝庸是黄帝律的祝融之官。祝庸生三子:共工、姜钜、伯陵。黄帝封姜钜建封国,改名封钜。夏朝时,封钜的后代居于封父(今河南封丘封父亭),为诸侯国,后人曾经称封钜为封父,实际上是以地名为人名。周代,封父之国灭亡,其国人分两姓,一为封姓,一为封父姓。封钜之弟伯陵,一名逢伯陵,字伯服。黄帝封伯服(伯陵)为夏官缙云氏,封地在缙云(今浙江丽水市缙云县)。伯陵同黄帝鸿老丈人吴权之妻阿女缘妇通奸,阿女缘妇怀孕三年,生下鼓、延、殳。殳创制箭靶,而鼓和延则创制了钟磬,并制定了乐曲的章法。殳之后,帝尧封殳侯。鼓生灵恝,灵恝生姜齐,姜齐生伊吕。帝喾时,伊吕升朝,自得台衡之望,伊吕生伯垂。延之后传五世饕餮,饕餮贪于饮食,帝舜定为四凶,贬出国门。伯垂为帝尧、帝舜时共(百)工之官。伯垂生伯夷,伯夷生龙先,龙先为帝禹时水官。龙先生玄氏,玄氏生宣、定,宣生怀、恒,恒生宰,宰生禅,当夏少康时。禅生启,启生蒯、副,蒯生正乔,正乔生志道,志道生祖荣,祖荣生杜成,杜成生承先,承先生平理,平理之时夏桀亡。平理生永和,永和生子禹宣,永和之时,商汤为帝,帝汤重之,故可嘉也,禹宣子名嘉。嘉生衡车,衡车生海复,海复正当殷帝太戊时。海复生祖甲、祖丙,祖甲生大懋、二懋,二懋生正二,正二生美成、心成,心成生元,元生仲调,仲调生记恒、训元,训元生先一、先二,先二生司会,司会生挥前。挥前正当殷帝武乙时,殷武乙衰弱,周人强起。挥前生公伦、公显,公伦生豫仲,豫仲生楷先。楷先为东伯侯。东伯侯生姜吕涓,字子孠,后称姜太公。姜太公初事商纣王记史事,因纣王无道而退居渭水,以钓鱼为食。

二、姜太公辅周传齐吕

姜子牙(约前1143—约前1066),一名吕尚,号飞熊,俗称姜太公,天台山(指今山东日照天台山)人。姜子牙其牙字,殷末称孠,周初称牙。子孠初为商纣王史官,纣王昏庸,子孠谏言纣王不听,便辞官。子孠匡扶季历,商王文丁忌讳周得以强,文丁十一年(前1114),文丁杀季历。于是子牙流落朝歌宰牛,因不胜体力,又去孟津卖酒,卖酒不得利,去渭水(即黄河分支渭水)钓鱼以为食,时穷困也。子牙钓鱼,鲁连闻之,往而观其钓,子牙跪石隐崖,不饵而钓,仰咏俛吟,及暮而释杆。鲁连知此公钓鱼不凡,乃告于周文王。适又有樵夫武吉嘲笑子牙曰:"此直钩无饵,百年无鱼可得。"子牙之钓鱼,愿者上钩,已知周西伯昌将要寻己,故以直钩无饵几天。周文王四十二年(前1072),文王西伯至磻溪(一名璜河。在今陕西宝鸡市东南)之水,子牙正钓于涯,文王下趋拜曰:"望公七年乃今见,光景于斯。"时周文王不禁感叹,想当年为商纣王所囚禁在羑里,子牙探视,还赠以《女娲伏羲图》,是八卦书也,被囚七年,研习伏羲八卦,演绎为六十四卦,作卦辞,成《周易》。文王今见子牙,故有时语。文王对子牙曰:"吾祖古公亶父早言:'当有圣人来周,周必盛也'。先生当年与散宜生、闳夭救我这狱难之人,真不知先生隐此而安,如何不助我王业? 安闲在此钓鱼!"子牙则言:"商殷暴虐,时无天下贤主,我钓鱼为食,'望钓得玉璜'。"文王则曰:"我就是玉璜。"遂请子牙同车而归,则封子牙为军师。《水经·渭水注》:磻溪水"出南山兹谷,乘高激流,注于溪中,溪中有泉,谓之兹泉。泉水积潭,自成渊渚。即《吕氏春秋》所谓太公钓兹泉也"。西伯得子牙以为师,治兵于毕,伐犬戎、崇、密须、犬夷等国,领土西扩数百里(一记八百里),则建丰邑。子牙见文王后七年尚变名,《说苑》注云:"变名为望,盖因所呼之"。此变名也,实为姜子牙辞世,子吕望继位。所以称姜太公也,子牙早已辅助季历。天下三分而二归周,多半为姜太公之谋。

吕望,名师尚父,号太公望(约前1100—约前1030)。西伯姬发欲伐商殷,时有伯夷与叔齐兄弟俩赶上去拉住了姬发的马缰绳而劝谏曰:"尔的父亲死去还没有下葬,却动起干戈来,这可谓孝吗? 尔是臣子却去弑君王,这可谓仁吗?"姬发左右卫士欲打他俩,师尚父曰:"此义人也。"就将他俩扶持而去。师尚父博学,从以善政。西伯发为王通年九年(前1053),准备伐纣。师尚父为统军元帅号令:"各路集合兵众,备足船只。迟到者斩。"十一年,武王供奉文王栗主于军帐之中。发布讨纣檄文,率领戎车三百乘、虎贲三千、甲士四万五千人,八百诸侯同至,渡黄河北上伐纣。时十二月戊午日,风雨暴至,群公尽惧,姜太公吕尚曰:"奋进,不可懈怠!"则强之遂行。师尚父率领敢死队百多名勇士先冲入敌阵挑战,殷方以恶来为将严阵以待。师尚父大骂:"恶来小子,尔祖中潏与周相亲,尔父蜚廉善跑事商纣王,尔忘恩负义,今还为虎作伥,请出阵受死。"恶来怒而出阵,欲张口还骂,即被武王箭射到口中而亡,《尸子》记:"武王亲射恶来之口,亲斫殷纣之颈。"殷军见出战不利,已折损主将,皆已惶恐。周武王天下已定,封师尚父在营丘。周公旦摄政,管叔、蔡叔作乱,淮夷背叛。周公旦遣召康公策命师尚父曰:"东到大海,西到黄河,南到穆陵,北到无棣,五等诸侯,九州方伯,如有不轨,尔均可讨伐。"齐国权大由此可以对不轨之国进行征伐。而师尚父为辅政大臣,没有出周都。周成王七年(前1038),周公归政,时师尚父已六十有余,列前排三公之位,在中阶之前。十三年会王师,师尚父寿高为周三公,时不离周。周成王二十五年(前1020),成王大会诸侯于东都,四夷来宾。成王朝南面立,唐叔虞、荀叔、伯禽在左,太公望(即师尚父)在右,傍大子而立于堂上。此后成王崩年(前1008),周史仅记"成王将崩,命召公、毕公率诸侯相康王,作《顾命书》"。这说明师尚父此前就已经辞世。师尚父之弟名吕佗,《周书》世解:武王立政,吕佗命伐越戏方。师尚父之子名吕尚。

吕尚(约前1070—前1002),是为齐侯。周武王天下已定,封师尚父在营丘。师尚父之子吕尚到封国,行动缓慢,住旅店时,店主知其去受封地,就催他快行。吕尚连夜赶路,黎明之时到达封国。正遇上莱侯(在今山东龙口市城关镇东南莱子城)带兵来争夺营丘,为吕尚败退。吕尚到任后,修治政务,简化礼仪,沟通工商,发展渔、盐取利。周成王十三年(前1033)会王师,吕尚以齐侯之名赴会。吕尚于天台山(今山东天台山中太公台尚在,太公崖犹存)著《太公兵法》。吕尚薨,子姜伋嗣位,是为丁公。《太公兵法》是一部著名的道家兵书,其内容博大精深,思想深邃,逻辑缜密严谨,是古代汉族军事思想精华的集中体现。《史记·齐太公世家》称:"后世之言兵及周之阴权。皆宗太公为本谋。"康王六年(前1002),吕尚薨,葬地后名吕尚冢(在今山东淄博市临淄区城南去十余里)。自商纣王三十一年(前1071)文王得姜子牙,至时年凡六十九年,又历吕望、吕尚,共三世,史说皆曰姜太公。《世本》云:"太公,齐人之追号也。"

吕伋继位,是为丁公,丁公元年(前1001)即齐侯位。吕伋为齐君,与楚国熊绎,鲁国伯禽并事康王(见《左传·昭公十二年》)。吕伋之时,莱国不服,常有袭扰。二十六年吕伋薨,子吕隐继位,是为隐公。隐公不见于《史记》,见于《章氏宗谱》记云:"姜伋生姜隐,姜隐生姜虎。"丁公次子于公,驭白鹤于聊城,尚主才雄,传丁姓。

隐公元年(前975)即位,封次子虎于郭(今山东寿光市),称穆郭子,立郭国,以为齐国附庸。四十四年隐公薨,子姜得立,是为乙公慈毋,又名叔乙。隐公有嫡出之子季子本应继位,却让贤叔乙而出,食采于崔,遂为崔氏。乙公元年(前931)即位,五十二年薨,子癸立,是为癸公。癸公元年(前879)即位,十二年薨,子不辰立,是为哀公。哀公元年(前867)即位。九年,当周夷王三年时,先前纪国(姜姓国。山东寿光市南三十里纪台乡)与齐国相邻,素有结怨,纪侯在周天子前诽谤不辰,夷王致诸侯烹齐哀公于鼎。周立哀公弟静为君,是为胡公。周夷王烹刑是为商纣王炮烙刑后最残暴之刑罚,世人愤然,诸侯怨起。胡公元年(前858)继君位,迁都薄姑(一作亳姑。在今山东博兴县东南十五里)。周厉王三年(前851),哀公同母弟山怨恨胡公,率党徒在胡公巡视营丘时偷袭并杀死他自立,是为献公。胡公之子避居他国。献公元年(前850),献公从薄姑迁出,定都临淄。九年,献公薨,子寿继位,是为武公。

武公元年(前841)即君位。时年,周王室乱,大臣理政,号称"共和"。十七年(《十二诸侯纪年表》表列:齐武公"二十六年")武公薨,子无忌继位,是为厉公。厉公元年丁丑(前824)即君位。厉公暴虐,胡公之子返回齐国,国人拥护,聚众攻杀厉公,自身亦战死。国人立厉公子赤为国君,是为文公。文公元年丙戌(前815)即君位。文公复仇,将诛杀厉公的七十人处死。文公封次子高于高夷居住过而得名的高邑(在今山东禹城市),世袭"高子"爵位,称"公子高"。文公在位十二年薨,子脱继位,是为成公。文公少子公子高生高子,高子生高傒。高傒,字敬仲,被周天子任命为齐国上卿,执掌军政大权,因和名臣管仲合作,使齐桓公称霸中原,建立大功,桓公赐"以王父(祖父)名为氏",因而叫作高傒,后传高姓、卢姓。成公元年戊戌(前803),在位九年薨,子购继位,是为庄公。

庄公元年丁未(前794)即君位。十四年,犬戎杀周幽王;二十五年,周平王东迁洛邑。二十七年(前768),齐灭祝。祝国是周武王封黄帝后嗣之地,此地在东海郡祝其县(治所在今江苏连云港市赣榆区西五十里)。六十四年,庄公薨,子禄甫继位,是为釐公。釐公元年辛亥(前730)即君位。二十五年,北戎(北狄。与齐国同为炎帝之后,参卢之后也)攻打齐国。郑国派太子忽率兵救齐,齐侯欲嫁女给忽,忽不受而去。三十二年,釐公同母弟夷仲年去世。仲年子公孙无(毋)知深得釐公宠爱,其礼服、俸禄比照太子。三十二年,釐公薨,太子诸儿即位,是为襄公。襄公为政,降低公孙无知待遇,无知怨恨。

襄公元年甲申(前697)即君位。四年,鲁桓公偕夫人访问齐。鲁夫人是襄公异母妹,与襄公自小青梅竹马,未出嫁时,兄妹俩就有奸情。夫人此来,与襄公奸情复发。鲁桓公知之大骂夫人荒唐不轨,夫人告诉襄公。襄公召桓公宴饮,将其灌醉,派力士彭生抱桓公上车之时,拉杀死之。鲁国随员提出抗议,襄公杀彭生以向鲁国谢罪。八年,征伐纪国,纪迁都避难。郜国君胡公祥亦失国,避难于晋。胡公祥之子去郜之耳,曰章韅,是为章姓始祖。十二年,襄公此前派连称、管至父戍守葵丘,约好一年夏去夏回。一年了襄公却不派人接替,传信襄公要求替换,襄公却不同意。于是两人怨恨,就与公孙无知商议作乱。冬十二月,襄公到姑棼游玩,又去沛丘狩猎。忽见一野猪窜出,随从惊叫是"彭生"。彭生确实是被襄公怨死,怎么会成野猪?襄公拔箭射去,野猪却像人一样站立啼哭,襄公惊恐不已,遂从车上跌落,伤脚丢鞋。鞋太宽,鞋扣松,本就不便,回来后襄公把管鞋子的茀找来鞭打三百下,茀感到冤枉而出走王宫。无知、连称、管至父从连称在王宫中做宫女的堂妹口中得知襄公受伤,遂率领党徒袭击王宫。正巧碰上茀,茀曰:"暂且不要惊动宫中人,惊动就不易进宫。"无知不相信茀的话,茀露身上鞭伤才信。茀先入王宫告襄公突变事由,襄公惊慌失措,就由茀摆布,茀将襄公藏匿在门的后面。很久没有动静,无知等就杀入宫,茀却与宫中卫士出来抵抗,反击没有战胜,皆被杀。无知进宫,一片空荡,寂静无人,随员见门后有脚露出,开门一看是襄公,遂杀之。无知自立为齐君。次年春,齐君无知以为太平,即到雍林游玩。雍林人以为无知杀襄公自立为君是为大逆不道,即袭杀无知,通告齐大夫们。

齐大夫们集聚商议,认为必须要迅速立新君。先前襄公谋杀鲁桓公,欺负大臣,他的弟弟怕受牵连,二弟纠逃奔母家国鲁国,管仲、召忽辅佐他。三弟小白逃到莒国,鲍叔牙辅佐他。小白的母亲是卫国公主。大夫们议论拥立新君就从这两人中选其一。高、国两家抢先行动劝小白回国。鲁国也立即发兵护送公子纠回齐,并派管仲率兵拦截小白回齐国,管仲射中小白皮带上的钩子,小白装死。鲁国以为喜事,部队行动迟缓,走六天才到齐国。小白装死骗过管仲,随即乘带幕棚的车子飞奔,又有高、国两氏内应,所以抢先入齐,高侯立他为君,是为齐桓公。齐桓公为公子时,曾到莒地(今山东莒县)避难,留下"勿忘在莒"的典故。齐桓公、管仲、鲍叔、宁戚相与饮。酒酣,桓公谓鲍叔曰:"何不起为寿?"鲍叔奉杯而进曰:"使公毋忘出奔在于莒也,使管仲毋忘束缚而在于鲁也,使宁戚毋忘其饭牛而居于车下。"桓公避席再拜曰:"寡人与大夫能皆毋忘夫子之言,则齐国之社稷幸于不殆矣!"当此时也,桓公可与言极言矣。可与言极言,故可与为霸。

三、鲁侯世家　三桓势大

鲁国,是为周武王弟周旦之后。武王九年(前1053),周旦随武王东征到达孟津。十一年,武王伐商,周旦随征牧野,作文《牧誓》。武王攻破商都,进入王宫,周旦与召公奭俩持斧护卫武王。灭商纣王后,武王封旦到曲阜,为鲁公。武王薨,周旦留京师辅佐成王治国,史称周公旦。周公旦长子伯禽替父赴任,这就是鲁公。

鲁公伯禽初到封地,时徐戎强。伯禽率军在肸邑(即费邑。在今山东鱼台县西南)迎战徐戎,作《肸誓》。令其军曰:"备以盔甲,不坏畜圈。遇敌方牛马,逃出奴隶,得之者要归还。不得偷窃抢掠,翻越城垣。鲁国北、西、南三方近郊之民,要备以刍草、干粮,要准备充足的筑墙用的木板。吾定于甲戌日建筑工事,讨伐徐戎。届时,所召之民,不准不到,违者用刑!"《史记·鲁周公世家》记:"讨平徐戎,安定鲁国。"而《尚书·费誓》记:"鲁与徐戎、淮夷战,国都东门不敢开。"伯禽薨,其子季毅嗣位,称鲁侯,《史记·鲁世家》缺其名。季毅薨,子酋立,是为考公。

考公元年(前989)即君位。考公三年薨,其弟熙立,是为炀公。《史记·鲁周公世家》记:"考公三年卒,立弟熙,是谓炀公。"炀公筑茅阙门。考公卒,炀公当年改元年(前987),筑茅阙门。秋九月,立炀宫。《竹书纪年》记:"(康王)十九年(前989),鲁侯禽父薨。二十一年,鲁筑茅阙门。"炀公在四年(《史记》作六年)薨,子宰立,是为幽公。

幽公元年(前984)即君位。幽公十四年,幽公为弟沸所弑,沸自立,是为魏公。魏公,亦称鲁侯沸,元年(前971)即君位。魏公在位五十年薨,子擢立,是为厉公。而《竹书纪年》记:"周穆王四十五年(前918),鲁侯沸薨。"此当五十四年,应以五十年为是。

厉公元年(前922)即君位。厉公在位三十七年薨,子(《史记》记"弟",经考证发现是子,非弟也)具立,是为献公。献公元年(前886)即君位。献公在位三十二年薨,子濞立,是为真公。真公元年(前855)即君位。十四年,周厉王无道,被追杀逃到彘地。

十五年,周有二公共和行政始为元年(前841)。二十九年,周宣王即位。真公在位三十年薨,弟敖继位,是为武公。

武公元年丙子(前825)即君位。武公谦恭,六年时(《史记·鲁周公世家》记"九年"),带长子括、幼子戏朝见周宣王。宣王见戏聪明,意为立戏为鲁太子。大臣樊仲山谏宣王曰:"废长立幼,不合礼制,后有被诛之难。"宣王不听,戏立为太子。十年夏,武公薨,戏继位,是为懿公。懿公元年丙戌(前815)即君位。懿公九年,戏果然被括的儿子伯御联合他人攻杀,伯御自立为君。

伯御元年乙未(前806)即君位。伯御十一年,周宣王讨伐鲁国,杀伯御。鲁国无君,宣王问大臣谁可为君。樊仲穆曰:"(伯御)弟称,恭谨谦让,敬事壮重。"宣王以为可。于是在夷宫立之,称为鲁君,是为孝公。《史记·十二诸侯年表》注:"周宣王诛伯御,立其弟称,是为孝公。"此后,周制礼仪不为人尊重,诸侯抗周事件频发。《史记》没有记伯御年号,仅记:"鲁孝公称元年,伯御立为君,称为诸公子。"则孝公君位成了三十八年。不能为了周制礼仪而否定伯御为君十一年的事实,现予补记。

孝公元年(前795)即君位。孝公二十五年,诸侯背周,犬戎杀周幽王。秦国受封为诸侯。孝公二十七年,孝公薨,子弗湟立,是为惠公。惠公元年癸酉(前768)即君位。四十年(前729),惠公使宰让请郊庙之礼。周平王使史角到鲁国谕止。四十六年,惠公薨,长庶子息代行国政,即隐公。惠公没有嫡长子,给庶子息娶宋女妻,见宋女美艳,却夺为己妻,生子允,并立允为太子。时太子年幼,鲁国人同立息主国政,而不称位,后追以隐公。

隐公元年(722)即君位。三月,鲁隐公与邾庄公(邾仪父)会盟于姑蔑(在今山东泗水县东四十余里卞桥南)。《春秋》记:"夏四月,费伯帅师城郎(今山东鱼台县)。不书,非公命也。"费伯者,鲁懿公之孙。是年,《竹书纪年》以为"春秋时期"始于此年。五年,隐公到棠邑看渔民捕鱼,自为潇洒。鲁国的城郊飞来了一只海鸟。鲁王派人把它捉来,供养在宫殿里,把宫里最美妙的音乐奏给它听,用最丰盛的膳食招待它。可这只鸟被吓得魂飞魄散,连一片肉也不敢吃、一滴水也不敢沾,只三天便死了。八年,用许田交换郑君陪周天子祭祀泰山歇息的祊邑,君子讥笑这与礼不符。十一年春,滕侯、薛侯来朝,争长。薛侯曰:"吾先封。"滕侯曰:"吾,周之卜正也,薛,庶姓也,吾不可以后之。"隐公使羽父请于薛侯曰:"君为滕君辱在寡人。周谚有之曰:山有木,工则度之;宾有礼,主则择之。周之宗盟,异姓为后。寡人若朝于薛,不敢于诸任齿。君若辱贶寡人,则愿以滕君为请。"薛侯许之,乃长滕侯。十一年冬,公子挥谓隐公曰:"请即君位,吾去杀太子允,立功而为相国。"隐公曰:"先君遗命,吾暂代行国政。允已长大,吾在菟裘建宅也备养老,还政予允。"挥怕事为允所知,则又对太子允言:"隐公将自立为君,除掉你,吾为你杀隐公如何?"太子允以为可。十一月,隐公祭祀钟巫神,在社圃斋戒,住苪氏家,为挥派人弑之。允为君,是为桓公。

　　桓公元年(前711),郑国为讨好桓公,用祊田加璧玉换回周天子的许田。《公羊传》记:"许田者何? 鲁朝宿之邑也。诸侯时朝乎天子,天子之郊。诸侯皆有朝宿之邑焉。"二年,将宋国贿赂的人鼎安放在太庙,君子讥笑这与礼不符。郜国后亡于鲁,其后传郜姓。三年,派公子挥到齐国迎接齐女纳为夫人。六年,齐夫人生子其生日与桓公同,则名同,后立为太子。十六年,桓公与诸侯在曹国会盟。伐郑,送郑厉公归国。十八年春,桓公将偕夫人去齐国,申缙谏阻,桓公不听。到得齐国,齐襄公与桓公夫人通奸,桓公知之迁怒于夫人。夫人告知襄公。夏四月丙子,襄公宴请桓公,桓公醉,齐公子彭生将桓公抱持上车,乘机折断桓公肋骨,致桓公死于车中。鲁国派遣大夫公子衡与将军曹沫往齐迎桓公灵柩,公子衡对齐王曰:"寡君畏君之威,不敢宁居,来修好礼。礼成而不反,无所归咎,请得彭生以除丑于诸侯。"公子衡言下之意是要求将彭生拘押到鲁国处理。齐王遂使人杀彭生以讨好鲁国,不致事态扩大。鲁立太子同为国君,是为庄公。桓公之弟尾生,尾生与女子桥下约会,而女子不来,洪水已至,尾生坚守桥下抱桥柱而死,是谓坚守信约的人。《国策·燕策》记:"信如尾生,廉如伯夷,孝如曾参,三者天下之高行也。"

　　庄公元年(前693)即君位。五年冬,庄公与诸侯伐卫国,送卫惠公归国。八年,齐国公子纠投奔鲁国。九年,鲁国想送公子纠回国夺取齐国君位,但未遂。已抢先一步得齐国君位的齐桓公即发兵攻打鲁国,鲁国危急,杀公子纠。齐人还要求将管仲活着送回去。鲁施伯以为,齐要管仲不是想杀他,而是用他,齐用管仲是鲁国的祸患。庄公不听,囚管仲以送回齐处治,齐桓公果然用管仲为相。十二年,鲁将曹沫攻齐连败四城。十三年,鲁庄公带曹沫与齐桓公在柯邑会盟。会时,曹沫将刀架在齐桓公脖子上,要求归还被侵夺的土地,桓公无奈而答应。事后桓公想背约,管仲谏阻,齐归还侵占的鲁国土地。二十三年,庄公应邀到齐国观看祭祀社神的活动。三十二年,庄公病重因没有嫡子,问次弟叔牙谁可继位。叔牙曰:"父亡子继,兄终弟及。"意指二哥庆父可以继位。庄公担心长弟庆父继位,则告诉三弟季友,季友让叔牙待在铖巫氏家,以庄公的名义让铖季强迫叔牙喝毒酒,叔牙死,后鲁君立其后为叔孙氏。八月庄公薨,季友尊庄公遗愿,立公子斑为鲁君,公子斑住在党氏家。十月,庄公长弟庆父派养马人荦在党氏家杀公子斑。季友逃亡陈国。庄公另子公子开被庆父立为君,是为湣公。

　　湣公元年(前661)即君位。二年,庆父与湣公生母叔姜的姐姐哀姜通奸。哀姜与庆父谋杀湣公,庆父自立为国君。逃亡陈国的季友从陈国携带湣公弟申到邾国。鲁国旧臣起而要杀庆父,庆父逃亡莒国。季友回国,立公子申为君,是为釐公。季友派人让庆父自杀。哀姜逃到邾国,齐桓公为讨好鲁国新君,从邾国召回哀姜,齐杀哀姜,送尸给鲁国,葬之。

　　釐公元年(前659),将汶阳与鄪邑封给季友,季友为国相。季友之后传季姓。九年,齐桓公率领釐公平息晋国内乱。十七年夏,灭项(即今河南沈丘县。或记即今项城市)。鳌公封次子于项,后传项姓。三十三年,鳌公薨,子兴继位,是为文公。

文公元年(前626)即君位。三年,文公朝见晋襄公。鲁国凡为新君者,大都要去晋朝见,可见潜规则认为晋国是长兄国家。八年秋八月戊申,天王(周襄王)崩。冬十月,公孙敖至京师,不致以币,奔莒吊丧。九年春,毛伯来求金,则鲁不赴吊,又拖三月。十一年十月,鲁国在咸邑打败长翟。十四年,《左传·文公十四年》记:有星孛入于北斗。周内史叔服曰:"不出七年,宋、齐、晋之君皆将死乱。"十五年,季友,即季文子出使晋国。十八年二月,文公薨。文公有两妃,长妃齐国人齐姬生两子恶与视;次妃敬赢生子俀。俀私下侍奉襄仲,襄仲求齐惠公帮助立俀为君,是为宣公。齐姬回到齐国,过闹市哭喊着:"天啊!襄仲行事惨无人道,杀嫡而立庶。"集市有人同哭,故鲁国人称"哀姜"。鲁国从此公室衰弱,三桓得以强盛。宣公十八年,宣公薨,其子黑肱立,是为成公。季文子曰:"使鲁杀嫡立庶,失去大国援助,是襄仲。"

成公元年(前590)即君位。二年春,齐国攻占鲁国隆邑。夏,成公与晋国将郤克在鞍(即历下。在今山东省济南市)打败齐,齐顷公归还所占鲁地。四年,成公到晋,不受敬重。十年,成公去晋,时晋景公去世,晋留成公送葬,鲁国隐讳此事。十五年,吴国强起,成公在钟离与吴王寿梦会盟。十六年,宣伯要杀季文子征求晋国意见,文子有道义,晋国不答应。十八年,成公薨,子午立,是为襄公。

襄公元年(前572)立为君,时年襄公才三岁。四年,襄公朝见晋君。五年,季文子去世。文子之家没有穿丝绸的妻妾,马棚里没有吃粟米的马,府中没有金玉,而他却是连续辅佐三位君主的国相。九年,鲁国派兵与晋军联合攻伐郑国。晋悼公在卫国的祖庙中为襄公举行加冕礼,襄公时年十二岁,因年小,季武子辅助行礼。十一年,三桓氏将鲁国军队分为三军。十二年,襄公朝见晋君。十八年,秦周伐雍门(在今江苏徐州市铜山区东南)之获(狄)。二十一年,朝见晋平公。二十二年,孔子出生。二十九年,吴国延陵季子出使鲁国,询问周室礼乐,解其奥义,鲁人敬慕。三十一年六月,襄公薨,九月太子子野亦死。立齐归生之子裯为君,是为昭公。

昭公元年(前541)立为君,昭公时年十九岁,仍很幼稚。穆叔想废而另立,季武子不听。三年,昭公朝见晋君,到达黄河,被晋平公遣回,鲁国人感到耻辱。七年,季武子去世。八年,楚灵王建章华台,召见昭公。灵王赐昭公宝器,但又后悔,骗回宝器。十二年,昭公想朝见晋君已经到达黄河,又被晋平公谢绝而遣回。十五年,朝见晋君,晋留昭公给晋君(平公)送葬,鲁国人感到羞耻。十七年,郯子来朝。郯国,在今山东郯城县北。二十一年,朝见晋君到达黄河,又被晋君谢绝而遣遣回。

二十五年,季氏与郈氏斗鸡生祸。季氏用芥末涂抹鸡毛,郈氏给鸡爪套上金属套。无疑,套金属套的鸡爪要伤害敌方之鸡。季平子大怒,就侵夺了郈氏的土地,由此与郈昭伯结怨。臧昭伯的弟臧会造假诬陷昭伯,躲在季氏家,昭伯囚禁了季氏家人。季平子亦因禁了昭伯的老臣。臧氏与郈氏两昭伯以告昭公。昭公于九月,讨伐季氏,进季氏城邑。季平子登楼求情,告昭公曰:"君王听信谗言来杀我,请求迁居沂水。"昭公未应。季平子又请求将他囚禁在郓邑,亦不许。再三请求带五辆车流亡,昭公不为所动。子家驹对昭公曰:"君主还是答应他。季氏在鲁国把持权力已久,党羽多,众党徒将会合谋。"昭公仍不听。叔孙氏的家臣戾对党徒曰:"季氏有难就同等叔孙氏之难。"即起而救季氏,打败了昭公的军队。昭公派郈昭伯为伐季氏而居孟氏家,孟懿子也乘机杀郈昭伯。于是季氏、叔孙氏、孟氏三家联合攻伐昭公,昭公逃走。昭公逃到齐国,齐景公许诺送二万五千家俸禄。子家驹对昭公曰:"弃周王业而向齐称臣,这不可以。"昭公也就没有接受。子家驹劝昭公去晋国,昭公不听。叔孙到齐国见昭公,想把昭公接回来,孟孙、季孙二家不同意才作罢。二十六年春,齐国攻下鲁国郓邑,让昭公住。夏,齐景公想强硬送昭公回国。鲁国大夫申丰、汝贾贿赂给齐大臣高龁、子将八万斗粟。子将对景公曰:"鲁国群臣不奉昭公,奇异事甚多。宋元公为昭公事,到晋国谋求,却半道死于非命。叔孙昭子想接昭公回,却无疾而终。不知是否是天意!"景公于是不敢强送昭公归国。二十八年,昭公到晋国,请求帮他送回国。季平子贿赂晋国六卿,晋君作罢,将昭公安置在乾侯。二十九年,昭公回住郓邑,齐景公派使者送信,自称"主君",昭公感到耻辱,又回乾侯住。三十一年,晋国想送昭公回国,召季平子。季平子由阳虎领路,穿麻衣,光脚行走,请六卿向晋君谢罪。六卿对晋君说鲁国民众不同意昭公回鲁,晋国这才作罢。三十二年,昭公在乾侯(在今河北成安县东南)去世。昭公弟宋立,是为定公。

定公元年(前509)登位,晋赵简之问史官蔡墨:"季氏会衰亡吗?"蔡墨以为不会衰亡,并指出季氏掌握鲁国国政已历四位国君,影响很大,百姓还不知道国君是谁。五年,季平子去世。季平子家臣阳虎囚禁季桓子,季桓子答应与阳虎盟约,阳虎才放人。十年,孔子出任鲁国国相,定公与齐景公在夹谷会盟,孔子主持礼仪。齐国想趁持乐者上台靠近定公时袭击他,孔子按礼仪一阶一阶登台,并诛杀淫乐演奏者,景侯畏惧,归还侵占的鲁地,以示歉意。十二年,定公派仲由拆毁三桓(即季桓子、蔡桓子、叔孙桓子)城墙,收缴铠甲兵器。孟氏不肯拆,定公派兵攻取,没有取胜。季桓子接受齐国送给他的歌姬舞女,孔子气得离开鲁国。十五年,定公去世,子将继位,是为哀公。

哀公元年(前494)即君位。七年,吴王夫差伐齐,到达缯地,向鲁国索要牛、羊、猪祭品各一百套。季康子派子贡劝说吴,要有理由服人,吴王曰:"吾乃是纹身的蛮夷人,不应受礼仪责备。"八年,吴国为邹国讨伐鲁国,到达都城订立盟约才撤离。齐国讨伐鲁国,攻占三个城池。十年,鲁国攻打齐国南部边境。十一年,季氏用冉有(孔子学生)建立战功,思念孔子。孔子从卫国回,因孔子与阳虎貌似,而阳虎与卫国匡地人结仇,导致孔子至匡地时被误认为是阳虎而被困五日。季氏派人解说,孔子才回到鲁国。十二年(前483),鲁国有遭齐国与吴国夹击亡国的危险,孔子使弟子子贡开始对周边国家的游说。十六年(前479)四月己丑日,孔子去世。二十七年,季康子卒。夏,哀公患三桓,将欲因诸侯以劫之。三桓亦患公作难,故君臣之间互相猜忌,互用间谍。哀公游于陵坂,遇孟武伯于衢,曰:"请问余及死乎?"对曰:"不知也。"哀公欲借助越国的力量去讨伐三桓,《左传·哀公二十七年》记:"(鲁哀公)欲以越伐鲁而去三桓。秋八月甲戌,公如公孙有陉氏,因孙于邾,乃遂如越。"三桓进攻哀公,哀公逃到卫国,又奔邹国,最终逃到越国。二十九年,鲁国人迎接哀公回国,哀公回国途中死在有山氏家。子宁立,是为悼公。

悼公元年(前465)即位。悼公之时,三桓势力胜过公室,鲁君如小诸侯,地位比三桓卑弱。三十七年,悼公卒,子嘉立,是为元公。

元公元年(前428)即君位,二年,鲁季孙会晋幽公于楚丘(春秋卫邑。在今河南滑县东南)。二十一年元公卒。子显立,是为穆公。穆公元年(前407)即君位,三十一年卒。子奋立,是为共公。共公元年(前376)即君位,二十二年卒,子屯立,是为康公。康公元年(前354)即君位,九年卒,子匽立,是为景公。景公元年(前345)即君位,二十九年卒,子叔立,是为平公。平公元年(前316)即君位,是时,六国皆称王。平公二十二年卒,子贾立,是为文公。文公元年(前294)即君位,二十三年卒,子雠立,是为顷公。

顷公元年(前271)即君位。十九年,楚国讨伐鲁国,取徐州。二十四年,楚考烈王伐灭鲁。顷公亡迁于下邑(在今安徽砀山县),是为家人,鲁绝祀。顷公卒于柯(在今河南内黄县北)。鲁国自周公始,至顷公,传二十五代,凡三十四个公侯。

四、燕王北居 枕不安生

召公奭是周文王庶子,周武王灭商纣王之后,将召公封在北燕(燕在今北京及河北中、北部,燕国都城在蓟,位于今北京房山区琉璃河),其王传以姬姓。此前,蓟国本已有之,《礼记·乐记》载:"武王克殷返商,未及下车而封黄帝之后于蓟。"《史记·周本纪》载:"武王褒封'帝尧之后于蓟'。"召公受封于燕,与当地土著建立了联合政权,最终使该地区原来的东胡族逐渐融入了华夏族。周成王之时,召公是为周王室地方三公之一。原来是陕县以西归召公主管,自陕县以东归周公旦主管。召公为发展农桑之事烦劳不舍,他常常在乡亭止步与民论种黍养蚕之事;在棠树(一记板栗树)之下听讼决狱。成王年小,周公旦代理朝政,掌管国事。当初召公怀疑周公旦,周公旦作《君奭》,以释其疑。书曰:"商汤之时,有伊尹,其治化得到上天嘉许。在太戊之时,则有像伊陟、臣扈这样的大臣其治化受到上天的嘉许,又有巫咸治理王室。在祖乙时,则有若巫贤。在武丁时,则有若甘般。这些朝代都有贤臣辅佐,使殷朝得以安定与发展。"于是召公高兴。召公原来治理西部时就受百姓爱戴。召公到任燕地,巡视乡邑,常在棠梨树下审判官司、处理政事。从侯爵、伯爵到普通百姓都得到适当的安置,没有失业的人,燕地迅速得以安定。召公卒年九十余岁,去世后,民众思念他的功绩,保护棠梨树做纪念,并作《甘棠》诗以歌颂他。召公生召克、栗叔、于寔。召克,即燕侯克。燕侯克生燕侯旨,燕侯旨生燕侯舞,燕侯舞生燕侯宪,燕侯宪生燕侯和,燕侯和生燕侯圣,燕侯圣生燕惠侯,燕称侯国。

燕惠侯即位时(前864),正处在周厉王逃奔彘地、共和行政的时期。惠侯去世,子立,是为厘侯。厘侯元年(前826),是为周宣王二年。三十六年,厘侯去世,子立,是为顷侯。燕顷侯二十年(前771),周幽王淫乱,被犬戎部落杀死。二十四年,顷侯去世,子立,是为哀侯。哀侯在位二年去世,子立,是为郑侯。郑侯在位三十六年去世,子立,是为缪侯(一记穆侯)。缪侯在位十八年去世,子立,是为宣侯。宣侯在位十三年去世,子立,是为桓侯。桓侯在位七年去世,子立,是为庄公。

燕庄公十二年(前679),即是齐桓公七年,齐开始称霸。十六年,燕国与齐国、卫国联合攻打周惠王,惠王逃奔温地,立惠王弟颓为周王。十七年,郑国拘捕燕仲父,送周惠王回周。二十七年,山戎部族南侵燕国,齐桓公率军救助燕国而北伐山戎。燕庄公送齐桓公回国时一直到燕齐边境,齐桓公就把燕庄公送到的地方都割让给燕国,并要求燕国应向周王室进贡,像周成王那时一样;让燕国重新修复召公时的法制。庄公在位三十三年去世,子立,是为襄公。襄公二十六年(前632),晋文公在践土主持会盟,号称霸主。四十年,襄公去世,子立,是为桓公。桓公在位十六年去世,弟立,是为宣公。宣公在位十五年去世,弟立,是为昭公。昭公在位十三年去世,弟立,是为武公;昭公有后传燕氏。武公元年(前573)在位十九年去世,子立,是为文公。文公在位六年去世,弟立,是为懿公。懿公在位四年去世,子立,是为惠公。

惠公元年(前544),齐国高止逃亡到燕国。六年,因为惠公有许多宠姬,惠公想除掉反对立宠姬宋为王后的诸大夫,诸大夫却先下手杀死了宠姬宋,惠公害怕而逃到齐国。四年,齐国派使者高偃到晋国,请晋国出兵共同攻打燕国诸大夫,以送回惠公。晋平公允许照此办,即派兵与齐伐燕,送燕惠公回国。惠公一回到燕国就死了,燕国立其弟为君,是为悼公。燕悼公七年卒,弟共公立。共公五年卒,弟平公立。时晋国六卿强大。平公十九年卒,子简公立。简公八年(前497),晋国赵鞅在朝歌围攻范氏、中行氏。十二年简公卒,弟献公立。献公十四年(前479)四月己丑日,孔子去世。二十八年献公卒,弟孝公次年立。孝公十三年(前452),晋国韩、魏、赵三家强起。十五年,孝公卒,子成公立。成公十六年(前434)卒,弟湣公立。湣公三十一年(前403)卒,子釐公(一记简公)立。是岁,三晋立为诸侯。

釐公三十年(前373),燕国在林营打败齐国。釐公去世,子立,是为桓公。桓公在位十一年(前362)去世,子立,是为文公。

文公十年(前352),燕伐赵,围困其于浊鹿(在今河北涞源县北),赵灵王及代人救浊鹿败燕师于勹(即勺梁。在今河北望都县西)。二十八年,苏秦初次来燕国,拜见并游说文公。文公给他车、马、黄金、布帛,让他继续游说赵国。苏秦到赵国,赵肃侯就重用了他。苏秦就成为了联合六国抗秦的合纵长。二十九年(前333),文公去世,太子立,是为易王。

燕易王刚立(前332),齐国趁燕国国丧期间攻打燕国,夺取了十座城邑。苏秦劝说齐王,为了抗秦,让齐国归还燕国的十座城邑。十年,燕君称王。苏秦与燕文公的夫人通奸,他害怕被杀,就对易王说自己到齐国去施行反间计,以乱齐。十二年,易王卒,子燕王哙立。

燕王哙元年(前320)既立,齐国人发现了苏秦的用心并杀了他。苏秦在燕国的时候,与燕国国相子之有联姻关系,因而他的弟弟苏代与子之友善。苏秦死,齐宣王复用苏代。三年,燕与楚、三晋联合攻伐秦国,没有获胜就各自回去了。子之当燕国国相,位重权大。苏代受齐宣王命出使燕国,燕王哙问齐王怎么样,苏代曰:"齐不能称霸。"燕王哙又问为什么,苏代曰:"齐宣王不信任他的大臣。"苏代的用意是想以此来刺激燕王更加尊重子之,子之因此赠送给苏代一百镒黄金,任其所使。鹿毛寿对燕王曰:"不如将整个国家让子之去管理,人谓之帝尧贤,帝尧让天下给许由去管理,许由不接受,而尧有了让天下的美名,实际上没有失掉天下。现大王效法帝尧,想必子之也不敢接受,大王就与帝尧有同样的德行。"燕王因此嘱托国家大事均由子之去办理,子之权力更大。有人对燕王进言:"帝禹推荐益为接班人,却任用了其子启的臣属。禹老了认为启不能担大任,就传君位给益。禹死后不久,启的臣属与朋党攻打益,启夺取了天下。天下人谓禹名义上传位给益,而实际在人事安排上已经给启夺取天下准备了条件。今大王将国家托付给子之,而官吏大都是太子的臣属,这只是名义上委托国事给子之,实际上还是太子管事。"燕王于是将印有三百石以上俸禄的官吏人事权都交给了子之。子之面南就君位行王事,时燕王哙已老,也不听政,实际上成为臣子,国事皆由子之去决断。七年,子之杀公子平不克。如此三年,燕国大乱,百姓恐惧。将军市被与太子平谋划,将攻子之。齐国诸将对齐宣王曰:"燕国此乱机会难得,攻燕必破。"齐宣王因派人告诉燕太子平曰:"寡人闻太子很有义气,准备废私立公,整顿君臣关系,明辨父子地位。寡人国家虽然小,不足以为先后制止贵国内乱。但愿出兵听候太子安排。"太子因此邀集党羽,聚合徒众。将军市被包围王宫,攻打子之,没有获胜,将军市被殉难。兵祸持续有数个月,死者数万,百姓恐惧,离心离德。孟轲谓齐宣王曰:"今伐燕,是当年周文王、周武王一样的机遇,不可失去!"齐宣王因此让章子率领五都的军队,并动员北部边境的部队大举讨伐燕国。燕国的军队不敢抵抗,城门也不关闭,燕王哙死,齐军大胜。燕国子之死后二年,太子平立,是为燕昭王。

燕昭王元年(前311),昭王因为国破后即位,深感王业艰难,他谦卑下士,以优厚的待遇招揽贤人。昭王谓郭隗曰:"齐国因为我国动乱而袭击破我,孤家寡人国小,力量弱,不能报仇。然如果能够得到贤人相助治理国家,以雪先人之耻,这是我的愿望。"郭隗曰:"大王要招揽贤人,可以从我郭隗开始。况且比我郭隗能力强的人,难道还能嫌在千里远吗?"于是,昭王替郭隗改建住宅,而以老师之礼相待。昭王招纳天下贤士,然后有乐毅从魏国来,邹衍从齐国来,剧辛从赵国来。天下贤士争赴燕国。昭王吊唁死难,慰问孤老寡独者,与百姓共甘苦。二十八年,燕国殷实富足,士兵愿意作战,于是以乐毅为上将军,与秦、楚、三晋合谋以伐齐国。齐国被打败,齐湣王流亡在外。燕军单独追逐败兵,进入齐国都城临淄,搜取了齐国所有的宝物,放火焚烧了齐国的王宫与宗庙。齐国未被燕国占领的,只剩下聊城、莒城、即墨,历时达六年。二十九年,燕昭王派曾在东胡做人质归来的大将秦开击败东胡,使东胡北退千余里,将燕国的北部疆土拓展至辽东。其后,沿北部边界修筑长城,置上谷、渔阳(治今北京市密云区一带)、辽东(治今辽宁辽阳市)、辽西(治今辽宁义县西)、右北平(治今河北平泉市)五郡,之后秦称上谷郡。三十三年,昭王卒,子立,是为惠王。惠王为太子时与将军乐毅有嫌隙,及登位,就命骑劫取代乐毅为上将军。乐毅亡走赵国。齐国田单靠即墨的兵力击败了燕军,骑劫战死,燕军撤退回国,齐国收复了他原有的城邑。齐湣王死在莒城,齐国立其子为王。惠王在位七年卒,韩国、魏国、楚国共同讨伐燕国。燕武成王立为国君。武成王七年(前265),齐国田单讨伐燕国,夺取中阳。十四年,武成王卒,子立,是为孝王。孝王在位三年卒,子燕王喜立。

燕王喜四年(前251),燕王命国相栗腹访问赵国,希望结成友好关系,并携带五百金为赵王置酒。栗腹回来对燕王曰:"赵王国中的壮士大都在长平之战中死去,孤儿还没有长大。现在正可以伐赵。"燕王招来昌国君乐间征询意见,乐间曰:"赵国是能四方作战的国家。其兵民同体,皆习军事,不可以攻伐。"燕王曰:"我以五倍的兵力去伐,五打一,可以吗?"乐间曰:"那也不可以。"燕王发怒而不再问。时大臣们大都认为可以攻伐。燕国调集两军的兵力,出动战车二千乘,一军由栗腹率领去攻打赵国的鄗邑。另一军由卿秦、乐间去攻打赵国的代地。当时只有大夫将渠对燕王进言曰:"与人家互通友好关系,并以五百金为赵王置酒,今却以攻打人家作为回报。这种做法不道义,不吉祥,兴兵不会成功。"燕王不听,亲自率领偏军跟随。将渠即上前拉住燕王的绶带阻止,曰:"大王不要亲自去也,去了不会成功。"燕王一脚将其踢开。将渠哭曰:"臣子并不是为自己,是为了大王也!"燕军到达宋子,赵国以廉颇为将军,在鄗邑接战,击溃了栗腹。另一路赵国的乐乘将军在代地击溃了卿秦、乐间部众。乐间投奔了赵国。廉颇追赶燕军五百里,并包围了燕国的都城。此时燕国求和,但赵国不同意,并提出要将渠出面调停。燕王委任将渠为国相,两国才坐下来谈判。赵国接受将渠的意见,这才解除了对燕国都城的包围。十二年,赵国派李牧攻打燕国,夺取了武遂、方城。燕国剧辛原来在赵国居住,与赵国将军庞煖关系很好,后剧辛流亡到燕国。燕王见赵国屡次被秦国攻打,而赵国老将军廉颇又离去,以庞煖领军,就想趁赵国败落的机会去进攻。燕王询问剧辛怎么样,剧辛曰:"庞煖我了解他,容易对付。"燕王便让剧辛领军去攻打赵国,赵国派庞煖接战,燕军败,赵国俘获燕军二万人,剧辛被杀。二十三年,燕太子丹被送到秦国当人质,后逃回。燕国的东北边有东胡、山戎、肃慎,地极遥远,《史记·燕召公世家》记是"蛮貉"之地,这些部落都没有与燕国发生过交往。

五、齐桓公强国霸诸侯

齐桓公元年丙申(前685)即君位。桓公立,即发兵抵御鲁国护送公子纠的部队。秋,齐与鲁在乾时交战,齐败鲁,截断鲁军退路。桓公给鲁君写信,告鲁君曰:"公子纠是吾之兄弟,吾不忍杀,请贵国杀之告吾。召忽、管仲与吾仇,请送他俩到齐,吾要剁削成肉酱。不然,将攻鲁。"鲁君害怕,就在笙渎杀公子纠。召忽自杀,押管仲送交齐国处治。桓公要杀管仲,鲍叔牙曰:"吾随您,有幸您继承君位。君王已尊贵,无法再尊贵。君王治理齐国,高傒与吾就够了,若想成就霸业,非管夷吾(管仲)不可。管夷吾在鲁,鲁就强盛。此人不可失也!"桓公听从鲍叔牙的劝告。鲍叔牙到堂阜去迎接押解管仲,为其卸去脚镣手铐,斋戒祭祀后去见桓公。桓公任命管仲为大夫,主持国政。桓公以管仲、鲍叔牙、隰朋、高傒修治齐国政务。建立以五家为伍的基层军事组织,设立渔业、盐业的纳税之法,赈济贫穷百姓,制定文明之邦的礼仪。二年,讨伐郯国,郯君逃莒国避难。原先,桓公逃亡路经郯国,郯君无礼,故有此举。五年春,齐与鲁战,鲁将曹沫三战三败。鲁庄公割让遂邑讲和,桓公与鲁君在柯地(在今山东阳谷县东北阿城镇)签订盟约。鲁君将画押之时,忽然,曹沫拿匕首在坛上劫持桓公曰:"请归还吾侵占的鲁国土地!"桓公无奈答应。曹沫丢掉匕首,回到原来的位置,面北站立,以就臣子之位毕恭毕敬。桓公后悔,想杀曹沫。管仲曰:"君王言出,不可失信。若逞一时之能而失信,会失去天下援助,绝对不可以。"于是桓公将齐所得曹沫三次战败所失的土地归还给鲁国。时年,桓公还在北杏(今山东东阿县境)会宋人、陈人、蔡人、邾人平定宋乱,宋万已除。是年,《春秋·庄公十三年》记:"齐人灭遂(在今山东省宁阳、肥城一带)。"古有遂国,是帝舜玄孙虞颓的次子虞遂所建。六年冬,单伯会齐侯、宋公、卫侯、郑伯于甄(见《左传·庄公十四年》)。七年,齐桓公在甄(在今山东甄城县东北旧城集)地会盟宋公、陈侯、卫侯、郑伯。八年冬十二月,齐桓公、宋公、陈侯、卫侯、郑伯、许男、滑伯、滕子设同盟于幽(幽丘。在今江苏徐州市铜山区境)。盟前曾请晋武公会盟,晋因为初平内乱,武公没有参加。齐桓公连续四年会盟诸侯,开始称霸。

十四年,陈国厉公之子陈完,字敬仲,投奔齐国,桓公用为百工工正。陈完就是齐国后期名人田成子田常的祖先。二十三年,山戎攻燕国。桓公率军救援,到达孤竹班师回来。燕庄公送桓公回齐境内。桓公曰:"不是天子,诸侯相送不出国境,即已送到我国境内,我不可无礼。"于是将送达地为界,挖壕沟划地给燕国,燕庄公大喜,假为推诿。桓公曰:"燕乃周王室兄弟国,要重修燕召公时期的德政,要向周天子交纳贡品,就像周成王、康王时那样。寡人齐国是周王室的舅家国,倘能守信,贵燕国更应立榜样。寡人给的土地就收下吧,好好耕耘。"燕庄公连连称是。二十八年,卫国遭到狄人攻击,卫文公逃离向齐国告急。齐国率领诸侯在楚丘筑城安置卫君。二十九年,桓公与夫人蔡姬乘船游乐,蔡姬熟知水性,故意摇晃船体,桓公惧怕,劝告止之而不止。桓公出船,赶慕姬回娘家,但没有休弃之意。蔡君却对桓公有怨气,就把蔡姬另嫁他人。桓公大怒,次年发兵讨伐蔡国。蔡国溃败。

三十年,齐桓公率诸侯伐蔡继而以兵侵楚,楚成王兴师问曰:"何故涉足吾地?"齐管仲对曰:"昔召康公命我先君太公曰:'五侯九伯,若实征之,以夹辅周室。'赐我先君履。东至海,西到河,南至穆陵,北至无棣。楚应贡包茅(过滤酒用)却不交纳,周王祭祀用品不供应,是以来责。当年昭王南征不复(指周昭王死于南征湖中,船脱底而沉,昭王死之),是以来问罪。"楚王曰:"贡之不入,有之,寡人罪也,敢不共乎!昭王之出不复,君其问之水滨。"齐人曰:"昭王沉船死,楚没有责任,去问水滨。水滨无人,怎问?"齐军于是进驻陉(在今山西曲沃县西北),后与楚将屈完讲和,订立盟约回齐。三十五年夏,齐在葵丘(在今河南民权县东北)与诸侯会盟。周襄王派宰孔赐给桓公祭文王、武王用的祭(胙)肉,还有红色的弓箭、大路车,还让受赏时不用跪拜。桓公想答应,管仲曰:"不礼,不可以!"桓公下拜接受赏赐的物品。秋,齐又与诸侯在葵丘会盟,桓公有骄色。周王仍派宰孔赴会,见之有感,晋君因病晚来,宰孔半路遇见,告之:"齐侯骄傲,就别去了。"晋侯听从回晋。晋献公回晋不久病逝,晋国内乱。桓公讨伐晋,派隰朋去扶立晋新君,然后回国。时周室微弱,齐、楚、秦、晋强盛。齐桓公几次会盟没有秦、楚参加,实际主持的是中原的诸侯会盟。桓公宣称:"寡人南伐达召陵,眺望熊山;北伐山戎、离枝、孤竹;西伐大夏,远涉流沙;约束马匹、吊悬车,登太行山,直到卑耳山才回还。寡人三次主持有兵车的会盟,六次主持乘车游行的会盟,共九次会合诸侯,一举匡正天下。寡人想封泰山祭天,禅梁父之地而祭地。"管仲对桓公说"必须得到远方珍奇怪物,才有资格封祭天地",桓公这才作罢。

四十一年,管仲、隰朋去世。管仲病重之时,桓公问:"谁可继相职?"管仲曰:"了解大臣的没有人能像君王自己。"桓公曰:"易牙可否?"管仲曰:"易牙杀子以迎国君,不合人之常理,不可。"桓公曰:"开方可否?"管仲曰:"开方背叛亲人以迎合国君,不合人情,不可以。"桓公曰:"竖刁怎么样?"管仲曰:"竖刁阉割自己以迎合国君,不合人情,难让人以为亲信。"管仲去世后,桓公不听忠告,致使三人专擅齐国大权,为之后齐国留下隐患。四十二年,戎人攻打周王室。齐桓公通知诸侯各发兵驰援戍守。是年,晋公子重耳流亡来齐国,齐桓公将女儿嫁给他。四十三年,桓公病重。先前,桓公有王姬、徐姬、蔡姬,三个夫人都没有生子。

齐桓公好女色,姬妾很多。居夫人之位的有:长卫姬生无诡;少卫姬生(惠公)元;郑姬生(孝公)昭;葛嬴生(昭公)潘;密姬生(懿公)商人;宋华子生公子雍。桓公共有十多个儿子,后立为君的就有五人。桓公去世,上五位公子各自结党争立太子,互相攻打。致使桓公尸体在床上停放六十七天不能入殓,尸体蛆虫都爬到门外。易牙与竖刁杀死许多不从官员,强立无诡为君,十二月乙亥日,无诡即位。这才将桓公尸体入殓。辛巳日夜晚,举行丧礼。无诡立三个月即被国人所杀。昭立,是为孝公。

孝公元年己卯(前642)即君位。时年八月安葬齐桓公。十年,孝公去世。其弟潘依靠卫国公子开方的帮助立为君,是为昭公。昭公潘之母是葛嬴。

昭公元年己丑(前632)即君位。十九年五月,昭公薨,子舍立。昭公弟商人集其党徒趁舍君上坟祭祀之时,出其不备袭杀舍君,商人自立,是为懿公。二十年,不纪年。

懿公元年己酉(前612)即君位。四年春,因懿公骄横,民大多不依附。没有为国君前,懿公与丙戎父亲打猎,因生龃龉,即君位后砍断了丙戎父亲的脚,而让丙戎做仆人。庸职的妻子漂亮,懿公将她收入内宫,并要庸职在车左右陪乘。五月,懿公到申池游玩,丙戎与庸职在一块洗澡,两人戏言:庸职称丙戎"断脚儿",丙戎称庸职"戴绿帽"。此正刺痛对方的心,于是合谋,将懿公请到竹林里去玩,即杀懿公在车上,两人弃尸而逃。懿公亡,齐国人到卫国迎接公子元继位,是为惠公。惠公元年癸丑(前608)即君位。七年,与鲁宣公联合伐莱国。十年惠公薨,子无野立为君,是为顷公。

顷公元年癸亥(前598)即君位。六年春,晋国派郤克出使齐国。时亦有鲁国、卫国的使者。齐侯可能是有意让母夫人躲在帷幕后观看。晋国郤克上殿,又矮又驼背;鲁国的使者跛脚(瘸脚);卫国的使者独只眼。所以齐国人也真会开玩笑,派有相同残疾的人引导客人,母夫人不禁笑出声来。郤克怒返誓言:"不报此仇,不渡黄河!请河神明鉴。"郤克请晋君发兵伐齐,晋景公问明原因后对郤克曰:"你个人怨恨,怎么值得烦扰国家的用兵呢?"即不答应。魏文子年老退休,他推荐了郤克,郤克执掌国政。后有齐国四个使臣赴晋,在河内被郤克绑架,并杀之。八年,晋伐齐,齐送公子强到晋国做人质。十年春,齐顷公亲征,攻击鲁国。顷公的宠臣嬖人卢蒲就魁在攻城的时候被鲁人活捉,顷公求情:不要杀他,如果你们放人,我和你们盟誓,绝不再攻击。守军不买账,杀掉卢蒲就魁并把尸首搭在了城墙上。愤怒的齐顷公亲自擂鼓进攻,三天后,龙失陷,齐军继续南进,到达巢丘(在今河南睢县南)。晋派郤克率领八百辆兵车为中军将领,士燮率领上军,栾书率领下军去救援鲁、卫,讨伐齐国。六月壬申,晋军与齐军在靡笄山相遇。癸酉日,两军在鞍地对阵。齐顷公卫士逢丑父站立戎车右边。齐军射伤晋中军郤克,血流鞋帮,郤克欲退兵,给其赶车的车夫曰:"吾受两次伤不叫,怕影响士气,将军请忍耐。"两军相战很激烈,齐军危急。逢丑父怕齐侯被俘,就与齐侯交换位置。齐侯战车被树枝挂住不能前进,时有晋国小将韩厥伏在车前戏弄"齐顷公"曰:"寡君派臣来救鲁、卫。"逢丑父已经成功将目标转移到自己身上,乃令顷公下车取水,顷公趁机逃脱。郤克知之大怒,要杀逢丑父,逢丑父曰:"吾冒君位被杀,之后就不会有忠于国君的人了。"郤克就放了他,逢丑父逃回。晋军追击齐军到马陵。齐顷公派人请求晋军,愿呈献宝器以谢罪,晋军不理,非要嘲笑郤克的齐侯母亲萧桐叔女出来道歉不可,并要求齐国将田垄改成东西走向。齐国使者至晋军军营,告知:"齐君母亲的事不能办,也不能太为难人了。将军是以伸张正义的名义来讨伐的,不能以暴行来结束。再则,如将晋君母亲交出,将军又能怎么处置?"晋军就不再索求晋君母亲的事,令齐国归还侵占鲁国与卫国的土地也就罢了。十一年,齐顷公朝见晋君,想尊晋景公为王,景公不接受,顷公回国。此后,顷公开放国君种花养兽的苑囿,并大部分改为农田。再减轻赋税,赈济孤儿,慰问病患者;用府库的积蓄救济百姓。十七年,顷公去世,子环继位,是为灵公。

灵公元年庚辰(前581)即君位,子殿为国师。十年,晋悼公讨伐齐国,齐派公子光到晋国做人质。齐伐莱,寺人夙沙卫名出。十五年齐灭莱国,迁莱于郳(又作小邾。在今山东滕州市东六里)。十九年,齐立公子光为太子。高厚辅助他,并让他到钟离与诸侯会盟。二十七年,晋派中行献伐齐,齐败,寺人夙沙卫连接大车堵塞隧道,使灵公逃进临淄城。有大臣以为:"子殿国师齐之辱也。"乃用夙沙卫代国师。二十八年,先时,灵公与仲姬生子牙,托付给戎姬照顾。戎姬请灵公立牙为太子,灵公答应可,仲姬以为不可,对灵公曰:"公子光为太子,已名列诸侯会盟的盟约上,现要废掉他才可另立太子。您是要后悔的。"灵公不听,放逐太子光到东部戍边,立牙为太子,让高厚转而辅助太子牙。灵公病,崔杼迎回原来的太子光,拥立他为国君,这就是庄公。庄公即位,杀死戎姬。因为夙沙卫异己,逃奔高唐(在今山东禹城市西南四十里)反叛。五月壬辰日,灵公去世。庄公在勾窦之丘捉拿太子牙,杀之。八月,崔杼杀死高厚。十一月,齐侯包围高唐,俘获夙沙卫,并将他醢(剁成肉酱)于军中。晋国趁齐内乱,出兵伐齐,打到高唐。

庄公元年戊申(前553)即位。三年,晋大夫栾盈投齐,庄公以贵宾之礼待之。晏婴、田文子劝谏,庄公不听。四年,齐庄公让栾盈潜回晋国,在曲沃做齐内应,齐军随后。齐军上了太行山,进了孟门关。栾盈却战败,齐军回师,顺路夺取朝歌。五年,齐人城郏之岁,其夏,齐乌余以廪丘奔晋。六年,起初,棠公的妻子美丽,棠公死后崔杼娶了她。而庄公却与她通奸,并多次到崔杼家,还拿走崔杼的帽子送人。崔杼实在气不过,就趁庄公讨伐晋国之时,想与晋合作偷袭齐都,但没有机会。庄公曾鞭打过宦官贾举,而又让贾举侍候他,贾举就替崔杼窥探庄公行踪寻找机会下手。五月,莒子来齐朝觐,庄公在甲戌日设宴招待他。崔杼装病不上朝。乙亥日,庄公亲往探视崔杼病情,借机找崔杼妻子。崔杼妻进内室,与崔杼关门不出。庄公倚着屋柱却唱起情歌来。宦官贾举将庄公的侍从拦在大门外,关上大门。崔杼带一帮人,手持兵器一拥而上,将庄公围住。庄公爬上庭台请求和解,众人不许;请求订立盟约,仍然不许;请求去祖庙里自杀,皆不许。大家都说:"我们是崔杼臣属,奉主之令捉拿淫徒来的,不知还有别的命令。"庄公爬墙想逃走,被射中大腿,反身跌落,被众所杀。晏婴赶到崔杼家,在门外高声曰:"国君如果是为国家而死,那臣下该随他去死。如果为国家流亡,臣下就该随他流亡。如果为了私事或死或逃,除了亲信,别人是不会为他效死的。"大门开,晏婴见之,伏在庄公尸体上痛哭,起身时顿足三次,致哀后退出崔家。丁丑日,崔杼拥立庄公异母弟杵臼为君,是为景公。

景公元年甲寅(前547),景公任命崔杼为右丞相,庆封为左丞相。庆封想杀晏婴,崔杼曰:"晏婴是忠臣,不可杀!"初时,崔杼生两子崔成、崔强。原配夫人去世后,继娶东郭家女生崔明。东郭女有与前夫所生的儿子无咎,及她的弟弟偃,皆辅佐崔氏。崔成犯罪,无咎与偃将其治罪,立崔明为崔邑之主。崔成请以终老于崔邑,无咎与偃曰:"崔邑是宗庙所在,不可以!"崔成与崔强怒而告庆封帮助。庆封原来就与崔杼在朝有嫌隙,则唆使两兄弟回家杀无咎与偃。崔杼怒极,去找庆封。庆封有意灭绝崔家,则曰:"吾帮您去杀杀人者。"就派崔杼的仇人卢蒲嫳去杀崔成、崔强,以杀光崔家人。崔杼妻自杀,崔杼无家可归亦自杀。庆封做相国,独断朝纲。三年十月,此前,庆封好饮酒打猎,早让儿子庆舍代行政务,久之父子间有嫌隙。是时庆封出门打猎,田文子对桓子曰:"动乱将要发生。"田氏、鲍氏、高氏、栾氏四家合力谋除庆封,乘机出动甲兵攻占了庆封住宅。庆封回来不得进家门,就逃往鲁国。齐国人责怪鲁国,庆封又逃吴国。吴国将朱方封给庆封,庆封聚集族人往居,过日子比在齐国时还富有。九年,景公派晏婴使晋,晏婴与晋大夫叔向曰:"齐国政权将归田氏所有,因田氏对百姓有恩德,民众爱戴。"十二年,景公到晋国,见晋平公,谋求联合伐燕国,不遂。十八年,景公到晋国会见晋昭公。二十六年,景公到鲁国郊外打猎,顺便访问鲁国,与晏婴一起在鲁都城询问鲁国礼制。三十一年,鲁昭公避季氏乱,逃奔齐。齐夺取鲁地郓城给昭公居。三十二年,有彗星出现,长虹贯空,景公坐柏寝台观看,叹曰:"富丽堂皇,焉能长久?"大臣们有的落泪,晏婴却笑,景公对晏婴曰:"彗星出在齐地东北,寡人正为此担忧,汝如何笑?"晏婴曰:"齐高筑墙、深挖河、重赋税、严刑罚,若长此以往,茀星也将出现,况彗星乎!"时景公喜好修宫室,聚马养狗,闻晏婴此言很是羞惭。四十七年,鲁国阳虎逃奔齐国,齐囚阳虎,阳虎又逃出奔于晋。四十八年,齐与鲁定公将在夹谷举行会盟。犁鉏曰:"孔子为主持人,他懂礼仪,但胆怯。齐让莱人演奏乐曲时借机会抓住鲁君,要挟他,不就可以实现我们的愿望吗?"景公怕孔子任鲁相,又怕鲁国称霸,听从了犁鉏的计策,作了安排。孔子主持礼仪,并没有上当,诛杀淫乐演奏者,景公畏惧,归还侵占的鲁地。是年晏婴去世。五十五年,晋范氏、中行氏在晋国作乱,晋君反攻激烈。两氏派人到齐国借粮,时齐国田乞亦想作乱,就劝景公借给粮食,景公派田厘子乞(田乞)运输粮食救两氏。五十八年夏,原本景公嫡子早死,宠妾芮姬所生子名荼,荼为景公所爱,想立其为太子。大夫们以为荼年少,其母卑微,希望立年长点而品行贤能的为太子。景公怕人言己年老,就对大夫们曰:"及时行乐,还怕国家无君?"秋,景公病重,立荼为太子,将其他公子赶出都城。景公去世,太子荼为国君,这就是晏孺子。景公还没有下葬,各公子逃生,公子寿、驹、黔逃奔卫国;公子驵(鉏)、阳生逃奔鲁国。莱人总喜欢组词唱歌,歌词云:"景公去了不送葬,三军大事无商量,师旅啊、师旅!究竟跟谁去结党?"

郍国为齐国附庸国。章氏之始自姜姓分。姜太公吕尚为齐侯,吕尚生吕伋,吕伋继位,是为丁公。丁公生姜隐,姜隐生姜虎,姜虎封于郍(今山东寿光市)、建(今山东沂水县),称穆郍子,立郍国,以为齐国附庸。穆郍子生靖公,靖公励精图治,煮海卤水为盐。靖公生康公,康公之时发展盐业而小国富有。康公生桓公,桓公生平公。二公之时,国富民安,甚为齐君羡慕又嫉妒。平公生厉公。厉公之时,因国富有,常为强齐索物。齐襄公八年(前690),齐征伐纪国,纪迁都避难;而郍国被齐勒索财物。厉公生世(太)子伟,是为郍武公。武公生定公,定公之后,被齐勒索更不得安宁,末世之君曰胡公祥。自郍武公至于郍胡公祥仅二十余年,更换七君,四世而国亡。郍胡公祥时,齐桓公二十二年(前664),桓公以管仲之议,吞并郍国,大兴渔盐之利,以霸诸侯。胡公祥之子去郍之耳,曰章輶,避难于晋,是为章姓始祖。章輶姊曰齐姜,嫁晋献公,生太子申生。晋献公二十二年(前655),章輶始有食邑在瑕(在今山西临猗县南),故曰瑕父。章輶又名吕饴甥,字子金,被后世尊为章姓始祖。瑕父生章华,晋献公二十三年,晋将章华讨伐屈邑,屈邑溃败。章华之后传章姓。

六、吕氏互斗　权到田家

晏孺子元年壬子(前489)春,田乞事奉高、国两氏,极尽献媚之态,而又对大夫们曰:"高昭子可怕,趁他们还没有向大夫们发难之时,我们要先发制人。"大夫们以为是。六月戊子,田乞、鲍牧与大夫们领兵闯入宫中,高昭子被杀,国回子逃到莒国,晏围逃奔鲁国,软禁了晏孺子。田乞派人从鲁国请回公子阳生,后阳生继立,是为悼公。悼公进宫,派人押晏孺子去骀城,杀死在帐幕中。

悼公元年癸丑(前488),齐伐鲁,攻占谨、阐二地。迎接在鲁国的季姬归齐后,将土地归还鲁国。先前阳生避难鲁国,季康子将妹妹嫁给他。阳生回国,季姬却与季鲂侯通奸,鲁君知其内情,故齐要季姬,鲁君不敢送季姬到齐。季姬到齐受到宠幸。四年,吴、鲁联合伐齐南部。鲍牧为悼公所杀,田常乘机怂恿鲍息及齐人毒杀悼公,将讣告送达吴军,以刺激吴鲁联军。吴王夫差见之在军门外痛哭,准备从海路伐齐,为齐所败。晋国赵鞅(简之)伐齐军到达赖(在今山东聊城市西)地而回。悼公之子壬立,是为简公。

简公元年丁巳(前484)即君位。四年春,起初,简公与父流亡鲁时,监止受宠信。简公即位,监止主持国政。田成子即田常以为这对己不利,上朝时频频回头看他。为简公御马者田鞅已经看出端倪,告简公曰:"田、监不可并存。"简公不听。田逆杀人被监止碰到将其抓入狱中,田氏家族让囚犯田逆装病,家人借探视之机将狱卒灌醉杀之,田逆逃逸。监止到田家讲和。有田豹是为监止家臣,一有消息就将监止的情况告诉田家。田逆以为不除监止,必有大祸。于是潜入宫中居住。夏五月,田常兄弟驾四辆车到简公居处,监止正在帐幕中,出来迎接田氏兄弟。田氏兄弟进门即关上宫门,这唐突举动使得宦官们起身抵抗,田逆杀死众宦官。简公正在檀台饮酒,田常令其迁移到寝宫去。简公欲用戈刺田常,太史子余对简公曰:"田氏兄弟为君除害。"田常出宫准备逃走,田逆拔剑曰:"举大事不可迟疑,你若出逃,吾不杀你,吾不姓田。"田常止步而回。监止逃归回家纠集徒众攻打王宫,不能取胜。监止逃到丰丘,为丰丘人所抓,送交田氏,在郭关被杀。庚辰日,田常在徐州逮捕简公;甲午日,杀简公。田常拥立简公弟骜为国君,是为平公。

平公元年辛酉(前480)即位,田常辅政,独揽齐国大权,并擅自划出齐国安平(在今山东淄博市临淄东十里石槽村)以东的土地作为田氏封邑,其封地比齐王食邑还大。二十五年,平公薨,子积即位,是为宣公。宣公在位五十一年薨,子贷即位,是为康公。康公二十六年(前379)逝世,葬烟台芝罘岛老爷山顶。齐国此时为田和所灭,由姜齐变为田齐。姜、吕氏断绝祭祀。姜齐之国亡,有宗人逃亡海上,称吕宋人(后建海上强国,是为苏禄王国,即今菲律宾北方部分)。姜齐国亡民传为姜、吕姓。吕姓在之后秦时及西汉初期出现了两个很有政治影响力的政治家:吕不韦、吕雉。

七、田氏篡齐　国力强盛

田齐之前以姜齐纪年称。陈国原逃亡至齐国的陈完,因管百工,重农抑商,改为田姓。陈完,号敬仲,生子稚孟夷。田稚孟夷生湣孟庄,田湣孟庄生文子须无,文子须无人称田文子。田文子与晏婴齐名,侍奉齐庄公。文子生桓子无宇。田桓子无宇有力气,文子死后,他侍奉齐庄公,很受宠爱。桓子无宇去世,留有三子:武子开、厘子乞、田孙书。武子开,即田开,是平民布衣,其一生主要活动在柏寝台(齐国台名,意为后花园。在今山东广饶县境),曾为齐景公登台而鼓琴,是齐国有名的乐师。厘子乞,即田乞,一名田开疆,侍奉齐景公,为大夫,管百姓税赋,征收时用小斗称粮,而借国百姓粮食时则用大斗称,向百姓施惠,于是田氏深得民心。田氏宗族日益强大,晏婴多次谏景公,景公不听。晏婴使晋,对叔向曰:"齐国政终要到田氏手中。"范氏、中行氏反叛晋国,需要齐国粮食援助,田乞经齐景公同意送粮去救援。田氏家族日益强盛。田孙书在景公朝官至大夫,后因景公赐姓孙氏,改姓名为孙书,孙书的儿子孙凭,即军事家孙武的父亲,字起宗,在景公朝中为卿。田氏家族在朝中为官,地位显赫,权倾一时。

齐景公病重,荼立为太子,是为晏孺子,田乞不高兴,想立时已逃亡在鲁国的景公另子阳生,暗中接阳生回齐,阳生躲在田乞家。十月戊子日,田乞请大夫们到家作客,并事前将一鼓囊的麻袋置放在大堂中央。聚会宴饮时,田乞解开麻袋结子,放出阳生,田乞对大夫们曰:"这才是齐国国君。"大夫们见状伏地谒见。大夫鲍牧已醉,田乞骗大夫们曰:"吾与鲍牧拥立阳生。"鲍牧假醉不颠,怒起而曰:"你忘了景公的遗命吗?"大夫们想反悔,阳生叩头捣蒜似的对大夫们曰:"恭请!恭请,可以立就立。"鲍牧怕招来灾祸,转而言:"都是景公儿子,为什么不可以?"阳生继立,是为悼公。齐悼公时,田乞为相,专擅齐国国政。齐悼公四年(前485),田乞去世,子田常,一名田成子继相位。鲍牧对悼公有隙,想杀悼公,而悼公却抢先杀了鲍牧。田常乘机怂恿鲍息及齐人毒杀悼公。悼公子壬立,是为简公。

齐简公元年(前484)即位。简公流亡鲁国时,监止受宠信,既即位,命监止主持国政,时亦有分田常相位权力的企图。田常则又用其父田乞对百姓的做法,用大斗借粮给百姓,用小斗收回。齐国百姓歌曰:"老太婆采芑菜,啊!都送田成子。大太公送小米,啊!换来大斗粟。"御鞅劝谏简公,简公不听。监止族人子我,欲图谋田氏,被田常追杀,监止亦被杀,简公出逃徐州亦被追杀。田常立简公之弟骜为国君,是为平公。田常为相独断朝纲,将过去齐国所占领的鲁国、卫国土地归还两国;西与晋国、韩氏、魏氏、赵氏订约互为友好;南迁使吴国、越国通好。修明功德,颁行赏赐,亲近百姓,齐国重新安定。

齐平公元年(前480),田常对齐平公作出分工,曰:"施行恩德,由君王自主;施行刑罚,由吾执行。"这实际上是将齐国的政权全部控制起来。五年,田常分割齐国自安平以东至琅琊的大片土地为自己的封邑,其封邑已大于齐平公的食邑。田常挑选身高七尺(按:周朝一尺为今二十三点一厘米,是为今一六一点七厘米高)以上数以百计的美女充入后宫,还允许宾客、舍人随便出入,如此繁殖人口。田常去世时,生有七十多个儿子。《吕氏春秋·似顺》记:"越人兴师诛田成子",田常薨,子盘继位,是为襄子。二十五年,平公薨,子积即位,是为宣公。

齐宣公元年(前455)即位。田襄子任齐宣公相后,将兄弟及族人都去担任齐国各地城邑的大夫,实际拥有了整个齐国。襄子去世,子白继相位,时称庄子。田庄子,一记田子方,名无择,是孔子弟子子贡的学生,魏文侯曾聘他为师,执礼甚恭。田庄子为齐宣公时相,齐国大治。十五年,田庄子卒。十六年,田庄子之子田悼子为齐相。田悼子于宣公四十一年居思(似指思善侯国。在今安徽亳州市南八十里古城集。或曰有"居安思危"之意),讨伐邯郸(时属赵国),包围平邑。四十三年讨伐晋国,摧毁黄城,围攻阳狐(在今山西垣曲县东南古城)。次年,进攻鲁城、葛邑及安陵。又次年,夺取鲁国一城。《竹书纪年》记:周威烈王"十六年(前410),齐田盼及邯郸韩举,战于平邑,邯郸之师败逋,遂获韩举,取平邑新城"。田盼,即田悼子。田悼子时年记入《中国历史纪年表》,称元年。齐宣公四十七年(前409),田布欲杀其大夫公孙孙,公孙孙举齐廪丘之地附赵国,田布包围了廪丘。翟角、赵孔屑、韩氏救廪丘,与田布战于龙泽,田师败逋。田悼子去世,子和立,时称太公。田太公为齐宣王相。四十八年,齐夺取鲁国郕城。次年,齐讨伐卫国,夺取毌丘。五十一年(前405),宣公薨。田太公在廪丘(在今山东郓城县西北三十八里水堡)反叛。

田齐和子元年丁丑(前404)自立为君,晋国韩、魏、赵三家以天子名义伐田齐。齐宣公了贷立,是为康公。贷立为齐国君,其权力被田氏剥夺无剩,故为君十四年,沉湎于酒色,无所事事。田太公将康公迁到海滨给一城作为其食邑,以奉祀祖先。三年后,田太公与魏文侯在浊泽会盟,请求成为诸侯。魏文侯派使臣告知周王室与诸侯。周天子同意这一请求。齐康公十九年(前386),田太公和即田和立为诸侯,列名周室。田齐侯剡元年(前383)即君位。五年,齐康公去世,断绝后嗣,奉邑一城之地,由田氏收取。九年,田齐侯剡薨,谥田废公。田太公和之子午立,是为桓公。

田齐桓公元年(前374)即君位。五年,秦与魏联合攻韩,韩国向齐求援,众大臣讨论以为,楚与赵会去救韩,齐坐享渔利即可,于是暗中答应韩国使者将派兵,而兵不发。果然韩国以为齐有救援,即与秦、魏交战,赶到援救的却是楚与赵。齐国趁机发兵袭击燕国,夺取桑丘。六年,发兵救援卫国。十二年,雨黍于齐。雨带黍米而下,古以为此地为政者将出而死于他国。桓公去世,子因齐即位,是为威王。

田齐威王元年乙丑(前356)即君位。韩、赵、魏趁齐国办丧事,进攻齐国灵丘。二年,齐师及燕,战于洵水(洵河,俗名错河。源于今河北兴隆县南之北三岔口,南流折而向西,至天津宝坻入蓟运河),齐师遁。三年,齐田期伐魏东鄙(北)地,战于桂阳(即桂陵。在今河南长垣县西北),魏师败遁。邯郸之师又败魏于桂阳,总为齐田期所败。六年,齐筑防以为长城。六年,鲁国讨伐齐国,攻入阳关;晋国讨伐齐国,到达博陵。七年,卫国讨伐齐国,夺取薛陵。八年,楚大发兵加齐,齐王使淳于髡至赵请救兵,赍金百斤,车马十驷。淳于髡仰天大笑,冠缨索绝。王曰:"先生少之乎?"髡曰:"何敢!"王曰:"笑岂有说乎?"髡曰:"今者臣从东方来,见道旁有禳田者,操一豚蹄,酒一盅,祝曰:'瓯窭满篝,污邪满车,五谷蕃熟,穰穰满家。'臣见其所持者狭,而所欲者奢,故笑之。"九年,赵国讨伐齐国,夺取甄城(治所在今山东甄城县北旧城集)。齐国这九年不得安宁。齐入赘女婿淳于髡常为齐使于各国,求见威王曰:"齐有大鸟三年不飞、不鸣,不知此是何鸟?"威王曰:"此楚国伍举谏庄王之言也,寡人知之!"齐威王召见即墨大夫,曰:"汝任即墨令,诽谤之言多多。然,即墨田野开辟,百姓丰衣足食,公事不误有目共睹,东方因而安宁。遭诽谤是因为汝不会讨好寡人左右。"就封他万户食邑。又召见阿大夫,曰:"汝镇守阿地,赞誉之声不绝。可阿地田野荒芜,百姓贫苦。去年,赵军攻打甄城,汝亦不能救援。大前年卫军夺取薛城,汝竟然不知道。美誉是汝用金钱向寡人左右贿赂而得的。"当天就烹杀了阿大夫,并揪出他左右收受贿赂的人一起烹杀,赏没有接受贿赂的人。赏、杀各半,共七十二人。随后,发兵讨伐赵、卫两国,在浊泽(一名皇陵。在今河南长葛市西)大败魏军并包围魏惠王,魏惠王请求献出观城求和。赵国归还齐国长城。齐国震惊,再不敢有人文过饰非,齐国大治。诸侯不敢对齐国用兵达二十余年。越人驺忌子是个琴师,与威王评说五音之律,借以比较国家治理,甚为威王赏析,三个月就接了相印。淳于髡要面试忌子智慧,于是,见忌子曰:"尔真会话语,吾有愚拙之见。"忌子曰:"聆听教诲!"淳于髡曰:"侍奉国君身名两全,如不周全或失误就会身败名裂。"忌子曰:"恭受指教,铭记在心。"淳于髡曰:"猪油涂抹酸枣木车轴,使以润滑。然,轴孔方形,却不能运转。"忌子曰:"恭受指教,我要谨慎侍奉君王左右。"淳于髡曰:"用胶粘旧弓干,是为了粘连。然,胶不能弥合裂缝。"忌子曰:"恭受指教,我将依附于万民。"淳于髡曰:"狐皮衣破了,不能用黄狗皮缝补。"忌子曰:"恭受指教,我要选择君子,绝不能让小人杂处混入君王左右。"淳于髡曰:"车不校正,不能载重;琴瑟不调,不能奏五音。"忌子曰:"恭受指教,我会谨慎修法,监督官吏。"淳于髡说完,快步而出,对仆人曰:"忌子果然是人才,我出五题,他反映快速。忌子受封为时不远。"一年后,威王将下坯封给驺忌子,封号成侯。二十三年,齐王与赵王在平陆会晤。二十四年,齐王与魏王在郊外一起打猎。魏王问齐王有宝物吗,齐王曰没有。魏王吹起牛皮:"寡人小国有直径一寸的夜明珠,映照车前车后。每辆车上按有十枚夜明珠,此车有十二辆。贵国听闻有万辆兵车,怎么就没有这些宝物呢?"齐王曰:"寡人宝物与大王不同。我有檀子大臣,派其镇守南城,楚人就不敢入寇东方,泗水有十二诸侯朝贡。我有盼子大臣,派他镇守高唐,赵人就不敢到黄河捕鱼。我有叫黔夫的官吏,使他镇守徐州,燕国人就去北门祭祀,赵国人就去西门祭祀,追随他而搬家来居的就有七千多户两万余人。我还有个叫种首的大臣,派他防守盗贼,齐国就道不拾遗。人才之重,何止贵国夜明珠只照十二辆车,光照千里哟!"魏王惭愧,败兴而去。二十六年,魏王包围邯郸,赵王向齐求救。齐王与众大臣商议是救还是不救,驺忌子以为不如不救,段干明以为不救赵不够道义。齐王问段干明为什么,段干明曰:"魏攻邯郸,这对齐不利。齐将军队开到邯郸救赵,不如向南进攻魏地襄陵,使魏军回救,疲以奔命。则邯郸之围自解。"齐王依计,为派谁为将而踌躇。驺忌子与田忌不和,公孙阅向忌子献计:"谋划进攻魏国,田忌一定为将出征。若胜战,你就谋划有功;若战而不胜,田忌要么战死,要么溃败,他的命就掌握在你的手中。"驺忌子以为是,就建议齐王,派田忌南攻襄陵。这就是有名的"围魏救赵"战例。十月,齐趁机攻打魏国,在桂陵(一作桂阳。在今河南长垣县西南)大败魏军。自此齐国成了诸侯中最强的国家,自称为王,号令天下。

齐威王时,齐国曾遭饥荒,陈臻对孟子说:"百姓都认为先生您会再次劝齐王打开粮仓来赈济灾民,大概您不会再这样做了吧?"先前齐国曾经闹饥荒,孟子劝齐王打开棠地的粮仓,来赈济贫穷的灾民。到这次又闹饥荒,所以陈臻这样询问孟子,齐国百姓盼望孟子再次劝齐王发放棠粮,但是陈臻自己也说恐怕不行了。孟子曰:"再这样做,我就成了冯妇了。晋国有个人叫冯妇的,善于打虎,后来成了善人。有次他到野外去,看到有很多人正在追逐一只老虎。那老虎背靠着山势险阻的地方抵抗,没有人敢去迫近它。大家远远望见冯妇来了,都跑过去迎接他。冯妇就又挽袖伸臂地走下车来(要去打虎)。大家都感到很高兴,这种行为却被有见识的士人们讥笑了。"齐威王在位三十六年薨,子辟疆立,是为宣王。

宣王元年(前319)即君位。二年,魏国讨伐赵国。赵国与韩国友好,共同抵抗魏国的进攻,而在南梁之战中失利。韩国向齐国求救。驺忌子以为不如不救,而田忌以为要救。孙膑曰:"魏与韩两斗,军队尚未疲惫就去救,等于齐军替代韩军在与魏军敌,齐军还要听韩将调遣。等魏军不惜国破而御敌,韩国将亡之时,齐再救援,齐国就可获得厚利并得韩国尊重。"宣王以为此计很好。韩军与魏军五战失利,果然投靠齐。齐国派田忌、田婴为将军,以孙膑为军师,援救赵、韩,反击魏军。在马陵大败魏军,杀魏将庞涓,俘虏魏太子申。此后,魏、赵、韩三晋之国的君王都来拜见齐王,签订盟约而去。六年,《竹书纪年》记:"燕子之杀公子平不克。齐师杀子之醢其身。"齐大胜,燕子之亡。七年,齐宣王喜爱文学与善辩游士。驺衍、淳于髡、田骈、接予、慎到、环渊等人有七十六人受宠,都赏赐给宅居,命为上大夫。这些人专门议论学问,以致稷下学子聚多时,达到上千人。之后秦时有河上丈人、安期生、张固等皆出稷下学宫。齐人学子在泰山用石头玩战争游戏,发明了象棋。齐宣王好闻音乐,常聚数百人奏乐,有南郭先生滥竽充数。齐宣王时的都地临淄,据《战国策》记:"车毂击,人肩摩。""其民无不吹竽鼓瑟,击筑弹琴,斗鸡走犬,六博蹴鞠。"《孟子外书》记:孟子三见齐宣王而不言事,(公孙)丑子曰:"夫子何以三见齐王而不言?"十九年,宣王去世,子地立,是为湣王。

湣王元年(前300),秦国派张仪与诸侯的执政大臣在啮桑会盟。三年,把薛地封给田婴。四年,从秦国迎娶夫人。七年,与宋军联合攻魏,在观泽打败魏军。十二年,进攻魏国。时年联赵婚姻,湣王嫁女赵惠文王,是为赵威后。二十三年,与秦军合作在重丘打败楚军。二十四年,秦国派泾阳君到齐国做人质,次年送回。二十六年,齐与韩、魏共同进攻秦国,到达函谷关驻军。二十八年,秦国把河外地区割给韩国讲和,三国退兵。二十九年,齐国帮助赵国灭了中山国。三十六年,时秦昭王称西帝,秦派魏冉送帝号给齐湣王,要其称东帝。苏代到齐,经一番说辞,齐湣王放弃帝号,仍称为王。三十八年,齐派将军韩聂攻伐宋国,秦昭王发怒。苏代替齐王到秦,对秦王曰:"韩聂攻宋,大王可得好处。齐国得宋强大,令楚、魏恐惧,一恐惧两国就会侍奉秦国。这样,大王就不费一兵一卒去割取魏国的安邑。"秦王曰:"齐国究竟在搞什么名堂,一会儿合纵,一会儿连横?"苏代曰:"宋国自知侍奉秦国就可得到万乘大国的支持,不侍奉秦,宋地就不得安宁,宋是投机取巧者。游说之士想离间秦与齐的关系,车轮西向,就没有人说齐国好话,车轮东向,就没有人说秦国好话。这是为什么?因为他们都不愿意看到两强联合。魏、赵、韩三晋与楚国联合必定要谋取齐、秦两国,齐、秦联合必定要图谋三晋与楚,请大王根据情势决策行事。"秦王以为然。齐于是顺利伐宋得手,宋王出逃,死在温地。齐国趁势向南割取了楚国的淮河以北土地,向西入侵三晋,打算吞并周室,自立为天子。齐国强势,泗水流域的邹、鲁向齐称臣,诸侯恐惧。三十九年,秦国判断情势不妙,则出兵伐齐,夺取九座城邑。四十年,燕、秦、楚、三晋合谋,各派精锐师团组成"联军"讨伐齐国,在济水西岸打败齐军,齐军溃逃。燕将乐毅进入临淄,将齐国的珍宝劫掠一空,齐湣王出逃卫国。湣王又逃回齐国莒地,楚国派淖齿以救助齐王为名,杀湣王。湣王儿子法章随父逃逸,做了莒太史敫家的用人。楚国与燕国分享掠夺齐国的宝器,共同占有齐国的土地。齐国莒地城邑太史敫家,衣衫褴褛的年轻人天天趁早爬起,洒扫庭除,其相貌奇伟、举止高雅还是引起了莒太史敫家小姐的惊奇!以为是非常人,怜悯他而送衣食。久之,两人在柴房私通。太史敫知之,怒曰:"女子不经媒人说亲而私奔,玷污门庭,非我女也!"发誓不认这个女儿。楚兵离开莒城后,齐国的亡臣们寻找湣王的儿子,想立他为齐王。年轻人就是公子法章,他怕被杀,初始不承认,很久才称自己就是湣王的儿子。法章在莒城即位,是为齐襄王。

齐襄王元年(前283)立太史敫女为王后,这就是君王后。君王后生子建。君王后不因为父亲不见自己而失去做子女的礼节。襄王在莒城住了五年。先时,田氏王族远房亲戚田单任临淄城佐理市场的掾吏。燕将乐毅大败齐军,临淄沦陷,田单逃往安平,途中叫族人将车轴两端外露部分锯断而包上铁皮。燕军攻安平,城中人逃难,大都由于轴断车毁被俘,唯田单所率族人因为有铁皮包裹着使车轴不断而逃脱。田单退入即墨城自保,燕军攻城,即墨大夫迎战而亡。城中人公推田单做将军,用即墨现有武装力量抵抗燕军。不几年的反复较量,田单以极其聪明的战争谋略打败燕军,收复齐国沦亡的七十多座城邑。田单到莒城迎接襄王,一起回到临淄,齐国原旧有的土地全部收回。齐王封田单为安平君。十九年,襄王去世,子建立,是为齐王建。时年,赵国赵威后使少子长安君为人质抵齐国。田单援赵。

齐王建元年(前264)即君位。六年,秦军攻打赵国。赵国断粮,请求齐国支援粟米,齐王建不同意。周子对齐王建曰:"应该答应赵国要求使秦国退兵。赵国对于齐国来说是屏障,譬如牙齿与嘴唇,唇亡则齿寒。"齐王不听。秦军在长平打败赵国四十多万军队,继而包围邯郸。十六年,君王后去世。二十八年,齐王建到秦国朝拜,秦王政在咸阳设酒宴款待。四十四年,田齐亡。齐王建是齐国最后一任君王,也称"齐共王"。

齐亡之后,前齐襄王的嫡次子为田假,于前208年被立为齐王,但其后不久便被田荣率兵逐走;后来项羽灭田荣,复立田假为齐王,田荣之弟田横趁项羽回救彭城之时,击田假,田假逃至楚,楚杀田假。齐王建生三子:长子田升、次子田桓、三子田珍。田升之子名田安,田安为西楚王朝的济北王。田安之子名田某,因秦始皇灭齐,为避免杀戮,改名为王始。王始之子名王遂。王遂生子,名王贺,王贺为汉武帝刘彻的绣衣御史。王贺生二子:长子王禁,为汉朝阳平侯,谥"阳平顷侯",次子王弘。王禁生四女八男:长女王君侠,封广恩君,是汉朝定陵侯淳于长的生母。次女王政君,乃西汉孝元皇后,是汉成帝刘骜的生母。第三女王君力,封广惠君。第四女王君弟,封广施君。

王禁长子阳平敬成侯王凤,次子新都显王(新都哀侯)王曼,三子平阿安侯王谭,四子安成共侯王崇,五子成都景成侯王商,六子红阳荒侯王立,七子直道让公(侯)王根,八子高平戴侯王逢时。王弘之子,名王音,封安阳敬侯。新都显王王曼生二子:长子王永,英年早逝,称"世子";次子王莽,袭父爵为新都侯。王莽于公元8年腊月建立新朝,史称新始祖高皇帝或新朝建兴帝。

八、齐运九鼎 没于深渊

　　周显王三十五年(前334),周把祭祀周文王、周武王用的胙肉赠送给秦惠王。秦国兴师,兵临周王城而索要九鼎。《史记·封禅书》记:"禹收九牧之金,铸九鼎。皆尝亨鬺上帝鬼神。遭圣则兴,鼎迁于夏商。周德衰,宋之社亡,鼎乃沦没,伏而不见。"天子九鼎,是大禹收取九州的贡金各铸成一鼎,载其本州山川及田亩之数,足耳俱有龙文,又谓曰"九龙神鼎"。夏传于商,以为镇国重器。及周武王克商,迁于雒邑(今河南洛阳市)。迁时,用卒徒牵挽,舟车负载,分明是九座小铁山,不知有多少斤两。鼎腹有荆、梁、雍、豫、徐、扬、青、兖、冀等九字分别。秦国索要九鼎,显王不安而日夜忧思,以告诉颜率,颜率曰:"大王请勿忧,臣愿意到齐国,求借齐国的力量来保鼎。"颜率至于齐国,对齐威王曰:"夫秦国无道,欲兴兵临周而想搬走九鼎。周上下君臣不安,以为九鼎给予秦国,不若赠送给大国保存。秦国是个危险的国家,想得到九鼎,以美名号令天下。九鼎,厚宝也,不如大王去图之。"齐威王大悦,发兵五万人,以陈臣思为将以救周,秦兵退。齐将却也求九鼎,显王又不安而忧思。颜率曰:"大王不必忧虑,臣再去齐国以解之。"颜率至齐,对齐威王曰:"周依赖贵国大义,得有君臣父子安全之保证,愿意献出九鼎。但不知贵国能用什么办法将九鼎运到齐国?"齐威王曰:"寡人将借道大梁(魏都。今河南开封市西北)。"颜率曰:"不可,夫大梁(指魏国)之君臣欲得九鼎,谋立将九鼎放置在晖台(原为周梁伯之王室苑别墅。在今河南开封市西)之下,少海之上,此计划久矣!若鼎入梁,必不出。"齐威王曰:"寡人就借道于楚。"颜率对曰:"更加不可,过去楚庄王想看九鼎就曾兵临周京郊外,假意问九鼎大小轻重。近几年楚之君臣欲得九鼎,谋计于叶庭(在今河南中部叶县南。故叶公居处)之中,其日久矣。若入楚,鼎必不出。"齐威王曰:"那寡人可用什么方法将九鼎运到齐国来?"颜率曰:"我东周君臣也在私下为大王这件事忧虑。夫鼎者,并不是像醋瓶子、酱罐子可以揣在怀中或提在手上就能拿到齐国,也不像群鸟聚集、乌鸦飞散、兔子奔跳、骏马疾驰可以自动地进入齐国。当年,周武王获得九鼎,从朝歌运抵成周,就动用了九万人运力,还有九九共八十一万士兵护送。现场工匠难以计数地步步指导滚木替换,难以计数的建筑路工还要事先铺路垫石,沿途不知用了多少粮饷物资。如今大王即使有这种人力物力,也不知道如何辟捷径将九鼎运来齐国? 所以臣下在为大王担忧。"齐威王曰:"贤卿屡次来我齐国,说来说去还是不想将九鼎给我齐国!"颜率曰:"臣不敢欺骗贵国,只要大王有办法,我东周可迁移九鼎。若运九鼎,必用高人。"九鼎靠水运被齐国运走,周显王四十二年(前327),九鼎沦泗没于渊。齐国用高姓人运九鼎,高氏"顷以周鼎沉水"(见《唐代墓志汇编》),将出主意的人称"高士"即由此而来。

高氏实与田齐有世仇,将运九鼎之事交于高姓人,实为颜率含糊其词的妙策,曰"高人"吗?又没有讲明要高姓人去运,是齐威王自作聪明要用高姓人,结果九鼎沦泗没于渊(泗水源出今山东泗水县东五十里陪尾山。当指在今山东济宁市鲁桥起至于今兖州这一泗水段落)。之后秦始皇二十八年(前219),始皇东巡泰山,回程到彭城,斋戒祷祠,欲出周鼎于泗水,使千人泅水打捞,没有成功。

高氏本出姜齐同宗。高敬仲,《春秋·庄公二十一年(前673)》记:"秋七月,丙申,及高傒盟于防。"《公羊传》记:"齐高傒者,何贵大夫也。"又《春秋·闵公二年(前660)》记:"冬,齐高子来盟。"高子者,齐大夫。《唐宰相世系表》记:"敬仲生庄子虎,虎生倾子,倾子生宣子固。"高无咎,《春秋·成公十五年(前576)》记:"齐高无咎与会吴。"《左传·成公十七年》记:"庆克乱,传无咎奔莒,高弱(无咎子)以庐(高氏邑)叛。"高原,《左传·襄公六年(前567)》:"灭莱。传:迁莱于郳,高原、崔杼定其田。"又有注:高原,高固子也。《史记·齐太公世家》记:"灵公使高原传牙,为太子,灵公卒,八月,崔杼杀高原。"《春秋·襄公二十九年(前544)》记:"齐高止与城杞。……是年九月,齐高止出奔北燕。"《左传·昭公十二年(前529)》孔颖达疏谓此世族谱以酀与偃为一人。《春秋·昭公十九年(前523)》记:"秋,齐高发帅师伐莒。"《左传·哀公十一年(前484)》传:"春,齐为郎故,国书、高无平帅师伐我。"《左传·哀公二十三年》记:"晋伐齐,传高无平帅师御之。壬辰,战于犁丘。齐师败绩。"《史记·越世家》记:"吴王伐齐败之艾陵,虏齐高国以归。"时有国惠子、高昭子。《左传·襄公二十九年》传:"敬仲曾孙则,此人祖父皆非已适。今别用之,以远继敬仲之后。""高鉴曰:尚使高氏有后,请致邑。齐人立敬仲之曾孙酀,良敬仲也。"《正义》:此酀,即后所云高偃。高糾,晏子。景公谓晏子曰:"吾闻高糾与夫子游,寡人请见之。"晏子对曰:"高糾与婴为兄弟久矣。未尝干婴之行,特福仕之。臣也,何足于补君乎?"《说苑》记:"高缭仕于晏子,晏子逐之。缭即糾。"《说苑》记:"齐景公以其子妻,阖庐送诸郊,泣曰:'余死不汝见矣。'高梦子曰:'君爱则忽行。'公曰:'余有齐国之固,不能以令诸侯,又不能听是,生乱也。'遂遣之"。

小结

齐鲁大地原称东夷,是先秦时期中原王朝对黄河流域下游诸小国的概称。在夏商时期称为夷,不带有外族观念,只是作为部落联盟的称呼。夷,字之意是"一人负弓"。周朝时的东夷特指今山东的胶东和胶西外族,当时是对东方不是同一种族的泛称。西周初年,姜太公被封于齐,以治理夷人;周公被封于鲁,以拱卫周王室;召公封燕地,以屏障东北,可谓初始周朝是如此重视古之东夷地域。周初封国,是抢人家的地盘,受封者要管民众,于是要定法制理政,建立国防体系。齐开国时为莱人所困,鲁开国为防徐人要建筑茅阙门,燕召公逾七世才称侯,受封的开国君王确实也是非常不容易。论齐国,《史记·齐太公世家》中太史公曰:"吾适齐,自泰山属之琅琊,北被于海,膏壤二千里,其民阔达多匿知,其天性也。以太公之圣,建国本,桓公之盛,修善政,以为诸侯会盟,称伯,不亦宜乎?洋洋哉,固大国之风也!"鲁国是孔子家国,素以礼仪之国而著称,而君王之继承权出现混乱,因而之后内乱不止,太史公曰:"(鲁国)而行事何其戾也。"燕国内与齐、晋强国崎岖相邻,是为小国,几次被灭国又复国,然其国的历史寿命却比晋、齐都长久,自周武王二年(前1049)封其国至于秦王政(始皇帝)二十五年(前222)亡其国,历时八百一十八年。太史公曰:"(燕国)于姬姓独后亡,岂非召公之烈焉!"田齐强国,固然有齐威王一鸣惊人的政治举措,还有一套刺激人口政策计划。故战国后期有七雄之争,唯齐国国力不菲,一度抗衡强秦,周王室最后寄鼎在齐国,便是证明。田齐得鼎,而被高氏顷以周鼎沉水,九鼎沦泗没于渊,至于今已逾两千三百多年,无人可得。中国的许多娱乐发明在齐国,如象棋、踢球、博彩等,当然娼妓也在齐国盛行。鲁国孔子,建立了儒家思想学说。齐国文化尚功利,鲁国文化重伦理,形成了齐鲁文化。姜齐易手田齐,鲁国三桓势大,北燕枕不安生,因此三国政治动荡,最终皆亡于秦。

第十二章　合纵连横　战国七雄

　　魏、韩、赵三家分晋,标志着中国历史进入战国时期。战国七雄是指秦、齐、楚、魏、韩、赵、燕。时代的划分是公元前475年至公元前221年。在七国争雄的年代,强秦起于西戎之地,楚国领衔合纵连横,赵国改制胡服以统胡人抗秦,韩国弱小屡为秦败,楚国亡越以强国力,处在北方的燕国相对弱小,最终六国为秦吞并。

一、魏王代周　称制天下

　　周文王庶子毕公高,武王封在毕地(在今陕西咸阳市西北毕原),管理商纣王时战犯,爵位伯,称毕伯;周成王时,进为魏侯,又传十余世,为晋献公所灭。毕公高次子季孙,封于潘(即潘州。在今河南泌阳县东北),建潘国,为毕国附庸,传潘姓。又次子周华之后封于庞乡(即始平。在今陕西西安兴平市),再其后有庞降者,徙居于庞(在今湖南衡阳市),庞地种粟,传庞姓,后谓湖南为"九州粮仓",溯源在庞。

　　晋献公十六年(前661),毕公高第十四代孙毕万为献公护卫,时赵夙赶车,伐霍、耿、魏,灭了它们。献公将魏地又封给毕万,将毕万升为大夫。魏,故城在今山西芮城县东北五里古魏城。占卜者卜偃曰:"万是满数,魏是大号。天子统治百姓称兆民,诸侯统治百姓称万民。今命之大,又是满数,其后必有众。"先前,毕万占卜到晋国吉凶,得"屯卦",变"比卦",辛廖解卦曰:"吉利。'屯'固也,'比'入也。大吉大利,其后必会蕃昌。"毕万受封后十一年,晋献公去世,晋国内乱。时毕万家族弥大,按封国改称为魏氏。毕万之子魏武子事晋公子重耳,陪同重耳在外逃亡十九年。重耳继位是为晋文公,让魏武子作为魏氏的后代袭封,列为大夫,治所魏邑。

　　魏武子,名犫。魏武子生子魏悼子。魏悼子将治所迁移到霍邑(在今山西霍州市西南十六里)。魏悼子生三子魏绛、魏锜、魏颗。魏绛侍奉晋悼公为将,魏锜为晋大夫。晋悼公以为,魏颗在辅氏之战中,亲身阻击秦国大力士杜回(晋文公杜妃所生之子)的进攻,其功劳晋景公已铸在大钟上,他的子弟一定也会兴盛起来,于是便把魏颗的儿子魏颉封于令狐地(位于今山西临猗县西部),也就是分封的令狐国,子孙承袭赐姓,传令狐姓。

　　魏绛侍奉晋悼公为将。晋悼公三年(前570),悼公对郑国用兵,乃举四军之众,分而为三。三军出征之时,扬干请战,年方十六岁,未经战阵,闻知治兵伐郑,巴不得独当一面,前去厮杀。可不见主将智罃点用,乃去找智罃请战,智罃曰:"小将军虽勇,为所用之,既坚请,权于荀大夫部下接应。"扬干却自恃晋悼公弟,竟将本部车卒,自成一队,列于中军副将范匄之后。司马魏绛整肃行伍,令其出列,并令军校擒其御车之人斩之,扬干顿时吓得面如土色,驾车出军营,诉于晋悼公。悼公爱弟,却不知其详,要查办主将魏绛以治罪。后悼公知弟扬干违反军纪,回宫大骂扬干:"不知礼法,几陷寡人于过,杀吾爱将!"使内侍将扬干押往公族大夫韩无忌处,学礼三个月,方许相见。《左传·襄公三年》记:"晋侯之弟扬干乱行于曲梁,魏绛戮其仆。晋侯怒,谓羊舌赤曰:'合诸侯,以为荣也。扬干为戮,何辱如之?必杀魏绛,无失也!'对曰:'绛无贰志,事君不辟,有罪不逃刑,其将来辟,何辱命焉?'言终,魏绛至,授仆人书,将伏剑。士鲂、张老止之。公读其书曰:'日君乏使,使臣斯司马。臣闻:师众以顺为武,军事有死无犯为敬。君合诸侯,臣敢不敬?君师不武,执事不敬,罪莫大焉。臣惧其死,以及扬干,无所逃罪。不能致训,至于用钺,臣之罪重,敢有不从以怒君心?请归死于司寇。'公跣而出,曰:'寡人之言,亲爱也;吾子之讨,军礼也。寡人有弟,弗能教训,使干大命,寡人之故也。子无重寡人之过,敢以为请?"十一年,悼公曰:"吾用魏绛,八年之中,九会诸侯,戎、翟亲附。"于是,悼公赏赐给魏绛乐器,魏绛三次推让,后受。魏绛将治所迁移到安邑。魏绛去世,谥昭子。魏绛生魏嬴,魏嬴生魏献子。魏献子,名魏舒,侍奉晋昭公。昭公之后,晋六卿强,公室卑微。

魏舒,晋平公时为正卿,昭公时为司马,赏举弥牟、贾辛、赵朝、韩固、知徐吾、司马巫、孟丙、乐霄、僚安九人为大夫,并举戊(魏戊,舒公三子)为梗阳大夫,共举十人。仲尼闻魏子之举也,以为义曰:"近不失亲,远不失举,可谓义矣,又闻其命贾辛也,以为忠,宜其长有后于晋乎。"贾辛将适其县,见于魏子。魏子曰:"辛来!昔叔向适郑,鬷蔑恶,欲观叔向,从使之收器者而往,立于堂下。一言而善。叔向将饮酒,闻之,曰:'必鬷明也。'下,执其手以上,曰'昔贾大夫恶,娶妻而美,三年不言不笑,御以如皋,射雉,获之'。其妻始笑而言。贾大夫曰:'才之不可以已,我不能射,女遂不言不笑夫!今子少不扬,子若无言,吾几失子矣。言不可以已也如是。'遂如故知。今女有力于王室,吾是以举女。行乎!敬之哉!毋堕乃力!"晋顷公十二年(前514),韩宣子告老,魏献子主持晋国政务。晋宗室祁氏、羊舌氏结党为乱,六卿诛之。将两氏之地分为十邑,六卿各令其子为之大夫。《左传·昭公二十九年》记:"蔡墨对魏献子曰:'昔有飂叔安,有裔子曰董父,实甚好龙,能求其耆欲以饮食之,龙多归之,乃扰畜龙,以服事帝舜,帝赐之姓曰董,氏曰豢龙,封诸鬷川(在今山东菏泽市定陶区北),鬷夷氏其后也。'"魏献子生子侈。魏侈与赵鞅共同攻打范氏、中行氏。魏侈的孙子叫魏桓子(中有梁主)。魏桓子与韩康子、赵襄子共同攻灭知伯,分割知伯封地。魏桓子的儿子叫魏都,魏都生三子,长子文侯斯,次子长卿,次子毕梁。文侯斯后为魏文侯,长卿封于冯(在今河南荥阳市西),传冯姓,毕梁封大梁王,传梁姓。长卿封于冯,称冯父,讹名冯妇,《孟子·尽心下》记:"晋人有冯妇者,善搏虎,卒为善士。则之野,有众逐虎。虎负嵎,莫之敢撄。望见冯妇,趋而迎之。冯妇攘臂下车。众皆悦之,其为士者笑之。"冯妇之后为冯简子,传为冯姓。

魏文侯斯元年(前445),魏国纪年始。魏文侯常与田子方饮酒而称乐。文侯谓田子方曰:"钟声不比乎左高。"子方闻之而笑。文侯问何笑之有,子方对曰:"臣闻之,君明则乐官,不明则乐音。臣恐君之聋于官也。"文侯曰:"善。"一日,文侯命太子击为中山君,击受命而出,遇子方乘敝车而至。击忙下车,拱立道旁致礼,子方驱车而过,傲然不顾,击恶其以富贵骄人,谓子方曰:"富贵者骄人乎? 贫贱者骄人乎?"子方曰:"亦贫贱者骄人耳,富贵者安敢骄人!国君而骄人则失其国,大夫而骄人则失其家。失其国者未闻有以国待之者也,失其家者未闻有以家待之者也。夫士贫贱者,言不用,行不合,则纳履而去耳,安往而不得贫贱哉!"击乃谢之。田子方侍坐于魏文侯侧,数称溪工。文侯曰:"溪工,子之师耶?"子方曰:"非也,无择之里人也;称道数当,故无择称之。"文侯曰:"然则子无师邪。"子方曰:"有。"曰:"子之师谁邪?"子方曰:"东郭顺子。"文侯曰:"然则夫子何故未尝称之?"子方曰:"其为人也真,人貌而天虚,缘而葆真,清而容物。物无道,正容以悟之,使人之意也消。无择何足以称之?"子方出,文侯傥然终日不言,召前立臣而语之曰:"远矣,全德之君子!始吾以圣知之言仁义之行为至矣,吾闻子方之师,吾形解而不欲动,口钳而不欲言。吾所学者直士梗耳,夫魏真为我累耳!"魏文侯虚怀若谷,顺应自然的治国思想,魏国于是大治。六年,修筑少梁城。十三年,派子击去包围秦国的繁、庞,并迁走城中的百姓。十六年,讨伐秦国,修筑临晋城、元里城。十七年,攻灭中山国,派子击驻守中山。击又向西攻打秦国,到达郑邑而回,修筑洛阴城(在今山西阳曲县东十二里洛阴村)、合阳城(在今陕西合阳县东南四十里)。二十四年,秦国攻打魏,打到阳狐。二十五年,击生子罃。魏文侯任命西门豹防守邺(在今河北临漳县西南邺镇),因而河内号称清平安泰。文侯就置立国相之事有魏成子与翟璜两个人选,咨询李克。李克曰:"臣闻卑不谋尊,疏不谋戚。臣在阙门之外,不敢当命。"文侯曰:"先生临事忽让。"李克曰:"君王平时不考察故也。居视其所亲,富视其所与,达视其所举,穷视其所不为,贫视其所不取。五者足以定之矣,何必要我李克推举!"是以知魏成子定为相。李克经过翟璜家,告诉翟璜,翟璜愤然。李克曰:"你子安(翟璜字号)怎么能与魏成子比? 魏成子以食禄千钟,十分之九用在外,只其一家用。他东边招来卜子夏、田子方、段干木,此三人,君王皆拜为师。而你子安所推荐的五人,君王就用为臣子。这怎么能比?"翟璜惭愧,拜了两拜,曰:"己鄙人也而无知。"魏文侯任用李悝变法图强,西攻取秦国河西之地,向北攻打中山,南败楚国,夺取大梁(今河南开封市)等地。二十六年,虢山崩塌,壅塞了黄河。三十二年,讨伐郑国。修筑酸枣城。在注城打败秦军。时秦为秦简公元年。三十五年,齐国夺取魏国的襄陵。三十六年,秦军侵掠魏国阴晋,魏国任命杨惠为潼关尉御之,避难华山的杨姓人出山。三十七年,魏文侯讨伐秦国,至于郑国而返。建筑汾阴(在今山西万荣县西南庙前村北古城)、郃阳(在今陕西合阳县东南)二城。三十八年,讨伐秦国,在武下魏军被秦军打败,魏却俘获了秦将军识。四十三年(前403),时为周威武烈王二十三年,魏与韩、赵三家分晋,魏始位立诸侯,都安邑(今山西夏县西北禹王城)。五十年,魏文侯薨,子击立,是为武侯。

魏武侯元年(前395),赵国敬侯刚立为国君,公子朔作乱没有成功而逃到魏国。魏军帮助公子朔袭击赵都邯郸,魏军败。二年,修筑安邑城,以为王都垣城之地。七年,讨伐齐国,打到桑丘。九年,翟军在浍水打败魏军。派吴起讨伐齐国,打到灵丘。十一年(前385),魏与韩、赵三分晋地。十五年,在北蔺打败赵军。十六年,讨伐楚国,夺取鲁阳。二十年,魏城洛阴。武侯去世,此前,子䓨与公中缓争当太子,䓨立,后为惠王。二十一年,公中缓逃到邯郸以作难。二十二年,魏觞诸侯于范(春秋时晋士会邑。当在今山西屯留县地)台。梁主魏婴(䓨)请诸侯饮宴,酒酣之际,请鲁君举觞,鲁君即兴避席,择言梁主称善相属。二十六年,魏大夫王错出奔韩国。时年,武侯薨,子䓨立,是为惠王。

魏惠王(前421—前334),名䓨。元年(前369),公孙颀自宋国到赵国,又从赵国到韩国,对韩懿侯曰:"魏䓨与公中缓先前争当太子,想必君王已知之。今魏䓨得到王错的辅佐,挟持上党,只稳定了半个魏国。现在趁机除掉他们,必能打败魏国,机不可失。"懿侯很是高兴,乃相约与赵成侯合兵一处攻打魏国,战于浊泽(一名皇陵。在今河南长葛市西),魏军大败,魏惠王被包围。赵成侯对韩懿侯曰:"除掉魏君,立公中缓,割魏地而退,我俩皆得利。"韩懿侯曰:"不可!杀魏君,人们就以为我们暴虐;割地而后撤军,人们一定要骂我们贪婪。不如将魏国一分为二,它就不会比宋国、卫国强大。则我等就终无魏国之患矣。"赵成侯又不同意,韩懿侯就率领他的小部分军队夜间撤离。魏惠王之所以身不死,国不分者,主要是两家谋不和。假如顺从一家之谋,那么魏国就一定被分割了。时年,魏䓨趁势消灭了公中缓。

二年,魏军在马陵(即今河北大名县东南)打败韩军,在怀(即今河南武陟县西土城村附近)地打败赵军。三年,齐军在观(即今河南清丰县南或淇县东北)地打败魏军。四年,公子景贾帅师伐郑韩明,战于韩地濮阳(在今河南濮阳市西南),魏国王师败逋。六年夏四月甲寅,魏国自安邑徙都于大梁(今河南开封市西北),因而魏亦称梁,魏惠王则称梁惠成王焉。秦用商鞅,东地至河,而齐、赵数破周,安邑近秦,魏国于是徙治大梁,因而魏亦称梁。大梁原为梁伯之居。魏王开发逢泽(在今河南商丘市南,古滩水所积)之薮以赐民。《竹书纪年》记:"王发逢忌之薮以赐民。"笺按左师向巢曰:"迹人来告,逢泽有介麇焉。"逢忌(地当指今河南开封市龙亭公园的潘杨湖),梁(魏)惠王开发疏通逢忌之薮以赐民。魏惠王与韩懿侯在宅阳(在今河南荥阳市东南十七里)相会。魏修筑武堵城,为秦军所败。六年,魏讨伐宋国,夺取仪台(即今河南虞城县西南)。

八年,惠王伐邯郸,取列人(在今河北邯郸市肥乡区东北)。又伐邯郸取肥(在今河北藁城市西南七里)。九年,魏在浍水打败韩国。魏军与秦军在少梁交战,秦军俘获魏军将领公孙痤,并夺取庞城。魏国将榆次、阳邑二地给予赵国。惠王会郑釐侯(即韩昭侯,下同)于巫沙(即沙城,一名养阴里。在今河南宝丰县西北)会盟。十年(前360),魏夺取赵国的皮牢。彗星出现。惠王动员国人将黄河水引入圃田泽(即鸿沟。在今河南中牟县西及郑州东),开了大沟而引圃水。自此,圃田泽东西四十里许,南北二百里许,津流径通,渊潭相接,各有名焉。浦水盛,则北注渠溢,便南播。时年,瑕阳(在今山西临猗县西南)人自秦国导引岷山青衣水(在今四川宜宾市南溪区南)后来归。圃田泽,这是中国历史上大禹治水以后又一次最大的水利工程。这一伟大的水利工程为百多年后秦李冰治水都江堰开启了智慧,整个鸿沟的水系在之后的八年里告成。

十二年,魏地白天有星坠落,发出声响。郑(此云郑者,是为韩国。下同)取屯留尚子,尚子,即长子(在今山西长子县西南八里)之异名。郑釐侯使许息来致地:平丘(在今河南封丘县东南四十六里平街)、户牖(在今河南兰考县东北二十里)、首垣(在今河南长垣县东北十四里)诸邑,及郑驰地,了解诸邑的户口,及驰走车马的驰道里数,还要征发徒役。许息其祖先为卫国司徒姬其许,兼管田地耕作与其他劳役,世代干这件事。惠王愤怒,出兵取枳道(秦亭名。在今陕西西安市东北)与郑鹿(古黎阳县故城。在今河南浚县东。城内有台尚,谓鹿鸣台,故又谓鹿鸣城),就是为了教训郑釐侯。回兵至它阳(指宅阳。在今河南荥阳市东),为郑所围。于是惠王与郑釐侯会盟于巫沙,归厘(厘城。在今河南郑州市西北)于郑,以释它阳之围。

十四年,魏惠王与赵成侯在鄗(西周都城。在今陕西西安市西)相会。十五年,魏惠王与秦孝公在杜平(在今陕西澄城县境)相会。魏侵宋国黄池,不得。十六年,齐国田期伐魏东鄙(北)地,战于桂阳(即桂陵。在今河南长垣县西北),魏师败逋。邯郸之师又败魏于桂陵(今河南长垣县),总为齐田期所败。魏惠王包围邯郸,宋景敦卫、公孙仓会师包围魏国襄陵,此当是齐威王策划,以使魏国亦受困。十月邯郸降魏。秦伐韩阏(古上党郡涅县。在今山西武乡县西北)与惠成王使赵破邯郸几为同时。魏军与秦军在元里交战,秦军夺取魏国少梁。十七年,赵国向齐国请求救兵,齐派田忌、孙膑率军救赵,在桂陵打败魏军。桂陵之战是截击战,魏将庞涓在外返还应战,孙膑却在桂陵伏袭,打败魏军,史称"围魏救赵"。

十九年,楚国师出黄河,引黄河水淹长垣(魏首垣邑。在今河南长垣县东北)之外。魏修筑长城,在固阳建筑关塞。魏国龙贾帅师筑长城于西边。二十年,魏取枳道与郑鹿。魏归还赵国的邯郸,并在漳水岸边订立盟约。惠王到达卫国,借天子之名命子南为侯。卫将军文子为子南。弥牟之后有子南劲,劲朝于魏惠成王,如卫命子南为侯。秦本纪,昭襄王九年,魏公子劲为诸侯。卫子南劲为魏大臣。魏惠王如卫,命子南为侯。则援外攘内侵下谋上从可知矣。二十年,魏惠王与秦孝公在彤地相会。魏殷臣、赵公孙衷伐燕国还,城曲逆(在今河北顺平县东南二十里子城村)。曲逆时属中山国,曲逆多美物为倡优;女子则鼓鸣瑟、跕屣,游媚贵富;而其音乐舞蹈在当时是一流的。

二十四年,魏章帅师及郑(韩)师伐楚取上蔡(在今河南上蔡县西南)。《史记·楚世家》记:"怀王十七年(前312),悉兵袭秦,战于蓝田,大败楚军。韩、魏闻楚之困,乃南袭楚,至于邓。"孙何取濮阳(在今河南漯河市郾城区东北)。惠王召集逢泽之会,自称为王。其时魏国辖境相当今河南北部及山西西南部。

二十五年,绛中地裂,西至于汾。是指绛县到汾水。魏败韩于马陵(在今河北大名市东南)。二十六年,魏国穰疵帅师讨伐韩国郑地,孔夜战于梁赫,郑师败逋。穰疵,一作穰苴。疵者,《考工记》:"车人为未疵。"郑语疵即刺。又与田盼战于马陵。二十八年,魏国城济阳。五月,齐田盼及宋人,伐魏国东鄙包围平阳。九月,卫鞅伐魏国西鄙。十月,邯郸伐魏国北鄙。

二十九年(前341),"马陵之战"发生。魏国庞涓统率魏军攻韩,韩求救于齐。齐以田忌、田婴为将,以孙膑为军师,带兵救韩,直取魏国都城大梁。魏以太子申为上将军、庞涓为将军,率领大军抵抗齐军。军队路经外黄(今河南民权县西北三十八里内黄集),外黄徐子谓太子申曰:"臣有百战百胜之术。"太子申曰:"愿得请教!"徐子曰:"本就为太子备言。太子亲自率军攻打齐国,即使获胜得齐莒地又如何?则富有也不能超过拥有魏国,尊贵也不能超过做魏王。如果不能战胜齐国,那么子孙万代就不能拥有魏国了。此就是臣所建言百战百胜之术也。"太子申曰:"诺。吾就从公之言而还。"徐子曰:"太子虽想返还,但不可能矣!鼓动太子立战功的人很多,都想从中分一杯羹。你即使想回师,恐怕办不到。"太子之御马者曰:"军刚出师就想回去,这比打败仗还可怕。"太子申被逼与齐人交战,败于马陵。孙膑为了迷惑敌方,命令齐军进入魏国的第一天造灶十万个,第二天造灶五万个,第三天造灶二万个,以逐日减灶的方法制造齐军大量逃亡的假象,引诱魏军追击。然后在马陵设下埋伏,大败魏军,杀庞涓,俘太子申。

三十一年三月,为大沟于北郛,以行圃田之水。秦、赵、齐三国联合攻伐魏国。公孙鞅为秦将而攻魏,魏使公子邛当之,卒罢军,鞅使人谓公子曰:"愿与公子坐而相去别也。"公子相与坐,鞅因伏卒与车骑以取公子邛(卯)。鞅用计俘获了魏将军公子卯,掩袭其军队,大败魏军。秦国任用商君,东边扩地到达黄河。而赵、齐两国又多次打败魏军。魏国的都地安邑(今山西运城市夏县)临近秦国,魏迁都到大梁(今河南开封市)。三十三年,魏惠王立公子赫为太子,魏襄王纪年始。三十四年,秦孝公去世后,商君(鞅)逃出秦国,投奔魏国。魏国人恼怒其曾经用欺骗手段败公子卯,不收容他。

三十五年,魏惠王与齐宣王在平阿南相会。魏惠王此前曾经有眼不识泰山,致商鞅入秦招致自己的国家蒙受严重的损失,痛改前非,用卑下谦恭的礼节与厚重的礼物招揽贤人。邹衍、淳于髡、孟轲都来到魏国。惠王对他们说:"寡人没有才能,以致军队三次在境外遭受挫折,太子被俘,上将战死,国库因而空虚,玷辱了祖先的宗庙社稷,并为此感到羞耻。诸位不远千里,屈尊幸临我国,请教有何妙策使我国获利?"孟轲曰:"君王不可以贪利。君王贪利,大夫就会贪利,大夫贪利则庶人贪利。人人争利,这国家就危险了。作为人君,仁义而已矣,何必贪求利益呢!"魏惠王三十六年改元称更元一年,自以为太上王也,诸国事由太子赫处理。太子赫即称襄王,时为襄王元年。魏惠王复与齐王会甄(在今山东甄城县北旧集镇),会齐王后,惠王卒,寿七十七岁。

襄王元年(前334),和诸侯在徐州相会,互相尊称为王,襄王追尊父惠王为王。五年,魏纳河西地。九年魏渡河取汾阴皮氏。秦使将以伐曲沃,尽出其人,取其城。魏龙贾(景贾。梁惠成王子)与秦师战于雕阴(在今陕西甘泉县南),魏师败逋。秦兵包围焦、曲沃。魏将河西之地割让给秦国。六年,魏襄王与秦王在应地相会,秦归还焦、曲沃。襄王会韩侯于巫沙。楚得魏国之兵,帅师伐郑围纶氏。七年,魏国把上郡全部割让给秦国。秦军攻占魏国蒲阳。八年,秦取魏曲沃平周。十二年,楚军在襄陵打败魏军,得八邑。诸侯的执政大夫与秦相张仪在齧桑相会。十三年,张仪担任魏相。魏国有女人变性为丈夫。秦王来见于蒲坂关。张仪相魏五年,王游至北河。十七年,魏败赵将韩举。魏襄王亡年是在周慎靓王二年(前319),襄王子哀王嗣位。

哀王元年(前318),五国合谋攻秦,没有获胜就退兵了。二年,齐军败魏军于观津。四年,哀王改宜阳名河雍,改向曰高平。五年,秦使樗里子攻取魏国的曲沃,在岸门(在今山西河津市南)赶走魏将犀首。六年,魏王与秦王在临晋相会。秦国派使者到魏国议立公子政为太子。魏以张仪为相。魏伐楚,败之陉山(在今河南新郑市西南三十里)。七年,魏攻齐。魏又与秦讨伐楚。秦王与魏王见于蒲坂关(在今山西永济市)。四月,越王使公师隅来献乘舟,始罔及舟三百,箭五百万,犀角、象齿。八年,魏翟章讨伐卫国,夺取相邻的两座城邑,卫君忧虑。如耳进见卫君曰:"吾有计可罢魏兵,免成陵君职,可乎?"卫君曰:"先生果若如此能,孤者请以卫国子孙世代侍奉先生。"如耳去见成陵君,曰:"先前魏国讨伐赵国,切断羊肠道,夺取阏与。相约割裂赵国,将赵分而为二。赵所以不亡,是因为魏国当合纵国的盟长。今卫国被逼濒临灭亡,它将向西请求臣属于秦国。与其由秦国缓释开解卫国,倒不如由魏国缓释开解卫国。这样,卫国会永远感激魏国。"成陵君曰:"好!"如耳又去见魏王曰:"我谒见过卫君。卫君原是周室的分支,它虽然是小国,但宝器甚多。现在卫国迫于危难,为什么还不肯献出宝器给大王?因为他们认为进攻卫国或者缓释开解卫国的权力,都不是魏王说了算,假如献出宝器,也不会到魏王手里。我揣摩谁先建议缓释开解卫君的人,他一定是接受了卫国贿赂的人。"如耳刚出去,成陵君就进来见,照如耳的话对魏王说。魏王听完建议,便停止了对卫国的用兵,也罢免了成陵君的职务,之后终身不见成陵君。是年,魏国打败赵将韩举。九年,魏王与秦王在临晋会见。时年,魏相田需死。张仪、魏章归附魏国。楚国怕张仪、犀首、薛公做魏相。楚相昭鱼对苏代曰：
"田需死了,我国怕张仪、犀首、薛公此三人中有一人做魏相。"苏代曰:"那么魏国谁为
相,楚国才放心?"昭鱼曰:"魏太子自为相才对楚有利。"苏代曰:"我去游说便可。"并
将他的说辞对昭鱼说了一遍。苏代到魏国,对魏王曰:"田需死了,楚国担心君王会任
用张仪、犀首、薛公其一为相者。我想君王是个贤明的国君。张仪若为相,一定会偏
向秦国而损害魏国的利益。犀首若为相,一定偏向韩国而损害魏国的利益。薛公若
为相,一定会偏向齐国而损害魏国利益。"魏王曰:"乃谁为相可?"苏代曰:"让太子当
魏相。这样,他们三人都认为太子不会永远任相位,都会尽力让他们曾任用过国家政
策倾斜给魏国,为的是将来接替太子得到相印。凭借魏国原有的基础,又得到三个拥
有万乘兵力的大国辅佐,魏国一定会强大而安定。"魏王果然听信了苏代的建议,让太
子当了魏相。十年五月,张仪死了。楚庶章帅师会魏,次于襄丘。十一年,魏哀王与
秦武王在应地相会。十二年,魏太子到秦国朝见。时年,秦国公孙爱攻打魏国的皮
氏,没有攻下就撤退了,因为翟章帅师救皮氏围疾西风。十三年,魏国城皮氏。十四
年,秦国把秦武王的王后送回魏国。十六年,秦国拔魏国蒲坂、晋阳、封谷(即封陵。
在今山西芮城县西南风陵渡镇一带)。十七年,魏王与秦王在临晋相会。秦国归还魏
国的蒲坂。邯郸命吏大夫奴迁于九原(在今内蒙古乌拉特前旗东南黑柳子乡三顶账
房村古城)。十八年,魏军与秦军征伐楚国。二十年(前299),《竹书纪年》记事终此
年,文记:"今王终二十年。今王者,魏惠成王之子。"二十二年,魏与齐、韩联合在函谷
关打败秦军。二十三年,秦国归还魏国的河外及封陵以便和谈。时年,哀王去世,子
昭王立。哀王又称今王,哀王纪年失于"十二诸侯纪年表"。

　　昭王元年(前295),秦军夺取魏国的襄城。二年,魏与秦交战,魏军失利。三年,
魏国帮助韩国攻打秦国。秦将白起在伊阙打败魏军二十四万人。六年,魏将河东地
方纵横四百里割让给秦国。芒卯因为善于诈谋而受到魏国的重用。七年,秦军夺取
魏国大小六十一座城邑。八年,秦昭王称西帝,齐湣王称东帝。一个月后又不称帝而
复称王。九年,秦军夺取魏国的新垣、曲阳城。十年,齐国灭亡宋国,宋王死在魏国的
温地。十二年,魏与秦、赵、韩、燕联合讨伐齐国,在济西打败齐军,齐湣王出国流亡。
燕军单独深入齐地临淄。时年,魏王与秦王在西周相会。十三年,秦军夺取魏国的安
城。秦军逼临大梁城下,又撤离。十九年,昭王去世,子安釐王立为国君。

　　安釐王元年(前276),秦拔魏两座城。二年,又拔两城,军至大梁城下。韩国派兵
救魏,魏把温地再割让给秦以求和。三年,秦军夺取魏国的四座城,斩杀四万人。四
年,秦军打败魏军、韩军、赵军,斩杀十五万人。魏将芒卯逃跑。魏将段干子建议将南
阳割让给秦以讲和。苏代对魏王曰:"想得到官印的是段干子,想得到土地的是秦国。
君王让想得到土地的人掌制官印,让想得到官印的人控制魏国的土地。这样,魏国的
土地不割让净尽就不会罢休。用土地来侍奉秦国,就好比抱薪救火,薪不尽,火不

灭。"魏王曰："这道理我懂。但事已至此,不可更改矣。"苏代对曰："君王难道不懂得赌博是看重枭子的道理吗?方便之时就应吃掉对方的棋子,不方便就停止。今君王所言,为什么智谋还不知赌博用枭子呢?"

九年,秦军夺取魏国的怀地。十年,秦国的太子在魏国做人质死去。十一年,秦军夺取魏国的郪邱(在今山东东阿县境)。时秦昭王洋洋得意对左右曰："今天的韩国、魏国与当初相比,哪时强盛?"对曰："不如初始强盛。"昭王曰："今时的如耳、魏齐与过去的孟尝、芒卯相比谁贤能?"对曰："不如。"昭王曰："以孟尝、芒卯的贤能,率领强盛时的韩国与魏国以攻秦,还不能把我怎么样。现在由无能的如耳、魏齐率领弱小的韩、魏攻打秦国,其又能把我怎么样?"左右皆曰："甚然。"中旗冯琴提醒曰："君王之料天下过于乐观。当年晋六卿之时,知伯最强,灭范、中行,又率韩、魏之兵围赵襄子于晋阳,决晋水以灌晋阳城,晋阳当时没有被淹没的只有三板宽的地。知伯顺视水势,魏桓子替他赶车,韩康子陪乘。知伯曰:'吾初始不知水能亡国,今日所见才知。汾水可以灌安邑,绛水可以淹平阳。'魏桓子就用胳膊肘碰韩康子,韩康子用脚踩魏桓子,两人会意。是夜即与赵襄子使者谋事,杀知伯,知伯地分,身死国亡,为天下笑。今秦兵虽强,也不能超过当年的知氏势力;韩、魏虽弱,尚贤在其晋阳本地。现在两国正如当年肘与脚会意的时候,君王不能轻敌。"昭王感到恐惧。齐国与楚国相约攻打魏国。魏王知其谋而派人向秦国求救,路上使臣往来不绝,而秦国救兵不来。魏国有个老人叫唐雎,他年已有九十有余,对魏王曰："老臣请去西说秦王,令其救兵先于老臣未回就出。"魏王两拜,遂约车送唐雎出使秦。唐雎到秦,入见秦王。秦王曰："您老人家茫然远道来此,甚苦矣。魏国求救已有多次,我已知魏国危急了。"唐雎:"大王既已知魏之急而不救,臣以为是替您策划者失职矣!我魏国,是拥有万乘兵车的大国。然所以西面而事秦,自称秦之东藩,受秦冠带,祠秦春秋两季供品,自以为与强大的秦国结盟是值得信任的。今齐、楚两国已陈兵魏国郊区,而秦救兵不发,还以为不急迫。如果使魏国被逼太急,魏割地给齐、楚而从约,合纵抗秦,则大王又有何利益呢?"昭王遂发兵救魏。魏国复定。赵王派人对魏王曰："替我杀死范痤,赵国愿意献给魏国方圆七十里土地。"魏王以为是好买卖,就派官吏去逮捕范痤,包围了却未杀。范痤爬上屋顶,骑在屋栋头,对使者喊话:"与其拿死的范痤去作交易,还不如拿活的范痤去作交易。假如我范痤死了,赵王不给魏王土地,那魏王又怎么办?"魏王以为是。范痤就趁机给信陵君无忌写信,内言:"我范痤本是魏国免职的相国,赵王竟然用割地的方法为诱饵要杀我,而魏王却还听从他。如果强秦也沿袭赵王的做法杀您,您将怎么办?"信陵君无忌向魏王进言,就把范痤给释放了。魏王因为秦国救援得以亲近秦国,就想攻打韩国,讨回以前的失地。信陵君无忌上书以为不可。二十年,秦军围攻邯郸,信陵君无忌假以王命,夺取将军晋鄙兵权,领其兵去援救赵国。赵国得救,信陵君无忌就留居赵国。三十年,信陵君无忌回魏国,率领五国联军攻打秦国,在河外击败秦军,秦将蒙骜逃走。时魏国太子增作为人质在秦国,秦王愤怒,想囚禁魏太子增。时有人替增对秦王曰:"公孙喜本来就对魏相说:'请以魏军急速攻打秦国,使秦王恼怒而囚禁太子增。此计可激怒魏王,以举国之兵攻打秦国。'现囚禁太子增,正中了公孙喜的诡计。不如尊重太子增,以与魏国修好,让齐国、韩国去猜疑魏国。"秦王以为是,即释放了太子增。三十一年,秦王嬴政立为秦国君。三十四年,安釐王去世,太子增立为君,是为景湣王。时年,信陵君无忌去世。

景湣王元年(前242),秦国夺取魏国二十城,设为秦东郡。二年,秦国夺取魏国朝歌。三年,秦国夺取魏国汲郡。五年,秦国夺取魏国垣、蒲阳、衍诸城。十五年,景湣王卒,子王假立。

王假元年(前227),燕太子丹使荆轲刺秦王,被秦王觉察。三年,秦国用黄河水引灌大梁,俘虏了王假,遂灭魏国以为郡县。

二、韩侯伪郑 建国逞强

韩国之先即为晋世系曲沃桓叔次子韩万事晋,得封于韩原,子曰韩武子。武子孙韩厥,从封姓为韩氏。韩厥,于晋景公三年(前597)晋司寇屠岸贾作乱时,阻止屠岸贾追杀赵氏一家,并接受赵朔死前嘱托,隐保赵朔遗腹子避难。十一年,韩厥与郤克将兵八百乘伐齐,败齐顷公于鞍,俘获了齐将逢丑父。于是,晋国设置六卿,韩厥位居六卿之一,号为献子。十七年,景公病重,占卜显示是帝喾之时管理百兽的大业后代子孙有冤魂在作祟。景公问韩厥:"大业的后代在我朝有谁?"韩厥就称颂赵衰(成季)对晋国的贡献,并说没有后人祭祀他,想用这些话感动景公。景公追问:"赵成季还有后代吗?"韩厥也就说起赵武的遭遇。景公闻知唏嘘不已,因而把赵氏原有的封邑归还赵武,让他接续赵家的祭祀。韩献子于晋悼公七年(前566)老死,子宣子代父职。

韩宣子迁居到州地。晋平公十四年(前544),吴国的季札出使晋国,对晋大夫叔向曰:"晋国的政权终究会归于韩、魏、赵三家。"晋顷公十二年(前514),韩宣子与赵、魏共同瓜分了祁氏、羊舌氏的封地十个县。晋定公十五年(前497),韩宣子与赵简子侵伐范氏、中行氏。韩宣子去世,子贞子继父职位,贞子迁居到平阳。贞子卒,子简子代立。简子卒,子庄子代立。庄子卒,子康子代立。韩康子与赵襄子、魏桓子谋败知伯,分其地。韩地愈大,大于诸侯。康子卒,其子武子代立。

武子元年(前424),韩国纪年始,此正是秦灵公元年、周威烈王二年。二年,韩伐郑,杀其君幽公。六年,韩武子都平阳。十六年,武子卒,子虔立,是为景侯。

景侯虔元年(前408),讨伐郑国,夺取雍丘。二年,郑国在负黍打败韩国。六年,韩、赵、魏一起被周王室封为诸侯。九年,郑国围攻韩国的阳翟。景侯卒,子取立,是为烈侯。烈侯三年,聂政杀死韩相侠累。九年,秦军侵伐韩国的宜阳,趁机夺取了六座城。十三年,烈侯卒,子立,是为文侯。

文侯二年（前385），韩国讨伐郑国，夺取阳城。韩国又讨伐宋国，到达彭城，俘获宋君。六年，韩国灭郑国，文侯之子立入于郑。七年，讨伐齐国，到达桑丘。九年又伐齐，到达灵丘。十年，文侯卒，子立，是为哀侯。

哀侯元年（前376）即君位。哀侯以韩廆为相，而本韩严可为相，遂二人甚相害也。时年，韩国灭了郑国，将韩都迁移到新郑。三年初，晋孝公到郑地哀公处做客。时年，《竹书纪年》记："韩山坚贼其君哀侯。"韩山坚即韩严，韩严令人刺韩廆于朝堂，哀侯抱韩廆以免被刺，结果刺客刺韩廆，殃及哀侯，哀侯被弑。韩严就将自己的儿子立为君，是为懿侯。懿侯当年称元年。

懿侯元年（前374）即君位。据《竹书纪年》记：周烈王"二年秦胡苏（一作苏胡）帅师伐韩，韩将韩襄败胡苏于酸水（即酸枣。在今河南延津县西南）"。二年，魏军在马陵打败韩军。五年，懿侯与魏惠王会于宅阳。又懿侯与赵成侯迁晋桓公于屯留（在今山西屯留县南十二里古城村），晋桓公亡，韩懿侯、魏武侯、赵成侯三分晋地。又赵成侯相约韩懿侯偷袭周王室领地葵（在今河南博爱县西北）。七年，郑（此郑，是为韩懿侯）城于邢丘（在今河南温县东二十里平皋村）。九年，魏军在浍水打败韩军。十二年，懿侯卒，子武立，是为昭侯。昭侯，《竹书纪年》记名郑釐侯，何也？韩哀侯灭郑而徙都之，改号曰郑。

昭侯元年（前362），秦军在西山打败韩军。二年，宋国夺取韩国的黄池。魏军夺取韩国的朱邑。四年，韩国取屯留尚子（即今山西长子县）。五年，郑釐侯使许息来致地平丘（在今河南封丘县东南四十六里平街）、户牖（在今河南兰考县东北二十里）、首垣（在今河南长垣县东北十四里）诸邑，及郑驰地。许息登记了诸邑的户口，及驰走车马的驰道里数。六年，郑釐侯朝拜周显王。韩国讨伐东周，夺取陵观、邢丘。八年，申不害任韩国国相。申不害研修法家权术，推行法家主张，韩国稳定，诸侯不敢来犯。九年，魏国破邯郸，郑釐侯到中阳（战国赵邑。即今山西中阳县）与魏惠王会盟。十年，《史记》记："楚围雍氏，韩征甲与粟于东周，东周君恐，召苏代而告之。代曰：'君何患于是。臣能使韩毋征甲与粟于周，又能为君得高都。'周君曰：'子苟能，请以国听子。'代见韩相国曰：'楚围雍氏，期三月也，今五月不能拔，是楚病也。今相国乃征甲与粟于周，是告楚病也。'韩相国曰：'善。使者已行矣。'代曰：'何不与周高都（在今河南伊川县东北，伊河西岸）。'韩相国大怒曰：'吾毋征甲与粟于周亦已多矣，何故与周高都也？'代曰：'与周高都，是周折而入于韩也，秦闻之必大怒忿周，即不通周使，是以弊高都得完周也。曷为不与？'相国曰：'善。'果与周高都。"于是，东周（惠公）得郑釐侯高都。时年，韩姬杀了她所在国家（此为小国，无考）的君王悼公。十一年，郑釐侯到秦国朝拜。十六年，魏惠王以韩师为诸侯，师县于襄陵。十九年，魏国穰疵帅师讨伐韩国郑地，孔夜战于梁赫，郑师败逋。穰疵，一作穰苴。疵者，《考工记》："车人为耒疵。"郑语疵即刺。二十二年，申不害去世。时年，史称"马陵之战"发生。魏国庞涓统率魏军攻韩,韩求救于齐。二十四年,秦军夺取韩国的宜阳。二十五年,韩国干旱,郑釐侯却建筑高门。屈宜臼曰:"昭侯想不出此门了,为什么? 因为不合时宜。我所指的时宜,不是具体的时日。人有顺利与不顺利的时候。昭侯顺利时不修高门。去年,秦军夺取宜阳;今年,旱年。昭侯不在这个时候抚恤百姓的急难,反而奢侈。此谓'时绌举赢'。"二十六年(前337),高门建成,郑釐侯(韩昭侯)卒,子宣立,是为惠王。论以为高大的城门落成,韩昭侯就去世,他果然没有从这座城门走出。

韩宣惠王元年(前336。《史记》记:韩宣惠王元年是在公元前332年),韩宣惠王与邯郸围襄陵。五年,韩宣惠王避暑在山,此山后名韩王山(在今山西晋城市高平市北二十里)。九年,张仪任秦相。十二年,魏军打败韩国将军韩举。十五年,韩侯改称号为王,与赵王在区鼠相会。十八年,秦军在鄢打败韩军。二十年,秦军在修鱼打败韩军,在浊泽俘虏韩将鲠、申差。这使韩王焦急,韩相公仲对韩王曰:"秦、楚联盟不可靠,秦想攻楚已久矣。大王不如通过张仪与秦国讲和,以一座名城用以贿赂秦国,准备好铠甲,随秦军向南攻伐楚国。这样就转移了矛头,此是用一损失换两好处的计策。"韩王曰:"善!"乃准备派迁公仲朋西去与秦国讲和。此计划被楚国所知,楚王恐惧,召见陈轸问计。陈轸曰:"事已至此,看来楚国必被伐矣!王听我言,警戒四境,传言起师救韩,让战车布满边境道路,派遣使臣多准备随行车辆,载以援助物资,使韩王相信楚真的在救助韩国。就说韩国不完全相信,韩王也会有感激之心,这样,他们的军队就不会跟着秦国雁行而来攻打楚国了。此举可使秦与韩不和睦,如有联军来,韩军不会用心,对楚国也不会构成大患。如果我的计策能行,则韩国会与秦国断绝关系,秦王会发怒,从而痛恨韩国。韩国与楚国交好,就会轻视秦国,对秦国就不会恭敬。秦、韩不合,就免除了楚国的祸患。"楚王以为可行,就按此计办理。楚使臣不榖(褚)带着大礼见韩王曰:"我不榖国家虽然是小,但已经悉数发兵。愿贵国得以在与秦的战争中能够取胜。不榖愿意为我楚国做人质,在贵国以徇。"韩王大悦,乃就不让公仲去秦国议和。公仲对韩王曰:"不可,用实力攻打的是秦国,以虚名援助的是楚国。君王若依楚之虚名而与强秦为敌必为天下笑。且楚、韩亦非兄弟国,又不是平素有约的盟国。秦与韩有进攻楚国的迹象,楚国才出来声称发兵救韩国,这一定是陈轸的计谋。现大王已有使者去告秦,今若不按承诺去行事,是在欺负秦也。若轻欺强秦而信楚之谋臣,这后果是不堪设想的,大王必为之后悔。"韩王不听,就与秦国断绝关系。秦王怒,以精锐之兵伐韩。大战之时,而楚国兵却没有来援救。二十二年,郑使韩辰归晋阳及向。二十三年,秦军在岸门打败韩军。韩国送太子仓到秦国做人质,秦国才与韩国讲和。二十五年,韩明帅师伐襄丘。韩国派军队协助秦军讨伐楚国,打败楚将屈丐,在丹阳消灭楚军八万人。时年,宣惠王去世,太子仓立为国君,是为襄王。

韩襄王元年(前311)即位。四年,襄王与秦武王在临晋相会。秋天,秦使大将甘茂进攻韩国的宜阳。翟章救郑于南屈。五年,秦夺取宜阳,斩首六万。时年,秦武王卒。六年,秦归还韩国的武遂。九年,秦又复取武遂。十年,韩国派遣太子婴朝秦而归。十一年,秦伐法韩,夺取穰邑。韩军随秦军讨伐楚国,打败楚将唐眜。十二年,韩国太了婴死去,公子咎与公子虮虱争当太子。虮虱在楚国做人质,苏代对公子咎曰:"虮虱流亡在楚国,楚王很想送他回国。现楚兵有十多万驻扎在方城以北,你应该建议楚王在雍氏附近修建万户都邑,这就威胁到韩国雍邑的安全,韩国必会救援。这样一来,你就会被任命为领军统帅,你就可借助韩、楚两国的武力,接纳虮虱回国,虮虱听从你的话是必然的,韩国一定会把楚、韩边境一带封给你。"公子咎听从此建议。楚军围攻雍氏,韩国向秦国求救。秦未发兵,却派了使臣公孙眜到韩国来。公仲对公孙眜曰:"秦会救援韩国吗?"公孙眜曰:"秦王这样说:'秦将取道南郑、蓝田,直接出兵到楚国等待',大概不会与韩军会合再进兵。"公仲曰:"您以为果真这样吗?"公孙眜曰:"秦王一定会效法张仪的旧智谋。先前楚威王攻魏之梁也,张仪谓秦王曰:'与楚国一起攻打魏国,魏国折损兵马后会投降楚国。韩国本来就是魏国的同盟国,这样秦国就孤立了。秦国不如出兵误导,让魏国与楚国打仗,秦国收取西河以外的土地而归。'现在看秦国的样子,表面与韩国结盟,暗中却与楚国友好。你等待秦军来增援,必定先与楚战。楚国知道秦军不会为韩国卖命,必定会加强对韩国抵抗的决心。如你公仲打败了楚国,秦军就会与你乘胜前进,到三川地区耀武扬威,再归国。如你不能打败楚国,楚军就会阻塞三川以武力扼守,你就无法救援。我私下为你担忧。秦国司马庚三次去郢都密谋。甘茂与楚相昭鱼在商於相会。秦口头上说是收回印章,实际似乎在签订密约。"公仲听公孙眜如此一席谈,惊慌不已,问公孙眜怎么办好。公孙眜曰:"公必先寻求韩国自救的办法,而后再希望秦国有所帮助;先必须有自己的主张,而后才可考虑对付张仪的计谋。公不如立刻联系齐、楚联合抗秦,齐、楚必定委托重任于公。公之所恶者是张仪的诡计,其实还不能目无秦国。"于是,楚国解除了对雍氏的包围。苏代又对秦太后的弟弟芈戎曰:"公叔伯婴害怕秦国、楚国支持公子虮虱回国。您为什么不替韩国请求楚国放回公子虮虱呢? 如果楚国肯放虮虱回国,公叔伯婴就知道原来秦国与楚国都不把虮虱当一回事,一定能让韩国跟秦国、楚国联合。秦国、楚国挟持韩国,就会使魏国处境不利,魏国就不敢跟齐国结盟,齐国就被孤立。你又替秦国向楚国请求放回质子虮虱,楚国如果不听从,必然要与韩国结怨。到那时,韩国便会依靠齐国与魏国来攻打楚国,这样楚国必定会重视你。你仗着秦国与楚国的重视,而又对韩国有恩德,公叔伯婴必定让韩国亲近你。"于是,公子虮虱就没有机会返回韩国。韩国立公子咎为太子。十四年,韩王与齐王、魏王共同攻打秦国,兵至函谷关驻扎。十六年,秦国把河外及武遂割让还韩国。襄王去世,子咎立,是为釐王。

釐王三年(前293),韩国公孙喜率领周、魏军攻打秦国。此役秦败韩军二十四万人,在伊阙俘虏了公孙喜。五年,秦军夺取韩国的宛城。六年,韩国割让武遂地区二百里给秦国。十年,秦军在夏山打败韩军。十二年,韩釐王与秦昭王在西周相会。时年,帮助秦军攻打齐国,齐军败,齐湣王流亡国外。十四年,韩王与秦王在两周之间相会。二十一年,韩国派暴载援救魏国,被秦军打败,暴载逃到开封。二十三年,赵、魏两国攻打韩国的华阳。韩国向秦国提出救援请求,秦国不救。韩相国对陈筮曰:"情势紧急,您虽然有病,也望去一趟秦国。"陈筮到秦国会见穰侯。穰侯曰:"情势很紧急糟糕吧? 所以派您来。"陈筮曰:"并不紧急。"穰侯怒曰:"您老还不说出事实,贵国使臣络绎不绝,均告知情况紧急,你却说不紧急,这是何道理?"陈筮曰:"韩国不紧急是因为正准备归附他们,所以派我来通报。"穰侯反倒急起来了,告诉陈筮:"您老就不必去见秦王了,我们立即发兵救韩。"八天,秦国的援军赶到韩国,在华阳山打败赵、魏联军。时年,釐王去世,子继位,是为桓惠王。

桓惠王元年(前272),韩国讨伐燕国。九年,秦军夺取韩国的陉城,在汾水旁建城。十年,秦军在太行山攻打韩国。韩国的上党郡守以上党郡归附赵国。十四年,秦军夺取上党郡,在长平坑杀马服君赵奢之子赵括的士卒四十余万人。十七年,秦君夺取韩国的阳城、负黍。二十四年,秦军夺取韩国的城皋、荥阳。二十六年,秦军夺取韩国上党郡全境。二十九年,秦军夺取韩国十三座城。三十四年,桓惠王去世,子立为君,是为王安。

王安五年(前234),秦军攻打韩国。韩国派韩非出使秦国,被拘留,并杀了他。九年,秦军俘虏了韩王安。韩国亡,其地改为秦国的颍川郡。

三、赵氏权重　分晋立国

秦国与赵国,还有先前的徐国皆出自嬴姓。赵国是为晋国亡后三家分晋之一。赵国王祖先与秦国王同宗。蜚廉长子传秦嬴,次子季胜,季胜后传赵姓,故传云"秦兄赵弟",后引"称兄道弟",形容关系密切。季胜生孟增,孟增善于戏狼,常逗周成王乐,为成王所宠幸,成王称宅皋狼。另一说,孟增对商朝甲骨文造诣颇深,因而幸于周成王,是为入宫的太学士。皋狼生衡父,衡父生造父。造父为周穆王养马,在桃林盗得骥、䮘、骝、绿耳等良马为穆王御用。徐偃王侵周,造父为周穆王御马自阳纡之山(拟指今祁连山)赶回宗周(洛邑。即今河南洛阳),日行三百里,急驰三千余里返回,与徐偃战而得胜,穆王赐城给造父。造父是"走来"造城,"造"与"赵"古时同音,原字为走尚之趄(音zhao),是为赵国(赵城在今山西洪洞县北赵城镇)。

造父第五代孙奄父,奄父字公仲。周宣王伐戎狄,奄父给宣王赶车。千亩之战宣王被困,奄父驰马请晋穆侯,以救宣王脱离危险。奄父生叔带。周幽王无道,叔带离开周王到晋国,侍奉晋文侯。叔带生射,射生壮,壮生夙。晋献公十六年(前661),献公伐霍、魏、耿,赵夙为之赶车。赵夙因功被提携为将。赵夙为将伐霍,霍君请求到齐国去。时年,晋国大旱,就占卜原因,卜辞的解释是:"霍太山的神灵作怪。"献公就派赵夙到齐国去召回霍君,恢复霍国,主持霍太山的祭祀。这样,来年晋国才能获得丰收。献公灭耿地,将耿地赐给赵夙。赵夙生共孟。共孟生赵衰。

赵衰字子余。赵衰占卜侍奉晋献公及诸位公子都不吉利;而占卜侍奉公子重耳吉利。重耳因骊姬之乱逃亡翟国,赵衰随行。翟国讨伐廧咎如(春秋时赤狄部落名。在今山西太原市一带)时,俘获两位女子,翟君把年少的嫁给重耳,将年长的嫁给赵衰。赵衰生赵盾。先前,赵衰还在晋国时,已经娶妻生子的有:赵同、赵括、赵婴齐。赵衰随重耳流亡十九年,重耳成了晋文公时,赵衰为大夫,掌国政。赵衰原配夫人赵姬高风亮节,坚决要求迎回赵衰在翟国所娶妻子,还让翟妻之子赵盾为嫡子,自己所生三个儿子居下位。赵同食邑在原(在今河南济源市西北),赵括食邑在屏(即屏山,在今陕西延长县南),赵婴齐食邑在楼(在今山西永和县东南),故又称原同、屏括、楼婴。晋襄公六年(前622),赵衰去世,谥成季。时年,阳处父受聘于卫国,襄公原定狐射姑为中军元帅,乃急召阳处父回国以议。晋在夷地阅兵,狐射姑领中军,赵盾佐之。阳处父从温地来到,密奏襄公曰:"射姑刚而好上,此非大将之才也,臣曾佐子余(赵衰)之军,与其子盾相善,知其贤且能,君如择帅,无如盾者。"襄公用其言,改在董地阅兵。狐射姑未知易帅事,升帐时立中军之位,襄公直呼其名:"贾季,向也寡人使盾佐吾子,今吾子佐将,盾也。"乃拜赵盾为中军元帅。

赵盾为晋襄公中军元帅。襄公七年秋八月,襄公病将死,召太傅阳处父以嘱后事。襄公卒,赵盾替父位执晋国国政,为立晋君事,赵盾与狐射姑各相执一词。晋襄公去世,时赵盾执国政二年。太子夷皋年幼,赵盾想立襄公弟雍为国君,雍在秦国,即派使臣去接回。夷皋母亲日夜啼哭,对赵盾曰:"先君有何罪过!你们丢下他的嫡子而另寻新君?"赵盾犹豫,却害怕太子母后家族及宗室大臣袭击杀他,于是立太子夷皋为君,是为晋灵公。狐射姑却要立襄公小弟乐。为报复赵盾,狐射姑以为"使赵盾有权者,杨子(阳处父)也"。时阳处父家居曲沃北之郊外,孤立无援。狐射姑谋与弟狐鞫居,派家人诈为盗,夜半逾墙而入,时阳处父尚秉烛观书,狐鞫居直前击之,阳处父惊走,被逐杀。阳处父被杀时为襄公七年九月。同年冬十月,赵盾执狐鞫居付于司寇,数其罪而斩之,于其家中搜出杨子头颅,以线缝于颈而厚葬之。狐射姑逃出晋国到翟国。时晋连丧四卿:赵衰、栾枝、先且居、胥臣,位署俱虚。灵公即位,赵盾专擅国政。晋灵公十四年(前607),灵公骄纵,草菅人命。有次因为熊掌不熟,竟然杀死厨师,让宫女抬其尸经过朝廷大堂想去毁尸灭迹时,正巧为赵盾发现。赵盾与随会看到了死人的手,二人前去进谏,兼有责备之意,随会问灵公:"朝廷大堂过尸,这究竟是怎么回事?"灵公害怕,想先下手为强杀赵盾,即派鉏麑去赵盾家去暗杀赵盾。赵盾家大门开着,屋内陈室简陋,鉏麑感叹曰:"吾何可杀此良臣!"即退出撞树而死。九月,灵公请赵盾饮酒,伏刀斧手,将攻杀赵盾。赵盾平素仁慈爱人,过去曾给依着桑树的饿汉食物,该饿汉只吃一半,赵盾问他为何,饿汉答曰:"我叫示眯明。在外宦游三年,不知道母亲是否还活着,这一半就给母亲留着。"赵盾听之鼻酸,又给他饭与肉。示眯明后为王宫内厨,正当灵公手下要袭击赵盾时,亓眯明已知有诈,送上菜时假言对赵盾言:"赵公酒过三巡,可以休矣!"赵盾离席,因为刀斧手还没有汇集,灵公放出藏獒恶狗向赵盾呼呼奔来。说时迟,那时快,亓眯明一个箭步挡住恶狗。毕竟藏獒还在厨房吃食过,亓眯明无恙。灵公又亲自指挥伏兵追赶赵盾,亓眯明手持两菜刀阻击,赵盾逃脱。赵盾实际早已忘记救他的人是谁,问亓眯明怎么会救他,亓眯明曰:"我就是桑树下的饿汉,今为厨而饱发胖,赵公就不认得了。"赵盾想询问他的姓名,现场还较混乱,亓眯明也就不告而逃。赵盾没有逃出国境,其同族弟弟赵穿就在桃园袭杀了灵公。赵盾回,立襄公弟黑臀为国君,是为成公。晋成公元年(前606),成公赐赵盾为公族大夫,赵盾复掌晋国朝政。晋景公时,赵盾去世,谥宣孟。赵盾死后,将赵氏公族大夫之位让给赵姬之子赵括。赵括继任赵氏宗主之位。但赵括与其兄赵同没有德行,全族的希望都放在赵朔身上,所以赵朔很快便成为卿。

赵朔继相位,娶晋景公的姐姐孟姬为妻。晋景公三年,荀林父任中军元帅,执掌国政,率师与楚进行邲(今河南荥阳东北)之战(即邲城之战)。荀林父将中军,士会将上军,赵朔将下军,郤克、栾书、先縠、韩厥、巩朔为副。赵朔率领晋军救援郑国,与楚庄王在黄河边交战,晋败。邲之战此前,赵婴齐为中军大夫,晋军溃败时,他因早已预备船只,得以率领所部先行渡河撤退,但因没有预先告知赵同、赵括,引起了他俩的不满。邲之战晋败,赵朔回晋都,即遭屠岸贾问罪。晋景公三年(前597),屠岸贾就惩治杀害灵公时的罪犯一案,牵连到赵盾。屠岸贾要清算晋灵公被杀的事,通告诸将领:"袭杀灵公,赵盾虽然不知情,但仍然是罪魁祸首。臣子杀国君,子孙却在朝廷当官,这还怎么能惩治其他罪犯呢?请各将领诛杀赵朔。"韩厥曰:"灵公遭杀,赵盾在外,先君成公没有给他定罪,现在要诛杀他的后代,这道理不够。今若诛杀,就叫作乱。此为大事,不报告景公,就是目无国君。"屠岸贾不听。韩厥告诉赵朔赶快逃亡。赵朔不肯,对韩厥托以后事曰:"您一定不能让赵氏祭祀断绝,我死无遗恨。"韩厥答应了他的请求,托病不出门。屠岸贾不请示国君,逼赵朔,赵朔自杀,谥号庄,故曰赵庄子,其妻孟姬寡居,孟姬随夫姓,一名赵庄姬。赵朔已死,故以当时下军佐栾书升任。赵朔的妻子赵庄姬是晋景公的姐姐,时怀有遗腹子,就跑到景公的宫中藏匿起来。赵朔有个门客叫公孙杵臼,公孙杵臼对赵朔的朋友程婴曰:"你为什么不殉难而死?"程婴曰:"赵朔的妻子有遗腹子,如生男孩我要侍奉他;如生女孩我就慢慢死。"赵朔妻分娩,结果是个男孩。屠岸贾得到消息,就进宫中搜索。赵朔夫人把婴儿藏在裤裆里,祷告曰:"若赵氏灭绝,你就哭;若不灭绝,你就别出声。"等到搜索时,婴儿竟然没有出声。赵朔婴儿已经脱险,程婴对公孙杵臼曰:"赵氏先君对你很优厚,你就做难的吧,我做容易的,让我先死。"二人找来别人的孩子背着,披上华丽的褓褓,藏匿在山里。程婴出来故意对将军们说:"我程婴没有出息,不能扶立赵氏孤儿。谁给我千金,我就告诉他赵氏孤儿在何处。"将军们就跟随程婴攻打公孙杵臼。公孙杵臼假意曰:"你这程婴小人,不能扶立赵氏孤儿,今反而将我出卖。"抱着婴儿对天呼号:"苍天啊苍天!赵氏孤儿有什么罪过?请只杀我杵臼可也。"将军们不同意,就杀了杵臼与婴儿。屠岸贾以为赵氏孤儿真的死了,就不追究了。程婴终于安耽地带着赵氏孤儿在山里生活。十五年后,晋景公患病,命人占卜,结果是大业的后代因为绝祀而作祟。景公问韩厥,韩厥曰:"大业的后代在晋国断绝祭祀,只有赵氏。从中衍以来,子孙都姓嬴。中衍人面鸟嘴,降世辅佐殷帝大戊,他的子孙在周天子时代都有盛德。周幽王无道,叔带才离开周王而到晋国来。侍奉先君文侯,一直到成公,代有功勋。今朝灭绝赵氏宗族,国人都哀怜,所以卜卦现在龟策上。望国君予以重视。"景公于是问韩厥赵氏现在还有后代吗,韩厥就向景公真实汇报详情。景公就去召来赵氏孤儿,将他藏在宫中。将军们入宫问候景公病情,景公借着韩厥的兵众胁迫将军们会见赵氏孤儿。赵氏孤儿时有名叫赵武。将军们难堪而托词曰:"袭击赵氏的下宫之难,都是屠岸贾干的。他假传诏命,不然,谁敢发难。请诛屠岸贾。"赵武挽着程婴,一一拜谢将军们,于是一道去攻打屠岸贾,并灭了他的宗族。景公将赵氏旧有的封地与住宅赐还给赵武。赵武二十岁加冕,程婴告别,以为对不起公孙杵臼而自杀。赵武为程婴守丧三年。赵朔已亡,传闻赵婴齐与赵庄姬私通,这使赵同、赵括要处罚赵婴齐,并把赵婴齐放逐到齐国去。景公十七年,赵孟姬告诉弟弟景公说赵氏造反,郤锜参与栾书作伪证。赵庄姬诬告仅仅是赵氏族诛的起因,而以栾氏为首的诸卿反对势力的倾轧,则是致命赵族的重要因素。又杀死晋灵公的旧账还没有算清,赵氏一族遭遇朝野的指责与诟病。赵婴齐曾预言:"我在,故栾氏不作,我亡,吾二昆其忧哉!"景公下令攻灭赵氏于下宫,杀死赵同、赵括,引发了史称的"赵氏下宫之难"。

赵武,号晋献子。赵武接续赵氏血脉二十七年,即晋平公十二年(前546),赵武任晋国正卿。十三年,吴国季札(一记延陵季子)使晋,对晋大夫叔向曰:"晋国政权最终将归于赵武子、韩宣子、魏献子三家的后代了。"赵武去世,谥号文子。文子生景叔。赵景叔时,齐大夫晏婴出使晋国,对叔向曰:"齐国的政权终将归于田氏!"叔向亦叹曰:"晋国的政权将归于六卿。因为六卿势力已经膨胀,而国君却不懂忧虑。"赵景叔去世,其子赵鞅继相位,赵鞅即赵简子。晋昭公二年(前530),晋将荀吴借道鲜虞进入鼓都昔阳(今河北晋州市西),八月,晋灭肥(在今河北藁城县一带),俘国君绵皋,肥国旧地归属晋国。三年,晋昭公得知鲜虞边境空虚,即以荀吴统率大军进,破鲜虞中人城(今河北唐县西北峭岭)。晋顷公九年(前517),简子率军会合诸侯戍守周境。次年,护送周敬王回到成周。周敬王因为躲避弟弟子朝篡政而被迫流亡在外的。十二年,晋六卿依照法律诛杀晋室的亲族祁氏、羊舌氏,把他们的封邑分为十县。

赵简子于晋定公四年(前508)大猎于中山(鲜虞中山国,治所在今河北正定县东北。或云"中山"所指当是今河北狼牙山)。虞人作向导,鹰犬罗后,飞禽走兽应弦而倒者不可胜数。有狼人直立当道啼叫,赵简子垂手登车,援"乌号"之弓,挟"肃慎"之矢,一发饮羽,狼人失声而遁逃。简子大怒,驱车追逐,惊尘蔽一,足音鸣雷,十步之外不辨人马。狼人为东郭先生(齐国都城临淄外城的东门一带人)装置囊中施救,简子不知,回车就道。东郭先生放出狼人,问曰:"汝如此一身庸,非盗乎?"东郭先生如此保护了中山"狼"。中山狼者,中山浪人也,莫非是周灵王太子晋乎?

周太子晋,一记太子乔,周灵王太子因名。太子晋十五岁辅政,幼有成德,聪明博达,温恭敦敏,灵王重之,诸侯从之。晋平公初年,平公使师旷问以君子之德,太子晋曰:"如帝舜,仁德配于天道,虽固守其位,然谋天下人福,远方之民皆受仁政。仁义合于天道,此谓之天。如帝禹,圣劳治水而不自归功,以天下为本,取予之间,必合于正道,此之谓圣。再如文王,其大道是仁,其小道是惠,故三分天下时有其二,然还谦恭,服侍殷商。文王拥有百姓,而反失身被纣王囚,不动干戈,此谓之仁。又如武王,义杀暴纣一人而利天下,百姓各得其所,是谓之义。"师旷称善。灵王二十二年(前550),谷(即今安徽淮水支流谷河)、洛(即洛水,位于河南省西部)二水泛滥,将毁及王宫,灵王决定以壅堵洪。太子晋谏曰:"不可。曾听自古为民之长者,不堕高山,不填湖泽,不泄水源。天地自然有其生生制约之道。"并提出聚土、疏川、障泽、陂塘等方法,来疏导洪水。同时以"壅堵治水"而害天下的鲧和周室历史指出灵王所为"无过乱人之门","皆亡王之为也"。太子晋的直谏,触怒了灵王,被废为庶人,由是郁郁不乐。晋平公使师旷朝见太子晋时,师旷见太子晋面色赤黑,以为不寿,设计奔晋。太子晋曰:"我还有寿三年,即去天帝之所焉。"太子晋能预卜生死,《列仙记》载:"太子晋好吹笙,作凤凰鸣,游伊、洛间,道士浮丘生引上嵩山,三十年后见到恒良,太子晋曰:'可告我家,七月七日会我于缑氏山麓。'其时,果然身乘白鹤立于山巅,可望而不可达,数日方去。"太子晋之后数代为中山国王,中山国插在赵国心腹部位,给赵国的扩张带来了许多麻烦。

赵简子请姑布子卿给诸子看相,唯翟国婢女所生的儿子毋恤有将军相。简子以为母亲低贱,子焉能贵?又召见诸子想试试他们的智慧。简子对诸子曰:"我把宝符藏于常山上,看谁能够先拿到,先者有赏。"诸儿急奔常山找宝,啥也没有找到。毋恤回来说:"我找到宝符了。"简子曰:"递上来看看。"毋恤曰:"从常山上居高临下看到的是代国,代国就是宝符。我若为将,定取代地(在今河北蔚县东北代王城)。"简子知毋恤果然贤能,就废了伯鲁原可继自己相位的想法,改立毋恤为理想人选。晋定公十五年春,赵简子对邯郸大夫午曰:"请还给我卫国贡来的五百家土民,我要安排他们在晋阳。"午答应了,可是午的父兄不同意。简子就逮捕了午,把他囚禁在晋阳。简子告诉邯郸人:"我决定杀了午,你们想再立谁?"也就杀了午。赵稷和家臣涉宾借助邯郸的力量反叛,晋定公派籍秦率军围攻邯郸。荀寅、范吉射与午是亲戚关系,不帮助籍秦,反而暗中谋划作乱,董安于知道内情。十月,范吉射、中行衍讨伐赵简子,简子逃奔晋阳,却被反叛者包围。范吉射、荀寅的仇人魏襄等谋划驱逐荀寅,用梁婴父代替他;打算驱逐范吉射,用范皋绎代替他。荀栎对晋定公曰:"国君命令大臣们,带头叛乱的人处死。如今,范吉射、荀寅、赵简子三位大臣带头叛乱,希望全都驱逐出境。"十一月,荀栎、韩不佞、魏哆奉走公之命,举车讨伐范氏、中行氏,没有取胜。两氏却反过来讨伐定公,定公还击,范氏、中行氏败走。丁未日,两人逃到朝歌。韩氏、魏氏替赵简子向定公求情。十二月辛未日,赵简子回绛城,与定公在宫中订立盟约。十六年,知伯文子对赵简子曰:"范氏、中行氏虽然确实在作乱,但这是董安于发的难,董安于参与了谋划。现董安于逍遥法外。"赵简子为如何办而忧虑,董安于知之曰:"赵氏迟早要谋死我,我死了,赵氏得安定。"于是自杀。其后孔子著《春秋》曰:"赵鞅凭借晋阳叛乱。"十八年,赵简子在朝歌围攻范氏、中行氏。中行文子逃奔邯郸。二十一年,赵简子攻占邯郸,中行文子逃奔柏人。赵简子又围攻柏人,中行文子、范昭子逃奔齐国。赵氏终于占有了邯郸、柏人两地。范氏、中行氏其余的城邑,也归入晋国公室。赵简子的地盘实际上已经与诸侯相等。三十年,晋定公与吴王夫差在黄池争当盟主,赵简子随从定公,威胁要对吴国用兵,以迫吴王退步,因为定公谦让,还是让吴王当了盟主。三十七年,晋定公去世,赵简子废除了本有的三年丧期,改守丧一年。此年,越王勾践灭吴国。晋出公十一年(前464),知伯讨伐郑国。赵简子因病派子毋恤随知伯往伐。知伯酒醉,用酒泼毋恤,并以拳头击打毋恤。毋恤随员要求杀知伯,毋恤不敢做。知伯回国,将这事告诉简子,并要求废黜毋恤,简子不听。毋恤从此怨恨知伯。十七年,赵简子去世,毋恤为赵地之君,这就是襄子。

赵襄子自为年号。襄子元年(前475),越国围攻吴国。襄子派楚隆去慰问吴王夫差。襄子的姐姐是代王的夫人。襄子因父亲安葬后还没有除去丧服,就北登夏屋山(即今山西代县东北五十里草垛山),邀请代王作客。《吕氏春秋》记:"赵襄子上于夏屋。以望其乐甚美。"襄子早已安排要谋杀代王等一干人,宴饮时,叫厨师用铜勺盛食物给代王和他的随从吃,斟酒时,暗中让宰人(屠夫)各自用铜勺击杀代王和他的随从,然后出动军队平定代地。襄子姐姐听闻此变故,哭得呼天抢地,用磨尖了的插头发笄自杀。代国人怜悯她,把她死去的地方取名叫磨笄山。襄子就把代地封给已早死哥哥伯鲁的儿子周,周为代成君。襄子四年,知伯和赵、韩、魏把范氏、中行氏原来的封地全部分光。晋出公于是大怒,请齐国、鲁国出面帮助讨伐四卿。四卿恐惧,就联合攻打出公。出公在逃奔齐国时,死在途中。知伯就立昭公曾孙骄为国君,是为晋懿公。晋懿公时,知伯更加骄横,向韩、魏要求割让土地,两家均给予。知伯要赵家割让土地,赵不给,这因为襄子随知伯围郑时所遭受的侮辱没有忘记。知伯怒,率领韩、魏攻打赵,襄子害怕逃去晋阳据守。三国包围晋阳一年多,引汾水灌城,城没有被水浸的只剩下三个板块了。城里百姓做饭,只有把锅悬挂起来才可,吃孩子的事件亦有发生。襄子害怕,就派国相张孟同(谈)夜间出城私下联结韩、魏。于是三家在受或已受过知伯苦难的合谋在一起。襄子二十八年三月丙午日,三国反过来消灭知氏,并一起分割了知伯的土地。到这时,赵氏所拥有的土地面积比韩、魏还大。此后,襄子迎娶空同氏,生有五个儿子。襄子因为长兄伯鲁为太子,是自己占有了此位,伯鲁身体虚弱早死,就一定要传位给伯鲁儿子代成君。而代成君亦死,就把代成君的儿子浣立为太子。襄子薨,浣立为国君,是为献侯。《竹书纪年》笺按:"襄子卒,弟桓子逐浣而自立,一年卒。赵氏之人曰桓子立非襄主意,乃共杀其子,复迎浣而立之。"

赵献侯元年(前423)即位,将都城由山西晋阳迁至河南中牟(今河南鹤壁市山城区一带)。献侯年幼,襄子的弟弟桓子驱逐献侯,自己在代地立为国君,但一年去世,献侯复立。五年,献侯城泫氏(即今山西高平市)。十年,中山武公初立。十三年,赵城平邑(在今山西大同县东)。献侯在位十五年去世,子籍立,是为烈侯。

赵烈侯六年(前403),魏、韩、赵三家都互相立为诸侯。烈侯好音乐,对相国公仲曰:"寡人喜爱的人,可以使他尊贵吗?"公仲曰:"使他富裕可以,使他尊贵不可以。"烈侯曰:"郑国来的歌手枪、石两人,我想赐给他田地每人一万亩。"公仲答应可以,但没有划拨给予。过月余,烈侯从代地回来,追问公仲此事落实得怎么样,公仲曰:"正在寻找合适的地方。"不久烈侯又问公仲,公仲装病不上朝。番吾君从代地回来,对公仲曰:"国君实际在试探善政,看你怎么把握。你为相四年,推荐过贤才吗?"公仲恍然大悟曰:"没有。"番吾君曰:"牛畜、荀欣、徐越你都可以推荐。"公仲就向烈侯推举了这三个人。牛畜侍奉烈侯,要他施行仁义,用王道约束自己,烈侯面有喜色。荀欣侍奉烈侯,要他选拔贤才,使用能人,烈侯高兴。徐越侍奉烈侯,要他节材俭用,考察臣下绩优与德行。此仨所讲治国之道很有条理,引古博今,君王高兴。烈侯派人告诉公仲:"给歌手田地的事就暂且停止。"即命牛畜为师,荀欣为中尉,徐越为内史,赏赐给国相公仲两套衣服。公仲终于舒缓了一口气:天啦,原来如此!九年,烈侯去世,弟武公立为国君。武公在位十三年去世,立烈侯太子章为国君,这就是敬侯。

赵敬侯元年(前386),武公儿子争位动乱,没有成功,逃奔魏国。赵国定都邯郸。二年,赵在灵丘打败齐国。三年,赵在廪丘救援魏国,大败齐军。四年,魏军在兔台败赵军。赵国修建刚平城用来侵掠卫国。五年,齐、魏替卫国攻打赵国,夺取刚平城。六年,赵向楚国借兵讨伐魏国,夺取棘蒲。八年,攻占魏国的黄城。九年,讨伐齐国。齐伐燕,赵又救燕国。十年,与中山国在房子交战。十一年,魏、韩、赵三家灭晋,分割土地。赵国讨伐中山,又在中人地区交战。十二年,敬侯去世,子种立,是为成侯。

赵成侯元年(前374),公子胜与成侯争位,发动叛乱失败而逃。二年,六月天下雪。三年,太戊午任国相。赵讨伐卫国,夺取七十二个乡邑。魏国出兵干预在蔺(在今山西柳林县西北孟门镇)地打败赵军。四年,赵军与秦军在高安作战,打败秦军。五年,赵在鄄地讨伐齐军。魏在怀地打败赵军。赵国打败郑国,把夺占的土地送给韩国,韩国把长子县送给赵国。六年,赵国讨伐魏国,在浍泽打败魏军,围困魏惠王。七年,赵侵掠齐国,到达齐国长城。又与韩国攻打周。八年,与韩国将周分割成两部分。

九年,与齐军在阿下交战。十年,攻打卫国,夺取甄城。十一年,秦军进攻魏国,赵军在石阿救援它。十二年,秦军又攻打魏国的少梁,赵军救援它。十三年,魏军在浍地打败赵军,夺取皮牢。成侯与韩昭侯在上党相会。十四年,赵国联合韩国攻打秦国。十五年,赵国帮助魏国攻打齐国。十六年,赵与韩、魏分割晋国剩余土地,把端氏县留封给晋君。十七年,成侯与魏惠王在葛孽(在今河北邯郸市肥乡区西南二十里)相遇。十九年,赵成侯会燕成侯于安邑(在今山西夏县西北禹王城),一记阿地。又赵和齐、宋的国君在平陆(在今山东汶上县北)会盟。邯郸伐卫,取漆(在今河南封丘县东北),富兵城之。二十年,魏国进献可做椽子的良木,用它建成一座檀台。邯郸伐卫,取漆(在今河南封丘县东北)富兵城之。二十一年,魏国围攻赵国都城邯郸。二十二年,赵国都邯郸被魏攻占。二十三年,《竹书纪年》记:"周显王十七年,晋取元武(当指今山西临汾市)、濩泽(即泽州。在今山西晋城市东北三十里高都镇)。晋已亡,此晋当为三晋之一的赵国。如是,赵国此战已经对魏国占领的邯郸之地形成了压迫态势。二十四年,赵国邯郸之师败魏于桂林(在今安徽歙县东北二十里练河西岸桂林乡),此战史称"桂陵之战",魏国将邯郸归还赵国。成侯与魏王在漳水岸边会盟。秦军攻打赵国蔺城。桂陵之战,是魏军主将庞涓领军围攻赵国都城邯郸。赵求救于齐。齐侯以田忌为将,以孙膑为军师,统兵救赵。齐军在孙膑的谋划下,扬言要突袭魏国都城大梁的重要门户襄阳(今河南睢县内),魏军慌忙回兵,齐军在桂陵(今山东菏泽市东北)设下埋伏,大败魏军,救了赵国。这种战术,后人称之为"围魏救赵"。二十五年,成侯去世。公子緤与太子争位,緤败,逃亡韩国。太子立,是为肃侯。

　　赵肃侯元年(前349),赵夺取晋君的端氏县,将晋君迁徙到屯留居处。二年,与魏惠王在阴晋相遇。三年,公子范偷袭邯郸,战败而死。四年,朝见周天子。六年,攻打齐国,夺取高唐。七年,公子刻攻打魏国首垣。十一年,赵国讨伐魏国。十六年,肃侯游览大陵,从鹿门出,国相大戊午牵马拦住,对肃侯曰:"农耕的事正忙时,一天不耕作,百天没饭吃。"肃侯下车向他道谢。十七年,修筑长城。十八年,齐、魏讨伐赵国,赵国决开黄河水淹灌他们,两国军队撤走。二十二年,赵疵与秦军作战,战败,秦军在河西杀赵疵,夺取赵国的蔺、离石。二十三年,赵将韩举与齐、魏的军队作战,死在桑丘。二十四年,肃侯去世。秦、楚、燕、齐、魏各派精锐部队一万人来会聚参加葬礼。肃侯子即位,是为武灵王。赵武灵王时,中山王得志,成为了活跃在赵国腹心部位的一只"狼"。

　　赵武灵王元年(前325),灵王叔父阳文君(赵肃侯时封)赵豹担任国相。梁惠王与太子嗣、韩惠王与太子仓来信宫朝见。时灵王年少不能处理政事,由见多识广的三位老师辅佐理政。之后可以亲自处理政事时,也先请教前朝元老肥义。提高先王贵臣们的生活待遇,农、工、商三业并举,对年满八十岁的老人每月赠送礼品。三年,修建鄗城(在今河北柏乡县北二十一里固城店镇)。四年,与韩王在区鼠(当指在区水边上的城池。区水,即今陕西延河)会盟。五年,娶韩国的女子为妻。八年,五个国家互相称王,赵武灵王不称王,仍然称君。九年,与魏、韩联合攻击秦。赵为秦军败,被斩首八万。齐军又在观泽(在今河南清丰县西南)打败赵军。十年,秦夺取赵中都(在今山西平遥县西南)及西阳(在今河南光山县西南二十里。此前,曾国建都于此)。时燕国国相之子篡权当了国君。十一年,武灵王从韩国召来燕太子职,派乐池护送他回燕国继任燕国王位。十三年,秦军攻占赵国的蔺地(在今山西柳林县孟门镇),俘虏将军赵庄。楚、魏两国国王访问赵都邯郸。十四年,赵国攻打魏国。十六年,武灵王游览大陵(在今山西交城县西南十里大陵村)。武灵王面色赤黑,龙脸鸟嘴,鬓发眉毛纠结浓密,胸宽体阔,下体修长而上体高大,天热时常袒露胸毛。他常将衣襟开向左边,披甲勒马,甚为威风。有一天,武灵王饮酒高兴,多次回忆他做的梦境,对人编诗曰:"美人光彩真晶莹,容颜好似紫云英。我的命运且如何? 无人知道我姓嬴。"有大臣吴广听闻,通过夫人的关系把自己的女儿娃嬴送入宫中,灵王见之真如梦中佳人,这就是吴娃。吴娃亦称孟姚,是为虞舜之后,很受武灵王宠爱,吴娃是为惠后,生太子何。

十七年(前309),武灵王走出九门,指挥修建野台,用来瞭望齐国和中山国的边境。武灵王曰:"子系中山狼,得志便猖狂。"意欲除去中山国。十八年,秦武王举鼎受伤而亡。赵国派代相赵固到燕国迎接秦公子稷,送回秦国,立为秦王。十九年春,武灵王在信宫举行盛大的朝会。召见肥义议论天下大事,五天才谈完。武灵王向北进军略取中山地,直到房子县(治所在今河北高邑县西南十五里仓房村)。又前往代地,消灭黑姑,向北到达无穷(无穷之门。在今河北张北县南)。西达黄河岸,登临黄华山(即隆虑山。在今河南林州市西北二十里)顶。武灵王召见楼缓谋划曰:"我先王趁社会变革之时,做了南方藩属的君长,把漳河、滏水的险阻要塞连缀起来,修筑长城;又夺取蔺、郭狼(又名皋狼。在今山西吕梁市离石区西北),在荏地(荏县。治所在今山东济南市长清区东南三十里张夏镇)打败林胡,但功业还没有完成。今中山国还插在赵国腹心部位,北边有燕国,东边有东胡,西边有林胡、楼烦、秦、韩边界,我却没有强大的兵力自救,这样会亡国的。怎么办呢? 要成就高于世人的功名,就要抛弃陋俗的拖累。我想穿胡人的服装,以缓解族际矛盾。"楼缓以为好,但大多大臣不愿意。时肥义侍坐在旁。武灵王面对肥义曰:"简、襄二主的功业,就在于计议从胡人、翟人那里获取利益。做人臣受宠时,应该有孝、悌、长、幼、顺、明的节操;通达时,应该有利于百姓增益君主的功业,这两点是臣子的职分。我想继承襄主(即襄子)的事业,开拓胡人、翟人的居住地。现找不到能够管理不同民族利益,并能协调民族矛盾的贤臣。我穿胡服,目的是亲昵与异族之民的关系,以削弱敌对势力,用力少,而功利多。可以不消耗百姓劳力,以完成先辈简、襄所定的功业。观古今,大凡有高于世人功业的人,就要抛弃陋俗;有独特智慧谋略的人,往往遭受傲慢人的埋怨。我想教百姓穿胡服,练习骑射。估计世俗的人会议论我,这怎么办?"肥义笑曰:"君对事犹豫就不会成功,对行动犹豫就不会成名。既然有决定,就不必顾虑天下人的议论。讲论最高道德的人,不会附和世俗的见解,成就宏大功业的人,不会谋求与俗众商议。从前虞舜为苗人跳舞,夏禹亦胳进入裸国(当在今浙江杭州市富阳区内),这不是为了放纵欲望与愉悦心志,而是致力于讲论道德期望成功。愚蠢的人在事成之后还一塌糊涂,聪明的人在事成以前就胸有成竹。君王还何必疑惑呢?"武灵王曰:"我穿胡服的功效是无可限量的。纵然有世人嘲笑,胡地与中山国,我一定要占有它。"于是,武灵王先改穿胡服。武灵王为推行自己的主张,派王绁去做叔叔公子成的思想工作,希望借助叔父的威望,用以成就穿胡服的功业。而公子成却说:"听说君王穿胡服,我卧病在床,不能去进言。中国是聪明睿智的文明之邦。贤人圣人推行教化,《诗》《书》礼乐应用,本是为蛮夷仿效的地方。君王舍弃这些文明,而去穿半裸不雅、不伦不类的胡服,远离中国文明,请君王慎重考虑。老朽是不想穿的!"看来要推销胡服不易,武灵王就亲自上门,对公子成曰:"服装,是为了遮体之羞;礼法是为了方便行事。圣人观察潮流而为之适应,依据情事而制定礼法,所以便利其民众而丰厚其国力。'夫剪发纹身,错臂左衽,瓯越之民也。'这就是说瓯越人剪短头发为方便游泳,身刺花纹与鳄鱼同色以防被咬,衣襟右压左是为了方便顺手;吴人染黑牙齿,额头刺字,戴鱼皮帽,装鬼怪相以防人欺;楚人锦衣竹冠,自为清高。看来都不尽相同。礼仪服饰虽不同,因地制宜,追求方便是一致的。儒生同一师承,却礼俗不同;礼俗同而教化亦有差别。更何况穿胡服是为了在山谷方便行事。叔父所依旧俗,我所以求的是革新。赵国东边有黄河、薄洛(亦名薄洛津。在今河北广宗县东北漳河上)之水,与齐国、中山国共有,却没有船只使用。从常山到代地、上党,东边有燕国、东胡的边疆;西边有楼烦(楼烦国。在今山西太原市娄烦县,遗址位于马家庄乡新城东沟村,楼烦是北狄的一支,约在春秋之际建国,其疆域大致在今山西省西北部的保德、岢岚、宁武一带)、秦国、韩国的边疆,我赵国没有善于骑射装备,又没有船只使用,夹水而居的百姓,将如何守卫边疆的安全呢?改穿胡服练习骑射,是为了防备靠近燕国、三胡、秦国、韩国的边疆被侵。先辈简主不堵塞晋阳到上党的险阻,为了方便兼并戎地,夺取代地,赶走胡人,这是愚人与智者都明白的道理。先前,中山国依仗齐国兵力,时不时侵占暴虐我国土地与人民,抢劫掠夺我百姓财产,还决引黄河水围灌我鄗城,如果不是社稷的神灵,恐怕鄗城早已失手。现设置骑射防守,近可观察上党人的举动,远可以报复中山国对我的不礼。我所以给叔父说这么多,就希望能够理解我。"公子成即两拜叩头曰:"老朽愚蠢,不领悟君王之意。罪过!罪过!"次日,公子成穿胡服上朝。武灵王也就公布了改穿胡服的诏命,并招募骑射的士兵。

二十年,武灵王略取中山国土地,到达宁葭(一作蔓葭。在今河北石家庄市西北);向西攻取胡人的土地,到达榆中(其地应在今河套东北部至大青山一带)。林胡王来贡献马匹。武灵王回国后,派楼缓出使秦国,仇液出使韩国,王贲出使楚国,富丁出使魏国,赵爵出使齐国。代相赵固主管胡地,征调胡人兵马。二十一年,赵攻打中山国,以赵袑为右路将军,许钧为左路将军,公子章为中路将军,武灵王自己统率进军。牛翦率领车骑,赵希率领胡地与代地的兵马。武灵王让他们经过山隘,在曲阳会师,攻取丹丘、华阳、鸱上的关塞。武灵王的军队夺取鄗城、石邑、封龙、东垣。中山国献出四座城邑求和,武灵王答应,停止进攻。二十三年,赵又攻伐中山国。二十四年,邯郸命吏大夫奴迁于九原。将军大夫适子(大吏)代史皆貂服。二十五年,惠后吴娃去世。武灵王派周袑穿胡服辅佐教导王子何。二十六年,又攻伐中山国。扩地北至燕、代地区,西到云中、九原。此时也,赵国完全占有河宗(指今山西西北部及内蒙古清水河)一带,武灵王于是伏案检查地图,亲自绘制休溷诸貉地界(指给九原云中所居的貉族绘制地图,划分边界)。中山国君逃亡,最终死在齐国。二十七年五月戊申日,武灵王自己退居二线,在东宫大会群臣,传授君位给王子何。新王,是惠后吴娃的儿子,是为惠文王。武灵王自称主父。

主父到处巡视,指点江山,治理国家的事让儿子去办。主父身穿胡服率领士大夫们到西北经略胡地,想从云中、九原直接南下袭击秦国。主父诈称自己是使者,就进入秦国侦察,一为察看地形,二为看看秦王是怎样的为人。秦昭王不知道,见而走后,惊讶主父的容貌雄伟,曰:"非人臣也!"即派人追捕。而主父已经飞驰离开秦国关口。秦王经过调查,才知道是主父,秦人惊恐。

赵惠文王二年(前297),主父巡行新开拓的土地,于是走出代地,向西与楼烦王在西河相会,并且征调他的军队。三年,赵灭了中山国。赵兴建主父的寿坟,称灵寿(在今河北灵寿县西北十里故城村)。北方刚被驯服,去代地的道路大为畅通。主父回国,颁行赏赐,实行大赦,大摆酒宴,让臣民聚饮五天。主父此前已觉察出长子章对弟弟立为国君不服,派田不礼辅佐章,为安慰长子章,就封章为代地安阳君。李兑对国相肥义曰:"公子章为主父骄纵,党徒众多。田不礼为人残忍嗜杀。据我观察,将有阴谋贼乱的事发生。你贵为国相,是易受攻击的目标。仁人博爱,聪明人防患于未然。你应该称病在家杜门不出,把政事交给公子成去办吧!"肥义曰:"不可,主父把小王托付给我,要我服务,坚守直到终身。我两拜受命,作过承诺,有史官记录在案。作为臣子,危难之时才显现节操。谢谢你的忠告!我必须坚守岗位。"李兑哭着离去,再去找公子成说明,以防备不测事件的发生。肥义实际是已有戒心,但不能离开职位,他对信期曰:"公子章与田不礼非常令人担忧。他俩表面上和善,实际阴险恶毒,人不像人,臣不像臣。一旦假传诏令,灾祸就在咫尺间。我忧虑这事,故对盗贼的出入不可不防。自今以后,凡是有人召请君王的人,请一定要先见我的面,如有不测之事发生,我可拦挡。"信期曰:"好,我知道了。"赵国公子章毕竟是主父的长子,原先为太子。后来武灵王得到吴娃生子何,因为宠爱吴娃,所以改立太子。另外的原因是公子章生母与右效田不礼有过苟且之事,被废于冷宫,亦将太子章废了。若主父武灵王中途不娶个梦中人吴娃,公子章或许早已经是王了。主父本人今此就是这么想的。四年,公子章以安阳君的身份朝见惠文王。主父就从旁边偷看群臣和宗室人员上朝的礼仪,当看到长了章北面而立称臣,屈服跪拜弟弟的时候,心里可怜他。主父想分割赵国部分再给章,使他在代地称王。主父和惠文王游览沙丘,想把想法给提出,欲言又止,至夜父子俩居住在不同的宫室。公子章趁此机会率领他的党徒与田不礼作乱,假传主父的诏令召见惠文王。肥义先进去,即被杀害。高信立即与惠文王反击公子章。公子成是武灵王弟,他与李兑从国都赶来,立即征调四邑兵众到沙丘平息叛乱,杀死了公子章和田不礼,消灭了他们的党徒,安定了王室。惠文王拜公子成为国相,号称安平君,李兑做司寇。公子章被打败时,逃到主父处,主父开门收容他。公子成、李兑因而包围了主父的宫室。公子章死后,公子成、李兑商议说:"因为公子章的缘故包围主父。如果解除包围,我们就要被夷灭宗族了。"于是,就继续包围主父。命令宫中的人:"后出来的灭族。"宫里的人都出来。主父想出来不被允许,又得不到食物,饿得只好掏幼雀充饥,三个多月以后就饿死在沙丘宫里。主父被确认已死,这才向诸侯国报丧发讣告。

五年,赵把鄚、易两邑送给燕国。八年,修建南行唐城。九年,赵国以赵梁为将,与齐国合兵攻打韩国。十一年,董叔率领赵军和魏军讨伐宋国,得河阳(在今河南孟州市西三十五里)于魏。秦军夺取赵国的梗阳。十二年,以赵梁为将,攻打齐国。十三年,以韩徐为将攻打齐国。十四年,赵国相国乐毅率领赵、秦、韩、魏、燕联合攻打齐国,夺取灵丘。十五年,燕昭王来见惠文王。赵国与韩、魏、秦联合攻打齐国,齐王败走。燕国孤军深入齐境,夺取临淄。十六年,秦国又和赵国多次进攻齐国,齐人担忧。苏齐替齐王写信给赵王,意思是:"如若秦国得以强大,代地的马,胡地的犬,从此不再东下入赵;昆山的玉不再运来赵国。"赵国于是停止与秦国合作伐齐。十七年,秦国怨恨赵国不协作,就讨伐赵国,攻占两座城邑。十八年,秦军攻占赵国石城。十九年,秦国攻取赵国两座城邑。赵国归还魏国的伯阳。赵奢率军进攻齐国的麦丘,夺取了它。二十年,赵国以廉颇为将攻齐。赵惠文王与秦昭王在西河外相会。二十二年,赵大疫,置公子丹为太子。二十三年,赵国以楼昌为将,进攻魏国,无果。十二月,赵国以廉颇为将,进攻几城,夺取了它。二十四年,廉颇率军进攻魏国的房子,夺取了它。又进攻安阳,夺取了它。二十五年,燕周率军进攻昌城、高唐,夺取了它。赵国与魏国联合进攻秦国。秦将白起在华阳打败赵军。二十六年,赵夺回被东胡侵占的欧代地。二十七年,封赵豹为平阳君。黄河水泛滥。二十八年,赵国蔺相如讨伐齐国,打到平邑。罢城北九门大城。二十九年,秦、韩两国联合进攻赵国,包围阏与。赵国派赵奢为将反击,在阏与大败秦军。赵惠文王赐赵奢为"马服君"称号。三十三年,惠文王去世。太子丹立为国君,这就是孝成王。

孝成王元年(前265),赵王年少刚立(生于公元前288年,时年二十四岁),太后惠文后执掌政权,秦国就乘机猛攻赵国。赵国向齐国求援,齐国要长安君做人质才出兵。太后不肯,大臣强谏,而太后很明白地告诉左右曰:"谁敢再言要长安君为人质者,老妇必吐沫其面!"左师触龙言要见太后,太后横眉竖目凌气逼人。左师即入,左支右撑缓慢就座,自谢曰:"老臣病足,已经不能疾走,量自己不久人世。窃以自恕(忄),而恐太后国事想得太多对身体有所苦也,故愿望见太后。"太后曰:"老妇出行用车辇。"左师:"您每天的饮食不会减少吧?"太后曰:"硬饭不能吃,每天熬粥耳。"左师曰:"老臣近来饭都不想吃,乃就强行散步,每天走三四里路,这样才能够稍微增加食欲,以和于身也。"太后曰:"老妇却不能这样做。"此时太后严厉的面色有所缓和。左师曰:"老臣的贱子舒祺年龄最小,不成材。而臣已经年老,心里疼爱他,希望能够补入黑衣(穿黑衣的卫士)之缺,去保卫王宫。我冒死请求太后帮这个忙。"太后曰:"可以,年纪多大了?"左师曰:"十五岁了。虽然还小,臣让他在我还没有入土的时候将他托付给您,我就放心了。"太后曰:"男人是大丈夫,亦有爱怜少子之心乎?"左师对曰:"这比女人疼爱得厉害。"太后笑曰:"怎么会比女人疼爱得更厉害?"左师曰:"老臣窃以为,您疼爱燕后,胜过长安君。"太后曰:"错矣!不如疼爱长安君那么厉害。"左师曰:"父母疼爱子女,就要替他们作长远打算。您当初送燕后出嫁,拉住她衣袖,为她哭泣,念其远行,心里哀怜她。可是她走后,您虽然想念她,但是祭祀的时候,您却祷告曰:'千万不要回来',这是为什么? 岂不是为了长久之计,希望她生贵子,相继为王也哉!"太后曰:"这倒也是。"左师曰:"今三世以前,至于赵主之子孙为侯者,现在还有存在的吗?"太后曰:"没有。"左师曰:"不光是我赵国,其他诸侯国的子孙封侯还有人存在吗?"太后曰:"这我不知道,也没听说过。"左师曰:"这些封侯的人,祸患来得快的,本身就摊上了;祸患来得慢的,子孙就被摊上了。难道是君王的子孙就没有才能吗?问题是因为他们地位高贵而没有功勋,俸禄丰厚而没有劳绩,却拥有大量的贵重宝物,成为了社会的寄生虫。现在您使长安君的地位尊贵,并且封给他肥沃的土地,又多给他贵重宝物,却不趁现今让他为国立功,一旦您百年之后,长安君能凭什么在赵国立足呢? 老臣以为您为长安君之计不够长远,所以认为您疼爱长安君还不如疼爱燕后。"太后曰:"喏,那就按你的意思去安排吧!"于是长安君套了一百辆车去齐国,齐国的军队才出发。子义听到这件事,叹曰:"国君的儿子,是骨肉之亲,况且不能依仗没有功勋的高贵地位,没有劳绩的丰厚俸禄,来保住黄金、白玉那些贵重财富,何况是做臣子的呢?"齐国则派安平君田单来赵国,田单率领赵军进攻燕国的中阳(即今山西中阳县),夺取了它。又进攻韩国的注人(在今河南汝州市西十五里汝水北岸),拔之。二年,惠文后去世。田单任赵的国相。

四年,孝成王梦见穿偏衣之人乘飞龙上天,还没有到得天庭即坠落于地,见金玉堆积如山。次日,成王召筮史敢占卜,告王曰:"梦衣偏色者,残缺人也;乘飞龙上天不至而坠者,有气无实也;见金玉堆积如山,而不能用,烦忧也。"后三日,韩国上党郡守冯亭派使者至,告成王曰:"韩国无力防守上党,准备将上党割让给秦国。而那里的吏民都愿意归附赵国,不欲为秦子民。上党有城邑十七座,愿意再拜入赵国。请赵王裁决,恩赐吏民。"成王大喜,召见平阳君赵豹告之曰:"冯亭进献城邑十七座,我国接受它会怎么样?"此赵豹,赵武灵王小舅子,本吴姓,吴娃贵为惠后改名孟姚,则吴豹赐姓赵,名赵豹,封平阳君。赵豹答曰:"古圣人把无故得到的利益看成是灾祸。"成王曰:"人家怀吾德好意为之,何谓无故乎?"赵豹曰:"夫秦国正在蚕食韩国的土地,从中间截断道路,不让韩国与上党相通,原本以为可以坐收上党土地。韩国之所以不直接把上党纳给秦国,现在这样做是想嫁祸给赵国。秦国已经付出了不少,而赵国却去接受利益,即使是强大的国家也不能从小国、弱国那里得到这样的便宜,我国是小弱国,难道能够从强国手中得此便宜吗? 这怎么不是无故的利益呢!况且秦国利用牛田(即牛首,古池名。在今陕西西安市西汉上林苑西隅。近潩河)的水渠运粮,兵乘水道蚕食韩国,分割韩国土地。秦国这一政策还是要进行下去的,我国不可以跟秦国作对。上党的土地一定不能接受。"成王曰:"近年来我们已经出动过百万大军去攻城略地,越年经岁,结果得不到一座城池。现在人家把十七座城邑赠送给我国,这可是大便宜也。"赵豹出去后,成王又召见平原君与赵禹。此二人以为:"坐收十七座城邑,此当大利,不可失!"成王乃令赵胜去上党接收土地。赵胜告诉冯亭:"敝国使臣赵胜,我受君王命来通告命令:封给太守三个万户的都邑;封给各县令三个千户的都邑,皆世世为侯。官吏百姓都加爵位升三级,吏民相安能使政权平稳过渡,皆赐六金(金、银、铜、铁、锡、铝)。"冯亭垂涕而不愿抬头见使者,曰:"吾正处在三种不义的境地:为主守地,不能死固,不义一矣;若入之秦,不听主令,不义二矣;卖主土地,求荣私食,不义三矣!"则赵国遂发兵取上党。廉颇将军驻军长平(在今山西高平西北)。七月,廉颇被免职,赵括为将。赵括自少学兵法,言兵事,以为天下莫能当者。尝语言其父赵奢谈论兵事,赵奢提问莫能难倒他,然而赵奢不承认儿子是军事天才。赵括母问其为何,赵奢曰:"打仗是用命相搏的事,赵括却以为是轻而易举的事。假使赵国不让他为将就可,若使为将,毁掉赵国军队的一定会是他。"及赵括用为赵将,其母上书于赵王曰:"赵括不可以使为将。"王不听。赵括既代廉颇为将,更改了军队的纪律与规定,放松约束士兵,精简了军吏。长平之战,秦将白起闻之,纵使小股奇兵,佯装败走,却断绝了他的粮道,将赵括的军队分为两段,兵卒士气大乱,离心离德。被困四十余天后,军队士兵饥饿。赵括亲自率领精锐部队搏战,秦军射杀赵括。赵括的军队大败,四十万军队遂都降秦,被秦军坑杀。这就是"纸上谈兵"的历史典故。赵奢为赵武灵王第九子,封马服君。孝成王后悔没有听从赵豹的意见,所以有长平之战的灾祸。成王不听命于秦国,秦军包围邯郸。武垣(在今河北肃宁东南)令傅豹,偕王容、苏射率领燕国客居在邯郸的民众返回燕地。赵国把灵丘(在今山西灵丘县东十里固城村)封给楚相春申君,期望取得楚国的支持。

七年,秦军攻打赵国。赵国断粮,请求齐国支援粟米,齐王建不同意。时年,秦攻赵,秦将白起病,秦用王龁代将。八年,秦攻赵,赵使平原君赵胜求救于楚。平原君得十九人偕从,无以满二十。"门下有毛遂者,前,自赞于平原君曰:'遂闻君将合从(纵)于楚,约与食客门下二十人偕,不外索。今少一人,愿君即以遂备员而行矣。'平原君曰:'先生处胜之门下几年于此矣?'毛遂曰:'三年于此矣。'平原君曰:'夫贤士之处世也,譬若锥之处囊中,其末立见。今先生处胜之门下三年于此矣,左右未有所称颂,胜未有所闻,是先生无所有也。先生不能,先生留。'毛遂曰:'臣乃今日请处囊中耳,使遂蚤(早)得处囊中,乃脱颖而出,非特其末见而已。'平原君竟与毛遂,偕十九人相与目笑之而未发也。"既至楚,平原君与楚王言合纵。日中不决。毛遂入,按剑迫楚王,说以利害,致楚王立定合纵之约。毛遂谓十九人曰:"公等录录(碌碌),所谓因人成事者也。"平原君亦自以为不善相士,谓:"毛先生一至楚,而使赵重于九鼎大吕。毛先生以三寸之舌,强于百万之师。胜不敢复相士。"遂以毛遂为上客。平原君使楚还,楚出兵救赵,时魏国公子无忌亦出兵相救,秦国包围邯郸之战乃解。似是年秦将白起病,而嫁巫傩女与长安君。

十年,燕国攻伐昌壮(赵地,当指昌城。故城在今河北冀州市西北),五月拔之。赵将乐乘、庆舍进攻秦国信梁的军队,打败秦军。时年,太子死(太子年少,史无记名)。而秦国进攻西周,拔之。赵将徒父祺率军出境。十一年,赵国城元氏(临时都地。在今河北元氏县西北十五里)。在上原设县(元氏县西。以地势高平而名)。武阳君郑安平死,收回他的封地。十二年,邯郸的草料场起火,草料皆被烧毁。十四年,平原君赵胜死。十五年,把尉文(古邑名。《晋地道记》说魏昌县有廉台,在今河北无极西。另一说在今河北广平)封给相国廉颇,号为信平君。燕王派丞相栗腹赴赵国缔结盟约,以五百斤黄金作为送给赵王的祝酒礼物。栗腹回国后,对燕王曰:"赵国的青壮年兵卒都死在长平,该国的孤儿还没有长大,可以讨伐赵国。"燕王召见昌国君乐间问之,乐间曰:"赵国,四战之国也,其民习兵,伐之不可。"燕王曰:"吾以多伐少,二而伐一,这可以吗?"乐间曰:"不可以。"燕王曰:"吾即以五而伐一,这总可以吧!"乐间曰:"亦不可以!"燕王大怒,以为乐间思想僵化计不可听。群臣大多以为可,燕即起二军,车两千乘讨伐赵国。燕国以栗腹为将,攻打鄗(在今河北柏乡县北二十一里固城店镇);以卿秦为将而攻代地。赵国以廉颇为将,打败燕军,杀死栗腹,俘获卿秦、乐间。

十六年,廉颇包围燕都。赵王封乐乘为武襄君。十七年,代理相国大将军武襄君攻燕,包围其国。十八年,延陵钧率师从相国信平君助魏攻燕。而赵国西边,秦国夺取了榆次等三十七座城邑。十九年,赵国与燕国交换土地:赵国把龙兑(在今河北满城县东北)、汾门(在今河北保定市徐水区西易水之北)、临乐(在今河北固安县东南)给燕国,燕国将葛(在今河南宁陵县西北二十里葛伯屯)、武阳(在今河北易县东南武阳台村)、平舒(即今山西广灵县西十里平城乡)给赵国。二十年,秦王嬴政初立。秦国夺取赵国晋阳。二十一年,孝成王卒,子偃立为国君,是为悼襄王。廉颇为将,攻打魏国繁阳,并夺取了它。赵王使乐乘代替廉颇为主将,廉颇攻打乐乘,乐乘逃走,廉颇逃亡魏国。

悼襄王元年(前244),赵国防备魏国,欲打通平邑(在今河南南乐县东北八里平邑村)、中牟(在今河南鹤壁市西)的道路,但是没有成功。二年,以李牧为将,攻伐燕国,拔武遂(在今河北保定市徐水区西遂城)、方城(在今河北固安县西南十七里方城村)。秦国召见赵国的春平君,就留住了他。泄钧替他对秦相文信侯吕不韦曰:"春平君,赵王非常宠爱他,而郎中却嫉妒他,故郎中们谋划曰:'春平君入秦,秦必留之。'所以策划了让春平君入秦。现在秦国扣留春平君,是断绝与赵国的关系,正中了郎中们的计谋。不如放回春平君,扣留平都(地名,当说在今陕西子长县境;一说在今山西左权西北)。春平君说话办事深受赵王信任,赵王必定会多割赵国的土地以赎回平都。"文信侯以为善,春平君回赵国。赵国修建韩皋城(皋。在今河南洛阳市南)。三年,赵国以庞煖为将,攻伐燕国,擒获其将剧辛。四年,庞煖统帅赵、楚、魏、燕的精锐之师,攻伐秦国的蕞(在今陕西西安市临潼区东北)地,但是没有夺下来。移兵攻打齐国,夺取了饶安(今河北盐山县西南千童镇)。五年,傅抵率军屯居在平邑;庆舍率领东阳河外的军队,守卫黄河的桥梁。六年,赵王将饶(在今河北饶阳县东北)地封给长安君。魏国把邺送给赵国。九年,赵国攻打燕国,夺取貍(在今河北任丘市北)、阳城(即今河北保定市清苑区西南四十里阳城镇)。兵未退,秦军已经攻击并夺取了赵国刚得到的邺城。悼襄王去世,其子迁立为君,是为幽缪王。

幽缪王迁元年(前235),城于柏人(在今河北龙尧县西)。二年,秦攻武城(在今河北磁县西南),扈辄率师救之,军败,死焉。三年,秦国进攻赤丽(其地当在今河北藁城县境内)、宜安(在今河北藁城市西南宜安村),李牧率师与秦军战于肥下(在今河北藁城市西南七里),李牧打败了秦军,赵王封李牧为武安君。四年,秦国进攻番吾(在今河北平山县东南),李牧与之战,打败了秦军。五年,代地(在今河北蔚县东北代王城)发生大地震,从乐徐(即今河北易县西南)往西南偏南到平阴(即今河南孟津县东北,黄河南岸),楼台、房舍毁坏,墙垣倒塌,地面裂开其宽处东西有一百三十步的大缝。六年,赵国发生大饥荒。民谣云:"赵人在号叫,秦人在大笑。君若不相信,看满地荒草。"七年,秦国进攻赵国,赵国大将军李牧、将军司马尚率军抗击。事后,李牧被陷害而遭诛杀,司马尚被免职,赵王起用赵忽及齐将军颜聚代替他俩。赵忽的军队被秦军击溃,颜聚逃亡而去,赵王迁因而投降秦军。八年十月,邯郸归秦国所有。

代王嘉元年(前227),秦国既然已经俘虏了赵王迁去,赵国的大夫们就共立公子嘉为王。六年,秦国进兵击破代王嘉残余势力,遂灭赵国以为郡。

中山王者,源于周灵王太子晋。晋平公命太子晋之子宗敬为晋司徒,宗敬之子风。晋出公十八年(前457),鲜虞中山国亡。二十年,出公命风为中山守御,是为中山文公。中山文公生子窟,窟立是为中山武公。《史记·赵世家》记:赵献侯"十年(前414),中山武公初立"。武公元年,中山武公率领他的部落离开山区,向东部平原迁徙,在顾(今河北定州市)建立了新都。武公仿效华夏诸国的礼制,建立起中山国的政治军事制度,对国家进行了初步治理。武公九年陟,子恒即位,是为桓公。桓公幼少不能理政,中山国遭到魏国的进攻。魏国派遣乐羊、吴起统帅军队,征战三年占领了中山国。中山国一时成为了魏国的傀儡国。中山桓公于周安王二十二年(前380)复兴,定都灵寿(今河北平山三汲附近)。中山桓公复国后,灭邢国,领土进一步扩张。复兴后的中山国位于赵国东北部,把赵国南北两部分领土分割开来。中山国人很是富有,《史记·货殖列传》记:"(中山)北有戎翟之畜,畜牧为天下饶;然地亦穷险,唯京师要其道。故关中之地,于天下三分之一,而人众不过什三,然量其富,什居其六。""中山地薄人众,犹有沙丘,纣淫地馀民,民俗怀急,仰机利而食。丈夫相聚游戏,悲歌慷慨,起则相随椎剽,休则掘冢作巧奸冶,多美物,为倡优。女子则鼓鸣瑟、跕屣,游媚贵富,入后宫,遍诸侯。"于是,中山国的存在一直为赵国的心腹大患,故赵国欲除之而后快。《史记·赵世家》记:"赵成侯六年(前369),中山筑长城。"长城南止于邢台西北。周显王二十年(前349),中山武公薨,子亿立,以本年为元年,是为中山成公。亿以子为将,魏王尝以百金为寿,亿却之曰:"子贵若显亲,吾更愧于子职矣。"魏王礼金不受,亿以为寄人篱下的傀儡国日子不好过。亿在位二十二年(前327)薨,子王厝立,称中山王厝,一记中山䁐王。中山王厝十八年(前310)薨,子姿立,是为中山王姿。中山王姿元年(前309),是为赵武灵王十七年,武灵王走出九门,指挥修建野台,用来瞭望窥视中山的边境。二年春,武灵王在信宫举行盛大的朝会。武灵王向北进军掠取中山地,直到房子县。武灵公召见楼缓曰:"中山国还插在赵国腹心部位,北边有燕国,东边有东胡,西边有林胡、楼烦、秦、韩边界,我却没有强大的兵力自救,这样会亡国的。怎么办呢?"五年,武灵王掠取中山国地,到达宁葭。六年,赵攻打中山国。以赵袑为右路将军,许钧为左路将军,公子章为中路将军,武灵王自己统率进军。牛翦率领车骑,赵希率领胡地与代地的兵马。武灵王让他们经过山隘,在曲阳会师,攻取丹丘、华阳、鸱上的关塞。武灵王的军队夺取鄗城、石邑、封龙、东垣。中山国献出四座城邑求和,武灵王答应,停止进攻。八年,赵又攻伐中山国。十一年,又攻伐中山国。扩地北至燕、代地区,西到云中、九原。此时也,赵国完全占有河宗一带,直到休溷诸貉地界。时年,中山王姿薨,子尚立,是为中山王尚。中山王姿时,司马熹为相,史称:"司马熹三相中山。"有记司马熹与其子司马子期出卖了中山国,引赵军攻破中山。中山王尚三年(前296),亦为赵惠文王三年,赵灭了中山国,将中山王尚迁到肤施(在今陕西榆林市东南七十五里鱼河堡附近)。中山王世传另记:太子晋生龟,龟,名宗敬,官晋司徒。宗敬之后有为中山国君,时号王家,子孙传为王姓。太原王氏与中山国王者同出太子晋之后,而始祖王错。王错,号鬼粟子。魏武侯得王错以为相,列为大夫。《吕氏春秋》记："吴起治西河,王错潜(谮)之。"魏惠王二年(前368),魏大夫王错出奔韩。错生愤,愤生渝,渝生息,息生恢,恢生元,元生颐,皆以中大夫召而不就。颐生翦,翦为秦大将军。翦生贲,贲字典,秦武陵侯,后秦国统一六国战事实依王家。王错兄弟是著名的鬼谷子。中山国自公元前455年立,至于公元前296年亡,历时一百六十年,子孙传为王姓,是为太原王氏。

四、无假关水　战楚亡越

越王鼫与元年(前464),在位六年,于晋出公十六年(前459)卒。鼫与,《索隐》《纪年》称"鹿郢";《左传》称"适郢";《吴越春秋》作"兴夷";金文作"者旨于赐"。《越绝书·句践伐吴外传》记："冬,句践寝疾,将卒,谓太子兴夷曰:'吾自禹之后,承元常之德,蒙天灵之祐、神祇之福,从穷越之地,籍楚之先锋,以摧吴王之干戈。跨江涉淮,从晋齐之地,功德巍巍。自致于斯,其可不诚乎?夫霸者之后,难以久立,其慎之哉!'"越王鼫与将卒,赐长子不寿铜矛,文曰:"于越嗣王旨於之大子不寿自作元用矛。"(文见《商周青铜器铭文选》,该青铜器现归上海博物馆)鼫与传位不寿。

越王不寿元年(前458)即位,立十年见杀。《竹书纪年》记："周贞定王二十年(前449),于越子不寿见杀。是为盲姑,次朱勾立。"不寿,《索隐》《纪年》称"盲姑";《金文》作"丌不古"。不寿生二子:朱句、子夷。越王不寿被杀,子朱句立,是为越王翁(翁,《纪年》称"朱勾";《金文》作"州勾")。

越王翁元年(前448)即位。二十一年(前428),原越王勾践小子姒黎率领五千人的船队,顺风南下,航海半年,灭越裳氏,自号为王,是为雒越,一作骆越(指今越南北部)。二十九年,越灭滕(今山东滕州市)。三十年,越灭郯(在今山东郯城县北),俘获郯子鸪归。三十二年癸亥(前418),越王翁卒,子翳嗣位。

越王翳元年(前416)即位。翳,《越绝书》称"不扬"。越王亡缯(缯侯国。治所在今山东兰陵县西北缯城后)。《战国策·魏策四》载："缯恃齐而悍越,齐和子之乱而越人亡缯。"缯国亡,子孙传曾姓。三十三年(前384)迁都于吴(今江苏苏州市吴中区)。三十六年(前381)七月,越王翳为太子诸咎所杀,《金文》记:"'者汈'弑其君翳而自立。"十月粤杀诸咎(见《战国会要·方域十八》)。《纪年》记:"越滑,吴人,立诸咎子孚错枝为君。"《殷周金文集成》载《越王者旨于赐钟铭文》:"唯正月甬春,吉日丁亥,越王者旨于赐择,厥吉金,自铸禾兹翟,台乐可康。嘉而宾客,甸甸台鼓之。夙暮不贰,顺余子孙,万世无疆。用之勿相。"(《广义吴越文化通论》:"自越王允常至于越王翳,传六代皆有具铭铜器。最早是《越王之子勾践剑》作于允常时;最晚是《者汈钟》作于翳时。")

公元前375年,于越大夫寺区定越乱,立无余之,是为莽安,称之侯。越王之侯,善于抚治,兆庶赖宁。莽安十一年(前365),于越寺区弟思,弑其君,之侯奔安次(今河北廊坊市西北古县村)。《庄子》记:"越人三世弑其君。王子搜患之,逃乎丹穴(丹穴山。在今河北北部。丹穴之山,其上多金石。丹水出焉),不肯出。"越国共五年无君(王),越人用艾草烧山熏之,王得以出,乘舆乐归。王号曰无颛。无颛即子搜也。无颛于公元前360年被强立王位。六年卒。无颛,《索隐》《纪年》又记菼蠋。无颛卒,是为其弟茨蠋卯次无彊立。勾践称霸,传六世无彊,越国皆盛。《墨子》记:"今天下好战之国,齐、晋、楚、越。"他们"以并国之故,四分天下而有之"。

无彊即王位称元年,时为周显王十四年(前354)。二十二年(前333),无彊兴师北伐齐,与中国争强。时越北伐齐,齐威王派使者田婴游说越王曰:"……越国不攻打楚国,从大处讲不能称王,从小处讲不能称霸。越国不攻打楚国,是因为怕得不到韩、魏两国的支持。韩、魏本就不攻打楚国。韩如攻打楚国,他的军队就会覆灭,将领被杀,国都就危险;魏国如攻打楚国亦如此。所以韩、魏侍奉越国,就不至于军队被覆灭,将领被杀。"越王曰:"我所要求韩、魏并非攻楚,只希望魏军聚集在大梁城下,那么方城以外的楚军不再南下,淮、泗的楚军不再向东,则楚军就不足以抵御越国了。这样,韩、魏无须作战就能扩大疆土,无须耕作就能收获。而韩、魏他们不这样认为,却在黄河、华山之间互相攻伐,而为齐国和秦国所利用。我所期待的韩、魏如此失策,我又怎么能依靠他们称王呢?"田婴曰:"越国没有灭亡就算侥幸了!我不看重他们使用智谋,因为那智谋就如人的眼睛一样,只能见到毫毛,却见不到自己的睫毛。今天君王知道韩、魏失策,却不知道自己的过错,道理亦如此。实际上君王所期望分散楚国的兵力,韩国与魏国不用联合也已经做到了。现在楚军兵力已经分散了,何必有求于韩、魏呢?"越王曰:"怎么办?"田婴曰:"楚国的三个大夫屈、景、昭已分率所有军队,向北去包围了曲沃、於中,战线拉长了三千七百里。楚景翠的军队聚集在鲁国、齐国边境。楚国的兵力还有超过这种分散吗?况且君王所要求的是韩与魏联合起来与楚斗,他们不斗,越不出兵,这就只知其一不知其二了。如果这时不攻打楚国,我因此判断越王从大处说不想称王,从小处说不想称霸。再说,雠邑、庞邑、长沙是楚国盛产粮食的地区,竟泽陵(指今湖南洞庭湖)是楚国盛产木材的地区。越国出兵打通无假关(今湖北江陵县),这四个地方将不能再向郢都(今湖北荆州市荆州区西北十里纪南城)进献粮、材了。我听人说,图谋称王却不能称王,尽管如此,还可以称霸。再若不能称霸的,王道也就彻底丧失了。所以恳请您转而攻打楚国。"于是,越王听从了齐国使者的建议,放弃齐国,攻打楚国。

越释齐而伐楚。初时,越水兵在长江下游的八卦洲(位于今南京市栖霞区西北部,与六合区、浦口区组成南京江北新区,是长江中的第三大岛)围岛陈船,又在草鞋峡(位于今江苏南京市幕府山北麓江滩与八卦洲之间)航练。草鞋峡弯多、水急,以操练军船在复杂的水环境下如何作战。《越绝书·吴地传》记:"越为大翼、中翼、小翼,为船军战。"其船大翼,长十丈,宽一丈五尺二寸,一船载士兵二十六人,桨桡手五十人,操架水手三人,长钩、长矛手十二人,指挥二人,一船共九十三人。船载弓弩三十二张,箭三千三百支,盔、甲各三十二副。中翼,长九丈六尺,宽一丈三尺五寸,载士兵二十余人。小翼,长九丈,宽一丈二尺,载士兵二十人。中翼与小翼桨桡手占船上所载总人数的半数以上,则每船可载八十余人(文见《中国古代的造船与航海》)。越王所乘船名"余皇",为指挥旗舰,船首绘有鹢鸟图案。近百艘大小战船运兵迎流而上,舟战败楚,直取洞庭湖,以窥兵通无假之关,进逼郢都(春秋战国时楚国都城。在今湖北荆州市西北纪南城)。舟战初时,楚人顺流而进,迎流而退,见利而进,见不利则其退难也。而越人则迎流而进,顺流而退,见利进,见不利则其退速,因此若执函败楚人。楚军无法抵挡越国的强势进攻。时有鲁国公输子(即鲁班弟子。一记公输子即鲁班)自鲁南游楚,言于楚威王曰:"钩强焉始为舟战之器。"威王曰:"一绳之钩,何可用也?"公输子曰:"作为钩强之备,退者钩之,进者强之,量其钩强之长,而制为之兵。"楚威王则令钩强与战。时楚之兵节而越之兵不节,楚人因此若执函反败越人。楚国采用钩强御越兵船,钩强开启机关,其用绳索牵住会飞的利器击向目标,用以推拉越国的战船,越船便被击得千疮百孔终被拆坍。又江两岸楚兵鼓噪,越兵大败。越王无彊坐"余皇"楼船束手被杀,越以此散。楚遂并越之琅琊地,将故吴地皆收归国有。

　　楚越水战,越人大败,"诸族子争立,或为王,或为君,滨于江南海上,服朝于楚"(见《史记·越王勾践世家》)。无彊卒,长子玉窃而自立为君长;次子勋宰,自越窜闽,自谓闽伯。楚灭越也,唯保无彊三子碃,因碃助楚灭月国(楚东部地域的一个小国,今址不详),被楚王封于乌程欧余山(今浙江湖州市吴兴区)之南边。山南为阳,故称欧阳,子孙遂以为氏。《宁乡欧阳氏族谱》记:"无彊之子蹄,封于欧阳亭,为欧阳亭侯,在今湖州乌程欧余山之阳,其后子孙遂以为氏。"越已败,楚兵顺水道下,直通越之具区(又名震泽。即今江苏太湖)。越具区失,越人惊而奔走相告:"湖失矣!湖失矣!"湖之北边因名湖失,后名无锡(汉高祖五年定名无锡。越语"湖"与"无"同音,因而易名)。越败,楚国乘机把原来的吴国土地全部拿下,然后在石头山(今江苏南京市清凉山)筑金陵邑。

　　越国无彊发动与楚国的水战而亡国,无彊之子玉自称为君长。越君长玉,退保海阳(今江苏省泰州市)。《战国策·楚三》记:公元前318年,楚"东有越累"。据《中山王鼎》铭文记考:越国到公元前314年还占有故吴地。《竹书纪年》记:"魏襄王七年(前312)四月,越王使公师隅来献乘舟始罔,及舟三百,箭五百万,犀角、象齿焉。"越企图联魏制楚复国。之后不几年,公师隅南下番禺,开发南越,是为首任南越王。公师隅是帝禹之时造舟人奚仲之后,商汤时相仲虺之后,后传任姓。赵武灵王十七年(前309)称越地为"瓯越",灵王曰:"夫翦发纹身,错臂左衽,瓯越之民也。"楚怀王二十二年(前307),楚出土《竹简》记:"越涌君嬴将其众以归楚。"说明越君长玉,时亦称越涌君,他的手下嬴姓将军率领部众向楚国投诚。二十三年(前306),楚使邵滑伐越,越败。玉卒,子尊嗣父位为君长。君长尊,据《通典·州郡》记:"其浙江南之地,越犹保之,而臣服于楚。"楚怀王二十九年(前300),楚怀王认为越国"政乱兵弱"而欲伐越,有人谏曰:"王之弱乱,非越之下。"于是楚不敢再伐越。楚顷襄王四年(前295),君长尊复称王。十一年(前288),"越专用其兵"(见《战国策·齐五》)。十八年(前281),有弓弩手建议楚王"北游目于燕之辽东,而南登望于越之会稽,此再发(兵)之乐也"。这说明此时的越国还十分强大。《咸淳临安志》记:"阿顶山峰上有越王城(今浙江杭州市临安区藻溪镇平越村),夏少康之后封于越,其支庶或居于此,城址犹在,又名平越城,下有平越村。"或可,尊曾立都于此,又败于此地,故又名平越。二十三年(前276),"襄王乃收东地兵,得十余万,复西取秦所拔我江旁十五邑以为郡,距秦"(见《史记·楚世家》)。《越绝书·记地传》记:"尊子亲,失众,楚伐之,走南山。"二十六年(前273),君长亲走南山(当指今浙江义乌市南山)。二十八年(前271),亲生子安朱。(见《顾氏宗谱》:"安朱生于周赧王四十四年。")三十年(前269),封安朱为东瓯王。《方舆纪要》记:南山"在(义乌)县东十五里。蟠折萦纡,广袤数里,上有平土可耕,人都居之"。越君长亲有二子,即安朱、彊。安朱,安住之意而名;彊,因得土而为疆。疆为无疆氏,其后传疆姓。自勾践至于亲,历主皆称霸,积二百二十四年(见《吴越春秋》)。越君长亲因复得土,是谓余复君(复辟之意),史称越王(曾)孙开。孙开接收了吴故地部分,称瓯越。楚考烈王十五年(前248),瓯越王孙开闻楚国封相春申君于吴(治今江苏苏州市吴中区),则令其子安朱兵其东南五十里筑城守之,安朱因号摇王。此后,《吴地记》记:前240年左右,越"国富兵强"。《韩非子·孤愤》记:公元前236年至公元前234年,荆(楚)、吴(越)、燕、代(赵)"四国为一,而欲伐秦",秦派姚贾"出使四国,绝其谋,止其兵"。

越国无疆亡越,次子勋宰逃出长江口,率领十余艘船,从者数千人,从海路进入闽江口,旁山面江而居,建闽越。勋宰之子伟,伟生鸿业。鸿业请瓯越王给予封号,瓯越王曰:"吾刚安住,尔在闽,本就可图鸿业;吾可无处(储)可封,候也(等候,以后再说之意)。""无住(诸)!"为封,称无诸。无诸分茅裂土,辟地武夷山,处溪谷之间,篁竹之中建都,自称闽侯,闽侯故名(即今福建闽侯县)。元《文献通考》注:"闽越王无诸开国都冶,依山置垒,据将军山、欧冶池以为胜。"无诸为了对付秦国,则在闽设置欧冶池(今属福建福州市),铸造冷兵器长、短矛,钩柄刀等以为胜。《寰宇记》记:"(闽)越王(当指无诸)猎于将乐野宫高平苑(在今福建将乐县西南六十里),为(闽)越王校猎之所,大夫将军校猎,谓之大夫校,兵士校猎谓之子校,故将乐有大夫校、子校二村。""(闽)越王乘象辂曲盖,大夫将军自执平盖,今有平盖村。载鸟其鸣钲铙,故今有鸣铙山也。"又鸡鸣城,一名鸡子城,《明一统志》记:鸡子城"在仙游县东咸平里鸡子城山上,其城旧传(闽)越王所筑,遗址犹存"。闽越于秦始皇三十三年(前214)降于秦,秦置闽中郡。《通典·古南越》记:"按瓯越、闽越,禹后少康之庶子所封之地。"

五、卫康叔世家图平安

卫国康叔,是周武王同母少弟(九弟),名封,号康叔,史称康叔封、卫康叔,武王在时因为年少没有给封国。周武王逝世后,周成王年幼,周公旦代为理政,管叔、蔡叔怀疑周公旦篡政,就联合武庚禄父发动叛乱,攻打成周。周公旦奉成王命兴师讨伐,攻杀武庚禄父、管叔,放逐了蔡叔。成王初时委康叔宅第治于陇西也,锡壤田而述望,然以三监酒俗,未泯余风,命康叔为孟侯也,将以肃清卫国,俗革弊殷,因官谥姓,遂为孟氏,书曰孟侯,美其第事可明矣。康叔因出兵平武庚之乱有功,周公旦欲移康叔于卫国,则名以为卫君。康叔就在黄河、淇水一带旧商朝故都地的废墟上建国。卫国地域大致在黄河北岸,太行山脉东麓(今河南鹤壁市南,卫辉市附近)。定都朝歌(今河南鹤壁市淇县)。周公旦担心弟弟康叔年少,起行前多次告诫康叔曰:"到殷地以后,一定要访求贤人与德高望重的老人。虚心向他们了解殷代兴亡的原因,而要致力于爱护百姓。"还告诉康叔商纣王亡是因为沉溺于酒,纵酒失德;又偏信妇人,故商纣之乱自此始。乃作"梓材"(用梓木做的匣子。轻软,耐朽),内藏《康诰》《梓材》《酒诰》三文,交代给康叔,以揭示君子的行为准则,效法为人君子的准则,及禁酒令。康叔到达封国,即以此命约束自己,恭行执政,封地民众非常喜悦。周成王长大执政,周公旦举荐康叔为周朝的司寇。因为殷地之民安居乐业,消除了周朝的隐患,成王就赐给卫国很多宝器,也表彰康叔的功德。康叔去世,子代立,是为康伯。康伯去世,子立,是为考伯。考伯去世,子立,是为嗣伯。嗣伯去世,子立,是为捷伯。捷伯去世,子立,是为靖伯。靖伯去世,子立,是为贞伯。贞伯去世,子立,是为顷侯。

顷侯之所以改称为侯,是其用重金贿赂周夷王所得的策命。顷侯在位十二年薨,子立,是为釐侯。釐侯十三年,周厉王出奔逃到了彘地,周朝实行共和行政。釐侯,即共和伯,《竹书纪年》记:"(周厉王)十三年(前841),共伯和摄行天下事。"《史记·卫康叔世家》记:"周厉王出奔于彘,共和行政焉。"二十八年,周宣王即位。四十二年,釐侯薨,太子馀立,是为共伯;次子和。共伯的弟弟和受父亲釐侯公的宠爱并给予很多财产,和将部分财产贿赂宫中武士。共伯祭祀父墓,和指使他们在墓园袭击共伯,共伯在墓道被迫自杀。和立为侯,是为武公。

卫武公于周宣王十六年(前812)即位。周幽王时,武公有感于时事不敢显,可知为王艰难。于是武公修明康叔时的政令,百姓安康。武公四十二年(前771),犬戎杀周幽王,武公率兵前去帮助周王室平定戎乱。武公因之有功,周平王命武公为公爵。五十五年,是为周平王十三年(前758),武公薨,子扬立,是为庄公。

庄公五年(前753),娶齐国女子为夫人。夫人长得很美,却没有生孩子。庄公又娶陈国女子为夫人,生了儿子又夭折。陈夫人的妹妹得到庄公的宠爱,生儿子完。完的母亲早死,庄公就将完给齐夫人抚养,并且立为太子。庄公还有宠妾生子州吁。州吁十八岁,喜好习武,庄公任他为将领。时卫大夫石蜡谏庄公曰:"庶子好兵,任以为将军,卫国祸乱将自此始。"庄公不听。二十三年,庄公薨,太子完立,是为桓公。

桓公元年丁未(前734)即君位。二年,弟州吁骄横奢靡,桓公罢免了他的官职,州吁逃亡到郑国。十三年,郑国的郑伯其弟弟叔段攻击他,没有取胜亦逃亡,州吁就与他结交为友。十六年,州吁收罗卫国的流亡人袭杀桓公,州吁自立为君。州吁为了帮助叔段打回郑国去,就请求宋国、蔡国、陈国和他一起出兵,三国都答应了。州吁刚愎自立,喜好用兵,国人不爱戴他。石蜡就凭借桓公母亲家国陈国的这层关系,假装跟州吁亲善。州吁到达郑国郊外,石蜡与陈侯谋划,派右宰丑给州吁进献食物之机,就趁机杀死州吁在濮水岸边。石蜡等从邢国迎接桓公的弟弟晋,立晋为国君,是为宣公。

宣公元年癸亥(前718)即君位。十八年,太子伋被杀。先前,宣公宠爱夫人夷姜,夷姜生子伋,被立为太子,宣公让右公子辅导他。右公子替太子娶来齐国的女子,还未成亲,就被宣公看中,要做自己的夫人,并生了子寿、子朔两子,让左公子辅导他们。太子伋母亲去世后,宣公的正夫人与子朔都谗毁太子伋。宣公也因为自己夺了太子妻,心想废掉太子。听闻谗毁太子的恶言,就动怒,命太子出访齐国,并命人装扮成盗贼在边界袭杀太子伋。宣公给太子一面装饰着白旄的旗子,另一面去告诉装扮成盗贼的人,如看见持白旄旗的人就杀死。太子将起程,异母弟子寿知道子朔憎恶太子,且宣公想杀太子,就对太子曰:"边界'盗贼'看见太子持白旄旗,就会要杀你,你可千万别去!"太子曰:"违逆父亲的命令而求生存,这不可以。"子寿见太子不听,就偷了白旄旗先于太子奔到边界,为"盗贼"所杀。太子伋又赶到,对"盗贼"说自己就是你们要杀的人,太子伋亦被杀。宣公就立子朔为太子。十九年,宣公去世,太子朔立为君,是为惠公。左、右公子对子朔立为国君心怀不平。

惠公元年壬午(前699)即君位。四年,左、右公子怨恨惠公谗杀原太子伋而代立为国君,就起兵作乱,攻打惠公,立太子伋的弟弟黔牟为国君,惠公逃奔齐国。卫君黔牟即位八年,齐襄公率领诸侯奉周天子的命令共同讨伐卫国,护送惠公回国,杀了左、右公子。卫君黔牟逃奔到周,惠公复立为君。惠公立为君三年,流亡在外八年,共十三年。惠公二十五年,惠公怨恨周王室接纳黔牟,就联合燕国攻周。周惠王被逼逃奔到温邑,卫国、燕国共立惠王的弟弟颓为周王。二十九年,郑国护送周惠王回到周京。三十一年,卫惠公去世,子赤立,是为懿公。

卫懿公元年癸丑(前668)即君位。懿公喜好养鹤(鸵鸟),并给鹤配有坐的车子,真是荒唐。九年初,狄人进攻卫国,懿公领兵抵抗,战于洞泽(又作荧泽。在今河南浚县西)。懿公有士兵叛逃,有大臣对懿公曰:"国君喜爱养鹤,叛逃的士兵曰:'就让鹤去抗击翟人!'"卫懿公把玉佩交给石祁子,把箭交给宁庄子,让他们防守狄人,说:"用这个来赞助国家,选择有利的去做。"卫懿公还把绣衣给夫人,对她说:"听他们二人的!"于是,卫懿公率军反击狄人,渠孔为卫懿公驾驭战车,子伯作为车右;黄夷打冲锋,孔婴齐指挥后军。和狄人在荥泽作战,由于卫懿公不肯去掉自己的旗帜,所以致使卫军惨败,卫懿公被杀。懿公被杀,卫国人就立黔牟的弟弟昭伯顽的儿子申为国君,是为戴公。戴公当年改元年即去世,纪年表不记懿公九年。戴公弟毁立,是为文公。谓狄人,即赤翟,种类甚多,与懿公战的狄人应该是徐、蒲之夷。

卫文公元年壬戌(前659)即君位。先前文公因为卫国内乱逃归齐国。齐桓公看到卫国多次发生动乱,其主要原因是翟人的进攻造成的。齐作为周室的舅家国,卫国亦应该是齐的外甥国。齐桓公就率领诸侯讨伐翟人,替卫国建筑楚丘城,送回戴公弟毁立为国君。文公即位,减轻人民的赋税,公平合理断狱,亲自参加劳作,以收卫国民心。十六年,晋国公子重耳经过卫国,文公没有以礼相待。二十五年,文公伐邢国,胜而亡归。文公卒,子郑立,是为成公。

成公三年(前632),晋国欲借道去救宋国,成公不同意,晋国就改道南河渡过去救援宋国。晋又向卫国征兵,卫的大夫元咺想答应,成公又不同意。大夫元咺起兵攻成公,成公逃奔到陈国。晋文公重耳伐卫,分其部分土地给予宋,以报复先前避难时卫国不礼待及不借道救宋患的缘由。两年后,成公到周王室请求回国,要与晋文公坐下来谈,晋国派人想毒杀他,成公事先获知,就贿赂周王室主管下毒的厨师,使毒酒毒性变得轻微,以饮时不会醉死。已而,周王替他向晋文公请求、道歉,周王才护送他回国。成公回到卫国,杀了大夫元咺。成公在外时代理君位的卫君瑕遂出逃。十二年,成公朝见晋襄公。三十五年,成公卒,子遬立,是为穆公。

穆公十一年(前589)四月,同盟的卫国派孙良夫、石稷、宁相、向禽四人帅军攻打齐国,在半路上遇见齐军。石稷认为不是对手,建议撤退,但孙良夫坚持作战。结果卫国军队战败。石稷断后,向军队宣称,援军马上来了!齐军不知真假,也就没有追击。卫军全身而退。穆公卒,子臧立,是为定公。定公十二年卒,子衎立,是为献公。

献公十三年(前564),献公让姓曹的乐师教宫妾弹琴,宫妾琴弹得不好,屡教不改,曹乐师就鞭打她。宫妾受到献公爱幸时,就恶言曹乐师的不对,献公就替她出气,鞭打了曹乐师三百鞭。十八年,献公约好孙文子、宁惠子一同吃饭,他俩早已等候在相约的地方。天色已晚,还不见献公召进,才知献公到苑囿射雁去了。两人跟从了过去,但献公不脱射服就与两人谈话,且心不在焉。两人怒,前往宿邑。孙文子常常侍献公饮宴,此番独自请曹乐师歌《巧言》之乐章以解闷气。曹乐师本受过献公三百鞭的体罚,乃编入歌词唱之以激怒孙文子,去报复卫献公。孙文子告诉成卫蘧伯玉,伯玉曰:"我不知道,也不干预。"孙文子就领人攻击献公,献公出逃到齐国,被安置在聚邑。孙文子、宁惠子就立定公的弟弟秋为君,是为殇公。

殇公立,就封孙文子(林父)在宿邑。十二年(前547),宁喜与孙林父争宠,互相憎恶,殇公令宁喜攻打孙林父。孙林父败逃到晋国,要求晋国护送在齐国避难的卫献公回国。齐景公得此消息,与卫献公一起到晋国谋求送献公回国。晋国诱骗卫国与之订立盟约,卫殇公前去见晋平公时,晋平公就逮捕了卫殇公与宁喜,将卫献公护送回国。献公在外流亡共十二年。献公后元年,诛杀宁喜。献公后三年,吴国季札出使晋国而经过卫国。季札见蘧伯玉、史鳅,曰:"卫国多君子,国家受乱。"季札经过宿邑,孙林父为他击磬,季札曰:"没有快乐的感受,听音使人悲伤。导致卫国纷乱的就乃此乐器也!"不是吗?卫国乱,始起于乐器!时年,献公卒,子恶立,是为襄公。

襄公六年(前538),楚灵王会诸侯,襄公称病不往。九年,襄公卒。此前,襄公幸贱妾,妾有身孕,做梦时,似有人对她说:"我康叔也,令此子为卫君,名而子曰'元'。"妾甚感奇异,询问孔成子。成子曰:"康叔者,卫国的始祖也!"及生子是男,以告襄公。襄公曰:"此上安排的天意也!"故取名曰元。襄公夫人无子,乃立元为嗣,是为灵公。

灵公五年(前530),灵公朝见晋昭公。十一年,卫国都大火起。三十八年,孔子来到卫国,灵公给的俸禄与孔子在鲁国为相时一样多。之后孔子对灵公有意见就离去,复又来。三十九年,太子蒯聩与灵公夫人南子交恶,蒯聩想杀掉南子。蒯聩就与他的党徒戏阳遫谋划,想趁上朝时让戏阳遫去刺杀南子。戏阳遫后悔,没有实行计划。蒯聩屡使眼色,被夫人南子觉察,南子惧怕而大叫:"太子要杀我!"灵公发怒,命捉拿太子蒯聩,蒯聩即逃奔宋,不久又逃到晋国去投奔赵简子。四十二年春天,灵公到城郊游玩,让小儿子郢赶车,郢,又名子南。灵公埋怨太子蒯聩不会做人还出国逃走,就对郢说:"我将要立你为太子!"郢答曰:"我不配以立,恐怕有损国家形象,君父请另做打算。"夏天,灵公卒,夫人南子命郢为太子,曰:"此灵公已安排好的。"郢曰:"亡人太子蒯聩之子辄现在也,我不敢当。"于是,卫国就以辄为君,是为出公。时年六月己酉日,赵简子要送太子蒯聩回卫国,乃令阳虎带十余名假装成卫国人,身着丧服,去迎接太子蒯聩回国,赵简子亲自护送。卫国人得知真实意图,就发兵攻击这队人马。蒯聩就不得入,住到宿邑去自保,卫国人也就罢兵。

出公辄八年(前485),孔子自陈国又到卫国。九年,卫国大夫孔文子向孔子询问军事问题,孔子不回答。不多久,孔子被召回国。十二年,初时,孔圉文子娶太子蒯聩之姊,生儿子悝。孔氏家的仆人浑良夫长得英俊潇洒,文子卒,良夫就与孔悝母通奸。太子蒯聩住在宿邑,孔悝母就派良夫到太子蒯聩处。蒯聩对良夫曰:"如能使我回国即位,我能使你乘坐大夫的轩车,免除三次死罪,毋有刑戮之罚。"两人为此而立誓,蒯聩并许诺事成之后,将孔悝母正式嫁给良夫。闰月,良夫带太子蒯聩入卫国,初藏在孔氏家外围的园圃中。黄昏,两人蒙面而乘车,由宦官罗姓人赶车,到孔氏家中去。孔氏老家臣栾宁盘问他俩,谎称是姻亲关系,这就进得孔氏家院,到达孔悝母伯姬氏的住处。吃了饭,孔悝母手持戈、矛走在前面,蒯聩与其他五人披甲,舆豭从之(随车载着一头猪)。孔悝母将儿子逼到墙角茅坑边,强迫他也订立盟约,然后劫持孔悝登上高台召集卫国群臣。栾宁正准备喝酒,下酒的肉还没有烤熟,就听说发生了变乱,当即就派人告诉孔家邑中的邑宰孔仲由,仲由,字子路。子路即召来车辆,命栾宁奉出公辄上路,栾宁路上一边吃食,一边御马与出公逃奔到鲁国去。子路将要进入高台大门,正遇上子羔将要出来。子羔对子路曰:"门已经关闭了就不必进去。"子路曰:"我要到那看个究竟!"子羔曰:"来不及了,不要硬往灾祸中去。"子路曰:"吃人家的俸禄,就不能见难而避。"子羔就出去了。子路要进去,公孙敢就关上门,曰:"就不要进去做什么了。"子路曰:"您是公孙先生吧? 你是求得利禄而躲避灾难的人。我则不然,吃了人家的俸禄,一定要拯救人家的祸难。"有一使者出,子路就乘机进去。高台外看了一遍之后说:"太子劫持孔悝在这里面有什么用? 即使把他杀了,也一定有人接续他的。"并说:"太子是个胆小鬼,如果我放火焚烧高台,太子一定会释放孔悝。"太子听到这话,果然恐惧,即下令石乞、盂黡出来抵抗子路,二人用戈刺子路,割断了子路的帽缨子。子路曰:"君子死是不让帽子落地的。"就捡起帽缨子,并将其连接好而死去。孔子听闻卫国乱,曰:"嗟乎!高柴不知在场乎? 仲由子路也其死矣!"孔悝为了活命,竟也立太子蒯聩,此立,是为庄公。庄公是为出公之父。

庄公元年(前480),庄公居外,怨大夫们没有迎立他。即位后就想尽诛大臣,曰:"寡人居外久矣!你们应该是听说过吗?"众大臣欲为乱,庄公知之才不敢。三年,庄公登上城墙,望见戎人州邑,曰:"戎虏建筑这样的城堡要干什么?"戎州的人听到传话就惶恐不安。十月,戎州人告诉赵简子,简子出兵围攻卫国。十一月,庄公又逃奔国外,卫国人立公子斑师为君。齐国攻伐卫国,俘获斑师,改立公子起为卫君。

卫君起元年(前477),卫国石曼尃驱逐其君,君起逃奔齐国。卫出公辄自齐国复回卫国归立。先前,出公立十二年亡命在外四年又复立。

出公后元元年(前476),赏赐从他出亡的有功之臣。八年,《左传·哀公二十六年》记:"(夏五月)文子使王孙齐私于皋如,曰:'子将大灭卫乎? 抑(或)纳君而已乎?'"皋如曰:"寡君之命无他,纳卫君而已。""越国大夫皋如、舌庸率军护送卫出公回国。卫国公孙弥牟曰:'君以蛮夷(贬指越国)伐国,国几亡矣,请纳之。'"出公共立二十一年卒。出公季父黔攻出公子而自立,是为悼公。悼公五年(前465)卒,子弗立,是为敬公。敬公三十三年(前432)卒。子纠立,是为昭公。是时,三晋强,卫国如小侯,附属于赵国。昭公六年,公子亹弑昭公而代立,是为怀公。

怀公十一年(前415),公子颓弑怀公而代立,是为慎公。慎公之父是适,适的父亲是敬公。慎公在位三十二年(前383)卒,子训立,是为声公。声公十一年(前372)卒,子遬立,是为成侯。

成侯十六年(前356),魏惠王如卫,卫君更贬号为侯,亦命公子南为侯。卫将军文子为子南。弥牟之后有子南劲,劲朝于魏惠成王,如卫命子南为侯。秦本纪,昭襄王九年,魏公子劲为诸侯。卫子南劲为魏大臣。魏惠王如卫,命子南为侯。则援外攘内侵下谋上从可知矣。二十九年,成侯卒,子立,是为平侯。平侯八年(前335)卒,子立,是为嗣君,以明年为元年。

嗣君五年(前330),再次贬爵位号称君,此时卫国地仅拥有濮阳了。《竹书纪年》记:周隐王四年(前311)"翟章伐卫"。另记:"魏哀王八年伐卫,拔列城,二卫君患之。如耳见卫君曰:'请罢魏兵,免成侯君可乎?'卫君曰:'先生果能孤请世,世以卫事先生。'"另记,伐卫事在卫嗣君八年。四十二年(前293),嗣君卒,子怀君立。

怀君四十一年(前252),怀君去朝拜魏国,被魏囚禁并杀害。魏国更立嗣君弟,是为元君。因为元君是魏国安僖王的女婿,所以魏国更立他为卫君(前251)。

卫元君十二年时,秦攻下魏国东部领土,秦国开始在这一带设置东郡。十四年,秦国把卫元君迁移到野王县,并将濮阳并入东郡。二十三年,元君为秦人所杀。元君卒,子君角立。

君角九年(前221),秦并吞天下,嬴政改称是为始皇帝。二十一年(前209),秦二世废去君角的爵号,被贬为庶人,卫国断绝宗祀。其后传为卫、康、石、许姓。

六、瓯越王对楚春申君

楚考烈王元年(前262),楚王任命黄歇为宰相,封为春申君,赏赐淮北地区十二个县。十五年,黄歇向楚王进言道:"淮北地区靠近齐国,那里情势紧急,请把这个地区划为郡治理更为方便。"并同时献出淮北十二个县,请求封到江东去。考烈王答应了他的请求。此后,春申君就在吴国故都修建城堡,把它作为自己的都邑。春申君所封之地,"东有海盐之饶,(西有)章山(在今浙江安吉县西北九龙山)之铜"(见《史记·货殖列传》)。楚相春申君至于吴(年已过七十岁),意在颐养天年,他要的是浙江以北之吴国故地,并未要求越国旧有疆土。《后汉书·郡国志》记:"春申君造蛇门'以御越军'。"为了防止越王族在南方作乱,春申君在太湖南岸原吴国废弃的故城堡上亦设置了军事重镇,建立了菰城(在今浙江湖州市南十五里下菰城)。为了封地内的农业生产丰收,春申君居吴中期间用军事屯垦的方式,向西北的无锡开挖了四纵五横的河渠,农业生产发展很快,人誉"地广野丰,民殷本业,一岁或稔,则数郡忘饥"(见沈约《宋书》)。春申君在江阴(今江苏江阴市)开凿申浦河、黄田港。在无锡(今江苏无锡市)修建陵道(陆道);在惠山开凿无锡塘;统一规划治理,引水向东至胥卑(大田之名,当在今无锡市惠山区内),在胥卑又开渠道,向南沟通太湖。据《江阴志》记:"(春申君)请地于江东(今江苏南京市长江河段以东地区)",于是城吴故墟以为鄂(本指今河南沁阳市西北)邑。楚国晚期历史上权势最显赫的春申君,他与越对垒,采取的是怀柔政策。当年是:春申君城"吴歌越弦夜夜嘹亮",吴歌越弦也就成为了吴郡摇城与吴中春申君城和睦相处共享的音乐符号。春申君与瓯越王都很重视水利和发展农业生产,楚越相持于古吴县。春申君与瓯越王对水利河道的开凿,便是黄浦江"黄"的由来;河道之申长,有春申君的功绩,亦是称"申"(上海简称)的由来。

楚考烈王十五年(前248),瓯越王孙开闻楚国封相春申君于吴(治所今江苏苏州市吴中区),令其子安朱兵其东南五十里筑摇城(越王勾践时已封有摇王,即今苏州市吴中区㘰直镇澄湖,㚥小期坻犹可见到摇城旧城遗址)守之,安朱改称摇王。摇王命徐戈铸"元甬戈"以记其事,铭曰:"戉(越)邦之先未得居乍金(摇城旧名),就差郐(余,即徐。是为徐姓人徐戈)之为王司(始)得居乍金。差郐以铸其元甬戈,以攸(守)囗(边)上"(元甬戈,现以"越王差徐戈"之名为中国澳门珍秦斋收藏)。摇城列兵威武,《吴都赋》记:"雕题之士,镂身之卒,比饰虬龙,蛟螭与对。"《越绝书》记:"(摇城安地)有西岑冢(当指在今上海市青浦区西岑镇内),越王孙开所立,以备春申君。"安朱筑摇城以对楚相春申君造蛇门,"摇城者,吴王子居焉,后越摇王居之。稻田三百顷,在邑东南,肥饶,水绝。去县五十里"。摇城的田亩当时是中在锦溪(属今苏州市昆山市),北在澄湖而东南至于淀山湖。春申君所谓蛇门,是在引长江水,借兴修水利之名,其意图是水淹摇城。摇城栽种粳稻(考古者在今从苏州澄湖摇城古井中出土了颗粒饱满的粳稻)。《吴越春秋》记:"立蛇门者,以象地户山……欲尔并大越,越在东南,故立蛇门以制敌国。吴在辰,其位龙也,越在巳地,其位蛇也,故南大门上有木蛇,北向首内,示越属于吴也。"蛇门实际是水城门,面向东,南面连接环城河。蛇门为水陆城楼,高大雄伟,据守南大门,令人望而生畏。《越绝书》载:"蛇门南面,有陆无水,春申君造以御越军。"此前故越王余复君(余复君是越王勾践幼子的封号,封地在今浙江余姚市。此记余复君,当指越王孙开)建上复城。《越绝书·吴地传》记:"娄门(本名嘹门。在今江苏苏州市旧城东门)外马亭溪上复城者,故越王余复君所治也。去县(指今江苏苏州市。下同)八十里。是时(楚)烈王归(收复)于越,所载(楚)襄王之后,不可继述,其事书马亭溪。娄门外鸿城者,故越王城也,去县百五十里。"

秦始皇十五年(前232),摇王安朱与麋王宋君战于语招(拟在今江苏苏州市相城区内),摇王安朱负伤,耷拉着头骑还家里死,午日死也,故摇城午日不生火。《越绝书》记:"(摇王)毋头骑归,至武里(窝里,即家里)死亡,葬武里南城。午日死也。"安朱卒葬西岑冢。《越绝书》记:"有西岑冢……以备春申君,使其子守之,子死坽遂葬城中。"摇王安朱死,年仅四十岁,其子摇毋余时已成年,嗣位摇王。

摇毋余,初名如来,生于三女山(即今浙江台州市上大陈岛。今高梨头有如来礁名),"如来",此为大智、大德之会意名(今注:如来,在佛的世界里,可通俗地理解为一种职称,如当今世界各国的总统、主席等)。《嘉定赤城志》记:"三女山,在(黄岩)县东南三百里海中。有二石如松状,号石松,潮平则没,舟行必避之,世传为如来出世。山距东镇(指今下大陈岛)一港云。"摇毋余继位摇王,要搞水利建设,以应对楚春申君所造蛇门决水带来的水患,他要求上舍君贡献部分沼泽地,致书曰:"昔者先王越地万里,称霸中国,故封尔先君吴根越角(泛指今浙江嘉兴地区及今上海青浦区域)之地,开垦良田,以保越国无饥馑之患。今瓯越江山,山多,沃土少而瘠地多,民生其间,有耕者,谋衣缺食。尔南面沼泽,征以为开渠引水以造良田。"上舍君却不让沼泽之地,曰:"先君封上舍君传至吾已十一世。开凿河渠、造良田万顷,四季皆有粮食收获,以成越地粮仓,能使越国之民饶食。南面沼泽网渔得利之地,不可割舍。"摇王既而下令将军梅鋗出征攻取上舍君封地。梅鋗者,姒姓,鋗即涓,本海滩捕鱼之人,是为摇王宗族子弟。梅鋗有功,封地梅陇(今上海市闵行区梅陇镇)。摇王开凿通江(亦记东江,即今淀浦河。指淀山湖至于黄浦江人工修凿疏浚的区段),以通南陵(当指今上海市闵行区。后今上海黄浦江历史上最早人工修凿疏浚的河流,当是摇王开凿)。《越绝书·吴地记》:"通江南陵,摇越所凿,以伐上舍君,去县五十里。"摇王攻伐上舍君,以此略定东方(今上海市区域)。

七、燕孤势单　荆轲图穷

秦军已经临近易水(源出河北易县西,东流之定兴县西南合拒马河。即古武水),灾祸即将降临到燕国。燕太子丹派荆轲去秦以献督亢(即今河北涿州市东,跨涿州、固安、新城等市县)地图为名,刺杀秦王。燕太子丹此前曾在赵国做过人质,与出生在赵国的秦王嬴政少年时期很要好。到嬴政立为秦王,而太子丹却又在秦国做人质。秦王对太子丹不友好,所以太子丹就怀着怨恨逃回燕国,并寻找报复秦王的机会。秦王时不时派兵山东以伐齐、楚、三晋,蚕食诸侯国土地,且已逼近于燕国,燕国害怕战祸将至。太子丹忧虑这事,问其师傅鞠武。鞠武曰:"秦国土地扩张,其势力遍天下,威胁着韩、魏、赵三晋国家。秦国北有甘泉、谷口那样坚固的要塞;南面有泾河、渭河流域肥沃的原野;还占据着巴郡、汉中郡那富饶的地区。秦国还西边有陇、蜀的高山峻岭;东边有函谷关、崤山的天然屏障;其民众多而凶狠,士卒勇猛,兵器充足。秦国如有意扩张,则长城以南、易水之北就甭有安定的地方。太子怎么因为受到过秦王的欺凌而怨恨,萌生要去报复秦王的念头呢?"太子丹曰:"然却如何办才好?"鞠武曰:"置心于等待机会。"秦将樊於期得罪秦王而逃到燕国,太子丹将其安排在舍下。鞠武对太子丹曰:"不可!您以与秦王之暴而积怒于燕国,足以使人寒心,又何况您今日收留樊将军。是谓:将肉丢在饿虎经过的路上,祸必至矣!就是有管仲、晏婴这样才能的人,也不能为您出谋划策。请太子将樊将军驱逐到匈奴去,以免秦国有借口。再西约三晋,南连齐、楚,北购于单于,到时再想办法以对付秦国。"太子丹曰:"师傅之计划是旷日持久之法。我今心烦意乱,恐怕连片刻也不能等待。更何况樊将军在走投无路之时投靠我,我不能屈服于秦的威势抛弃老朋友,把他送到匈奴去。而今是我生命攸关的时刻,请师傅重新考虑谋计。"鞠武则推荐了田光。燕太子丹经过处士田光举荐得以引见卫国人荆轲。

荆轲,本齐国人,迁居卫国,称名庆卿,又到燕国,燕国人称他为荆卿。荆轲擅长剑术,曾以剑术游说卫国国君卫元君,卫元君没有任用他。秦国夺取魏国东部地区,设置了东郡,将卫王室迁徙到野王(即今河南沁阳市),荆轲离开故卫国。荆轲游历到榆次,与盖聂讨论剑术,盖聂怒视他,他就离开榆次;游历到邯郸,与鲁句践下棋,因为下棋发生争吵,鲁句践训斥他,他笑着又离开了邯郸;游历到燕国,喜欢与一个杀狗的屠夫及击节筑(弹琴)者高渐离友好。荆轲嗜酒,高渐离就拿着琴,当街拍节唱歌。燕国处士田光与荆轲友好,燕太子丹找田光告诉他有重要的国之大事,而且要极度保密,请他引荐人去执行。田光将荆轲介绍给燕太子丹后,又去拜见荆轲,教荆轲替太子丹去执行特殊使命,为了保密起见,田光自杀。燕太子丹见荆轲,荆轲告知田光已死。太子丹双膝跪行,对荆轲曰:"我所以告诫田先生需要保密,欲以成大事之谋。今田先生以死来证明他保密,这绝不是我丹的意思呀!"荆轲坐定,太子丹离开座席对其叩头曰:"田先生不知我丹之不肖,竟然发生了如此悲剧。此也天意之所以哀怜燕国而不忍遗弃它的后人吧!今秦王贪心的欲望是不可满足的。他想将天下土地尽归己有,把各国君王都藩属臣子,其意无厌。今秦已俘虏了韩王,吞并了它的土地。又发兵向南攻打楚国,在北陈兵赵国。秦将王翦领数十万兵到达漳河、邺城。又秦将李信兵出太原、云中。若赵国不能支持,必定向秦称臣。赵国投降以后,祸患就会降临到燕国。燕国弱小,曾多次被兵祸困扰。现估计举国皆兵,也不足用来抵挡秦军。各诸侯国都服从秦国,莫敢合纵抗秦。我丹私下谋想有个愚拙的计划,认为能够得到天下之勇士出使秦,用重利诱惑秦王,秦王贪利,其必放松警惕,有隙可乘。这样,就可劫持秦王。逼迫他如数返还诸侯被侵占的土地。这就如若曹沫劫持齐桓公那样,那就太好了。若不可,就借计刺杀他。他们秦国的大将大都领兵在外,而一旦国内有所动乱,君臣间就会互相猜疑。趁这个机会,诸侯各国得以合纵,要打败秦国的机会也就有了。这是我丹的心愿,而不知委托给谁去办最好,唯有请荆卿考虑。"久之,荆轲回话:"此国之大事。臣才能低下,恐怕不能胜任。"太子丹顿首再拜,荆轲许诺。太子丹每天到馆舍造访,供应牛、羊、猪三牲俱全的酒席,珍奇物品不时进献,还有车马任其选用,供美女任其放纵性欲,百倍奉承荆轲。

秦将王翦攻破赵国都城,尽收赵国土地,还进兵往北略地已经到达燕国南面边界。太子丹恐惧,见荆轲还没有出行到秦的意思,就请荆轲曰:"秦军即将渡过易水,我虽然想长久侍奉您,但谋秦王之事不可再等待了!"荆轲曰:"没有您太子的催促我也以为机会到了,应该去拜访您了。今若到秦国去,而没有使秦王相信的东西,我也没有办法去接近秦王的。如果能得樊将军的首级与督亢地图,以奉献给秦王,秦王必定得会见我,我才有机会下手以报。"太子丹曰:"樊将军以穷困来投靠我,我不忍以己之私而伤他的心,请另想其他办法吧!"荆轲知太子丹不忍心,乃就私见樊於期曰:"秦国对待将军太狠毒了,您的父母与族人皆为戮没。今又闻秦国要用千金、邑万户的高价来购买您的头,您准备怎么办呢?"於期对天叹息流涕曰:"於期每想到此,常痛心于骨髓,还没有想出对付的办法。"荆轲曰:"今有一计可以解燕国之患。亦可报将军之仇。

您以为如何？"於期乃凑近前问："为之奈何？"荆轲曰："我如果得将军之头以献秦王，秦工必喜而见我，我左手把其袖，右手用刀刺其胸。这样，将军之仇可报，燕国即将覆亡的败局可以挽回。将军愿意配合吗？"樊於期偏袒扼腕，走到荆轲面前曰："此我之日夜切齿操心的事，亦可做个了断。"遂自杀。太子丹闻知樊於期自杀，马上赶到而伏尸痛哭，极哀。然已经是事实，乃命人盛樊於期之首函封。

太子丹预先求得天下最锋利的匕首，是赵国人赵夫人的，花了百镒黄金才购买到。再让工匠用毒药淬火。试着用来刺活体，只要刺破点皮，就会血喷不止，即刻死亡。于是为荆轲配备行装，等待起程。燕国有勇士叫秦舞阳，十三岁时就杀过人，人们都不敢对视他。太子丹就派秦舞阳当荆轲的副手。是日起程，荆轲要等的是另一个人，过去相约过要一道去。那人住处远，荆轲已为他准备了行装。荆轲没有启程，太子丹认为他行动迟缓，怀疑他反悔，再次催促曰："日头快已落山了，荆卿还犹豫，乃请秦舞阳先走？"荆轲怒叱太子丹："现如何还用太子决定派遣人呢？往而不返回的人，是竖子也！且提一匕首要进入风险不测的强秦。我所以等待，是与我的客人到后。今太子以为我迟缓，乃就请辞决！"于是就出发了。荆轲正日暮时启程，太子丹及知道此事的宾客们，都穿着白衣，戴白帽去为荆轲送行。至易水之上，荆轲向南又向西祭祖，祭拜母国。荆轲好友高渐离就拿着有十三根弦琴用竹尺敲打，拍节唱歌以送荆轲。荆轲和着琴声唱歌，是为变征之声，送行的人们都流泪哭泣。荆轲走到高渐离琴旁，高声唱道："风萧萧兮易水寒，壮士一去兮不复还！"琴声复为羽声悲壮慷慨，送行的人听之皆怒目圆睁，怒发冲冠。荆轲登车离开了，一直没有回头。

荆轲到秦国，就用价值千金的礼物贿赂秦王宠臣中庶子蒙嘉。蒙嘉报告秦王曰："燕王已经感受到秦国的震慑与大王的声威，不敢举兵抵抗，愿举国臣属秦国。排列在臣服秦国的诸侯行列中，就像郡县那样纳贡应差，以便保住先王的宗庙。燕王恐惧大王威势，不敢亲自前来陈述，谨斩樊於期之头函封匣中，及贡献燕国督亢之地图，今使使已经到达秦国，请见大王，唯大王之命是听。"秦王闻之大喜，便穿上朝服，安排了九位礼宾司仪，在咸阳宫接见燕国使者。荆轲奉樊於期头函，而秦舞阳奉地图匣，依次进宫。行至台阶，秦舞阳脸色突变，震惊恐慌，在场群臣诧异。荆轲镇定自若地回过头来对秦舞阳笑笑，就向前对秦王与大臣们曰："北方藩属蛮夷之地的乡野之人，没有见过天子，故震惊害怕。希望大王少些威视，让他能上前完成使臣的任务。"秦王就对荆轲曰："那你就把秦舞阳的地图拿上来吧！"荆轲取地图呈献给秦王。秦王打开地图，地图展开到最后，匕首露出来了，秦王大惊！说时迟，那时快，荆轲趁势左手抓住了秦王的衣袖，右手抢得匕首用力刺向秦王。秦王衣大，匕首没有刺中肉体目标，秦王反应快捷抽身跃出，衣袖却被割断。秦王欲拔剑，因为剑太长没有拔出鞘。惶急之中，荆轲追秦王，秦王绕着柱子躲。在场群臣因为事发突然，一时被惊呆得不知所措。而秦国的法令又规定在上朝时，大臣们不得携带任何兵器；诸郎中执兵器的又都在宫殿下,没有诏命不得上殿。秦王忙于逃命,不及口诏,故荆轲逐秦王,秦王惶急,手无什么物件可以还击荆轲,众大臣上来也只好徒手打击荆轲。此时,侍医官夏无且急中生智举于中药囊投击荆轲。秦王这才绕柱子周旋,有人提醒:"大王,背起剑来!"秦王即将剑往后背摺去,拔出剑来,击向荆轲,砍断了他的右腿。荆轲残废不能追击,就用匕首投掷秦王,没有击中,而击响了铜柱。秦王反复击向荆轲,荆轲被击中八创。荆轲知道自己已经不能成功了,便如簸箕那样瘫靠在铜柱上笑,骂曰:"事所以不成功者,我是想活捉你,所以早时没有投掷杀你。我是想劫持你,得到你的承诺去汇报燕太子。"于是,秦王左右上前杀荆轲。秦王呆呆在原地思考良久,才离开。已而论功,赏赐、处罚群臣各有差,而赐给夏无且黄金两百镒。秦王曰:"无且保护我,全靠他用药囊击向荆轲也。"

秦王知此事为燕太子丹幕后策划,诏王翦军以伐燕,十月夺取燕国蓟城。燕王喜偕太子丹尽皆率领其精兵东保于辽东。秦将李信追击燕王喜紧迫,代王赵嘉就写信给燕王喜曰:"秦所以尤追燕急者,是因为太子丹的缘故。今王能够杀太子丹以献秦王,秦王必撤兵,此难可解,而社稷才能得以保存。"其后,李信追击太子丹,太子丹匿藏在衍水(即今辽宁辽阳市太子河)中。燕王喜无奈,乃派遣使者斩太子丹,准备把他献给秦王。可是,秦国还是进兵攻燕。五年之后,秦灭亡了燕国,俘虏了燕王喜。《史记》将荆轲事列在"刺客列传",太史公曰:"世言荆轲,其称太子丹之命。'天雨粟,马生角'也,太过。又言荆轲伤秦王,皆非也。始公孙季功、董生与夏无且游,具知其事,为余道之如是。自曹沫至荆轲五人,此其义或成或不成,然其立意较然,不欺其志,名垂后世,岂妄也哉!"

八、强秦之下 诸国败逋

秦始皇帝者,初名赵政,秦庄襄王之子。庄襄王名子楚,为秦国王子,作人质于赵国,经吕不韦做媒,娶平阳君赵豹之女赵姬为妻,于秦昭王四十八年(前259)正月生赵政于赵国都地邯郸。赵豹,本姓吴,名吴豹,是赵武灵王小舅子,封平阳君,遂改姓赵。平阳君赵豹六十五岁时因为谏孝成王不听,与赵氏二兄弟赵胜、赵禹意见不合,时年(前261)秦国与赵国发生了"长平之战",赵国最后失败。赵豹由是招致赵氏宗人的诋毁,并且受到迫害。平阳君赵豹三十五岁时(前292)生女赵姬,《史记·吕不韦列传》记:"赵欲杀子楚(秦始皇父亲)妻子,子楚夫人赵豪家女也,得匿,以故母子竟得活。"这里明显告诉后人赵姬是赵国大户人家的女儿,而且,是为赵国宗人追杀的对象。赵姬于前259年,生始皇帝于赵都邯郸,时年约为三十四岁。赵政,后归秦国,复姓为嬴政,称秦王。秦王嬴政十三岁,其父王庄襄王死,则继王位。当时是,秦国已经兼并了巴、蜀、汉中,及越宛有郢(当指今河南南阳、湖北荆州),置南郡。北收上郡以东,有河东、太原、上党郡。东至荥阳,已灭二周,置三川郡。吕不韦为相,封十万户,号曰文信侯。吕不韦招致宾客游士，欲以兼并天下。李斯为舍人，蒙骜、王龁、麃公等为将军。时秦王年少，皆委国事于大臣。

秦王嬴政元年（乙卯年，前246），晋阳反，派遣将军蒙骜征伐而平定。秦凿泾水（现称泾河，是渭水最大的支流）为渠。此前也，韩国为了疲秦，使秦国无力东伐，乃使水共郑国作间献计于秦，其图谋为秦国发现，秦欲杀郑国。郑国曰："臣为韩延数年之命，然渠成亦秦万世之利也。"秦重用了郑国，注填阏（积）之水灌溉泻卤之地四万余亩，收皆亩一钟（种），由是秦益饶富（见《纲鉴易知录·后秦纪》）。二年，麃公出征以攻卷（在今河南叶县西南），斩敌首级三万。三年，蒙骜进攻韩国，夺取了十三个城邑。将军王龁死。十月，蒙骜复攻魏氏畼（拟今河南开封市杞县东北）、有诡（战国魏邑。今址不详）。是岁大饥。四年，拔取畼、有诡。三月，撤军。秦国的质子从赵国回来，赵国的太子离开秦国回赵国。十月庚寅日，蝗虫从东方袭来，遮天蔽日。天下瘟疫流行。老百姓只要向官府捐纳一千石粟，就可封拜提一级爵位。五年，将军蒙骜进攻魏国，平定了酸枣、燕、虚、长平、雍丘、山阳城等，共取二十座城邑，初置东郡。冬天，出现了打雷的天气异象。六年，韩、魏、赵、卫、楚五国联合攻击秦国，夺取寿陵（在今陕西西安市东北二十五里）。秦军反击，五国兵罢。秦攻伐卫国，进逼东郡（在今河南濮阳县西南十六里故县村），卫国之君君角率领支属迁徙野王（即今河南沁阳市），凭借山势险阻而保卫魏国的河内。

七年，彗星先出现在东方，然后见于北方，五月见于西方。将军蒙骜死。秦攻伐龙（在今河北曲阳县西北）、孤（在今河北唐县北）、庆都（在今河北唐县东北十四里高昌），还兵进攻汲（在今河南卫辉市西南二十里汲城村）地。彗星复见于西方十六日。夏太后死。八年，秦王弟长安君成蟜（峤）将军攻击赵国，他谋反叛秦，死于屯留（在今山西屯留县南十二里古城村）城，随他的军吏皆被斩杀。迁屯留之民于临洮（治所在今甘肃岷县）安置。讨伐成蟜的将军壁亦死于屯留，将军蒲鶮又反，戮其尸。黄河里的鱼被泛滥的河水冲上岸，人们纷纷车载马驮往东方方向逃命讨食。嫪毐受封为长信侯，给予山阳（在今河南焦作市东十里墙南村北侧）之地，令其居住。凡是宫室有的车马、衣服、苑囿、驰猎场地，嫪毐均安排并恣意使用。国事无论大小，皆由嫪毐定夺，又以河西太原郡更改为毐国。九年，彗星出现，其拖曳之光竟然自地接天。秦国出兵讨伐魏国的垣（在今山西垣曲县东南王茅镇）城和蒲阳（在今山西隰县）。四月，秦王留宿在雍城（在今陕西凤翔县南三里豆腐村）。己酉日，为秦王举行成年加冕的典礼，秦王佩剑，非常威风。长信侯嫪毐阴谋趁机叛乱的事被发觉，嫪毐假造秦王的御印及太后的玺印发动县里的侍卫兵卒、官骑、戎翟君公、舍人，将要进攻蕲年宫为乱，蕲年宫本为秦王居。秦王知之，命令相国昌平君、昌文君先发制人以攻嫪毐，在咸阳城开战，斩杀叛军首级数百。平叛后，二相国及有功官员升拜爵位，连参加作战的宦官亦升一级。嫪毐等人战败逃走，秦王即令在全国通缉："有能够生擒活捉嫪毐的，赐钱一百万；杀之得其首级的，赐钱五十万。"结果嫪毐等人全部被捕获。随嫪毐为叛的卫尉竭、内史肆、佐弋竭、中大夫令齐等二十人皆枭首，车裂以徇，并且夷灭了这些人的家族，及其舍人，轻者刑罚是鬼薪，即为神庙祭祀所用上山砍柴三年；重者皆予夺爵，有四千余家被迁移到蜀地房陵（在今湖北房县）。四月，竟然出现天寒地冻，民有被冻死者。下半年，秦将杨端和进攻衍氏（在今河南郑州市北三十里）。彗星见之于西方，又见之于北方，再从北周旋斗移转向南方，断断续续时间有八十天之久。

十年，相国吕不韦因为受嫪毐案件的牵连而被免职。桓齮被委任为将军。齐国与赵国的使臣前来道贺，受到酒宴款待。齐国人茅焦对秦王曰："秦方以天下为事，而大王有嫌流放母太后之名，恐诸侯闻之，会影响秦国的信誉。"秦王乃从雍地迎接太后回咸阳，复居甘泉宫。秦王令全国进行大搜查，以驱逐六国在秦国任职的宾客。李斯上书陈说，才使"逐客令"不行。李斯进而游说秦王，以为应该先攻取韩国，以恐吓他国。于是秦王就命李斯去攻韩国。韩王对此十分忧虑，与韩非子商量如何才能够削弱秦国的力量。大梁人尉缭来，说秦王曰："以秦之强，诸侯譬如郡县之君，臣但是怕诸侯们联合起来，出其不意地一起来进攻，这也就是智伯、夫差、湣王所以败亡的原因。愿大王不要吝啬财物，拿去贿赂各地有权势的人，以此破坏这些人的合谋，这也只不过花费三十万金，则诸侯们就不敢有非分的想法，到时可以把各诸侯国全部吞并。"秦王听从了尉缭的计谋，用平等之礼相见，连衣服穿着、饮食习惯也与尉缭同。相处时日已久，尉缭对友人曰："秦王为人和善，但是看他的相貌：额角隆起，眼睛细长，鸷鸟鼻（勾鼻子），讲话如豺声，少恩而虎狼心。这模样的人，居约易出人之下，一得志便要吞食别人。我只是个平民布衣，然秦王见我却如此谦恭，一旦得志于天下，天下人都将成为他的俘虏。我不可与之久游。"尉缭乃决意亡去。秦王知尉缭想去，执意劝阻挽留，任命为秦国尉，而多采用其计策。这时，李斯执掌秦国的政事。十一年，秦将王翦、桓齮、杨端和攻取邺地（春秋齐邑。在今河北临漳县西南邺镇），取得九座城邑。王翦进攻阏与（时属赵国。在今山西和顺县西北）、橑杨（战国赵地。即今山西左权县）。秦将兵力合成一个军，由王翦统一指挥十八天。军队回师后，凡俸禄在斗食以下的人，十个人推选二人从军。攻取邺（在今河北临漳县西南邺镇）、安阳（在今河北临城县南），由桓齮担任主将。十二年，文信侯吕不韦死，是他门客偷偷地埋葬的。他的舍人去吊唁，凡是三晋（魏、赵、韩）的人，皆予驱逐出境；如果是秦国人去吊唁，有爵位在六百石以上的，皆予夺爵，迁移戍边；如其旧部下俸禄在五百石以下而不临丧哭吊的，也要迁徙，但不夺去爵位。从这往后，执掌国家大事而不道，如嫪毐、吕不韦那样的人，就要籍没其门以为鉴。秋天，赦免了受嫪毐案子牵连的门客迁蜀者鬼薪之人，当是之时，天下大旱，也不需要他们上山去砍柴以抵罪。时年干旱从六月份开始持续到八月份，之后才得降雨。

十三年，正月，彗星出现在东方。秦王巡视黄河以南。十月，秦将桓齮进攻赵国的平阳(在今山西临汾市西南十八里金殿镇),杀死赵将扈辄,斩杀首级十万。十四年,秦国进攻赵国平阳,占领了宜安(在今河北藁城市西南宜安村),杀其将。桓齮平定了平阳、武城(在今河北磁县西南)。韩非子出使秦国,秦王采用了李斯的计谋,扣留了韩非子,韩非子死在云阳(即今江苏丹阳市)。韩国君王请求成为秦国之臣。十五年,秦国大举兵,一路军至邺,二路军至太原,取狼孟(战国赵邑。在今山西阳曲县驻地)。时年,有地震。十六年九月,发兵接收韩国南阳(即今河南南阳市),委派腾代理南阳郡守。秦国初次下令男丁要呈报年龄。魏国献出土地给秦国,秦设置丽邑(在今陕西西安市临潼区东北十四里)。十七年,内史腾攻打韩国,俘虏了韩王安,尽纳韩国地,以其地设为郡,命曰颍川(今河南省许昌市禹州市)。时年有地震。华阳太后去世。民众遭受饥荒。十八年,秦国大兴兵进攻赵国。王翦将上地(当指在今山西境内,后为上党郡),下井陉(在今河北井陉县西北);杨端和将河内;羌瘣出征赵国其他地方。杨端和包围了赵国国都邯郸城。十九年,王翦、羌瘣尽定取赵国东边地东阳,俘虏了赵王。又欲进攻燕国,屯兵在中山。秦王到达邯郸,将那些过去与母亲家(平阳君赵豹家族)有过仇的人,统统活埋。秦王返回,途经太原、上郡回国。始皇帝母太后崩。赵国公子嘉率领其宗族数百人逃到代(在今河北蔚县东北代王城)地,公子嘉自立为代王,东边与燕国合兵,驻军上谷(在今北京市延庆区)。时年秦国大饥。二十年,燕国太子丹担心秦国军队进逼国境,很恐惧,派遣荆轲去刺杀秦王。秦王发觉后,肢解了荆轲之躯以示众,然后派王翦、辛胜去进攻燕国。燕国联合代地之兵抗击秦军,秦军在燕国易水河(源出河北易县西,东流至定兴县西南合拒马河)西边击破了燕、代联军。

二十一年,秦将王贲攻打燕国蓟(故址在今北京城西南隅)地。秦王又增调更多的士卒前往王翦的军中,于是击破了燕国太子丹的军队,夺取燕都蓟城,得太子丹首级。燕王复东逃,收取辽东地区,并在那里继续称王。将军王翦谢病老归。新郑复反叛。昌平君迁居郢(在今湖北荆州市荆州区西北十里纪南城)地。天降大雪,深达二尺五寸。二十二年,秦将王贲进魏国,引黄河水经过鸿沟以灌大梁(在今河南开封市西北),大梁城坏,魏王请投降,秦国于是尽取魏国地。二十三年,秦王诏王翦复出使将击荆,王翦强起之,取原陈国以南至平舆(在今河南平舆县西北四十八里古城村),俘虏了荆(楚)王。秦王巡游至于郢陈(今河南淮阳县)。楚将项燕立昌平君为荆王,在淮南起兵反秦。二十四年,王翦、蒙武进攻荆,破荆军,昌平君死,项燕遂自杀。二十五年(前222),秦国大举兵,由王贲统率在辽东攻打燕国,俘获了燕王喜。又回军攻打代地,俘获了代王嘉。王翦遂平定了荆(楚)江南地。秦降越君,置会稽郡。五月,天下大酺,各地庆贺。二十六年,秦将王贲攻打齐国,俘获齐王建。至此,秦始皇并吞六国:韩、赵、魏、燕、楚、齐,统一天下。

秦统一天下,秦王对丞相、御史曰:"韩王纳土,称藩臣,又背盟约,与赵、魏联合反秦，秦兴兵伐韩，俘韩王。赵王派丞相李牧与秦订盟约，又背弃，在太原反叛，秦兴兵讨伐，俘获赵王；赵国公子嘉自立为代王，秦又将其消灭。魏王盟约臣服秦，又与韩、赵合谋袭秦，秦军讨伐将其击破。楚王奉献青阳（指今湖南长沙市）以西土地，又违盟约，且袭击秦地南郡（即原楚国郢都），秦举兵伐而俘其王。燕王混乱，才有太子丹派荆轲到秦国行刺的荒谬举动，秦举兵伐之，燕国亡。齐王以为后胜计，与秦断绝往来作乱，秦俘齐王，平定齐地。寡人兴兵诛伐诸国暴乱，仰赖宗庙显灵。今六国称臣，天下安定。”于是，秦王令定帝号，崇功德，以传后世。群臣以为：“古之五帝疆土方圆千里，其外围是侯服、夷服，诸侯有朝贡，有不朝贡，天子不能控制。今秦平定天下，海内设置郡县，法令由是统一，自古未见伟业。古有天皇、地皇、泰皇，王应称泰皇。天子之命应称‘制’，天子之令应称‘诏’，天子自己应称‘朕’。”秦王曰：“泰皇之名不雅听，留其‘皇’字，附之‘帝’字，则‘皇帝’。余皆采用众大臣之意。”作制书曰：“废谥号。朕称始皇帝，后世以二世、三世计代，传至万世，以无穷也。”秦设置三川、河东、南阳、南郡、九江、鄣郡、会稽、颍川、砀郡、泗水、薛郡、东郡、琅邪、齐郡、上谷、渔阳、右北平、辽西、辽东、代郡、巨鹿、邯郸、上党、太原、云中、九原、雁门、上郡、陇西、北地、汉中、巴郡、蜀郡、黔中、长沙等三十五郡，与内史为三十六郡。郡中设置郡守、郡尉、监御史。

小结

楚国怀王初为合纵盟主，又齐王想当合纵长，离间之招频出，合纵初始的联盟关系本就不牢靠。楚怀王后期还招徕了秦与齐、韩、魏联合伐楚，楚国自己却先弱。楚还与秦、韩、赵、魏、燕等国共同讨伐齐国。楚顷襄王实际还处在强秦的高压之下生存，自保艰难，当他再谋划想与齐、韩联合伐秦，乘便图谋周王室，时国力不支，此后便为秦国频频打击，以致楚亡。楚国自弃疾以乱立以后，《史记》：“（楚）嬖淫秦女，甚乎哉，几再亡国。”魏惠王迁都大梁，又开发了鸿沟，又帅师筑长城于西边，魏国自此强盛而居有战国时的七雄之列。魏国后为秦国所亡，《史记》：“吾适故大梁之墟，墟中人曰：‘秦之破梁，引河沟而灌大梁，三月城坏，王请降，遂灭魏。’说者皆曰魏以不用信陵君故，国削弱至于亡，余以为不然。天方令秦平海内，其业未成，魏虽得阿衡之佐，曷益乎？”赵武灵王为赵国的强大举措不少，能使得赵国在赵惠文王时国势雄健。惠文王之后，以结亲关系赵国实际已经打入秦国的高层领域。赵姬生秦始皇，及“秦兄赵弟”一番亲善，虽然赵国为秦国所亡，但是秦国也便引进了自身的危机。燕国居北，枕不安生，燕国眼看秦国即将消灭六国，秦军已经临近易水，灾祸即将降临，于是燕太子丹派荆轲去秦以献图行刺秦王而未成。越国曾经一度强，越王无彊要强中国，准备伐齐，为齐使者所说而转向伐楚，为楚水战所败而亡国。越王无彊次子之后已经逾海逃走闽地形成了之后的闽越国。卫国很少发生战事，因为国力弱少，图平安不平，终为秦亡。

篇末注论

春秋战国时期,周王族世传代次年考中发现《史记》中关于齐国、鲁国、燕国、宋国的王家世系记载,都存在着代次缺环问题,需要补正,以叙完整。越地东瓯在那期间是由草莽之地发展成为人类文明地的边缘区域,尘封的历史不为史学所记。特别是东瓯君与徐隐王的史迹为另一面的表象所掩盖,造成了一些历史误会,发现这些历史之旅,以还原中国人早期走向海洋的历史真实相当重要,故补以考论。

(一)周朝时王族世系缺环补正

彭姓与徐姓的谱牒史资料叙史自炎、黄二帝始,至于夏、商、周初,几无残缺,即可匡正中国的历史纪年,又可为各姓氏代次年考树立了标尺。代次年龄可鉴定远古时期人的寿命要超过百岁不大可能,于是可判定所谓彭祖八百岁,实际是大彭国存在七百余年的概数论岁;所谓姜太公一百四十二岁,实际是三代皆称姜太公。姜太公占有三世,令史学研究困顿;周公封鲁,代次年考同样缺环;燕国燕惠侯即位时正处在周厉王逃奔彘地,此前亦有缺代;宋国的前八世王者同样存在缺失问题。缺代造成了世系排列混乱,本著故作重新考论。

齐国之先曰姜太公。自从周文王四十二年(前1072)请七十二岁的姜太公吕涓出山,姜太公吕涓生于公元前1143年;至于齐武公公元前850年受君位,约生于公元前885年,二者出生年差历时258年,传八代,每代次为三十二点二五岁,甚为合理。故可断,称号姜太公的有三位。一是姜太公吕涓、子牙,二是姜太公师尚父,三是姜太公吕尚。姜太公子牙,是属于周文王时人物,而姜太公师尚父就应该是周武王时代人物。根据宗谱资料,姜太公之女邑姜嫁给周武王生文王姬诵与姬子于(唐叔虞),姬诵生于公元前1056年,则其母邑姜约生于公元前1082年前后,再前推姜太公应生于公元前1100年稍微前些,这个姜太公就应该是师尚父。再是姜太公吕尚,周成王十三年(前1033)为齐侯会王师时年四十余岁,约生于公元前1075年间。若按姜太公是一人,则周武王灭商之年的公元前1050年,姜太公就已经是九十四岁高龄了;至于卒年,在康王六年(前1002),是为一百四十二岁,这是明显的讹记。《史记·齐太公世家》记:"盖太公之卒百有余年,子丁公吕伋立。丁公卒,子乙公得立。乙公卒,子癸公慈母立。"司马太公所记也是糊涂账,人死了百余年后,他的儿子怎么好即位? 故以为姜太公遇周文王至于齐哀公被周夷王烹杀,应该是八代人,传七代次,谓姜太公者有三位。秦始皇相吕不韦著《吕氏春秋》并撰写《吕氏世谱序》,自谓是吕尚的二十五世孙,这是很权威的说法,佐证了"姜太公"确有三人,最后具名的是吕尚。

　　鲁国世系,伯禽薨,其子季毅嗣位,称鲁侯,鲁有季氏,源于此。《史记》缺季毅其名。季毅薨,子酋立,是为考公。后又误在厉公与献公的关系。《史记·鲁周公世家》记:"厉公三十七年卒,鲁人立其弟具,是为献公。献公三十二年卒。"厉公之父是魏公,亦称鲁侯沸,元年(前971)即君位。魏公是弑其兄而自立的,当出生在公元前1000年前,位五十年薨,当年已近八十岁,又厉公位三十七年薨,已历世百多年,故考定献公是厉公之子而非弟也。

　　燕国世系,《史记·燕召公世家》记:"自召公已下九世至惠侯。燕惠侯当周厉王奔彘,共和之时。"燕惠侯当是召公后七世孙,后填补召公生召克,召克生侯旨,侯旨生侯舞,侯舞生侯宪,侯宪生侯和,侯和生侯圣,侯圣生燕惠侯。

　　宋微子世家存在的缺代问题。根据《史记·宋微子世家》记,微子至于宋釐公仅传五代,缺失明显。曰:"微子启,是殷帝乙的长子,纣王的庶兄。""微子启去世,立他的弟弟衍为国君,这就是微仲。"排后是:微仲生宋公稽,宋公稽生丁公申,丁公申生湣公共,湣公共生厉公,厉公生釐公。微子启于周武王元年(前1050)受封,开启宋国元年,当在周成王三年(前1042)。微子启是商纣王庶兄,纣王生于公元前1113年,该年六十四岁,当断微子启是年为六十六岁上,应生于公元前1115年前。至于周成王三年(前1042),是为七十二岁。宋釐公元年(前858)即位,釐公之父厉公属于正常死亡,当判釐公即君位时年龄不小于二十五岁,断其出生年份应该在公元前882年前。微子启至于釐公均以约数相减,时间距离是二百三十三年。按代次平均岁计算,当传八代。可是《史记·宋微子世家》记世只传了五代,明显有三个缺代。本著断微子启与微仲衍是为父子关系,非兄弟关系。微仲衍卒,宋公继位,称宋公稽,是为三世。又分列:仲衍生宋公,宋公生丁公,丁公生申公,申公生共公,共公生湣公,湣公生厉公,厉公生釐公,这样就不至于缺代。

　　韩哀侯元年(前376)即君位。《中国历史纪年表》记是哀侯二年。《竹书纪年》记:韩宣惠王元年(前336)。而《史记》:韩宣惠王元年是在公元前332年。两史书差记四年。韩昭侯二十六年(前337),韩昭侯就去世,其子韩宣惠王继位。此当是《史记》有误。韩昭侯,《竹书纪年》记名:"郑釐侯。"韩宣惠王,《竹书纪年》记名"郑威侯"。韩国,《竹书纪年》仍然使用"郑"。

　　《史记》所记战国年代往往混乱矛盾,如齐国的桓公陈午,《六国年表》《田敬仲完世家》两处都说在位六年,《纪年》作十八年,金文陈侯午敦记载有陈午十四年事,足证《纪年》为史料可信。《越绝书·记吴地传》记:"娄门外马亭溪上复城者,故越王余复君所治也,去县八十里。是时烈王归于越,所载襄王之后,不可继述。其事书之马亭溪。"这里所指的是楚考烈王使越国归降的事,是在楚亡越之后。后学者记为越王勾践封王"宋王、摇王、荆王、干王、烈王、襄王、越王史、周宋君、余复君、上舍君等"。其内所谓封烈王、襄王不存在,原文是指楚顷襄王、楚考烈王。所谓计倪佯狂,大夫曳庸、扶同、皋如之徒,日益疏远。而实际是计倪归隐,子孙改辛氏为计氏、倪氏。越王封曳庸(即舌庸)、皋如为大将军,率领军队随越王北上琅琊。越王所诛之人,仅文种而已。扶同、逢同、冯同,此三名当是一人,即冯同为是。按考古物"姑冯句鑃"出土于今江苏常熟市南门,旧称翼京门外这地方,常熟当是为上舍君的封地。《越绝书》记:"巫门外麋湖西城,越宋王城也。时与摇城王周宋君战于语招,杀周宋君。毋头骑归,至武里死亡,葬武里南城。午日死也。"《吴越春秋》曰:"早平门外麋湖西城者,麋王城也。与越王遥战,越王杀麋王,麋王无头,骑马还武里,乃死,因留葬武里城中。以午日死,至今武里午日不举火。"前记含糊,弄不清是谁被杀。后记认为是麋王被杀,而根据《顾氏宗谱》分析,此后的摇王是摇毋余,故判断摇王安朱死于此年。

吴王后传至于汉长沙王吴芮,《吴氏族谱》出现了两个版本的世系图。一记出自吴王之后,吴太子友(鸿)生王孙弥庸,弥庸之后为长沙王吴芮。另记出自延陵季子季札之后,即季札生征生,征生生启蕃,启蕃生售,售生王孙弥庸,弥庸之后为长沙王吴芮。弥庸既然称王孙,在吴王夫差时已经名闻,并且弥庸称自己的父亲是姑蔑,故判断王孙弥庸是吴王阖闾之孙,吴王夫差之弟吴姑蔑之子。王孙弥庸为越国俘获后,被流放到今江西婺源县,其后九世孙为长沙王吴芮。

中山国的历史,一般史书语焉不详,考古成果说明中山国文明很是发达,其王族谱牒与周王室有着紧密的联系,这为今太原王姓族源提供了完整的谱史文化。中山国手工业生产非常发达,其工匠制造的铜、玉、陶、金、银、骨、石等大量精美的艺术品,在数量、造型、工艺水平上,都有很高的水平。中山国也铸造自己的钱币。早期主要使用晋国的货币空首尖足布和燕国的货币尖首刀,后来,开始铸造自己的货币"成白"刀币。在国都中,还有专门仿铸燕、赵货币的作坊。在军力方面,大约有千辆战车和几万兵力。中山国君尊贤重士,在重大政治活动中发挥士的作用,取得了一定的成就。平山出土的铜器铭文中,大谈天命、忠、孝、仁、义、礼、信等,具有浓厚的儒家思想色彩。现址位于林山脚下的中山国都城景区,面积三十五平方公里,为两千多年前战国时期中山国都城所在地。属国家重点文物保护单位。其出土文物多为稀世珍宝,在世界各地展出引起轰动。现存有宫殿区、居民区、陶器场、冶炼场等遗址十多处。城后依东西林山,突起平原,上有古佛堂三处,山峡内有万寿寺遗址、阴阳柏及众高僧墓塔群(现有十三处)。

春秋战国时期诸子百家有不少名人已经列入本著世系传图,已标注世次。《老子》作者李聃,列"李姓",是为黄帝轩辕第五十五世孙。《春秋》作者孔子,列"宋微子世家",是为黄帝轩辕第五十六代孙。《左传》作者左丘明,列"宋微子世家·左姓",是为黄帝轩辕第五十八代孙。《墨子》作者墨翟,列"宋微子世家·仲姓",是为黄帝轩辕第六十二世孙。《史记》作者司马迁,列"司马氏",是为黄帝轩辕七十六世孙。《汉书》作者班固,列"楚世家"斗伯比之后。儒学代表人物孟子,列"鲁周公世家",是为黄帝第六十一世孙。哲学家杨朱,列"杨姓",是为黄帝轩辕第六十五世孙。法家代表人物韩非子,列"韩世家",是为黄帝轩辕第七十一世孙。道家学派代表人物庄子,列"宋微子世家"宋戴公之后,是为黄帝轩辕第六十世孙。纵横学家鬼谷子,列"王姓",是为黄帝轩辕第六十世孙。古圣人曾预言:五百年必有王者兴,其间必有名世者。《孟子·尽心下》记:"由尧舜至于汤,五百有余岁;若禹、皋陶,则见而知之;若汤,则闻而知之。由汤至于文王,五百有余岁,若伊尹、莱朱,则见而知之;若文王,则闻而知之。由文王至于孔子,五百有余岁,若太公望、散宜生,则见而知之;若孔子,则闻而知之。"此文统纪自帝尧至于孔子是一千五百余岁。本著整理出来的纪年是:帝尧生于公元前2059年,至于孔子出生于公元前551年,共是一千五百零八年。历史如此漫长,孟子著书记数如此精到,令后人敬佩不已。

(二)范氏东瓯王的历史时段不可忘却

发现历史,补写历史,并非篡改历史。有关范蠡是陶朱公,化名鸱夷子皮在齐地做生意,这是司马迁采信了《陶朱公养鱼经》中所记:"闻公在湖为渔父。在齐有鸱夷子皮,在西戎有赤精子,在越有范蠡,有之乎?"这一文句连排句式以为一人,而犯了语法逻辑错误。其实文句本意是各有人名所指。让范蠡与陶朱公这两个人物跨百五十余年晤面概说,这是《史记·越王勾践世家》后文的虚诞之处。范蠡为东瓯君的世传见著于史料文献甚少,《史记》记范蠡长子佚名,而《郁离子》的记名是"东瓯君"官号。关于陶朱公,《世本》记:"陶(夷)",著以为陶朱公即范夷,符合当时称海隅之人名"夷"的历史背景。所谓"鸱夷子皮"的文献自有出处,鸱夷子皮当是伍子胥之子王孙封在齐国避难时的另名。鸱夷子皮事田常子时,范蠡还随越王勾践在吴为奴。又所谓"陶朱公"范蠡建东瓯城,事在周元王四年(前472),而陶朱公见齐威王(前356—前320在位),当在公元前330年之后,其间有近一百五十年的时间距离,足有五个代次的排差。故论范蠡决不是鸱夷子皮或陶朱公。按代次年考,范蠡生于公元前520年,后传五代是为陶朱公,陶朱公当生于公元前380年至公元前370年间。陶朱公见齐威王时当有五十足岁。《世本》引《越绝书》记范蠡次子中男:"去越入齐,老身西陶,仲子由楚,傽中而死。"这一情节成为了《史记》中范蠡救子的看点,所谓范蠡二儿子在楚杀人被抓,庄生通过运作说服楚王准备大赦未果,二儿子被杀,这实在是子虚乌有的事。陶朱公之时,《战国策·楚策》记载了范环仕楚与楚怀王的对话情节,记有范环与庄辛是同僚的关系,这些情节才是符合历史的真实。东瓯之民善搞笑,三代君王起赤号(绰号),如:范侨——饭撬,范威——饭碗,范同——饭桶,等。这样的起号传世,才能使东瓯君王的历史得以部分还原。

受《史记》影响,范蠡之师计倪为商道鼻祖的名号被移植,东瓯君王的历史时段被淹没。以致今者谓曰:范蠡是中国商道鼻祖。以致今者对东瓯塘山大墓的考古定不准墓主是谁。东瓯,是越王勾践所封,而东瓯城正是范蠡所筑。无疑,范蠡是东瓯的首任地方长官,称东瓯君。可推今台州市路桥区小尖山出土的西周文物应该是当年范蠡为越王勾践卒亡后的越绋祭祀用具。今浙江考古对分布于大溪塘山村的一座已遭破坏的大墓进行了抢救性发掘时发现墓主的工匠们已经具有用陶土仿制乐器的有陶埙、镈、錞于和磬等。大墓封土墩呈东西向长方形覆斗状,墓葬形制系一座带墓道的长方形深土坑木椁墓,墓坑规模较大。墓内残存随葬器物三十四件,有原始瓷、印纹硬陶、印纹软陶、硬陶、泥质陶和玉器等,其中有玉璧和残玉片各一件(据推为越王勾践所赐),其余全为陶瓷器。陶器器形有匏壶、敛口双耳罐、瓮、瓿、钵、杯和纺轮,另外还有一件象征礼制的泥质陶鼎。印纹硬陶和印纹软陶罐与瓿的拍印纹饰均为方格纹。出土的一件璧玉色泛青,有白色沁斑,直径十三点七厘米,两面饰有谷纹。墓外发现一个陪葬器物坑,惜因挖坑很浅,又不为封土覆盖,故大部分已被地面开垦种植所扰乱破坏,残存范围不足二平方米。但在这不足二平方米的范围内,仍出土器物二十八件,全部为镈、錞于和磬等仿青铜的陶质乐器,残碎片中还见到勾鑃插柄一件,表明当时还有勾鑃的存在。这些仿青铜乐器,除一件为硬陶外,其余全为质地松软的泥质红陶。出土时,器物排列紧密,众多的磬相互叠压,估计原先器物坑内的器物埋藏数至少在近百件。将仿青铜的礼乐器专门设坑葬于墓外,是该墓的一个重要特点,反映出当时的一种葬制葬俗。没有兵器的发现,考古者以为是东瓯贵族墓。著者根据真实史迹推,以为是范蠡墓。

东瓯区域其早先的历史当是今考古定名的"(宁波市)河姆渡文化"及"(台州市路桥区)灵山文化",史称南蛮人。是今称苗族、壮族、畲族、白族、藏族等诸多民族的先祖生活本原地。在黄帝时代,他们就已经有了数千年的稻米文化,亏在没有文字,没有国家的建立,所以产生了许多游离民族,之后也就融入大中华民族之中。越国范氏东瓯王时期,东瓯区域已经结束了"蛮荒时代",成为越国东南后院的米川粮仓,它有力地支援着越国北上扩张、企图称霸中国的图谋。考古者在今台州市路桥区桐屿街道沿永宁山南麓,发现了桐屿窑址群。窑址大多分布在永宁山余脉谷堆山、大仁山山坡上。20世纪70年代,由于村民们垦种枇杷林,出土了许多青瓷器具残片。窑具中有直筒束腰形三国时期青瓷器具,锯齿形和盂形的两晋、南北朝时期器具。青瓷残片、残件有碗、钵、盂、罐、鸡头壶等,其釉色以淡青釉为多,也有青釉、青黄色釉及少量酱色釉。桐屿纱帽岩一带青瓷窑址,与丫髻岩山下的大量白石分布有着就地取材的便利关系。此可证明在古代,这一带曾经是先民们聚居的繁华区域。叹曰:"司马太公言范蠡,带笔六世陶朱公。海隅之地失史记,信使不知东瓯王。"

(三)徐偃王在浙江的游魂必须终结

浙江有多地以为是徐偃王逃难的地方,如《浦江县志·重建龙德大雄殿碑》记:"周穆王时,西域有化人来,能出入水火,王为筑中天之台,列御寇之书所载。"《太平寰宇记》谓越州会稽有翁洲,引《郡国志》:"徐偃王昔居翁洲。"《括地志》记:"舟山有徐城。"白川《嘉定赤城志·纪遗门》记:"古城在黄岩县南三十五里……故老云即徐偃王城也。"又有记:"象山雪川等处皆有偃王墓。"《万历黄岩县志》补记:"又南五里,有叶、鲍二将军庙,或谓亦偃王之将。"《明一统志》记:"在龙游县西十里徐山下(有偃王墓)。"这是中国东瓯区域历史最严重的乌龙事件。

　　徐国的历史轨迹是徐偃王死于徐山,之后徐子国末代王章禹隐居在甬东。今称舟山岛便是徐姓人的祖洲,越王勾践时称"瓯余"。此后,徐人依靠越国,世代以"徐客"之称为越王出谋划策。徐氏宗谱记,徐隐王章禹自周敬王八年(前512)亡国之后隐居在甬东(今浙江舟山岛),国史资料没有记载,这使解释历史有了可靠的文本。20世纪90年代中期,绍兴地区出土了两件越国青铜戈,孟文镛先生著《越国史稿》以为是越王元常时的文物。其一,青铜戈铭文记:"越王佐徐,以其钟金,铸其拱戟。"该越王青铜戈现被收藏在绍兴文化博物馆。其二,青铜戈铭文记:"越邦先王,得居作铸金就,佐徐之为王后,以作其元用戈,以守其边土。"该青铜戈现流落在澳门,为某收藏家所得。现今绍兴塔山公园扩建,出土了青铜甬钟,其器铭文注明是徐器,考古专家以为,这是徐人流亡越地之后所为。绍兴还出土了"越王得居戈"。曹锦炎先生在《越王得居戈铭文考释》以为:"铭文记载了越国先称王、铸造铜戚佐徐国称王的内容,为史籍所失载。通过铭文,不仅印证了越国自允常始称王的史实,而且使我们了解到越徐之间有着某种特殊的关系,弥足珍贵。"以上这些考古文物,其大部分亦可能是徐国末代王"章禹过会稽之水,投玉几砚于海"时的玉器。今绍兴还有"徐肴尹汤鼎"出土,肴尹可能是徐末代王章禹派到越地负责祭祀的官。徐国亡,徐隐王其遗物鼎、炉、缶后在浙江绍兴出土。近代考古已经出土的青铜器上发现了徐国国君的名字有:徐王寿、徐王子旃、徐王子戈、徐王雍对君、徐王粮、徐王庚、徐王又、徐子余、徐王义楚。《殷周金文集成》载有"徐王子旃钟",其文曰:"孙孙,万世鼓之。唯正月初吉,元月癸亥,徐王子旃择。其吉金,自作龢钟,以敬盟祀;以乐贺宾,朋友诸。贤,兼以父兄、庶士,以宴以喜。中翰,叡汤,元鸣!孔皇,其音悠悠,闻于四方。湟湟熙熙,眉寿无期,子子。番君酉,正伯鬲,万年无疆。子子孙永,唯番君酉,正伯自作宝鼎。"又有"王孙寿甗",其词:"唯正月初吉丁亥,王孙寿择,其吉金,自作饮甗。其眉寿无疆,万年无期。子子孙孙,永保用之。"又有"沈儿钟""徐王庚之怒子"的铭文。这些徐王铭文的出土,充实了徐王的谱系。按事年年考,徐偃王诞亡至于徐隐王章禹亡徐国,年龄均在五十岁内,传十五代,时间四百二十八年,平均生子年龄是二十八岁,这是很合理的代次规律。

　　徐偃王也,偃字之谓,是仰面倒下,或王业止息之意。元代诗人徐本原访偃王墓,其诗云:"山以隐学名,上有栖真祠。翁仲医草莱,再拜空嘘唏。辽东鹤不返,冢墓何累累?子孙繁且衍,谱牒能相赀。零落千载下,恻然起遐思。"彭城考古周代青铜器铭文认为是徐偃王的有："徐偃侯旨铭""徐偃王壶""大徐王寿铭"等。徐偃王在浙江没有真实路线图，没有将相大臣相随，悬浮着四百余年的空白历史，这在中国的历史上是极其荒唐的逻辑。于是说，徐偃王的游魂，必须终结在周穆王十四年（前949）亡徐夷那年间，这将为之后真正的"徐阎王"徐福带童男童女在浙江的活动开辟路径。那段历史原本就应该是如此。

第四篇 太华坤元——秦汉时代

秦汉时代国家统一,留下来的就是各国姓氏遗产,贵族制产生,我国的姓氏最终定型,以郡望而名的各姓望族出现。秦始皇统一中国,以太岳华山为中心标志物,凡黄帝子孙皆称华夏族;汉朝以后,华夏族改称为"汉族"。民族称呼历来没有设界,这是自然派衍的民族惯称。黄帝子孙有传为苗族,炎帝子孙有传为羌族。羌族、苗族现被划为少数民族,民族划分的概念是模糊的,因为这两族在华夏族出现之前就已经存在。中国的姓氏,基本上是在汉朝初时就已固定其社会形态。

第十三章 大秦帝国 王业不长

秦灭六国,大统天下,而故国贤士们复国之心不灭,秦始皇之死,是一群"神仙"们谋计的结果。徐福航海去日本建国,演绎着东海龙王敲打天皇的神奇传说。秦亡,楚汉相争烽起。秦统一中国在理论上是不完整的,东瓯国发展海上势力,是为中国海洋霸权之始。

一、秦得天下 欲霸海洋

秦始皇统一中国后,实际上越楚之地仍潜伏着取而代之的政治基础,秦始皇视之如心腹之患,故借巡游和视察政务,予以镇压抑制。《秦会要订补》载:"始皇尝曰:东南有天子气,于是东游以厌(压)之。"秦始皇在巡行过程中,采取更改地名、挖断地脉、修筑厌气台等种种手段破坏齐楚越地的"天子气"活动。二十六年(前221),秦统一天下。大秦帝国规划了对沿海沼泽地良田的开发,开展了对东海岛屿的调查。秦封瓯越王摇毋余为沧海(今上海市区域)君,改东瓯地称范侨乡(今台州市)兼而统之。秦为了开发沧海良田,将治理都江堰时的治水官李冰之子李靖,杨磨之弟杨天佑调往东方,协助沧海君大搞水利建设。始皇命方士侯生、博士卢生等规制海洋岛屿图纸。二十七年(前220),始皇巡视陇西(指甘肃陇山以西之地。故甘肃亦称陇西)、北地(辖境相当今宁夏贺兰山、山水河以东及甘肃环江、马莲河流域),出鸡头山(即鸡公山。在今河南信阳市南),过回中(即回中宫,秦筑。在今陕西陇县西北)。秦在渭南南岸建信宫,又改信宫为极庙,象征天极;再从极庙修筑道路直通骊山,建造甘泉宫前殿;又在驰道左右筑造垣墙,从咸阳贯通到甘泉宫。是年,官兵皆赏赐一级爵位。二十八年,始皇往东巡视郡县,登上邹峄山(在今山东邹城市东南二十里)。始皇欲树立石碑,就与鲁地的儒生商讨碑文如何撰写好,用来歌颂秦朝的功德。并且讨论了封禅、望祭名山大川的事宜。于是就登上泰山,树立石碑,筑土坛祭祀天神。及下泰山,风雨暴至,始皇躲到树下避雨,因封其树为五大夫。始皇又去梁父山(一作梁甫。在今山东泰安东南,西连徂徕山)祭天。泰山所刻立石,其词白话曰:"皇帝登临大位,制订昌明法度,臣下严谨遵行。二十六年刚刚统一,天下无不称臣降服。亲自巡视远方黎民,登上泰山,遍览东土边极。随臣追思功绩,推究创业本源,恭敬歌颂功德。治国措施顺行,各种产业适宜,一切都有法规。大义美好昌明,足以垂示后代,顺承而不更变。皇帝圣明,虽已平定天下,治国仍不懈怠。早起晚睡,谋求长久福利,专心推重教诲。训解经义通达,远近都得治理,全遵圣人旨意。贵贱等级分明,男、女依礼行事,人人恪尽职守。光明彻照内外,到处安泰清净,恩泽惠及后世。教化无穷无尽,遵奉先皇遗诏,永承伟大诚命。"

始皇沿渤海行,攀成山(在今山东荣成市东北)峰,登芝罘岛(在今山东烟台市北五里),立刻石,颂秦德。始皇南行琅琊(在今山东青岛市黄岛区西南琅邪镇),留住三个月。斯时,有徐市(一记徐福)者上书称:"海中有蓬莱(有指今山东蓬莱市。当指今浙江丽水市缙云县仙都)、方丈(当指今浙江温岭市大溪方山)、瀛洲(当指今浙江舟山市普陀山。或指今浙江温州市江心屿,或指今台州市神仙居)三座仙山,有仙人居住,可以得到长生仙药。"两个月前,安期生就此说,并往采药。此前又有有司奏闻始皇曰:"大宛国(今乌兹别克斯坦费尔干纳盆地)多枉死者横道,数有乌衔草覆死人面,皆登时活。"始皇使使者赍此草,以问鬼谷先生之弟,云"是东海中祖洲(指今浙江舟山岛)上不死之草,生琼台中,一名养神芝。其叶似菰,生不丛。一株可活千人"(见《十洲记》)。始皇相信有延长人的生命草药。秦迁徙三万户居琅琊,免十二年徭役赋税;命建琅琊台(俗称"圣母台",在今山东寿光市道口镇黑冢子村)。琅琊台,原先为越王勾践所筑望海台,秦始皇命人推平重建,比高越王。《水经注》记:"台孤立特显,出于众山上,下周二十里,傍滨居海。台基三层,层高三丈,上级平敞,方二百步。"琅琊台建成,始皇嘲曰:"越还欲霸诸侯乎"!乃立碑文,文曰:"维二十六年,皇帝登基,平治法度,定万物纲纪,彰明人际大道,以使父慈子孝。圣达智慧,品德仁义。东临六国,抚平天下,慰劳士卒。大业已定,乃达海隅。皇帝勋劳,致力农桑,抑制奸商。器物度量相同,书写同文。日月所照之处,车船所行,皆遵帝命。政令得民心,顺四时,颁令当行事宜。皇帝匡正异俗,跋山涉水,忧怜百姓,不敢懈怠。排除疑难,确定律令。民知避刑法,官吏各司其职。治理务求简易,措施适合,事理分明。皇帝巡察,尊卑贵贱,固守本位,不越层次,奸邪之徒,秦法不容。百姓务必正直善良,不敢怠慢荒忽。远近显隐,敬肃庄重,正直忠诚,各有常业。皇帝德泽四极,诛讨作乱,除天下乱,以兴利益,为民招福,减少徭役。顺应四时,物产富饶,繁殖茂盛,百姓乐业。不兴兵戈,长相保养,不遭盗贼,奉朝廷教化,民知政令。六合以内,皇帝领土,西到流沙,南至北户,东有东海,北越大夏,人迹所处,莫不称臣。皇帝胜过五帝,牛马亦得恩惠,民生安定。"始皇东巡,随行的有十一大官员:武成侯王离、通武侯王贲、建成侯赵亥、昌武侯成、武信侯冯毋择、丞相隗林、丞相王绾、卿李斯、卿王成、五大夫赵婴、五大夫杨樛。兵员有五千禁卫军,中车府令赵高随驾,防卫及其严密。秦始皇与群大臣乘游船议于海上,臣曰:"古之帝者,地不过千里,诸侯各守其封域,或朝或否,相侵暴乱,残伐不止,犹刻金石,以自为纪。古之五帝三皇,知教不同,法度不明,假威鬼神,以欺远方,实不称名,故不久长。其身未殁,诸侯背叛,法令不行。今皇帝并一海内,以为郡县,天下和平。昭明宗庙,体道行德,尊号大成。"群臣相与赞诵始皇帝功德。秦始皇东巡的另外目的是欲霸海洋。始皇问左右,海洋有多少岛屿?博士曰:"岛屿无以计数。能为港口的有五,即芝罘、碣石(在今河北昌黎县西北仙台山)、句章(在今浙江宁波市余姚市东南五十里城山村)、琅琊、会稽。"始皇以为开发海洋,必须拥有强大的船队与大船舶,乃规划制造海船。秦国的原有舫船只可载五十人与三个月的粮食,不能显示大国风范。秦始皇于是在琅琊山逗留三个月期间,规划造船图纸。《尔雅·精壮》:"天子造舟,诸侯维舟,大夫方舟,士特舟。"秦始皇于是要造规模盛大而快捷的海船及组合性船队,名以为"捷舸",《史记·秦始皇本纪》记"籍柯"。籍与集、柯与舸皆通假字,是集大船精华之意。秦始皇要弘舸连舳,巨槛接舻的大型船队。

秦始皇回程过沙丘,沙丘在商代,境内多沙丘扬尘,亦有河泽之利,水草丰美。商帝盘庚迁都殷后,在沙丘建离宫别馆;商纣王亦在此建园林,筑沙丘台,搞酒池肉林。春秋战国时,赵武灵王建沙丘宫群,亦饿死在此。秦始皇少年时常与赵高在沙丘宫游玩,讨论解读殷墟地窟中的"籀文"帛书,所以始皇东巡回来因而要经沙丘宫以怀旧。皇帝车队过老漳河,卫士拆民房门板以作架浮桥面板用,抬着皇帝过河,村因名板抬集(即今河北广宗县东召乡板台集村);皇帝过河,又名西板台村;皇帝会当地诸长老处,名召集村。始皇召集村长老问前处何地,答曰:"古张国地。"始皇问张国有多大,答曰:"有九洲十八寨。"问张国有多老(年),答曰:"张果为帝尧侍卫官即封国,有二千余岁。"始皇叹曰:"张国老(后有仙人张果老起名应自秦始皇起)!不容易。"始皇登沙丘平台(在今广宗县大平台乡大平台村南),平台高丈余,南北长二十二丈,东西宽十八丈,可全览九州十八寨,则笑曰:"张国弹丸之地,还称有九州十八寨。九州是河道分流处,故弄玄虚。十八寨集居那么多姓氏族众做甚?"始皇以为有造反之意,遂命分其三州,划去六寨(留存十二寨名:赵家寨、侯家寨、荆家寨、曾家寨、张固寨、元宝寨、王胡寨、刘全寨、西宝寨、东霍寨、冯家寨、牛家寨。所分三州在今冯家寨乡境内,今称:

大三洲、郑三周、通州)。始皇过彭城,斋戒祷祠,欲出周鼎泗水,使千人泗水打捞,没有成功。始皇乃西渡淮水,过九江至衡山(一名岣嵝山。在今湘潭市西四十一里),到临湘(今湖南省长沙市),浮洞庭湖(古称竟泽陵),至北岸,遭遇大风,隐于湘君祠(又名湘山祠。在今湖南岳阳市君山区,东南方为洞庭湖,北为长江"之"字形弯绕,只有西边宽不过五里的狭面出陆处)。湘君祠内,始皇问博士湘山祠来历,博士对曰:"闻尧之女、舜之妻(娥皇、女英)葬此。"始皇曰:"黄陵庙(在岳阳湘阴县北五十七里)有舜二妃之神位,何以另立祠?"始皇又问巫祝:"湘君是什么神?"巫祝曰:"原楚大夫屈原投汨罗河,国人以为忠臣,渔夫在此供湘君,以惩江鬼。屈原作《湘君》言:'帝子降兮北渚',自称湘君,故名湘君祠。"始皇联想到"楚虽三户,亡秦必楚"的传言,岂可容如此敌对政治人物替二妃而竖碑立传,大怒曰:"反秦亡国者,如何可祠?"即命毁祠。始皇对有司曰:"原楚国大船采用竟泽陵之木,此木必为良材。此山有何木?"博士曰:"石柯木。柯,斧柄之用。三年风干,亦是为作造舟船的船舫用材。"始皇以为柯木可用造大船,则命有司遣三千名刑犯伐之,于是木尽山秃。始皇自南郡(今湖北省荆州市)由武关(今陕西省商洛市丹凤县武关镇)还。

秦迁移六国富商十二万户入关中,使咸阳城迅速成为帝国的政治与经济中心。通过优厚的移民政策,移三万人至琅琊郡,发展滨海人口。迁罪人戍守边疆,以巩固边防。迁五十万中原人至百越地与越族杂居,以同化少数民族。还有,向丽邑(今陕西临潼)移民三万;向云阳(今陕西泾阳)移民五万;向会稽郡移民十五万。这样,秦始皇就完成了中国汉、夷、戎、狄、蛮五方之民的民族大融合。秦始皇为了海洋霸权,命东海仙山(岛屿)皆称为瀛洲。始皇本嬴姓,要霸海洋,封海洋诸岛屿皆姓"瀛",始皇本嬴姓,加水旁,即是此意。古瀛洲指:瀛洲(今浙江舟山岛)、东鳀(今台湾岛)、济州(属今韩国)、东瀛(今日本岛)。《史记·秦始皇本纪》载:"三十三年(前214)发诸尝逋亡人,赘婿,贾人略取陆梁地。"《汉书·高帝纪》谓:"秦徙中县之民南方三郡,使与百越杂处。"秦时回浦(今名章安)已经是中国海上南北的转运点,《汉书》云:"北去辽宁,南及交趾,贡献转运,皆从东瓯,东冶(今福建福州市)。"东瓯回浦地,河流弯曲入海,是为东瓯与各国各地换取物质地中转站。东瓯其民即是《吕氏春秋》中所说的"流海者"。秦朝所命名的会稽郡有二十二县:吴县、娄县、曲阿、丹徒、江乘、秣陵、丹阳、阳关、鄣县、乌程、余杭、钱塘、由拳、海盐、山阴、句章、鄞县、诸暨、乌伤、太末、歙县、黟县。秦始皇为了控制海洋,命博士卢生入海洋岛屿绘制海洋图纸。秦又析琅琊郡南部地为东海郡,以管治东海。秦在洞庭湖(当拟在今湖南岳阳楼附近)造霸舟,名"籍柯"船。其取名"籍柯",从音又可记名"捷舸",是为快捷的大船之意;从义又可记名"集舸",集合众大船是为船队之意。本字义,籍,籍甚;盛大、多盛;舸,《方言》第九:"南楚江湘,凡大船者谓之舸。"籍柯主船体为柏木构建,船舫用柯木,船中楼层用柚木,金漆涂层,松香油、桐子油抹底。其母船仿样原吴国余皇船,船长至一十八丈,宽至于三丈,浮游水面高六丈,分三层、四柱、飞檐、盔顶。楼中四根楠木金柱直贯楼顶,周围绕以廊、枋、椽、檩互相榫合,结为整体。楼上二层有正殿、内殿、东西朝堂,有房舍百间,每间都是雕梁画栋、垮圯刻造、金土装饰、满壁生辉。其旁船仿样原越国的大翼船。船队组织规模为:一母船,旁六船;另有登舟、艨舟(小的快船)数十艘。秦制与六数字有关联,《史记·秦始皇本纪》:"数以六为纪,符、法冠皆六寸,而舆六尺,六尺为步,乘六马。"秦始皇偏爱六字数,有其历史渊源,其所乘之车为六匹马车,其所兼并国家为六国,其设置的官员分六部制,天下分三十六郡。故籍柯母船长十八丈,是为三个六数,旁六船亦为此意。六折其半为三,故籍柯母船宽度为三丈。秦始皇又准备征召童男童女三千名,以配备六个旅的海洋兵力。秦规划六艘籍柯船队,以便轮流出征。第一艘籍柯大船自秦始皇二十九年(前218)开始建造,至于秦始皇三十五年(前212)下水,用时亦是六年。

二、故国贤士　聚会土乡

秦统一天下之后,过度开发、大搞建设,其暴政体现在赋役和刑罚两个方面,《汉书·食货志》载:"(董仲舒上书)秦则不然,用商鞅之法,……田赋、口赋、盐铁之利,二十倍于古。"另此,秦始皇欲霸海洋。秦暴政于是搞得民不聊生,则反秦天下壮士咸集焉。

二十五年(前222),秦降越,以冯去疾为会稽郡守,命瓯越王摇毋余去开发沧海良田,封称沧海君(沧海君为上海境域称君始)。《海内十州记》:"沧海岛在北海中(按旧东瓯城区域为中,在今钱塘江以北称北海,即今上海市),地方三千里。……水皆苍色,仙人谓之沧海也。岛上俱是大山,积石至多。石象八石,石脑石桂。英流丹黄子石胆之辈十余种,皆生于岛。石服之神仙长生。岛中有紫石宫室,九老仙都(当指今丽水市缙云县仙都风景区)所治,仙官数万人居(指今台州市仙居县神仙居)焉。"秦以吴中为会稽郡治所,沧海君管治沧海仍以摇城为治所。沧海之地是冲积平原,坦荡低平,水洼地多,大雨至而汪洋,秦封沧海君意在治理水患,以成良田。《史记札记》释:"仓(沧)海君。秦朝东夷君长。"时秦设乡制有大泽乡(在今安徽宿县东南),而称东瓯为范侨乡。沧海君规划治理水患,秦调遣都江堰治水家李冰之子李靖,及李冰之师杨磨次子杨佑,及杨佑族侄杨玃爪(号猴人)等辅助开发沧海。沧海君将通江(指江苏淀山湖至于上海黄浦江人工修凿疏浚的区段)开渠引水至于定盘界(忆定盘路。即今上海江苏路,西起天山路,东至南京西路梅龙镇广场),则名诸河相汇处为诸安浜(现上海东诸安浜路。原来地理位置在今上海市长宁区东部),以祈求安宁。诸安浜河注水入西芦浦,芦浦河面宽阔,水深四尺,可通舟楫。芦浦河有涌泉喷水,则名涌泉浜,涌泉浜常有潮汐。又至东开挖河渠,以拒"灞王潮"。沧海君整治河道,使得"虞"地土壤膏沃,岁无水旱之灾而四季熟收,故有常熟、太仓(今皆属江苏)之名。

二十八年(前219),始皇往东巡视郡县。时众"神仙"常聚日照天台山议事。日照天台山位于齐地(属今山东省)黄海之滨,山上仙踪神迹无数,奇花异草遍野,山清水秀,自然天成,冬暖夏凉,适宜人居,史称海上仙山,人间仙境。《日照县志》记"登上天台山,凡人也成仙"。秦始皇统一天下后,有四位"仙人"常集聚而会,他们是:河上公、葛太公、安期生、张固。所谓"四仙"也,仙,迁也,迁入山也;亦仙,才能高超之人。河上公,称河上丈人,居家观城(今名山东莘县西南观城镇东北),为老子的《道德经》作注解,著有《河上公章句》。河上本亦姓,出自宋戴公之后,其先居于沙鹿(在今河北大名县东),因为沙氏。沙鹿,史称河上之邑。《春秋·僖公十四年(前646)》记:"沙鹿崩。"沙鹿因受漳河、卫河南北两相夹击的常年冲刷而发生了土地崩塌现象,形成一个大泽,因此史书上又改称其为"沙泽"。沙氏故又自谓"河上之人"。河上之人秦时降陕(又称陕陌。在今河南陕县西南)、河(指黄河)之滨,号河上公,授道于安期生。后河上公丈人者登山悟道,授徒升仙,仙道始播焉。葛太公,名葛先,仙翁山人(在今河南襄城县西南十八里),因才能高超,又名葛仙,仙班称葛仙翁。葛仙翁修炼丹药,将多种草药混合配制成"仁丹"。仁丹具有清暑开窍、辟秽排浊之功效,是为航海人必备之仙药。《清一统志·许州》载:"(仙翁山)迥出群峰,有葛仙翁观丹井。"秦始皇东巡,葛仙徙居葛仙庄(今河北清河县葛仙庄镇),庄亦由是名(五百年后,东晋《抱朴子》著者葛洪在《嵇中散孤馆遇神》记葛太公仙踪,文曰:"是年尝游天台,观东海日出,赏仙山胜景,访太公故地,瞻仙祖遗踪。见安期生石屋尚在,河上公坐痕犹存")。安期生,原名郑安期,自号蓬莱仙人,琅琊郡阜乡(借指仙乡。今址不详)人,"安得以为古之真仙哉!"故改名。安期生因受教于河上丈人,则居士乡城(在今山东龙口市东北三十里乡城镇)。安期生通熟《道德经》,遵循自然法则以求长生不老。安期生师从葛仙翁,卖丹药(仁丹)于海边,人称千岁翁。张固,张固寨(今属河北广宗县北塘疃乡)人。人以为有张国(今河北邢台市广宗县、清河县),而史无张国。固,是围的古体字,四围有寨栅,出此寨寨主当俗名张固。固,异字或为国,或为果,当是以张固概称百世。张固常倒骑毛驴驮菜、卖菜,兼而用葫芦卖长生不老药,人称"道人"。

秦降越三年后,"君子里"(在今山东黄县士乡城)会聚天下贤士。君子里是越亡之后,仍属瓯越王派员驻地。《后汉书》云:"齐有士乡,越有君子里谓此。"时有义士徐市、张良在君子里聚会。徐市,字君房,生于东海朐(当生于今江苏连云港市连云区东连岛村,一云在今赣榆区金山镇徐福村),长于甬东(今浙江舟山市定海区临城街道城隍头),起号徐王。徐市是为徐国末代隐王章鱼第十三世裔孙,其先祖辈初仕越为酿酒匠,祖传有独特的酿酒技艺,至曾祖父辈仕越国为大夫,其父为瓯越王大夫。徐市为瓯越王摇居吴中摇城时的旧友,初始当亦为东瓯国大夫。张良,字子房,客居下坯(今江苏睢宁县西北古邳镇东)。张良之父辈有,齐国张生教田骈以圣人之道;魏国张仪师鬼谷子为游说士仍相魏。《史记·留侯世家》记:"留侯张良者,其先韩人也。大父开地,相韩昭侯,宣惠王、襄哀王、父平,相厘(釐)王、悼惠王。悼(桓)惠王二十三年(前252),平卒。卒二十岁,秦灭韩(韩王安亡,时为前230)。良年少,未宦事韩。韩破,良家僮三百人。弟死不葬,悉以家财求客刺秦王,为韩报仇,以大父、父五世相韩故。"徐市与张良曾在淮阳学习礼法时是同窗好友,则徐市、张良二壮士连以字号首字具名,即"君子",则针对秦始皇的君子行动计划便自此开始。张良决定集家童三百,刺杀秦王。《史记·留侯世家》记:"(张良)东见沧海君。得力士,为铁椎重百二十斤。"而徐市则以为昔荆轲刺秦王失至交臂,体解殉难,绝非儿戏!

二十九年(前218)初春,秦始皇东巡,至阳武博浪沙中为盗所惊。古博浪沙北临黄河,南临官渡河,又处于咸阳到东方的驰道上,系邙山余脉,到处沙丘连绵起伏,一望无际,沙丘上荆棘丛生,野狼出没成灾,是为搏狼之地。阳和方起、张良等壮士,俯伏在沙丘低洼处沼泽地芦苇中,伺机等候秦始皇的到来。不多时,秦三十六辆组成的车队行走过来,但见前面鸣锣开道,随其后马队清场,黑色旌旗仪仗队又随后,则车队在大小官员两旁簇拥下而来。至沙丘处,车队前进迟缓。缓至伏击处,徐大力士呼啸而上,对准六驾马车便敲打,车被击瘫架,又一锤,乘车者立毙命,可非秦始皇也,始皇早已易车在四驾马车里。误击副车,其祸大,徐大力士即被秦卫兵扑倒在地殒命。张良趁乱钻入芦苇丛中逃离现场。秦始皇幸免于难,乃令搜捕凶手十日,无果而罢。张良逃匿下邳,至圯桥(今江苏睢宁县西北古邳镇东南隅)遇黄公石,告知事变原委。黄公石曰:"此不可强,倘应智取。"并授以《太公兵法》。博浪沙张良刺秦王,后有唐人李白作诗云:"子房未虎啸,破产不为家。沧海得壮士,椎秦博浪沙。"始皇东巡路经黄县(今山东龙口市),拜谒莱山庙,并祭祀"延光月主真君"。秦始皇驻跸黄县,时闻安期生卖药于海边,秦始皇闻有司报知有"千岁翁"卖长生药,秦始皇请予约见。《列仙传》记:"秦始皇东游,请见(安期生)与语三日三夜。"安期生向秦始皇讲述了当世者葛仙、张固长生不老的故事,以论仙人。安期生曰:"珠砂丹药初创,起自葛氏仙翁也。葛仙翁其先,商帝汤时,有葛伯者,(商)汤征诸侯,葛伯不祀;汤欲霸土,葛伯仇饷。周成王时,有葛由者,好刻木羊卖于市。葛由骑其木羊而入西蜀(洛带古镇,又名镇子场。位于四川省成都东山),蜀中王侯贵人追至上绥山(绥山镇。现为四川峨眉山市政府驻地)。绥山在峨眉山西南,高无极,随之者不复还,皆得仙道。故里谚云:'得绥山一桃,虽不得仙,亦足以豪。'葛仙其祖父葛庐,善辨牛音,聘于鲁,闻牛鸣,曰:'是生三犊。'果被言中,因徙居琅琊。葛仙翁居仙翁山炼丹。"秦始皇问论长寿之人,可活多少岁,安期生曰:"清河(今河北清河县)有长寿之人张固,童颜鹤发,碧眼修眉,翩翩有道。其先帝尧时,即为尧侍官,今二千岁矣。张固常往来汾(即汾河。在今山西省中部。长七百一十六公里,为黄河第二大支流)、晋(当指三晋:魏、赵、韩)间。"安期生所谓张固二千岁之岁算,是按帝尧时的侍官张果封国始至于张固,是指张国的概岁,而史无张国之记述。秦始皇曰:"张固(国)老矣!"后之叙仙人张果(固)老,当是由秦始皇口中所出。始皇问人何以能长寿,安期生曰:"海上有三仙山,曰蓬莱、曰方长、曰瀛洲。蓬莱云罩之中,可常见海市,云端外,时有万马奔腾、高楼龙庭;时有七彩长虹;舟船追去,忽又不见。距海洋三千里去甬东(秦称瀛洲。今浙江舟山岛),仙山也!生芝草,仙草也!有仙人居(神仙居。当指今台州市仙居县)。再去千里曰方长(今台州市温岭市方山),此山四望皆方正,绝顶有田百亩,号仙人田,仙人在此劳作,植有灵芝、石槲,皆长生不老之药。"始皇问:"仙人何样?"安期生曰:"述生灵,空中有飞禽,地上有走兽,此皆有形之物。有有形者,必有无形。人吸入气,气无形也。物体,形物也!灵魂神物也。人死灵魂分体而曰鬼,人活体升天而曰仙。鬼食祠庙,仙不食而归天遨游。鬼可转世,仙人永生。"始皇曰:"欲得长寿,有何仙药?"安期生曰:"陛下若得长寿精药,只有炼神丹。仙翁山有葛仙翁炼神药仙丹。"始皇曰:"楚人生狡诈,越人多鬼怪。汝出东海,可有贼(海)盗?"安期生曰:"仙人不问凡俗之事。三仙山在海岛,焉有贼盗?"始皇曰:"可为朕去取仙丹?"安期生曰:"可。"秦始皇乃赐安期生金璧,度有数万金,皆持去。走时,安期生留书一封曰:"后数年,寻我于瀛洲(指浙江舟山岛)可也。"再留以赤玉舄(一种玉器)以为信物,一量为报。安期生为秦始皇取神仙丹,行前对其徒蒯通(后为汉将韩信谋士)曰:"吾此去,恐不能回也。始皇帝暴性,不可改!太上死葬,河上公不在,天下焉有不死之药?丹药也,帝尧时称雄黄;仙丹也,硫黄与汞相配,用时稍微不慎就要死人。"安期生不无惆怅,略显无奈。秦始皇同样不相信人会长生不老,只是指望人能够长寿而已。安期生去炼仙丹不久,秦始皇即要取仙丹,《列仙传》记:"始皇即遣使者徐市、卢生等数百人入海,未至蓬莱山(瀛洲),辄逢风浪而还。"中春,始皇登芝罘岛(今属山东烟台芝罘区)"巡登芝罘,临照于海"(见秦始皇《芝罘刻石》)。始皇芝罘归,又至琅琊,召徐市出,始皇责问为何不见仙药?徐市曰:"臣见海中大神(佛教徒),言曰:'汝西皇之使邪?'臣答曰:'然。''汝何求?'曰:'愿请延年益寿药。'神曰:'汝秦王之礼薄,得观而不得取。'即从臣东南至蓬莱山(当指今浙江温州市江心屿),见芝成宫阙,有使者铜色而龙形,光照天上。于是臣再拜问曰:'宜何资以献?'海神曰:'以令名男子若振女与百工之事,即得之矣。'"(见《汉书·淮南衡山列传》)始皇问:"安期生去瀛洲可曾找到?"徐市曰:"陛下,安期生在瀛洲炼丹时,时常云雾霭其顶。炼丹必取仙药之精,吾见安期生所居洞穴前处碎石满坡,用铜鼎在配仙药。"始皇拨给徐市黄金巨万,征用童男童女。始皇偏爱六字数,则征用三千名的童男童女。征童男童女,在当时当地造成一片恐慌,有以为是拿活生生的儿童去祭海神,遭到当地民众的极力抵抗。《琅琊台志》有"石马开口"的故事,记述要不想被征,就要石马开口才行。这从一个侧面反映出当年父母与子女离散的场景是多么的令人揪心。秦有司告之民曰:"皇帝德泽四极,以民为本。家有孩童被征,免除徭役赋税,吃皇粮,另有赏。不可妖言惑众,造谣者当斩。""吃皇粮"这样的造势,就用不着强拉民童,自告奋勇者络绎于道。始皇令徐市再度出海,同意携带童男童女,及工匠、技师,谷物种子和大量珍宝。徐市先后实际征用到的童男童女是二千名，可配备四个旅的人事军力，再将童男童女运集在千童祠（即今河北沧州市盐山县千童镇），准备出海。徐市起程点在徐山（在今山东青岛市黄岛区西南），当年有部分病弱成员在山东崂山落籍，后传劳姓、崂姓。徐市，又记徐福，《寰宇记·诸城县》记："始皇令术士徐福入海求不死药于蓬莱、方丈山，而福将童男童女二千于此山集会而去，因曰徐山。"秦始皇征用童男童女，是为掌控海洋，意在培养海洋兵力。秦始皇将都江堰治水专家李冰之子李靖及杨磨族倕杨玃爪等调配给徐福以为将军，将越王无彊时所使用的越国大船修缮、改装，每只船头上都安装有各式各样的木雕龙头，称龙舟。五月初五（端午）日，龙舟将起航，秦始皇在新修筑成的望海台（今属山东寿光市）主持龙舟开航出海仪式，饯别徐福。州将及士人、童男童女家属等皆登临海岸观望，斯时人头攒动，万众欢腾。舟船每艘装载八九十人，其中桨桡手五十人。号令一响，十八艘龙舟犹如离弦之箭、出山之虎，奋勇争先，一往无前，这真是：棹影击破平海面，浪花势如长龙现。

三十年（前217）春，沧海君会项梁于瑶峃瀑（在今台州市仙居县步路乡战马山），但见瀑布缘壁而下，或雨初霁，则飞流溅沫，广至十丈余。项氏之先为鲁周公世家。鲁釐公申，公元前643年灭项，封次子于项，名鲁项。鲁项生叔度，叔度生叔耕，叔耕生项橐。项橐八岁，谓曰"神童"，孔子以为师。项橐裔孙项燕为楚将。项燕于秦始皇二十四年（前223）为秦将王翦随将蒙武所杀，项家居下相（在今江苏宿迁西南，即项里街道）。项燕生项超、项梁、项襄。项梁曾因有杀人罪案被捕而关押在栎阳（县治所在今陕西西安市东北阎良区武屯乡古城村），于是就请托蕲县（即今安徽宿州市南四十里蕲县镇）狱掾曹咎写一封说情的书给栎阳狱掾司马欣，因此项梁杀人的事能得免予追究。项梁假释后与其弟项伯、侄子项羽避仇居吴中（泛指春秋时吴地。当指今江苏苏州、浙江湖州一带）。

三、南挂粤地　秦败越西

秦始皇三十一年（前216）十二月，把腊月的名称改为"嘉平"，赏赐给民众每里六石米、两只羊。始皇在咸阳微服巡视，与四名武士夜出，在兰池宫遭遇盗贼，陷于窘迫，武士击杀盗贼。秦在关中搜捕二十日。时米价涨三十余倍，原来五十钱一石，即涨到一千六百钱一石。三十二年，始皇帝前往碣石，拆毁城郭，挖通堤防，留有刻石。又派燕人卢生、侯公、韩终入海绘制海图。卢生回，奏图录书始皇，以为亡秦者必胡（匈奴），试图转移秦兵海岛的目标。始皇乃派遣将军蒙恬发兵三十万人北击胡，掠取了黄河以南地区。始皇见百越有犀角、象齿、翡翠、珠玑等珍宝异物，意欲取之。三十三年（前214），秦始皇使尉屠睢、赵佗、任嚣辅之，发卒五十万为五军，一军塞镡城之领（岭。镡城在武陵西南，接郁林）；一军守九嶷之塞（又名九嶷山。今湖南宁远县南六十里）；一军处番禺之都（即今广东广州市）；一军守南野之界（治今江西南康市西南漳水南岸);一军结余干之水(今江西余干县城东门外)。因为无法运输军粮,又使监禄开凿灵渠(今湖南湘水与离水之渠)而通粮道。又在西北驱逐胡人。自榆中(当指今陕西东北部)沿黄河向东,一直连接到阴山(即今内蒙古河套西北之阴山山脉),设立了三十四个县,并在黄河岸边筑城以为关塞。又派遣蒙恬渡过黄河攻取高阙(即今内蒙古乌拉特中旗西南狼山南麓之石兰计山口)、陶山(或记阳山。即今内蒙古河套西北狼山)、北假中部(指今内蒙古河套以北阴山以南夹山带河地区),修建亭台屏障等用来隔离或驱逐戎人。迁徙罪犯,以充实到新设置的县里。发布禁令,不得任意祭祀。有明星出现在西方。

三十四年(前213),秦贬谪那些办理讼狱枉法的人,去修筑长城及戍守南越。始皇置酒咸阳宫,有博士七十人为始皇祝寿。仆射周青臣上前进颂词曰:"他时秦地不过千里,赖陛下神灵明圣,平定海内,放逐蛮夷,日月所照,莫不宾服。以诸侯为郡县,人人自安乐,无战争之患,传之万世,自上古不及陛下威德。"始皇听了十分高兴。时博士齐地人淳于越进言曰:"臣闻殷、周之王千余岁,封子弟功臣,形成分枝以为辅佐。如今陛下拥有海内,而您子弟却是平民,如果突然出现像田常、晋六卿那样的乱臣,没有辅佐分枝,拿什么来互相救援呢?事不师古而能长久者,非所闻也。今青臣又当面阿谀奉承陛下以加重过失,此非忠臣之言也。"始皇将二人之言论交与群臣议论。丞相李斯曰:"五帝治国不相重复,三代夏、商、周其治国方法没有沿袭,各行其治。这不是故意相反,而是时势变异形成的结果。今陛下创大业,建万世之功,固然不是我这愚儒所能理解的。但淳于越所言的三代之事,怎么可以效法呢?那时,诸侯并争所以要用优厚的俸禄招揽游学之士。今天下已定,法令出一,百姓当加倍努力从事农工,士人则学习法令避禁。今日诸儒生不师今而去学古,却以古压今,议论当世,惑乱黔首(指老百姓)。臣李斯冒昧死言:古者天下散乱,莫能统一,所以诸侯并立兴起,故其言论皆道古而损今,其文饰则虚言以乱事实,儒人皆以为自己所学是完美的,而用来诽谤当今皇上所建立的政治制度。而今皇帝并有天下,可以辨别黑白是非而定一尊。那些私家之学相与非议法令教化,听说政令发布,总是以他们自己的私学主张加以议论。个别人入朝廷议政则口是心非,一出朝廷则街谈巷议。这种人以夸赞其主以博取名声,标新立异以为高明,而私下里率领一群附庸造谣诽谤。这样的官场陋习如果不加禁止,则在上的君主威势就会下降,在下的臣子就会结成朋党。禁止这些之便,臣请史官将不是秦国的记载民间史书皆予烧之,博士官研究历史所需要的除外。天下敢有藏《诗》《书》、百家语者,令其悉数上交当地的官守、县尉一同焚烧。有敢于相聚论说《诗》《书》者处死,谈论古以诽谤今者灭其族。官吏知之者不报告、不处理的与之同罪。命令下达三十日不烧书的,要在其脸部刺字(即黥刑)后发配到边城去修筑长城。而不能焚毁的书,主要是医药、卜筮、种树之书。民者欲学法令,当以官吏为师。"始皇以为可行,则颁诏令制曰:"可。"

　　三十五年(前212),秦在北方开辟大道,自九原(今内蒙古乌拉特前旗东南黑柳子乡三顶帐房村古城。一说在包头市西)直抵云阳(在今陕西淳化县西北四十里前头村北),堑山土填沟谷,截弯取直大道相通。始皇以为咸阳人多,而秦国先王之宫廷小,闻周文王都地在丰,周武王都地在镐,丰、镐之间,帝王之都也,有王者气象,乃规划在渭水南岸建上林苑以为朝宫之用。先建筑前殿阿房,东西五百步,南北五十丈,上可以坐万人,下可以建五丈旗,周驰为阁道,自殿下自抵南山,在南山之顶建造宫阙。路为复道,自阿房渡过渭水,连接到咸阳,来模拟天空中的天极阁道,横跨银河抵达营室星似的。阿房未建成,如果建成,欲更择"令名"名之。在阿房之地建宫,故天下谓之阿房宫。受过宫刑者有七十余万人,被分派去建造阿房宫,或是修筑骊山。开发了北山的石料先制成石椁;砍伐蜀、楚的木材,并将运抵二地作宫室用材。时关中地区计有宫殿三百幢,关外有四百余幢。于是在东海边的朐县(在今江苏连云港市海州镇西南锦屏山侧)界内竖立石碑,作为秦国的东门,界分海洋。又迁徙民众三万户到骊邑,五万户到云阳,都免除他们十年的赋税与徭役。博士卢生游说始皇曰:"臣等求灵芝奇药,仙人总找不到,似有伤害不果。方术与人主不相合,人主应避远恶鬼,真人才可到。陛下所居若让人知之,有害神灵光顾。所谓真人,神仙也,入水不湿,入火不伤,凌驾于天,与天地共长久。今陛下治天下,日理万机,不得清静。望陛下所居外人不知,才可求长生不死之药。"始皇曰:"朕羡慕真人,后称'真人',不称'朕'罢!"始皇则令咸阳二百里内的二百七十座宫观用双道围墙与甬道连通,将帏帐、钟鼓、美女安置其内不得移动。始皇幸梁山宫,见丞相车骑卫队多,甚是不满。宫人以告丞相,丞相之后不敢。始皇以为宫人有泄密者,逮之处死。自此后,皇帝行踪无人知晓,群臣受命,皆在咸阳宫。时年,秦在南方战败,又在内地大搞建设,于是发生了严重的经济危机。卢生与侯公谋言:"皇帝刚愎狠毒,专用治狱。吾等博士虽有七十之众,只是充数,不得信用。丞相大臣只是受命。皇帝滥用刑罚,天下人怕获罪而保俸禄,故而不忠。皇帝骄横,大臣说谎,瞒上欺下。法之规定,方术不得重复,否则处死。占卜星象者三百多人,业他专政,却惧皇帝而阿谀。天下事无不决定在皇帝,故皇帝日批阅文书可用秤称。贪权知细如此,吾等不得仙药,将何以活?不如逃之。"始皇闻侯生、卢生亡逃,乃大怒曰:"吾前收天下书不中用者尽去之。悉召文学、方术士甚众,欲以兴太平。方士欲炼以求奇药。今闻韩众去(而)不报,徐市(福)等费以巨万计,终不得药,徒奸利相告日闻。卢生等,吾尊赐之甚厚,今乃诽谤我,以重吾不德也。"始皇则令坑杀咸阳谓方术者,这就是秦始皇"焚书坑儒"之说。始皇长子扶苏谏曰:"天下初定,远方黔首未集,诸生皆诵法孔子,今上皆重法绳之,臣恐天下不安。唯上察之。"始皇不听,还以为卢生等人是东海外越海盗们的间谍,则迁扶苏北去上郡以监蒙恬修长城。秦始皇"焚书坑儒",实际坑杀的是方士卢生、侯生等替秦始皇求仙失败后,私下谈论秦始皇的为人、执政以及求仙等各个方面,之后携带求仙用的巨资出逃者。秦始皇不得长生不老药,迁怒于方士,下令在京城搜查审讯,抓获四百六十人并全部活埋。秦始皇建阿房宫处罚罪人,及求长生药而坑杀拐骗的方士,刑罚与错杀了许多人。

秦尝捕亡人,南挂于越(当时是泛指:于越,今上海市区域;瓯越,今台州、温州、丽水区域;越嶲,即今四川凉山彝族自治州),命将屠雎征伐。《淮南子·人间训》记:"(秦)乃使尉屠雎发卒五十五万,为五军……三年不解甲弛弩,使监禄无以转饷;又以卒凿渠而通粮道,以与越人战,杀西呕君译吁宋;而越人皆入丛薄中与禽兽处,莫肯为秦虏,相置(鲍)桀骏以为将,而夜攻秦人,大破之,杀尉屠雎,伏尸流血数十万,乃发适戍以备之。"《汉书·严安传》记:"又使尉屠雎将楼船之士攻越,使监禄凿渠运粮,深入越地,越人遁逃。旷日持久,粮食乏绝,越人击之,秦兵大败。秦乃使尉佗将卒以戍越。当是时,秦祸北构于胡,南挂于越,宿兵于无用之地,进而不得退。行十余年,丁男被甲,丁女转输,苦不聊生,自经于道树,死者相望。"秦兵进越西(即今广东云浮市),迷失山谷,且求"猢狲"(猴人)引路,却被狼犬(细犬)四袭。秦兵败越西,这是秦始皇并吞六国后闻所未闻的大惨败。

四、童男童女　佛门受戒

佛教出西域(今印度),由海路传东瓯,当在秦始皇统一中国初年(前211)。"西域有化人来,能出入水火。王(指自称徐王的徐福)筑中天之台。"(见《浦江县志·重建龙德大雄殿碑》)秦始皇二十九年(前218),徐市已受佛法,并告知始皇邸夷之地(指今浙江舟山岛)有"佛",征童男童女学佛法,以东征海洋。秋,徐市转运的二千名,中有二百名在沿途滞留,实一千八百名到得祖洲(徐姓人称祖洲,亦称翁洲。因为自徐国末代王章禹以后至于徐福有十三世皆居此,故称。祖洲,秦始皇封称瀛洲,东瓯国称甬东,即今浙江省舟山市)。徐福在祖洲严厉管教童男童女,而他人称徐福"阎浮",号其名曰"阎王",即"徐阎王"也(徐阎王与徐偃王,同音字异,一记徐偃王。而东瓯方言,阎,念作"nian"。此记偃王庙,当是阎王庙。民称徐福为"阎王",阎与偃发音同yan。阎王之称,后世误成偃王,此历史乌龙事件,造成了范氏东瓯王的历史时段被湮灭,东瓯旧地诸多地方史说皆讹误)。阎,指同一里巷人,此谓同出一个地方;浮,与福同一音,本指浮海而来之人,取此名本无恶意。童男童女到达甬东,皆剃度。且见化人(当是佛教传中国的首位佛教大师)作幻化之术:人能进入水火之中,悬在空中不会坠落,魔技千变万化,无穷无尽。童男童女于是接受教练:练棍棒、绊竹杠、倒骑人、攀悬崖、登竹尖、上刀山、过火海、跳高竿、跃八桌、打洋山等。据《仁王护国般若波罗蜜多》记:"如是我闻。一时佛住王舍城鹫峰(灵鹫峰。在今舟山市普陀区普陀山普济寺北)山中。与大比丘(大将军)众千八百人俱。皆(称)阿罗汉。"沧海君亦在灵鹫山,《海龙王·请佛品》记:"海龙王(即沧海君,后封东海王,又称东瓯王)诣灵鹫山,闻佛说法,信心欢喜,欲请佛至大海龙宫(当指今浙江省台州市三门县蛇蟠岛)供养,佛许之。"佛教导人向善。

佛,"秦言知者","使众生觉悟",行为是"不正而使其正义",佛与福音同,故此后称徐市为徐福,亦即徐佛也。

徐福称给秦始皇采仙药而要带走的童男童女大部分是徐姓人,这在宗族内部震荡开来。徐市叔父徐延,知徐市将反,遂追至东海祖洲。徐延斥徐市曰:"尔此行灭族焉。海洋无涯,尔造孽不浅。"徐市曰:"东瓯有平原广泽(即今台州市温黄平原。位于浙江省东部,椒江干流南岸、楠溪江以东、乐清湾以北,东部和东南部濒临东海),可开垦百万亩良田。吾为天道,普渡众生而已。"徐延劝告无果,乃返,令其曾孙隐居洪都(今江西南昌市),自与子徐坚匿居南洲(今安徽当涂县)。《南洲·徐谱》记:"徐仲公,为徐偃王二十六裔孙。仲生二子,长讳长,次为延,延即尚也。长生猛,猛生咨与福,福率族人入东海祖洲,尚知福(市)将反,遂令其曾孙隐居洪都,该不及避,令其子坚隐居南洲,自此寄居南洲。"童男童女在普济居寺(现名"普济禅寺")受沙弥戒,时日,云海中佛光(日晕现象)惊现。姑娘嫂(本指姑母,今台州市方言仍称姑母为姑娘。当时指称的姑娘嫂,年龄应该是在十八岁至二十岁的已婚而成熟的妇女,她们为童男童女做伴陪行,照顾生活起居,而大部分是百工技师的配偶。后文有嫂娘、姑娘嫂殿之称当亦此类)们陪伴童男童女将赴东瓯各地,地因名"短姑石埠"(在今舟山市普陀区沈家门)。

秦始皇三十年(前217)春,徐福领童男童女初到东瓯,择居东瓯城鄙之地,背洋山而居,名徐翁村(即今台州市路桥区路北街道徐翁村)。修建寺院,名胜果寺(寺与院混称,或称寺院),《嘉定赤城志·寺观门》记:"胜果院,在(黄岩)县东南二十五里。"所谓胜果寺,是为佛教僧众修行的最高境界之地。童男童女游戏若能占山为王者,谓曰"打洋山"是也,山因改名徐山(在今台州市路桥区升谷寺后山,即徐翁村之北山)。打洋山,是以山下同一点出发,谁能占稳山顶者为王。童男童女在胜果寺(在今路桥区路北街道,现名升谷寺。升谷寺之讹名,缘由是原黄岩县乌岩乡木鱼山脚有吐谷尊王庙,传云:有石壁小洞在天天流出谷,小和尚嫌出谷不够而用捣楮捣其洞口,结果被洞口堵死,再不出谷。后人将这一故事搬到胜果寺,错讹了历史的真实。今日本僧人追寻的修行最高境界之地因而被埋没),神话天下大雨,谷不及收,嫂娘们念叨,徐王上楼支开木窗,乃晒谷之地顿无滴雨。徐王养二狗,嫂娘们念叨何以为养?王命其不食,狗伏地后,白狗成为龙山,乌狗成为鱼山,后称龟山(后今日本有龟山市是一个行政市,在三重县北部,当由此引名去),跪伏在寺前,此景每晚黄昏可见其影。徐王善挖洞,故龙山有洞穴(在升谷寺前左侧,20世纪80年代被开采,现为台州市路桥区电厂一角。其高约四米,宽三点五米,长约六十米,支洞有好几个),通向山腹。《嘉定赤城志·纪遗门》记:"(在胜果寺)地主任氏女感石精而生男,有文在手,曰'徐',因号东海胸徐。既长,窃据自号徐王。"(这段文字的记述,是为徐福在东瓯的最有力的证据。所谓徐偃王就是徐阎王无疑)

此时的东瓯城(秦称范侨乡。即今浙江台州市温岭市大溪镇大唐岭南麓的"大溪古城",现标注有"东瓯国都城早期遗址")一派萧疏景象,谓曰:"枯藤老树昏鸦,小桥流水人家。古道西风瘦马,(天边)夕阳西下。"(见元人所作《秋思》)徐王发动民力修缮东瓯城,后改名徐阎王城(后误"阎"字为"偃"字,《嘉定赤城志》记为"徐偃王城")。斯时的东瓯城,《嘉定赤城志·纪遗门》记:"(东瓯)古城在(黄岩)县南二十五里大塘岭东。外城周十里,(城墙)高仅存二尺,厚四丈;内城周五里,有洗马池、九曲桥。故宫基址崇一十四级,城上有乔木可数十围。"但见白墙红瓦,雕龙抱柱,其殿宇宏伟壮观,其大气与豪华,望之使人神态不觉悚然,威武之感油然而生。

东瓯平原广泽呈缓坡状向东海延伸,丘岗地带,山麓前沿有大片土地与湖泊群,山屿星罗棋布。《史记·淮南衡山列传》:"徐福得平原广泽。"徐福到东瓯后于南山善法寺(在今路桥区螺洋街道南山村)前大片平陆处,开垦良田以成泽国(今温岭市泽国镇)。《三国志·孙权传》记:"亶(臺)洲在海中,长老传言秦始皇帝遣方士徐福将童男童女数千人入海,求蓬莱神山及仙药,止此洲不还。世相承有数万家,其上人民,时有至会稽货布,会稽东县人海行,亦有遭风流移到亶洲者。"《嘉定赤城志·纪遗门》记:"城东偏有偃王庙(阎王庙)。"

秦兵驻余干(即今江西余干县),始皇采用丞相李斯谏言,封土著头人吴芮为鄱阳令。时吴芮年二十八岁,统领一万七千兵,兵驻鄱阳、余干、浮梁,守卫要道或防闽越难民拥入。此前也,吴芮为吴王阖闾叔父季札第十二世裔孙(另一说吴芮是吴王夫差之后,吴芮的远祖父吴阙是吴太子友长子,待考)。越王勾践杀吴王夫差,吴王族四散避难,南溃过休宁(属今安徽),隐匿瑶里、九龙、金竹山等处居(此上地名今属江西景德镇市)。楚考烈王十五年(前248),吴芮父亲吴申因谏议被贬官居鄱阳(指今余干县善乡龙山南麓,今名社庚乡)。吴申是为制酒,又善治病。徐福以游医之名到访吴申,吴申乃荐与二子交为友。吴申对吴芮曰:"徐市(氏)乃徐偃王之后,隐王失国,亡居甬东。先祖曾为太子鸿(吴王夫差后立太子)医。"徐福与吴芮茶叙,吴芮举《吴起兵法》注论:"图国""料敌""治兵""论将""应变""励士"六篇,徐福大加赞赏。吴芮曰:"祖辈留有'太衍水'流域图(即《昌江河旧图》),靠此图在此建城,发展渔业,开通航运,栽种芮稻,自给有余。"吴芮给徐福介绍其弟吴筵,吴筵因长期采药打猎,练就一身好武艺、好箭法。吴筵从旧部挑选十几个能医、善猎、有武艺,还会制陶、会种植药材的青年随徐福而去。徐福访问吴芮回来后,将童男童女一律改装,穿吴服(今日本和服的前称),以方便行走与如厕。童男童女在东瓯,人称"小猢狲"(东瓯旧地一般指人在少年时期的概称,一直相沿至今),阎王徐福请以吴筵为教头,领小猢狲们在东瓯的高山密林中吊悬崖,采仙药(今称吊船岩的峰岩,凡有铁环穿孔过的就应是童男童女为秦始皇采仙药留下的历史印迹)。

徐福将部分童男童女转运到"雪川",雪川,四象之山来水急,故名。登岸处白沙湾,因名其主山为"送来山"(即今浙江象山县松兰山),是谓小猢狲们被送达目的地之意。童男童女在雪川滩涂上筑土遏水,水缓入河塘,则名陈塘(陈塘古名地址,在今象山市建设路与新华路间大目涂后,大目涂其出海河径,今名大目湾)。徐福组织童男童女在"深山木阴沮洳之地",悬索崖壁(今浙江丽水市、温州市、台州市称"吊船岩"的地方,大多有童男童女为秦始皇采仙药的印迹。有多地称吊船岩处存有铁环,为20世纪50年代"大跃进"时被拆除,用于大炼钢铁)或射箭采集到的杜仲、白芷、蕙草、岩兰草(一名岩竹)、石上柏(又名还魂草、长生草、见水还)、石斛枫斗(一名铁皮枫斗、万丈须、吊兰,谓曰"救命仙草")等高山药物掺入陈皮(橘皮)、茯苓(菌类)、牡蛎(水产类)、滑石(矿物类)等制成粒丸上贡秦始皇。《海内十州记》:"(将高山药物)于玉釜中煮,取汁,更微火煎,如黑饧状,令可丸之。名曰惊精香,或名之为震灵丸,或名之为反生香,或名之为震檀香,或名之为人鸟精,或名之为却死香。一种六名,斯灵物也。"(以上描述的药物名,当是指现今日本的"仁丹",中国的"檀香""风油精""藿香正气水"之类)徐福居蓬莱观(位于今象山市蓬莱路),后有唐人作《蓬莱观碑》记:"此秦徐福尝游止之。药灶残踪,丹井泉在观右焉。"又《炼丹山井亭记》:徐福"憩兹筑庐,凿井以观焉"。沧海君为徐福调兵遣将,以李靖为陈塘关总兵,遣杨獶爪到东瓯城管理马厩。东瓯夏时酷热多雨,冬季湿冷邪寒。徐福要在东瓯养战马却是件烦心的事,要养一群马,马未养壮,便被瘟倒一大片,而要养好马,得在马群中置一母猴,用母猴的月经血泼洒到马的草料上,马吃了,就可以避马瘟。徐福封貌相似猴人的杨獶爪为辟马瘟司职(《西游记》引称弼马温)。杨獶爪本蜀人,《华阳国志·博物志》记:"蜀山(指四川岷山)南,高山上有物,如猕猴,长七尺(古所谓七尺男儿,当为今一点六八米高),能人行健走。名曰猴獶,一名化,或为锻獶。同行道,妇女有好者,辄盗之去,……为室家,……有子者,辄俱送还其家,……及长,与人无异,皆以杨为姓。"獶爪管理马厩(《嘉定赤城志》记:东瓯城有洗马池,即此),猴常出内厩,獶爪呼其名即归之;集训之时,群猴成例,整齐有步法;遇贵人,双手作揖为礼。人问:"猢狲何以识人言语?"曰:"猴乃兽,实不解人言。时时饲以灵砂(古代道者用朱砂作原料炼成的丹药),变其兽心,然后可教。"

秦始皇三十一年(前216),童男童女在雪川隐迹练兵间,常去相思岭(今象山市大徐镇相思岭村)祈祷,嚷嚷着要回琅琊去。徐福许诺童男童女们到"琅琊",于是转送到太末琅山(在今浙江金华市婺城区琅琊镇,镇所在地名琅琊徐村)。"琅琊徐"因琅琊郡的童男童女到来镇守而得名。琅山,红岩叠石,素以岩山俊秀,清溪逐流而著称。白沙溪(此名与今象山市白沙湾对称而名)旁屹立着凌空笔竖岩,巨岩峭壁间镶嵌着数百个奇形怪洞,童男童女就深藏在奇岩怪石之中,名"神童洞"。童男童女拦水筑偃,开垦良田,名曰"白溪偃"。琅琊徐的童男童女常被拉练至于六洞山地下河(在今金华市兰溪市。称六洞山地下长河)去体验"地府"生活。舟行地下河,宛若游地府,地府有阎王殿(现为"国王上座"景点),是为"阎王小鬼"之洞穴仙境。童男童女入地府,且见夜游(一名燕蜂,学名蝙蝠)满洞飞,令人恐怖,不禁牢骚满腹,"言去天堂,怎入地府"。徐福曰："我不入地狱,谁入地狱? 只有入地狱,方可上天堂。"徐福要训练一支夺取东海诸岛的海上军事力量,以徐先(仙)为将军,规划在龙丘(在今浙江衢州市龙游县)凿石为室,以强化对童男童女们水上、陆地军训。

秦始皇三十三年(前214),秦会稽郡守冯去疾被调令入咸阳为秦御史大夫,列公卿位,殷通接任稽郡守。此前也,秦得会稽,但未尝南得闽中,《越绝书》记:"秦始皇并楚,百越叛去。"时年,秦征百越,番禺为赵佗所降;任嚣降桂林、象郡。屠雎居余干,封住了闽越人的北逃之路。二十万秦兵挺进武夷山,闽越降,秦贬无诸为闽中君长。百越之地大多已降,秦设四郡:桂林、南海、象郡、闽中郡。徐福到得"东海龙宫"(位于今浙江三门县蛇蟠岛。蛇蟠岛古名蛇盘山),龙宫洞口向天,水帘直挂遮门闭户,洞内曲径通幽,里面宽阔,能容得千百口老小居住。陈塘关总兵李靖三子哪吒护侍阎王徐福游东海龙宫(徐福到过龙宫,今蛇蟠岛有一洞厅还显示着隔壁"福"字倒过来通过小洞投射的水影,尽管是今人凿刻在隔壁石壁上的字,但人们还是以为神奇)。哪吒要看"明珠"宝物,却被阻止。哪吒在陈塘九湾河(现为象山市赤坎水库)游泳,被"巡海夜叉"李艮欺负,哪吒不慎杀死了李艮。哪吒被捉拿时,却淡定吹箫,而箫声凄凉,遂剖腹自杀。徐福按"佛"说法,定调剖腹自杀是军人最高的荣誉证明(后引为日本武士道精神)。

秦始皇三十五年(前212),龙丘石窟告成(中华网《地球上神秘莫测的十大奇迹存在》一文载:"龙游石窟位于浙江,这些人造地窟可以追溯到公元前212年,是至今世界上最大的地底人造建筑。"),以徐先(仙)为将军坐镇。龙丘石窟处于衢江(属今浙江龙游县。现称龙游石窟)北支流以北,徐福依靠秦始皇给予的财力,发动民力,历三年功成。"凿石为室,以祠偃(闽)王。"(见《龙游县志》"徐偃(闽)王庙碑")石窟紧挨临江,布局呈北斗七星的状,洞穴内气势恢宏。进门石窟抬头处,可见猫头鹰对水鸭的意境图(有人解读是"马、鸟、鱼")。猫头鹰本名枭,或名鸮,俗称福鸟(是为今称的日本吉祥物),代表着吉祥和幸福;鸭子属水禽,代表的是健康与自由(游)。衢江有练湖(一名莲湖)以肄舟师,但见湖沿大船排列无数,竞渡时,百舸争流,奋楫者先。而洞穴生活是幽冥世界,童男童女横陈地上睡觉,腥秽之气难闻,又有夜叉举松明巡查,其形象鬼缠身似的,于是号称"小鬼"。童男童女皆有绰号,秃头之人,称秃头鬼;机智之人,称机灵鬼;灵活之人,称伶俐鬼;少年白发,称白发鬼。为适应东征海岛,童男童女其划舟比赛(民间赛龙舟当源于此)是为重要课题,他们饮雄黄酒去邪气,举菖蒲作宝剑,以艾条作鞭子,用大蒜头作锤子,在练湖竞渡。童男童女过炼狱般的生活,因而人称他们是"鬼子兵"。"鬼子兵"在童坛山(在今龙游石窟)旁旷地贯弓挺戟,往来驰骤;在洞穴内模拟船底生活训练,以适应东海远航。

秦始皇三十六年,秦在东瓯翁岙办安济寺(现称普济寺。在今台州市温岭市大溪镇翁岙村。据今寺院住持言:"唐朝整理寺院,有断瓦残片'普济寺,徒众五百人'字样。"唐朝光化二年(899),寺名安济寺,常住僧众五百多位,山门建在翁岙桥头虎山口。《嘉定赤城志·寺院门》记:"普济院在(黄岩)县南五十里,旧名安济。")。徐福以佛的名义精进(佛学用词。意思为努力向善向上者)五百名沙弥小和尚们,还就黉学(培养文化),授比丘戒(即八戒:一戒杀生,二戒偷盗,三戒淫,四戒妄语,五戒饮酒,六戒香华,七戒坐卧高广大床,八戒非时食),称五百罗汉(亦称五百比丘)。《妙法莲花经》记:"尔时五百罗汉,于佛前得授记已(忆),欢喜踊跃,即从座起,到于佛前,头面礼足,悔过自责。世尊我等常作是念,自谓已得究竟灭度,今乃知之,如无智者。所以者何。"所谓十大金刚,五百罗汉皆被起佛号名(在中国宋朝的佛经中著名甚详。《西游记》中人物悟空、八戒之名皆源自童男童女受戒后僧人的称呼。孙悟空是狲人悟空的意思,猪八戒是诸位受过八戒的人)。《佛说阿弥陀经》记:"(你们)皆是大阿罗汉。众所知识。"五百小和尚们穿吴服(即和服)、系背包、持短棍,口念"阿弥陀佛",准备上路了,他们要到"极乐国土。成就如是,功德庄严。复次舍利弗"。小和尚们在东瓯诸地已经有着八年的习佛,他们经雪川垦田、龙丘练航、徐山争王、翁岙习文而历练成军,他们具有了东海远征的强健体格,一支强健的东海远征军,准备着去占领东瀛。

五、君子行动　始皇亡命

秦始皇三十六年(前211),秦在南方兵败越西。银河系中心区域,有一颗流星坠落在东郡(今河南濮阳市西南十六里故县村),至地称陨石。有黔首在陨石上涂写"始皇帝死而地分"。始皇听闻有这事,就遣御史逐一查问以捉拿涂写之人,但无果,则将附近的居民全部处死,又用大火焚烧销毁了这块陨石的面部字迹。始皇闷闷不乐,令博士创作《仙真人诗》,当作以后巡游天下的时候,以令乐工演奏歌唱。秦始皇坑杀术士,原来的六国旧贵族不甘心,相应联手谋杀秦始皇暗潮涌动。沙门室利房至,始皇以为异,因之夜有金人破户以出,是为西方佛教徒始至中国也。秋,使者从关东(今函谷关或潼关以东地区)夜过华阴平舒道(今陕西华阴市西北六里),有人(时佛法已传中国,此当是佛教徒施展的隐身法)持璧遮使者曰:"为吾遗(送)滴池君(水神。在今陕西西安市丰镐村西北洼地一带)。"因言曰:"今年祖龙死。"使者问其故,因忽不见,置其璧去。使者奉璧具以闻始皇,始皇默然良久,曰:"山鬼固不过知一岁事也。"退言曰:"祖龙者,人之先也。"则使御史去检查这块璧,这璧竟然是始皇二十八年巡行长江时祭江神所沉祭的那块璧。于是占卜,得卦象以为巡游,迁徙是为吉利。秦迁咸阳住民三万家到黄河以北的榆中(指今陕西东北部)去居,赐加每户一级爵位。稍晚,秦仆射淳于越因反对秦始皇焚书坑儒,又为扶苏代言,泣血上表,招来杀身之祸,被革职回黄县,为李斯监斩死。三十七年春,赵高引领一相卜者觐见始皇曰:"陛下今年知天命(秦始皇时正五十虚岁),为皇白发正年少。昔黄帝败蚩尤年五十,谓年少;姜子牙七十岁而相周,谓不老。"始皇曰:"朕体老矣,能有不老之术? 卢生坑蒙拐骗,何有长生不老之药？徐市费朕以巨万计，亦不知如何？"相卜者言："天下之大，仙药的确有也，而非长生，但可延年益寿。贫道以为，今年陛下理应东巡。前游泰山以祭天，今游会稽、琅琊以祭海。"始皇乃准备第五次巡游。秦始皇出游，冯去疾以右丞相留守咸阳。秦在洞庭湖制造的"籍柯"船队成列。十月癸丑日，始皇帝出游，左丞相李斯随行。幼子胡亥爱慕出游请从，始皇答应同去。十一月，始皇行至云梦(今湖南省洞庭湖。唐朝孟浩然诗云："气蒸云梦泽，波撼岳阳城。"秦始皇时，亦称竟陵泽，时无洞庭湖之地名称)，驻跸于洞庭湖，登观楼台南望，遥祭虞舜九嶷山(今湖南省宁远县南六十里)。

秦始皇在观楼台观摩"籍柯"下水，鼓声敲起，乐声悠扬，楚越之地民女翩翩起舞，观楼台因又名"乐扬楼"，后改名岳阳楼。"籍柯"船队两翼百舸排列而浮江，用七彩缎匹制成锦帆挂在船上，遇风时，船可乘风张帆，顺风而行，无风时，就用五色锦缎拴住船上的殿柱让人牵着往前拉。船队见首不见尾，浩浩荡荡地在长江上行驶，但见：弘舸连舳，巨槛接舻；光照诸侯，风流籍甚。船队至于鸠兹(今安徽省芜湖市)停泊。秦始皇一干人接而从陆路渡海渚(或谓江渚，一名牛渚，即采石矶也，位于今马鞍山市西南翠螺山麓)，过丹阳(今安徽当涂县东北五十里与江苏江宁县相连的丹阳镇)，至钱唐(今浙江杭州西灵隐山下)，临浙江(今钱塘江)。会稽郡守为秦始皇东巡准备了经过改装的豪华大翼船，缆锚于宝石山下(即今位于杭州西湖北侧的宝石山。今尚有"秦始皇缆舟"之景)。秦始皇准备用船东渡南海(指今钱塘江)，但见水波浪汹涌，乃西去百二十里从狭中渡(今桐庐县窄溪镇)。始皇上会稽，祭大禹陵(秦始皇祭大禹陵，当年的地方官是会稽郡守殷通，而沧海君摇毋余当应该作为大禹的后裔在场)。大禹陵总是俎豆千秋，玉帛相接，清庙巨丽，祭祀绵亘。始皇登天柱山(即今浙江绍兴市城南平水镇秦望山)，俯瞰东海涌潮后，命丞相李斯手书《会稽铭文》。其文曰："皇帝休烈，平一宇内，德惠修长。三十有七年，亲巡天下，周览远方。遂登会稽，宣省习俗，黔首斋庄。群臣诵功，本原事迹，追首高明。秦圣临国，始定刑名，显陈旧章。初平法式，审别职任，以立恒常。六王专倍，贪戾傲猛，率众自强。暴虐恣行，负力而骄，数动甲兵。阴通间使，以事合从，行为辟方。内饰诈谋，外来侵边，遂起祸殃。义威诛之，殄熄暴悖，乱贼灭亡。圣德广密，六合之中，被泽无疆。皇帝并宇，兼听万事，远近毕清。运理群物，考验事实，各载其名。贵贱并通，善否陈前，靡有隐情。饰省宣义，有子而嫁，倍死不贞。防隔内外，禁止淫泆，男女洁诚。夫为寄豭，杀之无罪，男秉义程。妻为逃嫁，子不得母，咸化廉清。大治濯俗，天下承风，蒙被休经。皆遵度轨，和安敦勉，莫不顺令。黔首修洁，人乐同则，嘉保太平。后敬奉法，常治无极，舆舟不倾。从臣诵烈，请刻此石，光垂休铭。"秦始皇一行人回还，想从连山之南(即今杭州市萧山区湘湖景区湖北之山，亦称青山张)"欲置石桥渡浙江"未遂。《越中杂识》记："连山在萧山县西长冈九里，北至定山。始皇欲造石桥渡浙江。今岗有石柱数十，列于江际。世称始皇驱山塞海。"始皇途经余杭(余杭镇。治今浙江杭州市余杭区辖镇)，立为县。

过吴县(指今浙江湖州市)、吴中(时为会稽郡治。今属江苏)。秦始皇在吴中阳山(一名秦余杭山。又名万安山、白磻山。在今江苏苏州市吴中区西北三十里),闻阳山为吴越之战时,吴王夫差被围困而自杀之地,即向阳山射一箭,以示射破王气,箭头射中的山峰,后名箭阙峰。秦始皇并海上,航海至于琅琊。《越绝书·记地传》云:"秦始皇帝,以其三十七年,东游之会稽,……正月甲戌到大越,……取钱塘浙江'岑石'。石长丈四尺,南北面广六,西面广尺六寸,刻丈六于越东山上,其道九曲,去县二十一里。是时,徙大越民置余杭,伊攻□故鄣(□,缺字。故鄣,今浙江湖州市安吉县)。'因徙天下有罪适(谪)吏民,置海南故大越处,以备东海外越',乃更名大越曰山阴,已去。"(秦时,"海南",也称"南海",《史记》称杭州湾一带南边为南海,并非后之海南岛)秦将"大越"的越人迁往已经华夏化的"故吴地",迁华夏人填补"大越"故地。外越是海上越人,启用华夏人守山阴,自可拒外越于海外。天柱山,因为秦始皇望海,改名秦望山。秦望山旁有鹅鼻山,因为秦始皇刻石立碑,改名刻石山。秦始皇于秦望山南望,会稽郡守殷通曰:"此山南为乘舟(嵊州)之地。再南向山高林密,岩障千重,如上天之台(指今台州市天台山)。再南向沧海茫茫。"

三十八年(前209)二月,始皇至琅琊。秦始皇为了能见到"神仙"(根据西方佛影在秦朝出现的时间判断,这神仙当指佛教徒),在琅琊等待了半年。徐福给始皇带来了"仙丹"(朱砂与玉石粉末配制的混合物,本意是为了秦始皇能获得永生的),称安期生已仙逝。始皇受用蚕豆般大小的紫砂粒"仙丹",顿觉心旷神怡,暑气消解。始皇下令立安期祠(地在今山东省日照市东港区涛雒镇南)以念安期生。徐福奏告:"蓬莱仙山确实有仙药,出海时常遇大蛟鱼阻拦,故不能达,请派弓箭手同往射杀大蛟鱼,方可达。"始皇因梦与海神战,如人状。问占梦,时有鬼谷子弟子曰:"水神不可见,以大鱼蛟龙为侯。今上祷祠备谨,而有此恶神,当除去,而善神可致。"始皇乃令伴随入海者置捕巨鱼的渔具,准备连弩。秦始皇自琅琊至芝罘,大蛟鱼浮出水面,始皇用连弩射之,顿时海面皆红,蛟鱼死,遂并海西。次年,秦始皇避暑在琅琊。始皇命徐福寻找日出之地东瀛,却要占据为实。七月初秋,黄海海上海蜇(一名水母,一名藏鱼)成群出现。徐福对始皇曰:"吾无大船,恐不能恶浪中渡。"始皇遂答应给"籍柯"船队航海。秦始皇返程要去沙丘(属今河北广宗县),至平原津(今山东平原县西南五十里。为古黄河的重要渡口),身体就发生了海蜇毒性症状,即烦躁不安、胸闷气短。时上卿蒙毅(秦筑长城蒙恬将军的弟弟)建言:"高温暑日,不宜从沙丘过境,应从黑龙港(今河北省南部河道流域名)南绕道而行。"始皇听赵高议,却不听蒙毅言,使蒙毅还祷山川。秦车队行于沙丘起伏、荆棘簇丛中,到达张固寨(今属河北广宗县北塘疃乡)。张固寨东南有张固园,但见折柳樊圃,菜园一片片,数有十余亩,旁有张固井。张固井口径二围,深有三丈,井水甘凉。秦车队近至,张固倒骑毛驴驮菜,手持葫芦喝水,卫士进前讨要茶水,被引领至于水井汲水。卫士回言始皇曰:"一道士童颜鹤发,碧眼修眉,翩

翻有道,自言张固。"始皇暗中自忖:"此是否是安期生所言仙(道)人?"始皇口渴,命御
医取"仙丹"数丸,以水调饮,须臾,始皇气续脸红,长叹一声而起,如素无病者。始皇
复要"仙丹",被赵高阻止,赵高以为多用"仙丹"必有毒。

秦车队行至葛家庄(今属广宗县葫芦乡),一路沙丘起伏,始皇觉得阵阵昏眩,便
躺倒。葛家庄一群童子玩沙子扬尘游戏,唱道:"秦始皇,何奄僵?开吾户,据吾床;饮
吾酒,唾吾浆;餐吾饭,以为粮;张吾弓,射东墙;前至沙丘当灭亡!"(见《太平御览》引
《异苑》童谣。内容有"张吾弓",疑是张固作文)童子唱罢逃逸。领童子者,葛仙翁之
子葛营也。时秦始皇在车内已经药物毒性发作处于半昏迷状态,迷糊中问赵高:"童
言何意也?"赵高曰:"此班小儿在玩沙子游戏,童言无忌。"始皇恶言死,赵高欲言止。
始皇惊醒坐起,遂又倒下,其病愈重。始皇以为自己必死无疑,乃赐书公子扶苏曰:
"以兵属蒙恬,与丧会咸阳而葬。"书已封,为赵高所控,未授使者。至沙丘(在今广宗
县西北大平台乡大平台村南),始皇死,时正值七月,暑日未退,辒车尸臭。人言尚死
过六日,肺肝必腐,丞相李斯则假以诏令,从官载一石鲍鱼(即咸鱼)覆填尸中,以乱其
臭。《史记·秦始皇本纪》记:"(始皇)至平原津而病。始皇恶言死,群臣莫敢言死事。
上病益甚,乃为玺书赐公子扶苏曰:'与丧会咸阳而葬。'书已封,在中车府令赵高行符
玺事所,未授使者。七月丙寅,始皇崩于沙丘平台",始皇次子嬴胡亥接皇帝位,称秦
二世。九月,葬始皇帝于骊山。《纲鉴易知录·后秦纪》记:"(秦始皇陵)下锢三泉,奇器
珍怪,徙藏满之。令匠作机弩,有穿近者辄射之。后宫无子者,皆令从死。工匠为机
者,皆闭之墓中。"《淮南子·人间训》记:秦始皇"戍以备越,而不知难之从中发也"。秦
始皇寿五十一虚岁。秦始皇亡后,秦兵追寻"道人",道人张固被围而跳井(传:张固井
口径有二围,但腰际部口径有三围,有横洞铺设蓝色地砖通地下城),井被秦兵填埋,
后以张固井(张固井在今张固寨村东偏南一片坟场下面)名闻。

六、神仙落岛 立地成名

秦二世元年(前209)末,沧海君摇毋余,时称东瓯摇王,为庆祝胜利,在宴室山望
海馆(即今台州市临海市上盘镇雀儿岙岛。主峰陆姑山头原建有望海馆)设席宴请诸
功臣。宴室山望海馆为二间三层,其高三丈余,沿廊三湾,有楼栏、门扇,冠领群岛。
望海馆仙山楼阁状,又俗称"瑶台"。望海馆山下为海湾。群仙灿聚,但见山下海面,
鹅黄群游,飞鱼(海猪)跃飞;海滩处贝壳遍地,金光焕然,鸿雁迁翔,祥瑞之兆。《临海
记》:宴室山"(瓯)越王时,山上起望海馆,山下有湖,中有仅狞蒿、飞鱼"。望海馆东望
大海,烟霭翠蒙,排浪际天;西望海屿,风帆飞鸟,百岛似舟。摇王摆功论赏,以为精炼
丹药,炼形成气,超脱尘俗,以返三山,乃曰"神仙"。如是,则封葛仙翁、安期生、张固
(果)为神仙。三神仙者,葛仙翁为仙医;安期生为仙谍;张固为仙师。摇王以为能统
领全局战胜秦兵者可为天皇,则封李靖为"托塔李天王";封徐福为"神武天皇"。摇王

又论战功,则封杨戬为"二郎神",《封神榜》记为天界第一战神。摇王追封杨任为"甲子太岁",《封神榜》记为"破瘟司"的神。后有唐诗人白居易诗称:"安期羡门辈,列侍如公卿,仰谒玉皇帝,稽首前致诚。"封"神仙"已就,群神仙以为秦有"始皇",东瓯国就应该亦有"皇",于是诌造了一个比皇帝更高一级的称呼,则称摇王为"玉皇","玉皇大帝"称名自此来由。

摇王宴请功臣,山因留名宴室山,此宴室山与广西博白的宴石山具名相同,亦同为摇王设席宴请诸"神仙"而得名。宴室山庆功会后名闻天下,谓曰"仙山琼阁"。宴室山,因每年十月黄雀群集,入海捕食黄鱼,以为是黄雀鱼,后改名雀儿岙岛,雀儿岙,仙山矣!《临海异物志》记:"南海有黄雀鱼,常以六月化为黄雀,十月入海为鱼,则所谓雀化蛤者盖此类。"摇王对徐福曰:"一日不见,如三秋兮!"徐福曰:"谋计秦始皇用时十年,终于计到功成。徐与秦,俱出柏翳为嬴姓,国于夏、殷、周,咸有大功。秦处西偏,专用武胜,遭此衰,无明天子,遂虎吞诸国为雄。诸国既皆入秦为臣属,秦无所取利,上下相贼害,卒偾其国而沉其宗。天于柏翳之后,非偏有厚薄,施仁与暴之报,自然异也。秦杰以颠,徐翳逊绵。秦有久饥,徐有庙存。"摇王听闻此言到有点刺耳,暗忖:在徐姓人(徐福先祖)的历史上,在周反周,在秦反秦。周昭王时,竟然将周昭王在伐楚渡汉水时,将渡船脱底进水,以致昭王亡命,则使周六师尽丧于汉水。徐福还能取得秦"籍柯"船队,炫耀海洋,是大智大勇之人,人称"徐阎王",一国岂有二王? 这不免有点担忧,心想这个"阎王"不可久留东瓯。徐福在一片赞誉声中,亦自觉威高震主。"亢龙有悔,盈不可久也",徐福则向摇王提出回中洲(指浙江舟山岛)力田,摇王不允。摇王常观东方日出,眺望日出大海,海天沃日,其势磅礴,若有所悟曰:"始皇帝要徐福去寻找东瀛,占而有之。杲杲日出,太阳东升。是时候了。"徐福曰:"大王,小猢狲们在东瓯已经历练成军,愿意出征东瀛诸岛。"摇王则与徐福谋议出征东瀛之事。

摇王有七男、七女。七女,号七仙姑也。宴室山有七仙姑与会,穿羽毛衣裳,舞姿婆娑,众"仙人"愉悦笑看。七姑要嫁牛郎,牛郎者,名董永,千乘(古齐国,称千乘之国)人。七姑要结婚生子,故称"仙人下凡"。《搜神记》:"(西)汉董永,千乘人。少偏孤,与父居。肆力田亩,鹿车载自随。父亡,无以葬,乃自卖为奴,以供丧事。"董永以奴才之身随童男童女渡海到得东瓯国,为犁田牛耕之人。《述异记》:"大河之东,有美女丽人,乃天帝之子(女)机杼女工,年年劳役,织成云雾绢缣之衣,辛苦殊无欢悦,容貌不暇整理,天帝怜其独处,嫁与河西牵牛为妻,自此即废织纴之功,贪欢不归。帝怒,责归河东,一年一度相会。"牛郎董永后落居广川(古称广川国,汉属齐地。治今河北衡水市景县广川镇),广川江流密布,河道纵横,仙道谓曰"银河"。神话"牛郎织女",有天上牵牛星、织女星之说,为银河(系)所隔。每年七月七日,称七夕,俗传牛郎织女相会。宴室山上,七仙女落地存名:有七仙女礁。七仙女中有一女出嫁,六姑在焉,后成陆(六)姑山名(在今台州市临海市上盘镇雀儿岙岛)。摇王封长子贞复为彭泽王,迁回老家会稽,祀守大禹陵,占据原越王旧都地。《姒氏世谱》记:"(摇)长子贞复,隐居于越之三江(今绍兴市袍江经济技术开发区斗门镇三江村)。虽奉禹祀,隐不袭爵。生子曰纯。"其后传禹陵(今浙江绍兴市越城区禹陵乡)姒姓。摇王封次子昭襄为太子,后为东海王。摇王封四子期视,为顾余侯,始易姒姓为顾(《顾氏宗谱》记:封地在今浙江湖州市东十八里西余山,一名欧余山、升山),后传顾姓。《舆地志》记:"汉文帝(前179—157)封东海王摇之子期视为顾余侯。"摇王之妹与治理水患的杨佑(《封神榜》记名杨天佑)私奔。杨佑其貌不扬,有类猴人,摇王大怒,派人追拦。摇(瑶)姬随杨佑出逃被追迫,追兵将瑶姬关押在桃山(当指在今陕西华山区域内)。十七年后,瑶姬之子杨戬用三尖两刃刀去"桃山救母",瑶姬被救时已经是白发苍苍,不久就被晒化,由此演绎了神话"劈山救母"的故事。

葛太公在瀛洲炼丹,山名葛仙翁山(唐朝改今名黄杨尖山。在今舟山岛黄杨尖山)。黄杨尖茅篷、炼丹洞、草药坊、仙水井、放娘石、仙台寺、纯阳寺等道教遗迹皆因而名。葛太公所炼丹药,《抱朴子·内篇·金丹》记:"夫五谷犹能活人,人得之则生,人绝之则死,又况于上品之神药,其益人岂不万倍于五谷耶。夫金丹之为物,烧之愈久,变化愈妙。黄金入火,二百炼不消,埋之,毕天不朽。服此二药,炼人身体,故能令人不老不死。此盖假求于外物以自坚固,有如脂之养火而可不灭,铜青涂脚,入水不腐,此是借铜之劲以抒其肉也。金丹入身中,沾洽荣卫,非但铜青之外傅矣。"葛太公所炼制的是"仁丹"。

安期生承诺为秦始皇炼丹药,到瀛洲桃花岛白云山顶尖炼丹,山峰因名安期峰。安期生在瀛洲炼丹,是将多种植物原料与玉石粉末混合配制成"汞",放入丹炉等容器内,再经高温处理提炼、制成蚕豆般大小的紫砂粒,称丹汞,或金丹。据传,金丹为药,烧之愈久,变化愈妙,百炼不消,毕天不朽,人若服之能令人不老不死,可羽化成仙。安期峰区域以峰、石为特色,寺、洞为主体。安期峰遍山的奇岩怪石,组成一个"白家朝圣"大景观,浩浩荡荡,朝着普度众生的"观音石"前进。安期峰有寺,就是圣岩寺,是舟山千岛位置最高寺院。安期峰有洞,就是炼丹洞,本是一个天然岩洞,是安期生修道炼丹之所。安期生白发苍苍,手按巨枣(疑为南瓜),常常是呆呆地喃喃自语。安期生之后拜见楚霸王,隐居在赤松山(在今金华市金东区赤松镇)修炼以终老。安期生所炼丹药是"仙丹"。

张固在瀛洲黄杨尖山上炼丹(张固所炼之丹药,当是葛太公研制的"仁丹"),洞因名张固洞。秦始皇死后,张固躲避秦兵而来此山修道,山上有跑马岗,其南侧有仙水潭,水清甘甜,深不可测,久旱不枯,久雨不溢。黄杨尖东西两峰之间有一石坪,名棋盘石,据说棋盘石旁仙人足迹。众神仙常来此聚会下棋,纵论天下在棋乐中。人老将死,无可抗拒。耄耋之年的张固告诉弟子:"吾治黄老之术,厚自奉养生,焉不知亡所不致? 人亡归天,返朴归真,自然也!昔帝尧之葬,窾木为椟,葛藟为缄,其穿不乱泉水,其身不泄臭也。吾归天,将吾裸葬,三块石垒其上可也。"秦二世二年(前208)农历四月初十日,张固仙逝,弟子遂按张老遗愿,于其居洞之上,布囊盛尸,覆以薄土,上置三块大石头,交错相叠,形似蝙蝠,其旁有洞,后称蝙蝠洞(后学者以为此蝙蝠洞是唐玄宗时期的仙人张果老修炼之洞,非也,张固至于张果老代隔至少有三十世)。

神仙们在东瓯韦羌山大陈坑诸山中(今台州市仙居县神仙居)采药,发现了溪坑横倒的枯木上椹菇可以食用,则名"蘑菇",干蘑菇味甘,微寒,补脾益气,润燥化痰。神仙们在芥菜丛间发现菠龙菜(菠菜),曰"红嘴绿茵菠",可以养血、止血、欲阴、润燥,因名此山为药山(在今黄岩区南城街道药山村)。神仙们认为三女山(今台州市上大陈岛)有昆布、海藻,亦称是仙药。古瀛洲(甬东。今浙江舟山)是"仙人"们普度众生之地。葛太公、安期生、张固三神仙归瀛洲,占山成仙,坐地成佛。佛,是人的教导者,后称佛国,缘由即此来矣。佛学入东瓯,佛是以道学神仙们为寄生宿主,于是说"道即是佛,佛即是道"。

七、徐福东渡建日本国

秦始皇三十八年(前209。为秦二世元年,《史记》无秦始皇此纪年),徐福于琅琊告别始皇,得"籍柯"号航海船队。籍柯船初到东瓯三女山(今浙江台州市上大陈岛),其主船船高首宽,外观似楼,雕梁画栋,金玉装饰,真巍峨威武,楼船也,围观者以为天船。秦二世二年(前208)夏,"五百罗汉",将东征出航,皆配妻室(原来和尚可以娶媳妇,《鸡肋编》记:"广南风俗,市井坐估,多僧人为之,率皆致富。又例有家室,故其妇女多嫁于僧。"斯时的童男童女已经成人,从之后宋朝公布的五百罗汉全名研判,这五百罗汉全部配有妻室)。他们携带了一年的口粮,及五谷种子、银杏树、樱桃等有果实的树种。"籍柯"船队主母船可装运五百罗汉,另有六艘辅船,还有沧海君送客的"王"船,总装运将逾一千二百人数(一说是童男童女共五百人)。随者有部分是原吴国遗民,他们被黥面纹身为奴,而瓯越人大多是百工技师(这之中的东瓯康巴人祖先有的早先迁徙今中国西藏,这就为今天中国西藏人与日本人有着同样的遗传密码信息找到合理的解释)。三女山上是日雾雨晦暝,狂涛拍岸,沧海君杀白马以祭海神,祈祷东征一帆风顺,既而云开天晴,潮退浪静。

东瓯人航海大多在三女山,望北正航,就是琅琊;望南正航,就是东鳀(指今台湾)。三女山有高丽头(现名高梨头。在今上大陈岛),高丽头势镇海洋,威宁瑶海(《西游记》记:"势镇汪洋,潮涌银山鱼入祢;威宁瑶海,波翻雪浪蜃离渊"。瑶海,当指今台州市东矶列岛、大陈岛海域。传说古时今大陈岛与台州市陆地是相连接的)。高丽头有一礁,是由三女山(今上大陈岛)伸入两岛间(现上大陈岛与下大陈岛)水道的一处岛岬,称如来礁。高丽头下有观音岩,《嘉定赤城志》记:"观音岩,在(黄岩)县极东。下瞰海,有穴可坐数十人,以其中尝有光明,故名。"徐福将东征,在观音岩岩穴中举宴,八仙桌上摆九斗碗:一曰炮制麦虾,虾有龙形,故用麦粉涂身炮制,意谓航海不为"龙"危害。二曰红烧鲤鱼,意谓鲤鱼不再跳龙门而威胁航海安全。三曰五丁昌鱼,意谓航海时一帆风顺。四曰鸳鸯鸡对,意谓童男童女成双结对出航。五曰猪肉红烧,以为补肾益精。六曰清炖甲鱼,以为能补阴壮阳。七曰清蒸蛏子,以为能解烦热口渴、湿热水肿。八曰切块茭白,以为有甘冷清湿热解毒催乳汁等功效。九曰蒸煮笋干,以为能解暑热、清脏腑、消积食、生津开胃。点心是八宝饭,告谓结交八方神仙(今论日本和尚可以结婚,吃荤食与生鱼片,当源于此行东渡)。因为有了记忆,三女山成就了徐福出征海洋岛屿的生命历史,是东征山也!徐福与十大金刚、五百罗汉回不来了。

沧海君亲送徐福等乘"籍柯"船南航,水行五日到得东鲲小岛(今称钓鱼岛)。摇王望乌岩壁立处,用箭射一正着,箭头到处,岩皮剥落,遂成一圈白石,因留印记,称之"靶岛"(在今钓鱼岛列岛众小岛中。根据卫星图片,疑似在南小岛)。《临海水土异物志》记:"夷洲,去郡二千里,众夷所居,秦始皇遣徐福将童男女入海,止此洲。山顶有越王(当指瓯越摇王,即沧海君)射的白石。"《太平寰宇记》记:"(靶岛)四面是溪,顶有越王钓石在焉。"《后汉书·东夷传》云:"会稽海外有东鲲人,分为二十余国。又有夷洲(今台湾)、澶洲(当指今台州东海诸岛)。传言秦始皇遣方士徐福将童男童女数千人入海,求蓬莱神仙不得,徐福畏诛不敢还,遂止此州。"徐福领五百罗汉以金刚不朽之身和超卓智慧之志,航海至于东边岛,因名流虬(琉球。治今日本冲绳岛那霸)。流虬,流动的无角龙之意也,东穷大海,后名琉球。琉球无大君长,徐福至而称倭奴国,《通典·边防·倭》记:倭奴国在"倭国(今日本)之极南界也"。

徐福于琉球倭奴国王所居舍,其有十余间,柱子皆雕禽刻兽;其宫殿格式仿样东瓯天皇寺,白墙四围,红瓦盖顶。其居,名"守礼",以遵守诺言,慎守礼义,不与东瓯争王之意,后称首里城。首里城宫殿入口处建"守礼门",守礼门其高三丈,其宽四丈,二层式牌坊,层间嵌有"守礼之邦"匾额。徐福居流虬不几年后,发动了对北方大岛的进攻。徐福到达日本登陆地点在关西平原,《和歌山县史迹名所志》记:"秦徐福之墓在新宫町,墓前有石碑,上刻'秦徐福之墓'。""相传往昔秦始皇时,徐福率童男女五百人,携五谷种子及耕作农具渡日本,在熊野津登岸,从事耕作,养育男女,子孙遂为熊野之长,安稳度日。""神武东征"横扫日本的传说就是基于徐福登陆日本、南征北战的事迹。

秦二世二年秋初,东海大海潮,大风(即今称台风)大雨来袭,天灾也,在示秦将亡焉。人们登上丫髻岩(在今台州市永宁山上)遥望,见东征山雷电大作,"佛光"显现,于是谣传:"范侨乡升,塌东征(山)。"(此谣传传于今,改为"台州升,震东京")东瓯之民也因此产生了恐潮症(台州市民的恐潮症,在20世纪70年代中期达到高潮,传云1976年农历七月三十日,地藏王要换转肩,伴随着洪潮来袭。沿海一带居民纷纷上山下乡,寻居高山),"纷去天皇庙(今名天皇寺,在今台州市温岭市泽国镇天皇寺村),施者散金钱",以求平安。传云:东征山沉了就安旦,倘若东征山再现,范侨乡必有洪灾,则称东征山为"大沉山"(后因同音误"沉"字为"陈"字,而称大陈山或岛)。佛耶!大自然的造化奥秘神奇。徐福去焉,晋陀山隔岸对望诚有一尊海上卧佛,徐福原居处,普陀居寺香火不绝。徐福带领童男童女(佛语:"金童玉女")脱离苦海,所谓"慈航普渡,救苦救难",山因名普渡(陀)山,普陀山为"佛国"之称亦自此来由。普陀山有仙台寺,引去日本亦有仙台市。东瓯的三女山自此名东征(镇。古时征与镇字通假)山。徐福领童男童女走后,东瓯城之民立天皇庙(今名天皇寺。天皇寺原有银杏树,三人抱合不过,此树为"文化大革命"时期的1966年被盗伐。而银杏树是当今日本的护道树)。天皇山有仙人大脚印,大脚印是石头凹槽神似的脚印,比常人脚大三分之一,民以为神脚。天皇山仙人大脚印旁有"王妃墓"在焉。天皇寺中,门曰福门,窗曰福窗,田曰福田。天皇山西,陪伴童男童女至于东瓯的姑娘嫂们的集居地,"姑娘嫂殿"还尚在。徐福走后,东瓯城成为了东瓯国王城。而留置在东瓯的童男童女,后为盐民,故盐呑近地,刨土制盐,名杜呑;居盐场之西名徐家里;出岭东(今属台州市椒江区葭芷街道)建盐埠码头,名港头徐(属今椒江区洪家街道)。随徐福的有叶、鲍两将军,《嘉定赤城志·纪遗门》记:"又(东瓯城)南可五里,有叶鲍两将军庙,或谓亦偃(阊)王之将云。"叶将军者,叶公九代孙,先时,楚得越地句章,叶氏入越。鲍将军者,齐大夫鲍叔牙之世孙。徐福领童男童女航海伊始,猴人杨玃爪非要带马航渡,还"大闹天宫",被如来(即摇王)收服,成了悟空院(当在今下大陈岛甲午岩山上)。《嘉定赤城志·寺观门》记:"悟空院,在(黄岩)县东南三百里海中东镇(征)山上。……旧传有金钟一,寨官胁而取之,登舟,人钟俱溺。今水际时现金光云。"[《嘉定赤城志》]。此文献宋朝时已经成书,之后明朝的《西游记》取名孙悟空、猪八戒等名似乎采用了这一文本的说法。《西游记》中所谓孙悟空被如来佛祖在五台山镇压了五百年,则从秦二世二年(前208)到唐太宗贞观二年(628)唐玄奘开始西行,时间是936年,这实际上是狲人悟空及其后代在东镇(征)山生活了近一千年。既然有此记述,在唐朝初期,称东征山的悟空院应该还有和尚们在活动,道院主持人是个体貌如猴子的人。不知悟空的后代还是否存在?即便存在,在之后的明朝,亦被认为是海盗。呜呼!]东征山高丽头(今名高梨头)南向礁石类人坐相,称如来(当原指东海摇王。当地民称是"唐僧")礁,神似如来佛坐海拥潮送徐福出海耶;童男童女下海处,矗立礁石如长男背媳妇,肖像逼真焉(在今上大陈岛高梨头景区后猫头,从大呑里村东岭抄道下可见。当地民称是"猪八戒背媳妇",目测自海面高度约六十五米);高丽头南向右侧山腰中部有人的头部半脸像,面向东海,当是猴人杨玃爪(当地民称是"孙悟空",目测离海面高度百多米)被阻拦焉。从东征山(今下大陈岛)以观三女山,势如数匹马在海上东奔。童男童女出航后,东征山岸岩柱石海蚀成帆(现称甲午岩。在下大陈岛东侧)。南向洋旗海域的上屿、中屿、下屿,海退后,视觉效果上直面可见出海帆船之前扬旗旗杆倒合,形似门闩横档。当年船是南向出海的,送者在洋旗海岸两手合掌祈愿,口念"南抚阿弥陀佛",祝愿成功,后流传于今的佛语便是"南呒阿弥陀佛",更加佛化了。观世音普度众生去了东方;如来自此坐拥东海,成为东海王。《史记·东瓯列传》记:汉孝惠帝三年(前192)三月,"举高帝时越功,曰摇功多,其民便附,乃立摇为东海王,都东瓯,世俗号东瓯王"。

　　徐福去东瀛前,秦始皇统一中国还没有普及同种文字,不规范的齐国文字与秦国文字结合,不足部分添加了符号,到达日本之后又与日本本土的绳纹文化融合,才有了日本弥生文化。日语音读数字,"二"的发音是"ni",与东瓯方言相同,无疑,日本的部分文字最初是在东瓯的普济学院形成的。另日本还有许多含有"越"字的地名,如"越前""越中""越后",以及由此而来的派生地名如"越后山脉""越后平原"等。日本的越后妻有区域,包括日本新潟县南部的十日町市和津南町在内的七百六十平方公里的土地,是日本少有的大雪地带。起先有越后国,当初的领域包括新潟县本州部分的北部(阿贺野川以北)、山形县及秋田县,是在日本海侧连接虾夷的边境分国。日本还有上越、越前、福山、福井、福岛、福冈等地名,大多与越国之后的东瓯,及徐福的福字相关。东瓯东征山的昆布也成为了日本北海道渔民所称的长生不老药,日本樱花、银杏树又何尝不是东瓯运去栽种的。徐福娶卜氏,生有诸子,传在日本的后人取"福"为姓,如福田、福冈、福相,又有羽田等。徐福是秦二世元年(前209)冬出发到瀛洲的,次年到流虬,约在汉高祖四年(前203)成为日本天皇,是年徐福已经五十三岁。随徐福东至日本的副手吴筵,为天皇宰相。吴筵之后,成为日本皇室,其姓氏传为"吴人""吴羽""吴服""吴汉""吴汉部"等许多姓氏。日本《新撰姓氏录》记:"松野,吴王夫差之后,此吴人来我之始也。"吴姓人传后在日本,谓曰"天下第一世家"。随徐福东征的李靖,被誉为去日本扫荡群魔的天神。其后裔称"李君"、"井上"(井上有李)、"岩里"等〔当年随行者还有秦朝王室人员后裔为今日本羽田姓,齐地(国)人随行者后裔为今日本佐藤姓。再之后,西晋朝时,刘姓传日本的姓有"高桥""坂上""大藏""原田""江上""平野"等。明朝时,杨姓人到日本,转姓"古坚""山口"等〕。徐福控制了整个东海岛链,占实东瀛,藩属东瓯,概称"大东瓯"(后演化称"大东亚共荣圈",是日本军国主义时期寻找侵略中国的借口。"亚"字在越语中与"瓯"字同音"ou",但日本国民以为的大东瓯,抱持的是感恩感德)。东瀛因近日所出,故名日本。徐福被谓为第一个"天皇"。

　　徐福到东瀛,成为天皇后,向东瓯国朝贡之事可没有做到。传云东海龙王敖广追问倭王使者诸八戒(原指受过比丘八戒的诸个和尚,《西游记》引名"猪八戒")不朝贡这究竟是怎么回事? 使者曰:"道遥途远,沧海相隔。舟船常被吞没,于是不得行。"敖广曰:"船至高丽,海行半月,可至东瓯,岂为不便?"使者曰:"装船理舫,至于高丽。而高丽百国,图欲见吞,故每致稽滞。"神说东海龙王占据甬东,其徒子徒孙各拥岛屿,形成舟山,还扬言要掀风浪,震东京(称今日本京都),却被八仙张果老(当指张固)阻挡,立定海针(传云今舟山市定海由是得名)。敖广还心有不甘,用脚一踩,还是跺出个岱山(今舟山市岱山县)来,是谓:"遨游东海之蛟龙,昂首欲腾。"(见《山海经》)《通典·边防·倭》记:"(汉)桓、灵间(147—188),倭国大乱,更相攻伐,历年无主。有一主名曰卑弥呼,年长不嫁,事鬼道,能以妖惑众,于是共立为王。侍婢千人,少有见者。唯有男子一人给饮食,传辞出入。居处宫室楼观,城栅严设,常有人持兵守卫。魏明帝景初二年(238),司马宣王之平公孙氏也,倭女王始遣大夫诣京都贡献。魏以为亲魏倭王,假金印紫绶。齐王正始中(244),卑弥呼死,立其宗女台舆为王。其后复立男王,并受中国爵命。"

西晋永康元年(300),太白山麓僧人义兴被告知:"因为大师(徐福)笃于道行,感动玉帝(东瓯国摇王被神化之后在道教天界的尊称)。今大功告成,特此告辞(知)。"于是建天童寺(在今宁波市东五十里)。随后,使者(日本僧人。当是从琉球国出发)舟载两口"西渡钟"等贡品从瓯江口入,东瓯国已失名,使者被告知转送普光院寺(即今台州市黄岩区大寺基万福寺)。"西渡钟"由灵江口(今台州市椒江区外沙)入,行至潮济("苍山溪水自西来,东海潮涌至此休。"永宁江江名自潮济以东至于三江口。而今称前"黄岩县",古称"永宁县",县址在乌岩乡,即在今长潭水库库低,而永宁县县名,及永宁山称名,皆自此来由),因由舟船驳装至竹排之时,寺钟落水,在山坳(即今台州市黄岩区北洋镇灵石中学前东岙与西岙之间)打圈,一老妇用肥勺掏舀,寺钟浮游愈远,一老农(日本僧人)用竹竿方将寺钟勾得(民谚云:"寺基钟,入温州;温州不收,落台州。"西晋时没有温州、台州名,故原句应该是东瓯)。"西渡钟"落处,即建甘露寺(甘露寺于晋隆安二年,即公元398年重建,隆安三年,因天降飞石压死多人,改名灵石寺,坐落在今灵石中学内。原寺钟刻有"西渡钟"及"上古"字样,后于20世纪50年代大炼钢铁时被肢解熔化),寺成,僧者诵读《仁王经》(即《仁王护国般若波罗蜜经》。佛教传入中国后,此护国法会,在今日本相继仿行)。《仁王经》记:"他方大众及化众,此三界中众,皆来集会,坐九级莲花座。"《通典·边防·倭》记:"(徐福)东征岛国,躬擐甲胄,跋涉山川,不遑宁处,东征毛人五十五国,西服众夷六十六国,渡平海北九十五国。"另一"西渡钟"溯柔川而上建寺,名"盘若寺"(磐涅寺。在今台州市黄岩区屿头乡前礁村殿前屋。该寺"西渡钟"在20世纪60年代"文化大革命"时被移至屿头小学校区内,不知所终)。两"西渡钟"东西相距十里,联云:"晨昏钟鼓祝皇图,朝夕香苍传法宝。"《晋书·四夷传》:"倭人,在带方东南大海中,依山岛为国。地多山林,无粮田,食海物。旧有百余小国相接。至魏时,有三十国通好。户有七万。男子无大小,悉黥面纹身。自谓(吴)太伯之后。又言上古使诣中国,皆自称大夫。昔夏少康之子封于会稽,断发纹身,以避蛟龙之害。今倭人好沉没、取鱼,亦纹身以获水禽。"《嘉定赤城志·山水门》记:"东晋永昌元年(322),州司马孟诜(《隋书·经籍志》记名东海孟喜,传"易"者)以闻"。"(东征山)生昆布、海藻、甲香、矾等物,又有金漆,用涂器物,与黄金不殊。"三国(吴)赤乌年间(约243)僧人被告知徐福东征一切皆成就,则建广化寺(古称广化禅院。在今黄岩区院桥镇东鉴村)。

日本神武天皇之后血脉图谱:神武→绥靖→安宁→懿德→孝昭→孝安→孝灵→孝元→开化→崇神→垂仁→景行→成务→仲哀……按《日本天皇世系表》神功皇后摄政是在公元201年至于公元249年间,而按中国《通典》所记倭女王在位前提五年,是在公元196年至于公元244年间。徐福后传第十四世,天皇位世袭止于倭女王。按徐福生于前255年,至于仲哀天皇事年在公元192年至于公元200年间,推其约生于公元130年,时间距离是三百八十五年,传十三世,平均生子年龄是二十九点六一岁,代次年考很是合理。徐福持有的蟠龙青铜大盘(在今台州市温岭市温峤镇下望头山出土。蟠龙青铜大盘是徐国持有王权的象征)后在东瓯旧地复出,而带去日本的六鸟蟠龙纹盘,盘的口沿上蹲着六只立体小鸟,龙首的形象与蟠龙青铜大盘相似,制作方法相同(此盘为今日本白鹤美术馆藏),蟠龙青铜大盘与六鸟蟠龙纹盘是为姐妹盘(另外,公元1264年,日本皇子寒岩义伊到东瓯旧地寻祖,请在今台州市黄岩区北洋镇瑞岩村瑞岩寺中的僧人无外义远为其校正《永丰广录》,创立了日本大慈寺,是为日本曹洞宗祖庭之一)。

八、沧海君封四海龙王

秦二世二年(前208)秋冬,沧海君摇毋余送走徐福后,在东瓯新都瓯浦垟(在今温州市鹿城区黄龙街道瓯浦社区)举行朝会,是日人头攒动,瑶(摇与瑶字通假)台前有万人跪伏朝谒,场面很是壮威。化人(佛教徒)领摇王登台,祭告于天曰:"苍天在上,保吾万民安康";然祭告于地曰:"地皇担土,保吾风调雨顺。"摇王曰:"秦天下,男子疾耕不足于糟糠,女子纺织不足于盖形,欲为乱者有十家而五,天下苦秦久矣!东瓯,秦未所得,惟王业草创艰难,咸长股肱,协同心德,方能拯救民生。今开国成家,誓以山河。"礼毕,东瓯国立,摇王赐民百坛酒,与民同饮同乐。

东瓯国陆域范围:东北,至于雪川(今浙江宁波市象山市);西南,至于玉苍山(属今浙江温州市苍南县);西北,至于姑蔑(秦称太末县。治今浙江衢州市龙游县,包括今浙江丽水市区域。而东瓯国辖管的当是指今丽水)。海域所辖,沿海走向北至于琅琊(治所在今山东青岛市琅琊镇夏河城)旁东海岸所有岛屿(今江苏连云港、泰州以东片区;今江苏镇江丹徒区以东;整个今上海区域;今浙江舟山群岛及台州市东矶列岛)。东瓯中心区域设有:龙渊乡(治今丽水市龙泉市)、东瓯乡(治今温州市区)、范侨乡(治今台州市温岭市大溪),沿海北上势力范围已至于东海郡、琅琊郡。各乡有乡士,乡士称公掌国政。东瓯组织治理按周制:"乡士掌国中,各掌其乡之民数而纠戒之,听其狱讼,察其辞,辨其狱讼,异其死,刑其罪而要之,旬而职听于朝。"(见《周礼·秋官司寇·乡士》)东瓯南界有方城山(今名方山。属今台州市温岭市。当时东瓯城为东瓯王都地,故如是称),其山仙气蒸腾,四望皆方正,千仞绝壁,石累叠如城,周围十里绝壁落差均在百米以上,气势磅礴,因层峦叠嶂,绝巘壁立如城,故名方城。方城山其上有渔翁岩、石柱峰、仙人濯足滩、鸡母石、石棋盘、平霞嶂、露台石、仙棺岩、牛脊陇、水帘谷,山顶则平坦开阔,仿佛天外琼岩,空中花园,有力田耕之,号仙人田。又南,峰岩对峙,岩体跌宕,名岩宕山(今名雁荡山,土名岩山。属今温州市乐清市)。东瓯天台山,山因多悬岩、峭壁、瀑布。其绵亘于浙江东海之滨,"山有八重,四面如一,顶对三辰,当牛女之分,上应台宿,故名天台。"东瓯东镇山高丽头(现名高梨头。其由今上大陈岛伸入水道的一处岛岬)礁是为航海标识。《嘉定赤城志·山水门》记:"(东镇山)中有四岙,极险峻,山上望海中,突出一石,舟之往高丽者必视以为准焉。""高丽头山,在县(指临海市)东南二百八十里。自此山下分路,入高丽国。其峰突兀,宛如人首,故名。"

东瓯国回浦乡,湖沼之间,三面回浦,九曲回舫。《临海记》:"郡北四十步有湖山,山甚平正,可容数百坐,民俗极重,每九日菊酒之辰,宴会于此者常致三四百人。"《太平御览》记:"章安(即回浦)古城北有风景优美的大湖,曰章安湖。湖侧有山,山顶平展,可容三四百人相聚,每逢秋日重阳,郡县长官、文人、士子相聚湖山,行乐优游。"

摇王广罗人才,接待四方亡国来客,亦必礼之。《国语·越语上》记:"其达士,洁其居,美其服,饱其食,而摩厉之于义。"结果是"四方之民,归之如流水"。东瓯国(时指今台州市、温州市、丽水市区域)初时人口仅十余万众,摇王又收留六国难民数以万计,又接收秦始皇向会稽郡移民十五万中的部分,人口激增至于二十万余众。东瓯已有八个姓氏文明进入,姓氏宗族出现。范蠡建东瓯城,范是为首姓;任姓人居小稠(即今台州市路桥区桐屿街道小稠村)筑城堡矣;东瓯摇王族本姒姓;徐姓人居徐翁(今路桥区徐翁村);葛姓人居葛山(葛岙。今属黄岩区南城街道);梅姓人居梅安(今温岭市大溪镇梅安村);叶姓人居都�(在今温岭市大溪一带);马姓人居马家山(今属台州市三门县海游镇)。《吕氏春秋·恃君览》:"百越之际,敝凯诸:夫风,余靡之地;缚娄阳禺,欢兜(乐)之国。"东瓯国经济作物种类多,以豆为主,干姜为有名,特产是橘子、柚(文旦)。《三国志·吴书·孙权传》记:"(东瓯)世相承有数万家,其上人民时有至会稽货布,会稽东县(在今浙江绍兴市平江镇与稽东镇之间)人海行。"东瓯国之民,男女蓄发,盘结头顶,名为"椎髻"(根据《顾氏族谱》提供的东瓯国摇王图像亦如此装扮),成年男子则"剪发纹身,错臂左衽"(见《战国策·赵策》)。曰"剪发纹身",因为鳄鱼常在水中,故以像龙子,不见伤害;谓"错臂左衽",即将右衣襟压在左膀上,以方便顺手渔猎)。《杨子·法言》记:"昔者姒氏治水土,而巫步多禹。"东瓯国民从事渔猎、农耕,擅长金属冶炼、水上航行。东瓯地处沿海,黏土地滑,赤足行走者多;溪坑、湖泊众多,人好凫水(游泳)。《韩非子·说林上》记:"越人跣行。""越人善游。"《史记·货殖列传》记:"(东瓯)其俗剽轻,易发怒,地薄,寡于积聚。"东瓯之地将吴侬语与原始蛮人语言交融,产生了区域方言。我,称"瓯"(此音准为今上海大部分地方方言使用),亦称"阿拉"(此复字为今浙江宁波市方言使用);什么东西? 称"更仏";开水称"茶",以为茶道源自东瓯。那么多的"蛮话",融进了之后的吴越地方方言,转化成了温馨词。如:"蛮头",晚上称为"蛮头";馒头也叫"蛮头"。"蛮杀割",指有本事的人,或很厉害的事。"畲龙"称能干的人等。东瓯国道仙佛学始兴,洞天福地于是邦盛,然必有灵区异境,而后宅焉;道者盛,仙境多,是谓古佛国之地也。仙人洞府皆有长生不老药之说,《嘉定赤城志·人物门》记:"台(东瓯国),古仙佛国也。"《史记·封禅书》记:"天下名山八,而五在中国,三在夷蛮。"东瓯是"福国",后引"佛国";"福地",是为中国"神仙"的起源之地。《嘉定赤城志》记:"台,古仙佛国也,其多释与道。"《枕中书》记:"吴越及梁益风气清真,故多仙人。会稽东南为天路所冲,阴长生为地肺,真人九华山真宰治厦盖山。"东瓯虽然地狭,而周礼必备,寺庙盛行。

东瓯在秦王朝失控区域,有着沿海岛屿、沿海岸城镇的相对控制权,这就催生了海洋观。摇王封三子敖广为东海龙王,居海中岛(当在今浙江三门县东三十里蛇蟠岛。现有名为海盗村),占据东南沿海诸岛屿。摇王封五子敖钦为南海王,长驻南海(指今广东及海南岛地域),建西瓯(即今广西及广东部分)国,占据越西(此越西包括今广东、广西二省)。摇王封六子敖润为西海王,开发青海湖(属今青海省。当时是以今长江西源为指称),占据西方。摇王封七子敖吉为北海王(按旧东瓯城区域为中,在其北方称北海,即今钱塘江以北上海区域),管理北海。摇王封四海龙王,他们的职能是管理海洋、开发海洋,而无陆地守土之责。摇王封四海龙王,时年七八月间,摇王故乡摇城(今江苏苏州市澄湖)天上出现四块乌云,首尾相接,似四条巨龙在游走。不多时,乌云盖天,白昼如夜,倾盆大雨而下,冰雹如鸡蛋般大小掷地有声,屋坍墙倒;太湖掀起巨浪,冲毁堤坝,水流奔涌,直奔摇城,整个摇城如人间地狱。天晴了,摇城被淹,仅留鸡头米田边(现称瑶盛村),而大部成为沉湖,后引名澄湖。真所谓"大水冲毁龙王庙,摇王不思回故乡"。是天意乎!

东海龙王敖广居"东海龙宫"(在今浙江三门县东三十里蛇蟠岛。现名为海盗村),独占鳌头。龙宫翠薜堆蓝,白云浮玉,光摇片片烟霞。敖广在四海龙王中排列第一,神说其统领水族,掌管兴云降雨;手中握有火种。东海龙宫珍宝遍地,中以鳄鱼石雕为圣物,以苔薜堆蓝铺地为礼客。宫中大厅高敞,瀑布珠链垂挂,称名水晶宫。水晶宫是为东海各路王侯,及海盗枭雄啸聚议事之会堂,谓曰:山海会盟。东海龙王其民居生火熟饭,置锅灶旁崖凿石而设,屋内人家皆石座、石床、石盆、石碗。东海龙宫其民居村(现野人洞与海盗村之间)晨有薄雾炊烟,暮是星光渔火,风生水起时惊涛裂岸,环港皆团灶,其民尽煮盐。为了与秦朝对仗,敖广暗中帮鄱阳令吴芮在鄱阳湖操练水兵。传云东海龙王敖广生九子,九子不成龙。明《怀麓堂集》记趣:"因牛,平生好音乐,今胡琴头上刻其像是也;睚眦,平生好杀,今刀柄上龙口吞是也;嘲风,平生好险,今殿角走兽是也;蒲牢,平生好鸣,今钟上兽钮是也;狻猊,平生好坐,今佛座狮子是也;霸下,平生好负重,今碑座兽是也;狴犴,平生好讼,今狱门上狮子是也;负屃,平生好文,今碑两旁文龙是也;螭吻,平生好吞,今殿脊兽是也。"东海龙王敖广姓敖,于过江处屯兵,则命六敖镇(属今浙江三门县),六敖镇有上敖码头;又有鳌岗(广)村(属今三门县亭旁镇)。敖广之子敖鼋,是为老爷庙祀神(在今江西鄱阳湖老爷庙,古称龙王庙)。敖鼋后裔居万载(今江西万载县),故江西万载多敖姓。《敖氏宗谱》记:"敖本出勾姓(指越王勾践之后)。"民间谓四海龙王"四大鳌鱼顶天下"。因为东海龙王敖广被神化,《西游记》又记东海龙王还赠送孙悟空金箍棒造反,故又传云:"敖姓当官,天下必翻。"所以有说历朝敖姓人在朝升官多受限制是为潜规则,而敖姓人不为五斗米折腰却引以自傲。五代十国时,《北梦琐言》记:"杭州连岁潮头直打罗刹石,吴越钱尚父(钱镠)俾张弓弩,候潮至,逆而射之,由是渐退。"谓曰:"一箭析云开,万弩射潮落。"每年农历八月十六是为钱江大潮汛,时年八月十八日钱王射潮,其意是对着东海龙王敖广的子孙要"访问"陆地而射"鳌鱼",故又有传云"敖姓与钱姓不可以通婚"。戏言敖广为中国"海盗"之祖。

南海龙王敖钦尝驻南海,摇王送至醴陵(今属湖南)至于白州(今广西博白县)设席宴石山(在今广西博白县西南六十里。据传云:瓯越王亲自送南海龙王达此,并主持神仙会)。《寰宇记》:白州"宴石,西越王宴处"。《舆地纪胜》:郁林州宴石山"其山皆盘石,壁立峭绝,北临大江。中有流泉喷激,有二石"。宴石山西枕青波,南连翠嶂;晓则轻云簇白,昼则远树攒青;百丈悬崖,清泉飞洒,涧边花红。敖钦进番禺(今广东广州市),原部落民以为商旅,则举犀角、象齿谋以易货,自此番禺成为港口贸易转运地。不几年,土著长老皆服,民称敖钦南海王,又称西越王。敖钦至番禺开发集市,其居于植邑(今广东番禺南部),生子名植,传为植氏。敖钦次子,去敖以传钦姓。以钦字得地名的有钦州(今广西钦州市),江得名的称钦江。摇王定永嘉(治所在今浙江温州市鹿城区)为东瓯,郁林(古称郁林州。治所在今广西玉林市区内)为西瓯(见《寰宇记》)。东瓯之民(徭役,即奴隶)随者有民千人,史称瑶民。瑶民占籍西瓯,形成了越种的西瓯和骆民。《舆地志》记:"交趾,周为骆越,秦(末)时为西瓯。"

西海龙王敖润,神说其溯长江而上去找西海(今谓中国死海,当指在今四川省遂宁市大英县),西海海大不过千亩,还怎么能去当海龙王?龙王无可奈何,只好将西海之水一口吞去,然后登上祁连山顶,设台施法,将水普降草原,造就了五千平方千米平均水深只有三十多米的海子,曰青海湖。牧民为了纪念西海龙王的功绩,便在通天河(在今青海西南部,东南流至玉树市直门达一段的别称)的河口岛上修建了一座庙宇,塑了西海龙王的全身像。西海龙王无子嗣,龙母使女夫婿桑加拉,是为原始吐蕃(今藏族)人。随西海龙王而溯长江源头落居在金沙江的东瓯人有百余名(疑指当年追随西海龙王而去的东瓯民有一百零八人,当是为今青海玉树州吐蕃族先人),他们衣着"错臂左衽",而传吐蕃人衣服叠压一只手臂的习俗。《青海湖历史传说》记:"东海龙王

（当指东海王摇毋余）最小的儿子引来一百零八条湖水，汇成这浩瀚的西海，因此他成了西海龙王。"有以为西海王参与了都江堰的后期水利建设，并将三公主嫁给了杨佑之子杨戬（一记李冰之师杨磨之子即杨戬。但代隔不够，当是杨磨之子杨佑，杨佑之子杨戬）。《灌江口显圣二郎正君》碑记："二郎显圣真君；清源妙道真君；昭惠显圣仁佑王。"杨戬被神化：肉身成圣，玉帝外甥，第一战神。其有宠物：哮天犬（藏獒）、扑天鹰（苍鹰）、银合马（汗血马）。其所持兵器：三尖二刃刀、开山斧、斩魔剑、银弹金弓。其所有法宝：缚妖锁、照妖镜、八抓龙纹黄袍、山河社稷图。

北海龙王敖吉居北海（东瓯国时，指今钱塘江以北之地为北海），因为北海水患已除成为天下粮仓（指今江苏常熟市、太仓市），则南抚岛夷（盖称东鳀，即今台湾。汉时称东鳀，三国时称东夷，宋称夷洲，元称琉球，明万历后称台湾）开创立业，东瓯国摇王加封敖吉为嘉泽王。摇王承诺如南抚得岛夷，"仍令子孙承袭，传之不朽"。自此后，北海之"北"字分之半字称名"上"，则称北上之陆域为上海（古代以北为上。相背而言，东瓯国时，南抚东鳀，北定沧海。上海称名即此来）。南抚岛夷之地主山甚高，皆有云雾罩其上，时或天气光霁（晴朗），土地无霜雪，草木不死，四季如春。山有原山夷所居，原山夷之民各号为王，男人皆髡头穿耳，树皮裙裤，好以为饰；种荆为藩障，尖木围栅，掘洞而居；土俗宜禾稻、麻纻、蚕桑，知织绩为缣布。其山有出白珠、青玉；出铜，出丹。但无铜铁冶炼，磨砺青石以为弓矢。土气温暖，冬夏生菜茹。无牛、马、虎、豹、羊，但有姜、桂、橘、椒、蒩荷，却不知以为滋味。又出黑雉，有兽如牛，名山鼠。敖吉居玉山檀洞，心情如玉，义重如山，定此山名为玉山（位于今台湾省中部）。于是废除旧俗，定族内不得婚姻，不得有等级制度，共有耕地、共有河流渔区、共有小米祭祀小屋（又称粟祭屋），建立小社对大社宗家纳贡的经济制度，统合诸氏族长组成部落长老会议以议政。敖吉为首位部落酋长，其下设数个征帅，征帅就是争战、狩猎的指挥官。酋长、征帅、巫师为社会上层建筑组织权威形态。敖吉之后传邹族。邹族行山田烧垦，以小米和甘薯等为主食，而以兽肉、鱼肉为辅，土地为部落或氏族所有。邹族为玉山、阿里山族群之一。之后。三国吴黄龙三年（230），东吴皇帝孙权派遣将军卫温与诸葛直去安抚夷洲（今台湾），船队由章安（古称回浦。即今台州市椒江区章安镇）石塘港（古军船驻地，即今西山后街至于后村石塘岗内）起碇。为了祈求远航波浪平息，因建伏波庙祀（今台州市椒江区东庄村与花泾村、上马前大村间的东卦屿山）。提及伏波将军者，唯念马伏波（马援），因祀马元帅。阿里山的姑娘美如水也。卫温将军等经年不返。又之后，隋大业三年（607），隋炀帝平息夷洲民乱，任命官员，开发台湾。《台湾县志》记："（清）雍正二年（1724）敕封四海龙王之神，东曰显仁，南曰昭明，西曰正恒，北曰崇礼。"

秦二世时的东瓯国，已有号称"东瓯大船"的船队西向远航，船行二月，至南障塞（今越南顺化灵江口）；船行三月，至都元国（今印度尼西亚的第二大岛屿苏门答腊岛);船行二月至已程不国(今斯里兰卡)。《汉书·地理志》记"以上诸地'自(汉)武帝以来皆献见'"。东瓯之民航海者,到得西海岸(似今非洲肯尼亚、索马里)留居者自称康巴人,传康巴族(此康巴族当与今中国西藏自治区康巴人同源,当出自东瓯区域今考古定名的河姆渡文化人裔传,古称南蛮人。而今,肯尼亚国民有部分人认为自己的祖源在中国,此不无道理;且索马里的海盗有言,凡是中国商船不得劫掠,此亦算有其认祖归宗的考量吧)。又航海者,到达西海之西,则称此地为大秦(今意大利),因为是东瓯畲民,而称其首领为"畲龙"(畲龙即沙龙。今"沙龙"一词认为出自意大利,非也。"畲龙"词出中国东瓯区域的畲族)。大秦,一名犁靬,亦云海西国。古罗马普林尼著《自然史》(著在公元79年前)记:中国秦朝时"航海到达波斯(今伊朗)由陆路复航海至于古罗马,开辟了新路经"。《通典·边防·大秦》记:"(大秦)其人长大平正,有类中国,故谓之大秦,或云本中国人也。"

东瓯国在摇王治理下,国富民足。《瓯乘补》述:"摇王矣,用其先世生聚教训之法裕国,爱民且使附焉。夫国家之道,创业不易,守成更难。方王当挫败之余地,并于楚,兄弟狼狈鼠迹海滨,日夜焦劳,虽勾践亦不是过也。故能剖符分玉,以开国成家。"摇王乃垦草创邑,辟地植谷,开发滩涂,修路辟径。贷贫乏,尊有德,与民同苦乐。真所谓:"道不行,寻求乘桴浮于海;政之患,不愿束带立于朝。"东瓯国掌控海洋,一时盛哉,自雄于世!

小结

秦朝结束了西周以来诸侯割据的局面,建立起专制主义的中央集权国家,国土面积三百五十四点六九万平方公里,估计全国人口大约在二千万左右。秦将全国划分为郡县,郡守县令都由朝廷任免,中央对地方有着很大的控制权。秦定疆域,书同文,车同轨,行同伦,中国开始成为伟大的统一国家。秦统一中国,这招致了旧有贵族、遗国亡臣的极力不满,强权之下,隐潮涌动。秦始皇出游,旧国谋秦贤士集千里于黄县。秦始皇与徐福饯行之后,始皇就腹泻;沙丘经过之地有张固寨、葛营村,时秦始皇已经奄奄一息。秦始皇死后,舟山岛上出现了"安期峰""张固洞""葛仙翁山"地或山名。这些惯性的链条,可证明秦始皇属非正常死亡。秦始皇之死,无疑是旧有诸侯国"神仙"们干的;秦始皇死前,"佛"的出现,更加重了这一离奇事件的许多神秘感。

第十四章　楚汉相争　垓下楚歌

楚汉之争是中国历史上秦末农民大起义,推翻了秦朝之后,以西楚霸王项羽、汉王刘邦为首的两大政治军事集团为争夺统治权而进行的一场大规模战争。楚汉相争,历时五年。

一、大泽乡陈胜起义兵

秦始皇死后,中车府令赵高与左丞相李斯密谋夺权。他俩拥立胡亥为太子,假造诏令赐死扶苏,史称沙丘之变。胡亥为二世皇帝。秦二世受赵高摆布,赐死蒙恬、蒙毅两兄弟,并杀害还在的兄弟二十三人,除二世己身外,秦始皇一家几遭灭门,其无知与手段之残忍为世所罕见。秦二世还续建阿房宫,建秦始皇陵。赵高陷害李斯,腰斩于咸阳,夷其三族。赵高把持朝政,蒙蔽皇帝,控制群臣言论,指鹿为马。秦二世二年(前208)七月,秦征调九百人戍守渔阳,驻大泽乡(在今安徽宿县)。陈胜、吴广、葛婴均任秦屯长,恰逢天下大雨,道路不通,至运送士兵逾期,恐被拿问处斩。陈胜与吴广议以为定死,不若起事。

陈胜,字涉,阳城(今河南省方城县东六里)人。其先周武王封帝舜之后裔妫满于陈地立国,是为周朝十二诸侯之一。妫满薨,谥胡公,史称陈胡公,传陈姓。陈胜,曾受雇与人耕作,叹曰:"后若富贵,不忘此苦也!"同伴笑言怎可富贵?陈胜曰:"燕雀焉知鸿鹄之志?"陈胜以为秦二世继位有悖常理,虽不知秦朝廷内情,但知秦始皇有许多儿子,怎么会论到小子继位?传闻秦始皇长子扶苏被逼自杀,若以匡正之名打出为扶苏报仇旗号,号令天下,定然会有民众响应。陈胜与吴广言:"秦暴政民不聊生,天下苦秦已久。吾闻赵高篡改诏令,本为始皇长子扶苏嗣立,却改成了小子胡亥为二世皇帝,扶苏被二世所杀,天理难容。吾等举匡正皇权,以扶苏之名而起义兵,则可号令天下。"吴广以为可。于是两人商定,假托鬼神,于帛书上书"陈胜王",暗中塞入鱼腹,秦戍卒食鱼,以为天意;再在乡野林间,点篝火惑人,仿狐狸叫"大楚兴,陈胜王",此声令人毛骨悚然,戍卒惊恐。吴广为人正直,善于帮助人,深得戍卒拥戴。吴广借故激怒押送尉官,招致尉官鞭打,抵挡过度,尉官拔剑扬起时,吴广夺剑刺死尉官。有两尉官闻讯赶来,陈胜乘机杀之。陈胜、吴广即召集属下戍卒号令:"各位赶赴渔阳戍守遇雨误期,误期依法当斩。若不杀头,戍边者亦为十人死其六七。壮士不死也罢,要死得壮烈,成就大功。帝王将相宁有种乎!"属下戍卒大呼响应。即冒公子扶苏之名起事,裸露右臂,号称大楚。修筑高坛盟誓师,割三尉官之头以作供品。陈胜自称为将军,吴广为都尉,先占大泽乡(在今安徽宿县东南),进兵攻蕲县(即今安徽宿州市),克之。

续攻下陈(今河南周口市淮阳县)后,陈胜称王,建立张楚。然后,四处扩张。稍前,黥布被论罪送骊山,骊山有刑徒(脸上刺字的犯人)数十万人,黥布结交头目、豪杰逃往江湖,成为盗贼。八月,黥布去见鄱阳令吴芮,意欲反秦,秦鄱阳令吴芮响应。吴芮起用刑徒以为兵,横扫赣、湘、桂,号番君。闽越王无诸、东瓯王摇、淮南义军首领黥(英)布及同乡梅鋗亦领兵起,以附吴芮。吴芮将女儿嫁给黥布,联姻以诚。吴芮军大起,威镇江南。

陈胜攻下蕲县后,八月,就派葛婴(营)率军攻取蕲县(今安徽宿县东南)以东五县地。葛婴,本符离集(今安徽宿州市埇桥区符离镇)人,葛婴到得东城(今安徽定远县东南),立襄疆为楚王。葛婴听说陈胜已经为王,就杀了襄疆,返回来报告,一到陈县,陈王便杀了葛婴。秦二世听从章邯建议,紧征在秦始皇陵服役的刑徒与奴隶的儿子为兵,以章邯率领应战,最后击溃周文军。而吴广的部下田臧杀吴广,并率军与东进的章邯军作战,但也被击溃。冬天,宣曲的任氏到咸阳抢购米粟,以窖藏待涨。时咸阳城米价疯涨至五千多钱一石,是平常五十钱一石的百倍。聪明人抛售黄金转营买米,愚钝者收购黄金,黄金市场活跃。咸阳市场萧条,物价飞涨。大部分店铺门可罗雀!"大秦不保矣!"盛传将要出新王,咸阳城满城风雨。富商们准备行囊出逃。已出现大批的难民潮。

秦二世三年初,章邯乘胜东进,击溃陈胜军于陈以西,陈胜被杀,宋留军也投降。张楚余部拥立景驹为楚王。陈胜起义兵初时,秦国朝廷惊恐。秦朝关东地区陷入混乱:北路军武臣、张耳、陈余北略赵地,周市略魏地。西征军吴广攻荥阳(属今河南),周文攻函谷关,宋留攻武关。武臣占领邯郸后自立为赵王,以张耳、陈余为辅佐。周市与复兴齐国的齐王田田儋作战失败后,拥立魏咎为魏王。而周文也越函谷关逼近咸阳。此时关中空虚,拥兵五十万秦军的南海郡赵佗不北上救援,自立南越武王,建南越国。继而江东会稽郡吴县(治所在今江苏苏州市姑苏区)的项梁、项羽聚义军精兵八千,以楚故将项燕名,举兵起事,渡过长江向西进攻。

二、乌程地项梁亦反成

秦始皇三十年(前217),项梁与其弟项伯,侄子项羽避仇居吴中(今浙江湖州市),因为吴中贤士大夫原本皆出项燕的老朋友春申君黄歇老部下,以为能够得到关照。秦二世元年壬辰(前209)九月,会稽郡守殷通对项梁曰:"长江西部都已经造反,此预兆天将亡秦之时也。我听说先发制人,后发受制于人。我准备起兵,让你和桓楚做将领。"是时桓楚逃亡在江湖中,项梁曰:"桓楚逃亡在外,没有人知道他的下落,唯有项羽与他有联系,知其下落。"项梁于是出来,命令项羽手持宝剑在外等待。项梁复进屋,与郡守对坐曰:"请召见项羽,使他受命去召桓楚回来。"郡守以为可以,答曰:"诺。"项梁招呼项羽入内屋。须臾,项梁用目光示意项羽可以动手了。于是项羽随即拔出宝剑割了郡守殷通的头颅。殷通与东瓯摇王的关系是"暗通",越语"暗"字之音是yin,则有如是说。殷通本就"暗通"东瓯,摇王为沧海君时,是殷通的鼎力相助,才得以顺利开发沧海(今上海市)水利。殷通被杀,实在是冤屈。项梁手持郡守头颅,佩戴郡守的印绶。郡守部下见状大惊,一时大乱,项羽连杀近百人,郡守府中人皆被震慑,俯伏在地,没有人敢于抵抗。项梁于是召集以前他熟悉的豪吏,告诉他们要干一番大事业。接而举吴中子弟兵,并派人去郡内各县招募兵员,共得精兵八千人。所谓八千"江东子弟",号"乌程兵"。乌程,即今浙江湖州旧名。项梁起兵后在今称的湖州下菰城北建城,这就是项王城,兵屯于今湖州弁山。项梁部署任用吴中豪杰担任尉、侯、司马。有一个人没有得到任用,他就去找项梁要官。项梁曰:"前些时,某公职人员死需要办丧事,我派你去主办这件事,你没能完成,因此我不能任用你。"众人于是皆服。就这样,项梁成了事实上的会稽郡守,前往辖下各县安抚,联手东瓯国抗秦。

广陵人召平,为陈(胜)王在攻打广陵(在今江苏扬州市西北蜀冈上),没有攻下,听说陈王战败逃走,秦军又即将到来,就渡过长江假传陈王的命令,封拜项梁为楚王的上柱国。召平对项梁曰:"江东地区已经平定,请立即引兵去西攻秦。"项梁就率领八千人渡过长江攻秦。项梁听说陈婴已经攻下了东阳(即东阳县。在今江苏盱眙县东南东阳城),就派使臣前去联络,请求陈婴向西进攻,以为联合攻秦。陈婴,原任东阳令史,住在县中,平素信诚谨慎,被尊为长者。东阳县的年轻人杀了县令,聚集了数千人,欲推举新的县令,但是没有合适的人选,这就请陈婴出任。陈婴拜谢以为自己不能胜任,遂被群众强行拥立为首领。东阳县中愿意随从起义的有二万人,年轻人欲立陈婴为王,起义兵士头扎黑巾作为标记。陈婴的母亲对陈婴曰:"自从我为汝家媳妇,还没有听说过你家先前有过大贵的人物。现今你突然得到大名,我以为不祥。不如有所归属,如起事成功,仍然能够封侯,如起事失败,也容易逃脱。因为你不是当世闻名的人物。"因此陈婴不敢称王。陈婴对他的部下军吏曰:"项氏家族世为将军,有名于原楚国。如今要成就大事,非项氏领导不能成功。我们依靠着名门望族,秦国一定会灭亡。"于是众人听从了他的意见,将军队归属在项梁名下。

项梁渡过淮河,黥布、蒲将军也率领他们的军队前来归属。至时,项梁的军队共发展到六十万人,驻扎在下邳(在今江苏睢宁县西北古邳镇东三里)。当时是,秦嘉已立景驹为楚王,驻军在彭城东,欲拒绝项梁。项梁对军中的军吏曰:"陈王首先起事,因为作战不利,如今不知道他在哪里。今秦嘉背叛陈王而立景驹,这是大逆不道。"项梁于是进兵攻打秦嘉。秦嘉军被打败逃走胡陵(在今山东鱼台县东南),项梁军追之,还战一日,秦嘉战死,他的军队投降。景驹逃走,死在梁(指今山东泰安市东南)地。项梁已并秦嘉军,驻军在胡陵,准备向西进攻秦军。秦国将军章邯的军队已经到达栗县(今河南夏邑县),项梁派遣别将朱鸡石、余樊君与秦军交战。余樊君战死,朱鸡石被打败逃回胡陵。项梁于是引兵进入薛(在今山东滕州市南四十里皇殿岗古城址)

邑,诛杀了朱鸡石。项梁听说陈王已经死了,即召集诸位将领聚在薛邑商计大事。此时,沛公刘季(邦)也从沛县(属今江苏)起兵前往。

项梁北上,摇王收故吴越地,东瓯设六乡六卿,会稽郡实为摇王所控。时东瓯有:龙渊乡、东瓯乡、范侨乡、瓯余乡、朱余乡、丹徒乡,沿海北上势力范围已至于东海郡、琅琊郡。居鄛(即居巢县,在今安徽巢湖市东北)人范增,是越国东瓯君范蠡裔孙,时年七十,素居家,好奇计。范增游说项梁曰:"陈胜的失败是理所当然的事。说到秦灭六国,楚国最无罪。自从楚怀王被骗入秦不返,被扣押成为人质,楚国人直到如今还在同情他,故楚南公曰:'楚虽三户,亡秦必楚也。'今陈胜起兵的第一件事,不立楚国王之后的子嗣而自立为王,他的势位因而不得久长。今您起自江东,原来楚国的遗臣及楚地的将领都蜂拥而至攀附您,是因为您的家族世代为楚将。大家都指望您能够立楚王的后代。"于是项梁肯定了范增的话,就派人到民间寻找回楚怀王的五代孙子熊心,当时熊心正在为人牧羊,则立以为楚怀王,以从民心所望。陈婴为上柱国,得到五个县的封地,并且与怀王一同居住在都地盱眙。项梁自号为武信君。数个月后,项梁带兵进攻亢父(在今山东济宁市南五十里);还与齐国田荣、司马龙且率领的军队去援救东阿(在今山东阳谷县东北五十里阿城镇),在东阿打垮了秦军。田荣随即引兵归去,驱逐其齐王假,假亡走楚地,假相田角亡走赵地。田角的弟弟田间是故齐国将,居在赵地不敢回来。田荣立田儋的儿子田市为齐王。项梁攻破了东阿的秦国下军,随即追击秦国逃军。项梁屡次派使者去催促齐国出兵,希望与齐军一同向西进攻。田荣曰:"等你们楚王杀了田假,赵王杀了田角、田间,我齐国才能发兵。"项梁曰:"田假是我们盟国的国王,穷途末路来楚地避难,我不忍杀害。"赵国也没有去杀田角与田间而去讨好齐国。于是,齐国也就不肯发兵帮助楚国。

项梁派遣沛公和项羽分别去攻取城阳(在今山东菏泽市东北五十二里胡集乡),二人又西破秦军于濮阳东,又去进攻定陶(在今山东菏泽市定陶区西北四里),未能攻下,乃又向西攻取秦地到达雍丘(即今河南杞县),大破秦军。还继续进攻外黄(即今河南民权县西北三十八里内黄集),没有攻下。项梁自起兵于东阿西北,直至定陶,遂破秦军。这时,项羽因为斩杀了秦将李由以后,更加轻视秦国,有骄傲情绪。宋义劝谏项梁曰:"战胜者而其将骄傲,兵卒堕落者必败。而今兵卒有些怠惰,秦国兵力在日益增加,我真为您担心。"项梁不听,乃派宋义出使齐国。宋义在路途遇见齐国使者高陵君显,曰:"您将要去拜见武信君吗?"高陵君显答:"是的"。宋义曰:"我判断武信君的军队必然会大败。您若能放慢行程就可避免一死,如快步疾行就会赶上灾祸。"秦国果然全力发兵以增加章邯军队的实力,向楚军进攻,在定陶打垮了楚军,项梁战死。沛公、项羽撤离外黄,转攻陈留,因为陈留守军坚守而不能攻下。沛公与项羽商议曰:"今项梁军破,士卒恐惧。"于是两人与吕臣的军队同时向东退兵。吕臣的军队驻扎在彭城以东,项羽的军队驻扎在彭城以西,沛公的军队驻扎在砀(在今河南永城县东北六十里芒山镇)。

三、刘亭长斩白蛇起事

汉高祖刘邦,是沛县(属今江苏徐州市)丰邑中阳里人,原名刘季。父曰刘煓,号太公,母名刘媪。刘邦生时有感生神话,其母在大泽堤上睡梦与神交,雷电交加,天色昏暗,其父太公巡视,见有龙缠绕其母,后生高祖。刘邦即长,其长相是高鼻梁,面有龙相,胡须很美,左大腿有七十余个黑痣,其待人慈仁宽宏大度,心胸豁达,喜好对人施舍,但不肯从事农耕生产。刘邦壮年时为秦泗水(在今江苏沛县东)亭长,朝廷中的官吏对他无所不狎侮,他也一笑了之。刘邦喜欢饮酒又好女色,经常向王媪和武负这两家酒店赊酒。刘邦每次买酒,就先在酒店先畅饮一番,再提酒壶回家,酒店都以高出几倍的价格记账。武负与王媪都见到过刘邦醉卧有龙形浮现,感到很是奇怪,年终结账,这两家酒店就都折断赊账的竹简而放弃刘邦的欠账款。

刘邦曾到咸阳服役,恣意溜达,看到过秦始皇,深有感慨叹曰:"嗟乎,大丈夫该当如此。"刘邦为亭长时,常戴用竹皮做的帽子,后因为显贵,此帽人称"刘氏冠"。刘邦以亭长名遣送徒隶修骊山,徒隶途中逃者不少。到达丰西草泽,刘邦饮酒,竟将徒隶全部放掉,曰:"去吧,自找媳妇安家,吾亦自去。"有十余位徒隶不肯去,则随之。夜晚前行,有一巨蟒白蛇当道,刘邦拔剑砍杀之,以为神蛇,随与人称此蛇是白帝之子,自称赤帝之子,理当斩杀,众皆服。诸如此,常有神奇怪事,以为天意。秦始皇东巡"灭天子气",刘邦以为冲他而来,隐匿芒山、砀山山泽岩石间。刘邦斩"白帝"是在算历史旧账。"白帝"崇拜源自帝尧时期,人民怀念黄帝鸿的丰功伟业,因为黄帝鸿传位少昊,少昊帝亦称白帝,而黄帝鸿没有传位玄嚣,玄嚣不得帝位就自称"赤帝",本是兄弟间的帝位之争,也不见史书有描述其争帝位的史料,刘邦却谓斩白帝,立赤帝以祀,这是因为秦始皇皇帝的先祖是朱宣少昊氏,刘邦的先祖是玄嚣穷桑氏。秦朝皇帝每年都会去祭天,以祈求来年风调雨顺。秦室以崇拜上(白)帝为主,而秦人除了上帝还以陈宝为贵。陈宝为宝鸡地区之神(即陈宝祠),为秦地所特有。至于雍(在今河南焦作市西南五十里府城村)地诸祠,有日、月、星、辰、南北斗、荧惑(即火星)、太白(即金星)、岁星(即木星)、土星(即金星)、辰星(即水星)、二十八宿、风伯、雨师、四海、九臣、十四臣、诸布、诸严、诸逑之属,百有余庙。而汉高祖刘邦的祖先杜伯是西周右将军,在雍地也有祠(即右将军庙),被秦人视为最灵验者。以上诸天神、人鬼与地祇为古代传统信仰,为上古鬼神之说。祭祖先也是主要信仰之一,表现对宗庙的重视。秦始皇统一全国时不谢鬼神,而言有赖先祖诸王的庇护。秦先王庙或在雍地,或在咸阳,或在白帝城。秦二世时立史皇庙,尊为祖庙,并按古庙制立七庙。

秦二世元年(前209),陈胜肇先起事,天下大乱。是年秋,刘邦聚众百人,鼓动民众杀沛县令。刘季在萧何、曹参的极力推举下,立为沛公。刘邦聚得沛县子弟兵二三千人,随攻胡陵、方与(在今山东鱼台县北)。退回来后,据守在丰(即今江苏丰县)。二年,秦泗川郡监平率军包围丰邑,刘邦反击败敌。刘邦命雍齿守丰邑,自带兵直取泗川郡守壮在薛地居处,壮败逃戚县,左司马俘获壮,杀之。刘邦回师驻军亢父,到方与。魏人周市攻丰邑,派使者对雍齿曰:"丰地,原为梁惠王孙假迁徙所居之地。今魏国已攻城略地得几十座城邑,您雍齿若能归降,可封诸侯仍守丰地,不然将攻城屠城。"雍齿本来就不愿归附刘邦,即反戈替魏国据守丰地。刘邦迂回与秦兵战,率军攻打砀郡,胜之,得兵五六千人。随之进攻下邑,取之。回师往见薛地项梁,项梁拨给兵五千,五大夫级的将领十名。率军进攻被魏国据守的丰地,得胜。项梁为武信君,派遣刘邦与项羽出兵攻打阳城,项羽屠阳城。刘邦与项羽向西攻占雍丘,斩秦将李由。项梁骄兵,为秦将章邯袭击而败,项梁战死。项羽回师驻军彭城以西;刘邦回师驻军砀县。宋义驻军安阳(今山东曹县)不前。项羽不服,杀宋义夺军权,率领楚军渡河,破釜沉舟。项羽军奇袭巨鹿,击溃秦军主力,王离被俘虏,而苏角与涉间皆死,史称巨鹿之战。项羽成霸业。

三年,楚怀王见项梁的军队被打败,甚为恐慌,遂从盱眙来到彭城建都,合并项羽和吕臣的军队由他亲自统领。任命沛公担任砀郡长,封为武安侯,以统领砀郡的军队。楚怀王与诸位将领约定:"先入定关中者王之。"当时是,项羽要和沛公一同向西进军攻入关中。怀王的诸位老将军皆曰:"项羽为人剽悍狡猾。上次尝试着让他进攻襄城,襄城的人被他全部坑杀,他所过诸地,无不被他残灭。况且楚军已经多次进兵要夺取关中,前有陈平与项梁,他们都失败了。现在不如派遣年龄大一点,资格老一点的长者打着仁义的口号西进,先行告诉秦国的父老兄弟,晓之以理。秦国人苦于他们君主的统治已经很久了,如今果真得到一位宽厚长者前往,没有侵凌暴虐,秦地应该能够攻下。项羽急躁凶悍,不能派遣他去。只有沛公平素宽大长者,可以派遣他去。"于是沛公受命向西攻占进入关中。

刘邦西进,收编散落的陈胜、项梁军,取道砀城到达成阳,败秦两军。续西进,在昌邑遇彭越,与之合兵。西过高阳,郦食其劝刘邦袭击陈留,以获得秦积存的粮食,得陈留。刘邦率军西攻白马,击败秦将杨熊。杨熊败逃荥阳,为秦二世派使者杀之。刘邦南攻颍阳,遇到守军极力抵抗,攻取后,屠城。刘邦又在张良支持下占领韩地轘辕关(在今河南偃师市东南轘辕山)。继而占领南阳郡。招降宛城守军,封陈恢为千户侯。时刘邦领兵西进所向披靡。到达丹水,秦高武侯戚鳃和襄侯王陵都在西陵投降。刘邦还攻胡阳,遇到了番君别将梅鋗,并与他合兵,招降了析城与郦城。刘邦派魏国人宁昌出使秦国。使者尚未返程,秦将章邯已经在赵地投降了项羽。

汉高祖元年(前206)十月,沛公刘邦遂率先各诸侯到达灞上。秦王子婴乘素车由白马拉着,自系颈脖,带着封存了的皇帝玉玺与符节,在轵道旁向沛公投降。刘邦进咸阳,封藏了秦的重宝财物,回军灞上。秦将杨熊为秦二世杀,其父杨硕见五井东聚,量秦气数将尽,率余七子来见刘邦,刘邦欲封杨硕为太史,杨硕言已已老,不受,则封其七子为将,五子杨喜隶韩信帐下为骑都尉。刘邦入主关中后,废除严酷的秦法,推行约法三章,受秦人拥戴。并听张良建议,退出秦宫,静等诸侯共同处理财富。

四、鄱阳湖番君联百越

秦二世皇帝元年壬辰(前209)八月,秦鄱阳令吴芮起兵响应陈胜大泽乡起义而兵起鄱阳湖,号番君。番君吴芮为百越兵首领,时相聚的有:闽越王无诸、东瓯王摇毋余、百粤长梅鋗等。百越,《吕氏春秋·恃君览》记:"扬汉之间,百越之际。"《汉书·地理志》引臣瓒曰:"自交趾至会稽七八千里,百越杂处,各有种姓。"交趾之地称南越、西瓯、雒越,统称西南夷;闽越、东瓯称东越;扬州之域称扬越。百越后分称:壮、侗、苗、黎、水、布依、仫佬、毛南等民族。百越是指使用"戉"这种生产工具人们的共同体。

百越者,《路史》记:"南越、越裳、骆越、瓯越、越嶲、瓯人、且瓯、供人、海阳、且深、海癸、九菌、稽余、濮居、比带、区吴、扶攉、禽人、苍吾、蛮扬、扬越、桂国、西瓯、捐子、产里,所谓百越也。"越国对南越诸越的控制约始于周赧王五年(前310),越君长使公师隅(任姓)南下番禺,开发南越,是为首任南越王。摇王派遣将军梅鋗去南越,据《南雄府志风俗》记:"而六千君子随隶版籍。"梅鋗屯兵台岭(指今广东南雄市梅岭一带),筑城于涁水(即今南雄市涁江)上,"奉王(指摇王)居之",以庚胜兄弟为副将,拥兵据守,以屏障秦国军乱南下为盗。《直隶南雄府志》记:"百粤叛秦,推雄杰为长,众皆贤鋗,乃长之。"秦始皇三十三年(前214),秦始皇将任嚣使尉赵佗率军包围番禺,时南越不战而降。百粤长梅鋗随为东瓯国将。梅鋗者,姒姓,鋗即涓,本海滩捕鱼之人,是为摇王宗族子弟。梅鋗得到鄱阳令吴芮的召唤,即在台岭起兵,八月聚合在吴芮军下。吴芮委任梅鋗为部将,与黥(英)布一起操练军士。吴芮派遣梅鋗率领百越兵前往南阳,与沛公合兵一处。《前汉书·荆燕吴传》记:"沛公攻南阳,乃遇芮之将梅鋗,与偕攻析郦,降之。及项王相王,以芮率百越佐诸侯从入关,故立芮为衡山王,都邾。其将梅鋗功多,封十万户,为列侯。"梅鋗受封,建有梅鋗城(在今安徽祁门县西十五里)。

南越王赵佗,真定人,是为赵武灵王玄孙,秦中车府令赵高侄子。秦二世时,南海郡尉任嚣重病,召赵佗曰:"陈胜起事,秦二世暴虐无道,天下人苦矣!南海郡避远,可为自主。"任嚣颁给赵佗文书,让南海郡尉之职。任嚣死,赵佗即传檄布告于横浦(即今广东南雄市东北、江西大余县西南大庾岭之梅关)、阳山(在今广东阳山县东北锣寨岭上)、湟溪关(在今天广东连州市西北),并嘱咐各地严加防守,以防起义兵南下。秦亡,赵佗自立为南越武王。西南夷各地自己割地自治,为君者以十数计。夜郎国自大;其西边靡莫夷人分治圈地者又以十数计,其居滇池为大;滇池北地,邛都势力亦强;这些地方的人梳发盘髻,自耕自种,聚居乡邑。再从同师往东,北至楪榆,称嶲和昆明,这些地方的人都把头发编成辫子,随牲畜而迁居,无其君,无定处,地方千里。

从筰都往东北,没有君长,而以冉駹为势最大。从冉駹往东北,君长无数,其以白马势力最大。这些都是巴郡、蜀郡西南方以外的蛮夷。《通典·州郡·万安州》记:"五岭之南,人杂夷獠,不知教义,以富为雄。"

诸侯衅秦,百越之兵大会于鄱阳湖。东瓯王摇毋余兵出一军,与闽越王无诸,及南越国、西南夷人,随鄱阳令吴芮起事,横扫赣、湘、桂,威镇江南。项梁北过淮河。时东阳县(今安徽天长市)为陈婴所控,聚兵二万。陈婴派遣特使到项梁营地,项梁修书一封,招纳扩军。时有黥布、蒲将军亦率军归属。项梁军至六七万人,驻扎在下邳。项梁精实,吴芮、无诸、毋余率百越兵归附。项羽入关,番君吴芮率领百越兵佐诸侯,又从入关。

五、秦二世胡亥亡大秦

秦始皇亡命,中车府令赵高与公子胡亥、丞相李斯阴谋拆开秦始皇所封给公子扶苏的诏书,而更换成诈称李斯在沙丘亲自接受始皇帝的遗诏,立胡亥为太子。再写了一封赐给公子扶苏和蒙恬的书信,其中数落了他们的罪状,赐他俩自杀。太子胡亥袭皇帝位,为二世皇帝(今北大汉简《赵正书》有载:"丞相臣斯、御史臣去疾昧死顿首言曰:'今道远而诏期窘臣,恐大臣之有谋,请立子胡亥为代后。'"这似乎御史大夫冯去疾当年不在咸阳,而与丞相李斯同在秦始皇身边。谋立胡亥为太子,当是秦始皇生前的决定,此与赵高无关)。九月,将始皇帝埋葬在骊山。

二世皇帝元年,皇帝胡亥时年二十一岁,赵高担任郎中令,专权用事。二世皇帝下诏,增加始皇帝寝庙祭祀用的牺牲供品数量,及山川所要用的百祀之礼。诏令群臣讨论如何以尊始皇庙。有大臣顿首言曰:"古者天子七庙,诸侯五庙,大夫三庙。虽然经力(历)万世,但是这个礼制没有人被超越废毁。如今始皇帝庙已极尊贵,四海之内都要按职阶贡献祭品。诏令增加了祭祀所用牺牲的数量,祭祀的礼仪都已经完备,无以复加了。先王的庙或在西雍,或在咸阳。天子的礼仪应当是亲自奉酒去祭祀始皇庙。自襄公以下的庙已经轶毁,所置凡有七庙。群臣以礼进祠,以尊始皇庙为帝者祖庙。皇帝复自称'朕'。"二世与赵高商议曰:"朕年少,又初登帝位,民众的心还没有归附。先帝去巡视郡县,来显示强大,用威权慑服海内。今朕安然而不去巡视,就会显得懦弱无能,这样就无法使天下人臣服。"春天,二世由丞相李斯陪同,到东方巡视郡县。东至于碣石,并从沿海南下,到达会稽。并且在始皇帝以前所竖立的石碑旁增刻原来从行的大臣名单,借以显示先帝的伟人功业盛德。旋又至辽东而还。二世遵用赵高的"申法令"。他私下与赵高商议曰:"朕年轻就登帝位,大臣们不顺服,郡县官吏尚强势而自作为,还有诸公子想伺机与我争夺帝位,这该如何处理才好?"赵高曰:"臣子本想说,但是没有敢说。先皇帝的大臣,都是在天下人的心中具有累世功名的贵人,世代积累的功业相传很久远。我赵高平素就卑微低贱,幸亏陛下抬举,才使我官居高位,掌握宫中事务。实际上看得出来,大臣们对陛下登帝位的合法性,尚持怀疑心理,窃窃私语:诸公了以为您登帝位不够资格,因此亦都快快不乐,他们都只是表面上服从罢了。如今陛下出巡,何不借机会立案定罪把那些强势的郡县守尉杀掉,这样往大说可以威震天下,往小说可以除去那些陛下以为不满的人。如今这个非常时候,不能师法文治,而应该取决于武力,希望陛下事不迟疑,要趁诸公子还没有合谋反叛的时候就动手。"二世皇帝以为这个主意很好。于是接下来就动手逮捕一些近侍官中郎、外郎与散郎,逐个定罪,加以诛灭。又将始皇帝的六个皇子杀死在杜县(故治在今陕西西安市雁塔区曲江乡林带路的西段两侧。西安市殡仪馆的紧南边)。公子将间兄弟三人实在没有什么罪名可定,就被囚禁在内宫中。二世皇帝就派使者传令,对将间曰:"公子不臣服皇上,论罪应当处死,本官将要依法行事了。"将间曰:"宫廷的礼法,我从来不含糊;朝廷中的位次,我从来不失节错乱;领受皇帝诏令,我从来是毕恭毕敬;回答皇上问询,我从来不敢措辞不当。这怎么能说我不臣服?我希望能知道我究竟是犯了什么罪要定我接受死罪。"使者曰:"我不可能参与谋议,只是奉诏行事。"将间于是仰天大呼三声:"天啊!我没有罪!"兄弟三人就这样拔剑自杀。欲置人于死地,何患无辞?杀宗室王亲如此,于是秦宗室惊恐;群臣谏者,又以诽谤定罪,于是百官惊恐;大臣们于是为了保持禄位,对上阿谀奉承,对下欺压黔首,百姓亦惊恐。四月,二世皇帝出巡回到咸阳,曰:"先皇帝因为嫌咸阳朝廷太小,所以营造阿房宫。室堂还没有建成,正遇到皇上去世,工程也就停了下来,役夫大多去到骊山陵上培土。骊山的事彻底结束了,如今假若放下阿房宫营造的事不去完成,那就是说彰显先帝兴办的事有过错。"于是又重新修建阿房宫。同时派遣使者去安抚四夷,一切遵行始皇帝的原计划去办。又竭力搜集五万壮丁,训练他们射箭技术,以守卫咸阳。则又在咸阳大批量地饲养狗、马、禽兽。咸阳城消费粮食的人很多,存粮不足,于是又向各郡县摊派征集粮食和草料。又严令咸阳三百里以内的老百姓不得食用自己种的稻谷,该地域内的人连为都城咸阳运送粮食都要自带干粮,法令竟然如此苛刻。七月,戍卒陈胜反于故荆(楚国)地,国号"张楚"。山东郡县东阳反,陈婴为首领,以应陈胜。时山东方向起义者合从西乡,名为伐秦者不可胜数。有谒者(情报官员)从东方归来,把造反的情况报告给二世皇帝。皇帝听后暴怒,以为在造谣生事,还将谒者关进监狱。后有使者回来,皇帝询问东方的形势,使者曰:"是一群土匪强盗,郡守县尉方正在追捕他们,已经全部抓到了,不值得担忧。"皇帝于是很高兴。又武臣自立为赵王,魏咎立为魏王,田儋立为齐王。又沛公在沛县起事。又项梁在会稽郡起兵反秦。反秦义兵四起,传言愈多,秦国社会被震荡;都城咸阳米价疯涨,民众一片恐慌。

二年冬,陈涉所派遣的周章(文)等将领率领的军队向西进攻到戏水(在今陕西西安市临潼区东),拥有兵众几十万人。二世皇帝大惊,遂召集群臣商量对策。皇帝曰:"这却如何是好?"少府章邯曰:"盗贼已经临近咸阳,而且人多势强,现在去发动临近郡县的军队都已来不及了。骊山的徒隶人数众多,请赦免他们,发给他们武器去攻打盗贼。"于是皇帝大赦天下,派章邯去统率他们,不多时,章邯就把周章的军队打败溃逃,在曹阳(在今河南灵宝市东北)擒住周章并杀之。皇帝又派遣长史司马欣、董翳二人去辅助章邯攻打盗贼,在城父(在今河南宝丰县东)杀死了陈胜。章邯统军又在定陶打垮了项梁的军队,项梁战死。又在临济(在今河南封丘县东)消灭了魏咎的军队。故楚地有名的盗贼将领都被杀死之后,章邯于是向北渡过黄河,准备攻打盘踞在巨鹿河北平乡县西南平乡镇的赵王歇等人。赵高游说二世皇帝曰:"先皇帝君临天下统治了很长时间,所以群臣不敢胡作非为进献邪说。如今陛下正年少,又刚即位,怎么可以在朝廷之上与公卿们决策国事呢? 决策的事一旦出错,就是在群臣面前暴露了自己的短处。天子称朕,本来就不应该让臣民直接听见皇帝的声音。"于是二世皇帝就经常处在宫禁中,就和赵高一人决断各项政事,此后,公卿们就很少能够见到皇帝。盗贼越来越多,秦不断地从关中调拨军卒到东方去征伐盗贼。看来这不是一般的盗贼了,这架势是要推翻秦朝。右丞相冯去疾、左丞相李斯、将军冯劫等进言劝谏皇帝曰:"关东成群的盗贼同时兴起,秦朝派军队去诛杀打击,杀死的盗贼非常多,但仍然不能制止。盗贼众多的原因,是因为戍守、漕陆运输和各种差役太多太苦,赋税太重有关。请求暂停阿房宫的修建,以减省四境的屯戍兵力和物质转运。"二世皇帝曰:"朕闻韩子曰:'尧、舜建居室采用原木做椽子而不加砍削,用茅草盖铺屋顶而不加修剪,用土塯(簋)吃饭,用土瓯喝水。即使是今日看门士卒的待遇,也不会如此。大禹凿通龙门,通畅大夏,决通黄河壅塞的洪水,引导它入大海,他亲自手持挖土铁锹,小腿汗毛都磨光了。现今即使是臣仆奴隶的劳苦也不比他更加酷烈。'凡是显贵,得是拥有天下的人,应该随心所欲而为所欲为。君主重在明布法令,在下的臣民就不敢胡作非为,这样就能驾驭海内。说到虞、夏的君主,贵为天子,还要亲身处在穷苦劳作之中,用来安抚百姓,那怎么可以取法呢? 朕尊贵为万乘君王,却有名无实。朕想要建造千乘的车驾,组建万乘的徒众,以此来充实朕的名号。先帝从诸侯起家,兼并了天下,天下已经安定,又能对外抵御四方夷狄而使边境安宁,建筑宫室来彰显王权,你们见到了先帝的功业有了端绪。如今,朕即位二年以来,成群的盗贼同时兴起作乱,你们无法去禁止他们,又想要废止先帝做的事业,这样就上无以报答先帝,下不能为朕精忠竭力,你们凭什么资格居处高位?"于是就把冯去疾、李斯、冯劫囚入监狱,立案责问他们,还有其他方面的罪过。冯去疾、冯劫曰:"将相不可受侮辱。"遂自杀。结果李斯被囚禁,遭受五刑而死。

三年,章邯等人率领他们的军队围困巨鹿,楚国上将军项羽率领楚军前往救援巨鹿。时年冬,赵高担任丞相,终于审决了李斯的罪案而把他处死。早先夏天,章邯等作战屡次败退,二世皇帝就派人去责问章邯,章邯恐惧,就派长史司马欣请求指示。赵高不肯接见司马欣,但又不信任他。司马欣恐惧,逃出了咸阳,赵高派人捕捉,没有追到。司马欣向章邯汇报："赵高在朝中总揽大权,将军有功要被诛杀,无功也要被诛杀。"章邯于是很是担忧。项羽加紧攻打秦军,俘获了王离,章邯等人被逼无奈,就率领军队投降诸侯。八月己亥日,赵高想要作乱,恐怕群臣不听从他的命令,就预先设法测验。他牵着一头高大的鹿,名曰"巨鹿",献给二世皇帝,曰:"这是一匹马。"皇帝笑着曰:"丞相错了吧,是鹿。"赵高指鹿为马有其历史缘由,黄帝之时,蚩尤战黄帝就是指马为鹿,因有涿鹿名,而时也,则以鹿代马,又怎么说不可以? 以此考验大臣们的智慧与忠诚。赵高又询问左右大臣,大臣们知赵高故作玄虚,学问高深。不知者,沉默不语;知之者,阿谀曰鹿。赵高因此暗地里将说鹿的人借助法律的名义加以制裁。这以后群臣都很畏忌赵高。赵高曾多次说"关东的盗贼是不会有大作为的"。等到项羽在巨鹿城下俘获了王离等人还在继续西进,章邯的军队一再败退,屡屡上书要求增援,赵高这才有所担愁。赵、燕、齐、楚、韩、魏都自立为王。自函谷关往东地区,秦朝官吏大都已反叛而响应诸侯。诸侯们都率领着各自的兵众向西进攻。沛公率领几万人已经屠掠了武关,派人暗中联络赵高。赵高恐怕二世皇帝发怒而遭诛杀,就以生病为由而不与皇帝朝见。

二世皇帝梦见一只白虎咬了他车驾的左骖马,他杀死了这只白虎,但心中不高兴,感到怪异而询问占梦之人。卜卦者曰:"是泾水的水怪在作祟。"皇帝就在望夷宫斋戒,将四匹白马沉入水中,以祭祀泾水怪。皇帝派遣使者去责问赵高关于关东盗贼的事,赵高恐惧。赵高就暗中与其女婿咸阳令阎乐,及其弟弟赵成密谋曰:"皇上不听劝谏,现在事态严重而紧急,就想加罪归祸给我们的家族。我欲更换皇帝,改立公子婴。子婴为人仁厚而俭约,平民百姓都相信他的话。"随即派郎中令做内应,诈称有大盗。再令阎乐召集吏卒去追捕,又对阎乐有点不放心,劫持阎乐的母亲在府中作为人质。阎乐率领吏卒千余人到得望夷宫殿门,绑捕了卫令仆射,曰:"盗贼就从这里进宫了,为什么不加制止?"卫令曰:"宫墙四周均设有士卒守卫,很是严密怎么会有盗贼进入宫殿?"阎乐遂杀卫令,指挥吏卒径直冲入宫殿。吏卒边走边射箭,宫中郎官宦者皆大惊失色,有的逃跑,有的与之格斗,格斗的人就被杀死,死者有数十人。郎中令引领阎乐进入宫殿,箭射到皇帝座位之上的帷幄。二世皇帝愤怒,遂召令左右的人,左右的人皆惊慌失措而不敢徒手格斗,只有旁边一个宦官诚惶诚恐伺候皇帝而不敢离去。皇帝进入内室,对宦官曰:"你为什么不早告诉我,竟然落到这个地步?"宦官曰:"臣下不敢说,故得保全性命。假使臣早说了,都已经被诛灭了,怎么还能活到今日。"阎乐即上前指着二世皇帝,并且数落着他曰:"足下生性骄狂放肆,任意诛杀他人,昏庸无道。天下人共起而挑战足下,足下还是考虑应该怎么样才能了断自己。"皇帝曰:"丞相我是否可以与他见个面?"阎乐曰:"不可以。"皇帝请求曰:"我希望得到一个郡为王。"弗许。皇帝又曰:"我希望做个万户侯。"又弗许。皇帝则曰:"我愿与妻子在一起做个老百姓,如同诸公子的待遇一样。"阎乐曰:"臣子受丞相之命,为了天下人而诛杀足下,足下说了那么多的话,臣子不敢汇报丞相。"随即指挥他的士兵一拥而上,逼二世皇帝自杀。阎乐回去向赵高报告,赵高就召集所有的大臣、公子,向他们通报了诛杀二世皇帝的经过。赵高曰:"秦从前是个王国,始皇帝能君临天下,所以才称皇帝。如今旧有六国重又建立政权而自立,秦地益发狭小,乃以空名称皇帝,这样不可以。应该像以前那样称王,这样才便利。"遂拥立二世皇帝哥哥扶苏的儿子公子婴作为秦王。按同于百姓的待遇在杜南(即杜县南。在今陕西西安市西南杜城南边)宜春苑中埋葬了二世皇帝。

赵高又令子婴斋戒,去宗庙中拜见祖先,以接受王者印绶。子婴斋戒了五日,就与两个儿子商量曰:"丞相赵高在望夷宫杀害了二世皇帝,今害怕群臣起事诛杀他,才假装伸张大义立我为王。我听说赵高已经和楚国订立了盟约,准备灭尽秦王室成员,而他自己在关中称王。如今召我斋戒后又去宗庙与他相见,这是想要借朝见之名来杀害我,不出三日,祸将至矣。我今称病不行,丞相必自来,来了就杀死他。"赵高派人数次来请子婴,子婴都推称自己患重病而不去,赵高果真亲自前来。赵高曰:"宗庙中的大事,王怎么屡请不去?"子婴就在斋宫之中刺杀了赵高,接而在咸阳诛灭赵高三族以示众。子婴为秦王四十六日,楚将沛公攻破秦军进入武关。沛公驻军灞上(在今陕西西安市东北白鹿原北首),派人去招降子婴。子婴即用绳子自系着脖子,自缚少足,乘白马素车,捧着天子玺印,在轵道亭旁向沛公投降。沛公进入咸阳,封藏了秦王室中的府库,然后复退兵灞上。一个月后,项羽统率诸侯军到,诛杀了子婴及各个公子宗室成员。项羽接而在咸阳大肆屠杀,烧毁秦宫室,俘获宫女,没收秦国的珍宝与钱财,由诸侯们分享这些战果。灭秦后,项羽就将原来的秦国土地一分为三,封秦国旧将章邯为雍王、司马欣为塞王、董翳为翟王,并称"三秦"(即今陕西的陕南、陕北、关中)。项羽自为西楚霸王。

赵高者,祸国殃民之徒。赵高,小名小蛮,赵国赵武灵王之孙长安君之四子也,巫傩女所生。六岁时,其母巫傩女在沙丘宫(在今河北广宗县)因不堪冷宫寂寞跳楼自坠,时大力士司马蒯聩飞奔去救时已经血摊满地,司马蒯聩愚忠亦自杀。故之后《史记·蒙恬列传》记:"赵高者,诸赵疏属也。赵高昆弟数人,皆生隐宫,其母被刑僇,世世卑贱。"赵高七岁,赵政(秦始皇)年九岁。时年赵政随父亲人质在赵国,与赵高在沙丘宫玩耍结识,赵高喜欢穿女人服,戏与赵政为"新娘"嫁嬉。赵高之父长安君赵华是个风流不羁之人。先前,赵武灵王被困在沙丘宫,发现了殷墟地窟中的"籀文"帛书,经过整理,装在木箱中。赵高得此木箱,少时无人相伴,则研究起"籀文"来。秦始皇三年(前244),赵政年少执王位,时年十六岁,赵高被接入宫伴学。赵政二十三岁行大礼,正大位,赵高为掌事大(太)监,名唤赵岐。赵政统一六国后称秦始皇,赵高为秦中车府令。丞相李斯作《仓颉篇》,中车府令赵高作《爰历篇》,太史令胡毋敬作《博学篇》。此三书,皆就籀文省改、简化而成,世称小篆,并以文字教材的形式推行全国。

秦始皇死后,赵高发动沙丘政变,他与丞相李斯合谋伪造诏书,逼秦始皇长子扶苏自杀,另立始皇幼子胡亥为帝,是为秦二世,赵高自任郎中令。他在任职期间独揽大权,结党营私,征役更加繁重,行政更加苛暴。前208年又设计害死李斯,继之为秦朝丞相,权高位重,指鹿为马。第三年他迫秦二世自杀,另立扶苏的儿子子婴为秦王。不久被子婴设计杀掉,被诛夷三族。

六、重瞳子项羽封诸侯

项羽(前232—前202),少名项籍,是楚将项燕孙。项燕生项超,项超生项羽。项羽少年时因为一双眼睛有四个瞳孔,曰重瞳子,故读书辨字不清,则学不成;后去学剑术,剑击目标不精准,故又学不好;而重瞳子目光远大而锐利。其叔父项梁怒项籍不学无术,项羽曰:"书足以记姓名而已,剑为一个人而敌,不足以让我去学习,我要学习的是能够与万人敌。"于是项梁言教项羽兵法。秦始皇三十年(前217),项羽随其叔父项梁避仇居吴中(泛指春秋战国时的吴地),因为项燕与春申君同僚,叔侄俩为寻求春申君旧部的关照,事实也是吴中贤士大夫原本皆出项梁下(见《史记·项羽本纪》)。是年项羽年十六,项羽陪同项梁会摇王,其间游东瓯,放马处名项羽山(今浙江台州仙居县之西三十里留有项羽山遗迹)。秦始皇三十七年(前210),始皇东巡会稽,祭大禹,望于南海;还,过吴县(今浙江省湖州市吴兴区)。时项羽与叔父项梁正在雪溪(雪,音zhà,又曰掩浦,后又改名项浦。在今浙江省北部苕溪自湖州市至太湖段河道)捕鱼,见"秦"字绛红色旗帜飘扬,数千禁卫军冗长队伍,马铃叮当铜车绢缕于中端坐的秦始皇,好不威风!项羽窃言:"彼可取而代也。"项梁忙掩其口,曰:"毋妄言,族(灭族之意)矣。"项梁因此认为项羽有奇才。项羽身高八尺有余,他的力气能够徒手举起大鼎,其才气过人,吴中子弟都很畏惧他。

秦二世元年壬辰(前209),项羽随其叔父项梁杀会籍郡守殷通,项梁成了事实上的会稽郡守,以项羽为裨将,之后项羽随军北上。项梁已驻军在胡陵,派遣项羽进攻襄城,襄城坚守而一时不能攻克,但被攻破之后,项羽却把守城军队官员士兵全部活埋了,项羽回军中向项梁报告。项梁派遣沛公与项羽分别去攻取城阳,然后屠城。二人又西破秦军于濮阳东,秦兵遁入濮阳。沛公与项羽又去进攻定陶,未能攻下,乃又向西攻取秦地到达雍丘,大破秦军,斩秦将李由。还继续进攻外黄,没有攻下。项梁自起兵于东阿西北,直至定陶,遂破秦军。这时,项羽因为斩杀了秦将李由以后,更加轻视秦国,有骄傲情绪。项梁在定陶战死,沛公、项羽撤离外黄,转攻陈留,因为陈留守军坚守而不能攻下。沛公与项羽商议曰:"今项梁军破,士卒恐惧。"于是两人与吕臣的军队同时向东退兵。吕臣的军队驻扎在彭城以东,项羽的军队驻扎在彭城以西,沛公的军队驻扎在砀(在今河南永城市东北六十里芒山镇)。秦将章邯已经在定陶打败了项梁的军队,就以为楚国的军队不足以担忧。于是渡过黄河攻打赵国,并打垮了赵国的军队。当在此时,赵歇为赵王,陈余担任将军,张耳担任国相,他们都退入巨鹿城中据守。章邯命令王离、涉间包围巨鹿城,章邯自己驻军在巨鹿之南,并修筑有夹墙的甬道用来运输粮食。陈余作为主将,统领着几万名士卒驻扎在巨鹿以北,这就是所谓的河北军。楚军在定陶被秦军攻破,项梁战死,楚怀王封项羽为长安侯,号为鲁公。楚怀王惊恐不安,从盱眙来到彭城,合并项羽和吕臣的军队由他亲自统领。任命吕臣为司徒,又任命他的父亲吕青担任令尹。任命沛公担任砀地郡长,并封武安侯,以统领郡兵。当初宋义路遇那位齐国使者高陵君显正在楚军中,见到楚王曰:"宋义判断武信君的军队必然失败,过了几天果真失败。军队还没有作战就能先看出失败的征兆,这可算是懂得用兵之道的人了。"楚王召见宋义与之一席谈很是高兴,因而任命宋义为上将军,并将其他各路军队也统归宋义指挥。楚王又封项羽为鲁公,被任命为次将军;又任命范增为末将军。楚则出军救援赵国。行军到达安阳,停留了四十六日不再前进。项羽曰:"我听说秦军把赵王围困在巨鹿。我军要急速渡过漳河,在外围攻击秦军,赵军在城里做内应,一定能够攻破秦军。"宋义曰:"不是这样。大虻虫要搏击的对象是牛而不是要消灭虱子。如今秦军攻打赵军,秦军胜了就会疲惫不堪,我们可承其敝而攻击他们;若秦军不胜,我们可以率领军队鼓行向西进攻,一定会拿下秦国。因此不如先让秦、赵相杀。若是身披坚固的铠甲,手持兵器冲锋陷阵,我宋义不如你;若是坐下来运筹谋划,你就不如我宋义。"宋义因此下令军中曰:"那些猛如虎、狠如羊、贪如狼,强横不听使唤的人,都要把他们杀掉。"宋义派遣儿子宋襄去齐国做相国,亲自送他到无盐(在今山东东平县东南十里无盐村),并且大宴宾客。楚军驻兵之地天寒又逢大雨,士卒受冻忍饥。项羽对军中人曰:"正应该齐心协力进攻秦军的时候,我们的军队却久留不行。今年遇到饥荒而百姓贫困,士卒食芋、菽(芋头与豆子),军中没有粮食,宋将军却去饮酒高会,不引兵渡河去向赵国要粮食,以与赵国并力攻秦,还说什么'承其敝'。以秦军的强大,攻打新建立的赵国,那情势赵国必会被消灭。赵国若亡,秦国必然更加强大,这有何敝可乘?况且我楚国的军队刚刚在定陶吃了败仗,楚怀王亦坐立不安,倾尽国内的兵力全归宋将军指挥,国家的安危正在此一举。如今宋将军不抚恤士卒,却徇私情,他不是安定社稷的臣子。"宋义回到军中,项羽于次日早晨就去拜见,即在他的帐中斩了宋义的头。项羽出来随即在军中颁布命令曰:"宋义和齐国人共谋,计划反叛楚国,楚王密令我诛杀他。"在这种情形下,诸将皆被慑服,莫敢支吾,皆曰:"首立楚国,是将军家也。今天将军诛乱,我等当听将军。"乃军中就齐立项羽为假(代理)上将军。项羽派人去追赶宋义的儿子,到了齐国边境这才追上,杀死了宋襄。项羽又派桓楚去向楚王报告,楚怀王因而任命项羽为上将军,又将当阳君、蒲将军的队伍归属项羽。项羽已杀卿子冠军宋义,其威名震动楚国,名声传扬诸侯。项羽乃派遣当阳君、蒲将军的军队二万人先予渡河,以救赵国于巨鹿。先头部队经过与秦军交战,即小有胜利。赵国将军陈余复请求增兵。项羽乃悉数引兵渡河。兵马渡过河,项羽即命令把所有的渡船都沉入水底,把做饭的锅和蒸饭用的甑都砸烂了,烧掉了住过的军房,士卒只允许带上三天的口粮。这些做法是用以表明一定要殊死与敌决战,不要有退却的想法。这就是"破釜沉舟"成语的由来。于是楚军一到目的地,就即包围了秦将王离的军队;与秦的援军相遇,历经九战,绝了秦军的甬道,大破秦军。此战杀秦将苏角,俘虏了秦将王离,秦将涉间不投降就自己烧杀。当是时,楚国的军队勇冠诸侯。来到巨鹿城下援救赵国的军队设有十多个营(壁)垒,但是没有人敢出兵。等到楚军攻打秦军时,诸侯将领都作壁上观。楚国战士无不一以当十。楚兵呼声震动天地,诸侯军无不人人感到恐怖与畏惧。已破秦军,项羽召集诸侯将领,他们进入辕门,无不跪在地上用膝盖前行,没有人敢于仰视。项羽从此亦成为了诸侯们的上将军,诸侯军权都归属于他。

　　秦将章邯驻军在棘原(在今河北平乡县西南平乡镇),楚将项羽驻军在漳水南(今河北磁县漳河南),二军相持未战。秦军屡次退却,二世皇帝派人责问章邯,章邯惊恐,并派长史司马欣到咸阳说明困难与原因。司马欣到咸阳,被留置三天,皇帝不接见,赵高亦不接见,似有皇帝与丞相不信任之意。司马欣恐惧,不敢走来时的道路,即抄小路返回军中。赵高果然派人追杀,但没有追上。司马欣向章邯汇报曰:"皇帝处在宫禁中不视事,赵高实际上架空了皇帝,他在朝廷中独揽大权,赵高下面的人胡作非为。如今我们若作战胜利,就要引起赵高的嫉妒;战事不能胜,赵高就会借故定罪。愿将军仔细揣度。"赵国将军陈余也给章邯写信曰:"白起原是秦国的大将,南征过鄢郢,在北方活埋了赵括的军队。攻克的城邑和占领的土地不可胜计,而最终却被赐死。蒙恬是秦国有名的将军,他在北方驱逐了戎人,开拓了榆中数千里疆土,竟然被杀死在阳周(在今陕西子长县西北石湾乡曹家圪一带)。这是为什么呢?是因为立功太多,秦国不能完全按功给予封赏,因此就借用法律的手段把他们杀了。今将军任职已经三年,士卒损失以十数万计,而各地还有更多的诸侯要起事。那个赵高平素对皇帝阿谀而实际在隐匿真相,如今事态甚急,赵高害怕皇帝责问不得交代而被诛杀,所以才想办法用法来诛杀将军,以敷衍他自己的罪责,又会派遣别人更替将军职位来逃避他自己的祸患。将军带兵时间长了,就会与朝廷官员多发纠葛,将军有功会被杀,无功也是被杀。况且上天要灭亡秦国,无论是愚人或智者都知道这一趋势。将军内不能向皇帝直谏,外已成为了亡国之将,孤单独立而想要维持长久,这难道不悲哀吗?将军何不退兵和诸侯合纵,相约攻秦,以分割一方土地,南面称孤;这比起自身被杀,妻儿被杀哪个更好呢?"章邯见书狐疑,暗中派遣军候始成出使项羽营中,试图立约。和约还没有达成,项羽即派蒲将军日夜引兵渡过三户津(在今河北磁县西南漳水上),驻军在漳南(当在今河北南和县)与秦军战,再次攻破秦军。项羽率领全军攻击秦军于汗水(在今河北临漳县西南)上,大破秦军。章邯使者得见项羽,希望订立和约。项羽召来军吏商议曰:"我们的军粮少,我准备接受章邯的和约。"军吏们都以为这样很好。项羽乃与章邯约期在洹水南的殷墟相见。结盟后,章邯见到项羽时就流下了眼泪,诉说赵高专权害人的情形。项羽于是就立章邯为雍王,安置在楚军之中。任命长史司马欣为上将军,以率领原秦军作为前锋。诸侯及已和约的秦军行至新安(在今河南义马市二十里铺村及西李西杏湾村),诸侯军中的一些军官与士卒以前曾经因为服徭役或屯戍而到过秦中(指今陕西省中部地区),秦中那时的秦朝吏卒对待他们大多非常苛刻或者虐待,此番秦军事实上的投降,诸侯军中的官兵们大多趁取得胜利的机会役使他们,轻视凌辱秦军吏卒。秦军的许多吏卒在偷偷议论着:"章将军等欺骗我等属降诸侯,故能使得今日入关破秦,这当然是好事。如果不能取胜,诸侯们将押持我们这些俘虏退回关东(时称今陕西函谷关或潼关以东地区),秦国定会把我们的父母妻儿全部杀死。"诸侯将领们风闻了一些有关秦军中相谋的事,就报告了项羽。项羽于是召见黥布、蒲将军商量曰:"秦军中旧有吏卒尚还有无数,其心还不服,倘若进入关中(当指今陕西函谷关以西)他们这些人不听指挥,则祸患无穷。不如将这些人击杀之,而使章邯、长史司马欣、都尉董翳这三位单独与我们入秦。"于是,楚军连夜坑杀(活埋)秦吏卒二十余万人在新安城南(今河南义马市千秋镇)。诸侯军前行一路几无抵抗,略定大片秦地。函谷关有兵守关,没有能够进入。听说沛公已经攻破咸阳城,项羽大怒,这才知道函谷关的守军是沛公属下,乃命令当阳君等人率军攻击函谷关。于是项羽进入关中,至于戏西(在今陕西西安市临潼区东北戏水西岸)。沛公驻军灞上,还没来得及与项羽见面。沛公左司马曹无伤派人对项羽言曰:"沛公欲在关中称王,使用原秦王子婴为相国,并将秦国府库中的珍宝都要据为己有。"项羽听之大怒,曰:"明日让士卒酒足饭饱,给我打败沛公的军队。"当时是,项羽兵四十万,驻扎在新丰(治所在今陕西西安市临潼区东北十四里阴盘城)鸿门;沛公的兵十万,驻军在灞上。范增开导项羽曰:"沛公在山东老家时,贪于财货,又好美姬。如今入关,不索取财物,不去嫖娼,以此能说明他的志向不在小。我派人去观察过他的王气,皆为龙虎相,呈五彩斑斓,此天子之皇气也。要急于处理而勿失去机会。"项羽默然。

楚国的左尹项伯,是项羽的叔父,平素与沛公谋士张良友善。项伯得此消息,乃连夜驰马到沛公军中,私下见张良,并把事态缘由告诉了张良,想要叫张良与他一同离去,曰:"不要与沛公刘邦一起死呀。"张良曰:"我是代表韩王来送沛公的,如今沛公有急难,我假若逃走就是不仁不义,这样的大事我不能不告诉他。"张良乃进入军帐,将详情告诉沛公。沛公大惊曰:"这却如何是好?"张良曰:"是谁替大王出的派兵守函谷关的鬼注意?"沛公曰:"鲰生说我曰:'距关,毋内诸侯,秦地可成王也。'故我听了他的。"张良曰:"估计大王的士卒可以抵挡得了项羽大王的诸侯联军吗?"沛公默然良久,曰:"确实不如,这且如何是好?"张良曰:"我只有去告诉项伯,说沛公不敢背叛项王。并请项伯多加留意关照。"沛公曰:"您怎么会与项伯有旧交?"张良曰:"秦始皇时,我与徐福友善,常结伴去吴中摇城拜访瓯越王摇。时项梁杀了人,就与弟弟项伯,子侄项羽居吴中,他们常住摇城嬉戏,因以相识。项伯兄弟又徙居乌程,这个过程是我帮了他们的忙,我就与项伯有了交情。如今事发突然又如此紧急,幸亏项伯前来告诉我。"沛公曰:"项伯与您谁的年纪大?"张良曰:"项伯比我年纪大。"沛公曰:"请您替我把项伯叫进来,我要用兄长的礼仪与他相见。"张良于是出去请项伯来见沛公。沛公捧着酒杯向项伯敬酒,又约为儿女婚姻。沛公曰:"我入关以后,秋毫不敢有所索取。清查了吏民户籍,封藏了府库财物,只等待项羽将军到来。我派遣军队把守函谷关的原因,是防备有其他地方的盗贼窜入,和防止意外的变故发生。我日夜盼望项羽将军的到来,我又怎么敢反叛呢?希望项伯对项羽将军说明我不敢背德去做叛逆的事。"项伯应诺,对沛公曰:"您明早要起早就亲自去向项王说明以谢罪。"沛公曰:"是。"于是项伯连夜赶了回去,至军中见项羽。项伯将沛公的话完整地表述给项羽听,接而言道:"沛公若是不先攻破关中,您又怎么能如此方便地进入关中呢?现在人家立有大功却要打击他,这是不仁义的行为,不如因此要善待他。"项王许诺。次日清早,沛公就带着百余骑兵前来拜访项王。

沛公到达鸿门(在今陕西西安市临潼区东十七里),先向项羽谢罪曰:"我与将军齐心协力进攻秦军,将军在黄河以北作战,我在黄河以南作战,但是没有料到我很是顺利地先入关攻破秦国,这才能够在此地与将军重逢。这些有小人说坏话离间,使将军与我产生了嫌隙。"项王曰:"此是沛公左司马曹无伤说的,不然我项籍何至于如此?"项王当天就留请沛公一同饮酒。项王、项伯面东而坐,亚父面南而坐。亚父,即范增。沛公面北而坐,张良面向西陪侍。亚父范增数次使眼色给项王,又举所佩戴的玉玦示意三次,项王默然不应。范增起身出去召唤项庄,谓曰:"君王为人心肠太软,不忍下手,你进去上前敬酒,祝酒结束,你就请求用剑起舞,趁机把沛公击倒在座位上,杀之。如若不然,今后不多久,你们这些人都将要被沛公所俘获。"项庄这就进入敬酒。敬酒结束,项庄请示:"君王与沛公饮宴,军中无以为乐,请以剑舞助兴。"项王允诺可以。项庄则拔剑起舞,接而项伯亦拔剑起舞,并且常常用自己的身体挡住项庄舞近沛公的剑头,使项庄不能击杀沛公。于是张良借口便厕,来到军门,见到樊哙。樊哙曰:"今天的事态如何?"张良曰:"非常危急。现在项庄舞剑,其意在击杀沛公。"樊哙曰:"形势如此紧迫,这我就进去,与沛公同命。"樊哙即带上宝剑,手持盾牌,进入军门。交戟侍立的卫士想阻止樊哙入内,樊哙则用他手中的盾牌来撞击他们,卫士们被他撞得扑倒在地,这样就进入军门内。樊哙分开帷帐面西而立,瞪着眼睛注视项王,其形式是头发向上直立,眼眶都似要被睁裂。项王按着宝剑直起上身曰:"来客是什么人?"张良曰:"沛公的驭手(参乘)樊哙是也。"项王曰:"真壮士,赐给他卮酒。"侍从则与之一斗卮酒。樊哙拜谢,起立而一饮而尽。项王曰:"赐给他一只猪肘!"侍从随即捧上一蹄猪肘。樊哙将手中的盾牌覆在地上,把猪肘放在盾牌之上,用宝剑边切边吃,全部吃光。项王曰:"壮士,还能再饮酒吗?"樊哙曰:"我死尚且不回避,卮酒有什么可推辞的!秦王有虎狼之心,杀人唯恐不能杀光,刑罚人唯恐不够严酷,于是天下的人都背叛了他。怀王与诸侯相约曰:'谁先攻破秦军进入咸阳的人,将被封为关中王。'今沛公首先攻破秦而进入咸阳,对于秦室的财富,毫毛不敢有接近,封闭了的宫室不让失散,退出了军队而驻军灞上,以等待大王来临。派遣将领严守函谷关,也是为了防备其他地方盗贼窜入和意外事变的发生。像沛公这样劳苦功高,却没有封侯的奖赏。而大王还在听信小人之言,想诛杀有功之人。这样做是亡秦继续,我私下以为大王是不会采取这种做法的。"项王竟然无话可答,只是说:"请坐。"樊哙随着张良身边落座。坐了片刻,沛公起身如厕,顺便招呼樊哙同出。沛公已经出来,项王又派都尉陈平去召回沛公。沛公曰:"我现在出来了,连招呼都没有打,这如何是好?"樊哙曰:"办大事不顾细节,讲大礼不辞小让。如今人方为刀俎,我为鱼肉,还去告辞什么!"沛公将离去,乃就令张良留下来致谢。张良问曰:"大王来时带了什么礼物?"沛公曰:"我带来了白璧一双,准备送给项王;玉斗一双,准备送给亚父。正碰上他们发怒,就不敢献上,请你给我献给他俩吧!"张良承诺去办。当时是,项王军在鸿门下,沛公军在灞上,相距四十里路。沛公就留下车骑,乘马脱身逃离,樊哙、夏侯婴、靳彊、纪信四人手持盾牌、宝剑跟随着徒步疾走。他们从骊山而下,经过芷阳(在今陕西西安市东)抄小路而行,以避追兵。行前,沛公对张良曰:"我们抄小路到达军中不过二十里。估计我们已经到达军中,你再回到帐中去见项王。"张良入帐辞谢项王曰:"沛公不胜酒力,不能亲自告辞。委派臣下谨奉白璧一双,再拜以奉大王足下;另备玉斗一双,再拜奉送大将军足下。"项王曰:"沛公安全吗,今何在?"张良曰:"听闻大王要督责他的罪过,一时又辩不清,因以害怕,现脱身独去,可能已经回到军中。"项王也就接受了白璧,放置在座椅上。大将军亚父接受了玉斗,抛在地上,拔剑砍击至玉碎,暗自叹曰:"唉!竖子不足与谋。夺项王天下者,必沛公也,我等这些人迟早要成为俘虏。"沛公回到军中,立刻斩杀曹无伤。后数日,项羽引兵入咸阳,随即屠城,杀秦降王子婴,烧毁了秦宫室,大火连烧三个月不灭。又收取宫中宝货,劫掠秦宫美女往东归去。有人劝告项王曰:"关中地区有山河阻塞四方,土地肥沃,可以在这里建都而称霸天下。"项王从高处看了看烧得尽为灰尘残垣断壁的咸阳城,也觉得凄怆!心想怎么可以立都呢,而又心怀故土,意欲东归,曰:"富贵不归故乡,就像穿着锦绣衣裳的人在夜间出行一样,有谁知道他富贵呢?"那个劝告项王的人后来对别人曰:"有人说楚国人像是猴子雨淋之后还去戴上人帽子去装人样,果真如此。"项王听闻后很是愤怒,捕来说者烹杀之。项王派使者向楚怀王报告入关破秦的消息。怀王曰:"就按原来的盟约行事。"乃尊怀王为义帝。

项王想要自立为王,则先把手下将领、谋士一部分立为王。项王对他们曰:"天下最初向秦国发难的时候,假立原先诸侯国王者后人的名义以讨伐秦国。然而,身披铠甲、手持锐器,冲锋陷阵在前,暴露于野三年,灭亡了秦国以定天下者,皆是诸位将领与谋士的功劳。义帝虽然没有功劳,但也应当分给他一片土地让他做王。"诸位在场者皆曰:"善。"乃分天下,立诸位将领及谋士为侯王。项王与范增担心沛公将会拥有天下,通过这次彼此间交谈讲和,又怕背负恶名,恐怕引起诸侯的反叛,原本的谋杀计划只好作罢,但是不放弃对沛公的控制,乃又暗中计议,阴谋曰:"巴、蜀道路险阻,秦时凡是要被驱逐的人都将他们迁居蜀地。"又以为:"巴、蜀为关中地域。封给沛公,情面上说得过去。"因此立沛公为汉王,统治巴、蜀、汉中,定都南郑(在今陕西汉中市东二里)。而又分关中为三,立秦的降将为王,用以制约汉王。于是又封章邯为雍王,统治咸阳以西区域,建都在废丘(即犬丘。在今陕西兴平市东南十里阜寨乡附近);又封司马欣为塞王,统治咸阳以东直到黄河岸边的区域,建都在栎阳(在今陕西西安市阎良区东北武屯街道古城村附近);又封董翳为翟王,统治上郡区域(辖境相当今陕西东北部及内蒙古乌审旗等地),建都在高奴(在今陕西延安市城东延河东岸)。项王徙魏王豹为西魏王,统治河东区域,都平阳;立申阳为河南王,都洛阳;认可韩王成将旧都作为都城,都阳翟(在今河南禹州市)。项王立赵将司马卬(昂)为殷王,统治河内,都朝歌;徙赵王歇为代王;立赵国相张耳为常山王,统治故赵国地,都在襄国(即今河北邢台市);立当阳君黥布为九江王,都六(在今安徽六安市北十里城北乡);立鄱君吴芮为衡山王,都邾(邾县。在今湖北黄冈市黄州区北十里禹王城);立义帝柱国共敖为临江王,都江陵;徙燕王韩广为辽东王;立燕将臧荼为燕王,都蓟;徙齐王田市为胶东王;立齐将田都为齐王,都临淄;立故秦所灭齐王建孙田安为济北王,都博阳。田荣因为屡次背弃项梁,又不肯率军随楚军进攻秦军,因此不封他为王。安城君陈余因为抛弃将印而离去,不跟从楚军入关,但他平素以贤名远播,对赵国有功,听说他居住在南皮(在今河北南皮县东北八里),故把南皮周围三个县的地方封给了他。番君将领梅鋗功多,故封十万户侯,后有梅鋗城(在今安徽祁门县西十五里)。项王自立为西楚霸王,统治九个郡,建都在彭城。东瓯国摇王率百越归鄱阳令吴芮从诸侯灭秦。摇王有功,应该封爵,而项王认为过去楚国与越国有嫌隙,况且东瓯国为旧越国之后,再者项王夫人虞姬是上舍君之女,摇王早先掠夺了上舍君封地,是国仇与家怨,也就没有封立摇王。

七、乱哄哄诸王搞联盟

汉高祖元年(前206)四月,诸侯在戏西受项王封后,各自到得封国或封地就位。项王出关亦前往封国就位。项王派人去迁徙义帝,曰:"古代帝王拥有方圆千里的土地,必定要居在水域的上游。"于是就决定派人把义帝迁徙到长沙彬县(彬县在今陕西咸阳市西北部。此指彬县当在今湖南长沙市境内)。使者催促义帝起程,义帝的群臣有不服与背叛的苗头,项王就暗中命令衡山王吴芮和临江王共敖将义帝击杀在长江,时衡山王在长沙,击杀义帝的当是临江王。韩王成没有军功,项王不让他前往封国,并带他一起到彭城,把他由王废为侯,既而又杀了他。臧荼前往封国,驱逐原在封地的韩广到辽东。韩广不听命,臧荼就在无终(即今天津市蓟州区)把他杀死,兼并了辽东王的封地。田荣听说项羽要将齐王田市迁徙为胶东王,而立齐将田都为齐王,于是大怒,不同意遣齐王去胶东,因而以齐国的兵力反叛,准备迎击田都,田都于是败逃到楚。齐王田市畏惧项王,只好到胶东就国。田荣得知消息,追击他,在即墨杀了田市。田荣因而自立为齐王,而后向西进攻并且杀死了济北王田安,兼并了三齐的国土。田荣授给彭越将军印符,命令他在梁(即今河南开封市)地反击项王。安城君陈余也暗中派遣张同、夏说劝导齐王田荣曰:"项羽为天下主宰不公平。他把贫瘠的土地全都分给以前的诸侯王,而把好的土地封给他的群臣诸将,还驱逐了封地上的旧主。赵王歇就是个例子,他被迁移到北方的代地。我陈余就以为这样做是不可以的。听说大王已经起兵,并且不听项羽,这重瞳子两眼看人,我陈余希望大王能够资助兵员,去攻打常山(在今河北唐县西北),来恢复赵王之位,我愿意用我们的国土作为齐国的藩屏。"齐王答应了陈余的请求,因而派遣军队去赵国。陈余发动了他封地内三个县的全部军队,和齐国的军队合力进攻常山,打垮了常山的守军,张耳逃归汉王。陈余从代地迎接回赵王歇,返回赵地。赵王因而立陈余为代王。项羽得知消息大怒,向北进攻齐国。八月初,吴芮在洞庭湖巡视百越兵,汉王刘邦派遣的特使张良到了。张良对吴芮曰:"汉王计划还师关中,袭击三秦,希望百越兵拥立汉王,往屯秦中(指今陕西省中部地区)。"吴芮曰:"诺。"百越兵奇异怪服,武器亦千奇百怪,到达秦中,秦人见之惶恐不安。汉王采用韩信的计策,从先时来汉中所经故道还师关中,与百越兵合力,袭击了雍王章邯。章邯在陈仓(在今陕西宝鸡市东二十里渭水北岸)迎击汉军,战败而逃,在好畤(即今陕西乾县东十里好畤村)阻击,又失败,逃走废丘(在今陕西兴平市东南)。于是汉王平定了雍地,汉军主力东进到达咸阳。百越兵把雍王围困在废丘。汉王又派诸将攻取略定陇西、北地、上郡。汉王命令将军薛欧和王吸率军出武关,借助王陵在南阳的军队,去沛县迎接太公和吕后。楚国听说有这事,发兵在夏阳(在今陕西韩城市南二十里西少梁)阻拒他们,汉兵不能前行。项王又令先前的吴令(原吴中县令)郑昌为韩王,在禹州以阻拒汉军。

　　二年,汉王向东攻城略地,塞王司马欣、翟王董翳、河南王申阳皆投降。唯项羽新封的韩王郑昌不听,汉王命令韩信向他进攻并且打败了他。汉王于是设置了陇西、北地、上郡、渭南、河上、中地郡。并在关外设置了河南郡。改立韩国太尉信为韩王。各地将领凡是能够率领一万士兵并以一郡的地方投降的,就封为万户侯。汉王派人修筑了黄河边上的要塞,诸故秦朝时的苑囿园池全部开放,允许百姓复田耕种。正月,俘虏了雍王章邯之弟章平。大赦天下罪犯。二月,下令除掉秦朝的社稷,改立汉朝的社稷。三月,汉王从临晋(在今陕西大荔县东朝邑镇西南二里)渡黄河,魏王豹率军随从,攻下了河内,俘获了殷王,设置河内郡。新城(今山西闻喜县东北)的三老董公拦阻汉王,向他述说了义帝在黄河水道上被杀的经过。汉王听了这件事,袒胸露背号啕大哭。汉王于是为义帝发丧,哭祭三天。汉军向南渡过平阴津,到达洛阳。汉王派出使者告诉各路诸侯:"天下人共立义帝,我们都是北面而臣服他的臣子。今项羽放杀义帝于江南,这是大逆不道。寡人亲自为义帝发丧,恳望诸侯们皆着素白的孝服,以示哀悼。寡人要出动关内所有的军队,会集河南、河东、河内三郡兵士,南渡长江、汉水以下江南,愿意与各诸侯王攻击楚国,去俘获杀义帝者,绳之以法。"是时,项王正在向北攻击齐国,与田荣在城阳(在今山东菏泽市东北五十里胡集乡)交战。田荣被打败,逃到平原,被平原人杀掉。于是齐国各地都投降了楚国。项王下令焚烧了齐国都城,绑虏了不少齐国女子。于是齐国各地民众愤怒,又反叛。田荣弟弟田横复立田荣之子田广为齐王,齐王在城阳复反击楚军。项羽虽然已经得到情报明知汉军东下,既然已经与齐国的军队在接连交战,就打算破齐以后再去反击汉军。汉王因此得以有机会联络五路诸侯兵,遂入彭城。项羽听说这件事才慌忙率军离开齐国回军,从鲁地出发经由胡陵,到达萧县,与汉军在彭城灵璧以东的睢水岸边交火,打败了汉军,汉军兵士死者无数,睢水因为尸体堵塞而不能畅流。项羽又在沛县抓到了沛公的父母妻儿,置之军中以为人质。当时是,诸侯见楚强汉败,又大都是背离了汉而又重归于楚。塞王司马欣亦乘此机会逃入楚国。汉王以妻舅周吕侯为汉兵统帅,驻守在下邑(在今安徽砀山县)。汉王战败后也就在此地收回些残兵败将,驻军在砀。汉王向西经过梁地,至于虞(在今河南虞城县北二十二里李老家乡附近)地,派出使者随何去九江王黥布那里游说,曰:"公去游说,能够让黥布举兵反叛楚国,项羽一定会留下来进攻他,这就可以拖住项羽几个月对我们的围剿,我就有时间赢得天下。"随何就去往说九江王黥布,黥布果然起兵反楚,项王命令龙且去进击黥布。汉王在彭城战败西逃时,在行进途中曾经派人去寻找家人,家人皆逃亡,没有消息。彭城战败后当时只找到儿子孝惠,六月,立孝惠为太子,于是大赦罪人。汉王令太子驻守栎阳,诸侯王的儿子在关中的皆将他们集中在栎阳以为拱卫。汉军百越兵引水灌废丘,废丘降,章邯自杀,废丘更名为槐里。汉王于是下令负责祠堂的官员祭祀天地四方与上帝山川,并且要求按照季节时令及时祭祀,安排关内士卒巡视要塞。是时也,九江王黥布与楚将龙且交战,没有取得胜利,他就跟随何抄小路归附汉王。汉王逐渐集聚了一些士卒和各路将领,加上关中出动增援的军队,在京(在今河南荥阳市东南二十四里京襄城村)、索(在今河南荥阳市)一带打垮了楚军。因此在荥阳的汉军又是势力大振。

三年,魏王豹请求准假归家探视父母的疾病,当他一过河东,就毁坏了河津的渡口,反叛汉而归楚。汉王指派郦生去劝说魏王豹,豹不听。汉王派将军韩信去攻击他,打垮了他的军队,俘虏了魏王豹,汉于是平定了魏地,在这里设置了三个郡,即:河东郡、太原郡、上党郡。汉王命令张耳与韩信接着向东进攻,拿下了井陉,进而进攻赵国,斩杀了陈余及赵王歇。其明年,立张耳为赵王。汉王驻军在荥阳以南,修筑了通往黄河岸边的甬道,以图取敖仓(在今河南荥阳市东北敖山)的粮食。汉王与项羽相持了一年多。项羽多次侵夺汉军运粮的甬道,使汉军缺粮,于是楚军就把汉王包围了。楚、汉相持在荥阳,大批农民不能耕作,米价涨至万钱一石。汉王请求讲和,要求把荥阳以西的土地划拨给汉,项羽不同意。汉王很是担心,就采用了陈平的计策,给陈平四万斤黄金,用以离间楚国的君臣关系。于是项羽就怀疑起亚父范增。亚父当时劝项羽趁势攻取荥阳,及其感觉到项羽竟然怀疑起自己来,很是愤怒,以年老为由而请辞,希望项羽能赐给他一副骸骨回去做平民百姓,还没有到达彭城,亚父就病死了。汉军的粮食断绝,汉王于是在夜间使二千妇女从荥阳城的东门出城,都身披甲衣冒充士卒,楚军因而四面攻击这支队伍。将军纪信假扮成汉王,乘汉王的车驾,骗了整个楚军阵营。楚军军士以为是汉王出来接受投降的,都喊万岁,跟随着拥到东城观看。就这样汉王得与数十骑出西门逃走。汉王临走时下令由御史大夫周苛、魏豹、枞公守卫荥阳。那些不能随从汉王的将领与士卒,都留在城中。周苛与枞公商议曰:"魏豹是叛国的国王,很难与他共守城。"因以杀了魏豹。汉王逃出荥阳城而进入关中,收聚兵力而准备重新东进。袁生游说汉王曰:"汉与楚在荥阳相持不下已经有好几年了,汉军常常被困。希望君王出兵武关,项羽一定会率楚军向南转移,则君王深沟壁垒,据守不战,就能够使荥阳、成皋那边的军队得到休整。要派遣韩信等人去联络黄河以北的赵地,联合燕国和齐国。到那时,君王再走荥阳,亦不为晚。这样,楚国所要防备的方面增多,致其力量分散,而汉军得到休整,再与楚军交战,一定会打垮楚军。"汉王听从了袁生的计策,出兵驻守在宛(在今河南南阳市)邑与叶(在今河南叶县南二十八里旧县)邑一带,与黥布在行军途中收聚散兵。项羽听闻汉王在宛,果然引兵向南方转移。汉王坚守壁垒而不与楚军交战。是时彭越的军队渡过了淮水,与楚将项声、薛公战于下邳,打败了楚军。项羽又引兵回攻彭越。汉王趁此机会引兵向北驻军在成皋(在今河南荥阳市西北汜水西)。项羽已经打败了彭越的军队,闻知汉王复军在成皋,乃复引兵西进,攻拔荥阳,诛杀周苛、枞公,而俘虏了韩王信,随即包围了成皋。汉王决定逃走,就独自与滕公夏侯婴共乘一车出成皋玉门,向北渡过黄河,奔驰至修武住宿。汉王自称使者,清晨就驰入张耳和韩信的营垒中,并请他俩将军权交回给他。汉王乃派张耳向北在赵地去收聚士卒,派韩信向东攻击齐国。汉王收得韩信的军队,复又军威大振。汉王领兵临近黄河边,向南进军,在小修武城之南饱餐了士卒,准备与楚军再战。郎中郑忠劝阻汉王要深沟高垒,不要和楚军交战。汉王听从了他的计策,派卢绾和刘贾率兵二万,骑兵数百,渡白马津切入楚地,与彭越合作,复击楚军,破楚军于燕郭(燕国。相当今北京市及河北北部地)西,遂收复了梁地十余城。淮阴侯韩信受命东攻齐国,还没有渡过平原津(在今山东平原县西南五十里),汉王又派郦食其前往游说齐王田广。田广反叛楚国,与汉联合,共同攻击楚军。而韩信却采用蒯通的计策,对郦食其去说齐王的事假装不知,遂袭击破齐。齐王烹杀了郦食其其,向东逃跑到高密。项羽听说韩信已经发动黄河以北的军队攻破齐国与赵国,并且准备向楚国进攻,就派龙且和周兰率军前往攻打韩信。韩信与他们交战,他的骑将灌婴出击,大破楚军,杀楚将龙且。齐王田广投奔彭越。这期间,彭越率领军队驻守在梁地(当在今山东成武县东),往来游击使楚军疲于奔命,断绝楚军的粮食补给线。时年,吴芮攻取长沙后,在濒临湘水处建立长沙古城。长沙,"楚之粟也",以栽种水稻见长。时赵佗已攻取桂林、象郡,自立为南越武王。吴芮与之和平相处,并向南越推广"芮"稻,南越粮食丰足,互不犯境。

四年,项羽交代海春侯大司马曹咎曰:"要谨慎地守住成皋。如果汉军前来挑战,请勿与应战,只要能够阻止他们向东进兵就行了。我十五天就能够平定梁地,复与将军聚合。"因为曹咎就是从前的蕲县狱掾,过去曾对项梁出狱有恩德,因此项王信任他。项羽乃行军去攻击陈留、外黄、睢阳,也就攻下了。而汉军果然数次挑战成皋的楚军,楚军坚守不出。汉军派人辱骂他们五六天,大司马曹咎被激怒,率兵渡过汜水。楚军刚渡河过半,汉军就发动了进攻,打垮了楚军,并且劫掠了楚国在成皋储备的所有金玉财宝。大司马曹咎与长史董翳、塞王司马欣都在汜水边自刭。项羽到达淮阳,听闻海春侯的军队被打败,就引兵回师。汉军正在荥阳以东围攻楚将钟离眛,项羽兵至,汉军专门挑险阻小路而遁。韩信已经打垮了齐国,派人对汉王曰:"齐国靠近楚国,我的权力轻,如果不立为代理齐王,恐怕我不能安定齐国局势。"汉王想讨伐他,张良对他曰:"不如因而立他为齐王,使他守卫齐地。"汉王就派张良拿着印绶去封立韩信为齐王。项羽听说龙且的军队是被韩信所消灭的,就心生惊恐,派遣盱眙人武涉去游说韩信,韩信不听。时年冬,楚、汉在荥阳相持不下,彭越乘机攻下了睢阳、外黄等十七座城邑,扰乱了楚国后方。这期间,汉王的军队势盛,粮食充足;而项王的军队青壮年兵卒苦于军旅,老弱兵卒苦于运粮。汉王于是与项羽相约在临广武(在今河南荥阳市东北广武山上)间的地方隔河对话。项羽意欲与汉王独身挑战。汉王数落项羽曰:"楚将士们听着,当初我与项羽一同接受怀王的命令,约定首先进入关中者为王,项羽负约,却封我为汉王,地在蜀、汉,这罪其一。项羽假传怀王诏令,杀害卿子将军宋义而自己取得上将军号,这罪其二。项羽已经解救了赵国的围困,本来应当回师报告怀王,却擅自劫取诸侯而率军入关,这罪其三。怀王约定进入秦地以后不许施暴劫掠,项羽却烧毁了秦的宫室,挖掘了始皇帝的墓冢,私自收取秦国的财富,这罪其四。又一意孤行地杀害了已经投降的秦王子婴,这罪其五。还以欺诈的手段在新安活埋了秦已降兵卒二十万人,却只封他们的将领为王,这罪其六。项羽皆将好的土地封给自己的诸将,而迁徙故主到他地,制造臣下争来夺去的矛盾,这罪其七。项羽把义帝驱逐出彭城,而自己在那建都,夺取韩王的土地,把梁、楚合并而多分自己的封土,这罪其八。项羽派人所谓送义帝去江南封地,却在黄河水道上把义帝杀害,这罪其九。项羽你身为人臣而弑杀自己的君主,诛杀已经投降了的降卒,处理政事不公平,主持公约不守信用,这是天下人所不能容忍的,是大逆的道。这是你的第十条罪。我刘邦率领正义之师,而随从诸侯来诛杀残暴的贼子,驱使受过苦役刑罚的罪人去击杀你项羽,我何苦要与你单独挑战!"项羽听罢非常愤怒,暗示埋伏的弓弩手射杀汉王。弓弩手射中了汉王,汉王胸部受伤,却用手捂着脚,曰:"贼虏射中了我的脚趾。"时也,汉王将楼烦出阵,一连射杀楚挑战者三人。汉王受伤而卧床,张良坚请汉王起床前去慰劳军队,以此来稳定军心,以免楚军乘胜压倒汉军。汉王出来到军中巡视,伤病更加严重,因而驰入成皋城中养病。汉王伤病痊愈,就向西进入函谷关,来到了栎阳,慰问父老,设酒宴请他们。悬挂敌枭已故塞王司马欣的头颅在栎阳闹市区中,听留四日。复行军,军驻广武。关中兵力大增。当在此时,彭越的军队在梁地往来游击,使楚军往返苦于奔命,常袭其粮道,绝其粮食。田横前往跟随彭越一起与楚军作战。项羽多次攻击彭越等,齐王韩信又攻击楚军。项羽恐惧,乃与汉王相约,中分天下,割鸿沟以西之地给汉,鸿沟以东之地属楚。项王放归汉王的父母妻子,以示和好,汉军中皆高呼"万岁",两军乃就分别各自归去。项羽退兵而东归。汉王也准备率军西归。时张良、陈平对汉王曰:"汉已拥有大半天下,而且诸侯又都归附于汉,楚军疲惫而又粮食不足,可以趁此机会消灭楚国。"则献计汉王要追击项羽,汉王于是听计就进兵追击项羽。汉军到达阳夏(即今河南太康县)以南就停止了追击,和齐王韩信及建成侯彭越约期而准备共同攻打楚军。秋,彭越率军攻下了昌邑(治所在今山东巨野县南六十里昌邑乡)四周二十几个城邑,项羽败退到夏阳(即今山东微山县治夏镇)。彭越得十余万斛谷物,供给刘邦做军粮。汉军到达固陵(固陵县。在今河南太康县南。今名固始县),韩信与彭越没有前来会合,楚军攻击汉军,打败了汉军。汉王建壁垒,挖掘深沟而据守。汉王谓张良曰:"诸侯不按约如期而来,这究竟是什么原因?"张良曰:"楚军将破,而韩信、彭越却没有得到分地,所以没有如期而来。君王如果能够与他们共分天下,他们将会立马而来。君王的态度不明确,情况就很难预料。君王若能把陈县以东到海滨的土地全部封给韩信;从淮阳以北到谷城的土地,划给彭越,使他们各自为战,楚国就容易被击败。"汉王采用了张良的计策,因此韩信、彭越都领兵如期而至。及刘贾进入楚地,围攻寿春(即今安徽寿县)。汉王在固陵战败以后,就派使者召唤大司马周殷举九江之兵迎接,以张扬声势。武王黥布在行军途中屠戮了城父(在今河南宝丰县东),汉王立黥布为淮南王。随何、刘贾及齐、梁诸侯的军队都到达垓下(在今安徽灵璧县东南,沱河北岸)围逼项羽。

八、吴歌越弦　霸王别姬

　　汉高祖五年(前202)正月初,项王的军队在垓下驻扎,兵卒约有十万人,他们缺少粮食,又是天寒地冻,乃真是饥寒交迫。汉王与诸侯四面包围了楚军,准备与项羽展开胜负决战。齐王韩信率领三十万士卒独当一面,孔将军(孔熙)居左,费将军(陈贺)

居右。汉王刘邦在韩信的军队后面。绛侯周勃和柴将军在汉王后面。韩信先与楚军交战,但首战不利,军队退却。孔将军和费将军忽从两翼突出,纵兵进击,楚军不利。韩信复从中间拥兵回击,楚军大败。汉军和诸侯的军队就数层次地把楚军严严实实地包围了起来。围困楚军的汉军,采用张良的建议,开始了瓦解敌人战斗意志的心理战术。白天,不时有传单从空中飘入楚军,项王仰天望去,有数百只纸鹞在空中飞,叹曰:"此吴中摇城纸鹞也,当年没有给东瓯王摇封爵,是报应也!"是夜,月高星稀,忽歌声四起:"正月里来是新春,家家户户点红灯,汉王诸侯团团围,困死霸王在冰城。二月里来暖洋洋,我等解甲归家乡,新窝做得端端正,孝父孝母娶新娘。三月里来是清明,桃红柳绿百草青……"项王夜闻故地歌,叹曰:"此吴歌越弦也,难道吴中楚地皆已为汉所得?汉皆已得楚乎!是何楚人之多也!"后有"四面楚歌"即此来源。项王半夜起床,与夫人在帐中饮酒。夫人其名本不知,因为是虞(今江苏常熟市)地虞溪人,假曰虞姬。虞姬漂亮美丽、善歌能舞、贤惠体贴,自乌程起兵一直相伴在身边。项王有一匹骏马名叫骓,因为经常骑着它作战。于是项王乃慷慨悲歌,自己作诗唱道:"力拔山兮气盖世,时不利兮骓不逝。骓不逝兮可奈何,虞兮虞兮奈若何!"虞姬曰:"汉兵已经略地,四方皆吴歌越弦;既然大王的气数已尽,吾还何以聊生?"即举剑自刎。汉兵所唱之歌,《史记·项羽本纪》定性为"楚歌",这实为东瓯国摇王所持越队唱的歌。楚歌本就是吴歌越弦,即四季调,也叫唱春调,近于之后的孟姜女调,有七言律诗的韵味。孟姜女调的产生源头本在齐地(今江苏苏北),人听之有为潸然泪下的感觉。秦降越君此前,项羽曾居吴中,摇王亦居吴郡,同籍,故摇王所持越队能唱"楚"歌。项羽应和汉军的诗唱了好几遍,泪流满面,在场的军士无不恸哭,没有人敢仰视项王。后半夜,项王骑上战马,军旗引领着八百多名壮士骑马随护,趁着夜色偷出重围,遂走东城(今安徽定远东南)。次日拂晓,汉军方才发觉项王在逃,汉王即刻命令骑将灌婴率领五千骑兵追击他们。项王渡过淮河,此时跟随他的只有百多骑。项王到得阴陵山(在今安徽和县北八十里),山小多石头,迷失道路,遂立枪探路,后该地名为刺枪坑。项王问一种田的老翁,老翁欺骗他说是向"左",往左去,乃就陷入大沼泽地之中,因此汉军就追上了他。项王又复引兵向东,到达东城(秦朝称阴陵县。即今安徽定远县西北靠山乡古城集),乃就只剩下二十八骑兵相随。汉军追击的骑兵还有数千人。在一山岰上,项王揣摩自己不能摆脱困境,则对跟随的骑兵曰:"我自起兵至于今已经有八年了,亲身经历过七十余战,凡是阻挡我的敌军都被我攻破,凡是进攻过我的敌人都被我征服,我未曾打过败仗,于是称霸而拥有天下。然而今日,我被困在这里,这是上天要亡我之意,绝非是我作战的过失。如今固然得决一死战,我愿与诸位进行闪电式的快战,一定要连胜敌军三次,这样才能为诸位溃败敌人突出重围,斩杀敌将,刘敌旗帜,好让天下人知道是上天要灭亡我,而不是我作战的过失。"于是项王把这二十八骑划分成四队,朝着四个方向准备分兵而去。汉军的包围圈有数重层,项王告诉跟随他的骑兵们曰:"我先为你们取汉军一将。"复又与他们相约:"我去取汉将之时,你们要奔驰而下,冲到山的东边分三处会合。"于是项王大呼着奔驰而下,汉军皆两边披靡。项王就抓了个逃之不及的汉将一员,斩杀之。汉骑将杨喜追击项王,项王忽回首瞋目而叱之,杨喜人马皆惊,急忙后退数里。项王就和他的骑兵到山的东边分三处会聚。汉军不知道项王逃匿在何处?于是就兵分三路再次包围。项王又突然奔驰在汉军中,复斩杀汉军中一都尉,连杀数十百人,又复去重聚他的骑兵,时有二名骑兵阵亡。项王于是对相随的人曰:"我所说的话何如?"众骑兵皆拜服曰:"真如大王所说的那样。"

　　项王想要向东渡过乌江(在今安徽和县东北四十里乌江镇附近),却犹豫不决。乌江亭长把船靠到渡口等候,对项王曰:"江东虽然是小,但是土地方圆千里,民众亦有数十万,也足够在那里称王了。希望大王赶快渡江。现在只有我有渡船,汉军追到,也就没有渡船可寻。"项王苦笑曰:"上天将要亡我,我为何还要渡江?况且我项籍当年与江东子弟八千人渡江向西,今无一人回还。假如江东父老兄弟可怜而以我为王,而我又有何面目去与他们相见?假如人家不谈论,我项籍独自又怎么不难过而于心无愧呢?"于是对亭长曰:"我知道您是位长者。我骑的这匹马已经有五年,骑着它,所向无敌。这马名叫骓,曾经伴我日行千里,我不忍心杀掉它,就把它赏赐给您老吧。"项王又命令跟随他的骑兵们皆下马步行,手持短兵器用以短兵相接。汉军围逼,独项籍又杀汉军数百人,其自身也被创伤十余处。项王环顾四周,看见了汉骑司马吕马童,曰:"你难道不是我的老朋友吗?"吕马童指着项羽转过脸去对王翳曰:"此人就是项王。"项羽接而又对吕马童曰:"我听说汉王要购买我的头颅,出价千两黄金,加封邑一万户。我就把这个好处赠送给你这个老朋友吧。"说罢,项羽立即自刎而死,时年三十一岁。汉军骑士为争得项王一块肉,蹂躏践踏者,自相残杀者,死有几十人。王翳割取了项羽的头颅,郎中骑杨喜、骑司马吕马童、郎中吕胜、杨武各夺得项羽尸身的一部分。五人共会,将项羽的肢体整合在一起,确认无误是为项羽身体。项羽被汉将分尸请功,王翳得头颅封杜衍侯;杨喜得左肢封赤泉侯;杨武得右肢封吴防侯;吕马童得左足封中水侯;吕胜得右足封涅阳侯。项羽死,楚地都已归降汉,只有鲁地不肯降服。汉王扬言要率领天下的军队去屠城。因为考虑到这个区域的人奉守礼仪,有为主死节的孝心,汉王于是又改变主意,命人手持项王的头颅去让鲁国人观看,这样,鲁人确信项王已死,乃就全部投降。起初,楚怀王初封项籍为鲁公,及其已死,鲁地人又是最后投降,故以鲁公的礼仪待遇安葬项王在谷城(在今山东平阴县西南东阿镇)。汉王为项王发丧致哀,哭祭之后离去。诸项氏支属的人,汉王没有去诛杀。汉王封项伯为射阳侯;又桃侯、平皋侯、玄武侯皆是项氏族人,赐姓刘氏。

　　楚霸王项羽死,早先项羽起兵处的江东父老在故处树碑立传。据《湖州方志》记:"湖州出西北之门又叫霸王门,弁山则有项王走马埒、饮马池、系马木、磨剑石等古迹。"湖州的主山是弁山,江东父老则称为弁山之神。东瓯国摇王为楚霸王项羽的死节尽地主之谊。摇王将项羽曾到过的山封称为项羽山(在今浙江台州神仙居境内);则又立项羽神像,号为楚王庙(后称项羽庙。在今仙居县东五里)以祀,祈祷者至多(唐高宗时,冬官侍郎,充江南巡抚使狄仁杰致檄书,责楚霸王项羽丧失江东,八千子弟而亡受牲牢之灾,然后焚除)。《嘉定赤城志·山水门》记:"项羽山,在仙居玉几山东三十五里。相传项羽少时驻马于此,有石马迹尚存。"虞姬之死,犹如一声闷雷击碎了两个姐妹的心。虞姬,上舍君之女,虞溪村(在今江苏常熟市虞山边)人。当年江东子弟有人逃回,虞姬二姊妹闻听,誓死要去杀刘邦,姊妹俩沿河狂奔到摇城,崩死在河堤上,这河后名"望虞河";这堤后名"锦溪"。忽喇喇,山摇地动,摇城地陷成湖,成湖后易字为澄湖;黄殷殷,满溪跃金,万花灿烂成锦溪。

小结

项羽能够成为楚霸王,太史公曰:"吾闻之周生曰:'舜目盖重瞳子。'又闻项羽亦重瞳子。羽岂其苗裔邪?何兴之暴也!"楚汉相争,项羽是个暴发户,而汉高祖刘邦又何尝不是暴发户?楚汉战争初时,全国人口在二千万左右。西汉初年,全国人口估计是一千八百万。秦亡,导致了旧有国家的全面复辟,楚汉相争又将中国推入战争的深渊。楚汉相争历时五年,战争使人口减少了约二百万,而这二百万多数是在战场上拼杀死的。项羽一次就坑杀了秦降卒二十万,他攻取的城邑多数被屠城,项羽所坑杀与屠城的人口至少在八十万数上,较之他的八千江东子弟,可比数是百之比一。秦二世时,当时有三股起义势力:陈胜、项羽、刘邦。陈胜缺乏政治军事经验,很快就失败了,但是他号召民众起而反秦的功绩是巨大的。项羽巨鹿之战,大体已经摧毁了秦朝主力军,对于彻底亡秦起到了决定性作用,但是他在军事上骄横刚愎,杀人如麻,他政治上代表了旧有诸侯国的利益,要把社会倒退到秦以前的旧时代去,也只能是个失败者,起义的胜利果实自然就落到了刘邦的手中。

第十五章 汉定天下 国势昌运

楚汉相争,刘邦胜出。汉高祖五年,刘邦建汉,定都长安。汉代被称为"炎汉",又因皇帝姓刘而称"刘汉"。汉"文景之治"之后,汉武帝进一步推动大一统事业。

一、汉高祖封有功之臣

汉高祖五年(前202)正月,诸侯和将相们共同请求尊奉汉王为皇帝。汉王曰:"我听说皇帝的称号,只有贤德的人才能拥有。只凭空言虚语,是不可以持守的。我不敢担当皇帝之位。"群臣们都曰:"大王出身小民,却能够诛暴虐,平定四海。对有功的人,就分给土地而封为王侯,很是公平合理。大王如果不接受皇帝尊号,那么臣等对大王的封赏就会有怀疑而产生不信感。臣等誓死坚持要上皇帝尊号。"汉王推让再三,迫不得已,则曰:"诸君一定认为我做皇帝方便大局,方便国家治理,乃就接受罢。"甲午日,汉王刘邦就在汜水北岸(当指汜水镇。在今河南荥阳市西北)即皇帝位,是为汉高祖。二月。皇帝以为义帝没有后人,齐王韩信熟悉楚地风俗,则徙为楚王,都下邳。立建成侯彭越为梁王,都定陶。原来的韩王信仍为韩王,都阳翟。迁徙衡山王吴芮为长沙王,都临湘。淮南王黥布、燕王臧荼、赵王张敖都依旧为王。立无诸为闽越王,辖治八闽之地,都冶。以上共封八王。番君的将领梅鋗有战功,从汉王入武关,皇帝因此很是感激他。天下全都平定了,汉高祖居洛阳为都。原来的临江王驩,因为效忠项羽,而曾经反叛过汉,皇帝命令卢绾和刘贾率领军队围攻他,数月而投降,汉高祖把他诛杀在洛阳。五月。兵卒大部分被复员回家。诸侯的儿子留在关中的,免除十二年的徭役赋税;他们愿意回到封国的就免除他们六年的徭役赋税,国家养活一年。高祖在洛阳南宫摆酒设宴。高祖曰:"列侯诸将们不要对朕隐瞒什么,都要讲真话。我之所以能够拥有天下的原因是什么?项氏之所以失掉天下的原因又是什么?"高起与王陵起身站立作答:"陛下慢条斯理,而可以接受人家的欺侮;项羽傲气不仁,而爱捉弄人。再者,陛下使人攻城略地,所投降的地方就把他封给有功之人,能与天下人共享利益。项羽嫉妒有贤能的人,迫害有功之人。有贤能的人他就疑神疑鬼,人家打了胜仗而又不予计功,得到的土地而又不与人家分取利益,此所以是他失天下的原因。"高祖曰:"你们只知其一,不知其二。论到运筹策划,身在帷帐之中,而可以决胜于千里之外,我不如张子房。论到镇守国家,安抚老百姓,供给粮饷,使军需物质不绝于道,我不如萧何。论到可以集结百万大军,战之必胜,攻之必取,我不如韩信。而项羽连一个范增都不能用他,这就是他之所以要为我所擒的主要原因。"十月,燕王臧荼造反,攻下了代地。高祖亲自领兵攻击,俘获了臧荼,当即封太尉卢绾为燕王,并且派遣丞相樊哙率军攻取代地。接而利几亦造反,高祖又亲自率军攻击他,利几逃走。利几者,原来是项羽部将。及项羽失败后,利几时为陈县县令,没有追随项羽,却投降了当年的汉王,封侯在颍川。高祖在洛阳,按照诸侯的花名册征召他,而利几心怀恐惧因此而造反。秋天,皇帝在洛阳南宫的凌空阁道上望见诸多将领坐在沙地上交头接耳,议论纷纷,问留侯张良他们在说什么?留侯曰:"他们打算造反!"皇帝曰:"天下已定,为何还要反叛?"留侯曰:"陛下以贫民起兵靠他们而得天下,现所封者萧何、曹参老友而已。军吏计功以为天下土地不够封赏。又怕怀疑而遭诛杀,就相聚图谋。"皇帝因以担忧。留侯问:"陛下平生在群臣中最憎恶者谁?"皇帝曰:"是雍齿。雍齿与朕有旧仇,曾多次使朕窘迫受辱。朕想杀之,因他功多而不忍。"十二月,汉加封:曹参封平阳,靳歙封信武,夏侯婴封汝阴,王吸封清河,傅宽封阳陵,召欧封广,陈濞封博阳,陈婴封堂邑,陈平封曲逆。

六年(前201)正月,汉封:吕泽封周吕,吕释之封建成侯,张良封留侯,刘缠封射阳,萧何封酂,周勃封绛,樊哙封舞阳,周昌封汾阴,武儒封梁邹,董渫封成,孔聚封蓼,陈贺封费,陈豨封阳夏,周晁封隆虑,丁复封阳都,郭蒙封东武。皇帝父太公为不让当了皇帝的儿子每五天朝见自己而失节,抱持扫帚在门口迎接皇帝,倒退而行。皇帝尊奉太公为太上皇。留侯张良对皇帝曰:"陛下以为谁的功劳最大而至今还没有受封?"皇帝曰:"谁?"留侯缓慢地给皇帝讲东瓯国摇王的故事,皇帝惊呆!则言:"却如何办?"留侯曰:"请速封。还没有想周到的,都要加封,以定民心!"三月,封东瓯摇王为"海阳齐信侯(简称海阳侯)",位次三十七,食千七百户;东瓯领地扩展至东海郡(今江苏泰州市),陈武封棘蒲,朱轸封都昌,庄不识封武强,傅胡害封贳,宣虎封南安,蔡寅封肥如,虫达封曲成,陈涓封河阳。四月,韩信封淮阴。又封梅鋗为"台侯",食台以南诸邑(封地当在今广东汕尾市海丰县的梅陇镇,此地名与梅鋗原籍在今称的上海梅陇镇为异地同名)。有以为当时是台岭以南已为南越王赵佗所控,梅鋗没有地盘可落脚。后有唐代诗人罗隐将汉高祖对梅鋗的封地与三国时的孙策做比较,诗曰:"十万梅鋗空寸土,三分孙策竟荒丘。"梅鋗之后传梅姓。《汉书·高帝纪》记:"粤人之俗,好相攻击,前时秦徙中县之民南方三郡,使与百粤杂处。"为稳定百粤,汉立赵佗为南越王。五月,高祖想要长驻在洛阳以为都地。齐地人刘敬说与留侯张良请求皇帝定都关中。高祖是日起驾,入关中以为都地,接而六月,大赦天下。《通典》记:"汉初,论功封列侯者,凡百四十有三人。"汉制,列侯所食县地曰国。

二、诛诸异王　白马盟誓

高祖六年(前201)十二月,有人上书报告高祖,说楚王韩信欲造反。皇上询问左右,左右大臣争相要求去攻打韩信。皇上采用了陈平的计策,假装出游云梦泽(在今湖北江陵以东,江汉之间),以会诸侯于陈地。楚王韩信前往迎接,皇上就趁势羁押韩信。是日,大赦天下。田肯表示祝贺,因而对高祖曰:"陛下擒得韩信,又统治秦中。秦,形势制胜之国,携带河山之险要,又与江东悬隔千里。百万持戟的士卒前来进攻,原来的秦国只需要用二力的兵力就可以防御,这是因为地势便利。而派兵出征诸侯,譬如居在高屋之在建瓴(仰盖的瓦沟)中上倒水一样,势不可当。再如齐地,东方有琅琊、即墨的富饶;南方有泰山的险固;西方有混浊的黄河为险阻;北有渤海之绝地利,土地方圆两千里。持戟百万的士卒,要从隔绝千里以远的地区前来进攻,齐国只需要二十万的兵力就可以抵御。故此可以说,齐国是东秦也。陛下非亲属子弟,就不能派他去做齐王。"高祖以为这个建议很好,曰:"善!"赏赐给田肯黄金五百斤。十几天后,高祖降封韩信为淮阴侯。并把过去封给韩信的封地收回,分成两个封国。高祖说将军刘贾多次立功,就封他为荆王,统治淮东地区。高祖封皇弟刘交为楚王,统治淮西地区。高祖封皇子齐肥为齐王,统治齐地七十多座城池,凡是百姓讲齐地方言的地方都归属于齐。高祖于是就评定功绩,与诸列侯剖符行封。迁韩王信到太原(今山西太原市)。

七年,匈奴人攻击韩王信于马邑(县。当指今山西朔州市),韩王信因与同谋,反于太原。白土川(在今陕西彬县西南)人曼丘臣、王黄立,故赵将赵利为王句兵反,高祖亲率兵攻击他们。正值天气寒冷,士卒中有十分之二三的人冻掉手指,就只到达平城(在今山西大同市东北八里古城村)。匈奴人包围了平城,七日之后罢兵回去。高祖命令樊哙留在代地平定叛乱,高祖立兄长刘仲为代王。二月,高祖自平城返归,经过赵地、洛阳,回到长安。长乐宫建成,丞相以下凡在都城任职的官吏,都把住所安置在长安。

八年,高祖东进东垣(故城即今河北石家庄市东古城村),攻打跟从韩王信的余寇。高祖去东垣,路过柏人(古柏人城,位于今河北邢台市隆尧县双碑乡境内),原赵国国相贯高等人要谋杀他。高祖得知消息有点惧怕,因而没有留宿。萧何丞相主持建造的未央宫,建有东阙、北阙、前殿、武库、太仓。高祖回来后看到宫阙非常壮丽,很是生气地对萧何曰:"天下骚动不安战乱多年,成败尚不可确知。你为什么要建造如此奢华的宫室?"萧何曰:"就是因为天下还没有安定,所以才趁此时机建成宫室。况且天子是以四海为家,如果不建设得壮丽,就无法显示天子地位的尊严。这样的建筑,亦可以使后世再行修建时无以复加。"高祖听了,这才高兴。代王刘仲放弃了封国而自归洛阳,皇帝废了他的王爵而贬他为合阳侯。

九年,赵相贯高等人计划谋杀高祖的事被发觉,被夷灭三族。高祖废除了赵王张敖的王爵而贬为宣平侯。时年,迁徙楚国的昭氏、屈氏、景氏、怀氏,齐国的田氏等贵族到关中地区。因为历史的教训值得注意,楚国的昭氏、屈氏、景氏时称三户,"楚虽三户,亡秦必楚"。秦始皇时就有人如此预言;齐国的强势家族就是田姓人。未央宫建成,高祖召集诸侯群臣举行盛大的朝会,在未央宫前殿摆设酒宴。高祖双手捧着酒杯,起身为太上皇祝寿,曰:"当初大人常以为我是个无赖,不能治理产业,不如哥哥刘仲的能力。现在我成就的产业和刘仲相比谁多?"殿上群臣皆呼"万岁",大笑为乐。有人于是窃言,曰:"长子是'管',次子是'放',小子是'纵'。故兄弟同胞不同命,往往是:长子一般是本分守业之人;次子多有开拓进取精神;三子常见游手好闲。"

十年七月,太上皇在栎阳宫去世,楚王与梁王皆去送葬。特赦栎阳县(治所在今陕西西安市东北阎良区武屯乡古城村)的因犯。更改郦邑的名称为新丰。八月,赵国相陈豨在代地造反。皇上曰:"陈豨曾是我的役使,很有信用。代地是我急需安抚的地区,所以我封陈豨为列侯,并授权以相国的资格去守卫代地。如今陈豨却与王黄等劫掠代地,代地官员与老百姓没有罪,要赦免他们。"九月,皇上亲自率兵东进前往攻击陈豨,军至邯郸,皇上很高兴,曰:"陈豨不南向据守邯郸,却以为险阻有漳水而在那里驻守,我知道他无能。"又听说陈豨的部将原先都是商人,皇上曰:"这下,我知道怎么可以对付他们了。"于是用许多的黄金去引诱陈豨的部将,陈豨的部将大多投降。十月,淮南王黥布、梁王彭越、燕王卢绾、荆王刘贾、楚王刘交、齐王刘肥、长沙王吴芮,皆前来长乐宫朝见皇帝。

十一年,高祖在邯郸剿除陈豨的军事行动还没有结束,陈豨的部将侯敞带领着一万多人在流窜游击,王黄驻军在曲逆(在今河北顺平县东南二十里子城村),张春渡过黄河攻打聊城。汉朝廷派遣将军郭蒙与齐王手下将军联合攻击他们,把他们打得大败。汉太尉周勃率兵途经太原,平定了代地;又至马邑,马邑不投降,即将马邑攻下,而残杀了一批人。陈豨的部将赵利驻守在东垣,高祖亲自率兵攻打他,没有攻下。围城有月余,赵利兵卒大骂高祖,高祖愤怒。及东垣城将被攻破而赵利投降,高祖命令要查出骂人之事,有骂过高祖的人皆被斩杀,没有骂过的人被宽恕。高祖于是就把赵国山北地区分割出来,立皇子刘恒为代王,定都在晋阳(在今山西太原市西南古城营)。春天,淮阴侯韩信在关中谋反,被夷灭三族。秋天,梁王彭越谋反,被废除了王爵,而将他迁谪到蜀地;彭越想再次谋反,遂被夷三族。高祖立皇子刘恢为梁王,立皇子刘友为淮阳王。又淮南王黥布谋反,向东进兵侵吞了荆王刘贾的封地,并向北渡过淮南河。楚王刘交闻风逃走薛城。高祖亲自前往征伐黥布。高祖立皇子刘长为淮南王。

十二年三月,高祖皇帝杀白马立誓,诏曰:"吾立为天子,帝有天下,十二年于今矣。与天下之豪士贤大夫共定天下,同安辑之。其有功者,上致之王,次为列侯,下乃食邑。而重臣之亲,或为列侯,皆令自置吏,得赋敛,女子公主。为列侯食邑者,皆佩之印,赐大第室。吏二千石,徙之长安,受小第室。入蜀、汉定三秦者,皆世世复。吾于天下贤士功臣,可谓亡负矣!其有不义背天子擅起兵者,与天下共伐诛之。布告天下,使明知朕意。"皇帝另有口述:"高帝刑白马盟曰:'非刘氏王,天下共击之。'"(见《史记·吕太后本纪》)十月,高祖在会甀(当在今安徽宿州市南四十里蕲县镇以西)攻打黥布的军队,黥布逃走,高祖命令别将追击。高祖回师,路过沛县,停留了下来,置酒在沛宫。高祖悉数召来故人父老子弟，与他们纵酒；派人到沛地拣挑到一百二十个儿童，教他们唱歌。酒兴正浓时，高祖击筑，左手按弦的一端，右手执竹尺击弦，自作歌词唱道："大风起兮云飞扬，威加海内兮归故乡；安得猛士兮守四方!"命令儿童们跟他唱这首歌。高祖乃又起舞，慷慨伤怀，热泪数行下。高祖又对沛县的父老兄弟曰："游子一想到故乡就会悲伤。我虽然建都在关中，万岁后我的魂魄还将思念沛地。况且朕自为沛公起，即以诛暴虐为己任，遂得到天下，故当以沛地为朕的汤沐邑。免除沛县的赋税徭役，世世代代不必缴税服徭役。"沛县的父老、兄弟、诸母、故人每日作乐饮宴，极为欢快；还讲述些陈年往事，以取笑作乐。十余日，高祖准备离去，沛县的父老乡亲们恳请挽留他。高祖曰："我们来的人多，父老乡亲们供给不起。"于是离去。沛县万人空巷，大家都到县城西边送高祖，并致献礼。高祖于是又留下来，再畅饮三日。沛县的父老乡亲都叩首请求，曰："沛县得幸免除了赋税徭役，但是丰县还没有能免除赋税徭役，请陛下可怜丰县的人。"高祖曰："丰县中阳里是我出生的地方，我也就在那里长大。我最不能忘记。只是因为当年他们追随雍齿，反叛我去投靠于魏的缘故，我所以不打算免除那里的赋税徭役。"沛地的父老乡亲们一再恳求，丰县才得以免除了赋税徭役，比照沛县处理。于是，高祖拜沛侯刘濞为吴王。汉将领分别在洮水南北夹击黥布的军队，把黥布的军队打得大败，追获了黥布，并在鄱阳斩杀了他。樊哙另外率领军队平定了代地，在当城斩杀了陈豨。十一月，高祖自从征黥布的汉军中回到长安。十二月，高祖曰："秦始皇帝、楚隐王、陈涉、魏安厘王、齐缗王、赵悼襄王，都绝嗣无后，赐予他们各十户人家，为他们守护墓冢。其中秦始皇帝要有二十家，魏公子无忌就五家。"代地那些被陈豨和赵利所劫持而跟随他们谋反的官吏与平民，全都赦罪。投降的陈豨部将说陈豨谋反的时候，燕王卢绾曾派人到陈豨处，与他暗中谋划。皇上派辟阳侯审食其迎请卢绾，卢绾称病不肯前来。辟阳侯回到长安，详细说明卢绾造反的事，确有些端倪可寻。二月，皇上派遣樊哙与周勃率领军队去攻击燕王卢绾。皇上赦免了燕国那些参与谋反的官吏与平民，立王子刘建为燕王。

汉高祖皇帝在攻打黥布的时候，曾被流矢射中，回师途中伤口发作，病得很严重。吕后请来良医。医生入宫觐见，高祖询问医生病情如何？医者曰："您的病可以治愈。"于是高祖辱骂医者曰："我以一介布衣平民的身份，提着三尺宝剑而取得了天下，这不是天命吗？我的命由上天决定，即使是扁鹊再世，又有什么益处呢!"于是就不让医生治病，就赏赐他五十斤黄金完事。事后不多久，吕后问高祖："陛下百年之后，假使萧相如果死了，让谁代替他的职位呢?"皇上曰："曹参可以。"吕后又问曹参以后的事，皇上曰："王陵可以；但是王陵年轻而憨厚，陈平能够协助他。陈平的智慧有余，然而他难以单独胜任。周勃为人稳重、忠厚，而缺乏文化素养，但是能安定刘氏天下的人一定是周勃。可以任命周勃担任太尉。"吕后再问以后的事，皇上曰："这以后的事，亦非我可以预知的事。"次年四月甲辰日，高祖皇帝在长乐宫去世，丙寅日安葬在长陵。己巳日,立太子刘盈为皇帝。

三、吕氏遭诛　刘氏复辟

孝惠元年丁未(前194),高祖皇帝太子刘盈承袭帝位。是时,以高祖年轻时地位低微的妻子吕雉为太后,称吕后。高祖皇帝有八个儿子:长子为庶出,是齐悼惠王刘肥,为孝惠帝兄长;次子孝惠帝,是吕后的儿子,袭帝位;三子是戚夫人所生的儿子赵隐王刘如意;四子是代王刘恒,是薄太后所生的儿子;五子是梁王刘恢;六子是淮阳王刘友;七子是淮南厉王刘长;八子是燕王刘建。高祖的弟弟刘交封楚王,高祖兄长的儿子刘濞封吴王,非刘氏的有功之臣番君吴芮的儿子吴臣封长沙王。

吕太后为人性格刚毅,辅佐高祖平定天下。高祖诛杀诸多大臣、异姓王大多亦为吕后献策。吕太后忌恨戚夫人与他所生的儿子赵隐王刘如意。因为高祖在世时认为孝惠为人仁弱不像自己的性格,而戚夫人的儿子刘如意各个方面很是类我。吕后大权在握,就下令将戚夫人囚禁在永巷宫,又派使者去召赵王。使者往返好几次,都被赵王的丞相建平侯周昌借故挡了回来。吕后大怒,就召赵王丞相到长安,再使人复召赵王。赵王还未到长安,孝惠帝慈仁,知道太后发怒,预知将有不测的事要发生,就亲自到灞上迎接赵王,与赵王一同入宫,还亲自护持赵王并与他一同起居饮食。吕后欲诛杀赵王,但没有机会下手。孝惠元年十二月,惠帝早起出宫射猎。而赵王年小,不能早起,吕后得知赵王一人独居,就派人拿着毒酒逼赵王喝了。黎明时,孝惠打猎回来,赵王已经死了。吕后于是迁徙淮阳王刘友为赵王,称赵幽王。吕后也就派人去砍断了戚夫人的手足,挖去她的眼睛,熏聋她的耳朵,灌她喝下哑药,让她住在厕所里,命其曰"人彘"。过了数日,吕后就召孝惠帝来看"人彘"。孝惠帝看见之后,经询问,才知道这是戚夫人,于是大哭,因而病倒了,一年多不能忘却这恐怖的景象,也就无法起身视政。孝惠帝派人给吕后传话:"这样的事不是人所干得出来的,我是太后之子,我终于不能治理天下了!"此后孝惠帝就不大听政,常推托有病。

二年,楚元王、齐悼惠王皆到长安宫来朝见。十月,惠帝和齐王在吕后面前宴饮,惠帝以为齐王是兄长,就让他坐在上首座位,按照家人的礼节办。太后见此情景就愤怒,随即令人敬上二杯毒酒,其一杯毒酒先预给齐王,并令齐王为她祝寿。齐王起身立起,孝惠帝亦起身立起,取起另一杯毒酒欲与齐王同饮。太后恐慌,自己也立起身,借故碰翻了惠帝的酒。齐王感到很奇怪,就不敢再饮酒,假装喝醉而离去。齐王事后一打听,才知道原来是毒酒,于是很害怕,自以为无法脱身逃离长安而担忧。齐内使士对齐王曰:"太后只生有惠帝与鲁元公主。如今大王拥有七十多城的封地,而公主只食邑数城。大王如果能诚恳地把一个郡的地方献给太后,作为公主的汤沐邑,太后一定会很高兴。大王就不必忧虑了。"于是齐王就献出了城阳郡(治所在今山东莒县。辖境相当于今山东莒县、沂南等地),并尊鲁阳公主为王太后。吕后就满心欢喜,赞扬齐王这样做很好,于是就在齐王府邸置酒设宴,欢饮之后,齐王就安全地出了长安,回到封国去。

二年,卅始修筑长安城。三月,"举高帝时越功,曰摇功多,其民便附,乃立摇为东海王,都东瓯,世俗号东瓯王"(见《史记·东瓯列传》)。四年,完成了修筑长安城工程的一半。六年十月长安城竣工,诸侯们前来朝会。时年,会稽并入故鄣郡(治所在今浙江湖州市安吉县古城遗址),太守治故鄣,都尉治山阴(今浙江绍兴市)。

七年秋八月戊寅,孝惠帝崩。发丧之时,太后虽然似在哭泣,但是没有眼泪滴下来。留侯张良的儿子张辟彊为侍中,当时年纪才十五岁,就对丞相陈平曰:"太后只生了个儿子惠帝,如今惠帝去世了,她却哭而不悲,您知道这其中的缘故吗?"丞相曰:"这是什么缘故?"张辟彊曰:"因为皇帝没有成年的儿子,太后就害怕你们这些人。您现在就请求太后,拜任吕台、吕产、吕禄为将军,统兵居于南北军中,等到那些吕家的人大都进入宫廷,他们在宫中掌权,这样就会使太后放心,你们这些人就可以侥幸摆脱祸患了。"丞相于是就照张辟彊的计策去做。太后高兴了,她哭起惠帝来乃十分悲哀。吕家人的权势也就从此而兴起。吕后乃大赦天下。九月辛丑日,安葬了惠帝。太子即位为帝,拜谒高祖庙。自此后,朝廷号令皆出自吕太后。

吕太后当政,就商议要立那些吕家子弟为王,于是询问右丞相王陵。王陵曰:"高皇帝曾经杀白马而立誓曰:'不是刘氏的子弟而王,天下人共击之。'今要封王诸吕,非盟约也。"太后听了不高兴。吕后又问左丞相陈平和绛侯周勃,他俩议曰:"高帝平定了天下,封自己的子弟为王;现今太后称制天下,封王给昆弟诸吕,没有什么不可以的。"太后听了很高兴。罢朝之后,王陵责备陈平与周勃:"当初之时,高帝歃血起誓,难道你们二位不在场吗?现在高帝已经过世,太后为女主,想要封吕氏子弟为王,你们纵容太后的私欲而曲意阿附她的意愿来违背盟约,将来还有何面目到地下去见高帝?"陈平与周勃皆曰:"像今天这样能够在朝廷中当面抗争,我们俩不如您。至于说保全社稷,定刘氏之后的天下,您亦可能不如我们俩。"王陵听后无言以对。十一月,太后想要罢免王陵,就拜封他为皇帝的太傅,夺去了相权。王陵遂称病归家。吕后于是将左丞相陈平改为右丞相,以辟阳侯审食其为左丞相。左丞相不理政务,只监管宫中之事,如郎中令一样。审食其因而获得近身太后的机会。于是得到宠幸,常参与议事,公卿们都得通过他来决定一些事。吕后追尊郦侯的父亲为悼武王,想以此为开端转而渐渐地封诸吕为王。

高后二年(前186)四月,太后想要给吕家人封侯。就先封高祖的功臣郎中令冯无择为博城侯。鲁元公主薨,赐谥号为鲁元太后。封鲁元太后之子张偃为鲁王。鲁王的父亲就是宣平侯张敖。封齐悼王的儿子为朱虚侯,把吕禄的女儿许配给他为妻。封齐王的丞相齐寿为平定侯。封少府阳成延为梧侯。接而,就封吕种为沛侯,吕平为扶柳侯,张买为南宫侯。太后想要封吕氏为王,则先封惠帝后宫妃嫔所生的儿子刘阳为淮阳王,其儿子刘不疑为常山王;其儿子刘山为襄城侯;其儿子刘朝为轵侯,其儿子刘武为壶关侯。大臣们风闻太后有封吕为王之意,则请立郦侯吕台为吕王,太后就同意了。建成康侯吕释已经去世,而他的嗣子又有罪,遂废;则立其弟吕绿为胡陵侯,以续康侯后。时年,常山王薨,以其弟襄城侯刘山为常山王,更名刘义。十一月,吕王吕台去世,谥封肃王,他的儿子吕嘉代立为王。

三年,无事。四年,太后封妹妹吕媭为临光侯,封吕他为俞侯,吕更始为赘其侯,连这五位诸侯王的丞相也受封为侯。宣平侯的女儿做惠帝皇后的时候,没有生儿子,就假装怀了孕,夺得后宫美人所生的儿子冒充自己的儿子,杀了孩子的生母,立这个冒牌儿子为太子。孝惠帝去世,太子被立为皇帝。幼小的皇帝听人说自己的生母已经被杀,他不是皇后真正的儿子,于是就放话:"母后怎么能杀害我的生母而又拿我冒充她的儿子?我还没有成年,成年以后我就要改变这种状况。"太后听到后对他非常担心,恐怕他作乱,就将他幽禁在永巷中。对外则言皇帝生病,因此即便是左右侍臣也莫得相见。太后曰:"凡是有能力治理天下为万民敬仰者,其气度覆盖如天,其心胸宽容如地。皇上有欢乐的性情、强健的体格以安定百姓,百姓才能够欣然敬奉皇上,欢欣通融而以天下大治。但现今皇帝久病不愈,已经失去正常的思维能力而迷惑昏乱,不能继嗣为帝的职责行为去奉祀宗庙祭祀活动,所以不可辜负天下人,就应该换人取代他。"众大臣听后皆顿首言:"皇太后为天下平民百姓为念,安定宗庙社稷的谋虑很深远,我们群臣顿首遵奉诏。"小皇帝即被废去帝位,不久,太后就派人暗中把他杀了。五月丙辰日,立常山王刘义为帝,改名刘弘。所以不称元年,主要还是太后称制天下。封轵侯刘朝为常山王。设置太尉官职,任命绛侯周勃为太尉。五年八月,淮阳王去世,把他的弟弟壶关侯刘武封为淮阳王。六年十月,太后说吕王嘉行为骄纵,便废除了他,把肃王吕台的弟弟吕产封为吕王。夏季,大赦天下。封齐悼王的儿子刘兴居为东牟侯。

七年正月,太后召见赵王刘友。是因为刘友的王后是诸吕氏女子中的一位,刘友并不喜爱她却很是喜欢别的姬妾,吕氏王后很是嫉妒,怒而离去,到太后那里诬告刘友的罪过,曰刘友曾经说过这样的狠话:"吕氏怎么能够封王!太后百岁后,我一定要攻击他们。"于是太后被激怒,以此为故而召见赵王。赵王至长安,被留置在官邸,而太后又不予接见,却派来了一队卫士困守他,弗提供饮食。赵王的随员设法偷偷地给他些干粮吃,一经查到,就被逮捕治罪。赵王饥饿,乃自作歌,其词曰:"诸吕用事兮刘氏危,迫胁王侯兮强受(授)我妃。我妃嫉妒兮诬我以恶,谗女乱国兮上曾不寤。我无忠臣兮何故弃国?自决中野兮苍天举直!于嗟不可悔兮宁早自裁。为王而饿死兮谁者怜之?吕氏绝理兮托天报仇。"丁丑日,赵王被幽禁而死,且以民礼葬在长安民家冢墓之旁。乙丑日,出现日食,白日晦暗。太后厌恶这种天象,心中闷闷不乐,就对左右侍者曰:"此可能是为我的缘故吧!"二月,迁梁王刘恢为赵王。吕王吕产改封为梁王,吕产没有去封国,任用为皇帝的太傅。封皇子平昌侯刘太为吕王。更名梁(西汉高帝五年改砀郡为梁国。都在今山东菏泽市定陶区西北)为吕;改吕曰济川(当指济川墟。在今山东高青县高城西北五里)。太后的妹妹吕媭有个女儿是营陵侯刘泽的妻子,时刘泽为大将军。太后封吕家人为王,恐怕自己百年后刘泽将军危害,就封刘泽为琅邪王,以安慰他的心。梁王刘恢被迁徙为赵王以后,心怀不乐,太后就将吕产的女儿嫁给他做王后。赵王后的随从官员都是诸吕家族的成员,他们在赵国专权用事,暗中窥伺赵王,赵王不能任意行动。赵王有所宠爱的姬妾,王后就派人把她毒死。赵王因此作歌诗四章,令乐工配曲歌唱。赵王很是悲伤,在六月间就自杀了。太后听说这件事,以为这是赵王宠幸妇人而自动放弃祖宗庙宇给予的礼遇,于是就废除了他的后代嗣位的权利。宣平侯张敖去世,就封他的儿子张偃为鲁王,诏赐张敖谥号为鲁元王。秋天,太后派使者告知代王,允诺改封他为赵王。代王表示辞谢,愿意继续在代国镇守边陲。太傅吕产、丞相陈平等对太后进言:"武信侯吕禄功大,已属于上等侯,位次第一,请立为赵王。"太后答应了他们的请求,并追尊吕禄的父亲康侯为赵昭王。九月,燕灵王刘建去世。刘建与美人生有儿子,太后派人去把他的儿子杀了,因此燕灵王绝嗣无后,他的封国被废除。十月,封吕肃王的儿子东平侯吕通为燕王,封吕通的弟弟吕庄为东平侯。

八年三月中,太后去长安城外举行除灾祈福的祭祀。太后回来时经过轵道,看见有一物如同苍狗,钻过自己的腋下,似乎在尾随着,忽又不见。太后使人占卜,占卜者以为:是赵王如意的鬼魂在作祟。高后遂患有腋下伤痛病。高后因为外孙鲁元王张偃年少,早丧父母,孤弱无依,就封张敖前妻的两个儿子张侈为新都侯,张寿为乐昌侯,借以辅佐鲁元王张偃。又封中大谒者张释为建陵侯,吕荣为祝兹侯。那些诸多在宫中担任令、丞等职的宦官都被封为关内侯,每人食邑五百户。七月中,高后病情加重。高后下令:任赵王吕禄为上将军,统率北军;任吕王吕产统率南军。吕太后告诫吕产、吕禄曰:"高帝平定天下以后,曾经与各大臣盟约,曰:'非刘氏王者,天下共击之。'今封了吕氏者为王,众大臣的心理是不平的。我即崩世,皇帝年少,我恐怕大臣们要叛变。你们一定要控制住军队,保卫王宫,谨慎用事,勿要为我送丧,以避免受制于人。"辛巳日,高后崩。遗诏赐各诸侯王黄金一千斤,将相列侯郎吏都按照品级赏赐给黄金,大赦天下。遗诏又任命吕王吕产为相国;以吕禄的女儿为帝后。高后已下葬,以左丞相审食其为帝太傅。

朱虚侯刘章有气力,想起事。先前,刘章于齐哀工二年(前186)就进入汉宫廷为值宿护卫,太后封为朱虚侯。刘章在宫廷为事,因为刘氏不能得到职权而愤恨在心。有一次刘章奉高后宴饮,高后让他为监酒吏,刘章自请曰:"臣是将门的儿子,请允许用军法监酒。"高后以为刘章年方二十岁,还是个不成熟的孩子,也就以为"可以"。酒兴正浓时,刘章进献饮酒的歌舞。过会儿,刘章请问太后能否唱《耕田歌》。高后把他当孩子看,故而笑曰:"你父亲是知道种田的事。你生下来就是王子,怎么能够知道种田的事?"刘章曰:"臣知道。"太后曰:"试为我讲一讲种田的事。"刘章曰:"深耕概种,立苗欲疏,非其种者,锄而去之。"吕后听而默然。过了一会儿,吕氏家族有一人喝醉了酒,逃离酒席,刘章尾随而出,杀了他,还报太后曰:"有一人逃离酒席,臣执行军法把他杀了。"太后与左右的人都大为惊讶。太后既然已经准许他可按军法行事,也就无法加罪于他。自此以后,吕氏家族的人都害怕朱虚侯。东牟侯刘兴居是刘章的弟弟,他俩又都是齐哀王的弟弟,居住在长安。高后去世后,当时诸吕擅权用事,阴谋叛乱,只是畏惧高帝时的大臣绛侯周勃、大将灌婴等,才未敢动手,但是总要动手。因为朱虚侯的妇人是吕禄的女儿,暗里已经得知吕氏权臣的阴谋。朱虚侯恐怕被诛,乃就阴地里派人去知告其兄齐王,请他发兵西进。朱虚侯、东牟侯自做内应,以便诛灭诸吕。

齐王得知这一计划,就和他的舅舅驷钧、郎中令祝午、中尉魏勃暗中谋划起兵。魏勃教唆齐王可趁机接受帝位。齐相召平不听,于是想造反。八月丙午日,齐相召平预欲举兵围困齐王于王宫内,魏勃欺骗召平曰:"齐王想发兵,没有汉朝廷出示的虎符为凭证。而相君包围王宫,这本就是个好事,我请求替你领兵护卫王宫。"召平相信了魏勃,于是由魏勃领兵去包围王宫。魏勃已经率领军队,却派兵包围了相府。召平被困,叹息道:"唉!道家的话'当断不断,反受其乱',这是我的错。"就自杀了。于是齐王任命驷钧为相国,魏勃为将军,祝午为内史,把国内的兵力全部调动了起来。齐王派祝午东去诈骗琅琊王曰:"吕氏作乱,齐王打算西进去诛杀他们。而齐王自以为是晚辈,年轻,不熟悉军旅之事,愿意举国委托给大王。大王自高帝时就是将军,熟悉战争事务。齐王不敢离开军队,派臣请大王到临淄见齐王面议大事,并统率军队向西进发以平定关中之乱。"琅琊王相信了,认为说得对,就驱车驰见齐王。齐王与魏勃事实是扣留了琅琊王,而又派祝午去把琅琊国的军队全部都调动了起来,齐王合并其将兵统一指挥。琅琊王刘泽既然已经上当,不能返国,于是劝齐王曰:"齐悼惠王,是高皇帝的长子,推其根本而言,大王就是高皇帝的嫡长孙也,当立为帝。今诸大臣狐疑不决,我刘泽在刘氏中最为年长,大臣们本来就等待我去决定大计。现在大王扣留我没有用处,还不如放我先入关以计议迎立大事。"齐王认为很对,就准备了很多车辆送走琅琊王。齐王于是给诸侯王写书曰:"高帝平定天下,封王诸位子弟,悼惠文王为齐王。悼惠王薨,孝惠帝使留侯张良立我为齐王。孝惠帝去世,高后用事。高后春秋年事已高,听任诸吕,擅自废帝更立。比如接连杀了三个赵王,灭掉梁、赵、燕诸侯国,而用这些土地封王赐土给诸吕,把齐国一分为四。忠臣们进谏,上迷惑昏乱且不听。如今高后崩,而皇帝又年少,还不能治理天下,固恃大臣和诸侯。而诸吕又擅自居于高位,聚兵逞威,劫持列侯忠臣,矫诏而号令天下,刘氏宗庙所以危险。寡人率兵前来诛杀不作为称王的人。"汉朝廷官员闻知,相国吕产等人就派颍阴侯灌婴率军前去迎击齐王。

灌婴率兵到达荥阳,乃与诸位谋士谋划曰:"诸吕掌握着关中的军权,想要危害刘氏而立吕氏为帝。现在我如果攻破了齐军去回报,就会更加增长吕家的势力。"灌婴于是就留驻在荥阳,派出使者晓谕齐王和各诸侯,并希望与他们联合,以此等待吕氏的变乱,以便共同讨伐他们。齐王听说后,也就回师驻守在齐国的西界而等待履约的时机。

　　吕禄、吕产想要在关中发动叛乱,但是他俩在朝廷内畏惧绛侯周勃、朱虚侯刘章等人;在朝廷外又畏惧齐、楚的军队;又恐怕灌婴要反叛他们。这就想等待灌婴的军队打败齐国的军队之后才发动叛乱,故尚在犹豫不决之中。当时是,济川王刘太、淮阳王刘武、常山王刘朝,以及吕后外甥孙鲁元王张偃,都因为年少而没有前往封国,居住在长安。赵王吕禄、梁王吕产各自统领军队身在南北军中,军中要员皆为吕氏之人。长安城内列侯群臣莫不人人感到自危而自顾其命。

　　太尉绛侯周勃不能够进入军中主掌兵权。曲周侯郦商年老有病,他的儿子郦寄与吕禄友善。绛侯周勃于是和丞相陈平商谋,派人劫持郦商,并让他的儿子郦寄前去欺骗吕禄曰:"高帝与吕后共定天下,刘氏所立有九个王,吕氏立三个王,这些皆为众大臣所议定的,事已布告诸侯,诸侯皆予认可。现今太后去世,皇帝年幼,而足下佩戴着赵王印,却不赶紧回封国去镇守藩地,仍做上将军,领兵驻留在此,为大臣诸侯所猜疑。足下何不归还将军的印信,把兵权交给太尉?请求梁王归还相国印,和大臣们订立盟约而前往封国,这样齐国定会罢兵,大臣们得以安定,足下就可以高枕无忧地统治方圆千里的王国,这是子孙万世之利也。"吕禄信然其计,打算奉还将军印,把兵权交给太尉。即派人报告给吕产及诸吕老人,或有以为这样做很是稳妥,亦有以为这样做不稳妥,计策犹豫难有决定。吕禄相信郦寄,经常与他出外游猎。吕禄有一次经过其姑母吕嬃处,就将决定放弃军权之事告知,吕嬃大怒曰:"若你身为将军而离开军队,吕氏自此后就无处安身矣!"于是就把她所有的珠玉宝器散放在堂下,曰:"我没有必要替别人保管这些东西了。"时也,左丞相审食其被免官。

　　八月庚申日早晨,平阳侯曹窋行使御史大夫的职权,去见相国吕产商议政事。郎中令贾寿从齐国出使回来,他指责吕产曰:"大王不早些去封国,如今你即使想去,尚还有可能吗?"也就把灌婴和齐、楚合纵结盟,准备诛杀诸吕之事详细地告诉了吕产,并催促他从速入宫。平阳侯侧听到他俩的一些谈话内容,就急速驰告丞相、太尉。太尉要进入北军,但不被允许进入。襄平侯纪通主管皇帝的符节之事,纪通就持着符节佯称奉诏要使太尉进入北军。太尉复令郦寄与典客刘揭先进去对吕禄曰:"皇帝派太尉驻守北军,想要足下回归封国,请急归还将印辞去。不然,就要大祸临头。"吕禄以为郦寄兄不会欺骗自己,就解下将印交给典客,而以兵权授给太尉。太尉佩戴将印将要进入军门,先使人行令军中曰:"愿意效忠吕氏的人请袒露右胸,愿意效忠刘氏的人请袒露左胸。"军中士卒都袒露左胸表示要效忠刘氏。太尉行至军门内,将军吕禄亦已经解去了上将印绶而去,太尉遂统率了北军。然而尚有南军还没有收回兵权。平阳侯曹窋听闻这事,就把吕产的阴谋告诉了丞相陈平。陈平就召来朱虚侯刘章,派他去辅助太尉。太尉命令朱虚侯监守军门。太尉又令平阳侯去告诉卫尉:"不准相国吕产进入殿门。"吕产不知道吕禄已经离开了北军,仍然进入未央宫想要作乱。但他无法进入殿门,却在那里徘徊。平阳侯担心不能取胜,驰马报告太尉。太尉还是恐怕不能战胜诸吕,未敢公然声称要诛杀吕产,乃就派遣朱虚侯前去,并告诉他曰:"请急速进入王宫保卫皇帝。"朱虚侯请领兵前去,太尉即调给他士兵千余名。朱虚侯进入未央宫门,就在宫廷之中看见吕产,此当日落时分,遂攻击吕产。吕产逃走,忽然天风大起,以故吕产的随从官吏顿时乱作一团,没有人敢于抵抗。朱虚侯追逐吕产,在郎中府的官吏厕所中将其诛杀。

朱虚侯已经杀了吕产,皇帝命令谒者持符节慰劳朱虚侯。朱虚侯想要夺取皇帝的符节印信,谒者不肯。朱虚侯就与谒者同乘一车,凭持有皇帝的符节招牌而驰走,斩长乐卫卿吕更始,回还驰入北军,将经过报告太尉。太尉起身,拜贺朱虚侯曰:"我所担心的唯独是吕产。现在他已经被诛杀,天下就可安定了。"太尉遂派人分部去悉数收捕诸吕男女,无少长之分皆予斩杀。辛酉日,捕获并斩杀了吕禄,而用鞭打、杖击的手段诛杀了吕媭。太尉派人去诛杀了燕王吕通,而废除了鲁王张偃的王爵。壬戌日,复皇帝太傅审食其左丞相官位。戊辰日,迁徙济川王为梁王,立赵幽王的儿子刘遂为赵王。派遣朱虚侯刘章去齐地,将诛杀诸吕的经过告知齐王,令齐王撤兵。灌婴领军驻荥阳,听说魏勃原本教唆齐王造反,既然已经诛灭了诸吕,罢去了齐兵,则派使者去召来魏勃责问。魏勃曰:"失火的人家,哪有工夫先告诉家长而后才去救火呢?"说完这话就后退站立,战战兢兢而吓得想说又说不出口,最终还是没有说其他的话。灌婴将军注视魏勃这种熊样良久,笑曰:"人谓魏勃勇,实际是个狂妄庸人而已。哪能有作为呢?"于是放了魏勃。灌婴震慑魏勃,以警示齐王,于是也就从荥阳归朝。时琅琊王也已经赶到长安。

大臣们商议重立皇帝之事,有曰:"少帝及梁王、淮阳王、常山王,皆非真孝惠帝子。吕后采用欺骗的手段,诈名他人子,杀其母,养后宫,令曰孝惠之子,立为储君及诸王,实际是在借以增强吕氏势力。现在已经把诸吕的势力都消灭了。而吕家所立的人,倘若长大成人而执掌政权,我们这些人都将会被夷灭。不如从各封王中选个最贤明的人立他为皇帝。"当有人提议立齐王为皇帝时,琅琊王刘泽曰:"齐王母家驷钧是个恶棍,他凶恶暴戾,是只老虎而戴着人的帽子装人样。刚因为吕氏之故几已天下大乱,今若立齐王,再造就出一群吕氏,这就是吕氏之覆辙。"有人提议想要立淮阳王刘长,又觉得刘长年少,他母家的人也是凶恶的。众大臣又议代王,有曰:"代王母家薄氏,是忠厚正直的君子,况且代王又是高帝的亲儿子,如今还在,而且年龄最长,代王以仁孝闻名于天下。以儿子继位名正言顺,用善良的人,则大臣们安心。"于是共同商定秘密派人去召代王,代王辞谢。使者再去迎请,然后代王乘坐六辆传车,在闰九月己酉日抵达长安,住在代王府邸。

乐牟侯刘兴居曰:"诛诸吕时我没有功劳,我请去清理王宫。"乃就与太仆汝阴侯滕公即入王宫,往前对少帝曰:"足下不是刘氏,不应当立为皇帝。"说完就回过头来挥手示意左右持戟护卫皇帝的卫兵们放下兵器离开。有几个人不肯放下兵器,宦者令张泽谕告他们,即亦放下兵器而离开。滕公乃就召来车驾载少帝出王宫。少帝曰:"欲要将我安排到什么去处?"滕公曰:"出宫到私舍去住。"少帝被安置住在少府。于是就奉天子法驾,到代王府邸去迎请代王,报告代王曰:"王宫已经清理过了。"代王就在当晚进入未央宫。尚有十位谒者还操持执戟护卫端门,阻止代王进入,曰:"天子还在,足下为什么要进宫?"代王就告诉太尉。太尉前去告谕他们,十位谒者这才全都放下兵器而离去。代王就这样进入而开始听政。是夜,有司部分官员就分别去诛灭梁王、淮阳王、常山王以及少帝在他们的府邸。代王立,是为孝文皇帝。

四、东瓯国紫气霭南天

汉朝天下初始,汉高祖大灭异姓王。异姓王在汉高祖时基本被消灭,长沙王吴芮死在汉高祖刘邦之前,故没有加诛,唯有闽越王无诸死在汉高祖之后,是唯一的善终者。汉高祖时,东瓯国摇毋余没有封王,只是封海阳齐信侯;汉孝惠帝时得以受封,成为了唯一的异姓王。

高祖皇帝封吴芮为长沙王,诏曰:"故衡山王吴芮,与子两人,兄子一人,从百粤之兵,以佐诸侯诛暴秦,有大功,诸侯立以为王。项羽侵夺其地,谓之番君。其以长沙、豫章、象郡、桂林、南海,立番君芮为长沙王。"(见《汉书·高纪下》)

无诸率闽中甲兵随刘邦入武关,战蓝田,攻析、郦,"以粗悍称"。汉封无诸为闽越王,诏曰:"故粤王无诸,世奉粤祀。秦侵夺其地,使其社稷不得血食。诸侯伐秦,无诸身率闽中兵以佐灭秦,项羽废而勿立。今以为闽越王,王闽中地,勿使失职。"闽人于芦苇丛中发现了甘之如饴的竹蔗(甘蔗),并用巨石上下叠压,敲榨甜汁,其汁称"糖",比蜂蜜还甜,则名闽侯旁地为甘蔗镇(现为福州市西郊甘蔗街道)。《西京杂记》:"闽越王献高帝石密五斛。"汉使至闽的南台江边惠泽山赐封,此台后称越王台。时年,无诸在武夷山大修闽越王城。《史记·东瓯列传》:"闽越王无诸及东海王摇者,其先皆越王勾践之后也,姓驺氏。"

孝惠三年(前192)春,闽越王无诸卒,莽泰宁,其坟冢,传口"人或触之,风雷立至"。无诸长子驺繇(后人误驺繇是摇毋余,以致闽越王世系混乱)嗣立为闽中君。不经月,驺繇为其弟所弑。《汉书·严助传》记:"臣闻道路言,闽越王弟甲弑而杀之,甲以诛死,其民未有所属。"闽越驺甲弑其兄而自立,东瓯王摇毋余入闽越平乱。五月,汉立无诸三子驺历(伯历)为闽越君,则加封东瓯王摇为东海王,以王统君,兼治闽越。

《汉书·惠帝纪》："夏五月，立闽越君，摇为东海王。"

高祖皇帝诛韩信，留侯张良预知将祸及诸王。张良原已身体羸弱多病，即以此为借口，随道缘，引不食谷，杜门谢客，却暗自去吴芮家，见吴芮面有骄矜之色，即言："祸将至矣！"吴芮惊问何故？张良曰："八王之封，何人功高？"吴芮曰："楚王韩信也！"张良曰："汝排列第四王，汝女婿淮南王黥布排列为第五王。老丈人因儿婿，辟有江南半壁江山，王还是汝大。皇帝诛楚王，意在诛异姓王，汝不知足，祸将至矣！"吴芮惊慌失色。按张良计，吴芮遂奏文给皇帝，以分精兵给荆王刘贾帐下，并安排第五子吴元带部分家眷回浮梁瑶里生活。吴芮与妻毛苹泛舟湘江。毛苹叹为吟咏："上邪！吾欲与君相知，长命无绝衰。山无棱，江水为竭；冬雷震震，夏雨雪；天地合。乃敢与君绝。"吴芮闻听，泪水涟涟，曰"芮归当赴天台（今福建泰宁县大田乡天台山），观天门之暝晦"。随行，至赣南金梭山（今宁都县城西北六里翠微峰），即病死，此距天台山已不足二百里。天台山为武夷山山脉，闽越王无诸常在此校猎，筑有行宫，曰高平苑。吴芮卒葬鸡山（今江西景德镇市婺源县镇头镇鸡山），墓穴三座，谥文。长子吴臣袭位长沙王。汉高祖原来的八大王已杀其六，长沙王吴芮早死，原八王已去其七。吴臣为长沙王，其封地被约束在长沙一郡而已。汉高祖曰："长沙王忠，其定著令。"汉班固著《汉书》："昔高祖定天下，功臣异姓而王者八国。张耳、吴芮、彭越、黥布、臧荼、卢绾与两韩信，皆徼一时之权变，以诈力成功。咸得裂土，南面称孤。见疑强大，怀不自安，事穷势迫，卒谋叛逆，终于灭亡。张耳以智全，至子亦失国。唯吴芮之起，不失正道，故能号五世，以无嗣绝，庆流支庶。有以矣夫，著于甲令而称忠也。"闽越王无诸为唯一留生者也。《史记·东瓯列传》："闽越王无诸及东海王摇者，其先皆越王勾践之后也，姓驺氏。秦已并天下，皆废为君长，以其地为闽中郡。及诸侯畔秦，无诸、摇率越归鄱阳令吴芮，从诸侯灭秦。当时之时，项籍主命，弗王。以故不附楚。汉击项籍，无诸、摇率越人佐汉。"

高祖皇帝在长乐宫去世，吕后密不发丧四天，担心诸将起事。将军郦商知吕后欲谋不轨，见与吕后谋事者审食其曰："皇帝已崩四日，不发丧事，有人以为准备诛杀将军。陈平、灌婴有十万军守荥阳；樊哙、周勃二十万军屯燕、代；若谋诛将军，则天下乱矣！大汉将亡。"审食其告知吕后，吕后惧，才予发丧，大赦天下。丙寅日，安葬皇帝；己巳日，太子刘盈即皇帝位，是为孝惠帝。因为摇王建立东瓯国抗秦，汉初时随刘邦打天下，受封海阳侯，俗号东瓯王。留侯张良以为汉封摇毋余为海阳侯是远远不够的，刘邦死后，张良对吕后每每提出此事，申诉摇王功高。汉惠帝之时实为吕后专权理政。另亦摇王在楚汉之战中与吕雉的接触比较多，战功大。有以为吕雉当年为项羽所控人质，其后脱离项羽阵营是为摇王所为。这些都促使了对摇王毋余的特别加封。

汉惠帝三年三月，留侯张良、萧何等老臣举高帝时越功，曰摇功多，名东瓯的地方有偏地之嫌，众大臣附和言是，奏孝惠帝，帝以为是，乃立摇为东海王，都东瓯（都地称瓯浦垟，在今温州市鹿城区黄龙街道瓯浦社区。自此，东瓯国成为西汉王朝的羁縻之国)，世俗号东瓯王。东瓯即受封为国，东瓯的版图随为扩大，则增加了闽越(指今福建。时降为闽越君)之地；吴根越角江东(今江苏南京以东)之地；齐鲁海阳(今江苏泰州至连云港以东)之地，北至于诸城(属今山东)。汉高祖大灭异姓王，而汉孝惠此举是极为罕见的加封"王"的礼遇!这样的高规格礼遇恰恰说明在秦始皇死亡的问题上，摇王的功劳最大。《史记·东瓯列传》记："举高帝时越功，曰摇功多，其民便附，乃立摇为东海王，都东瓯，世俗号东瓯王。三月庚子封，九月薨，谥齐侯。"(见《史记·东瓯列传》)摇王薨，谥齐信，葬瓯浦垟西侧(《温州府志》记："东瓯王冢在永嘉孝义乡西山瓯浦西侧。""华盖山下有东瓯王墓庙，瓯浦岭东侧之冢尚存")。《东瓯王庙》诗云："九牧维扬外，三江霸越余；入关从汉约，遵海裂秦墟。豪俊宜如此，艰难气不除；策功夷项籍，分壤接无诸。迹异尊黄屋，忠能奉简书；长沙堪伯仲，百濮定何如？万古开王会，孤城指帝车；灵旗存仿佛，过客尽唏嘘。殿瓦年频坼，霜林日渐疏；躨跜山鬼立，苔藓石堂虚。侧想风云会，乘时草昧初；远涂今日暮，下拜独踌躇。"摇王薨，次子昭襄袭位为东海王。

东海王昭襄，字兆文，复诏敕昭襄为海阳侯。《永嘉记》："瓯水出永宁山，行三十余里，去郡城五里入江。昔有东瓯王都城，有亭，积石为道，今犹在也。"昭襄王于瓯江口龙岗山(今温州市龙湾区瑶溪镇上河滨村龙岗山遗址)、磐石山(今温州市乐清市磐石镇重石村四房山。考古发现四房山出土有东瓯国文物)夹江建城，以为龟蛇锁江之意，则命慎江为瓯江。汉封东瓯国，东瓯国设乡为治：东瓯乡、范侨乡、瓯余乡、顾余乡、东海乡等。昭襄受封为东海王、海阳侯，高后称制元年(前187)，群臣噪之以为："以高帝盟非刘氏而王，天下共击之。"迫于时势，昭襄则上表请贬二等之爵。西汉初分封功臣，大者王，小者侯，昭襄转而受封为齐侯。昭襄派邹阳徙居临淄，邹阳为吴王濞门客，皆此因也。三年九月，昭襄复瓯越王。五年(前183)，昭襄薨，谥哀，葬海坛山(俗称上岸山，属今华盖山景区。即在今温州市鹿城区环城东路，山北濒江为望江东路、瓯江路，山南为百里东路、康乐坊。考古发现至今仍保留有长一百多米的城垣基址)。昭襄长子建，袭侯爵；次子繇为齐悼惠王刘肥内史。昭襄在位，又封齐侯，因而和睦齐王。

东瓯王摇建，一名毗，史称东海王越世子毗。汉文帝元年(前179)袭侯爵。东瓯国市场繁荣，瓯浦垟东西列街市，成为了国际都市，有"通远坊"的设立，康巴人(后为苗族)善贾而会讨要，则有"康乐坊(亦称'丐楼坊')"名。而东瓯旧城新安街(今浙江台州市路桥区新安西街)集市地人众海行，有来自番禺(指今广东省广州市)的土特产，皆冠名"番"："番莳"(番薯、山芋)、"番茄"(西红柿)、"番瓜"(南瓜)、番石榴、番荔枝。闽越人有甘蔗糖、蘑菇设摊叫卖；康巴人吹骨笛，起歌舞，用肢体语言卖糍粑、团饭；齐地商人摆放帽子、衣服、鞋子、毛皮、乐器；楚地的方术人在街头耍棍棒、变戏法；

本地商人摆越席、绵衣、葛布、苎麻、香菇、橘饼、鳄皮、干海货等。还有那赵女郑姬随航海而来,修饰容貌、卖弄风骚、弹琴卖唱。亦有高丽国、夷州人来此易货。街上亦可见二三的鬈发矮个子黑皮人,他们是皮宗(今马来半岛)人、吕宋(今菲律宾)人、湛离国(今缅甸勃固附近)人。

汉景帝三年(前154),吴王濞反汉,初时东瓯国随吴王,及吴王兵败,东瓯王建收编吴国逃兵。汉使至,持汉景帝诏书,并用重金以为嘉奖,令东瓯王拿定吴王。东瓯王建在丹徒(今江苏镇江市丹徒区),诱骗吴王劳军,其列兵皆断发文身,手持兵器,甚是威武。吴王很是得意,迈步上台阶之时,摇建之(堂)弟夷乌用矛戟刺杀吴王。《汉书·吴王刘濞传》记:"夷乌乘劳军之际杀吴王,盛其头,驰传以闻。"夷乌因功封平都王,加封驰义侯;摇建被加封为彭泽王。次年,建薨,谥曰:康,葬延陵(属今江苏常州市),汉于是改延陵为毗陵县。东瓯国摇王建在位二十七年,建之子省嗣为王。省,于景帝四年(前153)嗣父爵为海阳侯,位十年薨,谥哀,亡后。驰义侯夷乌继为王,自称东瓯王。

五、文帝之治　国势昌运

孝文皇帝,史称汉文帝,是汉高祖刘邦数子排行居中的儿子。高祖十一年(前196)春,汉军已经攻破了陈豨的叛军,平定了代地,立刘恒为代王,都晋阳。代王刘恒是太后薄氏的儿子。登王位十七年时,此当在高后八年(前180)七月,高后去世。九月,丞相陈平、太尉周勃等派人去迎请代王。代王问左右郎中令张武等人,张武等人商议曰:"汉朝的大臣都是已故高帝时的大将,熟习军事,多有谋诈,恐怕他们的意图还不止于此,他们过去因为畏惧高帝和吕太后的权威罢了。现今已经诛灭了诸吕,刚刚血染京师,此来以迎请大王为名,实在是不可相信。愿大王借口有病而不要前去,以观察事态的变化。"中尉宋昌进言曰:"群臣之议皆非也。当年秦朝政治失道,诸侯豪杰并起。人人自以为能够得到天下,然而最终登上天子之位的人,是刘氏。天下人断了非分之想,这是其一。高帝分封子弟为王,封地犬牙交错而互相制约,这就形成了所谓坚如磐石一般的宗族网络,天下人都屈服刘氏的强大,这是其二。汉朝兴起以后,除去了秦朝的苛政,简约法令,施德布惠,使人自感安定,很难动摇,这是其三。至于说凭吕太后之威严,立诸吕的人为三王,独断专权,然而太尉只是持一符节就进入北军,呼召士卒皆左袒其胸者,表示效忠刘氏,反叛吕氏,最终消灭诸吕。此乃上天的授意,不是人的意愿所能达到的。如今有的大臣虽然亦有生变的可能,但是百姓不会跟随他,他的党羽难道能始终如一地追随他? 方今在朝内有朱虚侯、东牟侯这样的宗亲,在朝外欲要生事的人又畏惧伍、楚、淮南、琅琊、齐、代的强大。方今高帝之子唯有淮南王与大王,而大王又为长兄,为人贤德圣明仁爱名闻天下。所以大臣们顺应天下之民心而欲迎立大王,请大王不要疑虑。"代王报告给薄太后并与她商议,犹豫不能决定。于是采用龟甲占卜,显现的卦兆是大横纹。占卜的人解说卜辞曰:"大横纹意味着强而有力,大王为天王,像夏启一样光大其先王基业。"代王曰:"寡人固然已经是个王,又要做什么大土?"占卜的人言:"所谓天王,这就是天子。"于是代王派遣太后弟弟薄昭往见绛侯周勃。绛侯等人详细地对薄昭讲述了他们之所以要迎请代王的本意。薄昭回来报告给代王曰:"这件事是可信的,没有什么可怀疑!"代王于是笑着对宋昌曰:"果然如你所说的那样。"这就命宋昌参乘同一马车,与张武等六人乘坐专车同赴长安。车队至于高陵就停下来休息,而派遣宋昌先驰马奔赴长安观察事变。宋昌行至渭桥,自丞相以下群臣都来迎接。宋昌还报代王,代王这才放心,遂驾车驰到渭桥,众大臣拜谒称臣,代王回拜还礼。太尉周勃向代王进言曰:"愿请与大王私下先谈些事。"宋昌曰:"您如果要说的是公事,乃就公开说吧。若谈的是私事,代王不接受私言。"太尉于是就跪地先贡献天子的玺印符节。代王辞谢曰:"到达代邸等我住下再议这件事。"遂驱车驰入代王府邸,群臣们跟从而至。丞相陈平、太尉周勃、大将军陈武、御史大夫张苍、宗正刘郢、朱虚侯刘章、东牟侯刘兴居典客刘揭等,皆再拜言:"子刘弘等人,都不是孝惠帝的亲子,不应当奉祀宗庙。臣等谨慎地请与阴安侯、列侯顷王后与琅琊王,宗室成员、众大臣、诸列侯,凡是官员有二千石俸禄以上的商议曰:'大王高帝长子,适宜做高帝的继承人。'希望大王即皇帝位。"代王曰:"奉祀高帝宗庙,事关重大。寡人才学浅薄,不足以称奉祀宗庙。愿请楚王谋计,他才是适宜的人,寡人不敢当。"群臣皆拜伏于地,坚决请求。代王向西作揖谦让了三次,又向南作揖谦让二次。丞相陈平等皆曰:"臣等已经计议过这件事,由大王奉祀高帝的宗庙,是最为合适相称。即使是天下的诸侯和万民,亦都以为是合适的。臣等为了宗庙社稷考虑,不敢疏忽,愿大王能够听从臣等的认可。臣谨慎地奉献天子玺符再予拜上。"代王曰:"宗室、将、相、王、列侯都认为没有比寡人更合适的人选,寡人不敢再推辞。"遂接受天子位。群臣按照礼仪班次排列侍奉皇帝。皇帝即日黄昏入住未央宫。是夜,皇帝拜宋昌为卫将军,镇抚南北军。以张武为郎中令,巡行宫殿内以为安保。皇帝还坐前殿理政。亦是夜,皇帝颁布诏书曰:"间者,诸吕用事专权,图谋大逆不道,想要危害刘氏的宗庙。仰赖各位将、相、列侯及宗室、大臣诛灭他们,诸吕皆已伏法。朕初即位,当应大赦天下,赐民户男爵位升一级,女子百户(斛)牛酒,使民众欢宴五日。"徙立以前的琅琊王刘泽为燕王。辛亥日,皇帝正式即位,拜谒高帝庙。孝文皇帝将右丞相陈平迁为左丞相,将太尉周勃升为右丞相,将大将军灌婴升任为太尉。而被诸吕所剥夺的齐国和楚国故地,又都归还了原主。壬子日,派遣车骑将军薄昭到代地迎请皇太后。皇帝曰:"吕产自行任命自己为相国,任吕禄为上将军,擅自假冒诏令派遣灌婴率兵去攻打齐国,企图取代刘氏,灌婴屯兵在荥阳并没有去进攻齐国。却与诸侯合谋以诛吕氏。朱虚侯刘章首先捕获吕产等人。太尉亲自率领襄平侯刘通持着符节奉诏令进入北军。典客刘揭亲自夺得赵王吕禄的印信。加封太尉周勃一万户,赐给黄金五千斤;

丞相陈平、灌婴将军增加食邑各三千户,赏赐黄金各二千斤;朱虚侯刘章、襄平侯刘通、东牟侯刘兴居增加食邑各二千户,赏赐黄金各一千斤。封典客刘揭为阳信侯,赏赐黄金一千斤。"十二月,皇上曰:"法律治国以正纲纪,所以是禁止暴力而引人向善的工具。现今有人犯法已被定罪惩罚,还连带使他无罪的父母、妻子受牵连而坐罪,及被收为奴婢。朕认为这种做法不可取,希望你们去商议。"有司官员皆曰:"民不能自治自律,所以才制定法律去约束他们。相互连坐而收捕其亲人治罪,是想使犯罪的人能顾及亲属的命运,以使他不敢轻易犯法,这种做法由来已久,还是照旧实施便利。"皇上曰:"朕闻法律公正民众就会诚实,治罪恰当民众就会服从。况且治理民众而引导他们向善的是官吏。官吏们既不能教导民众,又以不正当的法律去惩罚他们,这反而是害了民众,却成了行凶暴虐者。又能凭什么来禁止他们犯罪呢?朕看不出这有什么便利,你们还是去仔细考虑。"有司官员皆曰:"陛下施加大恩惠,功德盛大,不是臣等能够想得到的。请起草诏书,以便奉诏,废除一人犯罪则家人为奴等连坐的律令。"

文帝元年(前179)正月,有司官员曰:"早建立太子之制度,是为了宗庙社稷。请立太子。"皇上曰:"朕既然德行菲薄,上帝神明未有示意,天下人民还未有满意。现今我纵然不能博求天下贤士、圣人、有德之人而禅让天下焉,而曰豫立太子之事,这是加重我的失德。这让我何以向天下人告白?还是放一放这件事吧。"有司官员曰:"豫立太子之事,所以能重视宗庙社稷,以表示天下太平稳定。"皇上曰:"楚王,是我的季(叔)父,他年纪大,阅历天下的义理很多,明察国家之大体政要。吴王跟我的关系,他是兄长,他为人仁惠而且好德。淮南王,他是我的弟弟,秉持德义来辅助我。难道就不能传给他们帝位吗?那些王侯宗室兄弟及有功之臣,有许多人是有德义的贤人,如若能够举荐有贤德的人来继承我不能完成的事业,才是社稷之灵,天下之福也。今你们不通过选举,而且曰必须要传位给我的儿子,人们就会认为我是个忘了贤德的人而专私于自己的儿子,这不是在为天下人着想。朕以为甚不可取也。"有司官员皆坚持曰:"古代的殷、周有国家,其安然治安达千余岁。古代拥有天下者,没有哪一朝代比这两朝更长久。殷、周用的就是早立太子这一方法,而立嗣必其子,所以说这一办法由来远矣。高帝亲自率领士大夫,始而平定天下,封建诸侯国,成为后世皇帝的太祖。诸侯王和列侯最初接受封国的人也都成为了所受国的始祖。子孙继嗣,代代不绝,这才是天下之大义也,故高帝设计了这一方案,以安抚海内稳定。今日若要放弃应立的人选而改从诸侯和宗室中选取,这不是高帝的志愿。更改议立之事不适宜。皇帝子某最年长者,纯厚慈仁,请建立以为太子。"皇上这才同意了他们的建议。因而恩赐天下民众当代为父的后继人升一级爵位。封将军薄昭为轵侯。三月,有司官员请立皇后。薄太后曰:"诸侯皆同姓,立太子母为皇后。"皇后姓窦氏。皇上因为封立皇后的缘故,赐天下鳏寡孤独穷困及年纪在八十岁以上、孤儿九岁以下的人布帛米肉各有数。皇上从代地来,初即位时,即施德惠于天下人,镇抚诸侯,四夷外族皆和洽欢乐,于是赏赐随从他从代地来的功臣。皇上曰:"当初大臣们诛杀诸吕以迎朕,朕狐疑不决,大家都劝阻我不要来,只有中尉宋昌劝我前来,我才得有机会侍奉宗庙。已经尊宋昌为卫将军,以其增封宋昌为壮武侯。诸位随从朕者六人,官阶皆提至九卿。"皇上曰:"列侯随从高帝入蜀、汉中的六十八人,皆益封各三百户;故吏官员二千石以上跟从高帝在颍川守卫者有十人,给封食邑六百户;淮阳郡守申徒嘉及其将官等十人,给封五百户;卫尉定等十人,给封四百户。封淮南王舅父赵兼为周阳侯;齐王舅父驷钧为清郭侯。"时年秋,封原任常山国丞相蔡兼为樊侯。有人游说右丞相周勃曰:"君原本诛灭诸吕,以迎代王,今又矜持其功,受到皇上的赏识,已经高处尊贵的地位,威高震主,祸且来矣!"右丞相周勃乃就以患病为由请求免去职务以养老。左丞相陈平独任丞相之职。

　　二年十月,丞相陈平去世,又以绛侯周勃为丞相。皇上曰:"朕听说古代的诸侯建国有千余岁,各守其地,按时向王朝入贡,这样做民不劳苦,上下皆欢欣,没有失德的方面。今列侯大多居住在长安,离食邑地遥远,其封地吏卒供给物质运输费用昂贵而且劳苦,而列侯亦没有时间去教导和管理他们的民众。其令列侯回到封国或食邑地去,如在朝中做官和受诏书留在长安的,也要遣返他们的太子回到封国去。"十一月,发生日食。十二月望日,又日食。皇上曰:"朕听说,天生万民,为他们设置君王来养育和治理他们。君王没有德行,施政不公平,上天就要用灾异的天象显示,以警诫他治理不作为。乃十一月有晦日,发生了日食,示警之意适见于天,灾象显示很大!朕获得保守宗庙,以我微渺的身躯而托起万民君王的重任,天下的治乱,责任都在朕一人身上,唯有二三个执政大臣犹如我的手足。朕下不能治理养育众生,上已经累及日、月、星辰三光之明,我的败德问题是严重的。今下诏令到达后,你们要仔细考虑我的过失,以及我知见而思之所不到的方面,要实事求是告诉我。以及举贤良方正能够直言极谏者,以匡正朕之没有做到的地方。因而要求官吏们各自恪尽职守,务必要减省徭役费用来便利民众。我既然不能施德远方,所以心中忧虑外族人会为非作歹,因此边境布置战备之事未敢停息。如今纵然已不能撤除在边疆屯驻的军队,又怎么能命令军队来加强对宫廷的护卫,应将卫将军的军队裁撤。太仆管理的现有马匹够用就可以了,其余的都交给驿站使用。"三年正月,皇上曰:"农业是天下的根本,要举行籍田典礼。我要率先耕作,生产的粟米(糇)以供给宗庙祭祀粢盛用。"三月,有司官员请求皇上要立皇子为诸侯王。皇上曰:"赵幽王是被幽禁而死的,朕其为可怜他,现已立其长子刘遂为赵王。刘遂的弟弟刘辟强及齐悼惠王之子朱虚侯刘章、东牟侯刘兴居有功,可以立为王。"乃就封立赵幽王的小儿子刘辟强为河间王;将齐国几个大郡分出部分为城阳(治所在今山东菏泽市东北二十里胡集乡)而封立朱虚侯为城阳王;立东牟侯为济北王;封皇子刘武为代王;封皇子刘参为太原王;封皇子刘揖为梁王。皇上曰："古人能够治理天下,在朝堂之前设有进善言的旌旗、立有诽谤之木柱,这些设置是为了能通达上下治道而使得臣民前来劝谏。如今法律条文有诽谤妖言之罪,使得大臣与民众不敢尽情地表达不同的政见,致使许多民意不能上达,而上又得不到行政之过失也。这将怎么能够招来远方的贤良之言? 要废除这样的法律条文!民众或有祝诅(咒)朝政之言而被互相告发,官吏们以为这是大逆不道;臣民还有其他怨言,而官吏们又以为这是在诽谤朝廷。这些细少的民众言行是因为有的愚民无知,而要用法律来将这样的民事行为治以死罪,朕以为甚不可取。自今以后,有民众犯这样的罪就勿要坐堂会审给予治罪。"九月,初与各郡国守相约,以铜虎符、竹使符作为发兵的凭证。十月丁酉晦日,发生了日食。十一月,皇上曰:"前些日下诏遣返列侯按例要回到封地去,或有推辞未行者。丞相为朕之尊重的大臣,请他为朕率领列侯回到封国去。"绛侯周勃被免去丞相职务就率先回到封国。以太尉颍阴侯灌婴为丞相,罢去太尉官,属丞相官职。

四年四月,城阳王刘章薨。淮南王刘长与他的随从魏敬杀死了辟阳侯审食其。五月,匈奴人侵入北地,他们留居在黄河以南地区寇盗为害。皇帝初次临幸甘泉宫。六月,皇帝曰:"汉与匈奴曾经相约为兄弟关系。为了使他们不危害边境,所以朝廷赠送运往匈奴的物质非常丰厚。现今右贤王离开他的国土,率领其民众居住在黄河以南早已归降汉朝的地区,这不是什么平常的变故,他们往来边塞地区,捕杀吏卒,驱逐保卫边塞的蛮夷部族,使得这些部族不能在他们的故土生活。匈奴人凌辱边境吏卒,入盗为寇,甚为傲慢无道,这是违背盟约的。"汉廷于是马上发边境骑兵八万五千人抵达高奴(治所在今陕西延安市城东延河东岸),派遣丞相颍阴侯灌婴去攻击匈奴,匈奴人因而逃去。皇上签发诏令:中尉部队属卫将军统领驻守在长安。辛卯日,皇帝自甘泉宫出发前往高奴视察,因而经过太原,会见以前为代王时的故旧群臣,都给予了赏赐。并按功劳大小给予奖赏,各个民众乡里都赐给牛酒。免除晋阳和中都一带的民众三年赋税。皇帝在太原逗留巡游了十多天。济北王刘兴居听说文帝前往代地准备去攻击匈奴,就反叛朝廷,发兵欲要袭击荥阳。皇帝于是发诏书命令丞相停止对匈奴的军事行动,并派棘蒲侯陈武为大将军,率领十万士卒前去攻击济北王。祁侯缯贺被任命为将军,驻守荥阳。七月辛亥日,皇帝从太原回到长安,就下诏给有司官员曰:"济北王违背德义反叛,误导官吏与百姓,是为大逆不道。济北国的官吏与百姓在朝廷派出的军队还未到达时就自行保持安定,以及带着军队和所守的城邑投降朝廷的,全都赦免他们的罪行,恢复以前的官爵。与济北王刘兴居有往来的,也要赦免他。"八月,打垮了济北王的军队,俘虏了济北王。赦免了济北国那些随从济北王造反的官吏与百姓。六年,有司官员报告皇帝曰:"淮南王刘长废弃了先帝的法律条文,不听天子的诏命,居处装饰豪华不符合礼法,出入仪仗队仿效天子,擅自颁行法令,和棘蒲侯的太子缯奇相谋反叛,派人出使闽越和匈奴,发动他们的军队,企图以此来危害宗庙社稷。"群臣们商议皆曰："刘长应当处以弃市的刑罚。"文帝不忍动用刑法惩处淮南王，就赦免了他的罪行，只是废除了他的爵位而不再称王。群臣请求把刘长安置到蜀郡严道(治所在今四川荥经县西五里古城坪)和邛都(治所在今四川西昌市东南五里)一带，文帝准许照此办理。刘长还没有到达安置地，就在行途中病死。皇上很是怜悯他。十六年以后，追尊淮南王刘长谥号曰厉王，封立他的三个儿子为淮南王、衡山王、庐江王。

十三年夏天，皇上曰："盖闻天道，灾祸起自怨恨，而福祉兴于德义。百官有错，责任在于朕没有躬身下问。如今秘祝官员转移责任于下官，以屏障吾之不德，朕以为不可取。应当去除这种做法，要实事求是。"五月，齐国太仓令淳于公犯罪当处于刑罚，诏令狱吏将他逮捕徙往长安关押。太仓公没有儿子，生有五个女儿。太仓公在被羁押时，大骂他的女儿曰："生子没有生男的，有缓急之难就什么也办不了!"太仓公的小女儿缇萦伤心哭泣，就跟随父亲到达长安。缇萦就给皇上写信，书曰："我的父亲作为官吏，齐国中人皆称赞他廉洁公平，如今犯法应当受刑罚。但我很是伤心，人死了不可以再复生，受了刑罚的人肢体残损不能再复原。虽然犯了错误有罪，但欲改过自新却没有机会。我愿意被没籍而成为官府的奴婢，用以赎买父亲应受的刑罚，使我的父亲有改过自新的机会。"此书信被上传至天子，天子甚为悲悯她的意思，乃下诏书曰："盖闻上古有虞氏的时候，对于犯错的人，给他穿上异服，及在衣服帽子上画记号，以彰显他的耻辱，而民众见后就不会再犯类似的罪法。这是为什么? 是国家太平盛世之治法也。而今，法律条文有肉刑的就有三条：黥面、劓鼻、刖足，这都是伤残肢体的刑罚，而犯法的人却没有被禁绝，这其中的原因在哪里? 难道是朕的德行浅薄而教化不明矣? 吾甚为惭愧不已!因为我们教育民众的方法不纯正，却深陷其中。《诗》曰：'恺悌君子，民之父母。'而今人家有过失，国家的教化没有系统地施行，却要对他们施加刑罚，或可这样的人想要改过自新而道不通没有机会。朕甚为哀怜之。这样的刑罚断人肢体、残毁肌肤，使人终生不能正常生活作息，这是何等的使人痛楚而不道德也。这怎么能称得上为民父母的意境主旨呢!要废除肉刑。"皇上曰："农业，是天下之根本，政务没有比这更重大的了。如今农民勤劳耕作，还要负担租税。这是把从事农耕本业与从事商贾末业的人本末倒置，对于鼓励农耕的政策来说是不够完备的，要免除田地的租税。"十四年冬天，匈奴人预谋侵入边境进行掳掠，攻打朝那塞(治所在今宁夏彭阳县西三十三里古城乡。时属北地郡)，杀了北地郡都尉孙卯。皇上乃派遣三位将军驻军在陇西、北地、上郡。任命中尉周舍为卫将军，以郎中令张武为车骑将军，驻军在渭水以北，配给战车一千乘，骑兵十万。皇帝亲自慰劳军队，检阅军队而申明教令，赏赐了军中的官吏和士卒。皇帝欲要自个儿为将亲征匈奴，群臣皆谏而不听，皇太后出面固请留在后方，皇帝才停止自己的主张。于是以东阳侯张相如为大将军，成侯董赤为内史，栾布为将军，攻击匈奴，匈奴人逃走。春天，皇上曰："朕获得皇权执行牺牲和圭帛而侍奉祭祀上帝宗庙,已经有十四年了。历时绵绵漫长,以我的不聪敏与不明哲而能长久抚临天下,朕甚为惭愧。应该增广诸地的祭祀场地,增加祭祀用的圭帛。往昔先王远施恩泽而不求回报,举行望祭而不求神灵降福,尊重贤能之人,列其在右位而用亲戚却列在左位,先考虑民众而后才想到自己,英明达于极点。今吾闻祭祀的官员在向神求福,皆将祈福用词归于朕一人身上,而不为百姓们祈求,我感到很是惭愧。所以以为朕之不德,而却独享美言祈福,百姓享受不到,这是在加重我的精神负担,是为我之失德。因此令祭祀官员致敬用词,不要专门为我所以祈福。"是时,以北平侯张苍为丞相,才开始明确地制定律历。鲁地人公孙臣上书,奏陈终始以传五德之事,言明方今是属于土德之时,土德应该有黄龙瑞现,当改正正朔服装颜色制度。天子将这件事交给丞相议决。丞相推算的结果是以为当今是水德,应明定十月为每年的正月并要崇尚黑色,并认为公孙臣的意见不对,请求皇帝不用他的建议。

十五年,黄龙(奇异的神物)在成纪(今甘肃平凉市静宁县西南,是人祖伏羲成长的地方)出现,天子又复召鲁人公孙臣,并以他为博士,申明土德之事。于是皇上乃下诏曰:"有异物之神灵降见于成纪,但是对老百姓没有危害,是岁还因此获得丰收年。朕要亲自在郊外祭祀上帝诸神,礼仪官们要商议一些细节,不要因为怕我辛劳而有所隐讳。"有司礼仪官员皆曰:"古代时天子在夏季要亲自以礼祭祀上帝在郊外,故曰郊祭。"于是天子开始临幸辟雍(在今陕西西安市西北大土门村),用郊祀之礼敬奉五帝,以孟夏四月举行答谢上天的祭礼。赵地人新垣平以精于望气的方术得能见到皇上,因而游说皇上在渭阳设立五帝庙,想要引出周鼎,当以为还有玉英宝物得以出现。十六年,皇上亲自郊祭时拜见渭阳五帝庙(庙亦称畤。是祭祀天地、五帝的场所),亦以夏季举行答礼时崇尚赤色。十七年,皇上获得一枚玉环,环上刻有"人主延寿"字样。于是天子开始更改年号为"后元",次年称后元元年(前163),下令天下民众饮宴欢聚。就在这一年,新垣平的骗术事件被发觉,夷灭其三族。

后元二年,皇上曰:"朕既不英明,又不能施德于远方,因此使中原以外的国家或不安宁歇息。这些四荒之外的国家不得安生,封畿以内的百姓勤奋劳禄而不得安居,这二者的过失,皆因为朕之德薄而施行惠政不能到达远方。近几年来,匈奴人接连施暴危害边境,杀死了许多官吏和民众。边疆的大臣、官吏、兵卒又不能知晓吾的用心良苦,因以为是吾之不德也。很长的时间纠结在苦难中连连用兵,中外各国又怎么能够自保安宁呢?如今我早起晚睡,为天下太平而勤劳,忧苦万民,为这些事而心烦不安,未曾有一日忘记于心头,故派遣的使者冠盖相望,车辆结集于道,为了是将朕的善意传达给予单于。而今单于重温过去的睦邻友好关系,考虑社稷的安稳,方便万民之利益,其王亲自与朕摒弃前嫌,和谐奔大道,结为兄弟之义,以保全天下众多百姓。和亲已经确定,就从今年开始。"

后元六年冬天,匈奴有三万人侵入上郡,另有三万人侵入云中(在今内蒙古托克托县东北古城乡古城村西古城)。朝廷以中大夫令勉为车骑将军,驻军在飞狐(治所在今河北涞源县);以以前的楚国相苏意为将军,驻军在句注(句注山,一名西陉山、雁门山。在今山西代县西北二十五里);以将军张武屯军在北地;以河内郡守周亚夫为将军,驻军在细柳;以宗正刘礼为将军,驻军在灞上;以祝兹侯驻军在棘门,以此防备胡人进犯。数月以后,匈奴兵离去,朝廷亦随之罢兵。天下大旱,蝗虫成灾。皇帝施加恩惠,下令诸侯国不要进贡,放松对于山泽的禁令以便利民众开发。皇帝减省各种服饰、车驾和狗、马,减少郎吏官员的名额,散发仓库的粮食以救济贫民,允许用粮食买爵位。孝文帝自从代国来长安接皇帝位已经有二十三年,宫室中的人工花苑、畜养禽兽的园林,宠物狗、马匹、服饰、御车都没有增加和扩建。即便所要做的,就是宽缓政令为民谋利。文帝打算建筑露台,召来工匠来造预算,需要用一百多斤黄金。皇上曰:"一百斤黄金,是十户中等民家的资产。吾奉守先帝留下的宫室,还常常恐怕被民众以为是生活奢华,还要建筑露台做什么!"文帝经常穿着民众粗糙的绨衣,还令所宠幸的慎夫人不能穿拖到地面的衣服,帏帐上不得有绣花的图案,以表示敦厚朴素,示范天下之人。皇上下令修治霸陵皆以瓦器,不得用黄金、白银、铜、锡为装饰;不修筑高大的墓冢,他这样做,就是想节省开支,不要扰民。南越王尉赵佗自立为武帝,然皇上召来赵佗的兄弟尊为上宾,以德回报他,赵佗于是去掉帝号而称臣。皇上与匈奴王和亲,匈奴却违背盟约侵略边境入寇为盗,但皇帝命令边塞的军队警备防守,不发兵深入敌境,怕烦苦老百姓。吴王刘濞假称有病不入朝,皇上就赐给他几副拐杖。群臣如袁盎等人进谏时语言刻薄,皇上不计较还常采纳他们的意见。群臣张武等人接受贿赂金钱,被皇上发觉,皇上就拨出御用府库的金钱赐给他们,以使他们蒙羞,但不将他们交给法官治罪。皇上专心于以德行教化民众,所以海内殷富,礼义盛行。

后元七年六月己亥日,皇帝在未央宫去世。留下遗诏曰:"朕听说凡是天下万物萌生的,就没有不会死的。死是天地间的规律,是万物的自然属性,有什么值得特别悲哀呢? 当今这个时代,世人都希望长生而恶言人死,人死了却给厚葬以致破产,注重丧事而伤害生计,吾以为这样做不可取。况且朕在位时又没有做多少德行事,没有帮助老百姓致富,今若我死了却令老百姓长久服丧到灵堂致哀,以致背离寒暑时数。让百姓父子为我而悲哀,伤及长幼的心志,减损他们的饮食,断了他们对鬼神的祭祀,而只重视我是为不德也,是谓我怎么能向天下人交代? 朕获得保护宗庙社稷的机会,以我渺小的身躯托起担当天下君王的天子责任,至今有二十余年矣。依赖天地之神灵,社稷之福祉,方定国内安宁,没有兵革之难。朕既不聪敏,常常畏惧而思过,以不使先帝之遗德蒙羞。我在位维持国家安定时间久长,惧怕不能善始善终。现今我竟然能够幸天年之终,得复能供养在高庙,朕还有什么不满足的,应予祝福。哀悲之情可以表达,令天下吏民,令到之后只要举哀三日就可,皆不穿丧服。不要在这期间禁止人家娶媳妇、嫁女、祭祀、饮酒、食肉。自当给我办丧事而穿丧服而来的人,皆不要求他们赤脚;别在胸前的麻带不要超过三寸长;不要用白布包裹车辆以及携带兵器;不要动员民众男女到宫殿哭泣。宫殿中值班理丧的人,皆以早晨与傍晚各举哭十五声,仪式完了就停止哭泣。非在早晚规定的时间内有人来临,要禁止他们擅自恸哭。如已经下葬,服丧时间为大红第十五日,小红第十四日,戴缌麻七日,即予除去丧服。其他没有在这诏令中提到的,皆要比照此令而简约从事。布告天下,使天下老百姓都明白朕的意思。霸陵的山川要保持原貌,不要有所改变。后宫中夫人以下的奴婢都要遣送她们回家。"任命中尉周亚夫为车骑将军,属国徐悍为将屯将军,郎中令张武为复土将军。诏令调集长安附近各县中服现役的兵卒一万六千人,调集内史掌握的兵卒一万五千人,让他们护送棺椁,疏通墓穴和覆土成冢。调集的兵卒归属将军张武统一指挥。乙巳日,群臣皆顿首,共上尊号为孝文皇帝。太子即位在高庙,丁未日,袭号为皇帝。孝景皇帝刘启,是孝文皇帝排行居中的儿子,母亲是窦太后。孝文帝在代地为王时,先前的王后生有三个儿子。等到窦太后得到宠幸,先前的王后去世,其三个儿子亦先后去世,所以孝景皇帝得以即皇帝位。

六、景帝理政　太平盛世

景帝元年(前156)四月乙卯,大赦天下。乙巳日,赏赐民户加爵位一级。五月,削减百姓田租的一半。为孝文皇帝建立太宗庙。下令群臣不要上朝道贺。匈奴人侵入代地,派使者盟约和亲。二年春天,封已故相国萧何的孙子萧系为武陵侯。规定男子年满二十岁就得服兵役。四月壬午日,孝文太后去世。广川王、长沙王都前往封国去。丞相申屠嘉去世。八月,任命御史大夫开封侯陶青为丞相。彗星出现在东北方。秋天,衡山降下冰雹,大的冰雹块直径有五寸,深度有五尺。火星逆向运行,留守在北极星旁。月亮出现在北极星区间。木星在天庭中间逆行。安置了薄太后的陵墓,称南陵。设置内史官署,分左、右风史,掌治京师安保;又析出祋祤县(治所在今陕西铜川市耀州区东一里河东堡),属内史管治。三年正月乙巳日,大赦天下。流星出现在西方。天火焚烧了洛阳东宫大殿及城中数处房屋。吴王刘濞、楚王刘戊、赵王刘遂、胶西王刘卬、济南王刘辟光、菑川王刘贤、胶东王刘雄渠反,发兵向西进攻。事因御史大夫晁错削藩之故,天子为此诛杀晁错,派遣袁盎告谕造反诸王,而诸王不肯停战,还向西进军包围了梁地。皇上这就派遣大将军窦婴、太尉周亚夫率领军队去诛灭他们。《汉书·周亚夫传》:吴楚反。赵涉遮说周亚夫:"吴王素富,怀辑死士久矣。此知将军且行,间人于殽黾(今河南陕县东南、渑池县西)厄狭之间。"六月乙亥日,赦免败逃的七国军队和楚元王的儿子刘艺等参与谋反的人。封大将军窦婴为魏其侯,立楚元王的另一子平陆侯刘礼为楚王;立皇子刘端为胶西王、皇子刘胜为中山王;迁徙济北王刘志为菑川王、淮阳王刘余为鲁王、汝南王刘非为江都王。时齐王刘将庐、燕王刘嘉都去世了。四年夏天,议立皇太子。立皇子刘彻为胶东王。六月甲戌日,大赦天下。

闰九月,更改弋阳地名为阳陵。恢复设置关卡渡口,采用通行证出入。冬天,以赵国故都改定为邯郸郡。五年三月,建造阳陵(在今陕西咸阳市东北穆家村北。后为景帝刘启的陵墓)渭水河桥。五月,募徙罪犯奴隶到阳陵建造陵墓,拨给铜钱二十万。江都(故治在今江苏扬州西南夹江北小沙洲上。本秦时的广陵县,汉改江都县)大暴风是从西方袭来,损毁了城墙十二丈。丁卯日,封长公主的儿子陈蟜为隆虑侯。迁徙广川王为赵王。六年春天,封中尉卫绾为建陵侯,江都国丞相程嘉为建平侯,陇西郡太守公孙浑邪为平曲侯,赵国丞相苏嘉为江陵侯,前将军栾布为鄃侯。梁国与楚国二王皆去世。闰九月,砍伐驰道两旁的树木,用来填塞秦始皇引渭水而建造的离宫兰池宫(在今陕西咸阳市东北二十里)。七年冬天,废黜栗太子为临江王。十一月晦日,发生了日食。春天,不再迁徙罪犯奴隶去建造阳陵陵墓。丞相陶青被免职。二月乙巳日,任用太尉条侯周亚夫为丞相。四月乙巳日,立胶东王太后为皇后。丁巳日,立胶东王刘彻为太子。

中元元年(前149),封已故御史大夫周苛的孙子周平为绳侯,封已故御史大夫周昌的儿子(亦记孙子)周佐军为安阳侯。四月乙巳日,大赦天下,赏赐在任官员加爵一级。废除禁锢之刑罚。发生地震。衡山原都邾(即今湖北黄冈市黄州区西北)降下雨雹,大的雹子直径有一尺八寸。二年二月,匈奴人侵入燕国,于是与匈奴不再和亲。三月,召临江王来长安,即死在中尉府中。夏天,立皇子刘越为广川王,皇子刘寄为胶东王。赐封四人为列侯。九月甲戌日,发生日食。三年冬天,撤销诸侯国中御史中丞一职。春天,有两位匈奴王率领他们的部众来投降,都被封为列侯。立皇子刘方乘为清河王。三月,彗星出现在西北方。丞相周亚夫去世而空职,以御史大夫桃侯刘舍为丞相。四月,发生地震,九月戊戌晦日,发生日食。在京城东城门外驻军。中元四年三月,设置德阳宫。蝗灾肆虐。秋天,赦徙建造阳陵陵墓的罪犯囚徒。中元五年夏天,立皇子刘舜为常山王。封十人为列侯。六月丁巳日,大赦天下,赏赐民户一级爵位。天下遭受严重涝灾。把诸侯王国的丞相改称为相。秋天,发生地震。六年二月己卯日,皇帝出行临幸辟雍,举行郊祀谒见五帝。三月,有雨雹。四月,梁孝王、城阳共王、汝南王都去世了。立梁孝王的儿子刘明为济川王,王子刘彭离为济东王,王子刘定为山阳王,王子刘不识为济阴王。把梁国分成五份,分封了四个侯国。命令将廷尉改称为大理,将作少府改称为将作大匠,主爵中尉改称为都尉,长信詹事改称为长信少府,将行改称为大长秋,大行改称为行人,奉常改称为太常,典客改称为大行,治粟内史改称为大农。以大内的官职定为年俸二千石,设置左右内官,属于大内管治。七月辛亥日,发生日食。八月,匈奴人侵入上郡。

后元元年(前143)冬天,将中大夫令改称为卫尉。三月丁酉日,大赦天下。赏赐民户加一爵位,中等官吏年俸满二千石的诸侯相,加爵为右庶长。四月,安排天下人欢宴饮乐。五月丙戌日凌晨发生地震,在吃早饭时又复震。上庸地震持续了二十二天,城墙被震坏。七月乙巳日,发生日食。丞相刘舍被免职。八月壬辰,以御史大夫卫绾为丞相,封为建陵侯。二年正月,地震一日三次。郅居水(今蒙古国色楞格河)将军率军反击匈奴。安排民众欢宴五日。下令内史告知各郡不能用粮食喂马,否则就要将马匹充公。下令服劳役的罪犯奴隶穿七緵粗布衣服。禁止用马来捣春粟谷。因为年成不好,禁止天下随意食用粮米,以免粮食不能供应到收获时节。减少在京城的列侯,差遣他们前往自己的封国。三月,匈奴人侵入雁门郡。十月,把长陵的官田出租给民众。发生大旱。衡山国、河东郡和云中郡民间发生瘟疫。三年十月,太阳、月亮皆发生偏食,连续红赤五日。十二月晦日,响春雷,日光紫色。金、木、水、火、土五行星逆行留守在太微周围,月亮贯穿在天庭中央。正月甲寅日,皇太子举行加冕冠礼仪式。甲子日,孝景皇帝去世。景帝留下的遗诏赏赐诸侯王以下至平民百姓为父亲的长子加爵位一级,赏赐天下民户每家一百钱。放出后宫宫人让他们回家,免除他们终身的税赋。太子即位,这就是孝武皇帝。三月,封皇太后弟弟田蚡为武安侯,他的弟弟田胜为周阳侯。安置景帝灵柩在阳陵。

七、削藩不慎　诸王反汉

刘邦得天下,立其兄刘仲为代王。代地被匈奴攻破,刘仲逃归洛阳附天子,高祖皇帝改封其为郃阳侯。高祖十一年,淮南王黥布反,吞城略地,皇帝亲自讨伐。时刘仲子沛侯刘濞二十岁,有勇力,以骑将名从皇帝于蕲县西败黥布军,又甄乡会战,黥布逃之。荆王刘贾为黥布所杀,刘贾无子,皇帝封刘濞在沛地为吴王,以统三个郡五十三县。刘濞封地实在太大,且吴、越之民轻浮强悍,吴王一旦坐大,将对中央政权是个祸患,皇帝不由得有点后悔,告诫吴王曰:"南方有反叛之气,当不会是汝?"吴王叩头言不敢。

汉孝景帝时诸刘姓王权力膨胀,为了保持中央政权的稳定,削藩成为主要举措。时晁错任御史大夫,建议削藩,劝皇帝曰:"高皇帝平定天下,分封同姓王:赐封庶子悼惠王为齐王,辖齐国七十多县;异母弟楚元王辖楚国四十多县;兄长子刘濞辖吴国五十多县,分封这三个旁支亲属的后代土地,就分去天下其半。吴王骄横放肆,据铜山铸钱,煮海水为盐,引天下逃犯之人而祸藏,阴谋造反特征明显。不削其封地要造反,如削其封地同样造反。不若早削其封地,迟则祸害就大。"景帝三年(前154)二月,借故对楚王刘戊罚削东海郡;连带削减吴国豫章郡与会稽郡;削赵王河间郡;削胶西王刘卬六个县。吴王刘濞惧,恐削减封地无止境,以为自身受到威胁,则动员七国联兵反汉。吴王所辖吴国之地有豫章郡的铜矿山,吴王招募天下亡命人偷着铸钱,又煮海水为盐,偷逃赋税,则吴国很是富足。孝文帝时,吴王太子进京与皇太子下棋,因为悔棋,两相争吵,皇太子怒举象棋盘掷击吴王太子,以致殒命。吴王怒极,托称有病,此后就不进京朝拜,也就失去了作为藩属国之臣的礼仪。皇帝担心吴王生变,追加赏赐给吴王坐几和拐杖,免其入京朝见。然而,吴国铜、盐不纳赋税,国有富足,为民富者甚多,且兵有酬金,平民得赏,包庇他国罪犯,行政四十年后,吴王大得民心,役使其民甚为顺手。吴王先派使者策反胶西王,言与之朝廷削藩吴国与胶西国被验察,恐不能安适自得,望顺应时势,以诛皇帝身边奸臣晁错之名而"清君侧",举兵起事。吴王阴谋叛乱,邹阳作《上书吴王》谏止,吴王不听。胶西王犹豫,但是倾向明显,吴王亲自访胶西王,谋与举事,订立盟约。吴王又派遣使者约邀刚刚受到削减封地的诸侯:齐王、淄川王、胶东王、济南王、济北王,皆一应以起事。削减吴国豫章郡、会稽郡的朝廷文书一到,吴王首先起兵。随之,胶西王杀汉廷官员食禄二千石以上者。各有约定的诸王,皆杀汉廷官员,联兵西进。意外的是,齐王畏惧自杀,济北王被汉郎中令看守不能发兵。胶西王领胶东王、淄川王、济南王围攻临淄。吴王征召士兵,以身说法:"吾今六十二岁,亲率军队;吾小子今十五岁亦即从军。凡是此两岁间,都得当兵出征,报效国家。"即征调二十多万兵。并派使者至闽越,闽越不派兵;至东瓯,东瓯国出兵万余人随吴王。吴王于广陵起兵,西渡淮河,与楚王之军会合,即信以文书传诸侯以誓。

　　七国将反的文书为汉景帝所获知,即派太尉条侯周亚夫(原丞相周勃之子)率领三十六位将军主动出击,攻打吴、楚。旋派曲周侯郦寄攻打赵;将军栾布攻打齐;大将军窦婴驻扎在荥阳以监视齐、赵的军队。文书获知初时,朝廷所派军未出,吴国丞相袁盎即为朝廷征召入京。时皇上正与晁错调遣军队与安排军粮,皇上问袁盎:"吴、楚将反,汝以为如何处置?"袁盎以为不值得担忧,曰:"吴国虽有铜、盐之利,亦不会引豪杰造反。吴土所引诱的,无非是无赖之弟、亡命之徒,诸黑钱者而已,不足为虑。"晁错附言以为对。皇上问对策,袁盎示意屏退左右人,唯晁错未退,袁盎以为此言不可有人臣知晓,晁错亦退。袁盎与皇上言明:只有杀晁错,赦免吴、楚等七国罪过,恢复被削封地,则军队就无须出征。皇上以为是,则命袁盎为太常,吴王弟之子德侯做宗正。十天后,皇上派中尉诱杀晁错于东市。然后,派袁盎以侍奉宗庙的身份,宗正以辅助朝廷亲戚的名义,两人合作出使吴国。吴王以为,吴、楚起兵,已经进攻到汉梁国的壁垒了,就不跪拜接受诏书,并拘留袁盎于军中,准备胁迫袁盎亦率军起事。袁盎不肯,乘夜逃逸,入梁国军中,将事由报告皇上。条侯周亚夫乘坐六马传车,计划在荥阳会师。一路顺风到得洛阳,见剧孟居然安耽,曰:"七国反,吾乘传车至此,倘且安全。以为诸侯已得剧孟,剧孟没失,吾居荥阳就安生了。"到得淮阳,见父亲旧友门客邓都尉曰:"破反贼有何计?"邓都尉曰:"吴军精锐,难与之交锋。楚兵轻浮,不能持久。将军可在东北方昌邑屯兵,放弃梁国给吴王,以聚吴王精兵与彼,将军深挖沟,壕沟高筑壁垒,以轻骑扰敌,断绝淮水、泗水交汇口,堵塞吴军粮道。待吴与梁两对垒互相削弱,粮食耗光之际,将军出兵打垮吴国就方便了。"条侯依计而行。

　　吴王发兵初时,任田禄伯为大将军。田禄伯请以率兵五万,沿长江、淮水逆流而上,收编淮南、长沙军队,进入武关,与吴王会合。吴王听太子言恐给田禄伯兵权太重,不敢放兵。吴国另有年轻将军桓劝吴王曰:"吴国步兵,适宜于险要地形作战;汉军多战车骑兵,适宜平地作战。望大王过城邑不必恋战,向西直取洛阳兵器库,吃敖仓的粮食,依恃山河险要号令诸侯,即使不进关内,天下也就几可平定。"吴王问询老将,以为年轻人轻率冒进,不依。吴王独揽兵权,渡淮水前,宾客们得以任将军、校尉、侯、司马等职。时有周丘未予任命,周丘拜见吴王,请得吴王汉廷符节,吴王给予。周丘得符节,传召下邳县令杀之,放言:"吴国军队即到,屠下邳城不消一刻,请降者可予保全,智者还可封侯。"下邳人即降,一夜间周丘得兵三万。周丘率兵向北攻取城邑,到得阳城,已聚兵十万。后闻吴王已经败战自身脱逃。周丘领军回下邳,自因后背发毒疮死。吴王渡淮水西进,所向披靡。梁国梁孝王恐惧。派六位将军攻打吴军,有两将军败逃回梁。梁王派韩安国与张羽做将军,则险胜吴军,吴军受阻梁国,军不得西进。吴军挥师下邑,请与条侯军战,条侯坚守壁垒,不肯出战。不几日,吴军粮食断绝,士兵饥饿,趁夜色惊扰条侯东南阵脚。条侯重兵防守西北角,果然令吴军中计,吴军大败,多数士兵饿死,余皆叛逃溃散。吴王领残兵数千人渡长江东逃丹徒(今江苏丹徒市丹徒镇)以求自保。吴王兵败,汉景帝诏告天下。诏书中有言:"朕穿白衣以避正殿,将军与士大夫需同心合力打击反叛者。深入敌阵杀敌立功,捉拿敌方有三百石食禄的反贼,统给杀掉,不得释放。"时东瓯王驻军丹徒,汉使至,呈交汉景帝诏书,并用重金以为嘉奖,令东瓯王拿定吴王。东瓯王摇建接诏书,即收编吴国逃兵,诱骗吴王劳军,吴王还甚是得意,迈步上台阶之时,摇建之弟夷乌用矛戟刺杀吴王,即割其头,快车奏告皇帝。"夷乌乘劳军之际杀吴王,盛其头,驰传以闻。"(见《汉书·吴王刘濞传》)夷乌因功封平都王,亦封号为驰义侯,摇建加封为彭泽王。《越绝书·吴地传》记:"汉高帝封有功,刘贾为荆王,并有吴。贾筑吴市西城,名曰定错城,属小城,北到平门,丁将军筑治之。十一年,淮南王反,杀刘贾。后十年,高皇帝更封兄子濞为吴王,治广陵,并有吴。立二十一年,东渡之吴,十日还去。立四十二年,反。西到陈留县,还奔丹阳,从东欧(瓯)。越王弟夷乌将军杀濞。东欧王为彭泽王,夷乌将军今为平都王。"

八、祭祀五帝　后土出鼎

孝武皇帝(前156—前87),名刘彻,是孝景帝排行居中的儿子,生母是王太后,生于景帝元年(前156)。景帝四年(前153),以皇子的身份受封为胶东王。景帝七年,栗太子被废黜为临江王,则以胶东王为太子。景帝在位十六年后去世,太子登位是为孝武皇帝,俗称汉武帝。

汉武帝建元元年(前140),汉朝天下兴起已经有六十多年。天下太平无事,大臣们都企望天子封禅祭祀,并改革正朔与服色制度。而皇上敬仰儒学、方士,召集贤良人士赵绾、王臧等擅长于文学的人做了公卿。他们建议依照古代的做法,建立宣明政教的地方,凡是朝会、祭祀、庆赏、选士、养老、教学等大典,均可在此举行。皇上于是决定在长安城南建立明堂,以方便受诸侯朝事。并草拟巡狩视察时节、封禅祭祀礼仪、改革律历正朔和上朝服饰颜色等事的细则。细则还没有制订完成,恰逢窦太后奉行黄帝、老子的道家言论,不喜欢儒学。窦太后派人微服私访,暗中得知赵绾等人谋求的这些事,召来赵绾、王臧立案要追究他俩的责任,赵绾、王臧自杀,他们所倡议的事都被废除了。三年,东瓯国降汉。六年,窦太后去世。

元光元年(前134),皇上征召文学之士公孙弘等人为公卿。二年,皇上第一次到辟雍郊祭五帝。以后就常常三年一郊祭。汉武帝尤其敬奉鬼神之祀。李少君因为会祭祀灶神求福、精通辟谷之道、驱除衰老而使人长生等方术被皇上召见。少君去武安侯田蚡家宴饮,座中有位九十多岁的老人,少君就说曾经与老人的祖父游猎所到过的地方,时老人小时候正跟随其祖父出行,认识这个地方,在座宴饮的人都感到惊异。少君见皇上,皇上有件古铜器让他鉴定出处,少君曰:"这件铜器在齐桓公十年,曾经陈列在柏寝台。"翻看铜器的刻字,果然是齐桓公的铜器,这让宫廷中在场的人都很是吃惊,以为少君是个神人,是有数百岁的人了。少君对皇上曰:"祭祀灶神就能召来神灵依附在物体上,神灵依附物体,就可从丹砂中提炼黄金。又这样的黄金铸造成食物器具则可使人用后而延年益寿,延年益寿就可见到海中蓬莱仙阁中的仙人,见到仙人进行封禅人则长生不死,黄帝就是这样做的。我曾经尝游海上见到安期生,安期生在吃巨大的枣,这颗枣大如瓜。安期生是仙人,能往来于蓬莱仙境中,彼此合得来,他就可以见你,不相合他就隐而不见。"皇上于是就开始亲自祭祀灶神,还派遣方士入海去蓬莱寻找安期生等仙人,而从事把丹砂诸药融化为黄金的研究活动。少君已死去,皇上还以为他已经羽化上天而去,是灵魂不死之人。当然安期生等仙人是寻找不到的,而沿海的燕国、齐国怪异之方士还有多人在仿效,更使传言神仙的事神乎其神。这之后,天子苑囿中养有白鹿,用它的毛皮制造皮币,为了大发祥瑞应验,则制造白金焉。次年,皇上到辟雍去郊祭,捕获到一只独角兽,像麃一样。有司官员曰:"陛下虔诚地郊祭,上帝为了酬报供享,赐予一只独角兽,可能就是麒麟。"于是拿它进献给五帝时供养,每畤增加一头牛的祭品并用火燎焚烧。赐诸侯白金,暗示已显现的种种迹象是合乎天地之意的。济北王认为天子将要封禅泰山,就上书奉献泰山及其附近的城邑,天子就接受奉献,并用其他的县地来补偿给他。常山王犯了罪被迁徙,天子封他的弟弟在真定(治所在今河北正定县南),以延续他能对先王的祭祀,而把常山(在今河北曲阳县西北与山西接壤处)设为郡。这之后,五岳之山就都在天子之郡治之内。五岳之山,以泰山为东岳,天柱山(今安徽霍山主峰)为南岳,华山为西岳,恒山(今河北曲阳县西北)为北岳,嵩山为中岳。齐地人少翁因精通鬼神方术被皇上召见,官拜文成将军。文成对皇上言曰:"若皇上要与神人通话,宫室的帷帐与被服不像神用的,神就不会到来。"皇上于是下令制作有图画的云气车,并在五行相胜之日驾车驱恶鬼。又建造甘泉宫,中间是台室,图画出天、地、泰一等诸神,并置些祭器以便招来天神。一年后,天神没有招到,文成假造字书被识破,于是被诛杀。文成被杀次年,天子在鼎湖宫病得很厉害,巫医无所不用其极的手段,还是不能痊愈。游水发根对皇上曰:"上郡有个巫师,人生病他却能够用驱鬼的方法给予治愈。"皇上即召来巫师以为神君,将他安置在甘泉宫并设置祠堂。及皇上病情加重,就派人去问神君,神君言曰:"天子不要忧愁生病,病稍微好些后,就请强起到甘泉宫与我相会。"皇上病好些了,就前往甘泉宫,病果然好得很彻底。皇上于是大赦天下,把神君安置在寿宫居住。神君时去时来,来的时候就肃肃然有微风吹动。皇上又置北宫,在寿宫、北宫张挂用羽毛装饰的旗帜,陈设供奉器具,来礼待神君。

汉武帝元狩四年(前119),朝廷制作皮币铸白金后,商贾以币要贬值为由,多积货逐利。于是有公卿杨可告于皇帝曰:"商贾滋众,贫者蓄积无有,皆仰县官救济。平时算轺车(小车)贾人缗钱皆有差别,请以算如故。诸贾人末作贳贷(赊账)买卖,居邑贮积诸物,及商以取利者,虽无市籍,各以其货物自占,应该按缗钱二千而算(征收)一。身非为吏之例,亦非三老、北边骑士,而有轺车者,皆令出一算。商贾人家按轺车出二算,要重其赋也。船五丈以上要征一算。匿名不自报者,令其戍边一岁,以工代资,没为缗钱。有能揭发他人而告密者,将没收的缗钱其半作为奖赏。"皇帝则下《告缗令》。于是"杨可告缗"遍天下,时中等家庭以上大抵皆遇告。朝廷得民财数以亿计,得奴婢以千万数。如此一来,商贾中家以上者大抵破产。数年之后,不再告缗。

元鼎三年(前114),有司官员进言皇上曰:"纪元应该用天所降示的祥瑞来命名,不应该用一二三的顺序数。第一个纪元曰建元,第二个纪元因为是彗星出现应称元光,第三个纪元因为已定正朔应名元朔,第四个纪元是在郊外捕得一只独角兽,应该是称元狩。"冬天,天子到辟雍郊祭,与群臣商议曰:"现今上帝時朕亲临郊祭,而后土没有去祭祀。上帝为五帝是黄帝系,后土是炎帝系,只祭祀黄帝系而不祭祀炎帝系,礼制上是不相配的。"有司官员则与太史公司马谈、祠官舒宽等议定:"祭祀天地,要用刚出生的小牛,其角还是栗色的。陛下要亲自祭祀后土,后土应在水泽中的圆丘上设置五坛进行祭祀。每坛用小黄牛为太牢礼当作祭品,祭祀结束全都埋掉。而陪同祭祀的人都要穿黄颜色的上衣。"于是,天子遂派人往东方去寻找,始立后土的祠堂在汾阴脽(为汾水之南一土阜。在今山西万荣县西南宝井镇庙前村北),正按舒宽他们所商定的那样去做。

四年,皇上亲自望拜后土祠,如同祭祀五帝時的礼节。祭礼完毕,天子遂取道荥阳而返还,经过洛阳,思虑周朝的德行,下诏书曰:"虞、夏、商三代已经邈绝,太遥远了,难以寻找到他们的后裔留存者。只能用纵横三十里地封周朝的后裔姬嘉为周子南君,其地颍川长社(故治在今河南长葛市东北),食三千户,比同列侯,以供奉其先王的祭祀。"时年,天子开始巡视郡县,已经接近于泰山地界。皇帝信鬼神之事,懊悔当年诛杀文成将军。皇上担忧黄河决堤,而黄金又没有从丹砂诸药中提炼成功。有栾大其人,称自己往来海中,见到了安期生等羡门之属仙人,乃拜栾大为为五利将军。皇上下诏给御史:"从前大禹疏通九条江河,决开长江、淮河、黄河、济河四渎之水注入大海。近年来,黄河泛滥淹没了大片平陆之地,征用民力筑堤防洪的徭役不息。朕君临天下已经有二十八年了,上天要馈赠朕贤士而大通天意焉。《周易·乾卦》曰:'有飞龙游在天''似鸿鸟飞翔盘旋',卦辞之意跟我今得到栾大之意几乎相同。其以二千户封地给士将军栾大为乐通侯。"并赐栾大列侯等级的豪宅,童仆一千人。栾大所乘的车舆,所用的帷帐等器物皆按列侯给配备齐全。又把卫皇后的长女许配给他,赠送黄金一万斤,更改其食邑之地曰当利公主(故治在今山东莱州市西南)。天子又为栾大刻一枚玉印,曰"天道将军",而佩带"天道"者,其意是:且为天子道通天神。栾大如此招摇过市,沿海一带的燕国、齐国之方士皆羡慕,并自称有通天秘方,能够招来神仙矣。夏季六月中旬,汾阴地方有个名叫巫锦的人,在魏脽(即汾阴脽。在今山西万荣县西南宝井镇庙前村北)的后土神庙旁边替民众祈祷祭祀时,看见地面有一处隆起如钩的土堆,扒开来一看,得到一尊鼎。此鼎很大,异于其他众鼎,其雕刻有花纹但没有文字款识,令人感到奇怪,乃就告诉当地官吏。官吏再予上报给河东太守名叫胜的,胜于是上书禀知皇上。天子派遣使者去检查勘验巫锦得到的鼎有没有奸伪欺诈行为,使者汇报皇上以为是事实。于是就用礼节现场祭祀,迎接鼎起行,并准备将其载运至于甘泉宫。皇上一路随行,荐告于天地。鼎运至中山,天气晴朗温和,上空有一片黄色云彩飘过来,似在覆盖鼎,时有一只麃子跑过来,皇上亲自用箭将它射中,用来祭祀黄云。鼎运抵长安,公卿大夫等官员都在议论并请求尊崇为宝鼎。天子曰:"近几年来黄河泛滥,岁末粮食歉收,朕于是巡祭后土,为老百姓祈祷五谷丰收。今年是否丰收还没有得到报告,鼎为什么却在这个时候出土呢?"有司官员皆曰:"听闻从前的太昊伏羲氏之时兴起铸造神鼎只有一尊,一者象征一统,是天地万物所以系于终结是也。黄帝制作宝鼎有三尊,象征天、地、人。大禹收取九州出产的金属,铸成九鼎,皆是用来烹煮牲畜来祭祀上帝鬼神。宝鼎每逢圣明的君王就会出现,延传迁徙至于夏、商二朝。周朝后期德行衰败,宋国祭祀商王的社庙覆亡,鼎于是就沦落隐伏而不见。《诗经·周颂》云:'自大堂填基,每年用羊与牛作为祭品。鼏鼎及鬻,都用来作为祭具,没有停止过。'今鼎已经运抵甘泉宫,鼎越发光亮润滑如游龙之变,承蒙福泽无休无疆,这和鼎在中山停运时降下的黄色祥云覆盖相合。若如兽类麃子以为是祥符之物路过,皇上用弓箭一矢中的,集获置于祭坛,为报祠祭之大飨。只有受命于天的皇帝者心知其天意而合乎德行焉。鼎应该进献在高祖庙,珍藏在天帝殿廷之中,以合乎天地神明的应符。"皇帝制诏曰:"可以。"皇帝得到宝鼎,乐师作《宝鼎》《天马》之歌。

小结

汉高祖统一天下,其成功的主要因素在于较多地代表庶民阶层的利益,依靠各地地方贵族的武装力量,因而在楚汉战争中取得最后的胜利。汉朝建立初始,实行无为政治,废除秦时期的酷刑法,使广大民众有休养生息的机会,生产力得到发展,财富增加,这对于政权的巩固起到了决定性的作用。《史记》中,太史公评曰:"秦政不改,反酷刑法,岂不缪乎? 故汉兴,承敝易变,使人不倦,得天统矣。"而建立汉朝初年,因功封王,又形成了完全地方割据的异姓王,成为事实上的国中之国。汉为了中央集权的巩固,进行了对异姓封王的剿灭,至高祖十二年,原异姓八王已去其七。一桩比较特殊的案例是,东瓯非但没有被灭,还增加了个封王,追封其国,当然东瓯国是大汉王朝的羁縻之国。汉文景时期,随着生产日渐得到恢复并且迅速发展,出现了多年未有的稳定富裕的景象,人民的生活水平得到了很大程度的提升,同时汉朝的物质基础大大增强,是封建社会的第一个盛世。文景之治是中国历史上的经济文化发展水平很高的盛世。

第十六章　五湖四海　安康永宁

汉武帝时,天下大统,帝国强盛,姓氏定型。国家统一,出现了"国姓"名词,汉天下以刘姓为国姓,封王出姓亦行于汉初。汉民族是外族对华夏族的称呼,汉姓氏在汉武帝时就基本定型。

一、汉武大帝　泰山封禅

武帝元鼎五年(前112)夏四月,南越王相吕嘉反,杀汉使者及其王、王太后。秋天,皇帝为征伐南越,祈祷泰一神,用灌木牡荆作为旗幡的竿,并在旗幡上画日、月、北斗星及登龙的图案,以象征天一三星,作为泰一神的先锋旗,名曰"灵旗"。皇上为起兵南征祷告,就让太史司马谈捧着旗帜指向南方所要攻伐的国家。而被派遣去找仙人的五利将军栾大却不敢入海,有说他在泰山祠,皇上就派人跟踪他,实在是什么神仙也没有见到,栾大却妄说见到其仙师,其方术用尽,鬼把戏不灵验而被揭穿,于是栾大因为诬罔之罪被腰斩。是时,皇上派遣伏波将军路博德出桂阳,下湟水;楼船将军杨仆出豫章,下浈水;归义越侯严为戈船将军,出零陵,下漓水;甲为下濑将军,下苍梧。汉集中江淮以南罪犯十万人,归楼船将军。越驰义侯遗(贵)将巴蜀罪犯集为兵,征发夜郎兵,卜牂柯江,与楼船将军咸会番禺(今广东广州市),南越亡。九月,诸列侯坐献黄金不到位,不祭祀高祖庙、太宗庙,则按法律夺爵一百六十人。丞相赵周被下狱死。西羌聚众十万人造反,并与匈奴人通使,进攻安姑(治所在今甘肃临洮南),包围枹罕(治所在今甘肃临夏县东南双城堡大夏河北岸)。匈奴人侵入五原(治所在今内蒙古包头市西北),太守被杀。冬天,公孙卿等候神仙降临待在黄河南岸,说是见到了仙人的大脚印在缑氏(在今河南偃师市东南)城上,还有物像野鸡在城上飞来飞去。天子亲自临幸缑氏城要看仙人脚印印迹,没有看到,于是就警告公孙卿:"你不要仿效文成、五利对我进行欺诈!"公孙卿曰:"仙人是不会有求于人主的,而是人主在有求于他。求仙之道如果不放宽时日,神仙是不会来的。说到求神仙的事,此事好像怪异荒诞,只要积以岁月就可招来他们。"于是各郡国整修道路,修缮整治宫观在名山的神仙祠所,以望神仙临幸。

六年,皇上自从得了宝鼎,就和公卿以及诸位儒生讨论举行封禅大典的事。封禅大典的文献资料稀罕旷绝,没有人知道其仪式、祭礼。儒生们就采信《尚书》《周官》《王制》中望祭山川祭祀前射牛的事例提供一套说法。齐地人丁公年纪有九十多岁,丁公曰:"给封的皇帝,应该是符合长生不死之名望的皇帝。秦始皇没有能够上泰山顶上行封礼。陛下无论如何要上泰山之顶,五大夫松再上去一段路就无风雨,就能上泰山顶行封礼了。"皇上于是就下令诸位儒生练习射牛技术,草拟封禅大典的礼仪细节。数年以后,将要前往泰山。天子听从公孙卿及方士之言曰:"黄帝准备上山封禅,事先皆有怪物事先与神仙通话。欲要仿效黄帝,必须尝试接应神仙人蓬莱方士,高出于世的智慧比德行于九皇,而不要采用儒学们断文摘句的礼仪句式。因为群儒们既然已经不能辨清封禅之事,又牵强拘泥于《诗》《书》古文而不敢畅所欲言。皇上把所制封礼的祭器向儒生们展示,群儒们有的曰:'不与古代的相同。'徐偃又说:'太常诸多学生其行礼的礼仪不如鲁国的完善。'周霸等儒生受命策划封禅礼仪,是不可以的。"于是皇上就贬黜徐偃、周霸,并将诸儒生罢免不用。冬十月,发陇西、天水、安定骑士及备盗贼中尉随行;再发河南、河内兵卒十万人,派遣李息、郎中令徐自为征西羌将军,平定西羌。皇上往东行,将抵达缑氏,至左邑桐乡,闻知南越被攻破,即命此地为闻喜县(治所在今山西闻喜县东北二十里)。初春,皇上到达汲新中乡,得南越王相吕嘉首级,即命此地为获嘉县(在今河南新乡市获嘉县)。驰义侯遗率领的兵还未撤离番禺,皇上便命令他征伐西南夷,西南夷被征服。汉平定南越以后,即定南海、苍梧、郁林、交阯、九真、日南、珠厓、儋耳郡;平定西南夷以后,即定武都、牂河、越巂、沈黎、文山郡。东越王余善反,攻杀汉将及官吏,皇上派遣横海将军韩说、中尉王温舒出兵会稽,楼船将军杨仆出兵豫章,前往攻击。又派遣浮沮将军公孙贺出兵九原,匈河将军赵破奴出兵令居,距离皆有两千余里,此二将军没有碰到敌兵而返还,乃分武威、酒泉地而置张掖、敦煌郡,迁移民众以充实。

元封元年(前110)三月,皇上遂往东临幸缑氏县,登上中岳太室山(在今河南登封市北。嵩山之东峰)行祭礼。随从官吏在山下听到好像有人喊"万岁"的声音,询问山上的人有没有听到,山上的人没有答复;询问山下的人有没有听到,山下的人没有回话。皇上诏曰:"朕用事华山,至于中岳,捕获麋子,见到了夏后氏启的母石。翌日,亲自登上嵩山高处,御史陪同,在祠庙旁,吏卒们听到了呼叫'万岁'的有三声。询问登山的人却都不作答。其令祠官加增太室祠,禁止在山上砍伐其草木。以山下民户三百户为之奉邑,名曰崇高(在今河南登封市),单独立祠,不要忘记给予。"皇帝从东边上泰山,山上的草木还没有长出叶子,乃就下令众人抬上石碑立在泰山顶上。皇上遂往东巡视海上,举行典礼祭祀八神。齐地人上疏说有神怪奇方的人有数万计,然而没有一个得到应验。皇上这就益发派出多艘船只,下令凡是说海中有神山的数千人去求蓬莱神人。四月,皇上返回到达奉高(西汉为泰山郡治。治所在今山东泰安市东三十八里故县村)。皇上念及诸儒生及方士讲述封禅之事人人都不相同,不合常道,难以施行。天子到达梁父山,用礼祭祀地神。乙卯日,下令侍中与儒生们戴上皮帽子,穿着官服,举行射牛仪式。封泰山下边的东方,如同郊祭泰一神的礼仪,封坛的广度是一丈二尺,高度是九尺,其下压有玉牒书,书的内容是个秘密。封礼完毕,天子单独与侍中奉车都尉霍子侯上泰山,亦有封,但封了什么都不知道。次日,皇上从北边的阴道下山。丙辰日,皇上到泰山脚下东北的肃然山封祭,依照祭祀后土一样的礼仪。在泰山各处需要拜祭的地方,天子都是亲自拜见,穿着的上衣是黄色的,祭祀时都用了乐器吹奏音乐。天子一行都又集中到泰山某处然后离去。举行封禅祭祀当日,白天有白云从封坛中升起,夜晚好像有光芒闪现。皇上自泰山下山,复东巡海上,至于碣石,并自辽西历北边九原,归于甘泉宫。天子从泰山封禅回来,坐在明堂上,群臣轮番前来祝福。天子下达诏令:"……赐女子百户一条牛十石酒,给年满七十岁的老人及孤儿寡母每人加赐布帛二匹。免除博县、奉高、蛇丘、历城四个地方的今年租税。大赦天下,像乙卯年的特赦令一样。"又下诏曰:"古时天子每五年一巡狩。到泰山祭祀诸侯们都有了朝宿的地方。其令诸侯各自在泰山下建筑府第。"天子既然已经封禅泰山,有司官员言宝鼎出土那年为元鼎元年,以今年为元封元年。秋天,有茀星(超新星,或指彗星)在二十八宿的东井星座处爆发。后十余日,又有茀星在三能星(今称大熊座)中心爆发。占候家王朔观测到这些星象云气的变化,曰:"我观测时独见一颗星出现时像葫芦那么大,一顿饭的时间就隐没了。"有司官员:"陛下创建了汉家的封禅制度,上天因而为之报德才出现了星云。"冬天,皇帝郊祭辟雍五帝。十月,诏曰:"南越、东瓯咸伏其辜,西蛮、北夷颇未辑睦。朕将巡视边陲,择兵振旅,躬秉武节,置十二部将,亲自率领军队。"军队自云阳出发,北上经过上郡、西河、五原、出长城,北登单于台,至于朔方,兵临北河。勒兵十八万骑,旌旗径行千余里,威震匈奴。并派遣使者警告单于曰:"南越王相的头,已经悬挂在汉皇宫北面门阙楼观之上。单于能战,天子将亲自麾兵进击;如若不能,请马上臣服。何苦要亡匿在漠北这寒冷孤苦之地。"匈奴被慑服。皇上回程,祭祀黄帝于桥山(在今陕西黄陵县北)。皇上曰:"吾听闻黄帝不死,怎么还有墓冢在桥山,这是为什么?"有人答曰:"黄帝已经成仙上了天,群臣在桥山下葬了他的衣冠,故今陵冢尚在。"乃归甘泉宫。为了封禅泰山,先预演一次封禅礼仪在泰一神祠堂。时也,东越人已经杀了东越王余善,举国投降。皇上下诏曰:"东越险阻,其国反复无常,为了免除后世之患,迁其民于江淮间。"遂空虚其地。时年,令桑弘羊为治粟都尉,领大农,尽管天下盐铁。时年齐王刘闳薨。冬十月,皇上行幸辟雍,祭祀五帝時。

二年春天,公孙卿说在东莱山(即今山东龙口东南莱山)见到了神仙,神仙好像有意"见天子"。天子于是临幸缑氏城,任命公孙卿为大夫,遂前往东莱山,留宿数日,却没有能见到神仙,看到了巨人脚印。皇上复派遣方士去寻求神怪,采集灵芝草等仙药的人员数有千计。夏季天旱,皇上祈祷万里沙漠求雨,过祠泰山,回程中到达瓠子(古水名。水自今河南濮阳南分黄河东出,流经山东郓城,后折北注入济水),亲临黄河决堤现场,部署堵塞黄河决口,留住二日,将祭品沉入河中以祠河神就离开了。皇上派遣二位公卿带领将卒堵塞黄河决口,并命令将军以下从臣皆要背着柴草去堵塞河堤,乐师作《瓠子之歌》,把黄河故道疏浚为二条渠道引水入海,以复原大禹治水时分流的原貌。是时既然已经灭了南越,瓯越人摇勇之对皇上曰:"越人俗信鬼,而其祠皆见鬼,数有效。昔东瓯王敬鬼,寿至百六十岁,后世谩怠,故衰耗。"摇勇之者,原东瓯国摇王曾孙,越国之史满腹经纶,故如此说。皇上乃令越巫师仿样越地那样的祠堂在长安建立越式祝祠,设立庙台,不设祭坛,用来祭祀天神上帝百鬼,并采用鸡骨进行占卜。鸡卜法,即用鸡一、狗一生祭,祝愿后,即杀鸡,将狗肉煮熟,又进行祭祀,独取鸡的两眼,骨上自有孔裂,似人物形则吉,不似则凶。皇上相信这种做法,越式祠堂和用鸡骨占卜的方法就开始流传。皇上听从公孙卿的说法,下令在长安建造"蜚廉桂观",甘泉宫辟建"益延寿观",又派公孙卿手持符节在设立的祭品器具前等候神人。乃又建造"通天台",置设祭祀时的用具在其下面,期待招来神仙一类的灵物。于是甘泉宫更置前殿,扩建诸多宫室。夏天,有灵芝草生长在殿房里面。天子因为填塞黄河决堤,兴造了通天台,天上隐约现出神光,乃就下达诏令曰:"甘泉殿房生长的灵芝有九条茎节,为此大赦天下,赐云阳都百户牛酒。"乐师作《芝房之歌》。泰山东北角下方古时候有一处明堂,处在隐蔽险要处而不宽敞。皇上想仿效在奉高的旁边建一座明堂,但不知晓古明堂的制造度量,济南人公玉带献上黄帝时的明堂图。明堂图中央有一大殿,四面没有墙壁,而以茅草覆盖,辟水沟通水围绕着宫垣四周,有回、还二条。上面有楼廊从西南角伸入殿堂,名曰昆仑。天子则从这楼廊进入殿堂,以祭拜上帝。于是皇上下令在奉高的汶水旁建造明堂,按照公玉带提供的图纸去做。秋天,泰山下的明堂建造完毕。皇上派遣楼船将军杨仆、左将军荀彘将应募的罪犯去攻击朝鲜。又派遣将军郭昌、中郎将卫广,发巴蜀兵去平定西南夷还未降服者,平定后设为益州郡。三年春天,为了挑选大力士,在长安进行摔跤比赛,称角抵戏,三百里以内皆有人来观看。夏天,攻伐朝鲜,朝鲜斩其王右渠投降,以其地为乐浪、临屯、玄菟、真番郡。楼船将军杨仆因为坐失良机,兵卒失亡太多,被免为庶人。左将军荀彘因为争功而不去解救被朝鲜军队包围的杨仆军队而被解往闹市区处斩。因为夏季天旱。公孙卿曰:"黄帝的时候举行封礼就要天旱,需要暴晒干封三年。"皇上于是下诏曰:"天旱,其意就是要暴晒干封了!特此诏令天下,要奉祠神灵,祭祀星象焉。"秋七月,胶西王刘端薨。武都氐人造反,被分别迁徙到酒泉郡。四年,皇上到辟雍去郊祭。通过回中道(即关中平原通往陇东高原的交通要道),遂往北出萧关(在今宁夏固原市原州区东南)巡视。初春,到达独鹿(山名。在今北京市房山区西南)、鸣泽(在今河北涿州市西),从代地西河(指今陕西、山西间南北流向的黄河)归还。春三月,祭祀后土。皇上诏曰:"朕躬祭后土地祇,见光集于灵坛,一夜三烛。幸中都宫,殿上见光。其赦汾阴、夏阳、中都死罪以下,赐三县及杨氏(故治在今河北宁晋县)皆无出今年租赋。"夏天,大旱,民众多被暴热死。秋天,以为匈奴衰弱,可以来臣服,乃派遣使者往说。单于的使者到达京师,却死了。于是匈奴人打劫边境,遂派遣拔胡将军郭昌屯兵在朔方。

五年冬天,皇上南行巡狩,至于盛唐,望祭虞舜于九嶷山。至于江陵而往东去,登临潜(在今安徽霍山县东北)之天柱山(在今安徽霍山县南。又名霍山、衡山),号曰南岳。皇上再沿长江顺流而下,自寻阳(治所在今湖北黄梅县西南)乘船浮游江面,亲自射伤浮在江面的蛟(鳄鱼)于江中,将其捕获。再舳舻千里,到达枞阳(治所在今安徽枞阳县)而登岸,作《盛唐枞阳之歌》。过彭蠡泽,祭祀其名山河川。又北上至于琅琊,航行在海上。四月中,皇上到达奉高,命人修整祠堂,举行封礼。皇上到泰山举行封礼,则祠立泰一、五帝于明堂上坐,立高皇帝的祠坐对应,立后土的祠堂于下房。用二十头牛、羊、猪曰太牢做祭品。天子从昆仑楼廊通道进入,开始祭拜明堂内的塑像,其形式如同郊祭的礼仪。祭礼毕,用火燎烧堂下以驱邪。皇上又上泰山,有密诏祭祀供奉在山顶。而在泰山下祭祀五帝,各按其礼仪进行。祭拜黄帝与炎帝,则由有司官员陪同祭祀。时泰山顶上举火把,山下亦照样举火相应。夏四月,皇上诏曰:"朕巡荆扬,辑江淮物,会大海气,以合泰山。上天见象,增修封禅。其赦天下。所幸县毋出今年租赋,赐鳏寡孤独帛,贫穷者粟。"还幸甘泉宫,郊祭泰一畤。大司马大将军卫青薨。初置刺史部十三州。时名臣文武已经寥寥无几,皇上诏曰:"盖有非常之功,必待非常之人。故马或奔踶而致千里,士或有负俗之累而立功名。夫泛驾之马,跅弛之士,亦在御之而已。其令州郡考察吏民有茂材异等可为将相及使绝国者。"六年,皇上视察回来。春天,作出建造首山宫(在今山西永济西南)的安排。三月,行幸河东,礼祭首阳山,再祭祀后土。诏曰:"朕礼首山,昆田出珍物,化或为黄金。祭后土,有神光三烛。其赦汾阳殊死以下,赐天下贫民布帛,每人一匹。"西南夷在益州、昆明复造反,特赦京师被判处死罪的人从军,派遣拔胡将军郭昌率领军队前往平叛。夏天,在上林苑平乐馆举行角抵戏摔跤大比武,京师民众争相观看。秋天,大旱,蝗虫成灾。

　　太初元年(前104)十一月甲子朔旦冬至,推行历法的学者以为是正统日。天子亲自到达泰山,以十一月四子朔旦冬至日祭祀上帝明堂,不用封禅的礼仪。十一月乙酉日,柏梁台发生火灾。十二月甲午朔日,皇上亲临高里山(又名高禅山。在今山东泰安市西南三里),祭祀后土。又临幸渤海,将以眺望的方式祭祀蓬莱一类的仙岛,称望祠,希望自己死后能够到达天庭。皇上归来,因为柏梁台发生火灾的缘故,改在甘泉宫坐朝,接受各郡国呈报的会计簿册。公孙卿曰:"黄帝建成青灵台,十二天就被火烧,黄帝于是建筑明庭。所谓明庭,就是甘泉宫。"方士中有很多人亦说古代的帝王有建都在甘泉的。那以后天子又在甘泉宫接受诸侯的朝拜,在甘泉建造了诸侯国的王邸府第。瓯越人摇勇之于是曰:"瓯越风俗是发生了火灾之后,重建的房屋一定要比原先的还高大,以其气势胜服。"皇上于是决定兴造章宫,规模为千门万户。章宫前殿的高度要超过未央宫。章宫其东侧为凤阙,高二十余丈;其西侧为唐中,辟有数十里虎圈;其北侧筑大池,大池中间有渐台高二十多丈,名曰泰液池。泰液池中有蓬莱、方丈、瀛洲、壶梁,象征海中神山,为龟鱼之属。章宫南面有玉堂、璧门,为大鸟之属。又建立神明台、井干楼,其高度有五丈,上有承露盘,有铜仙人展开双手捧铜盘玉环,以承接云表露水,用露水拌和玉屑饮服,以求仙道。夏天,改太初历,以正月为岁首,崇尚黄色,凡是官员的印章都改用五个字,协音律,是为太初元年。派遣杆将军公孙敖去建筑塞外已经受降的城邑。秋八月,皇上行幸安定(故治在今甘肃泾川县北泾河北岸)。派遣贰师将军李广利发天下因犯罪被遣送的人去西征大宛国。蝗虫大起,从东方向敦煌飞去。丁夫人、洛阳虞初等人都用方术设祠诅咒匈奴、大宛。

二年春正月戊申,丞相石庆薨。皇上行幸河东祭祀后土。令天下人欢宴五日,嫁娶五日,祀门户要长久些。夏四月,诏曰:"朕用事介山,祭祀后土,皆有神光应验。其特赦汾阴、安邑死罪以下的罪犯。"五月,各地登记户口,计数民马,补充车舆、马匹。秋天,蝗虫大起。派遣浚稽将军赵破奴率领二万骑兵出朔方,攻击匈奴,没有归还。冬十二月,御史大夫儿宽卒。有司官员谈及辟雍五帝时没有烧煮牛、羊、猪的太牢熟具,调味品芬芳香气没有准备。皇上就命祠官给五帝时购买太牢熟具,五色调味品都给备齐,而以木制的禺马代替马驹搬运物资。只有祭祀五帝时时用马驹,皇上亲自郊祭时用马驹,以及祭祀名山大川时用马驹,其他祭祀悉以木禺马代行。马驹运送物资完毕,就用以做祭品。其他的礼仪依然如故。三年春正月,皇上东巡海上,考察神仙之类的事,没有应验的。方士还在言:"黄帝时建造了五城十二楼,用以等候神人于执期,命曰迎年祠。"皇上却还许诺建造同样的城楼,名曰明年祠。皇上亲自以礼祭祀上帝,穿着黄色的上衣。公玉带曰:"黄帝时虽然封禅泰山,然而风后、封钜、岐伯请黄帝封东泰山,禅凡山(在今山东昌乐县西南,接临朐县界),切合符应,然后才能长生不死。"天子即令祠官准备祭祀用的祠具,到了东泰山,而东泰山矮小,与他的称誉不相称,就令祠官进行祭祀,而不封禅。自这以后,就令公玉带奉祠以等候神物降临。夏天,皇上就回到泰山,举行五年一度的封禅大典,礼节同上次的做法一样,而增加了石间山(在今山东泰安市南四十五里)的禅祭。所谓石间,就在泰山山麓以南,方士大多说这个地方是仙人常住之间,故皇上亲自禅祭。派遣光禄勋徐自为建筑五原塞外的城障列亭,西北至于卢朐山(当在今内蒙古西北阴山支脉),而使游击将军韩说将兵屯守其旁。使强弩都尉路博德建筑居延(在今内蒙古额济纳旗东南哈拉和图)。秋天,匈奴侵入定襄郡(治所在今内蒙古和林格尔县西北土城子乡古城)、云中(在今内蒙古托克托县东北古城乡古城村西古城),杀戮数千人,破坏了光禄勋徐自为建筑的诸多城障列亭;又侵入张掖、酒泉,杀二地都尉。武帝所兴建的祠庙,泰一祠、后土祠,皇帝每三年要亲临郊祭;而建制的汉家封禅大典,每五年举行一次崇敬的封禅。薄忌建议而建立的泰一、三一、冥羊、马行、赤星,这五处神祠,由宽舒带领祠官以岁时致祭。还有六处祠庙,由太常属官太祝领衔祭祀。至于比如八神诸神、明年、凡山及其他名祠,皇上经过时则祭祀,离开以后就停止。方士们所兴建的祠堂,由他们各自主管,其人终世就停止,官方祠官不去管他。其他的小祠堂皆按照旧制办理。汉武帝封禅,前后历时十二年,祭祀的地方已经遍及五岳、四渎。而方士们等候祠庙神人到来,入海以求蓬莱仙人见面,终于没有一例应验。而公孙卿等候神人出现,每次都是以假造的巨人大脚印作辩解,没有一点效果。汉武帝益发厌恶倦怠方士们的怪诞荒谬的言论,然而已经入了圈套,亦希望有其真。自此以后,方士们谈论祠神的人越来越多,然而其效果是可想而知了。司马迁著《太史公》(即《史记》)详记至此。

四年春天,贰师将军李广利斩大宛国国王首级,获得汗血马回来。作《西极天马之歌》。秋天,盖起明光宫。冬天,皇上行幸回来途中,徙至弘农郡都尉治所武关,将税收的零头数部分奖给关卡守卫的吏卒。

天汉元年(前100)春正月,皇上行幸甘泉宫,在郊外祭祀泰一时。三月行幸河东,祭祀后土。匈奴派遣归汉使者,进献贡物。夏五月,大赦天下。秋天,传有大盗进城,关闭城门大搜捕。遣送因为犯罪到边地担任守卫者屯垦五原。

二年春天,皇上行幸东海,还幸回途。夏五月,贰师将军率领三万骑兵出酒泉,与右贤王大战于天山,斩首敌虏万余级。又派遣杆将军公孙敖兵出河西,骑都尉李陵将军领步兵五千人出居延北,与单于战,斩首敌虏万余级。然李陵兵败,被逼投降匈奴。李陵投降匈奴,太史公司马迁对皇上曰:"李陵带去的步兵不满五千,他深入到敌人的腹地,打击了几万敌人。虽然打了败仗,可是杀了这么多敌人,也可以向天下人交代了。李陵不肯马上去死,准有他的主意。他一定还想将功赎罪来报答陛下。"武帝听了司马迁这样为李陵辩护,便勃然大怒,曰:"你替投降敌人的叛徒强辩,是不是存心反对朝廷?"便把司马迁下了监狱,交给廷尉杜周处理。秋天,禁止立巫祠于大道中,进行大搜查。渠黎等六个国家派遣使者来朝进献贡物。泰山、琅琊群盗徐勃等依靠高山的险阻攻打城邑,道路因而不通,则派遣直指使者暴胜之等,衣着绣衣,手持杖斧分部驱逐或收捕。被群盗所攻破城邑的刺史郡守以下皆服诛。冬十一月,下诏令给守关都尉曰:"今豪杰多远交,依仗东方群盗。要谨慎观察出入关卡的人。"三年春二月,御史大夫王卿有罪而自杀。初次实行酒类盐铁由官营专卖。三月,皇上行幸泰山封禅,祭祀明堂,查讯案件。回程的时候祭祀了常山(在今山东诸城市南二十里),埋黑色玄玉于土中。夏四月,大赦天下。皇上所经过的地方不征租税。秋天,匈奴侵入雁门郡(治所在今山西右玉县南),太守坐失守之责被解至闹市区诛杀。

四年春正月,各地诸侯王到甘泉宫朝见天子。配发天下七科适及勇敢之士去屯边开垦。"七科适"指:有罪的官吏,逃亡的罪犯,典身为奴后被配以妻室的赘婿,有市籍的商人,曾经有市籍为商贾的人,父母曾经有市籍为商贾的人,祖父母曾经有市籍为商贾的人。派遣贰师将军李广利率领六万骑、步兵七万人出朔方;派遣杆将军公孙敖率领一万骑、步兵三万人出雁门;派遣游击将军韩说率领步兵三万人出五原。以强弩都尉路博德率领步兵万余人去与贰师将军李广利会师。广利将与单于战于余吾水(即今蒙古国鄂尔浑河支流土拉河),单于以十万骑兵待在水南,与贰师将军接战连日。公孙敖与左贤王的战事不顺利,各引兵退还。夏四月,立皇子髆为昌邑王。秋九月,下诏令:凡犯有死罪的人,只要有赎钱五十万就减死一等。太史公司马迁因为交不起赎钱五十万,被处宫刑。

太始元年(前96)春正月,因为杆将军公孙敖临阵畏惧而逃脱有罪,被腰斩。迁徙郡国吏民及豪杰于茂陵(在今陕西兴平市东北十九里南位镇茂林村)、云陵(在今陕西淳化县北铁王乡南大坑埝村)。四月,在钱塘浙江的石山(雷山,一名鼓山。秦汉之际,钱塘江河口段水面辽阔浩瀚,雷山处于东海之中,说是海中的岛屿也可,说是海上的仙山也可。钱塘江的几次改道都与雷山有若即若离的关系)突然不见了。夏六月,大赦天下。《史记》作者司马迁即刑之后,为中书令,时年五十岁。

二年春正月,皇上行幸外地回来。三月,下诏令曰:"有司官员以为:朕往昔郊祭去见上帝,西登陇首(即陇坻。在今陕西陇县、宝鸡与甘肃清水县、张家川回族自治县之间),获得白麒麟以馈赠宗庙。又渥洼水(在今甘肃敦煌西南)其地出天马,泰山见到黄金,宜改故名。今更以黄金为麒麟脚趾裹蹄,以为祥瑞焉。"因而颁发历法、历令、历书给诸侯王。秋天,干旱。九月,募死刑罪犯入赎钱五十万减死一等。酷吏御史大夫廷尉杜周卒。司马迁曰:"人固有一死,或重于泰山,或轻于鸿毛。"三年春正月,皇上行幸甘泉宫,宴请外国贵宾。二月,令天下饮宴五日。皇上行幸东海,捕获赤色的大雁,作《朱雁之歌》。皇上行幸琅琊,祭礼之日地点在成山(在今山东荣成东三十里)。皇上登芝罘岛,浮游大海。山的寿名长久,山称万岁。冬天,皇上赐行幸所经过的地方每民户五千钱,鳏寡孤独者给布帛每人一匹。有司告知皇上,钱塘浙江石山沉没三年后复见,大潮时,石山常发声若雷、若鼓。《萧山县志稿·山川门》记:"雷山……又北十里有蜀山,两山相对,皆甚小。……自雷山至蜀山十里俱种杏花,号十里杏花村,今其地有杏花桥(即今杭州市萧山区义蓬街道杏花村)。"四年春三月,皇上行幸泰山。壬午日,祭祀高祖在明堂,以配对上帝,查讯案件。癸未日,祭祀孝景皇帝在明堂。甲申日,虔诚地修封泰山。丙戌日,禅拜石闾。夏四月,皇上临幸不其山(在今山东青岛市城阳区东北),祭祀神人于交门宫,时有当地乡土信众在坐拜。作《交门之歌》。夏五月,还幸建章宫,大置酒席,大赦天下。秋七月,赵地有蛇从城郭外进入城邑,与城中蛇群斗在孝文帝祠庙下,邑中蛇死。冬十月甲寅晦日,发生日偏食。十二月,皇上行幸辟雍,祀五帝畤;复西去安定、北地。

征和元年(前92)春正月,皇上回来行幸建章宫。三月,赵王刘彭祖薨。冬十一月,发三辅骑士在上林苑进行大搜查,关闭长安城门索桥,十一月才得解,据说有盗贼潜入阴谋举事。时年,太子宫内巫蛊事起。

二年春正月,丞相公孙贺下狱死。夏四月,大风刮起,揭掉屋瓦,折断树木。闰月,诸邑公主、阳石公主皆因为受巫蛊之事牵连被杀。夏天,皇上行幸甘泉宫。秋七月,按道侯韩说,在使者江充的引领下在太子宫挖掘到用以诅咒人的蛊。原先是江充诈称武帝得病是由于巫蛊作祟,以预先埋设的偶人诬害太子,由是制造大冤案。壬午日,戾太子与皇后谋斩江充,以符节发兵与丞相刘屈氂大战长安,造成死者有数万人。庚寅日,太子逃走,皇后自杀。初次在城门安置驻兵。因为戾太子刘据以符节发兵,故武帝更改符节加黄旄以区别于太子所持符节。御史大夫暴胜之、司直田仁坐失纵之罪,暴胜之自杀,田仁被腰斩。八月辛亥日,太子投湖自杀。癸亥日,地震。九月,立赵敬肃王子偃为平干王。匈奴侵入五原、酒泉,杀掠吏民。是年,司马迁作《史记》全书完成。三年春正月,皇上行幸辟雍,达至安定、北地。匈奴侵入五原、酒泉,杀二地都尉。三月,贰师将军李广利率领七万人兵出五原,御史大夫商丘成率领二万人兵出西河,重合侯马通率领四万骑兵出酒泉。成至浚在稽落山(在今蒙古国南杭爱省阿尔古音河南阿尔察博克多山)与敌房战,斩获颇多。马通兵至天山(即今新疆天山山脉),敌房逃遁而去,因而降服车师国(辖境相当于今新疆奇台、哈密、吐鲁番、乌鲁木齐、昌吉等地区)。以上诸路军皆引兵返还。李广利失败,投降匈奴。夏五月,大赦天下。六月,丞相刘屈氂被下狱腰斩,其妻被枭首示众。秋天,蝗虫成灾。九月,造反者公孙勇、胡倩的阴谋被发觉,皆予诛灭。四年春正月,皇上行幸东莱,临大海。二月丁酉,有陨石坠落在辟雍,其落地声响传四百里。三月,皇上亲自耕作于巨定。还去泰山修封。庚寅日,祭祀于明堂。癸巳日,禅拜石间。夏六月,还幸甘泉。秋八月辛酉日晦日,日偏食。

后元元年(前88)春正月,皇上行幸甘泉,郊祭泰一時,遂去安定。昌邑王髆薨。二月,诏曰:"朕郊祭见上帝,巡视北边,看见群鹤留止,以不用罗网,亦可以捕获。荐于泰一時,光景并见。特大赦天下。"夏六月,御史大夫商丘成有罪,畏罪自杀。侍中仆射莽河罗与其弟弟重合侯通谋反,侍中驸马都尉金日磾、奉车都尉霍光、骑都尉上官桀前往讨伐。秋七月,地震,地震的地方往往涌泉出。

二年春正月,诸侯王到甘泉宫朝见,赐宗室。钩弋健仔从幸甘泉宫,有过见遣,以忧死,因葬云阳(在今陕西淳化县北铁王乡南大圪垯村)。二月,行幸周至五柞宫(在今陕西周至东南)。乙丑,立皇子刘弗陵为皇太子。丁卯日,武帝崩于五柞宫,年高七十岁,入殡在未央宫前殿。三月甲申,葬茂陵(在今陕西兴平市东北十九里南位镇茂林村)。

二、匈奴扰攘　于阗奏乐

匈奴,古族名,亦称胡。匈,即匈匈,扰攘不安之意,是汉朝给予的贬义称名;是凶恶的破坏者和野蛮人种族的代名词,泛指北方民族。我国的北方民族,其大部分的首位君王还是源自炎黄子孙。炎帝榆罔之子参卢,黄帝封他在潞地守炎帝陵,建立潞子国。黄帝轩辕氏第六世孙拓跋封鲜卑地,以为拓跋氏;拓跋之子始均,建鲜卑国,称北狄。《史记·匈奴列传》记载:"匈奴,其先夏后氏之苗裔,曰淳维。唐虞以上有山戎、猃允、薰粥,居于北边,随草畜牧而转移。"夏桀被流放,其子淳维又作熏育、獯鬻、熏粥、荤粥，带着父亲留下的妻妾，避居北野，随畜移徙，即是中国所称的匈奴始。商朝时的鬼方、混夷、獯鬻，周朝时的猃狁，春秋时的戎、狄，战国时的胡，都是后世所谓的匈奴概称。至汉代，"匈奴稍强，蚕食诸侯，故破走月氏，因兵威，徙小国，引弓之民，并为一家"，即匈奴统一了北方的游牧民族。从此，匈奴又自称胡人，或"天之骄子"。秦朝秦始皇在位年间，被逐出黄河河套地区。楚汉相争时，冒顿单于统一北方各部，势力强盛，统辖大漠南北广大地区。汉初，不断南下攻扰，汉朝基本上是采取防御政策。单于遣使遗汉书云："南有大汉，北有强胡。胡者，天之骄子也，不为小礼以自烦。"

汉武帝元光六年（前129），匈奴举兵南下，前锋直指上谷（今河北怀来县）。汉武帝果断地任命卫青为车骑将军，迎击匈奴。这次用兵，汉武帝分派四路出击。车骑将军卫青直出上谷，骑将军公孙敖从代郡（辖治今山西大同、河北蔚县一带）出兵，轻车将军公孙贺从云中（今内蒙古托克托县东北）出兵，骁骑将军李广从雁门出兵。四路将领各率一万骑兵。卫青首次出征，但他英勇善战，直捣龙城（匈奴祭扫天地祖先的地方），斩首七百人，取得胜利。另外三路，两路失败，一路无功而还。汉武帝看到只有卫青凯旋，非常赏识，加封卫青关内侯。

元朔元年（前128）秋天，匈奴骑兵大举南下，先攻破辽西，杀死辽西太守，又打败渔阳守将韩安国，劫掠百姓两千多人。汉武帝派李广镇守右北平（今辽宁省凌源西南），匈奴兵则避开李广，而从雁门关入塞，进攻汉朝北部边郡。汉武帝又派卫青出征，并派李息从代郡出兵，从背后袭击匈奴。卫青率三万骑兵，长驱而进，赶往前线。卫青本人身先士卒，将士们更是奋勇争先。斩杀、俘获敌人数千名，匈奴大败而逃。二年，匈奴集结大量兵力，进攻上谷、渔阳。武帝派卫青率大军进攻久为匈奴盘踞的河南地（黄河河套地区）。这是西汉对匈奴的第一次大战役。卫青率领四万大军从云中出发，采用"迂回侧击"的战术，西绕到匈奴军的后方，迅速攻占高阙（今内蒙古杭锦后旗），切断了驻守河南地的匈奴白羊王、楼烦王同单于王庭的联系。然后，卫青又率精骑，飞兵南下，进到陇县西，形成了对白羊王、楼烦王的包围。匈奴白羊王、楼烦王见势不妙，仓皇率兵逃走。汉军活捉敌兵数千人，夺取牲畜一百多万头，完全控制了河套地区。因为这一带水草肥美，形势险要，汉武帝在此修筑朔方城（今内蒙古杭锦旗西北），设置朔方郡、五原郡，从内地迁徙十万人到那里定居，还修复了秦时蒙恬所筑的边塞和沿河的防御工事。这样，不但解除了匈奴骑兵对长安的直接威胁，也建立起了进一步反击匈奴的前方基地。卫青立有大功，被封为长平侯，食邑三千八百户。五年春天，汉武帝命卫青率三万骑兵从高阙出发；苏建、李沮、公孙贺、李蔡都受卫青的节制，率兵从朔方出发；李息、张次公率兵由右北平出发。这次总兵力有十余万人。匈奴右贤王认为汉军离得很远，一时不可能来到，就放松了警惕。卫青率大军急行军六七百里，趁着黑夜包围了右贤王的营帐。这时，右贤王正在帐中拥着美妾，畅饮美酒，已有八九分醉意了。忽听帐外杀声震天，火光遍野，右贤王惊慌失措，忙把美妾抱上马,带了几百壮骑,突出重围,向北逃去。汉军轻骑校尉郭成等领兵追赶数百里没有追上,却俘虏了右贤王的小王十余人,男女一万五千余人,牲畜有几百万头。汉军大获全胜,高奏凯歌,收兵回朝。汉武帝接到战报,喜出望外,派特使捧着印信,到军中拜卫青为大将军,加封食邑八千七百户,所有将领归他指挥。卫青的三个儿子都还在襁褓之中,也被汉武帝封为列侯。卫青非常谦虚,坚决推辞说:"微臣有幸待罪军中,仰仗陛下的神灵,使得我军获得胜利,这全是将士们拼死奋战的功劳。陛下已加封了我的食邑,我的儿子年纪尚幼,毫无功劳,陛下却分割土地,封他们为侯。"于是卫青三子在襁褓中被封为列侯,长子卫伉为宜春侯,次子卫不疑为阴安侯,幼子卫登为发干侯,均食邑一千三百户。经过几次打击,匈奴依然猖獗。入代地,攻雁门,劫掠定襄(今山西省定襄县)、上郡(今陕西绥德县东南)。六年二月,汉武帝又命卫青攻打匈奴。公孙敖为中将军,公孙贺为左将军,赵信为前将军,苏建为右将军,李广为后将军,李沮为强弩将军,分领六路大军,统归大将军卫青指挥,浩浩荡荡,从定襄出发,北进数百里,歼灭匈奴军数千名。这次战役中,卫青的外甥霍去病率八百精骑首次参战,取得了歼敌两千余人的辉煌战果,夺取了河套地区。战后全军返回定襄休整,一个月后再次出塞,斩获匈奴军一万多名,取得了辉煌战果。

西域,传说中是西王母所造。《诗》曰:"倏欻造西域,嬉游金母家。"嬉游金,后有"西游记"谐音,著于《西游记》,《西游记》多采用西方题材源于此说。先秦《国语》有"西方之书";《诗经》有"西方之人"。《庄子·让王篇》载:"昔周之兴,有士二人处于孤竹,曰伯夷、叔齐。二人相谓曰:'吾闻西方有人,似有道者(当指佛教徒),试往观焉。'"《楚辞·离骚》有"朝发轫于天津兮,夕余至于西极";《楚辞·远游》有"凤皇翼其承旗兮,遇蓐收乎西皇"。秦始皇统一六国时(前222),古罗马帝国的第三次布匿战争,打散了土耳其民族,土耳其族系部分东迁,其名丁零以迄铁勒东徙贝加尔湖(位于今俄罗斯东西伯利亚),游牧草原,史称丁零。丁零之子巴尔虎在高祖七年(前200)为冒顿单于所败,率部臣属匈奴。丁零部落因其民采用高轮大车,故称高车,亦称敕勒。汉武帝击溃北匈奴之后,敕勒的地域开始南移,在昆仑山之东及天山之北安居(今新疆吐鲁番交河故城一带),形成了后称的新疆维吾尔民族。秦末,匈奴质子自月氏逃回,杀父自立为冒顿单于,举兵攻月氏,月氏败。月氏人弃河西走廊而向西迁徙。汉文帝四年(前176)冒顿单于再次击败月氏。文帝六年(前174),冒顿单于致汉文帝刘恒书中说:"故罚右贤王,使至西方求月氏击之。以天之福,吏卒良,马力强,以夷灭月氏,尽斩杀降下定之。楼兰、乌孙、乌揭及其旁二十六国皆已为匈奴,诸引弓之民并为一家,北州以定。"

汉武帝以前,西域小国林立,天山以北的一些小国受到匈奴的控制和奴役。武帝派张骞出使西域,沟通了西域三十六国。派遣骠骑将军霍去病击破匈奴右地,降浑邪、休屠王,遂空其地(二王活动区域在今祁连山及河西走廊一带)。始筑令居(故治在今甘肃永登西北)以西,初置酒泉郡。后稍发徙民充实之,分置武威、张掖、敦煌,列四郡,据两关焉。自贰师将军伐大宛之后,西域震惧,多遣使来贡献。汉使西域者益得职。于是自敦煌西至盐泽(即菖蒲海。今新疆罗布泊),往往起亭障(指设置在边塞险要之处以供防守的堡垒)。而轮台(在今新疆轮台县东)、渠犁(在今轮台县东南)皆留有兵卒数百人屯田垦荒,置使者校尉领护,基本控制了丝绸之路南道,以给外国使者往来中国提供安全方便。元封六年(前105),为了联合乌孙(乌孙国。在今伊犁河和吉尔吉斯坦境内伊塞克湖一带)抗击匈奴,封刘细君为公主和亲乌孙。汉武帝定西域三十六国是:婼羌、楼兰(今新疆鄯善县)、且末、小宛、精绝、戎卢、扜弥、渠勒、于阗、皮山、乌秆、西夜、子合、蒲犁、依耐、无雷、难兜、大宛、桃槐、休循、捐毒(今乌恰县)、莎车、疏勒、尉头、姑墨(今阿克苏市)、温宿(今乌什县)、龟兹(今库车县)、尉犁、危须、焉耆、姑师(车师。遗址在今新疆吐鲁番西北)、墨山、劫、狐胡、渠犁、乌垒。三十六国中,一部分是游牧部落,另一部分是城郭之国。

元狩四年(前119),汉武帝派张骞再度出使西域,欲招引乌孙回河西故地,与西汉共同对付匈奴,仍未达到目的。但张骞派出的各位副使,访问了大宛、康居、大月氏、安息、大夏等国。这些国家与乌孙都派出使者入汉答谢,使西汉与西域诸国的联系更加密切。从此,西汉同西域的交通频繁起来。西汉王朝每年派到西域去的使臣,多则十几批,少则五六批,每批数百人到百余人不等。这些使臣既担负着政治使命,同时也携带着许多西汉物产,与西域诸国进行经济交流。西汉以丝织品为代表的商品源源不断输往西域,西域的优良马种、葡萄及苜蓿、无花果、鸵鸟等进长安。时于阗国(王都之地在今新疆和田境内)中转各国使者、商人,乃真是"万方奏乐于于阗"。

三、闽越王郢 突袭东瓯

东瓯国歌舞升平,夷乌继为王,时为汉景帝后元元年(前143)。夷乌未王之前是东瓯国盐官长,主盐税,左官右丞。未居王位时居胜果寺(今名升谷寺。在今浙江台州市路桥区桐屿街道),管治盐场(今名盐盂。在今台州市路桥区桐屿街道飞龙湖以西)。

东瓯国小王者,名望,父东瓯王夷乌,母徐氏,徐阊王徐福曾孙女,自东瓯王摇,徐阊王福,他俩缔结的同盟关系,子孙世为婚姻。感生神话云九龙山(今台州市永宁山大岳山)对凤凰山(今台州市路桥区白云山),其居中的梨头山龙潭盂要出王子。云徐氏浣纱时,吞珠(鳄鱼蛋)因孕,一年又三月而生子于龙潭(今浙江台州市椒江区祝昌村龙潭盂)灰厂(指倾倒柴草灰的地方)。儿形秽小如曲蟮(蚯蚓),徐氏见而昏厥,败血而亡,小王由嫂娘(舅母)蔡氏带养。东瓯王夷乌打扮成盐商,担一担盐,盐下面全部是白米为礼以送当地长老,并于当晚背走其尸,长老不知情以为盐商是贼,偷走了娘娘,随追至塘岭(即今温岭市大溪镇塘岭村),追者讶异,怎么会是东瓯王城人?度量其官不小。小王的母亲是古盐场之西上山童徐家里（今属台州市路桥区桐屿街道民主村）人，其地北后山称常乐（上落于山上山下之意）山。常乐山从南边正看，山形似座椅，左边缺扶手，亦似人之断臂。民传若不断臂，此地风水以为肯定要出真王，而已经断臂，这只能出小王。

闽越王郢者，闽越王无诸之孙。无诸有数子，长驺鰠，次驺甲，次驺（伯）历，次仲历。驺历生驺郢。孝惠三年（前192）春三月，无诸卒，其长子驺鰠嗣位，驺甲杀其兄而自立，闽越于是乱。东瓯王出兵平闽越，杀驺甲，复立闽越王无诸之子伯历为闽中君，东瓯以王统君。伯历薨，子驺郢嗣立为闽中君。高后称制元年（前187），闽中君驺郢以实力自大，尚怨东瓯统其地，复自称闽越王。吴王刘濞两子子驹、子华因为父亲被杀，亡走闽越，闻夷乌继东瓯国王位，怨夷乌杀其父，则劝闽越击东瓯。

汉武帝建元三年（前138）秋七月，东瓯国的瓯江口（瓯江，一名蜃江。属今浙江温州市）蜃气凝结，忽为楼台城橹，忽为旗帜甲马，锦幔变幻无常。闽越人名以贸易，潜伏者则举旗反，东瓯国龙岗（即今温州市龙湾区黄石山雕塑公园黄山）与磐石（即今温州市乐清市磐石镇五福山景园孤山）瞭望台兵士们还不知道这是怎么回事。闽越王郢女婿子驹，受命以为先锋，牵马横槊立于船首。闽兵已经登岸，直冲磐石镇，东瓯国兵几无应对，磐石山失守，瑶溪龙岗亦失守。闽兵乘胜溯慎江（今温州市瓯江）上，登海坛山，包围了东瓯国都地瓯浦垟。有月，东瓯食尽，东瓯王夷乌随修书一封，派使者驰告长安。东瓯国小王即尝保王城山（今台州市温岭市方山。《乐清县志》记："乐清，一有战事，便受到攻击，始于古越时"）。长安汉廷未央宫内，汉武帝收东瓯王求救书，问太尉田蚡，田蚡以为，自东瓯王摇省亡后无嗣，汉朝廷未曾续封过东瓯王，称王者驰义侯夷乌自立而已，则答武帝曰："越人相攻击，固其常，又数反复，不足以烦中国往救也。自秦时弃弗属。"中大夫严助诘问田蚡："特患力弗能救，德弗能覆；诚能，何故弃之？且秦举咸阳而弃之，何乃越也！今小国以穷困来告急天子，天子弗振，尚安所愬（诉），又何以子万国乎？"武帝曰："太尉未足与计。吾初即位，不欲出虎符发兵郡国。"乃遣严助持符节发会稽兵。会稽太守因严助没有虎符，欲拒不发兵，其司马趹凶恶言伤人，严助怒起，立斩此司马，谕旨意，太守胆寒，遂发兵浮海救东瓯（见《通典·边防二》）。八月，东瓯国的瓯江、清江两道防线已相继失守。闽越兵旌旗蔽日，长矛短剑直指王城山。"番邦打进来了。"东瓯国全民皆兵，确保王城山，人们从各地古道（盐道）赶来，组成防线。回浦港（今台州市椒江区章安镇）、石塘港（在今椒江区葭芷街道西山）、泽库港（今温岭市泽国镇）的所有大小船只集聚乐清湾，帆樯林立，各立旗号保驾。王城山（现名方山），四面壁立千仞，唯独东面一岩石离地稍近，从羊角洞左侧登南天门，有沿夹壁开凿的小路，西天门只有一张简易的木梯，若登山比较危险，使人望而却步。一场由东瓯国小王指挥的王城山保卫战，凭借天然屏障与兵士们的严防死守，没有使闽越兵的进攻得逞。

东瓯城被攻破,东瓯王夷乌败走胜果寺(即今台州市路桥区升谷寺),躲进龙山洞穴(在升谷寺前左侧)。闽越追兵至,时有八哥(鸟名)叫"王在洞里,王在洞里"。闽越将兵南堵龙山洞口,用烟火熏洞,夷乌则从洞北口逃逸。闽越兵焚烧九龙山,山因改名火烧山(即今台州市绿心青山),山火延烧,又火烧山因名,后异名虎头山;海滩村落被烧,名火烧坦(今台州市椒江区洪家街道虎啸坦村)。夷乌惨死之地,民称搁龙(即今台州椒江区洪家街道杨家陇村)。火烧山此前有万顷松涛,皆被连山焚烧。七仙姑(妖)在火烧山抵抗闽越兵,民建七星妖塑像以祀,之后又托梦过境将军(明朝初年义兵元帅朱良祖),得建"松国寺"(在今台州市椒江区井马村)。汉廷所遣将军昼夜驰鹜胜果寺前,勒马问一土民:"胜果寺有多远?"土民应答:"胜果寺还有一箭之地。"将军误听一箭之地为一千之里,思度不能救王,遂与马扑河而亡,人马扑河处后因名马铺(即今台州市路桥区马铺桥),民立将军庙,以纪念汉将军的忠烈。

夷乌王亡,东瓯国的兵士与土民在犁头山、狮子山(今皆属台州市绿心区)目睹了东瓯王夷乌惨死一幕,民之传云"龙堑白(指身体侧反),死在海涂"。东瓯全民奋起,篾竹老师为先,木匠老师随后自发组成的队伍,兵民(盐民)随后而至。自发的队伍向方山进发,齐呼"保护小王"。原已经形成包围王城山态势的闽越兵见之仓皇兵退,故之后称王城山为保驾山。后有东晋王羲之著有《游四郡记》云:"南界有方城山,绝巘壁立如城,相传越王失国尝保此山。"东瓯王夷乌亡年五十二岁,卒葬胜果寺。明万历《黄岩县志》称"(黄岩)县东南二十五里胜果寺后院山,有七砖台址及石笋尚在"。

东瓯国小王曾交代其嫂娘:"若番邦打到胜果寺,就将白豆和黑豆混合在一起撒。"撒豆成兵主要目的是造成地滑,阻滞敌兵的进攻,即所谓"剪草为马,撒豆成兵"。闽越兵将至,嫂娘一时间心慌,却将白豆与黑豆分开撒,以致援兵都是无黑眼珠的白眼兵,无法抵挡敌人的进攻,致老王战亡。道者言:撒豆成兵,变昼为夜,挥剑成河,呼风唤雨,可敌蛮兵。东瓯国小王受命在危难之时,与下濑将军(武官名)严防死守。汉兵至,闽越兵退,王城山保卫战成功。汉军的到来,整个大局已经挽回,小王望受汉封为广武侯。

东瓯城故宫前拖儿带女者集聚有四五千人,几位老者跪地不起,见汉将(一记中大夫严助)至,大呼:"我等愿回老家去!"汉将惊问广武侯此何意?广武侯曰:"他们本为江东人,至此客居已三世。昔先王时有随佛(徐福)者,至平原广泽落居,亦已八十年矣!亦有流海者。秦天下时暴政,民不聊生,长江、南海(指今钱塘江)渺然,故乡尺书不至。自今而后天下车书大同,皇恩浩荡,长江、南海难阻思乡之情。故有此举。"汉将曰:"闻广武侯故乡亦吴中(今苏州市吴中区)人氏,当年反秦,吴中人到此亦为不少?"广武侯曰:"先祖至今传四代,当年吴中兵民愈万来居,建东瓯国,亦思桑梓旧地,怎不令人念兹?"汉将曰:"赤子之心,人皆有之。闽越人之俗,好相攻击。本官报于朝廷,能返则迁返。"乃上书汉武帝。九月,东瓯国小王带领从东瓯城与王城山撤离的近万人,经乌岩(今台州市黄岩区长潭水库库区)、富山(今黄岩区富山乡)到永嘉(今温州市永嘉县)。小王离开东瓯城,途经富山岭上时,其性情十分复杂,后人作《望乡》词云:"天茫茫,地苍苍,江东子弟徙江淮,前瞻后顾路途中,携老带儿苦奔忙。国有殇,堪悲凉,四代同堂是家乡,此去他地路漫长,泪目相别去远方。"他们至永嘉,瓯江两岸(当在今楠溪江区段)又集结了近三万人,一支由四万人组成的迁徙大军船运北上,经松阳古市镇(今属浙江丽水市)至龙丘(今浙江衢州市龙游县),再达庐江,落籍在宣城、阜阳等地(此二地皆在今安徽境内)。《史记·汉兴以来将相名臣年表》记:东瓯王广武侯望,率其众四万余人来降,处庐江郡(今安徽巢湖、舒城、霍山、合肥、宣城、阜阳)。东瓯国的王城山,后名方山,传云汉朝汝阳(为今河南洛阳市汝阳县)人周义山有道术,在绝顶上缚茅趺坐,辟田四百余亩,后仙逝,为紫庭真人。于是山顶之田也称仙人田,是一方空中平原。东瓯国移民带去了许多脍炙人口的历史故事,世代相传,形成了江淮文化(《封神榜》《西游记》《三国演义》皆属江淮文化)。东瓯国原住民因为是摇王子民,称"徭民",后往南迁移,形成了后今的苗族、瑶族(莫瑶)、仡佬族。

东瓯国小王广武侯望拜见汉武帝,武帝大喜!武帝以为既已封侯就不用"望",是东瓯国遗王也,即赐名遗,加封驰义侯以承其父封号。广武侯以为,望是期盼之意,今归天朝即贵,遗,去走之,即名"贵"。故《史记》以"越驰义侯遗"记于史,而《顾氏宗谱》记名顾贵。谱记:"贵,袭爵树勋,两平越土,三易侯称。"《汉书》记:"东瓯王广武侯望九月归汉。"汉武帝选东瓯国精兵七百人进长安,特列驰义侯贵为越骑校尉。"越人内附,以为骑也。"(见《历代职官表·简释》)越骑,是汉禁卫军名,秩二千石,属官有丞、司马,为北军八校尉之一。

东瓯国,道者在王城山留下了"方山天书"。方山天书之奇,《隋书·经籍志》记:"凡八字,尽道体之奥,谓之天书。字方一丈,八角垂芒,光辉照耀,惊心炫目。虽诸天仙,不能省视。"天书所在之山,名"和尚掼(音 guan,为温岭方言;背之意)山"。奇在于七(中段间为八)个岬梁齐齐垂落,山体陡峭,其势如幔布起伏。顶山梁背嵴处排列着八个大字,是为山体字,花样状(方山天书可在今将军洞前遥看,因为将军洞是当年指挥与闽越交战,自有许多神秘的传说)。天书自左而右第一个字似"迷",第二个字仅见虎字头,有"處、虘、虗、虞"几个字可供解读。方山天书"迷处"留给后人的还有许多猜不透的谜!东瓯,山由是峥,潮因之落,退舟一条河、二条河……九条河。"退舟",而使东瓯得地半乾坤。

四、南越事变　其国被灭

秦始皇二十六年(前221),秦始皇统一六国之后,开始着手平定岭南地区的百越之地。二十八年,秦始皇任命屠睢为主将、赵佗为副将率领五十万大军平定岭南。秦始皇重新任命任嚣为主将,经过四年努力,终于完成平定岭南的大业。秦始皇接着在岭南设立了南海郡、桂林郡、象郡三郡,任嚣被委任为南海郡尉。南海郡下设博罗、龙川、番禺、揭阳四县,赵佗被委任为龙川县令。秦二世元年(前209),由于秦二世的暴政激起了陈胜、吴广等人的起义,接着就是刘邦与项羽之间的楚汉相争,中原陷入了一片混乱状态。二年,南海郡尉任嚣病重,他临死前把时任龙川县令的赵佗召来,向他阐述了依靠南海郡傍山靠海、有险可据的有利地形来建立国家,以抵抗中原各起义军队的侵犯;并当即向赵佗颁布任命文书,让赵佗代行南海郡尉的职务。不久,任嚣病亡,赵佗向南岭各关口的军队传达了据险防守的指令,防止中原的起义军队进犯,并借机杀了秦朝安置在南海郡的官吏们,换上自己的亲信。

汉高祖四年(前203),赵佗起兵兼并桂林郡和象郡,在岭南地区建立南越国,自称"南越武王",都地在番禺(即今广东广州市)。南越国的北部边界一直到南岭,包括后今的广西北部三江、龙胜、兴安、恭城、贺州,广东北部的连山、阳山、乐昌、南雄、连平、和平、蕉岭一线,大部分地区与长沙国交界;东部边界一直到福建西部的永定、平和、漳浦,与闽越交界;南部边界一直到越南中部的长山山脉以东及大岭一线以北的地区;西部边界到达广西百色、德保、巴马、东兰、河池、环江一带,与夜郎、毋敛、句町等国交界。十一年(前196),汉高祖刘邦派遣大夫陆贾出使南越,劝赵佗归汉。在陆贾劝说下,赵佗接受了汉高祖赐给的南越王印绶,臣服汉朝,使南越国成为汉朝的一个藩属国。汉高祖刘邦去世,吕后掌控朝政,开始和赵佗交恶。她发布了和南越交界的地区禁止向南越国出售铁器和其他物品的禁令。赵佗考虑到吕后可能会通过长沙国来吞并南越国,于是赵佗宣布脱离汉朝,自称"南越武帝",并出兵攻打长沙国,在打败长沙国的边境数县后撤回。吕后随即派遣大将隆虑侯和周灶前去攻打赵佗,但由于中原的士兵不适应南越一带炎热和潮湿的气候,纷纷得病,连南岭都没有越过。一年后,吕后死去,汉朝的军队停止了进攻。这时的赵佗凭借着他的军队扬威于南越一带,并通过财物结纳的方式,使得闽越、西瓯和骆越都纷纷归附南越,领地范围扩张至顶峰。赵佗也开始以皇帝的身份发号施令,与汉朝对立。汉文帝元年(前179),吕后死后,汉文帝刘恒即位,他派人重修了赵佗先人的墓地,设置守墓人每年按时祭祀,并给赵佗的堂兄弟们赏赐了官职和财物。接着汉文帝在丞相陈平的推荐下,任命汉高祖时曾多次出使南越的陆贾为太中大夫,令其再次出使南越说服赵佗归汉。陆贾到了南越后,向赵佗晓以利害关系,赵佗被再次说服,决定去除帝号归回汉朝,仍称"南越王"。一直到汉景帝时代,赵佗都向汉朝称臣,每年在春秋两季派人到长安朝见汉朝皇帝,像诸侯王一样接受汉朝皇帝的命令。但是在南越国内,赵佗仍然继续用着皇帝的名号。

汉武帝建元四年(前137),赵佗去世,由于他去世时已达百余岁高龄,其儿子都已经死去,他的王位交由孙子赵胡,又名赵眜继承。赵胡即位两年后,闽越王郢借机向南越国发动战争,攻打南越国的边境城镇。赵眜刚继承王位不久,国内民心还不稳,于是就向汉武帝上书,说明闽越侵犯南越的事实,请求汉武帝处理此事。汉武帝对赵胡的做法大加赞扬,称其忠于臣属之职,不兴兵互相攻击,并派遣王恢、韩安国两将军前去讨伐闽越。汉朝的军队还没有越过南岭,闽越王的弟弟余善就发动叛变,杀死了闽越王郢,投降了汉朝,于是汉朝的军队停止了讨伐的行动。汉武帝随后将余善立为新的闽越王,并派遣中大夫严助前往南越国将处理闽越的事告谕赵胡。赵胡得知后,向严助表达了对汉武帝的深挚谢意,并告诉严助,南越国刚遭受过闽越的入侵,等处理完后事后,他就去汉朝的京城朝见汉武帝。随后,还派太子赵婴齐跟随严助回汉朝的朝廷当宿卫。严助离开后,南越国的大臣们用赵佗的遗训向赵胡进谏,劝赵胡不要去汉朝的京城,以免被汉武帝找借口扣留,回不来南越,就成亡国的形势了。于是,赵胡在以后统治南越的十二年中,一直以生病为借口,没有入朝见汉武帝。元狩元年(前122),赵胡病重,其在汉朝当宿卫的儿子赵婴齐向汉武帝请求回到南越国。同年,赵胡死去,赵婴齐继承王位。赵婴齐在没去长安之前,曾经在南越娶当地的南越女人为妻,并生了长子赵建德,赵婴齐去长安做宿卫后,又娶了邯郸樛家的女儿做妻子,生了儿子叫赵兴。赵婴齐继承南越王位后,向汉武帝请求立妻子樛氏为王后,赵兴为太子,汉武帝批准了他的请求,此举舍长立幼,为将来南越国之乱种下了祸根。赵婴齐是一个暴君,喜欢恣意杀人,汉武帝屡次派使者到南越国,婉转劝告赵婴齐去长安朝拜汉武帝。赵婴齐惧怕进京后,汉武帝会比照内地诸侯,执行汉朝法令,因此以有病为借口,一直未去长安,只派遣儿子赵次公去长安当宿卫。元鼎二年(前115),赵婴齐病死,太子赵兴继承王位,其母亲樛氏当上王太后。四年,汉武帝派安国少季出使南越,前去告谕赵兴和樛太后,让他们比照内地诸侯进京朝拜天子;同时命辩士谏大夫终军、勇士魏臣等辅助安国少季出使,卫尉路博德则率兵驻守在桂阳,以接应使者。此时的赵兴尚年轻,樛太后是中原人,南越国的实权实际上掌握在丞相吕嘉手中。樛太后在没有嫁给赵婴齐时,曾与安国少季私通过,安国少季来南越后,他们再次私通,南越人因此多不信任樛太后。樛太后害怕发生动乱,也想依靠汉朝的威势,多次劝说赵兴和群臣归属汉朝。并通过使者上书给汉武帝,请求比照内地诸侯,三年去长安朝见汉武帝一次,并且撤除和汉朝交界的边境要塞。汉武帝答应了南越国的请求,赐给南越国丞相、内史、中尉、大傅等官印,其余官职由南越国自置,这样意味着汉朝朝廷直接对南越国高级官员进行任免。汉武帝还废除了南越国以前的黥刑和劓刑等野蛮酷刑,比照内地诸侯用汉朝的法律。同时将派往南越的使者都留下来镇抚南越,力求南越的局势平稳。赵兴和樛太后接到汉武帝的谕旨后,马上准备行装,为进京朝见汉武帝而做准备。

南越国的丞相吕嘉年龄很大,从赵眜、赵婴齐一直到赵兴,曾经辅助过三位南越王,他的宗族在南越当官的有七十多人,又与南越王室有联姻,在南越国的地位十分显要,深得南越人的信任,甚至超过赵兴的威望,是南越国的实权掌握者。吕嘉多次反对归附汉朝,但赵兴一直未理,使吕嘉产生了背叛的念头,屡次托病不去会见汉朝使者。赵兴和樛太后害怕吕嘉首先发难,就安排了一个酒宴,宴请汉朝使者和吕嘉,想借汉使之力来杀死吕嘉等人。在宴席中,太后当面指出吕嘉不愿归附汉朝的行为,想以此激怒汉使出手杀死吕嘉。可此时身为将军的吕嘉之弟正率兵守在宫外,安国少季等使者犹豫不决,最终没敢动手。此时吕嘉见形势不妙,随即起身出宫,樛太后大怒,用矛撞击吕嘉,但被赵兴阻止。吕嘉回去后,把他弟弟的兵士分出一部分安排到自己的住处加强防卫,托病不再去见赵兴和使者。并暗中同大臣们密谋,准备发动叛乱。汉武帝得到了南越国政权危机四伏的消息,责怪安国少季等使者的胆怯无能;同时又认为赵兴和樛太后已经归附汉朝,唯独吕嘉作乱,不值得兴师动众。

汉武帝元鼎五年,武帝派遣韩千秋和樛太后的弟弟樛乐率兵二千人前往南越。当韩千秋和樛乐进入南越之后,吕嘉等人终于发动叛乱。吕嘉首先制造舆论,称赵兴太年轻,樛太后是中原人,又与汉朝使者有奸情,一心想归附汉朝,没有顾及南越国的社稷,只顾及汉朝皇帝的恩宠。随后吕嘉乘机和他弟弟领兵攻入王宫,杀害了赵兴、樛太后和汉朝的使者。吕嘉杀死赵兴之后,立赵婴齐和南越籍妻子所生的长子赵建德为新的南越王,并派人告知了苍梧秦王赵光及南越国属下各郡县官员。这时韩千秋的军队进入南越境内,攻下几个边境城镇。随后,南越人佯装不抵抗,并供给饮食,让韩千秋的军队顺利前进,在走到离番禺四十里的地方,南越突发奇兵进攻韩千秋的军队,把他们全部消灭。吕嘉又让人把汉朝使者的符节用木匣装好,并附上一封假装向汉朝谢罪的信,置于汉越边境上,同时派兵在南越边境的各个要塞严加防守。汉武帝得知后,非常震怒,他一方面抚恤死难者的亲属,一方面下达了出兵南越的诏书。时年秋天,汉武帝调遣罪人和江淮以南的水兵共十万人,兵分五路进攻南越。第一路任命路博德为伏波将军,率兵从长沙国桂阳(今湖南境内),直下湟水;第二路任命主爵都尉杨仆为楼船将军,走豫章郡(今江西境内),直下横浦;第三路和第四路任命两个归降汉朝的南越人为戈船将军和下厉将军,率兵走出零陵(今湖南境内),然后一路直下漓水(今广西漓江),一路直抵苍梧(今广西境内);第五路以驰义侯利用巴蜀的罪人,调动夜郎国的军队,直下牂牁江。这场战争十分激烈,持续了一年,一直到次年的冬天,楼船将军杨仆率领精兵,抢先攻下寻峡,然后攻破番禺城北的石门,缴获了南越的战船和粮食,乘机向南推进,挫败南越国的先头部队,率领数万大军等候伏波将军路博德的军队。路博德率领被赦的罪人,路途遥远,与杨仆会师时才到了一千多人,于是一同进军。杨仆率军队在前面,一直攻到番禺,赵建德和吕嘉都在城中固守。楼船将军杨仆选择有利的地形,将军队驻扎在番禺的东南面,天黑之后,杨仆率兵攻进番禺城,放火烧城。而伏波将军路博德,则在城西北安营扎寨,派使者招降南越人,南越人久闻伏波将军路博德的威名,于是纷纷投诚到路博德的旗下,黎明时分,城中的南越守军大部分已向路博德投降。吕嘉和赵建德见形势不妙,在天亮之前率领几百名部下出逃,乘船沿海往西而去。路博德在询问了投诚的南越人之后,才知吕嘉和赵建德的去向,并派兵追捕他们。最后,赵建德被路博德的校尉司马苏弘擒获,而吕嘉被原南越国郎官孙都擒获。吕嘉和赵建德被擒之后,南越国属下各郡县包括苍梧王赵光、桂林郡监居翁、揭阳县令等皆不战而降,纷纷向汉朝投降。戈船将军和下厉将军的军队,以及驰义侯调动的夜郎军队还未到达,南越已经被平定了。汉武帝在平定南越后,将原来的南越国属地设置了九个郡,直接归属汉朝。这样,由赵佗创立的南越国经过九十三年、五代南越王之后,终于被汉朝消灭了。六年初春,汉武帝到达汲新中乡(即今河南新乡市老城区),得南越王相吕嘉首级,即命名此地为获嘉县。

五、东越余善　称帝反汉

汉武帝建元六年(前135)秋八月,闽越王骓郢为了广拓封土,发兵攻南越,南越王赵胡遵守过去老王赵佗与汉所订的"藩国不得自相攻击"的议约,驻兵固守,并派使者上书汉武帝。汉武帝嘉奖赵胡能守约定,遣两将军将兵诛闽越。淮南王刘安上书谏言:"今闻有司举兵将以诛越,臣安窃为陛下重之。越,方外之地,断发文身之民也。不可以冠带之国法度理也。自三代之盛,胡越不与受正朔,非强弗能服,威弗能制也,以为不居之地,不牧之民,不足以烦中国也。"是时,武帝不听,遣大行王恢出豫章;大司农韩安国出会稽。王恢军至南岭附近,闽越王郢闻讯发兵拒险。郢弟余善与宗人谋曰:"王以擅发兵,不请,故天子兵来诛。汉并众强,即幸胜之,后来益多,灭国乃止。今杀王以谢天子,天子罢兵,固国完。不听乃力战,不胜即亡入海。"皆曰:"善。"即以短矛刺杀郢,并以其首级致王恢。王恢曰:"所为来者,诛王。王头至,不战而殒,利莫大焉。"乃以便宜案告大司农军,而使奉王头驰报汉武帝。诏罢两将军兵,曰:"郢等首恶,独无诸孙繇君丑不与谋。"乃使郎中将立丑为越繇王,以继承闽越的宗祀。汉廷又因余善杀郢有功,且余善威行于国,国民多属,窃自立为王,繇王不能制。汉武帝以为,余善不足复兴师,曰:"余善首诛郢,师得不劳。"汉廷因立为东越王,与越繇王丑同处,后越繇王丑成为了东越王余善的附庸。时年,淮南王刘安上书汉武帝当年,太皇太后窦氏驾崩前,天上出现彗星,刘安认为这种天象预兆着"兵当大起"。元光四年(前131),汉太尉武安侯田蚡卒于任上。武帝初即位,《汉书·淮南王》记:刘安友善太尉田蚡。田蚡与刘安曰:"方今上无太子,王亲高皇帝孙,行仁义,天下莫不闻。宫车一日晏驾,非王尚谁立者?"淮南王大喜,厚赂武安侯。刘安遭诛,武帝曰:"如田氏在,当灭族矣!"武帝二次伐越,曾被二人阻拦。即此武帝知二人阻战是为政治阴谋,非为公也。淮南王反对出兵伐越,当有他的私人算盘。东瓯国消亡之后,又与闽越国友善,得以从闽越国取得药材与贝壳等奇珍异物,他当然反对汉武帝征闽越。淮南王计划造反时,就与谋士伍被谋,伍被曰:"南收衡山以击庐江,有寻阳之船,守下雉之城,结九江之浦,绝豫江之口,强弩临江而守,以禁南郡之下;东收江都、会稽,南通劲越,屈强江、淮间,犹可得延岁之寿"。淮南王曰:"善,无以易此。急则走越耳。"于是,积极"治军械,积金钱"。淮南王撰《淮南子》一书,也有所针对汉武帝的政治主张。

淮南王刘安好慕仙道,广招天下贤客方士,共同著书立说,集为《淮南鸿烈》,亦称《淮南子》。此书的八位作者为:苏飞、目尚、左吴、田由、雷被、毛被、伍被、晋昌,世称"八公"。淮南王刘安派门客"八公",又曰"八仙",到东瓯国东征山采仙药,被东海王阻止,东海龙宫于是被火烧,复淹于水战。"八仙"要过海采仙药,实际是想打探东瓯国的屯兵虚实,被东瓯国王阻止在海边。山河如此造化,鬼斧神工,竟然有仙人酒盅(在今台州市椒江区葭芷街道栅桥村网岗岭石坡上,有多个捣臼形状的石穴,当是为捣药所用),有八仙山(一名八仙岩。在今台州市温岭市长屿洞天,其有五仙在争先恐后欲往东征山)。八仙岩因山巅崖壁上有酷似八仙聚会的山岩而得名。"八公"之一的雷被因过失触犯淮南王,担心被杀,遂上书武帝,诬告刘安谋反。武帝即遣大宗正前去稽查。大宗正未到时,八公为淮南王取鼎煮药,使与亲属近三百人服之,同日仙云升天,鸡犬舐后,亦同飞升。煮药之处在淝水之北、淮水之南的一座山上,此山遂被称为"八公山",八公与淮南王飞升时的足迹至今仍留在岩石上,山上有石名为"八公憩石"。汉武帝元狩元年(前122),淮南王图谋叛乱的阴谋被揭穿,即被汉武帝镇压。

元鼎四年(前113)夏四月,南越国老丞相吕嘉发动政变杀死国王赵兴与王太后而反汉,立赵建德为新的南越王。亲汉廷的官员遭诛,并派人告知了苍梧秦王赵光及南越国属下各地郡县官员。汉廷即派遣韩千秋的军队进入南越境内,攻下几个边境城镇。随后,南越人佯装不抵抗,并供应饮食,让韩千秋的军队顺利前进,军至离番禺还四十里,南越发奇兵袭击,韩千秋全军覆灭。吕嘉又让人把汉朝使者的符节用木匣装好,并附上一封假装向汉朝谢罪的信,置于汉越边境上,同时派兵在南越边境的各个要塞严加防守。汉武帝得知后,非常震怒,他一方面抚恤死难者的亲属,一方面下达了出兵南越的诏书。五年(前112)秋,汉武帝调遣罪人和江淮以南的水兵共十万人,兵分五路进攻南越。汉武帝遣伏波将军路博德出桂阳,下湟水;楼船将军杨仆出豫章,下浈水;归义越侯严为戈船将军,出零陵,下离水;甲为下濑将军,下苍梧。越驰义侯贵为征南越的第五路兵。冬十月,越驰义侯贵率领内地兵,发别将巴蜀罪人,发夜郎兵(古为夜郎国即此,汉武帝建元六年,即前135年时收服。今为云南东北部及贵州部分)下牂牁江(今贵州的北盘江与南盘江),与楼船将军杨仆,及将军唐梦与下濑将军会合于番禺。南越破,汉武帝时巡至左邑桐乡,以为闻喜县。《汉书辞典》记:"名遗。降汉为侯。五年(前112)南越反时,东越王余善曾上书请以卒八千从楼船将军杨仆击吕嘉等。兵至揭阳,却以海风波浪汹涌为借口,不行,持两端以观事态发展,阴中,派使者与南越。及汉破番禺,楼船将军杨仆上书,愿引兵击东越,汉武帝曰士卒劳倦,不许。但令诸校屯豫章梅岭(今江西南昌市西湾里区)待命。南越反,驰义侯贵奉使发夜郎兵会汉军平定南越,兵未至而南越已被汉军平定。"《汉书·武帝纪》记:"驰义侯遗,兵未及下,上便令征西南夷,平之。""定西南夷,以为武都、牂牁、越巂、沈黎、文山廊。"时年春,汉武帝巡至汲新中乡,得吕嘉首级,以为获嘉县。六年(前111)秋,余善闻楼船请诛之,汉兵留境,且往,乃遂发兵距汉道。余善封驺力为"吞汉将军",杀汉三校尉。余善公然反汉,刻"武帝"玺自立,诈其民,为妄言。余善居保泉山(指今浙江温州市龙湾区大罗山),汉兵临境闽越。《路史》记:"余善保泉山,汉帝王至闽中。其季,余善与孙摇又以海东隅地称王,号三越。"余善居保泉山,外筑六城拒汉,浦城(属今福建)有三,范侨乡(指今台州市黄岩区)有其一。其时,汉中大夫朱买臣因言击东越为汉武帝器重,命为会稽太守。朱买臣,字翁子,吴人也。青年时家贫而好读书,卖柴火换米度日。因为贫,妻离他而去。后数岁,随上计吏为卒,将重车至长安。会严助贵幸,推荐买臣得武帝召见,说《春秋》,言《楚辞》,帝甚悦之,拜为中大夫,召为待诏。东越数反复,买臣因言:"今闻东越王更徙处南行,去泉山五百里,居大泽中(当在今福建闽侯县境内)。今发兵浮海,直指泉山,陈舟列兵,席卷南行,可破灭也。"探兵报至,余善遁焉。上拜买臣会稽太守。汉武帝言买臣:"富贵不归故乡,如衣绣夜行,今子何如?"买臣顿首辞谢。买臣到会稽郡,探敌情、治楼船、备粮食、水战具,须诏书到,军与俱进(见《汉书·朱买臣传》)。朱买臣即先遣驰义侯贵出若耶溪,陆路往攻。

六、驰义侯贵 收复故乡

东越余善反,汉武帝元封元年(前110),汉以驰义侯贵为戈船将军,夏出若耶溪(今浙江绍兴市平水江镇)、白沙(今绍兴市嵊州市三界镇),入缙云山(在今浙江丽水市缙云县仙都风景名胜区),翻越苍岭(古称"婺括孔道"。此条古道不受南朝谢灵运自会稽南山伐木开径以通台州条文的规制),至于东瓯范侨乡莆林(今浙江台州市黄岩区北城街道马鞍山)。《史记·东越列传》记:"越侯为戈船、下濑将军,出若耶、白沙。元封元年冬,咸入东越。"汉兵至东越,累石为城,一日而毕,取名"汉城"。然至壕头(指今台州市黄岩区南城街道樊川岗头)之北(当指今黄岩城区晒鳌岩下)设七十二阵,其阵迂回绝囵,持久耗战,以待诏命。东越国"吞汉将军"驺力领兵拒战于壕头之南五里(今黄岩区南城街道樊川岗头与委羽山间)。是年冬,诏书到,令出战。此前,驰义侯贵修书一封,致其弟建成侯敖,敖为东越国王城山守军,收书即备兵以应。敖派信使告其子多军,亦以应待变。十月,诏曰:"南越、东越咸服其辜!"朱买臣为战时主爵都尉,将用兵,遣横海将军韩说自句章(今浙江余姚市)浮海从东方往;楼船将军杨仆出武林(今江西余干县武陵山)溯余水而上;中尉王温舒出梅岭(今福建武夷山市东南)南行,冬,咸入闽越。开战初时,多军之兵压境,其兵擂鼓,鼓声大起,此地因名"鼓屿"(属今台州市黄岩区南城土屿村。一说山屿顶上宽旷,突石如鼓状,击之鼓声大起)。壕头被汉兵夹击,闽越番兵阵中旗幡散乱,汉兵麾兵大进。时战也,汉兵射杀番兵一万,血流成河,铺尸十里,地因名十里铺(今台州市黄岩区南城街道十里铺)。驰义侯自损三百兵,下濑将军阵亡,东越平战。战后,壕头遍地箭镞,旁有枫木二根,大可十数围,树叶皆被飞箭穿过而糜烂。《嘉定赤城志·纪遗门》记:此战"枫木二根,大可十数围,叶皆靡也",可见当年的战斗十分惨烈。壕头,此地是为东越国筑六城拒汉之处,也是东越国东线主力被汉军全部迁灭之地。壕头战役以后,以故越建成侯敖为内应,策反繇王居股,在闽侯袭杀余善,以其众降横海将军韩说。东越王余善被杀,葬闽侯。战后,汉武帝加封驰义侯贵为吴侯。敖,因与居股袭杀余善,因功封开陵侯,食二千户。敖长子多军,因功封无锡侯。繇君居股率众降汉,汉武帝嘉其功,于元封元年封东城侯,食万户。随吴王顾贵而战的下濑将军已战死在战场,将军之死,顾贵感怀其忠烈,命人在胜果寺前右边葬之,此坟称濑头坟(即癞头岇。后今路桥区建电厂,现已移岇为厂地,移岇时,已挖掘出陶罐等器物,现存黄岩区博物馆)。传云:鲤九(鲤鱼,越时以为鱼王)化龙,小王命之葬在胜果寺西,长老以为不妥,就命人葬在东。东越杀王余善降,汉武帝叹之曰:"东越狭,多阻;闽越悍,数反复。"乃诏曰:"东越险阻反复,为后世患,迁其民于江淮间。"其地(当指今浙江温州乐清清江以南至福建福州)遂虚。又诏曰:"自新、嘉与士大夫更始,其以十月为元封元年。"东越被迁之民,后大部落籍在摇海(今安徽省合肥市瑶海区),族别瑶民。

汉武帝徙东瓯及东越之民,国力耗竭。《史记·平准书》记"严助、朱买臣等招来东瓯,事两越,江、淮之间萧然烦费矣",其费用以亿计。第一次东瓯国就有四万移民,第二次东越国的移民更多,二十八年间将十余万人移居江淮,当然国力烦费。"行者赍,居者送,中外骚扰而相奉,百姓抚弊(消耗、作弊)有巧法,财赂衰耗而不赡。"造成汉武帝时的国库空虚,兴利之臣(接受贿赂的官员)亦自此始也。再加上击匈奴,击胡人,以致其后山东发生水灾,汉武帝遣使者虚郡国仓库以赈贫民,犹不足。"又募豪富人相贷假,尚不能相救。""于是,天子与公卿议,更钱造币以赡用"铸五铢钱流通于市,予以缓解国家财政困难。而在周边的环境治理方面却是一派大好,《史记·淮南衡山列传》中记有:"南越宾服,羌、僰(我国古代西南地区的少数民族)入献,东瓯入降,广长榆,开朔方,匈奴折翅伤翼,失援不振。虽未及太平之时,然犹为治也。"

驰义侯贵自北上投汉,至于灭东越,故地阔别二十八年。这二十八年,弹指一挥间,贵三改其名,三封侯号。这二十八年,故地二次战争留下的是满目苍凉,乃真是:小王归故里,胜果衣冠古;矫健迈虎步,却已鬓发白。吴王顾贵出世其母即亡,是其嫂给抚养成人的,故以嫂为母名闻。驰义侯贵拜望生母旧地上山童,由此地登九龙山(永宁山。今属台州市黄岩区),立于山顶遥岭远目,献愁供恨,望故乡山水,尤对其嫂为母感怀至深,又怀念其母生己时亡,遂在两山峰叠石块对垒,其一(南)祀生母(龙母),其二(北)祀嫂娘(圣母),之后改建成为"望娘塔"(位于今台州市黄岩区九峰山紫云、阜云两山峰顶。宋末元初,彭姓人改建后称文笔塔。诗云:"九峰突地三千丈,双塔攒空十二层。"今予重建)。吴王顾贵为自己的母亲建造神庙,馈赠金数百斤(约五百斤。金,指黄铜。秦以二十两为一金,汉以一斤为一金。公元1986年,余留的西汉古币二百九十多斤被椒江市兆桥乡祝昌村农民发掘出土,今存在椒江区博物馆),庙口龙母娘娘庙。又去蔡洋堂建庙,名圣母嫂娘殿。由是,上山童的崇福宫、龙潭呑的娘娘庙、蔡洋堂的嫂娘殿有着约定俗成的庙会日,是为每年二月初九日。元封四年(前107)秋,朝鲜战事起,吴王顾贵从楼船将军杨仆浮渤海至王险(今朝鲜平壤市),因为初战不利,驰义侯顾贵遭与杨仆同罪累,国除,则迁居姑苏(今江苏苏州市)横山,再迁光福。吴王顾贵卒葬小王山(即今江苏省苏州市木渎镇穹窿山附小王山。山因小王而名),碑记"汉驰义侯顾氏迁吴始祖贵"。汉元寿二年(前1),汉追录驰义侯顾贵功,谥曰:毅。《姓纂·顾氏》记:"顾氏,汉初会稽顾余者,汉初以顾氏王东越摇为无馀侯,海阳奉越祀,后复徙吴。"

七、攻伐东方　王险迫降

朝鲜,商朝被灭亡之后,商纣王叔父箕子不愿做周的顺民,他就带领遗老故旧一大批人(约五千人)从今胶州湾东渡到朝鲜,创立了箕子王朝。箕子朝鲜乃殷商遗裔在朝鲜半岛上建立的地方政权,臣于周。战国时,燕国尝略定真番(在今朝鲜黄海北道大部、黄海南道和京畿道北部地区)、朝鲜,派置官吏,建筑城障。秦灭燕,属于辽东外徼之属国。

汉兴,因为朝鲜路途遥远而难守,则修筑了辽东故塞,至浿水(即今朝鲜清川江。又有今鸭绿江、大同江之说)为界,属燕国。燕王卢绾反,逃亡匈奴。燕人满,亡命聚党千余人,结集蛮夷人东走出边塞,渡过浿水,居秦朝时的故空地上下障(即上障、下障。当在今朝鲜平壤市南,乐浪有云障),将那些役使在真番、朝鲜的蛮夷人,及故燕国、齐国的亡逃遗民纠集在一起而称王,都王险(即今朝鲜平壤市)。汉孝惠、高后天下初定,辽东太守即约请满为外臣,以保塞外蛮夷,毋使他们盗掠边境;蛮夷君长欲要求入见天子,给予方便,不得禁止。辽东太守所做的及允诺的事,孝惠皇帝皆答应并允许这样办。就这样,满得以兵威及富厚的财物保证侵略其近旁的小邑,真番、临屯(今朝鲜南部江原道江陵)皆降服,方圆数千里。满传位给其子,子又传子,满之孙名右渠。右渠王时期,朝鲜收留汉朝逃离国境的罪犯,在边境滋事,右渠王也不朝见汉天子。真番、辰国(即辰韩,在今朝鲜半岛东南部)的君王欲上书求见汉天子,又因为被右渠王的人拦阻而弗通。汉武帝元封二年(前109),汉派遣使者涉何出使朝鲜,命右渠王来汉称臣朝贡,右渠王拒命不来。涉何在回汉时杀了送行的朝鲜大臣卫长,然后渡河疾逃,回告武帝"杀朝鲜将"。汉武帝不但没有问罪,反而加封涉何为辽东东部都尉,直接面对朝鲜。朝鲜派军攻杀涉何。汉武帝于是招募天下罪人攻击朝鲜。秋天,派遣楼船将军杨仆从齐地(当指今山东)浮渤海,兵五万;左将军荀彘出辽东,兵五万,水陆军两路共十万人进攻朝鲜,以诛右渠王。楼船将军杨仆自芝罘石落屯(今属山东烟台市芝罘区)起碇,航海至于耽罗国(今韩国济州岛),占据为实,主山因名汉拿山。汉拿山,此前三神仙安期生、葛仙翁、张固曾登临过此山,留有三姓穴历史遗迹,更留下了许多的神话与鬼话故事。楼船将军接而于朝鲜大同江口南浦登岸。楼船,船高十丈,上建楼三重,列女墙、战格,一楼船可装运兵士一千人,十楼船为万人。楼船本适合江河水战,航海时由于重心不稳,不方便于事,况且兵卒大多为齐地人,不习水性,晕船的人不少。五十艘楼船航海,得分梯队进行。楼船将军以七千越人为先锋,由驰义侯贵率先到达王险。右渠王的王险城守探知楼船军少,是孤军直入,即伏击楼船将军,楼船将军被打败而逃走隐藏在青山里十余日,稍有收拢散卒,等待后续部队,得以复聚。左将军兵卒多,又统率辽东士兵发动进攻,被朝鲜打败而兵散;当过俘虏的人回来,又按法规处斩。左将军攻击朝鲜浿水西边军,亦未能攻破。

汉武帝以为两将军出战均未有利,乃遣使者卫山用大军压境的态势往说右渠,右渠见使者,顿首谢罪曰:"愿意投降,恐怕将军们有奸诈要杀臣,所以抗战;今日见到皇帝信节,就请降服。"遂派遣太子入朝,贡献马五千匹,及馈赠军粮。右渠王派万余兵护送太子,正准备渡浿水,使者卫山及左将军荀彘怀疑他们生变,卫山告谓太子曰:"既已降服,就没有必要持兵相送。"太子亦怀疑使者与左将军有奸诈,遂不渡浿水,引兵返回。使者卫山报告皇帝,皇帝大怒,诛杀卫山。左将军攻破了浿水上军,兵锋直指王险城下,围其城西北。楼船将军亦会兵,围其城南。右渠遂坚守城邑,数月,汉军未能攻下。左将军过去一直是侍中,得到皇帝的宠幸,他所率领的军队,兵卒大多是燕、代人,他们剽悍,打了胜仗,故其军多骄纵。楼船率领的是齐、越人,齐人不习水性因海运不适造成了兵卒多败亡,海运兵卒浮渤海刚到岸就与右渠作战,后勤没有保障,兵卒被困辱亡死者很多,生者皆惊恐,将心多自惭,尽管是包围了右渠,却要常持和平之礼节。而左将军要急于发动攻击。朝鲜大臣则使离间计,暗中私约楼船将军,往来了多次,但楼船将军没有表态。左将军有数次与楼船将军约期会战,但是这次楼船将军欲赴约,又未会战。左将军派人想利用间隙突袭以降下朝鲜,楼船没有答应,左将军恐楼船生变。就这样,两将军互相猜忌。左将军心想楼船此前有失军之罪,今与朝鲜和善而又不肯出击,怀疑楼船有谋反计,亦未敢独自发兵。汉武帝得知前方不肯出战,曰:"将军率领的军队不能前进,乃使卫山凭朕的手谕去降服朝鲜。卫山不能专断,与左将军商量因而误事,毁弃了浿约。今两将军围城又乖异,以故久拖不决。"遂派遣故济南太守公孙遂前往调查,有便宜得以从事。公孙遂到达前线,左将军曰:"朝鲜当被拿下久矣!只因为没有被拿下,是楼船数次不从约之故。"还诉说楼船的不是,曰:"今如此不取楼船,恐为大害。待楼船与朝鲜共取吾军,时已晚矣!"公孙遂亦以为然,而以符节召楼船将军入左将军军营。楼船至,即令执法官绑缚楼船将军,兼并了楼船的军队。战报到长安,汉武帝大怒,召回公孙遂,诛杀之。左将军已兼并了两军,即急于攻击朝鲜。朝鲜相路人、相韩陶、尼溪相参、将军王唊等人相与谋曰:"初始我方欲投降楼船,楼船今已经被禁闭,独左将军并其军。战事风声愈急,恐不能相持,王又不肯投降。"韩陶、王唊投降汉军。路人想降汉,在逃奔的路上死去。元封三年夏天,尼溪相参乃使人刺杀朝鲜土右渠来降。王险的城邑没有攻下,故右渠王的大臣成已又反,复攻汉朝官吏。左将军使右渠之子长、降相路人之子最,告谕其民,诛杀成已。遂定朝鲜为真番、临屯、乐浪、玄菟四郡,即所谓朝鲜"汉四郡",朝鲜自此进入中国汉朝的殖民时代。朝鲜降服以后,汉封参为澅清侯、陶为秋苴侯、唊为平州侯、长为几侯,最以父死颇有功,封涅阳侯。左将军出征回来,坐争功,相与嫉妒,乖戾诡计罪,被弃市。楼船将军杨仆亦坐兵至洌口,当待左将军,擅先纵,失亡多,当诛,赎为庶人。

八、昭宣天下　姓氏大定

汉武帝建立了强盛的汉中朝。在地方设置刺史,开创察举制选拔人才。采纳主父偃的建议,颁行推恩令,解决王国势力,并将盐铁和铸币权收归中央。文化上采用了董仲舒的建议,"罢黜百家,独尊儒术",结束先秦以来"师异道,人异论,百家殊方"的局面。汉武帝时期攘夷拓土、国威远扬,东并朝鲜、南吞百越、西征大宛、北破匈奴,奠定了汉地范围,首开丝绸之路,首创年号,兴太学。汉武帝之后,汉王朝以封功爵位的方式谱定天下姓氏。

汉昭帝始元元年(前86)春二月,赐诸侯王、列侯、宗室金钱各有差。秋七月,大赦天下,赐民百户牛酒。九月闰月,遣故廷尉王平等五人持节行郡国,举贤良,问民间疾苦。二年春正月,封大将军霍光为博陆侯,上官桀为安阳侯。三月,遣使者赈贷贫民没有种子与缺粮食者。秋八月,诏曰:"往年灾害多,今年蚕麦伤,所赈贷种、食,勿收责(债),毋(不要)令民出今年田租。"是年(前85),以鄞县回浦乡置回浦县(东瓯国初时称回浦乡。即今浙江台州市椒江区章安街道),以其地河流弯曲回旋入海而得名。皇帝任宗室侄子刘奉林为县令。三年秋,募民徙云陵(汉武帝钩弋夫人陵墓。在今陕西淳化县北铁王乡南大圪垯村),赐钱、田、宅。冬十月,凤凰集东海,皇帝遣使者祠其处。十一月壬辰朔,日有蚀之。四年春三月,赦天下。秋七月,诏曰:"比岁不登,民匮于食,流庸未尽还,往时令民共出马,其止勿出。诸给中都官者,且减之。"五年六月,诏曰:"朕以眇身获保宗庙,战战栗栗,夙兴夜寐,修古帝王之事,诵《保傅传》《孝经》《论语》《尚书》,未云有明。其令三辅、太常举贤良各二人,郡国文学高第各一人。赐中二千石以下至吏民爵,各有差。"六年春正月,皇帝耕种于上林苑。二月,诏有司问郡国所举贤良文学民所疾苦。

元凤元年(前80)三月,赐郡国所选有行义者涿郡韩福等五人帛,每人五十匹,遣归。皇帝诏曰:"朕闵劳以官职之事,其务修孝悌以教乡里。令郡县常以正月赐羊酒。有不幸者赐衣被一袭,祠以中牢。"夏六月,赦天下。秋七月乙亥晦,日有蚀之,既。八月,改始元为元凤。二年夏四月,皇上自建章宫徙未央宫,大置酒席。六月赦天下,诏曰:"朕闵百姓未赡,前年减漕三百万石。颇省乘舆马及苑马,以补边郡三辅传马。其令郡国毋敛今年马口钱,三辅、太常郡得以菽、粟当赋。"三年,罢中牟苑(当指中牟台。在今河南中牟县东北)赋,(振)贫民。诏曰:"乃者民被水灾,颇匮于食,朕虚仓廪,使使者赈困乏。其止四年无漕。三年以前所振贷,非丞相御史所请,边郡受牛者勿收债。"四年春正月丁亥,帝加元服,见于高庙。赐诸侯王、丞相、大将军、列侯、宗室下至吏民金帛牛酒各有差。赐中二千石以下及天下民爵。毋收四年、五年口赋。三年以前逋更赋未入者,皆勿收。令天下大酺五日。甲戌,丞相田千秋(车姓始祖)薨。夏四月,诏曰:"度辽将军明友前以羌骑校尉将羌王侯君长以下击益州(辖境相当今四川折多山、云南怒山、哀牢山以东,甘肃陇南市武都区、两当县,陕西秦岭以南,湖北十堰市郧阳区、保康县西北,贵州除东边以外地区)反虏,后复率击武都(属五原郡。治所在今内蒙古准格尔旗西北境)反氐,今破乌桓(又作乌丸。汉武帝时,迁至上谷、渔阳、右北平、辽西、辽东五郡塞外,在今内蒙古锡林郭勒盟、赤峰市、通辽市南部长城以北地),斩虏获生,有功。其封明友为平陵侯。平乐监傅介子持节使,诛楼兰(楼兰国。汉西域国名。都城在今新疆若羌县东北罗布泊西岸楼兰古城)王安,归首县北阙,封义阳侯。"六月,赦天下。五年春正月,广陵(治所在今江苏扬州市西北蜀岗上。辖境相当今江苏扬州、邗江、江都、高邮、宝应、金湖等市县地)王来朝,益国万一千户,赐钱二千万,黄金二百斤,剑二,安车一,乘马二驷。六月,发三辅及郡国恶少年吏有告劾亡者,屯辽东。秋,罢象郡,分属郁林、牂牁。十二月庚戌,丞相王䜣(訢)薨。六年春正月,募郡国徒筑辽东玄菟城(玄菟郡。在今辽宁新宾满族自治县兴京老城附近。辖境相当今朝鲜狼林山、清川江以西,辽宁宽甸、清原二满族自治县以东,北到吉林白山市浑江区一带)。夏赦天下。诏曰:"夫谷贱伤农,今三辅、太常谷减贱,其令以菽、粟当今年赋。"右将军张安世宿卫忠谨,封富平侯。乌桓复犯塞,遣度辽将军范明友击之。十一月,升大司农杨敞(后世尊为弘农杨氏肇基始祖)为丞相,封安平侯。

元平元年(前74)春二月,诏曰:"天下以农桑为本。日者省用,罢不急官,减外徭,耕桑者益众,而百姓未能家给,朕甚愍焉。其减口赋钱。"有司奏请减什三,上许之。甲申晨,有流星,大如月,众星皆随西行。夏四月癸未,帝崩于未央宫。六月壬申,葬平陵(在今陕西咸阳市东北三十里,故平陵城北二里)。四月,昭帝崩,因为无嗣,大将军霍光请皇后征昌邑王。六月丙寅,王受皇帝玺、绶,尊皇后曰皇太后。昌邑王刘贺为昌邑哀王刘髆之子,接皇帝位年仅十一岁,在位仅二十七天,因荒淫无度、不保社稷而被废。秋七月,霍光奏议曰:"礼,人道亲亲故尊祖,尊祖故敬宗。大宗无嗣,择支子孙贤者为嗣。孝武皇帝曾孙病已,有诏掖庭养视,至今年十八,师受《诗》《论语》《孝经》,操行节俭,慈仁爱人,可以嗣孝昭皇帝后,奉承祖宗,子万姓。"奏可。庚申,入未央宫,见皇太后,封为阳武侯。已而群臣奉上玺绶,即皇帝位,谒高庙。八月己巳,丞相杨敞薨。九月,大赦天下。十一月壬子,立皇后许氏。赐诸侯王以下金钱,至吏民鳏寡孤独各有差。皇太后归长乐宫。初置屯卫。

汉宣帝本始元年(前73)春正月,募郡国史、民訾(赀)百万以上徙平陵。遣使者持节诏郡国二千石谨牧养民而风德化。大将军霍光稽首归政,皇上谦让委任焉。论定策功,益封大将军光万七千户,车骑将军光禄勋富平侯安世万户。诏曰:"故丞相安平侯(杨)敞等居位守节,与大将军(霍)光,车骑将军(张)安世建议定策,以安宗庙,功赏未加而薨。其益封敞嗣子(杨)忠及丞相阳平侯(蔡)义、度辽将军平陵侯(范)明友、前将军龙雒侯(韩)增、太仆建平侯(杜)延年、太常蒲侯(苏)昌、谏大夫宜春侯(王)谭、当涂侯平(《功臣表》作"魏胜")、杜侯屠耆堂、长信少府关内侯(夏侯)胜,邑户各有差。封御史大夫(田)广明为昌水侯,后将军(赵)充国为营平侯,大司农(田)延年为阳城侯,少府(史)乐为爰氏侯,光禄大夫(王)迁为平丘侯。赐右扶风(周)德、典属国(苏)武、廷尉(李)光、宗正(刘)德、大鸿胪(韦)贤、詹事(宗)畸、光禄大夫(丙)吉、京辅都尉(赵)光汉爵皆关内侯。德、武食邑(因苏武守节于匈奴,刘德宗室之俊彦,故特令食邑)。"夏四月庚午,地震。诏内郡国举文学高第各一人。五月,凤凰集胶东(广义上指今青岛市、烟台市、威海市和潍坊市东部和东营市东部地区)、千乘(当指春秋时期的宋国、卫国、中山国以及东周、西周部分区域)。赦天下。赐吏二千石,诸侯相、下至中都尉、宦吏六百石爵。各有差,自左更至五大夫。赐天下人爵各一级,孝者二级,女子百户牛酒。租税勿收。六月,诏曰:"故皇太子在湖(湖县。在今河南灵宝市境内),未有号谥。岁时祠,其议谥,置园邑。"秋七月,诏立燕剌王太子建为广阳王,立广陵王胥少子弘为高密王。二年春,水衡都尉(汉武帝时置)拨付钱财,为徙居平陵的民众起第宅。大司农阳城侯田延年因为有罪而自杀。夏五月,诏曰:"朕以眇身奉承祖宗,夙夜惟念孝武皇帝躬履仁义,选明将,讨不服,匈奴远遁,平氏、羌、昆明、南越,百蛮乡(向)风,款塞来享;建太学,修郊祀,定正朔,协音律;封泰山,塞宣房(瓠子堤名),符瑞应,宝鼎出,白麟获。功德茂盛,不能尽宣,而庙乐未称,其议奏。"有司奏请宜加尊号。六月庚午,尊孝武庙为世宗庙,奏《盛德》《文始》《五行》之舞,天子世世献。武帝巡狩所幸之郡国,皆立庙。赐民爵一级,女子百户牛酒。匈奴数犯边,又西伐乌孙(西域国名。在今新疆天山山脉一带)。乌孙昆弥(乌孙王之号)及公主(汉朝嫁与乌孙王的公主)因国使者上书,言昆弥愿发国精兵击匈奴,唯天子爱怜,出兵以救公主。秋,大发兴调关东轻车锐卒,选郡国吏三百石伉(强)健习骑射者,皆从军。御史大夫田广明为祁连将军,后将军赵充国为蒲类将军,云中太守田顺为虎牙将军,及度辽将军范明友、前将军韩增,凡五将军,兵十五万骑,校尉常惠持节护乌孙兵,咸击匈奴。三年春正月癸亥,皇后许氏崩。戊辰,五将军师发(还)长安。夏五月,军罢。祁连将军广明、虎牙将军顺有罪(田广明坐逗留,失军机之罪;田顺虚报俘虏之数罪),下有司,皆自杀。校尉常惠将乌孙兵入匈奴右地(匈奴西部),大克获,封列侯。大旱,郡国伤旱甚者,民毋出租赋。三辅民就贱者,且毋收事,尽四年。六月己丑,丞相(蔡)义薨。四年春正月,诏曰："盖闻农者兴德之本也,今岁不登,已遣使者振(赈)贷困乏。其令太官损膳省宰,乐府减乐人,使归就农业。丞相以下至都官令丞上书入谷,输长安仓,助贷贫民。民以车船载谷入关者,得毋用传(出入关的信符)。"三月乙卯,立皇后霍氏(大将军霍光之女)。赐丞相以下至郎吏从官金钱帛,各有差。赦天下。夏四月壬寅,郡国四十九地震,或山崩水出。诏曰："盖灾异者,天地之戒也。朕承洪(宏)业,奉宗庙,托于士民之上,未能和群生。乃者(从前)地震北海(治营陵。在今山东潍坊市西南)、琅琊,坏祖宗庙,朕甚惧焉。丞相、御史其与列侯、中二千石博问经学之士,有以应变,辅朕之不逮,毋有所讳。令三辅、太常、内郡国举贤良方正各一人。律令有可蠲除以安百姓,条奏。被地震坏败甚者,勿收租赋。"大赦天下。(皇)上以宗庙堕(毁坏),素服,避正殿五日。五月,凤凰集北海安丘(在今山东成乡县西南)、淳于(在今山东成乡县东北)。秋,广川王吉有罪,废迁上庸(今湖北竹山县西南),自杀。

　　地节元年(前69)春正月,有星孛于西方。三月,假(出租)郡国贫民田。夏六月,诏曰："盖闻尧亲九族,以和万国。朕蒙遗德,奉承圣业,唯念宗室属未尽而以罪绝,若有贤材,改行劝善,其复属,使得自新。"冬十一月,楚王延寿谋反,自杀。十二月癸亥晦,日有蚀之。二年春三月,大司马(霍)光薨。诏曰："大司马大将军博陆侯宿卫孝武皇帝三十余年,辅孝昭皇帝十有余年,遭大难,躬秉义,率三公、诸侯(列侯)、九卿、大夫定万世策,以安宗庙。天下蒸庶,咸以康宁,功德茂盛,朕甚嘉之。复其后世,畴其爵邑,世世毋有所与(不缴税,不服役)。功如萧相国。"夏四月,凤凰集鲁郡(国),群鸟从之。五月,光禄大夫平丘侯王迁有罪,下狱死。(皇)上始亲政事,又思报大将军功德,乃复使乐平侯山(霍山,大将军霍光之兄孙)领尚书事,而令群臣得奏封事,以知下情。五日一听事,自丞相以下各奉职奏事,以傅奏其言,考试功能。侍中尚书功劳当迁及有异善,厚加赏赐,至于子孙,终不改易。枢机周密,品式备具,上下相安,莫有苟且之意也。三年春三月,诏曰："盖闻有功不赏,有罪不诛,虽唐虞(指帝尧、帝舜)犹不能以化天下。今胶东相成劳来不怠(勤勉),流民自占八万余口,治有异等(治理有突出成就)。其秩成中二千石,赐爵关内侯。"又曰："鳏寡孤独高年贫困之民,朕所怜也。前下诏假(租借)公田,贷(给)种(子)、(粮)食。其加赐鳏寡孤独高年帛。二千石严教(官)吏谨(慎)视遇,毋令失职。"令内郡国举贤良方正可亲民者。夏四月戊申,立皇太子,大赦天下。赐御史大夫爵关内侯(第十九级官位),中二千石爵右庶长(第十一级官位)。天下当为父后者爵一级(原爵位再提高一级)。赐广陵王(宣帝从祖父)黄金千斤,诸侯王十五人黄金各百斤,列侯在国者八十七人黄金各二十斤。冬十月,诏曰:"乃者九月壬申地震,朕甚惧焉。有能箴朕过失,及贤良方正直言极谏之士以匡朕之不逮,毋讳有司。朕既不德,不能附远,是以边境屯戍未息。今复饬兵重屯,久劳百姓,非所以绥天下也。其罢车骑将军、右将军屯兵。"又诏:"池籞未御幸者,假于贫民。郡国宫馆,勿复修治。流民还归者,假公田,贷种、食,且勿算事(不要收赋及派给徭役)。"十一月,诏曰:"朕既不逮(考虑不周),导民不明,反侧晨兴,念虑万方,不忘元元。唯恐羞先帝圣德,故并举贤良方正以亲万姓,历载臻兹(多历年月,以至于今),然而俗化阙焉。传曰:'孝弟(悌)也者,其为仁之本与!'其令郡国举孝弟有行义闻于乡里者各一人。"十二月,初置廷尉平(官名)四人,秩六百石。省(撤销)文山郡(治所在今四川茂县),并蜀(蜀郡。指今四川省,治所在今四川成都市)。四年春二月,(皇帝)封外祖母(王夫人之母)为博平君,故酇侯萧何曾(玄)孙建世为侯。诏曰:"导民以孝,则天下顺。今百姓或遭衰绖(古代居丧之服)凶灾,而吏、徭事(指官吏征徭而役使之),使不得葬,伤孝子之心,朕甚怜之。自今,诸有大父母、父母丧者勿徭事,使得收敛送终,尽其子道。"夏五月,诏曰:"父子之亲,夫妇之道,天性也。虽有患祸,犹蒙(冒)死而存之。诚爱结于心,仁厚之至也,岂能违之哉!自今子首匿(首谋藏匿罪犯)父母、妻匿夫、孙匿大父母(祖父、祖母),皆毋坐。其父母匿子、父匿妻、大父母匿孙,罪殊死,皆上请廷尉以闻。"立广川王惠王孙文为广川王。秋七月,大司马霍禹谋反。诏曰:"乃者,东织室(东边掌管皇室丝帛织造的官府)令史张赦,使魏郡(郡名,治邺县。在今河北磁县南)豪(强)李竟,报(传言)冠阳侯霍云谋为大逆,朕以大将军故,抑而不扬,冀其自新。今大司马博陆侯禹,与母宣成侯夫人显,及从昆弟冠阳侯云、乐平侯山、诸姊妹婿度辽将军范明友、长信少府邓广汉、中郎将任胜、骑都尉赵平、长安男子冯殷(原霍光家奴)等谋为大逆。显前,又使女侍医淳于衍进药杀共哀后,谋毒太子,欲危宗庙。逆乱不道,咸服其辜。诸为霍氏所诖误未发觉在吏者,皆赦除之。"八月己酉,皇后霍氏废。九月,诏曰:"朕惟百姓失职不赡,遣使者循行郡国,问民所疾苦。吏或营私烦扰,不顾厥咎,朕甚闵(悯)之。今年郡国颇被水灾,已振(赈)贷。盐,民之食,而贾(价)咸贵,众庶重困。其减天下盐贾。"又曰:"令甲,死者不可生,刑者不可息。此先帝之所重,而吏未称。今系者或以掠辜,若饥寒瘐(囚)死狱中,何用心逆人道也!朕甚痛之。其令郡国岁上系囚以掠笞,若瘐死者所坐名、县、爵、里,丞相、御史课(考核)殿最以闻。"十二月,清河王年有罪,废迁房陵(今湖北房县)。

元康元年(前65)春,以杜东原上为初陵,更名杜县为杜陵(在今陕西西安市东南)。徙丞相、将军、列侯、吏二千石、訾百万者杜陵。三月,诏曰:"乃者凤凰集泰山、陈留(在今河南开封市东南),甘露降未央宫。朕未能章(彰显)先帝休烈,协宁百姓,承天顺地,调序四时,获蒙嘉瑞,赐兹祉福,夙夜兢兢,靡有骄色,内省匪解(懈),永惟罔极。《书》不云乎?'凤凰来仪,庶尹允谐。'其赦天下徒,赐勤事吏中二千石以下至六百石爵,自中郎吏至五大夫,佐史以上二级,民一级,女子百户牛酒。加赐鳏寡孤独、三老、孝悌力田帛。所振贷勿收。"夏五月,立皇考庙。益奉明园(史皇孙的陵墓)户为奉明县(在今陕西西安市西北)。复高皇帝功臣绛侯周勃等百三十六人家子孙,令奉祭祀,世世勿绝。其毋嗣者,复其次。秋八月,诏曰:"朕不明六艺,郁于(不通)大道,是以阴阳风雨未时。其博举吏民,阙身修正,通文学,明于先王之术,宣究其意者,各二人,中二千石各一人。"冬,置建章卫尉。二年春正月,诏曰:"《书》云:'文王作罚,刑兹无赦。'今史修身奉法,未有能称朕意,朕甚愍焉。其赦天下,与士大夫厉(励)精更始。"二月乙丑,立皇后王氏(王奉光之女)。赐丞相以下至郎从官钱帛各有差。三月,以凤凰、甘露降集,赐天下吏爵二级,民一级,女子百户牛酒,鳏寡孤独高年帛。夏五月,诏曰:"狱者,万民之命,所以禁暴止邪,养育群生也。能使生者不怨,死者不恨,则可谓文吏焉。今则不然,用法或持巧心,析律贰端(解释法律文书,妄生枝节),深浅不平,增辞饰非,以成其罪。奏不如实,上亦亡由知。此朕之不明,吏之不称,四方黎民将何仰哉!二千石各察官属,勿用此人。吏务平法。或擅兴徭役,饰厨传(整治饮食与传舍),称过使客,越职逾法,以取名誉,譬犹践薄冰以待白日,岂知殆哉!今天下颇被疾疫之灾,朕甚愍之。其令郡国被灾甚者,毋出今年租赋。"又曰:"闻古天子之名,难知而易讳也。今百姓多上书触讳以犯罪者,朕甚怜之。甚更讳询。诸触讳在令前者,赦之。"冬,京兆尹赵广汉有罪,要(腰)斩。三年春,以神爵(爵通雀,神雀,黄雀也)数集泰山,赐诸侯王、丞相、将军、列侯二千石金,郎从官帛,各有差。赐天下吏爵二级,民一级,女子百户牛酒,鳏寡孤独高年帛。三月,诏曰:"盖闻象有罪,舜封之,骨肉之亲粲而不殊。其封故昌邑王贺为海昏侯。"又曰:"朕微眇时,御史大夫丙吉、中郎将史曾、史玄,长乐卫尉许舜,侍中光禄大夫许延寿,皆与朕有旧恩。及故掖庭令张贺辅导朕躬,修文学经术,恩惠卓异,厥功茂焉。《诗》不云乎?'无德不报。'封贺所子弟子侍中中郎将彭祖为阳都侯,追赐贺谥曰阳都哀侯。吉、曾、玄、舜、延寿皆为列侯。故人下至邸狱复作尝有阿保之功,皆受官禄、田宅,财物,各以恩深浅报之。"夏六月,诏曰:"前年夏,神爵(黄雀)集雍。今春,五色鸟以万数飞过属县,翱翔而舞,欲集未下。其令三辅,毋得以春夏摘巢探卵,弹射飞鸟。具为令。"立皇子钦为淮阳王。四年春正月,诏曰:"朕惟耆老之人,发齿堕落,血气衰微,亦亡(无)暴虐之心,今或罹(遭受)文法,拘执囹圄(监狱),不终天命,朕甚怜之。自今以来,诸年八十以上,非诬告、杀伤人,佗皆勿坐。"遣太中大夫(李)强等十二人循行天下,存问鳏寡,览观风俗,察吏治得失,举茂才异伦之士。二月,河东霍徵史等谋反,诛。三月,诏曰:"乃者,神爵五采以万数集长乐、未央、北宫、高寝、甘泉、泰畤殿中及上林苑。朕之不逮,寡于德厚,屡获嘉祥,非朕之任。其赐天下吏爵二级,民一级,女子百户牛酒。加赐三老、孝弟力田帛(者),人二匹,鳏寡孤独各以匹。"秋八月,赐故右扶风尹翁归子黄金百斤,以奉其祭祀。又赐功臣适(嫡)后黄金(各)人二十斤。丙寅,大司马卫将军安世薨。比年丰,谷石五钱。

神爵元年(前61)春正月,(皇帝)行幸甘泉,郊泰畤。三月,行幸河东,祠后土。诏曰:朕承宗庙,战战栗栗,惟万事䔽,未烛厥理。乃元康四年,嘉谷玄稷(黑粟)降于郡国,神爵仍集,金芝九茎产于函德殿铜池中。九真献奇兽,南郡获白虎、威凤为宝。朕之不明,震于珍物,饰躬斋精,祈为百姓。东济大河,天气清晴,神鱼舞河。幸万岁宫

（指河东郡万岁宫），神爵翔集。朕之不德，惧不能任。其以五年为神爵元年。赐天下勤事吏，爵二级，民一级，女子百户牛酒，鳏寡孤独高年帛。所振贷物勿收。行所过毋出田租。西羌反，发三辅、中都官徒弛刑（解除枷锁的刑徒），及应募佽飞射士（指便利轻捷的射手）、羽林孤儿（养于羽林军中先前从军死事者之子）、胡（骑）、越骑，三河（指河东、河内、河南三郡）、颍川、沛郡、淮阳、汝南材官（勇武的步卒），金城、陇西、天水、安定、北地、上郡骑士、羌骑，诣金城。夏四月，遣后将军赵充国、强弩将军许延寿击西羌。六月，有星孛于东方。即拜酒泉太守辛武贤为破羌将军，与两将军并进。诏曰："军旅暴露，转输烦劳，其令诸侯王、列侯、蛮夷王侯君长当朝二年者，皆毋朝。"秋，赐故大司农朱邑子黄金百斤，后将军充国言屯田之计，语在充国传（见《汉书·充国传》）。二年春二月，诏曰："乃者正月乙丑，凤凰甘露降集京师，群鸟从以万数。朕之不德，屡获天福，祇事不怠，其赦天下。"夏五月，羌虏降服，斩其首恶大豪杨玉，酋非（匪）首。置金城属国以处降羌。秋，匈奴日逐王先贤掸将人众万余来降。使都护西域骑都尉郑吉迎日逐，破车师，皆封列侯。九月，司隶校尉盖宽饶有罪（坐怨谤），下有司，自杀。匈奴单于遣名王（指题王都犁胡次等）奉献，贺正月，始和亲。三年春，起乐游苑（在今陕西西安市南）。三月丙午，丞相（魏）相薨。秋八月，诏曰："吏不廉平则治道衰。今小吏皆勤事，而俸禄薄，欲其毋侵渔百姓，难矣！其益吏百石以下奉（俸）十五（十分之五）。"四年春二月，诏曰："乃者凤凰、甘露降集京师，嘉瑞并见。修兴泰一、五帝、后土之祠，祈为百姓蒙祉福。鸾凤万举，蜚（飞）览翱翔，集止于旁。斋戒之暮，神光显著。荐鬯（祭神的香酒）之夕，神光交错。或降于天，或登于地，或从四方来集于坛。上帝嘉向（飨），海内承福。其赦天下，赐民爵一级，女子百户牛酒，鳏寡孤独高年帛。"夏四月，颍川太守黄霸以治行尤（优）异秩中二千石，赐爵关内侯，黄金百斤。及颍川吏民有行义者爵，人二级，贞妇顺妇帛。令内郡国举贤良可亲民者各一人。五月，匈奴单于遣弟呼留若王胜之来朝。冬十月，凤凰十一集杜陵。十一月，河南太守严延年有罪（坐怨望诽谤，时论："政治不道"），弃市。十二月，凤凰集上林。

　　五凤元年（前57）春正月，行幸甘泉，郊泰畤。皇太子（戴）冠。皇太后赐丞相、将军、列侯中二千石帛，人百匹，大（太）夫人八十匹，夫人六十匹。又赐列侯嗣子爵五大夫，男子为父后者，爵一级。夏，赦徒作杜陵者。冬十二月乙酉，日有蚀之。左冯翊韩延寿有罪，弃市。二年春三月，行幸雍，祠五畤。夏四月己丑，大司马车骑将军（韩）增薨。秋八月，诏曰："夫婚姻之礼，人伦之大者也；酒食之会，所以行礼乐也。今郡国二千石或擅为苛禁，禁民嫁娶不得具酒食相贺召。由是废乡党之礼，令民亡所乐，非所以导民也。《诗》不云乎？'民之失德，乾糇（干粮）以愆（过失）。'勿行苛政。"冬十一月，匈奴呼遬累单于率众来降，封为列侯。十二月，平通侯杨恽坐前为光禄勋有罪，免为庶人。不悔过，怨望，大逆不道，腰斩（杨恽为汉昭帝时丞相杨敞之子，司马迁外甥，而遭腰斩，或以为是《史记》文内多有诽谤汉武帝之处。史学工作者以为这是汉宣帝期间制造的有史以来首例文字狱。杨恽之后转恽姓）。三年春正月癸卯,丞相(丙)吉薨。三月,行幸河东,祠后土。诏曰:"往者数为边寇,百姓被其害。朕承至尊,未能绥定匈奴。虚闾权渠单于请求和亲,病死。右贤王屠耆堂代立。骨肉大臣立虚闾权渠单于子呼韩邪单于,击杀屠耆堂。诸王并自立,分为五单于,更相攻击,死者以万数,畜产大耗什八九(十分之八九),人民饥饿,相燔烧以求食,因大乖乱。单于阏氏子孙昆弟及呼邀累单于、名王、右伊秩訾、且渠、当户以下将众五万余人来降归义。单于称臣,使弟奉珍朝贺,正月,北边晏然,靡有兵革之事。朕饬躬斋戒,郊上帝,祠后土,神光并见,或兴于谷,烛耀斋宫,十有余刻(古代以铜漏计时,一昼夜分为一百刻)。甘露降,神爵集。已诏有司告祠上帝、宗庙。三月幸丑,鸾凤又集长乐宫东阙树上,飞下止地,文章五色,留十余刻,吏民并观。朕之不敏,惧不能任,屡蒙嘉瑞,获兹祉福。《书》不云乎?'虽休勿休,祗事不怠。'公卿大夫其勖(勉励)焉。减天下口钱。赦殊死以下。赐民爵一级,女子百户牛酒。大酺五日。加赐鳏寡孤独高年帛。"置西河(治今内蒙古准格尔旗西南)、北地(治今甘肃庆阳西北)属国以处匈奴降者。四年春正月,广陵王胥有罪,自杀。匈奴单于称臣,遣弟谷蠡王入侍。以赐爵关内侯。夏四月辛丑晦,日有蚀之。诏曰:"皇天见异,以戒朕躬,是朕之不逮,吏之不称也。以前使使者问民所疾苦,复遣丞相、御史掾二十四人循行天下,举冤狱,察擅为苛禁深刻不改者"。

甘露元年(前53)春正月,行幸甘泉、郊泰畤。匈奴呼韩邪单于遣子右贤王铢娄堂入侍。二月丁巳,大司马车骑将军(许)延寿薨。夏四月,黄龙见新丰(在今陕西临潼北)。丙申,太上皇庙火。甲辰,孝文庙火。上素服五日。冬,匈奴单于遣弟左贤王来朝贺。二年春正月,立皇子嚣为定陶王。诏曰:"乃者凤凰、甘露降集,黄龙登兴,醴泉滂流,枯槁荣茂,神光并见,咸受祯祥。其赦天下。减民算三十(汉律:民出一算,一算百二十钱。即减去四分之一,为九十钱)。赐诸侯王、丞相、将军、列侯、中二千石金钱各有差。赐民爵一级,女子百户牛酒,鳏寡孤独高年帛。"夏四月,遣护军都尉(张)禄将兵击珠崖(汉武帝于今海南岛东北部置珠崖郡。治今海口市琼山区东南)。秋九月,立皇子宇为东平王。冬十二月,行幸萯阳宫(在今陕西西安市鄠邑区西南)属玉观。匈奴呼韩邪单于款(留宿)五原塞,愿奉国珍朝(贡)三年。(次年)正月,诏有司议,咸曰:"圣王之制,施德行礼,先京师而后诸夏(侯),先诸夏而后夷狄。《诗》云:'率礼不越,遂视既发。相士烈烈,海外有截。'陛下圣德,充塞天地,光被四表(四方之外)。匈奴单于乡风慕义,举国同心,奉珍朝贺,自古未有也。单于非正朔所加,王者所客也,礼仪宜如诸侯王,称臣昧死再拜,位次诸侯王下。"诏曰:"盖闻五帝三王,礼所不施,不及以政。今匈奴单于称北藩臣,朝正月,朕之不逮,德不能弘覆。其以客礼待之,位在诸侯王上。"三年春正月,行幸甘泉,郊泰畤。匈奴呼韩邪单于稽侯狦来朝,赞谒称藩臣而不名。赐以玺绶、冠带、衣裳、安车、驷马、黄金、锦绣、缯絮。使有司道(导)单于先行就邸长安,宿长平(在今陕西长平县)。上自甘泉宿池阳宫。上登长平阪(在今陕西泾阳县西南),诏单于毋谒(不拜见)。其左右当户(匈奴官名)之群皆列观,蛮夷君、长、王、侯迎者数万人,夹道陈。上登渭桥(中渭桥。为通渭水南北离宫,秦始皇造,约在今陕西咸阳市东北二十里),咸称万岁。单于就邸。置酒建章宫,飨赐单于,观以珍宝。二月,单于罢归。遣长乐卫尉高昌侯(董)忠、车骑都尉(韩)昌、骑都尉虎将万六千骑送单于。单于居幕南(即漠南。指今蒙古高原大沙漠以南地区),保光禄城(在今内蒙古包头市西北)。诏北边振(赈)谷食。郅支单于远遁,匈奴遂定。诏曰:"乃者凤凰集新蔡(今河南新蔡县),群鸟四面行列,皆乡(面向)凤凰立,以万数。其赐汝南太守帛百匹,新蔡长吏、三老、孝弟力田鳏寡孤独各有差。赐民爵二级。毋出今年租。"三月己丑,丞相(黄)霸薨。诏诸儒讲《五经》同异(即历史上著名的"石渠会议"),太子太傅萧望之等平奏其议,上亲称制临决焉。乃立梁丘(贺)《易》、大小夏侯(夏侯胜、夏侯建)《尚书》、穀梁(赤)《春秋》博士。冬,乌孙公主(楚王之女,名解忧)来归。四年夏,广川王海阳有罪,废迁房陵。冬十月丁卯,未央宫宣室阁火。

黄龙元年(前49)春正月,行幸甘泉,郊太畤。匈奴呼韩邪单于来朝,礼赐如初。二月,单于归国。昭曰:"盖闻上古之治,君臣同心,举措曲直,各得其所。是以上下和洽,海内康平,其德弗可及已。朕既不明,数申诏公卿大夫务行宽大,顺民所疾苦,将欲配三王之隆,明先帝之德也。今吏或以不禁奸邪为宽大,纵释有罪为不苛,或以酷恶为贤,皆失其中。奉诏宣化如此,岂不谬哉!方今天下少事,徭役省减,兵革不动。而民多贫,盗贼不止,其咎安在?上记簿,具文而已(虽有其文,而实不符),务为欺谩,以避其课。三公不以为意,朕将何(委)任?诸请诏省卒徒(犯罪的官吏),自给(不复造假)者皆止(杜绝)。御史察计簿,疑非实者,按之,使真伪毋相乱。"三月,有星孛于王良、阁道(皆星名),入紫宫(星座名。紫宫有十五星)。夏四月,诏曰:"举廉吏,诚欲得其真也。吏六百石位大夫,有罪先请,秩禄上通,足以效其贤才,自今以来毋得举(指官吏俸禄在六百石以上者,不得复举为廉吏)。"冬十二月甲戌,帝崩于未央宫。

汉元帝初元间(前48—前44),《大洞记》:"瓯粤(越)之间,大海之崖,地产方石,真人刘奉林所居也。奉林嵩高逸士,避周(当指西汉)季世栖焉。控鹤轻举,坠一大翮,人名其山曰委羽。"民称洞通东海,山不在高,有仙则名。刘奉林控鹤一去不复返,但是人们发现九龙山东处山巅,一只大鹤在面海悬崖上站着,向着东海,不断在叫,真是风声鹤唳,后名此山为大鹤山(在今台州市葭沚街道原西山乡)。……东海波涛,海退了!大海啊,曾经的故乡。至此时(公元前),中国道教十大洞天全部形成。据《云笈七签》记:第一,王屋洞府(在今河南济源市王屋山);第二,委羽洞府(在今浙江台州市黄岩区委羽山);第三,西城洞府(疑在今陕西终南山);第四,西玄洞府(在今陕西西岳华山);第五,青城洞府(在今四川都江堰的青城山);第六,赤城洞府(在今浙江天台县赤城山);第七,罗浮洞府(在今广东增城和博罗两县之间的罗浮山);第八,句曲洞府(在今江苏句容市的茅山);第九,括苍洞府(在今浙江仙居县与临海市两地之间的括苍山);第十,林屋洞府(在今江苏苏州市吴中县境内)。

汉成帝时,中国姓氏大定。凡炎黄子孙在汉朝之前称华夏族,而此后皆称汉民,即汉族(是为之后中华民族的主体族群)。之后,皇帝纪传有"哀帝纪""平帝纪",以成班固所著《汉书》大作。

汉平帝元始元年,是为黄帝所定纪年三十五甲子周期辛酉年,佛历五百四十四年,相传的耶稣基督诞生年即公元元年作为历史纪年算起,公元元年始(计加公元年份,老皇历、佛历皆减本命一年)。

新世纪的曙光来了,投射在中国东瓯区域的海天佛国东福山上,霞光首照在括苍山米筛浪峰着陆在海边渔镇石塘。

那一年在西方,天使向一群牧羊人宣告耶稣的降生。来自东方(当指今中国)的三个占星术士前去祝贺。

那一年在中国,越裳氏献黑、白雉,以为祥瑞。会稽海外有东鳀人(包括今日本、中国台湾),分为二十余国,以岁时来献见。

那一年的中国,从西北昆仑山走向东南海滨,万方奏乐有于阗(于阗国。在今新疆和田县西南),天下佳音听乐清(指今浙江温州市乐清市雁荡山。乐,音yuè,与越同音)。从北国匈奴到南天越地安康永宁,天下大同。

小结

汉朝的建立,其上层建筑基本上是"汉承秦制",使秦统一国家的行为得以延续,推动了历史的进步。汉武帝时期,外事"四夷":南平两越、北伐匈奴、经营西域、通西南夷、东定朝鲜,建立了空前辽阔的疆域,奠定了中华的版图,应该说汉朝已经是个完全意义上的国家统一。汉武帝统治亦相当折腾,司马光在其《资治通鉴》论曰:"汉武有亡秦之失而免亡秦之祸。"本著史说部分结尾在汉武帝时,中国人出姓的历史亦基本定型。汉朝的政治体系,其后相延,使中国文化近二千年没有发生大的变化。西汉初年,全国人口估计是一千八百万,据汉武帝元狩二年(前121)的统计,全国人口为五千九百五十九万余人。

篇末注论

秦朝结束了自春秋起五百年来诸侯分裂割据的局面,成为中国历史上第一个以华夏族为主体、多民族共融的统一的中央集权制国家。姓氏至汉初基本定型,这就需要代次年考予以坐实。当今中国是"陆权国家"和"海权国家"的结合体,溯其海洋权益意义重大,这就需要考实秦汉时期不为人知的历史事实。于是徐福东渡建日本国,东瓯国摇王之子北海王占籍台湾,这些缺失的历史需要补充。中国史学对东瓯国的历史记载甚少,为了活化这些古老的历史故事,本著在尊重历史原貌的前提下,以地名信息为导向,作了些文学故事情节的处理。

(一)《史记》秦始皇内容若干补论

秦始皇统一中国,旧有王国贵族子弟想复辟,为大秦帝国的构设留下了巨大的隐患。沧海君在历史的长河中是个匆匆过客,谋除秦始皇当可判断是沧海君领衔的神仙们干的,而不是"楚虽三户,亡秦必楚"。故《淮南子·人间训》记:秦始皇"戍以备越,而不知难之从中发也"。秦始皇统一天下,因为还有东海外越的存在,始终是他的一块心病,于是要建立海上军事力量,占实东瀛诸岛,这才是他的真实企图。盛传的"童男童女"不会是祭海的牺牲品,是秦始皇建立海上军事力量的本来诉求。秦朝时东海岸边有五大口岸:芝罘、碣石、句章、琅琊、会稽,秦始皇就亲自考察了四个港口,即:芝罘、碣石、琅琊、会稽,时句章为今浙江余姚,局势不稳定,故秦始皇唯句章不得游。

秦始皇欲求海洋霸权,于是伐大木造船。历史的误会是:《史记·秦始皇本纪》记:"秦始皇问博士湘君何神? 博士对曰:'闻之尧女,舜之妻而葬此。'于是,始皇大怒,使刑徒三千人皆伐湘山树,赭其山。"从历史看,秦始皇与帝舜没有历史纠葛,从之后的秦始皇第五次东巡还要到洞庭湖遥祭九疑山帝舜的情况判断,始皇毁帝舜二妃祠不可能去做,之所以毁祠,这主要或祠内有屈原《湘君》的诗赋内容,才招致秦始皇如此愤怒。屈原《湘君》开篇即以湘夫人的口气说辞,特别是第九句"驾飞龙兮北征",要征谁? 这不是冲大秦帝国而来吗? 据《括地志》记:"(舜)二妃冢在湘阴(即今湖南湘阴县)北一百六十里青草山上。"今岳阳市君山区的湘山祠二妃冢,是为后人以讹伪作。秦始皇最后一次东巡,第一站是到洞庭湖,他的主要任务是观摩"籍柯"船下线,考察水军操航能否适合东海海上航行。籍柯号船队,当是世界上最早的战舰。《史记·秦始皇本纪》记:秦始皇"浮江下,观籍柯,渡海渚,过丹阳,至钱塘"。籍柯船的造船基地当断是在今湖南洞庭湖,岳阳楼原本亦应该是籍柯船的放样模型地。《史记》秦始皇三十七年即前210年,是年十月秦始皇出游,十一月行至云梦(治今湖北云梦县),至钱塘,临浙江,上会稽,祭大禹。祭大禹以后,又还,过吴中(秦时为会稽郡治所。现江苏苏州市吴中区)。从江乘渡,并海上,北至琅琊。无疑这一行程秦始皇到琅琊已经是十二月的事了,所以发生在之后的秦始皇死卒年,就应该是秦始皇三十八年(前209)的七月暑天。《中国历史纪年表·秦纪年表》记秦始皇三十七年终,这应该是三十八年七月秦始皇死,当年为秦二世元年始。

《封神榜》中的许多神话人物是在秦始皇时的人物,将其著述在商纣王时人物,有以为荒谬!《封神榜》乎?是"封姓榜"也!《封神榜》将杨任及其弟杨戬神化,将秦始皇的暴政,移植为商纣王的残暴;将秦始皇的"阿房宫"工程,移植为商纣王的"鹿台"工程。于是,杨任因谏不宜建"阿房宫"被挖目弃市后成为了《封神演义》破"瘟司阵"的神。出现在《封神榜》中的李靖,又称托塔天王,是著名的道教护法神,也是中坛元帅哪吒的父亲,后位立仙班。有以为唐朝有个李靖,李靖在古典小说《封神演义》和《西游记》中出场。他的形象特征是:身穿铠甲,头戴金翅鸟宝冠,左手托塔,右手持三叉戟,还会使用宝剑。这就应该是由秦时徐福将李靖引申开所演绎的神话故事。哪吒剖腹自杀,是今日本武士道精神榜样,这些就足以说明李靖之名在秦始皇时期就已经出名。

天下有没有神仙?"神仙"一说出自东瓯国。当时所称神仙,是指高智、大德之人,地位相当于今中国科学院院士,东瓯国的神仙们大都有药物研究的成果,或某个领域的先行者。围绕在秦始皇之死时的"神仙"们,主要有三位,他们是:安期生、葛仙翁、张固。秦始皇死后,这三位神仙一并出现在今舟山岛上落地成名。谋除秦始皇的嫌疑人当与这些神仙们脱不了干系。三神仙在秦始皇死后,葛太公、安期生、张固,他们或当时即为神仙,或其后裔成为神仙。安期生去瀛洲炼丹,秦始皇死后,舟山岛上便有了安期峰,安期生有了落籍之地,成"仙"了。张固聚众反秦,今河北省邢台市广宗县张固寨村,是其策源之地,留下了永续的地名记忆。之后所谓唐玄宗时的仙人张果老,其倒骑毛驴的说法源自其先祖张固。今河北省邢台市的张果老墓,绝非是唐初时期仙人张果老的遗迹,而且是远在张果老八百年前的张固遗迹。舟山岛上有张果老洞,无疑是张固随安期生到舟山岛上的炼丹之地,张固成"仙"了。葛仙翁同样出现在秦始皇死亡的路上,地以张葛婴村名留下地名记忆。葛仙翁之后有三国时期的葛玄,道教尊为葛仙翁。葛玄在丹崖山炼丹,《嘉定赤城志》记:"丹崖山,在(黄岩)县南四十五里。岩石俱赤,有金银星焉。世传仙人炼丹于此,故名。有池深可尺余,群乌浴其上,俗名老鸦井,或又曰炼丹井。"葛仙翁亦是数世累加称名。谋除秦始皇当又可判断是最终退居于东瓯的神仙们干的,而不是"楚虽三户,亡秦必楚"。故《淮南子·人间训》记:秦始皇"戍以备越,而不知难之从中发也"。注重东瓯的历史,才能够比较完整地诠释中国的海洋历史。

佛教初传中国其宿主是中国道者神仙化,所谓道佛一家之说。佛教自印度传入,是由水路而来在今浙江舟山岛首传,秦始皇面前陆续出现的神秘人物当是被佛化后的"佛身"。徐福,当是佛教传中国的佛学掌门人,其"福"字即佛名,音是。徐福出征日本,形成了日本最初的建国政教体系政权统治基础。正史资料认为印度佛教传入中国是在东汉汉明帝永平十一年(68),"汉明感梦,初传其道"。与当时在东瓯地域已盛行的佛事相去二百五十多年。佛寺庙宇在东瓯已有"盘若寺"与"普光寺",而被佛学界认为是中国最早的河南洛阳市"白马寺"却推后二百余年。我国唐朝初时的"唐玄奘西天取经"是从陆路试探去西方寻找佛祖,"唐僧"所带去的人物大都可在今古东瓯区域找到其影子,佛教历史在中国的传承当首推古东瓯区域,故谓东瓯是仙天佛国之地。日本的佛教,完全是在中国的东瓯区域化(中国化)之后传去的,日本佛教徒到中国舟山岛寻根,产生了许多故事,这才是真实的"西游记"。

(二)东瓯国开拓了中国海疆

东瓯,区域称名历史自周元王四年(前472)封东瓯君至于之后东瓯国亡于汉武帝建元三年(前138),历时达三百三十四年。东瓯先时是越国范氏东瓯王地,范氏世家自越王勾践亡年(前472)后,至于亡于楚(前306),历一百六十年;东瓯属楚国句章自前305年至于前270年历二十五年;接而是越王勾践之后东瓯王安朱约于公元前269年封治东瓯,至于亡,历一百三十一年。东瓯区域自称国的历史自秦二世元年(前209)起,至于汉惠帝三年(前192)封东瓯国历七年,自汉惠帝三年成为西汉朝的羁縻之国,至于汉武帝建元三年(前138)亡,历时五十四年。东瓯,是我国东方文明的发源地,有着三百余年的称名历史。

东瓯为了抗秦,西边联合百越,东控东海所有大小岛屿数百个;北向收留齐鲁亡民,环东南沿海形成对秦国的月形态势。东瓯面临大海,形成了特有的海洋文化,是迎海而进富有开拓性的文化。东瓯民以善于航海和习于水性的族群而著称,是中国最早面向海洋走向世界的民族。东瓯可谓是秦朝后期历史的中国第二政府,是中国海洋霸业之祖,其历史意义影响深远。东瓯国的历史资料毁于其国消亡时(前138)的战火。东瓯国佚文有部分为明大臣刘基收录,记在《郁离子》中。东瓯城曾有八年的时间为徐福借占以准备出征东瀛。现有天皇山(在今台州市大溪镇)在焉,天皇山腰际有"仙人大脚印",大脚印比常人脚印大一点五倍,这当然是岩石自然状态生就,可这给人有了丰富的想象力。听闻寺中有银杏树,植有两千余年,三人抱护不过,就在20世纪60年代被盗伐,被当时的温岭县严打办处罚。而今关于钓鱼岛的权属问题,日本方面频挑事端。其实钓鱼岛早在秦二世时摇王送徐福便已占实,名"越王钓石",应称钓石岛。其岛历史至今已逾二千多年,要早于日本建国的历史。

东瓯开拓夷荒,稍成郡县。《嘉定赤城志》:"临海有夷洲,古无铜铁,磨砺青石以为弓矢。"古名临海,实为旧台州府地,也就是说,夷洲属台州,当自东瓯起。东瓯为我国早期的海洋发展奠定了基础,带来了早期的海外贸易和移民。东瓯的海洋霸权,形成了后今的地名大定。东瓯退舟(台州),"以舟之聚,故名舟山"。传云今舟山岛是台州市的天台山余脉引致。原舟山地名,在今舟山市定海区南五里,故又名舟山渡。今舟山岛考古者记述的马岙文化,属于新石器时期的有十二处,属于商周时期的八处,尚未探明的九处。今普陀山是著名的道场,即源于东瓯国时,原始道教及仙人炼丹遗迹至今还随处可见。东瓯海退之后,东瓯旧地隆高如臺,三国时故名臺州。臺,今字台,在越语里,意为"退"字近音,指海洋退去而成的陆地。之后称台湾,是台州湾台面上的事,就应该是引台州湾之名而去,因为越语"臺","tai"又读"dai",东瓯人将"台湾"念作"daiwang"。台湾有名,而上海亦应之得名。东瓯国时就已经航海至于古罗马,汉章帝四年(79),古罗马科学家普林尼(23—79)著《自然史》惊呼:"吾国之金钱每年流入印度、赛里斯(中国)及阿拉伯半岛者不下一万万赛司透司(Sesterces)。"(见张星烺《中西交通史料汇编》)东瓯国时,海上丝绸之路形成,中国自此沟通了与欧洲国家的贸易。东瓯国时,扩张出瀛洲、琉球、日本领土,后今所称的倭寇,其大部分是东瓯国遗民。东瓯国扩展海上势力,这无疑是中国历史上国家行为的先行者。东瓯国的历史遗产"东瓯大船",在隋朝隋文帝平陈时(589)没收(见《资治通鉴》),之后失名。东瓯国的东海、南海、北海龙王驻地,近似于今的东海、南海、北海舰队。秦始皇建造的籍柯大船及其六艘附船,堪称中国最早的航海舰队,只有这样的船队,才能将徐福一旅之众兵力投送到日本。东瓯国开凿的石材到哪里去了?而埃及金字塔的石料又从哪里来?东瓯国当年的海洋活动能力可能要比人们想象的丰富得多!

东瓯城(早期)遗址在台州市大溪镇里宅村,并于2013年5月被国务院公布为第七批全国重点文物保护单位。此当是东瓯王范氏时期的都城,古称"东瓯王城",后为徐福东征日本前所占据,进行了一系列军事预演,才称"徐阎王城",再之后的东瓯国时期都在今温州市瓯浦垟,此地当是东瓯国的陪都。东瓯国消亡之后,有遗物遗存:其一,灵龟古镜。现黄岩区院桥镇有广化寺,三国吴赤乌中建,北宋至和二年(1055),挖地时得一枚古镜,背有"灵龟"二字,应该是为东瓯国时的遗物。其二,骆镜。清代在温岭市发现一枚骆镜,径三寸,围圆九寸,重十五两,背纹镂异兽如蛟螭状。细字铭圈转,皆铁线篆。词曰:"骆氏作镜四裔服,多贺国家民人息;胡虏殄灭天下复,风雨时节五谷熟;长保二亲得天力,传告后世乐。"有专家以为,此应该是东瓯国时期宗亲间的献礼品。此外,路桥区沙帽岩青瓷窑址分布在永宁山南麓及其余脉谷堆山、大仁山山坡上,由于二十世纪八十年代垦植枇杷林,出土了许多青瓷窑具和残片、残件有碗、钵、盂、罐、鸡头壶等。釉色以淡青釉为多,也有青釉、青黄色釉,少量酱色釉。这些遗迹中出土的遗物可以证明,古时这一带曾经很是繁华。近几年浙江省文物考古工作战绩斐然,分析历史谜题已很是精到。东瓯塘山大墓的打开,否定了徐偃王墓,确定了是东瓯贵族墓,这又为东瓯君范蠡的切入提供了许多历史信息源。嘻!东瓯国方言与今上海方言异同,形成无锡与上海二千年回文诗佳对:"无锡本湖失湖本锡无,上海自来水来自海上。"

中国的海洋史,早先史书都称是海盗组织,这是历史的误会与贬损。根据古罗马科学家普林尼著《自然史》说,秦朝那期间,航海到达波斯(今伊朗)由陆路复航海至于古罗马,开辟了新路径。《后汉书·西域》记:汉桓帝延熹九年(166)"大秦(指意大利)王丹敦遣使自日南(今越南顺化)徼外,献象牙、犀角、玳瑁,始乃一通焉"。东瓯旧地今台州话有罗马字,这一文化现象说明东瓯旧时就有了与古罗马海上贸易的文化活化石物证。东瓯航海至于高丽国(指今韩国),高丽国出现了与东瓯的同名地址。今丽水、台州、宁波有丽水(市)、奉化(市)、新安(即今台州市路桥区)、大田(属今台州市临海市)、石浦(属宁波市象山县)地名;韩国今亦有新安、奉化、丽水、大田、石浦地名,并且新安、奉化、大田、石浦其方位与旧东瓯几同。考古发现台州仙居、三门、临海的石棚墓,这是与辽东半岛、日本、韩国等地共有的文化现象,这种文化现象反映了这些地区之间的交流,而这种交流显然主要依靠航海活动才产生。东瓯王之都城,道不清,理还乱!今台州市与温州市史学工作者还为东瓯国的都城在哪里争论不休。从当年的历史情景分析,本著补实了范蠡为东瓯君与徐福为徐隐王的史事,则东瓯国都城究竟在哪里就有了十分清晰的界面。东瓯国当年的海洋所属岛屿,在明朝,概而论曰"倭寇"之地,为了防御"倭寇"侵夺,沿海居民内迁,中国失去了不少海洋岛屿的历史故事。作者《游东瓯记》:"岁在戊戌(2018年),余游古东瓯(今台州市、温州市、丽水市)怀古逸兴,有感作记:'台州旧地,古东瓯也。越相范蠡,始筑水城(在今温岭市大溪镇里宅村),山由是崢,潮因而退,地辟千里,民万余众,昌焕乾坤,爱稽邦典。秦始皇令采仙药,童男童女到平原广泽(今温黄平原),山崖壁处故多吊船岩耶。翁岙(在今大溪镇翁岙村)岙里,普济寺(五百童男童女学校)今尚在;东征山(秦朝出征日本之意,即今大陈岛)上,海蚀岩(今称甲午岩)成帆船。东瓯国立,摇毋余王,种德幽然,则垦山填海,良田有矣;则积石为道,行之畅矣;则斫木制舟,水道便矣;则吴侬软语,言之通矣。秦汉以来,退舟一条河、二条河……十条河,三甲成陆,黄琅平地,故台州(退舟同音异字)成名。昔闻徐福为(日本)天皇不朝贡,民甚怨曰:范侨乡(黄岩县古称永宁县,再前称为范侨乡)升,坍东京(指今日本首都)。是东瓯也,桑梓之地,能不念兹?嗟夫!泱泱古国,和合圣地,悠哉游也,不亦乐乎。'"

(三)几大姓氏世系代次考

代次年考发现缺代问题,大部分是因为在传抄过程中互补,或缺页造成的。补充的手段可以从名字首字的偏旁入手,凡是同一偏旁的,决非父子关系,而是兄弟关系。我国唐朝之前取名是姓加单字较为普遍,宋朝以后大多是有辈分排列。代次称呼,一般除自身一代之前称几代孙,除自身一代之前称几代祖。代次年考的应用是关系谱牒世系绘制的成败与否。谱籍文献资料因为历史太悠长,难免存在着在历代传抄过程中出现讹页而造成的缺代问题,因为受断代影响发现有不少将兄弟关系辑成父子关系。世系图制作采用代次年考方法,予以论述世系缺环问题。所谓代次年考,这是指男性生子的平均年龄岁,一代次为三十岁,十代平均下限为二十四岁,上限为三十四岁。以此方法可推算谱牒中出现的世代有没有缺代或多加代数进行计考,以调整代次。我国的彭姓、许姓、徐姓、江姓、熊姓、刘姓、张姓、雷姓、颛孙氏等,其谱系自三皇五帝始至于周朝无缺环,其人物注记符合历史背景,数百家姓出谱史指向性明确,代次不紊,这就为本著概括炎黄世系图谱总本提供了方便,亦为寻找历史纪年有了着落点。有些姓氏本有的世系是完善的,而受各种方面的影响,后世更改产生了一些误代,本著对几个大姓代次存在的问题,整理后报告如下。

彭姓世系记载很是完善,十分珍贵。现根据《中华彭姓通志》转自"陇西彭氏源流图"世系照录。《神仙传》记彭祖在殷末时已经活过七百岁不老,有的谱记就从殷末的"彭祖"起记,上略记"彭祖八百岁",这是彭国纪年总数,而非彭祖有此年龄。彭氏谱记彭祖寿与周武王同时期人,存有三个代差属正常,而在之后的西、东周时谱记多处存在年考同辈关系,本世系图作了适当的迭代处理。

张姓的世谱,按四川射洪《张氏宗谱》记汉留侯张良世谱为主要参考底本进行编辑。张姓的世次难免记事时有讹页造成的误代。讹页有三处,一,黄帝五帝时代讹一页,就拉长了四个代次。致帝禹涂山之会,明明是帝舜时代的张侯之子出场,却将张侯五代孙记去涂山之会。二,张仲是周宣王时谋士,史书有记载,却延后了四个代次才记此事。三,张君臣是晋平公初年(前557)中军司马很有名,生子老亦有记载。张良汉刘邦初年(前206)封留侯。时间差三百五十一年,可传十三代。可是谱记在此后一线排列了十七代,又明显是讹页。三次明显讹页,就多了十二代,故本著作了调整。

王姓以太原王姓宗谱作参考。因为太原王姓没有将中山国列入祖谱,所以初始缺名甚多。自周灵王立(前571)太子晋十五岁,可推太子晋约生于公元前585年间,至于秦将王翦出生年的明确记载是在公元前304年,时间差二百八十一年,传十一个代次比较合理,可谱记王错是太子晋的第八代孙,记王翦是太子晋的第十五代孙,平均是十八点四岁生子,尚不大可能。现故按中山国国王的谱系为底本作了调整。王错是太子晋的第四代孙。按代次年考,王翦是太子晋的第十一代孙。

刘姓世系现以安徽《掩龙刘氏族谱原续》作参考本。刘氏有两个历史名人刘累与他的裔孙杜伯的断代十分重要。一是刘累的断代问题,谱记"行距,生于夏少康十八年(前1738)"。史记刘累"孔甲元年(前1612)养龙"。刘累养龙其年龄已经十分老到,当在二十八岁间,他应该生于公元前1640年前后。行距至于刘累出生年时间差九十八年,只能传三至四代。可谱记刘累是行距的第七代孙,就明显退后讹一页,应予复前四代。唐杜氏彦武生于周武王五年即公元前1054,史书记周宣王四十二年(前786)

杀杜伯，杜伯之子隰叔有独立逃难能力，又到晋即封，可推隰叔时年在二十五岁左右，再前推杜伯时年当在五十余岁，则杜伯应生于公元前836年前后，彦武与杜伯两者之间出生时间相去二百一十八年，只能传八代，谱记传十四代，多者删去。《史记·晋世家》提供了"士雅。侍秦。复刘姓"。注曰：之后传汉高祖刘邦。这一重要的信息为杜伯断代有了时间排列上的可信度，就可发现在唐杜氏阶段亦有退后讹页四个代次的问题。杜伯之后有杜原款为晋献公二十一年(前656)被杀，杜原款是太子申生的老师，年龄当在五十岁左右，则应生于公元前706年间。杜伯至于杜原款出生年时间差达一百四十年，杜原款应该是杜伯的后五世孙，可谱记杜原款是杜伯之孙，悬殊也就实在太大了，故对此世次亦作了调整。《世本》记："司马(迁)选'汉史'也，其纪汉之初，不知高祖之世系，耳目所及尚如此。则二千余年所传闻者其详，尚足信乎？"

　　夏姓。自夏桀亡后，《史记》作者司马迁注曰："至禹，于周则杞，微甚，不足数也！"《会稽堂源流谱》粤稽世系昉于夏氏，有许多内容可补充历史资料之不足，可是世次排列实在冗长。按《竹书纪年》记自夏朝亡于公元前1576年，至于周武王灭商纣王的公元前1050年，时间差是五百二十六年，按二十七岁平均值代隔算可传二十代。这就是说周初东楼公记于史，应该是夏帝桀之后的第二十二世，本著记为第二十一世。而《会稽堂源流谱》粤稽世系却记了四十世，平均十四岁生子是不可能的，故自安宁公之后取辈分排列取名代而记之。

　　黄姓的谱籍世系问题出在五帝时的排列世次太长，根据黄帝图谱先后双字为名，拟合了前十多世的单名为双字名。因为黄姓的出处许多文献资料表明是台骀之后，台骀治水早于大禹治水，是中国历史上成功治理江河的创始人。《古今姓氏书辨证》记："昧为水官，号玄冥师，生台骀，能业其官，宣汾、洮，障大泽有功，颛帝用嘉之，封诸汾川。其后为沈、姒、蓐、黄四国，以国为氏。"这与其后黄姓人辅佐大禹治水有着某种承传关系故予拟合。黄姓谱世资料自与帝禹同期排后，其世传人物事记与历史时间很是契合，即予全部抄录。另郑穆公之后七穆氏，多有世次排列错代，现按年考作了纠误。

　　姒姓谱存放于大禹陵的帝禹之前世系，大部分采用《史记·帝王世纪》的内容，其后有缺代，本著按历史背景作了部分补充。《越绝书》记"无馀后历数传而与编民"，则拟名补充了娄生从庶，以为贫也。从庶生卞民，以为百姓。卞民谱不载名，以为编民也。周武王时，《墨子·非攻下》记："越王繄亏出自有遽，始邦于越。"如此重要的历史文献资料，在姒姓家谱中没有记载，本著作了补充，以不失代次。越子楼之后，失去代纪，家谱后补皆以双字名，实为一字一名不失代次，其中只有少连是双字名。应该是：纲生汝，汝生稷，稷生洽，洽生杞，杞生少连，少连生瑠，瑠生逸，逸生鲤，鲤生必高。姒姓衍派顾姓谱，在闽越国与东瓯国之间的关系有误点，现将闽越君驺繇与东瓯国摇王分离作谱，保全了闽越王无诸之后王位传承的完整性。

陈世家始祖胡公满此前世系不清,依赖颛孙氏谱史得以保全。《颛孙族谱·掘坊志》列颛孙师为得姓(发族)始祖,颛孙师为孔子学生因名。陈姓谱的祖名造假问题,网传罗列了帝舜至于胡公满的世系,联名分析就能看出是虚拟世系。所谓祖宗名次排列有:圣明、之后、时封、邦夏,商断、续周、复昌,约隔、千年、卅二、代对,应更、王祀,相当、仲华,太玄、叔容、隐翼、端明。这就是说:祖先申明(圣明)之后已经失记,在夏朝有过封爵(时封)的邦国(邦夏),商朝时已经没有了爵位(商断),至周朝时才复得爵位(续周),于是陈姓人复昌盛(复昌),大约相隔了(约隔)一千年,传了三十二代(卅二、代对),才得以复兴(应更),有了对先祖的王祀。谎缪是谎缪,但其代次结构十分准确。

代表姓氏平均代次年龄。推以轩辕黄帝约生于公元前2250年。现选择黄帝后传十一个姓氏代次年考如下(所有标示代数都已经除去自身一代):其一,秦国(嬴)世系代次年龄。《史记·秦本纪》记:恶来与周武王同代。恶来出生年约为公元前1080年。后至秦始皇生于公元前259年。时间差为八百二十一年。按秦世系传代为三十四代计数,平均生子年龄为二十四点一五岁。其二,赵国(赵)世系代次年龄。自造父为周穆王御的公元前962年始至公元前222年赵嘉亡于秦,时间差为七百四十年,传世二十八代,平均每代次为二十六点四三岁。其三,刘姓世系代次年龄。帝尧生于公元前2059年。至于汉高祖刘邦公元前265年生,时间距离一千七百九十四年。传六十四代,平均生子年龄为二十八岁。其四,楚国(熊)世系代次年龄。陆终与帝尧同时代人,较帝尧少九岁,约生于公元前2086年。至于末世王负刍亡于公元前223年,可推负刍时年约二十八岁,则生于公元前250年。二者出生年时间差为一千八百六十三年,传六十一代,平均生子年龄是三十点五四岁。其五,越国(姒)世系代次年龄。帝禹生于公元前1998年,至瓯越王摇毋余生于公元前271年,时间差为一千七百二十七年,传六十代,平均生子年龄是二十八点七八岁。其六,徐国(徐)世系代次年龄。夏启九年(前1910)封若木,是年推若木二十五岁。若木约生于公元前1935年,至于徐福约生于公元前255年,时间差一千六百八十年,其传五十九世,平均每代次为二十八点四七岁。其七,彭姓世系代次年龄。彭祖,谱记生于帝尧元年丙子(前2025),至于彭祖寿随周武王伐商纣王时在公元前1050年,此当年强力壮时,约三十岁上下,可推约生于公元前1080年。时间差九百四十五年,传三十四代,平均生子年龄是二十七点八岁。其八,王姓世系代次年龄。周成王生于公元前1056年,王姓出自周灵王太子晋之后,太子晋之后有秦大将王翦,王翦生于公元前304年有明确记载。时间差七百五十二年。传三十二代,平均生子年龄是二十三点五岁。其九,张姓世系代次年龄。张姓以张侯与帝禹同时代拟,帝禹生于公元前1998年,张侯以此年为参考,至于张良约生于公元前252年,时间差一千七百四十六年,传六十四世,平均生子年龄是二十七点三岁。其十,黄姓世系代次年龄。按夏帝少康同时代人刚中拟,少康生于公元前1855年,少康三十岁登帝位,刚中为右相至少年已五十,约生于公元前1875年,至于楚国相春申君黄歇生于公元前314年,时间差一千五百六十一年。传五十八世,平均生子年龄是二十六点九一岁。此上排列统总了四百九十四世次,总一万三千六百二十九年,加权平均代次年龄是二十七点五九岁,近似值为二十八岁。将《圣经》中"耶稣的家谱"承接在夏王族末代帝叔宣林之后,世次排列准确。因为在上古时代,犹太人的信仰其实和中国人的信仰基本上是一致的,故当代有学者以为"耶稣出自颛顼帝之后",本著严谨的世系排列逻辑推断出这一论说的准确性。溯上而推,耶稣约生于公元前5年,是为轩辕氏黄帝第八十世孙,时间距离是为二千二百四十五年,平均生子年龄是二十八岁。《圣经》中"耶稣的家谱"代次年龄,与中国《百家姓》中的平均代次年龄惊人的相符,神啊!

平均代次年龄关系到姓氏家族人口数的消长。近代以法国人马尔萨斯所著的《人口论》指出"人口按几何级数增加,食物按算术级数(递进)",并提倡一对夫妇生育二点一个孩子以保持人口数不要增加。需要解释的是:一对夫妇生育二点一个孩子是个均衡数,一对夫妇生育四个孩子才是几何级增加数。当男性以二十八岁娶妻生子,一对夫妇生育二个孩子(男、女各一),儿子夫妇亦生育二个孩子,此当代可以是三代同堂,六口之家。而三代以后,此家族人口在祖孙三代时就下降,动量在四至六口之间,以后再也不会增加。代次年龄为长者,按以最具代表性的孔姓论,殷祖禼比较与帝尧长约十岁,应该生于前2069年,四十八传至于孔子,孔子生于公元前551年,总一千五百十八年,平均生子年龄是三十一点六三岁。再孔子七十六传至于当代台湾著名学者世袭"衍圣公"的孔德成,孔德成生于公元1920年,总二千四百七十一年,平均生子年龄是三十二点五一岁。总孔子前后平均生子代次年龄是三十二点一七岁。代次年龄长,家族人口繁衍速度缓慢。而王姓可以说是代次年龄最短者,平均生子年龄是二十三点五岁,王姓家族于是人口繁衍速度就快,故今王姓人口排列为百家姓之首。举百年为例,孔家为三代人,王家就有四代人。百年中这一差代,反映到家族人口总数比例上,就是几何级的翻番数。各姓家族,古以三十年修谱一次,或云三十年河东,三十年河西,亦是按毛算代次年龄的道理来确定与叙说的。

在一个国家物资匮乏的年代,抑制人口增长是必要的手段。但随着生产力的提高,农业技术的进步,马尔萨斯的人口论受到了质疑。而当代中国超过一个代次的计划生育,深度地限制人口发展,特殊环境下的独生子女政策,紊乱了生育规律,因而在人口问题上,中华民族将面临巨大的挑战。现今,我国已经进入老龄化阶段,紧随而来的就是人口自然增长率出现负增长。就中国老龄化的问题,联合国的一份报告《2019年世界人口展望》指出,到2049年,中国六十岁以上的老人将占总人口的百分之三十一。如按生育现况存延,中国的人口由现今的十四亿,到2050年或将降至十一亿。无疑,一对夫妇生育两个孩子,中国人口在自然增长率出现负增长以后,将有整一个代次的人口负增长过程。因而,在我国,理论上提倡一对夫妇生育两个以上孩子,可控在适度的生育孩子数范围内,这可以部分顶替国家人口总数将下降带来的一系列问题。如果中国总人口数下降不可控,那将是非常危险的。中华民族要实现伟大复兴的中国梦,也需要人口优势的支撑,国家繁荣稳定而强大,才能巍然屹立在世界的东方。

谱 部

第一章　华夏族世系图

　　世系是人类追记先辈业绩的行孝方式,同时也是用以激励后辈努力进取的教育手段。远古先有世系,后派生姓氏,维系了中华民族数千年的历史。历史的运动创造了社会关系,而世系是国家民族姓氏历史文化的载体。本著以全国通史为底本,构设了华夏世传谱系。据中国科学院遗传所提供的资料,我国历史上曾出现有一万一千九百三十九个姓氏,现今共有五千六百六十二个姓在用。本世系图主要是按炎、黄二帝的传姓排列,图谱中可检索五百多个常用姓氏出处。图谱姓氏排列顺序按朝代王者主次调整,采用谱目按《史记》编题称名。

一、远古结绳吊线图

　　上古无文字,结绳以记事。《易·系辞下》:"上古结绳而治,后世圣人易之以书契。"原始社会结绳而吊线下垂记事,故曰结绳吊线谱。结绳吊线图谱是根据历史文献与各家谱系的集体记忆统考而绘制。

(一)伏羲氏结绳图

　　伏羲氏皇天下是一个时代,有四世五皇。伏羲氏世传图记自燧人氏以后。图中↓为吊线下垂图式,表示传代关系;---为并列形式符号,表示兄弟同辈关系。

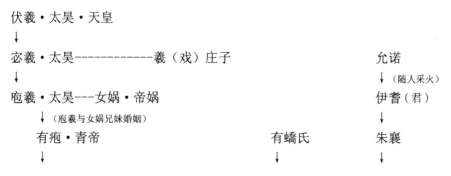

```
有济--------有仍              女登（女）      少典
  ↓            ↓（传任姓）                     ↓（娶女登）
升龙        任姒（女）                         魁隗
  ↓                                           ↓（娶任姒）
（后传黄帝系）                               （后传炎帝系）
```

（二）神农氏结绳图

神农氏炎帝时有七代八帝。世传图按直纵排列。圈内数字为炎、黄两帝系传位序号，↓↘↙为帝传位号，|为父传子号，---为另传子号和兄弟辈号。

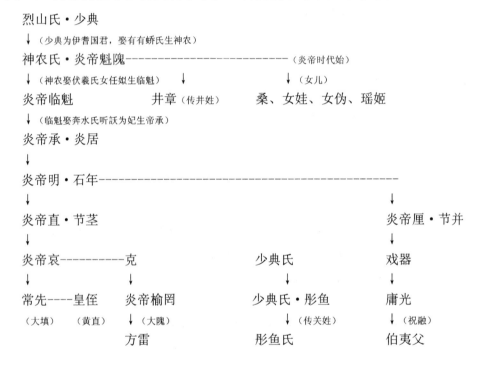

```
烈山氏·少典
  ↓（少典为伊耆国君，娶有有娇氏生神农）
神农氏·炎帝魁隗----------------------------------------（炎帝时代始）
  ↓（神农娶伏羲氏女任姒生临魁）        ↓                    ↓（女儿）
炎帝临魁                  井章（传井姓）     桑、女娃、女伪、瑶姬
  ↓（临魁娶奔水氏听詙为妃生帝承）
炎帝承·炎居
  ↓
炎帝明·石年----------------------------------------------
  ↓                                                      ↓
炎帝直·节茎                                          炎帝厘·节并
  ↓                                                      ↓
炎帝哀----------克            少典氏                  戏器
  ↓            ↓               ↓                      ↓
常先----皇侄    炎帝榆罔       少典氏·彤鱼           庸光
（大填）（黄直） ↓（大隗）       ↓（传关姓）           ↓（祝融）
              方雷           彤鱼氏                伯夷父
```

（三）炎黄二帝关系图

炎帝榆罔与黄帝律具茨山结盟。炎、黄二部落首领关系比较图按直纵排列，|表示传位关系，↓表示传代关系，---表示同辈关系，顿号表示兄弟关系。

```
神农氏·魁隗①            伏羲氏·升龙--------------------
  ↓                       ↓                        ↓
赤帝·临魁②              脱诞                      周晓
  | ↓                     ↓                        ↓（周晚）
```

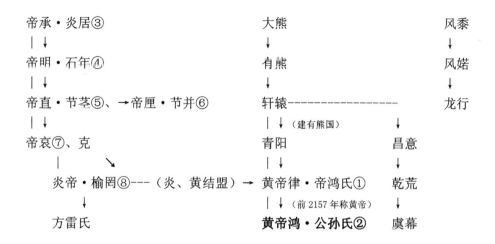

二、黄帝及五帝时期世系图

称黄帝者为五世,即:黄帝有熊氏、黄帝轩辕氏、黄帝金天氏、黄帝帝鸿氏、黄帝公孙氏。前三世是追尊"黄帝"号,为黄帝者是黄帝律帝鸿氏与黄帝鸿公孙氏,史说往往将五世"黄帝"概说,称"轩辕黄帝"。世系记代为什么从黄帝轩辕氏始? 因为轩辕氏是"华族"与"夏族"的共祖。《唐代墓志汇编》记:"黄帝(含五世),共有子四十九人。"本表如实列明。《史记·五帝本纪》记:"黄帝二十五子,其得姓者十四人。"此黄帝当是指黄帝律·帝鸿氏,本表列记十四人。

（一）轩辕氏黄帝世系图谱

世系图表按横向排列,圈内数号为五帝时(实六帝。之后帝王排位皆如是标记)帝位排列序号。横线---|或→,为父传子号。上下排列或用顿号是兄弟,或同辈人。括号内,附注另名或字号与氏族号,或为官名与简易注释。

有熊

↓ （追尊黄帝号始）

轩辕----|	清阳---|	律------|	鸿------|	玄嚣---|	蟜极---|	喾③---|	挚④---|	玄元（传路、慕容姓）
								（高辛氏）	（青阳氏）
							高（阏伯。殷祖。传殷属）
							弃（后稷。周祖。传周属）
							尧⑤（传陶唐氏）
							乾（传巫姓）
							（采郡于青州山,郡名平阳）

```
|    |    |    |    |    |    |辛氏
|    |    |    |    |    |    (辛女。嫁盘瓠)
|    |    |    (穷桑氏。自号赤帝。黄帝时四神之一，称玄武)
|    |    朱宣①-|穷奇
|    |         |穷申---|司羿---|大羿 (传赢姓)
|    |         |  (有穷氏)  |      |  (大业。善射以定赢姓)
|    |         |           |      |大由 (传傅、宾姓)
|    |         |           (司衡、业父，娶颛顼帝女女修)
|    |         |倍伐
|    |         (少昊元妃所生)
|    |         |后照 (传后姓)
|    |    (少昊氏。末代少昊帝。黄帝时四神之一，称朱雀)
|    |    龙苗---|朱虎---|弄明---|伯奋 (传白姓)
|    |         |      |      |伯虎---|子华
|    |         |      |      |      子虎 (传虎姓)
|    |         |      |      (兄弟俩居高辛帝八元之二)
|    |         |      |      |白犬---|犬戎
|    |         |      |      (白犬建狗国。白犬若前世之朱虎)
|    |         |      (融吾。虞帝建官，命朱虎而分职。黄帝四神之一，称白虎)
|    |         |白民---|嘻嘻---|季格---|獾兜 (传轩辕姓)
|    |         |      |      |季仲---|寿麻---|有施
|    |         |      |      |      |      |  (有施氏)
|    |         |      |      |      |      (建寿麻国，周有州靡国)
|    |         |      |      |      (居高辛帝八元之一)
|    |         |      |      |      |季狸---|驩兜---|有扈
|    |         |      |      |      |      |      |  (有扈氏)
|    |         |      |      |      |      |      |厘连 (传厘姓)
|    |         |      |      |      |      |      (三苗之君。后有驩朱国)
|    |         |      |      |      |      (居高辛帝八元之一)
|    |    |浑沌
|    |    (不才子)
|    |    |仓林 (传仓姓)
|    |    |任乔 (传桥、乔姓)
|    |    (昔有熊葬于桥山，黄帝命任桥守陵，子孙因以为氏。传桥、乔姓)
|    (黄帝公孙氏)
|    |酉阳---|酉京---|酉犍---|酉涓 (传西、郿姓)
|    |      |      |      |  (封郿邑，建郿国)
|    |      |      (酉息。古息字作京)
|    |      |儋耳---|淫梁---|酉号---|番禺 (传任姓)
|    |      |禺强 (传海姓)
```

```
|        |        |        |（封海神）
|        |        |（禺魋。首封任姓。因为制酒，去水，又传酉姓）
|        |        |祁成
|        |        （祁成氏掌管典制，封祁姓。后有祁成氏）
|        |        |夷鼓---|左彻---|鼓子---|归藏---|归伯---|夔（传夔姓）
|        |        |        |        |        |        |鬼方氏·女嬇
|        |        |        |        |        |        |（女，嫁陆终）
|        |        |        |        |        |（称黄帝后裔归藏君。传鬼方氏）
|        |        |        |        |（颛顼氏高阳登帝位，鼓子击鼓，封鼓子国）
|        |        |        |（为黄帝削木造像）
|        |        |（夷牟。张挥作弓，夷牟作矢。发明鼓乐。又夷鼓始封于采，为左人）
|        |        |滕畎
|        |        |（田中作埂，畜水养禾。封滕姓）
|        |        |葴言
|        |        |（葴，既箴。箴言规劝，使人行善。封葴姓）
|        |        |壬九---|大临---|?-----|?------|?-----|雒陶（传雒姓）
|        |        |        |        |        |        |        |（帝舜七友人）
|        |        |        |（居颛顼高阳帝八恺之一）
|        |        |（任九，百礼既至，有壬有林，掌礼教。其后建雒国，传雒姓）
|        |        |苟始
|        |        （艺师。制作官帽、礼服。封苟姓）
|        |        |僖乐---|梼戭
|        |        |        （居颛顼高阳帝八恺之一）
|        |        |（掌娱乐之事。封僖姓）
|        |        |姞人
|        |        |（谨慎之人。发明捣臼，使五谷增加食味。封姞姓）
|        |        |儇才
|        |        |（聪慧敏捷之人，发明家。封儇姓）
|        |        |衣裳
|        |        |（设计缝制衣裳，使人蔽体御寒。封衣姓）
|        |        |通巳
|        |        |（黄帝小女任氏。入飞鸿之祥。嫁祝融生共工）
|（黄帝帝鸿氏。称黄帝始）
|        |重（传重、句姓）
|        |（重为句芒木正，世不失职，以官为句氏）
|        |该-----|尹般---|尹祁（传尹姓）
|        |        |        |（瞀史。执契书，掌国家史）
|        |        |（尹般，封尹邑。在今河南宜阳县西北）
|        |（工神）
|        |修-----|叔均---|叔友---|叔齐---|叔献（传修姓）
```

```
|      |      |           |           (居高辛帝八元之一)
|      |      |  (田祖，农官。逐女魃者，先除水道，决通沟渎)
|      |  (蓐收。掌管征收，是为秋神)
|  能-----|昧-----|台骀---|隤凯----|嘉奇---|最舒 (传黄姓)
|      |      |      |      |      |  (有扈氏)
|      |      |      |      |  (南陆。居颛顼高阳帝八恺之一。谥圣)
|      |      |      |允格---|伊源---|简竹---|张正 (传张姓)
|      |      |      |(烈侯)  |(司水正)  |      |  (帝舜增三州，封幽州侯)
|      |      |      |      |      |      |张果
|      |      |      |      |      |      |  (百代传称"仙人"张果老)
|      |      |      |      |      |  (官司马。匡诸霸道，阐演帝图)
|      |      |      |      |格聿---|奇士 (传格姓)
|      |      |      |      |      |犰戎 (传戎姓)
|      |      |      |      |      |  (犰戎氏)
|      |      |      |  (玄冥师。水官之长，是为雨神)
|      |  (熙，亦名轩辕罗、张挥。发明弓箭，结网张罗禽兽。传张姓)
|  (追尊黄帝号，称金天氏。江水侯)
|昌意---|乾荒---|虞幕---|昌仆---|颛顼②-|梼杌---|盘瓠---|三苗
|      |      |(有虞氏)  |      |      |      |      |  (舜为帝，三苗不恭)
|      |      |      |      |      |      |      |妣列
|      |      |      |      |      |      |      |  (嫁季连传芈姓)
|      |      |      |      |      |      |  (狗父。一称龙犬。苗族始祖)
|      |      |      |      |      |      |苗龙 (传苗姓)
|      |      |      |      |      |      |  (帝尧之时，苗龙善画)
|      |      |      |      |      |  (不才之子，帝喾时狗官)
|      |      |      |      |      |骆明---|崇伯---|禹 (传夏属)
|      |      |      |      |      |      |(鲧)   |  (夏后氏，夏祖)
|      |      |      |      |      |      |      |纽 (传钮姓)
|      |      |      |      |      |      |      |  (百工之长)
|      |      |      |      |      |  (愚笨之人)
|      |      |      |      |      |女修---|大业
|      |      |      |      |      |      |  (大业即大猈，定嬴姓，生皋陶)
|      |      |      |      |      |      |大由 (传傅姓)
|      |      |      |      |      |  (女修嫁司衡生大猈)
|      |      |      |      |  (高阳氏。末代颛顼氏帝)
|      |      |      |      |颛颢---|颛臾 (传颛姓)
|      |      |      |      |      |  (后有颛臾国)
|      |      |      |      |  (骆越之人，颛颢独居一海之中)
|      |      |      |  (虞迥)
|      |      |穷蝉---|敬康---|句芒---|蟜牛---|瞽叟---|舜⑥ (传虞属)
```

```
|   |   |   |   |   |   |            |（有虞氏，传妫姓）
|   |   |   |   |   |   |            |象
|   |   |   |   |   |   |      弥冁---|伯儵（传吉姓）
|   |   |   |   |   |   |            |（封南燕国，传姞姓）
|   |   |   |   |      龙降
|   |   |   |   |   （有虞氏。居颛顼高阳帝八恺之一）
|   |   |   季禺---|厌越---|蒙格---|拓跋---|始均（传元姓）
|   |   |   |      |      （区夏）  （云代）  （传鲜卑、斛斯、尔朱、呼延姓）
|   |   |   |      （奄有。越以居北夷，邑于紫蒙之野，号曰东胡）
|   |   |   （应天。天女降嫄，是生神元）
|   |   |   僻儒、魍魉、宫室
|   |   （建有虞国。称颛顼氏始）
|   |   韩流---|寒哀---|干类（传干、赣、寒姓）
|   |   |      |      （擅长于干栏建筑）
|   |   |      （为黄帝鸿驾御马车，为寒氏始祖。后有寒国）
|   |   （寒流，伯明氏。黄帝律的车哀正）
|   |   苍林---|苍颉---|苍史---|苍舒（传苍姓）
|   |   |      |      |      （居颛顼高阳帝八恺之首）
|   |   |      |      （史皇氏）
|   |   |      （苍颉造字，后有契书，缙云命官，引苍精而纪号，是为史皇氏始）
|   |   安（传安姓）
|   |   （住在西边，建安息国）
|   |   悃
|   |   （受封北国鲜卑山）
|   （伯阳。若水侯）
（追尊黄帝号）
```

（二）伏羲氏世系图谱

```
龙行----|风起---|风后---|风挠---|风仲---|仲容---|仲堪（传仲姓）
|      |      |      |      |      （重。居高辛帝八元之一）
|      |      |      |      |      仲熊
|      |      |      |      |      （居高辛帝八元之一）
|      |      |      |      （颛顼帝八恺之一）
|      |      |      （大挠。造甲历）
|      |      （黄帝四辅之一）
|      风钜---|风胡（传风胡氏）
|      |      （封胡、封父。黄帝属下善剑者）
|      （黄帝四辅之一）
```

```
|太乙---|太山---|太冥
|       |       |（主不周山，不周山崩坍，太冥逃，客死在昆仑之墟）
|       |       |太常---|太容---|太风（传太、风姓）
|       |       |       |（黄帝鸿大臣）
|       |       |（太山稽。黄帝司徒）
|       |应龙---|苍龙---|蠱龙---|飞龙---|翼龙---|承龙---|龙（传龙姓）
|       |       |       |       |       |       |       |（帝舜纳言）
|       |       |       |       |（颛顼帝命飞龙作八风之音，曰承云，以祀上天）
|       |       |       |（表灵异而称族）
|       |       |（黄帝四神之一）
|       |（涿鹿之战中主将，轩丘封氏）
|宿沙---|风任---|风宿---|须朐---|？------|？------|瞿子---|有卨
|       |       |       |（须句）|       |       |       |（煮海水为盐，建宿国）
|       |（一记凤沙，风姓。煮卤水为盐）
（有熊国大臣）
```

（三）神农氏炎帝世系图谱

```
炎帝厘--|帝哀---|常先---|大款---|大敖---|大封（传大、敖姓）
|       |       |       |（高阳颛顼帝师）
|       |       |（黄帝鸿大臣）
|       |       |诅诵---|孔甲---|？------|？------|孔壬（传孔姓）
|       |       |       |       |       |       |（帝尧时水官）
|       |       |       |（作《盘盂》二十六篇以记黄帝史）
|       |       |（黄帝左史）
|       |       |（大填。黄帝四辅之一）
|       |皇佐
|       |（神农黄直）
（节并）|克-----|榆罔---|方雷---|雷公---|庭坚---|养庚---|方回（传方姓）
|       |       |       |       |       |       |       |（上中仁人）
|       |       |       |       |       |（天象尹）
|       |       |       |       |（颛顼帝八恺之一）
|       |       |       |麟异---|畅-----|埋（传雷姓）
|       |       |       |       |       |（登。继重黎为火正之官）
|       |       |       |（元杻，医佐，为黄帝泡制草药）
|       |       |       |方雷氏·女节
|       |       |       |（黄帝妃）
|       |       |       |方相氏·嫫母
|       |       |       |（黄帝次妃）
```

```
|      |      |（方雷氏。为黄帝相，玄衣朱裳，执戈扬眉，率百官而朝，以宗室驱疫）
|      |      |大称---|老童---|卷章---|重黎---|羲和---|和仲
|      |      |       （祝融）  （祝融）  |       |       （传程姓）
|      |      |       |       |       |       |和叔
|      |      |       |       |       |       （传和姓）
|      |      |       |       |       |       |之崦
|      |      |       |       |       |羲仲---|东不訾
|      |      |       |       |       |       （帝舜七友人）
|      |      |       |       |       |       （称东方氏）
|      |      |       |       |       |羲叔
|      |      |       |       |       （祝融。火正之官）
|      |      |       |       |吴回---|陆终---|昆吾（传昆吾氏）
|      |      |       |       （祝融）  |       |参胡（传胡、董姓）
|      |      |       |       |       |彭铿（传彭姓）
|      |      |       |       |       （彭祖。彭姓始祖）
|      |      |       |       |       |会人（传妘、邬姓）
|      |      |       |       |       |安仁
|      |      |       |       |       （曹安。传邾姓）
|      |      |       |       |       |季连（传芈姓）
|      |      |       |       |       （芈连，娶盘瓠女妣列）
|      |      |       |       |       （音委。娶鬼方氏女女嬇。生六子）
|      |      |       |       |       |莱言---|莱夷---|莱朱
|      |      |       |       |       （莱夷作牧）
|      |      |       |       |       （后有莱国）
|      |      |       |       |长琴
|      |      |       |       （《山海经》："太子长琴，是处榣山始作乐风"）
|      |      |参卢---|姜美---|斯遂---|匚二---|森浸（传北狄）
|      |      （守炎帝陵。建潞子国）
|      |      |禺-----|叔歜---|叔达---|叔豹
|      |      |       |       （居高辛帝八元之一）
|      |      |       （居颛顼高阳帝八恺之一。传达姓）
|      |      （小子似猴）
|      （大隗。炎帝，大庭氏）
|      |鬼臾区
|      （大鸿）
|戏器---|庸光---|夷父---|共工---|术器
|      |       |       （术灭。与颛顼争帝位，怒触不周山。称"苍天"）
|      |       |       |卫器---|姜条---|四岳---|向伯（传向、岳姓）
|      |       |       |       （建向国）
|      |       |       |       （术器从孙，帝尧首辅，议大事者）
```

```
|   |   |          (少昊帝时水官)
|   |   |   |   共鼓---|勾龙---|噎鸣---|信------|夸父
|   |   |   |   |   |   |   |   (信)
|   |   |   |   |   |   |   许耳---|许由
|   |   |   |   |   |   |   (尧让帝位,许由不受)
|   |   |   |   |   |   土方---|土正---|方土
|   |   |   |   |   |   |   |   (帝禹时方土反)
|   |   |   |   |   |   |   (方鸠国偰功)
|   |   |   |   |   |   (建土方国)
|   |   |   |   |   (因功封"后土")
|   |   |   |   (少昊帝时掌管木正,与货狐共同凿木为舟)
|   |   |   (共工氏始祖,史称伯夷父)
|   |   (祝融。黄帝四辅之一)
|   |   姜钜---|甘中---|奔羊---|天魁---|勤进---|佑滇(传甘姓)
|   |   |   |   |   (创建巫教)
|   |   逢伯陵-|鼓------|灵恝---|姜氏(传氏、邸、姓)
|   |   |   |   姜齐---|伊吕---|伯垂(传姜姓)
|   |   |   |   |   (伊吕升朝,自得台衡之望)
|   |   |   |   伊祁
|   |   |   |   (帝尧文字老师)
|   |   |   |   姜嫄
|   |   |   |   (帝喾正妃,生后稷)
|   |   延------|?------|?------|?------|?------|饕餮
|   |   |   |   |   (延传五世,贪于饮食,定为四凶)
|   |   (制定乐曲)
|   |   殳------|殳戕---|殳忻(传逢姓)
|   |   |   |   (帝尧封殳侯)
|   |   (发明箭靶)
|   (伯服。夏官缙云氏)
(字节茎。将有巢氏树上架木为巢,改为地上架木为屋,有大功称高侯)
```

（四）其他边支同代世系图

柏皇氏：
```
?------|?------|柏高---|岐伯---|柏常---|柏亮父-|柏招---|柏成---|柏誉
|   |   |   |   |   |   |   (上中仁人)
|   |   |   |   |   |   (子高。帝尧时诸侯,因氏焉)
|   |   |   |   |   |   柏虎---|柏阳
|   |   |   |   |   |   (上下智人)
```

```
    |       |       |       |       |       |（帝喾师）
    |       |       |       |       |（伯夷父。颛顼帝时畜牧师）
    |       |       |       |（黄帝、少昊帝时地官）
    |       |       |（尝百药，作《黄帝内经》）
    |       |（黄帝陶正）
伊耆氏：
?------|?-----|力牧---|?-----|?-----|?-----|伊长孺-|伊献
    |       |       |       |       |       |       |（献诸山洪水图）
    |       |       |       |       |       |庆都
    |       |       |       |       |       |（帝喾次妃，生帝尧）
```

三、夏代世传图

　　夏世系包括：炎帝世；黄帝后传虞属、夏属、殷属、周属；古老姓氏十数例。本图记自黄帝轩辕氏第八世始，记代应扣除自身一代称第七代孙，后图文皆如是扣算。

夏代世系（之一）

```
虞属：
瞽叟----|舜-----|商均---|姚箕伯-|强余---|虞颉---|虞思---|虞友龙-|虞寿肸（传虞属）
    |       |       |       |       |       |（虞君姚思，佐夏室中兴）
    |       |       |       |       |       |虞遂
    |       |       |       |       |       |（建遂国）
    |       |       |       |       |（虞君，妻夏少康二女）
    |       |       |       |（姚姓。之后有邹国）
    |       |       |（封于虞）
    |       |       |义均---|直柄（传司徒氏）
    |       |       |（虞戏。司徒官，则传司徒氏）
    |       |       |姚散（传蒲、濮姓）
    |       |       |（建蒲国）
    |       |       |虞戏（传虞姓）
夏属：
鲧------|禹①---|启②---|太康③
    |（夏祖）|       |仲康④-|相⑤---|少康⑥-|伯杼⑦-|槐⑧---|芒⑨（传夏属）
    |       |       |       |       |       |叔宠（传窦姓）
    |       |       |       |       |       |（少康不忘住窦洞苦日，赐窦姓）
```

```
|         |          |          |          |          季杼---|丕诚---|宗元（传姒姓）
|         |          |          |          |                |（兀余，会稽氏。封会稽守大禹陵）
|         |          |          |          成烈（曲烈。封鄫子爵，传曾姓）
|         |          |          贞-----|铎-----|零-----|济-----|瑾（传鲍鱼姓）
|         |          |          （其后封于鲍，传鲍姓）
|         |          斟灌---|开甲---|归（传湛、灌姓）
|         |                |（驻守弋邑，为弋王）
|         |          （瑾。建斟灌国。饮恨东莱山）
|         |          斟寻---|木丁---|悖（传斟、寻姓）
|         |                |（驻守过邑，为过王）
|         |          （鄩。建斟寻国。饮恨东莱山）
|         |          挚-----|莘-----|涛-----|? -----|? -----|辛远（传辛姓）
|         |          （封莘地。建有莘国，号有莘氏，后传莘、辛、董、伊、卜姓）
|         况-----|顾伯（传顾姓，称北顾）
|         （封于顾，建顾国）
|         罕-----|余干（传余姓）
|         |          水工（帝禹庶孙为水工，传水姓）
|         （因母会稽涂山人，去水为余，封余庆王）
```

殷属：

```
卨-----|昭明---|相土---|昌若---|曹圉---|冥-----|恒-----|振-----|上甲微（传殷属）
|         |          |          |          |                |（王亥。传鸥姓）
（契。殷祖）
```

周属：

```
弃-----|癸玺---|叔均---|不窋---|鞠-----|牛耕---|陶-----|侯亚---|孙子都（传周属）
|         |叔望   |          |          （稚子）   （田稷。夏少康时农官）
|         |          |          （传鞠姓）
（后稷。周祖）
```

方姓：

```
土正-----|? -----|? -----|? -----|方爵---|? -----|? -----|? -----|?（传方姓）
```

雷姓：

```
埏-----|渠援---|熏土---|颉顽---|麃麃---|凫-----|瑀-----|公弁---|孟雄
|         |          |          |          |                |          |（幽州牧）
|         |          |          |          |                |          孟华（传雷姓）
|         |          |          |          |                |（帝槐车正，殁于王事）
|         |          |          |          （处乱世而自作耕耘）
|         |          |          （夏政失邦，颉顽傲世）
|         |          （烧土作肥，以长五谷）
（帝禹时，筑堤开渠者也）
```

任姓：

番禺----｜奚仲---｜吉光---｜巫乾---｜有济---｜任伯---｜任？---｜任灵---｜季仟（传佤姓）

　　　｜　　　　　｜　　　　　｜（封于巫）

　　　｜（夏车正，发明舟船。后有仲虺名出）

　　　｜禺彊（传强、党姓）

　　　｜（禺强氏）

黄姓：

最舒----｜原冤---｜有扈（传崇、苻、扈姓）

　　　｜　　　　　｜（有扈氏亡于夏帝启八年，即前1911年）

　　　｜　　　　　｜凯涵---｜俞寿---｜侠仙---｜模要---｜刚中---｜龙-----｜邺

　　　｜　　　　　｜（函）　　｜（所）　｜　　　　｜　　　　｜　　　　｜麟　　｜郯（传黄姓）

　　　｜　　　　　｜　　　　　｜　　　　｜　　　　｜　　　　｜（少康右相）

　　　｜　　　　　｜　　　　　｜　　　　｜　　　　｜（仲康时乐正）

　　　｜　　　　　｜　　　　　｜　　　　｜（夏太康时水师）

　　　｜　　　　　｜　　　　　｜（夏启灭有扈，夏后氏兴，函如之晏如）

　　　｜（有扈氏）

陶唐氏：

尧------｜丹朱---｜房陵--（中缺三十三世）--｜房钟---｜房沈---｜房雅（传房姓。后有唐相房玄令）

　　　｜洪淇（传陶姓）

　　　｜大节（传谌姓）

　　　｜监明---｜永河---｜济乐（传伊姓）

　　　｜（伊耆氏。后有商帝汤时贤相伊尹）

　　　｜源明---｜永和---｜济安---｜岁纪---｜正坤---｜长历---｜德尧---｜仁宏（传陶唐氏）

　　　｜　　　　　｜（刘式）　｜（原谱记与上叠代，以辑录后者）

　　　｜（屈刘，封唐侯，建唐国。后传刘姓）

嬴姓：

大羿----｜大费---｜大廉---｜后羿

　　　｜（柏翳）｜　　　　　｜（在帝夷羿，冒于原兽。传夷姓）

　　　｜　　　　　｜（夏后氏开国，使折金于山川而铸九鼎）

　　　｜皋陶---｜伯益---｜玄仲---｜惠明---｜江芝---｜期-----｜洪-----｜襄（传江姓）

　　　｜（咎繇）｜　　　　　｜（恩成。历世大理官。后传李、江姓）

　　　｜　　　　　｜　　　　　｜若木---｜调-----｜房-----｜仁-----｜豹-----｜谦（传徐姓）

　　　｜　　　　　｜仲甄---｜玄英（传六、陆姓）

　　　｜　　　　　｜　　　　　｜（天文学者，于天台山观察天象）

　　　｜　　　　　｜封偃---｜飞廉---｜嬴武---｜嬴琪---｜龙降---｜仲容---｜仲黎（传嬴姓）

夒姓：

归伯----｜夒-----｜伯封---｜封豕---｜恭世子-｜瓠巴---｜瓠姓盘（传归、胡姓）

　　　｜　　　　　｜　　　　　｜　　　　｜　　　　｜（盘王。瑶族始祖）

　　　｜　　　　　｜　　　　　｜　　　　｜（瓠巴鼓瑟而游鱼出听。后建归胡国）

|　|　|　|　|夔门---|云阳---|鱼腹---|重节(传隗、鬼方姓)
|　|　|　|　|　|　|　|(奉节建白帝城)
|　|　|　|　|云游(传乐姓)
|　|　|　|　|(作歌为乐。后有晋大夫乐王鲋名出)
|　|　|　|(南披楚泽,建夔国。在今湖北姊归夔门)
|　|　|　|(为夏朝摄政王后羿所灭)
|　|　|(封地在今河南滑县东南)
|(帝舜时乐正。娶有仍氏女玄妻。玄妻美艳,传三世恭世子生祸)

张姓:

张正----|张侯---|钦若---|桃-----|师-----|宣-----|隐
|(天杰)|　|榆-----|临-----|宜-----|阳-----|安-----|考(传张姓)
|　|　|　|(夏少康时大夫)
|(大禹涂山之会,封侯)

程姓:

羲和----|和仲---|?-----|?-----|?-----|?-----|?-----|?(传程姓)
|　|(夏帝仲康灭羲和氏,天文学遭遇灭顶之灾,谱史被毁)

陆终氏:

陆终----|昆吾---|?-----|?-----|?-----|?-----|有苏---|?(传昆吾氏)
|(樊。昆吾氏夏朝时世为夏伯。夏帝芬二十三年,即前1715年封地有苏)
|参胡---|飂叔安-|重父---|代-----|明-----|闰-----|晖-----|结(传飂姓)
|　|　|(后有代国。传董、代、廖姓)
|　|(封"豢龙氏"。重父生代,始封飂川,别为飓夷。飓夷亡于商)
|(飓夷氏。驻在蓼山下,开凿蓼阳河、蓼阴河。之后世封皋青子湖阳,名曰:蓼国)
|彭铿---|夜、完
|(彭祖)|潨-----|伯福(传钱姓。其后在商为守藏史,在周为柱下史)
|　|　|伯寿---|振祉、振祥
|　|　|　|振禧---|傲康---|养廉---|献-----|宁帆(传彭姓)
|　|　|　|(政字)|　|(义朗)
|　|　|　|　|季廉(元哲。封豕韦,建豕韦国,传韦姓)
|　|(希祖。大彭国君王。称彭祖氏)
|韩(夏启大夫)
|稽(封于诸稽,传诸稽氏)
|会人(传妘、邹姓)
|安仁---|均连---|彩白---|季劄---|主廷(传曹、朱姓)
|(晏安)
|季连---|丽季---|穴熊---|熊完---|熊服---|熊元---|熊机
|(芈连)|(附沮)|　|　|　|　|熊杼---|熊怀(传芈姓)

姜姓:

伯垂----|伯夷---|太岳---|恒-----|吕宣侯-|定侯---|怀侯---|桓侯---|宙侯(传姜姓)

```
|      |      |      |      |      |              |（望）    |（允）
|      |      |      |      |      |（吕监。夏少康时为侯）
|      |      |      |      |（相。寒浞九年即前 1865 年为侯）
|      |      |      |（吕梁。夏仲康亡时，宣侯立）
|      |      |先龙---|玄氏
|      |      |      |（玄氏氏）
|      |      |      氐羌（传乞姓）
|      |      |      |（氐羌立九族。《山海经》记："氐羌乞姓"）
|      |      |逢蒙（传逢姓）
|      |      |      |（后羿家臣）
|      |      |（龙先、西岳，为神）
|      |（伯子、伯夷父。帝舜心吕之臣。大禹末为帝前老师。伯夷佐夏，乃有吕国）
```

（帝尧时共工之官，因命氏列于诸侯，封于共国，即今河南省辉县，称共伯，后传共姓）

许姓：

```
许耳----|许由---|许嵩---|许浑---|金……
|      |      |      |（平陆多水淹，开辟太华山）
|      |      |许庸
|      |      |（"愚公移山"寓言来自于许庸）
|      |      许木---|胎初---|叔真---|食我---|师表
|      |      |      |      |      |师中---|鰕-----|明（传许姓）
|      |      |      |      |      |      |（墨和）    |（王壬）
|      |      |      |      |      |（夏少康司空官）
|      |      |      |      |（键。助少康诛寒浞）
|      |      |      |      |（珏。夏相时国中国，夏少康时相国）
|      |      |      |（夏仲康时，避羲和氏同族难，居孤竹林，为孤竹君）
|      |      |（墨如，号太叔。帝舜之时，伐蓝夷有功；帝禹末帝前老师。封于墨。墨姓始）
|      |（尧让帝位，许由逃之）
|      许侗---|纪宜侯-|纪桓---|纪甲---|纪安---|纪丙---|？-----|纪？（传纪姓）
|      |      （购）    （定都今河南南阳）
|      |      （夏禹老师。出策导河入海有功封国）
|      （纪后、后君。帝舜末帝前老师）
```

甘姓：

```
佑滇----|？-----|？-----|？-----|？-----|？-----|？-----|？-----|甘？（传甘姓）
```

夏代世系(之二)

虞属:

虞寿肸-- |虞叔仪- |康伯
　　　　 |康仲---- |祖妫--- |妫发--- |妫方--- |妫振--- |妫维--- |妫寿因（传妫姓）
　　　　 |　　　　 |（虞宾）|　　　 |（帝汤封于虞以奉舜祀。妫姓始）
　　　　 |　　　　 |　　　 |　　　 |妫终古（传佟姓）
　　　　 |　　　　 |　　　 |　　　 |（夏末太史令终古出奔商）
　　　　 |　　　　 |　　　 |　　　 |（改妫姓）

夏属:

芒⑨---- |泄⑩--- |不降(11)- |孔甲(14)- |皋(15)--- |发(16)--- |履癸(17)- |淳维（传匈奴族）
　　　　 |　　　 |　　　　 |　　　　 |　　　　 |　　　　 |　　　　 |（殷时奔北方，建匈奴国）
　　　　 |　　　 |　　　　 |　　　　 |　　　　 |　　　　 |（夏桀。夏亡于前1619）
　　　　 |　　　 |　　　　 |　　　　 |　　　　 |　　　　 |履林--- |康发--- |森林、森泰
　　　　 |　　　 |　　　　 |　　　　 |　　　　 |　　　　 |　　　　 |　　　　 |森邱（传夏姓）
　　　　 |　　　 |　　　　 |　　　　 |　　　　 |　　　　 |仲发、少发、文发、武发
　　　　 |　　　 |　　　　 |　　　　 |　　　　 |　　　　 |（皇公。夏亡夹其图谱逃山东）
　　　　 |　　　 |扃(12)--- |厪(13)--- |威------ |宣林--- |亚当--- |该应
　　　　 |　　　 |　　　　 |（帝叔）|　　　　 |　　　　 |　　　　 |（种地）
　　　　 |　　　 |　　　　 |　　　　 |　　　　 |　　　　 |亚伯
　　　　 |　　　 |　　　　 |　　　　 |　　　　 |　　　　 |（牧羊）
　　　　 |　　　 |　　　　 |　　　　 |　　　　 |　　　　 |塞特--- |以挪士
　　　　 |　　　 |　　　　 |　　　　 |　　　　 |　　　　 |　　　　 |（传伊拉氏）
　　　　 |　　　 |　　　　 |　　　　 |　　　　 |　　　　 |夏娃
　　　　 |　　　 |　　　　 |　　　　 |　　　　 |　　　　 |（夏亡，被禁锢在伊田园，兄妹婚姻）
　　　　 |　　　 |　　　　 |　　　　 |　　　　 |（宣陵，地因人名。伊甸园团土造人）

辛姓:

辛远---- |?------ |?------ |?------ |?------ |?------ |?------ |辛关--- |关龙逢（传辛姓）
　　　　 |　　　　 |　　　　 |　　　　 |　　　　 |　　　　 |　　　　 |　　　　 |（天下死谏第一人）
　　　　 |　　　　 |　　　　 |　　　　 |　　　　 |　　　　 |　　　　 |长卿
　　　　 |　　　　 |　　　　 |　　　　 |　　　　 |　　　　 |　　　　 |?------ |尹谐
　　　　 |　　　　 |　　　　 |　　　　 |　　　　 |　　　　 |　　　　 |（附夏桀，为汤所戮）

姒姓:

宗元---- |绍圣--- |毅正--- |子诚--- |娄------ |从庶--- |卞民--- |余暨--- |俶（传姒姓）

鲍鱼姓:

瑾------ |懿殳--- |瀚------ |胄------ |明------ |乾叔--- |丙------ |政------ |轸（下接鲍鱼姓）
　　　　 |（发明用竹竿制成有棱无刃的兵器殳）

殷属:

上甲微--|报乙---|报丙---|报丁---|主壬---|主癸---|成汤①-|文丁---|太甲④ (传殷属)
　　　　|　　　|　　　|　　　|　　　|　　　|　　　|（太丁）
　　　　|　　　|　　　|　　　|　　　|（传汤姓）外丙②
　　　　|　　　|　　　|　　　|　　　|　　　|仲壬③

周属:

孙子都--|公孙仲-|诸益---|诸槷---|公刘---|庆节---|皇仆---|差弗---|毁腧 (传周属)
　　　　|　　　|　　　|　　　|刘（另有传刘姓）

方姓:

? ------|? -----|? -----|? -----|? -----|? -----|? -----|? -----|?

雷姓:

孟华----|绿夫---|梦珍---|台光---|太得---|泷骏---|长庚---|蓓-----|翠 (传雷姓)
　　　　|　　　|（梦祯）|　　　|　　　|（汤为帝，官太守）

任姓:

季任----|任口子-|? -----|? -----|? -----|仲虺---|臣扈---|祖己---|天癸 (传任姓)
　　　　|　　　|　　　|　　　|　　　|　　　|（商太甲时辅相）
　　　　|　　　|　　　|　　　|（商汤帝时左相。后传任、仲姓）

黄姓:

邺------|应-----|正-----|畅-----|秉-----|渊-----|绮-----|颜-----|修 (传黄姓)
　　　　|（膺）　|直　　|　　　|　　　|　　　|　　　|（帝汤记书臣）

唐陶氏:

仁宏----|廷光---|爵南---|行距---|茂清---|孔阳---|日胜 (旧唐国国君，传唐姓)
　　　　|　　　|　　　|　　　|　　　|　　　|日永---|德荣---|聚议
　　　　|　　　|　　　|　　　|　　　|　　　|　　　|　　　|（传御龙氏）

（帝尧生于前2059年，刘累给帝孔甲养龙为前1612年，当生于前1632年。差年427年，传十七代，平均生子年龄二十五岁）

江姓:

襄------|食-----|通-----|宝-----|威-----|瑱-----|伯昌---|保-----|颖 (传江姓)
　　　　|　　　|　　　|珎　　|　　　|燖　　|伯建　|　　　|颜

徐姓:

谦------|金-----|晔-----|祖禹---|济-----|宝-----|绍-----|兴-----|强 (传徐姓)

嬴姓:

仲黎----|运奄---|茏袭---|将染---|修鱼---|白冥---|费伯昌-|叔达---|孟戏 (传嬴姓)
　　　　|　　　|　　　|　　　|　　　|（夏桀二十九年奔商）
　　　　|　　　|　　　|　　　|　　　|费廉---|瞻葛伯 (传诸葛姓)
　　　　|　　　|　　　|　　　|（占葛伯地。以为住葛地）
　　　　|　　　|　　　|　　　|（时有赵梁，桀时之谀臣）

张姓:

考------|承-----|訾-----|珑
　　　　|　　　|璺　　|琦-----|契-----|希-----|燧-----|秦-----|还 (传张姓)

```
    |        |        珍        |        |        |        |        迈
    |        |        |         |        |        |        | （帝桀时大雨，隧道崩塌逃之生还）
    |        |        |         |        |        |        | 泰
    |        |        |         |        |        |        | （望重山学通坟典，为帝桀规划隧道）
```

程姓：
```
? ------ | ? ----- | ? ----- | ? ----- | ? ----- | ? ----- | ? ----- | ? ----- 荆伯（传程姓）
         |         |         |         |         |         |         | （建程国）
```

昆吾氏：
```
? ------ | ? ----- | ? ----- | ? ----- | ? ----- | ? ----- | ? ----- | 苏？（传昆吾氏）
         |         | （迁于许地，即今河南许昌）
```

飂姓：
```
结 ------ | 渊 ----- | 光 ----- | 颖 ----- | 玦 ----- | 试 ----- | 重 ----- | 垫 ----- | 珊（传飂姓）
          |          |          |          |        （垫）
```

彭姓：
```
宁帆 ---- | 梦熊 --- | 秉 ----- | 可爱 --- | 积古 --- | 颂新 --- | 团 ----- | 靖忠 --- | 奇瑞（传彭姓）
          |          |          |          |          |        （为成汤祷雨）
```

芈姓：
```
熊怀 ---- | 熊胤 --- | 熊靡 --- | 熊祖 --- | 熊潜 --- | 熊仅 --- | 熊绅 --- | 熊克 --- | 熊成（传芈姓）
```

姜姓：
```
宙侯 ---- | 宇侯 --- | 高侯 --- | 许侯 --- | 宰侯 --- | 吕前
         （辂）      |        （禹宣）  | （如）   | 禅侯 --- | 启侯
          |          |          |          | （吕龙）   | （吕清。随汤除桀）
          |          |          |          | 蒯侯 --- | 正侯 --- | 衡车（传姜姓）
          |          |          |          | （吕荆）   | （吕克。为桀杀。吕亡）
          |          | （名祖荣，讳吕墨）
```

许姓：
```
明 ------ | 敏 ----- | 丞山 --- | 胜楡
          |          | 胜楡 --- | 墨夷子 - | 前芬 --- | 元
          |          |          |          | 屋 ----- | 壬圣 --- | 孜全（传许姓）
          |          |          |          | （箕胜）   | （启叔）
          |          |          | （墨阳。帝汤复封孤竹君，号孤竹）
          |          |          | （夏桀时军政大夫。帝汤元年三月丙寅封孤竹君）
          |          |          | 前芳 --- | 许胜、许永
          |          |          | （墨兴）   | 许旭、许吕
          |          |          | （墨仲，墨胎氏。与伊尹佐汤借葛伯仇饷为由伐夏）
          |          | （墨青） | （墨钜。建伯夷国）
```

纪姓：
```
? ------ | ? ----- | ? ----- | ? ----- | ? ----- | ? ----- | ? ----- | ? ----- 纪？（传纪姓）
```

甘姓:

? ------|? -----|? -----|? -----|弇相---|有参---|重升---|神懿---|妨尊（传甘姓）
　　　 |　　　 |　　　 |　　　 |　　　 |　　　 |　　　 |（护太甲正位）
　　　 |　　　 |　　　 |　　　 |（甘蝇）（佐商帝汤）

四、商代世传图

商世系包括:炎帝世;黄帝后传虞属、夏属、殷属、周属;古老姓氏十数例。本图记自黄帝轩辕氏第二十四代始。

商代世系(之一)

妫姓:

妫寿因--|敖-----|胜-----|元捷---|偃-----|姑猛---|公允---|蔺-----|填叔（传妫姓）

辛姓:

关龙逢--|茗-----|辛贤---|联-----|棠-----|福-----|明远---|成列---|丰寅（传辛姓）
　　　 |若　　　|　　　 |　　　 |　　　 |　　　 |（望）

夏姓:

森邱----|永安---|流和---|长刚---|谢平---|职全---|求安---|安宁---|东康（传夏姓）
　　　 |（永）　|（流）　|（长）　|（谢）　|（职）　|（求）　|（安）　|（东）
　　　 |　　　 |　　　 |　　　 |　　　 |　　　 |（迁居河南汝阳）

伊拉氏:

以挪士--|该男---|玛勒列-|雅列---|以诺---|玛士---|拉麦---|挪亚---|闪（传游他氏闪族）
　　　 |　　　 |　　　 |　　　 |　　　 |（撒拉）|　　　 |　　　 |含
　　　 |　　　 |　　　 |　　　 |　　　 |　　　 |　　　 |　　　 |雅弗
　　　 |　　　 |　　　 |　　　 |　　　 |　　　 |　　　 |（若耶。游离他国因氏犹太）

（伊拉是,以名拟氏,兼桃为亚伯子）

姒姓:

俶------|枋-----|菪-----|潜-----|屙-----|厉-----|皓-----|僮-----|浑（传姒姓）

鲍鱼姓:

轸------|隆-----|仪甫---|衍-----|克良---|贤广---|遟-----|孔著---|谏（传鲍鱼姓）
　　　 |　　　 |　　　 |　　　 |　　　 |　　　 |　　　 |（商盘庚时。前1315年）

殷属:

太甲----|沃丁⑤-|羊（传匡姓）
　　　 |　　　 |（封匡地,建匡侯国）
　　　 |大庚⑥-|小甲⑦

```
|       | 雍己⑧
|       | 太戊⑨-| 仲丁⑩
|       |       | 外壬⑪
|       |       | 河亶甲-| 祖相（传相姓）
|       |       |  ⑫    |（号相土。居相者，后为氏焉）
|       |       |       | 祖乙⑬-| 祖辛⑭-| 祖丁⑯-| 阳甲⑱
|       |       |       |（滕）  |       |       | 盘庚⑲-| 小辛⑳
|       |       |       |       |       |       |       | 小乙㉑
|       |       |       |       |       |       |       |（传殷属）
|       |       |       |       |       |       |       | 曼季（传邓姓）
|       |       |       |       |       |       |       | 南赤龙（传南姓）
|       |       |       |       | 沃甲⑮-| 南庚⑰
|       |       |       |       |       | 文魁---| 黎侯虎（传黎姓）
|       |       |       |       |       |      （封于黎，建黎国）
|       |       |       | 祖丙---| 日-----| 月-----| 星-----| 昭（传耿姓）
|       |       |       |（祖基，封祖氏。迁于耿地）
```

周属：

```
毁腧----| 公非---| 辟方---| 高圉---| 侯牟---| 侯旅---| 亚圉---| 景伯---| 云都（传周属）
```

方姓：

```
?------| ?-----| ?-----| ?-----| ?-----| ?-----| ?-----| ?-----| ?
```

雷姓：

```
翠------| 昂-----| 洞-----| 伊-----| 龙骏---| 长庚---| 建可---| 铠定---| 君求（传雷姓）
|       |       （辅于太戊，商道复兴）
```

任姓：

```
天癸----| 君奭---| 巫咸---| 巫贤---| 巫针---| 马施---| 祖巳---| 祀天---| 祀父（传任姓）
|       |       （商祖乙时为贤相）
|       |       | 巫阳---| 巫盼---| 巫彭---| 巫姞---| 巫抵---| 巫履
|       （商太戊时为相）
```

黄姓：

```
修------| 虑
|       | 虞-----| 韶-----| 巨源---| 再兴---| 若湘（司农卿）
|       |       |       |       | 若洙---| 潘-----| 立言---| 典
|       |       |       |       （官牧正）|       |（纳言）| 谟（传黄姓）
|       |       |       （太戊时纳言）
（太甲时民牧）
```

御龙氏：

```
聚议----| 刘累---| 刘振---| 刘隗---| 刘仲---| 刘堪---| 刘杭---| 刘坤---| 刘?（传家韦氏）
|       （昌益） （信盛） （詠八） （相承） （全福） （美勋） （钊宁）
```

（谱记刘案喜生于商祖乙十九年，即前 1354 年。上距刘累约生于前 1632 年，差年 278，应间隔十代次）

江姓：

颖——————|汉——————|惠诚————|仁享————|源——————|孝宗————|景——————|日晟————|诏（传江姓）
　　　　　　|　　　　　　|　　　　　　|仁㤢　　　|　　　　　　|　　　　　　|　　　　　　|日袭
　　　　　　|　　　　　　|　　　　　　|仁顺　　　|　　　　　　|　　　　　　|　　　　　　|日彧

徐姓：

强——————|车——————|能——————|宏——————|瑞——————|传——————|并——————|恭——————|论（传徐姓）

嬴姓：

孟戏————|中衍————|费滑————|费鸟————|费鹰————|英氏————|舒廖————|舒鸠————|舒庸（传嬴姓）
　　　　　|（费侯）

张姓：

还——————|纯——————|质——————|康——————|启——————|立——————|瑰——————|秣——————|庖（传张姓）
　　　　　　|　　　　　　|　　　　　　|（雍州侯）|　　　　　　|　　　　　　|　　　　　　|和——————|雍————|显
　　　　　　|　　　　　　|　　　　　　|　　　　　　|　　　　　　|　　　　　　|　　　　　　|秋

程姓：

荆伯————|? ——————|? ——————|? ——————|? ——————|? ——————|? ——————|? ——————|程?

昆吾氏：

苏? ————|? ——————|? ——————|? ——————|? ——————|? ——————|? ——————|? ——————|苏?（传苏姓）

飂姓：

珊——————|谭——————|介——————|祥——————|潜——————|华——————|瑞——————|昌——————|澄（传飂姓）

彭姓：

奇瑞————|道琮————|继崧————|景敷————|愈岗————|伯——————|钦保————|度章————|尔贤（传彭姓）
　　　　　|　　　　　|　　　　　|　　　　　|　　　（锡侯。河亶甲四年（前1438），彭伯伐班方）
　　　　　|　　　　　|　　　（与费侯中衍友善。太戊时车正）

芈姓：

熊成————|熊单————|熊弼————|熊辅————|熊佐————|熊文————|熊浩————|熊樊————|熊启（传芈姓）

姜姓：

衡车————|海复————|祖甲————|大懋————|正一
　　　　　|　　　　　|祖丙　　　|二懋————|正二————|美成
　　　　　|　　　　　|　　　　　|　　　　　|　　　心成————|元——————|仲调————|计恒
　　　　　|　　　　　|　　　　　|　　　　　|　　　　　　　　　（安世）　　|训元（传姜姓）

许姓：

孜全————|威克————|习晋————|守茂————|训寿————|慈亲————|仲昊————|洪耀————|梦盘（传许姓）
　　　　　|（墨康）　|（灵）　　|　　　　　|（匡）　　|（顷）　　|（侁）　　|（厘）　　|（商盘庚时大夫）
　　　　　|　　　　　|　　　（简。商帝太戊时大夫，六仟孤竹君）

纪姓：

纪? ————|? ——————|? ——————|四母————|纪苍————|纪戊————|纪显————|纪辛————|纪壬（传纪姓）

甘姓：

妙尊————|咸召————|巫咸————|商卿————|畴——————|扬——————|甘祖————|甘棠————|甘蝇（传甘姓）
　　　　　|（巫咸）　|　　　　　|　　　　　|　　　　　|　　　　　|　　　　　|（封河洛厘山，建甘棠国）

（著《小儿颅囟经》）

商代世系(之二)

妫姓:

```
填叔————|野—————|无羁———|笛—————|叔正————|献子———|亚寿———|平仲——|遏父
        |       |       |       |        |       |原寿———|梦延———|阏父(传陈世家)
        |       |       |       |        |       |        |        |(周陶正)
```

辛姓:

```
丰寅————|辛祀———|辛琮———|昭—————|缙—————|雍————|西—————|辛琳——(传辛姓)
        |(楠)
```

夏姓:

```
东康————|高—————|卧—————|坐—————|邱—————|泊————|莲————|绝————|宗
                                                                    |(传杞世家)
```

游他氏闪族:

```
闪——————|亚法撒-|沙拉———|希伯———|法勒———|拉吴———|西鹿———|拿鹤———|他拉
        |       |       |                                           |(传犹太氏闪族)
        |       |       |(西伯。居地后名希伯莱)
```

(其后游离于他国拟名游他氏。以名为族别)

姒姓:

```
浑——————|淳—————|仲庚———|太辛———|咸享———|案————|浤————|天表——|繁亏(传姒姓)
```

鲍鱼姓:

```
谏——————|频—————|滔—————|明道———|嘉殳———|环————|喜祥———|镇————|达(传鲍鱼姓)
                                                                    |(原接长裕。中插六代)
```

殷属:

```
小乙————|武丁22-|祖庚23
        |       |祖甲24-|廪辛25
        |       |       |庚丁26-|武乙27-|太丁28-|乙29———|微子启-|微仲衍
        |       |       |(康丁) |(瞿)  |       |(羡)  |(开)  |(传宋微子世家)
        |       |       |       |       |       |       |       |微仲谈(传谈姓)
        |       |       |       |       |       |       |       |(微子启开,建立宋国)
        |       |       |       |       |       |       |       |帝辛30-|禄父(传逯姓)
        |       |       |       |       |       |       |       |       |(武庚。为周公旦灭)
        |       |       |       |       |       |       |       |(纣王。前1051年亡国)
        |       |       |       |       |       |       |       |箕子———|朝鲜侯(传鲜于、奇姓)
        |       |       |       |       |       |       |       |        |(箕松)
        |       |       |       |       |       |       |       |(胥余。建朝鲜国)
        |       |       |       |       |       |       |       |比干———|林坚———|林载(传林姓)
        |       |       |       |       |       |       |       |        |(传林氏)
        |       |       |       |       |       |       |       |(博陵侯。周武王封林姓)
        |       |       |       |       |       |       |       |南杞(传南姓)
```

```
|        |        |        |        |子期（传郝姓）
|        |        |        |        （封地郝乡，因称郝伯子期。后有子车氏）
|        |        |        |        |伯元---|梅伯---|黄梅（传梅姓）
|        |        |        |        |        （被纣王"殖醢"惨死，武王封其孙梅姓）
|        |        |        |        |瞿上---|瞿父（传瞿姓）
|        |        |        |        |        （考古有"瞿父鼎"器。帝乙之时瞿氏名显）
|        （孝巳。母妇好有战功，故立世子，被废又立。后有传乙姓）
|        权文丁-|权元---|权已（传权姓）
|        |        （建立权国，后亡于周）
|        苑侯文（传苑姓）
|        （封于苑）
```

邓姓：
```
曼季----|晁侯---|徽侯---|庆侯---|恒侯---|昆侯---|忠侯---|辉侯---|邓浩侯（传邓姓）
        |        |        |        |        |        |        （周武王封邓姓，称邓侯）
```

南姓：
```
南赤龙--|条-----|？------|？------|？------|？------|仲-----|宫括---|邵（传南、宫姓）
        |        |        |        |        |        |        |（周大司马）
        |        |        |        |        |        |        （南宫适。周封南阳侯）
        |        |        |        |        |        （纣王将，平猃狁之难）
```

耿姓：
```
昭------|喜-----|伯勇
        |仲宁---|叔平---|旭升---|大壬---|常-----|焕
        |        |        |        （康甲）        |炀-----|外乙（传耿姓）
```

周属：
```
云都----|叔非---|祖绀---|诸盩---|公叔祖-|古公---|太伯---|泰颠---|泰连（传泰姓）
        （太公）|        |        （亶父）（泰伯、太吴。被尊为吴姓始祖）
        |        |        |        |        |仲雍---|季简---|叔达
        |        |        |        |        |        （传吴太伯世家）
        |        |        |        |        |不咸---|雍伯
        |        |        |        |        |        （立雍国）
        |        |        |        |        （封于雍。传雍、富姓）
        |        |        |        |        （吴姓始祖）
        |        |        |        |        |季历---|昌-----|伯邑考
        |        |        |        |        （姬历）（文王）|发（传周属王传）
        |        |        |        |        |        |        （周武王）
        |        |        |        |        |        |        周公旦
        |        |        |        |        |        |        管叔鲜
        |        |        |        |        |        |        蔡叔度
        |        |        |        |        |        |        霍叔处
        |        |        |        |        |        |        郕叔武
```

·515·

```
|    |    |    |    |    |    |    |错叔绣
|    |    |    |    |    |    |    |卫康叔
|    |    |    |    |    |    |    |冉季载
|    |    |    |    |    |    |    |郜叔
|    |    |    |    |    |    |    |召公奭
|    |    |    |    |    |    |    |毛伯姬明
|    |    |    |    |    |    |    |曹叔振铎
|    |    |    |    |    |    |    |毕公高
|    |    |    |    |    |    |    |原丰公
|    |    |    |    |    |    |    |子于
|    |    |    |    |    |    |    |郇伯
|    |    |    |    |    |    |    |尤
|    |    |    |    |    |    |    |叔颖
|    |    |    |    |    |    |    |羽达
|    |    |    |    |    |    |虢叔---|虢虞唇（传虢姓）
|    |    |    |    |    |    |    （建西虢国）
|    |    |    |    |    |    |虢仲
|    |    |    |    |    |    |    （建东虢国）
|    |    |    |    |    |    |耀子渠（传岑、虔、钳姓）
|    |    |    |    |    |    |    （虔仁。封岑子）
|    |    |    |    |    |姬女
|    |    |    |    |    |    （出嫁于张氏）
|    |    |    |    姬芮---|姬芮荔-|芮卿---|芮伯（传芮姓）
|    |    |    |    |    |    （卿、伯职位名）
|    |    |    |    岐伯---|岐叔---|岐荣（传綦姓）
|    |    |    |    |    |    （异岐为綦为綦毋氏，传苗姓）
|    |    |    |    |    （岐伯分邦）
```

方姓

```
? -----|? -----|? -----|? -----|? -----|? -----|? -----|方弼、方相
```

雷姓：

```
君求----|仲绞---|休-----|蔀-----|犟-----|乙宾---|开
|    |    |    （申豪）|    |    （纣王将。出岐山赶姬昌。后弃纣辅周）
|    |    |    |翟-----|阁-----|倡-----|元奇---|驹
|    |    |    |    |    |    |元会---|震
|    |    |    |    |    |    （避文王名讳，改名枢）
|    |    |    |振-----|谅-----|瑕-----|偃-----|缵（传雷姓）
|    |    |    |    |    （时西伯强而仕周）
```

任姓：

```
祀父----|祖已---|咸如---|咸墨---|? -----|成侯---|雍滑---|献侯---|畛侯（传任姓）
|    |    |    |    |太任
```

| | | | | | （嫁季历，生周文王）
| | | | | （徙国于挚，更号挚国）
| （商帝武丁时，祖己主祭祀，作《高宗肜日》）
| 妇好
| （辛氏，武丁王后。为战将灭小国二十余国）

巫姓：

巫履————|巫凡———|巫相———|巫真———|？—————|？—————|？—————|祖伊———|黎宗侯（传黎姓）
| | | | | | （建黎国，传黎姓）
| | | | | | （周文王灭古黎国以封祖伊）

黄姓：

谟——————|初盛———|祎—————|友石———|固—————|敬—————|惠—————|锜—————|署（传黄姓）
| | | | | （小乙崩武丁即位为纳言）
| （祖辛崩立祖丁公有定策，为纳言）

豕韦氏：

刘？————|刘？———|刘案喜-|刘颂———|刘绘———|刘叔假-|晨禄———|任玉———|添桢（传唐杜氏）
（钊宁）　（炳宽）
| | | | （宝招，豕韦侯。商武丁五十年，即前1225年灭彭姓豕韦）
| | （锦遥）　（升吉）
| （一记文盛。生于商祖乙十九年，即前1354年）

江姓：

诏——————|怀—————|文达———|迪—————|伯旧———|咨—————|补—————|溥—————|杨、株
| | | 伯珪　容、高　烈、宗、琚
| | | 伯阳———|有征———|理征———|理利贞-|李昌祖（传李姓）
| | | | 里仲师（传里姓）
| | | | （避难墟野，改理为李、里）
| | | | （德灵。隶中吴伯，不容于纣得罪而死）
| | | （伯阳生而启圣，惟彼降瑞，因兹命氏，为理氏）

徐姓：

论——————|籍—————|安—————|忠—————|超—————|康—————|澋—————|彦—————|训
| | | （徐吾氏。太丁四年，周伐余无戎，即指）

嬴姓：

舒庸————|袭—————|戎—————|戎胥轩-|中潏———|蜚廉———|恶来———|女防———|旁皋（传嬴姓）
| | | （恶来革，纣王将，为周武王所杀）
| | | 叔廉（传廉姓。后有赵国廉颇）
| | | 季胜———|孟增———|皋狼（传嬴姓）
| | | （费廉、飞廉）
| | | 费仲———|舒应氏-|舒光———|舒几（传嬴姓）

张姓：

庖——————|灏
| 洙—————|逸—————|都—————|助—————|须—————|圆—————|肃—————|昶（传张姓）

```
        |        |        |        |        |        |（古公亶父外甥）

    程姓：
程？-----|？------|？------|？------|？------|？------|？------|？------|程？

    飂姓：
澄------|荣-----|盛-----|良-----|辟-----|高-----|毕-----|展-----|宣（传飂姓）

    苏姓：
苏？-----|？------|？------|？------|？------|？------|苏护---|苏全忠-|苏岔生（传苏姓）
        |        |        |        |        |        |        |        |（周司寇）
        |        |        |        |        |        |        苏妲己
        |        |        |        |        |        |        （妲己亡商）
        |        |        |        |        |        （殷八百诸侯之一，封冀州侯）

    彭姓：
尔贤----|荣施---|端肃---|列-----|东侯---|才华---|佐商---|音-----|辉彩（传彭姓）
        |        |        |        |        |        |        （商殷大夫）
        |        |        |        |        （商武丁初时伐班方。前1292为商武丁所灭。子孙为商官）
        |        |        |（伐狄功，封刑都侯）
        |        |（自庚迁于亳）

    芈姓：
熊启----|熊苞---|熊越---|熊宣---|熊俊---|熊田---|鬻熊---|熊丽---|熊狂
        |        |        |        |        |        |（熊荆）          |（传楚世家）
        |        |        |        |        |        |        |        卓异
        |        |        |        |        |        |        熊罗---熊孝
        |        |        |        |        |        |        |        （传罗姓）
        |        |        |        |        |        |        （造罗网，传罗姓）
        |        |        |        |        |        |        端木---端木典
        |        |        |        |        |        |        |        （传端木姓）
        |        |        |        |        |        鬻融（传鬻姓）
        |        |        |        |        |        （周文王师）

    邾姓：
？------|？------|？------|？------|？------|？------|？------|曹触龙-|曹侠（传朱姓）
        |        |        |        |        |        |        |        （邾侠。随武王灭纣）
        |        |        |        |        |        |        （商纣王将，被斩于军中）
（注：此前接黄帝吊线谱曹安之后，中有缺代）

    姜姓：
训元----|先一
（忠贞） |先二---|司会---|挥前---|公伦---|豫仲---|楷先---|笃生---|姜子牙
        （绍良）（庵年）（卿）  （澔）  （彦）    |        |        （传齐太公世家）
        |        |        |        公显              |（称东伯侯）
        |        |        |        |        |        檀伯（传檀姓）
```

（安世。自衡车之后至于筠生世系似有虚拟之嫌）

许姓：

梦盘----	杞-----	伴-----	齿-----	宣公---	恭敬	
梓		（钟澄）	（昭厚）	恭公---	懿公	
槐				（恭清）	（意容）	
				承公---	许隆---	汤（传许姓）
					（正南）	德丁
					许阳	
				（升前。懿与承为兄弟关系）		
	（敬稣。孤竹国十三任国君）					

纪姓：

纪壬----	纪癸---	纪盛---	纪巳---	纪江---	纪比干-	纪文坚-	纪文侯-	纪景侯
				（纪元）	（纪苗）			（传纪姓）
						（纪静。武王灭商，封纪国）		

甘姓：

甘蝇----|甘盘（传甘姓）

（甘盘佐帝武丁，贤德，萃拔高师焉。甘姓谱有记其后东周襄王时，甘承拥立襄王正位有功。授廷尉，建甘国）

（古之善射者。箭到之处兽伏、鸟下）

五、周代世系图

　　周朝世系，《史记》列记在三代世表中。周朝奠系世,辨昭穆,宗法大备于周,谱牒亦创始于周,故以尊周王室谱为首。世系图行文中通假字,"釐",为"厘"的异体字,通"禧"字,有采用"厘"或"僖"字;"缪",通"穆",皆用穆字;"缗",通"湣"、通"闵"同用。"赐"通"锡"同用。周世系自黄帝轩辕氏第四十代始。

周代世系(之一)

周属王传：

周武王①|（姜太公女邑姜生成王、叔虞）

（姬发）	成王②-	康王③-	昭王④-	穆王⑤-	共王⑥-	懿王⑦-	夷王⑨-	历王⑩
	（姬诵）	（姬钊）	（姬瑕）	（姬满）	繄扈）	（姬囏）	（姬燮）	（姬胡。传周属王传）
						孝王⑧-	家父（传家姓）	
						（辟方）		
					管夷---	管旅---	管坊---	管阳（传管姓）
					（穆王败徐夷，封庶子于原管叔之邑因名）			
					荣均---	荣平---	荣受---	荣夷公（传荣姓）

```
|       |       |       成公男（传成公姓）
|       |       |       姬翁---|翁弘（传翁姓）
|       |       |       姬阎（传阎姓）
|       单臻---|单考伯-|单恒---|单惠仲-|单零伯-|懿仲---|单龚叔（传单姓）
|       （单公）|单公叔       |（鳌父）|单贤、单同
|       |       单益公|单新室仲
|       俎诵---|诵和（传俎、从姓）
|       |       |（从和）
|       陶叔（传陶叔、陶姓）
|邢叔（封邢地。传邢、俞姓）
|叔虞---|晋侯---|武侯---|成侯---|历侯---|靖侯---|釐侯---|献侯（传晋世家）
|（子于）|（燮父）|（宁族）|（服人）|（福）|（宜臼）|（司徒）|（苏）
|       |       |       |       |       |       栾子---|栾叔（传栾姓）
|       |       |       |       |       |       （李。双生子因名）
|       |       |       |       阎子（传严姓）
|       |       |       |       （穆王封成侯之子于阎城）
|       |       |温传---|温定---|温垂---|温远---|温效---|温党（传温姓）
|       |       |君牙---|伯沃---|庚-----|文-----|昭成---|康（传君、牙姓）
|       |       |（杨杼。六，六月六日生，故名。穆王时司徒，建古杨国。称一封杨侯）
|       |       |贾共---|贾宣---|贾相---|雍-----|唤-----|蒌-----|伯车（传贾姓）
|       |       |       （梁）|（笔）
|       |       （公明。周卫大夫）
|孝伯（传狄姓。后有唐周武则天名相狄仁杰）
|（封于狄城，因以为氏）
|应韩---|武子（其后周宣王时有韩侯韩奕名出）
|（封韩侯。传应、韩、武姓）
伯邑考--|尹佚---|史佚---|左史戎夫（传史姓）
|               |（戎夫之后，有史鳅，字子鱼，生文子狗，皆仕卫为大夫）
（伯邑考为周武王哥，因王者尊大，其谱图居次）
周公旦--|伯禽---|鲁侯---|考公
（封在鲁）|       |       （酉）
|       |       炀公---|幽公
|       |       （熙）|（宰）
|       |       魏公---|厉公---|献公---|真公---|武公
|       |       （溃）|（擢）|（具）|（濞）|（传鲁周公世家）
|       （袭，一名季毂。鲁有季氏，源于此）
|       |熙
|       |鱼
|       |（传东野氏）
|伯龄---|本立---|仲仞---|英旺---|季叙---|庆亏---|叔佳---|承明（传蒋姓）
```

|（封于蒋，传蒋姓。另记排位在茅叔之后）

|君陈---|周定公（传姬姓）

|　　　　|（《史记·周本纪》：之后，晋桓公时有周桓公黑臂。黑臂孙姬忌父。忌父子姬阅，阅之子姬楚）

|（周平公。周公次子，居东都管治旧唐国。其后世系失考）

|茅叔（传茅、邢姓）

|（胤，封于茅。所谓分茅胙祭）

|祭伯---|祭公---|祭公---|秀友---|？-----|？-----|？-----|祭？（传祭姓）

|　　　|　　　|　　　|　　　|（鲁上卿，封于乘）

|　　　|　　　|　　　|（谋父。周穆王命祭公谋父为卿士）

|（周公五子。伯爵因名伯。传祭姓）

|明保（传明姓）

|（在周王室承父职，职掌三事四方）

|靖渊---|邢仲---|朋叔---|公俺---|文伯---|公沈---|公鞍---|公其（传邢姓）

|（胤，姬莒，又称邢靖渊。封邢台，称邢侯）

|滑伯（传缑姓）

|（次八子伯爵。封于滑，建滑国，称缑侯）

管叔鲜--|管兑---|管子鱼-|管康（传管姓）

（封在管）|　　　|　　　|（自管康之后失纪）

|（管兑邑纶。自管徙纶居焉）

蔡叔度--|蔡仲---|蔡伯荒-|宫侯---|厉侯---|武侯---|夷侯---|釐侯---|共侯

（封在蔡）|　　　|　　　|　　　|　　　|　　　|　　　|　　　|（传蔡世家）

|（胡，封于蔡。其后有以太史为氏）

霍叔处--|仲员---|家重---|霍侯旧-|叔带---|将-----|君问---|角-----|霍光（传霍姓）

（封在霍）|　　　|　　　|（静。周穆王十六年薨）

郕叔武--|郕代伯-|郕伯药-|郕伯---|郕应伯-|简伯---|渊伯---|肃伯---|出伯（传郕姓）

（封在成）|　　　|　　　|　　　|　　　|　　　|　　　|（肃公，周卿士。有传肃姓）

|　　　|　　　|（黑肩）|（郕，姬姓国也。穆王赐器皿，故又曰盛）

|（元。封在郕地）

|郕他（传竹姓）

错叔绣--|滕文公（传滕姓）

（封在滕）|（建滕国。后十五世失考，又滕宣公名出）

卫康叔--|康伯---|考伯---|嗣伯---|捷伯---|靖伯---|贞伯---|顷侯---|釐侯

|（代）|　　　|　　　|　　　|　　　|　　　|（传卫康叔世家）

|　　　|考季（之后周简王时鲁国句须公名出。传匡、康、常姓）

|孟叔（传孟姓）

|（初封孟侯，因官谥姓。传孟姓）

|寇季---|姬嵩（传寇、戢姓）

|（因官命氏）

|凌人（周官员名，因官名氏，传凌姓）

|牧皮（传牧姓）

（封在卫。官位大司寇，子孙因氏焉。又记卫康叔为连属监，因以为氏）

冉季载--｜冉伯桓-｜冉回---｜子微---｜仲先---｜冉杼---｜庚向---｜忽-----｜不离（传沈姓）
　　　　　｜冉融　　｜　　　　（采）　　　（乙初）　｜　　　　｜　　　　｜（子常）
　　　　　｜冉匀　　｜　　　　　　　　　　　　　　　｜　　　　｜壬局---｜羽叔---｜冉贞（传冉姓）
　　　　　｜　　　　｜　　　　　　　　　　　　　　　　　　　　　（冉羽叔。拟为冉季载八世孙）

（封鲁地内）

郜叔----｜郜子（传郜、告姓）

　　　　（子爵国，称郜侯。其后有青铜器郜史硕父鼎及郜仲尊出土）

（庶出。封于郜）

召公奭--｜燕侯客-｜侯旨---｜侯舞---｜侯宪---｜侯和---｜侯圣---｜燕惠侯-｜釐侯
　　　　｜　　　　｜　　　　｜　　　　｜　　　　｜　　　　｜　　　　（传燕召公世家）
　　　　｜　　　　｜召康公-｜召伯---｜？-----｜？-----｜？-----｜召幽伯-｜召穆公（传召、邵姓）
　　　　｜　　　　｜　　　　｜　　　　｜　　　　｜　　　　｜　　　　　　　　（虎。周共和行政）
　　　　｜　　　　（建召国，在今陕西岐山西南召亭）
　　　　｜（召克。封于燕，建燕国）
　　　　｜于寁---｜于谨（传于姓）
　　　　｜栗叔（传栗姓）
　　　　（召公棠梨或板栗树下决狱，少子传栗姓。后有栗腹为燕王喜时国相）

（庶出。封于燕）

毛伯姬明｜伯聘---｜伯懿---｜公班---｜伯迁---｜容-----｜超-----｜休
（毛叔郑）｜伯郑---｜伯聘---｜伯懿---｜班-----｜迁-----｜容-----｜超-----｜休
　　　　　｜　　　　｜　　　　｜　　　　｜通-----｜（龙）　｜　　　　｜保（传毛姓）
　　　　　｜　　　　｜　　　　｜　　　　｜达-----｜宾-----｜　　　　（毛宝救龟，因已得渡）
　　　　　｜　　　　｜　　　　（毛班，随穆王东征，因功封巨鹿毛邑）
　　　　　｜　　　　｜　　　　｜琳
　　　　　｜　　　　｜　　　　｜玑
　　　　　（任司空之职。成王六卿之一）

（庶出。封于毛）

曹叔振铎｜东伯---｜太伯脾-｜仲君平-｜宫伯侯-｜孝伯云-｜夷伯喜-｜戴伯苏-｜惠伯雉（传曹姓）
　　　　｜　　　　｜　　　　｜　　　　｜　　　　｜　　　　｜　　　　（兕）
　　　　｜　　　　｜　　　　｜　　　　｜　　　　｜幽伯疆（其后有传戴姓）
　　　　｜　　　　（其在位，当周昭王时）

（庶出。封于曹）

毕公高--｜子嘉---｜辅-----｜廷椿---｜逢龙---｜恕-----｜登-----｜翰-----｜涛（传毕姓）
　　　　｜　　　　｜廷冬　　｜　　　　（道源）　（叔阳）　（文林）
　　　　｜　　　　｜横父---｜权江父-｜权山戉-｜权倥父-｜子诜（传权姓）
　　　　｜　　　　｜　　　　　　　　　（权国为楚国所亡）
　　　　（武德。号权甲公，建权国）
　　　　｜季孙（传潘姓）
　　　　（封于潘，建潘国，为毕国附庸）

```
                |周华---|庞降（锡土庞乡，因地为宗，传庞姓。后有三国谋士庞统）
（庶出。封于毕）
原丰公--|原伯贯-|原庄（传原、贯姓）
（庶出。封于原）
子于----|鄑？
                |（周武王封子于于鄑，而周成王时黜鄑侯）
（庶出。封于鄑）
郇伯----|郇阳---|郇瑕---|？-----|？-----|？-----|？-----|？-----|郇？（传荀姓）
                |             |（猗氏，古称郇瑕。为晋所灭，后传郇、荀姓）
（庶出。封于郇）
尤
（庶出。封于郎）
叔颍----|叔怀---|暴辛公（传暴、宝姓）
                |（封暴城侯）
                |颍川---|惠-----|宣-----|历-----|平-----|恒-----|敏-----|赖成（传赖姓）
（庶出。封于赖）
羽达----|息壤---|息铺---|息乙---|息伯卤-|息垒---|？-----|京国---|息伯（传息姓）
                |（湖北江陵南门有息壤冢）      |（考古器皿名）
（庶出。封于息）
```

虢姓：

```
虢虞唇--|虢城公-|虢厉公-|季易父-|虢宪公-|幽叔---|德叔---|宣公---|虢公长父（传虢姓）
                |（虢公）  |           |（宣公）  |（师哉）  |（师望）  |（师即）  |（师承）  |（虢仲）
                |           |           |           |西虢侯
                |           |           |           |懿公（传谭姓）
                |           |           |           |（周穆王时车骑将军。封于谭）
                |           |           |           |师君（传师姓）
                |           |           |           |（周穆王时侍卫统领）
                |           |虢尔朱（传尔朱姓）
                |           |（居尔朱川。传朱、尔、荣、胡、兆、隆姓）
                |           |秀友申（传乘姓）
                |           |（官鲁国上卿，冠盖传袭）
```

芮姓：

```
芮伯----|芮伯肜-|？-----|？-----|？-----|？-----|？-----|？-----|芮良夫（传芮姓）
```

吴太伯世家：

```
泰连----|泰和---|泰兴---|泰丙---|泰豆（传泰、豆姓）
                |           |           |（泰豆氏。周穆王时御马大师）
                |           |           |泰梅（传梅姓）
                |           |（周善御马者）
                |（湖因人名曰太湖）
```

叔达---- ｜周章--- ｜熊遂--- ｜柯湘--- ｜强鸠夷- ｜余桥疑吾｜柯卢-- ｜周繇--- ｜屈羽

（传吴太伯世家）

（仕周为大夫。指柯山为姓）

｜虞仲--- ｜虞衡--- ｜虞？--- ｜？----- ｜？----- ｜？----- ｜？----- ｜虞侯 （传虞姓）

　　　　　　　　　　　　　　　　｜？----- ｜仲邑--- ｜仲义--- ｜仲山甫 （传樊姓）

（樊穆仲）

（以祖虞仲之字为氏传仲氏）

｜虞所（主伐木，闻声以为氏，传所姓）

（建虞国）

｜虞宫（传宫姓）

（建带右耳旁宫国。之后国亡去邑传宫姓。后有宫子奇名出）

（封建虞国，传虞姓）

齐太公世家：

姜子庌--｜师尚父-｜吕尚--- ｜丁公--- ｜隐公--- ｜乙公--- ｜癸公--- ｜哀公

　　　　　（齐侯）　（吕伋）　（吕隐）　　　　　（慈毋）　（吕不辰）

胡公

（吕静）

献公--- ｜武公

（吕山）　（传齐太公世家）

｜仲

（赐邑淳于，传淳于姓）

（叔乙、吕得）

｜季子--- ｜穆伯--- ｜崔沃--- ｜崔？ （传崔姓）

（季子为嫡子让国叔乙而出，食采于崔，遂为崔氏）

｜穆郭子-｜靖公--- ｜康公--- ｜桓公 （传章姓）

（植公）

（姜虎。封于郭立国，为齐附庸国）

｜懿伯

（食采于若，因氏焉）

｜卢景 （传卢姓）

（食邑于卢，子孙为卢氏）

｜于公 （传丁、于姓）

（号东海于公，驭白鹤于聊城，尚主才雄）

｜盖宗 （传盖姓）

（食邑于盖，遂以命氏）

｜吕衡 （传聂、乜姓）

（封聂，北邢地。为卫大夫）

```
|        |        |        |将具
|        |        |        |（将具氏）
|        |        |（伋。有子七人）
|        |        |吕印---|丘婴---|？-----|？-----|娄嘉
|        |        |        |        |        |（奔楚国，任楚左史官）
|        |        |        |（闾丘婴，齐国大夫。传闾姓）
|        |        |（居营丘。后传丘、邱姓）
|        |        |尚叔（传尚姓）
|        |（谱名姜丁，亦号姜太公，为齐侯）
|        |姜壬（传襁姓）
|        |邑姜
|        |（女，周武王王后，生太子诵、唐叔虞）
|（谱名申姜，亦号姜太公）
|吕佗
|（《周书》世解：武王立政，吕佗命伐越戏方）
```

许姓：

```
汤公----|立公---|向公---|许柞、许桂、许枋
（宣慧） |（伯夷）
|        |伯仲
|        |（伯像，孤竹君）
|        |叔齐---|信公---|德男---|废公---|孝公---|靖公---|康公（传许姓）
|        |        |        |（许男）|（伯封）|        |        |（烈考）
|        |        |（姜经初。铭号许文叔，为太岳之嗣。许国立）
|        |        |姜佐---|姜汲---|姜陵高-|申伯---|申甫---|申诚（传谢姓）
|        |        |        |        |        |        |（姜甫。传申姓）
|        |        |        |        |        |（姜嵩。周初申伯履职，生甫称申）
|        |        |        |        |（西申国开国之君）
|        |        |        |漆河（传漆姓）
|        |（伯夷、叔齐称孤竹君子后无孤竹君称。传后有竹、竺姓）
```

纪姓：

```
纪景侯--|昭侯---|穆侯---|烈侯---|厉侯
（纪烘） |（寇父）|（窆父）|（貉子）|（华父）
|        |        |        |灵侯
|        |        |        |怀侯---|愍侯
|        |        |        |悼侯
|        |        |        |成侯
|        |        |        |康侯---|炀侯
```

```
|      |      |      |      |        （前 876 年，谗言周夷王，活烹齐哀公）
|      |      |      |      殇侯  |献侯
|      |      |      |      泯侯
|      |      |      |      厘侯---成侯
|      |      |      |            襄侯---|定侯
|      |      |      |                  |闵侯（传纪姓）
```

陈世家：

```
阏父----|胡公满-|申公---|相公---|孝公--|突-----|陈侯---|慎公---|幽公
       （小汤）（犀侯）（皋羊）         （仁）  （圉戎）（传陈世家）
       |              靖庚---|季子阘-|仲牛甫-|圣伯顺-|伯他父-|戴伯（传袁姓）
       （娶周武王女大姬。传陈、袁、田、胡姓）
```

杞世家：

```
宗------|成刚---|万文---|东楼公-|高琦---|惠敬---|文斌---|武强---|宣武
       （清）  （秀）          （题）                     （传杞世家）
       |      |      |              楼烦（传楼姓）
       |      |      |              （公孙仕他国者以楼为氏）
       |      |      |      （西楼公。有传西楼姓）
       |      |      （杞。封地在今河南杞县）
```

犹太氏闪族：

```
他拉----|亚伯兰-|以撒---|雅各---|利未---|哥辖---|暗兰---|亚伦
                              |              摩西
                              |              （率领族人出埃及）
                              |      犹大---|法勒斯-|希斯仑-|亚兰---|亚米拿达
                              |      谢拉                          （传犹太氏闪族）
                              |      （从他玛氏。后为犹太氏）
                              |      约瑟---|玛拿西
                              |            以法连
                              |      （埃及宰相）
                              |      （号"以色列"，后以国名）
                              （到埃及，又迁希伯仑，改名阿伯拉罕）
```

姒姓：

```
繄亏----|诃-----|加祐---|子昇---|楼-----|纲-----|汝-----|稷-----|洽（传姒姓）
```

鲍鱼姓：

```
达------|婴-----|范-----|极-----|宗实---|昌龄---|长裕---|如山---|济迪（传鲍鱼姓）
                              |      （本前接镇。中插六代）
                              |      （周穆王女婿。封地上党）
       |            （封御辰伯）
       （周成王女婿，周秦议廊、百度侯，赐鲍鱼复姓）
```

宋微子世家：

微仲衍--｜宋公---｜丁公---｜申公---｜共公---｜湣公---｜弗父何-｜宋父周-｜世子胜（传孔姓）

　　　　｜（稽）　｜　　　｜　　　｜炀公　　｜历公　　｜釐公---｜惠公

　　　　｜　　　　｜　　　｜　　　｜（熙）　｜（鲋祀）｜（举）　｜（传宋微子世家）

　　　　｜　　　　｜　　　｜　　　｜子石---｜公孙丁-｜公孙肥（传褚姓）

　　　　｜　　　　｜　　　｜　　　｜石彄---｜石段---｜石苞（传石姓）

　　　　｜　　　　｜　　　｜　　　｜　　　　｜　　　｜晋将军

　　　　｜　　　　｜　　　｜　　　｜（别为石氏）

　　　　｜　　　　｜　　　｜　　　｜（段，其德可师，号"褚师"）

　　　　｜　　　　｜　　　｜（恭公子瑕。食采于褚）

　　　　｜　　　　｜（申屠叔敖，郜州刺史。传申、申屠氏）

　　　　｜萧公（传萧姓）

　　　　｜（宗桃，封萧邑）

耿姓：

外乙----｜章-----｜伯明---｜叔亮---｜吕------｜般午---｜太申---｜贤-----｜重甲（传耿姓）

林氏：

林载----｜林磋---｜林虎---｜林光---｜林相---｜林玄---｜林凤---｜林翊---｜林苌（传林姓）

　　　　｜（周成王三十年，即前1015，与骊戎战）

（周冀州牧）

邓姓：

邓浩侯--｜煦侯---｜杞侯---｜熹侯---｜怡侯---｜沛侯---｜壁侯---｜淳侯---｜衡侯（传邓姓）

方姓：

方弼----｜？-----｜？-----｜？-----｜？-----｜？-----｜？-----｜？-----｜？

（商纣王时，方弼、方相兄弟俩为镇殿将军，因为纣王无道，兄弟俩反出朝歌，为周武王灭纣王大开了方便之门）

雷姓：

震------｜声-----｜渐-----｜艮

　　　　｜　　　　｜　　　　｜（九思。穆王时武陵大夫。"雷公博古，作周之辅"）

　　　　｜　　　　｜（举兵入楚平岭南寇，穆王封其为泗城府五州总戎）

（震。武王伐纣，斩杀斩妲，封豫章侯）

缵------｜贶（传雷姓）

　　　　｜（康王赐与大礼。其后居鄱阳湖雷冈发族）

任姓：

畛侯----｜初侯---｜厉侯---｜宣武侯-｜哀侯---｜庄侯---｜平侯---｜昭侯---｜襄侯（传任姓）

　　　　｜　　　｜（陵）　｜（房）　｜（襄）　｜（元）　｜（贵）　｜（直）　｜（夷）

黎姓

黎宗侯--｜黎侯---｜？-----｜？-----｜黎文魁（传黎姓）

　　　　｜（丰舒）｜　　　｜　　　｜（穆王时任天官之职）

程姓：

？------｜？-----｜程伯符-｜程聚---｜程乔---｜伯符---｜廪丁---｜仲壬---｜子臧（传程姓）

|　　　　　　|　　　　　|（周封程伯在程邑，建程国）

辛姓：

辛犹----|辛甲---|温叔---|辛余靡
　　　|　　　|　　　|（穆王命辛余靡为伯。封地在西翟长子）
　　　|　　　|（少师强。周武王封辛甲于温地，其后有传温姓）

飂姓：

宣-----|云-----|褥-----|平-----|稳-----|恒-----|伯高---|诚-----|衰（传廖、董姓）
（族众以老童之后，童上加花为董，在蓼山北麓建董楼，又去风加广传廖姓）

黄姓：

署-----|胤-----|玖-----|光祖---|敦复---|通-----|衍-----|丙-----|鄂（传黄姓）
　　　|　　　|　　　|　　　|　　　|　　　|　　　|（康王时侍太子）
　　　|　　　|　　　|　　　|　　　|　　　|（周成王时佐史、司徒）
　　　|　　　|　　　|　　　|　　　|（与姜子牙论自然，荐为周大司农）
　　　|（庚丁时为计税臣）

唐杜氏：

添桢----|树鸿---|登富---|韦遐
　　　|　　　|（韦伯遐。建韦国）
　　　|登贵---|俊通---|彦武---|唐侯---|康公---|景伯---|穆伯（传唐杜氏）
　　　|　　　|　　　|　　　|　　　|（忽）　|（元）
　　　|　　　|　　　|　　　|（唐杜伯，伯爵）
　　　|　　　|　　　|（标林。唐杜氏）
　　　|　　　|（生于周武王五年，即前1054）

江姓：

杨-----|济-----|兴国---|重庚---|围-----|励-----|垣-----|猷-----|烈（传江姓）
　　　|（江国开国者。前1101年受国）

李姓：

李昌祖--|李彤得-|李庆---|宏隆---|李硕宗-|李显---|李爽---|环鼎---|李爵（传李姓）
　　　|　　　|　　　|　　　|　　　|（周朝主簿郎、册籍谏）
　　　|　　　|　　　|　　　|（周大夫，封狄道侯）
　　　|　　　|　　　|（采邑苦县）
　　　|（周朝巡检、会尹大夫）

徐姓：

训-----|缓-----|偃-----|宝宗---|仁-----|宠-----|希-----|尪-----|景（传徐姓）
　　　|　　　|（徐偃王）|（徐姓始）

嬴姓：

旁皋----|太几---|季延---|成（传骆姓）
　　　|（大骆）|非子---|秦侯---|秦公伯-|秦伯稻（传稻、谷、粟姓）
　　　|　　　|（秦嬴）|　　　|（周大夫。稻人掌稼下地者，必以官氏）
　　　|　　　|　　　|　　　|秦仲---|庄公---|世父
　　　|　　　|　　　|　　　|　　　|　　　|襄公

```
  |      |      |      |            |            |            |（传秦本纪）
  |      |      |      |            |            | 梁康伯-梁爱（传梁姓）
  |      |      |      |            |  秦邑---|？-----|？-----|解？（传解姓）
  |      |      |      |            |（封解邑君）
  逯公（传逯姓）
  （因手纹而命氏立逯邑）
皋狼----|衡父---|造父---|高------|麟------|子-----|丰-----|奄父---|叔带
  |      |      |      |        |        |        |        （传赵世家）
  |      （为穆王御。封赵城。其后三家分晋，赵国是也）
（皋狼奄宅）
舒几----|群桑---|庆阳---|留叔---|隔叔---|舒戈---|珉-----|绞-----|运公（传舒姓）
  |      （嬴礼。徐国将军）
```

张姓：
```
昶------|俊-----|惠------|谊------|稳------|元------|正-----|炳
  |      |      |      |        |  辰-----|本-----|灼-----|充（传张姓）
  |      |      |      |        |        |        |  焰-----|兖
  |      |      （周昭王时，豫州牧）
（周移殷之九鼎于洛邑，张氏之族扛鼎，不亦功乎）
```

彭姓：
```
辉彩----|圭-----|咸------|遵（殷纣王先行官，在界牌关阵亡）
  |      |      |  祖寿---|宝云---|士怀
  |      |      |      |        |  治-----|类超---|为达
  |      |      |      |        |        |  自昭---|程（传彭姓）
  |      |      |      |        |        （周康王时兖州伯）
  |      |      |      |        （周成王时大夫。上下名原谱记为父子，下有叠代同此论）
  |      |      |      （周武王时司马）
  |      |      （彭祖。随周武王伐纣时在孟津河阵亡，谥愍公）
  |      |  九元（殷纣王副将，在万仙阵中亡）
```

楚世家：
```
熊狂----|熊绎---|熊艾---|熊黛---|熊胜（传荆姓。之后楚怀王时靳尚传靳姓）
  |      |      |      |  熊扬---|熊渠---|康
  |      |      |      |        |        （一记挚红。句亶王）
  |      |      |      |        |  延-----|勇（传勇姓）
  |      |      |      |        |        |  严-----|霜（传熊相姓）
  |      |      |      |        |        |        |  仲雪、叔堪
  |      |      |      |        |        |        |  季徇
  |      |      |      |        |        |        （传楚世家）
  |      |      |      |        |        （一记红。鄂王）
  |      |      |      |        |  执疵---|终葵---|土伯
  |      |      |      |        |        （钟馗）（鬼帝）
```

```
  |        |        |        |                    |（越章王）
  |        |        |（荆文王。周王室称楚文子）
  |（周成王封熊绎为荆王）
```

罗姓：
```
熊孝----|熊匡正-|罗宣公-|定公---|代公
        |（奕芳）|（祥德）|（隆）
        |       |       |文公---|德公---|昭公---|真公---|介公 （传罗姓）
        |       |       |（安） |（贤） |（操） |（进贤）|（顺）
        |（罗郐。周武王三年即前1048，因伐商有功，镇守宣城，建罗子国）
```

端木姓：
```
端木典--|？-----|？-----|？-----|？-----|？-----|？-----|端木？
                                                    |（传端木姓）
```

朱姓：
```
曹侠----|曹非---|曹成---|车辅---|将生---|訾父---|夷父颜-|夏父---|君克 （传朱姓）
        |       |       |（将新）|       |       |       |（列诸侯为邾子国）
        |       |       |       |       |       |友父 （传颜姓）
        |       |       |       |       |（曹肥，封郳，建郳、颜氏国）
        |       |       |       |（邾武公，字伯颜，谓"颜公"）
        |       |       |       |叔术
```

周代世系（之二）

周属王传：
```
历王⑩--|宣王(11)-|幽王(12)-|平王(13)-|洩父---|桓王(14)-|庄王(15)-|釐王(16)-|惠王(17)
（姬静）|（宫涅）|（宜白）|       |       |（姬林）|（姬佗）|（胡齐）|（传周属王传）
        |       |伯服    |       |       |       |       |克      |王子虎
        |       |       |       |       |       |       |        |（周太宰）
        |       |       |       |       |       |       |（子仪。奔燕）
        |       |       |       |       |       |       |颓
        |       |       |姬开 （传林姓）
        |       |       |（林开。其后有鲁国大夫林楚，传楚姓）
        |       |       |姬烈---|姬懋---|姬文---|姬升---|姬兴 （传周姓）
        |       |       |（封汝坟侯。周姓始）
        |       |       |姬康 （传梁姓）
        |       |       |（封夏阳梁山，因而命氏）
        |       |       |姬武 （传武、汝姓）
        |       |       |（封汝侯。生而有纹在手曰武。其后有唐周女皇武则天）
        |       |       |姬狐---|狐容---|狐毛---|狐鞫居 （传简姓）
        |       |       |       |       |       |（简伯。食采于续）
```

（子羽。晋中军车骑将军）

（居臼衰）

狐突---狐偃---狐射（传贾姓）

（季他、贾他。食采于贾）

胥臣---胥克---胥童

（传童姓）

（臼季。食采臼衰，后名臼季邑）

（臼犯。晋文公之舅）

（虒，王子狐。作为人质质于郑）

携王---姬光---由余（传由、余、余姓）

（奉戎王命使秦，秦穆公任为上卿）

（隐居晋国）

（余臣。初时与平王两立，史称周二王）

尚父（二封杨侯，称杨侯长父）

至弘（传詹姓）

（詹文侯。建立詹国）

姬翁（传翁姓）

（避难逃居翁山。翁山即今浙江舟山岛）

郑友---掘突---寤生---忽-----公子渝弥（传喻姓）

（桓公）（武公）（庄公）（昭公）（高渠弥，郑司徒。别族为渝氏改喻姓）

子亹---洩伯---堵汝父（传堵姓）

（封堵邑）

婴-----郑有侯-晋

侯羽（传侯姓）

侯獳

（宣多。立郑穆公，是其力也）

（郑子）

突-----踕-----子兰---夷（灵公）

（厉公）（文公）（穆公）坚-----沸

（襄公）（悼公）

繻

睔

（传郑世家）

去疾（传良姓）

（子良氏）

喜-----子展（传罕姓）

（展舍之）

公孙鉏

（罕朔）

（子罕氏）

騑-----子西 （传皙、驷姓）

（子驷氏） | （夏）

子然 （传然姓）

（然明。子然氏）

发-----子产 （传国姓）

（子国。其孙参，字子思，传国氏）

夏姬

（女，嫁屈巫臣奔晋）

嘉-----大季 （传孔姓）

（字子孔，子孔氏）

偃-----公孙虿 （传游姓）

（字子游）

舒-----黑肱

（子张）

（一名伦，字子印）

丰 （传丰姓）

（子丰氏）

挥-----颉 （传羽姓）

（马师）

（子羽氏）

语-----子人九

（郑伯使之行成于晋）

（子人氏）

叔詹

（执政大臣。为晋所逼而自杀）

叔段---公孙滑-滑伯 （传滑姓）

（建立滑国。后以为氏）

公父 （传段、经姓）

（定叔）

公孙 （传宛姓）

（宛春。楚大夫）

共仲---邳郑父-邳豹 （传丕姓）

（祁豹。秦将军。韩原之战俘虏晋惠公而辱之）

（晋大夫。驻秦国，为晋惠公诱杀）

屠岸邳-屠岸夷-屠岸击-屠岸贾 （传屠姓）

（晋司寇，诛杀赵氏）

（晋文公将，为秦所杀，子孙权重）

（居屠邑，以定屠岸氏）

（赐侯姓，当传丕、屠姓）

（封于京，因为谋反，逃鄢又逃共，为庄公所杀）

```
        |      |公子翩-|子都（传蔚、都姓）
        |      |       |（公孙阏。美男子，有武力）
        |      |（世称蔚鶺）
```

管姓：

```
管阳----|管戚---|管宣---|管咸---|管公度-|管曼多-|管仲（传管、禽姓）
        |       |       |       |       |（夷吾，相齐桓公。其后有禽滑离）
```

单姓：

```
单龚叔--|单佐---|单父---|单侯---|单子---|单伯---|单昊生-|单元父-|单襄公（传单姓）
        |       |       |       |       |       |       |（此前称伯。后称公）
        |       |       |       |       |（鲁庄公元年前 693，单伯送王姬嫁齐王）
        |       |（地因人名。在今山东单县南一里）
        |（单颂。因帮助杨侯长父伐俨狁有功受封）
?------|单逯
        |（单益公裔孙。周宣王册封"历人"）
```

晋世家：

```
献侯----|穆侯---|文侯---|昭侯---|孝侯---|鄂侯---|哀侯---|小子侯
（费生） （仇）   （伯）   （平）   （郄）   （光）   （小子）
殇叔    |       |       |       |       缗侯（传侯、晋姓）
        |       |       |       |       （奉缗侯。是为侯姓始祖）
        |       |       |       |       鄂养---|鄂姜---|鄂伯（传鄂、桑姓）
        |       |       |       |       （其后秦穆公时，子桑列为卿士，传桑姓）
        |       |       |仇首---|仇犹（传仇姓）
        |       |       |       （建仇由国，后为晋知伯所亡，传仇姓）
        |       |       |瓒？---|?------|?-----|?------卓旺（传卓姓）
        |       |       |       （瓒侯声远）
        |（周平王授予"珪瓒秬鬯"，亦称瓒侯。其后有传卓姓）
        |       桓叔---|庄伯---|武公---|献公---|申生（传恭姓）
        |       （成师） （鱓）   （称）   （诡诸） （太子。谥恭）
        |       |       |       |       文公---|襄公---|灵公（传晋世家）
        |       |       |       |       （重耳） （欢）   |（夷皋）
        |       |       |       |       |       |桓叔
        |       |       |       |       |       （捷）
        |       |       |       |       |公子雍
        |       |       |       |       |杜回---|杜泄（另传杜姓）
        |       |       |       |       （秦将军。随母姓）
        |       |       |       |       |公子乐
        |       |       |       |       （赵盾杀乐于郓，传有郓姓）
        |       |       |       |       成公---|赵孟姬（女）
        |       |       |       |       （黑臀） |（嫁赵朔，生赵武）
        |       |       |       |       |景公---|历公
```

（据）　（寿曼）

姬杨千古

懿（传阎姓）

（食采于阎邑）

惠公---怀公
（夷吾）（子圉）
奚齐、悼子

伯侨---文-----近-----羊舌突（传杨姓）
（羊舌氏）
羊穿（传羊姓）
羊孙（传杨姓）
（杨孙为秦穆公成郑）
述-----阳处父
阳子
（杨子）

（杨侯。前719年生。后世以为杨姓始祖）

祁举---祁瞒---高粱伯-祁奚（传祁姓）

韩万---赇伯---韩简---子舆---献子
（下接韩世家）

韩言（传言姓）

师尹（传师姓）
（周礼乐之官。晋献公诛桓、庄之后诸公子，师尹因以避祸。后有师旷）

叔阳---伯厣---司空颉-南里---叔正---司徒公-正少襄（传籍姓）
（叔子）　（官伯。食采于伯，因伯为氏）

郤文---叔虎---郤毅
（晋国首任中军将）
郤氏---伯纠---伯宗（传郤、伯姓）
（宋桓公曾孙）
（宋襄公弟公孙遨入赘，随为郤姓）

郤豹---郤称
（郤溱。中军佐）
郤芮---郤缺---郤克---郤锜
（冀芮）（冀缺）（献子。传郤、冀姓）
郤义---步扬---步招
（郤臻）（郤扬）（蒲城鹊居。传步姓）
郤犫（三郤之一）
（苦成叔子）
（兄弟别出宗庙，改姓郤）

（郗与郤字通假）

（偃。司晋典籍。后名籍厣）

```
|              （周王称为叔氏）
|          楼季（传楼姓）
? ------|? ------|? ------|? ------|? ------|? ------|姬得（传删姓）
|        |        |        |        |        |（删得，晋大夫）

栾姓：
栾叔----|栾宾---|宾父---|栾成---|共叔---|栾贞子-|栾盾---|栾武子-|栾桓子（传栾姓）
|        |        |        |      （栾枝）      |      （栾书）    |（栾黡）
|        |        |        |                        |（栾纠）

贾姓：
伯车----|贾惠伯-|贾无纪-|贾辰公-|贾伯---|贾佗（贾国亡于晋。后有魏国贾辛名出。传贾姓）
（姬兜）  |        （姬僵）  |（公丘）

鲁周公世家：
武公----|括-----|伯御
（敖）   |        （自立为君）
|        |孝公---|惠公---|隐公
|        （称）   （弗湟）  （息姑）
|        |        |        |桓公---|庄公---|湣公---|闵启（传闵姓）
|        |        |        （允）   （同）   （开）   |（后三传闵损为孔子学生）
|        |        |        |        |        |公子斑
|        |        |        |        |        （立为君，舍于党氏被杀）
|        |        |        |        |        |釐公---|文公---|恶、视
|        |        |        |        |        |        （兴）   |宣公
|        |        |        |        |        |                （传鲁周公世家）
|        |        |        |        |        |                |叔肸（传叔姓）
|        |        |        |        |        |                （别为叔氏）
|        |        |        |        |        |                |鲁项---|叔度（传鲁、项姓）
|        |        |        |        |        |        （申。前643年灭项，封次子于项）
|        |        |        |        |        |        |公子遂-|公孙（传东门氏）
|        |        |        |        |        |                （归父，字子家。奔齐）
|        |        |        |        |        |                |公孙兹（传兹姓）
|        |        |        |        |        |        （东门襄仲。因住城东而立东门氏）
|        |        |        |        |共仲---|穆伯---|文伯---|惠叔
|        |        |        |        （庆父）  （公孙敖）（孟孙谷）（孟孙难）
|        |        |        |        |僖叔---|戴伯兹-|叔孙---|叔孙
|        |        |        |        （叔牙）  （公孙雍）（庄叔）  （德臣）
|        |        |        |        |                        |叔姬
|        |        |        |        |                        （女。晋叔向母）
|        |        |        |        |                |叔服（传服姓）
|        |        |        |        |                （周内史）
|        |        |        |        |                |叔彭生-|叔仲
|        |        |        |        |                        （惠伯）
```

（别为叔仲氏）

成子--- 文子--- 武子--- 悼子

（行父）　（季孙宿）　（季孙纥）

公鉏

公若（传公若姓）

（季友。封费邑）

（其次子庆父、叔牙、季友之后史称鲁三桓）

尾生--- 施伯--- 施殳--- 施考叔（传施、惠、尾姓）

（施父。信如尾生，天下之高行也）

鲁元子- 连休--- 连称（传连姓）

（齐国大夫）

（鲁郡浮祯，连休荐祉）

（连称。齐鲁联姻，为齐襄公成边）

公子衡（传衡姓）

（鲁国大夫。公子衡使齐迎桓公灵柩，迫齐让步）

益师--- 仲孙湫- 仲孙蔑- 佗----- 服惠--- 服景（传服姓）

（伯椒）　（伯何）

秋胡（传秋姓）

（别为子服氏，谥懿伯）

（众父）　（鲁大夫。以王父字为氏，传众姓，又后有秋氏）

子彄--- 臧哀伯- 文仲--- 宣伯（传宣姓）

（孙达）　（孙辰）　宣叔--- 臧武仲（传臧姓）

（孙许）　（孙纥，又名叔仲、高曾）

（子臧、臧僖伯。封臧邑，子孙皆为鲁卿）

懿公　夷伯展- 乔木--- 无骇--- 展禽（传柳姓）

（戏）　（展获。称柳下惠，鲁士师）

展喜（传展姓）

（鲁大夫。用兄之计，以退齐兵）

（隐公命以王父字为展氏）

（始乎乔木，得姓菜地，食菜柳下，因姓柳）

有夷--- 秦子--- 秦青--- 秦堇父- 秦丕兹（传秦姓）

秦遄、秦非

秦祖、秦冉

秦周（传周姓）

（鲁大夫。食邑于秦，以邑为氏传秦姓）

（方始建都，复辟元勋，以为菜地，著姓命氏）

（鲁国上大夫。前722年占据郎城，自为食邑。有传郎、费姓）

惠伯巩（传厚、后、邜姓）

（伯革。后七世孙瘠，谓厚成叔，因氏焉）

祭姓：

祭？----|? -----|祭足---|祭仲（传訾、足姓）
　　　　|　　　　|　　　　|（郑庄公时为相。传祭姓。祭字不雅听，改訾姓，訾，财富也）

邢姓：

公其----|公我---|闵公---|戴公---|献公---|公廖---|公山---|公夯---|公丰共（传邢姓）
　　　　|　　　　|　　　　|　　　　|（叔颜。前635年曾为卫文公所灭，齐国救邢又复国）

蔡世家：

共侯----|戴侯---|宣侯---|桓侯
　　　　|　　　　|（措父）|（封人）
　　　　|　　　　|　　　　|哀侯---|缪侯---|庄侯---|文侯---|景侯---|灵侯（传蔡世家）
　　　　|　　　　|　　　　|（献舞）|（肸）　|（甲午）|（申）　|（固）　|（般）
　　　　|　　　　|　　　　|　　　　|　　　　|　　　　|　　　　|　　　　|平侯
　　　　|　　　　|　　　　|　　　　|　　　　|　　　　|　　　　|　　　　|（庐）
　　　　|　　　　|　　　　|　　　　|　　　　|　　　　|　　　　|子朝---|归生（传朝、生姓）
　　　　|　　　　|　　　　|　　　　|　　　　|　　　　|　　　　|　　　　|（子嘉。蔡朝吴者）

霍姓：

霍光----|霍福---|霍侯---|霍旧---|霍哀公（为晋所灭。亡于前661年。后传霍姓）
　　　　|　　　　|　　　　|（求）

郦姓：

出伯----|? -----|? -----|? -----|甲伯---|郦毅---|定安公-|痕河---|郦伯名
　　　　|　　　　|　　　　|　　　　|　　　　|　　　　|　　　　|　　　　|（奔鲁，尊诸侯号）
　　　　|　　　　|　　　　|　　　　|（桓伯、参。前686年降于齐为附庸国）

卫康叔世家：

釐侯----|共伯（传龚姓）
　　　　|（馀。代周行政）
　　　　|武公---|庄公---|桓公
　　　　|（和）　|（扬）　|（完）
　　　　|　　　　|　　　　|宣公---|伋（传汲姓）
　　　　|　　　　|（晋）　|（太子伋）
　　　　|　　　　|　　　　|黔牟（传琴姓）
　　　　|　　　　|　　　　|昭伯顽-|戴公
　　　　|　　　　|　　　　|　　　　|文公---|成公---|穆公---|定公
　　　　|　　　　|　　　　|子寿　|（毁）　|（郑）　|（遫）　|（传卫康叔世家）
　　　　|　　　　|　　　　|　　　　|　　　　|　　　　|　　　　|殇公（传叔姓）
　　　　|　　　　|　　　　|　　　　|　　　　|　　　　|　　　　|（秋）
　　　　|　　　　|　　　　|　　　　|姬其许（后传司徒、许姓）
　　　　|　　　　|　　　　|州吁　|惠公---|懿公---|开方（传开姓）
　　　　|　　　　|　　　　|（子朝）|（赤）　|（避卫难奔齐，名在管仲下。周王赐开姓）
　　　　|　　　　|惠孙---|耳-----|武仲乙-|昭子炎-|庄子纥-|宣子鰌-|孙良夫（传孙姓）
　　　　|　　　　|　　　　|　　　　|　　　　|　　　　|　　　　|孙文子
　　　　|　　　　|　　　　|　　　　|　　　　|　　　　|　　　　|（太叔仪。卫国将军）

```
                              |鹿叔 （传鹿姓）
        |       |       |     |（食采五鹿，称五鹿氏）
        |       |       |（卫上卿，食采于戚。即今河南濮阳市）
        |季亹---|弟顷叔-|宁跪---|？-----|宁速---|武子俞-|惠子殖-|悼子喜
        |       |       |       |       |（庄子）|（卫大夫）|宁长牂（传宁姓）
        |       |       |       |仲长---|？-----|？-----|仲叔于奚
        |       |       |       |       |       |       |（新筑大夫）
        |       |       |       |（仲长氏）
        |       |       |       |？-----|宁戚
        |       |       |       |       |（齐桓公相）
        |       |（食采宁地。九世卿族）
```

沈姓：

```
不离----|辛先---|巳济---|遇-----|楫-----|德-----|胤-----|鳟-----|逞（传沈姓）
        |       |       |       |（衎）  |（启承）|        |（君子）|（循子）
        |       |       |       |樱
        |       |（梁齐）
```

冉姓：

```
冉贞----|冉托---|冉敏---|冉猛---|冉辉
        |       |       |       |（奔晋。居今山西孝义）
        |       |       |       |冉煌---|冉胜---|冉在---|冉离---|冉耕---|冉志
        |       |       |       |       |       |       |       |冉雍
        |       |       |       |       |       |       |       |冉求
        |       |       |       |       |       |       |       |（三兄弟为孔子学生）
        |       |       |       |（奔鲁。居今山东邹平。此前疑有缺代）
```

燕召公世家：

```
釐侯----|顷侯---|哀侯---|郑侯---|缪侯---|宣侯---|桓侯---|庄公---|襄公
        |       |       |       |       |       |       |（燕仲父）|（传燕召公世家）
        |（燕顷侯二十年，周幽王被杀）
（燕厘侯二十一年，正当郑桓公封于郑）
```

毛姓：

```
保------|暖
        |晞-----|平-----|焉-----|真
        |（系）  |熏      |广      |能-----|起-----|元-----|泰
        |       |       |       |       |礼      |进-----|果（传毛姓）
        |       |       |       |       |       |       |填
```

曹姓：

```
惠伯雉--|曹石甫（传曹姓）
        |穆公---|桓公---|庄公---|羁（太子奔陈）
        |（武）  |（终生）|（射姑）|僖公---|昭公---|共公---|文公---|宣公
        |       |       |       |（赤）  |（班）  |（襄）  |（寿）  |（庐）
        |       |       |       |       |       |       |       |子臧（传子臧氏）
```

							（欣时。逊国于弟）
							成公（传曹姓）
							（负刍）
				？-----	僖负羁（传僖姓）
					（曹国大夫）
		（周桓王十九年即前701年继位）

毕姓：

涛------	皙------	芝------	简夫---	镇-----	质（传今湖北赤壁毕氏世系）
					（景仁）
督-----	英-----	星-----	伯-----	万-----	芒季---	魏武子-	魏悼子
				（毕万）		（犨）	（传魏世家）

荀姓：

郇？-----	？------	？------	？------	？-----	原黯---	逝敖---	荀林父-	荀嘉（传荀姓）
					（荀息）			（晋大夫）
								荀庚
								（中行氏）
						（晋首任中军元帅）
							荀雅---	程滑
							程季---	程郑
								（传程姓）
							荀首---	荀罃（传荀姓）
								（智庄子）

赖姓：

赖成----	冲-----	章-----	穆-----	文-----	添（传赖姓）
				（赖国，亡于前538年，为楚灵王所灭）

息姓：

息伯----	息扁---	息夕---	畅子行-	考叔
		（肠子）	（考叔箱父。息国前682年为楚国所灭）

虢姓：

虢公长父	虢宣公-	虢文公-	公鼓---	公翰---	忌父---	林父---	公丑（传郭姓）
（季小白）	（季）	（石父）				（前655年为晋灭）

芮姓：

芮良夫--	芮多父-	？-----	芮桓公-	芮伯万（传芮、万姓）
（多夫）			（之后有孟子弟子万章，传万姓）

吴太伯世家：

屈羽----	夷吾---	禽处---	转-----	颇高---	勾卑---	去齐---	寿梦---	诸樊
								（传吴太伯世家）
								馀祭、馀昧
								季札
								（子孙有传寿姓）

虞侯----|？------|？------|？------|？------|虞公---|仲子---|郁伯（传虞、郁姓）

       | | | | |（后有鲁相郁贡）

       | | | | （虞与郁同。国亡乃郁，奉泰伯为始祖焉）

       | | | （亡于前655年，晋假道伐虢）

仲山甫--|樊穆子-|樊重---|？------|樊种---|樊皮---|樊百里-|井伯奚-|孟明视（传白姓）

       | | | | |（百里奚，秦大夫）

       | | | | （周大夫。前665年，樊皮叛王，逃居楚地建樊城）

       | | | （其后子孙有避难改种姓）

（樊穆仲。光辅周宣，食采于阳樊，封樊侯。传樊姓）

齐太公世家：

武公----|厉公---|文公---|成公---|庄公---|釐公---|襄公（传柯姓）

（吕寿） | |（吕赤）|（脱） |（购） | |（诸儿。占据柯邑，以封其子，传柯姓）

       | | | | |公子纠

       | | | | |齐桓公-|无诡---|晏弱

       | | | | | |（晏桓子）

       | | | | |惠公---|顷公

       | | | | |（公子元）|（传齐太公世家）

       | | | | | |栾坚

       | | | | | |高祈

       | | | | |孝昭公

       | | | | |昭公潘-|舍

       | | | | |无亏---|公孙庆克（传庆姓）

       | | | | | |（贺兰氏）

       | | | | |（公子无亏，谥武孟）

       | | | | |公子雍（传移姓）

       | | | | |（食采于移，其后因氏）

       | | | | |懿公（传易姓）

       | | | | |（商人）

       | | | | |子襄

       | | | | |（子襄氏）

       | | | （僖公禄甫）

       | | | |夷仲年-|废公（传年姓）

       | | | |（公孙毋知。自立君，即被废杀）

       | | | |公子廖-|隰朋（传隰姓）

       | | | |（一记戴仲。齐相）

       | | | |公孙

```
|        |        |        |        | （封于隰阴，为齐大夫）
|        |        公子高-|高？---|高傒---|庄子虎-|顷子---|宣子固 （传高姓）
|        |        |        |        |        ? -----|庐蒲---|庐蒲就魁
|        |        |        |        |        |        |（齐顷公嬖人）
|        |        |        |        |        |       （传庐蒲氏）
|        |        |       （敬仲。食采卢邑）
|        |        |       （齐上卿）
|        |        共伯---|? -----|国子---|国懿仲-|国归父-|武子佐-|国胜
|        |        |       （国庄子）              |景子弱 （传国姓）
|        |       （齐上卿）
|（吕无忌。其后有以谥号为氏，传厉姓）
```

崔姓：

```
崔？----|? -----|? -----|? -----|? -----|? -----|? ------|崔夭---|崔野
```

（《世系表》列崔野八世孙崔夭，中缺七代）

章姓：

```
桓公----|平公---|厉公---|武公---|定公
|        |       （世子伟）|隐公
|        |        |        穆公---|闵公
|        |        |        |懿公
|        |        |        丁公---|胡公祥-|章鞲---|章华 （传章姓）
|        |        |        |        |        |（晋将）
|        |        |        |        |       （吕饴甥。在晋食采于瑕，曰瑕父）
|        |        |        |        |齐姜 （女。嫁晋献公生太子申生）
|        |        |        |（姜祥。前664年国亡，失国去耳章姓）
```

许姓：

```
康公----|武公---|文公---|宁公---|缔公---|庄公
|（无专）|        |（许观）|（许悦）|（许苴人）
|        |        |        |        桓公
|        |        |        |       （郑）
|        |        |        |        穆公---|僖公---|昭公---|灵公 （传许姓）
|        |        |        |        |        |（锡我）
|        |        |        |       （新臣）|（厘公。前654年楚攻许）
|       （兴。周幽王时）
```

谢姓：

```
申诚----|昌俊---|谢广---|谢烈---|谢鹭---|谢预 （传谢姓）
|        |        |        |（前688年为楚成王灭）
|       （谢宏。续申侯位。归顺楚国，封大司马）
```

```
    |申屠（其后九传有楚国大夫申包胥。传申、包、屠姓）

    |（周平王小舅子，封申屠侯，传申屠姓）

（谢预。周宣王时，前821年赐封谢邑）
```

纪姓：

```
闵侯----|共侯

    |懿侯---|孝侯

    |      |夷侯---|厉侯---|武侯---|哀侯

    |      |      |      |      （叔姬。前690年纪国亡，出逃）

    |      |      |      |威侯---|宣侯

    |      |      |      |      |幽侯---|惠侯---|庄侯（传纪姓）

    |      |      |      （季。小纪国附庸于齐。后于前523年亡）

    |      |      |裂繻（传章姓）

    |      |      （纪大夫。食采于章，娶鲁国女）
```

陈世家：

```
幽公----|釐公---|武公---|夷公
（宁）   （孝）   （灵）   （说）

    |      |      |平公---|文公---|桓公---|太子免

    |      |      （燮）   （圉）   （鲍）   |利公

    |      |      |      |      |      （跃）

    |      |      |      |      |      |庄公---|妫颛孙-|颛孙强

    |      |      |      |      |      （林）   |       （传颛孙氏）

    |      |      |      |      |      |      （陈国乱奔齐）

    |      |      |      |      |      |宣公---|穆公---|共公

    |      |      |      |      |      （杵臼）  （款）   （传陈世家）

    |      |      |      |      |      |      |      |子夏---|夏御叔-夏征舒

    |      |      |      |      |      |      |      （少西）  （少西氏。传夏姓）

    |      |      |      |      |      |      |      |子良（传公良氏）

    |      |      |      |      |      |昭子---|雠子（雠子氏，传仇姓）

    |      |      |      |      |      |      （来将）

    |      |      |      |      |      |厉公---|陈完---|武开子

    |      |      |      |      |      （佗）   （敬仲元） （田开）

    |      |      |      |      |      |      |      |厘子乞-|孟庄（传田姓）

    |      |      |      |      |      |      |      （孟夷）

    |      |      |      |      |      |      |      |田孙书-|孙凭（传孙姓）

    |      |      |      |      |      |      |      （孙叔作相）

    |      |      |      |      |      |      |      |      |子良坚（传占姓）

    |      |      |      |      |      |      |      （子占。伐乐安有功，封乐安氏）

    |      |      |      |      |      |      |      |石难

    |      |      |      |      |      |      |      （别为子石氏）
```

```
|            |        |        |        |              (奔齐，改田姓，有传敬姓)
|        公子惠-|鍼 (传惠、箴姓)
|            |     若孙 (传禽姓)
|        (惠子得。为子禽氏)
|        子穆安
|        (因为子穆氏)
```

袁姓：

```
戴伯----|郑叔---|郑仲---|庄伯---|诸------|爰------|辕涛涂-|袁选 (传袁姓)
     |      (金父)  |        |       (子伯爰) (王父爰)  (辕宣仲)  (后有三国袁绍、袁术)
     |      |      |        |       |       爰伯孙 (传爰姓)
```

杞世家：

```
宣武----|杞成公-|谋娶公-|武公---|靖公---|共公---|德公
     |      |      |       |       |      桓公---|孝公
     |      |      |       |       |      (姑容)  (丐)
     |      |      |       |       |      文公 (传淳于姓)
     |      |      |       |       |      (益姑。迁都淳于，今山东安丘)
     |      |      |       |       |      平公---|悼公
     |      |      |       |       |      (郁)   (传杞世家)
     |(迁都今山东昌乐县)
```

犹太氏闪族：

```
亚米拿达|拿顺---|撒门---|波阿斯-|俄备得-|耶西---|大卫---|所罗门-|罗波安
     |      |      |       |       |       |       (传犹太氏闪族)
     |      |      |       |       |      (从乌利亚。以色列王国的首任君主)
     |      |      (从路得氏)
     |      (从喇合氏)
```

姒姓：

```
洽------|杞------|少连---|骊------|逸------|鲤------|必高---|无壬---|皞
     |      |      |       |       |       |       |      (传越王勾践世家)
```

鲍姓：

```
济迪----|渊------|定远---|敬叔---|叔牙---|鲍瑰---|素命---|鲍庄---|鲍牵
     |      |      |       |       |       |       |      鲍国 (传鲍姓)
     |      |      |       |       |       |       |      (鲍文子。齐大夫)
     |      |      |       |       |       |       (鲍庄子。齐大夫)
     |      |      |       |       |       (考古有"素命镈")
     |      |      |       |       |       (娶仲姜，生素命)
     |      |      |       |       |       鲍瑗---|信道
     |      |      |       |       |       |      师道
     |      |      |       |       |       |      (另记师道即素命)
     |      |      |       |       |       (齐桓公时大臣)
     |      |      |       |       叔度
```

孔姓：

世子胜--｜正考父-｜孔父嘉-｜木金父-｜皋夷父-｜防叔---｜伯夏---｜叔梁纥-｜孟皮
　　　　｜　　　｜　　　｜　　　｜　　　｜　　　｜　　　｜　　　｜孔丘（传孔姓）
　　　　｜　　　｜　　　｜　　　｜　　　｜　　　｜　　　｜　　　｜（孔子，字仲尼）
　　　　｜　　　｜（宋大司马。以乙配子，故谓之孔）
　　　　｜　　　｜宣靖父（传驺姓）
　　　　｜（宋国上卿。食采于邹。有传正姓）

宋微子世家：

惠公----｜哀公---｜宋白---｜宋祝其（传祝姓）
（靓）　 ｜　　　｜　　　｜（祝其氏）
　　　　｜　　　｜　　　｜宋司空-｜宋冯---｜宋御说-｜向父肹-｜向为人
　　　　｜　　　｜　　　｜（和）　｜　　　｜　　　｜　　　｜（大司寇）
　　　　｜　　　｜　　　｜　　　｜　　　｜　　　｜向带---｜向魋（传桓姓）
　　　　｜　　　｜　　　｜　　　｜　　　｜　　　｜（太宰）
　　　　｜　　　｜　　　｜　　　｜　　　｜　　　｜訾守---｜向戌（传左姓）
　　　　｜　　　｜　　　｜　　　｜　　　｜（文公赤）
　　　　｜　　　｜　　　｜（和与冯原著父子关系，按世系考为兄弟关系）
　　　　｜　　　｜牛文---｜牛大佬-｜牛二老-｜牛一郎
　　　　｜　　　｜　　　｜　　　｜　　　｜牛四郎-｜牛王堌（传牛姓）
　　　　｜　　　｜　　　｜　　　｜　　　｜（地因人名，在今河南夏邑县西北）
　　　　｜　　　｜　　　｜　　　｜　　　｜（后六世有楚国巢邑大夫牛臣，传巢姓）
　　　　｜　　　｜　　　｜　　　｜仇牧---｜裘仲（传裘姓）
　　　　｜　　　｜　　　｜　　　｜　　　｜（仇仲。避父难改姓裘）
　　　　｜　　　｜　　　｜　　　｜（牛牲子，牛仇牧也，故为仇姓）
　　　　｜　　　｜　　　｜（牛姓启世之祖）
　　　　｜　　　｜（牛父，司寇。帅师败狄，死于长丘。牛耕文明始于宋，耕于齐）
　　　　｜戴公---｜武公---｜宣公---｜殇公（传宣姓）
　　　　｜　　　｜（司空）｜（力）　｜（与夷）
　　　　｜　　　｜　　　｜穆公---｜庄公---｜闵公---｜公孙固
　　　　｜　　　｜　　　｜　　　｜　　　｜　　　｜景亳---｜塞叔---｜西乞术（传塞姓）
　　　　｜　　　｜　　　｜　　　｜　　　｜　　　｜　　　｜（捷与塞近音，塞姓当出此）
　　　　｜　　　｜　　　｜　　　｜　　　｜　　　｜（地因人名。亳与薄同音，传薄姓）
　　　　｜　　　｜　　　｜　　　｜　　　｜（捷。一记闵闵公。闵公博戏，后有薄氏）
　　　　｜　　　｜　　　｜　　　｜　　　｜前废公
　　　　｜　　　｜　　　｜　　　｜　　　｜（公子游）
　　　　｜　　　｜　　　｜　　　｜　　　｜桓公---｜襄公---｜成公---｜昭公---｜靠
　　　　｜　　　｜　　　｜　　　｜　　　｜（御说）｜（兹甫）｜（王臣）｜（杵臼）
　　　　｜　　　｜　　　｜　　　｜　　　｜　　　｜　　　｜　　　｜文公（传宋微子世家）
　　　　｜　　　｜　　　｜　　　｜　　　｜　　　｜　　　｜　　　｜（鲍革）
　　　　｜　　　｜　　　｜　　　｜　　　｜　　　｜　　　｜　　　｜须
　　　　｜　　　｜　　　｜　　　｜　　　｜　　　｜　　　｜　　　｜墨台

```
│    │    │    │    │    │    │      │后废公（传宋姓）
│    │    │    │    │    │    │      │（其后传宋姓）
│    │    │    │    │    │  二眜---公孙友-公抃帅（传仲姓）
│    │    │    │    │    │    │      │（司城）
│    │    │    │    │    │    │      │（子城，字仲子）
│    │    │    │    │    │    │    （子鱼，又墨夷。曰公子眜为左师，其后为氏）
│    │    │    │    │    │  三种（传三姓）
│    │    │    │    │    │  四鱼
│    │    │    │    │    │  五荡---公孙寿-荡泽
│    │    │    │    │    │    │      │（司马）
│    │    │    │    │    │    │      │意诸（传荡姓）
│    │    │    │    │    │    │      │（司城）
│    │    │    │    │    │    （封荡邑，为子荡氏）
│    │    │    │    │    │  六鳞---伯扈---伯宗（姓邲氏）
│    │    │    │    │    │    │      │（仕晋）
│    │    │    │    │    │    │    （公孙伯纠去晋。别为邲氏）
│    │    │    │    │    │    （公子遨。出使晋国不返）
│    │    │    │    │    │  七肸
│    │    │    │    │  公子申-右师戌-右师氏-庄左（传庄姓）
│    │    │    │    （庄公冯。传庄姓，派生严姓）
│    │    │    │  公子冯（传冯姓）
│    │    │    （宋穆公去世，公子冯逃亡到郑国）
│    │    （和。其后有以谥号为氏，传穆姓）
│  乐父---倾父泽-夷父须-乐吕---万-----乐喜---子罕（传乐姓）
│  （衎）  │    │    │    （封于萧，以为宋国附庸。传萧姓）
│    │    │    │    （宋大司寇）
│  皇父---季子来-南雍缺-南宫万（传皇甫、萧姓）
│    │    │    │    （与宋闵公博戏，用棋盘砸死闵公，又杀华父督）
│    │    │    │  南宫牛-宗桃（传南宫、萧、肖姓）
│    │    │    │    （丰封萧邑）
│    （充石。另记：周幽王时，皇父孔圣，作都于向）
│  好父说-华父督-华叔---华耦---华生---华御事-华元（传华、武姓）
│    │    │    │    │    （御）      │（右师）
│    │    │    │    │          │华喜
│    │    │    │    │          │（司徒）
│  诸戴---？-----？-----？-----老佐（传老姓）
│    （有诸兄弟不名者，皆传戴姓）。之后宋平公时有宋戴恶名闻）
│（白。谥号"戴"）
```

石姓：

```
石苞----│石蜡---│石厚---│骀仲---│祁子---│成子稷-│共子买-│悼子恶-│曼姑---│石魋
```

```
|       |       |       |       |       |       |       |       |（传石姓）
|       |       |西门子（传西门氏）
|       |       |（因难，异石为西，近音也；又居西门因氏焉。后有魏国西门豹）
|       |（卫国大夫。其子石厚随州吁卫国谋反，石蜡命家宰獳羊肩杀其子石厚，谓大义灭亲）
```

耿姓：

```
重甲————|整辛———|灵—————|沃辛———|祖癸———|雍丙———|元—————|恒（传祖、耿姓）
|       |       |       |       |       |       |（耿之不比。楚大夫）
|       |       |       |       |（耿国亡于晋献公时）
```

林姓：

```
林苌————|林材———|林回（贾国亡，有"林回弃璧"典故。后传西河林氏）
|       |（周幽王时，掌夏官。周平王时为虎翼将军）
```

邓姓：

```
衡侯————|略侯———|宣侯———|尚侯———|粹侯———|明侯———|邓祁侯（传邓姓）
|       |       |       |       |（楚文王三年，即前687年灭邓）
```

方姓：

```
? ——————|方叔（传方姓）
|       |（方雷氏四十六世孙。周宣王时卿士，南征荆楚，北伐玁狁。食采洛邑）
```

任姓：

```
襄侯————|桓侯———|康侯———|定公———|恭侯———|景侯———|宣侯———|简侯———|惠侯
|（辨）  |（安兴）|（箱） |（尚） |（魏） |（伯勤）|（文欢）|（下接薛姓）
|       |       |       |       |任里———|任质———|任悝———|任不齐（传任姓）
|       |       |       |       |       |       |       |（孔子弟子）
|       |       |（薛侯，薛姓祖。鲁隐公派人对薛侯论得姓之早言："不敢与诸任齿"）
```

程姓：

```
子臧————|程伯———|仲庚———|? ——————|? ——————|? ——————|? ——————|? ——————|司马督（传司马氏）
|       |       |（未袭侯，任大司马，为司马氏始祖）
|       |       |仲辛———|黑肱———|君识———|程应———|公龛———|抚宜———|程思陵（传程姓）
|       |       |（安定侯）
|       |（程伯休父。周宣王时大师皇父，命大司马）
```

董姓：

```
衰——————|? ——————|? ——————|? ——————|辛有———|辛董———|董籍———|董元———|董因（传董姓）
|       |       |       |       |       |       |       |（世教）|（宋）
|       |       |       |       |       |       |       |       |（晋文公时大夫）
|       |       |       |       |       |       |（董晋史籍，因为氏焉）
|       |       |       |       |（总督修晋史）
|       |       |       |       |       |辛聊———|? ——————|? ——————|辛?（传辛姓）
|       |       |       |       |       |（董廖。曾为毕万卜卦）
|       |       |       |       |（平王东迁，辛有适伊川。二子适晋为太史，籍黶与之共董督晋典）
```

黄姓：

```
鄂——————|昭—————|鲁—————|叶—————|令—————|琪—————|显—————|宽—————|亮（传黄姓）
```

						（司农）	（志。平王时大司徒）
	（官州牧）				（宣王时掌国学，大司徒）		

唐杜氏：

穆伯————｜庄伯———｜桓伯———｜惠伯———｜僖伯———｜杜伯———｜隰叔———｜温叔———｜先俞（传唐杜氏）
（元）　　　（粟）　　　（褚）　　　（将）　　　（睿）　　　　　　　　　　　　　（士云）　　（地望在雁门山）

　　　　　　　　　　　　　　　　　　　　　　　　　　　　　　　　　　仑模（传唐杜氏）

　　　　　　　　　　　　　　　　　　　　杜康———｜杜贲———｜杜显（传杜姓）
　　　　　　　　　　　　　　　　　　　　　　　　　（罗平公宰夫）
　　　　　　　　　　　　　　　　　（酿酒匠，杜康酒名显）

江姓：

烈——————｜瑀—————｜需—————｜炳
　　　　　　　　　　　　　｜炬—————｜施—————｜疆—————｜绍—————｜豫均———｜贞（江国亡于前623年）

李姓：

李爵————｜寅龙———｜熙宏———｜尧性———｜李辉———｜连顺———｜李乾———｜李聃———｜李宗（传李姓）
　　　　　　　　　　　　　　　　　　　　　　　　　连利　　　　　　　　　　　　　　（后传唐太宗李世民）
　　　　　　　　　　　　　　　　　　　　　　　　　　　　　　　　　　　　（老子。周太史）
　　　　　　　　　　　　　　　　　　　　　　　（元果。周上御大夫）
（周宣王问礼，蔚映龙图）

徐姓：

景——————｜衡—————｜恭—————｜穆—————｜永—————｜思—————｜强—————｜又—————｜毅（传徐姓）

秦本纪：

襄公————｜文公———｜靖公———｜宁公———｜武公———｜公子白
　　　　　　　　　　　　　　　　　　　　　　　　　（公孙氏）
　　　　　　　　　　　　　　　　　　　　　德公———｜宣公、成公
　　　　　　　　　　　　　　　　　　　　　出子　　｜穆公———｜康公———｜共公———｜桓公
　　　　　　　　　　　　　　　　　　　　　　　　　　　　　　　　　　　　　　　（传秦本纪）
　　　　　　　　　　　　　　　　　　　　　公子衎（传衎姓）
　　　　　　　　　　　　　　　　　　　　　（食采于衎，因氏焉）
　　　　　　　　　　　　　　　　　　　　　（任好。一记缪公）

解姓：

解?————｜?—————｜?—————｜?—————｜?—————｜解陵———｜解良———｜解杨———｜解张———｜解狐
　　（传解姓）
　　　　　　　　　　　　　　　　　　　　　　　　　　　　　　　解猎

梁姓：

梁爱————｜益耳———｜礼—————｜整—————｜怀—————｜辅—————｜鳝（叔鱼。孔子弟子）
（梁姓开基祖。晋大夫）

赵世家：

叔带————｜赵射———｜赵壮———｜赵夙———｜共孟———｜赵衰———｜赵盾———｜赵朔———｜赵武
　　　　　　　　　　　　　　　　　　　　　　　　　　　　　　　　　　　　　　　（传赵世家）
　　　　　　　　　　　　　　　　　　　　　　　　　　　　　（赵宣子）

					同、括
					婴齐
					（楼季。传楼姓）
				？-----	赵穿（传邯郸姓）
					（邯郸君。四传为赵午）
			（夙伐耿，拔其城，遂为耿氏）	

舒姓：

舒运公--｜舒掩王-｜舒亨---｜舒图邱-｜舒介（国亡于楚）

（舒国开始称王）

彭姓：

程------｜昶-----｜观凝---｜丁-----｜寅-----｜能运

					贵山---｜和美---｜友燮---｜略（传彭姓）
					（周平王时司旅将军）
					（周幽王时司寇）
					（周宣王时大夫）

（周穆王时随造父）

楚世家：

季徇----｜咢------｜仪-----｜坎-----｜昫-----｜鬻拳（传誉、于、权姓）

					蒍章---｜蒍伯---｜蒍滢---｜蒍洩
		（若敖）	（宵敖）	（蚡冒）	（周大夫）
					（地因人名）
					伯吕臣-｜蒍贾---｜贾伯嬴
					（发钩。大宗传蒍姓，小宗传蒍姓）
				通------｜赀-----｜杜敖
				（楚武王）	（文王）｜恽-----｜商臣---｜侣（传楚世家）
						（穆王） （庄王）
					（成王）｜职
					芈燕
					（封于项城）
					轩（传轩丘姓）
					（食采轩丘，因以为氏）
				屈瑕---｜屈完---｜御寇---｜赤角（传屈姓）
					屈椒---｜伍参（传伍姓）
				（莫敖屈重。受屈为客卿，因以为氏）	
				斗伯比-｜子文---｜莫嚣（传莫姓）
					斗班（传班姓。后有《汉书》作者班固）
					斗强（传强姓）
				（楚令尹。令尹之官名自此始）	
				子良---｜越椒---｜贲皇（传苗姓）
				（伯棼） （楚乱奔晋，晋侯与之苗邑）
				（楚司马）	

```
                              子玉---太心
                              （孙伯。楚令尹）
                              成嘉--成虎（传成姓）
                                    （熊。楚大夫）
                              （子孔。楚令尹）
                              （成得臣。楚令尹）
                         （初为莫敖之官）
                    斗缗尹-斗宜申-析公---析父（传析、权姓）
                                    （析公逃晋）
                         （子西。楚司马）
```

土伯----巴子---封都---秭归---归发---夔子（传能姓）
　　　　　　　　　　　　　　　　（前634年，楚文王灭夔子国。子孙去熊之火为能）

罗姓：

介公-----庄公---景伯---世伯---还公---平公---文武公-幽公（传罗姓）
（璇）　　（日通）（赞）　（洪统）（和）　　　　（震。前690年，罗国亡）
　　　　　　　　静公　　　　　　　　　　（班。周桓王十三年即前707年败楚）
　　　　　　　　（善）

端木姓：

端木？--｜？-----｜？------端木舒-彻-----缄-----容-----宿-----端木广单
　　　　　　　　　　　　　　　　　　　　　　　　　　　　　　（传端木姓）

张姓：

充------灵-----宏-----道-----仲-----象-----秀
　　　　　　　　　　　　　　　　　（象，天文也，张日耀其南）
　　　　　　　　　　　　　　逸-----叔玄---奉义
　　　　　　　　　　　　　　　　　叔谦---卓宪---高凌（传张姓）
　　　　　　　　　　　　　　　　　（秀）　　　（张星。官在先轸之上）
　　　　　　　　　　　　　（掖。张国肩掖，以通西域，因生胙国）
　　　　　　　　　　　　（与尹吉甫中兴周宣王朝。称"诗美张仲，传称颖叔"）

朱姓：

邾子君克 安公---｜宪公---｜文公---｜定公---｜宣公---｜悼公（传朱姓）
　　　　　（仪父）（琐）　　　　（蘧旦）（牼）　（华。后传十三世为楚所灭）
　　　　　　　　　　　　　（蘧蒢。邾文公迁于句绎，后氏焉）

周代世系（之三）

周属王传：

惠王(17)--襄王(18)-顷王(19)-匡王(20)
（姬阆）　（姬臣）　（姬王臣）（姬班）
　　　　　　　　　定王21-简王22-灵王23-太子晋-宗敬---文公（传王姓）
　　　　　　　　　（姬瑜）（姬夷）（姬泄心）（子乔）　　　（凤）

						（龟，晋大夫）
景王24-	悼王猛
	（姬贵） 敬王25-	元王26
	（姬匄） （姬仁）
贞定王27
	（传周属王传）
圣（太子）
子朝（传晁姓）
	（曾代行王权）
阳樊（传阳姓）
	（封于阳邑，因以为氏）
儋季---	儋括（传儋姓）
	（周大夫）
刘康公-	刘子（传留、刘、率姓）
	（周大夫）
（王季子，封留城。为姬姓刘氏）
和公（传郝姓）
（建郝城，在今湖北汉川县南十五里）
叔带---	甘肃公-	甘成公-	甘惮---	甘平公-	甘桓公-	？-----	甘？（传甘姓）
	（鳅、鰌） （党于王子朝，前503年甘国亡）
甘景公-	甘简公
	甘悼公
	（过）
（肃。传后在今甘肃省）
（封甘昭公。建甘国）
王子虎--	王叔---	？-----	简公---	陈生---	？-----	？-----	王良（传王、邮姓）
	（无邮。食邑于邮）
（陈生。奔晋，为王叔氏）
（简公。周卿士）
（桓公。传王叔姓）
王孙满-	？-----	王孙说（传王孙、王姓）
（周大夫）
（赐王叔氏，曰王叔文公）

周姓：

姬兴----|姬晏---|姬安---|姬弘---|姬明---|姬隐---|姬寿---|姬容---|姬休（传周姓）

郑世家：

| 璘------|悁------|嘉------|宁------|虿------|胜------|易 |
| （成公） （釐公） （简公） （定公） （献公） （声公） （哀公） |
| | | | | 丑-----|已（幽公） |
| | | | | （共公） 骀（缥公） |

```
|        |        |        |        |        乙（传郑姓。后有郑安期谋计秦始皇）
|        |        |        |        |       （郑君。前376年，为韩哀侯所灭）
|               |惠子得（传禽姓）
|              （子禽氏）
展舍之--|罕虎---|婴齐---|罕达（传罕姓）
        （子皮）  （子蠡） （子姚，一曰武子剩）
       |罕魋
子西----|带-----|偃-----楚（传皙姓）
        （子上） |       （别为子南氏）
               |（子游。后传游浑姓）
               |乞-----|歇-----|宏-----|驷黑（传皙姓）
               |       |       （子般） （子皙）
               |       |               |驷奉（传驷姓）
              （子瑕。始以王父字为驷氏）
子然----|瑞-----丹（传然姓）
        |       （子革。奔楚为右尹）
       （子然氏，传然姓）
子产----|思参---|玉珍---乐卑（传郑、国姓）
        |       （武子） （显庄子。为子国氏）
       （子思）
（公孙侨，简成子。郑国执政者，铸刑书于鼎）
黑肱----|印段---葵（传印姓）
        |       （子柳）
       （子石。以王父字为印氏）
    单姓：
单襄公--|单顷公-|单靖公-|单献公-|单成公-|单闵公
        （衍期）  |       |       |单穆公-|单武公-|单平公
        |        |       |       |       （其上皆为周卿士）
        |        |       |      （单旗。改称单氏，传单姓）
        |        |       （单子。谓定王曰：今虽朝也不才，有分族于周）
        |       （其后子孙有传靖姓）
    晋世家：
桓叔----|惠伯---|悼公---|平公---|昭公---|顷公---|定公---|出公
        （谈）   （周）   （彪）   （夷）   （去疾）  （午）   （凿）
        |        |       |       |雍-----|忌-----|敬公---|幽公
        |        |       |       |       |       （骄）   （传晋世家）
        |        |       |?-----涉佗（传涉姓）
        |        |       |      （食采于涉，以邑为氏）
        |       |扬干---|申杵---|宜考---|剔-----|何祈---|招质---|杨燕（传河东杨姓）
        |        |       |       |       （秦左锋骑。后有汉初杨武封吴房侯）
        |        |       （周参士）
```

```
|          |            |         （周司行）
|          |            |（晋大夫）
|          |（其后传河东杨姓）
|捷箕---|箕遗（传郱姓）
|          |（姬豫。封郱邑，传郱、丙氏）
|（从其父名为氏）
姬杨千古|杨乾---|杨虎---|炅横（传桂姓）
          |（阳虎） |（避父难，改姓"苑云"，传桂、炅、吞、炆姓）
          |            锡朗
          |            |（秦将军，有功封临晋君）
          |杨越（传河内杨姓）
          |（阳越）
```

韩世家：

```
献之----|宣子---|贞子---|简子---|庄子---|康子---|武子---|景侯---|列侯
（厥）   |（起）  |（顷子）|（不信）|         |（庚子）|（韩虎）|（虔）  |（传韩世家）
                                                                        韩侠累-|韩庵（传侠姓）
                                                                        |（韩国列侯相）
         |        |        |韩康（传蔺姓。后有蔺相如）
         |        |        |（韩康开蔺国，后为赵国附庸）
         |        |子羽（传子羽姓）
```

杨姓：

```
羊舌突--|羊舌职-|羊舌赤（传铜鞮姓，今山西有鞮姓是也）
          |          |羊舌肸-|杨食我-|杨道---|杨忠---|杨赞
          |          |         |         |         |杨祺---|杨羡
          |          |         |         |         |杨惠---|杨元（传杨姓）
          |          |         |         |         |（潼关尉。建晋公子宫于华阴）
          |          |         |         |         |（别出西岳华山，居华阴）
          |          |         |         |杨义---|杨祐---|杨济---|杨继善
          |          |         |（华山西岳标有"杨氏避难处"前山即其居也）
          |          |         |（遭灭族。其子杨道逃居华山，传杨姓）
          |          |（杨肸。杨姓始祖）
          |          |羊舌鲋、羊舌虎
          |          |羊舌季凤
          |（华山避难。带其侄孙子杨道逃居华山。杨氏名义上的始祖）
          |牛、斟、先
          |羊罗（封郳地。传羊姓。三国时有羊祜名出）
```

阳姓：

```
阳子----|阳角哀-|阳豚---|阳毕---|阳丏---|阳令终-|阳完（传阳姓）
          |         |         |         |阳佗
          |         |（阳处父之后有阳毕，为楚国令尹）
```

```
      |               |（杨豚尹宜。楚国使者）
      |（奔楚为上卿）
```

祁姓：

```
祁奚----|祁午---|祁盈（传祁姓）
      |       |（遭灭族。有子孙逃出，传祁姓。西汉时有祁侯名出）
      |       邬臧---|怀荣（传邬姓）
      |       |（食采邬邑，因以为氏。之后司马弥牟为邬大夫）
      |（晋大夫皆有食邑，午与邬同，当食采于邬）
      |祁中---|祁胜
      |       |（祁胜与邬臧为祁盈家臣，换妻作乐）
```

籍姓：

```
正少襄--|司功---|侯季子-|籍游---|籍谈---|籍秦
      |       |       |       |       |（传籍姓。之后楚汉相争，避项籍名，改席、谈姓）
      |（大伯） |       |       |（籍谈为晋使周不送礼物，被景王骂"数典忘祖"）
```

伯姓：

```
伯宗----|伯州犁-|郤宛---|伯嚭---|柏道（传柏姓）
      |（周黎） |       |       |（伯嚭之子逃也，逃为道近音，又易人从木为柏。汉有魏郡守柏鸿）
      |       |       |       伯高（传伯姓）
      |       |       |       |（孔子之友）
      |       |       |       伯虔（传伯姓）
      |       |       |       |（子析。孔子弟子）
      |       |       |（吴太宰。为越王勾践所杀）
      |       |（楚王左尹）
      |       郤康---|郤宗连-|郤呈---|篯------|氆------|秋------|千（传钟离氏）
      |       |       |       |（钟离篯） |（钟离氆） |（钟离秋） |（钟离千）
      |       |       |       |（考古铜器记"童麗公"）
      |       |       |（钟离连，迁居南阳）
      |       |（季子康，小习关守将。亡于前530年左右）
      |（钟离君柏）
```

步姓：

```
步招----|步至
      |（郤至，三郤之一）
      |步毅（传步姓。三国时有名人步骘）
      |招父（传招姓）
```

栾姓：

```
栾桓子--|栾怀子（守曲沃反晋，城破被杀）
      |（栾盈）
      |栾孺子-|栾鲂（逃到宋国，后传栾姓）
```

鲁周公世家：

```
宣公----|成公---|襄公---|子野
```

(佟)	(黑肱)		(太子。之后有鲁大夫公襄昭)				
		昭公---公良孺 (传公、公羊姓)					
		(禍)	(公孙羊孺,一记公衍公为。良孺从孔子,为人长贤,有勇力)				
		定公---哀公---悼公---元公---穆公---共公					
		(宋)	(将)	(宁)	(嘉)	(显)	(传鲁周公世家)
	公子汪-汪挺---汪诵 (传汪姓)						
		汪芒					
	(封汪侯。食采颍川)						

叔肸----｜婴齐---｜叔老---｜叔弓---｜叔辄---｜叔鞅---｜叔诣---｜叔还---｜叔青 (传叔姓)
　　　　　　　　　　　　　　　　　　　　　　　　　　　　　　　　　　　　　（世为鲁大夫）

叔度----｜叔夷---｜项橐---｜项瑶---｜项陆---｜项关---｜？-----｜？-----｜项？ (传项姓)
　　　　　　　　　　　　　　　　　　　　　　（因人名地）
　　　　　　　　　　　　　　　　（传曹元理算术于南季）
　　　　　　　　　（八岁神童。孔子以为师也）
　　　（考古有"叔夷镈"）

惠叔难--｜献子---｜庄子---｜孝伯---｜僖子---｜武伯---｜敬之---｜庐墓---｜孟敏 (传孟姓)
　　　　　　　　　　　　　　　　　　（懿子）
　　　　　　　　　　　　（孟孙羯,亦仲孙羯）
　　　　　　　（孟孙叔,亦仲孙速）
　　　　　　　阅-----｜仲孙获-｜仲孙貜-｜仲孙---｜武伯洩 (传仲孙姓)
　　　　　　　　　　　　　　　（何忌） （彘。自公孙敖至彘,皆为鲁卿）
　　　　　（南宫敬叔）
　　　（孟孙子蔑。始以仲孙为氏）

叔孙得臣｜宣伯
　　　　（侨如）
　　　　｜穆子---｜昭子---｜成子---｜武敖 (传叔孙氏)
　　　　（叔孙豹）（叔孙婼）（不敢）（叔孙州仇）
　　　　｜　　　｜　　　｜　　　｜齐季
　　　　｜　　　｜　　　｜　　　｜（子士氏）
　　　　｜叔弓 (传弓姓)
　　　　（公孙婴齐,鲁大夫）

叔仲惠伯｜昭伯带-｜穆子小-｜志 (传叔仲氏)

悼子----｜平子---｜桓子---｜康子---｜费庎父-｜费序父-｜昭子---｜费惠公 (传费姓)
　　　　（意如）（季孙斯）（季孙肥）　　　　　　　　　　（建立费国）
　　　　　　　　　　　　　　　　　　　　　　（季孙强。后传季姓）
　　　　　　　　　　　　　　　　（鲁国大夫）
　　　　　　　公冶---｜公冶长 (传公冶、冶姓)
　　　　　　　　　　（子长,为孔子弟子,孔子以其子妻之,即其孙也）
　　　　　　　（季冶自楚归来,问襄公,公赐之冕服,子孙荣之,以字为氏）
　　　　　　　昭伯瘵 (传瘵姓)

```
        |        |（子寙氏）
        |        | 子成叔
        |        |（子成氏）
        |? -----| 费无极
        |        |（楚平王佞臣，官太子少师。其父不明，当承接此代）
```

秦姓：

```
秦丕兹--| 秦巴西、秦庄子、卞寿
        |（孔子学生有：秦相、秦商、秦冉、秦非，皆为秦子之后）
```

邢姓：

```
公丰共--| 弓公---| 井公---| 安公---| 昌公---| 元公（前 380 年为中山国所灭。传邢姓）
```

蔡世家：

```
灵侯----| 隐太子-| 悼侯
        |        |（东国）
        |        | 昭侯---| 成侯---| 声侯---| 元侯---| 侯齐（四年，楚惠王灭了蔡国）
        |        |（申）  |（朔）  |（产）
```

卫康叔世家：

```
定公----| 献公---| 襄公---| 灵公---| 庄公---| 出公
（臧）   |（衎）  |（恶）  |（元）  |        |（辄）
        |        |        |        |        |（蒯聩。称卫后庄公）
        |        |        |        |        | 悼公---| 敬公---| 昭公
        |        |        |        |        |（黔）  |（弗）  |（纠）
        |        |        |        |        | 适-----| 慎公---| 声公---| 成侯
        |        |        |        |        |        |        |        |（传卫康叔世家）
        |        |        |        |        |        |        | 公孙---| 让子（传弥牟姓）
        |        |        |        |        |        |        |        |（弥牟）
        |        |        |        |        | 公子郢-| 南弥牟-| 弥兰（传南姓）
        |        |        |        |        |        |        |（孔子学生）
        |        |        |        |        |        |（卫将军）
        |        |        |        |        |（子南。后世掌司寇，传司姓）
        |        |        | 卫叔（卫君起，又卫世叔。传卫、世姓）
        |        |        | 公子絷-| 彄（传公孟姓）
        |        |        |（公孟。以疾不得嗣，其子彄，以王父字为氏）
        |        |        | 成子---| 文子---| 公叔成（传公叔姓）
        |        |        |（尚田）|（拔）  |（朱。以罪奔鲁）
        |        |        | 成叔承（传承姓）
        |        |        |（卫国大夫）
殇公----| 公析---| 成子（传公析姓）
（黑臀）|        |（朱鉏）
        |        | 卷子（传卷姓）
        |        |（卷子子州氏焉）
```

|括-----|北宫喜（传北宫姓）

|（卫卿，别以所居为北宫氏）

孙良夫--|孙林父（传孙姓）

|（卫国上卿。食采于戚，其后支庶以为氏，传戚姓，望出东海）

孙文子--|太叔申-|太叔疾-|太叔遗（传太叔、文姓）

|（懿子）　|（悼子）　|（僖子）

（别为太叔氏）

宁长牂--|长鱼矫-|？-----|长卢子-|？-----|？-----|？-----|长吾子-|长武子（传长姓）

|　　　　|　　　　|　　　　|　　　　|　　　　|　　　　|　　　　|（凝。晋大夫）

|　　　　|　　　　|　　　　|　　　　|　　　　|　　　　|（《庄子》记其名）

|　　　　|（《列子》记：楚贤者长卢子著书九篇）

|（晋厉公宠臣）

沈姓：

逞------|惟良---|尹丙

|（嘉）　|尹戊---|诸梁---|尹射---|尹朱

|　　　　|（仲达）|　　　　|　　　　|尹赤---|郢-----|平-----|遂（传叶姓）

|　　　　|　　　　|　　　　|　　　　|（明禋）|（文明）|　　　　|（佐时。秦博士）

|　　　　|　　　　|　　　　|　　　　|　　　　|　　　　|（俊子。竹邑侯）

|　　　　|　　　　|　　　　|（修文。楚令尹）

|　　　　|　　　　|　　　　|尹文---|茂春

|　　　　|　　　　|　　　　|　　　　|（重。楚令邑）

|　　　　|　　　　|　　　　|映春---|询-----|昐-----|瓯、习（传叶姓）

|　　　　|　　　　|　　　　|　　　　|　　　　|（璧全）|（子美。楚司马）

|　　　　|　　　　|　　　　|（凝。楚大夫）

|　　　　|　　　　|　　　　|（重。楚邑令）

|　　　　|　　　　|（子高。楚左司马。食采于叶，号叶公，叶姓始祖）

燕召公世家：

襄公----|桓公、宣公

|昭公---|公胜---|公滕---|燕伋（传燕姓）

|　　　　|　　　　|　　　　|（孔子学生）

|

|武公---|文公---|于寔（传于姓）

|　　　　|（于谨）|（周司空燕国安公）

|　　　　|懿公---|惠公、悼公、共公

|　　　　|　　　　|平公---|简公、献公

|　　　　|　　　　|　　　　|孝公---|成公

|　　　　|　　　　|　　　　|　　　　|湣公---|釐公---|桓公---|文公

|　　　　|　　　　|　　　　|　　　　|　　　　|　　　　|　　　　|（传燕召公世家）

毛姓：

果------|光

```
|辉-----|安-----|盛-----|冲
|       |（伯卫）|胤    |况-----|往-----|伯得（毛国亡于前516年）
|       |       |      |       |重-----|亘-----|具（下接毛姓）
|       |敬     |      |       |       |虔    |干
```

曹姓：

```
成公----|武公---|平公---|悼公（午。为宋所囚卒）
        |（滕） |（须） |声公（野）
        |       |       |靖公---|伯阳（前487年，亡于宋。传曹姓）
        |       |       |（露）
        |       |隐公（通）
```

魏世家：

```
魏悼子--|魏绛---|魏嬴---|魏献子-|魏侈---|梁主---|桓子---|都-----|文侯斯
        |（庄子绛）|      |（魏舒）|      |（曼多）|      |       |（传魏世家）
        |魏锜   |       |       |       |       |       |       |长卿（传冯姓）
        |       |       |       |       |       |       |       |（启。封于冯）
        |       |       |       |       |       |       |       |毕梁（传梁姓）
        |       |       |       |       |       |       |       |（封大梁王）
        |       |       |       |魏戊---|魏寿余
        |       |       |       |（襄子戊）|（魏大夫）
        |       |       |毕阳---|毕豫---|豫让（传毕、豫姓）
        |       |       |       |       |（侠客）
        |       |       |       |（祖名不显，拟此同代）
        |魏颗---|魏颉（封于令狐地，名令狐颉。传令狐姓，今为令姓）
魏？----|庄子快-|魏强（传魏姓）
        |（魏强氏）
```

荀姓：

```
荀嘉----|荀阁---|荀会（传荀、伯姓）
        |       |（晋悼公即位，使荀家复兴为公族大夫）
        |（伯阁。后孙以祖父之字为氏，称伯氏）
荀庚----|荀偃---|荀吴---|中行寅（传中行姓）
        |荀喜   |（中行穆子。中行氏始）
荀罃----|智朔---|智盈---|智跞---|智申---|智伯瑶
（智罃） |（荀开）|（荀盈）|（荀跞）|（荀欣）|（知伯）
        |       |       |       |智宵---|荀？---|荀？---|荀？（传荀姓）
        |       |       |       |（荀宵。传荀姓）
        |       |       |智果（传辅姓）
        |       |       |（因为反对智伯瑶为家族宗主，别为辅姓）
        |       |       |智徐吾（传涂姓）
        |       |       |（涂水大夫）
        |智起（传智姓）
```

（荀宽）

吴太伯世家：

诸樊----|阖闾---|夫差---|吴友---|吴阙---|吴起（传吴姓）

　　　　|　　　|　　　|　　　|　　　（著有《吴起兵法》）

　　　　|　　　|　　　|（吴王太子）

　　　　|　　　|　　　吴鸿

　　　　|　　　|　　　（王子地，复立为太子，称太子鸿。另有记以为其后传长沙王吴芮）

　　　　|　　　|（吴王。吴亡于前473年）

　　　　|　　　|姑蔑---|弥庸---|句余---|子山---|吴涉---|吴彰---|吴穆（传吴姓）

　　　　|　　　|　　　（王孙弥庸）

　　　　|夫概（传吴姓）

　　　　|（堂溪氏）

馀眜----|吴王僚-|庆忌（传庆姓）

（夷眜）　|　　　|（投奔卫国）

　　　　|（为阖闾所袭杀）

季札----|？-----|濮婪（传濮姓）

　　　　|征生---|启蕃---|诩-----|暨

　　　　|？　　|　　　|　　　|售（传吴姓）

　　　　|子玉---|吴忠、吴恕

　　　　|（奉祀延陵季子庙祀）

白姓：

孟明视--|白乙丙-|白父---|白公---|白胜---|白乙---|白澍---|白仲---|白英（传白姓）

　　　　|　　　|（以王父字为氏，传白姓）

齐太公世家：

顷公----|灵公---|壮公

（无野）　|（环）　|（庄公光）

　　　　|　　　|公子牙

　　　　|　　　|景公---|寿驹

　　　　|　　　（杵臼）　|（公子驹）

　　　　|　　　　　　　|公子驵（传南郭姓）

　　　　|　　　　　　　|（南郭鉏于。奔鲁）

　　　　|　　　　　　　|悼公---|简公

　　　　|　　　　　　　（阳生）　|（壬）

　　　　|　　　　　　　|　　　|平公---|宣公---|康公---|吕岱（传汲、转接姓）

　　　　|　　　|　　　|　　　（骜）　|（积）　|　　　|（逃魏汲地）

　　　　|　　　|　　　|　　　　　　　　　　　　|公子进-|岱生（传吕姓）

　　　　|　　　|　　　|　　　　　　　　　　　　　　　|（瑟生）

　　　　|　　　|　　　|　　　|　　　|　　　|（亡命奔韩）

```
|         |         |         |              |    （贷。康公迁海滨，姜齐亡于前 379 年）
|         |        |晏孺子
|         |        |（荼）
|         |        |公子寿
|         |        |公子黔（传景姓）
|         |        |（逃卫者居景亳，传景氏）
|公子角、公子成
|楂叔（传查姓）
|（姬延，号东安。封于楂邑，后去木传查姓）
|子泉湫
|（子泉氏）
|子公
|（子公氏）
|子乾---|子乾晢（传乾姓）
|（子乾氏）
```

高祈----|武子---|昭子---|高无平
　　　　|　　　　|高发
　　　　|子尾---|子良（传公孙、强、尾姓）
　　　　|　　　　|（高彊、公孙强。失势奔鲁。后有秦相公孙衍）
　　　　|（子尾氏，公孙竈，齐大夫）

（高祈为齐惠公小子）

晏弱----|晏婴---|晏圉
　　　　|（平仲婴，齐相）

栾坚----|子雅---|子旗（传旗姓）
　　　　|　　　　|（乐施）
　　　　|（竈，公孙灶）

公孙庆克|庆佐---|庆嗣
　　　　|庆封---|庆舍---|庆夒（传庆、贺、可、青姓）
　　　　|（齐大夫。其后有荆柯刺秦王。荆柯，名庆卿）

宣子固--|高厚---|高无咎-|高弱
　　　　|　　　　|高偃（传高姓）
　　　　|　　　　|（齐大夫。燕王室乱，保护燕惠公避难在齐国）
　　　　|　　　　|高丽---|高止---|高竖
　　　　|　　　　|　　　　|（奔燕。后十世孙量，为宋司城，后入楚）
　　　　|高柴（传柴姓）

```
                |（子羔，孔子学生）

庐蒲就魁｜庐蒲癸（传庐蒲、卢姓）

          ｜庐蒲弊

崔野----｜崔武子-｜崔成

          ｜          ｜子强

          ｜          ｜子明---｜崔良---｜崔子---｜崔谋---｜崔如意（传崔姓）

          ｜          ｜          ｜          ｜          ｜（秦大夫，封东莱侯）

          ｜          ｜（兄弟皆为庆封所杀。子明奔鲁）

          ｜（崔杼。齐景公右相，前546年为庆封所杀）

景子弱--｜惠子

          ｜国书---｜国观---｜成伯高父（传国姓）

          ｜          ｜（国昭子）
```

许国：

```
灵公----｜悼公---｜太子止

          ｜（猛）  ｜虺

          ｜          ｜男斯---｜元公---｜公结---｜许史（传许姓）

          ｜          ｜          ｜          ｜（尸子绕梁之鸣，许史鼓之，非不乐也）

          ｜          ｜          ｜（前481年，许国为楚所灭。后传许姓）

          ｜温玉（传焦姓）

（姜宁。前576年，迁都叶，后又迁焦）
```

纪姓：

```
庄侯----｜平侯---｜桓侯

          ｜          ｜莊侯---｜僖侯---｜兹舆期（传己姓）

          ｜          ｜          ｜（改为己姓，建莒国，后二传于前432年为楚所灭）

          ｜          ｜隐侯---｜？-----｜？-----｜？-----｜？-----｜纪？

          ｜          ｜（前523年九月，齐灭小纪国）
```

陈世家：

```
共公----｜灵公---｜太子午（奔晋）

（朔）  ｜（平国）｜成公---｜哀公---｜太子师

          ｜          ｜（午）  ｜（弱）  ｜偃师---｜惠公---｜怀公---｜湣公（传陈、胡姓）

          ｜          ｜          ｜          ｜          ｜（柳）  ｜（越。前478年，陈国亡）

          ｜          ｜          ｜          ｜（吴，陈侯）

          ｜          ｜          ｜陈君留

          ｜          ｜          ｜公子胜

          ｜          ｜公子招（传招姓）

          ｜          ｜（因为杀偃师，被楚人流放于越）

          ｜          ｜公子过
```

颛孙氏：

颛孙强--|键-----|庆-----|齐-----|姜-----|师（传颛孙、颛姓）

|　　　|　　|　　|　　|（孔子学生。少孔子四十八岁）

田姓：

孟庄----|须无---|桓子---|次乞---|田常---|襄子---|庄子---|田太公-|废公

|　　　|（无字）|（恒）|（成子）|（盘）|（白）|　　|（齐侯剡）

|　　　|　　|　　|　　|　　|　　|　　|桓公

|　　　|　　|　　|　　|　　|　　|　　|（传田齐世家）

|　　　|　　|　　|　　|　　|　　|　　|（田和子。列为诸侯）

|　　　|　　|子占---|起宗---|长卿---|驰

|　　　|　　|（凭）|（武）|明-----|髌-----|孙胜

|　　　|　　|　　|　　|敌|　　|（秦将军）

|　　　|　　|（书。齐大夫，伐乐安有功，齐景公赐姓孙氏，食采乐安）

? ------|? -----|田穰苴（传穰姓）

|　　　|（司马穰苴。杰出的军事家）

孙姓：

孙凭----|孙武---|孙膑（传孙姓）

|　　　|（军事家。著《孙膑兵法》。中华民国总统孙中山先生出其后）

|（著《孙子兵法》）

杞世家：

悼公----|隐公（乞）

|厘公---|湣公---|出公---|简公（前445年，为楚所灭。后传杞、夏、娄姓）

|　　　|（维）|（敕）|（春）

|　　　|哀公|　　|夏侯（出奔鲁国，鲁悼公给采邑侯。后传夏侯姓。后有三国曹操）

|　　　|（阙路）|　　|（佗）

犹太氏闪族：

罗波安--|亚比雅-|亚撒---|约沙法-|约兰---|乌西亚-|约坦---|亚哈斯-|希西家

|　　　|　　|　　|　　|　　|　　|　　|（传犹太氏闪族）

越王勾践世家：

鼫------|夫谭---|元常---|勾践---|鼫与---|不寿---|翁-----|翳----|诸咎、之侯

|　　　|（允常）|（句践）|　　|　　|　　|　　|（传瓯越王世家）

|　　　|　　|　　|（后继越王位）

|　　　|　　|　　|余复

|　　　|　　|　　|（封余复君）

|　　　|　　|　　|如黎

|　　　|　　|　　|（封越王史，即今越南王）

|　　　|常寿过-|畴无余

|　　　|（越大夫）|（越大夫。传畴姓）

鲍姓：

鲍文子--|鲍苏---|鲍牧---|鲍息---|鲍焦

```
|       |       |       (齐吕将亡，鲍焦隐居于周的国都洛阳)
|       |       |  (齐国大夫)
|       |  (齐国相)
鲍习---|鲍昶---|鲍信---|鲍祥---|鲍律---|国忠
|       |       |       |       国正---|茂林---|阳春 (传鲍姓)
|       |       |       |       |       |  (事母以孝闻)
|       |       |       |  (太常博士)
|       |       |  (上党太守)
```

宋微子世家：

```
文公----|共公---|平公---|元公---|景公---|太子
(鲍革)   (瑕)    (成)    (佐)    (头曼)  (佚名，为公子特所杀)
|       |       |       端秦---|公孙纠-|宋君启
|       |       |       |       后昭公-|悼公---|休公
|       |       |       |       (公子特) (购由)  (传宋姓)
|       |       |       (为景公所杀)
|       |       |       遂围由 (传锡姓)
|       |       |       (自萧奔郑，郑人为之在饧地筑城。为宋向巢所杀)
|       |       子边 (传边、戎姓)
|       |       (御戎守边，以定姓氏)
|       围龟---|?-----|不缓---|灵姑浮 (传灵姓)
|       (子灵)   |       (越王将。前496年以戈击伤吴王阖闾后致其死)
|       |       (宋左师)
```

左姓：

```
向戍----|合左师-|左丘明 (传左姓)
|       (即《左传》作者)
```

(前546年，左师向戍发起弭兵运动，晋与楚四十年无战事)

仲姓：

```
公孙师--|司马---|向罗---|司马---|司马元子 (传桓姓)
|       |       (桓魋。孔子评其生活奢侈而遭其追杀)
|       |       司马耕-|驿且角
|       |       (犁牛。与其兄相反，随为孔子弟子，之后唐玄宗追封"向伯")
|       (唐山。前576年，促成晋宋联盟)
司马---|子然---|子服---|子路 (传仲姓)
|       |       (佗)    (由。孔子弟子)
|       |       (几。为宋元公左师)
|       鱼孙 (传公孙、鱼、苏姓)
|       (鱼孙氏。其后有名鱼澄者，秦惠文王时，鱼澄献禾给秦皇，则以禾配鱼为"蘇"，即苏秦)
(鱼石。官左师)
鱼府---|鱼须---|鱼乌---|鱼墨---|墨夷---|墨翟 (传须、墨、相姓)
```

(少宰)	(宋大夫)			(著作《墨子》)
				(废鱼姓，以墨为道)
		(沦为庶人，有墨乌者)		

庄姓：

庄左----|庄?---|庄朝---|庄堇---|庄?---|庄几---|庄佗---|庄?---|庄?---|庄子
　　　　|
　　　　(伐陈，获司徒印)

乐姓：

子罕----|舍
　　　　|祁-----|溺-----|茂 (传乐姓)
　　　　|　　　 (子明)　 (子潞。其上三世为宋司寇)
　　　　|(祁犁，字子梁)
　　　　|輗-----|朱鉏
　　　　|(宋大司寇)

薛姓：

惠侯----|灵侯---|文侯---|隐侯---|愍侯---|献公---|襄公---|惠公
(夷黄)　|(英)　 |(俱)　 |(清)　 |(洪)　 |(谷)　 |(定)　 (薛国为齐灭，亡于前418年)
　　　　|　　　 |　　　 |　　　 |　　　 |　　　 比君　 |

任姓：

任不齐--|任?---|?-----|?-----|?-----|?-----|?-----|任? (传任姓)

司马氏：

司马督--|?-----|?-----|司马齐-|司马乌-|?-----|?-----|?-----|司马? (传司马氏)
　　　　|　　　 |　　　 |　　　 (前514年，晋封平陵大夫)
　　　　|　　　 |　　　 |　　　 (女叔，谓司马叔侯、叔游)
　　　　|　　　 |　　　 士文伯-|司马---|邬单 (传邬姓)
　　　　|　　　 |　　　 |　　　 (弥牟。晋断狱理官，封邬大夫)
　　　　|　　　 |　　　 宾牟贾 (传牟姓)
　　　　|　　　 |　　　 (周王室大夫。孔子称其"吾子"非子而敬也)
　　　　|　　　 |　　　 (晋大臣士文伯论政，务三而已)
(前617年，司马氏入少梁)

程姓：

程思陵--|德邈---|程婴---|伯先---|叔本 (传程姓)
　　　　|　　　 |　　　 (叔本路遇孔子，倾盖而语，甚欢)
　　　　|　　　 (前597年，保赵氏孤儿赵武，后封"忠诚君")
　　　　|(程郑。晋大夫)

董姓：

董因----|董钧---|董狐---|董叔---|董昭---|董阏于-|董明---|董宣---|董捷
　　　　|　　　 |　　　 |　　　 |　　　 |　　　 |　　　 |董像---|董持 (传董姓)
　　　　|　　　 |　　　 |　　　 (董安于，古晋阳城始创者)
　　　　|　　　 (一记董郑。史书谓"青史"之说源于此)

|（前607年，董狐问责，垂名青史）

黄姓：

亮------|安民---|前-----|滢-----|由植---|显忠---|体-----|乔-----|彝（传黄姓）
　　　　｜　　　｜　　　｜　　　｜　　　｜　　　｜　　　　（主簿）
　　　　｜　　　｜　　　｜　　　｜　（顷王崩，保齐侯在送葬安全，后为齐相）
　　　　｜　　　｜　　　｜　（周襄王时，郑国相）
　　　　｜　（潜发。工御射，后为庄王相）

唐杜氏：

先俞----|先友---|先蔑---|先都、先仆、先辛
（先丹木）|先轸---|先縠（遭灭族）
　　　　｜　　　|先且居-|先克---|先縠（传且居、居姓）
　　　　｜　（霍伯）
　　　　|先茅

仑模----|士蒍---|士谷---|士会---|范文子-|范献子-|范昭子-|范弥牟-|范蠡（传范姓）
（先士）　｜　　　｜　　　（士燮）　（士鞅）　　　　　　　（越国大夫）
　　　　｜　　　｜　　　｜　　　|士吉射，失卿位）
　　　　｜　　　｜　　　｜　　　皋绎
　　　　｜　　　｜　　　｜　　　|（皋夷，食采函舆因氏焉）
　　　　｜　　　｜　　　｜　范宣子（传士姓）
　　　　｜　　　｜　　　｜　（士匄。传士姓，因士与死近音，后为罕见姓）
　　　　｜　　　｜　　　士舫---|士贞子-|士庄子-|士文伯-|景伯
　　　　｜　　　｜　　　｜　　　｜　　　｜　　　|（别为士季氏传彘姓）
　　　　｜　　　｜　　　｜　　　｜　　　|（伯瑕）
　　　　｜　　　｜　　　｜　（士弱，狱官。晋人谓之士弱氏）
　　　　｜　　　｜　　　｜　（士渥浊。封于彘）
　　　　｜　　　｜　　　士虿---|刘明---|刘远---|刘阳---|刘松（传刘姓）
　　　　｜　　　｜　　　｜　　　｜　（柏仲）
　　　　｜　　　｜　　　（士雅。侍秦。复刘姓）
　　　　｜　　　｜　　　士随（居随国。传为随、隋姓）
　　　　｜　　　｜　　　（随会、范武子）
　　　　｜　　　（士缺、成伯缺）
　　　　｜　　　士荐---|?-----|士庆（传士姓）
　　　　｜　　　（大司空）　（楚大夫）
　　　　｜（晋大夫）

杜姓：

杜显----|杜原款-|杜溷（传杜姓）
　　　　|杜祁---|杜回---|杜泄（传杜姓）
　　　　｜　　　｜　（鲁国人，又避祸奔楚。后有汉宣帝时御史大夫杜延年）
　　　　｜　（晋文公次子，随母姓。秦将军，败战之后逃奔鲁国）

```
              |             （晋文公妃。生子传杜姓）
              |（晋大夫，太子申生师）
```

徐姓：

```
毅------|章禹---|融------|简------|侨------|满------|靓------|闵------|杜（传徐姓）
        |（徐末代隐王）
```

秦本纪：

```
桓公-----|景公---|哀公---|夷公---|惠公---|悼公---|厉共公-|躁公
        |       |       |       |       |       |怀公---|昭子（传秦本纪）
        |       |       |       |       |       |       |简公
        |       |       |       |公子印（传仰姓）
        |鍼（传裴、公车姓）
        |（伯车。居裴中，因而得裴姓，又为公车氏）
```

赵世家：

```
赵武----|景叔---|赵简子-|伯鲁---|周------|浣------|籍------|章------|成侯（传赵世家）
（晋献子）|       |（赵鞅）|       |（代成君）|（献侯）|（烈侯）|       |（种，赵开国者）
        |       |       |       |       |       |       |（敬侯。三家分晋）
        |       |       |       |       |武公---|朝
        |       |赵襄子（毋恤）
        |       |桓子
```

彭姓：

```
略------|太郎---|荣------|忽------|仲爽---|建夏---|俊宜---|西林
        |       |       |       |       |       |世成---|宏戴（传彭姓）
        |       |       |（楚令尹、将军）
```

楚世家：

```
侣------|审------|招------|员------|郏敖（传郏姓）
        |（共王）|（康王）|（敖。葬于郏，称郏敖）
        |       |        |昭奚恤（传昭姓）
        |       |围------|禄
        |       |（灵王）
        |       |比、皙
        |       |弃疾---|建------|胜（传白姓）
        |       |（平王）|       |（白公胜）
        |       |        |（太子建，字子木，为少师）
        |       |        |珍------|章------|中------|声------|疑------|臧
        |       |        |       |（惠王）|（简王）|（声王）|（悼王）|（肃王）
        |       |        |       |       |       |       |       |良夫（传楚世家）
        |       |        |（昭王。复楚有功）
        |       |        |申
        |       |        |（子西氏。为楚令尹。白公之难，子西死焉）
        |       |        |结（传期姓）
```

```
|          |          |  （子期。为白公胜所杀）
|          |          |
|          |          | 闾
|                                                              
| 公子贞-| 子南---| 蓝尹亹（传蓝姓）
|          |                                                  
|          | （公子兰，追舒。为康王所杀。后以族为氏，传蓝氏）
|          |                                                  
|          | 子干
|          |                                                  
|          | （公子比，尝奔晋，又归楚自立，弃疾胁之，自杀）
|                                                              
| （芈贞。封于沈鹿为沈尹）
                                                               
蒍洩----| 蒍居---| 蒍罢---| 蒍射（传蒍姓）
|          |          |                                        
|          |          | （寝尹）
|          |                                                  
|          | （子荡。楚令尹）
|          |                                                  
|          | 蒍启疆-| 蒍固（传蒍姓）
|          |          |                                        
|          |          | （工尹）
|          |          |                                        
|          |          | 蒍越
|          |          |                                        
|          |          | （楚司马。前519年缢于蒍藻祖地）
|          |                                                  
|          | （楚太宰。前537年称晋大夫羊舌肸为杨肸，叫响了杨姓）
                                                               
贾伯嬴--| 蒍敖---| 蒍子冯-| 蒍掩（传蒍姓）
|          |                                                  
| （艾猎，即令尹叔敖，传孙姓）
|                                                              
| 孙勃苏-| 包胥（传包姓）
|          |                                                  
|          | （封于申，称申包胥、王孙包胥）
```

屈姓：

```
赤角----| 巫臣---| 狐庸（传屈姓）
|          |                                                  
|          | （教吴人兵战，吴国强）
|          |                                                  
|          | 巫栾---| 巫妨（传巫姓）
|          |          |                                        
|          |          | （春秋时为太医掌院）
|          |          |                                        
|          |          | 巫如
|          |          |                                        
|          |          | （夏郑伯来聘，通嗣君也）
|          |                                                  
|          | （晋大夫。周简王时任天使）
|                                                              
| （前589年奔晋为邢大夫）
|                                                              
| 子阎
|                                                              
| 子荡---| 屈到---| ? -----| ? -----| ? -----| ? -----| ? -----| 乘（传屈姓）
|          |                                                  
|          | （楚令尹。另传到姓）
|                                                              
| 弗忌
```

伍姓：

```
伍参----| 伍举---| 椒鸣（传椒姓）
|          |                                                  
|          | （得父邑）
|          |                                                  
|          | 伍奢---| 伍尚（传伍姓）
|          |          |                                        
|          |          | （棠君尚）
|          |          |                                        
|          |          | 伍子胥-| 王孙封（传王孙氏）
|          |          |          |                            
|          |          |          | （伍属子、鸱夷子皮）
|          |          |                                        
|          |          | （伍员，王孙率。为吴大夫）
```

```
        |            (为费无极所谮被杀)
        |  (椒举。食邑于椒，故又名)
(楚庄王嬖人。伍与巫同音字异，实为同姓)
```

端木姓：

```
端木广单|端木伤-|端木巨-|子贡 (传端木、贡、黎、木姓)
  |      |      (端木赐。孔子学生。子贡说越亡吴，封黎阳侯)
  |   (卫国大夫)
```

张姓：

```
高凌----|宣武---|张侯---|老老---|君臣---|趯-----|骼-----|亘-----|阜 (传张姓)
  |      |      |      |      |              (晋定公使臣)
  |      |      |      |      |                      髓
  |      |      |      |                      體-----|英-----|去疾 (传张姓)
  |      |      |      (孟，晋大夫。前540年名于《左传》)
  |      |   (晋平公时中军司马)
  |   (晋献子赵武为相，晋大夫张老老发轮奂之讥)
```

周代世系(之四)

周属王传：

```
贞定王--|考王28-|威烈王29|安王30|烈王31
(姬介)  (姬嵬)  (姬午)  (姬骄)  (姬喜)
  |      |      |      显王32-|慎靓王33|赧王34
  |      |      |              (周朝为秦昭王所灭，亡于公元前256年)
  |      |      |      (姬扁)  (姬定)  (姬延)
  |      桓公---|威公---|惠公---|西周武公|文成 (随周亡而亡)
  |                      (杰)
  |                      东周惠公
  |                      (班)
  |   (封河南。以续周公之官职)
```

王姓：

```
文公----|武公---|桓公---|成公---|王譻---|姿-----|王尚 (中山国亡于前296年。后传王姓)
(窟)    (恒)    (亿)    |      (称中山姿王)
                       |   (王盾。称中山譻王)
        王石---|王错---|王缕
         |      |   (赵武灵王改穿胡服积极推行者)
         |      |王愤---|王渝---|王息---|王恢---|王元---|王颐 (传王姓)
         |      |   (贲。赵国使者，出使楚国)
         |   (鬼谷子。魏国相，后奔韩国)
        王诩
```

　　　　　　　　　　|　　　　|（鬼谷子。受道于老君。居清溪之鬼谷因以为号）

甘姓：

甘？----|？-----|德-----|龙-----|步-----|甘茂（传甘姓）

　　　　|　　　|　　　|　　　|　　　|（秦武王右丞相）

　　　　|　　　|　　　|　　　|（楚子湖令）

　　　　|　　　|　　　|（秦大夫。帮助商鞅变法）

　　　　|　　　|（著《德石星经》天文书）

周姓：

姬休----|姬雄---|姬晖---|姬宽---|姬员---|姬成---|周邑（传周姓）

　　　　|　　　|　　　|　　　|　　　|（秦灭周，改姓周）

晋世家：

幽公----|烈公---|桓公---|太子喜（于前387年出奔）

（柳）　|（止）　|（颀）　|静公（前372年，韩、赵、魏三家分其地，晋祠不祀）

　　　　|　　　|（俱酒）

韩世家：

列侯----|文侯---|哀侯---|婼（传平姓）

（取）　|　　　|　　　|（食采平邑）

　　　　|韩严---|懿侯---|昭侯---|宣惠王-|襄王---|婴

　　　　|韩襄　|　　　|（郑厘侯）|　　　|（韩仓）|釐王---|桓惠王-|王安（韩传何姓）

　　　　|　　　|　　　|　　　|　　　|（咎）　|　　　|（前250年，韩亡）

　　　　|　　　|　　　|　　　|虮虱---|韩非---|韩终（传韩姓）

　　　　|　　　|　　　|　　　|（哲学家。著有《韩非子》）

杨姓：

杨燕----|杨完---|杨颗---|仲叔---|杨禽---|杨武---|杨去疾

　　　　|　　　|　　　|　　　|（杀楚霸王项羽分功，汉封吴房侯）

杨元----|杨温---|杨志---|杨章---|杨苞

　　　　|　　　|　　　|杨朗---|杨端和

　　　　|　　　|　　　|（秦将，攻打魏、赵，与王翦攻灭六国）

　　　　|　　　|　　　|杨款---|杨硕---|杨熊（秦将，为秦二世所杀）

　　　　|　　　|　　　|　　　|杨喜---|杨敷---|杨胤

　　　　|　　　|　　　|　　　|（传弘农杨氏）

　　　　|　　　|　　　|（追杀楚霸王项羽立功。汉封赤泉侯）

　　　　|　　　|（秦左庶长。为秦昭王取地六百里，秦置汉中郡）

杨继善--|杨朱---|杨奭---|伯侯---|杨磨---|杨任（后传天水杨氏，建仇池国）

　　　　|　　　|　　　|杨佑---|杨戬

　　　　|　　　|　　　|（神传"天界第一战神"）

　　　　|　　　|（李冰治水之师）

　　　　|　　　|侯爵---|猴玃---|玃子---|玃爪

　　　　|　　　|　　　|（猴人，孙悟空原形）

　　　　|（以官位为名。兄弟号王，为秦国凿开剑门，打通蜀道）

```
            |                    |（秦中书令）
            |（即扬子。哲学家，秦冀县令）
```

钟离氏：

```
钟离千--|钟离万-|钟离毋-|钟离垣-|钟离齩-|钟离昧-|钟离发（传钟离姓）
        |       |       |       |       |       钟离接（传钟姓）
        |       |       |       |       |（居颍川长社）
        |       |       |       |（楚霸王项羽帐下五大将之一）
        |       |（秦惠文王时奔秦。习姓出其后）
```

鲁周公世家：

```
共公----|康公--|景公---|平公---|文公---|顷公---|公雅（传苟、付姓）
（奋）   （屯）  （匽）   （叔）   （贾）   |       （为秦国符玺令）
        |      |       |       |       |（雠。前248年。鲁国为楚考烈王所灭）
```

项姓：

```
项?----|?-----|?------|?------|?------|项相---|项燕---|项超---|项羽
       |      |       |       |       （楚将） |       |       （项籍。西楚霸王）
       |      |       |       |               |       项梁---|里
       |      |       |       |               |       项襄（传刘姓）
       |      |       |       |               |       （项伯。汉刘邦赐刘姓，改名刘猷）
       |      |       |       |               |（下相，地以人名，为楚国相）
```

孟姓：

```
孟敏----|孟孙激-|孟子（传孟姓）
        |（儒学代表人物）
```

卫康叔世家：

```
成侯----|平侯---|嗣君---|怀君
（遬）   |       元君---|君角（前208年，秦二世贬君角为庶人。后传卫姓）
让子----|子南---|公孙鞅
        |       （商鞅。秦孝公时，商鞅变法，秦国强盛）
        |（魏将，封为侯爵）
        子兼
        （卫公子兼之后，氏焉）
```

叶姓：

```
甄------|勇-----|章-----|诩-----|轨（传叶姓）
        |       |       |       （举孝廉）
        |       |       |（颍川太守）
        |       |（楚御史）
        |（楚邑令）
习------|?-----|?------|?------|?------|?------|叶?
        |      |       |       |       |       （东瓯徐偃王将军）
        |（前306年，楚环王时叶氏入越句章）
```

燕召公世家：

```
文公----|易王---|鞠升（传鞠姓）
       |（太子）|（姬升。争王位失败避难改姓）
       |       燕王哙-|昭王---|太子平-|涿同（传卓姓）
       |       |       |       |      （赵国大夫，避秦仇，改涿为卓）
       |       |       |      （质成，瓒侯声远。封于涿，质于赵）
       |       |       惠王
       |       |      （平）武成王-|孝王---|今王喜-|太子丹（传燕姓）
       |       公子职 |       |      （燕王喜，亡于前222年）
```

毛姓：

```
真------|亮-----|初-----|琼-----|皇
       谨      玩-----|相-----|毛遂（传毛姓）
       谅      瑰      白     （毛遂自荐救赵。毛泽东主席出其后）
              |       |      革
```

魏世家：

```
文侯斯--|武侯---|惠王---|襄王---|哀王---|昭王---|釐王---|景湣---|王假（前225年，魏亡）
       （击）  （䓨）  （赫）  （均）  （彤）  （安）  （增）
       |       |       |       |       无忌---|闲忧---|卑子（传王、信姓）
       |       |       |       |       |      （逃难泰山，谓王家）
       |       |       |       |      （信陵君）
       |       |       |       |       公子恢-|伯伦
       |       |       |       |       叔伦---|歆-----|愉（传魏姓）
       |       |       |       |       |       |       悦
       |       |       |       |      （子胡。巨鹿太守）
       |       |       |       |      （彦。张掖太守）
       |       公中缓  |       公子卬
       |       |       |       安陵君
       |       |       |      （安陵国君主）
       公子年-|中尚（传中姓）
```

梁姓：

```
大梁王--|梁王绍（传梁姓）
```

荀姓：

```
荀？-----|荀踽---|荀强---|荀获---|荀子
        |       （荀民）（著《荀子》）
```

吴姓：

```
吴穆----|吴平---|吴蹶由-|吴申---|吴芮（传吴姓）
       |       |      （西汉初，封长沙王）
       |       |       吴筵（传日本松野氏）
       |       |      （日本天皇宰相）
```

白姓：

```
白英----|白雄谋-|白继雄-|白绍起-|白起（传白姓）
```

|||||（秦昭王时大良造，大将军。二十八世孙唐诗人白居易）

吕姓：

岔牛----|楚纲---|吕赢---|吕不韦

|||（秦始皇初时为国相。著有《吕氏春秋》。吕不韦自称吕尚二十五世孙无误）

纪姓：

纪？----|？-----|？-----|？-----|？-----|？-----|纪信---|纪成---|纪通

||||||（襄平侯）

||||||（纪信代汉王诳楚，被项羽所杀）

田齐世家：

桓公----|威王---|宣王---|湣王---|襄王---|齐王建-|田升---|田安---|王始

|（因齐）|（辟疆）|（田地）|（田法章）|||（传新朝王莽）

|||||（田假。田齐国亡于前221年。其后改王姓）

||||威后

||||（出嫁赵惠文王，称赵威后，或惠文后）

|||胡关---|胡关德-|胡成---|胡钦（传胡姓）

|||季达---|恭侯发-|俾侯---|烈-----|衡、肝

|||（通）||（伯元。传陆姓）

|||（万。俾侯封于陆，开锡氏之源）

|||||皋-----|邕-----|贾

|||（齐上大夫）

||郊师---|孟尝君

||（田师）

||靖郭君-|安平君（传靖姓）

||（田婴）|（田单）

||胡毋（传毋姓）

||（封地毋丘，因传毋氏）

|田犁---|田不礼

|（初为宋王偃大臣，后入赵国为右效司寇）

|储子（传储姓）

|（齐大夫）

（午。初为储君，称储太伯）

犹太氏闪族：

希西家--|玛拿西-|亚们---|约西亚-|耶哥---|撒拉铁-|罗巴伯-|亚比玉-|以利亚敬

||||（尼雅）|||（传犹太氏闪族）

|||（迁移巴比伦）

瓯越王世家：

之侯----|无颛

|无彊---|玉-----|尊-----|亲-----|安朱---|摇毋余-|复贞（传姒姓）

|||||（东瓯王）|（东瓯王）|昭襄---|建-----|省

```
｜ ｜ ｜ ｜ ｜ ｜ ｜ ｜（东海王）｜（康建侯,越世子毗）
｜ ｜ ｜ ｜ ｜ ｜ ｜ ｜ 繇
｜ ｜ ｜ ｜ ｜ ｜ ｜ ｜（传摇姓）
｜ ｜ ｜ ｜ ｜ ｜ ｜ 敖光---敖鼋
｜ ｜ ｜ ｜ ｜ ｜ ｜ ｜ 敖丙
｜ ｜ ｜ ｜ ｜ ｜ ｜（东海龙王。传敖姓）
｜ ｜ ｜ ｜ ｜ ｜ ｜ 期视---夷乌
｜ ｜ ｜ ｜ ｜ ｜ ｜（顾余侯。传顾姓）
｜ ｜ ｜ ｜ ｜ ｜ ｜ 敖钦---植
｜ ｜ ｜ ｜ ｜ ｜ ｜ ｜（传植姓）
｜ ｜ ｜ ｜ ｜ ｜ ｜ 钦
｜ ｜ ｜ ｜ ｜ ｜ ｜（传钦姓）
｜ ｜ ｜ ｜ ｜ ｜ ｜（南海龙王。徙居番禺）
｜ ｜ ｜ ｜ ｜ ｜ ｜ 敖润
｜ ｜ ｜ ｜ ｜ ｜ ｜（西海龙王）
｜ ｜ ｜ ｜ ｜ ｜ ｜ 敖吉（传台湾邹族）
｜ ｜ ｜ ｜ ｜ ｜ ｜（北海龙王）
｜ ｜ ｜ ｜ 疆（无疆氏。传疆姓）
｜ ｜ ｜ ｜（越君长。走南山。后为瓯越王,名越王孙开）
｜ ｜ ｜（越君长）
｜ ｜（越亡,为越君长）
勖宰---伟-----鸿业---无诸---驺繇---繇君丑-繇居股
｜ ｜ ｜ ｜ ｜ ｜（繇王。传繇姓）
｜ ｜ ｜ ｜ ｜（闽中君）
｜ ｜ ｜ ｜ ｜ 驺甲
｜ ｜ ｜ ｜ ｜（杀其兄自称王,被诛）
｜ ｜ ｜ ｜ ｜ 驺历---驺郢
｜ ｜ ｜ ｜ ｜ ｜（闽越王）
｜ ｜ ｜ ｜ ｜ 驺阳
｜ ｜ ｜ ｜ ｜（吴王刘濞门客）
｜ ｜ ｜ ｜ ｜ 驺余善
｜ ｜ ｜ ｜ ｜（东越王）
｜ ｜ ｜ ｜（伯历。闽中君）
｜ ｜ ｜ ｜ 仲历
｜ ｜ ｜（海宇。闽越王。驺姓始）
｜（号闽伯。收闽越地）
碏（传欧阳姓）
｜（助楚灭月国,楚王封于乌程欧余山）
（无疆亡越,宗族子弟逃于海上）
```

鲍姓：

```
阳春----|鲍铭---|林、彬
        |      |森-----|苏-----|瑞-----|远    |安
        |      |       |       |       |      |（东瓯徐偃王将军）
        |      |       |       |       |（寿春令）
        |      |（东州刺史）
```

宋姓：

```
休公----|宋桓侯-|剔成
(田)    |（辟兵）|君偃（传宋姓）
        |（前268年，齐湣王与魏、楚伐宋，亡宋而三分其地）
```

任姓：

```
任?----|?-----|?-----|?-----|公师隅-|贲隅---|任鄙---|任敖---|任嚣
       |      |      |      |       |       |       |（秦始皇平越大将）
       |      |      |      |       |       |（秦大力士，秦昭王时，汉中郡守）
       |      |      |      |（南武。越王使公师隅献舟，后开发番禺。是为南越之始）
```

司马氏：

```
司马?--|?-----|?-----|司马赒-|司马熹-|子期---|司马凯-|蒯聩---|司马昭豫
       |      |      |       |       |       |司马尚  |（赵国著名大力士）
       |      |      |       |       |       |（赵国将军）
       |      |      |       |       |（中山国相）
       |      |      |       |司马浅
```

```
司马?--|?-----|?-----|司马唐-|司马错-|司马梗-|司马靳-|司马同-|司马昌
       |      |      |       |（庚）  |       |       |（传司马氏）
       |      |      |       |       |       |（秦白起部将）
       |      |      |       |（前316年，司马错平蜀）
```

董姓：

```
董持----|董真---|董良---|董费---|董榆---|董儒---|董安---|董祥---|董顽
        |       |       |       |       |       |       |董瑞---|董士通
        |       |       |       |       |       |（定居广川。"牛郎织女"董永，当出此代）
        |       |       |       |       |       |董欣
        |       |       |       |       |       |（始迁广川。兄弟取名安心之意）
        |       |（越国史官）
        |       |董京
```

黄姓：

```
彝------|重-----|庠（安郡守）
        |（侍中郎）|序-----|新-----|臧-----|景------|武-----|建-----|春申君（传黄姓）
        |        |       |       |       |（仁略）  |       |       |（黄歇。楚国相）
        |        |       |       |       |（秦丞相。商鞅亦为相变法，景避居新罗）
        |量     |       |       |（居善。秦大夫）
```

刘姓：

刘松----|璋秀---|金盛---|盛臣---|显科---|思泷---|刘清---|刘荣---|刘煓---|刘仲
　　　|　　　|　　　|　　　|　　　|　　　|　　　|　　　|　　　|（代王）
　　　|　　　|　　　|　　　|　　　|　　　|　　　|　　　|　　　|刘邦
　　　|　　　|　　　|　　　|　　　|　　　|　　　|　　　|（下接汉朝帝世）

范姓：

范蠡----|范侨---|范威---|范同---|范陶---|范夷---|范长男
　　　|　　　|　　　|　　　|　　　|　　　|范环（传范姓）
　　　|　　　|　　　|　　　|　　　|（东瓯王。后为楚所囚）
　　　|　　　|　　　|　　　|　　　|小忻（传忻姓）
　　　|　　　|　　　|　　　|　　　|（忻史公。忻姓始祖）
　　　|　　　|　　　|　　　|（陶朱公，东瓯王）
　　　|　　　|　　　|（东瓯王）
　　　|　　　|（范桶，东瓯王）
　　　|（范峥，东瓯王）
（长子，东瓯君、东瓯王）
范中男-|范仲子-|范灵澄-|范维孔-|范金龙-|范依信-|范雎
　　　|　　　|　　　|　　　|　　　|（秦国相）
　　　|（仲子游楚，僇中而死）
（去越入齐经商。老于西陶）
（越大夫，东瓯君）

徐姓：

杜------|可-----|诜-----|仲-----|长-----|猛-----|徐福---|绥靖
　　　|　　　|　　　|　　　|　　　|　　　|（日本二世天皇）
　　　|　　　|　　　|　　　|　　　|（东瓯徐偃王，后为日本神武天皇）
　　　|　　　|（景伯）延-----|由-----|该-----|光（后传三国曹操谋士徐庶）
　　　|　　　|（方远）（智卿）（昌言）（子晖。汉下邳太守）
　　　|（秦相）矩-----|邑-----|廉-----|则-----|尚
　　　|　　　|（文和）（元平）（元度）（光汉。汉大司农）
　　　|　　　|（弘深。高平北祖上房徐氏）

秦本纪：

昭子----|灵公---|献公---|孝公---|惠文王-|武王
　　　|　　　|（渠梁）|　　　|昭襄王-|孝文王-|庄襄王-|秦始皇
　　　|　　　|　　　|　　　|　　　|　　　|　　　|（下接秦始皇本纪）
　　　|　　　|　　　|　　　|　　　|　　　|　　　|长安君
　　　|　　　|　　　|　　　|　　　|　　　|　　　|（赵成蟜，因叛遭诛）
　　　|　　　|　　　|　　　|　　　|　　　|（子楚。为王前人质于赵）
　　　|　　　|　　　|　　　|　　　|（柱。初封安国君）
　　　|　　　|　　　|　　　|（稷。宣太后所生）
　　　|　　　|　　　|　　　|公子市

```
|      |      |      |      | (泾阳君。封宛城)
|      |      |      |      公子悝 (传叶阳氏，改叶姓)
|      |      |      |      | (叶阳君。封于邓)
|      |      |      |      公子池
|      |      |      |      | (秦大司马。后传池姓)
|      |      |      | (娶楚威王小女，即后之秦宣太后。死后"秦兵马俑"陪葬)
|      |      |      樗里疾
|      |      |      | (智囊。秦武王左丞相。封严道侯，后传严姓)
|      |      季昌 (传奉姓)
|      |      | (受商鞅变法而遭难，秦字下部改禾为千成奉字传姓)
```

简公————|惠公———|出子
　　　　　|　　　　|子向 (传蓝姓)
　　　　　|　　　　| (封蓝田君。以邑为氏传蓝姓)

赵世家：

```
成侯————|肃侯———|武灵王-|公子章
|(语)    |(雍)   | (安阳君，原太子，其性素侈)
|        |       惠文———|孝成———|太子
|        |       |(何)   |(丹)    | (年少佚名)
|        |       |       |       悼襄王-|春平君
|        |       |       |       |       | (一记春平侯，太子。尝质于秦)
|        |       |       |       |       嘉—————|公辅 (传赵姓)
|        |       |       |       |       | (赵王。宋太祖赵匡胤出其后)
|        |       |       |       |       | (居代地称王)
|        |       |       |       |       幽缪王
|        |       |       |       |       | (迁，归降秦，赵国亡于前 222 年)
|        |       |       |       | (偃，平安君)
|        |       |       |长公主
|        |       |       |赵荣
|        |       |       | (出嫁燕武成王，称燕后)
|        |       |       |庐陵君
|        |       |       | (赵丰。约生于前 282 年。有剑术，与燕后谋，攻燕夺位失败)
|        |       |       |长安君-|? —————|赵佗
|        |       |       |       |       | (南越王。约生于前 240 年)
|        |       |       |       |赵腾
|        |       |       |       | (三哥。为秦始皇老宦官)
|        |       |       |       |赵高
|        |       |       |       | (秦始皇中车府令)
|        |       |       |       |赵成———|赵苏
|        |       |       |       |       | (秦二世夫人)
```

```
|         |         |         |（赵华。风流不羁，悼襄王六年，即前239年封饶地）
|         |         |胜（平原君）
|         |         |奢-----|括
|         |         |        （赵括"纸上谈兵"）
|         |         |        |禹-----|? -----|? -----|? -----|?（传马姓）
|         |         |（封马服君）
|         |         |吴豹---|赵姬
|         |         |        （秦始皇母亲。孝成王七年，即前259年。始皇生于赵都邯郸）
|         |         |（本非赵氏，武灵王小舅子。封平阳君。随改姓赵）
|赵豹
|（阳文君，赵武灵王初时国相）
|公子成
|（安平君）
```

彭姓：

```
宏戴----|益开---|元果---|若侗---|荣轩---|万-----|嗣慎---|时梁---|君实（传彭姓）
|               |若俩
|               （楚灵王时大夫）
（为楚共王驾车）
```

楚世家：

```
良夫----|商-----|槐-----|横-----|元-----|悍（幽王）
（宣王） （威王）（怀王）（顷襄王）（考烈王）|犹（哀王）
|        |       |       |      |负刍---|昌平君-|襄强
|        |       |       |      |       |       （熊心。复称楚怀王）
|        |       |       |      |       |景驹（传景姓）
|        |       |       |      |       （曾立楚王。其后走死）
|        |       |       |      （楚亡于前223年）
|        |       |       |子兰---|屹-----|能-----|易-----|禄（传上官姓）
|        |       |       |       （子椒，楚令尹。上官命氏）
|        |       |公子卓-|卓子---|卓滑（传卓姓）
|        |       |       |       （楚大夫）
|        |       |芈月
|        |       （秦宣太后。生秦昭襄王）
|        |       |芈戎---|华阳夫人
|        |       （华阳君）（秦庄襄王非生母，而为母后）
|        |       |       |阳泉君-|杨樛（传杨姓）
|        |       |       |       （秦将军，攻韩、赵、西周。为秦五大夫）
```

屈姓：

```
乘-----|建-----|上-----|丐-----|固
|       |       |       （前312年，率甲士八万于丹阳，为秦将杨章所败）
|       |       |易-----|原（爱国诗人屈原于前278年投汨罗河）
```

张姓：

```
阜------|介-----|鲂-----|寿-----|进明---|孟谈---|抑朔---|开地---|平（传张姓）
       |       |       |       |       |       |       |（韩相）  （韩相）
       |       |       |       |       |（赵臣韩相）
       |       |       |       |       |       |正朔、望朔
       |       |       |       |       |（孟同。赵国国相）
去疾----|谴-----|唐-----|越-----|昊-----|喾-----|张仪---|封章---|伯辽---|张耳
       |       |       |       |       |（张禄相秦。以连横之术破合纵之策）
       |       |       |       |       |张儒---|张策
```

六、秦汉世系图

秦汉时期，华夏族称呼转为汉族称。这一时期的世系图谱很是清晰地反映了秦朝统一中国后，又进入到楚汉相争，最后是汉得天下，推演了大汉民族的兴起。汉初，中国的姓氏就基本定型。本世系图以尊秦王朝世系为先，自黄帝轩辕氏第七十二代始。

秦始皇本纪：

```
秦始皇--|扶苏---|子婴（传秦姓）
（赵政） （太子）  （子婴被项羽所杀。秦亡于前206年）
       |秦二世
       （胡亥。死于前207年）
```

汉朝帝系：

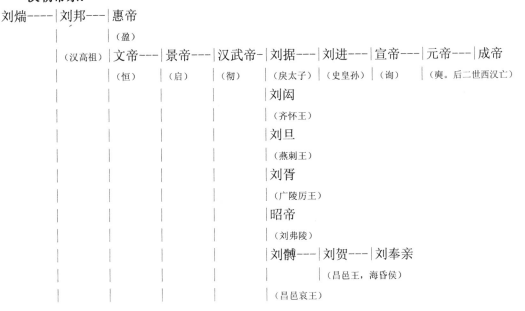

```
刘煓----|刘邦---|惠帝
       |       （盈）
       |（汉高祖）|文帝---|景帝---|汉武帝-|刘据---|刘进---|宣帝---|元帝---|成帝
       |        （恒）   （启）   （彻）   （戾太子）（史皇孙）（询）   （奭。后二世西汉亡）
       |        |       |       |刘闳
       |        |       |       （齐怀王）
       |        |       |       |刘旦
       |        |       |       （燕刺王）
       |        |       |       |刘胥
       |        |       |       （广陵厉王）
       |        |       |       |昭帝
       |        |       |       （刘弗陵）
       |        |       |       |刘髆---|刘贺---|刘奉亲
       |        |       |             （昌邑王，海昏侯）
       |        |       |       （昌邑哀王）
```

刘发---刘买---刘外---刘回---刘钦---刘縯
                              光武帝
                              (东汉始)

刘禹---刘奉宗
      刘奉林
      (控鹤飞天。后有道教洞天委羽山)

(春陵侯)

(长沙王)

刘长---刘安
      (淮南王。著《淮南子》)

(淮南厉王)

彭姓:

君实----子端---金和---绍更---宜吾---文台
                           令昭---珅-----彭越
                                        (助刘邦灭项羽,封梁王)
                           (秦尚书仆射。谏秦始皇焚书坑儒而后隐)
                    (官山阳令。遂家山阳)
             (兖州郡守)

马姓:

?------?------?------?------?------马通---马宾---马仲---马援
                                                   (东汉封"伏波将军")
                                             (官至玄武司马)
                                     (汉宣帝时以郎持节,号"使君")
                              (汉武帝时以功封重合侯)

新朝王莽:

王始----王遂---王贺---王禁---王曼---王莽(传王姓)
                              (汉新朝建光帝,自公元9年至于23年)

犹太氏闪族:

以利亚敬|亚所---撒督---亚金---以律---以利---马但---雅歌---约瑟夫-耶稣
                        (亚撒) (玛塔) (希里)   (天主)

东瓯王世家:

夷乌----顾贵---顾翱(传顾姓)
        (袭封弛义侯。汉武帝时平越,加封吴王)
        敖-----多军(传多姓)
        (汉武帝封无锡侯)
        (建成侯,汉武帝封开陵侯)

司马氏:

司马昭豫|司马宪-|司马卯-|司马钧(传司马姓)
                        (汉征西将军。后传十二世是为司马懿,传十四世是为晋武帝司马炎)
                (司马卯归汉,以其地为河内郡,封殷王)

司马昌-- |无泽--- |司马喜- |司马谈- |司马迁（《史记》作者）

（秦铁官） | |（秦五大夫）

董姓：

董士通-- |董顺--- |董仲舒

|（汉武帝时儒学大师。董氏居广川五世）

留侯张姓：

张平---- |张良--- |不疑--- |典伟--- |默----- |金----- |千秋--- |嵩（传张姓）

| | | | |（大司马）

| | |典高--- |通----- |无妄--- |皓----- |大顺--- |刚

| | | | | | |（后张道陵创天师教）

| | | | | |（始迁沛国丰县）

| | | |（迪。清河判司。建张家祠堂，故曰"天下张氏出清河"）

| |（不漱。恒山王）

| |辟疆

|（汉留侯。博浪沙袭击秦始皇）

|张胜--- |常----- |夷----- |东方朔

| | |（汉武帝时常侍郎、太中大夫）

弘农杨氏：

杨胤---- |杨允--- |杨敞--- |杨贲--- |杨谭--- |杨并--- |杨宝--- |杨政--- |杨震（传杨姓）

| | | | | | |（太尉，传隋文帝杨坚）

| | |杨恽（传恽姓）

| | |（献《史记》。后传恽姓）

| |（汉丞相，娶司马迁之女司马英，故先时司马迁之祠为杨氏所祀）

|杨仆

|（汉武帝时楼船将军）

韩传何姓：

韩王安-- |韩成

|（韩王，号横阳君。为项羽所杀）

|韩非--- |韩庶--- |何成--- |何果（传何、麦、花姓）

| | |（汉武帝时封阳平侯）

| |（改名何修，以避强秦）

|韩信（传易姓）

|（汉将。封淮阴侯。博学懂兵，当出韩非子之后）

韩终---- |韩王信- |韩颓当- |韩则--- |韩说--- |韩兴

| | | |（汉武帝时封按道侯）

|（随张良投奔刘邦）

太原王姓：

王颐---- |王翦--- |王贲--- |王离--- |王威（传太原王姓）

|（父子为秦大将）

第二章　帝王经世年表

　　本年表按《竹书纪年》有关记甲子元年自黄帝涿鹿打败蚩尤确定黄帝位始,按《史记》所记至于汉朝初期公元元年止。黄帝定甲子年(前2157),前推记加一百四十年,可定炎帝始威天下应在公元前2297年;前推记加一百一十五年,伏羲始皇天下应在公元前2412年。伏羲氏历起甲寅,当是在公元前2407年。本年表列二千一百五十八年的帝王历史,自黄帝老皇历至于耶稣公元纪元始。

一、黄帝五帝年表

　　按《竹书纪年》记:黄帝纪年自丙辰(前2225)起,止于乙未(前2126),历一百年。此前可推黄帝轩辕在今陕西黄陵县建立有熊国的元年是在公元前2225年。我国的虞朝时代,应该从轩皇称年号始于癸卯(前2178)起算,虞舜之子商终权于辛亥(前1930),是为二百四十八年。

公元(前)	干支	虞称帝年号	大事记	备　　注
2157	甲子	1黄帝律	涿鹿败蚩尤,确定黄帝位	轩皇通年二十二
2156	乙丑	2	都在涿鹿	轩皇通年二十三
2155	丙寅	3		轩皇通年二十四
2154	丁卯	1黄帝鸿		
2153	戊辰	2	都在新郑	
2152	己巳	3		
2151	庚午	4		
2150	辛未	5		
2149	壬申	6		

公元(前)	干支	虞称帝年号	大事记	备　注
2148	癸酉	7		
2147	甲戌	8		
2146	乙亥	9		
2145	丙子	10		
2144	丁丑	11		
2143	戊寅	12		
2142	己卯	13		
2141	庚辰	14		
2140	辛巳	15		
2139	壬午	16		
2138	癸未	17		
2137	甲申	18		
2136	乙酉	19		
2135	丙戌	20	举行国家庆典活动	
2134	丁亥	21		
2133	戊子	22		高阳颛顼帝生
2132	己丑	23		
2131	庚寅	24		
2130	辛卯	25	大挠造日历	
2129	壬辰	26		
2128	癸巳	27	铸鼎荆山	
2127	甲午	28		
2126	乙未	29	地裂,黄帝升天	
2125	丙申	1少昊帝		纪年元年不录
2124	丁酉	2	都在曲阜,古称穷桑	
2123	戊戌	3		
2122	己亥	4		
2121	庚子	5		

公元(前)	干支	虞称帝年号	大事记	备　注
2120	辛丑	6		
2119	壬寅	7		
2118	癸卯	8		
2117	甲辰	9		
2116	乙巳	10	九黎之民反	
2115	丙午	11	颛顼诛九黎	禅让帝位,后颛顼为帝
2114	丁未	1颛顼帝	都在高阳,后迁濮阳	
2113	戊申	2	共工氏怒触不周山	
2112	己酉	3	台骀为水官	
2111	庚戌	4		
2110	辛亥	5		
2109	壬子	6		
2108	癸丑	7		
2107	甲寅	8		
2106	乙卯	9		
2105	丙辰	10		
2104	丁巳	11		
2103	戊午	12		
2102	己未	13		
2101	庚申	14		
2100	辛酉	15		
2099	壬戌	16		
2098	癸亥	17		
2097	甲子	18		二甲子年始
2096	乙丑	1帝喾	十五岁封辛侯	
2095	丙寅	2	都在偃师,古称亳	
2094	丁卯	3		
2093	戊辰	4		

公元(前)	干支	虞称帝年号	大事记	备 注
2092	己巳	5	共工氏复反,吴回诛之	
2091	庚午	6		
2090	辛未	7		
2089	壬申	8		
2088	癸酉	9		
2087	甲戌	10		
2086	乙亥	11		
2085	丙子	12		
2084	丁丑	13		
2083	戊寅	14		
2082	己卯	15		
2081	庚辰	16		
2080	辛巳	17		
2079	壬午	18		
2078	癸未	19		
2077	甲申	20		
2076	乙酉	21		
2075	丙戌	22		
2074	丁亥	23		
2073	戊子	24		
2072	己丑	25		
2071	庚寅	26		
2070	辛卯	27		
2069	壬辰	28		
2068	癸巳	29		
2067	甲午	30		
2066	乙未	31		
2065	丙申	32		

公元(前)	干支	虞称帝年号	大事记	备 注
2064	丁酉	33		
2063	戊戌	34		
2062	己亥	35		
2061	庚子	36		
2060	辛丑	37		
2059	壬寅	38		尧出生
2058	癸卯	39		
2057	甲辰	40		
2056	乙巳	41		
2055	丙午	42		
2054	丁未	43		
2053	戊申	44		
2052	己酉	45		
2051	庚戌	46		
2050	辛亥	47		
2049	壬子	48		
2048	癸丑	49		
2047	甲寅	50		
2046	乙卯	51		
2045	丙辰	52		
2044	丁巳	53		
2043	戊午	54		
2042	己未	55		
2041	庚申	56		
2040	辛酉	57		
2039	壬戌	58		
2038	癸亥	69		
2037	甲子	60		三甲子年始

公元(前)	干支	虞称帝年号	大事记	备 注
2036	乙丑	61	三苗作乱,尧诛之	
2035	丙寅	62		
2034	丁卯	1帝挚		
2033	戊辰	2		
2032	己巳	3		
2031	庚午	4		
2030	辛未	5		
2029	壬申	6		
2028	癸酉	7		
2027	甲戌	8		
2026	乙亥	9	禅让帝位给尧	
2025	丙子	1帝尧		虞舜、彭铿出生
2024	丁丑	2	都永济,后迁平阳	
2023	戊寅	3		
2022	己卯	4		
2021	庚辰	5		
2020	辛巳	6		
2019	壬午	7		
2018	癸未	8		
2017	甲申	9		
2016	乙酉	10		
2015	丙戌	11		
2014	丁亥	12		
2013	戊子	13	阏伯发明火镰子	
2012	己丑	14		
2011	庚寅	15		
2010	辛卯	16		
2009	壬辰	17		

公元(前)	干支	虞称帝年号	大事记	备　注
2008	癸巳	18		
2007	甲午	19		
2006	乙未	20		
2005	丙申	21		皋陶生
2004	丁酉	22		
2003	戊戌	23		
2002	己亥	24	鲧治水	帝尧得舜,嫁与二女
2001	庚子	25		
2000	辛丑	26		
1999	壬寅	27		
1998	癸卯	28	定三百六十五日干支年	大禹出生
1997	甲辰	29		
1996	乙巳	30		
1995	丙午	31		
1994	丁未	32		
1993	戊申	33	鲧治水不成,禁死在羽山	
1992	己酉	34	尧失王权	1虞舜摄政
1991	庚戌	35	天下定十二州	2
1990	辛亥	36	三苗作乱,迁于三危	3
1989	壬子	37		4
1988	癸丑	38		5
1987	甲寅	39		6
1986	乙卯	40		7
1985	丙辰		1帝尧治丧,其子丹朱潜位	
1984	丁巳		2	
1983	戊午		3	
1982	己未	1帝舜	定正月初一为岁首	
1981	庚申	2	都蒲阪	

公元(前)	干支	虞称帝年号	大事记	备 注
1980	辛酉	3	皋陶作刑罚以定法	
1979	壬戌	4		
1978	癸亥	5		
1977	甲子	6		四甲子年始
1976	乙丑	7		
1975	丙寅	8		
1974	丁卯	9	西王母来朝	
1973	戊辰	10		
1972	己巳	11		
1971	庚午	12		
1970	辛未	13		
1969	壬申	14	帝舜命禹代虞事	禹娶涂山女
1968	癸酉	15	大禹受封为夏伯	彭铿受封在大彭
1967	甲戌	16		禹生子启
1966	乙亥	17		
1965	丙子	18		
1964	丁丑	19		
1963	戊寅	20		
1962	己卯	21		
1961	庚辰	22		
1960	辛巳	23		
1959	壬午	24		
1958	癸未	25		
1957	甲申	26		舜封禹于夏,赐姓姒氏
1956	乙酉	27		
1955	丙戌	28		
1954	丁亥	29		
1953	戊子	30		

续 表

公元(前)	干支	虞称帝年号	大事记	备 注
1952	己丑	31		
1951	庚寅	32		
1950	辛卯	33		
1949	壬辰	34		1禹为司空
1948	癸巳	35		2
1947	甲午	36	有苗氏不恭,禹奉命往征	3
1946	乙未	37		4
1945	丙申	38		5
1944	丁酉	39	帝舜薨	6
1943	戊戌	40		7
1942	己亥	41		8
1941	庚子	42	商均举丧期三年	9
1940	辛丑		以下帝位空窗期十一年	10
1939	壬寅			11
1938	癸卯			12
1937	甲辰			13
1936	乙巳			14
1935	丙午			15
1934	丁未			16
1933	戊申			17
1932	己酉			18
1931	庚戌			19
1930	辛亥			20
1929	壬子		大禹立	夏朝始

二、夏王年表

按《竹书纪年》记:"(夏)起壬子(前1929),终壬戌(前1559)。"夏有天下为三百七十一年,其间后羿、寒浞称王包括在内。

公元(前)	干支	夏称帝年号	大事记	备注
1929	壬子	1帝禹		摄政为王通年二十一
1928	癸丑	2	共工氏反,诛之。都在登封	
1927	甲寅	3		
1926	乙卯	4		
1925	丙辰	5	攻有扈氏,以行其教	
1924	丁巳	6		
1923	戊午	7		
1922	己未	8	会诸侯于会稽	伯益代行帝位
1921	庚申	1伯益		
1920	辛酉	2		
1919	壬戌	3	夏启与伯益争权战争爆发	
1918	癸亥	1启		
1917	甲子	2	伯益被贬出国门	五甲子年始
1916	乙丑	3	有扈氏不服而反	
1915	丙寅	4		
1914	丁卯	5		
1913	戊辰	6	伯益被杀	
1912	己巳	7		
1911	庚午	8	有扈氏被灭	
1910	辛未	9	封伯益子若木于徐。徐夷初始	启封庶子挚,建有莘国
1909	壬申	10		
1908	癸酉	11	流放王子武观到西河	
1907	甲戌	12		
1906	乙亥	13		
1905	丙子	14		
1904	丁丑	15	武观叛,彭伯寿率兵征西河	大彭国建立
1903	戊寅	16		玄仲逃夏,华族西分
1902	己卯	17		

公元(前)	干支	夏称帝年号	大事记	备　　注
1901	庚辰	18		
1900	辛巳	19		
1899	壬午	20		
1898	癸未	1太康	都偃师	
1897	甲申	2		
1896	乙酉	3		寒浞出生
1895	丙戌	4	失国。后羿占据都地	
1894	丁亥		五王子作《五子之歌》	1后羿代夏称夏后
1893	戊子			2
1892	己丑		1仲康	3后羿自称王年号始
1891	庚寅		2	4
1890	辛卯		3	5
1889	壬辰		4	6
1888	癸巳		5九月庚戌朔,日食	7
1887	甲午		6天文学者羲和氏被冤杀	8
1886	乙未		7	9
1885	丙申		以下帝位空窗期二年	10
1884	丁酉			11
1883	戊戌		1相	12
1882	己亥		2	13
1881	庚子		3	14
1880	辛丑		4	15
1879	壬寅		5	16
1878	癸卯		6	17
1877	甲辰		7	18
1876	乙巳		8	19
1875	丙午		9	20
1874	丁未		10确定八月十五日为中秋节	21嫦娥"奔月"

公元(前)	干支	夏称帝年号	大事记	备 注
1873	戊申	1寒浞	11相与寒浞争权自称帝始	称"寒元年"
1872	己酉	2	12	
1871	庚戌	3	13	
1870	辛亥	4	14	
1869	壬子	5	15	
1868	癸丑	6	16	
1867	甲寅	7	17	
1866	乙卯	8	18	
1865	丙辰	9	19	
1864	丁巳	10	20	
1863	戊午	11	21	
1862	己未	12	22寒、夏两国决战	
1861	庚申	13	23	
1860	辛酉	14	24	
1859	壬戌	15	25	
1858	癸亥	16	26寒浞攻打斟灌氏	
1857	甲子	17	27	六甲子年始
1856	乙丑	18	28寒浞围攻夏都帝丘,前夏亡	
1855	丙寅	19		少康出世
1854	丁卯	20		
1853	戊辰	21		
1852	己巳	22		
1851	庚午	23		
1850	辛未	24		
1849	壬申	25		
1848	癸酉	26		
1847	甲戌	27		
1846	乙亥	28	帝相后缗氏作《莱丘铭》	

公元（前）	干支	夏称帝年号	大事记	备　注
1845	丙子	29		
1844	丁丑	30		
1843	戊寅	31		
1842	己卯	32		
1841	庚辰	33		
1840	辛巳	34		
1839	壬午	35		
1838	癸未	36		
1837	甲申	37		
1836	乙酉	38		
1835	丙戌	39		
1834	丁亥	40		
1833	戊子	41		
1832	己丑	42		
1831	庚寅	43		
1830	辛卯	44		
1829	壬辰	45		
1828	癸巳	46		
1827	甲午	47		
1826	乙未	48		
1825	丙申	49		
1824	丁酉	50		
1823	戊戌	51		
1822	己亥	52		
1821	庚子	53		
1820	辛丑	54		
1819	壬寅	55		
1818	癸卯	56		

公元(前)	干支	夏称帝年号	大事记	备 注
1817	甲辰	57		
1816	乙巳	58		
1815	丙午	1少康		
1814	丁未	2	方夷来宾	
1813	戊申	3	复田稷官	商侯冥治河
1812	己酉	4		
1811	庚戌	5		
1810	辛亥	6		
1809	壬子	7		
1808	癸丑	8		
1807	甲寅	9		
1806	乙卯	10		
1805	丙辰	11		
1804	丁巳	12		
1803	戊午	13		
1802	己未	14		
1801	庚申	15		
1800	辛酉	16		
1799	壬戌	17		
1798	癸亥	18	迁都于原	
1797	甲子	19		七甲子年始
1796	乙丑	20		
1795	丙寅	21		
1794	丁卯		二年丧期	
1793	戊辰			
1792	己巳	1杼		
1791	庚午	2		
1790	辛未	3		

公元（前）	干支	夏称帝年号	大事记	备　　注
1789	壬申	4		
1788	癸酉	5		
1787	甲戌	6		
1786	乙亥	7		
1785	丙子	8		
1784	丁丑	9		
1783	戊寅	10		
1782	己卯	11		
1781	庚辰	12		
1780	辛巳	13		
1779	壬午	14		
1778	癸未	15		
1777	甲申	16		
1776	乙酉	17		
1775	丙戌		二年丧期	
1774	丁亥			
1773	戊子	1槐（芬）		
1772	己丑	2		
1771	庚寅	3	九夷来御	
1770	辛卯	4		
1769	壬辰	5		
1768	癸巳	6		
1767	甲午	7		
1766	乙未	8		
1765	丙申	9		
1764	丁酉	10		
1763	戊戌	11		
1762	己亥	12		

公元(前)	干支	夏称帝年号	大事记	备 注
1761	庚子	13		
1760	辛丑	14		
1759	壬寅	15		
1758	癸卯	16	洛伯用与河伯冯夷斗	
1757	甲辰	17		
1756	乙巳	18		
1755	丙午	19		
1754	丁未	20		
1753	戊申	21		
1752	己酉	22		
1751	庚戌	23		
1750	辛亥	24		
1749	壬子	25		
1748	癸丑	1芒(荒)	玄珪宾于河。首创"沉祭"	纪年没有元年记录
1747	甲寅	2		
1746	乙卯	3		
1745	丙辰	4		
1744	丁巳	5		
1743	戊午	6		
1742	己未	7		
1741	庚申	8		商迁都于殷
1740	辛酉	9		
1739	壬戌	10		
1738	癸亥	11		
1737	甲子	12		八甲子年始
1736	乙丑	13		
1735	丙寅	14		
1734	丁卯	15		

公元(前)	干支	夏称帝年号	大事记	备 注
1733	戊辰	16		
1732	己巳	17		
1731	庚午	18		
1730	辛未	1泄		
1729	壬申	2		
1728	癸酉	3		
1727	甲戌	4		
1726	乙亥	5		
1725	丙子	6		
1724	丁丑	7		
1723	戊寅	8		
1722	己卯	9		
1721	庚辰	10		
1720	辛巳	11		
1719	壬午	12	商上甲微假师过夏	商上甲微灭有易
1718	癸未	13		
1717	甲申	14		
1716	乙酉	15		
1715	丙戌	16		
1714	丁亥	17		
1713	戊子	18		
1712	己丑	19		
1711	庚寅	20		
1710	辛卯	21		
1709	壬辰	22		
1708	癸巳	23		
1707	甲午	24		
1706	乙未	25		

公元(前)	干支	夏称帝年号	大事记	备　　注
1705	丙申		三年丧期	
1704	丁酉			
1703	戊戌			
1702	己亥	1 不降		
1701	庚子	2		
1700	辛丑	3		
1699	壬寅	4		
1698	癸卯	5		
1697	甲辰	6	讨伐九苑	
1696	乙巳	7		
1695	丙午	8		
1694	丁未	9		
1693	戊申	10		
1692	己酉	11		
1691	庚戌	12		
1690	辛亥	13		
1689	壬子	14		
1688	癸丑	15		
1687	甲寅	16		
1686	乙卯	17		
1685	丙辰	18		
1684	丁巳	19		
1683	戊午	20		
1682	己未	21		
1681	庚申	22		
1680	辛酉	23		
1679	壬戌	24		
1678	癸亥	25		

公元(前)	干支	夏称帝年号	大事记	备 注
1677	甲子	26		九甲子年始
1676	乙丑	27		
1675	丙寅	28		
1674	丁卯	29		
1673	戊辰	30		
1672	己巳	31		
1671	庚午	32		
1670	辛未	33		
1669	壬申	34		
1668	癸酉	35		商灭皮氏
1667	甲戌	36		
1666	乙亥	37		
1665	丙子	38		
1664	丁丑	39		
1663	戊寅	40		
1662	己卯	41		
1661	庚辰	42		
1660	辛巳	43		
1659	壬午	44		
1658	癸未	45		
1657	甲申	46		
1656	乙酉	47		
1655	丙戌	48		
1654	丁亥	49		
1653	戊子	50		
1652	己丑	51		
1651	庚寅	52		
1650	辛卯	53		

公元(前)	干支	夏称帝年号	大事记	备 注
1649	壬辰	54		
1648	癸巳	55		
1647	甲午	56		
1646	乙未	57		
1645	丙申	58		
1644	丁酉	59	不降内禅帝位给弟	
1643	戊戌	1扃(扁)		
1642	己亥	2		
1641	庚子	3		
1640	辛丑	4		
1639	壬寅	5		
1638	癸卯	6		
1637	甲辰	7		
1636	乙巳	8		
1635	丙午	9		
1634	丁未	10	先帝不降陟	
1633	戊申	11		
1632	己酉	12		
1631	庚戌	13		
1630	辛亥	14		
1629	壬子	15		
1628	癸丑	16		
1627	甲寅	17		
1626	乙卯	18		
1625	丙辰		丧期三年	
1624	丁巳			
1623	戊午			
1622	己未	1廑	居西河	

续　表

公元(前)	干支	夏称帝年号	大事记	备　注
1621	庚申	2		
1620	辛酉	3		
1619	壬戌	4	昆吾氏迁于许	
1618	癸亥	5		
1617	甲子	6		十甲子年始
1616	乙丑	7		
1615	丙寅	8	十日并出	
1614	丁卯	9		
1613	戊辰	10		
1612	己巳	1孔甲		刘累养龙,封御龙氏
1611	庚午	2		
1610	辛未	3		夏桀当生于此年
1609	壬申	4		
1608	癸酉	5		
1607	甲戌	6		
1606	乙亥	7		
1605	丙子	8		
1604	丁丑	9		
1603	戊寅	10		
1602	己卯	11		
1601	庚辰	1昊(皋)		豕韦氏复国
1600	辛巳	2		
1599	壬午	3		
1598	癸未	4		
1597	甲申	5		
1596	乙酉	1发		
1595	丙戌	2		
1594	丁亥	3		

公元（前）	干支	夏称帝年号	大事记	备 注
1593	戊子	4		
1592	己丑	5		
1591	庚寅	6		
1590	辛卯	7	泰山地震	
1589	壬辰	1癸（桀）		
1588	癸巳	2		
1587	甲午	3	畎夷氏反	
1586	乙未	4		
1585	丙申	5		
1584	丁酉	6	有岐国朝贡	
1583	戊戌	7		
1582	己亥	8		
1581	庚子	9		
1580	辛丑	10		
1579	壬寅	11		
1578	癸卯	12		
1577	甲辰	13		
1576	乙巳	14	岷山庄王之女妹喜入宫	
1575	丙午	15		1商成汤王位元年
1574	丁未	16		2
1573	戊申	17		3
1572	己酉	18		4
1571	庚戌	19		5
1570	辛亥	20		6汤王迁都亳都
1569	壬子	21		7
1568	癸丑	22		8
1567	甲寅	23		9
1566	乙卯	24		10

续　表

公元(前)	干支	夏称帝年号	大事记	备　注
1565	丙辰	25		11商灭葛伯氏
1564	丁巳	26		12商灭温国
1563	戊午	27		13
1562	己未	28		14
1561	庚申	29		15商灭顾国
1560	辛酉	30	桀杀关龙逄。聆隧崩塌	16
1559	壬戌	31	夏朝亡	17商败昆吾氏
1558	癸亥		成汤立	商朝始

三、商王年表

按《竹书纪年》记：商殷"起癸亥(前1558)，终庚寅(前1051)"。商朝历时五百零八年。

公元(前)	干支	商称帝年号	大事记	备　注
1558	癸亥	1帝成汤		王位通年十八年
1557	甲子	2		十一甲子年始
1556	乙丑	3		夏桀卒于亭山
1555	丙寅	4		
1554	丁卯	5		
1553	戊辰	6		
1552	己巳	7		
1551	庚午	8		
1550	辛未	9	迁九鼎于商邑	
1549	壬申	10		
1548	癸酉	11		
1547	甲戌	12		
1546	乙亥	1外丙		

公元(前)	干支	商称帝年号	大事记	备　注
1545	丙子	2		
1544	丁丑	1中壬		
1543	戊寅	2		
1542	己卯	3		
1541	庚辰	4		
1540	辛巳	1太甲	居西亳	
1539	壬午	2		
1538	癸未	3		1伊尹摄政放逐太甲
1537	甲申	4		2
1536	乙酉	5		3
1535	丙戌	6		帝太甲复位
1534	丁亥	7		
1533	戊子	8		
1532	己丑	9		
1531	庚寅	10		
1530	辛卯	11		
1529	壬辰	12		
1528	癸巳	1沃丁		
1527	甲午	2		
1526	乙未	3		
1525	丙申	4		
1524	丁酉	5		
1523	戊戌	6		
1522	己亥	7		
1521	庚子	8		
1520	辛丑	9		
1519	壬寅	10		
1518	癸卯	11		

公元（前）	干支	商称帝年号	大事记	备 注
1517	甲辰	12		
1516	乙巳	13		
1515	丙午	14		
1514	丁未	15		
1513	戊申	16		
1512	己酉	17		
1511	庚戌	18		
1510	辛亥	19		
1509	壬子	1 太庚		
1508	癸丑	2		
1507	甲寅	3		
1506	乙卯	4		
1505	丙辰	5		
1504	丁巳	1 小甲		
1503	戊午	2		
1502	己未	3		
1501	庚申	4		
1500	辛酉	5		
1499	壬戌	6		
1498	癸亥	7		
1497	甲子	8		十二甲子年始
1496	乙丑	9		
1495	丙寅	10		
1494	丁卯	11		
1493	戊辰	12		
1492	己巳	13		
1491	庚午	14		
1490	辛未	15		

公元（前）	干支	商称帝年号	大事记	备　注
1489	壬申	16		
1488	癸酉	17		
1487	甲戌	1雍己		
1486	乙亥	2		
1485	丙子	3		
1484	丁丑	4		
1483	戊寅	5		
1482	己卯	6		
1481	庚辰	7		
1480	辛巳	8		
1479	壬午	9		
1478	癸未	10		
1477	甲申	11		
1476	乙酉	12		
1475	丙戌	1太戊		
1474	丁亥	2		
1473	戊子	3		
1472	己丑	4		
1471	庚寅	5		
1470	辛卯	6		
1469	壬辰	7		
1468	癸巳	8		
1467	甲午	9		
1466	乙未	10		
1465	丙申	11		
1464	丁酉	12		
1463	戊戌	13		
1462	己亥	14		

公元（前）	干支	商称帝年号	大事记	备　注
1461	庚子	15		
1460	辛丑	16		
1459	壬寅	17		
1458	癸卯	18		
1457	甲辰	19		
1456	乙巳	20		
1455	丙午	21		
1454	丁未	22		
1453	戊申	23		
1452	己酉	24		
1451	庚戌	25		
1450	辛亥	26		
1449	壬子	27		
1448	癸丑	28		
1447	甲寅	29		
1446	乙卯	30		
1445	丙辰	31		
1444	丁巳	32		
1443	戊午	33		
1442	己未	34		
1441	庚申	35		
1440	辛酉	36		
1439	壬戌	37		
1438	癸亥	38		
1437	甲子	39		十三甲子年始
1436	乙丑	40		
1435	丙寅	41		
1434	丁卯	42		

续 表

公元(前)	干支	商称帝年号	大事记	备 注
1433	戊辰	43		
1432	己巳	44		
1431	庚午	45		
1430	辛未	46		
1429	壬申	47		
1428	癸酉	48		
1427	甲戌	49		
1426	乙亥	50		
1425	丙子	51		
1424	丁丑	52		
1423	戊寅	53		
1422	己卯	54		
1421	庚辰	55		
1420	辛巳	56		
1419	壬午	57		
1418	癸未	58	迁都蒲姑	
1417	甲申	59		
1416	乙酉	60		
1415	丙戌	61		
1414	丁亥	62		
1413	戊子	63		
1412	己丑	64		
1411	庚寅	65		
1410	辛卯	66		
1409	壬辰	67		
1408	癸巳	68		
1407	甲午	69		
1406	乙未	70		

公元(前)	干支	商称帝年号	大事记	备　　注
1405	丙申	71		
1404	丁酉	72		
1403	戊戌	73		
1402	己亥	74		
1401	庚子	75		
1400	辛丑	1仲丁	迁都嚣	
1399	壬寅	2		
1398	癸卯	3		
1397	甲辰	4		
1396	乙巳	5		
1395	丙午	6	征南夷	
1394	丁未	7		
1393	戊申	8		
1392	己酉	9		
1391	庚戌	1外壬		
1390	辛亥	2		
1389	壬子	3		
1388	癸丑	4		
1387	甲寅	5		
1386	乙卯	6		
1385	丙辰	7		
1384	丁巳	8		
1383	戊午	9		
1382	己未	10		
1381	庚申	1河亶甲	迁都相	
1380	辛酉	2		
1379	壬戌	3		
1378	癸亥	4		

公元（前）	干支	商称帝年号	大事记	备 注
1377	甲子	5		十四甲子年始
1376	乙丑	6		
1375	丙寅	7		
1374	丁卯	8		
1373	戊辰	9		
1372	己巳	1祖乙	迁都耿	
1371	庚午	2	迁都庇	
1370	辛未	3		
1369	壬申	4		
1368	癸酉	5		
1367	甲戌	6		
1366	乙亥	7		
1365	丙子	8		
1364	丁丑	9		
1363	戊寅	10		
1362	己卯	11		
1361	庚辰	12		
1360	辛巳	13		
1359	壬午	14		
1358	癸未	15		命高圉为邠侯
1357	甲申	16		
1356	乙酉	17		
1355	丙戌	18		
1354	丁亥	19		
1353	戊子	1祖辛		
1352	己丑	2		
1351	庚寅	3		
1350	辛卯	4		

公元（前）	干支	商称帝年号	大事记	备　注
1349	壬辰	5		
1348	癸巳	6		
1347	甲午	7		
1346	乙未	8		
1345	丙申	9		
1344	丁酉	10		
1343	戊戌	11		
1342	己亥	12		
1341	庚子	13		
1340	辛丑	14		
1339	壬寅	1沃甲		
1338	癸卯	2		
1337	甲辰	3		
1336	乙巳	4		
1335	丙午	5		
1334	丁未	1祖丁		
1333	戊申	2		
1332	己酉	3		
1331	庚戌	4		
1330	辛亥	5		
1329	壬子	6		
1328	癸丑	7		
1327	甲寅	8		
1326	乙卯	9		
1325	丙辰	1南庚		
1324	丁巳	2		
1323	戊午	3	迁都奄	
1322	己未	4		

公元(前)	干支	商称帝年号	大事记	备 注
1321	庚申	5		
1320	辛酉	6		
1319	壬戌	1 阳甲		
1318	癸亥	2		
1317	甲子	3		十五甲子年始
1316	乙丑	4		
1315	丙寅	1 盘庚		
1314	丁卯	2		
1313	戊辰	3		
1312	己巳	4		
1311	庚午	5		
1310	辛未	6		
1309	壬申	7		
1308	癸酉	8		
1307	甲戌	9		
1306	乙亥	10		
1305	丙子	11		
1304	丁丑	12		
1303	戊寅	13		
1302	己卯	14	迁都北蒙曰殷	
1301	庚辰	15		
1300	辛巳	16		
1299	壬午	17		
1298	癸未	18		
1297	甲申	19		命亚圉为邠侯
1296	乙酉	20		
1295	丙戌	21		
1294	丁亥	22		

公元(前)	干支	商称帝年号	大事记	备　注
1293	戊子	23		
1292	己丑	24		
1291	庚寅	25		
1290	辛卯	26		
1289	壬辰	27		
1288	癸巳	28		
1287	甲午	1小辛		
1286	乙未	2		
1285	丙申	3		
1284	丁酉	1小乙		
1283	戊戌	2		
1282	己亥	3		
1281	庚子	4		
1280	辛丑	5		
1279	壬寅	6		
1278	癸卯	7		
1277	甲辰	8		
1276	乙巳	9		
1275	丙午	10		
1274	丁未	1武丁		
1273	戊申	2		
1272	己酉	3		
1271	庚戌	4		
1270	辛亥	5		
1269	壬子	6		
1268	癸丑	7		
1267	甲寅	8		
1266	乙卯	9		

公元（前）	干支	商称帝年号	大事记	备　　注
1265	丙辰	10		
1264	丁巳	11		
1263	戊午	12		
1262	己未	13		
1261	庚申	14		
1260	辛酉	15		
1259	壬戌	16		
1258	癸亥	17		
1257	甲子	18		十六甲子年始
1256	乙丑	19		
1255	丙寅	20		
1254	丁卯	21		
1253	戊辰	22		
1252	己巳	23		
1251	庚午	24		
1250	辛未	25		
1249	壬申	26		
1248	癸酉	27		
1247	甲戌	28		
1246	乙亥	29		
1245	丙子	30		
1244	丁丑	31		
1243	戊寅	32		
1242	己卯	33		
1241	庚辰	34	克西戎鬼方	
1240	辛巳	35		
1239	壬午	36		
1238	癸未	37		

公元（前）	干支	商称帝年号	大事记	备　注
1237	甲申	38		
1236	乙酉	39		
1235	丙戌	40		
1234	丁亥	41		
1233	戊子	42		
1232	己丑	43	灭大彭国	
1231	庚寅	44		
1230	辛卯	45		
1229	壬辰	46		
1228	癸巳	47		
1227	甲午	48		
1226	乙未	49		
1225	丙申	50	克豕韦氏	
1224	丁酉	51		
1223	戊戌	52		
1222	己亥	53		
1221	庚子	54		
1220	辛丑	55		
1219	壬寅	56		
1218	癸卯	57		
1217	甲辰	58	5月26日，日食	
1216	乙巳	59		
1215	丙午	1祖庚		
1214	丁未	2		
1213	戊申	3		
1212	己酉	4		
1211	庚戌	5		
1210	辛亥	6		

续　表

公元(前)	干支	商称帝年号	大事记	备　注
1209	壬子	7		
1208	癸丑	8		
1207	甲寅	9		
1206	乙卯	10		
1205	丙辰	11		
1204	丁巳	1祖甲		
1203	戊午	2		
1202	己未	3		
1201	庚申	4		
1200	辛酉	5		
1199	壬戌	6		
1198	癸亥	7		
1197	甲子	8		十七甲子年始
1196	乙丑	9		
1195	丙寅	10		
1194	丁卯	11		
1193	戊辰	12		
1192	己巳	13		命组绀为邠侯
1191	庚午	14		
1190	辛未	15		
1189	壬申	16		
1188	癸酉	17		
1187	甲戌	18		
1186	乙亥	19		
1185	丙子	20		
1184	丁丑	21		
1183	戊寅	22		
1182	己卯	23		

公元(前)	干支	商称帝年号	大事记	备　注
1181	庚辰	24		
1180	辛巳	25		
1179	壬午	26		
1178	癸未	27		
1177	甲申	28		
1176	乙酉	29		
1175	丙戌	30		
1174	丁亥	31		
1173	戊子	32		
1172	己丑	33		
1171	庚寅	1廪辛		
1170	辛卯	2		
1169	壬辰	3		
1168	癸巳	4		
1167	甲午	1庚丁		
1166	乙未	2		
1165	丙申	3		
1164	丁酉	4		
1163	戊戌	5		
1162	己亥	6		
1161	庚子	7		
1160	辛丑	8		
1159	壬寅	1武乙		周公亶父迁都岐周
1158	癸卯	2		
1157	甲辰	3	迁都河北	命亶父为公
1156	乙巳	4		
1155	丙午	5		
1154	丁未	6		

公元（前）	干支	商称帝年号	大事记	备　注
1153	戊申	7		
1152	己酉	8		
1151	庚戌	9		
1150	辛亥	10		
1149	壬子	11		
1148	癸丑	12		
1147	甲寅	13		
1146	乙卯	14		
1145	丙辰	15	迁都沫	
1144	丁巳	16		
1143	戊午	17		
1142	己未	18		
1141	庚申	19		
1140	辛酉	20		
1139	壬戌	21		
1138	癸亥	22		
1137	甲子	23		十八甲子年始
1136	乙丑	24		
1135	丙寅	25		
1134	丁卯	26		
1133	戊辰	27		
1132	己巳	28		
1131	庚午	29		
1130	辛未	30		
1129	壬申	31		
1128	癸酉	32		
1127	甲戌	33		
1126	乙亥	34		周公季历来朝

公元(前)	干支	商称帝年号	大事记	备　　注
1125	丙子	35		
1124	丁丑	1文丁		
1123	戊寅	2		
1122	己卯	3		
1121	庚辰	4		命季历为牧师
1120	辛巳	5		
1119	壬午	6		
1118	癸未	7		
1117	甲申	8		
1116	乙酉	9		
1115	丙戌	10		
1114	丁亥	11		囚季历致死
1113	戊子	12		1西伯昌周文王元年
1112	己丑	13		2
1111	庚寅	1乙		3
1110	辛卯	2		4
1109	壬辰	3		5周地地震
1108	癸巳	4		6
1107	甲午	5		7
1106	乙未	6		8
1105	丙申	7		9
1104	丁酉	8		10
1103	戊戌	9		11
1102	己亥	1辛(纣)		12命西伯昌为三公
1101	庚子	2		13
1100	辛丑	3		14
1099	壬寅	4	作炮烙之刑	15
1098	癸卯	5		16

公元（前）	干支	商称帝年号	大事记	备　注
1097	甲辰	6		17
1096	乙巳	7		18
1095	丙午	8		19
1094	丁未	9	伐有苏氏	20
1093	戊申	10		21
1092	己酉	11		22
1091	庚戌	12		23
1090	辛亥	13		24
1089	壬子	14		25
1088	癸丑	15		26
1087	甲寅	16		27
1086	乙卯	17		28西伯伐翟
1085	丙辰	18		29
1084	丁巳	19		30
1083	戊午	20		31
1082	己未	21	孤竹君伯夷、叔齐归于周	32诸侯朝周
1081	庚申	22		33
1080	辛酉	23	囚西伯于羑里	34
1079	壬戌	24		35
1078	癸亥	25		36
1077	甲子	26		37十九甲子年始
1076	乙丑	27		38
1075	丙寅	28		39
1074	丁卯	29		40
1073	戊辰	30	有苏氏妲己入宫	41
1072	己巳	31		42
1071	庚午	32		43
1070	辛未	33		44赐命西伯

续　表

公元(前)	干支	商称帝年号	大事记	备　　注
1069	壬申	34		45
1068	癸酉	35		46西伯迁都丰
1067	甲戌	36		47诸侯朝周
1066	乙亥	37		48
1065	丙子	38		49
1064	丁丑	39		50
1063	戊寅	40		51
1062	己卯	41		52
1061	庚辰	42		1姬发为西伯始年
1060	辛巳	43		2
1059	壬午	44		3
1058	癸未	45		4
1057	甲申	46		5
1056	乙酉	47		6
1055	丙戌	48		7
1054	丁亥	49		8
1053	戊子	50		9
1052	己丑	51		10
1051	庚寅	52	商殷亡	11
1050	辛卯		姬发立	周朝始

四、西周年表

按《竹书纪年》记:周武王灭商殷是在辛卯(前1050),西周按此年起记,至于周幽王庚午(前771)亡,历时共二百八十年。

公元(前)	干支	周称王年号	大事记	备　　注
1050	辛卯	1武王(姬发)	灭商殷	周武王通年十二

公元(前)	干支	周称王年号	大事记	备　注
1049	壬辰	2	封诸侯姓	
1048	癸巳	3	肃慎氏来宾	封胡公满于陈
1047	甲午	4		
1046	乙未	5	朝鲜箕子来宾。迁九鼎于洛邑	
1045	丙申	6		
1044	丁酉	1成王（姬诵）	1周公旦摄政	
1043	戊戌	2	2	
1042	己亥	3	3王师灭武庚	
1041	庚子	4	4	
1040	辛丑	5	5建东都	
1039	壬寅	6	6	
1038	癸卯	7	7复政于成王	
1037	甲辰	8		姬伯禽迁鲁立国
1036	乙巳	9		
1035	丙午	10	越裳氏来朝	封姬叔虞于唐
1034	丁未	11		
1033	戊申	12		
1032	己酉	13		
1031	庚戌	14	洛邑告成	
1030	辛亥	15		
1029	壬子	16		
1028	癸丑	17		
1027	甲寅	18	举行定鼎洛邑仪式	
1026	乙卯	19		
1025	丙辰	20		
1024	丁巳	21		
1023	戊午	22		
1022	己未	23		

公元（前）	干支	周称王年号	大事记	备　注
1021	庚申	24	于越来宾献舟	
1020	辛酉	25	大会诸侯	
1019	壬戌	26		
1018	癸亥	27		
1017	甲子	28		二十甲子年始
1016	乙丑	29		
1015	丙寅	30	骊戎来宾	
1014	丁卯	31		
1013	戊辰	32		
1012	己巳	33		
1011	庚午	34	雨金于咸阳	
1010	辛未	35		
1009	壬申	36		
1008	癸酉	37		
1007	甲戌	1康王（姬钊）		
1006	乙亥	2		
1005	丙子	3		
1004	丁丑	4		
1003	戊寅	5		
1002	己卯	6		
1001	庚辰	7		
1000	辛巳	8		
999	壬午	9		唐迁于晋作宫室
998	癸未	10		
997	甲申	11		
996	乙酉	12		
995	丙戌	13		
994	丁亥	14		

公元(前)	干支	周称王年号	大事记	备 注
993	戊子	15		
992	己丑	16		
991	庚寅	17		
990	辛卯	18		
989	壬辰	19		
988	癸巳	20		
987	甲午	21		鲁筑茅阙门立炀宫
986	乙未	22		
985	丙申	23		
984	丁酉	24		
983	戊戌	25		
982	己亥	26		
981	庚子	1昭王(姬瑕)		
980	辛丑	2		
979	壬寅	3		
978	癸卯	4		
977	甲辰	5		
976	乙巳	6		锡郇伯于郇
975	丙午	7		
974	丁未	8		
973	戊申	9		
972	己酉	10		
971	庚戌	11		
970	辛亥	12		
969	壬子	13		
968	癸丑	14		
967	甲寅	15		
966	乙卯	16		讨伐楚国

续　表

公元(前)	干支	周称王年号	大事记	备　注
965	丙辰	17		
964	丁巳	18		
963	戊午	19	彗星极光四射	
962	己未	1穆王(姬满)		
961	庚申	2		
960	辛酉	3		
959	壬戌	4		
958	癸亥	5		
957	甲子	6	赐徐偃王为伯	二十一甲子年始
956	乙丑	7		
955	丙寅	8		
954	丁卯	9		
953	戊辰	10		
952	己巳	11	封君牙为大司徒	建古杨国
951	庚午	12	讨伐犬戎	
950	辛未	13		
949	壬申	14	王师与楚伐徐,亡徐夷	
948	癸酉	15	昆吾氏来宾	
947	甲戌	16		
946	乙亥	17	西征见西王母	
945	丙子	18		
944	丁丑	19		
943	戊寅	20		
942	己卯	21		
941	庚辰	22		
940	辛巳	23		
939	壬午	24		
938	癸未	25		

续　表

公元（前）	干支	周称王年号	大事记	备　注
937	甲申	26		
936	乙酉	27		
935	丙戌	28		
934	丁亥	29		
933	戊子	30		
932	己丑	31		
931	庚寅	32		
930	辛卯	33		
929	壬辰	34		
928	癸巳	35		封徐子立徐国
927	甲午	36		
926	乙未	37	讨伐越	
925	丙申	38		
924	丁酉	39	会诸侯于涂山	
923	戊戌	40		
922	己亥	41		
921	庚子	42		
920	辛丑	43		
919	壬寅	44		
918	癸卯	45		
917	甲辰	46		
916	乙巳	47		
915	丙午	48		
914	丁未	49		
913	戊申	50		
912	己酉	51		
911	庚戌	52		
910	辛亥	53		

续　表

公元(前)	干支	周称王年号	大事记	备　注
909	壬子	54		
908	癸丑	55		
907	甲寅	1共王(姬繄扈)		
906	乙卯	2		
905	丙辰	3		
904	丁巳	4	王师灭密	
903	戊午	5		
902	己未	6		
901	庚申	7		
900	辛酉	8		
899	壬戌	9		赐毛伯命
898	癸亥	10		
897	甲子	11		二十二甲子年始
896	乙丑	12		
895	丙寅	1懿王(姬囏)	4月21日,天再旦于郑	
894	丁卯	2		
893	戊辰	3		
892	己巳	4		
891	庚午	5		
890	辛未	6		
889	壬申	7	西戎侵岐	
888	癸酉	8		
887	甲戌	9		
886	乙亥	10		
885	丙子	11		
884	丁丑	12		
883	戊寅	13		
882	己卯	14		

公元（前）	干支	周称王年号	大事记	备 注
881	庚辰	15		
880	辛巳	16		
879	壬午	17		
878	癸未	18		
877	甲申	19		
876	乙酉	20		
875	丙戌	21		
874	丁亥	22		
873	戊子	23		
872	己丑	24		
871	庚寅	25		
870	辛卯	1孝王（姬辟方）	申侯伐西戎	
869	壬辰	2		
868	癸巳	3		
867	甲午	4		
866	乙未	5	西戎献马	
865	丙申	6		
864	丁酉	7	厉王生	曹夷伯、燕惠侯元年
863	戊戌	8	命非子牧马于汧水	蔡武侯元年
862	己亥	9		
861	庚子	1夷王（姬燮）		
860	辛丑	2	蜀人、吕人献玉	
859	壬寅	3	烹杀齐哀公	
858	癸卯	4		晋靖侯、宋釐公元年
857	甲辰	5		
856	乙巳	6		
855	丙午	7		鲁真公元年
854	丁未	8		卫釐侯、陈幽公元年

公元(前)	干支	周称王年号	大事记	备　注
853	戊申	1厉王(姬胡)		
852	己酉	2		
851	庚戌	3		齐武公元年
850	辛亥	4		
849	壬子	5		
848	癸丑	6		楚熊勇元年
847	甲寅	7		
846	乙卯	8		
845	丙辰	9		秦秦仲元年
844	丁巳	10		
843	戊午	11	西戎入犬丘	
842	己未	12	厉王失权,亡奔彘地	
841	庚申	1共和	共伯和摄行天下事	《中国历史纪年》始
840	辛酉	2		晋釐侯元年
839	壬戌	3		
838	癸亥	4		楚熊严、蔡夷侯元年
837	甲子	5		二十三甲子年始
836	乙丑	6		
835	丙寅	7		
834	丁卯	8		曹幽伯元年
833	戊辰	9		
832	己巳	10		
831	庚午	11	大旱	陈釐公元年
830	辛未	12		宋惠公元年
829	壬申	13		
828	癸酉	14	周厉王死	
827	甲戌	1宣王(姬静)	不籍田千亩	楚熊霜元年
826	乙亥	2		燕釐侯元年

公元(前)	干支	周称王年号	大事记	备 注
825	丙子	3		鲁武公、曹戴伯元年
824	丁丑	4	韩侯来朝	齐厉公元年
823	戊寅	5	方叔伐荆蛮,伊吉甫伐狎狁	
822	己卯	6	召穆公伐淮夷,宣王伐徐戎	晋献侯元年
821	庚辰	7		秦庄公、楚熊徇元年
820	辛巳	8		
819	壬午	9	会诸侯于东都	
818	癸未	10		
817	甲申	11		
816	乙酉	12		
815	丙戌	13		鲁懿公、齐文公元年
814	丁亥	14		
813	戊子	15		
812	己丑	16	晋迁都绛	卫武公元年
811	庚寅	17		晋穆侯元年
810	辛卯	18		
809	壬辰	19		蔡釐侯元年
808	癸巳	20		
807	甲午	21		
806	乙未	22	封弟于郑,封尚父为杨侯	鲁孝公元年
805	丙申	23	与晋穆侯伐条戎	
804	丁酉	24		
803	戊戌	25		齐成公元年。申立国
802	己亥	26		
801	庚子	27		
800	辛丑	28		
799	壬寅	29		楚熊鄂、宋戴公元年
798	癸卯	30		

公元(前)	干支	周称王年号	大事记	备　注
797	甲申	31		
796	乙巳	32		
795	丙午	33		陈武公、曹惠公元年
794	丁未	34		齐庄公元年
793	戊申	35		
792	己酉	36		
791	庚戌	37		
790	辛亥	38		楚若敖、燕顷侯元年
789	壬子	39		
788	癸丑	40	料民于太原	
787	甲寅	41		
786	乙卯	42	杀大夫杜伯,隰叔奔晋	
785	丙辰	43		
784	丁巳	44		晋殇叔元年
783	戊午	45		
782	己未	46		
781	庚申	1幽王(宫涅)		
780	辛酉	2		晋文侯、陈夷公元年
779	壬戌	3	宠爱褒姒	
778	癸亥	4		
777	甲子	5	秦襄公、陈平公元年	二十四甲子年始
776	乙丑	6	十月朔日辛卯,日食	
775	丙寅	7		
774	丁卯	8		
773	戊辰	9		
772	己巳	10	讨伐申国	
771	庚午	11		

五、东周午表

按《史记》记:东周自周平王元年辛未(前770),至于周赧王乙巳(前256)亡周,共传二十五王,含东、西二王,历时五百一十五年。其间分"春秋""战国"。春秋,一般从周平王元年(前770)开始,至于战国;战国,从周元王元年(前475)开始,至于秦统一。

春秋时期

公元(前)	干支	周称王年号	大事记	备　注
770	辛未	1平王(姬宜臼)	迁都洛邑	郑武公元年
769	壬申	2		
768	癸酉	3		鲁惠公元年
767	甲戌	4		
766	乙亥	5		燕哀侯元年
765	丙子	6		秦文公、宋武公元年
764	丁丑	7		
763	戊寅	8		楚霄敖元年
762	己卯	9		
761	庚辰	10		蔡共侯元年
760	辛巳	11		
759	壬午	12		蔡戴侯、曹穆公元年
758	癸未	13		
757	甲申	14		楚蚡冒、卫庄公元年
756	乙酉	15		曹桓公元年
755	丙戌	16		
754	丁亥	17		陈文公元年
753	戊子	18		
752	己丑	19		
751	庚寅	20		
750	辛卯	21		

续　表

公元（前）	干支	周称王年号	大事记	备　　注
749	壬辰	22		蔡宣侯元年
748	癸巳	23		
747	甲午	24		宋宣公元年
746	乙未	25		
745	丙申	26		晋昭侯元年
744	丁酉	27		陈桓公元年
743	戊戌	28		郑庄公元年
742	己亥	29		
741	庚子	30		
740	辛丑	31		楚武王元年
739	壬寅	32		晋孝侯元年
738	癸卯	33		
737	甲辰	34		
736	乙巳	35		
735	丙午	36		
734	丁未	37		卫庄公元年
733	戊申	38		
732	己酉	39		
731	庚戌	40		
730	辛亥	41		齐釐公元年
729	壬子	42		
728	癸丑	43		宋穆公、燕穆侯元年
727	甲寅	44		
726	乙卯	45		
725	丙辰	46		
724	丁巳	47		
723	戊午	48		晋鄂侯元年
722	己未	49	春秋始此	鲁隐公元年

公元(前)	干支	周称王年号	大事记	备 注
721	庚申	50		
720	辛酉	51	二月乙巳,日食	
719	壬戌	1桓王(姬林)		宋殇公元年
718	癸亥	2		卫宣公元年
717	甲子	3	晋哀侯元年	二十五甲子年始
716	乙丑	4		
715	丙寅	5		秦宁公元年
714	丁卯	6		蔡桓侯元年
713	戊辰	7		
712	己巳	8		
711	庚午	9		鲁桓公元年
710	辛未	10		宋冯、燕宣侯元年
709	壬申	11		晋小子元年
708	癸酉	12		
707	甲戌	13		
706	乙亥	14	命虢公伐曲沃	晋侯缗、陈厉公元年
705	丙子	15		
704	丁丑	16		
703	戊寅	17		秦出公元年
702	己卯	18		
701	庚辰	19		曹庄公元年
700	辛巳	20		郑厉公元年
699	壬午	21		卫惠公、陈庄公元年
698	癸未	22		
697	甲申	23		齐襄公、秦武公、燕桓公元年
696	乙酉	1庄王(姬佗)		卫黔牟、郑昭公元年
695	丙戌	2		
694	丁亥	3		蔡哀侯、郑子亹元年
693	戊子	4		鲁庄公、郑子婴元年

公元(前)	干支	周称王年号	大事记	备　注
692	己丑	5		陈宣公元年
691	庚寅	6		宋潜公元年
690	辛卯	7		燕庄公元年
689	壬辰	8		楚文王元年
688	癸巳	9		
687	甲午	10		
686	乙未	11		卫惠公复立
685	丙申	12		齐桓公元年
684	丁酉	13		
683	戊戌	14		
682	己亥	15		
681	庚子	1厘王(姬胡齐)		宋桓公元年
680	辛丑	2		
679	壬寅	3	曲沃武公灭晋侯缗	郑厉公复立
678	癸卯	4		晋武公立
677	甲辰	5		秦德公立
676	乙巳	1惠王(姬阆)		晋献公、楚堵敖�元年
675	丙午	2	王子颓作乱	秦宣公元年
674	丁未	3	杀王子颓,惠王复位	蔡穆侯元年
673	戊申	4		
672	己酉	5		郑文公元年
671	庚戌	6		楚成王元年
670	辛亥	7		曹釐公元年
669	壬子	8		
668	癸丑	9		卫懿公元年
667	甲寅	10		
666	乙卯	11		
665	丙辰	12		

公元（前）	干支	周称王年号	大事记	备　　注
664	丁巳	13		
663	戊午	14		秦成公元年
662	己未	15		
661	庚申	16		鲁湣公、曹昭公元年
660	辛酉	17		卫戴公元年
659	壬戌	18		鲁釐公、秦穆公、卫文公元年
658	癸亥	19		
657	甲子	20		二十六甲子年始
656	乙丑	21		
665	丙寅	22		
654	丁卯	23		
653	戊辰	24		
652	己巳	25		曹共公元年
651	庚午	1襄王（姬郑）		
650	辛未	2		晋惠公、宋襄公元年
649	壬申	3		
648	癸酉	4		
647	甲戌	5		陈穆公元年
646	乙亥	6		
645	丙子	7		蔡庄侯元年
644	丁丑	8		
643	戊寅	9		
642	己卯	10		齐孝公元年
641	庚辰	11		
640	辛巳	12		
639	壬午	13		
638	癸未	14		
637	甲申	15		

公元(前)	干支	周称王年号	大事记	备 注
636	乙酉	16	曾立叔带为王	晋文公、宋成公元年
635	丙戌	17	叔带逃亡,建甘国	
634	丁亥	18		卫成公元年
633	戊子	19		
632	己丑	20		齐昭公元年
631	庚寅	21		陈共公元年
630	辛卯	22		
629	壬辰	23		
628	癸巳	24		
627	甲午	25		晋襄公、郑穆公元年
626	乙未	26		鲁文公元年
625	丙申	27		楚穆王元年
624	丁酉	28		
623	戊戌	29		西域天竺,释迦牟尼生
622	己亥	30	阳渠断流,不入洛水	
621	庚子	31		
620	辛丑	32		晋灵公、秦康公元年
619	壬寅	33		宋昭公元年
618	癸卯	1顷王(姬壬臣)		
617	甲辰	2		曹文公、燕桓公元年
616	乙巳	3		
615	丙午	4		
614	丁未	5		
613	戊申	6	彗星入北斗	楚庄王、陈灵公元年
612	己酉	1匡王(姬班)		齐懿公元年
611	庚戌	2		蔡文侯元年
610	辛亥	3		宋文公元年
609	壬子	4		

公元（前）	干支	周称王年号	大事记	备　　注
608	癸丑	5		鲁宣公、齐惠公、秦共公元年
607	甲寅	6		
606	乙卯	1定王（姬瑜）	楚伐陆浑戎	晋成公元年
605	丙辰	2		郑灵公元年
604	丁巳	3		郑襄公元年
603	戊午	4		秦桓公元年
602	己未	5		
601	庚申	6		燕宣公元年
600	辛酉	7		
599	壬戌	8		晋景公、卫穆公元年
598	癸亥	9		齐顷公、陈成公元年
597	甲子	10		二十七甲子年始
596	乙丑	11		
595	丙寅	12		
594	丁卯	13		曹宣公元年
593	戊辰	14		
592	己巳	15		
591	庚午	16		蔡景侯元年
590	辛未	17		鲁成公、楚共王元年
589	壬申	18		
588	癸酉	19		宋共公、卫定公元年
587	甲戌	20		
586	乙亥	21		郑悼公、燕昭公元年
585	丙子	1简王（姬夷）	晋迁都新田	吴寿梦元年
584	丁丑	2		郑成公元年
583	戊寅	3		
582	己卯	4		
581	庚辰	5		齐灵公元年

公元（前）	干支	周称王年号	大事记	备　　注
580	辛巳	6		晋厉公元年
579	壬午	7		
578	癸未	8		
577	甲申	9		曹成公元年
576	乙酉	10		秦景公、卫献公元年
575	丙戌	11		宋平公元年
574	丁亥	12		
573	戊子	13		燕武公元年
572	己丑	14		鲁襄公、晋悼公元年
571	庚寅	1灵王（姬泄心）		
570	辛卯	2		郑厉公元年
569	壬辰	3		
568	癸巳	4		陈哀公元年
567	甲午	5		
566	乙未	6		
565	丙申	7		郑简公元年
564	丁酉	8		
563	戊戌	9		
562	己亥	10		
561	庚子	11		
560	辛丑	12		吴诸樊元年
559	壬寅	13		楚康王元年
558	癸卯	14		卫殇公元年
557	甲辰	15		晋平公元年
556	乙巳	16		
555	丙午	17		
554	丁未	18		曹武公、燕文公元年
553	戊申	19		齐庄公元年

公元（前）	干支	周称王年号	大事记	备 注
552	己酉	20		
551	庚戌	21		
550	辛亥	22		
549	壬子	23		
548	癸丑	24		燕懿公元年
547	甲寅	25		齐景公、吴馀祭元年
546	乙卯	26		卫献公元年
545	丙辰	27		
544	丁巳	1景王（姬贵）		楚郏敖、燕惠公元年
543	戊午	2		卫襄公元年。佛历元年
542	己未	3		蔡灵侯元年
541	庚申	4		鲁昭公元年
540	辛酉	5		楚灵王元年
539	壬戌	6		
538	癸亥	7		越元常称王
537	甲子	8		二十八甲子年始
536	乙丑	9		秦哀公元年
535	丙寅	10		燕悼公元年
534	丁卯	11		卫灵公元年
533	戊辰	12		陈惠公元年
532	己巳	13	景王曰晋数典忘祖	
531	庚午	14		晋昭公、宋元公元年
530	辛未	15		蔡平侯、吴馀昧元年
529	壬申	16		郑定公元年
528	癸酉	17		楚平王、燕共公元年
527	甲戌	18		曹平公元年
526	乙亥	19		吴僚元年
525	丙子	20		晋顷公元年

公元（前）	干支	周称王年号	大事记	备　注
524	丁丑	21		
523	戊寅	22		曹悼公、燕平公元年
522	己卯	23		
521	庚辰	24		蔡悼侯元年
520	辛巳	25		
519	壬午	1敬王（姬匄）		
518	癸未	2		蔡昭侯元年
517	甲申	3		
516	乙酉	4		宋景公元年
515	丙戌	5		楚昭王元年
514	丁亥	6		曹襄公、吴阖闾元年
513	戊子	7		郑献公元年
512	己丑	8		
511	庚寅	9		晋定公元年
510	辛卯	10		
509	壬辰	11		鲁定公、曹隐公元年
508	癸巳	12		
507	甲午	13		
506	乙未	14		
505	丙申	15		陈怀公、曹靖公元年
504	丁酉	16	子朝作乱，敬王逃晋	燕简公元年
503	戊戌	17	敬王复回周京	
502	己亥	18		
501	庚子	19		陈湣公、曹伯阳元年
500	辛丑	20		秦惠公、郑声公元年
499	壬寅	21		
498	癸卯	22		
497	甲辰	23		

续　表

公元（前）	干支	周称王年号	大事记	备　　注
496	乙巳	24		越勾践元年
495	丙午	25		吴夫差元年
494	丁未	26		鲁哀公元年
493	戊申	27		
492	己酉	28	洛水断流	卫出公、燕献公元年
491	庚戌	29		
490	辛亥	30		秦悼公、蔡成侯元年
489	壬子	31		齐晏孺子元年
488	癸丑	32		齐悼公、楚惠王元年
487	甲寅	33	曹国亡	
486	乙卯	34		
485	丙辰	35		
484	丁巳	36		齐简公元年
483	戊午	37		
482	己未	38		
481	庚申	39	晋迁都顿丘	
480	辛酉	40		齐平公、卫庄公元年
479	壬戌	41	陈国亡	孔子卒
478	癸亥	42		
477	甲子	43		二十九甲子年始。卫君起元年
476	乙丑	44		秦厉共公、卫出公后元元年

战国时期

公元（前）	干支	周称王年号	大事记	备　　注
475	丙寅	1元王（姬仁）		赵襄子元年
474	丁卯	2		晋出公元年
473	戊辰	3		
472	己巳	4	于越灭吴	

公元(前)	干支	周称干年号	大事记	备　注
471	庚午	5		
470	辛未	6		
469	壬申	7		卫悼公元年
468	癸酉	1贞定王(姬介)	于越迁都琅琊	
467	甲戌	2		
466	乙亥	3		
465	丙子	4	越王勾践卒	
464	丁丑	5		燕孝公、卫敬公、越鼫与元年
463	戊寅	6		
462	己卯	7		
461	庚辰	8		
460	辛巳	9		
459	壬午	10		
458	癸未	11		越不寿元年
457	甲申	12		
456	乙酉	13		
455	丙戌	14		齐宣公元年
454	丁亥	15		
453	戊子	16	三晋灭智伯	
452	己丑	17		
451	庚寅	18		晋敬公元年
450	辛卯	19		
449	壬辰	20		燕成公元年
448	癸巳	21		越王翁元年
447	甲午	22		
446	乙未	23		
445	丙申	24		魏文侯元年
444	丁酉	25		

续 表

公元(前)	干支	周称王年号	大事记	备 注
443	戊戌	26		
442	己亥	27		秦躁公元年
441	庚子	28		
440	辛丑	1考王(姬嵬)		
439	壬寅	2		
438	癸卯	3		
437	甲辰	4		
436	乙巳	5		
435	丙午	6		
434	丁未	7		
433	戊申	8		燕文公、晋幽公元年
432	己酉	9		
431	庚戌	10		楚简王、卫昭公元年
430	辛亥	11		
429	壬子	12		
428	癸丑	13		秦怀公元年
427	甲寅	14		
426	乙卯	15	封弟为东周桓公	
425	丙辰	1威烈王(姬午)		卫怀公元年
424	丁巳	2		秦灵公、韩武子、赵桓子元年
423	戊午	3		赵献侯元年
422	己未	4		
421	庚申	5		
420	辛酉	6		
419	壬戌	7		
418	癸亥	8		
417	甲子	9	楚伐周南鄙至于洛	三十甲子年始
416	乙丑	10		越王翳元年

公元(前)	干支	周称王年号	大事记	备　注
415	丙寅	11		晋烈公元年、中山武公立
414	丁卯	12		秦简公、卫慎公元年
413	戊辰	13		
412	己巳	14		
411	庚午	15		
410	辛未	16		田齐悼子元年
409	壬申	17		
408	癸酉	18		韩景侯、赵烈侯元年
407	甲戌	19		楚声王元年
406	乙亥	20		
405	丙子	21		
404	丁丑	22		田齐和子、齐康公元年
403	戊寅	23	九鼎震动,三家分晋	
402	己卯	24	赵、魏、韩立为诸侯	燕釐公元年
401	庚辰	1安王(姬骄)		楚悼王元年
400	辛巳	2		
399	壬午	3		秦惠公、韩烈侯元年
398	癸未	4		
397	甲申	5		
396	乙酉	6		
395	丙戌	7		魏武侯元年
394	丁亥	8		
393	戊子	9		
392	己丑	10		
391	庚寅	11		
390	辛卯	12		
389	壬辰	13		
388	癸巳	14		晋桓公元年

续　表

公元(前)	干支	周称王年号	大事记	备　注
387	甲午	15		
386	乙未	16		秦出子、韩文侯、赵敬侯元年
385	丙申	17		
384	丁酉	18		秦献公元年
383	戊戌	19		田齐侯剡元年
382	己亥	20		卫声公元年
381	庚子	21		越孚错枝元年
380	辛丑	22		楚肃王元年
379	壬寅	23		姜齐国亡
378	癸卯	24		
377	甲辰	25		
376	乙巳	26		韩哀侯元年
375	丙午	1烈王(姬喜)		越之侯元年
374	丁未	2		韩懿侯、赵成侯、齐桓公元年
373	戊申	3		
372	己酉	4		燕桓公元年
371	庚戌	5		卫成侯元年
370	辛亥	6		
369	壬子	7	晋国亡	魏惠王、楚宣王元年
368	癸丑	1显王(姬扁)		
367	甲寅	2		
366	乙卯	3		
365	丙辰	4	魏徙都大梁	
364	丁巳	5		
363	戊午	6		
362	己未	7		韩昭侯元年
361	庚申	8		秦孝公、燕文公元年
360	辛酉	9	魏引黄河水入鸿沟	越无颛元年

公元(前)	干支	周称王年号	大事记	备　注
359	壬戌	10		
358	癸亥	11		
357	甲子	12		三十一甲子年始
356	乙丑	13		齐威王元年
355	丙寅	14		
354	丁卯	15		越无彊元年
353	戊辰	16	将高都分割给韩国	
352	己巳	17		
351	庚午	18		
350	辛未	19		
349	壬申	20		赵肃侯元年
348	癸酉	21		
347	甲戌	22		
346	乙亥	23		
345	丙子	24		
344	丁丑	25		
343	戊寅	26		
342	己卯	27		卫平侯元年
341	庚辰	28		
340	辛巳	29		
339	壬午	30		楚威王元年
338	癸未	31		
337	甲申	32		秦惠文王元年
336	乙酉	33		韩宣惠王元年
335	丙戌	34		
334	丁亥	35	秦国索要九鼎	魏襄王元年(惠王后元)
333	戊子	36	越国亡	
332	己丑	37		燕易王元年

公元(前)	干支	周称王年号	大事记	备 注
331	庚寅	38		
330	辛卯	39		
329	壬辰	40		
328	癸巳	41		楚怀王元年
327	甲午	42	九鼎沦泗没于渊	
326	乙未	43		
325	丙申	44		赵武灵王元年
324	丁酉	45		秦惠文王更元元年
323	戊戌	46		
322	己亥	47		
321	庚子	48		
320	辛丑	1 慎靓王（姬定）		燕王哙元年
319	壬寅	2		齐宣王元年
318	癸卯	3		魏哀王元年
317	甲辰	4		
316	乙巳	5		
315	丙午	6		
314	丁未	1 赧王（姬延）		
313	戊申	2		
312	己酉	3		
311	庚戌	4		韩襄王、燕昭王元年
310	辛亥	5	洛水入成周	秦武王元年
309	壬子	6		
308	癸丑	7		
307	甲寅	8		
306	乙卯	9		秦昭王元年
305	丙辰	10		
304	丁巳	11		

公元(前)	干支	周称王年号	大事记	备 注
303	戊午	12		
302	己未	13		
301	庚申	14		
300	辛酉	15		齐湣王元年
299	壬戌	16		《竹书纪年》记终此年
298	癸亥	17		赵惠文王、楚顷襄王元年
297	甲子	18		三十二甲子年始
296	乙丑	19		
295	丙寅	20		魏昭王、韩釐王元年
294	丁卯	21		
293	戊辰	22		
292	己巳	23		
291	庚午	24		
290	辛未	25		
289	壬申	26		
288	癸酉	27		
287	甲戌	28		
286	乙亥	29		
285	丙子	30		
284	丁丑	31		
283	戊尹	32		齐襄王元年
282	己卯	33		
281	庚辰	34		
280	辛巳	35		
279	壬午	36		
278	癸未	37		燕惠王元年
277	甲申	38		
276	乙酉	39		魏安釐王元年

续　表

公元（前）	干支	周称王年号	大事记	备　　注
275	丙戌	40		
274	丁亥	41		
273	戊子	42		
272	己丑	43		韩桓惠王元年
271	庚寅	44		燕武成王元年
270	辛卯	45		
269	壬辰	46		
268	癸巳	47		
267	甲午	48		
266	乙未	49		
265	丙申	50		赵孝成王元年
264	丁酉	51		齐王建元年
263	戊戌	52		
262	己亥	53		楚考烈王元年
261	庚子	54		
260	辛丑	55		
259	壬寅	56		
258	癸卯	57		
257	甲辰	58		燕孝王元年
256	乙巳	59	东周亡	
255	丙午			
254	丁未			燕王喜元年
253	戊申			
252	己酉			
251	庚戌			
250	辛亥			秦孝文王元年
249	壬子			秦庄襄王元年
248	癸丑			

公元（前）	干支	周称王年号	大事记	备　　注
247	甲寅			
246	乙卯	1秦王政元年		
245	丙辰	2		
244	丁巳	3		赵悼襄王元年
243	戊午	4		
242	己未	5		魏景湣王元年
241	庚申	6		
240	辛酉	7		
239	壬戌	8		
238	癸亥	9	嫪毐被镇压	韩王安元年
237	甲子	10	楚幽王元年	三十三甲子年始
236	乙丑	11		
235	丙寅	12		赵王迁元年
234	丁卯	13		
233	戊辰	14		
232	己巳	15		
231	庚午	16		
230	辛未	17	灭韩国	
229	壬申	18		
228	癸酉	19		
227	甲戌	20		魏王假、代王嘉、楚负刍元年
226	乙亥	21		
225	丙子	22	灭魏国	
224	丁丑	23		
223	戊寅	24	楚国亡	
222	己卯	25	赵国、燕国亡	降越君
221	庚辰	26	田齐亡	

六、秦汉年表

　　按《史记》记:秦统一全国,秦王政称始皇帝。本表自此年起记,至于公元元年。汉承秦制,中国天下大统。

公元(前)	干支	皇帝年号	大事记	备　注
221	庚辰	1始皇帝(嬴政)	秦统一全国	通年二十六年
220	辛巳	2		
219	壬午	3	始皇登泰山	
218	癸未	4	始皇得知西域有"佛"	
217	甲申	5		
216	乙酉	6		
215	丙戌	7		
214	丁亥	8	秦降百越	
213	戊子	9		
212	己丑	10	秦败浙西	
211	庚寅	11		
210	辛卯	12		
209	壬辰	1二世(胡亥)	始皇七月亡。二世八月继位	童男童女东征
208	癸巳	2		
207	甲午	3	嬴子婴十月降汉	
206	乙未	1高祖(刘邦)		
205	丙申	2		
204	丁酉	3		
203	戊戌	4		
202	己亥	5	汉封诸侯王。刘邦即皇帝位	
201	庚子	6	汉封东瓯王摇为海阳侯	
200	辛丑	7		
199	壬寅	8		

公元(前)	干支	皇帝年号	大事记	备　注
198	癸卯	9		
197	甲辰	10		
196	乙巳	11	诛韩信	
195	丙午	12	惠帝五月继位	
194	丁未	1惠帝(刘盈)		
193	戊申	2		
192	己酉	3	汉封东瓯国,九月摇王薨	
191	庚戌	4		
190	辛亥	5		
189	壬子	6		
188	癸丑	7		
187	甲寅	1高后(吕雉)		
186	乙卯	2	汉封诸吕为王	
185	丙辰	3		
184	丁巳	4		
183	戊午	5		
182	己未	6		
181	庚申	7		
180	辛酉	8	汉灭诸吕,文帝闰九月继位	
179	壬戌	1文帝(刘恒)		
178	癸亥	2	十月,日食	
177	甲子	3	十月,日食	三十四甲子年始
176	乙丑	4	汉平叛济北王	
175	丙寅	5		
174	丁卯	6		
173	戊辰	7		
172	己巳	8		
171	庚午	9		

续 表

公元(前)	干支	皇帝年号	大事记	备 注
170	辛未	10		
169	壬申	11		
168	癸酉	12		
167	甲戌	13		
166	乙亥	14	汉定律历	
165	丙子	15		
164	丁丑	16		
163	戊寅	1后元		
162	己卯	2	汉与匈奴和亲	
161	庚辰	3		
160	辛巳	4		
159	壬午	5		
158	癸未	6		
157	甲申	7	景帝六月继位	
156	乙酉	1景帝(刘启)		
155	丙戌	2		
154	丁亥	3		
153	戊子	4		
152	己丑	5		
151	庚寅	6		
150	辛卯	7	十一月,日食	
149	壬辰	1中元		
148	癸巳	2		
147	甲午	3	九月,日食	
146	乙未	4		
145	丙申	5		
144	丁酉	6	七月,日食	
143	戊戌	1后元		

公元(前)	干支	皇帝年号	大事记	备 注
142	己亥	2		
141	庚子	3	武帝一月继位,十月,日食	
140	辛丑	1武帝(刘彻)建元		
139	壬寅	2		
138	癸卯	3	东瓯国降汉	
137	甲辰	4		
136	乙巳	5		
135	丙午	6		
134	丁未	1元光		
133	戊申	2		
132	己酉	3		
131	庚戌	4		
130	辛亥	5		
129	壬子	6		
128	癸丑	1元朔		
127	甲寅	2		
126	乙卯	3		
125	丙辰	4		
124	丁巳	5		
123	戊午	6		
122	己未	1元狩		
121	庚申	2		
120	辛酉	3		
119	壬戌	4		
118	癸亥	5		
117	甲子	6		三十五甲子年始
116	乙丑	1元鼎		
115	丙寅	2		

续　表

公元(前)	干支	皇帝年号	大事记	备　注
114	丁卯	3		
113	戊辰	4	得宝鼎	
112	己巳	5		
111	庚午	6	平南越	
110	辛未	1元封	泰山封禅。灭东越	
109	壬申	2		
108	癸酉	3	攻伐朝鲜	
107	甲戌	4		
106	乙亥	5		
105	丙子	6		
104	丁丑	1太初	推行历法	
103	戊寅	2		
102	己卯	3		
101	庚辰	4		
100	辛巳	1天汉	酒盐铁买卖	
99	壬午	2		
98	癸未	3		
97	甲申	4		
96	乙酉	1太始		
95	丙戌	2		
94	丁亥	3		
93	戊子	4		
92	己丑	1征和		
91	庚寅	2		
90	辛卯	3		
89	壬辰	4	八月,日偏食	
88	癸巳	1后元		
87	甲午	2	昭帝二月继位	

公元(前)	干支	皇帝年号	大事记	备　注
86	乙未	1昭帝(刘弗陵)始元		
85	丙申	2		
84	丁酉	3		
83	戊戌	4		
82	己亥	5		
81	庚子	6		
80	辛丑	1元凤		
79	壬寅	2		
78	癸卯	3		
77	甲辰	4		
76	乙巳	5		
75	丙午	6		
74	丁未	1元平	宣帝七月继位	
73	戊申	1宣帝(刘询)本始		
72	己酉	2		
71	庚戌	3		
70	辛亥	4		
69	壬子	1地节		
68	癸丑	2		
67	甲寅	3		
66	乙卯	4		
65	丙辰	1元康		
64	丁巳	2		
63	戊午	3		
62	己未	4		
61	庚申	1神爵		
60	辛酉	2		
59	壬戌	3		

公元(前)	干支	皇帝年号	大事记	备　注
58	癸亥	4		
57	甲子	1五凤		三十六甲子年始
56	乙丑	2		
55	丙寅	3		
54	丁卯	4		
53	戊辰	1甘露		
52	己巳	2		
51	庚午	3		
50	辛未	4		
49	壬申	1黄龙	元帝十二月继位	
48	癸酉	1元帝(刘奭)初元		
47	甲戌	2		
46	乙亥	3		
45	丙子	4		
44	丁丑	5		
43	戊寅	1永光		
42	己卯	2		
41	庚辰	3		
40	辛巳	4		
39	壬午	5		
38	癸未	1建昭		
37	甲申	2		
36	乙酉	3		
35	丙戌	4		
34	丁亥	5		
33	戊子	1竟宁	成帝六月继位	
32	己丑	1成帝(刘骜)建始		
31	庚寅	2		

公元(前)	干支	皇帝年号	大事记	备　注
30	辛卯	3		
29	壬辰	4		
28	癸巳	1河平		
27	甲午	2		
26	乙未	3		
25	丙申	4		
24	丁酉	1阳朔		
23	戊戌	2		
22	己亥	3		
21	庚子	4		
20	辛丑	1鸿嘉		
19	壬寅	2		
18	癸卯	3		
17	甲辰	4		
16	乙巳	1永始		
15	丙午	2		
14	丁未	3		
13	戊申	4		
12	己酉	1元延		
11	庚戌	2		
10	辛亥	3		
9	壬子	4		
8	癸丑	1绥和		
7	甲寅	2	哀帝四月继位	
6	乙卯	1哀帝(刘欣)建平	初定"太初元将"	
5	丙辰	2		
4	丁巳	3		
3	戊午	4		

公元(前)	干支	皇帝年号	大事记	备　　注
2	己未	1元寿		
1	庚申	2	平帝九月继位	
世纪纪年	辛酉	平帝元始元年		公元元年始

第三章 姓氏祖源

姓,是从居住的村落,或者所属的部族名称而来。氏,是从君主所封的地,所赐的爵位,所任的官职,或者死后按照功绩追加的称号而来。姓与氏合而为一,都成为父系血缘传承的标识,称姓氏。姓氏因为出处不同,有以国为氏、以邑为氏、以官为氏、以王父字为氏等别。本章节表述各姓出,引文自《新唐书·宰相世系》,简称《新唐书》;摘自《唐代墓志汇编》,简称《唐志文》,文中有"□"符号是为缺字;摘自《古今姓氏书辩证》,简称《姓辩证》。本著述说了九百一十八个姓氏出处,转载的有《新唐书》记唐宰相世系,凡九十八族;《唐志文》二百七十个姓氏;《姓辩证》有八十姓;《历代名人姓氏全编》引为姓编的有五十多条,还参考了《上海图书馆馆藏家谱提要》及《浙江家谱总目提要》姓氏谱。以下按姓氏笔画排序次。

一、单姓(779例)

一画姓氏:

乙氏 出自子姓,商殷世家多"乙",因以为氏。乙,天干第二位。《尔雅·释天》:"(太岁)在乙,曰旃蒙。"商帝成汤字天乙,传六世祖乙;祖乙传五世小乙。小乙生武丁。武丁长子祖庚立为世子(太子),武丁次妃妇好常年征战,因为战功,武丁又欲立妇好之子祖甲,废兄立弟,祖甲以此为不义,逃于荒野,祖甲故亦名孝巳。祖甲为武丁次子,次为乙,子孙有以乙为氏,传乙姓。《风俗通》记:"汉有南郡太守乙世,前燕慕容皝有护军乙逸、大鸿胪乙归、扬威将军乙爰,望出襄阳。"

二画姓氏:

乜氏 始于卫国卿大夫吕衡。吕衡,是齐丁公吕伋的儿子。周康王时,封吕衡为卫国卿大夫,还将聂北(一作乜北。即今山东省茌平县贾寨乡),作为封地赐予吕衡。聂北于西周后期被邢国吞并,又卫灭邢,并入卫国领地。吕衡子孙以封地名"聂北"中的"聂"为自己的氏,表示封地在聂北,并修建了城池。后有百姓以"聂"为姓,为以区别血统不同,他的后代则改以"乜"为姓。《元和姓纂》记:"春秋时卫大夫,食采于聂,子孙以地为氏。"

　　丁氏　出自姜姓,齐国丁公伋后,子孙以字为氏。《唐志文》:"自禹平水土,南阳建宛社之封;周徙邠岐,东瀛应非彲之兆。海媛悲而尚父用,侯伯征而丁公立。而神仙胤裔,驭白鹤于聊城;尚主才雄,耀金蝉于魏国。"又:"帝神农之苗裔,齐太公之胤绪。孔门达士,以淳至而标名;汉代高人,以好学而流誉。"

　　力氏　出自黄帝之臣力牧之后,属于以先祖名字为氏。《韵会》记:"力姓,黄帝佐力牧之后。"其族源发于晋地(今山西),其后裔子孙以先祖名字为姓,称力氏,史称力氏正宗。汉有鲁相力题。

　　卜氏　出自夏帝太康之弟挚之后。挚封莘地,建有莘国,号有莘氏,后传莘、辛、伊、卜姓。又记《周礼》卜人氏,以官为氏。《风俗通》记:"氏于事者,巫卜陶匠是也。"《元和姓纂》:"《周礼》卜人,因官为姓。"《唐志文》记:"偃以数术居晋,商以文学游鲁,大名之兆克从,立言之曲惟茂。令德之后,君其有诸。"卜偃,晋献公时为掌卜大夫,晋献公派遣荀息伐虢国,包围了上阳,问卜偃曰:"吾其济乎?"卜偃曰:"克之。"

　　儿氏　出自越大夫范蠡之后。儿氏本倪、郳氏,"儿"字不可用于姓氏字。越王勾践令范蠡取西施以遗献夫差,西施在路与范蠡潜通,始达于吴,遂生一子于亭,其子一岁能言,此亭后名语儿亭。《姓辩证》记:"兒氏,皆曰出自吴郡,有儿生而能语,因以为氏者如之传"。

　　刁氏　刁、貂声同而字异,本一姓也,出自齐大夫竖刁之后。又《姓苑》记:"刁,弘农郡,系出姬姓。文王同姓有雕国,后更为刁氏。"古雕国在今陕西延安市甘泉县道镇兰家川一带,商时期属鬼方氏所居。

三画姓氏:

　　土氏　炎帝系共工氏勾龙生土方,土方建国(当在今山西中部的太原盆地),称土方氏,后简为土姓。《世略》谓:"土者,乃天地初判黄土也,故谓土母焉。"《书·禹贡》:"锡土姓。""天子建德,因生以赐姓,谓有德之人,生此地以此地名赐为姓以显之。"《史记·夏本纪》:"中国赐土姓:'祗台德先,不距朕行。'"《唐志文》记:"自书契以降,氏族爰初,则我先人,光有土姓,备于载籍,可略言焉。"

　　卫氏　出自姬姓,周文王第九子卫康叔封于卫(都沫邑。即今河南淇县),建卫国,子孙以国为氏。《姓辩证》记:"(周)武王定天下,封纣子禄庚为商侯,使管、蔡、霍三叔监之。成王即位,三叔以武庚畔(叛)。周公相成王诛之,立康叔为卫伯,居河、淇之间,故商墟地。成王即长,举康叔为大司寇。康叔六世孙顷侯,始进爵为侯。顷侯之孙和,历相周厉、宣、幽王,年九十余薨,谥睿圣武公,于是又进爵为公。武公之后,传国三十余世。至卫君角,为秦二世所废,遂为庶人,子孙以国为氏。"《唐志文》记:"后稷之苗裔。原夫青土开封,擅荣班于麟史;白茅建国,光厚秩于龟书。事著缃缃,可略言焉。"

干氏 出自古邗国(即今江苏省江都市濒临长江北岸的古邗城),属于以国名为氏。邗国春秋时为吴所灭,成为吴邑,子孙去邑为干姓。吴国有干将铸剑名闻。《左传·襄公二十三年(前550)》记:"干国之纪。"此干国当是邗国。又《历代人名姓氏全编》记:"宋大夫干犫之后。又望出荥阳。"干姓望出颍川郡。

于氏 源于黄帝属下臣子于则。于则发明了用麻编织的鞋子"履",从此结束了古人光着脚的历史,因其功勋巨大,被封在于邑(今河南内乡县),称于则,其后裔子孙以先祖封邑名称为姓氏,称于氏。又于氏出自周武王庶子邘叔,子孙以国为氏,其后去邑为于氏。又于氏出召公奭次子于宪之后,于宪,周司空燕国安公,于宪生于谨,传为于姓。《新唐书》记:"于氏出自姬姓。周武王第二子邘叔,子孙以国为氏,其后去邑为于氏。"《唐志文》记其一:"其先东海人也,汉太守定国之胤。"又:"昔者周崇懿亲,邘侯以维城启国;汉宠良吏,于公以高门受封。积庆自兹,厥后无替。"其二:"于谨,周太师柱国三老燕国文公,生子于宪;于宪,周司空燕国安公。"

凡氏 古有凡伯国,在枉人山(一名善化山。在今河南浚县西北二十五里)北,以国为氏传凡姓。又周公旦的儿子被封到凡地,建立了凡国(在今河南省辉县市西南,即北云门镇凡城村西北,现遗址犹存),人称凡伯,他的后代就以国名为姓氏。《通志·二六二·以国为氏》记:"凡氏:周公第二子凡伯之后,为周畿内诸侯。皇甫谧谓:'凡氏避秦乱,添水为泛。'"《姬氏志》记:"周公少子封于凡,以国为氏。"

义氏 源于商朝,《商书》有谊柏、仲柏作宝典。《汉书·古今人表》将谊柏作义伯,义姓当始此。另先秦时期有义渠国,周赧王四十五年(前270)为秦所灭,当有以国为氏者传义姓。

习氏 出自郤姓之后,习与"郤"字异而音同,因难之后改焉。周朝晋国有习子国(邑),即郤子国,都地在今山西沁水下游一带的阳城县西河乡,原为郤氏封邑故名。晋穆侯孙伯黶司晋典籍,伯黶孙叔虎于晋献公时别出宗庙改郤姓,叔虎生郤豰,郤豰为晋国首任中军将。宋襄公弟公子敖入晋仕而不返,娶郤氏生公孙伯纠。公孙伯纠生伯宗,则附郤氏。伯宗喜好直谏,晋厉公时三郤借故谗毁伯宗,厉公杀伯宗,伯宗之子伯州犁逃楚。《姓辩证》记:"宋威(桓)公曾孙伯宗仕晋,为三郤所害,其子州犁奔楚。"伯州犁长子郤宛,小子郤康。郤康为小习关守将,《左传·昭公四年(前538)》记:"楚即克夷虎(在今安徽寿县东),及谋北方,将通小习(少习山名。在今陕西丹凤县东南,其下即武关)以听命。"铜器铭文记:"惟正月初吉丁亥,余敖厥于(指宋公子敖)子孙,童丽君(指钟离君)柏之季子康(即郤康),择其吉金,自作和钟之鉄,穆穆和和。柏子季康是良,以从我师行,以乐我父兄。其眉寿无疆。子子孙孙永保是尚。"楚平王十三年(前 516),郤康之子郤宗连迁居南阳,其后裔孙钟离毋名闻。钟离毋(郤恶。与毋同音异字),为楚左尹。秦惠文王时(前 337—前 311)郤恶奔秦,秦王欲以为五大夫,因陈轸反对而不遂,官客卿,则改习姓。汉武帝时(前 140—前 87),习东关官侍中,东关四传至习郁(羽)为汉侍中封舆。《姓辩证》记:"襄阳习氏,习子国之后。汉有陈相习响,晋有习凿齿。"习响之后有晋习凿齿,著有《汉晋春秋》。

弋氏　出自姒姓。《姓纂》载:"禹后封于弋(当指蒲阪津,一名蒲津。在今山西永济市蒲州镇与陕西大荔县朝邑镇之间黄河上),其后以邑为氏。"《姓苑》云:"今蒲阪多此姓,望出河东。"北宋时有蒲州(今山西省永济市)人弋子元,登进士第,官至殿中侍御史,因文章而扬名。又夏帝相时,寒浞败相告捷,大封功臣,封次子戏为弋王,镇守弋邑(今河南太康与杞县之间)。夏少康复辟,弋王之后逃难者以弋为姓。

上氏　出自姒姓。越王元常时,常寿过为大夫,传常、上姓。越王勾践时有上舍君封地,即今江苏常熟市。冯同为上舍君,传上、冯姓。又《左传》记:"齐,上之登,御邢公。"即有记以为齐国邢公的驾车人名上之登,其后传为上姓。

万氏　出自周祖古公亶父之弟姬芮之后,有芮国君王芮伯万,芮伯万之后有孟子弟子万章,万章传万姓,史称万氏正宗。又云出自毕姓毕万之后。《唐志文》记:"粤若乩古,厥初生人,姜嫄诞祉于神踪,后稷登荣于尧佐。自兹以降,苗绪爰分,或拜职开宗,或因官启族。"

广氏　源于黄帝师广成子之后。广成子隐居崆峒山中(今甘肃平凉市),是中国古代剑仙之祖。《太上老君开天经》记:"黄帝之时,老君下为师,号曰广成子。消自阴阳,作道戒经道经。黄帝以来,始有君臣父子,尊卑以别,贵贱有殊。"在广成子的后裔子孙及其族人之中,有以先祖名号为姓氏者,称广成氏,后皆省文简化分衍为广氏、成氏。

三氏　源于子姓,出自春秋时期宋桓公子第三子三种之后。在三种的后裔子孙中,有以先祖次序号为姓氏者,称三氏、种氏。又出维吾尔族(旧译"畏吾儿"),元朝有三宝柱名闻。《历代名人姓氏全编》记:"三宝柱,字廷珪,畏吾儿人。知瑞安州(即今浙江瑞安市)锄剔强梗,绥安嬴弱,兴学校、均役赋,辨析词讼,除兵部员外郎,出为浙东副使。"

大氏　出自伏羲氏之后。黄帝司徒名大山(太山稽)。颛帝之师名大款。

尸氏　出自姬姓。西周王室有大夫名尸臣,其青铜器《尸臣鼎》于西汉时被发现。又周公族召公奭的后裔在东周时受封在尸乡(在今河南偃师市西),子孙因以为氏。周朝秦国人名尸佼,为商鞅师,著《尸子》二十篇。

弓氏　出自鲁国叔孙得臣小子公孙婴齐,字叔弓之后。而《唐志文》记:"(弓)承古帝王之后裔,分茅列土,因地而命氏焉。"古无弓邑,当以王父字为氏。

马氏　出自赵氏,赵王子赵奢为惠文王将,有功赐爵,为马服君,子孙以马服为氏,后简为马姓。《新唐书》记:"马氏出自嬴姓,伯益之后。赵王子赵奢为惠文王将,封马服君,牛牧,亦为赵将,子孙因以为氏,世居邯郸。"《唐志文》记:"魏氏握图,既折珪而折玉;汉君执历,又剖巫而剖符。遐睇百王,詹观绵史,代忠代孝,故无得而名焉。又:自若水疏源,姓宗缔绪,常山命氏,华族肇开。太守崇华,演文儒于绮帐;伏波雄略,腾茂绩于朱鸢。自兹以降,英贤接武。又:其先赵奢马服君之后,五侯四王,相承九世,回驰南海,遂宅徐邦。又:马氏之先尚矣。有若伯益典舜虞,仲衍为殷御,造父事木天子,叔带臣晋文侯。凤仕晋无世卿,后者开国,奢破秦,封马服,由此命氏。"

山氏 周朝时山师,掌山林之官,以官为氏。《风俗通》记:"列山氏之后。"周朝晋国有大夫名山祁。南宋之后姓山者,出自著名将领岳飞之后,岳飞遇难,有子孙逃居山丘,倒"岳"字以为山姓。

门氏 源于姬姓,出于周王朝公卿贵族之家,属于以爵位称号为氏。《周礼》记:凡是公卿、大夫之子,都须学习六艺,即礼、乐、射、御、书、数,以便入仕为宦。能为宦者,即时出入王公府第时可从正门行走,故称门子。在门子的后裔子孙中,有以先祖官爵称号为姓氏者,称门氏,为门氏之始。

己姓 己姓,通常记帝喾之后为己姓,己与"姬"同音,即是为姬氏之谓也。亦云古谓母为妃,妃去女为己,己为百家母姓。《姓辩证》记:"黄帝子得姓十四人,而青阳、夷鼓同为己姓。又青阳,少昊氏也。夏诸侯有苏氏,周诸侯有郯子,皆其后。"《国语》云:"唯青阳与夷鼓为己姓。"此所指青阳,应是青阳氏黄帝鸿,而夷鼓为黄帝鸿次弟,故如此云。

子姓 子姓是商殷帝王家族的姓氏。殷属始祖契佐大禹治水有功,被帝舜封在商地(今河南商丘),赐子姓。《姓辩证》记:"子,出自帝喾次妃,有娀氏之女曰简狄,姊妹三人行,浴于元丘(当指元水,即玄水。在今河北卢龙县东北青龙河)水中,见玄鸟堕卵,简狄吞之,孕而生契。契长,而佐禹治水,有功,帝舜命为司徒,封于商,姓子氏。"又燕国燕王哙时(前320—前312)国相子之,史称"子之之乱",其后传子姓。

士姓 出自陶唐之苗裔,士茑之后为士氏。《唐志文》记:"其先帝尧之胤,则天庆余,建封刘累,度才以授任,沿朝而变俗。在夏称御龙,居商曰豕(士)韦,处作云唐杜。杜伯之子隰叔居晋为士氏。世纂茂勋,家传邦政。德修忠懿,不忝令名。万国匡周,晋室为诸侯之长;六卿辅晋,士会迈庶僚之贤。后叶子孙,绂冕相袭,随官迁土,底业靡恒。"士因与死近音,唐朝时,李远知选,远曰:"调者三万无士(死)姓。"今士姓人是为罕见姓。

乞氏 出自神农氏炎帝之后。《山海经》记:"伯夷生西岳,西岳生先龙,先龙是始生氏羌,氏羌乞氏。"也就是说,伯夷的后裔就是氏羌,氏羌乞求夏帝仲康封其姓,帝干脆称他为"乞",由此乞成为氏羌一族最原始的姓氏。

女氏 出自黄帝时赤水氏女魃之后。《山海经·大荒北经》:"有系昆之山者,有共工之台,射者不敢北乡。有人衣青衣,名曰黄帝女女魃(妭)。"女魃是氏族名,居中山(今河北唐县西北粟山),"有钟山者。有女子衣青衣,名曰赤水女子魃"。黄帝裔孙始均,仕尧,时逐女魃丁羽水(当指今陕西甘泉县洛河),北人赖其勋。帝尧之后,女魃徙居女水之阳(今山东淄博市临淄区东南),传女性。商朝初,女艾生女鸠、女房。帝汤时,女鸠、女房是建筑师。周敬王时晋国有女叔宽,规划了成周增筑城墙的工程。汉朝有女敦。

么氏 出自玄姓,起源于南北朝。而么氏之族世系排列始于明朝,谱记:"从善由山西洪洞县大槐树铁条乌鸦窝洪武年间迁于馆陶,陶邑之有么氏自此始。"

四画姓氏:

方氏 出自炎帝榆罔长子方雷之后。帝喾时,土方建方鸠国(拟今河南南阳市方城县)。商纣王时,方弼、方相兄弟俩为镇殿将军;因为纣王无道,兄弟俩反出朝歌,为周武王灭纣王大开了方便之门,后世人尊为显道神、开路神。周宣王时方叔为卿士,曾率领兵车三千辆南征荆楚,北伐狁,是为周室中兴的一大功臣,宣王赐方叔食采于洛邑(今河南洛阳)。《诗云》:"方叔,元老",周尊方叔为"三老五更"。《唐志文》记:"炎帝子方雷氏之后。周朝宣王时,方叔名显。"

韦氏 出于彭姓,夏少康时,封彭元哲于豕韦(在今河南滑县东南)建国,后豕韦失国,则去豕(猪)存韦,传韦氏。又出豕韦氏刘姓,韦伯遐建韦国,后国亡传韦氏。《新唐书》记:"韦氏出自风姓。颛顼孙大彭为夏诸侯,少康之世,封其别孙元哲于豕韦,其地滑州韦城是也。豕韦、大彭迭为商伯,周赧王时始失国,徙居彭城,以国为氏。"《唐志文》记:"豕韦命氏,大彭列国;后孟居鲁,而贤宅秦。紫绶彤弓,繁于图谍,朱门长戟,代有其人。"又:"昔在高阳氏,封大彭于豕韦,因国为氏。"

邓氏 出自子姓,商殷时有邓侯国,子孙以国为氏。《元和姓纂》记:"邓,曼姓,殷时侯国也。"《姓辩证》记:"出自子姓。商高宗武丁,封其季父于河南,为邓侯,别赐姓曼。春秋时,楚武王、郑庄公皆娶邓女,谓之夫人邓曼。"《唐志文》记:"其先帝喾之后,自卨封商野,汤有殷国,因封命侯,代为著姓。尔其发源纂胄,开国承家,西汉功臣,铜山擅宠;南阳辅圣,高密称侯。"又:"昔殷王封叔父为邓侯,周时袭土壤为州岳,洎汉有太傅禹,禹子平寿侯训,训子骘,任大将军。"

巴氏 出自风姓。伏羲氏生咸鸟,咸鸟生乘离,乘离生后照,后照居巴水(指今四川东部),后照之后建巴子国(今四川广元市旺苍县)。巴子国于周慎靓王五年(前316)为秦国吞并,其王族后裔传巴姓。

贝氏 出自周文王庶子姬奭后裔的分封地郥国(在今河北清河),属于以国命氏。姬奭孙曰召康公,康公赐封其支庶子孙食邑于巨鹿甘泉浿水流域,建立了郥国(都地在今山东博兴县南五里),为燕国附庸国。其子孙遂以国名为姓氏,称郥氏。齐桓公占据了郳国之地后,把甘泉改名为贝丘,成为齐国的属邑。失国的郳国王族子民,遂去邑改姓氏为贝氏。《千姓编》记:"今吴越多此姓,望出清河。"

介氏　夏朝末年有大夫介之窥为朝堂大夫,当断夏有介国,子孙以国为氏。周朝时介国(在今山东胶州市西南七十里)名出,《春秋·僖公二十九年(前631)》记:"介葛卢来朝。"晋国有贤人介子推。《姓辩证》记:"之(子)推不见得姓之始,葛卢不见亡国之年,二人之国与姓,不相沿也。而今在介子推的后裔子孙中,有以先祖名字为姓氏者,称介氏,史称介氏正宗。《姓苑》记:"(介)望出太原"。

元氏　出自北魏孝文帝改为元氏,望出太原。《新唐书》记:"元氏出自拓拔氏。黄帝生昌意,昌意少子悃,居北,十一世为鲜卑君长。平文皇帝郁律二子:什翼犍、乌孤。什翼犍,昭成皇帝也,始号代王,至道武皇帝改号魏,至孝文帝更为元氏。"《唐志文》记:"昔黄帝有子廿五人,或内列诸华,或外藩荒服。昌意少子受封北土,分国镇摄,纳聘西陵,立号鲜山,降居若水,后迁广汉,徙邑幽都。天女降灵,圣武合乾坤之德;神人感梦,孝文齐日月之明。分十姓于宗枝,光荣后叶;定四海之高族,演派洪源。"又:"自黄神命子,即王幽都;帝女降嫔,封于北岳。虽刻木为政,窥巢纪时,以其人居无恒,属厌沙漠,乃南迁平城,始国为魏(北魏),至孝文帝受禅,服衮冕,都洛阳,改姓元氏,于今三百廿四年(唐开元七年,即公元719年作此墓志铭,上溯则公元前43年改元氏)。"又出于卫大夫元喧之后,其先食采于元(在今河北元氏县西北十五里),因氏焉。

毛氏　出于周文王庶子毛伯明封于毛(今河南宜阳),因以为氏。《广韵》记:"毛姓,本自周武王母弟毛公,后以为氏,本居钜鹿,避仇荥阳也。"毛伯明之子伯聃任周司空之职,负责土木建筑工程事务,是周成王六卿之一,之后传毛姓。据《班簋》铭文所记推知:"毛班是毛叔郑的五世孙。"周穆王东征回归镐京后,毛班被提升为执政之臣,并加封巨鹿(今河北邯郸市鸡泽县)为毛邑,毛班是鸡泽毛氏始祖。后有"毛遂自荐"的成语。

尤氏　尤氏由邮氏同音改字而来,出自周惠王之弟王子虎之后。《姓辩证》:"邮,出自王良,字无卹,为晋赵简子御,食邑于邮(当指邮棠。在今山东平度市东南),子孙以邑为氏。"又尤氏出自沈姓,五代十国时,闽人为避闽王王审知讳,沈去水为尤。

卞氏　出自姬姓,以邑为氏。《元和姓纂》曰:"卞氏自姬姓。曹叔振铎之后,支庶食采于卞(在今山东泗水县东四十二里卞桥),氏焉。鲁有卞庄子,楚有卞和,世为冤句(在今山东东明县境内。黄河水患,故址已无存)人。"谨按《庄子》:"汤时有卞随。"或传为卞姓。春秋时鲁国有卞(在今山东泗水县东四十里卞桥)邑,曹姓人卞庄子在鲁隐公时去鲁国做官,封于卞邑,其子孙以邑名为氏传卞姓。"卞"通"弁",字异而已,实出同源,故二氏不通婚姻。卞氏后来在济阴郡发展成望族,世称济阴望。

戈氏　出自夏朝东夷族的寒国过邑(今山东莱州市西北),以邑名为氏。伯明氏之后名浞,因属寒国人,故史称寒浞。寒浞杀死后羿当了国君,篡夺了夏朝政权,自立为王,封长子寒浇为王,镇守过邑,称过王,后异字为戈王。后来,少康中兴,灭掉戈。原戈地后代子孙遂以命姓,乃称戈氏。戈与过二姓异字同源。今河北清河县有戈仙庄镇。

毋氏　出自春秋时期原卫国邑地毋丘(在今山东曹县南十里),属于以封邑名称为氏。《索隐》记:"毋音贯。古国名,卫之邑。今作'毋'者,字残缺耳。"又出之田姓,《风俗通》记:"胡毋,姓,本陈胡公之后,齐宣王母弟,别封毋乡(即毋丘)。远本胡公,近取母邑,故曰胡母氏。"传为毋姓。又东瓯国王摇毋余之后有传为毋氏者。

中氏　出自魏国。魏国文侯斯十七年(前429),攻灭中山国,派子击驻守中山,分封公子年的儿子尚,尚,一名中尚,后以姓中。秦国有中期,秦昭襄王料定魏将如耳无能,不如芒卯之贤,左右皆曰"然",中期抚琴而对曰:"王之料天下过矣!"汉代有少府中京。

亢氏　以地名为氏。古有亢父(在今山东济宁市南),民以地名为氏。汉朝有亢过,明代有亢良玉为孝子。

井氏　出自神农氏之后。神农氏魁隗娶伏羲氏女任姒生炎帝临魁,次子名井章,传为井姓。西周时井姓望族分布于今陕西周原一带,后分:京、景、荆、金、靳五姓。周朝《穆天子传》记:"周大夫井利。"又春秋时,姜太公之后裔孙到虞国,官为大夫,被虞国君王封在井邑(当指今河北井陉县北,与鹿泉市接界),称井伯,传为井姓,望出南阳。又来自樊姓,吴太伯世家樊穆仲七世孙百里奚,为秦穆公时大夫。百里奚,原名井伯奚,其后有传为井姓。

太氏　黄帝司徒太(泰)山稽传为太氏。又周文王有四友太(泰)颠,有传太氏。太颠,周文王伯父太伯之子,文王堂兄弟也。太、大、泰三字古时通假。

仇氏　出自晋穆侯之裔。穆侯生文侯名仇,文侯仇次子仇首,仇首生仇犹,建仇由国(在今山西盂县东北),后为晋知伯所亡,子孙传仇姓。又陈桓公少子昭子来将,昭子生雠子,传雠子氏,后转仇姓。又宋国牛仇牧之后,令望出陈留南阳。仇、裘、求姓同源异字。《唐志文》记:"若夫幽根磐礴,标令望于姬川;枚干派疏,振家声于伊洛。"又:"门传鬲鼎,世袭簪袍,享茅土于东齐,光印绶于西汉。"

尹氏　出自炎帝之后,有伊尹为商汤时相,后有传焉。周宣王时,尹吉甫为天子三公,东迁之后,世掌其职。尹武公(伯奇)、尹文公、尹言多、尹固、尹辛、尹圉,皆为卿大夫,故《诗》言:"尹氏太师,惟周之氏。"《唐志文》记:"昔者居周梦帝,致轩辕于仆夫;处唐作师,成伊祁于天子。或造书遣思,假标虎以标奇;或候气知真,对乘牛而为契。珪璋金玉,铿锵麟经之图;组绂衣冠,摇裔龟龙之册。"

开氏　开氏之先,出自有周。卫懿公之子开方,避卫国难奔齐,名在管仲下,周王赐开姓。《唐志文》记:"昔武王克商,以母弟康叔建封于卫,其后十五代至懿公,懿公之子开方以卫国之难奔齐,齐桓公任之,功亚管仲,周天子嘉其勋绩,故锡姓为开氏焉。"

文氏　出于周文王第九子卫康叔之后。卫献公时将军孙文子,以周文王谥号"文"字为后代取姓之始,传文姓。又木敬姓,避讳去苟改文,为文姓。越王勾践时,有越大夫文种名扬于世。

牙氏　出自周武王三子唐叔虞之后。唐叔生燮父是为晋侯,燮父少子曰君牙,封杨侯,建古杨国。《风俗通》曰:"周穆王大司徒君牙,后以字为氏。"

长氏　源于姜姓,出自春秋时期齐国公族后裔仲长氏,属于复姓省文简化为氏。宁长牂,姬姓,是春秋时期卫国大夫,武将,其父亲就是著名的卫国大夫宁武子(宁俞),远祖乃是周文王姬昌的第九子姬封(卫康叔)。在宁长牂的后裔子孙中,多有以先祖名字为姓氏者,称长牂氏,后多省文简改为单姓长氏。《姓辩证》记:"长,春秋卫大夫长牂之后,有长武子。"

勾氏　出自炎帝之后勾龙氏,单姓为勾氏。勾与句通假。又帝舜曾祖句芒为木正,传句转勾姓。又越王勾践之后有传勾姓。《姓辩证》记:"勾龙,出自共工氏,子曰勾龙,为后土。三代以降,祀为社,子孙氏焉。"勾,加金字者为钩;加草字头者为苟,皆为同姓。

木氏　本出芈姓,分自端木氏。孔子学生子贡,名端木赐,其第九代孙端木肇为避秦祸,去端留木传为木姓。又百济(指朝鲜古国)八姓,其一曰木氏。木与沐姓同。又东瓯国陈塘关(今浙江宁波市象山县)总兵李靖次子木吒,传木姓以备一说。

丰氏　源自姬姓。春秋时期,郑穆公有个儿子叫公子丰,任郑国大夫,丰的孙子施卷,以祖父的名为姓氏,称为丰氏。又周文王第十七子原丰公封于原(在今河南济源市西北),后人中有取丰的繁体字"酆"左边旁为姓,即豐,易为丰氏,望居松阳县(属今浙江)。浙江天台县原名始丰县,或以邑为氏,故今天台多丰姓。

公氏　鲁昭公子公衍公为之后,后有公羊高。详见公羊氏。

专氏　出自颛帝之后,颛异字简为专,为专姓。春秋时,吴国有专诸。专诸,吴国堂邑(今江苏南京市六合区)人,吴公子光欲杀吴王僚自立,伍子胥将专诸推荐给公子光。公元前515年,公子光宴请吴王僚,专诸藏匕首于鱼腹中进献,借机刺杀吴王僚,专诸亦被吴王僚侍卫杀死。公子光自立为王,是为吴王阖闾,乃以专诸之子为卿,专氏尊专诸为始祖。

计氏　源于姒姓,出自大禹后代的封地计斤(即介根。在今山东胶州市西南)。夏、商时期有计国,西周建莒国都,废计国,计国王族裔孙以国名氏。春秋时越国有计然,一记计倪,本辛氏,是越大夫范蠡之师,范蠡既雪会稽之耻,叹曰:"计然之策十,越用其五而得志。今吾欲用之家。"计然之后传计姓,三国时有计昭。《通志·氏族略》载:"辛氏改为计氏。"

仓氏　出自黄帝鸿·公孙氏之子仓林之后。黄帝娶嫫母为次妃生浑沌、仓林,浑沌,不才之子;仓林,其后传仓姓。仓与苍字通假,因轩辕生昌意,昌意生苍林,为有别同名,故将"苍"简为"仓",记以仓为氏。

从氏　出自周成王之子之后。成王姬诵生俎诵,俎诵生诵和。"诵"与"从"音近通字。诵和即从和,从和第二十九世孙从成公为汉朝将军,传从姓。

仆氏　源于姬姓,出自周王朝时期所设置的仆夫官称,属于以官职称谓为氏。《春秋》记:"春秋时有仆析父,郑有仆展。"《中国姓氏集》记:"汉时有仆多,从校尉征匈奴有功,官至骠骑将军,封辉渠侯。属河南族。"仆,在西周时期是"主管"之意,即为君主喂养马的卑官,同时也是驾御马车的人,时称仆夫。仆夫的后裔子孙中,有以其官职为姓氏者。

亓氏　出于官名。亓,古"其"其字,也作"丌"。丌,器物的座垫,引申为基。"亓"字近"不"字,《左传》又作"提"字,记有"提(亓)眯明";又"亓"字近形于"示"字,则示姓同源。《姓氏寻源》载:"亓与笄同,掌笄官之后。"丌官,即亓官,为古代专门掌管笄礼的官。笄礼是少年年至十五岁时,在头发上插笄的仪式,作为由少年正式转为成年的象征。丌官姓就是这种官的后代为纪念先人而出现的,称丌官氏,后简为亓氏或示氏。孔子夫人丌官氏。《万姓统谱》记:"唐有亓志绍,宋有亓赟,明有亓宣、亓骥。"

风姓　出自伏羲之后,最为古老姓。《姓辩证》记:"风,太皥伏羲氏之姓也。三皇以来,有天下者,异德则异号,异号则异姓。异号者,如伏羲或曰庖羲,神农或曰炎帝,黄帝或曰帝鸿。异姓者,如炎帝生于姜水,黄帝生于姬水,皆以为姓。详此,即太皥东方之帝,木生风,故伏羲以风为姓,实象其德。黄帝之相风后,即其裔也。"《春秋》记有任、宿、须句、颛臾四国,在济水(又作沛水。包括今黄河南、北二部分)上,皆风姓,司太皥之祀。

火氏　源于燧人氏。燧人氏之后裔中有世袭为掌火之官者,后分衍有火师氏、大火氏、鹑火氏、西火氏、北火氏、中火氏等,多省文简化为单姓火氏,是非常古老的姓氏之一。三国时有火济从诸葛亮擒孟获;明朝初有火原洁为翰林侍讲编,观海卫人指挥火德光。

乌氏　出自黄帝之后,少昊氏以乌鸟名官员,以世功命氏。又乌,本邬氏,出自董姓,晋国断狱理官司马弥牟之后。又云乌桓氏之后焉。《新唐书》记:"乌氏出自姬姓。黄帝之后,少昊氏以乌鸟名官,以世功命氏。"《唐志文》记:"赐姓于邬(在今山西介休市东北),叶散枝分,居燕去业(邑)。"《左传·昭公二十八年(前514)》记:"司马弥牟为邬大夫",其后传乌姓。

天氏　黄帝之相有天老,后以为氏。天姓古无世传,唯《庄子》记有"天根"名,而解注曰:《庄子》多寓言。近代有天姓名人,天姓人其祖远矣,天性资格老也。

月氏　出于匈奴族。匈奴崛起以前称"月支""禺知"。月氏于公元前2世纪为匈奴所败,西迁伊犁河(在今新疆维吾尔自治区西北部及哈萨克斯坦东北部),后又败于乌孙,遂西击大夏(在中国西北部地),占领妫水(阿姆河。即今乌兹别克斯坦撒马尔罕)两岸,建立大月氏王国。月氏在唐朝西域建有康国,名康居国,其王始居祁连山北昭武城(即今甘肃临泽县东北昭武村),为突厥所破,南依葱岭,即其地。其后有传月姓。

水氏 源于姒姓,出自远古大禹治水时水工之后,属于以职业为氏。据《姓苑》记:远古大禹治水时,他的氏族部落中有很多人当了水工(治水的工程人员)。大禹到会稽山会诸侯谋划治水,禹少子姒罕随行。姒罕因母涂山(今安徽省蚌埠市怀远县涂山)人,洪水治,留居会稽,长子则去水为余,传余姓;小子为水工,则去余留水,传水姓。

云氏 出自缙云氏之后。黄帝以云名官,分别管理一年四季之事,其中夏官的官名就叫作缙云氏,属于以官命氏。又宥连氏改为云氏。隋朝有大将军云定兴。

王氏 姓出多源,尤以太原王氏最显。《新唐书》记:"王氏出自姬姓。周灵王太子晋直谏废为庶人,其子宗敬为司徒,时人号曰'王家',因以为氏。八世孙错,为魏将军。生贲,为中大夫。贲生渝,为上将军。渝生息,为司寇。息生恢,封伊阳君。生元,元生颐,皆以中大夫召,不就。生翦,秦大将军。"《唐志文》记:"本周灵王太子晋轻储,位重仙游。时人号为王家子,因而命族焉。"又:"春秋传曰:王子成适齐,败狄立功,赐姓曰王,累代荣禄不绝。"

孔氏 出自子姓商殷之后,以乙配子,故谓之孔。《新唐书》记:"孔氏出自子姓。商帝乙长子微子启封于宋,弟微仲衍曾孙滑公捷生弗父何,何生宋父周,周生世父胜,胜生正考父,父生嘉,字孔父。孔父生木金父,金父生皋夷父,以王父字为氏。生防叔,避华父督之难,奔鲁,为大夫。生伯夏,夏生邹大夫叔梁纥。纥二子:孟皮、仲尼。"又春秋时卫国有孔氏,出自姞姓,仕卫为大夫,孔婴齐后有庄叔孔达,成子孔烝锄,生顷叔孔羁。又有陈孔氏出自妫姓,公孙宁谓之孔宁,宁之后有孔奂。《唐志文》记:"先殷子姓也,以乙配子,故谓之孔,氏之胤圣者有仲尼焉。"

支氏 源于子姓,出自尧、舜时期的隐士子州支父,属于以先祖名字为氏。据《高士传》记:"尧舜时有支父。"在子州支父的后世子孙中,便以其字为姓氏,称支氏。又源于姬姓,出自周朝姬姓后代姓支的氏族,属于以先祖谱序为氏。据《路史》记载,周代王公、诸侯后的支子,一部分后人有以支为氏。周朝时宗法制度下称嫡长子,先祖嫡长子为"宗子",嫡妻之次子以下及妾子为"支子",他们在分封时,支子有的以支为姓,遂形成支氏。又云其先月支国,胡人也,因作氏。《唐志文》记:"盖周大夫仙之后。往以周德既衰,王室如毁,三川振荡,七国争雄,边朔多虞,华戎乱舞,避难北裔,因即家焉。"

车氏 本田齐之后,田千秋为汉武帝时丞相,以年老得乘小车入省中,时人谓之车丞相,封富民侯,子孙因氏传车姓。《唐志文》记:"历世簪缨,累传勋绪,非礼不言,贞固居身,动不逾矩,国有钦命,官无遗贤。"

允氏　出于高阳颛顼帝之后。颛顼帝有不才子梼杌,帝誉用为狗官。梼杌生盘瓠以传三苗。帝舜时,三苗不恭,被迁三危(三危山。在今甘肃敦煌市东南),而允姓之戎居丁瓜州(在今甘肃敦煌市境),二地同境,当断允氏为三苗之分也。

殳氏　出自神农氏的后裔伯陵之后,属于帝王因功获赐的姓氏。伯陵同民人吴权的妻子阿女缘妇一见钟情,缘妇后来为伯陵生了三个儿子。第三个儿子名叫殳,是箭靶的发明者,因此,帝尧封他为殳侯,赐他以殳为姓,称殳氏。

五画姓氏:

甘氏　本出炎帝之后,古有甘棠国,以国为氏。黄帝时的祝融之弟名姜钜,姜钜生甘中,甘中生奔羊,奔羊生天魁,天魁创建巫教。天魁之后世为巫事,后裔甘棠受封河洛厘山,建甘棠国(在今河南宜阳县)。甘棠生甘蝇,甘蝇古之善射者,箭到之处兽伏、鸟下。甘蝇生甘盘。甘盘佐商帝武丁,贤德,萃拔高师焉,其后传甘姓。又周王子带受封甘昭公建甘国(在今河南洛阳市西南),后五传甘桓公因为党于王子朝亡国,子孙以国为氏传甘姓。甘姓谱有记其后东周襄王时,甘歂拥立襄王正位有功,授廷尉。《姓辩证》记:"甘,姬姓。周惠王少子太叔带,食采于甘,谓之甘昭公。生成公。成公生简公及悼公甘过。成公孙平公鰌。鰌生桓公。"《唐志文》记:"盖派水洪流,源浪滔其天路。分枝弱木,奕叶郁其夏宗。然则标望轩黄,扶疏王伯者也。汉封随郡,灵蛇有衔宝之奇;秦代上卿,张唐陈入楚之用。晋武丞相则燮理阴阳;太甲司徒则弼谐帝道。冠盖星罗,并可略而言矣。"

申氏　出自炎帝之后,古有申国(南申国,即今河南南阳谢邑),子孙以国为氏。楚文王灭申,以为县,楚大夫申侯是也。《唐志文》记:"周则申伯履职,生甫称申,封爵莅民,遂居太原祁邑矣。"

厉氏　古有厉国,《春秋》记:厉国在义阳随县北之厉乡(在今河南鹿邑县东),楚与国也,其后以国为氏。另有记厉氏出自齐国齐厉公姜(吕)无忌之后,子孙以谥号为氏传厉姓。

邝氏　邝,古"酅"字,出自古旷国之后人。古旷国,即荒浦,春秋时舒国(舒鸠)之地(在今安徽舒城东南),之后有旷氏、邝氏等。《姓苑》:"邝氏,广东、南海、高要多此族。"

邘氏　周武王封次子于邘(在今河南沁阳西北邘台镇),称邘叔,建邘国,子孙以国为氏。《左传·僖公二十四年(前636)》记:"邘、晋、应、韩,武之穆也。"其后国亡,去邑为于姓,于与俞音同异字,而改为俞氏。于、邘、俞三姓同祖。

代氏　出自夏朝豢龙氏之后。豢龙氏重父生代,始封甗川(在今山东菏泽市定陶区北),后有代国。赵襄子元年(前475),襄子使人请代王,使厨人操铜枓以食,代王及从者,行斟,阴令宰人各以枓击杀代王及从官,遂兴兵平代地,代国灭亡,国人以国为姓传代姓。又出戴国,戴国在今河南民权县东四十五里。公元前713年,戴国为郑国取之,国亡后国人以国为氏,后简为代姓。又出自宋戴公之后,由戴姓简为代姓。

氐氏　氐氏即邸氏。《山海经·大荒西经》记:"有氐人之国,炎帝之孙,名曰灵恝,灵恝生氐人。"氐人与羌人一样,是炎帝的苗裔。又《山海经》记:"太岳生先龙,先龙生玄氐。后裔有玄氐氏。"

冯氏　出自战国时魏国,魏长卿封于冯(在今河南荥阳市西)邑,名冯文孙,传冯姓。又战国时期有赵国的封君冯亭。冯亭本是韩国上党郡守,秦国进攻时,他以上党归赵求全。赵孝成王在平原君赵胜的怂恿下贪利接收上党十七城,并封冯亭为华阳君。《左传·定公六年(前504)》记:"周儋翩率王子朝之徒,因郑人将以作乱于周,郑于是乎伐冯、滑、胥靡、负黍、狐人、阙外。"《唐志文》记:"昔毕万苗裔,邑于冯城,因以为氏。"又冯氏出于黄帝时缙云氏逢伯陵之后,"逢公之所冯神也"。又《越绝书》记:"吴王将杀子胥,使冯同征之。"冯同即逢同,封上舍君传冯姓。

宁氏　其先卫武公小子季亶封于宁(即今河南获嘉县),之后九世卿族,传宁姓。又以为是齐姜太公之后。《唐志文》记:"原夫开家令氏,帝颛顼之风猷;食采分茅,姜子牙之茂族。愚智坐怡,孔宣父之兴叹;扣角而歌,齐桓公之夜烛。"又:"我国家高祖神尧皇帝讨伐逆乱,自北徂南,则夫人先门,曾是在位,宣力王室,信美乐土,今为河南人焉。"

卢氏　出自姜姓,先出为齐国丁公伋三子卢景,食邑于卢(在今湖北襄阳市西南),子孙为卢氏。又出齐文公之子公子高之后,公子高生高子,高子生高傒,高傒为齐车正,谥曰敬仲,食采于卢(卢县。治所在今山东济南市长清区西南五十里广里),子孙以邑为氏。《新唐书》记:"卢氏出自姜姓。齐文公子高,高孙傒为齐车正,谥曰敬仲,食采于卢,济北卢县是也,其后因以为氏。田和篡齐,卢氏散居燕、秦之间。秦有博士敖,子孙家于涿水之上,遂为范阳涿人。"《唐志文》记:"其先出于神农氏,暨周商父太公封齐,嗣子伋有子七人,第三子食采于卢,子孙为卢氏。"

田氏　出自妫姓,是为田齐国姓。《姓辩证》记:"田,出自妫姓,陈厉公生公子完,避御寇之乱奔齐,以国为陈氏。齐桓公使为工正,食采于田(田氏镇。即今河南内黄县西北田氏乡)。"《新唐书》记:"田氏出自妫姓。陈厉公子完,字敬仲,仕齐,初有采地,因号田氏。又云'陈''田'声相近也。至田和篡齐为诸侯,九世至王建,为秦所灭。汉兴,诸田徙阳陵,后徙北平。"《唐志文》记:"自虞帝承录,派妫汭之神宗;陈恒制齐,遂开国而为姓。若乃锡土隆家之美,执玉帛于缃图;陈规献策之谋,著英猷于宝牒。"

叶氏　出自沈姓。楚昭王四年(前512),沈尹戊在与吴国战争中战死,楚昭王封沈尹戊之子沈诸梁为叶邑尹,号叶公,传叶姓。《新唐书》记:"(沈)诸梁字子高,亦为左司马,食采于叶,号叶公。二子:尹射、尹文。尹射字修文,为楚令尹,旬日亡去,隐于华山。二子:尹朱、尹赤。尹赤字明禋,生郢。郢字文明,召为丞相,不就,生平。平字俊子,封竹邑侯,生遂。遂字佐时,秦博士。"此前,有记楚庄王封公子贞于沈鹿(在今湖北钟祥市东)为沈尹,公子贞生二子,长子公子兰,为康王所杀;其次子公子比,尝奔晋,又归楚自立,弃疾胁之,自杀。则公子贞在沈鹿无沈尹之官续嗣。故叶姓之始出于沈姓,而非出于芈姓。

召氏　出自姬姓。《姓辩证》记:"召,出自姬姓。周同姓功臣曰太保奭,食王畿之召邑(召或作邵。西周初召公奭封国,在今陕西岐山县西南。周室东迁后,改封今河南济源市西邵原),为天子三公。谓之召公,分陕以主诸侯,谓之召伯。裔孙召穆公虎,至简公盈,皆袭爵士,为王卿士。其支庶仕诸侯,(或)以国为氏者,齐有召忽,秦有东陵侯召平及召不疑。"《春秋》记:"文公五年(前622),'王使召伯来会葬'。"楚有召滑,楚怀王二十三年(前306),楚使邵(召)滑伐越,越败,楚得越地句章(古句章治所在今浙江宁波市江北区慈城镇南十五里,面江为邑)。

玄氏　黄帝之时有玄都部落,居于玄水(一记元水。在今河北秦皇岛市卢龙县青龙河),因为氏焉。玄都部落时玉器制作相当精细,而行鬼道,龟策是用,是从神巫用国之地。玄都部落亡于夏,部落人传玄姓。黄帝时有女王玄女、臣子玄寿。周朝有河间人玄俗,《列仙传》有记。宋朝以后,玄姓人部分改为元姓,故今玄氏为罕见姓。

氾氏　出自姬姓。周大夫食采于氾田(当指南氾。在今河南襄城县南),以为氏,望出敦煌。

母氏　母当毋字。《历代名人姓氏全编》记:"(母)系出田齐先王,封弟于母(当指毋丘。在今山东曹县南一里),仰以绍胡公之祀,赐姓胡母氏。其后分三姓,一曰胡母、一曰母仰、一曰母氏。"

丘氏　源于姜姓,姜太公吕尚封于齐而都营丘,其三子吕印,号丘穆公居营丘,遂以丘为氏,后世居扶风。又有丘林氏和丘敦氏并改为丘氏,虏姓也。

龙氏　出自伏羲氏之后。有熊国时,伏羲氏龙行以掌百事。龙行孙应龙,黄帝律时涿鹿之战为主将,攻取冀州(今属河北衡水市。古称鲜虞国)之野。应龙子苍龙,即青龙,黄帝四神之一。苍龙子蠡龙,爰自少昊之君,表灵异而称族。蠡龙子飞龙,颛顼帝命飞龙作八风之音,曰承云,以祀上天。飞龙孙承龙,曾孙龙,龙为帝舜之时纳言,其后传龙姓。或记帝舜臣董父好龙,曰扰龙氏,以王父字为氏。《唐志文》记:"白银发地,徙崮岘(在今山西太原市西北)蠡龙之山,祖先感其谲诡,表灵异而称族,凿空鼻始,爰自少昊之君,实录采奇,继以西楚之将。及汉元帝,显姓名于史游,马援之称伯高,慕其为人,敬之重之;晋中兴书特记隐士子伟,以高迈绝伦,并异代英贤,郁郁如松,硌硌如玉者也。"又:"昔缙云命官,引苍精而纪号;刘累掌豢,因麟长以开宗。资此二源,遂光千叶,若乃殷业云季,逢固节以扶危;楚霸将倾,且捐躯而徇敌。"

台氏　出自清阳少昊金天氏第五子张挥孙台骀之后。汉朝有隐士台佟。

石氏　出自宋国宋共公少子子石之后。子石,号褚师段,生公孙丁、石𧪄。石𧪄别为石氏,望出东海。之后以尊卫国大夫石碏为始祖。褚师段又有传褚师、褚姓。《唐志文》记:"晋将军苞之庆胄,卫纯臣碏之灵苗。"又:"得封氏于娲皇之时,振芳猷于晋赵之代,富可以击破珊瑚树,贵可以建赵称至尊。"

乐氏 本出帝舜时乐正夔之后。夔五世孙云游作歌为乐,以为乐姓始。又乐氏出自子姓,宋戴公之子公子衎,字乐父,其后子孙以王父字为氏传乐姓。又齐大夫(田孙)书以伐乐安有功,封乐安氏,其后简为乐姓。《唐志文》记:"昔在重华(帝舜),命夔典乐,官以功族,因氏乐焉。崇基隆于襄朝,洪源派祚末叶。轻车挑战,南披楚泽之云;重节辞生,北郁蓟门之气。"又:"晋大夫乐王(鲋)之后焉。"《新唐书》记:"乐氏出自子姓。宋戴公生公子衎,字乐父,生倾父泽,泽生夷父须,子孙以王父字为氏。须生大司寇乐吕,吕孙喜,喜生司城子罕。裔孙乐羊,为魏文侯将,封于灵寿,其后子孙因家焉。"

古氏 出自周属先祖古公亶父(周文王祖)之后。《姓辩证》记:"周太王亶父,避狄人之难,去国于岐山下,自号古公,后氏焉。"《唐志文》记:"若夫九逸潜态,寓坰牧而缠徽;六美韬华,沦砆碛而增考。其有挺捎云之秀,终凋芳而勿奇;负隆栋之材,竟摧梁而靡用。缅惟前烈,亦何代无其人哉!"

左氏 出自黄帝子夷鼓之后。夷鼓生左人,左人即左彻,左彻为黄帝刻像。左彻之后有左强。左强,《淮南子·冥览训》记:"纣为(王)无道,左强在侧。"《龟策补传》注云:"纣有谀臣,名为左彊(强),夸而目巧,孝为象郎。"《路史·黄帝纪》:"夷彭(鼓)纪(己)姓,其子姓封于采(采山。在今山东汶上县东北),是为左人。有采氏、左人氏、夷鼓氏。"又左氏出自子姓,宋微子建宋国,宋哀公九世孙左丘明著作《左传》为史学宗师,后传左姓。《唐志文》记:"凡有生全问望,没著灵魂,故凭文以遗芳后代者,则太君之蔚又。太君,昔周时褒贬春秋封为素臣,字丘明者,即远祖也。"又出齐国上卿宾媚之后,以先祖的官职"国佐"为姓氏者,省文简化为单姓国氏、佐氏,佐氏后又有简笔为左氏。

由氏 出自周幽王少子余臣之后。余臣立为王,称携王,与周平王同为王,史称周二王。携王后为晋文侯所杀,其子姬光隐居晋国伺机逃往西戎,姬光之子由余奉戎王之命出使秦国,秦穆公因由余有才,随任由余为秦上卿。由余为秦出谋划策,帮助秦国攻伐西戎,并国十二,开地千里,称霸西戎,使秦穆公位列春秋五霸之一。由余后传由姓。

冉氏 出自周武王弟冉季载之后。春秋时冉为鲁大夫。有冉耕、冉雍、冉求三兄弟为孔子学生。冉耕之子冉志为鲁大夫,春秋从祀。又染姓,按《史记》亦作冉姓,字画之变也。

白氏 出自周祖古公亶父五世孙虞仲建虞国之后。虞仲七世孙仲山甫光辅周宣王,因功封阳樊(今河南济源)。仲山甫之孙樊重为周大夫,樊重曾孙樊皮为周惠王时大夫。樊皮叛王逃居楚地建樊城(今湖北襄阳市樊城区)。樊皮之孙东徙百里(今河南南阳市西七里麒麟冈)而居,名百里奚(徙),官秦大夫。百里奚生孟明视,孟明视少子曰白乞丙,其后以为氏,传白姓。白乞丙后十一世为秦国武安君白起,因为白起被赐死杜邮(在今陕西咸阳市东北五里),秦始皇思其功,封其裔(曾)孙于太原,故子孙世为太原人。《新唐书》记:"白氏出自姬姓。周太王五世孙虞仲封于虞,为晋所灭。虞之公族井伯奚媵伯姬于秦,受邑于百里,因号百里奚。奚生视,字孟明,古人皆先字后名,故称为孟明视。孟明视二子:一曰西乞术,二曰白乞丙,其后以为氏。裔孙武安君起,赐死杜邮,始皇思其功,封其子仲于太原,故子孙世为太原人。"又《唐志文》记:"昔天命祝融,制有于楚,洎王熊居太子生胜,避地于吴,锡号白公,爰命氏焉。胜孙起适秦为良将,爵武安君。始皇践禄,思武安大业,封太原侯。"此以为白起是楚国白公胜之后是为误,信史以为不妥。

包姓　出自楚国之王蚡冒第六世孙包胥之后。《姓辩证》记:"上党包氏,出自楚大夫包胥,有乞师于秦存国之功,食邑于申,谓之'申包胥',子孙徙居上党。"又《路史》记:"庖羲氏后裔有包氏。"

边氏　宋平公之子御戎,字子边,传边姓。《唐志文》记:"汉有九江守边让。原夫炎灵驭历,临颍开其大名;当涂济时,著作阐其洪绪。斯乃辉焕图篆,岂惟照彰谱而已哉。"又:"若夫括地疏灵,运鲸波而曳绪;极天标峻,驾梁首以开宗。"又:"昔鸣鸾呈祥,祚始文王之国;断蛇开业,功符上将之星。既得姓于宗周,亦驰名于大汉,实资先庆,垂裕后昆者焉。"

皮氏　皮氏,古有其邑名(在今山西河津市西),战国时名闻,国人传为姓。又鲁国公族有仲山甫传樊姓,樊仲皮为其后,传为皮姓。《元和姓纂》记:"皮氏为周卿士樊仲皮之后。"

平氏　源于姜姓,出自春秋时期齐国宰相晏婴的后代,晏婴,字平仲,属于以先祖名字为氏。另出自韩哀侯少子婼,食采平(当指平阳。即今山西临汾市)邑,秦灭韩,因徙下邑,氏焉。

占氏　出自陈姓子占氏。田孙书,字子占,伐乐安(在今山东邹平县东北苑城)有功,封乐安氏,其次子子良坚。坚子以王父字为氏传子占氏,后简为占姓。《姓辩证》记:"占,出自妫姓,陈公子完裔孙书,字子占,后人以字为氏。"

可氏　出自姜姓,齐大夫姜庆封为楚灵王所杀,其子庆舍避难,以祖父公孙庆可末字为氏,称可氏。其后有荆轲,荆轲刺秦王名扬天下。

丙氏　原为邴姓,当出自晋桓叔捷之孙箕遗。箕遗,又记姬豫,改名邴豫。邴豫之后子孙以王父封邑命氏,在邑者传邴姓,潜逃者去邑传丙姓。有齐大夫丙歜,有齐丙戎,齐懿公即君位骄横,砍断了丙戎父亲的脚,而让丙戎做仆人。丙戎与庸职合谋,将懿公请到竹林里去玩,即杀懿公在车上,两人弃尸而逃。又鲁人丙氏,以冶铁起富,至巨万家产。汉朝有丙吉,官廷尉,封博阳侯。

印氏　出自姬姓。《姓辩证》记:"印,出自姬姓。郑穆公生伦(舒),字子印。伦生黑肱,字子张。黑肱生印段,字子石,以王父字为印氏。段生癸,字子柳。又有印堇父。今望出冯翊。"

正氏　出自子姓。宋微子世家有正考父,为宋国上卿,其后子孙以王父字为氏。《姓苑》记:"(正氏)出自正考父之后,以字为氏"。《汉书·郊祀志》记:"燕人正伯侨,秦始皇时为仙方。"《京房传》记:"秦人正先非,刺赵高而死。"

令氏　出自汉文帝时车骑将军令免之后。《汉纪》:"文帝后(元)六年(前158),匈奴入上郡,以中大夫令免为车骑将军,屯飞狐。"近代令姓人,由令狐氏改令氏以为雅听。

区氏　出自越国。春秋时,越王勾践命国人欧冶子铸剑,得宝剑,斩铜刹铁,就似削泥去土,欧冶子因功封爵,欧冶子之后四世为寺区。周安王元年(前375),于越大夫寺区定越乱,其弟寺忠弑之侯。次年,寺区又立无余为越王。寺区之后子孙以王父字为氏,寺不雅听,则单其名为区氏,传区姓。区与欧同音,汉朝时,又有由欧阳氏名欧安者分出为区氏,传区姓。

玉氏　出自黄帝时大臣公玉带之后。《姓辩证》记:"玉,黄帝时,公玉带造《名堂图》者,后去(以)玉为氏。"

牛氏　出自子姓,其先宋哀公次子牛文(父)为司寇,子孙以王字为氏。传云:"牛耕文明始于宋,耕于齐。"《新唐书》记:"牛氏出自子姓。宋微子之后司寇牛父,子孙以王父字为氏。"《唐志文》记:"朱宣御历,通爽气于金方;黄虞启运,著熏风于渔泽。是以上地为儒,缺流声于七雄之代;陈仓有守,邯发誉于三分之时。自兹厥后,冠冕逾劭,旋详令迹,绷蔼芳缣。"

东氏　出自天文官羲仲之后。帝尧时,命羲仲掌东方,为东方氏。东方氏有东不訾者,盖帝舜七友中人。东不訾的后代,有的就用"东"作为自己的姓氏,遂成东姓。东氏初居太原墟,由居太原,故又易其郡为太原。又田齐亡国后,田氏子孙疏广传疏姓。疏广曾孙孟达传东姓。

生氏　源于姜姓。姜太公之父名吕筮生,在吕筮生的后裔子孙中,除了吕氏一族外,还有以先祖名字为姓氏者,称生氏。又蔡国文侯申生子朝,子朝生归生,归生后裔子孙以先祖名字"生"为姓氏者,称生氏,其居地亦称"墨生",此支生氏与朝氏同祖。

归氏　源于黄帝律之后。黄帝仲子夷鼓,夷鼓生左人(左彻),左人生鼓子,鼓子生归藏,号归藏君;归藏生归伯,归伯生夔。帝舜之时封夔为官做典乐,其后传归姓。归姓部落原居于河南商丘一带地区,后来遭到商王武丁的讨伐,被迫四处播迁。除一部分留居中原地区建立了归国之外(今湖北宜昌市秭归县),大部分归姓族人向南迁移。其中一支归族人迁居于颍州汝阴胡地(今安徽阜阳市),在斯地建立起胡国。西周初期,归姓胡国被周公旦敕封为子爵,因称胡子国。《通志·氏族略》记:"胡子国,归氏。"《春秋·定公十五年(前495)》记:"楚灭胡,以胡子豹归是也。"归姓胡子国传至君主归豹,被楚国所火,子孙传归姓。

巨氏　出自远古黄帝之师封钜之后,属于以先祖名字为氏。封钜的封地在沮水(即今陕西黄陵县西,日子午水),所以他起名叫封钜,钜为"沮"字误。在封钜的后裔子孙中,有以先祖名字为姓氏者,称为封钜氏,后分衍为封、钜氏。钜氏一族再后又省去"钅"旁,简改为巨氏。又巨氏源于子姓,西周初期宋国微子之后,时为巨毋氏、巨辰经氏。《前汉书·王莽传》记:"有奇士,长丈,大十围,自谓巨毋霸。莽更其姓,曰巨毋氏。谓因文母而霸王符也。"《后汉书·光武纪》中则称名"巨无霸"。巨毋霸的后裔子孙以祖为荣,多称巨毋氏。巨毋氏族人中有省文简改为单姓巨氏者,传巨姓。又出于周赧王亡周之后,周王室有姬姓族人因失国,忿而去姓氏之"女"偏旁,以示丧母,又不愿为秦国之"臣",故而再改字为"巨",义为"仍大",对秦不卑不亢,称巨氏,传巨姓。

卯氏　源于姬姓,出自西周时期周公旦的第三子茆叔,属于以先祖名字为氏。茆、卯二氏为同宗,该支卯氏出自茆氏。茆氏,得姓始祖为茆叔,是西周初期周公姬旦的第三子,在其后裔子孙中有以先祖名字为姓氏者,称茆氏,后有简笔为卯氏者,称卯氏。今山东省菏泽市定陶区、巢县、单县以及河南省的民权县等地的卯氏族人,传云皆为茆叔之后裔。

世氏　系出多源。《姓氏考略》云:"卫世叔氏之后,去叔为世氏。"又孔子八世祖世子胜,其后或以为氏。又源于嬴姓,出自战国时期秦国大夫世钧之后,属于以先祖名字为氏。在史籍《风俗通》中记载:"世,姓,出秦大夫世钧。"在世钧的后裔子孙中,有以先祖名字为姓氏者,称世氏、钧氏、军氏,史称世氏正宗。周朝陈国人世硕,著有《世子》二十卷。明朝洪武初有世家宝,授大理少卿,进礼部侍郎,终刑部尚书。

布氏　源于羌族,出自战国时期赵国大夫布子,属于以先祖名字为氏。《风俗通》记:"赵国大夫布子,本西羌人,善相马,每相必得名驹。"因此深得赵王的喜爱和尊敬。在布子的羌族后裔子孙中,多有以先祖名字为姓氏者,称布子氏,后又省文简改为单姓布氏,为今四川康定羌族著姓之一。

仪氏　出自春秋时卫大夫仪封人之后。汉朝有仪长孺,属相马。

功氏　源于姜姓。姜齐国有姜姓子功氏,亦记子工氏。春秋时晋国有功景,《风俗通》记:"晋大司功景子之后,晋有功景。"

艾氏　系出夏后氏,帝少康中兴大臣汝艾之后,望出天水。又(田)齐国有艾子,封于艾山(在今江苏邳州市北),传为艾姓。又北宋中期留居在中国经商的犹太人中有艾姓,后定居于国都汴梁(今河南开封市)传为艾姓。艾姓历代名人有商朝艾侯;唐朝镇军辅国大将军艾朝,书法家艾居晦;宋朝画家艾宣,诗人艾可叔;元朝名医艾元英;明朝征西前将军艾万年,礼部侍郎艾常富;清朝刑部尚书艾元徵,武显将军艾肇昌。

市氏　出自战国时期法家创始人禽滑厘之后，属于以先祖名字为氏。据《尚友录》记："逗禽滑厘，字慎子，以字为姓。"又出自春秋时期楚国大夫白公胜后裔的封地，属于以封邑名称为氏。春秋时期有燕将市被名闻。

史氏　出自周太史史佚之后。《新唐书》记："史氏出自周太史佚之后，子孙以官为氏。"《唐志文》记："其先辅周克殷，展九鼎之宝；佐魏理邺，绾百里之印。"又："昔有春秋时卫有史鱼死谏，人到于今称之，此则史氏茂德，其流远矣。孙良夫于晋，鲁败齐师于鞌，铭钟策勋，垂芳千古，则孙氏盛列而□□生贤，此之谓不修矣。於戏！史氏、孙氏皆生于卫。"

司氏　五帝帝喾时，司法官曰司衡，后有皋陶之后子孙世掌司法曰大理，后世以司为氏。另据《元命苞》记："神农为上古部落酋时，有司怪。"司怪，就是专职从事占卜祸福、解释当今、预测未来的祭司，是古代荒蒙时期人类解释自然与社会现象的一种职能行为，在司怪的后裔子孙中，多有以先祖官职称谓为姓氏者，称司怪氏，后有省文简化为单姓司氏、怪氏者，亦有维系复姓者。又源于官位，出自两周王朝官吏司成，属于以官职称谓省文简化为氏。《通志·氏族略》记："司姓是郑国司成之后，望族出于顿丘。"《世本》记："司姓是卫灵公之子公子郢的后代，郢的子孙当了卫国的司寇，因此就以官为姓氏。"

句氏　出自清阳（少昊）金天氏之后。《姓辩证》记："句，出自（清阳）少昊氏。叔子曰：重为句芒木正（管理山林），世不失职，以官为句氏。一云邾文公迁于句绎（在今山东邹城市东南峄山南），后氏焉。"

帅氏　源于姬姓，分自师氏，出自晋朝时期大司徒师昺之后，属于避讳改姓为氏。三国曹魏政权中有一位著名将领师纂，他原为大将军司马昭的主簿，后被派遣到太尉邓艾军中担任督军司马，随邓艾参与了灭蜀汉政权的一系列战役。平定蜀汉国后，师纂担任了益州刺史。后邓艾被钟会诬告，司马昭下令把邓艾、邓忠父子以槛车押回，师纂也随同返回，与邓艾父子一起被害。师纂的后代叫师昺，在晋朝时期官为大司徒、黄门侍郎、右将军、散骑常侍、兵曹尚书。晋武帝司马炎代魏立晋之后，追尊自己的伯父司马师为晋景皇帝。因晋景皇帝的名字中有"师"字，为了避故君主名讳，师昺将自己的姓氏字"师"省去一横，改为"帅"，从此，师昺的以及其他同朝的师氏族人和后裔子孙们即沿袭帅氏。

本氏　源出明太祖朱元璋之后。明朝末期，明皇室遭满门抄斩之罪，皇室中只剩兄妹俩被救出。兄长逃亡四川绵阳，将"朱"字去撇，表示反清；又将短横移于木下，以成"本"字，是为本姓。

兰氏　出自郑穆公之后。郑穆公方娠，其母梦天使与之兰。既生，名之曰兰。及有疾，刘兰而卒。子孙神之，因以为氏。《唐志文》记："自践土勤王，列卿擅名于晋乘；

光于驭辖,方奉驯雉之美;分誉樊丘,俄婴沉痼之悲;息徙缠古,朝颐玉饵夕哉。"

六画姓氏·

安氏 出自黄帝之后。黄帝生昌意,昌意生安,居于西方,号安息国,其后传安姓。又出自魏昭王之弟安陵君之后,魏国封小国安陵(现在河南鄢陵县西北),安陵君之后传安姓。《唐志文》记:"其先安息王之胄也。轩辕氏廿五子,四在裔者,此其一焉。立国传祚,历祀遥远。乃归中土,犹宅西垂,家于凉州,代为著姓。"

成氏 出自周文王七子郕叔武,叔武生郕伯,建郕国,后失其国去邑为成,子孙以国为氏。《姓辩证》记:"成,出自芈姓。楚若敖之孙令尹得臣,字子玉,以王父字为氏。得臣生太心,字孙伯,及子西、子孔。子孔名嘉,与孙伯皆为令尹。其后成虎,字熊,为大夫。裔孙散仕他国者,周芮大夫成愆,秦成差,宋成谨,晋成何、成鱄是也。"《唐志文》记:"自有周建社,尽土封疆,分命启族,始于成叔。"

许氏 出自帝尧时许由之后。《新唐书》记:"许氏出自姜姓。炎帝裔孙伯夷之后,周武王封其裔孙文叔于许(都城在今河南许昌市东三十六里古城),后以为太岳之嗣,至元公结为楚所灭,迁于容城,子孙分散,以国为氏。"《唐志文》记:"昔姜农启源,由未耜而成务;许由承祉,照日月而垂徽。济美家声,问望清人物;重辉祖德,风范薄云天。词曰:'姜皇积祉,许宗永祀,其峻常羊,源清濯耳,连华国彦,弈叶高士。'"《金楼子》记:"帝尧时,许耳之子名由。"《墨子》记:"许史,尸子绕梁之鸣,许史鼓之,非不乐也。墨子以为伤义,是弗听也。"

邢氏 商朝便有邢侯,《帝王世纪》记:"邢侯为纣三公,以忠谏被诛。"后传邢姓。邢,另出自周公旦第四子靖渊,封为邢侯,其地在今河北邢台市西南隅。鲁釐公二十五年(前635),卫文公灭邢。卫文公灭邢当年卒,齐国救邢,后邢国于公元前380年为中山国所灭,子孙以国为氏。《新唐书》记:"邢氏出自姬姓。周公第四子封于邢,后为卫所灭,子孙以国为氏。"《唐志文》记:"昔在姬宗,奄荒邢服,谋翼相袭,代有其人。"

毕氏 出于周文王第十五子毕公高之后,其裔孙毕阳以祖封地国为氏,传毕姓。《新唐书》记:"毕氏出自姬姓。周文王第十五子高,封于毕,以国为氏。"《唐志文》记:"夫源浚于皇涧,溢幽奏以登歌,庆叶高于大梁,肇文昭而继饷。周封三后,壬申为册命之书;晋作二军,震坎乃公侯之卦。"另有所记"苾氏",即毕氏。

朱氏 源出五帝时曹安之后邾子国。《新唐书》记:"朱氏出自曹姓。颛顼之后有陆终,产六子,其第五子曰安。周武王克商,封安苗裔侠于邾,附庸于鲁,其地鲁国邹县是也。自安至仪父十二世,始见春秋。齐桓行霸,仪父附从,进爵称子,桓公以下,春秋后八世而为楚所灭,故子孙去'邑'为朱氏,世居沛国相县。"《唐志文》记其一:"昔周室瓦解,诸侯豆分,由是小邾祚微,方去邑而命氏;大汉运缺,或避难以投吴。"又记其二:"帝尧之后。昔先君朱侯生而有文在手,因以封焉。世居会稽,蔚为名族,衣冠人物,盛于东南,地多贤俊,方之如颍。"

齐氏 本出周朝齐封国之后。《新唐书》记:"齐氏出自姜姓。炎帝裔孙吕尚后封于齐,因以为氏。"《唐志文》记:"其先周太公姜,厥表有东海,封之营丘,身佐西周,子孙君国,因生赐姓,命氏曰齐。枝干扶疏,毓多材而构厦;派流浩瀚,浮舟楫以济时。"

向氏 出自炎帝之后,四岳生向伯,向伯建向国(在今山东莒南县东北),向国是夏朝的下属国。《潜夫论》记:"四岳或封于向。"向国的末代国王向垚,其后商朝末期有向挚(《通典》记为高势)太师者,见纣王迷惑,载其图法奔周。又向氏出自子姓,宋哀公玄孙文公赤,赤生子曰肸,字向父。其子向为人,为宋大司寇;次子向带,为宋太宰;三子訾守,訾守之子向戌。向戌食采于合(在今山东滕州市东),生子谓之合左师,合左师又传左氏,故向氏与左氏同源。《唐志文》记:"原夫上相(向挚)归周,顺天明而受国;左师战鲁,分地理而开勋。其后君子推贤,集山阳之龙凤;大夫忠德,锡河内之膏腴。珠浦重辉,琼林叠秀。铭曰:疏源九田,岱岳万仞,河朔藩周,山阳遁晋。"

纪氏 出自姜姓,四母之后封国于纪,其地东莞剧县(在今山东寿光市南三十里纪台村)是也,纪国亡,子孙传为纪姓,属于以国名为氏。《新唐书》记:"纪氏出自姜姓。炎帝之后封于纪,侯爵,为齐所灭,因以国为氏。"《唐志文》记:"自开辟以来,代多雄贵,簪组弈叶,轩车焜煌,莫不翔云衢,舞天阙,英明史策,焕烂缣缃。然长剑高冠,辉映天下;锵金佩玉,尽在乎一门。"汉初有纪信,汉王刘邦请为代己,纪信代王诳楚,项王烧杀纪信。纪信子纪成,以将军从汉王击破秦,秦入汉,封襄平侯。纪成子纪通,袭封襄平侯。

江氏 出自伯益之三子玄仲。玄仲分族,自为华族,后建江国(在今湖北荆州市区旧江陵县),为江姓始。《唐志文》记:"其先出自颛顼,伯益之后,遂封于江,盖周之诸侯也。至春秋之际,为楚所灭,因以国为氏焉,则楚之大夫其后也。"

权氏 出自商武丁之后权元建立权国(在今湖北荆门市东南);商权国亡后,周成王封毕公高之子子嘉为权国君,号权甲公,权国亡于楚国,传为权姓。又楚武王灭权,使斗缗尹管之,斗缗尹之后传权氏。《新唐书》记:"权氏出自子姓。商武丁之裔孙封于权,其地南郡当阳县权城是也。楚武王灭权,迁于那处,其孙因以为氏。"《唐志文》记:"其先帝颛顼孙鬻熊之后(熊拳),史谍详矣。若夫考皇王之符图,校祖宗之德业,积善者享其余庆,累仁者钟其茂绪。故知触地倾天,砥砺日月,筚路蓝缕,以启山林。则其经纶皆优,蝉联冠冕矣!姻懿之盛,光辉戚属。"

观氏 出自姒姓,夏帝启之后。《姓辩证》记:"观氏出自姒姓。夏王启庶子五人,食邑于观(在今河南清丰县东南),谓之'五观',其地洛汭是也。太康失国,五子作《五子之歌》。五观之后为诸侯,有罪,夏王灭之,子孙以国为氏。"

牟氏 出自牟子国,当以国为氏。《姓辩证》记:"牟,出自祝融之后,有牟子国,后以为氏。其地太山牟县(今山东莱芜市东二十里)是也。又有晋司马弥牟及其弟宾牟贾传牟姓。"

阮氏 源于偃姓。帝舜时,皋陶生三子,长子伯益事虞,食于嬴(今山东省莱芜市);次仲甄,事夏,封六(今安徽省六安市);次封偃,封于偃(今山东费县南),偃后俱食于楚。夏末时,偃国不服夏王事,偃王受剃发之刑。商朝初时,偃王有功于商,封于泾渭(今陕西省中部)建立阮国,王曰阮凫。商末,密须国(在今甘肃灵台县西五十里百里乡)人不恭,攻打阮国(其时国在今甘肃泾川),又打到共(今泾川县城北水泉寺)的地方,《诗经·大雅·皇矣》:"密人不恭,敢拒大邦,侵阮徂共。王赫斯怒,爰整其旅。"《史记·周本纪》记:"西伯(周文王)伐密须,灭须存阮。周武王伐商,召西边国,惟阮国不出兵,因其与商有感德,其王阮僖还上书谏以为这是臣子弑君王之事,不可伐商。武王灭商,阮僖知罪弃国而居,武王兼并阮国,阮僖之子阮匐禄为周大夫,仍封邑于阮,子孙遂以国为氏。"

寻氏 出自姒姓。《姓辩证》记:"寻,出自姒姓。夏后(氏)同姓诸侯,曰:斟鄩氏,后为寒浞所灭,子孙因为寻氏。"《寻氏族谱》记:"自羿、浞相继为乱,子孙失官。有以斟为氏者,有以灌为氏者,有以鄩为氏者。后去邑为寻氏。参之乐府于音叶徵。"《世本》记:"斟氏,夏同姓诸侯斟鄩寻氏之后,以国为氏;鄩氏,斟鄩氏之后;寻氏,古斟鄩氏之后。"《说文解字》注:"邑即'阝'(右耳旁)",在汉字结构理论中,代表着国都、城市、土地、国家。"去邑为寻氏"即表示他们是失去了国家的"鄩国人"。

匡氏 源于上古匡国,属于以国名为氏。商王沃丁封其子羊于一个叫匡国的部落(今湖北省东部),建立侯国,是为匡侯。周武王灭商,古匡国亦被灭亡,故匡侯的王族后裔匡俗兄弟七人迁居于庐山(今江西九江庐山南障山),结庐而居。在匡俗兄弟七人的后裔子孙中,多以故国名称为姓氏,称匡氏。又出卫康叔之后,康叔生康伯代,伯代次子考季,考季之后周简王时鲁国句须公为鲁臣邑宰名出,句须受姓匡氏为鲁成公十七年(前574),传为匡姓。

祁氏 出自晋武公之后。武公封小子举,食邑于"昭馀祁泽薮"而名祁举,后以为氏。祁举生祁瞒,祁瞒生高梁伯,高梁伯生祁奚。祁举在晋惠公元年(前650)为惠公所杀,祁瞒于晋文公五年(前632)因为"奸命"为司马所杀,徇于诸侯。高梁伯为晋大夫,皆不言事。高梁伯生祁奚,祁姓人大多尊奉祁奚为得姓始祖。

曲氏 出于鞠姓。又出自晋曲沃桓叔之后。《唐志文》记:"(曲氏)墓有志古也。古有道之士言曰:来者生也,归其死也。故礼云:'全而生之,全而归之,非君子莫能焉。'"又:"其先祖环赫有(晋)武公,世为大官。"

巩氏 出自周成王封少子臻之后,以尊周敬王时巩简公为始祖。《唐志文》记:"与周同姓,食采于巩(在今河南巩义市东北老城),因为氏焉。"又:"其先讳朔,仕于晋,列于春秋,为上大夫,恢赞霸业,有功于国,因封巩邑之田,遂以氏焉。"

汲氏 出自姬姓。《姓辩证》记:"汲,濮阳汲氏,卫(宣公)公子伋之后。食采卫州汲县,因以为氏。汉有汲黯。今望出濮阳及清河。"《唐志文》记:"汉都尉(汲)黯,君之远祖矣。忠公贞正,面折廷争,悠悠千春,世济厥美,犹是衣冠承袭,清风郁然焉。"又《路史·炎帝纪下》记:"宣世子之孙封汲,为汲氏。"

阴氏 出自齐国齐桓公时国相管仲之后。管仲第七代(六世)孙管修因为田齐取代姜齐而被驱逐,逃到楚国,楚王封管修为阴邑(今山东平阴县)大夫,子孙以官地为氏传阴姓,望出武陵。

过氏 出自夏朝寒浞建立的寒国之后。寒浞命长子寒浇率领主力攻打斟灌氏的弋邑,因功封寒浇为王,镇守过邑(今山东莱州市西北),称过王。寒国为夏少康所灭,王族出逃者以过邑命氏传过姓。

汝氏 出自周平王之子姬武之后。平王东迁,封姬武为汝(当指汝阳。在今河南商水县西北)侯,其后传武、汝姓。

邬氏 本出祁姓,晋大夫祁奚之子祁午为晋中军尉,食采于邬(在今山西介休市东北),因以为氏。午与邬字异而同音,祁午次子邬臧,传邬姓。又源于董姓司马氏,司马弥牟是晋国断狱理官,封邬大夫,其子名邬单传邬姓。后世以尊邬臧为邬姓始祖居多。

甪氏 出自居邑以为氏。《集韵》记:"四皓有甪里先生。有甪氏,亦为甪里氏。商、周之际有甪里之地,属于以居邑名称为氏。"《苏州府志》记:"汉初,商山四皓有甪里先生者,本与周同姓,名术,泰伯之后,在洞庭西山居,故以自号,于孙遂以为氏。"甪里先生,河内轵(今河南洛阳市汝阳县)人,是被孔子称为"至德"的泰伯之后裔,姓周名术,字元道,号霸上先生,一号甪里先生,是秦、汉之际非常著名的商山四皓之一,因辅佐刘盈登帝位,后有"策杖垂绅扶少主"的美誉。甪里先生之后,省文简化为单姓甪氏、里氏,以及字讹为角氏者。

次氏 源于芈姓。出自春秋时期楚国君主楚顷王襄之后裔,属于以封邑名称为氏。楚顷襄王熊横(前298—前263在位),在他执政的战国末期,曾将楚国都城迁于陈(今河南周口市),一直到其子楚考烈王熊完(芈元)即位后,为了避开秦国强大的势力,方再次将国都迁回。在楚顷襄王的支庶后裔子孙中,有留居陈邑不随楚考烈王回迁者,分衍有次氏,仍为楚国公族。该支次氏族人众曾产生了一位千古传神的"斩蛟勇士",名叫次非。该支次氏族人皆尊奉熊横为得姓始祖。

羊氏 出于晋国羊舌氏,与杨姓同源,属于以邑为氏。晋大夫羊舌突少子羊罗,生兮堂下,食采邾地,传羊姓。《左传》记:"宋有羊斟,邾有羊罗。"《通志·氏族略》记:"战国有羊千著书。"《汉书·艺文志》记:"羊子著书,故秦博士。"三国魏将羊祜云:"昔有攘羊者,遗叔向母,母埋之,后事发,检羊肉,惟舌存焉。其后因以羊舌为氏。"

伏氏 之出自伏羲氏之后。《名世》曰:"出自风姓,伏羲之后,以号为氏。伏羲、伏不齐,亦号宓不齐、宓子贱,即太昊,风姓。"伏羲正姓氏,女娲作嫁娶,即定伏氏焉。

达氏　出自高阳颛顼帝时八恺之一叔达之后。《元和姓纂》曰："八恺仲（容）、（叔）达之后为氏。"在叔达的后裔子孙中，有以先祖名号为姓氏者，称达氏，史称达氏正宗。

华氏　出自宋戴公之后。戴公生好父说，父说生督，字华父，史称华父督，官宋太宰。华父督弑其君殇公与夷及其大夫孔父嘉，厚赂齐、秦、鲁、郑，致四国不能讨，使相宋庄公，因自立为华氏。《姓辩证》记："古未有生而赐族者，惟督以一时之妄，这立姓氏，后世因之。"《唐志文》记："暨乎司土命氏。绶绅联横，冠盖相辉，珪璋间赠，亦乎缣素，可略言焉。"

关氏　本出夏桀时谏士关龙逢之后。《新唐书》记："关氏出自商（夏）大夫关龙逢之后。蜀前将军汉寿亭侯（关）羽，生侍中兴，其后世居信都。裔孙播，相德宗。"《唐志文》记："其先禹王之苗裔，丞相龙逢之后。位侔比干，甄忠列于夏后；志同正则，旌直道于武公。"

汤氏　本出汤古氏。古有汤古氏，帝尧之兄十日所传。《唐志文》记："汤氏远祖，本自幽蓟，属国多难，从官播迁。"又《唐志文》记汤氏出自商朝帝汤之后："汤有大德于天下，戴之如日，仰之如春。"

众氏　出自姬姓。《姓辩证》记："众，出自姬姓，鲁孝公生子益师，字众父，其孙仲，以王父字无（为）氏。"

庆氏　出自商帝汤七辅臣庆辅之后。又庆氏出于齐桓公之孙公孙庆克之后。又出吴国吴僚王遇公子光之祸，僚王之子庆忌投奔卫国，其妻渡浙水（今浙江钱塘江），隐居会稽，越人哀之，予湖泽之田，俾擅其利，表其族曰庆氏，名其田曰庆湖（今称镜湖），传庆姓。

师氏　出自唐叔虞之后。晋曲沃桓叔名成师，其少子师尹为周王室礼乐之官，晋献公诛桓、庄之后诸公子，师尹因以避祸。师尹第七代孙师旷以博学多才名于晋史，传为师、旷姓。望出琅琊、平原。

尧氏　出自帝尧之后。《姓辩证》记："帝尧之后，以谥为氏。尧为帝喾少子，姓伊耆，名放勋，号陶唐氏，谥号为尧，史称唐尧，其后世子孙即以祖上谥号为姓，称尧氏。"

夷氏　出自黄帝之子夷鼓之后，属于以先祖名字为氏。据传，黄帝将自己的一个儿子夷鼓封于采邑（今北京市通州区）。在夷鼓的后裔子孙中，有人以先祖封邑名称为姓氏者，称采氏；也有人以先祖名字为姓氏者，称夷鼓氏，后省文简改为单姓鼓氏、夷氏。又出自姜姓，齐僖公的同母弟叫夷仲年。其后有夷姜，单为夷姓。又出自嬴姓，夏太康后，后羿代夏，后羿之后传夷姓。《虞人箴》记："在帝夷羿，冒于原兽。传夷姓。"春秋邾国有夷射姑，战国有夷之，为墨家弟子，齐国有夷逸，汉有夷长公。夷氏望出城阳（在今山东莒县一带）。

庄氏　出自宋戴公曾孙庄公冯，后十世孙庄子传庄姓。又楚庄王支孙（十世孙）

庄辛以祖王谥号为氏,传庄姓,望出会稽。

多氏　出自姒姓。东瓯国摇王玄孙多军,为汉武帝时东越国一名将军,武帝元封元年(前110),东越国反抗汉朝,汉武帝派兵讨伐,多军弃军归顺汉朝,被封为无锡侯,建无锡侯国(当指今江苏无锡市)。汉征和四年(前89),在汉武帝宫廷发生了巫蛊事件,太子刘据被逼带兵逃亡,多军的儿子多卯已袭爵无锡侯,受命与赵文王一起带兵追击,但由于同情太子,到弘农时就放弃了追击,获罪,除去无锡侯爵位,交了恕罪金,但没被进一步追究责任,而无锡作为侯国的地位却被废除。其后子孙传多姓,望出丹阳。

阳氏　阳氏与杨氏本出羊舌氏,晋有阳处父,子孙以王父字为氏。《姓辩证》记:"阳,出自姬姓,晋大夫阳处父为太傅,其后有阳毕,楚令尹。阳丐,字子瑕,生宫厩尹阳令终。令终生完及佗。"亦有以为:"周景王封少子姬樊于阳(今河南济源),称阳樊,后世以王父首字为氏传阳姓。"另有宁波天一阁《杨氏家谱》记:"晋景公之弟姬杨千古之后(孙)为阳虎。阳虎及其弟阳越传阳姓转杨姓。"又南北朝时,居北平无终(今天津市蓟州区)阳氏,本弘农杨氏族,亦有传阳姓。又有秦孝文王元配华阳夫人,有弟阳泉君,阳泉君传后为杨、阳姓。《唐志文》记:"惟开基之系,封邑之源,出于轩辕,肇自姬姓。景王少子,食采阳樊(在今河南济源市西南),因地命氏,斯为茂族。"

羽氏　源于姬姓,郑穆公之子挥,字子羽,子羽生颉,颉以王父字为氏,名羽颉。羽颉因为郑国弱小,去晋不返为马师,促成晋平公"弥兵结盟",立功在晋,后传羽姓。另有《后魏官氏志》记:"弗羽氏改为河南羽氏。"

老氏　出自子姓。《姓氏急就篇·上》记:"宋戴公五世孙老佐。"老佐之后为老姓。《左传·昭公六年(前536)》有记楚国人老莱子著书。昭公十二年(前530)有记周大夫老阳子事。又《风俗通》:"通颛帝子老童之后。"

臼氏　臼氏与舅氏同,出自周平王宜臼之子王子狐。王子狐作为人质质于郑,生容、突,居臼衰,又名臼城(在今山西运城市解州北路)。狐突生狐偃,狐偃以尊祖平王名宜臼末字为氏,亦名臼犯。臼犯生臼季,臼季名胥臣,胥臣之后五世孙臼任为宋华氏家臣,传臼姓。

仲氏　出自子姓。宋桓公之子曰子鱼,因为眼疾而视力差,又名公子睁、墨夷。公子睁生公孙友,又名子城,字仲子。仲子生公孙师,官司城。公孙师生司马仲江。仲江为宋司马,以祖父仲子首字传仲姓。仲江生仲几,字子然,为宋元公左师。仲几生仲佗,字子服。其族居卫国曰仲由,字子路,为孔子弟子。又有卫仲长氏家族仲叔于奚,于奚以救孙良夫功,为新筑(今陕西西安市东北新筑乡)大夫,赐曲垂之乐,繁缨以朝,其子孙以王父字为氏,称仲叔氏,简为仲姓。又仲氏出于周王族虞仲之后,虞仲建虞国,子孙以王父字为氏传仲姓,虞仲七世孙仲山甫。

年氏　源于姜姓,出自春秋时期齐襄公之后,属于以先祖名字为氏。《路史》记:

"齐太公后有年氏。"姜夷仲年是齐厘公姜禄甫的弟弟，英年早逝，只留下一个儿子姜无知(公孙无知)。当时夷仲年叹曰："兄妹淫乱，已无廉耻，今后齐国必有大乱。"齐襄公果然被人大连称等人谋乱杀死，之后立姜夷仲年的儿子姜无知为国君，即齐厘公。可叹齐厘公继位仅一个月，又被杀了，再次引起了齐国的内乱。周庄王姬佗十二年(前685)抢先继位的齐厘公之子姜小白非常英明，在管仲、鲍叔牙、召忽等一批贤臣的辅佐下使齐国转危为安，并迅速强大起来，这就是齐桓公。齐桓公认为齐厘公为君只一个月就被杀，是一个凶兆，为了辟邪，就以前朝贤臣、祖父姜夷仲年名字中的"年"字为后代的姓氏，称年氏。又源于芈姓，出自元末明初年遇春，属于音讹改姓为氏。年遇春，本姓严，其父为元朝一名武官，元末镇守滁阳，与起义军对抗中殉职。年遇春遂避难至安徽怀远县，隐居在县北许家河柘塘村。明朝初期占籍，遂以当地乡音讹"严"为"年"，为怀远年氏之始祖。该支年氏一族的代表人物，有后来明朝时期著名的户部尚书年富。《明史·年富传》记："年富，本姓严，讹为年。"年富一生历经明成祖朱棣、明仁宗朱高炽、明宣宗朱瞻基、明英宗朱祁镇、明代宗朱祁钰、明宪宗朱见深六朝，为明朝一代名臣。清朝时有著名的抚远大将军年羹尧。

如氏　出自姒姓。东瓯国人尊摇王为如来，此后世当以王父字为氏。又《姓氏考略》云："郑公子班，字子如。郑公族多以王父字为氏。"又《通志·氏族略》云："如罗氏改为如氏。"战国时有如耳；三国时有如淳，陈郡丞。

仰氏　出自上古虞舜为帝时的大臣仰延之后。仰延精通音乐，当时瑟为八弦，他改造为二十五弦，为一大发明。仰延的后人，以祖上的字为姓，遂成仰姓。又出自嬴姓，为秦惠公之子公子印之后。印，古为仰字的右半部。其支庶子孙以祖字为姓，加一人旁，遂成仰姓。

负氏　源于芈姓，出自春秋时楚国公子伍子胥，属于以先祖名字为氏。《姓苑》记："负出南洋，与楚同族。""负氏以祖辈名字为姓氏，出自伍氏。"伍子胥，本名伍员，"员"字在简化字之前一直写作"负"。伍子胥后为吴国国相，后遭杀害，或云"员"字有缺而字作"负"。又《姓氏考略》记："南朝宋刘凝之敬慕负氏(伍员)忠烈，遂改姓负。"

曳氏　本为叶姓，易叶为曳。后有越国大夫曳庸，子孙以王父字为氏。曳庸本是诡智之士，负责越国的外交事务。曳庸出使楚国，与楚国太子少师费无忌谋划，把宋国拉进楚越同盟，由宋国向吴国发动攻击，吸引吴军北上，然后准备楚越联手伐吴。

买氏　源于姜姓，出自春秋时期许国君主许悼公之后，属于以先祖名字为氏。许悼公，一称作许悼公，名姜买(许买)，字智敏。在位期间是公元前546—前523年。在其庶出子孙中，有以先祖名字为姓氏者，称买氏。又买氏源于子姓，出自西周初期宋国开国君主微子启之后，属于以封邑名称为氏。《偃师姓氏源流》记："宋微子之后有买姓。"春秋时期有莒子密州，字买朱锄，其后裔子孙以先祖的字为姓氏，称买氏。

刑氏　出自黄帝时形天之后。刑与形通假。黄帝鸿时有形天，是炎帝榆罔时的重要官员,主司农耕,又有音乐天赋。黄帝得天下初时,刑天作《扶犁》之乐,又作《丰年》之歌。当炎帝被黄帝招安,以刑天为首的部分炎帝残余势力在今陕西宝鸡的常羊山举兵反。黄帝派兵予以镇压。刑天被杀,死不瞑目,以乳为目,以脐为口,操干戚起舞,成为鬼怪之神,立于常羊山之上。又刑氏出自上古理掌刑法的官职,称刑人,其后代以先辈职务名称为姓氏,属于以官职称谓为氏,此刑氏不同于邢氏。又刑氏源于姬姓,出自西周初期周公后裔邢氏改刑氏,《左传》记:"凡蒋、刑、茅、胙、祭,周公之胤也。"晋国大夫解狐有家臣刑伯柳,刑伯柳后为解狐举荐给赵简子为国相,是为史书所载最早刑姓人。

论氏 论氏,亦作伦氏,源于唐朝时吐蕃(今西藏雅鲁藏布江流域的藏族)官,唐噶尔世家,属于以官职称谓汉化改姓为氏。《姓辩证》记:"大抵论氏者,吐蕃相也。唐太宗时,吐蕃大论薛禄东赞始入朝,召对合旨,帝以琅琊公主外甥(女)妻之。禄东赞有子钦陵,曰赞婆,曰悉多于,曰勃论禄。其兄弟并当国。钦陵子弓仁,(唐周武则天)圣历二年(699),以所统吐浑七千余帐自归,授左玉钤大将军,封酒泉郡公,始以其世官为论氏。"

全氏 出自泉姓。西周时期,人们称钱币为"泉",因设有泉府之官。在泉府官的后裔子孙中,有以先祖职官称谓为姓氏者,称泉氏,后来因"泉"字同音通"全"字,故有人改泉为全,称全氏。又《姓辩证》记:"全琮孙晖,封南阳侯,食封白水,改为泉氏。"全琮是三国时期吴国将军。

刘姓 出自唐陶氏帝尧之后,帝尧封子监明(丹朱庶兄)为郪邑侯,居平阳(今山西临汾市),监明早逝,由其弟源明长子式以为嗣,后裔刘累为夏帝孔甲养"龙",是为刘姓始。又记刘姓为周属祖先公刘之后。又记周顷王封季子于刘城(在今河南偃师县南之缑氏镇),史称刘康公,传刘姓,称姬姓刘氏。《唐志文》记:"其先出自帝尧,刘累之胤,在夏为御龙氏,在周为唐杜氏。后有仕晋,食采于随。士会既自秦归,处者遂复累姓。两汉隆其大业,一宋挺其英雄。子骏博达以居时,文饶仁恕而佐命。西河赖以重阐,南阳著其咏歌。"又:"其先陶唐之裔,至夏后氏之代,有刘累学扰龙,以事孔甲,封于实沉(今山西太原市),改为御龙氏。及毁,徙封豕韦氏,逮周为唐杜氏,泊秦复为刘氏。固抵深根,长源浚派,汉、宋郁起,公侯迭生,代不乏贤,称为著族。"又:"昔迁豕韦氏于固□(有缺字,当是指固陵,汉改固始。即今河南太康县南)棠(唐)杜氏。晋主夏盟,为范氏,后交质于秦。在晋为范,居秦则刘。因生以赐姓,开国承家,保性命氏,其来尚矣。"据刘氏族谱载:"士会归晋,次子士雃留居于秦,避秦获援累祖之姓复为刘氏曰刘轼。轼生明,明生远,远生阳,十世孙,战国时获于魏,遂为魏大夫。"士雃又记士䰙,侍秦,复刘氏,汉高祖刘邦就是他的后代。刘姓为汉朝国姓。

孙氏 本源多出。其一,孙氏出自周文王庶子郜叔之后,郜子建郜国(在今山东成武县东南十八里郜鼎集),裔孙孙阳,字伯乐,秦穆公时善相马,称"伯乐识千里马",

其后传孙姓。其二,孙氏出自姬姓,卫康叔十六世孙孙良夫为孙姓始。其三,孙氏出自田改孙姓,出自孙凭。其四,孙氏出自芈姓,楚蚡冒生王子章,字无钩,牛蒍叔伯吕臣,孙芴贾伯嬴生芺猎,即令尹叔敖,传孙姓。《新唐书》记:"孙氏出自姬姓。卫康叔八世孙武公和生公子惠孙,惠孙生耳,为卫上卿,食采于戚,生武仲乙,以王父字为氏。乙生昭子炎,炎生庄子纥,纥生宣子鳣,鳣生桓子良夫,良夫生文子林父,林父生嘉,世居汲郡。晋有孙登,即其裔也。又有出自芈姓。楚蚡冒生王子芴章,字无鉤,生芴叔伯吕臣,孙芴贾伯嬴生芴父猎,即令尹叔敖,亦为孙氏。又有出自妫姓。齐田完字敬仲,四世孙桓子无宇,无宇二子:恒、书。书字子占,齐大夫,伐莒有功,景公赐姓孙氏,食采于乐安。"《唐志文》记:"昔都吴建国,疏源崇鼎峙之基;周晋播迁,茅土享封侯之祚。"又:"承周文王少子之遐裔,康叔之胤绪,方立氏焉。"又:"孙叔作相,刑政肃而风化流;孙武用兵,法令齐而强敌震。遗烈隆茂,代无旷焉。"又:"孙氏之先,盖齐大夫书之后。"又:"其先即吴大夫孙武孙书是也。"

　　吕氏　出自姜姓。三世而谓姜太公焉:太公望为周文王谋,师尚父为周武王战,吕尚为周成王治。《新唐书》记:"吕氏出自姜姓。炎帝裔孙为诸侯,号共工氏,有地在弘农(今河南灵宝)之间,从孙伯夷,佐尧掌礼,使编掌四岳,为诸侯伯,号太岳。又佐禹治水,有功,赐氏曰吕,封为吕侯。吕者,膂也,谓能为股肱心膂也。其地蔡州新蔡是也。历夏、商,世有国土,至周穆王,吕侯入为司寇,宣王世改'吕'为'甫',春秋时为彊(强)国所并,其地后为蔡平侯所居。吕侯枝庶子孙,当商、周之际,或为庶人。吕尚字子牙,号太公望,封于齐。"《唐志文》记:"其始祖则周太公吕尚父之后也。衣裾不绝,代袭冠缨,周汉之朝,婚连贵戚;晋宋之世,名列英贤。"

　　任氏　本为伏羲氏分支。炎帝临魁,母曰任姒,伏羲氏(庖帝)女也,黄帝封为首姓。后出任姓为黄帝鸿公孙氏之后。黄帝鸿封少子禹(禺)阳于任(在今山东微山县西北仲浅),以国为氏。《新唐书》记:"任氏出自黄帝少子禹阳,受封于任,因以为姓。十二世孙奚仲,为夏车正,更封于薛。又十二世仲虺,为汤左相。太戊时有臣扈,武丁时有祖巳,皆徙国于邳。祖巳七世孙成侯,又迁于挚,亦谓之挚国。"《唐志文》记:"黄帝廿五子,十二人贤德授姓,其一为任,子孙因而命氏。"

　　竹氏　出自孤竹君叔齐(伯夷)之后。又《后汉书·夜郎传》:"初有女子浣于遯水(即今北盘江。源于云南宣威市北部,流经贵州西境),有三节大竹流入足间,闻其中有号声,剖竹视之,得一男儿,归而养之。及长,有才、武,自立为夜郎侯,以竹为姓。"《唐志文》记:"孤竹君之后。峨峨峻趾,耸莲峰而极天;森森昌源,架蓬波而浴日。衣冠交映,钟鼎联华。岳渎间生,像贤不坠。"又:"姬文王子成他之别族,辽西国君子夷齐之后。"

　　伍氏　其先出自楚莫敖屈重之后。屈重,亦记屈瑕,生完。完生御寇、椒。御寇生赤角传屈氏,椒生伍参。伍参为楚庄王所宠爱,以贤智升为大夫。《姓辩证》记:(伍参)生举,食邑于椒(当指椒水,又名鲁家沟。即今安徽凤台县西南焦冈湖),谓之椒举,其子曰椒鸣、伍奢。椒鸣得父邑,而奢以连尹为太子建太傅,费无极谮之,王逐太子而杀伍奢及其子棠君尚。尚弟员,字子胥,奔吴事阖庐(闾)为卿,破楚入郢,以报父仇。吴夫差时,伍子胥忠谏不见听,属子于齐,为王孙氏。《唐志文》记:"其先楚大夫员(伍员)之后也,因官河洛,支庶家焉,故今为偃师亳邑乡人焉。若乃水府毓灵,导昌源而引派;荆郊纵欿,藉光隰以班枝。偶庆鳣庭,家传紫盖之壤。"《伍氏宗谱》记:"子胥娶贾氏,生子辛,字宠子,因寄齐鲍叔牙(当是鲍息),鲍惟闻家改名封,娶国氏(王孙封亦娶西施为妾),生二子,长子常,幼子帷。常,字仲仁,复改伍姓,仕齐为正大夫,领兵伐赵有功,拜司马。"

乔氏　本出黄帝桥山守陵者也,后周周文帝命去木为乔氏,义取高远也。《新唐书》记:"乔氏出自姬姓,本桥氏也。(东)汉太尉(桥)玄六世孙勤,后魏平原内史,从孝武入关,居同州,生朗,朗生达,后周文帝(宇文泰)命桥氏去'木',义取高远也。世居太原。"《唐志文》记:"昔有熊葬于乔山,子孙因以为氏,德业千祀,代有其人,直史鸿笔,备图景行。迨至周、秦之际,迁家睢水,厥后爱适乐土,散居渭阳。"又:"天有才而不能久,命矣;国有位而不得继,人也。其系本于晋,有葬桥山之隅者,因以氏也。"

吉氏　出自姞姓。《姓辩证》记:"吉,出自姞姓。黄帝裔孙伯儵封于南燕,赐姓曰姞,其地东都燕县(治所在今河南延津县东北三十五里)是也。"又《历史名人姓氏全编》记:"周尹吉甫之后,以王父字为氏,又望出洛阳。"姞姓与吉姓同源所出。姞姓人常与姬姓婚姻。《唐志文》记:"吉氏出自帝尧时,伯儵封南燕国,赐姓姞,后传吉姓。铭曰:'维岳吐符,降先大夫,匡周道孚,本枝乔兮。'"

先氏　出自唐杜氏杜伯之后。杜伯子隰叔奔晋是为晋大夫,隰叔孙先俞之后以先姓称氏。晋所谓世为晋大夫,有四姓栾、郤、狐、先者也。其尤显者,晋大夫先轸,生霍伯先且居,且居生先克,三世为卿。《唐志文》记:"于初神农之系,在唐(尧)时腾跃四岳,在周时尚锡四履,在春秋时锜相皆为大夫。在汉高后时封四王,封侯六。尔后乘朱辀,佩虎符多矣。故著于地方乃营丘大姓,迁于官者是郇瑕盛族。"

同氏　出自司马氏。《唐志文》记:"(同)出自司马氏,同州冯翊哲人改司马迁遭宫刑,则'司'加竖壁为同以避之。"

米氏　出于楚国芈姓,属于以音讹为氏。楚国亡后,以先祖姓氏"芈"的同音字"米"为姓氏者,以避秦军杀戮,由此世代相传至今,自称米氏正宗。该支米氏族人皆尊奉楚国之祖鬻熊为得姓始祖,且不与其他米氏合谱。又米氏有来自西域米国(在今乌兹别克斯坦撒马尔罕西南),《唐志文》记:"其先西域米国人也。"

危氏　出自颛顼帝之后。高阳颛顼帝之长子梼杌是个不才子,帝尝用为狗官,梼杌生盘瓠。盘瓠之后为三苗,帝舜时三苗之兵起于江淮,大禹往征,打败三苗,帝舜命迁其部到三危(即今甘肃敦煌市东南三危山)。之后西域有危须国(在今新疆和硕县曲惠乡)。《潜夫论》记:"危氏,三苗之后。"

　　寻氏　出自姒姓。《姓辩证》记:"寻,出自姒姓。夏后同姓诸侯曰斟寻氏,后为寒浞所灭,子孙因为寻氏。晋有寻曾,字子贡。隋末有将军寻相。"

　　汪氏　当出自黄姓之分,侍者出力又出汗者号称。《战国策》:"楚有汪明,春申君(黄歇)尝诏门吏,为汪先生著客籍。"

　　贞氏　在黄帝鸿时就已经有了其族,到周朝时确定了姓。《唐志文》记:"唐周文林郎贞隐子墓志:'昔帝鸿作系,周仙命氏,嵩坛降祉,伊管成文,其后必大,史谍言之具矣。'"

　　汝氏　出自殷贤人汝鸠、汝方之后,望出颍川、渤海。《尚书·亡篇》记:"有汝鸠、汝方,汤之贤臣。"晋国有大夫汝叔齐,君子谓'叔侯',于是乎知礼。"又《姓源韵谱》记:"周平王少子(姬武)封于汝州(今河南汝州市),其后有汝氏。"

　　后氏　出自神农氏炎帝之后。五帝时,颛顼氏高阳继承少昊帝帝业,共工氏术器不服,与高阳争帝位,时勾龙有功,颛顼帝命为后土,是为掌管有关山川土地事务及农业生产的官职。在后土的后裔子孙中,有以先祖官职称谓为姓氏者,称后土氏,简为后姓。又记后氏出自少昊帝(朱宣)小子后照之后,《姓氏考略》记:"太皞孙后照之后,今开封有此姓,望出东海也。"又源于姬姓,出自西周时期鲁孝公之子姬巩的封地,属于以封邑名称为氏。鲁孝公将自己的儿子公子巩(惠伯巩)封在郈邑(今山东东平东部),后来成为齐国的著名无盐乡。公子巩在世时"勤勉仁惠,昭昭如日月",深受国人爱戴,他去世后,得谥号即为"郈惠",史称"郈惠伯"。在郈惠伯的子孙中,称郈氏,之后去邑为后姓。

　　羽氏　出自姬姓,郑穆公小子挥为子羽氏,挥之子颉为马师,传羽姓。又《官氏志》记:"弗羽氏改羽氏。"

　　朴氏　源自古采木皮者。《论衡·量知》:"无刀斧之断者谓之朴。""朴"字原意还可用来镇止欲望,《老子·三十七章》记:"无名之朴夫,亦将无欲。不欲以静,天下将自定。"《姓辩证》记:"后汉巴郡蛮酋:罗、朴、昝、鄂、度、夕、龚,凡七姓。"《三国志·魏志·武帝纪》记:建安二十年(215)"九月,巴七姓夷王朴胡举巴夷来附"。朴氏今为韩国大姓之一。相传赫居世是从天上飞来的白马生下的紫卵中出生的,卵形同瓢,而朝鲜语"瓢",与汉字"朴"同音,读音:piao,所以取姓为朴。

　　纥氏　纥氏原有复姓。古居代北(泛指今山西代县雁门关以北)之民有纥骨氏、纥单氏、纥干氏。唐朝时,《资治通鉴》记:"代北存饥,漕运不继。"纥干,南下之民后简为纥姓。

　　池氏　出自嬴姓。秦惠文王小子名公子池,为秦大司马,其后传池姓。另有以居住地为姓,《风俗通》载:"氏于地者,城、郭、园、池是也。"古代城墙外护城河称之为池。有成语"城门失火,殃及池鱼"之说。

戎氏　出自己姓,源于少昊金天氏曾孙允格之后。《元和姓纂》记:"犹戎,少昊之孙(青阳金天氏曾孙)允格之后。"《姓氏考略》记:"西羌部族有允戎氏。"又出自宋微子世家,宋平公之子名子边,御戎守边,以定姓氏,史称戎氏正宗,望族出江陵郡(今湖北江陵县)。又出自嬴姓,商朝庚丁帝时,有名人戎胥轩,娶骊山女为妻,其后裔子孙中有以先祖名字为姓氏者,称戎胥氏,后省文简化为单姓戎氏、胥氏。

伊氏　源于伊耆(祁)氏,出自远古神农氏之先祖,其后裔子孙便以伊为姓氏。商朝开国大臣伊尹曾居于伊川(今河南伊川县),属于伊耆氏之后,后世尊为始祖。

夹氏　由楚郏敖之后郏姓分出,当以郏邑(即今河南郏县)为氏。

七画姓氏:

汪姓　出自汪罔国,子孙以国为氏。汪罔(茫)国国主防风氏(今浙江建德市为原防风氏都地),又以为汪茫氏。帝禹八年(前1922)春,会诸侯于会稽。会稽之会,防风氏后至,禹杀之,以威天下。禹杀防风氏,后知防风因水阻而迟,甚为悔恨,告之后世,以为农历八月二十五日俗祭(见浙江《武康县志》)。防风氏是枉死之人,后传汪姓。又汪氏出自鲁国成公黑肱次子汪之后,汪食采颍川(今河南周口市太康县),封爵为汪侯。汪侯生汪挺,汪挺生二子:长汪诵,次汪芒,之后传汪姓。

张氏　出自(黄帝)青阳·金天氏第五子挥之后。《唐志文》记:"帝少昊金天氏之苗裔,洪源渥日,乔基切汉。滔滔长注,引溟海以涟漪;岩岩曾构,望昆墟而并峻。乃有文成命世,司空间出。春兰秋菊,无绝于时;玉质金相,如斯而已。"又:"昔者周迁商鼎,孝友闻于大夫;晋主夏盟,忠规振于司马。留侯运筹而王汉,右侯提剑而昌赵。其德可高,侔峻杰于衡霍;其功可大,比弘量于沧溟。"又:"昔轩辕之子二十五宗,得姓者十四而已,其一子以张纲罗取禽兽,遂为张氏,张氏之出,盖因此焉。"又:"自黄帝之子能(张挥),弦弧张罗,世掌其官,因以为氏。"又:"张氏之先,轩辕黄帝之苗裔,罗公(轩辕罗)之茂族。黄帝时,蚩尤作乱,遂诏罗公筹策以讨妖,纷计沉模而殄凶,罗公名既重,遂封南阳郡,因为氏焉。"今河北广宗清河张氏,为天下第一张姓,史称张氏正宗。

吴氏　本起多源。炎帝大臣吴权之女吴枢嫁黄帝律生黄帝公孙氏,远古有吴氏;颛顼帝之后有祝融氏吴回传吴姓;周文王伯父太伯、仲雍之后建吴国(国都前期在今江苏无锡市梅村,后期在今苏州市)传吴姓,子孙以国为氏。《唐志文》记:"其先与周同姓,文王封大伯于吴,至武王始大其邑,春秋之后,与为盟主。及越灭吴,子孙奔散,或居齐鲁间,因为郡之籍氏焉。"又:"周太伯以让奔荆蛮,荆蛮人义之,遂立于吴。"又:"其先惟周,始封太伯,益大其国,实称寿梦,因是支庶,因姓曰吴。"

延氏　出于吴国延陵季子之后。春秋时,吴王诸樊的弟弟季札,受封在延陵(今江苏常州市),又称为延州来季子,后有传延姓。另《汉书·西域传》记:"西域亦有延氏。"望出河南。另载,北魏有代北三字姓"可地延"氏,随魏文帝进入中原后改为汉姓延氏。

宋氏　出自商之后的宋国,宋襄公次子谥号后废公,后废公之后建木晷天,测日影以定时,则以"宀""木"成"宋",传宋姓。秦始皇时有燕人宋无忌作仙方者。其后有楚怀王上将军宋义,封武信君。《新唐书》记:"宋氏出自子姓。殷王帝乙长子启,周武王封之于宋,三十六世至君偃,为楚所灭,子孙以国为氏。"《唐志文》记:"其先宋襄公胤,未绪兴在汉吴,可谓震金柯于远古,岂不擢翠叶于近今。爰有仁有勇,自兹已降,蝉联靡绝。""自殷王缔构,开鸿绪以崇基;微子嗣兴,因锡国而命族。是以经邦佐汉,尚书令有燮理之明;御撤屏风,司空公标正谏之美。致使□驰往策,誉阐前修,珪组世传,人焉代有。"

陈氏　出自帝舜之后。夏禹封舜子商均于虞城,三十二世孙遏父为周陶正,武王妻以元女太姬,封之宛丘(在今河南淮阳县东南),为陈侯,以奉舜后,是为胡公满。陈氏起源久长,而源流较为单一,自周时建陈国,分族繁枝衍派诸侯。《新唐书》记:"陈氏出自妫姓,虞舜帝之后。夏禹封商均于虞城,三十二世孙遏父为周陶正,武王妻以元女大姬,生满,封之于陈,赐姓妫,以奉舜祀,是为胡公。九世孙厉公他生敬仲完,奔齐,以国为姓。既而食邑于田,又为田氏。"《唐志文》记:"周室翦商,妫满作宾于天下;汉朝勘项,曲逆持衡于海内。或超然素履,台衮之仰仲躬;或烁乎从政,阿衡之谋仲举。亦有魏游千骑,道冠当涂;晋邑万家,声高典午。"

应氏　出自姬姓,周武王封少子应韩于应(在今河南平顶山市西,白龟山水库内),称应侯,子孙以国为氏。又《史记·范雎传》记:"秦封范雎以应,号为应侯。"其后传应姓。

芮氏　出自周属古公亶父之弟姬芮之后。周武王封宗族之弟芮伯于芮(在今陕西大荔县东南),建芮国。《姓辩证》记:"芮,出自姬姓,周卿士芮伯之后,以国为氏。"

杞氏　杞氏出自姒姓,夏亡之后夏姓,商有杞国(初在雍丘,即今河南杞县。后迁缘陵,在今山东昌乐县东南七十里。又迁淳于,在今山东安丘市东北),以国为氏。《史记·夏本纪》:"汤封夏之后,至周封于杞也。"

杨氏　杨氏之先自黄帝公孙氏始,黄帝曾孙帝喾生于姬水因以姬为姓。周武王三子名唐叔虞,《左传·昭公元年》记:"当武王邑姜方震(娠)大叔(指叔虞),梦帝谓己:'余命而子曰虞,将与之唐,属诸参,而蕃育其子孙。'及生,有文在其手曰虞,遂以命之。及成王灭唐,而封大叔焉。"今"虞",原始古文作"仌仌"字。叔虞其子燮父转唐为晋,是谓晋国。燮父生少子六,以六月六日生,故以六名之。六生而有纹在其手,左曰木,右曰易,昭王曰:"其祖(指唐叔虞)有之,天所命也。"遂封六为杨侯,国于河洛之间,字之曰君牙,后为穆王司徒。穆王封君牙于杨(在今山西洪洞县东南十五里范村。后称杨县),建古杨国,史称一封杨侯。又周宣王二十二年(前806),宣王封少子尚父为杨侯,立杨国,史称二封杨侯。周桓王元年(前719)武公为曲沃武公时,为晋所败,逃到了桐(一作相。在今山西闻喜县东北),武公娶妃杜氏生庶出长子伯侨,武公得晋,又夺杨县,则封伯侨食邑杨地,伯侨窃号杨侯,是称三封杨侯。伯侨生文,文生近,近生突,突生职,皆称羊舌大夫。职生五子:赤、肸、鲋、虎、季夙,前四子号"羊舌四族",而羊舌季夙为家司马不称族。羊舌肸为晋大夫,以定杨姓,史称杨氏正宗。又晋景公之弟姬杨千古与晋悼公之弟杨干传杨氏是为洪洞杨姓。羊舌肸以定杨姓,传后有"天水杨氏""弘农杨氏",尤以弘农杨氏最为繁盛。弘农杨氏自周末启族以来,历朝皆显:在晋为大夫,秦朝以军功显,汉天下朱轮积辙,二晋时世为代禄,南北朝时牧州典郡,隋天下杨为国姓。《新唐书》记:"杨氏出自姬姓,周宣王子尚父封为杨侯。一云晋武公子伯侨生文,文生突,羊舌大夫也。又云晋之公族食邑于杨食,凡三县:一曰铜鞮,二曰杨氏,三曰平阳。突生职,职五子:赤、肸、鲋、虎、季夙。赤字伯华,为铜鞮大夫,生子容。肸字叔向,亦曰叔誉。鲋字叔鱼。虎字叔罴,号'羊舌四族'。叔向,晋太傅,食采杨氏,其地平阳杨氏县是也。叔向生伯石,字食我,以邑为氏。"《唐志文》记:"原夫鸟旗鱼燎,有周武之兴王;旅矢彤弓,有晋文之启霸,此之谓厥初也。西河鼎盛,乘朱轮者有十;东洛台阶,服华衮者有五,此之谓锡胤也。若乃飞凰入梦,文足以经邦;艺马从权,武足以禁乱。"隋文帝杨坚为弘农杨氏支脉,故杨氏为隋朝国姓。

苏氏　出自昆吾氏之后。昆吾氏夏朝时世为夏伯,夏帝芬二十三年(前1715)封地有苏(在今河北沙河市北)。《苏洵族谱》记:"昆吾之亡于商末有苏氏兴焉。"有苏氏女妲己亡商,其子侄苏忿生为周司寇,以为苏姓祖。又苏氏出于宋微子世家,宋襄公的弟公子胊字子鱼,其后传鱼姓,秦惠文王初时(前337),鱼澄献禾,以禾配鱼,即苏秦也,苏秦纵横战国,因而氏也。《新唐书》记:"苏氏出己姓。颛顼裔孙吴回为重黎(应该是指祝融),生陆终。生樊,封于昆吾。昆吾之子封于苏,其地邺西苏城(今河北临漳县)是也。"《唐志文》记:"自轩池溢派,姬水疏源。长波浩汗兮,浮天载地;峻冈嵬嶷兮,含云蓄雾。元胎肇祖之日,开国承家之辰,宠光九锡,荣迁六辅,宅于斯,安于斯,遂使土有其主,族标其望。翼戴致山岳之重,忠贞怀金石之固。日中必晡,操刀必割,刚捍锐于青剑,清白厉于冰霜。戎狄挹慷慨之风,君王谟耿结之节。何人入咏?暴公潜逝梁之讥;佞子勿居,董昭伤非枕之刺。余芬不朽,克昌厥后。"又:"秦皇(秦惠文王)之日,鱼澄献禾,以禾配鱼,因而氏焉。乃(苏秦)纵横战国,慷慨天山,自缣细具焉。"

沈氏　出自周文王第十子冉季载之后,冉季载食采于沈(在今安徽临泉县),子孙以食邑为氏。《新唐书》记:"沈氏出自姬姓。周文王第十子聃叔季(冉季载),字子揖,食采于沈,汝南平舆沈亭,即其地也,春秋鲁成公八年(前583)为晋所灭。沈子生逞,字循之,奔楚,遂为沈氏。生嘉,嘉字惟良,二子:尹丙、尹戊。尹戊字仲达,奔楚隐于零山,为楚左司马。生诸梁,诸梁字子高,亦为左司马,食采于叶,号叶公。二子:尹射、尹文。尹射字修文,为楚令尹,旬日亡去,隐于华山。二子:尹朱、尹赤。尹赤字明裡,生郢。郢字文明,召为丞相,不就,生平。平字俊子,封竹邑侯,生遂。遂字佐时,秦博士。"《唐志文》记:"尔其遐胄,造自平舆,建国开基,爵颁鲁史。武康分邑,叶炽枝繁,代听英髦,详诸简牍。"

陆氏　出自(田)齐宣王少子季达,季达孙俾侯封于陆乡(在今山东乐陵市西南),开锡氏之源,称大陆氏,后简为陆姓,世为江东大族。又甲骨文载:商武丁时(前1274—前1216),汶上有陆国。周立,陆亡于鲁,后裔遂为陆终氏焉。《新唐书》记:"陆氏出自妫姓。田完裔孙齐宣王少子通,字季达,封于平原般县陆乡,即陆终故里,因以为氏焉。"《唐志文》记:"昔者舜嗣尧历,协帝初以避门;田育姜姓,宾王终而有国。其后俾侯有陆,开锡氏之源;作相于吴,纂承家之秘。元德之绪,莫京于代。"

邹氏　邹氏出自殷属宋国上卿正考父之子宣靖父,宣靖父因难逃到鲁国食采邹邑(本邾国。在今山东邹城市东南纪王城),子孙以邑命氏传邹姓。又出自古邹国之后,《姓觿》记:"邹国,舜后,姚姓。"商朝诸侯国有邹国(在今山东曲阜市东南),后为曹姓邾人所夺,国人以国名为氏传邹姓。又台湾有邹族,出自东瓯国摇王第七子敖吉之后。邹族为今台湾玉山、阿里山族群之一。

邱氏　出自姜太公吕尚封于齐而都在营丘(在今山东淄博市临淄西北古城),其支庶居营丘者以丘为氏,后避孔子名讳,改丘为邱,传为邱姓。

劳氏　出自上古东夷族。秦朝之前皆名不见史,属于原始古部落,徐福借口为秦始皇采仙药,骗得二千童男童女经由崂山(在今山东青岛市崂山区东北)南去,崂山始闻于世。崂山即劳山,居者以地为氏而得姓。东汉有琅琊劳丙,晋朝有三公渤海劳霸。

告氏　告与郜同,告氏出自周文王庶子郜叔之后。郜叔封于郜(在今山东成武县东南十八里郜鼎集),地五十里。《春秋·隐公十年(前713)》记:"六月壬戌,公败宋师于菅(在今山东单县北)。辛未,取郜。"郜是子爵小国,国亡,子孙去邑传告姓。传世青铜器有郜史硕父鼎及郜仲尊。另有郜邑,春秋晋地,在今山西浮山县西南。《左传·成公十三年(前578)》记:"晋侯使吕相绝秦,曰'焚我箕、郜'。"此有传郜姓,属以邑为氏。

沙氏　源于子姓,属于以邑为氏。宋戴公有诸庶子称诸戴,诸戴子孙有封于沙鹿(在今河北大名县东),称沙伯。沙鹿,史称河上之邑。《春秋·僖公十四年(前646)》记:"沙鹿崩"。沙鹿因受漳河、卫河南北两相夹击的常年冲刷而发生了土地崩塌现象,形成为一个大泽(湖),改称为"沙泽"。在沙伯的后裔子孙及国民中,以地名为姓氏者,称沙氏。

邴氏　出自晋桓叔捷之孙箕遗之后。箕遗,又记姬豫,是晋悼公堂弟,封在邴邑(故址在今山东菏泽市成武县),改名邴豫,晋平公时隶于栾氏集团。范鞅平栾氏,包围曲沃,放火攻门,羊舌虎提戟当先,箕遗仗剑在后,冒火杀出,被军士放箭射倒在地而就擒被斩。邴豫之后子孙以王父封邑命氏,在邑者传邴姓。

邳氏　以地为氏。帝禹时,奚仲为夏车正,自薛封邳(古址在今江苏睢陵县西北古邳镇东三里),子孙以为氏。《辞源》记:"邳州,夏为邳国。"邳氏望出信都。汉光武帝时有邳彤,官太守,信都反者捕系其父、弟、妻、子,派使者招降,邳彤曰:"事君者,不顾家。"因功封灵寿侯。《路史》记:"邳姓分支有伾氏、丕氏、女丕氏、女否氏。"

况氏　出自帝尧之后。《礼乐记》:"(周武王)封帝尧于祝(在今山东济南市西南丰齐集北古城)。""祝"近形字为"況",而"況"即"况",属改字为姓者。三国时期有蜀国人况长宁。另例有黄姓回改祝姓。明代苏州知府黄钟,官至礼部仪制司郎中,他请示天子要求恢复祖姓况氏。帝感其敬祖,不仅允许他改姓,还特意奖励了他。黄钟就成了况钟,他的后人世代相传的姓氏就是况氏了。

怀氏　怀氏以邑名氏。怀(在今河南武陟县西土城村附近),春秋郑邑,后属晋。西周初,周武王封文王子叔虞于怀邑,后又把居住在晋国的商朝遗民"怀姓九宗"封赏给叔虞,这些臣民的后代就以怀为姓,称怀氏。又出自芈姓,战国时楚怀王的后人有传怀氏。据《汉书·高帝纪》载,怀姓为楚国大族之一。刘邦建立汉朝后,曾下令把楚国昭、屈、景、怀、田五姓公族迁于关中。

岑氏　出自姬姓,为西周初期周武王堂弟姬渠之后,属于以国名为氏。周朝时,周武王姬发将父王(周文王)异母弟姬耀封为岑子,将其堂弟姬渠封于岑地(今陕西韩城),建立了岑国,其后代以国名为姓。《吕氏春秋》记:"周文王封其异母弟耀之子渠为岑子,其地也,今梁国岑亭是也。"《通志·氏族略》记:"周武王封文王异母弟耀之子渠为岑子。"前者认为岑子是周文王所封,而后者认为是周武王所封。汉王莽篡汉之后,刘秀起兵于新野,在以岑彭为代表的一批文武英贤辅佐下,建立了东汉政权。岑彭持军有方,英勇善战,后来被册封为云台二十八将之一。汉朝岑氏族人尊舞阴侯、征南大将军岑彭为得姓始祖。

君氏　出自唐叔虞之孙君牙之后。君牙为周穆王司徒,《尚书·君牙》记周穆王对君牙曰:"民之治乱在兹。"君牙始封杨侯,建古杨国,传君姓。《唐志文》记:"杨氏之先与周同姓,自文王昌之子唐叔虞,虞生燮父,燮父生六,当昭王时,以六月六日生,故以六名之。生而有纹在其手,左曰杨(木),右曰侯(易)。昭王曰:'其祖有之,天所命也。'遂封六为杨侯,国于河洛之间,字之曰君牙,为穆王司徒。书曰:穆王命君牙为周大司徒,此得姓之源也。"《姓书》曰:"君,君牙之后。"

苍氏　出自轩辕黄帝之后。轩辕生昌(苍)意,昌意生苍林,苍林生苍颉,苍颉造字,后有契书,称史皇氏。苍颉是黄帝的史官也就是造书(制字)的始祖,也有称苍颉为仓颉的。后世称苍颉为"制字先师",或称"苍颉圣人",也称"左史苍圣人"。苍颉生苍舒,苍舒居颛顼高阳帝八恺之首,后世以为氏,传苍姓。

灵氏　出自子姓。《姓辩证》记:"灵,出自子姓。宋文公子围龟,字子灵,其孙不缓,为左师,以王父字为氏。"越有大夫灵姑浮,以戈击伤吴王阖闾。

尾氏 尾氏有二出,其一出自鲁桓公之弟尾生,一名施父,谓曰"信如尾生,天下之高行也",其后子孙有传尾姓。其二出自齐惠公之子高祈,高祈生子尾,子尾一名公孙蠆,齐大夫,是为政治强势人物,因自为子尾氏。子尾子子良,一名公孙强,失势奔鲁,以王父字为氏传尾姓。尾与惠音近,或二尾之后有传惠姓。

闵氏 出自鲁湣公之后。春秋时,"闵""愍""湣"字义相通,谥号有令人怜惜、痛心之意。湣公为庆封所杀,湣公之子闵启以王父字为氏,传闵姓。闵启曾孙闵子马为周大夫,闵子马之子闵损,字子骞,是孔子学生,与颜回并称,闵损之子闵沃盈之后传焉。

罕氏 出自姬姓。《姓辩证》记:"罕,出自姬姓。郑穆公之子曰公孙喜,字子罕,其孙以王父字为氏。子罕生公孙舍子,字子展。子展生罕虎,字子皮,及其弟罕魋。子皮生婴齐,字子蠚,生罕达,字子姚,一曰武子剩。子展弟曰公孙钼,字罕朔。又晋献公时有大夫罕夷,不知其得氏之始。"

旷氏 旷与邝同,源于姬姓。出自春秋时期晋国师旷之后,属于以先祖名字为氏。《风俗通》云:"(旷)师旷之后。"

足氏 足氏出自姬姓周公旦之后。周公五子祭伯,封伯爵因名,其后九传祭足为郑大夫。周桓王十三年(前707),桓王讨伐郑庄公,是为繻葛(在今河南长葛市北)之战。周王在战役中败北,且被祝聃射伤,祭足在夜间奉庄公之命到军营探望周王,祭足子孙以王父末字为氏,传足姓。《战国策》记:"韩有足强,尝说韩王,则足为人氏焉。"

寿氏 周太王子仲雍的曾孙名周章,居于吴,周武王克商以后,遂封其地,建立吴国,为周朝附庸。周章十四世孙寿梦主吴时,国势强大,称吴王,与楚国争抗,故春秋时吴国自寿梦始。在寿梦的支庶子孙中,有的以祖先名字为姓,是为寿姓。吴越之战时,有吴将寿于姚,记云吴王夫差十四年(前482)六月,越王勾践伐吴,俘获寿于姚。另据《路史》载:"彭祖后有寿氏。"其寿姓望族居京兆(今陕西省西安市长安区东)。

巫氏 巫氏之始出于远古巫师,精于传统医学世家,曰以技为氏。《春秋元命苞·循蜚纪》记:"人皇氏有巫常氏。"《姓氏考略》载:"黄帝臣巫彭作医,为巫氏之始。"《养性经》记:"(巫彭)处方盛饵,湔瀚刺治,而人得以尽年。"又帝喾高辛氏,生子乾公,采郡于青州山之西,平阳立郡,郡由斯名。山西平阳郡封巫,巫氏属平阳郡(今山西省临汾市西南)。又商朝殷王有贤相巫咸,巫贤,属于任姓所传,之后有传巫氏。又楚国王族屈巫臣奔晋,晋景公用为大夫,赐邢为邑。巫臣生二子,长子狐庸,仕吴为行人,通晋、吴之好,任职国政;次子巫栾,晋大夫,周简王时任天使。巫栾生二子,长子巫妨,为周王室大医掌院;次子巫如,周灵王十一年(前561)夏郑伯来聘,通嗣君也。因而曰巫臣之后,有传巫姓。

忻氏 出自范姓。越国灭吴国之后,越大夫范蠡辞官隐居四明东田湖(今浙江宁波东钱湖),取名陶公山,自号陶朱公,生子小忻,小忻谱称"忻史公",改姓为忻。其含义是陶朱公以经商成为巨富,心中有斤两,故取忻姓。

贡氏 源丁端木氏,孔子弟子子贡传焉。子贡本名端木赐,春秋时期卫国人,他曾经担任过鲁国的宰相,善于辞令,精明能干。其家族昌盛,子贡九世孙端木武因为避焚书坑儒之祸,隐居于齐,改姓贡。又源于姒姓,出自夏王朝大夫贡允,属于以先祖名字为氏。又《通志·氏族略》记:"贡姓,出夏武节大夫贡允思文。"

佟氏 源于妘姓。出自夏朝末期太史终古的后代,属于以先祖名字改义为氏。帝桀二十六年(前1564),太史令终古出奔商。《路史》记:"终古为人贤德,世人器重,汤王遂召其入商。"终古归商汤之后,其后裔子孙以先祖名字为姓氏,称终古氏,后将"终"字去"丝"偏旁改为单姓"冬氏",再后又加"人"偏旁改称佟氏,史称佟氏正宗。

赤氏 出自炎帝时雨师赤松子之后。赤松子,炎帝时雨师,能入火自烧,往往至昆仑山,常随西王母石室中。炎帝少女追之,赤松子得仙。赤松子生赤佫,有以为赤佫之后是蛮民,南方汉民带有谩骂之意称"赤佬"。赤佫生赤师,赤师之子赤子为帝喾雨师。赤子生赤将子兴,子兴不食五谷,而吃百草花,为帝尧时木正。其后有汉朝巴蜀人赤斧,赤斧炼丹,服之三十年反如童子,毛发生皆赤色,后数十年上华山,其后传赤姓。

豆氏 源于姬姓出于泰氏。周文王伯父吴泰(太)伯之后传泰氏。太伯生泰颠,泰颠生泰连。泰连玄孙泰豆,正当周穆王时,以为泰豆氏。泰豆,为赵姓始祖造父的师傅。造父跟泰豆学驾御马车三年不成,造父于是更加谦虚懂礼、恭敬如命以待师傅。泰豆对造父曰:"技人云:'擅长制造良弓的人,必须先做簸箕;擅长冶炼的人,必须先做皮革。'你跟我三年了,没有学到什么。"于是教造父练习走梅花形木桩阵,三天,造父走木桩就不会踏空、跌跤,快走如飞。泰豆曰:"快步走木桩,主要是技巧。御马主要是协调缰绳和辔衔,让马的嘴唇感觉到一致,就可掌控御驾六匹马的技巧,用不着用鞭子赶马。"造父于是学会御驾多匹马车,成为一代御马良师。周穆王征伐徐夷,自阳纡之山(拟指今祁连山)赶回宗周(洛邑。即今河南洛阳),日行三百里,就靠造父快速御马立功。泰豆子孙由是沾光,受到周穆王赏赐,其后裔便以祖上的名字为姓氏,称泰豆氏,后简为豆氏。

步氏 出自晋大夫步阳之后。步阳食采于蒲(在今山西隰县西北),其子步招,蒲城鹊居,后传步姓。三国时有步骘,孙权用为讨虏将军,累迁骠骑将军领冀州牧,后为丞相。

员氏 源于芈姓,其先楚大夫伍员(伍子胥)之后也,因官河洛(今河南偃师市亳邑),支庶家焉,后伍子胥被吴王夫差赐死,子孙传为员姓。又员氏出自刘姓,南北朝时以忠谏比武,刘员改姓员氏,敕名怀忠。

时氏 出自春秋时楚国大夫申叔时,属于以先祖名字为氏。申叔时的后裔子孙中,为了有别于其他家族,遂以先祖名字为姓氏,称时氏,史称时氏正宗,望出陈留。

又源于子姓,出自春秋时期宋国大夫来的封地时(时来。在今河南郑州市西北)邑,属于以居邑名为氏。时来公,为宋大夫来启公之孙,齐国贤人时子是其后,望出陇西郡。

言氏 源十姬姓,出自晋国桓叔之后,属于复姓省文简化为氏。桓叔曾孙韩万,韩万小子韩言,在韩言的后裔子孙中,有以"韩言"为姓氏者,称韩言氏,后简为言氏。春秋时吴国有言偃。《姓纂》记:"孔子弟子言偃。"言偃为言氏发族之祖。

牢氏 出自炎帝榆罔之后。卷章为颛顼帝时祝融,其小子名长琴。《山海经》:"太子长琴,是处榣山始作乐风。"后有琴牢,为孔子学生,子孙以王父名为氏。琴牢,字子开,一字子张,又称琴张,卫国人。《孔子家语·弟子解》有其名。《孟子·尽心下》记:"如琴张、曾皙、牧皮者,孔子之所谓狂矣。"周朝晋国有牢成,为戎右。汉《儒林传》有记牢丘。

励氏 出自商王太(大)庚给姬姓英雄的赐名"励",激励之意,谐音名姬励,后以王父字为氏,传励姓。姬励为周祖公非同族辈兄弟。又出于历姓改励姓,清朝初期,刑部侍郎历杜讷,源出姜姓历氏的"河北静海"(今天津市静海区)一支,而康熙大帝嫌其"厉"字不吉,便将其改赐为"励"氏。从此河北静海的厉氏一族改为励氏,形成了一时的"厉改励"风潮。

沃氏 出自子姓,殷王沃丁之后,以祖名为氏。《姓氏考略》记:"沃氏先祖以沃州(当指今山西曲沃市)地名为姓。"又源于官位,出自两周王朝时期官吏沃使,属于以官职称谓为氏。沃使,就是两周时期周王室的内侍之一,专职负责为君王盥手,也就是在用膳、宾宴、祭祀等重大活动前洗手,古称"沃盥",隶属于夏官府司管辖。在典籍《周礼·夏官》中有记载:"小臣大祭祀沃王盥。言为王沃手,盥手也。盥谓洗手,沃谓浇手。"在沃使的后裔子孙中,有以先祖官职称谓为姓氏者,称沃氏。

酉氏 出自黄帝之后。《世本》云:"黄帝二十五子,中有酉姓。"黄帝帝鸿氏第四子禺阳,首封任姓,因为制酒,生次子则去水姓酉,名酉京。酉京生酉犍,酉犍生酉涓。夏禹封酉涓于郿邑(今河南省内乡县郿城村),长子大酉改郿姓,次子小酉仍传酉姓。

抗氏 源于姬姓,出自春秋时期鲁国大夫亢父之后,属于以先祖名字为氏。《战国策·齐策》记:春秋时期,鲁国有个贵族受封于军事要地亢父(今山东济宁市),世称其为"亢父"。典籍记:"径亢父之险,车不得方轨,马不得并行。"在亢父的后裔子孙中,有以先祖封地名称为姓氏者,称亢父氏,后简为亢氏。又源于姬姓,出自春秋时期卫国大夫三伉之后,属于以先祖名字为氏。据《元和姓纂》记:"三伉氏,春秋时卫邑也。抗氏,魏国三伉大夫之后,后有抗喜为汉中太守。"三伉,故址在今河南省鹤壁市滑县沙店一带。在古代,"亢""伉""抗""杭"四字通假,因此,三伉大夫的后裔子孙以居邑名称为姓氏,称三伉氏,后分别衍称抗氏、杭氏、亢氏、伉氏,四氏同宗同源。又源于芈姓,出自三国时期鲁国东吴名将陆逊之后,属于以先祖名字为氏。陆逊,本名陆议,字伯言,吴郡吴县人(今江苏苏州市),三国时期东吴名将,历任东吴大都督、丞相。陆逊逝世后,其子带领陆逊家众,送葬东还,葬于苏州,至今苏州仍有地名称"陆墓"。晋武帝司马炎太康元年(280),孙吴政权被西晋王朝吞灭后,陆逊、陆抗等的后裔子孙以及族人为避西晋王朝的侵扰迫害,分别改以先祖名字为姓氏四散迁逃,中有抗氏姓出。

扶氏 源于姒姓,出自上古时候大禹之臣扶登,属于以先祖名字为氏。大禹在创建夏王朝时,属下有个叫作扶登的精明大臣,专职负责为君王营造都城、宫殿、祭坛等,辅佐君王登位,因称"扶登"。在扶登的后裔子孙中,有以先祖名字为姓氏者,称扶登氏,后省文简化为单姓扶氏。扶氏族人皆尊奉扶登为得姓始祖。越王勾践时有大夫扶同。

利氏 系出商朝末期理姓,理利贞之后,以王父字"利"为氏。

李氏 李姓多源。本出皋陶之后,由商朝理征转李姓。《姓辩证》记:"李,出自嬴姓。……皋陶,字庭坚,为尧大理,生益。益生思成。历虞夏商,世为大理,以官命族,为理氏。至不纣之时,理征字德灵,为翼隶中吴伯,以直道不容于纣,得罪而死。其妻陈国契和氏与子利正,逃难于伊侯之墟,食木子得全,遂改理为李氏。利正亦娶契和氏女,生昌祖,为陈大夫,家于苦县(今河南鹿邑县)。五世孙乾,字元果,为周上御大夫,娶益寿氏女婴敷,生耳,字伯阳,一字聃,周平王时为太史,著《道德经》八十一卷。唐明皇用方士说,尊为圣祖混元上德皇帝。《新唐书》记:"柳城李氏,世为契丹酋长,后徙京兆万年。武威李氏,本安氏,出自姬姓。黄帝生昌意,昌意次子安,居于西方,自号安息国。后汉末,遣子世高入朝,因居洛阳。晋、魏间,家于安定,后徙辽左,以避乱又徙武威。高丽李氏正已,本名怀玉,平卢节度使、守司空、饶阳郡王。柳城李氏,本奚族,不知何氏,至宝臣为张镳高养子,冒姓张氏,后赐姓李氏。鸡田李氏,本河曲部落稽阿跌之族,至光进赐姓李。范阳李氏,自云常山愍王之后。代北李氏,本沙陀部落,姓朱邪氏,至国昌,赐姓李,附郑王属籍。"李氏多源。唐宪宗于元和四年(809)赐沙陀部落朱邪氏国姓为李氏,一次就有三万之众,赴太原建十府,皆姓李。又《唐志文》记:徐改李姓,即唐朝将领李勣,"惟天为大,丽七衡而构象;惟地称厚,镇八柱以开基。钦若巨唐,体乾坤而合德;粤惟上宰,混阴阳而变化。首参练石之功,兆赞随山之业。身负日月,勋昭区宇。致君于尧舜之先,济俗于胥庭之上。郁为良辅,其在太尉英国公乎。公讳勣,字懋公,本姓徐氏,高平之著族焉"。唐朝李氏帝王出自陇西望族,是为唐朝国姓。

冶氏 出自姬姓。鲁桓公之后三桓势大,季友之后有季冶为鲁大夫,季冶之子公冶长为孔子学生,后传公冶氏,简为冶姓。冶氏又出周官,掌兵器者,以世官为氏。春秋时有卫大夫冶廑,鲁大夫冶区夫。越王勾践时欧冶子铸剑,其后亦当有传冶姓。

谷氏 出自嬴姓。秦侯之孙曰秦伯稻,不争王位,为周大夫,稻人掌稼下地者,必以官氏。春秋时谷伯国(在今湖北谷城县西北十里)国君谷伯绥,于周桓王十五年(前705),曾去鲁国朝会鲁桓公,后为楚所灭,子孙以谷为氏。《姓辩证》记:"谷,出自春秋谷伯绥之后,国在南乡筑阳县北,唐时为筠州(今江西高安县),子孙以谷为氏。"又有：谷,亦名小谷,春秋时齐邑,在今山东平阴县西南东阿镇,有以邑为氏传为谷姓。又有夹谷氏,出于齐太公之后,后简为谷氏。

　　冷氏　出自黄帝时乐官伶伦之后。伶伦为黄帝制定了中国古代的乐律,并同荣将一起铸造了十二口编钟,演奏黄帝创作的《咸池》乐。黄帝为表彰伶伦的功劳,便赐他为伶姓。此后,"伶"成为宫廷掌管宫廷音乐舞蹈的官员代称。因为那时造字过程并没结束,且伶的古音与冷相同。所以伶氏又为冷氏。又出自姬姓,周武王之弟卫康叔小子凌人,在周王室为官,《周礼》："凌人掌冰,是岁十有二月,令斩冰,三其凌。"凌与冷音近,冷谓冰之寒凉之意,后有分传为冷姓。冷氏望族居住在新蔡(今天的河南省境内)、京兆(今陕西西安市长安区东)。

　　秘氏　出自秦、汉时期秘祝之官,属于以官职称谓为氏。"秘祝"之官,由秦国国相吕不韦秘密创立,以维护秦始皇的功德尊严,汉朝沿袭之。秘祝的主要任务是,凡当有帝王国君有不详的灾难、祸事、过错等发生,就将其移过于指定的臣子名下,由该臣子承担灾过。汉文帝对此官职深感痛恶,于汉前元十三年(前167)下诏,废除了"秘祝"之官职。"秘祝"消亡后,在其后裔子孙中有以先祖官职之称为姓氏者,以念先祖之威赫,称秘氏。又有出十六国时期陇西南安郡古西羌豪族,属于汉化改姓。《西秦录》亦有相同的记载："秘姓为西羌姓,其出南安郡西羌豪门,其首领秘宜曾帅诸羌胡五万余人归降于西秦国。"在秘宜所率西羌部落族人的后裔子孙中,有取其氏族首领名字秘宜的谐音汉字为姓氏者,称秘氏。

　　阿氏　以官为氏。《官氏志》记："阿伏氏改为阿氏。又伊尹为阿衡子,子孙以官为氏。"

　　诎氏　出自古代官衣制作工匠,属于以职业称谓为氏。古人穿衣无裤,甚为不雅,诎人制作"诎襞"。诎襞是谓使衣褶重叠,加于官服,处正中位置,衣裳就不透光。古时大小官吏都要在外衣上加以诎襞,这成为一种官制服饰。制作诎襞之人称诎人,诎人后裔子孙有以先祖职业称谓为姓氏者,即称诎氏。诎同屈字异音同,后有改称屈姓。汉武帝时,有"苏武牧羊"的典故,谓苏武铮铮铁骨,尊称其"诎强",其后或有传诎姓。

　　妫姓　源于姚姓,出自颛顼氏帝舜居家妫汭(在今山西永济市西南),以定妫姓,是帝舜之后族姓称名。《姓辩证》记："妫,出自虞舜,生于妫汭,以水为姓。周武王时,有虞遏父者为陶正,能利器用,王赖之。以其先圣之后,封其子满为陈侯,复赐姓妫,以奉虞帝之祀,是为胡公。"

　　妘姓　妘为颛顼帝之孙祝融氏陆终之后裔。陆终四子会人,一名求言,居郐墟(在今河南新密市东七十里古城角寨村)建郐国,为妘姓始。《说文》记："郐,祝融之后,妘姓所封浍、洧之间,郑灭之。"《括地志》云："故郐城在郑州新郑县东北二十二里。毛诗谱云：'昔高辛之土,祝融之墟,历唐至周,重黎之后妘姓处其地,是为邻国,为郑武公所灭也。'"妘姓之后拥有十邑。其一会,在河、伊之间。其君骄贪啬俭,减爵损禄,群臣卑让,上下不临。诗人忧之,故作羔裘,闵其痛悼也;匪凤,冀君先教也。邻仲不悟,重氏伐之,上下不能相使,禁罚不行,遂以见亡。邻仲之后,避难去邑为会氏。其二晋,商代会人后裔承勋,封于晋,赐姓柴。周武王时袭封柴晋公,世居平阳(即今山西临汾市),为平阳郡公。其三邬,妘姓之后受封于邬(在今河南偃师市),以封地为氏。其四鄢,妘姓之后受封于鄢(在今河南鄢陵县西北),以封地为氏。鄢娶仲任为妻,贪冒爱财,蔑贤简能。春秋时为郑所灭,改名鄢陵。其五路,妘姓之后受封于路。路子婴儿,娶晋成公姊为夫人,酆舒为政而虐之。晋伯宗怒,遂伐灭路。又潞,春秋时封会人后于潞(在今山西潞城市东北),传路姓。又封偪阳,妘姓之后受封于偪阳(今山东枣庄市峄县南),晋荀罃武子伐灭偪阳。《左传·襄公十年(前563)》:"夏,五月,甲午,遂灭偪阳。"其六夷,妘姓之后受封于夷(今山东青岛市即墨区西)。其七郧,妘姓之后受封于郧(在今山东临沂市北)。其八雍(在今河南沁阳市东),为夏时所封,商末国灭,传雍姓。其九罗,西周时封会人后裔于今湖北宜城,后被楚灭,传罗姓。其十云,会人后裔的另一封地,传云姓。

杜氏　出自帝尧裔孙刘累之后。杜伯为周宣王大夫,无罪被杀,因失其国,居故地者,杜康善造酒,世有杜康酒名显,杜康酉日死,故造酒祭祀为酉日,杜康子杜贲避祖父难居罗国,为罗平公宰夫,传杜姓。杜氏另有出晋文公之后,文公娶杜原款女杜祁生子公子雍,一名杜回,杜回以母姓为氏,实出姬姓,是为外甥继舅传氏。《新唐书》记:"杜氏出自祁姓,帝尧裔孙刘累之后。在周为唐杜氏,成王灭唐,以封弟叔虞,改封唐氏子孙于杜城,京兆杜陵县是也。杜伯入为宣王大夫,无罪被杀,子孙分適诸侯之国,居杜城者为杜氏。"《唐志文》记:"刘累之后,因御龙而命族。泊乎迁唐封杜,连率之任斯隆;反晋留秦,随范之分此大。珪符叠映,更汉魏而逾昌;钟鼎联华,历周隋而益劲。象贤继美,代有人焉。"

辛氏　出自姒姓,有莘氏传焉。又董氏之祖名首字多有"辛"字,故亦言董姓所传。周武王太史辛甲封于长子,后有辛伯、辛有,皆为大夫,辛有之子辛聊传辛姓。《新唐书》记:"辛氏出自姒姓。夏后启封支子于莘,'莘''辛'声相近,遂为辛氏。周太史辛甲为文王臣,封于长子(在今山西长子县西南八里)。"《唐志文》记:"皇祖训夏,金简浚其灵源;缵女惟莘,玉鼎朕其昌业。夷羊在牧,卑以说言称高;被斯临川,有以知来见述。破羌师律,沮汉将于湟水;□□推重,抗晋主于轩门。维□山长,西河水曲,亦已羽仪三古,菁华百代。"

来氏　来氏与莱氏同,出自帝喾时的吴回(祝融)次子莱言,后有莱国传来姓。周灵王六年(前566),偏安于今山东黄县的莱国被齐灵公所彻灭,莱侯之子莱浮柔逃奔至棠邑(一作唐邑,今山东鱼台县),因失国而去"艹"部首,作来氏。《左传》记:"莱子国为齐所灭,因氏焉。汉有光禄大夫来汉,从杨仆击南越。"又《新唐书》记:"来氏出自子姓。商之支孙食采于郲(即时来。在今河南荥阳市东厘城),因以为氏,其后避难去邑。秦末徙新野(今河南新野县)。"《唐志文》记:"其先殷之裔。或沉沦东夏,或翼赞南阳,佩带银饰,紫衣冠盖。"

狄氏　出自姬姓。周成王封同母弟孝伯于狄(在今山东高青县东南高城镇西北二里),子孙以邑为氏。《姓辩证》记:"(孝伯之后)孔子弟子狄黑,裔孙漠,博士山,世居天水。后秦乐平侯伯文裔孙恭,居太原,生湛,东魏帐内正都督。临邑子孙孝绪,尚书左丞、临颍男,生知俭、知本、知逊、光嗣、光远、光似。知俭越州刺史,生仁杰、仁正、仁节、仁恪、仁矩。仁杰,字怀英,宰相、梁国公,生户部郎中光嗣。"《新唐书》记:"狄氏出自姬姓。周成王母弟孝伯封于狄城,因以为氏。"《唐志文》记:"夫华宗庆远,三爵启基,后族纷纶,五侯承胤。"

严氏　源自庄姓。而庄氏出自宋戴公曾孙庄公冯,古训庄、严为一家而不通婚。又楚庄王支孙以谥号为氏。又严氏由冉氏近音而转姓,是为周文王庶子冉侯以后。又周穆王封晋成侯之子于阎城,子孙传严姓。《唐志文》记:"盖周武王之胤,因官命氏。至景王时,有严侠者,封晋大夫,后迁于会稽,遂蔓其族。"又:"其先周文王封一子为严侯(当指冉季载,为冉侯),遂兴严氏。"

何氏　出自唐叔虞裔孙曲沃庄伯次子韩万之后。《姓辩证》记:"何,出自姬姓,唐叔十一世孙万(韩万),食采韩原,遂为韩氏,后为秦事灭,子孙散居陈、楚、江淮间,以韩与何近,随声变为何氏。又当以为韩国之王避强秦改姓何。"《唐志文》记:"周唐叔之后,十代孙万食采于韩,封为韩氏。至韩王安,为秦所灭,子孙流散,吴音轻浅,呼韩为何,因以为氏。汉时比干於公为始祖。"

束氏　本出妫氏,又为陈氏,又改田氏。田齐亡,改疏氏。据《晋书·束皙传》记:"束姓是西汉太子太傅疏广的后裔。疏广曾孙孟达,一作哲,自东海为了避王莽之难,迁居沙鹿山(在今河北省大名县境内),遂去疋改为束氏,称束姓,世代相传。"《唐志文》记:"自白蛇哭野之岁,临渤澥而开基;黄雀巢桂之年,据崩沙而析氏。汉朝太傅,辞荣而散黄金;晋国先生,补亡而赋朱萼。鸿猷赫矣,风谍详焉。"

连氏　出自鲁国惠公之后。惠公生元子,别名连称。齐鲁联姻,为齐襄公戍边。连称之子连休,鲁郡浮祯,连休荐祉。连休生连称,连称为齐国大夫,传连姓。《唐志文》记:"原夫后稷发于台康,鲁郡开于连族,周文王之宝裔,鲁元子之胤绪,详诸史册,可略而言焉。词曰:'后稷之苗,文王帝子,德一隆基,通三命氏。鲁郡浮祯,连休荐祉,冠冕相望,簪裾曳履。'"

邵氏　出自周文王庶子召公奭之后。召穆公代周共和行政,其后传召、邵姓。《唐志文》记:"洪源茂绪,初命氏于宗周;开国承家,方炳灵于分陕。兹后实颖实发,乃公乃侯,衣冠人望,继世不绝。"

岑氏　出自姬姓。《新唐书》记："岑氏出自姬姓。周文王异母弟耀子渠,武王封为岑子,其地梁国北岑亭是也。子孙因以为氏,世居南阳棘阳(今河南南阳市南)。"《唐志文》记："家祉氤氲,承公刘之积德;地肥昭晰,因姬文而命氏。"

余氏　余氏最早出自帝禹少子姒罕,因母涂山(今安徽省蚌埠市怀远县涂山)人,洪水治,徙居会稽,则去水为余,传余姓。又余氏出自周武王之后,周幽王少子余臣立为王,称携王,与周平王同为王,史称周二王。携王后为晋文侯所杀,其子姬光隐居晋国伺机逃往西戎,姬光之子由余奉戎王之命出使秦国,秦穆公因由余有才,随任由余为秦上卿。由余,字怀忠,其后传余姓。

秃氏　出自大彭氏之后。大彭氏其后别封豕韦、诸稽、舟人三国。商之中世,舟人后自为秃姓。又汉朝时鲜卑拓跋氏族有秃发部,属于以部落名称为氏。或有屠姓,音同字异改秃姓。

芈氏　为楚王本姓。芈,绵婢切,出自炎帝榆罔之后。卷章为颛顼帝时祝融之官。《姓辩证》记："……卷章生重黎。重黎诛,弟吴回代为祝融,是为火正。吴回生陆终。陆终生音委(从吴回为帝喾祝融之官,至于彭祖为帝喾子帝尧厨师,其间没有音委代次。或音委名,陆终为其号。陆终,意指生有六子而终)。音委(陆终)子六人,皆剖涉拆而产,其六曰季连,为芈姓,楚其后也。季连生附沮。附沮生穴熊。其后中微,或在中国,或在夷狄,弗能纪其世。周文王时,穴熊裔孙鬻熊,佐文王有功。成王举文武勤劳之后,得鬻熊孙熊绎,封于荆蛮,食以子男之田,赐姓芈氏,以奉祝融、鬻熊之祀。国于丹阳,其地南郡枝江是也。荆小而僻在深山,筚路蓝缕,以启山林。"

折氏　出自张姓。折讹字析,析氏同出。汉留侯张良裔孙张道陵创天师教,子孙居蜀。道陵生张衡,世称嗣天师,张衡生张鲁,为"五斗米道"系师。汉有张江者当为张鲁宗人,张江,封侯于折(当指折多山或折多汛。在今四川康定市西北、西南),曾孙国为郁林(今广西桂平市西南古城)太守,徙居广汉,因封氏焉。国生像,名折像,字伯式,为折姓祖。《华阳国志·广汉士女·折像传》记："伯式玄照。折像,字伯式,雒人也。其先张江,为武威(今甘肃武威市)太守,封南阳折侯,因氏焉。父国,为郁林太守。家赀二亿,故奴婢八百人,尽散以施宗族,恤赡亲旧,葬死吊丧。事东平虞叔雅,以道教授门人。朋友自远而至。时人为谚曰:'折氏客谁? 朱云卿,段节英。中有佃子赵仲平,但说天文论五经。'"又折氏出自齐大夫折文子之后。又《姓辩证》记："羌族有西河折氏,世家云中(在今内蒙古托克托县东北古城乡古城村西古城),为北蕃大族,自唐以来,世为麟府州(今陕西神木)节度使。宋西河折氏,唐振武军缘河(当指缘胡山。在今内蒙古清水河县西北喇嘛湾镇)五镇都知兵马使宗本,生嗣伦,麟州刺史。嗣论生从阮,周静难军节度、检校太师兼侍中。从阮生德扆、德愿。德扆,永安军节度、检校太师,赠侍中,有传。"

佘氏　出自余姓。按《姓氏寻源》的说法,佘氏的得姓始祖当同余氏一样,是秦相由余。汉献帝初平元年(190),余德浦避兵挈家南渡,徙于丹阳,后又迁歙州(即今安徽徽州)之南境。余德浦生余纯,余纯生余美,余美生余法,余法生余肇,余肇生余讽。余讽,字尽臣,乃改封余姓之始祖。余讽在东汉末期为避兵乱,举族迁至南昌。东晋明帝太宁三年(325),余讽历官都尉,兼经筵讲官,闻望日隆。后他以奏事见上,晋成帝曰:"余者,我也;讽者,讥也,卿欲为朕之敌人乎?"因赐改姓为"佘",盖即余而少异之。余讽深喻上意,当即自请改名为顽,称"佘顽"。佘顽生佘昭元,字君章,为晋率军攻下雁门关(在今山西古交市西北二十里镇城底镇),因居雁门关。后周世宗时,佘志龙镇守雁门关,举族徙居佘泰(大佘太村。即今内蒙古乌拉特前旗东北之大佘太镇),地因人名,又称佘王城。北宋初年(960),佘志龙孙佘起镇守雁门关,聚族而居,形成名门望族。"杨家将"中的佘太君,其父亲便是雁门关守将佘起。《辞海》记:"一说佘太君实姓折,山西保德折窝村有折太君碑,后人误折为佘。"折与佘同音,而不通谱。

求氏　出自宋微子世家,宋大夫仇牧之后。仇牧之子仇仲避父难改姓裘。又之后,徙居南方裘氏因为南方天热去衣为求,是为求姓,故今浙江有求氏。汉朝有求仲,隐士也,与羊仲皆以治车为业,称二仲。

花氏　出于何姓。"花"与"何"越语同音(上海吴语,花念何音),是改字而已。《通志·氏族略》记:"(花氏)出自何氏。"《姓苑》记:"花,望出东平(今山东东平县),宫音出何氏。"唐朝仓部员外郎花季睦为改姓字之始,后有花警定,骁勇过人。上元初,假子璋反于蜀时,崔光远为成都尹,警定为牙将讨平之。杜甫诗云:"成都猛将说花卿,学语小儿知姓名。"又出自华氏,由音变而成。《说文解字·华注》记:"花字起于北朝,前此书中花字,出于后人所改。"南北朝时有花木兰。

芃氏　芃氏,又蕙氏同,出自芈姓,楚公族大夫,食邑于芃(在今河南孟津县东北),因以为氏。又楚国(蚡冒)熊眴次子名蕙章,其后大宗传蕙姓,小宗传芃姓。大宗者,蕙章生蕙溢,蕙溢生蕙洩,蕙洩为周大夫。蕙洩生蕙居,蕙居次子蕙启疆为楚国太宰,传蕙姓。小宗者,《左传·僖公二十七年(前633)》记:"子玉治兵于芃,即其地也。"蕙章次子名伯吕臣,即芃吕臣,字叔伯,生贾,字伯嬴。贾生芃为艾猎,一名敖,字孙叔。孙叔从孙子凭,生掩,为大司马。自吕臣至子凭,四人皆为令尹,故芃氏世为楚大夫。

伯氏　伯氏多源,唯出自晋大夫伯宗之后最具名。晋伯宗生楚太宰伯州犁。州犁生郤宛。郤宛生伯嚭。伯嚭为吴太宰,吴国亡,伯嚭为越王勾践所杀。伯嚭之子因难逃也,易人从木为柏,名柏道,传为柏姓。柏与伯字通假,伯嚭另二子,名伯高,孔子之友;名伯虔,字子析,孔子弟子,皆传伯姓。又伯氏出自晋国大夫荀林父之后,荀林父孙子名荀阁,一名伯阁,后孙以其祖父之字"伯"为姓氏,传伯姓。

麦氏　出自姬姓,周祖后稷之后。后稷生楘玺,楘玺生叔均,叔均生不窋。不窋生鞠。鞠,一记鞫,麦氏其后也。西汉哀帝时尚书令鞠谭受到东平王刘云迫害,避难因居西平(今青海西宁市),改鞠为麹。西晋末年大臣麹允,凉州金城(今甘肃兰州市)人,永嘉五年(311),汉赵攻陷洛阳,掳走晋怀帝,麹允时任安夷护军、始平太守。永嘉六年(312),任雍州刺史。建兴元年(313),司马邺继位,是为晋愍帝,任命麹允为尚书左仆射、领军将军、持节、西戎校尉、录尚书事,并仍任雍州刺史。当时汉赵将领刘曜等数万人进逼长安,麹允击败他们。刘曜又攻北地郡(治所今宁夏吴忠市西南),麹允为晋大都督、骠骑将军,驻军青白城以援救北地郡。刘曜转而进犯上郡,麹允因兵力弱不敢前进。刘曜再攻北地郡,北地太守麹昌向麹允求救,麹允率兵赶赴北地郡。麹允因中刘曜之计,致使北地郡陷落。建兴四年(316),刘曜围攻长安,长安发生严重饥荒,晋愍帝处境窘迫,于是投降汉赵,临行前叹息说:"误我事的人,是麹、索二公。"晋愍帝投降汉赵后,麹允对此伏地号哭不能起身,刘聪因此大怒,将他幽禁监狱,麹允发愤自杀。刘聪又赞许他的忠烈,追赠他为车骑将军,谥号节愍侯。麹氏在隋朝西域已经形成了独立的小王国。隋朝文帝时,麹铁杖仕隋,智勇过人屡立战功,文帝问求何官?铁杖因为食量大,答曰:"愿能日食斗麦,足矣!"帝赐姓,麹去匊留麦,授封宿国公,光禄太夫。《姓苑》记:"隋有将军麦铁杖,日行五百里,尝有窦姓者戏之于朝堂,铁杖正色曰:'豆之与麦,相去几何?'人以为名对。"隋炀帝大业八年(612)三月,麦铁杖出征辽东(泛指今辽宁辽河以东地区),为国捐躯,追赠正一品光禄大夫、智勇武烈大将军,谥武烈。子孙传麦姓。

吾氏 出自炎帝之后。炎帝榆罔次娶腾隍氏,生子称,称生老童,老童生卷章,卷章官祝融。卷章小子吴回,吴回官祝融。吴回生陆终。陆终生六子,长子昆吾,亦名樊。昆吾以封地立国,是为昆吾国(今河南濮阳市西南),史称昆吾氏。昆吾氏为夏朝世家大族。夏帝槐二十三年(前1751),封昆吾氏子于有苏(在今河北沙河市北)。夏帝廑四年(前1619),将昆吾氏迁于许(在今河南许昌市东三十六里古城)。夏帝桀十一年(前1579),帝桀统四国之兵,征伐有仍国,并重修夏台,其四国便有(北)昆吾国的参与,商汤帝以为昆吾氏是助恶者之恶党。夏亡,昆吾氏失势,其后子孙传为吾姓。

扶氏 出自扶嘉之后。扶嘉,汉初胊忍(在今四川云阳县东三坝乡)人。扶嘉占卜,巧遇刘邦,此当刘邦为汉王时。扶嘉劝汉王"定三秦"之策,汉王以为良策,谓扶嘉志在扶翼,赐姓扶氏,官至廷尉,食邑胊忍,其后传扶姓,望出河南。四川古有扶州嘉诚县(在今四川松潘县),其得名当与扶嘉之名有关。

里氏 源本为江姓所分理氏。商朝末期,理利贞避难墟野,食果全生,长子昌祖指木为上,子生木下,传李氏;次子仲师改理去王,为里氏。晋献公时里克为大夫,献公使太子申生伐东山皋落氏,里克谏曰:"太子奉冢祀,杜穆之粢盛,以朝夕视君,膳者也。故曰冢子师师,非太子之事也。"里克后被晋惠公所杀,其妻携小儿子季连逃居相城(在今河南鹿邑县东十五里),以地名加原姓改为"相里"氏,称相里姓,后又复单姓为里氏。又出满族镶蓝旗之后,可查之祖谱老祖宗为舒赛后封为建业公,舒赛公为大清功臣,姓萨克达。约至清末改姓里,祖里哈富以名为姓,自此里姓。

别氏 别氏其源不详,望出天水。别参,唐朝巴人,安禄山叛,参举义兵讨贼,署为牙将。

岐氏 出自上古北地人岐伯之后。黄帝与岐伯论医,有《素问》《内经》行于世,后有岐氏。

沐氏 出于芈姓,端木氏之后。楚国有端木赐,字子贡,为孔子学生。端木,古又称端沐,在端木赐子孙中,有以避难改为沐氏,汉朝时望出河间郡。汉有沐宠为东平(今山东东平县)太守。三国时有沐并,为济阴(在今山东菏泽市定陶区西北)太守。

坚氏 出自公坚氏之后。古有公坚氏,拟似鲁国鲁昭公出逃后改姓为公某氏,公坚氏亦为此类。汉初,燕赵之地有反匪坚庐。东汉有云台二十八将之一坚镡。

迟氏 出自殷朝时贤者迟任之后。《尚书·盘庚上》记迟任曰:"人惟求旧,器非求旧,惟新。"迟任之后传迟姓。又有出尉迟氏所改,南北朝时鲜卑族尉迟氏汉化,称迟氏。

肖氏 本出萧姓。萧姓人受难,易为肖氏。

纳氏 源于尹祁氏,出自帝尧官吏纳言,属于以官职称谓称氏。《尚书·尧典》记:"……命汝作纳言,夙夜出纳朕命。"纳言这种官职在两周、秦、汉、魏、晋时期一直沿用。在纳言的后裔子孙中,即有以先祖官职称谓为姓氏者,为纳言氏,后简为单姓纳氏、言氏。

八画姓氏:

房氏 出自帝尧之子丹朱之后。《新唐书》记:"房氏出自祁姓,舜封尧子丹朱于房。朱生陵,以国为氏。"《姓辩证》记:"房陵三十五世孙钟,周昭王时食采灵寿(在今河北灵寿县西北十里故城村),生沈。房沈之后五十七传是为唐太宗宰相房玄龄,天下谓之'房杜'。"《唐志文》记:"昔帝尧让位于舜,舜封尧子丹朱于房,是子陵,因为房氏。自虞宾垂裕,道德相承,仪表人伦,共称名族。"

周氏 出自周平王少子烈之后,秦灭周,姬邕遂改名为周邕传焉。《新唐书》记:"周氏出自姬姓。黄帝裔孙后稷,后稷封于邰,其地扶风斄乡是也。后稷子不窋失其官,窜于西戎,曾孙庆节,立国于豳,其地新平漆县东北有豳亭是也。七世孙古公亶父,为狄所逼,徙居岐山之下周原,改国号曰周,其地扶风美阳南是也。武王克商,十一世平王迁都王城,河南县是也。平王少子烈,食采汝坟(在今河南叶县东北十五里)。烈生懋,懋生文,文生升,升生兴,兴生晏,晏生安,安生弘,弘生明,明生隐,隐生寿,寿生容,容生休,休生雄,雄生晖,晖生宽,宽生员,员生成,成生邕。秦灭周,并其地,遂为汝南著姓。"《唐志文》记:"本先农后稷之裔。文王为西伯也,初封有周之地,平王既东迁也,爰启汝州之封。后十九代孙邕为广城侯,至秦失侯。"

郑氏　出自周厉王少子支封郑,为郑桓公之后传郑姓。桓公生武公,武公东迁后,留下在原址(陕西华县)的一些郑国宗室人员,当戎狄入侵时,南迁到今汉中地区建"南郑",为首者称南郑君。后来成为秦国的南郑县,其宗室子孙,以郑为姓。郑庄公时期,郑国和鲁国将祊田与许田作了交换,郑国只留下"邴"的地方,作为祭泰山沐浴更衣的地方,并有宗室人员驻守,郑国灭亡后,传以国为姓,是为东郑。《姓辩证》记:"(郑氏)出自姬姓。周厉王少子威(桓)公友,受封畿内,为郑伯,今华州郑县(今陕西华县)是也。威公生武公,与晋文侯夹辅周室。平王东迁于洛,郑徙溱、洧之间,今河南新郑是也。十三世至幽公,为韩所灭。子孙播于陈、宋,以国为氏。"《新唐书》记:"郑氏出自姬姓。周厉王少子友封于郑,是为桓公,其地华州郑县是也。生武公,与晋文侯夹辅平王,东迁于洛,徙溱、洧之间,谓之新郑,其地河南新郑是也。十三世孙幽公为韩所灭,子孙播迁陈、宋之间,以国为氏。"《唐志文》记:"周宣王之崇藩翰,爰以树亲;郑桓公之列宗盟,因而保姓。衮衣与朱轮袭映,珥戈将镂鼎联华。"

罗氏　与楚王同源出自熊姓。《姓辩证》记:"春秋时,楚莫敖屈瑕伐罗,罗人乘其无备,与卢戎夹攻之,屈瑕不能克。其后楚复伐罗,并其国,子孙以为氏。"《唐志文》记:"含以文锋绮丽,晋烛中州;仁以武略纵横,鹰扬泽国;并腾芳青篆,绚美缃图。种德增华,象贤不绝。"

茅氏　出自周公旦第三子茅叔封茅国(在今山东金乡县西北),子孙以国为氏,望出陈留、晋陵。《姓辩证》记:"茅,出自姬姓。周文公(即周公旦)第三子茅叔,封于其地,高平昌邑县西茅乡是也,子孙以国为氏。"

郇氏　出自周文王十七子郇伯之后,以国为姓。《诗经·国风·曹》:"四国有王,郇伯劳之。"郇伯生郇阳,郇阳生郇瑕。郇瑕为猗氏,古称郇瑕。郇国(在今山西临猗县西南)为晋所灭,后传郇、荀姓。郇伯之后有晋首任中军元帅荀林父。

弦氏　出自弦国(治地在今河南信阳市潢川县南弋阳街道),弦国为古息国之南邻国,子孙以国为氏。《春秋·僖公五年(前655)》记:"楚子灭弦,弦子奔黄。"弦氏是黄姓分族。郑国有弦高,郑穆公元年(前627),秦穆公派遣三位将军偷袭郑国,军队行至滑邑,遇上郑国的商人弦高,弦高见秦军伐郑阵势,郑国必定要亡国,情急间,当机立断对秦将军曰:"我是受郑国委托,办理献十二头牛以犒劳秦军的。"秦军以为没有偷袭的把握,就回师了。

英氏　出自偃姓,古有英国(在今安徽金寨县东南),子孙以国为氏。《姓辩证》记:"英,出自偃姓,皋陶之后,封国于英。春秋时,楚灭英,子孙以国为氏。"又案《汉书》:"黥布六人也,姓英氏。"黥布即英布,汉六安人,少时有客相之曰:"当刑而王。"及壮年时,坐黥刑,因改姓黥。秦末以兵属项梁,项羽封为九江王。后归汉,佐高祖定天下,封淮南王。后以韩信、彭越见诛,惧祸及己,发兵拒命,高祖讨平之。

贾氏　商代有贾国(在今山东曹县南十里),春秋时为宋邑,其后或以国为氏。《左传》记:"周初分鲁侯以贯国之鼎。"《姓氏考略》注:"原伯贯之后。"《中国古今姓氏大辞典》曰:"原亦姬姓国,为晋所灭。其后或以祖上名字为氏。系出姬姓。"

郅氏　出自郅地(当在今山西平陆县),郅为商朝侯国,以国为氏。汉有郅都,景帝时,任济南太守,诛杀豪强瞷氏。迁中尉,执法严峻,被贵戚、列侯称为"苍鹰"。后任雁门太守,为匈奴所畏。后因得罪窦太后,被杀。郅都之后有郅恽、郅伯尚、郅寿名闻于汉史。

单氏　出自周成王少子姬臻封于单(在今河南济源市东南)邑,为畿内诸侯,属于以封邑名称为氏。周成王封少子臻于单邑,用以拱卫京师。之后单穆公权势很大,《周语》记其周景王要铸大钱被他反对,要铸大钟也被他反对,足见单氏族在周王朝的特殊地位。《唐志文》记:"其先祖周之苗裔,封单甫(单父。在今山东单县南一里)之地,因而命氏;族出博陵,随宦至此,随乃居焉。"今陕西眉县杨家村土崖半坡上一带,新发掘出窖藏的二十七件铭文青铜器,青铜器皿文记载有文、武、成、康、昭、穆、恭、懿、夷、厉,与当朝周宣王的事,经鉴定,是为西周厉王和宣王时期的青铜器皿。青铜器铭署名单佐,记载了单姓家族的历史。单佐先为西周的林业官员,然后成为武官,与俨允打过仗,受到周王赏识。

范氏　出自帝尧裔孙刘累之后。范氏之先为唐杜氏,周宣王冤杀杜伯,隰叔奔晋为士师,六世孙士会为晋卿,食采于范(当在今山西屯留县地),以邑为氏。《新唐书》记:"范氏出自祁姓,帝尧裔孙刘累之后。在周为唐杜氏,周宣王灭杜,杜伯之子隰叔奔晋为士师,曾(元)孙士会,食采于范,其地濮州范县也,子孙遂为范氏。"《唐志文》记:"范氏之先,陶唐氏之后裔,洎唐虞已降,代为侯伯,至晋霸主,始封为范氏。"

庞氏　出自周文王庶子毕公高之子周华,周华生庞降,封于庞乡(即始平。在今陕西兴平市),其后有庞降者,徙居于庞(在今湖南衡阳市),庞地种粟,传庞姓。后谓湖南为"九州粮仓",溯源在庞。《唐志文》记:"昔毕公册命,家昌众子,系孙袭宠,锡土庞乡,因地为宗,我之保姓。至于葳蕤□□,问望声华,历代有之,具存竹帛。"

屈氏　出自楚武王少子熊瑕,封屈地(屈沱。在今湖北秭归县西北归州镇东五里南岸)为客卿,改名屈瑕,或名莫敖瑕,以邑为氏传焉。自瑕及屈重、屈完而下,世系具《春秋人谱》。《唐志文》记:"系楚大夫屈原之后也,其先官族。"

苗氏　出自楚王之后。《新唐书》记:"苗氏出自芈姓。楚若敖生斗伯比,伯比生子良。子良生越椒,字伯棼,以罪诛。其子贲王奔晋,晋侯与之苗(在今河南济源市西南)邑,因以为氏,其地河内轵县南有苗亭,即其地也。"《唐志文》记:"其先与楚同祖,初称莫敖,世著勋庸,至贲皇避难至晋,晋与之苗邑,因而氏焉。苗氏先祖,自帝颛顼之后,与楚同姓。昔若敖氏生斗伯比,伯比生子文及子良。子文为楚令尹,令尹自此始也。子良为楚司马,生子越椒,越椒一名伯棼,亦为令尹。越椒生贲皇,贲皇后奔晋,晋人与之苗。苗,晋邑也,子孙因以为氏焉。贲皇奔晋,晋以为谋主。郑叛吴与楚失诸侯,则苗贲皇之为也。其后子孙冠冕不绝,皆业尚儒素,亦世多才略。"又苗氏出于周王族岐伯分邦之族。《唐志文》记:"根照务秘,周王昔壤之苗;枝干扶疏,岐伯分邦之族。"

郎氏 本出鲁懿公之孙夷伯展之后。鲁隐公元年(前722),夷伯展占据郎城(今山东鱼台县),其后子孙有传郎姓。又出中山国鲜卑,《唐志文》记:"本涅加部落,鲜卑人也。即隐兔之精,鸾河之英,含巫山之暮雨,作渤海之朝霞。皓质如雷,红姿若化,而骊据楪林,日逐其长,攒伯子而为帐,僻万马已为卫。"

易氏 出自齐国的齐懿公之后。懿公即君位骄横,砍断了丙戎父亲的脚,而让丙戎做仆人。丙戎与庸职合谋,将懿公请到竹林里去玩,即杀懿公在车上,两人弃尸而逃。懿公亡,其子孙有封在易(在今河北雄县西北十五里古贤村),名易牙,为齐大夫,传易姓。另出自中山国被赵国灭亡之后,其王室后裔被易地南迁,有出易姓。另记:韩信为汉高祖所杀,汉太尉陈平带韩信幼子远遁江南,改姓易。

经氏 出自郑国姬叔段之后。叔段封到京(今河南荥阳市)邑,号称大叔,子孙有以邑名京氏。又离京为经,改经姓。《千姓编》记:"(经氏)望出平阳。"

郓氏 以邑为氏。春秋时鲁国有城郓(在今山东郓城县东十六里),《太平寰宇记》引《十三州志》:"鲁昭公所居者为西郓,在兖州东平郡是也。"《姓辩证》记:"鲁大夫食采之地,氏焉。"郓氏属于以邑为氏。

牧氏 出自卫康叔之后,以邑为氏。据《路史》载:春秋时期,周武王的同母少弟、卫国大夫康叔被封于牧(今河南省淇县南部)。康叔少子牧皮,以封地地名作为姓,称牧氏。又《元和姓纂》记:"(牧氏出自)黄帝臣力牧之后。"

卓氏 出于晋文侯(仇)之后。周平王东迁洛邑,晋文侯有功,被授予"珪瓒秬鬯",亦称瓒侯。文侯五世孙卓旺,为晋文公将,文公五年(前632),晋国与楚国之间爆发"城濮之战",晋军大胜。战后,晋文公派遣上大夫荀匡拜见周襄王,由瓒侯声远护送,觐献战俘和缴获物品至周王室充公。在瓒侯声远的后裔子孙中,有以先祖分封的地邑名称为姓氏,称卓氏。又出自芈姓,楚威王次子名公子卓,孙名卓滑,为楚大夫,其后子孙以王父字为氏传卓姓,卓氏族人大多尊奉公子卓(熊卓)为得姓始祖。又卓氏出于燕国昭王太子平,太子平封于涿(即今河北涿州市),为人质,质于赵国,其子涿同为赵国中大夫,涿同为避秦国因荆轲之事引发的屠杀燕国贵族之难,改涿为卓,传卓姓。秦破赵后,迁卓氏于蜀之临邛(今四川邛崃市),其后有卓王孙,卓王孙之女便是千古流芳的卓文君。

直氏 秦国有直市,按《三秦记》:"直市在富平(属今陕西)西南一十五里,即秦文公所创,物无二价,故以直市为名。"有以邑名为氏者传直姓。《姓氏考略》记:"舜裔直伯之后。"《国语》谓:"晋之先,直柄。"《姓苑》云:"楚人直躬之后。"后汉有御史大夫直不疑。

采氏 源于姬姓,出自黄帝鸿公孙氏之子夷鼓的封地采(其地当在古蓝水,即今河北玉田县西兰泉河),属于以封邑名称为氏。《元和姓纂》记:"黄帝封其子于右北平米孛,因氏焉。"《姓考》记:"黄帝子夷鼓始封于采,为左人,有采氏。"史称"左人",就是擅长巫蛊之术之人,为古代世人所崇拜的神职人员。夷鼓的后裔以先祖封邑为姓氏,称采氏。

郏氏 郏与夹同,当以邑为氏。源出有三:其一,《左传·宣公三年(前606)》:王孙满曰:"成王定鼎于郏鄏(在今河南洛阳市旧城西至王城公园一带)",有被迁往这个地方居住的国民,传为郏姓。其二,出自芈姓。楚共王审,他的孙子叫作员,字敖,被立为王。后来敖被他的季父康王的弟弟公子围杀害。公子围自立为王,称作灵王。敖在王位上只待了四年,他被杀害以后葬在郏(即今河南郏县),称为郏敖,他的子孙就以郏作为自己的姓氏。其三,《姓苑》记:"出自郏大夫郏张,他的后代就以封邑为姓氏,望族居于武陵郡(今河南溆浦县南部),郏氏后人尊郏张为郏姓的始祖。"

於氏 出自黄帝大臣於则之后。《世本》载:黄帝时有臣子名於则,发明了用麻编织的鞋子履,结束了古人光着脚的历史,因功被封于於(一名於中。在今河南西峡县东七里),称为於则。於则的子孙后代以封地为姓,称为於氏。另记出自有熊氏,以封地名为氏。黄帝的孙被封于商於(今河南淅川县),其后以封地於为姓,遂为於氏。又今於的简化字为于,有于姓人怀古作於姓。

京氏 出自姬姓。郑武公子叔段封于京(今河南荥阳市东南二十四里京襄城村),其后氏焉。望出谯国(今安徽亳州市)。

图氏 出自满族瓜尔佳氏、钮祜禄氏。满族此两氏有穆昆,是构成满族社会的基层血缘组织。穆昆由一个或数个家庭组成。同一个穆昆中,只有一个姓氏;同宗的几个穆昆,则冠以几个汉姓。喜塔喇氏的一支穆昆久居图们江(即今吉林东南中朝界河图们江),取江名首字为氏。今辽宁抚顺市新宾县永陵镇多图姓。

知氏 知氏为智姓改焉。周朝晋国中军元帅荀林父三弟荀首,封邑于智(在今山西永济市虞乡西北),称智氏。荀首之子智罃,邲之战,智罃没于楚,首求于楚而归之,迎立晋悼公,修政施德,晋得以复霸。智简为知,传知姓。

苦氏 出自苦成(在今山西运城市东北),以邑为氏。《通志》记:"苦成,姬姓。晋郤犨别封于苦,为苦成子。"《左传·成公十四年(前577)》记:"卫侯(定公)饗(宴请)苦成叔,宁惠子相(见)苦成叔傲(傲慢)。宁子曰:'苦成家其亡乎! 古之为享食也,以观威仪、省祸福也。故《诗》曰:兕觥其觩,旨酒思柔,彼交匪傲,万福来求。今夫子傲,取祸之道也。'"越国有大夫苦成,负责越国教化,同时也是军事家。又《吴越春秋》记:"苦成,越大夫。"《奇姓通》记:"苦灼,汉会稽太守。"《氏族典·五九九》记:"汉有苦成勃、苦成乐。"又老子五世祖硕宗事周康王,封于苦(在今河南鹿邑东),其后有以封邑为氏者。

和氏　出自为帝尧时掌管天文律法的羲和,羲和二子和仲、和叔之后,以王父字为氏。又春秋时楚国有卞和献玉"和氏璧",卞和之后传和姓。《唐志文》记:"其先居羲和之官,因以命氏,后建国松漠(在今内蒙古赤峰市西北部与河北围场县境至大兴安岭南段地区),世为君长,至魏道武,为国附臣,微子适周,项伯归汉。"

奇氏　奇氏出自少昊帝长子穷奇之后。另据《郑樵通志》记,春秋时期,鲁国有王父字伯奇,其后以字为氏,为奇氏,望出河南。《唐志文》记:"灵岳降神,蔚起王公之相;长江委浪,肃表真人之居。故得秀异挺生,英才间出,洪伐著于延阁,言行勒于青编。丽春景之桃溪,鹜秋朝之流水者也。"

武氏　出自周平王少子姬武之后,望出沛国(治所在今安徽淮北市西北相山区)。《姓辩证》记:"平王使武氏伐翼(在今山东费县西南九十里),其子到鲁国求博。之后太原武氏最显,唐(周)武则天为其后。"《新唐书》记:"武氏出自姬姓。周平王少子生而有文在手曰'武',遂以为氏。"《唐志文》记:"其先宋武公后,迁沛郡,流芳散叶,得地皆荣。"又:"昔轩辕为天子,以云纪官,官不易方,因以命氏。代袭珪组,荣迁郡邑,源流羡衍,故为太原文水人焉。"又:"晋阳公给以河汾沃壤,唐叔旧都,地既膏腴,人多杞梓,乃命子孙迁居文水。后远祖从官,遂附版籍于太谷之邑。去大历初年,以长子兴博览经典,或好武艺,泊乎漳水寻师,乃职佐诸侯之幕,于是移家潞子之国上党县焉。"

尚氏　周封姜太公,实为三世:曰太公望,曰师尚父,曰吕尚。吕尚少子尚叔,传为尚姓。又炎帝之后有向国,以国为氏,后有讹为尚氏。又分自常姓,越国大夫常寿过之后,上与尚音同,传为尚姓。今江苏常熟有尚湖,以姓命湖。《唐志文》记:"厥初启族同官命氏,望高诸首,禄厚群僚,致使功盖一时,名流千载。迁祖寔□火之传芳,唯子唯孙,以礼乐而沿袭;可谓任君河溯,游践魏都,乐土漳滨,神征任镇,于是辞荣任性。"

宗氏　出自晋穆侯七世孙伯宗之后,伯宗为三郤所杀,其后传宗姓。《新唐书》记:"宗氏出自子姓。宋襄公母(弟)敖仕晋,孙伯宗为三卿所杀,子州犁奔楚,食采于钟离(今安徽凤阳县东北临淮关东)。州犁少子连,家于南阳,以王父字为氏,世居河东。"《唐志文》记:"有姬受命,是卜永年。封建子弟,用藩周室。既居上□(党),为大宗伯,因官为氏。"

杭氏　源于姬姓,出自春秋时期卫国大夫三亢之后,属于以先祖名字为氏。据《元和姓纂》记:"三亢氏,春秋时卫邑也。抗氏,魏国三亢大夫之后,后有抗喜为汉中太守。"在古代,"亢""亢""抗""杭"四字通假,因此,三亢大夫的后裔子孙以居邑名称为姓氏,称三亢氏,后分别衍称抗氏、杭氏、亢氏、亢氏。又杭氏源于中山国,《唐志文》记:"其远中山人也。"亦以为出自杭县(在杭州市东。今属杭州市余杭区)何氏,吴中多此姓,望出丹阳。

明氏　源于姬姓,出自春秋时期秦国丞相百里奚之子百里视。百里视,字孟明,为秦穆公将,霸西戎有功,其孙以王父字为氏,后居鬲县(在今山东平原县西北武家庄),望出平原。又明氏源于周公旦之子姬明保,属于以先祖名字为氏。姬明保在父亲周公旦去世后,袭承周公之职,职掌三事四方,即管理都城王畿以内三大政事及四方诸侯的所有政务。姬明保的庶支后裔子孙中,有以先祖名字为姓氏者,称明保氏,后省文简化为单姓明氏,传明姓。

招氏　出自晋大夫步扬之后。步扬生步招,步招生招父,子孙以招父名为氏。周鲁僖公十七年(前643)夏,晋太子圉为人质在秦国,秦国归还河东地,并给太子圉娶妻。先前也,晋惠公在梁地,娶梁伯女梁嬴,梁嬴怀孕过期占卜,招父与其子卜之,其子曰:"将生一男一女。"招父曰:"然,男为人臣,女为人妾。"故名男曰圉,女曰妾。及太子圉为人质在秦国,其同胞女为官焉。招父之后传招姓。又《春秋》记:"陈侯之弟招,杀陈世子偃师,楚如讨而执之,放之于越,其后以王父字为氏。"

昌氏　出自(黄帝)轩辕次子昌意之后。《姓辩证》记:"昌,出自黄帝子昌意之后,支孙氏焉,望出东海及汝南。"汉有常山道人昌容,自称殷王女志荣,食蓬蘽(蔓生植物)根,采紫草卖予染者,得钱以遗孤寡。

叔氏　出自卫国卫穆公之后。又出鲁国,鲁文公之后。《姓辩证》记:"子叔,出自姬姓,卫公孙剽,字子叔,穆公少子也。尝为卫君,谓之殇公。生太子角,其孙黑背,以王父字为氏,谓之子叔黑背。"《春秋》记:"叔氏出自姬姓,鲁文公少子曰叔肸,宣公篡立,叔肸不义其兄所为,终身不受其禄,别其族为叔氏。又《春秋》书'公弟叔肸'者是也,肸生婴齐,婴齐生叔老,老生弓,弓生辄,辄生鞅,鞅生谊,谊生还,还生青,青生□世仕为鲁大夫。"

国氏　出于姜齐国。齐厉公曾孙名国子,是为国氏始。国子之子国懿仲为齐大夫,懿仲生国庄子归父。归父生武子佐,佐生景子弱及胜,弱生惠子夏及中军将书,书生观,世为齐上卿。齐国国君便赐以国姓,意为国家尊贵之姓,其后遂称国氏。《列子》记:"齐之国氏大富。宋之向氏大贫。自宋之齐请其术,国氏告之曰:吾善为盗。"又出自姬姓。春秋时郑国郑穆公之子公子发,字子国。子国的儿子公孙侨字子产,在郑国执政三十余年,是春秋著名政治家。子产生思参,思参生玉珍,号武子。玉珍生乐卑,号显庄子,为子国氏,之后简为国氏传国姓。又齐国上卿宾媚官职"国佐",后有省文简化为单姓国氏。

宛氏　出于姬姓,郑国桓公之后。桓公孙叔段继位不遂,其子公孙滑传公孙姓,滑少子公孙宛春仕楚为大夫,为令尹子玉僚幕。晋文公五年(前632)三月使晋,与晋文公请以恢复卫侯君位,被囚在卫国,六月晋国迎回卫侯才得释。宛春之后,有晋大夫宛没,齐大夫宛茂。郑大夫宛射犬,字公孙,未知孰为先后,传为宛姓。

苟氏　出自黄帝得姓者十四人,其一曰苟始,苟始制作官帽、礼服,因封苟姓。《历代名人姓氏全编》记:苟氏出"黄帝之后奔苟(苟头原。在今甘肃平凉市东)哭国因氏"。《姓辩证》记:"战国时,荀变可将五百乘,子思荐于卫侯。秦州刺史荀池,望出陇西。后魏代北若干氏改为荀氏,望出河南。"另荀氏出自敬姓,五代十国时,后晋一"敬"姓大臣为避皇帝石敬瑭名讳,减文为苟姓。此支现代人以为"苟"与"狗"之音同而不雅听,避音要求仍改为敬姓、文姓。

驷氏 出自郑穆公五子公子騑之后。《姓辩证》记:"驷,出自姬姓。郑穆公子騑,字子驷,生夏,字子西。夏生带及乞。带字子上,乞字子瑕,始以王父字为驷氏。带生偃,字子游;乞生歇,字子然。歇生宏,字子般。又有黑,字子皙,及驷奉。""驷"与"死"音同,后裔避讳,传子驷姓。

驹氏 出自周朝晋献子郤克军佐驹伯之后。汉朝有驹几,以属国骑击匈奴,捕单于兄,封骐侯。

季氏 系出鲁桓公子季友之后。《姓辩证》记:"季,出自姬姓。鲁桓公允夫人文姜,方娠,卜人谒之曰:'生有嘉闻,其名曰友。间于两社,为公辅室。季氏亡则鲁不昌。'及生男,有文在其手曰'友',遂以名之,而字季。其后季友有大功于鲁,受费以为上卿,鲁人谓之季子。卒,谥成季。生文子行父,始以字为季孙,亦曰季氏。文子生武子季孙宿。宿生悼子季孙纥。纥生平子季孙意如。意如生生桓子季孙斯。斯生康子季孙肥。肥曾孙曰昭子强。自文子、武子世执鲁政,为上卿。故季氏为强家。其族曰公若、公鸟、公亥、公冶、公思展、鲂侯(假)、子言,及公鸟之子甲,皆季氏。"又有以为出自周泰伯第十八世孙季札之后。

法氏 出自妫姓,田齐襄王法章之后,子孙以祖名为氏。《姓辩证》记:法"秦灭齐,子孙不敢称田姓,以法为氏。汉宣帝时,法氏徙三辅,代为二千石,世家扶风。后汉法雄,字文彊,为南郡太守,居扶风郿(在今陕西眉县东十五里渭河北岸)。生真,字乔卿,博通内外图典,为关西大儒,号'元德先生'。生衍,字季都。衍生正,字孝直。"三国时,法正为刘备谋士,善奇谋,深受刘备信任和敬重。

侠氏 出于姬姓,以王父字为氏。韩国韩武子次子曰韩侠累,为列侯相。《姓辩证》记:"侠,韩相侠累之后。"

鱼氏 出自子姓。宋襄公的弟弟公子睭字子鱼。宋襄公想当中原霸主,约会齐、楚等国在盂会盟,临行前子鱼说:"楚人不讲信用,我们应该带军队作警卫。"宋襄公却认为已约好大家都不带军队,不听劝告,结果在会上被楚人扣留。子鱼逃回宋国,组织宋人抵抗,迫使楚王放回襄公。不久宋、楚两国又在泓水交战,子鱼劝襄公趁楚军半渡而击,襄公认为这样不道德,不同意。等楚军一切准备就绪,弱小的宋军就吃了败仗。战后子鱼批评襄公说:"打仗就应当尽一切办法战胜敌人。假如你在作战时要讲仁义,那只有投降了。"子鱼之孙鱼石、鱼府称氏焉,传鱼姓。鱼石其后有名鱼澄者,鱼澄献禾给秦皇,改名苏秦,为秦相。则以禾配鱼为"苏",另传苏姓。

宓氏 始于远古始祖伏羲氏,次皇宓羲之后。在古代,因宓(古音fú,今多读

mì)字和伏字通用,伏姓也叫宓姓,其后子孙称宓姓。

居氏　出自杜姓,以祖名为氏。周大夫杜伯的子孙有以邑为姓,传为先姓。晋文公提拔先轸为中军元帅,职掌国政。先轸的儿子先且居后来继位中军元帅,先且居子孙有以他的名字中的"居"字作为姓氏的,称为居氏。又源于姬姓,出自远古少昊思的后裔倍伐,属于以先祖封邑名称为氏。《姓氏考略》记:"少昊元妃生倍伐,帝欲传位高阳,先降处长子于绢渊(今地待考),其后有居氏、倍氏。"

连氏　连氏与笁氏同,出自芈姓。楚怀王少子名熊乃,怀王搞合纵连横为秦国所败,熊乃走之,其后子孙以为连氏。连与笁、乃通假字,《风俗通义》记:"(战国时)楚有笁伦。"另据《姓氏考略》云:"蜀有笁夷,其后入中原者,以笁为氏","连氏望出陇西郡"。《通志·氏族略》谓:"吴郡有此姓。"

承氏　出自周朝卫国献公孙成叔承之后。成叔承为卫国大夫,其子孙以先祖之字为姓氏者,称承氏,史称承氏正宗。又源于芈姓,出自春秋时期楚国官吏军承,属于以官职称谓为氏。军承,是春秋时期楚国军制官称,属于主力战将,为楚国军事主官司马的副手。在楚国军承的后裔子孙中,有以先祖官职称谓为姓氏者,称承氏,亦有称佐氏者,同宗同源。晋国有承盆疸,后汉有侍中祭酒承宫,宋有威仪节度使承之。

虎氏　源于姬姓。五帝时,帝喾有八个具有才德之士,称"八元",其中之一为伯虎,其后裔以先祖名字为姓氏,称虎氏。又源于回族,属于汉化改姓为氏。回族中的虎氏,取自祖上回回名首音的汉字谐音。明朝时期西域人忝(虎)克里别儿的,入中原居于南京任职锦衣卫副千户。其子虎歹别儿,以虎为姓氏,后有孙虎先、虎马镇、虎梦解、虎如声、虎承瑞等。另外,在元、明两朝时期,史学家将回回名首音译为"虎"字的还有撒马儿罕人虎歹达、康里人虎秀思等。回族虎氏也有谐音字演变而来的。据《元史·氏族表》记:赡思丁三子为忽辛、纳速剌丁四子为忽先,其后裔有以忽为姓氏,称忽氏,后有人觉"忽"字不雅,遂改为虎氏。

欧氏　出自春秋时为越王勾践铸剑的欧冶子之后,属于以王父字为氏。欧冶子,周姓,其父名欧娅,是为周铸鼎匠人。欧冶子以铸铁剑而名闻。《越绝书》记有楚王令风胡子到越地找瓯冶子铸剑,风胡子至于吴地,见欧冶子、干将(吴国人),使之作铁剑。他俩先前凿通赤堇山(今浙江绍兴市柯桥区东南三十里)排泄其溪水,取铁英,作铁剑三支,名曰:龙渊、泰阿、工布,贡之于楚国,楚王收之大悦。后越王勾践所得剑要求相剑者薛烛鉴定的是:毫曹、巨阙、纯钩。巨阙剑作成时,勾践曰:"吾坐于露坛之上。"(见《越绝书》)这说明欧冶子在现场。鉴定时,薛烛对勾践曰:"当造此剑之时,赤堇之山破而出锡,若耶之溪(今属绍兴平江镇)涸而出铜。……今赤堇山已合,若耶溪深而不测。群神不下,欧冶子即死。虽复倾城量金,犹不能得此一物。"欧冶子所铸宝剑弯起来似腰带,若手一松,剑身即弹开,笔挺笔直。若向上空抛一方手帕,从宝剑锋口徐徐落下,手帕即分为二。斩铜剁铁,就似削泥去土。《吕氏春秋》记:"得十良马,不若得一伯乐;得十良剑,不若得一欧冶。"欧冶子是越国人,非王族,勾践在世时,欧冶子已亡,后世牵强以为欧冶子是欧阳姓之始祖似不可取。

　　沮氏　出自黄帝史臣沮诵之后。仓颉创造文字,沮诵始写历史,史称"沮诵圣人"。沮诵,又作沮颂,在黄帝时代,沮诵做左史,仓颉做右史。汉献帝时有沮授名,沮授从袁绍,预知袁绍将被曹操打败,分散家财,曰:"夫势在,则威武不加势,亡则不保一身,哀哉!"

　　终氏　出于帝尧时陆终氏之后,夏末有太史令终古,后以为氏,望出济南。《元和姓纂》载:"老童(卷章)生吴回,吴回生陆终,陆终的孙子以祖父的字为姓。"

　　狐氏　出自姬姓,周平王之子姬狐之后。姬狐,原名姬貔,作为人质质于郑,生狐容、狐突,孙狐毛、狐偃,皆为晋国重臣,传狐姓。

　　帛氏　出自楚国白公胜之后。《史记·楚世家》记:白公胜于楚惠王八年(前481)被诛杀。白公胜,亦名帛产、熊胜、白霸,子孙传帛姓。

　　服氏　出自鲁桓公曾孙,周内史叔服之后,以王父字为氏。《左传·文公十四年(前613)》记:有星孛入于北斗。周内史叔服曰:"不出七年,宋、齐、晋之君皆将死乱。""周内史叔服如鲁,公孙敖闻其能相人也,见其二子焉。叔服曰:'谷也食子,难也收子。谷也丰下,必有后于鲁国。'"之后,叔服的预言皆应验。汉有服虔,有雅才,善著文,作《春秋左氏传解》,又著《汉书及赋碑诔》《连珠九愤》,凡十余万字。灵帝时,官至九江太守。

　　到氏　出自楚令尹屈到之后,以名为氏。南北朝时有到彦之,为晋末宋初守荆楚垂三十年,士庶怀其威,迁南豫州刺史。史书叙其五代子孙业绩。

　　臾氏　出自晋国晋襄公后执政者赵盾谋士臾骈之后,子孙以王父字为氏。臾骈广有智谋。晋与秦战,赵盾合报,率晋军扎营于河曲,用臾骈之策,深沟高垒,固守不战。士会评曰:"赵氏新任一人,姓臾名骈,此人广有智谋,今日坚壁不战,盖用其谋,以老我师也。"《万姓统谱》记:"臾信,阳信人,嘉靖中海丰县丞。"

　　孟氏　本出周文王第九子卫康叔,卫康叔少子孟叔封孟侯,因官谥姓。孟氏又出自鲁桓公第十三代孙孟子之后,孟子为孔子之后儒学代表人物,传为孟姓。孟氏之分有孟获氏,《吕氏春秋》记:"齐力人孟获,后有孟获氏。"三国时,有诸葛亮七擒孟获之说,其名孟获,非彝人而为汉人,当为孟获氏之后。《唐志文》记:"原夫孟氏,裔自姬宗,武王克商,绍开帝业,四履授邑,分土为三,委康第治于陇西也,锡壤田而述望。然以三监酒俗,未泯余风,命康叔为孟侯也,将以肃清卫国,俗革弊殷,因官谥姓,遂为孟氏,书曰孟侯,美其第事可明矣。"又:"其先鲁卿孟孙氏之后,代有哲人,风徽不绝。"

　　苑氏　出自商武丁之子文为苑侯(都地在今河南新郑市龙王乡故城师村)之后,称苑侯文,后代以封爵位名为氏,传苑姓,望出永宁之马邑。

　　岳氏　出自炎帝之后,帝尧时,伊吕为四岳之官,其后子孙岳伯以官名为氏。《姓源韵谱》曰："四岳之后，今南方有之，望出山阳（在今河南焦作市东十里墙南村北侧）。"又岳山，即岍山。在今陕西陇县西南。《周礼·职方》：雍州"其山镇曰岳山"。或近山之民传岳氏。

环氏　源于芈姓，出自春秋时期楚国环列之尹，属于以官职称谓为氏。楚国设置有"环列之尹"，其意即是职守宫廷禁卫之武将，多为楚国之君的忠诚嫡系，且武艺高强。《周礼·夏官》记："环人掌致师，察军慝，环四方之故。"在环列之尹的后裔子孙中，有以先祖官职"环尹"为姓氏者，称环尹氏，后省文简改为单姓环氏、尹氏。另有出环王国，属于以国名氏。环王国，在今越南中南部，约公元758年至于9世纪后期，其王亦称环王。《新唐书·南蛮传下》记："环王，本林邑也，一曰占不劳，亦曰占婆。直交州南，海行三千里。地东西三百里而赢，南北千里。"古人称孤悬之地为"国"，因此称环王国。环王之后传环姓。

审氏　以官为氏。审氏之先为周司空属官，主管建筑工程的地形位置及构造。汉高祖刘邦有同乡人审食其，以舍人身份照顾刘邦的妻子儿女，后被封为辟阳侯。审氏望出魏郡。汉高祖置，治所邺县，在今河北省临漳西南。

枭氏　源于嬴姓，出自战国时期秦国刑吏枭人，属于以官职称谓为氏。隋宰相杨素之子杨玄感，大业九年（613）聚众至十余万。围攻东都洛阳，后败逃自杀，隋炀帝改其姓为"枭"。又唐武则天当上皇后以后，于高宗永徽六年（655）杀死王皇后与萧淑妃。改王姓为蟒姓，改萧姓为枭姓。

枚氏　出自周代衔枚氏官职，其后以官名为氏。周代时，设有掌管各种禁令的官，为衔枚氏（禁喧哗），属之司寇。据《周礼·秋官·衔枚氏》载："谓衔枚氏掌司嚣，释曰：以衔枚不得语，是止嚣之官。"衔枚氏之后，以祖上官名为荣，遂以官名中的枚字为姓，称为枚氏，望出淮阴（治所今江苏淮安市淮阴区西南码头镇）。汉有枚乘，吴王阴谋叛乱，枚乘上书谏云："以一缕之任，系千钧之重，上悬无极，下垂不测之渊，虽甚愚者，亦衰其将绝也。"吴王不纳，枚乘与驺阳、严忌等离吴去梁，梁孝王尊为上客，汉景帝召拜弘农太子都尉。

委氏　出自周朝委人（被差遣之人）之后。《通志·氏族略》记："周礼有委人，其后以官为氏。"《风俗通》记："汉时有太原太守委进。"

庚氏　出自官名。帝尧时，掌管露天粮仓的官，称庚大夫，子孙传为姓。周朝有管理粮仓的官员，名庚凛。春秋时，有周王室甘悼公之子献太子老师庚过。

姒姓　大禹治水有功，帝舜赐姒姓，后为夏王室代表姓。今姒姓是东瓯国摇王长子复贞之后，居今浙江绍兴禹陵村，世代守大禹陵。《姓辩证》记："姒，出自黄帝子昌意，其后曰颛帝，生崇伯鲧。鲧生伯禹，为尧（舜）司空，宅舜百揆。舜荐之于天者，十有七年，终践天子位。周王（太）子晋论其功曰：'伯禹厘改制量，象物天地，比类百则，仪之于民，而度之于群生。故天无伏阴，地无散阳，水无沉气，火无灾燀，神无间行，民为淫心,时无逆数,物无害生。皇天嘉之,祚以天下,赐姓曰姒,氏曰有夏。谓其能以嘉祉盛富生物也。'"

符氏 符,本姓蒲,蒲洪孙(符)坚以谶文有草付字,改姓符。蒲洪,羌族有扈氏酋长,东晋时,为征北大将军、冀州刺史。蒲洪,后改姓名为符洪,是著名的前秦君主符坚的祖父。《唐志文》记:"有扈启藩,分土玄珪之始;草付斯氏,诛茅典午之时。于是茂族绵邈,委九河而波振;宏基峻邈,驾二华而干霄。故使赵国怀疑,晋朝致止,光昭曩策,垂誉后昆。贤能由此克生,钟鼎于斯不坠。"

金氏 出自少昊金天氏之后。又西汉匈奴休屠王之子金日磾,字翁子,事武帝,著忠孝节,传金姓。帝以休屠作金人,为祭天主,因赐姓金氏,封秺侯。《唐志文》记:"太上天子有国泰宗阳,号少昊氏,金天即吾宗受氏世祖。厥后派疏枝分,有昌有徽,蔓衍四天下,亦已多已。家远祖讳日磾,自龙庭□□西汉,仕武帝,慎名节。陟拜侍中常侍,封秺亭侯,自秺亭已降七叶,轩绂辉煌,繇是望系京兆郡,史籍叙载,莫之于京。必世俊仁,征验斯在。"又:"金日磾仕汉,楚材是用,自古称美。"

宝氏 出自周文王庶子叔颖之子叔怀封暴城侯,传暴氏改宝姓。亦判古有褒国,由褒姓传为宝姓焉。又《唐志文》记:"自汉魏已降,世称华族。惟婴之贵,散廊下之金;惟宪之功,勒燕然之石。"又:"昔魏其总戎,珍七国以宁东夏;安丰作牧,垂八年以保西藩。故得望重台仪,位隆台右。其后或卿或相,为龙为光。荣镜一时,贻庆千祀。"

畅氏 出自姜齐国,姜姓分枝焉,为崔武子小子子彊(强)之后。《唐志文》记:"先承大业,俶流胤于唐尧;缅习衣冠,再持权于汉后。"又:"菊畹滋芳,淯波渐润,自汉光启祚,更始开基,君之远祖,缔构王室,既辉焕于图牒,今可略而言焉。"

祈氏 其先为帝尧之子监明姓伊祈(耆),传后刘姓,又分枝焉。《唐志文》记:"先伊耆氏之胄,封爵列位。"

林氏 出自商朝末年名臣比干之后。比干为商纣王所杀,其夫人陈氏逃入长林山中生下儿子泉。周灭商后,陈氏拜见周武王,武王因泉生于林中,念其父坚贞不屈,则赐林姓名坚。林姓人大多尊林坚为得姓始祖。另有林氏出自周平王次子林开之后,望出南安。

骆氏 出自闽越王无诸之后。无诸生二子,长子骆繇,传为骆姓;次子骆甲。骆繇袭闽中君,被其弟邹甲所弑。骆繇之子骆阳,逃归东瓯国,东瓯国摇王派兵入闽中平乱,因而闽中为东瓯国属地。东瓯国昭襄为王,以骆阳为使,派驻齐地,文帝时为吴王濞门客。骆阳以文辩著名于世。吴王阴谋叛乱,骆(邹)阳上书谏止,吴王不听,因与枚乘、严忌等离吴去梁,为景帝少弟梁孝王门客。邹阳为人有智略,被人诬陷入狱,险被处死,他在狱中上书梁孝王,表白自己的心迹。梁孝王见书大悦,立命释放,并尊为上客。骆阳改骆为邹,其后东汉初邹伯奇著《越绝书》。骆与邹字通假,常见互用。

此前,《国语》记齐大夫有驷马缟。后史以为东海王摇毋余即驷颛是为误,摇毋余不姓驷而姓姒。

奉氏 出目嬴姓。秦献公次子季昌,因为反对其兄秦孝公重用商鞅搞变法,遭受迫害而以采药为借口,去桂林象郡,再徙江西永丰,又潜隐于濠(当指今湖南新化奉家镇),见此地高山雪峰,遂择宅居焉;又改秦字下部禾为干以成奉字传姓,又改名吉,奉吉为奉姓始祖,地因名奉家山。汉有奉挥,为军使。后汉时有光禄奉肸,上就为主事。宋有奉真,善医。

竺氏 出自孤竹君叔齐之后竹姓。后汉拟阳(今安徽枞阳县)侯竹晏,报怨有仇,以其仇为名士,不改其姓,乃加二字以存夷齐,而移于琅琊莒县(今山东莒县)。其子孙以竺为氏,传竺姓。另天竺胡人,后汉归中国而称竺氏。

泄氏 出自春秋时郑公族姬姓之后。《左传·隐公五年(前718)》记有:郑大夫“泄驾、称泄伯”。泄驾,当是郑庄公异母弟。陈国有泄冶,陈国灵公和孔宁、仪行父与夏姬通奸,都把夏姬的汗衣贴身穿着,而且在朝廷上开玩笑。泄冶进谏说:“国君和卿宣扬淫乱,百姓就无所效法,而且名声不好。君王还是把那件汗衫收藏起来吧!”陈灵公说:“我能够改过了。”陈灵公把泄冶的话告诉孔宁、仪行父两个人,这两个人请求杀死泄冶,陈灵公不加禁止,于是就杀了泄冶,泄冶是因为进谏而死的贤臣。今江苏溧阳市罔城镇有泄家村,村民皆姓泄。

青氏 出自少昊帝青阳氏之后。另转自庆姓,齐大夫庆封为楚灵王所杀,其后子孙以避讳改庆同音字青为氏,传为青姓。《路史》记:“齐太公之后有青氏。或云青阳氏之后。”

冼氏 冼氏与洗氏同。《岭南冼氏宗谱》记:“冼氏之先,盖出沈国,亦商或楚之苗裔。在秦,居真定郡(正定府。今河北正定县)。有名汭者,以义侠闻,为仇家所持,因秦法严,改今姓。始皇三十三年(前214),遣赵佗将谪卒五十万人戍五岭,汭与佗同里,且有旧,往投其帐。至岭南,遂家焉。是为冼姓入粤之始。”起因,沈汭(ruì 音锐)被高凉部落的女首领招为夫婿,生儿育女,发展男系氏族,以岭南地域最先取姓的“先”字加沈汭的姓名“氵”旁,取姓冼(xiǎn 音显)。沈汭的儿子取名冼齐,赵佗遂命冼氏世守高凉,从此世称冼氏。据《姓氏寻源》载:“南海番禺多冼姓,盖高凉夷酋姓也。”隋朝时,岭南还没有依附,几个城郡共同尊奉高凉郡太夫人冼氏为领袖,号称圣母。太夫人冼氏当出于冼姓。

练氏 厥裔羲仲,帝尧时,命掌东方,为东方氏。东方氏有东不訾者,盖帝舜七友中人,居太原墟,因帝呼为东友,即更其覆,而仍相传为东氏。东不訾九十六代嗣裔东何,乃汉仕郎中泾州(治所在今安徽天长市西北石梁镇)东富公二十七代元孙,本贯河南省河内县(今沁阳市),以河内为郡,公於唐贞观时为总管府录事参军,唐贞观十八年(644)十一月庚子日,诏与李勣伐高句丽,十九年五月甲申日,献火攻之策以攻南苏罗城(辽东城,史书又称辽州。即今辽宁辽阳市老城),遂破之,有功回朝。是年十月戊午日,在临渝关(即榆关。指今河北秦皇岛市山海关)的汉武台刻石记功会上,唐太宗以"精练军戎",赐姓练,封岐山侯,封三世恩荣世袭骑尉将军。钦差大臣兵部尚书大总管李勣赞曰拜题:"舜友贤裔,岐山侯第,贞观恩及,赐姓启宇,诗书冠冕,诒谋济美。"妣赵氏,封一品夫人,与夫合葬于河南省河内县紫金坛(今沁阳市神农坛)。生二子:练舜麒、练舜麟。其后为练姓。练氏其先,取义青阳,曾称济阳为郡。由居太原,故又易其郡为太原。

抱氏 出自杞姓。汉有中大夫杞康,汉末时避董卓乱,改姓抱。

幸氏 源于姬姓,出自郑穆公之后。穆公之子公子偃,为鲁国上大夫,足智多谋,文武精通,人称"赛吕望"。公子偃因镇守朔北雁门有功,赐姓"幸",后有幸姓,望出雁门(雁门郡。在今山西右玉县南)。幸氏又源于古代帝王信任亲近的幸臣,属于帝王赐姓为氏。《姓氏五书》记载,是幸臣的后代,以祖上为荣而取"幸"为姓或由帝王赐予"幸"姓而形成的。

析氏 出自楚国宵敖小子斗缗尹之后。斗缗尹生斗宜申,字子西,为楚司马。子西与令尹子玉于公元前634年率楚军灭夔国。公元前632年,城濮之战时,子玉与晋文公交战,由斗宜申指挥楚军左翼,被晋军击溃,欲引咎上吊,恰遇带着楚成王赦令的使者赶到,阻止了自杀。战后,楚成王任命他为商公。后改任他为工尹,掌管百工。楚穆王九年(前617),斗宜申因为欲为楚成王报仇,策划杀死穆王,阴谋败露后被处死。子西之子析公逃晋。公元前597年,发生了晋楚绕角之战。晋国人将要逃走,析公曰:"楚军不厚重,容易被震动。如果同时敲打许多鼓发出大声,在夜里全军进攻,楚军必然会逃走。"晋国人听从了,楚军夜里崩溃。晋国于是侵入蔡国,袭击沈国,俘虏了沈国的国君,在桑隧打败申国和息国军队,俘虏了申丽而回国。郑国在那时候不敢向着南方的楚国。楚国丧失了中原,出于析公的谋划,析公之子析父。楚灵王十一年(前530),楚伐徐以恐吴。灵王率军驻乾溪(今安徽亳州市东南)。灵王对析父曰:"齐、晋、鲁、卫皆受周封而得宝器,吾请周王将宝鼎作为分封的器物给楚可否?"析父曰:"先王熊绎远在荆山,乘坐柴车,身穿破衣,居草莽荒野,山林水泽艰难度日,也奉侍周文王,用桃木弓、棘木箭供应周王室。齐国,是周王舅舅的国家。晋、鲁、卫是周王同母(姜太公女邑姜)弟的国家。楚国与周王室没有亲戚关系,故没有分到宝器。现周与齐、晋、鲁、卫都侍奉君王,必将听令,怎敢舍不得宝鼎?"灵王曰:"吾之祖先伯父昆吾曾居许国,被郑国贪占,吾今可以向郑国索取吗?"析父曰:"周天子不敢舍不得宝鼎,郑国怎敢舍不得那块土地?"灵王曰:"先前诸侯疏远楚而畏惧晋,现今我楚国在陈、蔡、不羹大规模修建城池,各地都备有千乘兵力,诸侯害怕吗?"析父答:"害怕!"灵王大喜曰:"析父真会给寡人讲历史课。"析父,亦记析归父,又称析文子,后传析姓。又有名析父者,曾经在嫁女晋国时,为齐国送媵妾,将晋国叛臣栾盈偷送到曲沃。析朱钼,卫灵公时侍卫,卫齐氏之乱时,曾经跟随卫灵公避乱。现有青铜器"析父丁觯"在山西翼城出土。

松氏　松姓的起源与秦始皇在泰山封五棵松有关。秦始皇亲登泰山祭天,办完立石、封祠祀后,在下山途中突然间下起倾盆大雨,而山上却没有一个可以遮风挡雨的地方,正好山上有五棵大松树,枝叶繁茂,围起来像个大亭子,于是秦始皇就跑到松树下躲雨。不久风息雨停,秦始皇很高兴,认为这棵大树护驾有功,就当场赏封五棵松树为"五大夫松"。有随秦始皇上山的官员,还没有得过皇帝的封号,就沾松树的光,则以松为姓。在此后,就有居于泰山的人便以"五大夫松"的"松"字为姓氏,称松姓。松氏的望族居东莞郡(今山东莒县)。又出自清代满族改姓。清兵入关后,有满族旗人改汉姓松氏。如武英殿大学士松筠,原为蒙古正蓝旗人,玛拉特氏。又公姓改为松姓,因为公姓称呼时有些不方便,因此有公姓改松姓。

枣氏　枣,本姓棘,出自卫国大夫棘子成之后,因避仇改焉。《晋书·枣据传》记:"枣据字道彦,颍川长社人也。本姓棘,其先避雠改焉。"枣祇,东汉末年颍川阳翟(今河南省禹州市)人。曾任东阿令、羽林监、屯田都尉、陈留太守等职。他所首倡的"屯田制",却在中国社会的政治、经济和军事发展史上,占有极其重要的地位。枣据,字道彦,颍川长社人也。本姓棘,其先避仇改焉。父叔祎,魏钜鹿太守。据美容貌,善文辞。弱冠,辟大将军府,出为山阳令,有政绩。迁尚书郎,转右丞。贾充伐吴,请为从事中郎。军还,徙黄门侍郎、冀州刺史、太子中庶子。太康中卒,时年五十余。所著诗赋论四十五首,遇乱多亡失(见《晋书·枣据传》)。《万姓统谱》记:"枣,望出颍川(今河南禹州市)。"

所氏　出自虞姓。平原(今山东平原县西南二十五里张官店)人虞衡主伐木之官,闻声以为氏。周朝宋国有所华,官宋大夫。汉安帝时有所辅,义烈人也。

侬氏　侬又浓,侬氏为壮族姓氏,汉族侬姓起源不详。北宋中期浓智高为壮族首领,侬智高是起事的发动者,又侬智高领导反抗交趾(即交趾郡。治所今越南河北省仙游东)的掠夺与骚扰。

侍氏　起源于郦氏,又郦氏出自远古骊山氏。秦汉之际,有陈留高阳(今河南杞县)人郦食其,秦末农民战争时,助汉刘邦,献技攻克陈留,被封为广野君。其曾孙以郦食其名为姓氏,即为食其氏。郦食其之子郦疥为高粱侯。高粱侯孙名平,武帝时为侍中,合官与氏,改"食其"为"侍其"氏。明洪武(1368—1398)时,改"侍其"为侍氏。

羌氏　羌,氏族名,出自炎帝姜姓之后。"姜",去之羊尾儿养羊,称"羌"。羌有羌水(发源于今甘肃岷县东南的岷江)、羌道(在今甘肃舟曲县北),有羌语(属汉藏语系藏缅语族羌语支)。古《诗品序》记以为"羌无故实",但以羌族名成为中国历史上最悠久最古老,同时也是最成功的民族。

泉氏　出自任姓,本姓全氏。《姓辩证》记:"全琮孙晖,封南阳侯,食封白水,改为泉氏。"全琮是三国时期吴将军。《唐志文》记:"若夫虹光韫石,即任土而辉山;玼照涵波,亦囚川而媚水。洎乎排朱阁,登紫盖,腾辉自远,逾十乘于华轩;表价增高,裂五城于奥壤。况复珠躔角氐,垂景宿之精芒;碧海之罘,感名山之气色。举踵柔顺之境,滥觞君子之源,抱俎豆而观律吕,怀锦绣而登廊庙。移根蟠蛰,申大厦之隆材;转职加庭,奉元戎之初寄。与夫随珠荐椟,楚璧缄绳,岂同年而语矣!于卞国公斯见之焉。原夫远系,本出于泉,既托神以隤祉,遂以生以命族。"又:"其先朝鲜人也。"

　　肃氏　肃姓所出多源。《姓辩证》记:"肃,或云肃慎氏之后。"肃慎,古族名,商、周时居不减山(即今吉林省东南部长白山)北,归化中国,改国肃氏。《元和姓纂》云:"周卿成肃公(伯)之后,以谥为氏。"

　　郁氏　郁氏与虞氏同,本姬姓。周武王封虞仲于虞(在今山西平陆县北张店东南古城),建虞国,春秋时为晋所灭。《左传·僖公五年(前655)》:晋侯"假道于虞以伐虢"。师还,"遂袭虞,灭之"。虞国亡,仲子奉祀泰伯,国亡乃"郁",其子孙便以郁为姓。后有郁贡,黎阳(今河南浚县东北)人,为鲁相。《国语》:"鲁相郁贡,子孙居鲁。"又记鲁相郁首、鲁相郁黄传郁姓。

九画姓氏:

　　赵氏　出自嬴姓,大业(羿)为嬴姓始,其后造父为周穆王御,因功封地造城,为赵国(赵城在今山西洪洞县北赵城镇)始,后传赵姓。《新唐书》记:"赵氏出自嬴姓。颛顼(当是少昊)裔孙伯益,帝舜赐以嬴姓。十三世(三十二)孙造父,周穆王封于赵城,因以为氏。其地河东永安县(即今赵城镇)是也。六世孙奄父,号公仲,生叔带,去周仕晋文侯。"《唐志文》记:"昔造父得氏,起于周穆之年;叔带分官,当于晋文之代。"赵氏为宋朝国姓。《姓辩证》记:"(赵王)迁八年(前228),秦并六国,赵人立迁兄嘉为代王,后(前222)降于秦。秦使嘉子公辅主西戎,西戎怀之,号曰'赵王',世居陇西天水西县(在今甘肃天水市西南九十里)。至汉京兆尹广汉之后,居涿郡,代踰千祀,而僖祖(赵朓)皇帝生焉。臣闻之,太史氏曰:僖祖立道肇基积德起功懿(追尊)文宪武睿和至孝皇帝,生于涿,长于燕,历永清、文安、幽都三县令。生顺祖(赵珽)惠元皇帝,累官兼御史中丞、赠右骁卫将军,实生翼祖(赵敬)简恭睿德皇帝,历营、蓟、涿三郡刺史,生宣祖(赵弘殷)昭武睿圣皇帝,赠太尉。宣祖五子,长邕王光济,次太祖皇帝(赵匡胤),次太宗皇帝(赵炅),次秦王廷美,次夔王光赞。"

　　胡氏　古有归胡国传胡姓。又周武王封庶弟姬尤于郾(在今河南漯河市郾城区西南),建胡子国,后传胡姓。又周武王长女大姬嫁胡公满所传。《唐志文》记:"周封虞帝(之后),方开建社之源;陈有胡公,始派承家之族。因官测圭之邑,遂家瀍洛之阳。"又:"其先有妫之后,遂育于姜,在陈备三恪之尊,居齐分六卿之职,因始封以锡姓,自胡公而受氏,英贤继体,簪绂承家。康负干理之才,时推试剧;质秉公清之量,名畏人知。"

荀氏 出自周文王第十七子郇伯封郇,后去邑加草为氏传荀姓。又出荀林父为晋景公时中军元帅,之后败落,其曾孙荀会在晋悼公即位时,使荀家复兴为公族大夫,传荀姓。荀息本为原氏黯被封荀国后,以地为姓与原来荀国的国君没有任何血缘上的关系。荀氏最早的记载见于《逸周书·王会解》:"成周之会……唐叔、荀叔、周公在右、太公望在左。"周桓王十三年(前707)记:"晋曲沃灭荀,以其地赐大夫原氏黯,是为荀叔。"《姓辩证》记:"出自姬姓。春秋时,晋大夫荀息,裔孙雅、嘉、会,皆卿大夫,其族为大,别为三族:一曰晋公族逝敖,生林父,为文公中行将,谓之'中行荀氏';二曰林父之弟首,食邑于知(智。在今山西永济市虞乡西北),以所食邑氏,谓之'荀知氏';三曰逝敖曾孙欢,食邑于程(在今陕西咸阳市东北),谓之'荀程氏。'"

宫氏 出自姬姓,周武王封族侄仲为虞君,是为虞仲。虞仲少子虞宫封于郐(当指宫城县。在今陕西合阳县东宫城村),郐国传数世为晋国所灭。有宫子奇因为亡国而奔虞国,将郐去邑改宫姓。又出于子姓,商帝盘庚之后有周成王时宫括封南阳侯,传宫姓。

郜氏 其先为周文王庶子(第十一子)郜叔传焉。郜叔封地,后名郜国(在今山西浮山县境),春秋时为宋所灭,子孙以国为氏传郜姓。《唐志文》记:"其先周文王之昭也。分土命氏,本宗则大,自天降福,后世其昌。"

祝氏 出自黄帝之后,《元和姓纂》记:"(周武王)封黄帝之后于祝(今山东长青东北祝阿故城)",后有祝国,子孙以国为氏。《新唐书》记:"祝氏出自姬姓。周武王克商,封黄帝之后于祝,后为齐所并,其封域至齐之间,祝阿、祝丘是也。"又祝氏出自己姓,祝融之后,以官职命氏。又祝氏出自殷属宋国。宋惠公太子曰哀公,哀公元年(前799)薨,不入纪年。哀公之子宋白,宋白生宋祝其,为大司寇,后传为祝其氏,简为祝姓。

荆氏 出自楚国先君熊绎的封地,楚国之前称荆国,当以国名为氏。又商帝汤时有荆伯,当源自江姓所分。《唐志文》记:"天有将星,地有将坛,人有将才,国有将范。其或叶山河之间气,符辰象之至精。命世降灵,郁为人杰。然后作国垣翰,为王爪牙。胙土分茅,勋业载光于史氏;授钺推毂,荣耀岂独于韩侯。"

莒氏 古有莒国(今山东莒县),莒氏以国为氏。《姓辩证》记:"莒,出自曹姓陆终之后。周武王封兹舆期于莒,是为莒子。其国之子弟以国为氏。"周朝有楚国莒伯为楚大夫。

须氏 源于风姓,出自周朝初期太昊伏羲氏裔孙的封地,属于以国名为氏。西周初期,周武王将太昊伏羲氏的裔孙封于须句(今山东寿张、东平之间),建有须句国,亦称须朐国,子爵,史称其国君为"须句子"。周襄王姬郑十五年(前637),邾文公曹蘧蒢出兵攻破须句国,国君须句子逃至鲁国。鲁釐公的母亲成风是须句国君的女儿,便对鲁釐公说:"崇明祀,保小寡,周礼也;蛮夷猾夏(狡猾),周祸也。若封须句,是崇昊、济而修祀,纾祸也。"因此,鲁釐公接纳了须句子并好言相慰,然后于次年出兵伐邾,夺取了须句国,把须句子送回国去复位。此后不久,须句国再度为邾国所灭。到了周襄王三十二年(前620),鲁文公再次出兵伐邾国,夺回了须句国之地。但须句子软弱无能,未再使须句复国,须句已成为鲁国的一个邑地,并改称为"须昌"。在亡国后的须句国王族后裔以及国民中,有以故国名称为姓氏者,称须句氏,后省文简改分衍为单姓简须氏、句氏两支。又源于官位,出自春秋时期宋国大夫鱼须,初称鱼须氏,后省文简化为单姓须氏、鱼氏。

养氏 源于嬴姓,出自春秋时期的养国(故址在今河南沈丘县一带),为嬴姓小国,伯爵,国君称养伯,属于以国名为氏。据传世西周养史尊铭上的铭文记载:"养史作旅彝。"养史,即诸侯史官。考古工作者在湖北江陵地区的一座春秋中期墓中曾出土一件"养伯簋",说明此时周王室所封之养伯国尚存。此簋是养伯为其元妹外嫁所作的媵器,出自楚墓,是楚、养两国通婚之证。在养国的王族后裔子孙中,有以故国名为姓氏者称养氏,史称养氏正宗。养国后为春秋时楚国将领养由基的封邑,养由基是中国古代著名的神射手,相传养由基能在百步之外射穿做标记的柳叶,并曾一箭射穿七层铠甲。又传吴国吴王僚有三个儿子,分别为公子掩余、公子烛庸、公子光。公子掩余、公子烛庸的家人后来在养邑定居,其后裔子孙中有以封地名称为姓氏者,称养氏,是为沈丘养氏。

姚氏 出自帝舜之后。舜生于姚墟(故址在今河南濮阳),子孙因以为姓。《新唐书》记:"姚姓,虞舜生于姚墟,因以为姓。陈胡公裔孙敬仲仕齐为田氏,其后居鲁,至田丰,王莽封为代睦侯,以奉舜后。子恢避莽乱,过江居吴郡,改姓为妫。五世孙敷,复改姓姚,居吴兴武康。"《唐志文》记:"其先帝舜之后矣,惟□□□,曰则凝贞,不显不晦,黄中通理。用能阐鸿休于历书,流传华于姚墟,得姓命氏,即斯之后也。其后冠冕相烛,簪裙交映,列据晋庭,则与三秦比杰;公辉虞代,则共四姓联芳。德业既盛于中朝,人物实传于今古。铭曰:昔在高阳,发挥帝纲,粤若虞舜,必复其胤。瓜瓞绵绵,子孙振振,诞生哲士,芝芳玉润。"

饶氏 出自赵姓,以邑为氏。《姓辩证》记:"出自六国时齐大夫食邑于饶(在今河北饶阳县东北)者。赵孝成王四年(前262)拔其邑,以封其弟出安君,齐之故臣,以邑为氏。"饶氏,有记尧氏。汉有饶威,鲁隐太守,有惠政,得吏民心。饶氏望出临川。

娄氏 出自姒姓。《娄氏宗谱》记:夏少康少子越王无余之后,"娄氏世居萧山(今浙江杭州市萧山区)"。越王位至娄时,娄有空名而无权,不能自立,筚路蓝缕迁于山林,转从众庶,同为编民,遗无恒产,后皆隐身匿迹,无闻于世。《新唐书》记:"娄氏出自姒姓。夏少康裔孙东楼公封于杞,为楚所灭,子孙食邑于娄(在今山东诸城市西南四十里),因以为氏,城阳诸县有娄乡是也。"《唐志文》记:"盖闻三宫演妙,叶兵符而振武威;五府腾华,列文昌而照星彩。然则驯雁宣劾,顺虎陈规,奋气励于青云,英略窥于沧海者,其在兹乎?"又娄氏出自邾娄国(在今山东曲阜市东南南陬村)之后因氏。又有邥娄氏改为娄氏。娄之后有传楼姓。

项氏　项之先,自周文王第十子冉季载之后。季载,一记季毂,为周武王时虎贲中郎职,武王伐纣以兵会周师牧野有功。武王崩,成王以叔父季毂分封项(治所在今河南沈丘县)食采其地,历数传后子孙以邑为姓,望出东鲁,郡号汝南,名载三王全纪。又鲁釐公十七年(前643)灭项,取其地,封次子鲁项于项,鲁项曾孙项橐。项橐,八岁神童,孔子拜项橐为童子师,其后以邑为氏传项姓。《姓辩证》记:"项,出自古诸侯项国,其地汝阴项县,今项城是也。鲁釐公十七年(前643),灭项,取其地。楚考烈王灭鲁,封其将于项,因以为氏。"《公羊传》记:"(项)为齐桓公所灭,子孙以国为氏。项橐八岁服孔子,燕下相人为楚将,子梁(项梁),梁兄子籍(项羽),号"西楚霸王",项他、项伯、项襄之族也。"《西京杂记》记:"有项瑶及其子陆,传曹元理算术于南季。"《三辅决录》记:"安陵项仲山,每饮马渭水,常投三钱。"《唐志文》记:"系分虞后之先,派别霸王之后。其源流广浚,祖德昭彰。"

柳氏　出自姬姓周公旦之后。《新唐书》记:"柳氏出自姬姓。鲁孝公子夷伯展孙无骇生禽,字季,为鲁士师,谥曰惠,食采于柳下(今属山东省济南市孝直镇展洼村),遂姓柳氏。"《唐志文》记:"其先姬姓,出自后稷,至周武克殷,封母弟旦于曲阜,子禽继焉。降及八叶,生孝公,孝公生公子展,展孙无骇,骇孙禽,禽有纯德,为鲁士师,食采柳下,谥曰惠,厥后因命以氏。"

郝氏　出于子姓,商帝武乙次子子期封地郝乡(在今山西太原市郝庄一带),为子车氏,子车氏其后以邑为氏传郝姓。又云郝氏出自赫胥氏。《新唐书》记:"郝氏出自郝省氏(赫胥氏),太昊之佐也。商帝(武)乙之世,裔孙期封于太原之郝乡,因以为氏。"《唐志文》记:"其先周襄公之后绪,其胤系族望太原。"

要氏　春秋时周有要邑(在今河南新安县西北),要氏以地名为氏。要氏之祖出自春秋末年吴国著名刺客要离。要离,吴国刺客,吴公子光既杀吴王僚,忧虑其子庆忌在邻国,就问计于伍子胥,子胥去与要离商量,要离曰:"吾假装负罪出奔,杀吾妻子,且出怨言,庆忌必定相信。"公子光乃就去戮要离妻子于市,且出怨言,闻于诸侯。要离就到卫国去见庆忌言计,庆忌就相信要离,要离与庆忌渡江将要至吴地时,要离乘庆忌不备,以短矛刺中庆忌。庆忌虽然负伤,但还是用单手提着要离,三啐其头,谓左右曰:"莫杀他,令还吴,以旌其忠。"要离至江陵,伏剑自刎。要离使用苦肉计,杀妻残身,是为著名刺客。要离之后传要姓,望出鲁国。《唐志文》记:"(要氏)远祖徐州要离之后。"

钟氏　出自宋微子启之后。桓公曾孙伯宗仕晋,假为郤氏。伯宗生伯州犁,伯州犁仕楚,食采钟离(在今安徽凤阳县东北临淮关东),因氏焉。《新唐书》记:"钟氏出自子姓,与宗氏皆晋伯宗之后也。伯宗子州犁仕楚,食采于钟离,因以为姓。楚汉时有钟离昧,为项羽将,有二子,长曰发,居九江,仍故姓;次曰接,居颍川长社,为钟氏。"《姓辩证》记:"钟离出自子姓,宋威(桓)公曾孙伯宗仕晋,为三郤所害,其子州犁奔楚,食采于钟离,因以为氏,而世为楚将。裔孙钟离昧为项羽将,二子:长曰发,居九江仍故姓;次曰接,徙长社,为钟氏。"

柯氏 出自吴仲雍六世子柯湘。周成王会诸侯于柯(在今河南内黄县),吴地世子湘与成王会,拟任为周大夫,成王以为可,则指柯山为姓,传柯姓。柯湘后传三世孙柯卢袭封吴伯,为吴王第九世,称柯氏正宗。另有齐襄公占据卫国柯邑,以封其子,以邑名传为姓。

厚氏 厚氏与郈氏、后氏同,出自鲁孝公之后。鲁孝公之子惠伯巩,亦名伯革、伯华,其后七传孙瘠,食采于厚(厚丘。在今江苏沭阳县北四十里厚镇),谓之厚成叔,因氏焉。厚成叔之子厚昭伯,《左传》记名"郈昭伯",《汉书》记名"后昭伯",三氏所称属字变音不变。

俞氏 出自周武王次子邘叔,封于邘(在今河南沁阳市西北三十六里邘邰村东),之后子孙以邑为氏传邘氏,异字又传俞氏。

相氏 出自殷属三世祖相土之后。商帝河亶甲,名整,元年庚申(前1381)王即位,自嚣迁于相(今河南内黄县),其后有子孙居相者,传相姓。又哲学家墨子,墨子本宋微子世家鱼氏所传,墨子死后,墨家分裂为三派:相里氏一派、相夫氏一派、邓陵氏一派,前二派复祖氏,传相姓。汉武帝时,有落山(落凤山。在今山东滕州市东三十里)四姓,一曰相氏。

郦氏 出自黄帝之后。黄帝鸿公孙氏第四子禺阳,首封任姓,因为制酒,生次子则去水姓酉,名酉京。酉京生酉犍,酉犍生酉涓。夏禹封酉涓于郦邑(今河南省内乡县郦城村),改称郦涓,其后子孙以地为氏,传郦姓。楚汉争霸之际,有郦氏族人郦食其,陈留人(今河南陈留县高阳乡),本为里监门吏,为刘邦献计克陈留著功,被封为广野君。刘邦平定天下,封郦食其之子郦疥为高梁侯。郦食其弟郦商,郦商生郦寄,郦寄生郦知白。知白生郦象中,象中生郦因。郦氏因郦食其功大是为汉王朝时名门。

查氏 源于姜氏,出自春秋时期炎帝后裔。齐顷公赐封第四子姬延到楂邑(今山东济阳市),该地盛产山楂,称楂叔。楂叔其后裔子孙,就以先祖的封邑名称作为姓氏者,称楂氏。后来又将木字偏旁省去了,于是遂成为查氏。查氏族人大多尊奉齐顷公为得姓始祖。又出自春秋时期楚国诸侯的封地,属于以封邑名称为氏。春秋时期,楚国夺取宋国柤邑(在今江苏邳州市西北泇口。一说柤中,在今湖北南漳县西蛮河流域),封其大夫为食邑地,因"柤"与"查"二字通假,其后裔子孙中有以先祖封邑名称为姓氏者,称查氏、柤氏,二氏实一。

闻氏 闻氏与闻人氏同,源于地名,出自春秋时期郑国闻邑(故址在今河南省黄河以南的荥阳市虎牢关一带地区,亦称汜水关、汜水镇),属于以居邑名称为氏。周定王二十年(前587),晋景公因郑国违盟投靠楚国,出兵伐郑国,夺取了郑国的闻邑,改为晋国的氾邑,并一度包围郑国都城新郑(今河南新郑市)。后郑国得到了楚军的协助才击退晋军,但闻邑已经收不回来了。失国的原闻邑之郑国人,在成为晋国氾邑之民后,有以故邑"闻邑之人"名号为姓氏者,称闻人氏,后简化为单姓闻氏者,该支闻人氏、闻氏同宗同源。又源于姬姓,出自春秋时期鲁国少正氏,属于以世称名号为氏。春秋晚期,鲁国的孔子和少正卯两个人都在开班讲学:以孔子为首的儒家学说,主张"克己复礼",维护奴隶主阶级"礼治"的奴隶社会;而以少正卯为代表的法家学说,主张变法革新,建立新兴地主阶级法治的封建社会。后来听少正卯讲学的人越来越多,其中包括孔子的学生也来了一部分,孔门出现了"三盈三虚",气得孔子大骂少正卯是"小人之桀雄"。少正卯在讲学中很快成为当时文人学士公认的"闻人"。后来孔子当上了鲁国的司寇,代行宰相职务,传说他给少正卯加上了"聚众结社,鼓吹邪说,淆乱是非"等罪名,把他捕杀了,并把他的尸体示众三天。但少正卯变法革新的进步思想已经传播开了,推动了奴隶制灭亡、封建制兴起的浪潮,成为一代法家先驱。因少正卯是当时声誉宏然、远近闻名的人,被世人誉为"闻人",在少正卯的后裔子孙中,有称闻人氏,之后再省文简改为单姓闻氏者。又文氏改闻氏,出自南宋信国公文天祥之后裔,属于避难改姓为氏。文天祥的护国军失败后,其二十四子带其后裔族人从江西吉安迁徙到浠水一带(今湖北麻城市),改文氏为谐音的闻氏。《闻氏宗谱》记:"吾族本姓文氏,世居江西吉安之庐陵,宋景炎二年,信国公军溃于空坑,始祖良辅公被执,在道潜逃于蕲之兰溪驿,改文为闻,因家焉。"

郏氏　周武王四年(前1043)冬,迁九鼎于洛邑郏地(今河南洛阳市西王城),居此者以地为氏,传郏姓,望出荥阳(今河南荥阳市)、武陵(今湖南常德市武陵区)。

垣氏　出自王垣(在今山西垣曲县东南王茅镇),以地名氏。汉朝有西河太守垣恭。

洛氏　洛氏源于地名,出自古雒(洛)水流域,以居邑名称为氏。又出自妘姓,赤狄族皋落氏之后,以部落名称为氏。

靳氏　出自芈姓。楚怀王时,楚大夫靳尚食采于靳(今湖南宁乡境内),子孙以邑为氏。据《风俗通》记:"靳,春秋时楚地小国,后为楚大夫采邑。楚大夫靳尚之后,子孙以邑为氏。"湖南有靳江河,源自湘乡市大凫塘,经宁乡市,至黑石渡注入湘江,过楚大夫靳尚墓前,因此而得名。靳姓自得姓后,或许因为宫廷内的斗争,子孙没有在起源地发展起来,而是避难逃往他国寻求生存。这从《史记》中有关汉初两位开国功臣靳歙、靳强二人的传记记录可以看出来。靳歙,发迹起于宛朐(今山东菏泽市);靳强,曲沃人,其先西河人氏。两地均在中国北方。自汉以后,靳氏世居西河一带,并于此形成了靳氏的西河郡(治地即今山西汾阳市)望。 今天津市宝坻区有小靳庄。

冒氏　源于汤姓。汤姓的后裔子孙在西周初期有被周公姬旦封居于冒邑者(今安徽宿州市砀山县），其后即以居邑名称为姓氏，称冒氏。冒邑君主称为冒伯。西周时期著名的青铜器"冒伯敦"就是冒国的彝器。又源于芈姓，出自春秋时期楚国君主蚡（棼）冒，属于以先祖名字省文简化为氏。在楚武王之前有其兄楚厉王，被楚武王追称为"楚蚡冒"。楚有棼冒氏，后简改为冒氏。《姓氏考略》记："春秋楚，如皋（即今江苏如皋市）冒氏，自宋以来，世为茂族。望出荥阳。"芈姓冒氏，尊奉楚蚡冒为得姓始祖。

郤氏 本出晋穆侯少子叔阳之后，周王称叔阳之后为叔氏。叔阳生伯黡，伯黡司晋典籍。伯黡次子郤文，"郤"又记"郄"。郤文生叔虎、叔豹。叔虎在晋献公二十五年（前652），为晋讨伐翟国立功，献公将郤邑（在今山西沁水下游一带）封给他，以别出晋公族，另立宗庙，故郤氏生。郤氏强势时，称郤子国，亦即习子国。《说文》："郤，晋大夫叔虎邑也。"叔虎生郤縠，郤縠为晋国首任中军将。叔虎弟叔豹，叔豹即郤豹，郤豹生三子：称、芮、义。郤称，即郤臻，郤臻辅助郤縠为晋国中军佐。郤芮，封于冀（在今山西河津市东北冀亭），又称冀芮。冀芮生冀缺，冀缺为晋大夫，冀缺生郤克。郤义生郤扬，《世本》记："晋郤豹孙步扬，生郤州，因氏焉。"步扬生步招、郤犨，郤犨是为晋公族大夫。郤姓通用联云："冀野如宾，受知臼季；被庐谋师，荐出赵衰。"

郄氏 郄与郤字通假，出自晋郤氏家族。三郤是春秋中期出现在晋国历史上的权臣集团，由郤锜、郤犨、郤至三人组成，郤锜为宗主。三人皆有才德，为政为要，且关系密切。自叔虎立宗立姓以来，历四代八卿。这个家族发展到郤锜领班时，家族的财富与权势已经是树大根深，晋军之中八卿有其三，真可谓"其富半公室，其家半三军"。三郤，又作三郄，三郤被杀，因难改同音郄字为姓。

祖氏 商殷王之名首字多"祖"，祖氏出自商王河亶甲少子祖基（丙）之后。《唐志文》记："植根天井，望重宝符，自契之汤，凡余一纪；亶甲居商，仍绍本宗。祖基迁耿，因封命氏，芳流洛沔，即其后也。"

封氏 出自姜姓封父之后。炎帝厘节并生戏器，戏器生封钜。封钜即姜钜，姜钜生封胡，封胡即封父，传封姓。《新唐书》记："封氏出自姜姓，炎帝裔孙钜为黄帝师，胙土命氏，至夏后之之世，封父列为诸侯，其地封丘有封父亭（在今河南开封市内），即封父所都。至周失国，子孙为齐大夫，遂居渤海蓨县。"《唐志文》记："若乃殷人受氏，乃兴微子之封；梁运膺符，赐封延陵之国。故得昭晰图史，葳蕤系谍者矣。"《世本》记："郑有封父弥真为大夫。"《周书·王会》云："成王时，封人献蚍，蚍，若龟（龟）而嗉长。"《通典》记："封丘古封国也，今隶开封，有封父亭、封丘台，即封父国。"

南氏 出自子姓，商帝盘庚之少子南赤龙之后传南姓。《姓辩证》记："南，出自子姓。成汤八世孙盘庚，妃姜氏，梦赤龙入怀，因孕，十二月而生子，手把南字，长荆州，因号南赤龙，生子条。条孙仲，为纣将，平猃狁之难。宫括为周文王臣，封南阳侯。宫括生邵，为成王大司马，封白水侯。邵生宫，宣（穆）王时为南阳侯。又宫生伯，庄（共）王时为上大夫。"《唐志文》记："远祖殷朝之子孙，宋国少师之苗裔。杞梓宏材，珪璋令德。门风克劭,羽仪于玄鸟之辰;家牒流芳,爪牙出自狼之代。然而三覆至学,见重于白圭;九锡崇班,尚传于青社。"南氏又出自卫国卫灵公之子郢,字子南,子南之子南弥牟为卫将军,传南姓。又有子南氏转单姓为南氏,出自郑穆公孙游氏之子曰楚,字子南,别为子南氏,简为南氏。

骆氏 与秦王同祖,季延又名大骆,大骆传骆姓。又记姜太公后裔公子骆,其后传为骆氏。《唐志文》记:"骆氏著姓,显于前史,与秦同祖,实帝颛顼高阳氏之裔也。祖伯翳(益),号大费。大费佐禹理水有功。大费远孙季延,周孝王时牧正,养马蕃息,孝王赐以王父字,遂为骆氏焉。"

施氏 出自鲁惠公少子姬尾生,尾生字施父,史称施父尾,后世以其字为氏。姬尾生为鲁国大夫,精通音律,曾视来访的曹国太子赏乐姿态之变化,断言其父曹伯将不久于人世,后来果然应验,其后传五世孙姬孝叔之时,以先祖名字为姓氏,称少施氏、亦称施父氏,后省文简化为单姓施氏,史称施氏正宗。《杂记》:"孔子曰:吾食于少施氏而饱,少施氏食我以礼"是也。《唐志文》记:"天子之军,古者六,爪牙之任也;今以四,股肱之体也。所以经膂力,制腹心,总彼貔貅,聿归龙武。其地近,故将皆命卿。其人雄,信若畴圻。父(夫)平秩四序,兹乃夏官,仰列三光,则惟星象。职重任者,不离其才乎?席宠攸膺于故将军,施氏之子得之矣。"

宣氏 出自宋宣公之后,以王父祖谥号为氏。《风俗通》曰:"宋宣公之后,以谥为氏。"又鲁大夫宣伯之后,以谥号为氏。汉朝有安南侯宣尧。

兹氏 出自鲁桓公孙公孙兹之后,以王父字为氏。《姓辩证》记:"兹,出自姬姓,鲁桓公孙曰公孙兹,其孙母还,以王父字为氏。"

段氏 出自姬姓。郑武公子共叔段,其孙以王父字为氏。《唐志文》记:"大道玄玄,强名太上,柱吏攸传,因段食采姑臧(今甘肃武威市凉州区),家门繁昌,遥分燕支,早山关烟,霄霭昌捕,浓海气雄之英,危冠高门之历。"

昭氏 出自楚康王熊招之子昭奚恤之后。楚将昭奚恤,当楚昭王时,昭王问江乙曰:"北方之人畏昭奚恤何也?"对曰:"虎得狐欲啖之,狐曰:'无啖我,天帝命我长百兽,若不信,随象后以观。'百兽见虎皆走,虎不知畏己,以为畏狐也。北方非畏奚恤,是畏王之甲兵也。"亦云出自楚昭王之后,《姓辩证》记:"昭,出自芈姓。楚昭王熊轸,有复楚大功,子孙蕃衍,以谥为氏。与旧族屈景皆为楚大族。"昭氏当出自昭奚恤之后为准。

咸氏 出自任姓,巫咸为商太戊时相,子孙以咸为氏。《姓辩证》记:"咸,出自商贤相巫咸之后,以字为氏。"

勇氏 出自芈姓,楚王熊勇之后,子孙因难逃吴,后有吴国大夫勇获名出,传勇姓。

荡氏 出自子姓,宋桓公之后。《姓辩证》记:"荡,出自子姓,宋桓公御说,生公子荡,荡生公孙寿,寿生意诸,世为司城,意诸以王父字为氏。"谨按:"荡邑,在今河南睢县。"

恽氏 出自杨姓。汉昭帝元凤时(前80—前75)丞相杨敞,妻司马迁之女司马英,生杨贲、杨恽。杨恽读外祖《太史公书》,颇知《春秋》,以才能称。司马迁作《史记》,书成原备二套,一套由杨恽于汉宣帝地节四年(前66)六月献于朝而名于史;另一套由杨恽携至华山藏匿,后此版真本失传,此版本疑有更多的资料揭露汉帝的另一面,当为朝廷所不许。杨恽作《报孙会宗书》中有:"恽家方隆盛时,乘朱轮者十人,位在列卿,爵在通侯,总领从官,与闻政事,曾不能以此时有所建明,以宣德化,又不能与群僚同心并力,陪辅朝廷之遗忘,已负窃位素餐之责久矣。"汉宣帝见《报孙会宗书》而恶之,五凤四年(前54)日食,驺马猥佐成上书告杨恽"骄奢不悔过,日食子咎,此人所致",诏章下廷尉案验。廷尉当杨恽大逆不道,被处以腰斩。杨恽妻、子被徙酒泉郡。诸在位与杨恽厚善者,侄子杨谭、未央卫尉韦玄成、京兆尹张敞及孙会宗等,皆免官,世人为之叹息!《茗柯文集》云:"恽本杨氏,汉平通侯恽,其子避难以父名为氏,是曰贞道,为梁相。后迁于毗陵(今属江苏丹阳市)之黄山而葬焉,今武进(今镇江市丹徒镇)多恽姓。"

钦氏 出自姒姓,东瓯国王摇毋余五子敖钦封南海龙王,取番禺(即今广东广州市)以为贸易,子孙传为钦氏。江名亦因之,曰钦江(在今广西钦州市东南)。

厘氏 出自高辛帝八元之一的季狸之后。季狸之子驩兜为有苗氏,驩兜生厘连,厘连之后传厘姓。厘姓为罕见姓氏,或谐音异字转李姓。

贯氏 出自姬姓。周文王庶子原丰公,原丰公生原伯贯,子孙以王父末字贯为姓。《姓氏考略》注:"原伯贯之后。"又商代有贯国,其后或以国为氏。《左传》记:"周初分鲁侯以贯国之鼎。"战国时有贯珠,汉初有赵相贯高。

种氏 出自樊姓。樊穆仲光辅周宣王,其玄孙樊种。樊种长子樊皮叛王,樊种次子之后改种姓。

皇氏 出自宋戴公之子充石,字皇父,其子孙以王父字为氏,称皇氏。或皇甫氏简为皇氏。又《姓氏考略》载:"春秋时郑公族有皇氏。"

禹氏 出自帝禹之后,大禹陵之祭也,姒、夏、禹姓为帝禹之后主祭焉。又系出妘姓,云梦之间(今湖北孝感市云梦县)有鄖国,为楚国附庸国,后去邑为氏;传禹姓。

哀氏 出自周朝卫国人哀骀它之后。哀骀它,相貌丑恶,鲁哀公召而视之,果以恶相骇众,因有才授以国政。孔子曰:"是必才全,而德不形者也。"汉代有哀仲,善种梨,果实大而味美,人称"哀家梨",又有哀章,事王莽为国将。明代有哀世用,举人,上疏求改姓衷,嘉靖皇帝令准改哀为衷。

修氏 轩辕(黄帝)生清阳,是为少昊金天氏。清阳四子修,为元冥之佐,传修姓,望出临川(即今江西抚州市临川区)。

贲氏　出自周朝秦国秦非子之后。嬴父为秦大夫,称贲父,其子孙以先祖名字首字为氏传贲姓。

重氏　出自黄帝青阳氏次子重之后。重为句芒木正之官,后有重姓。

信氏　出自姬姓。战国时魏国有信陵君,名无忌,是魏昭王的小儿子。《风俗通》记:"(信)魏公子信陵君无忌后氏焉。"

首氏　出自五代十国时后蜀高祖孟知祥封其弟孟葭萌于汉中,为首侯,其后人以为首氏。湖南浏阳社港镇《首姓宗谱》记:"故蜀主封其弟葭萌于汉中,为首侯,后以为首氏称。"又《梦溪笔谈》记:"天竺四姓有首氏。"且云首氏当来自今印度。

宦氏　来源于仕宦,起初指做官,因此有人期望做官,即以"宦"为姓。《姓氏五书》载:"宦姓当取意于仕宦,不以阉宦为姓,今贵州遵义具有此姓,江苏丹阳、江苏江都亦多。"《姓苑》载:"宦姓,望族出东阳(即东阳县。在今江苏盱眙县东南东阳城)。"又源自陈姓。战国时期鬼谷子,星象占卜,兵法韬略无不精通,其门下弟子皆为高官,著名的有苏秦、张仪、庞涓、孙膑等。陈梅林亦为其弟子,学艺下山后却难登仕途,求官不第,最终其妻也离他而去。临终前嘱咐其子,我一生未入仕途,希望你能完成此愿,并改为宦氏,以慰此念。遂其后人以宦为姓。

战氏　源于官位,出自古代排兵布阵之战争、战役指挥官,属于以官职称谓为氏。又源于姬姓,出自战国时期滕国大夫毕战,属于以先祖名字为氏。战国时期,滕国有毕氏族人名毕战,是为滕文公属下掌管井田的大夫,即主管国内农耕井田事宜。在毕战的后裔子孙中,有以其名字为姓氏者,称战氏。史称战氏正宗。又源于姬姓,出自西周武王属臣单公之后裔,属于避难改姓为氏。该支战氏,原为宋朝年间山东登州府永成县人氏,原为单氏。时族中有人为官,后遭奸人所害,宋朝皇帝下令满门抄斩。幸得朝廷内友人之报讯,一部分家人得以及时逃脱。为避奸人追杀,同时痛记家族人等被杀戮,该单氏族人遂在本姓"单"旁加一"戈"为"战"字,从此改为战氏。

度氏　出自古掌度(计量标准)之官。《周礼·地官·司市》记:"胥执鞭度。度,殳也。因刻丈尺,则为度。"度因以命氏。又出自春秋时楚国大夫熊尚度之后,以先祖名字简为度氏。《风俗通》记:"今蜀有度氏,字或作度。度尚,汉太守。"

冠氏　出于寇姓。《唐志文》记:"冠氏之先,出自黄帝,爰洎于周,世为司寇。迨卫侯角,因避地上谷,命官称氏。"又:"其先康叔之后也。昔周王命小子封,盖贤康叔为大司寇,子孙因氏焉。"

将氏　出自嬴姓,秦庄公弟梁康伯之后为将梁氏。在将梁氏家族的后裔子孙中,后大多又省文简改为单姓将氏。又源于姬姓,出自春秋时期卫国君主卫灵公裔孙姬弥牟,属于以先祖名字为氏。《世本》记:"灵公生昭子郢,郢生文子木,文子生简子瑕,瑕生卫将军文氏。""郢生文子弥牟,为将军氏。"又源于姬姓,出自春秋时期郑国君主郑穆公之子子偃,属于以先祖名字为氏。《潜夫论·志氏姓》记:"郑穆公之子,各以其字为姓,有丰将氏。"公子偃又称子将。在公子偃的后裔子孙中有被分封在丰邑(今江苏沛县)者,遂把邑名合以先祖名字为姓氏,称丰将氏,后省文简改为单姓将氏、丰氏。姬姓将氏族人大多尊奉公子偃为得姓始祖。又源于姬姓,出自毋将氏,属于以至理名言为氏。毋将氏,就是取"人臣毋将,将则必诛"这句至理名言而为姓氏者,多为军政首领之后裔,后多省文简改为单姓将氏。

姜姓 源出神农氏炎帝系。炎帝魁隗生临魁,临魁娶奔水氏听訞为妃生帝承。帝承,名炎居,母曰听訞。听訞尝百药,采姜(薑)于岐山(今陕西岐山县北)而生,又养于姜水(即横水河。在岐山县南。源出岐山,南流合横水入于雍),因以姜为姓。夏商以来,分齐、许、申、甫四国,世有显诸侯。《新唐书》记:"姜姓本炎帝,生于姜水,因以为姓。其后子孙变易他姓。尧遭洪水,共工之从孙佐禹治水,为四岳之官,以其主四曰之祭,尊之,故称曰'大岳',命为侯伯,复赐以祖姓曰姜,以绍炎帝之后。"《唐志文》记:"唐统分司,大岳列崵夷之职;渭滨同载,尚父建营丘之封。绍清远于江源,腾俊才于骥足,傅芳袭祉,显秩英规,郁彼清风,咸光往册。""姜",去之羊尾儿养羊,称"羌";去之羊尾而尊大,称"美";去之羊尾而蒸之,称"羔";去之羊尾而安适,称"羲",用器物覆之,称"盖"。凡"挂羊头"之姓,大多出自姜姓。

俎氏 出自鲍俎氏,当为鲍姓分枝。《唐志文》记:"后稷之苗,俎诵之胤。遐源远望,实分彩于龙颜;素号开期,寔连辉于凤质。"

侯氏 本出仓颉之后。《世本》记汉朝上谷长史侯相碑云:"侯氏出自仓颉之后,逾殷历周,各以氏分。或著楚魏,或显齐秦,晋卿士为斯,其裔也。食于华阳,今蒲坂北亭也,即是城也。"侯氏又出姬姓,晋缗侯为曲沃武公所灭,子孙逃难他国,以侯为氏,称正宗侯氏。另有出郑有侯宣多,生晋及侯羽、侯獳。《新唐书》记:"侯氏出自姒姓。夏后氏之裔封于侯,子孙因以为氏。一云本出姬姓,晋侯缗为曲沃武公所灭,子孙适于他国,以侯为氏。"《唐志文》记:"(侯氏)列国名臣,阳秋纪其盟会;信陵上客,史令义其登贤。至于功定三秦,参伐谋于天步;玄图用九,亦著录于师门。兰菊有芳,珪璋不坠,家传儒素,业粹士林,斯为盛矣。"

柏氏 出自古柏皇氏之后;又出自周柱史老子之后;亦出自晋伯宗之后。《唐志文》记:"其先出于周柱史柏阳,子孙食于赵之柏仁,其后武安广武君树勋力于时,显于册书。"又:"其先晋伯宗之后。始伯宗祖父食采于伯(即伯阳。在今河南安阳县西北),因伯为氏。及三郤害伯宗,伯宗死,其子周黎窜于楚,易人从木。至裔孙鸿,仕汉为魏郡(今河北临漳县西南邺镇)守,子孙留而不还,遂为魏郡人焉。"

茹氏 出自郑国。又《官氏志》记:"晋陆茹氏改为茹氏";又蠕蠕(芮芮、茹茹,即柔然。源于东胡,居匈奴以东,南邻燕国)入中国亦为茹氏。《唐志文》记:"盖周之遗苗,郑之远裔也。昔六国分峙,茹姬为魏后之妃;七雄并争,茹耳为韩王之相。自周历汉,洎晋迄隋,朱畴符爵,克著勋庸。"

费氏　出自鲁国"三桓"季孙氏之后。鲁国季孙氏传后有鲁大夫费庈父,又费序父。序父子曰昭子,号季孙强,生费惠公,建立费国(今山东鱼台),传费姓。楚平王时有佞臣费无极,当为其后。《唐志文》记:"若乃德迈虞书,封氏植而诞庆;功宣鲁史,传封邑以飞英。又:其先出自季友,有勋封于费,世为卿士,因以邑为氏焉。"

昝氏　昝单为帝汤五卿之一,昝,舅氏也,职掌水土为土正,其后以仙术而朝商,以为咎字不吉利,将咎添一作昝,传昝姓。《唐志文》记:"因其仙术而命氏焉。原夫错经合义,彰令誉于官厨;万变九丹,显嘉名于仙府。独耸云中之妙,孤标日外之英,雅量芳猷,春兰秋菊。"

荣氏　出自周昭王次子荣均之后。荣均曾孙荣夷公善贾,周厉王贪好财产,命荣夷公为卿士。《唐志文》记:"荣公荣伯之家,荣季荣黄之胤。"又以为分自张姓,《唐志文》记:"荣氏自清河张氏所出。昔唐尧之芳胤,而赓著为荣氏。"

俟氏　出自夏后氏之后。《唐志文》记:"其先夏后氏之苗裔。粤若垂象著明,天有髦头之分;封疆等列,地开穷发之乡。袭广大而居尊,务迁移以成俗。和亲通史,冒顿于是兴邦,保塞入朝,呼韩(延)以之定国。"《风俗通》记:"俟奴氏改为俟氏。"俟因与死字同音,之后称万俟姓。

洪氏　出自炎帝系共工氏之后。又出子姓,为商纣王叔父箕子之后,周武王赐洪姓。《元和姓纂》记:"(洪氏)共工氏之后,本姓共氏,因避仇改为洪氏。"《唐志文》记:"昔武王缵承古公西伯之德,以革殷命,克昌高业,惟圣是谋,以箕子归,询于天地之道,用彝训于庶民。箕子乃言:禹所获神龟之负书曰《洪范九畴》,以次叙之。协赞于昭明,武王钦崇厥道,抚绥万方,而行乾坤交泰,黎元允熙,迩无不贡,远无不怀,以保康宁,垂永永之休。武王章箕子奋庸之德,乃割土,以所述书以锡氏焉。"

闾氏　出自姜太公裔孙闾丘婴之后。闾丘婴自规自矩吕在门内则安闾矣。《唐志文》记:"先系自齐宣王时为上大夫。"

贺氏　出自姜姓。齐国公族大夫庆封,以罪奔吴。汉末,子孙徙会稽山阴(今浙江绍兴)。东汉时庆仪为汝阴令,其曾孙庆纯,汉安帝时官拜侍中,为避安帝之父清河王刘庆之名讳,改名贺纯,传贺姓,望出会稽。

浑氏　出自姬姓,郑穆公之后。《姓辩证》记:"浑,出自姬姓,周宣王母弟郑桓公友,友孙穆公之子偃,字子游,其孙为游氏。游氏之孙罕子宽,又别为浑氏。"《新唐书》记:"浑氏出自匈奴浑邪王,随拓拔氏徙河南,因以为氏。"

秋氏　出自春秋时鲁国大夫仲孙湫之后。仲孙湫裔孙名胡,世称湫胡。湫胡娶妻五日,就去陈国当官,五年后回家,路逢美妇在采桑叶,湫胡下车曰:"力田不如逢丰年,采桑不如见贵郎,吾有黄金愿与尔。"美妇答曰:"田蚕纺织奉公姑,何待他人之金乎?"不愿而归。湫胡至家,母亲招呼其妻,乃采桑妇也。妇曰:"见色弃金而忘其母,大不孝也!望君别娶妾,我亦不嫁。"遂自投河而死。湫胡悔之不及,之后则去水传秋姓。

胥氏 出于狐姓。晋国胥臣,字白季,—名季子,为狐偃之子,是为晋文公时司空,谓之司空季子,有殊功。晋文公五年(前632),晋国与楚国的城濮之战,胥臣给马蒙上虎皮,以溃楚军,官拜司空,封采邑在臼(即白衰,后改名白季邑。在今山西运城市解州北路)。六年,因为郤縠为晋文公的中军将,打胜了城濮战役,声威大振,受郤縠委托,胥臣来到冀(在今山西河津市东北冀亭),去看望郤芮家属。晋文公初即位郤芮欲发难,没有成功,看在中军元帅郤縠的面上,又有司空胥臣的举荐,文公这就用了郤缺。胥臣死后,秦晋两国交战,胥臣之子胥甲与赵穿泄露了军情,主帅赵盾削胥甲的官爵,逐到卫国。胥甲之子胥克接父任。晋厉公时,胥克之子胥童被用为卿士。胥童本是同情伯宗被三郤所杀,又因为郤缺为了讨好赵盾而不择手段放逐了他的祖父到卫国,又要求父亲回家养病,于是新账旧账一起算。在晋厉公的唆使下,带兵杀了三郤。权臣栾书、中行偃杀厉公之后,胥童被杀,其后人传胥姓,为避仇杀,另一支以祖父名字末字为姓,是为童姓,故胥姓与童姓是为同祖。又胥氏出自嬴姓,商庚丁帝时,有名人戎胥轩,其后裔子孙中有以先祖名字为姓氏者,称戎胥氏,后省文简化为单姓戎氏、胥氏。

药氏 出自燕国将军乐毅之后。旧方志记:"……先系出乐毅,由燕奔赵,忧谗避祸,别居梁榆,遗命子孙改姓药。"今山西和顺县西之乐毅村,位居河谷,周围荒山野岭。沟涧纵横,至今仍是偏僻闭塞。村中多为药姓,当地方言"乐""药"谐音,传称乐毅后裔。

扁氏 出自夏王族。《竹书纪年》记:"岷山庄王不朝贡,帝桀命扁帅师讨伐瑝山。"春秋时期,扁鹊行医,名闻天下。扁鹊,勃海郡郑(今河北任丘)人,后居于卢国(即今山东济南市长清区),因而又称为卢医。少年时期,秦越人在故里做过舍长,即旅店的主人。当时在旅舍里有一位长住的旅客长桑君,秦越人与长桑君过往甚密,感情融洽。长期交往以后,长桑君终于对秦越人说:"我是一名医师,掌握着一些秘方验方,现在我已年老,想把这些医术及秘方传授予你,你要保守秘密,不可外传。"秦越人当即拜长桑君为师,并继承其医术,终于成为先秦时期医家的杰出代表。秦越人成名后,周游各国,为人治病,便仿照黄帝时期的古医师鶙号称鶙鹊,后被简称为扁鹊。扁鹊医术高明,又常为君主看病,他的行医事迹及医学成就在先秦时期就有不少著作予以记载。在扁鹊的后裔子孙中,很早有以先祖名字为姓氏者,称鶙鹊氏,后简称扁鹊氏,再后省文简改为单姓扁氏、鹊氏。

钭氏 出自齐国姜姓。春秋时期齐国历史上"田和篡齐"之后,齐国君主齐康公被迁居到海边上去过苦日子,他没有铜鼎煮食,只好用一种铜勺子煮些野菜鱼虾吃,那种铜勺子就叫钭。齐康公的后代人,为了纪念这段艰难的日子,就取钭字为姓,钭氏后人奉齐康公为钭姓的得姓始祖。钭姓以辽西郡(治所在今辽宁义县西)为郡望。

钮氏　出自姒姓。大禹生于石纽(石纽山。在今四川汶川县绵池镇),当有其弟名纽,后为百工之长,裔传纽氏。春秋战国时期,纽宣义祖居吴兴(现为浙江省湖州市)花林,宣义之女为吴王夫差第八宫后,宣义时任吴王从卫骑都尉,当时以椒房之戚拜赐印绶指印"纽"姓。宣义因其祖上为专职从事钮柄制作,故以技艺为姓,称为钮姓。

毐氏　毐又𡚶(音劳),秦始皇时有长信侯嫪毐阴谋叛乱被诛,嫪毐后裔将姓氏倒装,传毐姓。又唐宰相窦怀贞与太平公主想谋反被唐玄宗破获后,窦怀贞因事情败露而投水自杀,唐玄宗事后非常恼火,在窦怀贞死后给他的后代赐以"毐"姓。

虺氏　虺氏为唐(周)武则天赐姓。武则天永昌元年(689),越王李贞举兵造反,李姓一族被改为虺姓。武则天死后,儿子李显即位,神龙元年(705)下令:"皆复旧姓。"

是氏　是氏是施姓分枝,为罕见姓。

十画姓氏:

徐氏　出自嬴姓,夏商朝时有徐夷国,子孙以国为氏。《新唐书》记:"徐氏出自嬴姓。皋陶生伯益,伯益生若木,夏后氏封之于徐,其地下邳僮县(在今江苏沭阳县南六里)是也。至偃王三十二世(三十一世孙)为周所灭,复封其子宗为徐子。宗十一世(十四世)孙章禹,为吴所灭,子孙以国为氏。章禹十三世孙诜,为秦庄襄王相。生仲,仲字景伯。生延,字方远。延生由,字智卿。由生该,字昌言。该生光,字子晖,汉下邳太守。光生大司农静,字君安。静生益州刺史万秋,字兰卿。万秋生左曹给事充,字彦通。充生谏议大夫安仁。二子:丰、霸。丰为北祖,霸为南祖。"《唐志文》记:"大廉启胤,徐国肇兴,灵基资始,盛族斯茂,英贤间出,簪绂由是相晖。太尉光烈于汉朝,文学腾规于魏室,弈叶昌显,奇姿挺秀,盖昭彰于图籍,何假一二谈焉。"

息氏　出自周文王庶子羽达建息国(在今河南息县西南十五里),后为楚国所灭,子孙以国为氏。《春秋·庄公十四年(前680)》记:"楚文王灭之,子孙以国为氏。楚有息亘,汉有息夫躬。"《唐志文》记:"典洛遥源,崇邙向构,开灵诞哲,离祥毓秀。"

耿氏　耿氏原始出于商朝祖乙封其弟祖丙于耿地(耿乡。在今山西河津市东南),立耿国,子孙以国为氏。春秋鲁湣公二年(前660)晋将赵夙伐耿,拔其城,晋献公将耿地封给赵夙。耿国子孙奔楚为大夫,耿子不比是也,以国为氏,传耿姓。《唐志文》记:"自轩台构极,黄云荫其本枝;姬水导源,丹书光其弈叶。尚书献可,曳珠履于南宫;太尉谟猷,揭铜章于北阙。门多卿相,室茂芝兰。虹珪表其声尘,骊穴焕其符彩。"

贾氏　出自姬姓,子孙以国为氏。《新唐书》记:"贾氏出自姬姓。唐叔虞少子公明,康王封之于贾,为贾伯,河东临汾(今山西临汾市)有贾乡,即其地也,为晋所灭,以国为氏。又晋公族狐偃之子射姑为晋太师,食邑于贾,字季他,亦号贾季。"《唐志文》

记:"唐叔少子别封于贾,因而氏焉。厥后汉有梁王傅谊,魏有太尉诩,文章谋猷,名冠二代。"又:"自电影上耀,轩星下辉,色辩两仪,混分元气,既锡土以赐姓,实(贾)谊之派焉。"又有记贾氏出自周卫大夫王孙贾之后。《唐志文》记:"其先出自于周卫大夫王孙贾之苗裔。若夫幽根磐礴,驰美播于邯郸;枝干派分,晖嘉声于伊洛。故得缫缃响亮,简牍风流者乎。"

唐氏 出自唐陶氏之后,其后子孙以国为氏,望出太原。又《新唐书》记:"唐氏出自祁姓。帝尧初封唐侯,其地中山唐县(在今河北唐县东北二十里南固城)是也。舜封尧子丹朱为唐侯,至夏时,丹朱裔孙刘累迁于鲁县(即今河南鲁山县),累孙犹守故地,至商,更号豕韦氏,周复改为唐公。成王灭唐,以封弟叔虞,其后更封刘累裔孙在鲁县者为唐侯,以奉尧嗣,其地唐州方城(在今河南叶县南,方城北)是也。鲁定公五年(前505),楚灭唐,子孙以国为氏,分仕晋、楚。有唐雎,为魏大夫。"《唐志文》记:"其先出自帝喾,是生放勋,绵脉克昌,浚源长发。夏御周、杜,皆分若木之华;楚勒郧、羌,各挺词林之秀。伯高饬行,位及文昌。儒宗创谋,竟凌天堑。焕前王之典册,光列代之油缃。"

郯氏 出自嬴姓,封国于郯(在今山东郯城县北),子孙以国为氏。《姓辩证》记:"郯,出自嬴姓,少昊氏之后,封国于郯。春秋时,郯子朝鲁,能言少昊氏以鸟名官。"《姓氏考略》记:"(郯氏)出自嬴姓,少昊之后。春秋时郯子朝鲁,能辩古官,仲尼师之。今(江苏)下邳东北五十里有郯城。"《唐志文》记:"受性(姓)轩丘,观弧星而表德;抗纵娲水,望霄汉以腾翔。诚著宗周,节标隆汉,崇基于构,遐庆宏飞。"

郭氏 出于姬姓周文王之令弟虢叔、虢仲之后,当以国为氏。虢叔立西虢国(今陕西宝鸡市陈仓区虢镇),后迁至山西平陆县和河南三门峡市之间,以上阳(今河南陕县李家窑遗址)为都,称南虢,于公元前655年被晋献公所灭。虢仲立东虢国(在今河南省荥阳市广武镇一带)。郑武公四年(前785),郑灭东虢国。其后裔虢序被周平王复封于夏阳(今山西平陆县)。晋献公为了夺取崤函要地,决定南下攻虢国。公元前658年十二月初一破城灭虢,这就是"假道伐虢"的故事。南、北虢国已亡,子孙以虢声传而为郭氏。《新唐书》记:"郭氏出自姬姓。周武王封文王弟虢叔于西虢,封虢仲于东虢。西虢地在虞、郑之间,平王东迁,夺虢叔之地与郑武公,楚怀王起陆浑之师伐周,责王灭虢,于是平王求虢叔裔孙序,封于阳曲,号曰虢公。'虢'谓之'郭',声之传也,因以为氏。"《唐志文》记:"(郭氏)源于高辛之才子,派乎周文王之令弟,锡土始于下阳,受氏基于东国。虢郭声类,因而氏焉。"

挚氏 出自帝挚(帝尧兄)之后。《路史·国名纪》记:"挚畴(在今河南汝南县境),古之侯国。后有挚畴氏、挚氏、畴氏。"《诗经·大雅·大明》记:"挚仲氏任,自彼殷商。"《唐志文》记:"君子好述,秦晋称匹;淑女作配,潘杨世亲。挚氏,其先祖虞,垂名当代,庆流后叶,或居宰牧,或处山林。"

顾氏　顾氏出自姒姓有二出,一出帝禹仲(次)子宰,封于顾,建顾国(在今山东鄄城县东北),史称北顾。又出自东瓯国末代小王顾贵之后,史称南顾。《新唐书》记:"顾氏出自己(姒)姓。顾伯,夏商侯国也,子孙以国为氏。初居会稽。吴丞相雍孙荣(摇王曾孙顾贵之后),晋司空。雍弟徽,侍中,又居盐官。"《唐志文》记:"其先吴郡人季历丞相肃公(顾雍)之后也。汉魏已降,蔚为茂族。"

倪氏　陆终氏曹安之后,周武王时曹侠立功,曹侠六传为邾武公,武公次子友父封于郳,建郳国(又作小邾。在今山东滕州市东六里),是为倪姓祖。《唐志文》记:"其先出自郳国,为鲁附庸,厥后因而命氏。"又倪氏出自吴郡(现江苏苏州市)越大夫计倪之后,计倪去东瓯,隐居阳谷(现名倪翁洞。在今浙江丽水市缙云县仙都风景名胜区),是为江南倪姓始祖。

殷氏　出自商朝盘庚将国都迁于殷(在今河南安阳市西北小屯村)地,盘庚子小辛改国曰殷,殷商亡之后,其遗民以朝代名为姓,传殷姓。

蚩氏　蚩氏,罕见姓氏。《元和姓纂》曰:"蚩尤之后,以国为姓。"

晋氏　出自晋文侯仇之后,曲沃武公并晋,改"侯"称"公"仍然称晋,之前晋国,当时必有公族,自伤亡国者,以国为氏。又三家灭晋,晋静公被迁为家人,子孙因以为氏。又古唐国有晋水,故名国因氏焉。《春秋》记:"楚大夫晋陈,其后晋鄙为魏将军。"《姓书》记:"周武王子唐叔虞,封为晋侯。传国二十代,为韩、魏、赵所灭,子孙以国为氏。"《姓辩证》记:"当晋陈世,晋方为诸侯盟主,未有三卿分地之事,安得以国为氏?"此文以为晋氏以晋文侯仇之后晋陈为正。

顿氏　源于姬姓,出自春秋时期周王族姬弱的封国顿子国(在今河南商水县),后迁南顿(在今河南项城市西南南顿镇),属于以国为氏。《姓辩证》记:"顿,出自姬姓国,顿子(国)之后,其地南顿是也。"《春秋·定公十四年(前469)》记:"二月辛巳,楚公子结、陈公孙佗帅师灭顿,以顿子牂归。"又记:"顿子牂欲事晋,背楚而绝陈好。二月,楚灭顿,灭胡。"楚灭顿,子孙以国为氏。秦始皇时有纵横家顿弱,秦王资顿弱万金,破散六国合纵。

难氏　源于鲜卑族,出自古鲜卑族吐难氏部族,属于以部族名称为氏。南北朝时期,北魏王朝中有鲜卑族吐难氏,亦称土难氏,为鲜卑拓跋部中的一个小部落。古鲜卑语"吐难",原为"吐难",是古人对一种禽类动物的称呼。北魏政权入主中原后,孝文帝汉化改革,吐难氏部族民众分改为汉字单姓难氏、山氏。其中的难氏一族后来随鲜卑族北迁至东北地区,其居住的松花江当时也曾一度改名为"难江"。

秣氏　古有秣阳国,或亦秣陵(在今江苏南京市江宁区南五十里秣陵镇),其民以国为氏。秣姓,又简为末姓。

郜氏　出自郜国(即在今河南淅川县西),秦灭之,子孙以国为氏。《左传·僖公二十五年(前635)》记:"秦、晋伐郜。楚斗克、屈御寇以申、息之师戍商密。"郜国亡,子孙去邑为若,传若姓。

原氏　出自周文王第十六子原丰公之后。原国(在今河南济源市西北),西周初封国。子孙以国为氏。

资氏　古有资国(在今四川资阳市),资氏当以国为氏。帝尧第九子姬资到梁州协助治理水患,姬资劈开玉垒山,往东分流沱江,又凿宽金堂峡,南下驻节资阳(今四川资阳市雁江区)南郊天台山。《尚书·禹贡》:"岷山导江,东别为沱。"姬资也因治水有功受封在这里,称资子,地名资邑。商朝是资邑发展的一个鼎盛时期,在梁州有着辽阔的疆域。西周时,夷侯养达伯做过资邑君主,资阳地方有上万人居住。春秋时代,白虎夷王资伟把资邑改为资国,废除侯爵,自称国王,白虎夷王谢节也做过资国国王。资国东界巴国,南拒夜郎、青阳,西望邛都、丹国,北邻蜀国,方圆五百里。公元前316年冬,资国被秦将司马错入川灭掉以设县,取名资中县。《通志·氏族略》注:"黄帝之后,食采益州资中,因以为氏。"《元和姓纂》记:"益州资中有资水。益,古资国封地。"《风俗通》记:"资成,陈留人。望出南阳、会稽。"

莱氏　出自帝喾时的吴回(祝融)次子莱言以后。莱言之子莱夷,《尚书·禹贡》记:"莱夷作牧。"其后建莱国(在今山东龙口市城关镇东南莱子城。治所今山东昌乐、临朐县附近。东部可以到达黄县的沿海地区)。周初,姜太公刚刚受封于齐国,建都营丘,位于今昌乐县境内。因为距离莱都较近,莱国侯屡次进犯营丘。春秋时期,在齐国强大之后打败了莱国,侵占了位于今平度市西边的领土。因此,莱公迫不得已迁都黄县,叫作东莱。周灵王六年(前566),偏安于今山东黄县的莱国被齐灵公所彻灭,莱侯之子莱浮柔逃奔至棠邑(一作唐邑,今山东鱼台县东),因失国而去"艹"部首,作来氏。《左传》记:"莱子国为齐所灭,因氏焉。汉有光禄大夫来汉,从杨仆击南越。"莱国,又称莱子国、莱夷,是中国先秦时期的诸侯国。又莱氏出于姒姓,夏少康时,有《莱丘铭》昭示少康复辟。《莱氏宗谱》记其事,其后有拓片,使鸟迹文原形仿样示于后世。

姬姓　轩辕氏四世黄帝鸿生于姬水(当指今山西稷山县汾水与华水间),因以姬为姓。《姓辩证》记:"姬姓出自黄帝,生于姬水,以水为姓。黄帝生元嚣,嚣生蟜极,蟜极生高辛,是为帝喾。喾妃姜嫄,感巨人迹生子,以为不祥,弃之隘巷,牛羊避,不践之。弃之山中,山人养之。弃之寒冰,鸟覆翼之。姜嫄怪之,知其为天子,乃收养之,名之曰弃。尧知其贤才,以为大农,命其官曰后稷,姓之曰姬。姬者,姓也,人本乎祖之义也。黄帝为姬姓,弃复得之,所谓本乎祖也。"《唐志文》记:"涿鹿开基,轩辕播徇齐之德;高阳启祚,颛顼振德通之仁。察微知远行政,或曰望云之兴,赤雀表衔书之瑞,白鱼效入舟之祥。昭则毕原酆郇,穆则应韩邢晋。"姬是周朝王室姓。

秦氏　出自秦国先王非子,名秦嬴之后,以地为名,改为秦氏,望出太原、齐郡。又记有出自周公旦之后者,鲁大夫秦子食邑于秦传为姓。《姓辩证》记:"秦氏出自姬姓。周文王世子伯禽父受封为鲁侯,裔孙以公族为鲁大夫者,食邑于秦(在今河南范县东南旧城),以邑为氏。"《唐志文》记:"高阳氏祚有海内,大业降玄鸟之苗;夏文命奠治山川,大费克佐其鸿列。毓驯能叙,锡嬴氏于帝虞;龙允乃□□秦邑于周后。缪(穆)公嗣德,聿霸道于西戎;始皇应运,平诸侯于东方。肇成帝业,同庆继轨。"又:"其先风姓之后,黄帝之裔也。第一为嬴姓,以地为名,改为秦氏。"

桑氏 本出黄帝鸿公孙氏之后,帝鸿生玄嚣于穷桑(在今山东曲阜市北),自称赤帝,号曰穷桑氏,后有子孙以桑为氏。又出晋鄂侯少子鄂养,鄂养字子桑,秦穆公列为卿士,传桑姓。《唐志文》记:"胄纂高辛,派分姬水。唐叔封晋,鄂伯绍其隆基;穆公霸秦,子桑列为卿士。假王父而开族,疏帝女之本枝,献心计以登荣,沐天汉之洪润。曾澜由其括地,夸条以之拂日。"

莫氏 出自英姓。又楚国斗伯比初为莫敖之官,其后传莫姓。又河南莫氏,后魏邢莫氏、莫多娄氏改焉。《姓辩证》记:"英,出自偃姓,皋陶之后,封国于英(在今安徽金寨县东南)。春秋时,楚灭英,子孙以国为氏。"亦由是英改莫姓。《姓氏考略》记:"上古帝颛顼造郏阳城(今河北任丘市北郏州镇东北三里),其支庶子孙定居于郏阳城,唐开元十三年(725)改为莫县,邑人随去'邑'为'莫',以地名为姓氏,世代称莫氏至今,史称莫氏正宗。莫氏族人皆奉颛顼为莫氏的得姓始祖。"又《姓辩证》记:"莫,其先楚人,以大为莫,故其官谓之莫敖,后以官氏。"《唐志文》记:"昔者工精练锷,孤飞宝剑之名;令尹理兵,独赞楚君之美。金玉叠映,兰桂传芳,代荣比景之郊,族盛番禺之地,家族茂实,史策攸传,胜迹芳猷,缣缃可纪。"

乘氏 出自周公旦少子祭伯之后。秀友为鲁上卿,封于乘(在今山东巨野县西南五十里),子孙以邑为氏,后望出平阳。《唐志文》记:"其先周武王季父少叔之嗣,三世秀友为鲁上卿,历晋、宋、齐、陈,冠盖传袭,貂珰熊轼,焕乎史册。"

栾氏 出自姬姓,唐叔虞之后。晋靖侯庶孙宾,食邑于栾(在今河北赵县西北轮城),子孙因以为氏。

晏氏 出于姜姓,齐国有晏邑(即今山东齐河县),子孙以邑为氏。齐桓公不立太(世)子,长卫姬生无诡,是为长子。桓公去世,五位公子各自结党争立太子,互相攻打,致桓公尸体在床上停放六十七天不能入殓。大臣强立无诡为君,无诡三个月即被国人所杀。《左传·宣公十四年(前595)》记:"公孙归父会齐侯于谷,见晏桓子。"晏桓子又名晏弱,是无诡之子。晏弱生平仲婴,名晏婴,为齐国相,历任齐灵公、庄公、景公三朝,辅政长达四十余年。孔丘曾赞曰:"救民百姓而不夸,行补三君而不有,晏子果君子也!"晏婴之后传晏姓。

党氏 其先有炎帝之裔西羌族分支世居党项(在今青海东南部黄河河曲和四川松潘以西山谷地带),遂为党项氏,简为党姓。又有夏禹裔孙世居上党(即今山西长治市),邑人以邑为氏传党姓。又党姓出于晋封姬姓同宗有功之臣于上党(今山西长子县西南)而传。《姓氏考略》记:"鲁大夫有党氏。"《史记·鲁周公世家》记:鲁庄公三十二年(前662)"(季友)侍丧,舍于党氏"。党氏居地古称阙党邑,在今山东曲阜市内阙里。又鲁国党氏出自黄帝鸿公孙氏之子禺(禹)阳之后任姓,任姓有分党氏者。

剧氏　出自齐太公之后,子孙以邑为氏。《姓辩证》记:"齐大夫食采于剧(在今山东寿光市南三十里纪台村),因氏焉。"又燕国有剧辛,李白《古风》诗:"燕昭延郭隗,遂筑黄金台。剧辛方赵至,邹衍复齐来。奈何青云士,弃我如尘埃。珠玉买歌笑,糟糠养贤才。方知黄鹄举,千里独徘徊。"《史记·游侠列传》记:"田仲已死,而雒阳有剧孟。周人以商贾为资,而剧孟以任侠显诸侯。"

涉氏　出自姬姓,子孙以邑为氏。晋顷公五年(前521),鼓人叛晋,附鲜虞氏。晋国遣荀吴率晋军由邯郸、广平北上镇压鼓氏之叛。荀吴命军士乔装买粮商人,在昔阳城(鼓氏都邑所在地)止息,乘鼓人不备,攻入鼓都,鼓氏灭亡。随后,晋国命大夫涉佗镇守鼓地,鼓地纳入晋国的版图。涉佗为晋大夫能得如此重任,拟似晋悼公之孙,之后食邑于涉(在今河北涉县西北),其后子孙以邑为氏,传涉姓。《神仙传》记有涉正。汉有辽东部都尉涉何(河)。

聂氏　出自姜姓。齐丁公庶子吕衡因为庶出,仕为周官,周康王特封为卫国卿大夫,将聂北(亦作乜北。驻地在今山东荏平县博平镇西洪官屯乡南五里郭摄庄)之地赐予为食邑,位置与邢、卫、齐三国交界,免征税赋。又吕衡建聂城(乜城),子孙以邑为氏传聂姓。又聂通摄,《元和姓纂》曰:"卫大夫食采于摄,因以为氏。"

诸氏　来源于食邑,以邑名为氏。春秋时期鲁国有诸邑(今山东省诸城南),其民便以邑"诸"为姓。诸姓望族大多出自琅琊郡,即今山东省诸城市一带。又源于诸葛氏复姓变化而来。五代十国时,后周贵族诸葛十朋,因为赵匡胤发动陈桥兵变建立宋朝后,又不愿别人打听到他,就改姓名诸十朋,隐居在会稽山中,他的后代于是改单姓诸,传为诸姓。又源自姒姓,越国大夫诸稽郢之后传诸姓。

浦氏　以邑为氏。西周时有蒲国(在今山西隰县西北),春秋时亡于晋改为邑,邑人传为蒲姓,后简为浦姓。又源于己姓,出自夏王朝时期舜帝裔孙的封地,属于以封邑名称为氏。舜帝的裔孙被封在蒲坂(今山西永济市蒲州),当地以盛产蒲草而得名。在其后裔子孙中,有以封邑名称为姓氏者,称蒲氏,其后人中有因避难而去"艹"部首改称浦氏。又源于姬姓,出自少昊氏支裔皋陶的后代所建舒鸠国,属于以封邑名称为氏。楚国攻灭了舒鸠国,其国舒地、荒浦皆成楚国邑地。舒鸠国灭亡之后,有王族子孙以及国人以国名、居邑名称为姓氏者,称荒浦氏、舒鸠氏等,后荒浦氏省文简改为单姓浦氏。

谌氏　源自尹祁氏,出自帝尧第三子大节之封地,属于以封邑名称为氏。《荆州谌氏祖谱》记:"谌氏为尧之后,封大节于洛阳,始有谌氏。"大节其后裔子孙在西周末期亦称大节。在周平王姬宜臼时率军兴晋伐戎,恢复周王朝有功,在周平王迁都成周后,被赐与成周之东的谌地,即礁阳(今河南洛阳市),遂以封邑为姓氏。又源于姬姓,出自周幽王十四子后裔的封地,属于以封邑名称为氏。《巫邑谌氏祖谱》记:"谌氏出自姬宗,乃周朝王族后裔,祖宗源地承周(指今河南洛阳市)。考其系传,至周幽王姬宫涅第十四子封于'谌',因征伐失国,子孙以国为姓。"又源于姬姓,出自春秋时期郑国大夫裨谌,属于以先祖名字为氏。《姓氏寻源》记:"谌氏,宜出郑国时期的复姓裨谌氏……五里族盛,析居本邑凡十余处外,徙近而邻邑,远而湘黔,皆根本五里。"在裨谌之后,称裨谌氏,后简改为单姓谌氏、裨氏。

留氏　留氏与姬姓刘氏同源。刘康公乃周定王母弟,亦称王季子,食采于留(春秋郑邑。在今河南偃师市西南),为卿士。刘康公之子刘子,为周大夫。又留氏出自卫大夫留封人之后,望出会稽。又留地其住民中多有以居邑名称为姓氏者,称留氏。

亳氏　亳氏以地为氏。《姓氏考略》记:"亳氏望出河南,以地为氏。"传有三亳:一称南亳,在今河南商丘市东南;二称北亳,在今河南商丘市北;三称西亳,在今河南偃师县西二十里尸乡沟一带。

壶氏　出自晋大夫邑也,以邑为氏。壶邑即指壶口关(在今山西长治市东南壶口村),壶邑境内的壶口瀑布是黄河流域的一大奇观。黄河流至壶口时,宽约四百米的河床突然收缩到四十来米,河水奔腾倾泻而下,犹如从一巨型壶口倾倒出,真有"黄河之水一壶收"的奇景。居于壶口关的居住民以地名为姓氏,称壶氏。又出自西周初期宫廷掌管时间的官员"挈壶",其后裔以官职称谓为姓氏,称挈壶氏,后省文简化为壶氏。

桥氏　黄帝轩辕葬桥山(在今陕西黄陵县),其玄孙任乔守冢,子孙因以为氏,望出梁国(在今陕西韩城市南二十里西少梁)。《通志·二七·以地为氏》记:"黄帝葬桥山,子孙守冢,因为桥氏。汉有桥庇、桥仁。"东汉太尉桥玄,六世孙北魏任平原内史桥勤,桥勤去掉姓氏"桥"的木字边,亦传乔姓。

铁氏　本源于子姓,出自春秋时期卫国中的商朝遗民居地铁丘(在今河南濮阳市北部),商为周所亡,商王贵族后裔子孙以地名氏,称铁丘氏,后单为铁氏。隋朝有铁士雄将军,传为铁姓。铁氏又为多民族出姓之一,有源自回族,以突厥人的惯用名中铁木耳、贴木儿塔识等的首音节铁或贴为姓氏,且铁木耳含有刚强的意思。有源于匈奴族,出自古匈奴族铁弗部,属于以部族称号汉化改姓为氏。有出自古女真族,出自唐朝初期黑水靺鞨铁利部,属于以部落称谓汉化改姓为氏。铁骊部,亦称铁利、铁离、铁甸、铁勒、越里吉等,是古代女真族中的一支原始部落,后汉化简为铁姓。

高氏　出自姜姓。齐文公生公子高,公子高子名高子,高子生高傒,传为高姓。《新唐书》记:"高氏出自姜姓,姜太公六世孙文公赤,生公子高,孙傒,为齐上卿,与管仲合诸侯有功,桓公命傒以王父字为氏,食采于卢(在今山东济南市长清区偏西南),谥曰敬仲,世为上卿。"高傒为高卢氏始,之后分化成高、卢二姓。今山西高平市羊头山中部的山峰是羊头峰巅和羊头石,石之西南二百八十余米处,有庙一所这就是所说的高庙。高庙院内建有正殿五间,殿内塑有炎帝夫人和太子像(现塑像不存),所谓"前檐滴高平,后檐滴长子",即是指此殿而言。《唐志文》记:"其先盖自虞为四岳,佐禹平水土,有功封于吕,历夏、商数代,始有齐国,子孙食焉,是分源流,命我高氏。迨春秋称敬仲之德,炎汉美孝甫之才,可谓风烈有素,明德光大矣。"又:"顷以周鼎沉水,秦鹿走原,波涛溢于九龙,衣冠移于五马,因官而宅,抑有人焉,绍祚承家,即惟公矣。"

袁氏 出自陈国开国君主胡公满之后十三世孙辕涛涂之后。《新唐书》记:"袁氏出自妫姓。陈胡公满生申公犀侯,犀侯生靖伯庚,庚生季子惛(阍、惛),惛生仲牛甫,甫生圣伯顺,顺生伯他父,他父生戴伯,戴伯生郑叔,郑叔生仲尔金父,金父生庄伯,庄伯生诸,字伯爰,孙宣仲涛涂,赐邑阳夏,以王父字为氏。"《唐志文》记:"妫满受封,始为列国;涛涂得姓,实建我家。汝坟化三老之风,汉室推五公之贵,布在惇史。"

爰氏 爰氏与袁之同出,原为字异而已。胡公满第十三世孙爰伯孙之后传爰姓。汉朝有爰延、爰骧父子名于史书。

桓氏 出自子姓,宋桓公之后。《吕氏春秋》载:"宋向带为太宰,桓族也。"《新唐书》记:"桓氏出自……子姓,宋桓公之后向魋,亦号桓氏。"《唐志文》记:"其先出自有(东)晋大司马元子(桓温)之后。若夫弃官亮节,坟死吉以抗天威;获叶举拜,表真儒而来帝嗟。自兹已降,弈叶英华。文云文云,刀笔云乎哉;武云武云,戈戟云乎哉!文者所以经济于时,武者所以果断于事。粤若乩古,远其烈宗,巍巍建侯,赫赫洪业,羌难得而胜记。"东汉有大儒桓荣,三国时有在嘉平之狱中被司马氏诛杀的曹魏大司农桓范。西晋桓彝南渡后交结名士,跻身江左八达之列,使得家族地位有所上升,桓彝长子桓温,桓氏自此发族。

奚氏 出自帝禹时夏车正奚仲之后。《姓辩证》记:"奚,源于任姓,夏朝车正奚仲之后,以王父字为氏。"《唐志文》记:"地称幽远,士之外区;人多雄烈天之骄子。秺侯擅名于西汉,元氏鼎峙于东京,自后英俊,代有人矣。"

谈氏 出自晋大夫籍谈之后。秦统一六国时有谈生。又出宋国微子启之子谈之后。《新唐书》记:"其先出自有秦,晋马浮江,衣冠南渡,因家于曲阿(县。治所即今江苏丹阳市)。"

陶氏 出自陶唐氏帝尧第七子洪淇之后,又出自周成王子陶叔。谨按《风俗通》曰:"氏于事者巫卜、陶匠。周成王分康叔以商民七族,一曰陶氏,即其后也。"又《姓辩证》记:"陶叔,周成王子陶叔之后,以国及王父字为氏。"《唐志文》记:"粤若稽古,出自帝尧,在殷则七族见推,居晋而八州为贵。"

格氏 出自青阳·金天氏之后,与张姓同祖。张挥次孙允格,封烈侯,其后以王父字为氏传格姓。《新唐书》记:"格氏出自允格之后。汉有御史班,裔孙显。"《唐志文》记:"昔者任桥守陵,朱宣所以开其业;奇子曰昧,玄冥所以著其绩。"又:"昔太武龙飞京兆,英风震雷电之威;凤起晋阳之郊,气动阵云之色。"

钱氏　出自帝尧时彭铿(彭祖)之后。《钱氏宗谱》记彭祖名籛(钱)铿,五代时的吴越王钱镠出其后。清代学者钱谦益在《与族弟君鸿论求免庆寿诗文书》对其先祖大彭国大略作了描述,文云:"(吾祖)疏封之后,洪水滔天,吾祖忧垫溺焉;十日并出,吾祖忧烧灼焉;九婴、封豨、窫窳、梼杌之徒,磨牙交蹠,吾祖忧扈抵突焉。自是以降,彝羿斟寻之覆灭,南条牧野之改革,吾祖之阅世盖多故矣!已为守藏吏,子官钱府,则固未免于失封地。既而避国王之难,遁感迹流沙,则忧犬戎之余殃也。"彭祖本名籛(音jiān)铿(音kēng),本是敲鼓所发之声,象声,引为人名,《礼记·乐记》:"钟声铿。"《论语·先进》:"鼓瑟希,铿尔。"钱字引自籛字,《姓辩证》记:"彭祖曰籛铿,其后为氏。世俗皆音赞字平声,而《唐韵》音瀳,未知孰是?"《钱氏宗谱》记钱氏之出为周朝初期的钱府上士钱孚之后,其姓定音定字是为准焉。籛孚定字,籛字去竹头为钱,称名钱孚,后世以钱为姓。钱孚之前累加三十五世皆称彭祖。

柴氏　出自姜姓。齐文公次子公子高之后六世高柴,子孙以王父字为氏。《姓辩证》记:"柴,出自姜姓,齐卿高恭仲傒裔孙柴,字子羔,为孔子弟子,后世以柴为氏。"

班氏　出自芈姓,斗班之后因氏。《姓辩证》记:"班,出自芈姓,楚若敖之后,秦灭楚,斗班裔孙迁晋、代间,因为班氏。"《汉书》作者班固是其后,曰:"班氏之先,与楚同姓,令尹子文之后也。子文初生,弃于晋中,而虎乳之。楚人谓乳'穀(谷)',谓虎'於菟',故名穀与菟,字子文。楚人谓虎'班',其子以为号。秦之灭楚,迁晋、代之间,因氏焉。"

晁氏　出自史氏。卫国卿氏史朝之子,曰子苟,苟子以王父字为氏。"朝"通于"晁",故后世有晁氏。又出自周景王子朝之后,西汉有御史大夫晁错。

敖氏　出自颛顼高阳帝之师大敖之后。《姓辩证》记:"高阳氏(师)别号大敖,其后有敖氏。"又敖氏出自东瓯国摇王三太子东海龙王敖广之后,传在江西鄱阳湖,万载县有敖姓。

皋氏　出自帝禹执掌刑法之官的皋陶之后,有以先祖名字为姓氏者,称皋氏。《姓源》记:"皋陶氏之后。皋陶为帝禹时执掌刑法之官,禹欲传位于他,未继位而卒,其后子孙以祖名为氏。"周朝有皋鱼,双亲亡,叹曰:"木欲静而风不止,子欲养而亲不在。"则流涕沾襟。春秋时越国有大夫告皋如,是越王勾践五大夫之一。《姓氏考略》记:"吴郡有皋姓,系春秋时越大夫皋如之后。"汉朝时期有个司徒长史叫皋海。皋氏皆尊奉皋如为得姓始祖。

展氏　出自鲁孝公之子子展之后,子孙以王父字为氏。《姓辩证》记:"展,出自姬姓。鲁孝公之子,字子展,其后有夷伯(即夷伯展)。夷伯孙无骇,为鲁司空,隐公命以王父字为展氏。"无骇之父去世,羽父为之请求谥号和族氏。《左传》记:鲁隐公向众仲询问族氏事,众仲曰:"天子建有德之人以做诸侯,以其生地而赐姓,分封土地而又赐给他族氏。诸侯以字作为谥号,他的后人又以这作为族氏。先代做官而世代有功绩,就可以用官名作为族氏。"

泰氏　出自姬姓,吴太(泰)伯之后,以王父字为氏。《姓源》记:"(泰氏出自)周太王长子泰伯之后。"周祖古公亶父长子太伯因为让位三弟季历,去吴地筑城,因名泰伯城(在今江苏无锡市东南三十里梅村),自号句吴。泰伯薨,传位仲雍,后建吴国,后世尊泰伯为吴姓始祖。泰伯有子曰泰颠,为周文王大臣。又《礼记》有泰连,当周武王时。泰连生泰和,湖以人名异字曰太湖。泰和生泰兴,泰兴生泰丙,《淮南子》记:"泰丙,古之善御者。"泰丙之子泰豆,为赵姓始祖造父御马之师,其后传泰、豆姓。又黄帝之世有泰山稽为相,后世或以为氏。泰氏与太氏同。

恭氏　出自姬姓。晋太子申生谥恭,君其后以为氏。又恭氏出自敬姓,宋朝时,为避宋太祖赵匡胤祖父翼祖"敬"字庙讳,政和中(约1114),有诏改为"恭"氏,传为恭姓。

翁氏　出自姬姓。周昭王姬瑕的小儿子,生下来时双手握拳,别人都掰不开,周昭王亲自去掰,却是应手而开。左手掌纹像篆文"公"字,右手掌文像"羽"字,周昭王感到非常惊讶,觉得掌纹神奇,就给这个最小的王子起名"翁",即姬翁。姬翁生翁弘,传翁姓。又周昭王六代孙宣王庶子姬翁避幽王失国难,逃居翁山(指今浙江舟山岛)因氏,望出钱塘。

顼氏　顼氏为颛顼帝之后,以古帝王名字末字为氏。今顼姓聚集的地区有三:山西怀仁、河北藁城、山东聊城的几个村庄。

都氏　出自春秋时郑庄公堂弟公孙阏之后。公孙阏,字子都,是美男子,有武力,很得郑庄公赏识,其后子孙以王父字为氏。又出自春秋时楚国公子田之后,公子田封于都(都乡。在今河南新野县东南四十九里九女城),称公都氏,后有分支单为都姓传焉。汉朝有都区宝,居父丧期间,邻舍与虎格斗,虎逃到他的庐舍,都区宝即以襄衣覆盖虎,邻人寻迹到都区宝家,问虎有没有逃到你处?都区宝曰:"虎岂可藏之乎?"此虎后送养禽兽处助祭。

真氏　出自夏朝时大禹五佐臣之一真窥之后。《吕氏春秋·慎行论·壹行》记:"得陶、化益、真窥、横革、之交,五人佐禹。"此以祖名为氏。真氏望出上谷。又出自百济(今朝鲜古国)人,姓其一曰"真"。

逢氏　出自炎帝五世(神农氏·魁隗四世孙)炎帝厘·节并之后。炎帝榆冈宗弟逢伯陵,黄帝封伯陵国,是为夏官缙云氏。伯陵生鼓延,《山海经·海内经》记:"鼓延是始为钟为乐风。"鼓延生殳忓,殳忓发明箭靶,帝尧封殳侯。夏时,后羿弟子逢蒙,《离骚》注:"羿信任寒浞,使为国相,羿日将归,使家臣逢蒙射而杀之(未遂)。"殷有诸侯国逢国(商代方国。在今山东淄博市淄川镇西南)。周朝有逢公,《国语·周语》记:"伶州鸠曰:我姬氏出自天鼋及析木者,有建星及牵牛焉。则我皇妣大姜之侄,伯陵之后,逢公之所冯神也。"《穆天子传》记:逢公固是管奴之人"曹奴之人戏,觞天子于洋水之上,乃献食马九百,牛羊七千,稷米百车。天子使逢(公)固受之。"其后有逢公伯,志谢齐王,其后子孙氏焉。齐国有逢丑父,《左传·成公二年》记:"齐侯,(以)逢丑父为(车)右。"

海氏 出自黄帝律次子西阳之后。西阳,一名禺䝞,因为制酒,去水,传西姓。禺䝞之子禺强,黄帝封海神,省称海氏。之后有春秋时卫灵公大臣海春。《姓氏考略》记:"(海春)指海为姓,望出薛郡(古薛国。在今山东滕州市张汪镇、官桥镇境内)。"明朝有清官海瑞。

家氏 源于姬姓,出自周孝王之子姬家父,属于以先祖名字为氏。在姬家父的后裔子孙中,有以先祖名字为姓氏者,称家氏,史称家氏之始。望族出南安(今甘肃陇西渭水)。又出于春秋时期鲁庄公之孙姬驹,属于以先祖名字为氏。在姬驹(子家)的后裔子孙中,多取祖上字为姓氏,世代称家氏,史称家氏正宗,望族出京兆(今陕西西安市)。

容氏 出自上古容成氏之后。伏羲氏为皇时,容成氏管天象,上古造历。又颛顼帝时,有才子八人协助管理天下,谓八恺:苍舒、隤敳、梼戭、大临、龙降、庭坚、仲容、叔达。仲容子孙有以王父字为氏,传容姓。又容氏出自春秋时南容氏之后,以王父字为氏。

被氏 出自帝尧时大臣被衣。被衣载于汉《古今人表》为上中仁人。"被"又作"披",周朝有晋大夫被瞻,郑大夫被詹,吴大夫被离。汉有牂牁(遗址位于今贵州黄平县旧州镇)太守被条。

娥氏 源于古姑幕侯国(今山东日照市莒县),国君名婉娥,属于以先祖名字为氏。黄帝相虞幕其弟穷蝉封地姑幕立国,商王朝初封古姑幕侯国首君名叫婉娥。商王朝灭亡后,在婉娥的后裔子孙中,有以先祖名字为姓氏者,世称娥氏,望出琅琊郡。又娥氏之出多神说,一云出自炎帝榆罔孙女方雷氏女节号皇娥。皇娥与白帝(黄帝鸿)泛海上,采桑养蚕时生有一子,以母字取名姬娥,传娥姓。亦云帝尧之女娥皇妻舜,帝舜有子传娥姓。

虔氏 源于姬姓,属于以王父字为氏。出自姬姓周王先祖季历第四子名姬虔仁,又名虔仁辉,字子渠。子渠在异母长兄姬昌(周文王)即位为西伯侯之后,赐其为岑氏,西迁至湟水流域(在今青海),为和谐羌族部落作出了重要贡献。在当时的羌族部落读音中,将"虔仁",讹读为"钳耳",称"钳耳氏",后简为虔氏、钳氏、岑氏。又源于芈姓斗伯比之后,出自孔门七十二贤弟斗伯虔,为伯虔氏,后简为虔氏。

胶氏 源于子姓,出自商朝末年贤人胶鬲之后,属于以先祖名字为氏。胶鬲是"举于鱼盐之中"的人。《孟子·告子下》记:"生于忧患,死于安乐。"西伯侯(周文王)从鱼盐商贩中找到了胶鬲,任命他为大夫,利用他的智慧去辅佐周武王灭了商王朝。胶鬲功大,周武王赐封其随姜太公而往,居山东半岛,其地后称胶州。胶鬲的后裔以先祖的名字为姓氏,称胶氏。

凌氏 　出自周朝王室官人凌人之后，属于以官名氏。卫康叔少子在周王室官凌人之职，称周凌人，子孙以官名为氏。《周礼》："凌人掌冰，是岁十有二月，令斩冰，三其凌。"三国时有吴国将军凌统。

宾氏 　出于黄帝鸿公孙氏之后。黄帝鸿生朱宣，是为帝少昊，少昊次子穷申以定有穷氏。穷申生司衡，司衡二子，长子大羿，一名大业，传嬴姓；次子大由传傅、宾姓。夏太康失政，大羿曾孙后羿代夏，宗族子弟宾圉为臣。夏王朝少康复辟执政，宾圉官司空，以掌管土地、城建、营造等。周武王姬发灭商建周后，到了春秋初期，宾圉的裔孙宾胥无（宾须无）曾出任齐国大夫，主管军事，与管仲一起辅助齐桓公姜小白称霸中原。在宾胥无的后裔子孙中，多有以先祖的名字为姓氏者，称宾氏。宾胥无下传至宾媚人，由于他擅长外交事务，在周定王姬瑜八年（前599），被鲁宣公聘请为上大夫。到了周定王十八年（前589），宾媚人又出任齐国国佐，为齐国上卿。在宾媚人的后裔子孙中，则有以先祖的官职"国佐"为姓氏者，省文简化为单姓国氏、佐氏，佐氏后又有简笔为左氏。宾氏族人尊奉宾胥无为得姓始祖。

宰氏 　系出姬姓，周朝冢宰之后，以官为氏。春秋时，周公旦的后裔周公孔在周王朝担任太宰（宰父、宰辅、宰甫），亦被称为宰孔，因称宰周公。他的后裔子孙便以先祖的官职称谓为姓氏，称宰父氏、宰甫氏，后简为宰姓，但宰父氏（宰甫氏）这一复姓至今仍有。《元和姓纂》记："周大夫宰孔，周公之后，以官为姓。宰予，仲尼弟子。"

栗氏 　远古伏羲之时有栗陆氏，或云传栗氏。后之栗氏出自召公奭（周文王十二子）少子栗叔之后。召公于棠梨或板栗树下决狱，少子故名栗叔。后有栗腹为燕王喜时国相，传栗姓。《唐志文》记："帝辛（帝喾）之绪，周王之胤，族称望首。"

索氏 　索氏出自殷人七族。武王灭商，未及下马，有功高者求封索姓，武王问"啥"？以成索姓，是为武王封疆先命之氏。《唐志文》记："其初出自殷之族也。封疆先命，氏因谓索，此虞裔焉。厥后陵夷，进居方国。"

俱氏 　出自黄帝之后。《唐志文》记："出自黄帝之苗裔。洪源派远，三皇生翼赞之臣；茂绪联芳，周汉广英髦之士。气高雄略，每朝扬独步之先；文字风清，圣代列天衢之末。"

能氏 　与楚王同祖，出自熊挚红之后夔子国，夔子亡国，熊去其火为能姓。《唐志文》记："其先出自高辛（阳）氏，楚别封熊挚（红）于夔，即其后裔也。"

席氏 　其先出自晋大夫籍谈第十二代（十一世孙）籍镶，为避楚霸王项羽字籍名讳，改籍为席。汉有安定（今宁夏固原市原州区）太守席永，家焉，称安定席氏。《唐志文》："虞以握文启藩，偃以史籍命氏，剧秦之政，自北徂南，避羽之名，改籍为席，示不忘本，易文而已。汉初豪杰西迁，遂为关中望族。葳蕤世绪，史牒详焉。"

夏氏 　出于大禹之后夏后氏，夏朝亡，王族子孙传夏姓。另出于杞国简公之后，杞国为楚国所亡，子孙以为是夏朝遗族，传夏姓。还有出于陈国夏征舒之后。

桂氏　出自晋景公弟姬杨千古之后。杨千古曾孙阳虎,又名杨货,赵简子用为相,其国大治,生二子:炅横、锡朗。炅横仕季孙氏,因父奔逃,其亦避难幽州,后居燕郡,改姓"苑云"。《历代名人姓氏全编》记:"汉城(今陕西勉县东)杨炅横,回子,避难幽州姓桂。"后汉太守陈球碑记云杨炅横有四子:一子守坟墓,姓炅;一子避难居徐州,姓呑;一子居幽州,姓桂;一子居华阳,姓炔。四姓同音皆为gui;炅、呑、炔皆八画。桂姓,望出燕郡。

涂氏　源于涂山氏,出自夏朝大禹之妻涂山氏,属于复姓省文简化为氏。《风俗通》记:"夏王朝时期有复姓涂山氏,其族人后省文去山字,称涂氏。"又源于智氏,春秋末期,晋国六卿专政,智氏联合赵氏、韩氏、魏氏灭掉范氏、中行氏后,势力最为强大。智伯瑶执政晋国后,率领韩氏、魏氏围攻赵氏于晋阳,公元前453年三月,韩氏、魏氏临阵反戈,联合赵氏击败智氏,智伯瑶兵败身亡。赵、韩、魏瓜分了智家的土地、财产,智氏家族面临着空前灾难,族人纷纷离开晋国。智伯瑶叔父智徐吾,担任晋国涂水(即今山西晋中市榆次区东南涂河)大夫,这支族人得以保全,开创了"以水为姓"的先例,就以封邑"涂"为氏。东晋王朝开国功勋,任大司马涂钦,于晋怀帝永嘉元年(307),率军护琅琊王司马睿即东晋元帝之位。晋元帝于晋建武元年(317)颁诰命,以涂钦征石勒寇乱"戮力行阵,扈跸南迁,功盖臣邻,必存社稷",册封为新吴侯(今江西奉新县),出镇豫章,居武阳港(今江西南昌市),形成了涂氏家族的豫章郡望。自此,涂钦成为涂氏始祖。

骨氏　骨氏是古时天竺(指今印度、巴基斯坦等南亚国家的统称)来华移民改姓。隋朝有骨仪。骨仪,隋天竺胡人,性刚鲠,开皇初为卫史,隋文帝嘉其清苦,拜京兆郡丞。其后传骨姓,望出河南。

倭氏　出自东汉倭奴国(今日本)使臣之后。《后汉书》记:光武帝建武中元二年(57),"倭奴国奉贡朝贺,使人自称大夫,倭国之极南界也,光武赐以印绶"。"(孝安帝)永初元年(107),倭王帅升等献生口百六十人,愿请见"。倭奴国使者留居中国之后传倭姓。又出自汉朝开国皇帝汉高祖刘邦的后裔,属于汉姓夷化又汉化改姓为氏。魏、晋之际,汉高祖刘邦的后裔、东汉末代皇帝汉献帝刘协的玄孙刘阿知率族人以及属下两千余人渡海迁入倭奴国,受封阿知使主,融入倭奴族,史称阿知王,或称阿智王。他的儿子刘贺都被当时的倭奴国君主雄略天皇取其父刘阿知名字末字"知"的读音赐姓为直,成为刘邦后裔的第一个倭姓。

十一画姓氏:

黄氏　出自少昊金天氏后裔台骀之后。台骀为水官之长,颛顼帝时受封于汾川,之后有黄国,以国为氏传黄姓。《姓辩证》记:"少昊金天氏裔子曰昧,为水官,号玄冥师,生台骀,能业其官,宣汾、洮,障大泽有功,颛帝嘉之,封诸汾川,其后为沈、姒、蓐、黄四国,以国为姓。"《唐志文》记:"其胄绪所兴,焕乎前史。其近代祖祢,可得而言;并首望华誉,树德立名。威烈纂于前修,振芳猷于当日。故能挺生时彦,克光鸿绪。"又:"其先江夏人也,即春申君(黄)歇之后。"

曹氏 本源所出古邾子国,为君者曹姓。安仁,或曰晏安,佐舜有功,封于曹国,赐姓曹。晏安生均连,均连生彩白,彩白生季劄,季劄生主廷,之后二十七世有邾(曹)侠。曹氏族始居曹地(今陕西周至县),因以为姓。自虞舜、夏迄商初,曹姓人东迁弘农曹阳(今河南灵宝市东)居焉。曹辅夏,及商灭夏,与之抗,为方国,称曹方。商初伐曹,东迁漕邑(今河南滑县东)。商盘庚迁都殷(今河南安阳市),因曹姓人居地与之甚近,再徙定陶(今山东菏泽市定陶区)。曹国初亡于商季。周武王克殷,封安仁裔孙曹侠于邾(今山东曲阜市东南南邹村)建国,史称邾国,为鲁国附庸,曹国曹姓人传焉,以国为氏。又出自周文王庶子曹叔振铎之后。又出自三国魏丞相曹操之后,曹操本为夏侯氏,后传曹姓。《新唐书》记:"陆终第五子安,为曹姓,至曹挟,封之于邾,为楚所灭,复为曹姓。"《唐志文》记:"其先黄帝之后,陆终之子安,实为曹姓,大矣哉!丰蛇感帝,敬伯赞彤云之业;汉家凝图,玄德膺黄星之举。故能声华万业,道霭三分,拥神器于寰中,导时英于海内。岂止登高演赋,文清于爵台;临水题篇,词工于马垂。英灵未泯,有足言焉。"又:"叔振铎之初也,因封命氏;平阳侯之雅望,纂庆承家。帝子周亲,仲尼惭圣人之后;功臣汉辅,茂先耻王佐之才。由是弈叶传芳,英贤简出。"

梁氏 出自嬴姓,秦仲少子梁康伯传梁姓。另周平王封少子康于夏阳梁山(今陕西韩城南),建梁国,以国为氏。还有出于毕姓大梁王之后。《唐志文》记:"梁本嬴姓,乃皋陶之后。其先显于唐,虞代使禹治水赐姓。自嬴尔后,玄孙仲衍,为殷帝太戊驭有功,肇封于梁,因而命氏。"又:"周平王东迁,封少子康于夏阳梁山,因而命氏。其后竦因才著,冀以荣称,礼乐弓裘,千载不坠。"又:"魏文侯少子毕封大梁王,自其后子孙即承梁王绍之后,汉魏以来,遂安定氏焉。"

章氏 源出自姜太公吕尚曾孙穆郭子建郭国(在今山东寿光市)之后,以国为氏。郭国为齐国附庸,十传而为齐国兼并,裔孙姜鞯逃晋,食采于瑕(在今山西临猗县南)称瑕父,国名去邑,名章鞯,章姓始。另记章氏源出纪大夫裂繻之后。《唐志文》记:"其先纪大夫裂繻食采于章(章县。在今山东东平县东郭城集),因氏焉。震以炼骨升天,茂标仙伯;邯则学剑从武,功致雍王。夫流长者泉深,岳高者峰秀,勋华舃弈,世不乏贤。"

崇氏 商朝有崇国(在今陕西西安市长安区西北沣河西岸),周文王灭崇侯虎,其后以国为氏,传崇姓。《姓辩证》记:"崇,唐虞之际,封鲧于崇,谓之崇伯。舜殛鲧于羽山,以其国更封诸侯。至商末,崇侯虎谮西伯于纣,纣囚西伯,已而许其专征,西伯遂伐崇,降之。周初,迁其重器,以分同姓。《明堂位》所谓'崇鼎',天子之宝器也。崇侯即灭,子孙以国为氏。"

盛氏　出自姬姓。周文王第七子郕叔武受封郕（又作成。在今河南范县东南。一说在今山东汶上县西北二十里），后传成、郕姓。郕应伯时，郕地黄河水患，不时水淹，周穆王赐器皿，慰其心，故又曰盛，传盛姓。又出自周文王第十二子召公奭之后。《韵谱》曰："其先姓奭，后改为盛。"《左传·庄公八年（前686）》记："夏，师及齐师围郕，郕降于齐师。"《左传·文公十二年（前615）》记："春，郕伯卒，郕人立君，太子以夫钟与郕邦来奔。公以诸侯逆之，非礼也。故书曰：郕伯来奔，不书（需）地，尊诸侯也。"郕国亡于公元前408年，王族子孙传为盛姓。《公羊传》记唐朝人孔至曰："谯郡（今安徽亳州市）盛氏，其先太姜生季历，季历娶太任生文王，名昌，子召公，名奭，使辅成王，为西伯。化流召南，广被江汉，由是兴周隆七百之祚。召公夫人姜氏，出游池上，见二黑龙交会，举目视之，欿然不乐。即有娠，而生一子，手有文字，炳然即盛字。长年十八，封为谯侯，因为望焉。"

商氏　源于子姓，出自商王朝贵族后裔，属于以国为氏。《通志·氏族略》记："商被灭于周，后世子孙以故国号为氏，世称商氏。"《姓辩证》记："商，出自商王之后，以国为氏。纣时，有贤人商容，周武王式其闾。"商容为帝成汤第十七世孙，商容之后七代孙皋辛，隐居于商城（在今河南商城县西）之东，遂以商为姓，望出濮阳。又商容后传十五世亦名商容者为老子师，商容有疾，老子曰："先生无遗教以告弟子乎？"商容曰："将有语子经过故乡而下车，这是为什么？"老子曰："这是不忘故乡耶。"商容曰："人过乔木而低头知之乎？"老子曰："这是敬老之意焉。"商容张口曰："吾舌头在乎？"老子曰："还在。"商容曰："吾牙齿还在乎？"老子曰："已亡。"则谓刚凶而柔存，天下事如此。

祭氏　出自周公旦六子祭伯之后。祭伯为周畿内诸侯，相天子，为三公，封于祭（在今河南荥阳市东北），建祭国，其后以国为氏。

密氏　出自周朝密须国之后。《姓辩证》记："密，出自姞姓，密国（亦作密须。在今甘肃灵台县西五十里百里乡）之后，密康公为周共王所灭，子孙因以国为氏。"

宿氏　出自伏羲氏之后风姓，宿（凤）沙氏之后也。古有宿国（在今天山东东平县西南宿城），国人以国为氏。《姓辩证》记："宿氏出自风姓，伏羲之后封为宿男，其后以国为氏。"宿国国君周朝初时名宿因。公元前684年，宋闵公以宿男属宋而亲鲁为借口，强令宿国迁于宋国内地，秦置下相（治所在今江苏宿迁市西南古城）等县。宿国亡后，其子孙以国为氏传宿姓。

庸氏　出自黄帝四辅祝庸（祝融）之后，以国为氏。周朝有庸国（在今湖北竹山县西南），为古蜀国之一，参加过武王灭纣。《尚书》记："武王伐纣，庸首会焉。"公元前611年庸国为楚所灭，王族后裔以为氏。秦有庸芮，秦宣太后病将死，出令曰："为我葬必以魏子为殉。"魏子忧愁，庸芮为魏子去游说宣太后曰："以死者为有知乎！"太后曰："无知也。"庸芮曰："若太后之神灵明知死者之无知矣，何为空以生所爱葬于无知之死人哉！若死者有知，先王积怒之日久矣。太后救过不胆，何还有闲暇私顾魏丑夫乎？"

太后曰："善。"乃止。庸芮之后传庸姓。

常氏　出自妸姓,越大夫常寿过之后。又出自黄帝大臣常先之后。又源起周文王九子卫康叔,康叔孙考季之后为鲁国句须公传常姓。又出炎帝之后,常氏出自申侯。《新唐书》记:"常氏出自姬姓。卫康叔支孙食采常邑,因以为氏。"《唐志文》记:"昔黄帝臣有常先为轩辕四佐,其后有常氏焉。代历绵久,至卫国伯常骞亦其族。自潘杨好合,织纤功修,占凤兆而宜家,配龙夫而成德。"又:"常氏之先,后稷之苗,文武之裔,实列授氏,食采因封。"

崔氏　出自姜太公之后。太公吕尚生丁公伋,伋生叔乙,让国居崔(在今山东邹平县西崔氏城)因氏。崔氏有崔武子(崔杼)为齐景公右相,为庆封所杀,其次子子明奔鲁传崔姓。子明第十五世孙意如,为秦大夫,封东莱侯,崔氏名闻。《新唐书》记:"崔氏出自姜姓。齐丁公伋嫡子季子让国叔乙,食采于崔,遂为崔氏。济南东朝阳县西北有崔氏城是也。季子生穆伯。穆伯生沃。沃生野。"《唐志文》记:"天地人之三礼,伯夷所以赞尧图;龙虎豹之六韬,尚父所以匡姬(季)历。汉储尊道,依盛德而保离宫;魏祖推贤,假雄姿以盛殊国。百代之依缨不绝,四海之门望独高。"又:"其先姜姓,齐丁公子叔乙让国居崔邑,因以命氏。"

萧氏　出自子姓。商帝乙庶子微子,周封为宋公,后裔有孙南宫万,因功封于萧(在今安徽萧县西北),传萧姓。《新唐书》记:"萧氏出自姬姓,帝喾之后。商帝乙庶子微子,周封为宋公,弟仲衍八世孙戴公生子衎,字乐父,裔孙大心平南宫长万有功,封于萧,以为附庸。今徐州萧县是也,子孙因以为氏。"《唐志文》记:"(萧氏)帝喾之远裔也。昔微子以殷王之嫡嗣,建国于前;丞相以汉帝之功勋,封姓于后。自兹以降,弈叶弥隆。"

盖氏　出自齐姜太公吕尚之后。吕尚之子丁公,丁公少子盖宗食采于盖(在今山东沂源县东南盖冶),传为盖姓。又后魏河南盖氏,盖楼氏改焉。唐朝魏徵定天下姓氏,云平昌郡(治所在平昌县。今山东诸城市西北六十里)三姓,山阳郡(治所在昌邑县。今山东巨野县南六十里)五姓,皆有盖氏。《唐志文》记:"昔齐丁公之子,食邑于盖,遂以命氏。白蛇启运,实标儒学之名;赤伏应符,仍显武牙之号。自兹厥后,代有人焉。"

麻氏　楚国古部落。楚灵王时征战,麻邑(在今安徽砀山县)之尹麻婴举族人逃到齐国,麻婴后为齐大夫,传麻姓。《唐志文》记:"昔仕姬周,凤著隆家之美,自根流叶,传芳不朽。食邑于麻,因姓麻也。"

逯氏　出自商纣王之子武庚禄父之后。武庚作乱,周公旦假以成王之命讨伐武庚,武庚败而失国,其后传逯姓。逯与禄通假。又有河南禄氏,后魏骨咄禄氏改焉。《唐志文》记:"殷宗理北,因手文而命氏;大夫适晋,沿逯邑(今陕西咸阳市旬邑县)以承家。至于翼魏论功,更封河内;征吴爱宠,复启河阳。"

阎氏　出于姬姓,周昭王少子姬阎之后。又阎氏出于唐叔虞之后,晋成公子懿,食采于阎邑(当指阎村。在今河南汝州市东南二十里阎村东,黄涧河西岸台地上),子孙以邑为氏传阎姓。又周武王封太伯曾孙仲弈于阎乡,因以为氏。《姓辩证》记:"阎,出自姬姓。昭王少子,生而有文在其手,曰阎。康王封于阎城。晋灭阎,子孙散处河洛。"《新唐书》记:"阎氏出自姬姓。周武王封太伯曾孙仲弈于阎乡,因以为氏。又云,昭王少子生而手文曰'阎',康王封于阎城。又云,唐叔虞之后,晋成公子懿,食采于阎邑,晋灭,子孙散处河洛,前汉末,居荥阳。"又《唐志文》记:"阎之得姓,盖出乎有虞(当指唐叔虞)。居周则为列侯,在汉则称良后。"

戚氏　出自周文王第九子卫康叔之后。卫国武公次子惠孙为孙姓始,传七世孙孙林父为卫国上卿。孙林父食采于戚(在今河南濮阳市北十里),子孙以为氏,望出东海。汉高祖刘邦略地定陶(属今山东)得戚夫人。又《汉功臣表》:"临辕坚侯戚鳃(戚夫人父),生夷侯触龙,触龙生公侯中,中生贤。"又戚氏由漆氏分衍而来,出自周初贤人叔齐之孙漆河之后改字焉。

巢氏　周武王封夏桀在南巢(指今安徽和县)的后裔为巢伯,传巢姓。又《姓辩证》记:"春秋(吴王夫差)时,(楚国)巢邑(巢县,即今安徽巢湖市)大夫牛臣,亦或以巢为氏。"

梅氏　出自子姓。商武乙孙梅伯,被纣王"殖醢"惨死,周武王封其孙梅姓。《姓辩证》记:"梅,汝南(汝南郡。治所在今河南上蔡县西南)梅氏出自子姓,梅伯为纣所醢,武王封伯元孙黄梅,号曰忠侯,以梅为氏。"又源于姬姓,周太王长子泰伯居梅李(在今江苏无锡市东南三十里梅村),六世孙泰梅,传为梅氏,或曰以地为氏。又出自姒姓,自无余初封于越以来,传闻越王子孙,有在丹阳皋乡,更姓梅,梅里(梅李。即今江苏无锡市东南三十里梅村)是也。楚汉时,项羽封番君将梅鋗十万户侯,后建有梅鋗城(在今安徽祁门县西十五里),其后散居沅湘(属今湖南),传梅姓。

曼氏　出于子姓。殷王盘庚第三子曼季,食采于曼(在今河北石家庄市鹿泉区),其后有子孙传曼姓。因为曼季第七代孙辉侯为周武王封邓姓,是为邓侯,故有以为曼氏出于邓国。楚国、郑国皆有夫人邓曼,是为邓国女子,邓与曼连称得名。青铜器有《曼龚父盨》铭文记:"曼龚父作宝盨用享孝宗室,其万年无疆,子子孙孙永宝用。"

鹿氏　源于姬姓,出自周文王之子康叔后裔,属于以封邑名称为氏。卫武公次子惠孙,惠孙生耳,耳为卫上卿,食采于戚(即今河南濮阳市),其次子分食邑于五鹿(今河南濮阳市清丰县西北),其后裔子孙遂以先祖封邑名称为姓氏,称五鹿氏,后省文简改为单姓鹿氏、五氏等。鹿氏族人大多尊卫康叔为得姓始祖。

续氏　出自姬姓狐氏。《姓辩证》记:"续,晋大夫狐鞫居食采于续(当指缮葛,即长葛。在今河南长葛市东北二十余里),谓之续简伯,以续为氏。"或续氏出自帝舜七友人续牙之后。

屠氏　原出远古蚩尤之后。蚩尤被黄帝打败所杀,黄帝为了防止蚩尤的族人以后还会作乱,就把他们分散在各地居住。其中有的被迁居到屠(当指屠何。在今辽宁锦州市西北)和邹(古邾娄国。在今山东邹城市东南纪王城)的两个地方去。这些人中有的就以居住地作为自己的姓氏,分别称为屠氏和邹氏,望出广平郡(在今河北鸡泽县东南)。又屠氏出自春秋时期晋国屠岸氏。郑武公次子叔段立君不成被郑庄公追杀,郑庄公不念其怨而封叔段之子共仲侯爵,采食屠邑(西周邑名。在今陕西合阳县西),传为屠岸氏。晋景公时,屠岸贾官司寇,惩治杀害晋灵公时的罪犯一案,牵连到赵盾,而要追杀赵氏孤儿。屠岸贾后反被赵氏孤儿诛灭,其子孙浮海而逃。今浙江《桐乡县志》记:"屠甸市镇,旧名石人泾,在千金乡,县东南十八里。相传寂照寺有二石佛,由海中浮至,以是得名。有谓为屠岸贾故里者,说殊不经,然有屠庵及屠家板桥,则地名固以姓传。"屠岸氏因为避难而简为屠氏,传为屠姓。

堵氏　源于姬姓,出自春秋时郑国,以封邑名为氏。春秋时期,郑国郑昭公之弟子亹为郑君,子亹元年(前694)七月,齐襄公在首止会合诸侯,子亹赴会,为齐襄公布置的甲士刺杀,子亹位短,没有谥号。子亹之子洩伯封堵邑(堵乡。在今河南方城县治),子孙因以为氏。洩伯,名洩寇,一名洩堵寇,因为封于堵地,又称堵叔,是郑国执政大臣之一,与叔詹、师叔被称为"三良"。洩伯之子堵汝父,是为郑国上大夫,其后子孙传堵姓,望出河东郡(即今山西夏县北)。堵氏又源于芈姓,出自春秋时期楚国堵敖之后,属于以先祖名号为氏。

蛇氏　出自姜姓,春秋时齐国公族居蛇邱(在今山东肥城市东南),称蛇丘氏,子孙有人以蛇为姓。蛇本出龙形之源,古尊为贵。又出自羌族,东晋南北朝后秦武昭帝姚苌之后出蛇姓。南北朝有蛇后,为南安太守;蛇元,建武将军。

菅氏　源于子姓。出自春秋时期宋国大夫封地菅(即今山东单县金乡、成武两乡交接处),属于以封邑名称为氏。又源于避难改氏。一族姓人因得罪当朝,为避免满门遭诛的厄运而迁逃,当追兵临近时,举族藏在菅草丛中,方得以逃生。后族人皆改取"菅"为姓,称菅氏。

移氏　出自姜姓。春秋时,齐桓公公子雍食采于移(当指今山东沂水县),其后因氏焉。东汉有移良,《后汉书·杨震传》记:"樊丰等谮震,收震太尉印绶,有诏遣归本郡,震行至城西夕阳亭饮鸩而卒。弘农太守移良承樊丰等旨遣吏于陕县,留停震丧露棺道侧,谪震诸子代邮行书道路皆为陨涕。"《万姓统谱》记:"移善,迁安人,宣德年间任顺天府照磨。"

绵氏　出自姬姓。晋大夫食采绵上(今山西沁源县西北棉上村),因氏焉。

累氏　出自黄帝妃嫘祖其母家地西陵(地当在今河南漯河市澧河东岸),后名漯河,当以邑为氏。又以为出自方雷氏之后,雷与累同音异字改焉。周朝有晋国人累虎,为七舆大夫。又有西凉人斐氏改为累氏。

康氏　出自周文王第九子封为卫侯,谥曰康叔,支孙以谥为氏。《唐志文》记:"昔成王封康叔于卫,其后枝派因为氏焉。"又记周朝西陲有康居国,先秦时康居国王子乘侍诏河西,留为黔首,以国为比,传康姓。又记康氏出于晋大夫毕万之后。

接氏　出自姜姓。姜齐亡于公元前379年,齐康公被迁海滨。康公之子吕忿逃魏汲地(在今河南卫辉市西南二十里汲城村),子孙以邑名异汲(jí)音传接(jiē)姓。齐宣王田辟疆执政时(前320—前302),接子名出。《史记·孟子荀卿传》记:"慎到,赵人。田骈、接子,齐人。环渊,楚人。皆学黄老道德之术,因发明序其指意。故慎到著十二论,环渊著上下篇。而田骈、接子皆有所论焉。"在接子的后裔子孙中,有以先祖名号为姓氏者,称接氏。汉武帝刘彻执政时期(前140—前87),朝堂之下有一位臣子名叫接昕,就是接子的后代。接昕以学识渊博著称,亦被人称为"接子"。

乾氏　出自炎帝之后齐国王族。齐顷公少子子乾,后以王父字为氏,称子乾氏,简为乾姓。又传楚国伍子胥逃难过昭关(位于安徽含山县城以北十五里处)时,装扮成聋哑人,指天为姓,天为乾,其小子改姓乾。又《万姓族谱》记:元太祖后裔包尔吉古德氏,后改姓氏为乾氏。

望氏　出自齐太公望后。《史记》记:"齐太公见文王,曰:'吾太公(指古公亶父)望子(尔)久矣。'因号太公望。后氏焉。"后裔子孙中有以先祖称号"太公望"为姓氏者,曾一度称太公氏。后在周穆王姬满时(前976—前922),太公氏皆谦而改称为望氏,是为齐鲁望氏。

鄂氏　出自姬姓,周朝晋鄂侯之后子孙以谥号为氏。汉朝有鄂千秋,高祖刘邦定功封爵,千秋曰:"萧何万世功,当封第一。"高祖曰:"进贤受上赏,何功虽高,得鄂君乃益。"千秋受封安平侯。

矫氏　矫与蛟字通假。源于姬姓,出自春秋时期晋国大夫矫父之后,属于以先祖名字为氏。《风俗通》记:"(矫氏)春秋时晋大夫矫父之后。"在孔子的弟子中,有一个人叫矫疵,字子庸,为越国人。由于他一生廉洁奉公,因此人称其"廉洁",反而多将其本名淡记了,就连《孔子家语》中亦称其为廉洁。但他在《史记·仲尼弟子传》中有记:"江东人矫子庸疵。"

符氏　出自鲁顷公之后。周朝鲁国为楚国所灭,鲁顷公子公雅为秦符玺令,因为氏琅琊,传符氏。符氏后有简为苻氏。《姓氏急就篇》记:"符氏,鲁倾公之孙雅,为秦符令,因氏焉。"《唐志文》记:"夫玄化初辟,包含万象,周(古)公立丧服之仪,文王制大葬之礼,孝行之终,迁厝是矣。符氏者,颛顼之后裔。"

庾氏　源于高阳氏,出自上古尧时掌庾大夫,属于以官职称谓为氏。尧帝时代,有一个名叫安庆公的人就是掌庾掌大夫,专职掌管粮库出入之籴,史称掌庾公。在安庆公的后裔子孙中,有以先祖的官职称谓为姓氏者,称庾氏。春秋时期有卫国神箭手庾公,射箭百发百中名闻,时称"庾公之斯"。庾氏族人在两汉时期形成了颍川、新野两大郡望。《唐志文》记："其先陶唐氏掌庾大夫,因命族焉。洪源衍派,上善垂裕。晋室昌而人物当朝,梁业大而文章济世。英贤间出,千古不替,固其宜也。"

　　尉氏　尉氏有地,即今河南尉氏县。《姓辩证》记："尉,出自古讨奸之官曰尉,郑尉氏独以其官为族。"《汉地理志》注："古狱官曰尉氏,郑之别狱也。"春秋时,郑有尉止,生翩。尉翩仕宋。战国时,尉翩后人尉缭,治商鞅之学,有贤名,著书《尉缭子》二十五篇。

　　圉氏　出自古朝代养马官员之后。《周礼·夏官》记："圉师,掌养马者,后世以官为氏。"《左传》记："楚大夫圉公阳,以邑为氏。"圉,有圉镇(在今河南杞县西南五十里)。圉改同音他字,如于、余、俞,故近世少圉姓。

　　理氏　出自帝舜时理官皋陶之后。夏、商时期,皋陶后裔世代为理官,为理姓。理分李、里姓,同音异字而已。又明末李自成之后,有李氏复用理姓。

　　莘氏　出于西周王室车仆之后,以官名氏。《周礼·春官·车仆》记："倅,车仆,掌戎路之莘、广车之莘、苹车之莘、轻车之莘。"车仆之后出莘姓。又以为夏后启封支子于莘,"莘"与"萃"字形相近,莘氏不见传,则为萃氏。又源于齐景公后裔,出自楚怀王时(前328—前299)将军景翠之后,属于以先祖名字为氏。翠异字为萃,所谓"阴采过矣,阳刚不足"。汉朝改翠氏为萃姓。

　　庹氏　出自颛顼高阳氏之后的熊姓。另说庹氏出自古代有掌度量衡的官员,其后以官为姓。庹姓名人有明将领庹守珍、庹守珠、庹五常等。而四川庹氏族人认为庹姓发源于古巴蜀,原为度姓,是古巴人(賨人)七姓之一,于宋元之交改姓而来。湖南庹氏族认为庹姓源于田氏。明洪武三年(1370),大庸土家族土司田虎作乱,事败后,其长子田宗朝避乱,由田改姓庹。

　　扈氏　出自有扈氏之后。有扈氏大启藩国之力,与夏启战,有扈败,其后传扈姓。战国时有赵将扈辄率军救援平阳,与秦将桓齮战,兵败被杀。又扈氏出自姒姓,越国长舍君之后,上舍君之民习于捕鱼,用竹编工具捕鱼曰"扈"。汉初梁王彭越将扈辄,便是上舍君之后裔。《唐志文》记："窃以洪源演派,滔滔混江汉之流;茂德昭章,落落蕴山河之气。自齐梁之后,冠冕相辉;汉魏以来,衣缨靡绝。并传芳史册,不可略而言矣。"

　　辅氏　出自周文王庶子郇伯之后。晋国大夫荀息七传名智果者,智果反对智伯瑶为家族宗主,便到太史那里登记,别为辅氏,辅姓始。《唐志文》记："(辅氏)其先茂陵人,数世居其辇下。后周光禄大卿,复本十五代而臻其身,迄于盛唐,英豪华族。"

　　瓠氏　出自黄帝鸿公孙氏之子夷鼓之玄孙夔之后。帝舜时,夔能击石使百兽起舞。夔有夔国,四世恭世子为夏朝摄政王后羿所灭,而其子瓠巴名于史。《荀子》记:"瓠巴鼓瑟而游鱼出听。"《列子》云:"瓠巴鼓琴鸟舞鱼跃。"瓠巴之后出盘王,名瓠姓盘。瓠姓盘后建归胡国,子孙亦传归、胡姓。瓠姓盘是为今瑶族始祖。

率氏　源于姬姓，出自东周刘康公之后。《中国古今姓氏大辞典》记："刘康公乃周定王母弟，亦称王季子，食采于刘，为卿士。此当系出姬姓。"又出自晋朝时期大司徒帅晷之后，属于避讳改姓为氏。率姓与"师""帅"同源，帅姓因避晋司马师之讳而改姓。《姓苑》云："本姓师，避晋改帅，'帅'与'率'同。望出南阳、河南。"

勒氏　本为朸氏改焉。西汉置朸县(治所在今山东商河县东北四十里)，文帝封文悼王刘肥之子刘辟光为朸侯；武帝时又封城阳顷王刘延之子刘让为朸侯，后之朸侯皇上赐勒姓。又《元经薛氏传》："晋时匈奴国民有勒氏，多反叛。"

龚氏　最先出自炎帝系共工氏，共工氏术器与颛顼氏高阳争帝位，而共工氏勾龙立功，颛顼帝命其为后土，则勾龙后裔以为荣誉也，共之上加龙，以为龚姓传焉。又龚氏出于卫国共伯之后，西周时厉王出逃，共伯代周行政，后世子孙以为"龙"也，则在共之上加龙，是为龚姓。后有晋大夫龚坚。

萨氏　萨氏源于回族，出自元朝时期杰出的政治家赛典赤·赡思丁·乌马尔之后，属于汉化改姓为氏。萨氏又记撒氏，详文记在"撒氏"。又萨姓发源于西域色目人"答失蛮氏"，其家族的萨都刺在山西雁门受元朝赐萨姓。其后元代有著名诗词作家萨都刺之弟萨野芝(元江西建昌路总管)之于萨仲礼(元福建省中书检校)、萨仲明(曾为丞相府撰)，均冠以"萨"姓。

渠氏　源出姬姓。卫国有蘧伯玉，曾辅佐卫国三公：卫献公姬衎、卫襄公姬恶、卫灵公姬元。渠与蘧通假，字异而已。《路史》记："渠氏为康叔之后。"《元和姓纂》："渠，周大夫渠伯之后，卫有渠孔，汉有渠参封赞侯。"渠氏与琚氏同源，详见琚氏。

聊氏　出自汉侍中著书者聊苍之后。聊苍，号聊子，其先不明。又有汉颍川太守聊谋，著《万姓谱》。聊姓今不明世，或为著述聊天笔名，曰《聊斋志异》。

唊氏　源于羌族，出自羌族分支西南夷寳族，寳族"燎猎为食，因称唊部"，传为唊姓。秦朝有将军唊铁，唐朝有儒学家唊助。

眭氏　出自蕃人。汉朝鲁国蕃人眭弘，少好武侠，长乃变节以明经，为议郎。汉昭帝元凤中(约前77)，泰山大石头自立而起，长安上林苑僵柳复活。眭弘推春秋之意，以为"当有从匹夫为天子者!"大将军霍光听而恶之，逮眭弘下狱死。宣帝初年(约前73)，宣帝访问民间，征眭弘之子为郎，其后眭孟，授《春秋公羊传》，后传眭姓。

隗氏　隗，又媿，当出炎帝之后潞子国，潞子国之传翟国亡于晋，翟国隗姓子孙因氏焉。后有西落鬼戎，遭周初伐，逃今甘肃天水，传为隗姓。之后东汉时期有天水太守隗嚣名闻，望出天水成纪(在今甘肃静宁县西南，南河西岸)。

茹氏　出自古代柔然部族。北魏时郁久闾氏建立柔然国，称受罗部真可汗。柔然国也称作蠕蠕、茹茹，源出东胡，为游牧部落，常居于阴山(即今内蒙古河套西北之阴山山脉)一带。西魏时，柔然部族为突厥所破，遂并入突厥，其部族后人多以族名茹茹为姓。一部分入中原后，以茹为氏，称茹氏。

袭氏　由龚氏异型字而来，"龙衣之袭"也。《通志·氏族略》云："晋有隐士袭元之，南史有袭口。"又有改"习"为"袭"，山东济南市章丘区普集镇有袭家庄。

隆氏　出于古隆中（今湖北襄阳市襄城区、南漳县、谷城县三区县交界处的隆中风景名胜区内），以邑为氏，望族出南阳。而另一支隆氏出自少数民族，据《路史》记，在汉朝初年，与中央王朝有关系密切的匈奴人之中，也有人以隆为姓的，当时就有一位叫隆疆的人，后人尊隆疆为隆姓的始祖。

十二画姓氏：

葛姓　出自古葛国。古葛国为首者葛伯，因为殷汤迁都于亳，与葛伯为邻，而葛伯不受命祭祀殷祖。殷汤征之，葛伯失国。周成王时，有葛由者，好刻木羊卖于市。葛由骑其木羊而入西蜀（指今四川西部地区），蜀中王侯贵人追至上绥山。绥山在峨眉山西南，高无极，随之者不复还，皆得仙道云尔。春秋时仍有葛国的记载，《史记·齐太公世家》记桓公四十三年（前643），桓公娶葛嬴生昭公潘，葛嬴，即葛国女子。介国（周时东夷国。今山东胶州市西南七十里）人葛庐（卢），善辨牛音，聘于鲁，闻牛鸣，曰："是生三犊"果被言中。《春秋》：僖公二十九年（前631），"介葛卢来"。《左传》称："介葛卢来朝，能通牛语。"秦始皇时有葛仙，称葛仙翁，后有葛婴，葛婴随陈胜大泽乡起事。葛婴之子葛蕳，是以汉室宠，记史弗迷，缘珥貂之绪。东汉时有以文奏知名的葛龚，任太官丞。后亦有葛仙翁名闻，即葛玄。葛玄之后有葛洪者，传其从祖葛仙公丹诀，兼综医术传闻，深洽游德，栖真其后，保世滋大，族居苏州之太湖西洞庭山消夏湾，世称包山。葛洪著有《抱朴子》名闻。又《后魏官氏志》记："贺葛改葛氏。"不知贺葛氏详于何支？古葛国旧地后为嬴姓人所占，住葛者，诸葛也，故葛氏与诸葛氏不同源。

韩氏　有二出，皆为周武王之后。其一，武王少子应韩封于韩，建韩国，周宣王时有韩侯韩奕名出。其二，晋文公灭韩国，之后文公侄子曲沃庄伯少子韩万得封于韩原，是为晋国后之韩国之始也。二韩亡国，后皆以国为氏传韩姓。《新唐书》记："韩氏出自姬姓。晋穆侯沸（费生）少子曲沃桓叔成师生武子万，食采韩原，生定伯，定伯生子舆，子舆生献子厥，从封，遂为韩氏。"《唐志文》："盖韩氏之先，起自轩辕黄帝；武王第五之子，命为韩侯，因地为姓。自尔琼干枝分，衣缨晋室；金吾仗钺，冠盖汉朝。或鼎峙南阳，因官建族，古今祚土，分列山河，奕叶中原，蝉联靡盛。"又："粤有叔虞，锡珪周社，爰逮武子，受邑韩原，比德三卿，氏因分土。连衡七国，业擅旗常，代有杰人，已详悙史。"

彭氏　出自神农氏之后。炎帝榆罔次娶腾隍氏，名曰女禄，生子大称，大称生老童，老童生卷章，卷章生重黎、吴回，吴回为祝融。吴回生陆终，陆终三子篯，或曰铿（kēng），封于大彭（今江苏徐州市铜山区），后世尊为始祖。《姓辩证》记："大彭氏谓之彭祖，其后别封豕韦、诸稽、舟人三国。商之中世，大彭、豕韦皆伯诸侯，而豕韦之裔别为韦氏,诸稽之后无闻,舟人后自为秃姓,唯大彭常为彭姓。"《唐志文》记:"肇源上皇,开基中古,以邑命氏,其来尚焉。至如彭咸辅殷,忠烈彰于简素;彭宣翊汉,茂范著于缣缃。故能垂裕后昆,流芳末胤,象贤踵德,不坠家风。"

程氏 出自炎帝榆罔庶出之子大称之后,与彭氏同祖。大称曾孙重黎,重黎生羲和。羲和二子:和仲、和叔。夏帝仲康时,帝仲康迷事鬼神,因为日食而灭掌管天象的羲和氏,和仲有子孙逃出,传为程氏。周武王灭商,封程伯符于广平(今河北鸡泽县)。后三监叛乱,周公东征,成、康之际,复迁伯符于程地,建立程国,子孙以国为氏。谱记自伯符始,伯符生禀丁,禀丁生仲壬,仲壬生子臧,子臧生甫,此上皆袭父职。甫,字休父,号程伯休父,袭程国君主。《新唐书》记:"重(黎)为火正,司地,其后世为掌天地之官。裔孙封于程,是谓程伯,雒阳有上程聚,即其地也。至周宣王时,程伯休父失其官守,以诸侯入为王司马,又有司马氏。"《唐志文》记:"昔重黎之胤,有程伯休甫,以国命氏,弈代而昌。孔圣钦贤,驻云盖而询至道;魏君登辅,捧日辔而叶神交。固乃庆叠绵基,声华缃册者矣。"

鲁氏 出自周公旦之后。周封周公旦子伯禽于鲁,以国为氏。《姓辩证》记:"鲁,出自姬姓,周公子伯禽所封,传国三十四世(共三十七王,传二十九代),至鲁顷公灭于楚,迁于下邑,子孙以国为氏,世吏二千石。"又出自鲁厘公之后,厘公灭项,封次子鲁项于项地,传鲁姓、项姓。

蒋氏 出自周公旦之后。周公三子伯龄封于蒋(在今河南光山县西北仙居店)而出姓,以国为氏。《新唐书》记:"蒋氏出自姬姓。周公第三子伯龄封于蒋,其地光州仙居县是也,宋改为乐安,蒋为强国所灭,子孙因以为氏。"《唐志文》记:"自金陵霸改,石城隍复,帝宅中原,衣冠北徙,今为京兆人焉。传曰:凡源起周文(王)之昭也。英贤代出,组冕交辉。元德有赐金之荣,公弈纤绂帐之礼。烈业不朽,钟鼎盛族。"

舒氏 出自嬴姓群舒之后。群舒曰舒子,舒氏以国为氏,望出巨鹿、庐江。《新唐书》记:"舒氏出自偃姓。皋陶之后封于蓼(今河南固始县东北蓼城冈),安丰蓼县即其地也。春秋鲁文公五年(前622),为楚所灭,其后更复为楚属国,亦名曰舒,又曰群舒,又曰舒庸,又曰舒鸠,一国而有五名。春秋鲁襄公二十五年(前548),楚又灭之,子孙以国为氏,世居庐江。"

曾氏 系出夏少康次子曲烈为鄫子爵,在鄫地(又记鄫、缯。在今山东兰陵县西北三十里鄫城)建国,鄫姓始。周幽王二年(前780)晋文侯仇初即位,即与王子多父(郑桓公)联手讨伐鄫国,克之,鄫国为郑国附庸。《春秋·僖公十四年(前646)》记:"使鄫子来朝。"鄫国希望得到鲁国的支持。鄫国于周简王十年(前576)为齐国附庸国小纪国所灭,《春秋·襄公元年(前572)》记:"莒人灭鄫。"鄫国君太子巫出逃到鲁国,任为大夫。鄫国亡后,则鄫字去邑,传为曾姓。鄫国太子巫生夭,为鲁国季氏宰丞。夭生阜,为叔孙氏家臣。阜生点,点生参,曾参为孔子学生。

寒氏　出自夏朝代夏王寒浞之后,以国为氏。寒浞是轩辕黄帝孙(昌意子)韩流·伯明氏的后裔,其祖先韩流为黄帝律的车哀正,黄帝律涿鹿之战后封于寒(今山东潍坊市一带),亦名寒流。夏时伯明氏之君曰后寒,后寒生寒浞。寒浞为夏少康杀,后有寒方国地(治所今山东潍坊市东北寒亭镇)。周武王二年(前1045),武王承认寒浞为夏朝中前期代王者,则封寒侯之后,传为寒姓。

偃氏　偃氏出自四大古圣皋陶之后,古有偃姓之国(在今山东费县南),以国为氏。《姓辩证》记:"偃,出自颛帝裔孙。女修(女)生大业(大羿)。大业孙曰皋陶,字庭坚,为舜大士,明五刑有功,赐姓偃氏,封于河东,为诸侯。贰、轸、州、绞、蓼、六、群舒,皆其后也。春秋时,楚尽灭偃姓之国(在今山东费县南),遂绝其后。吴有大夫偃州员,王莽时有偃宗。"《通志·以姓为氏》记:"皋陶生于曲阜,是为偃姓。六蓼偃姓之国,祀皋陶。文公五年(前622),楚灭之。"

道氏　西周封有道国(在今河南确山县北十八里古城乡。一说在今息县西南),春秋时灭于楚,子孙以国为氏。《左传》记:"楚大夫道朔,其先以国为氏。"《春秋》记:"齐桓公行霸,有江、黄、道、柏四国附之。"

越氏　出自姒姓越国之后。《通志·氏族略》记:"少康之庶子封于会稽,以奉禹之祝,文身断发,披草莱而邑焉,自号於越。於越者,夷言发声也,其地今越州城是也。滨在南海,不与中国通。后二十余世至于允常,鲁定公五年(前505)始伐吴。允常卒,子勾践立,是为越王。……自勾践七世下至王无疆(彊),为楚所破,杀无疆,尽取吴地至浙江,越以此溃散,诸族子争立,或为二,或为君,滨于江南海上,服朝于楚。"无疆亡越,国人以为氏,传越姓。《官氏志》记:"越彊氏,改为越氏。"

滑氏　出自姬姓,以国为氏。周封滑国,一名费滑。原都于今河南睢县西北,后徙都于费(今河南偃师市东南府店镇北二里)。《春秋·庄公三年(前691)》记:"郑公次子滑。"《春秋·庄公十六年(前678)》记:十二月"会齐侯、宋公、陈侯、卫侯、郑伯、许男、滑伯、滕子同盟于幽"。之后,滑国为秦所灭。鲁釐公三十三年(前627),秦师袭郑"及滑。……灭滑而还"。滑国亡后,子孙以国为氏,以尊公子滑为始祖。

释氏　本出释王国(释迦泊。在今内蒙古河套北塞外),以国为氏。《姓辩证》记:"释,其先释王国(释迦泊)人,号为释种。秦汉间,匈奴破释国,释王南君罽宾,种分散为数国,自疏勒以西休循(在帕米尔北部,今吉尔吉斯斯坦南部萨雷塔什)、捐毒(在今新疆乌黑县西北)之属皆是,汉史以'释'为'塞',时人语有轻重,故讹也。"释氏现多用于正式出家的和尚僧人,尊释迦牟尼佛祖,为佛教出世之姓。释氏一般都是佛教中的高僧大德者。

焦氏　出自炎帝之后。许国许灵公次子温玉居家焦(在今河南陕县老城东北侧)地,传焦姓。焦通于谯,旧《姓书》云出自姜姓。武王克商,下车封神农之后于谯(即谯县。秦改焦邑置,属泗郡。治所即今安徽亳州市),以国为氏。《唐志文》记:"原夫玉谍扬晖,疏爵传于赤伏;瑶篆颓祉,景□□于黄星。构神基以耸花峰,导灵原而分箭水,英猷继□,代有人焉。"又:"盖夏殷之后。"

谢氏 出自炎帝系中国之后。周宣王赐申伯谢邑(在今河南南阳市东南),传谢姓。《姓辩证》记:"谢,出自黄帝之后,任姓之别为十族,谢其一也。其国在南阳宛县。三代(夏商周)之际微不见,至《诗·崧高》,始言周宣王使召公营谢邑,以赐申伯。盖谢已失国,子孙散亡,以国为氏。"《唐志文》记:"其先鸿源景胄,本自阳夏,五马南游,为江东令族。华宗与沃日分流,懿绪将与天比峻。若乃词嘉高尚,为四始之司南;豫章宣教,有万里之英望。"

温氏 出自唐叔虞之后,又有记温氏出自夏帝少康之后。《新唐书》记:"温氏出自姬姓。唐叔虞之后,以公族封于河内温,因以命氏。"又《春秋》记:"周武王克商,苏忿生以温为司寇,其裔孙苏子叛王即狄,遂失国。及晋文公纳襄王,王赐之温(在今河南温县西南三十里)。晋大夫狐溱、阳处父、郤至,皆食其地。阳、郤无后,惟狐氏子孙因以为姓。狐本姬姓,其先出自虞叔,所谓公族者也。"《唐志文》记:"古观虞舜,后稷合契于重华;更睹周室,唐叔同气于姬姓。以温墟而命氏,荒恂邑复子孙藩祧绵于晋原,旌旗雄于汉室。"又:"其先轩辕氏之胤裔,太康之嫡孙曰平(帝)少康,封为温城侯。其后因封氏。之殷,有少师强以纣酷虐抱乐器归周武王,复封于温。至大司马,又封邑于并州,子孙因而望焉。"

傅氏 出自姬姓,黄帝鸿玄孙大由封傅邑(傅险,一名傅岩。即今山西平陆县治圣人涧),子孙因以为氏。商朝武丁为帝时,有贤相傅说。《新唐书》记:"傅氏出自姬姓。黄帝裔孙大由封于傅邑,因以为氏。商时虞、虢之界,有傅氏居于岩旁,号为傅岩。盘庚得说于此,命以为相。"《唐志文》记:"昔日殷王梦得贤相以辅其国,厥后子孙延嗣不绝,灵源茂族,其来远矣。"

覃氏 出自覃怀(在今河南陕县以西、孟县以东地区),以地为氏。又谭子国为齐桓公所灭,子孙去言而简为覃姓。《姓氏考略》载:"夏有地名覃怀,居者以地为氏为覃氏,称覃怀氏。"

谌氏 出自帝尧之三子大节之后。大节之后亦称大节,大节在周平王姬宜臼执政期间(前770—前720)为洛阳令,率军兴晋伐戎,恢复周王朝有功,在周平王迁都成周后,被赐与成周之东的谌地即礁阳(今河南洛阳),为礁阳令,遂以封邑为姓氏,称谌氏。东汉和帝永元元年(89),谌重迁至南昌。顺帝时,谌重官"高第除郡博士",后官至京辅都尉、右纳史卫尉、大司农诏加奉车都尉阶、荆州刺史,封汉昌侯。

富氏 出于周王朝宗室贵族姬姓富辰之后。富辰,周襄王姬郑执政时期为周大夫,封富地(当指今陕西富平县,县南有富平堰)。周襄王为了笼络翟人,打算娶翟人之女为妃,富辰反对,周襄王不听,坚持娶翟女叔隗为妃。周襄王八年(前644),翟人联合诸戎攻周,周王室打不过翟人,富辰为了保护周襄王血战至死,同宗族的数百人与他一起皆战死于沙场,无一退却。后来周襄王反败为胜,经历了此次事件,悔恨不已,隆重殡葬了富辰及其子弟兵。史称富辰为春秋第一忠臣。在富辰的后裔子孙中,多以先祖封邑名称为姓氏。

棘氏 古有棘国(治所今河北巨鹿南七里),齐国有棘邑(在今山东淄博市临淄区西北),鲁国有棘邑(在今山东肥城市东南),楚国有棘邑(在今河南永城市西北)。棘姓人以邑为氏。卫国有大夫棘子成,其先辈被封于棘(今河南延津境内)而得姓。《论语》中有卫国大夫棘子成论君子文质。

植氏 出自姒姓。越王勾践第十一世孙摇毋余建东瓯国,为与秦国争海洋,封其五子敖钦为南海龙王。敖钦至番禺(即今广东广州市)开发集市,其居于植邑(今广东番禺南部),生子名植,传为植氏。故而后世植氏族人大多尊奉越王勾践为得姓始祖。

嵇氏 源于姒姓。夏帝少康封少子季杼于会稽山以祀大禹陵,是为会稽氏。汉朝初年,会稽氏族人迁到豫州南部谯郡嵇山(今安徽亳州市蒙城一带),遂指地改为嵇氏。汉《文帝叙录》记,嵇康本姓奚,会稽人,由会稽迁谯郡铚县(今安徽宿县西),取会稽的"稽"字上半部,去"日"加"山"为"嵇",而称嵇氏。嵇康,三国时期魏国名士,"竹林七贤"之一,也是著名文学家、思想家、音乐家。博学多闻,有奇才,崇尚老庄,常修养性服食之事。工诗文,善鼓琴,精乐理。嵇康的儿子嵇绍在晋朝"八王之乱"时,为了保护晋惠王而被杀,鲜血溅到了惠王的身上,典故"嵇侍中血"就是出自此事。又《魏书·官氏志》记:"南北朝时,北魏鲜卑族有复姓统稽氏、纥奚氏,迁徙定居中原后,改为汉姓嵇,遂成嵇氏。"

智氏 出自荀姓,以邑为氏。智又作知。《姓辩证》记:"智,出自荀氏,林父之弟荀首,食邑于知(智,在今山西永济市虞乡西北),谓知庄子,以邑为氏,另立宗庙。生武子知罃。罃生知朔、知盈(当是知朔生知盈),朔早死。盈字伯夙,为卿,是为知悼子。生文子知跞。跞生襄子荀瑶(跞生智申,智申生襄子),号智(知)伯。又知起、知徐吾,皆其族。瑶贪而愎,为韩魏赵所灭,知氏遂亡。其存者,惟辅氏。"智伯亡智氏,而其弟智宵曾孙荀况,又复荀姓焉。

缑氏 周公旦次八子伯爵卫成周都,封于滑(费滑。在今河南睢县西北),建滑国,称滑伯,号缑侯,传缑姓。《唐志文》记:"若乃疏源命氏,开国承家,秉川岳以降生,仰仁智而垂范,盖备诸史册,可得而言者矣。"

董氏 出自陆终氏参胡之后。参胡生飂叔安,是为飂夷氏。飂夷氏驻在蓼山(在今河南唐河县南四十里湖阳镇西)下,开凿蓼阳河、蓼阴河。飂叔安为后世尊为董父;曰董父学扰龙以事帝舜,赐姓曰董,为豢龙氏。飂叔安生重父,重父童子时击鼓,则以鼓声"咚"以为开氏,咚与董同音。又以为重父祖先为老童,"童"字加花取董姓。重父生代,始封鬷川(在今山东菏泽市定陶区北),别为鬷夷,后亡于商。至周,平王东迁,辛有之二子适晋为晋太子董督晋史,复为董氏姓。《新唐书》记:"董氏出自姬姓。黄帝裔孙有飂叔安,生董父,舜赐姓董氏。裔孙辛有,辛有子孙分适晋,有董狐。"《唐志文》记:"自颛顼氏生重父生代,始封豳川,爰乃命族,安于以良吏奉职,仲舒以文学应相。"又:"其先出自羊,有董晋史籍,因为比焉。自兹振振,弈世针冕。且书法不隐,(董)狐也;色养不匮,黯也。矢志不变,(董仲)舒也。皆飞英声,流问望,忠臣孝子,代有其人。"

强氏　强氏又彊氏,有四出,一曰出自黄帝玄孙禺彊;二曰出自齐国公族公孙强;三曰出自楚国王族斗强;四曰出郑国大夫强鉏,而多以为强鉏为强姓始祖定说。强鉏为春秋时郑国大夫,当时郑国大夫祭仲专政,厉公派雍纠去杀他,后来事情败露,强鉏与公子阆的同党祭仲杀死了雍纠。厉公即位后,追查原来的事,强鉏被判刖刑(把脚砍掉)。君子说强鉏不能卫其足。《唐志文》记:"昔郦□定基,□鼎隆其昌系;隐陵廊寓,玉板契其冥符。资洛食以延休,雄代京而显□,风猷冠冕,可略言焉。"

惠氏　出自陈姓,陈国陈釐公次子公子惠传焉。又出周惠王之后,以祖谥号为氏。另以为由尾氏改惠姓。《唐志文》记:"自濠梁飞辨,庄氏流芳,讬性观鱼,齐周梦蝶,逸入闲出,贤俊代生。"

敬氏　出自周武王女婿胡公满之后所传陈国,陈厉公之子陈完奔齐,谥号敬仲传为敬姓。《新唐书》记:"敬氏出自妫姓。陈厉公子完适齐,谥曰敬仲,子孙以谥为氏。敬仲之后至秦有敬丕,丕生教,为河东太守,子孙因官家焉。"《唐志文》记:"昔陈公子敬仲生而有文在其手,因命氏焉。"又:"昔虞(舜)帝之孙,命陈开国;厉公之子,宾齐启邦。莫之与京,承敬仲也。春秋以王父字为氏,府君得之,乃文教述职平阳,子孙因宅,遂为郡人也。"

童氏　出自晋国舅(臼)氏狐偃曾孙胥童之后。晋厉公唆使胥童带兵杀了三郤,即被权臣栾书、中行偃所杀。胥童后人为避仇杀,一支以祖父名字末字为姓,是为童姓,胥姓与童姓是为同祖。另童氏源于董姓,出自东汉王朝末期郿侯董卓,属于避难改姓为氏。三国初时,董卓夺女婢(貂蝉)为吕布所杀,后裔为避杀灭,弃"艹"易立而为童姓,董童本同宗。

然氏　出自姬姓。郑穆公之孙名子然,字然明。晋平公十一年(前547),晋叔向见郑子产时,貌丑而贤明的郑大夫然明欲观叔向,立于堂下话,叔向听到后就断定"一定是然明!"于是下堂执其手以上,对然明曰:"昔贾大夫恶(丑),娶妻而美,三年不言不笑。御以如皋,射雉,获之,其妻始笑而言。贾大夫曰:'才之不可以已。我不能射,女遂不言不笑夫?'今子少不飏,子若无言,吾几失子矣。言之不可以已也如是!"叔向待然明如此如故知。然明之孙丹,字子革,奔楚为右尹,以王父字为氏传然姓。

景氏　景氏有二出,一出齐景公之后,二出楚王景驹之后。齐景公之时乱,逃于卫国者,公子寿、公子黔其后以景公谥号为氏。战国时,景氏世为楚相。景翠、景鲤、景舍,尤其显者。《汉书·高祖》记:"东阳人(秦嘉)立景驹为楚王。楚王景驹是楚国末代王负刍之孙,负刍生昌平君,昌平君生景驹。项梁于秦二世二年(前208)杀秦嘉,景驹走死。"景驹子孙以王父字为氏,传景姓。汉高帝九年(前198),徙原齐国景氏,及楚王景驹子孙于华阳(在今河南新郑市北四十里华阳砦),给予肥沃的土地与好的住宅,称华阳诸景。

游氏 出自郑穆公之后,其七穆氏之中子游传游氏。《姓辩证》记:"游,出自姬姓,郑七穆氏。其先,郑穆公生公子偃,字子游。子游生公孙虿,字子蟜。虿二子,以王父字为氏。"汉有游水发根,向汉武帝推荐巫师。

禽氏 出自子禽氏。虞属胡公满之后建陈国,陈釐公少子惠子得,为子禽氏,后简为禽姓。又《姓辩证》记:"禽,出自齐管(仲)夷吾之孙,仕鲁别为禽氏,所谓郑禽是也。其后有禽滑离,高士禽庆,孝子禽贤。"

朝氏 出自蔡文侯申生子朝,后以王父字为氏。《姓辩证》记:"朝,出自姬姓,蔡仲裔孙曰文侯申,生子朝。子朝生声子公孙归生,字子嘉,生吴,以王父字为氏,所谓蔡朝吴者。"

椒氏 出自芈姓。楚国宵敖三子斗伯比生次子子良,子良生越椒。又以为同宗伍举,谓之椒举,传为椒姓。椒姓以王父字为氏。《春秋》记:"越椒者,若敖之后。而伍参之子伍举,谓之椒举。举之子曰椒鸣。是伍参之祖父有字椒者,而举以王父字为氏。"

番氏 出自吴姓。《姓辩证》记:"番,汉吴芮初封番君,其支孙氏焉。"

期氏 出自芈姓。楚平王之子结,字子期,为大司马。白公胜作难,杀子期于朝。后世以字为氏,称子期氏,后简为期姓。

博氏 出自姬姓。周文王庶子郜叔封于郜(在今山东成武县东南十八里郜鼎集)建国,其裔孙孙阳,字伯乐,秦穆公时善相马,称"伯乐识千里马"者。伯曰博,《广韵》以伯乐为博劳,云:"古有博劳,善相马也,别为博劳氏。"《风俗通》记:"汉有博劳吉,善相马,今望出汝南。"博劳氏简为博氏,传博姓。又春秋战国时期,即有博州(今山东聊城市东北二十五里)原住民以居地名称为姓氏,称博氏,史称博氏正宗。

储氏 出自田姓。齐康公十九年(前386),田太公和,立为诸侯,列名周室。田太公因为立长子田剡即君位,考虑田剡多病,遂立次子田午为储君,称储太伯。田剡元年(前383)即君位,九年薨,谥田废公。储太伯田午立,是为田齐桓公。储太伯次子名储子,《风俗通义》记:"齐大夫字储子,想与孟子结交。"储子以王父号首字"储"为氏,传储姓。

琴氏 出自周朝卫国卫宣公之子黔牟。黔牟逃周,黔与琴,近音也,后传琴姓。后有卫国人琴牢,孔子弟子,他与当时的名人子桑户、孟之反是交情很深的朋友。在琴牢的后裔子孙中,有以先祖名字为姓氏者,称琴氏、牢氏,史称琴氏正宗。又出自赵国鼓琴高人,以器物名为氏。赵国有琴高,能鼓琴,传琴姓。

雄氏 出自帝舜七友人之一雄陶之后。《逸士传》云:"(舜)视其友,则雄陶、方回、续牙、东不訾、秦不虚、灵甫之徒,是为七子。"楚国有雄渠子。宋朝有雄飞,政和(1111—1118)进士。

斐氏　斐氏亦非氏,源于秦国先公非子之后。汉有斐禹、斐清,斐清为宿州刺史。

寇氏　出于官名。周朝初,苏忿生为周司寇,其后以官号为氏。又周文王第九子卫康叔为周司寇,其三子寇季传寇姓,望出冯翊。

揭氏　出自史姓。春秋战国时期史官谒者,为国君掌管礼宾,负责宫中宾客及拜谒皇帝者传达通禀的职责。谒者,其后裔子孙有以其官职称谓为姓氏者,称谒氏,后有字误而改称竭氏、揭氏。又楚国官制之司揭,后传揭姓,属于以官制称谓为氏。又源于地名,出自古邑揭阳县县令史定,属于以居邑名称为氏。岭南地区的揭氏族人认为,揭氏源于揭阳,是原来以官为姓的史氏,因官于揭阳,遂以揭阳为姓氏,后省改为单姓揭氏。

戢氏　出自姬姓,卫康叔三子寇季因官命氏,定寇、季(戢)姓。周武王得天下,马放南山,刀枪入库,散兵释旅,以示天下不要再起战火。寇季之子姬嵩负责收藏兵器,改季为戢,遂以戢为氏。《戢氏宗谱》载:"余戢氏,始祖名嵩,原姬姓,陕西凤翔岐山人氏,乃周文王四世孙,卫康叔之孙也,食采于戢(地名无考。当指收藏兵器之地),遂以戢为氏。"

犀氏　出自魏官名犀首,以官为氏。战国时期著名纵横家公孙衍,记名犀首。公孙衍,魏国阴晋(今陕西华阴东)人,初赴秦国游说,得秦惠文王信重。惠文王五年(前333),任大良造,率师攻魏,擒魏将龙贾,取雕阴(在今陕西甘泉南)。又尝为秦说齐、魏攻赵,以破苏秦合纵。后因与张仪不善,返魏,魏惠王任为将,提倡五国(韩、赵、魏、燕、中山)相王,合纵抗秦。魏惠王后元十六年(前319),发起魏、赵、韩、燕、楚五国攻秦,又挑起义渠君袭击秦国后方,使秦遭受挫折。秦武王即位,张仪被驱逐而卒,公孙衍复入秦国为相,尝佩五国相印,以连横为约长。秦武王五年(前306),为秦相甘茂所谮,被驱逐返魏。不久又遭人诬害,被魏王所杀。魏将犀武,当是犀首之子,传犀姓。

掌氏　出自党姓。此党姓出于晋封姬姓同宗有功之臣于上党(今山西长子县西南)而传。《唐志文》记:"涿侯之后。夫洪源迥派,惊浪腾波,层构崛兴,积而逾峻。"

湛氏　源于姒姓,本出夏后氏帝相之时,有宗族斟寻氏、斟灌氏传焉。斟灌氏国,是大禹氏族中一支建立的诸侯国,其地在今山东省寿光市东北四十里斟灌店。太康失国后,东夷族人寒浞又代羿称王。派遣浇率兵攻灭斟灌氏国。原斟灌氏族人为避害,便约定把原国姓"斟灌"二字合并,各取一半,合成一个"湛"字,即去斗去雚为姓,遂成湛氏。有湛氏改为夏氏,《唐志文》记:"(湛氏)其来远矣。逮至唐朝,因字与穆宗皇帝庙讳同,遂奉诏改为夏氏。"

喻氏　出自姬姓,郑国公子渝弥之后。《姓辩证》记:"喻,出自姬姓。郑公子渝弥,周桓(王)时为郑司徒,后立别族为渝氏。历秦汉,至景帝皇后,讳志,字阿渝。中(元)

二年(前148),避讳改水为喻,因为喻氏。"

粟氏 出自芈姓。楚国亡,芈改米氏,居西者,米字加西是为粟,传为粟姓,属南方粟氏。又汉朝有治粟都尉,因以为氏。《魏志》:"袁绍时有魏郡太守粟举。今岭南(包括今广东、广西、海南三省区及越南北部)多此姓。"又古有粟山(在今河北武安市东南),《方舆纪要》云:粟山在"县东南十二里。相传秦白起拒赵(国)廉颇于此,赵将绝粮,(白)起命将士以布囊盛粟,积至三巅,赵军乃退,土人至今呼为粟山"。粟山人有传粟姓,是为以山名为氏,属北方粟氏。

琚氏 源于姬姓,出自春秋时期卫国上大夫蘧伯玉之后。蘧伯玉,是卫穆公之孙,曾辅佐卫国三公:卫献公、卫襄公、卫灵公。卫国大夫史鱼深知蘧伯玉的才能与人品,多次向卫灵公举荐,但卫灵公不听。史鱼临死采用"尸谏"的办法力荐蘧伯玉。史鱼告诉儿子:"我在朝不能举荐蘧伯玉,是我活不能正君,死无以成礼。我死后,你不必将我的尸体'治丧正堂',可以置于窗下,等灵公问起来,再将实情告诉他。"史鱼的儿子就将父亲的话转告给卫灵公,卫灵公醒悟道:"是寡人之过也。"于是启用了蘧伯玉。《庄子·则阳》记:"蘧伯玉行年六十而六十化。"意思是说他年已六十岁还能与日俱新,随着时代的变化而变化行政。蘧公伯玉后传二十七世至姬瑗,曾任唐朝光禄大夫,居豫章(今江西南昌市),后蒙冤遭参,为避祸将其全家分三姓各自逃亡,即为"蘧(璩)""瞿"和"渠",音同字异,仍为一家。族称琚氏,即蘧氏、亦即璩氏。《淮南子·泰族训》称姬瑗为:"故臧武仲以其智存鲁,而天下莫能亡也;璩伯玉以其仁宁卫,而天下莫能危也。"《唐志文》记:上柱国北海璩公于唐大历十有二年(777),"享年三百七十二甲子(按老黄历以六十天为一甲子岁算,是为今六十三岁)矣"。璩公之后传琚姓。

斯氏 出自史姓,斯本作史。东汉建安末,史伟(196—265)自鲁国滋阳升徙至东阳后侣村(指今浙江东阳市城东街道斯村)。三国赤乌元年(238)三月,见狱中有非罪者,怜而释之。吴大帝孙权以史伟谳决不平,将行大辟(死刑)。史伟之子史郭、史从泣血陈情,愿捐躯以代。孙权深感其孝,诏赐"斯"为氏,复史伟原职,历十八载而致仕归,故斯伟(史伟)为斯氏开宗始祖,斯氏郡望为东阳郡。诸暨斯宅(今属浙江诸暨市东白湖镇)则为斯氏宗族的发脉之地,现斯宅旁地有万余斯姓人聚居。

辜氏 出自林姓。唐初有林正,字仲达,官授江南观察使。唐贞观十五年(641),江南道大旱,林正因开官仓放粮赈济饥民,遭人构陷,事闻于朝,唐太宗大怒,诏令将林正逮捕下狱法办。江西百姓闻讯,不忍林正蒙受冤屈,联名上万,表与朝廷,代其辩冤。唐太宗派人调查,方知林正是个清官,即下诏放林正出狱,并传他上京陛见。唐太宗曰:"卿乃无辜受罪,今赐卿姓为'辜'。"昭其"辛苦"之德,合二字为一,是为"辜"字,传为辜姓。

溇氏 出自溇中蛮。古有溇中(指今湖南澧水支流溇水流域),东汉时,泛称其地居民为"溇中蛮"。《后汉书·南蛮传》记:"和帝永元四年(92)冬,溇中、澧中蛮潭戎等反,……明年秋,溇中、澧中蛮四千人并为盗贼。"在今湖南慈利县西三官寺乡,西晋时属天门郡。《宋书·蛮夷传》记:元嘉间(424—453)"天门溇中令宗矫之徭赋过重,蛮不堪命。十八年(441),蛮田向求等为寇,破溇中,虏略百姓"。溇中蛮为了种族生存而起义,反抗当朝的残酷统治,演绎了许许多多刀光剑影的侠义故事。溇中蛮之后传溇姓。

葵氏 周武王伐纣,灭商后将殷遗氏七族分给了卫国,终葵氏是这七族中之一。在历史演化中,复姓的终葵逐渐形成了终、葵两姓。今河南淇县的葵姓就来源于终葵姓。

逿氏 出自春秋时晋铜鞮大夫羊舌赤之后。羊舌赤,食邑于铜鞮,号铜鞮伯华。羊舌赤卒于周景王二十年(前525),生子:容。孔子谓子贡曰:"(伯华)其为人也,内植足以没其世,国家有道,其言足以兴;无道,其默足以生,盖铜鞮伯华之行也。"《太康地记》云:"铜鞮,晋大夫羊舌赤邑,未食铜鞮以前,尝食邑于羊舌也"。《元和姓纂》记:"羊舌赤,字伯华,食采铜鞮,被难后,子孙改姓铜鞮。"

畴氏 源于姒姓,出自越王勾践时越国大夫畴无余之后,属于以先祖名字为氏。畴,又俦字通假,畴无余即俦无余,俦当是寿字变形,畴无余拟似越王元常时大夫常寿过之子。

十三画姓氏:

虞氏 出自黄帝时有虞氏虞幕之后。帝舜,称名虞舜,其子商均封在商,建立虞国(在今河南虞城县北二十二里李老家乡附近)。虞国君主的后裔子孙,多以国名为氏,称虞氏。又帝舜五世孙虞遂建立了遂国(在今山东省宁阳、肥城一带),之后亡于齐。《春秋·庄公十三年(前681)》记:"齐人灭遂。"遂国王族遗裔复为虞姓。又虞氏出于姒姓,越王勾践封小子余复君,地在今浙江余姚,余改虞,音同字异传虞姓。又虞氏出自周文王伯父仲雍之后,仲雍隐于虞山,故又号虞仲,传虞姓。《唐志文》记:"自有虞君临(指帝舜),肇分其氏,或派息大梁,江东遂著陈留、会稽二望。"又:"其先为周大王仲子曰仲雍,隐于虞山,故又号虞仲。此虞山虞氏之所由也。"

雷氏 出自方雷氏之后。炎帝榆罔长子方雷,方雷生元枵,元枵,医佐,为黄帝炮制草药,号雷公。雷氏盖有古诸侯之国。《姓辩证》记:"雷,出自古诸侯万雷氏之后,以国为氏,后单姓雷。黄帝相雷公。古不见有万雷氏,是为方雷氏。"《唐志文》记:"世称令族,代不乏贤;冠盖相承,史无虚载。"

赖氏 出自赖国,以国为氏。周文王庶子叔颖建立赖国(在今湖北随州市东北),赖国亡于周景王七年(前538),为楚灵王所灭,传赖姓。赖国之前称厉国,厉国王者,本姜姓。

詹氏 出自姬姓。周宣王二十一年(前807),宣王封其庶子至弘于詹(当指詹墟。

即今江西乐安县城），建立詹国，为侯爵，称詹文侯，其后世袭为周大夫。文侯在幽王时任少师，见幽王宠爱褒姒，玩物丧志，遂辞职返回自己的封地。后来幽王烽火戏诸侯，导致亡国之祸，自己也命丧黄泉。而詹文侯虽然是幽王的庶兄，却明哲保身，毫发无损，其子孙也得以成功逃过一劫。因詹文侯首封于詹，故后世子孙尊其为詹姓得姓始祖。

鼓氏　源于姬姓，出自黄帝律·帝鸿氏之子夷鼓之后。夷鼓，黄帝律次妃彤鱼氏所生，播鼓者也，属于以先祖名字为氏，称夷鼓氏，后省文简改为单姓鼓氏。又鼓氏出自祁姓，炎帝之后也。春秋时夷国（治所在今河北晋州市西）祁姓，为白狄之别种，属鲜虞，后为晋所灭，国人以国为氏传鼓姓。《左传·昭公二十二年（前520）》记："荀吴略东阳，使师伪粜者负甲以息于昔阳之门外，遂袭鼓，灭之。"又源于姒姓，出自夏禹帝之豕韦氏，属于以先祖名字为氏。豕韦氏，是夏王朝子姓氏族的同盟部落，以豕（猪）为图腾，建有鼓姓国（故址在今河南安阳市滑县的东南部），亦称"豕韦国"。夏王朝末期，商汤灭豕韦部落鼓姓国，豕韦氏族人迁逃至沫邑（今河南淇县）居住，其后裔子孙中有以故国名称为姓氏者，称鼓氏。

楚氏　源于芈姓，出自周成王给荆王鬻熊之曾孙熊绎的封地，建国立业，先荆后楚，为楚国之后，子孙以国为氏。公元前841年，荆地称楚国，改荆王称楚王。（荆）楚国自鬻熊开基至于负刍亡国，凡历三十二世，其后以国为氏。芈姓楚氏族人大多尊奉熊绎为得姓始祖。楚氏另源于姬姓，出自春秋时期鲁国上大夫姬林楚，属于以先祖名字为氏。《通志·氏族略》记："周平王庶子姬林开之后裔，鲁国上大夫林楚之后，以祖名为氏，称楚氏。"又源于改姓，出自唐朝时期重臣褚遂良之后，属于避难改姓为氏。唐朝大臣褚遂良，因反对唐高宗纳武则天为昭仪，被贬至越南爱州，其后裔唯恐株连，遂将姓氏字"褚"改为谐音的"楚"，称楚氏。该支"褚改楚氏"族人主要居于今河南省的禹州市楚河村一带。

鉏氏　出自夏代后羿本国名，鉏（在今河南滑县东）人以国为氏。《左传·襄公四年（前569）》记魏绛曰："昔有夏之方衰也。后羿自鉏迁于穷石。"周朝晋国有大力士鉏麑，鲁国有鉏商。

斟氏　出自斟寻国（在今河南巩义市西南）之后，以国为氏。《史记·夏本纪》："禹为姒姓，其后分封，用国为姓，故有夏后氏、有扈氏、有男氏、斟寻氏、彤城氏、褒氏、费氏、杞氏、缯氏、辛氏、冥氏、斟戈氏。"又出自陆终之后。《世本》记："（陆终之后）又分董、妘、彭，又分秃、曹，又分斟、芈。"

蒯氏　姓出多源，而以国为氏为先。其一，出自商王朝时期的蒯国（在今河南洛阳市西南），周武王灭商，蒯国王族子孙以及部分国民便以故国名为姓氏，称蒯氏，属于以国名为氏。其二，出自晋文公时同族子弟姬得之后。姬得为晋将，因在周襄王二十年（前632）的"城濮之战"中有功，被晋文公封在故蒯国之地的涧水东岸的蒯邑（今河南洛阳市蒯乡),世称其为"蒯得",在蒯得的后裔子孙中,多有以先祖封邑名称为姓氏者,称蒯氏。其三,出自卫庄公姬蒯聩之后。周敬王四十年(前480),蒯聩在大夫良大、孔悝立的扶持下夺取了儿子卫出公的君权,将卫出公赶到自己流亡的齐国,自己成为卫国国君,史称卫后庄公。周敬王四十二年(前478),晋定公悍然出兵干涉卫国,扶持卫中后废公姬般师的儿子姬起立位,是为卫君起,卫庄公则在次乱之中被属下己氏所杀。后世史家为了将卫灵公之子的卫庄公姬蒯聩与其前卫武公姬和之子的卫庄公姬扬区别开来,便将卫庄公姬扬称作卫前庄公,将卫庄公姬蒯聩称作卫后庄公。到了周敬王四十四年(前476),卫国大夫石曼專将卫君起赶下台,迫使其也逃亡到齐国。卫出公又从齐国返回卫国为君,在卫出公的支庶后裔子孙中,有以先祖名字为姓氏者,称蒯氏,并因忿晋弑祖,世代告诫绝不与晋源蒯得之系的蒯氏同祠共谱。

路氏　一出炎帝榆罔少子参卢封于潞(在今山西黎城县南古城),建潞国,其后去水为路姓。二出黄帝鸿之玄孙帝挚,帝挚让位尧,帝尧封挚之子玄元路中侯,建路国(即在潞地南),子孙以国为氏。《新唐书》记:"路氏出自姬姓。帝挚子玄元,尧封于中路,历虞夏称侯,子孙以国为氏。"《唐志文》记:"原夫胤绪初萌,远族绍金天之裔;灵源渐派,长流写昆阆之津。阳平开命氏之封,潞邑得承家之姓,故知四邻曹马,九棘嬴刘。"又:"路氏之先,出自炎帝。其后黄帝封支子于潞,子婴儿,连姻霸国。鲁宣之代,婴儿归晋,子孙因以为氏。至汉有路博德,为伏波将军,食邑颍水。魏时清水属阳平,遂为平人。"

蜀氏　以国为氏。《路史》记:"(蜀氏)源于古蜀国。系自子姓。黄帝曾孙帝喾支子封于蜀,侯爵,后为秦所灭,子孙遂以国名为氏。"上古时,古青藏高原的古羌族人向东南迁居,进入了岷山地区和成都平原,居住在岷山河谷的人称为蜀山氏。蜀国由蜀山氏人的鱼凫氏建立了第一个蜀国。周武王二年(前1045),周王室册封杜宇为蜀王,准予建都立国,于是蜀王率领蜀人从茂汶盆地东迁至广汉平原。蜀王杜宇建立的王朝,到蜀王杜芦(开明氏)瓦解,共十三位君王在位,存在七百三十三年。公元前316年十月,秦军灭亡蜀国,贬为蜀侯国,任命陈庄出任相国。秦惠文王十四年(前311),蜀相陈庄杀死蜀侯。秦武王元年(前310),甘茂诛杀陈庄。秦昭襄王六年(前301),秦国公子嬴辉因难以管教,被流放蜀国任蜀地郡守,秦昭王令:"三年不得返秦!"同年,公子辉在蜀地起兵叛秦,秦将司马错奉命讨伐叛军。诛杀嬴辉及其党羽二十七人,平定了蜀地叛乱。蜀国号被废除,划入秦郡县制体系。蜀国亡后,有以国为氏者,传蜀姓。又源于党项族姓氏,西夏党项人有蜀丘氏,后改姓蜀。

解氏　出自晋解(在今河南洛阳市西南)邑,尊解良为始祖。《左传》记:"晋郇瑕之地沃饶而近盐,即河东解邑,今之解州(即今山西运城市解州镇)也。"有秦侯少子秦罃,传六世孙(按年考为八世孙)陵,封解邑君。解陵之后克代为解良,晋大夫解狐为其后。《唐志文》记:"其先晋大夫解狐之后也。若夫承家命氏,功宣于霸晋之朝;缨佩连辉,绍胤隆唐之日。"

靳氏 出自芈姓。楚国之先荆王熊黛长子熊胜以其弟熊扬接君位传后,而熊胜其子孙居靳江(古名瓦官水。为湘江支流。源出今湖南湘乡市北,东流经宁乡市东南部、湘潭县北部,至长沙市南入湘江)传焉。其后有楚怀王时靳尚任上官大夫。《方舆纪要》记:"(靳江)在善化县西南二十里。自宁乡市流入,至此注于湘江。《志》云:'水流经楚大夫靳尚墓,因名。'"靳尚其后子孙便以邑为氏,称靳氏。《唐志文》记:"殷源起浪,荡夫谷以波天;宋胄开华,耸桂芬而插月。临平则功分汉社,大夫乃荣锡楚珪。故得玉花乘风,荐鸳林而列馥;珠崖孕宝,洽骊渚以腾滋。"

褚氏 出自宋微子世家。宋共公少子子石段,其德可师,号"褚师",传褚姓。《新唐书》记:"褚氏出自子姓。宋共公子段,字子石,食采于褚(在今河南偃师市西南),其德可师,号曰'褚师',生公孙肥,子孙因为褚氏。"《唐志文》记:"昔微子启国承胤殷,师段以功高嗣宋。尔后文学莅职,西汉播其芳猷;外戚辞荣,东晋垂其令范。"

窦氏 出自姒姓。夏王相遭寒浞之难,其妃有仍氏女方娠,逃出自窦(在洛水与黄河交汇的地方椭圆形地洞)生少康,少康为帝,不忘母住窦洞苦日,封次子叔宠以窦为氏。《新唐书》记:"窦氏出自姒姓,夏后氏帝相失国,其妃有仍氏女方娠,逃出自窦,奔归有仍氏,生子曰少康。少康二子,曰杼,曰龙,留居有仍,遂为窦氏。"《唐志文》记:"窦氏之先,北部贵族,春秋之后,秦汉已来,为公为侯,为将为相,蝉联派别,列为盛门。"

雍氏 出自周文王伯父仲雍之后。仲雍次子不咸,封于雍(在今河南焦作市西南十五里府城村),传雍姓。《左传·僖公二十四年(前636)》记:"富辰曰:'昔周公吊二叔之不咸,故封建亲戚以蕃屏周。'"春秋时,宋人雍纠为祭仲赘婿,郑厉公派雍纠刺杀祭仲而名显。又其族雍廪为齐大夫。至汉初有雍齿,汉封什邡侯。《唐志文》记:"文王雍伯之后裔,懿亲建封,因王父而氏。业成钟鼎,代袭珪璋,史牒具传,无假详载也。"

衙氏 出自嬴姓,以邑为氏。《姓辩证》记:"衙,出自嬴姓,秦穆公子食采于衙,亦谓之彭衙,因氏焉,其地汉冯翊衙县是也(即今陕西白水县东北南衙村、北衙村)。汉长平令衙卿七世同居。"

楼氏 出自姒姓,杞国东楼公之后,子孙仕他国者称楼氏。楼烦(古部落名。分布于今山西武宁、岢岚等县地)部落名,当是西楼公孙之名也,形成部落传楼姓。又《潜夫论》记:"晋穆侯庶子楼季之后。"《姓辩证》记:"楼,出自姒姓。周武王封夏禹裔孙东楼公于杞(在今河南杞县),生西楼公题。公孙仕他国者,以楼为氏。"

锡氏 出自子姓。《左传·哀公十二年(前483)》记:"及宋平、元之族,自萧奔郑,郑人为之城喦:戈、锡(锡,当指砀。在今河南永城市东北六十里芒山镇)。九月,宋向巢伐郑,取锡,杀元公之孙遂围由。十二月,郑罕达救曲,丙申围宋师。"锡,本錫字,字异为锡,以为锡邑,必其后讹字,以邑为氏。《吴志》记:"汉末交趾(今越南)太守锡光,古仙人锡寿"皆其后。

蓝氏 以种植蓝靛染蓝衣料习惯穿蓝衣而得姓。古有蓝夷族,起源于今山东半岛。帝太戊时,蓝夷就没有派使者朝贡,故被排除在九夷之外。帝仲丁六年(前1455)就征伐蓝夷,河亶甲四年(前1438)又征伐蓝夷。蓝夷为商所逼,后往西退到今陕西蓝田县。其族裔最远者,迁今阿富汗北部的瓦齐拉巴德。在中国国内,他们成为今瑶族、畲族大姓之一,有部分则融入苗族。更多的蓝夷人因为长期在楚国生活,秦始皇统一中国后,成为汉民族成员,即今蓝姓人是也。又蓝氏出自芈姓。楚庄王次子公子贞,一名芈贞,谓之"战神",因为功大,封于沈鹿(在今湖北钟祥市东)为沈尹。芈贞之子子南(兰)为楚令尹,因为骄横,为楚康王诛。子南之子蓝尹亹,楚昭王时念其祖父功,任蓝县尹(今湖北荆门市),以王父字同音异字为氏,又云以地名为氏焉。《蓝氏族谱》记:"戒君堂:大夫亹。本宗源自芈姓。楚国公族大夫亹,因任蓝县尹,世称蓝尹亹,后裔子孙亦以地名为氏,其后代以蓝为姓。为本宗得姓始祖。"又蓝氏出自嬴姓。秦惠公十二年(前388),惠公的二儿子出生,名子向,称秦子向。《竹书纪年》载:显王元年(前368),"秦子向命为蓝田君"。蓝田(在今湖北钟祥市西北),本为子向之故邑也,子孙以邑为氏传蓝姓。

阚氏 以地为氏。《阚氏谱》载:"本姓系关龙逢之裔。"夏桀无道为酒池肉林,关龙逢极谏,桀因而杀之。龙逢遇难后,其裔孙历经商、周两朝,离夏都安邑沿黄河向东逐渐迁徙,在鲁襄公中后期(约前550前后),弁公才到达鲁国曲阜县昌平阚里(今山东省曲阜市城内孔庙东侧阚里街)。公元前549年,孔母携孔子(当时三岁)也到阚里定居,与阚族为邻。阚姓各地宗谱均认定阚弁为阚氏的始祖。弁公定居阚里后,至十世安承,在汉文帝(前179—前157)时授车骑将军,因伐楚有功,封下邳英尉侯,钦赐下邳为阚族食邑,阚氏族人遂占籍下邳。

睦氏 当出于今浙江淳安、桐庐二县地。隋朝仁寿三年(603)置睦州,睦州之民以州名为姓。《元和志》记:"(睦州)取'俗阜人和,内外辑睦'为义。"又《元和姓纂》记:"赵大夫食采于睦邑,因以为氏。"而春秋战国时期无睦邑,当以为是赵姓人传睦氏。汉有符节令睦弘,北齐有散骑常侍睦豫。

蒲氏 蒲氏出自帝舜之后。帝舜都蒲坂(今山西省永济市西蒲州一带),其小子姚散受封建蒲国(在今山西隰县西北),子孙以国为氏。《左传·僖公四年(前656)》记:"重耳奔蒲",即指蒲国。蒲国春秋时灭于晋,子孙以国为氏传蒲、濮姓。蒲氏望族出于河东,故蒲氏后人奉虞舜为蒲姓始祖。又据《路史》载:"蒲姓出自姒姓,是有扈氏的后代,世袭为西羌的酋长。"羌族有扈氏酋长,即东晋时,征北大将军、冀州刺史蒲洪(氏族人,后改姓名为苻洪,著名的前秦君主苻坚的祖父)。蒲洪的家中有一个水池,里面长了茂盛的蒲草,《前秦录》载其形状:"高五丈,五节,如竹形",为时人所异,于是人们就把他家称为蒲家,传蒲姓。又源于回族,属于汉化改姓为氏,出自阿拉伯人后裔。宋、元两朝，阿拉伯人东来经商居住后，有人以蒲作为汉姓。

蒙氏 以蒙山（东蒙山。在今山东蒙阴县西南）东蒙之蒙为始姓。周朝时有大夫蒙谷，昭王自随州伐郢（楚都），蒙谷典五官得法，百姓大治，昭王欲封之，蒙谷辞谢逃焉。秦国将军蒙骜，攻韩，得地置三川郡；攻赵，以定太原；攻魏城高都后攻赵共取三十七城。蒙骜子蒙武伐齐取河东为九县。蒙武生三子：蒙恬、蒙毅、蒙嘉。蒙恬威震匈奴，又率兵三十万筑长城，蒙毅位至秦上卿，当时是蒙恬任外事，蒙毅常为内谋。

鲍氏 出自夏属姒姓。夏帝仲康封少子贞于鲍（在今山东济南城东三十里），子孙以邑为氏传鲍姓。齐桓公时有名相鲍叔牙；东瓯国抗秦时有鲍将军墓存；《罗浮山志》有文《鲍姑记》曰："鲍靓女，葛洪妻也。得道行灸于南海。"《姓辩证》记："鲍，出自姒姓，夏诸侯国子孙氏焉。裔孙叔牙，相齐桓公，名显诸侯，谥曰共。曾孙牵，曰鲍庄子，国曰鲍文子。国孙鲍牧。皆齐卿牧之家臣，曰：'差车鲍点。'其族仕晋者，曰鲍癸。汉元光六年（前129），鲍敞问雨雹及阴阳事于董仲舒。"其后鲍氏居东海剡县（在今浙江嵊州市西南十二里）。又有宋文公鲍革传鲍姓。

睢氏 出自赵姓，以邑为氏。《通志·氏族略》记："睢，东周战国时，赵国有大夫因功封于睢邑（今河南睢县），子孙遂定居其地，以食采之地名命姓，乃成睢姓。"《万姓统谱》记："睢真，真汉人。"

蒿氏 源于姬姓，出自西周王朝早期的都城蒿京（在今陕西省西安市西南部），属于以居邑名称为氏。"蒿京"就是"镐京"，在西周时期，蒿视同"镐"。蒿氏，即居住于王城的住民以居地名称为姓氏，称蒿氏。蒿氏皆为周之宗室成员。

鄢氏 源于妘姓。帝尧同代人陆终第四子求言（谱记会人）被夏王封在郐（今河南新郑西北部），族人被称作郐人，建有郐国，国君称"郐侯"。殷商末期，郐侯率领族人参加了周武王姬发的灭商战役，因此在西周初期，郐侯被周武王重新封在比原郐国更南部的鄢地（今河南鄢陵县），晋升为侯爵，时称"鄢侯"。春秋初期，郑武公二年（前769），武公率军吞灭鄢国，其地成为郑国的鄢邑。鄢国灭亡后，在鄢君的后裔子孙以及国人中，有以故国名为姓氏者，称鄢氏。又源于伊祁氏，出自远古尧帝后裔岩，属于帝王赐姓为氏。该支鄢氏源于尧帝之后，有一个人名叫"岩"，是一个能征善战的勇士。郑庄公二十四年（前720），在"郑攻周之战"中，因岩竭力辅佐郑庄公在击败周王室军队时战功显赫，庄公特按其名"岩"之谐音赐姓为"鄢"，称鄢岩，并封赏其居于故鄢国之地鄢邑。鄢岩死后，就殡葬于鄢邑，故而后来的史家将鄢邑称作"鄢陵"（即在今河南许昌市鄢陵县境内）。在鄢岩的后裔子孙中，多以帝王赐姓相传，皆称鄢氏。又源于姬姓，出自周文王之子召公奭之后裔。西汉文帝时，鄢希巽"易燕为鄢"。据《鄢氏流源》记：鄢希巽，本名燕希巽，字德凤，为子思的第三十五世孙。在西汉文帝执政时期，太傅贾谊推荐燕希巽于朝，领兵出击匈奴有大功，以是承恩赐姓氏锡嘉名，并拜为太原将军，从此改称鄢希巽，传鄢姓。

靖氏　出自田齐靖郭君之后。《唐志文》记："齐靖郭君之苗裔。昔业盛区衰,遂受分珪之庆;功高禹县,方应锡土之荣。暨曹马而弥隆,历嬴刘而不替,详诸简牍,可略言焉。"又有记靖氏出自单靖公之后。《通志·氏族略》记："靖氏,单靖公之后,以谥为氏。"

骞氏　出自孔子弟子闵子骞之后,以王父字为氏。《新唐书》记："骞氏出自孔子弟子闵损,字子骞,其孙文,以王父字命氏。"《唐志文》记："其先闵损,字子骞,孔门之十哲。子孙以王父字之德,以字为氏。"

廉氏　廉氏出自嬴姓,与赵氏同出于飞廉之后。周朝赵国有良将廉颇,孔子弟子有廉洁。《唐志文》记："顷因天纲紊绪,地纪坠谋,四海沸腾,七雄驰逐,三州父子,五郡弟兄,天下黔黎,萍流宇内。年乃九五龙飞,大唐受命,干戈不习,征战方休,逐夫旧墟,乃嫁于汲。"

摇氏　越王勾践之后,东瓯王摇毋余子孙,以王父字为氏。摇王之子昭襄,袭王位封东海王。昭襄生二子,长为康侯建,次为毓。毓为汉文帝时齐王内史,传摇姓。

简氏　出自晋大夫简伯之后。《元和姓纂》记："晋大夫狐鞫居,食采续(今址不详)邑,号为简伯。"断其后出简氏。简伯子孙居于今河北省涿州市,属汉高帝置县之地。三国时期,魏国黄初中改名范阳郡,简姓望出范阳。

慎氏　出自姬姓。周穆王次子管夷后传有齐桓公相管仲。管仲后传管、禽氏,有裔孙禽滑厘是战国时期法家创始人。《尚友录》记："禽滑厘,字慎子,以字为姓。"又源于芈姓,出自春秋时期楚国大夫白公胜后裔的封地,属于以封邑名称为氏。另据《姓氏考略》记："春秋时,楚国有慎县,白公之邑,其后人以地为氏,望出天水。"

满氏　出自妫姓。夏禹封帝舜之子商均于虞城,三十二世孙遏父为周陶正,遏父之子小汤,周武王妻以元女太姬,封陈侯,以奉舜后,人以为甚是满意,称胡公满。胡公满之后建立陈国,春秋时期陈国被楚国打败,陈国灭亡。陈国的子孙于是将开国之祖的名字作为自己的姓氏,姓作满。《尚友录》记："满氏是胡公满的后裔,后来变为满氏。又望出汝南、河东。"又满氏源于满族,属于汉化改姓为氏。

拳氏　出自楚国鬻拳之后。楚国蚡冒(晌)长子鬻拳,是为楚文王堂兄。楚文王十三年(前677),文王发兵抵御巴军,在津地被巴军打得大败。回国,鬻拳不开城门接纳,楚文王就转而进攻黄国,在踖陵(在今河南光山县东南)打败了黄国的军队。楚文王回国,到达湫地时得了病尔后死去。鬻拳把文王安葬在夕室,然后自己也自杀身亡,死后被安葬在地下宫殿的前院里。鬻拳之后传拳姓。今广东佛山市南海区多此姓。

鉴氏　源于姬姓。出自周朝甘昭公王子带之后的封地,在今河南洛阳东南一带,时为春秋战国时期制作铜盆、铜镜的作坊,其人被称作鉴匠,属于以职业称谓为氏。又源于芈姓,出自春秋时期楚国狱刑廷理,看押牢犯的官吏称"鉴吏",亦称"监吏"。

鉴吏与监吏其意通假,多为当政君王的嫡系子孙或亲信担当,这些狱吏有以其职务称谓为姓氏者,称銮氏。战国时期有郑国大将鉴之。汉朝有大臣鉴晟。唐朝有鉴真和尚。

源氏 出自后魏圣武帝长子乇孤之后。《新唐书》记:"源氏出自后魏圣武帝诘汾长子乇孤。七世孙秃发傉檀,据南凉,子贺降后魏,太武见之曰:'与卿同源,可改为源氏。'位太尉,陇西宣王。"《唐志文》记:"昔元魏绍于天,南迁于代,胤子让其国,西处于凉,大王小侯,初传荒服,析珪担,爵毕中州。故太尉陇西宣王,贵于代京,太武谓之曰:'与朕同源。'因以赐姓。"

甄氏 出自帝舜之后,以字或技艺为氏。《元和姓纂》曰:"虞帝陶甄河滨,因以为氏。"《广州都督甄公碑》:"昔胡公绍舜,奄有大邦。楚子县陈,乃成乐土。当烈王之世,有陈通奔周,王以为忠将,美其族,言舜居陶甄之职,命为甄氏,赐姓因生。"《鸡肋篇·甄氏旧谱》记:"舜子商均后,周封于陈,为楚惠王所灭。至(威)烈王时,有陈通奔周,王以为周将,以舜居甄陶之职,命为甄,皆通之后而居中山,于邯郸为近。"又甄与轸音同,古有轸氏,疑轸为甄传后。又轸氏出自轩辕氏造车,车后用横木为轸,因赐姓轸氏,后为甄氏。

裘氏 出自宋微子世家。宋惠公玄孙牛性子,牛仇牧也,故为仇姓,更名仇牧,其子避难改裘氏。宋闵公十年(前682)夏,南宫万用石棋盘砸死宋闵公,宋大夫仇牧带着武器来到公门。南宫万迎击仇牧,仇牧门齿碰到扉上死了,仇牧之子仇仲逃奔到宋国的附庸国萧国。宋桓公立,诛南宫万,意立仇仲为大夫,仇仲不愿意做官,隐居河南南阳、沁阳一带,改姓为裘氏。又鲁隐公十一年(前712),隐公引退求安,营造菟裘城(在今山东新泰市楼德镇),隐公曰:"菟裘建宅也备养老!"后菟裘成为小方国。隐公子孙便称菟裘氏,后简为裘氏。另春秋时卫国大夫名食,封在裘邑(今河南夏邑),称裘侯,遂成裘氏一族,史称裘氏正宗。

疏氏 疎与疏同,出自田姓。齐国田单率军复齐国后,国人欲拥戴为王,田单辞曰:"单乃疎氏,何可王焉?"田单之后传疏姓。《晋书·束晳传》记:"(汉代)疎广,宣帝时任太子太傅。东海兰陵(今山东枣庄东南)人。"疏姓望族居南阳郡(今河南南阳市)。

訾氏 出自訾娵氏之后。帝喾妃即訾娵氏常仪,生帝挚(帝尧兄)。汉有訾顺,封楼虚侯。另以地名为姓,春秋时期周国有地名訾(在今河南巩义市一带),居住在此地的人就将地名作为姓氏,形成訾姓。

福氏 源自姜姓,出自春秋时期齐国大夫福子丹之后,属于以先祖名字为氏。《姓氏考略》记:"春秋齐大夫有福子丹。"而日本的福氏皆出自徐福之后。

十四画姓氏:

谭氏 谭,亦作覃,周代国名(在今山东济南城东七十五里)。谭子国为齐桓公所灭,子孙以国为氏。周穆王时,封西虢侯之弟懿公于谭地。懿公为穆王车骑将军,穆王曰:"卿之兄居宏农(今河南灵宝市)列侯爵,今封卿于谭,列子爵矣,再立殊勋乃复侯爵。"《水经·济水注》载:"谭,国也。齐桓(公)之出过谭,谭不礼焉。鲁庄公九年即位(当是鲁庄公九年,齐桓公即位),又不朝,十年(当是齐桓公二年,即前684年)灭之。"之后晋朝吏部郎谢眺知选时,有姓谭者乞官,眺曰:"齐侯灭谭,那得有卿?"对曰:"谭子奔莒,所以有仆!"人以为佳对。亦有谭姓避祸去言而为覃姓。《唐志文》记:"建国命氏,鲁史定昭穆之规,龟祖陆离,可得略而言矣。"

翟姓 为轩辕氏黄帝七代孙始均受封北土号北狄,北狄方国有翟国,晋景公七年(前593),晋国灭翟国,其王族后裔以国为氏传翟姓。《唐志文》记:"作帝于唐,圣祚以之绵远;俾族于翟,因氏由其郁兴。丞相以政术匡朝,将军以忠规抗逆。"

蔡氏 出自周文王第五子蔡叔度立建蔡国,后为楚国所灭而县其地,子孙以国为氏传蔡姓。公元前531年,楚国灭蔡国。三年后,蔡平侯复国,迁都新蔡(今河南新蔡县)。公元前493年在楚国的逼迫和吴国的帮助下,蔡昭侯迁都州来(今安徽凤台县)。公元前447年,蔡国被楚国所灭。《唐志文》记:"自天子在周,广封懿戚,命叔于蔡,子孙周氏焉。刚武入秦,终并六国;侍中匡晋,奄有七州。若乃德亚儒林,礼乐由其不坠;功参霸业,文武之道斯存。"

缪氏 古有缪国(在今河南固始县东北蓼城冈),春秋时为楚所灭,子孙以国为氏。《左传·文公五年(前622)》:"冬,楚公子燮灭蓼"即此。又有以为出自秦穆公之后。秦穆公即将谢世,他还让他那三位最有名的贤人殉葬,这种事实属荒谬,故秦穆公死后,别有谥号为"缪"。在秦穆公的支庶子孙中就有以他的谥号为姓,称缪氏。

廖氏 出自陆终氏之后。陆终次子参胡,参胡生飂叔安,别为飂夷氏。飂叔安随大禹治水,驻在蓼山下(在今河南唐河县南四十里湖阳镇),开凿蓼阳河、蓼阴河。之后世封皋胄于湖阳,称名蓼国。《左传·桓公十一年(前701)》记:"蓼国在今河南唐河县南。"蓼国于周襄王十三年(前639)为强楚所亡,末代王皋昆嘱咐子孙,以为蓼国已无草头王,要求以自保,则去草代广是为廖,后之子孙传廖姓,蓼姓即同。又周文王大臣僚闳夭忧虑文王被商纣王囚禁,而设法救助出狱,僚闳夭之后亦传为廖姓。

随氏 伏羲皇天下时有朱襄氏随人,其后裔孙伊祁为帝尧文字老师,建随国(在今山西介休市东南),随为晋所灭,其后以国为氏。又春秋时晋大夫士会封于随,一名随武子,其后传随姓。随姓人在隋朝时去走之,则与隋姓同。《姓辩证》记:"随,出自(伊)祁姓。(又)陶唐氏之后,刘累(裔)孙杜伯事周宣王,无罪见杀,子隰叔奔晋,生(曾孙)士芶。芶生(孙)会,为晋上卿,食采于随,谓之随会,支孙氏焉。"

箕氏 出自子姓。《姓辩证》记:"箕,出自子姓。商之季世,封其(叔)父师为畿内诸侯,谓之箕子,其地太原阳邑县箕城是也。武王克商,释箕子囚,访以《洪范》,而别封于朝鲜,后人以国为氏。"

裴氏 出自秦国。秦桓公少子鍼出奔晋国居裴中（即裴村。在今山西长治市西北），晋封裴姓传焉。《唐志文》记："其先帝颛顼之苗裔，周封为秦。秦景公母弟曰鍼者，始居于晋平公邑之同川之裴中，因而得姓。夫其灵源遂远，德门曾构。三光改照，迁魏晋之衣冠；五色自然，象河汾之宝鼎。虽复时经沿革，道有陵夷，在宗载考，世为著姓者矣。"又："初伯益为虞，以掌山泽；自任好（秦穆公）有国，以霸诸侯。其后鍼适晋食裴，因以命氏。"

管氏 管氏之先，为周文王第四子叔鲜，受封于管（在今河南郑州市），传四世失纪，继而周穆王封庶子姬夷于管，以承管氏，名管夷，其后有齐桓公时管仲名出，传管姓。《唐志文》记："夫万物消息，凭阴阳而作象；千龄不朽，资德行而流名。非竹帛无以纪其功，寄雕镌可以彰其美。"

蔺氏 出自姬姓。《姓辩证》记："蔺，出自姬姓。晋穆侯之子成师，封邑于韩。裔孙韩献子厥，厥玄孙康，食采于蔺（在今陕西渭南县西北），因氏焉。"《唐志文》记："晋穆侯之后，利建于韩，韩献子之玄孙，食采于蔺，因地为族，其在兹乎。仕赵名有蔺相如入秦，而秦者随司马错伐蜀。衣冠振古而袭映，人物当朝而继踵。"

暨氏 出自帝尧之时厨下史彭铿，亦称彭祖，彭祖小子名彭稽，封于稽（或在今江苏省江阴市东莫乡城，也有说在常熟市），传稽氏。稽与暨字通，后简为暨姓。后以暨为地名之处有两个，一个是晋唐之际，在江苏江阴东面的暨阳；另一个即现在浙江省的诸暨市。暨阳和诸暨都在江浙地区，与长久以来的暨氏家族活动于江浙一带的渊源是一致的。

臧氏 出自姬姓，以邑为氏。周朝鲁孝公子彄，食采于臧（臧氏台。在今山东寿光市西三十里），子孙因以为氏。《姓辩证》记："臧，出自姬姓，鲁孝公子彄，字子臧，其孙以王父字为氏。"又以为姬姓曹国曹文公之子欣时为子臧氏，后简为臧氏传焉。《唐志文》记："其先周文王之胤，伯禽之后，鲁文公之少子武仲封于臧，子孙因地得姓。"

漆氏 源于姜姓，出自炎帝神农氏后裔，属于以居邑名称为氏。又云瞍瞒之国（属赤狄）因姓漆。炎帝后裔孙伯夷与叔齐兄弟俩投周文王，之后又反对周武王伐商，武王不听。周武王灭殷商之后，伯夷、叔齐二人"耻食周粟"，而隐居漆水之东的首阳山（在今河南偃师市），仅采薇（野菜）而食。其后徙于商丘东北的漆园，遂以地名"漆"为姓氏。叔齐之孙名漆河，随为漆姓。漆氏族人以及分衍的戚氏，大多尊奉漆河为得姓始祖。

谯氏 出自曹姓。三国时有谯国（治所在今安徽亳州市），曹大夫食采于谯，因为氏。

禚氏 出自姜太公之后。姜太公建齐国后，将禚邑（在今山东济南市长清区境）封赏给自己的次子姜壬，后世因称其为"禚君"，或"齐禚君"。在禚君的后裔子孙以及属民中，后来有以先祖封邑名称为姓氏，称禚氏。

雒氏 出自黄帝之子任所建之雒国(位在古雒水,即今河南洛河间)之后,帝舜七友人之一雒陶(一记雄陶)为雒姓始。雒国不显,夏、商称雒邑,雒氏当以邑为氏。《姓觿·十乐》记:"雒,国名纪,雒国,任姓,或作络、洛。"雒氏显于两汉时期的大臣有雒功、雒林。《汉书·古今人表》记:"舜友有雒陶,为雒姓之始"。

熊氏 出自黄帝有熊氏之后。又出自陆终氏之后,陆终少子季连,一名芈连,其后传熊姓。《姓辩证》记:"熊,出自芈姓。祝融曾孙鬻熊,为周文王师,其子事文王,早卒。曾孙熊绎,王父字为氏。成王封为荆子,后僭号称王。由绎而下,为楚君者,皆以熊连名称之,如熊通、熊钤、熊居之类,盖姓芈而氏熊也。春秋时,楚公族有熊负羁、熊宜僚为大夫。而近楚罗国亦为熊姓,今望出江陵。"

旗氏 出自姜姓。《姓辩证》记:"旗,出自姜姓。齐惠公孙鼋,字子雅,生乐施,字子旗,后为子旗氏。亦或去子为旗氏。"

僖氏 出自周文王十四子曹叔振铎后裔曹僖公之后,以祖谥号为氏。《姓辩证》记:"僖,出自姬姓。曹僖公之孙负羁为大夫,以祖谥为族氏。"

槐氏 出自夏帝禹第六代孙夏王名妩槐,其后代嫡子继位为王,支庶子孙则以祖上名字为姓氏,称槐氏。又源于姬姓,出自春秋时晋国大夫富槐文,属于以先祖名字为氏。《通志·以字为氏》记:"槐,音回。槐氏,富父槐之后,以王父王字为氏。"又出自战国时期楚怀王熊槐,属于以先祖名字为氏。

察氏 源于官位,出自两周时期官吏士师,属于以官职称谓为氏。士师,是西周时期周公旦所设置的上大夫官职。周公旦有感于三监之乱,遂专门设置该官位,由德仁尊望之人担当,专职察查所有大小诸侯、王公贵胄们的行为举止,并管理其所有的官司诉讼之事。因此,士师又通称为"察人""察者""察士"。《周礼·秋官·士师》记:"士,察也,义取察理狱讼之事也。"在士师的后裔子孙中,有以先祖官职称号为姓氏者,称士师氏,或察人氏、察者氏、察士氏等,后有简为单姓察氏者,为察姓。

蔚氏 源于姬姓。周宣王弟弟郑友在周幽王时为司徒,时王室政事大多邪僻,有的诸侯背叛幽王,郑友索封周王室舅家之地以建郑国,又为其少子公子翩求得封爵以慰劳心,慰与蔚与尉字通,因传蔚姓。有周王室执掌刑法的大夫尉止,尉止裔孙尉缭精治商鞅之学,有贤名,著有名书《尉缭子》二十五篇。姬姓蔚氏族人皆尊奉郑公子翩为得姓始祖。另有蔚氏出于赵代王赵嘉之后,在为赵嘉守陵的赵氏后裔子孙中,有人在先王陵寝之地名义上是种中草药园,实际上是广种牡蒿。牡蒿,在《诗·小雅·蓼莪》中记:"蓼蓼者莪,匪我伊蔚",其寓意是赵国不灭,并改姓为蔚氏。另有蔚氏以邑名为氏,《姓氏考略》记:"以邑为氏,蔚州,代地,周宣帝置,望出琅琊。或去草作尉。蔚州(治所即今河北蔚县),属于以邑为氏。"

慕氏 慕氏与幕氏同。轩辕黄帝生次子昌意,昌意生乾荒,别为颛顼氏。乾荒生虞幕,"慕二仪(天、地)之德,继三光(日、月、星)之容",后有传焉,"幕"通"慕",因为慕氏。又慕容氏简为慕氏传慕姓。

十五画姓氏：

褒氏　出自姒姓，以国为氏。《姓辩证》记："褒，出自姒姓，夏禹之后为诸侯，以国为氏，其地梁州褒城（在今陕西汉中市西北褒城镇东）是也。周幽王妃褒姒（出自褒国）之后，宋有太子洗马褒希俨。"褒国，为周朝"南国领袖"，史书所记褒国国君多有化龙故事。东周周平王中期（约前751—前741间），褒国亡于庸（都在今湖北竹山县西南），汉中地归庸国。褒国人或以宝姓传后。

麹氏　源于汉代，鞠姓所改。隋朝有麹国，当以国为氏。西汉哀帝时尚书令鞠谭受到东平王刘云"瓠山立石谋反事件"的牵连被削职，因为惧怕遭到进一步迫害，率儿子鞠閟避难湟中（指今青海湟水两岸之地），因居西平（今青海西宁市），改鞠为麹。麹与麴同字易简而已，麹又同曲姓。麹氏在隋朝西域建有独立小王国，《唐志文》记："（麹）唐初西国昭武王之族。"

黎氏　黎氏多源。出自商王盘庚封其堂叔文魁于黎（在今山西长治市西北四里），建黎国。黎国亡于周文王时"西伯勘黎"，国人以国为氏传黎姓。又出自周武王克商，封薛国祖伊于黎地，祖伊之子为黎宗侯，传黎姓。又出自孔子学生端木赐（子贡）封黎阳侯，其后有传黎姓。《唐志文》记："其先出自颛顼，厥后弥大。大夫于齐，食侯于汉，翼相安平于晋。"

滕氏　出自周文王第八子错叔绣受封于滕（今山东滕州西南）建国，滕国于公元前414年为越王朱勾所灭，之后一度复国又为宋国所亡，子孙逃居河南开封聚族以国名为氏，称"开封望"。

虢氏　出自周武王叔父虢叔、虢仲之后。虢叔其后转郭姓，虢仲其后袭虢姓。《姓辩证》记："虢，出自姬姓，周武王叔父虢叔封于西虢（在今陕西宝鸡市陈仓区），弘农陕县东南之虢城是也。虢仲封于东虢（在今河南荥阳市东北），荥阳成皋是也。春秋之前，郑灭东虢以为制邑，子孙以国氏。晋大夫虢射即其后也。"

潘氏　出自周文王庶子毕公高之后。毕公高少子季孙封于潘（潘氏堡。在今陕西凤翔县西），建潘国为毕国附庸，子孙以为氏。《唐志文》记："大夫开其累构，郎中导其鸿源，台铉相承，簪缨继轨。将军忠烈，茂绩著于东吴；邑宰文华，摛藻振于西晋。纷纶图史，可略言焉。"

暴氏　出自周文王庶子叔颖之后。叔颖少子叔怀封暴城侯，之后传暴姓。《唐志文》记："原出清州暴（又作暴隧。在今河南原阳县西南）也，周文王之孙叔怀是也。乃德侠弘远，变首成龙，乃致太平，神基詹远。迢迢丽笔，列封诸侯；迹迹巧词，遂封叔怀于暴城（成）侯，因宦任官，子孙随居潞部。"

樊氏　出自周祖古公亶父五世孙虞仲建虞国之后。虞仲七世孙仲山甫，周宣王派他去齐地筑城,因功封阳樊(今河南济源市)。仲山甫之孙樊重为周大夫,樊重曾孙樊皮为周惠王时大夫。惠王十二年(前665),樊皮叛王,逃居楚地建樊城(今湖北襄阳市),子孙以邑为氏传樊姓。《广韵》语:"樊,望地南阳,系出姬姓,虞仲支孙仲山甫封于樊,后以封地为姓。"《唐志文》记:"(樊氏)其先周武王灭殷,封母弟仲于虞,厥后以字为族姓。泊神降山峦,周宣王中兴佐命,实曰樊侯,子孙因封受氏。"

箴氏 出自黄帝所封箴姓,当以邑为氏。《国语·晋语》记:黄帝"封玄女氏(部落)于临淄(今山东淄博市),封少昊白虎部之君于咸池(当指咸水沽。在今天津市东南咸水沽镇),赐箴姓"。又箴氏同鍼氏,出自妫姓。《姓辩证》记:"陈僖(釐)公之孙鍼子,以所食邑为氏。其孙庄子,为卫大夫。八世孙宜臼奔楚,为箴尹。"

阚氏 出自姜姓,以邑为氏。《春秋》记:"阚邑(在今山东梁山县东南开河乡西南一里)在齐鲁间,鲁昭公在乾侯取阚是也。齐大夫食邑者是焉。"齐简公时(前484—前481),阚止为相,传阚姓。

潜氏 出自五代时期后梁大臣钱佶之后,避难改姓,属以邑为氏。钱佶仕于后梁,后梁太祖朱晃为人阴险毒辣,同为彭城人的钱佶,深知朱晃为巩固帝位,必将诛杀功臣。朱晃称帝后,即在开平二年(908)农历四月十五日,命钱佶前往湖南道任职。钱佶立即意识到自己在赴任途中肯定会遭到后梁太祖的谋杀,遂于半途中举家逃往同族人钱穆控制的二浙地区,隐居于吴越钱王的属地临安於潜(即今浙江杭州市临安区於潜镇)。为不连累钱穆,后来钱佶改姓氏"钱"为同音的潜氏,从此称潜佶。在潜佶的后裔子孙中,以先祖所改之姓,称潜氏。

稽氏 出于黄帝时太山稽之后。又出自姒姓,夏帝少康之后,由会稽氏改省稽姓。《元和姓纂》记:"夏少康封子季杼(无余)于会稽(今浙江绍兴市),遂为会稽氏。"据《魏书·官氏志》所载,南北朝五胡乱华之际,"统稽氏后改为嵇氏"。

颜氏 出自邾国邾武公之后。武公字伯颜,名夷甫,人谓颜公。邾武公其少子友父有功于周,别封为附庸,居邹,为小邾子,遂以颜为氏。又鲁伯禽支庶食采于颜(当指颜母山。在今山东曲阜东南五十里),以邑为氏。《唐志文》记:"昔孔门儒教,(颜)回也以德行著先;晋室文徒,延年以高才显誉。英髦奕叶,冠盖蝉联,备诸史策,可略而叙。"

儋氏 出自姬姓,以王父字为氏。《姓辩证》记:"儋,出自姬姓。周简王少子曰儋季,以字为氏。季生括。又有儋翩,皆为周大夫。"

稻氏 出自嬴姓。周封伯益之后于宜禾(地在今甘肃天水市秦州区),种禾者曰秦,又有秦禾名。秦立国初始,王称秦侯。秦侯之孙秦伯稻为周大夫。秦伯稻,称"稻人",稻为农官名,稻人掌稼下地者。稻姓以官称氏。

蔓氏 源于姬姓,出自西周时期官吏蔓蠹氏,属于以官职称谓为氏。蔓蠹氏为西周时期所设置的官职,隶属秋官所辖,专职负责蔓除农业、林业、家居害虫。由于蔓蠹氏属于经验型官职,因此多为世袭。在翦蠹氏的后裔子孙中,有以先祖官职称谓为姓氏者,简称翦氏。又翦氏本姓哈,其先出自信仰佛教的西域哈密,宋时为西域望族,元太祖(元世祖)西征,回部附之,屡从征伐。有哈勒者,尝从太祖征西夏部落,屡战克捷,以军功封折冲将军。自是族属东徙,世仕元代,是为翦氏先世东徙之始。明兴,其裔八十,佐明太祖征伐。八十勇武有韬略,屡著战功,太祖嘉之,以其翦除寇盗,赐之姓曰翦,更其名八十曰八士,是为回族翦姓。

稷氏 出自后稷之后。《姓辨证》记:"尧时,弃为后稷,子孙以官为氏。"又汉朝稷嗣君叔孙通支孙亦为稷氏。叔孙通,汉高祖时人,官太子太傅,号稷嗣君,后传稷姓。

墨氏 本墨胎氏。大禹的儿子夏启建立夏王朝之后,敕封炎帝裔孙墨如的儿子胎初为孤竹国的国君,胎初就以父亲的名字为姓氏,称墨胎初,传为墨胎氏,亦称墨台氏。周武王时,《春秋少阳篇》记:"孤竹君之子伯夷,姓墨名允,字公信;叔齐名智,字公达。"伯夷和叔齐阻拦周武王伐商,后因耻于食乱臣之粮,饿死终南山(即今陕西省秦岭山脉),因其难,其后子孙将墨胎氏简为墨氏。墨姓的郡望为梁郡,汉为国,治所睢阳(今河南商丘市南)。又宋微子世家有传墨姓,宋桓公次子眱,字子鱼,因有眼疾,故号墨夷。眱生公孙友,友有二子曰鱼石、鱼府。鱼府其后,墨翟著作《墨子》,传墨姓。

豫氏 出自姬姓,为毕氏之分。《吕览》注云:"晋毕阳之孙,因族以为氏。"《左传类解》云:"毕阳孙食采于豫(今河南之简称),是谓豫让。"毕阳,周文王第十五子毕公高之后,豫氏当为毕氏之分族。晋国末期有豫让,为知伯补仇,欲刺杀赵襄子,不果而义烈。

颛氏 出自颛顼帝之后。颛顼帝有不才子梼杌,乃禅位帝喾。帝喾命梼杌为狗官,颛顼帝弟弟颛颛感到恐惧而不安。颛与惴字形近,成语"惴惴不安"即由此而来。颛颛之后独居一海之中,后有颛庾国(故址在今山东曹县西北八十里颛臾村)。《论语·季氏》记:"夫颛庾,昔者先王以为东蒙主,且在邦域之中矣。"颛臾春秋时为鲁附庸小国,王族子孙传颛姓。《元和姓纂》云:"(颛氏)颛帝之后,或颛臾之后。"

撒氏 有多民族族源。源于突厥,出自古西域古突厥族分支回纥族支系,属于以国名汉化改姓为氏。又源于契丹族,出自辽国时期北院乙室王耶律·撒哈,属于以先祖名字汉化改姓为氏。辽国灭亡后,耶律·撒哈的后裔子孙为躲避金国的迫害,遂改以先祖名字为姓氏,称撒哈氏,简为撒氏。又源于回族,出自元朝时期政治家赛典赤·赡思丁·乌马尔及其子孙,属于汉化改姓为氏。又源于蒙古族,出自大蒙古汗国大臣哈散纳,属于汉化改姓为氏。又源于契丹族,出自大蒙古汗国大臣昔儿吉思(撒吉思),属于汉化改姓为氏。又源于女真族,出自金国时期撒铲部落,属于以氏族名称汉化改姓为氏。

十六画姓氏：

霍氏 出自周文王第六子霍叔处，建霍国(在今山西霍州市西南十六里)，霍国为晋献公十六年(前661)所亡，子孙以国为氏传霍姓。《唐志文》记："昔宗周之有天下，封叔度为霍侯，枝流以国为族，此乃君之系也。燮谐霸王，代有其人；济俗匡时，光乎史牒。长源川流，既浩瀚而难寻；岳崤洪基，差一二而规缕。"

燕氏 出自周文王庶出长子召公奭之后。召公奭封于燕(都城在今北京市房山区琉璃河镇附近)，建燕国。其后燕昭公曾孙燕伋为孔子学生，传燕姓。《唐志文》记："昔者文王作周，以成三分之业；甘棠流咏，亦遗爱于二南(指周公旦、召公奭)。启国命祚，因以为氏。"又："夫文明演绎，帝妹入飞鸿之祥；景象舒华，轩辕赞贯鱼之术。是故五典悠畅，四始郁兴，首涉人伦，肇关王化。若其河鲂宋鲤，涧藻溪萍。资惠气于柔明，发兰仪之清懿。道苞良诀，德冠含章。佐二南之风流，参两姚之琴瑟。加以圣善陈训，怀袖盈慈。励东平之硕肤，勗河间之多艺。南史之策，方纻彤管之词；西陵之涧，俄促青鸟之兆。"

薛氏 出自黄帝鸿公孙氏之四子禺阳之后，子孙以邑为氏。禺阳为制酒之师，封任姓。禺阳玄孙名奚仲，为夏车正，发明舟船，禹封为薛侯(治地在今山东滕州市南四十里皇殿岗古城址)。《左传·定公元年(前509)》记："薛宰曰：'薛之皇祖奚仲居薛，以为夏车正。'"后迁邳，亦曰下邳(今江苏睢宁县西南古邳)。奚仲传十二世仲虺为帝汤左相，又迁于故薛城之西三十里，是为上邳，即仲虺城(在今山东微山县北)。仲虺生臣扈，臣扈为商太甲时辅相，臣扈生祖己。祖己曾孙巫咸，商太戊时为相，巫咸子巫贤，巫贤商祖乙时为相。巫贤曾孙祖巳，祖巳曾孙祖巳。商帝武丁时，祖巳主祭祀，作《高宗肜日》。祖巳玄孙曰成，徙国于挚(在今河南汝南县境)，更号挚国。《诗经·大雅·大明》："挚仲氏任，自彼殷商。"成，成侯也，成侯女太任嫁季历生西伯昌，即周文王也。薛侯于是为周舅家国。齐桓公称霸诸侯，薛侯独不从，被黜为伯。《唐志文》记："昔奚仲居薛，仲虺相汤，薛之所封，其来远矣。三族仕魏，蝉冕登朝，一叶居蜀，忠贞奉主。"

薄氏 出自商殷遗王宋微子世家的宋国。宋闵公与南宫万博戏，南宫万用棋盘砸死闵公，闵公之子随公子御说逃奔到亳，地因人名，曰景亳(又称薄。在今山东曹县南二十五里)。亳与薄音同，随后出薄姓焉。《唐志文》记："粤以五星东聚，列妃后而嫔(指汉高祖薄妃)帝；万乘北驾，命通侯而佐皇。故懿哲茂亲，预闻前史；丰功厚德，载芳来叶。"

蒍氏 初作艻氏，芈姓，出自楚国蚡冒之后，楚大夫蒍章食邑于蒍(蒍濫。在今湖北钟祥市南)，故以命氏。《姓辩证》记："蒍，出自芈姓。楚蚡冒生王子章，字发鉤，以艸为氏，谓之蒍章。其后有灵王令尹蒍罢，字子荡。太宰蒍启疆，寝尹蒍射，工尹蒍固，亦曰蒧尹。周大夫蒍洩、蒍居、蒍越，皆名显诸侯。或云蒍、艻一也，字通于艻，故子凭及其子掩,亦或以为氏。当时史册互见,故别为两族。"

隰氏 出于姜姓。《尚友录·隰姓》记:"隰,姜姓。齐庄公子廖封于隰阴(古有隰阴县,即漯阴县,在今山东齐河县东北)为大夫,故以为氏焉。"公子廖生隰朋。隰朋是齐桓公相,《韩非子》记:"桓公令隰朋治内,管仲治外,以相参。"

冀氏 本出姬姓。周武王二年(前1045)封帝尧之后在蓟(今天津市蓟州区),蓟与冀音同字异,传冀姓。又古有冀国(治所在今山西河津市西北的清涧村西一带,古称冀亭)。后来,冀国被虞国所灭,冀国的公族后代遂以原国名命姓,传冀姓。又春秋时晋大夫郤芮食采于冀,其后以为氏。

衡氏 衡氏出自周公旦之后鲁国公子衡。齐襄公宴请鲁桓公,桓公醉,齐公子彭生将桓公抱持上车,乘机折断桓公肋骨,致桓公死于车中。鲁国派遣大夫公子衡往齐迎桓公灵柩,公子衡对齐王曰:"寡君畏君之威,不敢宁居,来修好礼。礼成而不反,无所归咎,请得彭生以除丑于诸侯。"公子衡言下之意是要求将彭生拘押到鲁国处理。齐王遂使人杀彭生以讨好鲁国,不致事态扩大。公子衡之能也,子孙因为荣,传衡姓。

操氏 出自曹操之后。三国时曹魏末年,魏帝曹奂年幼,朝政为司马氏把持。司马昭兄弟为篡夺曹魏皇权,迫害曹操子孙。咸熙二年(265),司马炎废魏帝,建立晋政权,曹操谪孙曹休举家逃往鄱阳郡新义(今江西鄱阳县),为避免被司马氏政权斩尽杀绝,遂以曹操之名为姓,改曹姓操。在唐代初年编撰的《谯国操氏族谱》中,不见操女嫁曹氏,也不见操郎娶曹女者,盖因曹、操原本为一家之缘故。

穆氏 出自子姓,宋穆公子孙氏焉。在宋穆公的支庶子孙中,有以先祖谥号为姓氏者,称穆氏。由于宋穆公是宋戴公之弟,故该支穆姓、和姓、戴姓同宗同源。

黔氏 出自姬姓,卫君黔牟之后,以王父字为氏。卫惠公因乱逃奔齐国,卫君黔牟即位(前696),齐襄公率领诸侯奉周天子的命令共同讨伐卫国,护送惠公回国,杀了左、右公子。卫君黔牟逃奔到周,惠公复立为君。卫君黔牟之后传黔姓。

羲氏 出自伏羲氏之后。《路史·后纪》记:"太昊伏羲氏,得乎中央别而能,全宿而有成,因号伏羲,后有羲氏。"又:"羲氏,羲和……,(帝)尧时掌天地之官,子孙氏焉。"

嬴姓 为秦王朝国姓。嬴姓出自少昊帝之后,供奉白帝(即黄帝鸿)为祖祀。少昊帝有孙曰司衡,司衡子大羿,以为嬴姓始。司衡娶颛顼帝女女修,是为首列记史的"倒插门"女婿。大羿能使箭百步穿杨柳,神射手也。古善射者,左思《魏都赋》记:"弓弦一发,妙拟更嬴",此为嬴姓来源。大羿即大业,大业娶女华生大费,大费与禹平水土,帝赐之皂斿,佐舜调训鸟兽,是为栢翳,帝舜赐姓嬴氏。

十七画姓氏:

戴氏 出自商殷遗王宋微子世家的宋国。又周封有戴国(在今河南民权县东),春秋时灭于郑,王族子孙以国为氏。《春秋·隐公十年(前713)》记:"宋人、蔡人、卫人伐戴。郑伯伐取之。"此戴氏之出姬姓,曹有戴伯苏,蔡有戴侯,近郑者当为戴伯苏之后传戴姓。又宋戴公谥号"戴",不名者余子曰诸戴。宋平公四十二年(前534),《左传》记:"宋戴恶会之。"戴恶之名为戴姓最早明于史书之人。《唐志文》记:"自微子启宋,乐甫匡周,垂裕后昆,代载厥德。圣公汉之铜竹,若思晋之牙爪。"《新唐书》记:"戴氏出自子姓,宋戴公之孙,以祖父谥为氏。"

濮氏　出自虞舜之后,易蒲为濮,古有蒲国(即蒲国,在今山西隰县西北),始以国为氏。《路史》记:是姚(虞)舜的儿子姚散的后代,受封于濮,后代子孙即以濮为姓,称为濮氏。故濮氏后人尊姚散为濮姓的得姓始祖。又出自姬姓,是卫国康叔的后代,以邑名为氏。据《姓苑》的记载,春秋时,卫国有大夫封于濮邑(今河南濮阳市东濮城),其后以封地邑名为姓,称濮氏。

魏氏　出自周文王庶子毕公高之后,后有魏国,以国为氏。毕公高第十三世孙毕万事晋为献公护卫,因功,献公将魏(故城在今山西芮城县东北五里古魏城)地封给毕万为大夫,其孙魏武子姓出。魏国亡后,其族有巨鹿太守歆,字子胡。《姓辩证》记:"(歆)初居下曲阳(在今河北晋州市西五里鼓城村),二子:愉、悦。愉字彦长,侍中。生宙,字惠开,平原太守。生绍。曾孙宣,北海公。孙统,二子:俌为东祖,植为西祖。"《新唐书》记:"魏氏出自姬姓。周文王第十五子毕功高受封于毕,其后国绝,裔孙万为晋献公大夫,封于魏,河中河西县是也,因为魏氏。"《唐志文》记:"帝高辛之苗裔,姬昌之子,毕公高之后也。姬弃播五谷以育黎元,毕万筮易占以定王职。股肱惟良,夹辅周室。子孙昌炽,必后其始。逮晋文霸有海内,烈卿十二,以注诸侯。魏二侯九王,清跸华壤。襄子三分晋室,惠王风穆神州。七雄并争,四豪竞驰。麟斗中原,龙飞四海。"

縻氏　以国为氏。古有縻子国,以为种縻子者为国名。《周书》记:"商周之际有縻(縻)国,国人以縻为姓。"又源于芈姓,楚国封芈姓同宗为大夫,封地在南郡縻亭(今河南汝南县),称縻君。縻君后裔子孙以先祖封邑名为姓氏者,传縻姓。又春秋时期楚国有个右工尹,其名为熊縻,史称工尹縻,负责军事外交事务和军械制造。周敬王八年(前512)夏,吴王夫差派大军攻入楚国并包围了潜城。当时,楚国令尹子常、工尹縻就受命率军援救潜城,与吴军对峙于穷邑(今湖北广水市)。在工尹縻的后裔子孙中,有以先祖名字为姓氏者,称縻氏。《三国志》记刘备拜东海朐县(今江苏连云港西南)人縻竺为安汉将军,地位在诸葛亮之上,为刘备手下众臣之最。

翼氏　出自姬姓。《姓辩证》记:"出姬姓。晋翼(哀)侯都翼,今绛郡翼城(在今山西翼城县东南十里故城村)是也。后迁于随(今湖北随州市),因氏焉。"又《路史》曰:"邾子后有翼氏。"此则系出邾子国曹姓之后,望出东海。

鞠氏　鞠亦作鞠,出自姬姓。周祖后稷生桼玺,桼玺务稼穑。桼玺生叔均、叔望。叔均务稼穑,生不窋,不窋生鞠,鞠传鞠姓。《姓辩证》记:"不窋生子,有文在手曰鞠,遂名之,支孙氏焉。"鞠之裔孙大多传在西戎。又传为鞠姓者,出自燕国易王之子鞠升。鞠升本名姬升,因与其弟燕王哙争王位失败避难改姓。

蹇氏 出于子姓。宋闵公名捷,捷与蹇音近,谓蹇叔者,当是闵公捷之孙。蹇叔初为宋国名士,与百里奚是至交好友,曾多次救助过百里奚。百里奚为秦国相,向秦穆公推荐了蹇叔,蹇叔亦为秦国相。百里奚与蹇叔鼎力相助秦穆公,成就了穆公的春秋霸业。蹇叔的子孙以王父首字以为荣而称氏,即蹇姓之来由。蹇叔之后八传,有魏文侯大臣蹇重谋计三家分晋而名出。又蹇氏出自东郭氏,齐有东郭蹇,即蹇叔,春秋时期作为齐使如秦。

繇氏 出自闽越王无诸之后。闽越繇王居股杀东越王余善归汉,传繇姓。繇,指草盛貌。《后汉书》记:"汉有繇延,建武中(约56),任西部督邮,受到汝南太守欧阳歙赏识。"

檀氏 出自姜太公宗族之弟檀利。周武王克商第七天即封有司官檀利,檀利又名檀伯达,与司寇苏忿生同受封于河内。檀伯达后世子孙以祖名首字为氏,传檀姓。又《风俗通》记:齐公族有食瑕邱檀城(檀乡。在今山东济宁市兖州区东北),因以为氏。

繁氏 出自子姓。源自殷商七族之一,其后人相传以繁(音pó)为氏,望居颍川郡(今河南许昌市一带)。据《广韵》记,殷时代遗民有七大家族,他们的姓氏来源于他们所擅长的手艺,繁氏是马缨工。《姓辩证》记:"繁,周成王以商民七族分康叔,一曰繁氏。其后有繁羽,仕晋为大夫。"

十八画姓氏:

瞿氏 出自商王武乙名瞿。武乙少子瞿上,封地后名瞿阳(在今河南遂平县东南),考古有"瞿父鼎"器,帝乙之时瞿氏名显。《唐志文》记:"盖帝喾之苗裔。"

十九画姓氏:

疆氏 越王无疆失国,其曾孙越君长亲走南山(在今浙江义乌市东十五里),又得土也,则以其子改彊加土为疆,传无疆氏,后单为疆氏。汉光武帝刘秀时,有汉阳太守疆释之。后世尊姒亲(越君长)为得姓始祖。

二十画姓氏:

夔氏 出自黄帝律仲子夷鼓之后,帝舜时典乐之官名夔,夔之后裔恭太子次子夔门南披楚泽(即今重庆市奉节县夔门),建立夔国(今湖北宜昌市秭归县)。夔国后为楚国越章王占籍,改名夔子国。夔国亡后,子孙以国为氏。

灌氏 出自姒姓,为夏朝古诸侯国斟灌国谌灌氏之后。斟灌国都位于今山东省寿光市东北四十里。夏朝太康失国后，寒浞氏代后羿称王，曾经攻灭谌灌氏，其后分为谌氏，灌氏。汉高祖时有骑将灌婴，受封颍阴侯，后为汉太尉。

　　酆氏　出自周文王姬昌第十七个儿子姬子于之后，属于以封邑名称为氏。酆，简为丰，即丰京，在今陕西西安市长安区西沣河西岸，为周文王所都国，有以邑为氏者，传酆姓。又丰，本为商王朝末期崇国君主崇侯虎的属地。周文王灭崇国后，改其地名为丰邑。丰邑拱卫京畿，爵为侯爵，史称"丰侯"。《竹书纪年》记："成王十九年，王巡狩侯甸方岳，召康公从，归于宗周，遂正百官，黜丰侯。"周成王废黜了爱酗酒误事的丰侯，这个姬姓丰国成为历史上绝无仅有的短命"国"。其后裔子孙遂散居各地，约以原封邑名为姓氏，称酆氏。

　　籍氏　出自晋大夫孙伯黡之后。伯黡司晋典籍，谓之籍氏。《姓辩证》记："籍（藉），出自晋大夫孙伯黡。司晋典籍，以为大政，谓之籍氏。春秋时，晋有籍谈、籍偃、籍秦，皆为大夫，秦汉间有籍福即其后。"

　　壤氏　出自帝尧时壤父之后。帝尧封壤父贤人。壤父年八十余，击壤于道中，观者曰："大哉，帝之德也。"壤父曰："吾日出而作，日入而息，凿井而饮，耕田而食。帝力何有于我哉？"由是传壤氏。孔子有弟子壤驷赤，长于诗书。

二十一画姓氏：

　　赣氏　赣氏即干、邗氏，同音异字而已，出自古干国（邗国。在今江苏扬州市西北蜀岗上），属于以居邑名称为氏。轩辕氏黄帝次子昌意生韩流，一名寒流，为黄帝律的车哀正，为伯明氏。寒流生寒哀。寒哀为黄帝鸿驾御马车，为寒氏族始祖。夏朝时期，寒浞为伯明氏宗人所逐，投靠夏摄政王后羿为相，又乘后羿无备，棒杀后羿，夺了权，并封自己的长子寒浇于过邑（今山东莱州市），封次子寒豷于戈邑（今江苏连云港）。夏朝中兴，少康灭浇于过，少康之子后杼又灭豷于戈。从此寒人分为干、戈两族。商朝时期，寒（干）人因其人善制盾、用盾，又擅长于干栏建筑，故以"干"为国，是商王朝的属国。寒国灭亡后，族人南迁，立国于临淮，故其后人加"邑"偏旁作"邗"字。并以"干"为姓氏，称干氏。干国被吴国灭亡后，干人中的一支留于原临淮、邗等地，后被并入到宋国，族人皆为干氏。干人中的另一支南迁，被融入吴国，史称干吴人。春秋末期，越国句践灭了吴国，干吴人转为干越人，有为勾践铸剑的大师干将，称吴国人，即此来由。南迁到江西余干地区的干人与越人、越章人、扬越人等融合，也都成了干越人。还有一支干国人独自在赣水流域，他们体格高大、魁梧，史称"赣巨人"，世居枭阳（今江西鄱阳县），称为"赣人"。在赣人的后裔中，许多人以"赣"为姓氏，称赣氏。又赣氏源于芈姓，出自端木氏之后。春秋时期卫国人端木赐，字子贡（子赣）为孔子学生，是孔门弟子中最富裕的人。端木赐为鲁国宰相时，鲁公赐端木氏字"子赣"，因"赣"字的古读音为贡（音 gòng），因而后人凡作"子贡"者，亦音讹所改。赣氏有以先祖端木赐的字(子赣)为姓氏者,属以王父字为氏。

二十二画姓氏:

穰氏　出自春秋时期齐国大司马田穰苴之后,子孙以王父字"穰"为氏,传穰姓,属于以先祖名之一字为氏。又出自战国时期秦国宰相魏冉的封地,魏冉,楚国人,随姐姐芈八子嫁给秦惠王时到秦国,芈八子是楚怀王的女儿,秦惠王给魏冉的原封地在穰邑(今河南南阳邓轴),故号穰侯。在魏冉的后裔子孙中,有以先祖故封邑名称为姓氏者,称穰氏。又出自战国时期楚国穰邑(即今河南省邓州市),国人以邑为氏。楚国灭亡后,故楚穰邑被秦王置为穰县,纳入南阳郡,成为南阳郡治。在故楚穰邑之原楚民中,有以原邑名为姓氏者,称穰氏。

二十三画姓氏:

鬻氏　出自陆终氏祝融裔孙鬻融之后。鬻融为荆楚始祖鬻熊之弟,殷末周初,鬻融年九十,谒周文王,文王曰:"嘻,老矣!"鬻融答曰:"使臣捕兽、逐麋已老。使臣坐策国事,则臣尚少。"因立为师,后传鬻姓。

二十六画姓氏:

爨氏　为燧皇氏之后也,最为古老姓。《华阳国志》记:"昌宁大姓有爨留。"晋朝典古郡太守爨深,有碑文在南宁县(即今广西南宁市)南十余里。《唐志文》记:"(三国时)蜀将军爨习者,其茂族繁晖,润华阳于锦浪,芳风浚汕,绚玉掌之雕文。故绣轴鸣銮,导清晖于后录;金章花绶,乃联类于前符。"

二、复姓(119例)

三画姓氏:

万俟氏　出自西魏万俟丑奴之后。《姓辩证》记:"(万俟)其先魏文帝大统七年(541),万俟丑奴自称天子,置百官,以万俟仵为仆射,改元神兽。尔朱荣遣天光讨之,生擒丑奴,斩于都市。其后西魏有特进万俟普,为秦州刺史;又万俟寿乐干为司徒。"《唐志文》记:"漠北元勋,已佐单于之业;朔南巨绩,方开大魏之基。龟祖于是陆离,衣冠以之焉弈;譬长江之浴日,类大厦之干云。"

上官氏　以官名为氏,出自芈姓。楚怀王封其子子兰为令尹,曰上官大夫,因氏焉。宋朝有"上官"为地名之说,在今河南省滑县东南,有邑人以邑为氏焉。《新唐书》

记:"上官氏出自芈姓。楚王子兰为上官大夫,以族为氏。汉徙大姓以实关中,上官氏徙陇西上邽。"《唐志文》记:"原夫河渭通秦,抑惟膏壤;江汉分楚,载诞英灵。景历克传,崇基不坠,备乎史笔,可得而阙补。"

子车氏 出于子姓。商汤帝之后,帝武乙次子曰子期,封地郝乡(当指郝村。即今河北泊头市西北郝村镇),因称郝伯子期。商亡,子孙入秦国,后有秦国子车氏。《姓辩证》记:"子车,秦大夫以王父字为氏。春秋时,其三子奄息、仲行、鍼虎,殉葬秦穆公。国人哀其皆秦之良,为赋《黄鸟》诗者。"

子木氏 出自芈姓。《姓辩证》记:子木,出自芈姓,楚平王太子建,字子木,为少师,费无极所谮,王使人杀之,建惧,奔吴,其子孙以字为氏。

大庭氏 出于炎帝榆罔。神农氏炎帝系历七代八帝,炎帝八代首领榆罔养于大庭(在今山西运城市芮城县大王镇)因氏焉。《礼记·月令》称:"神农氏族的八代首领之一,大庭氏就担任了炎帝的职务。"

四画姓氏:

少昊氏 出自(黄帝)轩辕氏之后。轩辕长子青阳为少昊氏始,称少昊金天氏。接而少昊帝鸿氏,亦即黄帝律;少昊清,称白帝,亦即黄帝鸿公孙氏;少昊帝朱宣,已经别出黄帝称号,传己姓。此上集四世,皆称少昊氏。

中行氏 出自荀氏。晋公族逝敖,生荀林父。晋文公作三行以御狄,林父将中行,谓之"中行桓子",荀林父次子荀庚继立,是为中行宣子,荀庚生荀偃,偃生荀吴,吴生荀寅,别出荀氏,称中行氏,属以官命氏。

长孙氏 出自南北朝代国皇帝拓跋什叶(翼)犍之后。《新唐书》记:"长孙氏出自拓拔郁律。长曰沙莫雄,次曰什叶犍。什叶犍即后魏道武皇帝祖也。后魏法,七分其国人,以兄弟分统之。沙莫雄为大人,后改名仁,号为拓拔氏。"《唐志文》记:"七族疏派,十姓分源。茂绪洪宗,光辉于图史;通槐烈棘,昭绚于缥缃。"

夫蒙氏 出自羌族。唐朝大将夫蒙灵察,羌族,天宝十四年(755)四月改马姓。其孙夫蒙英华仍依夫蒙氏称而作传志。

公孙氏 轩辕氏(黄帝)后三代孙曰公孙,即黄帝鸿·公孙氏。其后仿效,凡国君之孙,亦称公孙。宋微子世家有公孙固,公孙固子侄辈有公孙友,公孙友之子公孙师传公孙姓。又吴越之争有公孙圣为吴王夫差占梦被杀。《姓辩证》记:"公孙,黄帝之后无人(传公孙姓),而春秋时国君之孙皆谓之公孙。晋公孙杵臼,孔子弟子公孙龙,字子石,皆以公孙为氏。"《孟子外书》:"孟母之丧,公孙丑治宾客。"《唐志文》记:"原夫秦凫泛海,关西擅开阁之荣;晋马凌江,赵北挹曾楼之贵。"

公叔氏 出自姬姓。《世本》云:"(卫)献公少子成子尚田,田生文子拔,拔生朱,为公叔氏。"

公冶氏　出自姬姓。《姓辩证》记："公冶，出自姬姓，季氏之族子曰季冶，字公冶，为季氏族大夫。鲁襄公二十九年自楚还，季武（平）子使公冶问公，公赐之冕服，子孙荣之，以字为氏。故定、哀间，有公冶长，字子长，为孔子弟子，孔子以其子妻之，即其孙也。"

公析氏　出自卫穆公之子公析黑臀之后。《元和姓纂》记："卫穆公生公析黑臀，其孙成子朱鉏，以王父字为氏。《春秋传》：卫侯之弟黑臀，字子叔，别为子叔氏。"

公孟氏　出自姬姓。《姓辩证》记："公孟，出自姬姓，卫襄公生公子絷，字公孟，以疾不得嗣。其孙彄，以王父字为氏。其宗人奔齐，为公孟绰。"

公若氏　出自姬姓。《姓辩证》记："公若，出自姬姓，季武子之子公亥，字公若，其孙貌，以王父字为氏。"

公车氏　出自秦公子鍼之后。《姓辩证》记："公车，出自秦公子鍼，字伯车，后世别为公车氏。"

公羊氏　源出姬姓，出自鲁国鲁昭公之子公良孺之后，属于以先祖名字为氏。公良孺，一记公孙羊孺，因为"羊"与"良"近音而互记。良孺从孔子，孔子去陈过蒲（在今山西隰县西北），会公叔氏以蒲畔，蒲人阻止孔子，良孺以私车五乘从孔子。良孺其曰："吾昔从夫子，遇难于匡，今又遇难于此，命也！已吾与夫子再罹难，宁我斗死。"遂挺剑而合众，将与蒲人战。蒲人惧怕，谓孔子曰："苟毋适卫，吾出之舆之盟。"孔子遂出东门去卫国。在公孙羊孺的后裔子孙中，有取先祖上姓名中的"公、羊"二字为姓氏者，称公羊氏、公孙氏、羊孺氏等。《礼》杂记："凿巾以饭，公羊贾为之也。"战国时期的公羊高，是《春秋公羊传》的作者。

公良氏　出自周朝陈国公子良之后，以祖名为氏。《通志·氏族略》载：陈国公子名良，人称公子良，其后人就以他的爵位与名合称得"公良"为姓氏。春秋时，公子良的后代公良儒去鲁国向孔子求学，作为孔子的学生受人尊重，后人就以公良为姓。

王叔氏　出自姬姓。《姓辩证》记："王叔，出自姬姓。周襄王季父王子虎为太宰，谥文，赐族曰王叔氏，谓之王叔文公。其后有王叔桓公、王叔陈生，皆为卿士。陈生奔晋，其后为晋人。"

王孙氏　出自周太宰王子虎少子王孙满之后。《姓辩证》记："王孙，出自周王之孙仕诸侯者，别为王孙氏。"又吴国相伍子胥子孙别为王孙氏，其后王孙贾名出，事记"倚门而望"典故。《战国策·齐策》载：淖齿杀死齐湣王时（前284），起初人们只知道齐湣王失踪了，下落不明。大夫王孙贾的母亲对王孙贾说："平时你早上出去，回来晚了，我总是倚门而望；如果你傍晚出去，好半天不见回来，我就更要倚闾而望。你十五岁起就在国王跟前做事，现在国王下落不明，你难道能安心吗？"王孙贾听了很受感动，就去寻找湣王，多方打听下落。当他得知齐湣王已经被害时，立即号召市民起事，叫道："愿意跟我去杀淖齿的，祖右！"当场就有四百人响应。他们冲进淖齿的住所，杀了淖齿。王孙贾之后传王孙姓。

　　太叔氏　出自姬姓。《姓辩证》记："太叔,出自姬姓。卫鳌侯八世孙太叔仪,别为太叔氏,谥文子。文子生懿子太叔申。申生悼子太叔疾。疾生僖子太叔遣。谨按:'太'字古本皆作'世',所谓'世叔'是也。"

　　太史氏　周朝,有太史官,掌天时、星历职,其后代以祖上官职"太史"衔为姓,称太史氏。西周时,周文王的孙子胡于蔡,又称蔡仲,其后人有的以太史为氏。战国时齐国有太史敫名出,后汉有尚书郎太史慈,以官为氏。

　　邓陵氏　出自芈姓。楚惠王封子西于邓陵(今为河南邓州,都城邓州城西南),因氏焉。邓陵氏是墨子三个学派之一。邓陵氏之墨以邓陵子为首,弟子苦获、己齿著书攻击相里氏之墨、相夫氏之墨非正统墨家学派。邓陵氏之墨奉行"杀人者死,伤人者刑"的墨子之法,治以墨学。

　　风胡氏　源于风姓。出自黄帝鸿属下剑侠风胡之后,属于以先祖名字为氏。后有省文简为风、胡姓。楚国有风胡子,楚昭王元年(前515),楚王召风胡子而问之曰:"寡人闻吴有干将,越有欧冶子,此二人甲世而生,天下未尝有。精诚上通天,下为烈士。寡人愿齐邦之宝皆以奉子因(应付)吴王,请此二人作铁剑,可乎?"风胡子曰:"善。"于是楚王乃令风胡子至吴,见欧冶子、干将,使人作铁剑。风胡子传风胡姓。

五画姓氏:

　　玄都氏　居于玄水(一记元水。在今河北秦皇岛市卢龙县青龙河)因名。玄都部落时玉器制作相当精细,而行鬼道,龟策是用,是从神巫用国之地。黄帝能够鼎定天下,其族玄女功不可没。黄帝律与蚩尤战而不能胜,黄帝叹于泰山之阿,太山稽约请玄女,在泰山之顶谋见,玄女授黄帝以遁甲、兵符、图策、印剑等物,黄帝才打败了蚩尤。玄女作为指导黄帝战胜蚩尤的战争女神,其根据有《龙鱼河图》《黄帝问玄女兵法》等有关文献。此外,还有《绎史》卷五所引《黄帝内传》称:黄帝伐蚩尤,玄女为帝制夔牛鼓八十面,一震五百里,连震三千八百里。玄都部落之后亡于夏,周史记:"昔者玄都贤鬼道发人事天,谋臣不用,龟策是用,是从神巫用国,哲士在外,玄都以亡。"之后,以肃慎氏之名出现在周朝;秦、汉、三国时,称挹娄、勿吉;宋时称女真,即现今满族。

　　疋娄氏　出自北狄。《唐志文》记:"其先出自北裔,代居阴山(在今内蒙古河套西北之阴山山脉),随魏文南迁,因为此土著姓。齐神武太后疋娄氏,即其族也。"

　　尔朱氏　其先为契胡部落,大人世为酋师,君尔朱川,因以为氏。《唐志文》记:"原夫西伯启运,拊殷背以兴邦;东虢开基,履虞唇而建国;地灵人应,亦何代而无焉?"

　　司马氏　出自董姓。司马氏为帝喾时重黎(祝融)之后,因官命氏焉。周史官辛有周他,其二子适晋为太史,晋伯黡与之共董督晋典,因为董氏,辛有五传有司马督。

晋灵公四年(前617),晋讨伐秦,取少梁(即今陕西韩城市南二十里西少梁),司马氏随晋入少梁。《唐志文》记:"夫在秦号错,拔蜀守以显荣;归洪日谈,太史光其美职。况乃遗封台,握橐纪重,千载播其英声,万叶传不朽。浩浩激长澜之润,英英发邓木之荣,铿锵代闻,芬芳简起。"又:"昔者黄帝轩辕氏没,少昊金天氏兴,厥胤重黎(应是炎帝之后),分享天地。其后大司马以官命族,从周适晋,楚项王封卬于殷,始都河内,国归于汉,子孙家焉。"司马氏为晋朝国姓。

司空氏 出自帝禹之后。《帝王世纪》:"禹为尧司空,支孙氏焉。晋大夫有司空靖。"《唐志文》记:"原夫以德命官,肇自羲轩之代,因官为氏,始于尧、舜之年。九转创宗玉之名,三槐列司空之号。公之懿族,即日因官,翼圣帝以佐时,辅明君而凡俗,金柯迭茂,玉叶传芳,冠冕相承,簪缨不绝。"

司徒氏 出自姬姓。春秋时期,卫国君主文公姬毁生有公子姬其浒,后出任卫国大司徒,主管征发徒役,兼管田地耕作与其他劳役。姬其浒辅佐父亲卫文公实施减赋税、少刑法,与民共苦的政策,使卫国经济逐渐繁荣起来,并迅速强大。姬其浒的哥哥就是著名的卫成公姬郑,曾被大夫元咺一度废黜,后在春秋霸主晋文公姬重耳的帮助下恢复君位。在姬其浒的后裔子孙中,有以先祖名字为姓氏者。春秋战国时期,"浒"与"许"二字通假,故而亦称许氏。而更多的姬其浒后裔则以其官职称谓为姓氏,称司徒氏。《唐志文》记:"先兮容倦,朝乌之过塘;四人时代,谢隙马难羁。七纬循环,明天文于碧络;太虚旋转,滋拒理于玄舆。是知朱景西迁,拂桑津而戢翼;绿波东逝,会蓬瀛以舒鳞。但伤新故之形,便切秋春之状。借使穷神尽圣,不能拒迁谢之期;古往今来,不能测盈虚之数。"

司城氏 出自子姓。《姓辩证》记:"司城,出自子姓。宋武公名司空,国人称其弟乐父为司城。乐父后传是为司城氏。"

申屠氏 出自炎帝之后申国,周平王小舅子申屠,封申屠侯,传申屠姓。《唐志文》记:"昔者周成王之兴也,据亲宠而命申君;周幽王之衰也,因避地而加屠号。时逢暗主,狄奋骨于黄川;道合明君,嘉轮诚于赤匣。贤良闲起,岂徒五百年哉;珠玉重辉,何但十二岳矣。"

申公氏 申公子仪当是申国亡后之传裔孙,后以申公为氏。有以为申公巫臣亦申公氏,此非,巫臣奔晋,申公止姓。《姓辩证》记:申公,春秋时,楚僭王号,其县尹皆称公。斗克,字子仪,谓之申公子仪。

申叔氏 出自帝舜之后陈国王族裔传。《姓辩证》记:"出自楚大夫,食邑于申(在今河南南阳市北二十里)而字叔,谓之申公叔侯,因为申叔氏。春秋时,申叔时勤劝楚庄王复姓陈。其子申叔跪,识巫臣窃妻以逃。申叔豫,以忠言晓蒉子冯者。皆贤人。"

令狐氏 出自周文王庶子毕公高之后裔孙,魏颗,别封令狐,生文子颉,始以为氏。《新唐书》记:"令狐氏出自姬姓。周文王子毕公高裔孙毕万,为晋大夫,生芒季。

芒季生武子魏犫。犫生颗,以获秦将杜回功,别封令狐,生文子颉,因以为氏,世居太原。"

东方氏　出自帝尧时天文学家羲仲之后。羲仲出于震位(震位在八卦中主东方),其族人成为东蒙氏部落,世代执掌东方青阳令。东方氏有东不訾者,盖帝舜七友中人。舜有七友,他们是:雄陶、方回、续牙、伯阳、东不訾、秦不虚、灵甫。帝舜呼东不訾为东友,他的后代子孙遂以东方命姓,称东方氏。

东门氏　出自姬姓。《姓辩证》记:"东门,出自姬姓,鲁庄公之子遂为卿,居鲁东门,因氏焉,谓之东门襄仲。其子归父,以国讨奔齐。"《列子》有东门吴,汉孝武时善相马者。东门京,铸铜马式献之,有诏立于鲁班门外,事具《后汉书·马援传》。又有琅琊东门云,学严氏《春秋》,官至荆门刺史。

东郭氏　源出于姜姓。中国古代称城市为城郭,内城外郭,所以城外为郭。东周列国时代,诸侯争霸,齐国都城临淄外城的东门一带,吕氏宗族分居于此地者,称为东郭大夫,后来便以东郭为姓。齐国有东郭先生,《列子》记东郭先生:"向氏大惑,以为国氏之重,罔己也过。东郭先生问焉。东郭先生曰:'若一身庸,非盗乎?'"魏国有东郭顺子,魏文侯初年(前445),田子方对文侯称东郭顺子自己的老师。齐国有东郭亥名闻。

东野氏　源于姬姓。武王灭商后封周公(旦)于鲁,但周公没有到封地,留下辅佐武王。成王元年,周公长子伯禽代父去鲁,是为鲁公。鲁公生子三,长子袭,次子熙,三子鱼。鲁公赐三子鱼东野田一成以自养,因此以东野为姓,以田为名,此东野姓来历。楚考烈王七年(前256)灭鲁,鲁国公族五百余口皆被杀,唯有东野质带着儿子及族谱逃到吴国,躲过一难。其后于秦始皇三十六年(前211)返鲁。汉灵帝光和七年(184),黄巾军起,自三国及晋,兵戈不息,东野熙举族流于东海(今山东郯城),寄居五世。宋武帝永初二年(421),东野芳自东海抱姓谱计亲族五十七人还鲁。清末东野一支迁徙现河北黄骅市唐洼村。

北宫氏　源于姬姓,出自春秋时期卫国君主卫成公曾孙括,属于以居邑名称为氏。《元和姓纂》记:"出自姬姓,卫成公曾孙括,世为卫卿,别以所居为北宫氏。"括,卫殇公少子也,生北宫喜。春秋时卫灵公因卫国发生变乱而逃亡到邻近的诸侯国,北宫喜与析朱鉏帮助他平乱归国,卫灵公如愿以偿,喜不自胜,为了褒奖平乱功臣。竟别出心裁,立即赐北宫喜谥为贞子(子是爵位)、析朱鉏为成子。

北郭氏　出自齐太公之后。《姓辩证》记:"北郭,出自齐北门之城,谓之北郭大夫,因以为氏。春秋时,有北郭佐,字子车,及北郭贾。"《晏子》记有齐北郭先生,名骚。

北门氏　以其居方位命氏。凡居齐都北门(今山东淄博市临淄北)者氏焉。《庄子》记有"北门成"。

右师氏　宋庄公生公子申氏为右师氏。汉有博士右师细君习《论语》。

主父氏　出自赵武灵王号,支孙因以为氏。汉有主父偃,武帝时官尚书,一岁四迁,为大大夫,后拜齐相,一生清贫,大臣畏其口。

六画姓氏:

伏羲氏　伏羲,燧人氏之子,因位皇而作氏。伏羲氏五皇:伏羲·太昊·天皇、宓羲·太昊、疱羲·太昊、女娲·帝娲、有疱,史称青帝,是为五天帝。伏羲氏时代降百兽,因名。

防风氏　出自古汪芒国漆姓。《姓辩证》记:"防风,出自漆姓,古诸侯汪芒氏之君,其后有防风者,强狠不顺。禹合诸侯于涂山,执玉帛者万国,防风后至,禹戮之,子孙为长狄大人。防风氏传汪姓。"

夙沙氏　出自伏羲氏风姓之后。夙沙,原名宿沙,宿沙为黄帝时发明煮卤水为盐。其后夙沙氏(在今山东潍坊滨海一带)煮海水为盐,被尊为盐业鼻祖,史称盐宗。《千字文》曰:"夙沙煮海。"《尚书·禹贡》记:"海滨广泻,厥田斥卤,厥贡盐绨。"随着人们舔食粒海盐,身体发育也随之改变,浑身毛发脱落,智齿代替了獠牙,夙沙氏于是国富,因而为王。夙沙氏不用帝命,炎帝行德政,其大臣箕文谏而被杀,则民众起而自攻其君,而归其地。帝禹时有夙沙瞿子,齐国有夙沙卫。

成鸠氏　出自远古。伏羲氏为皇时代,先秦古籍《鹖冠子》有记"成鸠氏之国",学者以为"成鸠氏就是天皇氏","天皇氏以木德王天下"。"成鸠氏之国",其王手握"王铁","王铁"就是斧钺。《鹖冠子》记:成鸠氏之族"兵强,世不可夺"。成鸠氏之国,当指考古定名的浙江良渚文化区域。据《说文解字》记:吴越之地的古民族以蛇为族属标志。

有虞氏　出自轩辕氏之后。黄帝生昌意,昌意生乾荒,乾荒生虞幕,别为有虞氏。

有扈氏　是为少昊金天氏之后。台骀为水官之长有功,颛顼帝嘉之"有户",封于汾川,辖治沈、姒、蓐、黄四国。台骀曾孙称有扈氏始,有扈氏大启藩国之力,与夏启战,有扈败,其后传扈姓。

宇文氏　出自匈奴南单于之后。《新唐书》记:"宇文氏出自匈奴南单于之裔。有葛乌兔为鲜卑君长,世袭大人,至普迴,因猎得玉玺,自以为天授也,俗谓'天子'曰'宇文',因号宇文氏。或云神农氏为黄帝所灭,子孙遁居北方。鲜卑俗呼'草'为'俟汾',以神农有尝草之功,因自号俟汾氏,其后音讹遂为宇文氏。"《唐志文》记:"炎帝为所出之先,普回曰受符之祖。则有定侯岳峙,文皇龙跃,承家翊魏,开国称周,奕叶英华,斯为盛矣。"

执失氏　为突厥大姓。《唐志文》记:"原夫传芳夏裔,腾懿天娇。膺星象而披图,控月弦而画野。布诸史册,列在方书。美族良苗,其来远矣!执失淹本,蕃颉利发。(唐朝)皇初起太原,领数千骑援接至京,以功拜金紫光禄大夫、上柱国,仍降特制,以执失永为突厥大姓,新昌县树功政碑。爰从缔构之初,即应义旗之始。功陪造化,德赞开天。"

纥干氏 源出漠北(指今蒙古国),唐朝时南迁称氏。《西秦录》记:"纥干,初自漠北,南入阴山(即今内蒙古河套西北之阴山山脉),遇大虫于路,状如龟,大如陵阜,乃杀马祭之,俄而不见,乃有一小儿在焉。乞伏部老父无子者,请养为之,众许之。老父忻然自以有所依凭,字曰纥干。纥干,华言依倚也,后因为氏。唐御史大夫纥干遂,江西观察使纥干臮,望出雁门。"《唐志文》记:"先本姓田氏,六国时有讳成称王者。及周室迁都,雄据秦雍,干戈大试,戎马生郊,豪杰乘时,英贤继踵。十二代祖讳弘(田弘),事(后)周有勋,策拜司空,襄、蔡六州节度使,封雁门公,仍赐姓纥干氏义城公。"又:"(纥干氏)后魏孝文南迁洛阳,改为干氏,逮(后)周室之赐。"

伊耆氏 神农氏炎帝之前为伊耆氏。《姓辩证》记:"伊耆,亦作伊祁,帝尧号也,后因氏焉。"《礼记·明堂位》注:"伊耆氏,古天子有天下之号也。"

西门氏 出于卫国公族大夫石蜡孙西门子之后。西门因难,异石为西,近音也;又居西门因氏焉。后有魏国西门豹。

成公氏 出自姬姓。《编古命氏》记:"(成公氏)出自姬姓,周昭王子成公男之后。近代无成公姓,疑为转单姓成。"

仲孙氏 出自姬姓。《姓辩证》记:"(仲孙氏)出自姬姓。鲁桓公四子,长子庄公同,次曰庆父,次叔牙,次季友。庆父卒,谥共仲,生穆伯公孙敖。敖生文伯谷、惠叔难。谷生孟献子蔑,始以仲孙为氏。"

夹谷氏 出于齐太公之后。《百家姓考略》记:"齐公子齐尾孙,封于夹谷(在今江苏连云港市赣榆区西北),后姓谷氏。"又源于女真族,出自金国时期女真族加古部族夹谷复姓,属于以部落名称汉化称氏。

曰季氏 出自齐太公之后。《元和姓纂》记:"曰季氏,齐公子曰季之后。鲁有曰季宜孟。"

羊舌氏 出自姬姓,晋公室十一族,食邑羊舌,以邑为氏。羊舌氏初自晋伯侨。晋武公庶出长子伯侨,杜妃所生。周桓王元年(前719),武公为曲沃武公时,为晋所败,逃到了相(一作桐。在今山西闻喜县东北),武公娶妃杜氏生庶出长子伯侨。伯侨封于古杨国,古杨国为周宣王少子尚父的封国,为晋武公所灭,以为伯侨的封邑之地。伯侨生文,为羊舌大夫。羊舌氏自此来由,为晋室十一族之一。

阿史那氏 出自帝禹之后。《唐志文》记:"盖大禹之后焉。夏政陵夷,世居荒服。奄宅金微之地,傍羁珠阙之民。距月支以开疆,指天拱以分域。(阿史那)曾祖阿波设;祖启民可汗;父啜罗可汗。可汗者,则古之单于也。"

七画姓氏：

轩辕氏 为古华夏联盟部落首领，华夏民族共主。黄帝之后五帝时，唯玄嚣生嚞嚞，嚞嚞生季格，季格续传轩辕姓。唐《韩愈集》记："道士轩辕弥明作'石鼎联句诗'，一座惊伏。"黄帝轩辕氏衍生百姓，而轩辕本氏今为罕见姓。

轩丘氏 出自芈姓。楚文王小子熊轩食采轩丘（当指轩辕丘。在今河南新郑市西北），应以为氏。

赤水氏 跟炎、黄二帝都存在着婚姻关系。可是，进入父系氏族社会以后，炎帝、黄帝系谱煊赫于世，而赤水氏的系谱却湮没无闻。《补三皇本纪》：神农纳赤水氏之女曰听詙为妃，生帝魁。黄帝时有赤水氏女魃。女魃为氏族名，后传女姓。

延陁氏 为黄帝之后。《唐志文》记："肇系绪于轩皇，派昌源于父命；奄瀚海而开祚，疏朔野以承家。"

豆卢氏 为慕容氏改姓。《新唐书》记："豆卢氏本姓慕容氏（慕容氏自称高辛帝之后）。燕主庬弟西平王运生尚书令临泽敬侯制，制生右卫将军北地愍王精，降后魏，北人谓归义为"豆卢"，因赐以为氏，居昌黎棘城（在今河南长葛市东北）。"《唐志文》记："其先本姓慕容氏，匡难之时，剪珪分器。慕二仪之德，继三光之容，若斯之盛也。至后魏道武皇帝，念功建德，陈锡宠光，因赐为豆卢氏。自兹一发鸿源，焜燿京国。"

库狄氏 鲜卑族段匹殚之后避难改姓库狄，是为库狄氏。

陆终氏 出自炎帝榆罔之后。炎帝榆罔次娶腾隍氏，名曰女禄，生二子：称、禺。称生老童，老童生卷章，卷章为颛顼帝时祝融。卷章娶根水氏女谓之女娇，生重黎、吴回。吴回生音委，一名陆终，帝尧之时官祝融。陆终娶炎帝系鬼方氏之妹曰女嬇，生六子：昆吾、参胡、彭铿、会人、曹姓、季连，因为陆终氏。陆终是中国民族演进史上的重要人物，他们的后代，繁衍成了许多重要的姓氏，是称"天下巨擘"之族氏也。

八画姓氏：

昆吾氏 陆终生子六人，长子曰樊，为己姓，封昆吾国（今河南濮阳东南），因以为氏。夏帝仲康六年（前1887），锡昆吾，命作伯（音bà，通"霸"），故昆吾为夏伯主。夏衰，昆吾、豕韦相继为伯。夏帝癸二十八年（前1562），昆吾氏伐商。三十年，商师征昆吾。同年乙卯日，汤灭昆吾。《诗·商颂》笺："昆吾、夏桀同时诛也。"《括地志》记："濮阳县，古昆吾国也。昆吾故城在县西三十里，台在县西百步，即昆吾墟也。"所谓苏、温、顾、董皆昆吾之后别封者，乃昆吾氏四方国也。

屈突氏 本鲜卑族分支。据《魏书·官氏志》所载，南北朝北魏孝文帝时，有代北复姓屈突氏、屈男氏随孝文帝南下，定居洛阳，改为汉姓屈氏，西魏时又恢复为屈突氏，望居河内郡（楚汉之际置郡。相当于今河南省黄河北岸武陟县一带）。《唐志文》

记:"析木开津,中尉即徙河之胤;慕天为姓,纳龙管于燕南。"

拓跋氏　出自(黄帝)轩辕氏次子昌意之后。北魏孝文太和二十年(496)诏曰:"北人谓土为拓,后为跋。魏之先出于黄帝,以土德王,故为拓拔氏。夫土者,黄中之生,万物之元也。宜改姓元氏,都洛阳。"《姓辩证》记:"黄帝生昌意,受封北土,黄帝以土德王,北俗谓土为拓,谓后为跋,故以拓跋为氏。或说自云拓天而生,拔地而长,遂以为氏。裔孙始均,仕尧,时逐女魃于弱水,北人赖其勋。舜命为田祖,历三代(朝)至秦汉,不交南夏。"

叔孙氏　出自姬姓,鲁桓公第三子叔牙,谥僖叔,立其后为叔孙氏。

若敖氏　出自芈姓。楚子熊鄂生熊仪,谓之若敖,后以为氏。谨按《春秋》:楚君之不以寿终者,葬不以尽君之礼,皆谓之敖。若敖、霄敖、堵敖、杜敖、郏敖、訾敖,皆是也。

欧阳氏　出自姒姓,越亡国传欧阳氏。《新唐书》记:"欧阳氏出自姒姓。夏少康庶子封于会稽,至越王无彊为楚所灭,无彊子蹄更封于乌程欧阳余山之阳(一名欧余山,或升山。在今浙江湖州市东二十里),为欧阳亭侯,遂以为氏。"后汉有欧阳生著《欧阳尚书》。北宋有政治家、文学家欧阳修名闻史学界。

耶律氏　源于鲜卑族分支宇文部支,出自唐朝末年契丹迭剌部耶律家族,属于以家族名称为氏。唐朝初期,鲜卑族契丹形成了以大贺氏为首的部落联盟,由于唐朝末年的中原混战,使得北方汉族人纷纷逃入契丹地区。在契丹八部中迭剌部离中原较近,势力超过了其他七部。迭剌部的夷离堇(部落酋长或联盟军事首长)一直由耶律氏家族世袭担任,这个家族从阿保机的八世祖耶律雅里重新整顿契丹部落联盟,担任夷离堇之后,就进入了契丹社会的上层,而且从七世祖开始就掌握了联盟的军权,地位仅次于联盟首领。到了耶律阿保机的祖父耶律匀德实担任迭剌部的夷离堇时,该部落势力强大。耶律氏家族后来统一了契丹各部,建立了辽国政权,立国二百零九年(自916年至1125年)。北宋与金国联手在北宋徽宗赵佶宣和七年(1125)灭辽国之后,称耶律氏为"移喇氏",多数族人被裹胁入女真族。自从蒙古又与南宋联手在南宋理宗赵昀端平元年(1234)再灭金国后,由于辅佐并受到成吉思汗尊敬的著名政治家耶律楚材之影响,耶律氏(移喇氏)一族仍十分兴旺。元朝以后,该姓氏群体开始逐渐隐息,后有多冠汉族姓氏。耶律氏族人尊奉耶律涅里为得姓始祖。

孟明氏　秦国丞相百里奚之子百里视,字孟明,为秦穆公将,霸西戎有功,其后世以"孟明"作为姓,称孟明氏。

呼延氏　源于民族变姓,属于汉化改姓为氏。据《姓氏考略》记:"匈奴四族呼衍氏,入中国改为呼延氏。"《史记·匈奴列传》载:"呼衍氏、兰氏,其后有须卜氏,此三姓其贵种也。"《后汉书·南匈奴传》记:"异姓呼衍氏、须卜氏、丘林氏、兰氏四姓,为国中名族。"古代匈奴族呼衍部落以部落名为姓,称呼衍氏,为古代匈奴族四大姓(呼延氏、卜氏、兰氏、乔氏)之一。曹魏末期至东晋时期,南匈奴贵族呼衍部落进入中原后,改"呼衍氏"为"呼延氏",成为汉字复姓,至公元五世纪已经融入汉族,后有省文简改为单姓呼氏、延氏者。又源于改姓,属于帝王赐姓为氏。鲜卑族呼延氏,出自晋朝时期的鲜卑族人稽胡楚,因有功于社稷,被晋王朝廷赐姓为呼延氏。《唐志文》记:"呼延氏,其先出自帝颛顼,有裔孙封于鲜卑山。控弦百万,世雄漠北,与国迁徙,宅于河南,衣冠赫弈,于乐记传。"

庐蒲氏 庐与卢字通假,庐蒲氏出自齐太公之后。《路史》记:"太公后其以采者,若蒲庐,庐蒲之氏。"齐文公吕赤次子公子高,生高子,高子生高傒。高傒,食采卢邑(卢县。治所在今山东济南市长清区西南五十里广里),子孙以庐(卢)蒲氏称。高傒曾孙庐蒲就魁为齐顷公嬖人。蒲就魁生二子庐蒲癸、庐蒲弊。庐蒲氏后简为卢氏,传卢姓。

弥牟氏 出自卫大夫公孙弥牟之后。《姓辩证》记:"弥牟出自姬姓。卫大夫公孙弥牟之孙,或为弥牟氏。"

闻人氏 源于地名,出自春秋时期郑国闻邑,属于以居邑名称为氏。晋国因郑国违盟投靠楚国,出兵伐郑国,夺取了郑国的闻邑,失国的原闻邑之郑国人,有以故邑"闻邑之人"名号为姓氏者,称闻人氏。后闻人氏省文简化为单姓闻氏。

九画姓氏:

舿门氏 春秋时宋有舿班,以其守舿门(以城门的税收赏舿班,后遂用为食税、征税之典实)故以为氏。《左传·文公十一年(前616)》记:"宋公于是以门赏舿班,使食其征,谓之舿门。"汉有功臣舿门昭,封芒侯;又有舿门申,尚景帝女南宫公主。舿门氏后简为舿姓。

贺兰氏 出自姜太公之后,由庆氏改贺氏,再是赐姓贺兰氏。《唐志文》记:"其先(姜)太公之后,代为庆氏,至侍中纯,避汉安帝父讳,改为贺氏。洎后魏尚书令纳,以元舅之贵,定建立之策,封贺兰国君,始赐姓贺兰氏。"《周书·贺兰祥传》记:"其先与魏俱起,有纥伏者,为贺兰莫何弗,因以为贺兰氏。"

贺若氏 出自姜太公之后。《姓辩证》记:"贺若,北俗谓忠正为贺若。后魏孝文时,代人皆改单姓,唯贺若氏以先祖有忠正之称,不改,仍为贺若氏。"

独孤氏 出自汉王刘氏之后。《新唐书》记:"独孤氏出自刘氏。后汉世祖生沛献王辅,辅生厘王定,定生节王丐。丐生二子:广、异。异,洛阳令。生穆。穆生度辽将军进伯,击匈奴,兵败被执,囚之孤山下。生尸利,单于以为谷蠡王,号独孤部。尸利生乌利。二子:去卑、猛。猛生副论。副论生路孤,路孤生眷,眷生罗辰,从后魏孝文徙洛阳,为河南人,初以其部为氏,位定州刺史、永安公。"《唐志文》记:"汉光武之后。桓灵末,有刘卑为北地中郎将,镇桑乾。属后魏平文帝将图中夏,因率众独归之,因锡姓独孤氏。茂祉氤氲,开有熊之国;昌源羡溢,分豢龙之胤。自中州不纲,三方错峙,戴雄朔野,叶布而枝分;郁起南国,金声而玉振。"

皇甫氏 出自周幽王时皇父(甫)扎圣之后。《新唐书》记:"皇甫氏出自子姓。宋戴公白生公子充石,字皇父。皇父生季子来,来生南雍缺,以王父字为氏。缺六世孙孟之,孟之生遇,避地齐鲁。裔孙鸾,汉兴,自鲁徙茂陵,改'父'为'甫'。"《唐志文》记:"自姬水疏源,衣冠成天下之最;岷江启胄,钟鼎为四海之荣。金宝玉龟,入汉庭而二千石;凤毛龙翰,归晋室而五百年。图青史者连衡,乘朱轮者叠轨,人物许其籍甚,轩冕重其贤能。"又:"昔周平王以拳戎之难,公之先祖翼戴王室,东迁洛邑,遂卜居焉。"

契苾氏 为赤狄之余种,出自唐太宗时蕃将契苾何力之后。《唐志文》记:"其族系源流,载在国史。"

段干氏 出自李姓。李聃(老子)之子李宗仕魏有功,封段干大夫(段、干两邑皆在今山西省运城市夏县东部),其裔孙段干木为魏文侯之师,因地名氏,传段干姓。《姓辩证》记:"段干,名世曰,出自李姓,皋陶之后。混元皇帝伯阳(即老子李聃),有子曰宗,仕魏有功,封于段干,后以邑为氏。"《唐志文》记:"得姓自周朝柱下史伯阳甫之后,夏封于段干(当指段庄。在今河北涿鹿县东南),故因姓焉。当魏文侯礼下贤者时,有段干木为文侯师。文侯厚礼之,每过其闾,未尝不式。"

钟离氏 源于嬴姓,属于以国名为氏。周王朝初期,周武王将东夷族首领伯益的后人封在钟离邑,建钟离国,国君称钟离子。春秋中期,钟离国被楚国在周景王七年(前538)攻占,钟离国灭,国君成为楚国的下臣,爵号降为"君",国境限于钟离城一带(今安徽省凤阳县临淮关)。周敬王二年(前518),钟离城被吴国夺去,成为吴国的附庸之地。十四年(前506)冬季,吴国消灭了巢国、钟离国。钟离国灭国后,其城池还在,钟离城的国民依旧生活在斯地,直至周元王三年(前473),越王勾践灭了吴国,钟离城又归属于越国。周显王三十五年(前334),楚国吞灭越国,钟离城又长期属于楚国,但钟离国没有再复国。在钟离子的后裔子孙以及国人中,很早即有以故国名称为姓氏者,称钟离氏。又子姓钟离氏即钟氏,以伯州犁居钟离(今安徽凤阳东北部临淮关一带),故曰钟离氏。后有钟吾国在宿迁(今江苏省辖市)楚汉时有钟离昧,为项羽将。钟离昧有二子,长曰发,居九江,仍故姓;次曰接,居颍川长社,为钟氏。"《姓辩证》记:"钟离出自子姓,宋威(桓)公曾孙伯宗仕晋,为三郤所害,其子州犁奔楚,食采于钟离,因以为氏,而世为楚将。裔孙钟离昧为项羽将。"

将具氏 出自齐丁公小子将具之后。将具氏后讹为将巨氏、将钜氏,又简为将姓。

将梁氏 出自嬴姓。秦庄公弟梁康伯被封在梁,建立了梁国(将梁,即今河南省汝州市),史称梁康伯。梁康伯以后的君主称梁伯,他十分喜欢建造华丽的宫殿,时常大兴土木,人民不堪其苦,纷纷外逃。后来秦穆公灭了梁国,改称梁地为少梁,亡国后的梁国子孙中的大部分逃到了晋国,他们大多以原来的国名为姓,有以"将梁"为姓氏者,称将梁氏,意为复国。在将梁氏家族的后裔子孙中,后大多又省文简改为单姓将氏、梁氏。《姓苑》记载的"石赵常山太守将容",就是将梁氏的后代。嬴姓将氏、梁氏族人皆尊奉梁康伯为得姓始祖。

十画姓氏:

夏侯氏 出自帝禹之后。夏禹之后封杞(初在今河南杞县,后迁今山东昌乐县,又迁今山东安丘市),公元前445年为楚所灭。杞简公弟他奔鲁,封夏阳(即今山东微山县治夏镇)侯因氏,称夏侯氏。《新唐书》记:"夏侯氏出自姒姓。夏禹裔孙东楼公封为杞侯,至简公为楚所灭,弟他(佗)奔鲁,鲁悼公以其夏禹之后,给以采地为侯,因以为氏焉。"《唐志文》记:"石纽疏宗,司空弘天地之化;金刀扶运,太仆懋山河之赏。逮乎始昌宏运,业盛丘坟。元让乘朱,荣陈钟磬。亦有海内钦重,耻并毛曾;洛阳佳游,欣连潘岳。固以声流乐业,誉满词林,积庆表其灵长,济美昭于不朽者矣。"

诸葛氏 出自嬴姓,与秦王同祖。商汤帝时,费伯昌(费昌)原为夏桀管理牢狱的司法官,于夏桀二十九年(前1561)奔商,投帝汤后成了御马官,同其弟费廉受封占住葛伯地。住、诸同音,则由住葛易为诸葛。费廉生子以为是住在葛地所生,则名瞻葛,后称瞻葛伯,瞻葛语讹诸葛,传诸葛姓。诸葛氏与葛氏不同源。《世本》记:"宋景公有大夫瞻葛祁。其后齐人语讹,以瞻葛为诸葛,又住与诸音同,随为诸葛姓。"另记三国时诸葛亮先世本姓葛,原籍诸城,后来移居阳都(即今山东临沂市,治所在今沂南县)。因为来自诸城,故自姓诸葛,以别于当时葛姓,是为诸葛姓。《唐志文》记:"原夫蜀王贵胤,根英与金干双收;神气精醉,先宗乃帝位之次。下逮葛僮,为九江侯、三间大夫,其孙葛雉川为蜀中散大夫。"

高卢氏 出自姜太公吕尚十一世裔孙齐国正卿高傒之后。齐桓公在登位之初,为了表彰傒公在内政外交两方面对齐国作出的贡献,把卢邑(在今山东省济南市长清区偏西南)封给傒公,其子孙以邑为姓。高卢氏之后分化成高、卢姓。

鬼方氏 出自黄帝之后。黄帝鸿仲子夷鼓,号左人,夷鼓生左彻,左彻之孙归藏,号归藏君,易为鬼方,传鬼方氏。鬼方氏一支在尧舜以前是居于北野的山戎、与猃狁和熏粥统一后称鬼戎部落。商朝帝汤时鬼方已经内属,武丁三十四年(前1241)时,鬼方复叛,高宗伐之,灭鬼方氏国。周初,鬼方居于西北方,武王灭商后曾将鬼方放逐至泾、洛(今陕西泾河、洛河)以北,令其按时入贡。后因周军镇压东方管叔、蔡叔和武庚的叛乱,鬼方部落乘机从岐周(今陕西岐山)以西和陇(今陕西千阳、陇县)之间出现对西周西北边境侵扰。周康王二十五年(前983),康王命盂率军进攻鬼方(今陕西西北部、山西北部和内蒙古西部),将鬼方又驱逐至汧陇和岐周以西。秦汉称鬼方为匈奴,其中有袁纥部,另四部为斛律氏、解批氏、护骨氏,异奇斤氏。两汉时期,他们南迁蒙古高原,史称狄历、敕勒或铁勒。在高车(高车丁零、东支铁勒)六部中,狄历为其一,且为六部之首。之后鬼方迁到了南西伯利亚东起贝加尔湖(属今俄罗斯),西至巴尔喀什湖一带(位于今哈萨克斯坦东南部)。

诸梁氏 出自沈姓。楚昭王四年(前512)封沈诸梁为叶邑(今河南中部叶县南)尹,史称"叶公"。子孙为诸梁之后,因氏焉。后世尊叶公沈诸梁为诸梁氏一世祖。

诸稽氏 出自陆终氏彭铿(彭祖)之后,彭铿小子名彭稽,封于诸稽,当在今江苏省江阴市东莫乡城,诸稽为商灭后,迁山东诸城(今为诸城市)西南三十里,传诸稽氏。稽与暨字通。之后有春秋时越国大夫诸暨郢,诸稽郢负责越国的军事国防,是个谋略家。

皋落氏 出自隗姓。《姓辩证》记:"皋落,出自隗姓,赤狄别种,居东山者,以国为氏。后无皋落姓,当传皋姓。"

十一画姓氏:

斛斯氏 出自黄帝裔孙始均之后。《唐志文》记:"其先黄帝之后,受封始均之际,紫塞烛龙之庭,搏飞瀚海之滨,逸翮神池,灵沚逮魏,烈鸿基于帝业,树社稷之勋庸,祖以宗戚有功,依晋故事。十姓枝分之日,命公以为氏焉,自道至今冠缨隆盛矣。"

斛律氏 出自黄帝裔孙始均之后。始均封北狄,后有代人斛律世为部落统帅,号斛律部,因氏焉。

尉迟氏 炎帝之后也,出自鲜虞中山国之尉迟部落。《唐志文》记:"若夫良臣诞秀,应星躔之象;烈士殉功,讬风云之会。故能弼成帝道,肇开王业。是以淮阴豹变,终翼汉图;渭渚鹰扬,遂迁殷鼎。然后畴庸疏爵,誓彼河山;懿德嘉猷,润兹金石。扬名不朽,其在斯乎?"

淳于氏 为夏后氏之斟灌国遗落王族,出于周初杞国东楼公之后,当以邑为氏。《姓辩证》记:"淳于,故州国,一名淳于,其地城阳淳于县(今山东安丘市东北三十五里杞城)是也。春秋时,杞灭之,淳于公如曹(今山东曲阜市东南南邹村),子孙以国氏。"《唐志文》记:"昔齐献公次子仲,以美德懿亲,赐邑淳于,因而命代。祖德裕于前烈,门庆隆于后裔。由是槐英棘秀,弈叶古今,家宝国珍,炳贲图籍。"

第五氏 出于序号。《新唐书》记:"第五氏出自妫姓。齐诸田,汉初多徙奉园林者,故以次第为氏。唐有第五华,弟琦相肃宗。"

铜鞮氏 出自晋羊舌氏之后。《太康地记》云:"铜鞮(即今山西沁县南三十五里古城),晋大夫羊舌赤邑,未食铜鞮以前,尝食邑于羊舌也。"《元和姓纂》记:"羊舌赤,字伯华,食采铜鞮,被难后,子孙改姓铜鞮。"

堂溪氏 即棠溪(谿)氏,出自姬姓。吴王阖闾弟夫槩(夫概),公元前506年六月奔楚堂溪(在今河南西平县)后,楚封为堂溪王。夫概在堂溪以铸剑为业,共计铸剑九把:一曰棠谿,二曰墨曜,三曰合伯,四曰邓师,五曰宛冯,六曰龙泉,七曰太阿,八曰莫邪,九曰干将。汉有棠谿惠。又汉五官中郎将棠谿典,随蔡邕等,奏求正定六经文字,灵帝许之,邕乃自书丹于碑,使工镌刻,立于太学门外。

屠岸氏　出自姬姓,郑国武公之后。郑武公十年(前761),武公娶申侯女儿武姜,生太子寤生,因为难产所生,武姜不喜欢寤生。后又生叔段,分娩时很是顺利,武姜就喜爱他。二十七年武公病,武姜请求武公立叔段为太子,武公不答应。是年,武公卒,太子寤生立,是为庄公。叔段立君不成而反,为郑庄公所追杀。叔段避难逃到共(在今河南辉县市)邑,其子故名共仲。庄公不念共仲其父怨而封侯爵,采食屠邑(西周邑名。在今陕西合阳县西),因以为氏。屠邑近晋,共仲于是附势于晋,是为晋称的河西之地。晋惠公时,邳郑父、屠岸丕皆显名。

十二画姓氏:

游他氏　出自夏属姒姓,夏亡,王族子弟避难,曰"神生亚当"。亚当九世孙若耶造舟,出航西方泊居,音译犹太氏。游他氏,意即游离于他国之民者。

黑齿氏　出自吴国列兵其将军之后,以官为氏。《战国策·赵策》记:"黑齿雕题,鳗冠林缝,大吴之国也。"又源于夜郎国,出自春秋战国时期古夜郎国牂牁地黑齿部,属于以国名汉化改姓为氏。古夜郎国,战国后期在今贵州一带地区,其国有黑齿夷邦,族人称为黑齿氏。又源于百济族,出自汉、唐时期朝鲜半岛古百济国附属黑齿国,属于以国名汉化改姓为氏。

十三画姓氏:

斟寻氏　夏初有斟灌国(在今河南濮阳)、斟鄩国(在今山东昌乐县与潍坊市奎文区一带),为夏帝仲康两弟斟灌、斟寻所建。夏代太康、仲康先建都斟鄩(在今河南洛阳偃师市西南),而后为了加强控制,仲康两弟分别以名建国。夏帝相时,寒浞派遣儿子浇伐灭夏朝宗亲国斟灌、斟鄩并诛杀夏后相。夏少康复辟后,斟鄩国复立,之后历经夏、商两朝,到周武王灭商之初,迫于大势,归顺周武王,成为西周附庸国。西周成王时,趁三监叛乱之机,与奄、蒲姑、斟灌等国一同起兵反周,被成王所灭,其地入于吕尚之齐国。

新垣氏　新垣,一作辛垣,氏出姬姓。周文王第十五子毕公高封在毕(今陕西西安市阎良区武屯乡故城村西南),新筑垣墙称毕原,因氏焉。战国时有魏国客将军新垣衍,以事为事;汉有赵人新垣平为汉文帝望气见因说,设立渭阳五庙(见《史记·封禅书》)。

十四画姓氏:

慕容氏　出自颛顼氏帝乾荒之后。乾荒少子曰季禺,季禺名应天,应天于涿鹿之战中功大。季禺生厌越,厌越居北夷,号曰东胡,后传慕容氏。《前燕录》云:"昔高辛

(当是颛顼氏乾荒)氏游于海滨,留少(孙)子厌越以居北夷,邑于紫蒙之野,号曰东胡。秦汉之际,为匈奴所败,分保鲜卑山,因山为号。至魏初,率义王莫护跋携部落入居辽西,燕代多冠步摇冠,跋好之,乃剑发袭冠。诸部因谓之'步摇',后音讹为'慕容'。子木延,左贤王。孙涉归,进拜单于,遵循华俗。《唐志文》记:"其先有熊氏之苗裔,慕二仪之德,继三光之容,遂以慕容为氏焉。"又:"龙冠为姓,已赫弈于燕郊;堡山开国,名几蝉联于虏塞。昌黎棘城之人也,帝子天孙之后焉。"

綦毋氏 出自周祖古公亶父之弟岐伯之后。岐伯分邦,岐伯之孙姬荣异岐为綦,为綦毋氏,简为綦姓。后有晋国大夫綦毋张名出。《唐志文》记:"其先周王孙,承庆枝叶,郁郁繁昌。"

赫连氏 远古伏羲为皇时,有赫连胥为相,传称赫连氏。赫连氏名出于南匈奴右贤王刘豹子之后,刘勃七据统,号称夏帝,自制姓为赫连氏,曰:"王者辉赫,与天相连。"又以为赫连氏出自黄帝之后。《唐志文》记:"先帝轩辕之鸿胤,国史论之备矣。粤以木德司辰,赞镌光于日踷;火官创历,协周景于星庄。应千六之昌期,会五百之隆祚。琼枝璐叶,疏渊源于鸠柯;珠湑瑶川,派洪波于骥渚。貂蝉绩袭,地镇琳琅;龟组缣盈,随方杞梓。"

鲜于氏 出自商纣王叔父箕子之后。周武王灭商,箕子出走辽东,后受武王邀请访问周,追封为朝鲜王。箕子子孙名箕仲,箕仲封在于邑(今朝鲜忠靖北道清州郡清州邑),则合国名与邑名称鲜于氏。又箕子本来封邑在箕(今山西太谷县),则箕地裔孙亦因氏为鲜于姓。

熊相氏 出自楚王熊霜之后。熊霜立为楚王六年去世,三弟争立。仲雪死之,叔堪避难于濮(在今安徽亳州市东南),季徇立。《姓辩证》记:熊霜之后,有楚大夫熊相包僚,熊相祺;楚怀王时有将军熊相沂(祁)。

端木氏 出自芈姓。楚世家之初,始建国者鬻熊生三子,熊丽、熊罗、端木。端木生端木典,以王父全名为姓氏,传端木复姓。端木典后裔有端木赐,字子贡,为孔子学生。

十五画姓氏:

颛顼氏 黄帝轩辕生昌意,昌意生乾荒,乾荒定颛顼氏。颛顼者,专也,顼者正也,言能专正天之道也。乾荒生虞幕,虞幕别为有虞氏。虞幕生昌仆,昌仆生高阳,高阳称颛顼帝,此即颛顼氏前期之传也。

颛孙氏 源于妫姓,由妫姓转为陈世家分姓,属于以先祖名字为氏。妫颛孙,是春秋时期的陈国公族。《左传·庄公二十二年(前672年)》记:"陈公子完与颛孙奔齐,颛孙自齐来奔鲁。"颛孙在鲁国做了大夫,其后裔子孙遂以先祖名字为姓氏,称颛孙氏。妫颛孙后传六世为颛孙师,陈国阳城(今河南登封)人,为孔子学生。颛孙师虽学乾禄,但未曾从政,以教授终其一生。比之学识和外貌,孔子更加注重的是弟子们的学问,所以颛孙师并没有被排入"七十二贤者"的行列,但后人依然将他与子游、子夏等贤人并列而称。《颛孙族谱·掘坊志》列颛孙师为颛孙氏得姓(发族)始祖。陈世家世系不清,依赖颛孙氏谱史得以保全。

墨胎氏　出自姜姓,炎帝系墨如之后,以祖名为氏。《潜夫论》载:"禹师墨如。"传说炎帝神农后裔墨如见多识广,是他的建议使大禹治水成功,大禹后拜他为师。夏帝启封墨如的儿子胎初为孤竹国国君,称墨胎初,成墨胎氏。

十九画姓氏:

飂夷氏　出自陆终氏之后。陆终次子参胡,参胡生飂叔安,飂叔安生重父,重父始封飂川(在今山东菏泽市定陶区北),别为飂夷,飂夷亡于商。《左传·昭公二十九年(前513)》记:"蔡墨对魏献子曰:'昔有飂叔安,有裔子曰董父,实甚好龙,能求其耆欲以饮食之,龙多归之,乃扰畜龙,以服事帝舜,帝赐之姓曰董,氏曰豢龙,封诸飂川,飂夷氏其后也。'"

附记:姓氏人口数排列表

从20世纪50年代以来,我国进行了多次人口普查。国家统计局公布了2000年全中国总人口数是129533万人。根据中国科学院遗传研究所整理,列出了人口最多的前百家姓占比。表列如下:

百家姓人口百分比排列表

单位:%

序号	姓氏	百分比	序号	姓氏	百分比	序号	姓氏	百分比
1	李	7.94	10	吴	2.05	19	马	1.05
2	王	7.41	11	徐	1.66	20	罗	0.86
3	张	7.07	12	孙	1.54	21	梁	0.84
4	刘	5.38	13	胡	1.31	22	宋	0.81
5	陈	4.53	14	朱	1.26	23	郑	0.78
6	杨	3.08	15	高	1.21	24	谢	0.72
7	赵	2.29	16	林	1.18	25	韩	0.68
8	黄	2.23	17	何	1.17	26	唐	0.65
9	周	2.21	18	郭	1.15	27	冯	0.64

续　表

序号	姓氏	百分比	序号	姓氏	百分比	序号	姓氏	百分比
28	于	0.62	53	杜	0.41	78	秦	0.26
29	董	0.61	54	戴	0.39	79	江	0.26
30	萧	0.59	55	夏	0.39	80	史	0.25
31	程	0.57	56	钟	0.39	81	顾	0.25
32	曹	0.57	57	汪	0.38	82	侯	0.25
33	袁	0.54	58	田	0.38	83	邵	0.24
34	邓	0.54	59	任	0.38	84	孟	0.24
35	许	0.54	60	姜	0.37	85	龙	0.24
36	傅	0.51	61	范	0.36	86	万	0.24
37	沈	0.50	62	方	0.36	87	段	0.23
38	曾	0.50	63	石	0.35	88	雷	0.23
39	彭	0.49	64	姚	0.35	89	钱	0.22
40	吕	0.47	65	谭	0.34	90	汤	0.19
41	苏	0.47	66	廖	0.34	91	尹	0.19
42	卢	0.47	67	邹	0.33	92	易	0.19
43	蒋	0.47	68	熊	0.32	93	黎	0.18
44	蔡	0.46	69	金	0.32	94	常	0.18
45	贾	0.42	70	陆	0.31	95	武	0.18
46	丁	0.42	71	郝	0.30	96	乔	0.18
47	魏	0.42	72	孔	0.29	97	贺	0.18
48	薛	0.42	73	白	0.29	98	赖	0.18
49	叶	0.42	74	崔	0.28	99	龚	0.17
50	阎	0.41	75	康	0.28	100	文	0.17
51	余	0.41	76	毛	0.27			
52	潘	0.41	77	邱	0.27			

第一百零一至三百姓名人口排列序次

101：庞、102：樊、103：兰、104：殷、105：施、106：陶、107：洪、108：翟、109：安、110：颜、111：倪、112：严、113：牛、114：温、115：芦、116：季、117：俞、118：章、119：鲁、120：葛、121：伍、122：韦、123：申、124：尤、125：毕、126：聂、127：丛、128：焦、129：向、130：柳、131：邢、132：路、133：岳、134：齐、135：沿、136：梅、137：莫、138：庄、139：辛、140：管、141：祝、142：左、143：涂、144：谷、145：祁、146：时、147：舒、148：耿、149：牟、150：卜、151：路、152：詹、153：关、154：苗、155：凌、156：费、157：纪、158：靳、159：盛、160：童、161：欧、162：甄、163：项、164：曲、165：成、166：游、167：阳、168：裴、169：席、170：卫、171：查、172：屈、173：鲍、174：位、175：覃、176：霍、177：翁、178：隋、179：植、180：甘、181：景、182：薄、183：单、184：包、185：司、186：柏、187：宁、188：柯、189：阮、190：桂、191：闵、192：欧阳、193：解、194：强、195：柴、196：华、197：车、198：冉、199：房、200：边、201：辜、202：吉、203：饶、204：刁、205：瞿、206：戚、207：丘、208：古、209：米、210：池、211：滕、212：晋、213：苑、214：邬、215：臧、216：畅、217：宫、218：来、219：嵝、220：苟、221：全、222：褚、223：廉、224：简、225：娄、226：盖、227：符、228：奚、229：木、230：穆、231：党、232：燕、233：郎、234：邸、235：冀、236：谈、237：姬、238：屠、239：连、240：郜、241：晏、242：栾、243：郁、244：商、245：蒙、246：计、247：喻、248：揭、249：窦、250：迟、251：宇、252：敖、253：糜、254：鄢、255：冷、256：卓、257：花、258：仇、259：艾、260：蓝、261：都、262：巩、263：稽、264：井、265：练、266：仲、267：乐、268：虞、269：卞、270：封、271：竺、272：冼、273：原、274：官、275：衣、276：楚、277：佟、278：栗、279：匡、280：宗、281：应、282：台、283：巫、284：鞠、285：僧、286：桑、287：荆、288：谌、289：银、290：扬、291：明、292：沙、293：薄、294：伏、295：岑、296：习、297：胥、298：保、299：和、300：蔺。

主要参考书目

一、史籍资料

《竹书纪年》,古代史官著。

《山海经》,帝禹时伯益著,西汉刘歆整理。

《尚书》,周朝史官著。

《春秋》,春秋时孔子著。

《左传》,春秋时左丘明著。

《战国策》,春秋时左丘明著。

《吕氏春秋》,秦吕不韦著。

《世本》,先秦时期史官修撰,西汉末年刘向校整。

《史记》,西汉司马迁著。

《汉书》,东汉班固著。

《越绝书》,春秋时子贡初著,后为东汉袁康、吴平补著。

《淮南子》,汉淮南王刘安编著。

《博物志》,西晋张华著。

《华阳国志》,东晋常璩著。

《吴越春秋》,东汉赵晔著。

《舆地志》,南朝陈顾野王著。

《古今姓氏书辩证》,宋代邓名世撰,其子椿补成。

《新唐书·宰相世系》,宋代欧阳修等著。

《资治通鉴》,北宋司马光等著。

《嘉定赤城志》,南宋陈耆卿著。

《郁离子》,明刘基著。

《瓯乘补》,载《温州府志》,清黄汉著。

《纲鉴易知录》,清吴乘权等著。

《唐代墓志汇编》,现代周绍良主编。

《闽越国文化》,现代杨琮著。

《越国史稿》,现代孟文镛著。

《徐王宝宗本纪》,现代徐天奎著。

《中华彭姓通志》,现代杨布生与彭定国著。

《中国历史地名大辞典》,现代史为乐主编。

《道德经》,道教经典著作。

《佛说阿弥陀佛》,佛教经典著作。

《圣经》,犹太教、基督教经典著作。

二、家谱文献

说明:各姓氏择其一种。

赵:《萧山赵氏庆源类谱》。杭州图书馆。

刘:《掩龙刘氏族谱》。安徽省阜阳市颍州区掩龙庙刘村。

江:《江氏族谱》。上海图书馆。

水:《鄞西桃源水氏宗谱》。上海图书馆。

东:《天台桃溪东氏宗谱》。上海图书馆。

茹:《吴越国茹氏族谱》。上海图书馆。

娄:《萧山娄氏族谱》。上海图书馆。

欧阳:《欧阳族谱》。上海图书馆。

张:《四川射洪张氏宗谱》。含汉留侯张良世传。四川省射洪县柳树镇张萃应藏。

鲍:《鲍氏五思堂宗谱稿》。浙江图书馆。

王:《太原王氏族谱》。福建省上杭县客家族谱博物馆。

马:《锡山马氏统谱》。上海图书馆。

顾:《武陵顾氏宗谱》。上海图书馆。

姒:《(绍兴)姒氏世谱》。浙江图书馆。

陈:《(湖南)陈氏族谱》。河北大学图书馆。

颛孙:《(安徽萧县)颛孙氏族谱》。安徽省宿州市萧县王寨镇颛孙浩祖藏。

徐:《东海郡中川徐氏》。上海图书馆。

葛:《包山葛氏世谱》。杭州图书馆。

诸葛:《琅琊郡诸葛氏宗谱》。瑞安市图书馆。

忻:《鄞东陶公山忻氏支谱》。上海图书馆。

习:《塘头华城门习氏祖谱》。邓州习营始祖思敬家尚存。

余:《余氏宗谱》。绍兴市柯桥区稽东镇冢斜村。

杨:《彩烟杨氏宗谱》。本支名人:(隋)文帝、炀帝。新昌县双彩乡下宅村。

夏:《夏氏宗谱》。江苏省泰州市姜堰区图书馆。

丁:《济阳郡丁氏宗谱》。平阳县图书馆。

干:《海宁干氏宗谱》。海盐县博物馆。

于:《浦阳西溪于氏宗谱》。浙江图书馆。

上官:《天水郡上官氏宗谱》。缙云县档案馆。

山:《蛟川山氏宗谱》。慈溪市励双杰收藏。

木:《广川木氏宗谱》。瑞安市图书馆。

支:《昭阳支氏宗谱》。乐清市白石镇岐元村支存云藏。

尤:《台州尤氏宗谱》。台州市黄岩区档案馆。

毛:《清漾毛氏族谱》。本支名人毛泽东。江山市档案馆。

周:《(绍兴)周氏老八房祭簿》。内有名人周恩来签名。绍兴鲁迅纪念馆。

习:《(湖南益阳)习氏六修族谱》。浙江图书馆。

仇:《湖山仇氏宗谱》。宁海县梅林镇凤潭村仇丁兴藏。

文:《(苏州)文氏族谱》。浙江图书馆。

方:《河南方氏宗谱》。衢州市博物馆。

尹:《古剡尹氏宗谱》。金华侍王府。

巴:《富春巴氏宗谱》。杭州市富阳区灵桥镇蔡家坞村巴关奎藏。

孔:《鲁国郡孔氏宗谱》。瑞安市图书馆。

水:《水氏宗谱》。兰溪市水亭畲族乡水亭村水庆云藏。

甘:《渤海郡甘氏宗谱》。苍南县图书馆。

艾:《长沙艾氏族谱》。浙江图书馆。

左:《宣阳左氏宗谱》。武义县柳城畲族镇郑湖生藏。

石:《尚义石氏宗谱》。宁海县西店镇尚义村石炳钱藏。

申屠:《桐南申屠氏宗谱》。桐庐县深澳镇、村老人协会。

田:《道源田氏宗谱》。浙江图书馆。

史:《(萧山)史氏宗谱》。浙江图书馆。

白:《南阳郡白氏宗谱》。平阳县水头镇湖滨村白荣恒藏。

包:《上党郡包氏宗谱》。文成县巨屿镇穹口村包齐助藏。

司马:《(绍兴)涑水司马氏源流集略》。浙江大学西溪校区图书馆。

皮:《(长沙)皮氏族谱》。浙江图书馆。

邢:《河间邢氏宗谱》。文成县黄坦镇邢宅村邢宪章藏。

戎:《鄞东一都天官第戎氏宗谱》。宁波天一阁。

成:《成氏宗谱》。兰溪市兰江街道成村成玉兴藏。

吕:《(余杭)栖溪吕氏世谱》。浙江图书馆。

竹:《东郭竹氏宗谱》。嵊州市文管会。

朱:《紫阳朱氏武林宗谱》。浙江图书馆。

伍:《安定郡伍氏宗谱》。平阳县万全镇章桥村伍光良藏。

任:《任氏家乘》。杭州市萧山区图书馆。

伊:《陈留伊氏宗谱》。淳安县横沿乡富满山村伊宏木藏。

向:《(慈溪)向氏家乘》。浙江图书馆。

全:《(鄞县)恒溪全氏宗谱》。宁波天一阁。

危:《危氏宗谱》。衢州市柯城区石梁镇徐莫村危敬义藏。

羊:《四川羊氏宗谱》。临海市博物馆。

江:《济阳江氏宗谱》。兰溪市博物馆。

池:《西平郡池氏宗谱》。平阳县山门镇梅岭村池方长藏。

安:《安氏宗谱》。绍兴市图书馆。

阮:《(余杭)阮氏宗谱》。宁波天一阁。

牟:《(黄岩)畲川牟氏宗谱》。浙江图书馆。

杜:《杜氏家谱》。象山县文管会。

李:《陇西李氏宗谱》。淳安县中洲镇郑日村李思伟藏。

吾:《三衢吾氏宗谱》。衢州市地名办公室。

巫:《巫氏宗谱》。龙泉市图书馆。

求:《剡南求氏宗谱》。新昌县文管会。

车:《车氏宗谱》。天台县福溪街道花桃村车道法藏。

吴:《钟山吴氏宗谱》。桐庐县档案馆。

岑:《鹤皋岑氏宗谱》。慈溪市博物馆。

贝:《古翁洲吴树庄贝氏宗谱》。舟山市史志办公室。

何:《桐南何氏宗谱》。桐庐县档案馆。

邱:《会稽邱氏家谱》。绍兴市图书馆。

余:《峰北余氏宗谱》。象山县文管会。

谷:《(余姚)谷氏宗谱》。浙江图书馆。

狄:《天水郡松林狄氏宗谱》。瑞安市图书馆。

辛:《万载辛氏幼房谱》。浙江图书馆。

汪:《(萧山)汪氏宗谱》。浙江图书馆。

沙:《(镇海)蛟川留馀堂沙氏宗谱》。浙江图书馆。

沈:《(宁波)沈氏宗谱》。浙江图书馆。

宋:《京兆郡宋氏宗谱》。瑞安市图书馆。

邵:《月湖邵氏宗谱》。宁波天一阁。

林:《林氏宗谱》。宁海县文物办公室。

杭:《虞邑杭氏宗谱》。浙江图书馆。

幸:《(广东梅州)幸氏古今》。浙江省档案馆。

范:《高平范氏族谱》。浙江图书馆。

茅:《茅氏宗谱》。天台县始丰街道西演茅村茅天泽藏。

郁:《(萧山)西河郁氏宗谱》。浙江图书馆。

来:《(萧山)来氏族谱》。杭州市图书馆。

卓:《西河郡卓氏宗谱》。瑞安市图书馆。

易:《(湖南邵阳)易氏族谱》。浙江图书馆。

季:《仙源季氏宗谱》。温州市图书馆。

竺:《竺氏宗谱》。宁波市奉化区文保所。

岳:《冯翊郡岳氏宗谱》。苍南县灵溪镇晓峰村岳氏宗祠。

金:《(杭州)金氏家谱》。浙江图书馆。

官:《天水官氏宗谱》。龙游县官潭乡官潭村官溢清藏。

郎:《中山郎氏宗谱》。兰溪市博物馆。

房:《(湖南)房氏续修族谱》。浙江图书馆。

居:《海昌居氏宗谱》。浙江图书馆。

孟:《平昌郡孟氏族谱》。泰顺县图书馆。

柯:《济阳郡柯氏宗谱》。苍南县图书馆。

柳:《鄞东柳氏宗谱》。宁波天一阁。

胡:《唐昌胡氏宗谱》。杭州市临安区图书馆。

荆:《荆氏宗谱》。长兴县博物馆。

南:《南氏宗谱》。乐清市黄华镇南宅村南岳松藏。

茹:《古剡茹氏宗谱》。嵊州市图书馆。

查:《(海宁)查氏族谱》。浙江图书馆。

郜:《(海宁)郜氏家谱》。浙江图书馆。

修:《(苍南)观美郡修氏宗谱》。浙江图书馆。

侯:《猴山侯氏宗谱》。乐清市蒲岐镇侯宅村侯氏宗祠。

段:《(安徽宁国)段氏宗谱》。浙江图书馆。

皇甫:《畸山皇甫宗谱》。宁波市奉化区文保所。

俞:《(上虞)百官俞氏家谱》。浙江图书馆。

施:《杭县施氏宗谱》。杭州市富阳区文物馆。

姜:《(余姚)姜氏世谱》。浙江图书馆。

洪:《洪氏宗谱》。天台县平桥镇长洋村洪宗厚藏。

宣:《马湖宣氏宗谱》。宁波天一阁。

祝:《太原郡祝氏宗谱》。瑞安市图书馆。

韦:《(景宁)大漈韦氏宗谱》。云和县图书馆。

姚:《姚氏宗谱》。杭州市余杭区图书馆。

纪:《高阳纪氏宗谱》。平阳县山门镇西山村纪氏族人。

秦:《(宁波)秦氏宗谱》。浙江图书馆。

桂:《唐昌桂氏宗谱》。杭州市临安区图书馆。

耿:《(甘肃兰州)耿氏家谱》。浙江图书馆。

袁:《东安袁氏宗谱》。杭州市富阳区档案馆。

华:《(萧山)渔临华氏宗谱》。浙江图书馆。

莫:《绍郡莫氏家谱》。绍兴市图书馆。

庄:《蛟西庄氏宗谱》。宁波天一阁。

连:《鹤峰连氏房谱》。瑞安市图书馆。

马:《(桐庐)严陵马氏宗谱》。建德市图书馆。

夏:《畸山夏氏宗谱》。宁波市奉化区文保所。

柴:《柴氏宗谱》。宁海县文物办公室。

时:《时氏家乘》。平湖市图书馆。

毕:《高塘毕西家谱》。宁波天一阁。

倪:《千乘郡倪氏宗谱》。苍南县图书馆。

乌:《(鄞县)乌氏盛房支谱》。宁波天一阁。

徐:《东海郡徐氏宗谱》。松阳县象溪镇塘里源村徐朝龙藏。

殷:《(鄞县)殷隘殷氏宗谱》。宁波天一阁。

翁:《(慈溪)翁氏家谱》。浙江图书馆。

奚:《当湖奚氏家谱汇编》。平湖市图书馆。

凌:《鄞邑凌氏宗谱》。宁波天一阁。

郭:《(永嘉)郭氏宗谱》。温州市图书馆。

高:《高塘高氏宗谱》。宁波天一阁。

席:《生塘席氏宗谱》。兰溪市水亭畲族乡生塘徐村席文富藏。

唐:《东鲁唐氏宗谱》。兰溪市芝堰镇上唐村村委会。

涂:《南昌涂氏宗谱》。浙江图书馆。

陆:《(上虞)雁埠陆氏宗谱》。本支名人:(南宋)陆游。浙江图书馆。

陈:《陈氏宗谱世系全集》。宁波市北仑区博物馆。

陶:《(临海)陶氏宗谱》。本支名人:(明)陶凯。临海市博物馆。

桑:《(余姚)司前桑氏宗谱》。本支名人:(清)桑调元。慈溪市励双杰藏。

孙:《(广东)翠亨孙氏达成祖家谱》。本支名人:孙中山。广东省中山市翠亨新区孙氏祠堂。

梅:《汝南郡梅氏宗谱》。文成县玉壶镇五一村梅守贤藏。

黄:《武陵黄氏家谱》。浙江图书馆。

曹:《谯国郡曹氏宗谱》。泰顺县图书馆。

盛:《余杭闲林盛氏宗谱》。浙江图书馆。

戚:《舒湾戚氏宗谱》。桐庐县图书馆。

虚:《甬上敬睦堂虚氏宗谱》。宁波天一阁。

崔:《章溪崔氏宗谱》。宁波天一阁。

娄:《高塘娄氏宗谱》。宁海县文物办公室。

过:《剡溪世甲科过氏宗谱》。嵊州市档案馆。

符:《琅琊郡符氏宗谱》。兰溪市水亭畲族乡范坞村符富清藏。

许:《高阳许氏家谱》。浙江图书馆。

商:《(淳安)芒山大田商氏宗谱》。杭州市图书馆。

章:《萧山章氏宗谱》。杭州市萧山区档案馆。

麻:《(缙云)麻氏宗谱》。温州市图书馆。

康:《奉川茂林连山康氏宗谱》。宁波市奉化区文保所。

梁:《梁氏家谱》。宁波天一阁。

张:《清河郡张氏宗谱》。平阳县水头镇横山村张圣科藏。

屠:《(杭州)屠氏武林支谱》。宁波天一阁。

琚:《凤山琚氏宗谱》。兰溪市水亭畲族乡珠带式村琚志银藏。

项:《余杭项氏宗谱》。杭州市余杭区图书馆。

斯:《斯氏房谱》。宁波市奉化区文保所。

彭:《彭氏宗谱》。临海市档案馆。

叶:《叶氏宗谱》。余姚市文保所。

万:《万桥万氏宗谱》。乐清市天成乡万桥村万昌福藏。

葛:《慈村葛氏宗谱》。宁波天一阁。

董:《陇西郡董氏宗谱》。平阳县腾蛟镇腾蛟村董氏族人藏。

惠:《暨阳惠氏宗谱》。浙江图书馆。

扬:《凤岙扬氏族宗谱》。苍南县图书馆。

揭：《夹岗揭氏(宗谱)》。常山县天马镇詹家山村揭德福藏。

喻：《(黄岩)仙浦喻氏宗谱》。临海市博物馆。

单：《渭溪单氏宗谱》。宁波市奉化区文保所。

嵇：《琏溪嵇氏宗谱》。湖州市博物馆。

程：《(余姚)广平程氏宗谱》。浙江图书馆。

乔：《(定海)乔氏家谱》。舟山市史志办公室。

傅：《(萧山)傅氏宗谱》。浙江图书馆。

邬：《栅桥邬氏宗谱》。台州市黄岩区博物馆。

舒：《唐昌舒氏宗谱》。杭州市临安区图书馆。

钦：《钦氏宗谱》。长兴县博物馆。

钭：《燕山郡钭氏宗谱》。缙云县图书馆。

钮：《吴兴钮氏西支家谱》。湖州市图书馆。

邹：《(鄞县)邹氏宗谱》。宁波市鄞州区图书馆。

冯：《(杭州)冯氏家谱》。浙江图书馆。

童：《雁门童氏宗谱》。兰溪市博物馆。

曾：《鲁国郡曾氏宗谱》。瑞安市图书馆。

劳：《劳氏遗经堂支谱》。嘉兴市图书馆。

汤：《四明章溪汤氏宗谱》。宁波天一阁。

温：《太原郡温氏重修宗谱》。平阳县萧江镇麻步村温怀界藏。

游：《新村游氏宗谱》。松阳县叶村乡、村游章庆藏。

富：《古齐郡富氏宗谱》。平阳县万全镇宋埠村富庆均藏。

费：《慈东费氏宗谱》。宁波天一阁。

贺：《武阳贺氏宗谱》。武义县武阳镇溪里村包国武藏。

甄：《彩烟甄氏宗谱》。新昌县文管会。

鄢：《(鄞县)鄢氏族谱》。浙江图书馆。

贾：《山阴贾氏宗谱》。绍兴市图书馆。

雷：《冯翊郡雷氏宗谱》。瑞安市图书馆。

裘：《(兰溪)横山裘氏宗谱》。宁波市档案馆。

虞：《会稽郡虞氏宗谱》。瑞安市马屿镇江西村虞希隆藏。

解：《黄邑解氏宗谱》。台州市黄岩区博物馆。

詹：《(萧山)冯湖詹氏宗谱》。浙江图书馆。

褚：《浦阳褚氏宗谱》。诸暨市图书馆杨士安藏。

经：《(上虞)经氏宗谱》。浙江图书馆。

寿：《山阴华舍寿氏宗谱》。浙江图书馆。

蔡:《鄞东蔡氏宗谱》。宁波天一阁。

蒋:《武岭蒋氏宗谱》。本支名人:蒋周泰(即蒋介石)。宁波市奉化区文保所。

赵:《东瓯赵氏宗谱》。浙江图书馆。

厉:《山阴厉氏宗谱》。浙江图书馆。

臧:《(山东诸城)臧氏族谱》。浙江图书馆。

裴:《(常山)裴氏族谱》。浙江图书馆。

管:《青溪管氏宗谱》。淳安县王阜乡管家村管志华藏。

端木:《(丽水)东鲁端木氏小宗家谱》。浙江大学西溪校区图书馆。

齐:《(天台)齐氏宗谱》。临海市博物馆。

廖:《(平阳)廖氏宗谱》。兰溪市博物馆。

郑:《荥阳郡郑氏宗谱》。苍南县桥墩镇松山村郑氏宗祠。

闻:《东安桐江闻氏宗谱》。杭州市富阳区政法委综合办公室闻国胜藏。

邓:《南阳郡邓氏重修宗谱》。平阳县水头镇增光井村邓伦考藏。

熊:《姚江熊氏宗谱》。慈溪市图书馆。

楼:《楼氏宗谱》。桐庐县档案馆。

欧:《象邑西欧氏宗谱》。宁波天一阁。

欧阳:《渤海郡欧阳氏宗谱》。苍南县腾垟乡后车村欧阳氏宗祠。

樊:《(兰溪)樊氏宗谱》。金华侍王府。

乐:《湖塘乐氏宗谱》。宁波市北仑区档案馆。

卫:《浦阳卫氏宗谱》。兰溪市横溪镇上甲山村卫道兴藏。

滕:《(乐清)南阳滕氏宗谱》。临海市博物馆。

刘:《上谷郡刘氏宗谱》。苍南县图书馆。

鲁:《鲁氏宗谱》。开化县张湾乡塘林村鲁兴荣藏。

谈:《(余杭)谈氏宗谱》。杭州市图书馆。

潜:《缙云潜氏宗谱》。松阳县西屏镇吴家山村潜福瑞藏。

潘:《荥阳郡潘氏宗谱》。瑞安市图书馆。

练:《练氏宗谱》。缙云县东渡镇梨仓村练子森藏。

赖:《赖氏宗谱》。建德市档案馆。

骆:《枫桥骆氏宗谱》。浙江大学西溪校区图书馆。

薛:《华桥薛氏宗谱》。宁波天一阁。

萧:《河南郡萧氏宗谱》。象山县文管办公室。

励:《姚江励氏宗谱》。慈溪市环城南路励双杰藏。

卢:《范阳郡卢氏宗谱》。平阳县闹村乡卢氏族人藏。

穆:《郑隘穆氏后穆宗谱》。宁波天一阁。

钱:《(杭州)钱氏宗谱》。浙江省博物馆。

鲍:《上党郡鲍氏宗谱》。乐清市智仁乡大台门村鲍氏宗祠。

龙:《(湖南湘潭)上湘城南龙氏五修族谱》。浙江图书馆。

阎:《(兰溪)太原阎氏宗谱》。宁波市奉化区文保所。

璩:《璩氏宗谱》。衢州市地名办公室。

韩:《韩氏宗谱》。宁波天一阁。

蓝:《汝南郡蓝氏宗谱》。瑞安市图书馆。

戴:《戴氏宗谱》。宁波市奉化区文保所。

魏:《(余姚)兰风魏氏宗谱》。浙江图书馆。

储:《储氏大宗谱》。宁海县文物办公室。

钟:《新登钟氏宗谱》。杭州市富阳区永昌镇青河村钟桂根藏。

谢:《枧桥谢氏宗谱》。临海市博物馆。

应:《应氏宗谱》。台州市黄岩区档案馆。

濮:《桐江云溪濮氏宗谱》。浙江图书馆。

缪:《古鄞缪氏宗谱》。宁波天一阁。

聂:《河东聂氏宗谱》。衢州市衢江区上方镇玳堰村聂树荣藏。

瞿:《虹川瞿氏宗谱》。乐清市虹桥镇瞿氏大宗祠堂。

简:《范阳郡筠竹坑简氏宗谱》。泰顺县泗溪镇筠竹坑村简永南藏。

归:《归氏家谱》。桐乡市图书馆。

边:《暨阳同山边氏宗谱》。诸暨市同山镇边村村边氏族人藏。

颜:《鲁国郡颜氏五修宗谱》。温州市洞头区图书馆。

阙:《下邳郡阙氏宗谱》。瑞安市图书馆。

蘧:《豫章郡蘧氏宗谱》。平阳县水头镇鹿角山村蘧孝地藏。

苏:《(慈溪)太平苏氏族谱》。浙江图书馆。

罗:《罗氏宗谱》。宁波天一阁。

严《(镇海)严氏宗谱》。宁波市图书馆。

谭:《谭氏家谱》。嘉兴市图书馆。

庞:《庞氏宗谱》。天台县图书馆。

关:《(福建莆田)蒲坂关氏族谱》。浙江图书馆。

饶:《(缙云)平阳郡饶氏宗谱》。浙江图书馆。

郦:《(义乌)郦氏宗谱》。衢州市博物馆。

龚:《龚氏家谱》。杭州市萧山区档案馆。

犹太:《耶稣的家谱》,出自《圣经》。

编后记

　　自问记闻天下,不当涉足历史。但我在著《杨氏命脉回溯》时掌握了许多鲜为人知的历史故事,又觉得丢之可惜,就这样强拖自己入史学之门。不曾想有那么多的历史材料使人震荡,原来历史是可以补充和完善的,许多历史之谜是可以解释的,许多历史定调是可以翻案的。于是我采用了许多文献资料,排列组合,尽力把历史故事讲完整,"为之不谛,亡其功夫",亦不愧是对社会的一种贡献。

　　我游览了甘肃天水市的"伏羲故里"、陕西黄陵县的"黄帝陵"、河南新郑市的"黄帝故居"、河南洛宁县的"玄扈洛水",从而决定要书写黄帝时代的历史辉煌。当代考古学研究论文与隋唐时期的墓志铭文献使我撰写三皇五帝时期的故事有了文本底垫,百家姓的谱牒资料更使夯实那个时期的历史真实有了支点,于是我就理直气壮地开始了历史长卷的著述。这几年为了寻求谱牒资料,我几乎将北京国家图书馆、上海图书馆、浙江图书馆、杭州市图书馆等所藏谱籍资料翻了个底朝天。从谱籍资料中追溯源流,我发现当今名人世系大多可以从史籍资料中得以还原,这是多么令人欣慰的事。我经常在网页上发表文章,如《彭祖没有八百岁》,嗨,还真是引发了不少热议。我为《台州社会科学》撰写了《徐福采仙药其史迹在台州的考据》《述论东瓯国史实》,发表之后,还真没有驳论。我还在《杨岐风》上发表了《解读杨岐山为隋炀帝曾孙杨岐逃难处而得名》;在《杨家将》上发表了《契丹大将杨衮是杨家将杨业之父》,均获好评。我于是胆大到要重新审视历史的地步。

　　暮年之时,我离开上海告老返乡,车载书籍返家,俯首故纸堆,可谓"皓首穷经、焚膏继晷",得以成就本著。为了核实历史真实,我到多地考察,当然两千多年前的历史经过无法找到证据,但是实地踏勘地形地貌是否符合所描述的环境,还是十分必要的。譬如,东瓯王范氏先期的资料,流行的史说没有人细究过,说范蠡在东瓯创业似乎太牵强,著述不慎就是败笔。我于是多次到台州市黄岩区富山看盗金谷洞,到温岭市大溪镇看东瓯古城址及塘山大墓。有资料以为当年秦始皇的死与道士相关,而那个道士在秦始皇回程的路上出现过。这就需要到今河北广宗县张固寨去考实。

张固寨早被"张果老"的故事所淹没，还真是有那么几个老头十分执着地认为，"我地的张固绝不是张果老"。为了能够说明秦征童男童女在东瓯锤炼活动的历史事实，我去了衢州市的龙游石窟、金华市的琅琊镇、宁波市的象山县、台州市的路桥区与大陈岛等地作了相关史迹的实地考察。传云当年秦始皇死后，神仙们在宴室山聚会过，宴室山即为今称的浙江临海市雀儿岙岛，这是过去海盗们的窝。我于是专门雇请一艘渔船上岛。根据岛上渔民们的描述，最高处称陆姑山头，上有两间平旷的房基空地，之下有七仙礁，传说大多有着仙人们的遗迹，无疑也就有许多仙人的故事。类似这样的考察，著者跑了许多地方。今天的钓鱼岛，古称越王钓石，日本人却认为是他们的祖岛，我没有条件去，无法确定遗迹究竟在哪处，留下了些许遗憾。根据地名信息、地方传说、家谱文献等资料，用唯物主义辩证法去解读，还真能逼近历史真实的一面，使许多历史题材得以客观地还原，充实了不少历史情节的戏剧性效果。

我不大愿意谈自己的经历和学历，但在这里还是要有所交代。我是"文化大革命"期间毕业的初中生，因为推荐名额限制，失去升学机会。1976年被选为生产队长，因讲求科学种田，一年见效，改变了落后队面貌，被黄岩县评为"先进生产工作者"，并获得奖章。1979年加入中国共产党，同年被提拔至公社任农科员。1980年被推荐为国家干部，但后被县里四名老劳动模范取代，理由是他们老了，而年轻人以后有机会。1983年提干，因为我的学历是初中，而要求的是高中文化程度，因而被排挤。后来才知道县委的意见是让上批预留的先转正，但是当时干部提拔过程中已存在腐败现象，当权者偷换概念，给我留下的伤痛至今刻骨铭心。1985年提干因只讲学历，不讲资历、能力，刚从学校毕业的人，就可以提拔为乡长等职，不久又调整，相当混乱。我于是愤然辞去乡农办主任职务，下海创业，艰难生存，后至上海才有了重新发展事业的机会。其间，我毕业于中央农业广播学校，获中专毕业文凭；于台州师范学校学习，获助理经济师职称；于上海期间学习电子计算机结业。磨难能励志也!我是东瓯人，生活在永宁江畔、大鹤山下。

本著即将付梓，联系为本书写序言的中国社会科学院历史研究所研究员杨升南先生，想请教还有什么意见，但是先生已于今年5月4日去世了，这令我抱憾不止，深为自责。杨升南先生长期从事先秦史及甲骨文、古文字的研究，曾任夏商周断代工程文献课题组组长、社科院历史所先秦史研究室主任，多年从事郭沫若任主编的《甲骨文合集》图版编辑工作，学术专著有《春秋战国政治制度史》等，与人合著的名作有《中国古代文明与国家形成研究》《中国古代政治制度史》《甲骨文精粹选读》《中国历史大词典》等。先生治学严谨，我编著此书时，他在稿样上打了不少问号，叮嘱我一定要注明引文的出处，要史实可靠。记得2012年3月8日，我邀请先生一同攀登浙江温岭市方山，试图解答"方山天书"，先生时已74岁高龄，健步疾走，爬山还比我快。至"将军洞"，见到了"天书"，而要辨别山体上的字，还需要走小径。小径右侧陡峭，我害怕而迈不开步，他却已经找准了最佳方位，按字形画图解读，回来后对我说："这可能是古人的'劝学篇'"，并以为这七个字按秦汉隶书转型楷体字推之是"迷处多诒留心学"。这是"天书"，怎么去准确解释其原意？恐怕非我辈等所能，于是我在著中只采用了"迷处"两字。许多的历史谜题还无法解说，我失去了尊敬的导师，今日成著，诚惶诚恐，以告慰先辈的指导。

真诚感谢不知名作者在网上发表的许多珍贵资料,感谢到访地长者们相续的千年话题,感谢考古工作者的辛勤劳作及发表的考证论文。谱写历史著作不易,本著的出版,但愿对人文史学研究有所奉献,并欢迎赐教!

杨年建

2019年10月28日星期一终稿